共済組合法関係法令集

平成30年版

財経詳報社

目次

一 基本法令

○国家公務員共済組合法

第一章 総則
第一条（目的）……4
第二条（定義）……4
第二章 組合及び連合会
第一節 組合
第三条（設立及び業務）……14
第四条（法人格）……15
第五条（事務所）……15
第六条（定款）……15
第七条（住所）……16
第八条（管理）……16
第九条（運営審議会）……16
第十条……17
第十一条（運営規則）……18
第十二条（職員及び施設の提供）……18
第十三条（組合の事務職員の公務員たる性質）……18
第十三条の二（秘密保持義務）……18
第十四条（事業年度）……19
第十五条（事業計画及び予算）……20
第十六条（決算）……23
第十七条（借入金の制限）……35
第十八条 削除
第十九条（資金の運用）……35
第二十条（省令への委任）……38
第二節 連合会
第二十一条（設立及び業務）……65
第二十二条（法人格）……67
第二十三条（事務所）……68
第二十四条（定款）……68
第二十五条（登記）……69
第二十六条（一般社団法人及び一般財団法人に関する法律の準用）……69
第二十七条（役員）……69
第二十八条（役員の職務及び権限）……69
第二十九条（役員の任命）……69
第三十条（役員の任期）……70
第三十一条（役員の欠格条項）……70
第三十二条（役員の解任）……70
第三十三条（役員の兼業禁止）……71
第三十四条（理事長の代表権の制限）……71
第三十五条（運営審議会）……71
第三十五条の二（積立金の積立て）……72
第三十五条の三（退職等年金給付積立金の管理運用の方針）……72
第三十五条の四（退職等年金給付積立金の管理及び運用の状況に関する業務概況書）……73
第三十五条の五（政令への委任）……73
第三十六条（準用規定）……80
第三章 組合員
第三十七条（組合員の資格の得喪）……81
第三十八条（組合員期間の計算）……96
第四章 給付
第一節 通則
第三十九条（給付の決定及び裁定）……97
第四十条（標準報酬）……97
第四十一条（標準期末手当等の額の決定）……108
第四十二条（遺族の順位）……113
第四十三条（同順位者が二人以上ある場合の給付）……114
第四十四条（支払未済の給付の受給者の特例）……114
第四十五条（給付金からの控除）……114
第四十六条（不正受給者からの費用の徴収等）……115
第四十七条（損害賠償の請求権）……116
第四十八条（給付を受ける権利の保護）……118
第四十九条（公課の禁止）……118
第二節 短期給付
第一款 通則
第五十条（短期給付の種類等）……118
第五十一条（附加給付）……119
第五十二条（短期給付の給付額の算定の基礎となる標準報酬）……119
第五十三条（被扶養者に係る届出及び短期給付）……120
第二款 保健給付
第五十四条（療養の給付）……121
第五十五条（療養の機関及び費用の負担）……122
第五十五条の二（一部負担金の額の特例）……125
第五十五条の三（入院時食事療養費）……125
第五十五条の四（入院時生活療養費）……126
第五十五条の五（保険外併用療養費）……127
第五十六条（療養費）……128
第五十六条の二（訪問看護療養費）……130
第五十六条の三（移送費）……131
第五十七条（家族療養費）……131
第五十七条の二（家族療養費の額の特例）……134
第五十七条の三（家族訪問看護療養費）……134
第五十七条の四（家族移送費）……135
第五十八条（保険医療機関の療養担当等）……135
第五十九条（組合員が日雇特例被保険者又はその被扶養者となつた場合等の給付）……136

第六十条（他の法令による療養との調整）……139
第六十条の二（高額療養費）……140
第六十条の三（高額介護合算療養費）……189
第六十一条（出産費及び家族出産費）……213
第六十二条　削除
第六十三条（埋葬料及び家族埋葬料）……215
第六十四条……215
第六十五条（日雇特例被保険者に係る給付との調整）……216
第三款　休業給付
第六十六条（傷病手当金）……216
第六十七条（出産手当金）……224
第六十八条（休業手当金）……225
第六十八条の二（育児休業手当金）……225
第六十八条の三（介護休業手当金）……228
第六十九条（報酬との調整）……229
第四款　災害給付
第七十条（弔慰金及び家族弔慰金）……230
第七十一条（災害見舞金）……231
第三節　長期給付
第一款　通則
第七十二条（長期給付の種類等）……232
第二款　厚生年金保険給付
第七十三条（厚生年金保険給付の種類等）……233
第三款　退職等年金給付
第一目　通則
第七十四条（退職等年金給付の種類）……233
第七十五条（給付算定基礎額）……233
第七十五条の二（退職等年金給付の支給期間及び支給期月）……234
第七十五条の三（三歳に満たない子を養育する組合員等の給付算定基礎額の計算の特例）……235
第七十五条の四（併給の調整）……236
第七十五条の五（受給権者の申出による支給停止）……238
第七十五条の六（年金の支払の調整）……238
第七十五条の七……239
第七十五条の八（死亡の推定）……239
第七十五条の九（年金受給者の書類の提出等）……240
第七十五条の十（政令への委任）……240
第二目　退職年金
第七十六条（退職年金の種類）……334
第七十七条（退職年金の受給権者）……334
第七十八条（終身退職年金の額）……334
第七十九条（有期退職年金の額）……336
第七十九条の二（有期退職年金に代わる一時金）……337
第七十九条の三（整理退職の場合の一時金）……338
第七十九条の四（遺族に対する一時金）……339
第八十条（支給の繰下げ）……341
第八十一条（組合員である間の退職年金の支給の停止等）……341
第八十二条（退職年金の失権）……343
第三目　公務障害年金
第八十三条（公務障害年金の受給権者）……344
第八十四条（公務障害年金の額）……345
第八十五条（障害の程度が変わつた場合の公務障害年金の額の改定）……347
第八十六条（二以上の障害がある場合の取扱い）……349
第八十七条（組合員である間の公務障害年金の支給の停止等）……349
第八十八条（公務障害年金の失権）……350
第四目　公務遺族年金
第八十九条（公務遺族年金の受給権者）……350
第九十条（公務遺族年金の額）……351
第九十一条（公務遺族年金の支給の停止）……353
第九十二条……353
第九十三条（公務遺族年金の失権）……354
第四節　給付の制限
第九十四条（給付の制限）……355
第九十五条……356
第九十六条……359
第九十七条……360
第五章　福祉事業
第九十八条（福祉事業）……365
第六章　費用の負担
第九十九条（費用負担の原則）……374
第九十九条の二（国の補助）……377
第百条（掛金等）……379
第百条の二（育児休業期間中の掛金等の特例）……381
第百条の二の二（産前産後休業期間中の掛金等の特例）……381
第百一条（掛金等の給与からの控除）……382
第百二条（負担金）……383
第六章の二　地方公務員共済組合連合会に対する財政調整拠出金
第百二条の二（地方公務員共済組合連合会に対する長期給付に係る財政調整拠出金の拠出）……389
第百二条の三……389
第百二条の四（資料の提供）……392
第百二条の五（政令への委任）……392
第七章　審査請求
第百三条（審査請求）……394
第百四条（審査会の設置及び組織）……394
第百五条（議事）……395
第百六条（組合又は連合会に対する通知等）……395

第百七条（政令への委任）……395
第百八条から第百十条まで　削除

第八章　雑則

第百十一条（時効）……397
第百十二条（期間計算の特例）……397
第百十三条（戸籍書類の無料証明）……399
第百十四条（資料の提供）……399
第百十四条の二（社会保険診療報酬支払基金等への事務の委託）……399
第百十五条（端数の処理）……400
第百十六条（財務大臣の権限）……401
第百十七条……401
第百十七条の二（権限の委任）……403
第百十八条（医療に関する事項等の報告）……403
第百十九条（船員組合員の資格の得喪の特例）……403
第百二十条（船員組合員の療養の特例）……404
第百二十一条（船員組合員の療養以外の短期給付の特例）……407
第百二十二条（船員組合員についての負担金の特例）……407
第百二十三条　削除
第百二十四条（外国で勤務する組合員についての特例）……408
第百二十四条の二（公庫等に転出した継続長期組合員についての特例）……411
第百二十四条の三（行政執行法人以外の独立行政法人又は国立大学法人等に常時勤務することを要する者の取扱い）……414
第百二十五条（組合職員の取扱い）……451
第百二十六条（連合会役職員の取扱い）……452
第百二十六条の二（地方公務員等共済組合法との関係）……454
第百二十六条の三……455
第百二十六条の四　削除
第百二十六条の五（任意継続組合員に対する短期給付等）……459
第百二十六条の六（国家公務員法との関係）……465
第百二十六条の七（経過措置）……465
第百二十七条（省令への委任）……466

第九章　罰則

第百二十七条の二……468
第百二十八条……468
第百二十九条……468
第百三十条……468
第百三十一条……469

附則（抄）

第一条（施行期日）……470
第二条（旧法の効力）……470
第三条（組合及び連合会の存続）……470
第三条の二（組合の運営審議会の委員の任命の特例）……471
第四条（連合会の役員の任期の特例）……472
第四条の二（連合会の運営審議会の委員の任命の特例）……472
第五条（従前の給付等）……472
第六条（被扶養者に関する経過措置）……472
第七条（一部負担金に関する経過措置）……473
第八条……473
第九条（療養費に関する経過措置）……473
第十条（資格喪失後の給付に関する経過措置）……473
第十一条（傷病手当金の支給に関する経過措置）……474
第十一条の二（育児休業手当金に関する暫定措置）……474
第十一条の三（介護休業手当金に関する暫定措置）……475
第十一条の四（退職者給付拠出金の納付が行われる場合における組合の業務等の特例）……475
第十二条（特例退職組合員に対する短期給付等）……475
第十二条の二（遺族の範囲の特例）……479
第十三条（支給の繰上げ）……480
第十四条（公務障害年金等に関する暫定措置）……481
第十四条の二（介護納付金に係る掛金の徴収の特例）……482
第十四条の三（短期給付に係る財政調整事業）……484
第十四条の四（組合員に係る福祉増進事業）……487
第十五条（従前の行為に対する罰則の適用）……487
第十六条（連合会組合の設立に伴う権利義務の承継）……487
第十七条（組合職員等の健康保険法の被保険者であつた期間に係る給付の取扱）……488
第十八条（組合職員等の厚生年金保険の被保険者であつた期間の取扱）……488
第十九条（厚生保険特別会計からの交付金）……489
第二十条（病床転換支援金等の納付が行われる場合における組合の業務等の特例）……489
第二十条の二（郵政会社等の役職員の取扱い）……489
第二十条の三（日本郵政共済組合の登記）……494
第二十条の四（運営審議会の委員の数の特例等）……494
第二十条の五（事務に要する費用の補助）……494
第二十条の六（組合員の範囲の特例等）……494
第二十条の七（適用法人に対する法律の規定の適用の特例）……495
第二十条の八（組合員等に対する督促及び延滞金の徴収）……495
第二十条の九（滞納処分）……497

第二十条の十（先取特権の順位）……497
第二十条の十一（徴収に関する通則）……498
第二十条の十二（政令への委任）……498
第二十一条～第三十条（関係法律の一部改正省略）
平成九年（法四八）改正法附則（抄）
第一条（施行期日）……518
平成九年（法一〇九）改正法附則（抄）
第一条（施行期日）……518
平成九年（法一二二）改正法附則（抄）……518
○介護保険法施行法附則（抄）……518
平成十年（法一〇九）改正法附則（抄）
第一条（施行期日）……518
平成十一年（法五六）改正法附則（抄）
第一条（施行期日）……518
平成十一年（法八七）改正法附則（抄）
第一条（施行期日）……519
平成十一年（法一〇二）改正法附則（抄）
第一条（施行期日）……519
平成十一年（法一〇四）改正法附則（抄）
第一条（施行期日）……519
平成十一年（法一六〇）改正法附則（抄）
第一条（施行期日）……519
平成十一年（法一八九）改正法附則（抄）
第一条（施行期日）……519
平成十一年（法一九八）改正法附則（抄）
第一条（施行期日）……520
平成十一年（法二一七）改正法附則（抄）
第一条（施行期日）……520
平成十二年（法一八）改正法附則（抄）
第一条（施行期日）……520
平成十二年（法二一）改正法附則（抄）
第一条（施行期日等）……520
第二条（決算の経過措置）……522
第三条（標準報酬の月額に関する経過措置）……522
第四条（介護休業手当金に関する経過措置）……523
第五条（法による年金である給付の額等に関する経過措置）……523
第六条（併給の調整の経過措置）……523
第七条（平成十四年度までの法による年金である給付等の額の算定に関する経過措置）……524
第八条（厚生年金保険の被保険者等である間の退職共済年金等の支給の停止の経過措置）……525
第九条（育児休業期間中の組合員に係る負担金等の特例に関する経過措置）……525
第十条（標準報酬の定時決定等に関する経過措置）……526
第十一条（平成十五年度以後における法による年金である給付等の額の算定に関する経過措置）……526
第十二条……529
第十二条の二（法による年金である給付の額の改定の特例）……534
第十三条（厚生年金保険の被保険者等である間の退職共済年金等の支給の停止の経過措置）……536
第十四条（従前の特別掛金）……537
第十五条（法による脱退一時金に関する経過措置）……537
第十六条（その他の経過措置の政令への委任）……537
平成十二年（法五九）改正法附則（抄）
第一条（施行期日）……538
第二十四条（国家公務員共済組合法の一部改正に伴う経過措置）……538
第二十五条……539
平成十二年（法九九）改正法附則（抄）
第一条（施行期日）……539
平成十二年（法一二五）改正法附則（抄）
第一条（施行期日）……539
平成十二年（法一四〇）改正法附則（抄）
第一条（施行期日）……539
第二十条（国家公務員共済組合法の一部改正に伴う経過措置）……539
平成十二年（法一四一）改正法附則（抄）
第一条（施行期日）……540
平成十三年（法一〇一）改正法附則（抄）
第一条（施行期日）……540
第八十七条（国家公務員共済組合法の一部改正に伴う経過措置）……540
第九十条（国家公務員等共済組合法等の一部を改正する法律の一部改正に伴う経過措置）……541
平成十三年（法一四二）改正法附則（抄）
第一条（施行期日）……541
平成十三年（法一五三）改正法附則（抄）
第一条（施行期日）……542
平成十四年（法四〇）改正法附則（抄）
第一条（施行期日）……542
第十四条（国家公務員共済組合法の一部改正に伴う経過措置）……542
第十五条……543
第十六条……546
平成十四年（法四一）改正法附則（抄）
第一条（施行期日）……546
第十五条（国家公務員共済組合法の一部改正に伴う経過措置）……546
第十六条……547
第十七条……550
平成十四年（法九八）改正法附則（抄）
第一条（施行期日）……550
第二十八条（国家公務員共済組合法の一部改正に伴う経過措置）……550

第二十九条……553
第三十条……554
平成十四年（法一〇〇）改正法附則（抄）
第一条（施行期日）……556
平成十四年（法一〇二）改正法附則（抄）
第一条（施行期日）……556
第四十九条（国家公務員共済組合法の一部改正に伴う経過措置）……556
平成十四年（法一〇三）改正法附則（抄）
第一条（施行期日）……557
平成十四年（法一九一）改正法附則（抄）
第一条（施行期日）……557
平成十五年（法三一）改正法附則（抄）
第一条（施行期日）……557
第二十九条（国家公務員共済組合法の一部改正に伴う経過措置）……558
平成十五年（法六二）改正法附則（抄）
1（施行期日）……558
平成十五年（法一一七）改正法附則（抄）
第一条（施行期日）……559
平成十六年（法一三〇）改正法附則（抄）
第一条（施行期日）……559
第二条（検討）……559
第三条（法による年金である給付の額等に関する経過措置）……560
第四条（法による年金である給付の額の算定に関する経過措置）……560
第四条の二（平成二十五年度及び平成二十六年度における法による年金である給付の額の算定に関する経過措置の特例）……569
第五条（旧共済法による年金である給付の額の算定に関する経過措置）……571
第五条の二（平成二十五年度及び平成二十六年度における旧共済法による年金である給付の額の算定に関する経過措置の特例）……576
第六条（平成十七年度から平成二十年度までにおける再評価率の改定等に関する経過措置）……577
第七条（再評価率等の改定等の特例）……578
第七条の二（平成二十七年度における再評価率等の改定等の特例）……579
第八条（基礎年金拠出金の負担に関する経過措置）……580
第八条の二（平成二十一年度から平成二十五年度までの基礎年金拠出金の負担に関する経過措置の特例）……582
第八条の三（基礎年金拠出金の負担に要する費用の財源）……583
第九条（育児休業等を終了した際の標準報酬の月額の改定に関する経過措置）……584
第十条（育児休業手当金の額に関する経過措置）……584
第十一条（介護休業手当金の額に関する経過措置）……584
第十二条（三歳に満たない子を養育する組合員等の標準報酬の月額の特例に関する経過措置）……584
第十三条（育児休業等期間中の組合員の特例に関する経過措置）……584
第十四条（退職共済年金の額の算定に関する経過措置）……585
第十五条（法による脱退一時金の額に関する経過措置）……586
第十六条（法による退職共済年金の支給の繰下げに関する経過措置）……587
第十七条（厚生年金保険の被保険者等である間の退職共済年金等の支給の停止に関する経過措置）……587
第十八条（法による遺族共済年金の支給に関する経過措置）……587
第十九条（対象となる離婚等）……588
第二十条（当事者への情報提供の特例）……588
第二十一条（標準報酬の月額等が改定され、又は決定された者に対する長期給付の特例）……588
第二十二条（対象となる特定期間）……589
第二十三条（標準報酬の月額等が改定され、及び決定された者に対する長期給付の特例）……589
第二十四条（平成十二年改正法附則別表に規定する率の設定に関する経過措置）……589
第二十五条（存続組合が支給する特例年金給付の額の算定に関する経過措置）……590
第二十五条の二（平成二十五年度及び平成二十六年度における存続組合が支給する特例年金給付の額の算定に関する経過措置の特例）……598
第二十六条（その他の経過措置の政令への委任）……599
平成十六年（法一三二）改正法附則（抄）
第一条（施行期日）……600
平成十七年（法七七）改正法附則（抄）
第一条（施行期日）……600
平成十七年（法一〇二）改正法附則（抄）
第一条（施行期日）……600
第九十三条（国家公務員共済組合法の一部改正に伴う経過措置）……600
第九十四条……601
平成十八年（法一一）改正法附則（抄）
第一条（施行期日）……602

平成十八年（法二一）改正法附則（抄）
第一条（施行期日）……602
平成十八年（法二三）改正法附則（抄）
第一条（施行期日）……602
平成十八年（法二四）改正法附則（抄）
第一条（施行期日）……602
平成十八年（法二五）改正法附則（抄）
第一条（施行期日）……602
平成十八年（法二六）改正法附則（抄）
第一条（施行期日）……603
平成十八年（法二七）改正法附則（抄）
第一条（施行期日）……603
平成十八年（法二八）改正法附則（抄）
第一条（施行期日）……603
平成十八年（法二九）改正法附則（抄）
第一条（施行期日）……603
平成十八年（法八〇）改正法附則（抄）
第一条（施行期日）……603
平成十八年（法八三）改正法附則（抄）
第一条（施行期日）……604
第五十九条（国家公務員共済組合法の一部改正に
伴う経過措置）……604
第六十条……604
第六十一条……604
第六十二条……605
第六十三条……605
平成十八年（法一一八）改正法附則（抄）
第一条（施行期日）……606
第三十二条（国家公務員共済組合の存続等）……606
平成十九年（法七）改正法附則（抄）
第一条（施行期日）……607
平成十九年（法八）改正法附則（抄）
第一条（施行期日）……607

平成十九年（法九）改正法附則（抄）
第一条（施行期日）……607
平成十九年（法三〇）改正法附則（抄）
第一条（施行期日）……607
第七十二条（国家公務員共済組合法の一部改正
に伴う経過措置）……608
平成十九年（法四二）改正法附則（抄）
第一条（施行期日）……609
平成十九年（法一一〇）改正法附則（抄）
第一条（施行期日）……609
平成二十年（法九三）改正法附則（抄）
第一条（施行期日）……609
平成二十年（法九五）改正法附則（抄）
第一条（施行期日）……609
平成二十一年（法五）改正法附則（抄）
第一条（施行期日）……609
第十条（国家公務員共済組合法の一部改正に伴う
経過措置）……610
平成二十一年（法一八）改正法附則（抄）
第一条（施行期日）……610
平成二十一年（法三六）改正法附則（抄）
第一条（施行期日）……611
平成二十一年（法四一）改正法附則（抄）
第一条（施行期日）……611
平成二十一年（法六二）改正法附則（抄）
第一条（施行期日）……611
第二条（検討）……611
平成二十一年（法六五）改正法附則（抄）
第一条（施行期日）……611
第十二条（調整規定）……611
平成二十一年（法九三）改正法附則（抄）
第一条（施行期日）……612
平成二十二年（法二七）改正法附則（抄）

第一条（施行期日）……612
第二条（経過措置）……612
平成二十二年（法六一）改正法附則（抄）
第一条（施行期日）……613
平成二十三年（法二六）改正法附則（抄）
第一条（施行期日）……613
平成二十三年（法五六）改正法附則（抄）
第一条（施行期日）……613
平成二十三年（法七二）改正法附則（抄）
第一条（施行期日）……613
平成二十三年（法一二二）改正法附則……613
平成二十四年（法三〇）改正法附則（抄）
第一条（施行期日）……614
平成二十四年（法四二）改正法附則（抄）
第一条（施行期日）……614
平成二十四年（法六二）改正法附則（抄）
第一条（施行期日）……614
第三十条（国家公務員共済組合法による産前産後
休業を終了した際の改定に関する経過措
置）……615
第三十一条（三歳に満たない子を養育する組合員
等の標準報酬の月額の特例に関する経
過措置）……615
第三十二条（国家公務員共済組合法による産前産
後休業期間中の組合員の特例に関する
経過措置）……615
第三十三条（支給の繰下げに関する経過措置）……616
第三十四条（特例による退職共済年金の額の算定
等の特例の経過措置）……616
第三十五条（退職共済年金職域加算額の支給に関
する経過措置）……617
平成二十四年（法六三）改正法附則（抄）
第一条（施行期日）……618

平成二十四年（法九六）改正法附則（抄）
第一条（施行期日）……618
平成二十四年（法九九）改正法附則（抄）
第一条（施行期日）……619
第四条（国家公務員共済組合法等による年金である給付等に関する経過措置）……619
平成二十六年（法一三）改正法附則（抄）
第一条（施行期日）……620
第七条（国家公務員共済組合法の一部改正に伴う経過措置）……620
平成二十六年（法三八）改正法附則（抄）
第一条（施行期日）……620
平成二十六年（法四二）改正法附則（抄）
第一条（施行期日）……620
平成二十六年（法六四）改正法附則（抄）
第一条（施行期日）……620
第十七条（延滞金の割合の特例等に関する経過措置）……621
平成二十六年（法六七）改正法附則（抄）
第一条（施行期日）……621
平成二十六年（法六九）改正法附則（抄）
第一条（施行期日）……621
平成二十六年（法八三）改正法附則（抄）
第一条（施行期日）……622
平成二十七年（法一七）改正法附則（抄）
第一条（施行期日）……622
平成二十七年（法二七）改正法附則（抄）
第一条（施行期日）……622
平成二十七年（法三一）改正法附則（抄）
第一条（施行期日）……622
第三十七条（国家公務員共済組合法の一部改正に伴う経過措置）……623
第三十八条……623
第三十九条……623
平成二十七年（法四四）改正法附則（抄）
第一条（施行期日）……624
平成二十七年（法四八）改正法附則（抄）
第一条（施行期日）……624
平成二十七年（法五一）改正法附則（抄）
第一条（施行期日）……624
平成二十七年（法五九）改正法附則（抄）
第一条（施行期日）……624
平成二十七年（法七〇）改正法附則（抄）
第一条（施行期日）……624
平成二十七年（法一七）改正法附則（抄）
第一条（施行期日）……624
第二十条（国家公務員共済組合法の一部改正に伴う経過措置）……625
平成二十八年（法四四）改正法附則（抄）
第一条（施行期日）……625
平成二十八年（法八〇）改正法附則（抄）
第一条（施行期日等）……625
第八条（国家公務員共済組合法の一部改正に伴う経過措置）……626
平成二十八年（法八四）改正法附則（抄）
第一条（施行期日）……626
平成二十八年（法八七）改正法附則（抄）
第一条（施行期日）……626
平成二十九年（法一四）改正法附則（抄）
第一条（施行期日）……627
○民法の一部を改正する法律の施行に伴う関係法律の整備等に関する法律（抄）……627
第百三十一条（国家公務員共済組合法の一部改正）……627
第百三十二条（国家公務員共済組合法の一部改正に伴う経過措置）……628
法律別表
別表第一（第七十一条関係）……717
別表第二（第百二十四条の三関係）……717
別表（第三十七条関係）……718

○国家公務員共済組合法施行令

第一章　総則
第一条（定義）……4
第二条（職員）……5
第三条（被扶養者）……7
第四条（遺族）……9
第五条（報酬）……10
第五条の二（期末手当等）……13
第二章　組合及び連合会
第五条の三（法第三条第二項第一号に規定する政令で定める機関）……14
第六条（定款の変更）……16
第七条（事業計画及び予算の変更）……20
第八条（資金の運用）……35
第八条の二（連合会の業務として計算をすべき費用）……65
第九条（厚生年金保険給付積立金及び退職等年金給付積立金の積立て）……72
第九条の二（退職等年金給付積立金の管理及び運用に関する基本的な指針）……73
第九条の三（厚生年金保険給付積立金等及び退職等年金給付積立金等の管理及び運用）……74
第九条の四（厚生年金保険給付積立金等及び退職等年金給付積立金等の管理及び運用に関する契約）……80
第十条（準用規定）……80

第三章　給付
第十一条（災害補償の実施機関の意見）……97
第十一条の二（組合員の資格取得時における標準報酬の特例）……101
第十一条の二の二（支払未済の給付を受けるべき者の順位）……114
第十一条の三（附加給付）……119
第十一条の三の二（一部負担金の割合が百分の三十となる場合）……123
第十一条の三の三（月間の高額療養費の支給要件及び支給額）……140
第十一条の三の四（年間の高額療養費の支給要件及び支給額）……147
第十一条の三の五（高額療養費算定基準額）……167
第十一条の三の六（その他高額療養費の支給に関する事項）……179
第十一条の三の六の二（高額介護合算療養費の支給要件及び支給額）……189
第十一条の三の六の三（介護合算算定基準額）……205
第十一条の三の六の四（その他高額介護合算療養費の支給に関する事項）……212
第十一条の三の七（出産費及び家族出産費の額）……213
第十一条の三の八（埋葬料及び家族埋葬料の額）……215
第十一条の三の八の二（傷病手当金と障害手当金等との併給調整）……220
第十一条の三の九（傷病手当金と退職老齢年金給付との調整）……221
第十一条の三の十（出産に関する特別休暇等）……226
第十一条の三の十一（介護のための休業）……228
第十一条の四（傷病手当金等と報酬との調整に係る基準額）……229
第十二条（長期給付の適用範囲の特例）……232
第十三条（付与率を定める際に勘案する事情）……233
第十四条（基準利率を定める際に勘案する事情）……234
第十五条（受給権者の申出による支給停止を撤回した場合の終身退職年金算定基礎額及び有期退職年金算定基礎額の計算）……238
第十五条の二（併給の調整の特例）……238
第十五条の二の二（公務障害年金算定基礎額の特例）……239
第十五条の三（有期退職年金の受給権が消滅した後に再び就職した者に係る有期退職年金）……240
第十六条（終身年金現価率を定める際に勘案する事情）……336
第十七条（有期年金現価率を定める際に勘案する事情）……337
第十八条（整理退職の場合の一時金に相当する一時金等）……338
第十八条の二（遺族に対する一時金に係る給付算定基礎額から控除すべき金額等）……339
第十九条（支給の繰下げの申出があつた場合における法第七十六条等の規定の適用）……341
第二十条（厚生年金保険法による年金たる保険給付に相当する給付）……347
第二十一条（掛金等を納付しない場合の給付の制限）……359
第二十一条の二（刑に処せられた場合等の給付の制限）……360
第四章　費用の負担
第二十二条（給付に要する費用等の算定方法）……374
第二十二条の二（給付に要する費用の算定単位）……376
第二十二条の三（育児休業手当金等に対する国等の負担）……377
第二十三条（組合の事務に要する費用の行政執行法人の負担）……379
第二十四条（標準報酬の月額及び標準期末手当等の額と退職等年金分掛金との割合を定める際に勘案する事情）……380
第二十五条（介護納付金に係る掛金の徴収の対象月から除外する月）……380
第二十五条の二（掛金等の払込期限）……382
第二十五条の三（組合への国等の負担金の払込み）……385
第二十五条の四（連合会への負担金の払込み）……387
第四章の二　地方公務員共済組合連合会に対する財政調整拠出金
第二十六条（国の調整対象費用の額）……389
第二十七条（国の厚生年金保険給付等に係る収入）……390
第二十七条の二（国の厚生年金保険給付等に係る支出）……391
第二十八条（地方公務員共済組合連合会に対する財政調整拠出金の拠出）……391
第五章　国家公務員共済組合審査会
第二十九条（審査会の委員に対する報酬）……394
第二十九条の二（審査会の委員及び関係人に対する旅費）……394
第二十九条の三（審査会の書記）……394
第五章の二　資料の提供
第三十条……399
第六章　権限の委任
第三十一条……403
第七章　外国で勤務する組合員に係る特例
第三十二条（療養費の特例）……408
第三十三条（家族療養費の特例）……408
第三十四条（高額療養費の特例）……408
第三十五条（出産費及び家族出産費の特例）……410
第三十六条（家族埋葬料の特例）……410

第三十七条（災害見舞金の特例）……410
第三十八条（対外支払手段による支払）……410
第三十九条（給付の制限）……411
第四十条（掛金の特例）……411
第四十一条　削除
第四十二条（区分経理）……411
第八章　公庫等の継続長期組合員に係る特例
第四十三条（継続長期組合員につき組合員期間の通算を認める公庫等又は特定公庫等の範囲）……411
第四十四条（継続長期組合員についての特例を適用しない場合）……442
第四十四条の二（継続長期組合員が引き続き他の公庫等職員又は特定公庫等役員となつた場合の特例）……443
第四十四条の三（継続長期組合員であつた者が再び同一の公庫等又は特定公庫等に転出した場合の取扱い）……443
第四十四条の四（継続長期組合員の報酬等）……444
第八章の二　行政執行法人以外の独立行政法人又は国立大学法人等に常時勤務することを要する者の取扱い
第四十四条の五……444
第八章の三　組合職員及び連合会役職員の取扱い
第四十五条（組合職員の報酬等）……451
第四十五条の二（連合会役職員の取扱い）……452
第九章　地方公務員共済組合との関係
第四十六条（組合員が地方の組合の組合員となつた場合の取扱い）……454
第四十七条……455
第四十八条（地方の組合の組合員が組合員となつた場合の取扱い）……456
第十章　任意継続組合員に係る特例
第四十九条（任意継続組合員となるための申出等の手続）……459
第四十九条の二（任意継続組合員の標準報酬の月額及び標準報酬の日額）……459
第五十条（費用の負担の特例）……460
第五十一条（任意継続掛金）……460
第五十二条（任意継続掛金の払込み）……461
第五十三条（任意継続掛金の前納）……462
第五十四条……462
第五十五条（前納の際の控除額）……462
第五十六条（前納された任意継続掛金の充当）……463
第五十七条（前納された任意継続掛金の還付）……463
第五十八条（任意継続組合員に係る短期給付の特例）……464
第五十九条……464
第六十条（任意継続組合員に係る審査請求等）……465
第六十一条（省令への委任）……465
附則（抄）
第一条（施行期日）……470
第二条（他の政令の廃止）……470
第三条及び第四条　削除
第五条（厚生年金保険給付積立金等の運用の特例）……473
第六条（退職者給付拠出金の経過措置）……473
第六条の二（特例退職組合員の標準報酬の日額）……475
第六条の二の二（特例退職組合員に係る費用の負担の特例）……475
第六条の二の三（特例退職掛金）……476
第六条の二の四（特例退職掛金の払込み）……477
第六条の二の五（特例退職掛金の前納）……478
第六条の二の六（特例退職組合員に係る短期給付の特例）……478
第六条の二の七……479
第六条の二の八（特例退職組合員に係る審査請求等）……479
第六条の三（省令への委任）……479
第七条（支給の繰上げの請求があつた場合における法第七十六条等の規定の適用）……480
第七条の二（公務障害年金又は公務遺族年金の額の基礎となる終身年金現価率の年齢の特例）……481
第七条の三（育児休業手当金等に対する国等の負担に関する暫定措置）……481
第七条の三の二……482
第七条の四（介護納付金に係る掛金の徴収の特例）……482
第七条の五（支出費按《あん》分率が通用される間の財政調整拠出金の額の特例等）……483
第八条（短期給付に係る財政調整事業）……484
第九条（恩給の受給権の取扱に係る旧長期組合員であつた者の範囲）……489
第十条（職員に準ずる者）……489
第十条の二（政令で定める要件に該当する期間）……490
第十条の三（外国政府職員等から職員となるまでの期間等）……490
第十一条（特殊の期間の通算の対象となる者等）……492
第十一条の二（地方鉄道会社の範囲）……492
第十二条から第十七条まで　削除
第十八条（施行日以後の重複期間を有する者の取扱い）……493
第十九条及び第二十条　削除
第二十一条（厚生年金保険の被保険者であつた更新組合員の取扱い）……493
第二十二条（恩給等の裁定者等の証明等）……495
第二十三条（長期給付の決定に関する審理）……495
第二十四条（健康保険組合の権利義務の承継）……496

第二十五条（組合職員及び連合会役職員の取扱い）……496
第二十六条（厚生保険特別会計からの交付金）……497
第二十七条（地方の職員等であつた組合員の取扱い）……498
第二十七条の二（復帰更新組合員等から除かれる者の範囲）……501
第二十七条の三（退職共済年金等の取扱い）……501
第二十七条の四（沖縄の組合員であつた長期組合員の取扱い）……503
第二十七条の五（副看守長等であつた衛視等の取扱い）……504
第二十七条の六（沖縄の組合員であつた者が特別措置法の施行日以後に組合員となつた場合の取扱い）……505
第二十七条の七（省令への委任）……505
第二十八条（経過措置に伴う追加費用の負担）……506
第二十九条（旧地方公営企業等金融機構法の施行に伴う経過措置）……506
第三十条（動力炉・核燃料開発事業団法の施行に伴う経過措置）……506
第三十一条（水資源開発公団法の一部を改正する法律の施行に伴う経過措置）……507
第三十二条（農用地開発公団法の施行に伴う経過措置）……507
第三十三条（旧住宅・都市整備公団法の施行に伴う経過措置）……508
第三十三条の二（中小企業総合事業団法の施行に伴う経過措置）……508
第三十三条の三（森林開発公団法の一部を改正する法律の施行に伴う経過措置）……508
第三十三条の四（独立行政法人労働者健康福祉機構法の施行に伴う経過措置）……509
第三十三条の五（日本道路公団等民営化関係法施行法の施行に伴う経過措置）……509
第三十四条（病床転換支援金等の経過措置）……510
第三十四条の二（郵便貯金銀行等の組織の再編成）……510
第三十四条の二の二……510
第三十四条の二の三（郵政会社等役職員の取扱い等）……511
第三十四条の二の四（適用法人の要件等）……513
第三十四条の二の五（適用法人に使用される者の報酬等）……514
第三十四条の三（市町村民税経過措置対象組合員に対する高額療養費の支給に関する特例）……515
第三十四条の四（厚生労働大臣が定める医療に関する給付が行われるべき療養を受けた組合員等に係る高額療養費の支給に関する経過措置）……517
第三十五条から第三十八条（関係政令の一部改正）
平成十年（政令一〇〇）改正令附則（抄）……518
平成十年（政令三〇八）改正令附則……518
平成十年（政令三三六）改正令附則（抄）
第一条（施行期日）……518
平成十一年（政令一六五）改正令附則（抄）……518
平成十一年（政令二〇四）改正令附則（抄）
第一条（施行期日）……518
平成十一年（政令二三五）改正令附則（抄）……518
平成十一年（政令二四九）改正令附則……519
平成十一年（政令二五六）改正令附則（抄）
第一条（施行期日）……519
平成十一年（政令二六七）改正令附則（抄）
第一条（施行期日）……519
平成十一年（政令二七〇）改正令附則……519
平成十一年（政令二七二）改正令附則（抄）
第一条（施行期日）……519
平成十一年（政令二七六）改正令附則（抄）
第一条（施行期日）……519
平成十一年（政令三〇六）改正令附則（抄）
第一条（施行期日）……520
平成十二年（政令七三）改正令附則（抄）……520
1（施行期日）……520
平成十二年（政令一七一）改正令附則……520
平成十二年（政令一八一）改正令附則……520
平成十二年（政令一八二）改正令附則（抄）
第一条（施行期日）……520
第二条（増加恩給の受給権者であつた者等に係る遺族共済年金の額の改定の特例に関する経過措置）……520
第三条（国家公務員共済組合法の年金の額の改定に関する政令の適用関係）……521
第四条（平成十四年度までの障害一時金の額の算定に関する経過措置）……521
第五条（平成十四年度までの障害共済年金の支給停止額の算定に関する経過措置）……522
第六条（平成十四年度までの遺族共済年金の支給停止額の算定に関する経過措置）……523
第七条（平成十二年度以後における旧共済法による年金の額の算定に関する経過措置）……523
第八条（平成十二年度以後における障害年金等の支給停止額の算定に関する経過措置）……525
第九条（平成十二年度以後における退職年金の受給権者の在職中支給基本額等の算定に関する経過措置）……526
平成十二年（政令三〇七）改正令附則（抄）
中央省庁等改革のための財務省関係法令等の整備に関する政令（抄）

第一条（施行期日）……527
平成十二年（政令三二六）改正令附則……527
平成十二年（政令三四六）改正令附則（抄）
第一条（施行期日）……527
第二条（育児休業手当金及び介護休業手当金に対する国の負担割合に関する経過措置）……527
平成十二年（政令三六一）改正令附則（抄）……527
平成十二年（政令三八〇）改正令附則（抄）
1（施行期日）……528
平成十二年（政令四一四）改正令附則（抄）
第一条（施行期日）……528
平成十二年（政令四七四）改正令附則……528
平成十二年（政令四九二）改正令附則（抄）……528
平成十二年（政令五〇六）改正令附則……528
平成十二年（政令五〇八）改正令附則（抄）
第一条（施行期日）……528
平成十二年（政令五四三）改正令附則（抄）
1（施行期日）……529
2（罰則に関する経過措置）……529
平成十三年（政令二一）改正令附則（抄）
第一条（施行期日）……529
平成十三年（政令一〇三）改正令附則（抄）
第一条（施行期日）……529
平成十三年（政令三五二）改正令附則……529
平成十三年（政令三六六）改正令附則……529
平成十三年（政令三九一）改正令附則……530
平成十四年（政令四三）改正令附則（抄）
第一条（施行期日）……530
第八条（国家公務員共済組合法施行令の一部改正に伴う経過措置）……530
平成十四年（政令二三九）改正令附則……530
平成十四年（政令二八二）改正令附則（抄）
第一条（施行期日）……530
平成十四年（政令三四八）改正令附則（抄）
第一条（施行期日）……530
平成十四年（政令三八五）改正令附則（抄）
第一条（施行期日）……531
平成十五年（政令一六）改正令附則（抄）
第一条（施行期日）……531
第二条（平成十五年度以後における障害共済年金の額の算定に関する経過措置）……531
第三条（平成十五年度以後における障害一時金の額の算定に関する経過措置）……533
第四条……535
第五条（組合員期間の月数が三百月未満である障害共済年金等の額の算定に関する経過措置）……537
第六条（平成十五年度以後における障害共済年金の支給停止額の算定に関する経過措置）……540
第七条……541
第八条（平成十五年度以後における遺族共済年金の支給停止額の算定に関する経過措置）……543
第九条……545
第十条（国家公務員共済組合法施行令の一部改正に伴う経過措置）……547
第十一条（平成十五年四月から平成十六年十二月までの特例退職組合員の標準報酬の月額に関する経過措置）……547
第十二条（退職共済年金等の額の一般的特例に関する経過措置）……548
平成十五年（政令六四）改正令附則（抄）
第一条（施行期日）……552
平成十五年（政令九三）改正令附則……552
平成十五年（政令九九）改正令附則……552
平成十五年（政令二〇五）改正令附則（抄）……553
平成十五年（政令二四一）改正令附則……553
平成十五年（政令二九二）改正令附則（抄）……553
平成十五年（政令二九三）改正令附則（抄）
第一条（施行期日）……553
平成十五年（政令二九四）改正令附則（抄）
第一条（施行期日）……553
平成十五年（政令二九五）改正令附則（抄）
第一条（施行期日）……553
平成十五年（政令二九六）改正令附則（抄）
第一条（施行期日）……554
平成十五年（政令二九七）改正令附則（抄）……554
平成十五年（政令三二二）改正令附則（抄）……554
平成十五年（政令三二八）改正令附則（抄）……554
平成十五年（政令三二九）改正令附則（抄）
第一条（施行期日）……554
平成十五年（政令三四二）改正令附則（抄）
第一条（施行期日）……554
平成十五年（政令三四三）改正令附則（抄）
第一条（施行期日）……555
平成十五年（政令三四四）改正令附則（抄）
第一条（施行期日）……555
平成十五年（政令三五八）改正令附則（抄）
第一条（施行期日）……555
平成十五年（政令三六四）改正令附則（抄）
第一条（施行期日）……555
平成十五年（政令三六五）改正令附則（抄）
第一条（施行期日）……555
平成十五年（政令三六七）改正令附則（抄）
第一条（施行期日）……556
平成十五年（政令三六八）改正令附則（抄）
第一条（施行期日）……556
平成十五年（政令三六九）改正令附則（抄）
第一条（施行期日）……556
平成十五年（政令三七〇）改正令附則（抄）

第一条（施行期日）……556
平成十五年（政令三九〇）改正令附則……556
平成十五年（政令三九一）改正令附則（抄）
第一条（施行期日）……556
平成十五年（政令三九二）改正令附則（抄）
第一条（施行期日）……557
平成十五年（政令三九三）改正令附則（抄）
第一条（施行期日）……557
平成十五年（政令三九四）改正令附則（抄）
第一条（施行期日）……557
平成十五年（政令三九七）改正令附則（抄）……557
平成十五年（政令四〇六）改正令附則（抄）
第一条（施行期日）……557
平成十五年（政令四一〇）改正令附則……558
平成十五年（政令四一二）改正令附則……558
平成十五年（政令四一六）改正令附則（抄）
第一条（施行期日）……558
平成十五年（政令四三八）改正令附則（抄）
第一条（施行期日）……558
平成十五年（政令四三九）改正令附則（抄）
第一条（施行期日）……558
平成十五年（政令四四〇）改正令附則（抄）
第一条（施行期日）……558
平成十五年（政令四八三）改正令附則（抄）
第一条（施行期日）……559
平成十五年（政令四八九）改正令附則（抄）
第一条（施行期日）……559
平成十五年（政令四九〇）改正令附則……559
平成十五年（政令四九三）改正令附則（抄）
第一条（施行期日）……559
平成十五年（政令五一六）改正令附則（抄）
第一条（施行期日）……559
平成十五年（政令五四三）改正令附則（抄）
第一条（施行期日）……560
平成十五年（政令五四六）改正令附則（抄）
1（施行期日）……560
平成十五年（政令五五三）改正令附則（抄）
第一条（施行期日）……560
平成十五年（政令五五五）改正令附則（抄）
第一条（施行期日）……560
平成十五年（政令五五六）改正令附則（抄）
第一条（施行期日）……560
平成十六年（政令二）改正令附則（抄）
第一条（施行期日）……561
平成十六年（政令一四）改正令附則（抄）
第一条（施行期日）……561
平成十六年（政令三二）改正令附則（抄）
第一条（施行期日）……561
平成十六年（政令四四）改正令附則……561
平成十六年（政令五〇）改正令附則（抄）
第一条（施行期日）……561
平成十六年（政令八三）改正令附則（抄）
第一条（施行期日）……561
平成十六年（政令一六〇）改正令附則（抄）
第一条（施行期日）……562
平成十六年（政令二〇〇）改正令附則……562
平成十六年（政令二〇七）改正令附則……562
平成十六年（政令二八六）改正令附則（抄）
第一条（施行期日）……562
第二条（平成二十六年四月以後の月分の法による年金である給付の額の算定に関する経過措置についての読替え等）……562
第三条（平成二十六年四月以後の月分の旧共済法による年金の額の算定に関する経過措置についての読替え等）……572
第四条（更新組合員等であった者で七十歳以上のものが受ける退職年金等の額の改定の特例）……576
第五条（再評価率等の改定等の特例の対象となる法による年金である給付）……578
第六条（再評価率等の改定等の特例の対象となる給付）……578
第七条（再評価率等の改定等の特例の対象となる率）……578
第八条（年金額等の水準を表す指数の計算方法）……579
第八条の二……579
第八条の三（平成二十七年度における従前額改定率の改定の特例）……580
第八条の四（基礎年金拠出金の負担に関する経過措置）……581
第八条の五（平成二十一年度から平成二十五年度までの基礎年金拠出金の負担に関する経過措置の特例）……582
第九条（存続組合が支給する特例年金給付等の額の改定）……583
第九条の二（退職共済年金の支給の繰下げに係る経過措置）……590
第十条（国民年金法等の一部を改正する法律附則第十二条第一項に規定する政令で定める給付）……590
平成十六年（政令二九四）改正令附則（抄）……590
平成十六年（政令三六六）改正令附則（抄）
第一条（施行期日）……590
平成十六年（政令三八三）改正令附則（抄）
第一条（施行期日）……591
平成十六年（政令四〇四）改正令附則（抄）……591
平成十六年（政令四二九）改正令附則（抄）
第一条（施行期日）……591

平成十七年（政令一一八）改正令附則（抄）
第一条（施行期日）……591
第二条（停止解除調整開始額に係る再評価率の改定の基準となる率の特例）……591
第三条（平成十六年改正前の規定による退職共済年金の額の算定に関する経過措置）……592
第四条（施行日に六十歳以上である者等に対する退職共済年金の額の算定に関する経過措置）……594
第五条（平成十六年改正前の規定による存続組合等が支給する特例年金給付の額の算定に関する経過措置）……595
第七条（独立行政法人日本貿易振興機構施行令の廃止に伴う経過措置）……596
第八条（独立行政法人国際協力機構法施行令の廃止に伴う経過措置）……596
平成十七年（政令一七三）改正令附則（抄）
第一条（施行期日）……596
第五条（国家公務員共済組合法施行令の一部改正に伴う経過措置）……596
平成十七年（政令一九〇）改正令附則（抄）
第一条（施行期日）……597
平成十七年（政令二〇三）改正令附則（抄）
第一条（施行期日）……597
平成十七年（政令二二四）改正令附則（抄）
第一条（施行期日）……597
平成十七年（政令二七九）改正令附則（抄）
第一条（施行期日）……597
平成十八年（政令一四）改正令附則（抄）
第一条（施行期日）……597
平成十八年（政令二五）改正令附則……598
平成十八年（政令七三）改正令附則（抄）
1（施行期日）……598
平成十八年（政令七五）改正令附則
第一条（施行期日）……598
平成十八年（政令一五四）改正令附則（抄）
第一条（施行期日）……598
平成十八年（政令二四一）改正令附則（抄）
第一条（施行期日）……598
第八条（国家公務員共済組合法施行令の一部改正に伴う経過措置）……598
第九条……599
平成十八年（政令二七七）改正令附則（抄）
第一条（施行期日）……600
平成十八年（政令二八六）改正令附則（抄）
第一条（施行期日）……600
第十条（国家公務員共済組合法施行令の一部改正に伴う経過措置）……600
第十一条……600
平成十八年（政令二九六）改正令附則……600
平成十八年（政令三七五）改正令附則
第一条（施行期日）……601
平成十八年（政令三九〇）改正令附則（抄）
第一条（施行期日）……601
第六条（国家公務員共済組合法施行令の一部改正に伴う経過措置）……601
第七条……601
平成十九年（政令三）改正令附則
第一条（施行期日）……602
平成十九年（政令三一）改正令附則（抄）
第一条（施行期日）……602
平成十九年（政令七七）改正令附則（抄）
第一条（施行期日）……602
第二条（国家公務員共済組合法による年金である給付の額等に関する経過措置）……602
第三条（退職共済年金の支給の停止に関する経過措置）……603
第四条（標準報酬の月額等が改定され、又は決定された者に対する長期給付の特例の対象である規定の適用に関する読替え）……603
平成十九年（政令一六一）改正令附則
第一条（施行期日）……605
第二条（国家公務員共済組合法施行令の一部改正に伴う経過措置）……605
平成十九年（政令二〇七）改正令附則……605
平成十九年（政令二一〇）改正令附則（抄）……605
平成十九年（政令二一六）改正令附則……605
平成十九年（政令二一九）改正令附則……605
平成十九年（政令二三三）改正令附則（抄）
第一条（施行期日）……606
平成十九年（政令二三五）改正令附則（抄）
第一条（施行期日）……606
第二十五条（国家公務員共済組合法施行令の一部改正に伴う経過措置）……606
平成十九年（政令二五二）改正令附則……607
平成十九年（政令二八七）改正令附則（抄）……607
平成十九年（政令三二六）改正令附則（抄）
第一条（施行期日）……608
平成十九年（政令三三三）改正令附則（抄）
第一条（施行期日）……608
平成十九年（政令三八四）改正令附則（抄）
第一条（施行期日）……608
平成十九年（政令三八八）改正令附則
第一条（施行期日）……608
平成二十年（政令八五）改正令附則（抄）
第一条（施行期日）……608
第二条（国家公務員共済組合法による年金である給付の額等に関する経過措置）……608
第三条（三号分割により標準報酬の月額等が改定

され、又は決定された者に対する長期給付
の特例の対象である規定の適用に関する読
替え）……609
平成二十年（政令一一六）改正令附則（抄）
第一条（施行期日）……609
第四十七条（国家公務員共済組合法施行令の一部
改正に伴う経過措置）……610
第四十八条……610
第四十九条……610
第五十条……610
第五十一条……612
第五十二条……614
平成二十年（政令一二七）改正令附則（抄）
第一条（施行期日）……622
平成二十年（政令一八〇）改正令附則（抄）
第一条（施行期日）……622
第四条（罰則に関する経過措置）……622
平成二十年（政令二一〇）改正令附則（抄）
第一条（施行期日）……622
平成二十年（政令二二六）改正令附則（抄）……622
平成二十年（政令二三七）改正令附則（抄）
第一条（施行期日）……622
平成二十年（政令二八三）改正令附則（抄）
第一条（施行期日）……623
平成二十年（政令二九七）改正令附則（抄）
第一条（施行期日）……623
平成二十年（政令三五七）改正令附則（抄）
第一条（施行期日）……623
第十条（国家公務員共済組合法施行令の一部改正
に伴う経過措置）……624
第十一条……624
第十二条……627
平成二十年（政令三七一）改正令附則（抄）
第一条（施行期日）……628
第四条（国家公務員共済組合法施行令の一部改正
に伴う経過措置）……628
平成二十一年（政令五八）改正令附則（抄）
第一条（施行期日）……628
平成二十一年（政令七六）改正令附則……629
平成二十一年（政令一〇二）改正令附則（抄）
第一条（施行期日）……629
平成二十一年（政令一三五）改正令附則（抄）
第一条（施行期日）……629
第五条（国家公務員共済組合法施行令の一部改正
に伴う経過措置）……629
平成二十一年（政令一三九）改正令附則……629
平成二十一年（政令一四二）改正令附則（抄）
第一条（施行期日）……629
平成二十一年（政令一五五）改正令附則（抄）
第一条（施行期日）……630
平成二十一年（政令一六八）改正令附則（抄）……630
平成二十一年（政令二三五）改正令附則……630
平成二十一年（政令二六五）改正令附則（抄）
1（施行期日）……630
平成二十一年（政令二九六）改正令附則（抄）
第一条（施行期日）……630
平成二十一年（政令三〇五）改正令附則……631
平成二十一年（政令三一〇）改正令附則（抄）
第一条（施行期日）……631
平成二十二年（政令四〇）改正令附則……631
平成二十二年（政令四二）改正令附則……631
平成二十二年（政令六五）改正令附則（抄）
第一条（施行期日）……631
第六条（国家公務員共済組合法施行令の一部改正
に伴う経過措置）……631
平成二十二年（政令一〇八）改正令附則……632
平成二十二年（政令一七〇）改正令附則（抄）
第一条（施行期日）……632
平成二十二年（政令一九四）改正令附則……632
平成二十三年（政令五五）改正令附則（抄）
第一条（施行期日）……632
第二条（国家公務員共済組合法施行令の一部改正
に伴う経過措置）……632
平成二十三年（政令五八）改正令附則
第一条（施行期日等）……632
第二条（国家公務員共済組合法による年金である
給付の額等に関する経過措置）……633
平成二十三年（政令一五一）改正令附則（抄）
第一条（施行期日）……633
平成二十三年（政令一六六）改正令附則（抄）
第一条（施行期日）……633
平成二十三年（政令二〇五）改正令附則（抄）……633
平成二十三年（政令二二〇）改正令附則（抄）……633
平成二十三年（政令二五七）改正令附則（抄）
第一条（施行期日）……634
平成二十三年（政令三二七）改正令附則（抄）
第一条（施行期日）……634
第二条（国家公務員共済組合法施行令の一部改正
に伴う経過措置）……634
平成二十三年（政令三三四）改正令附則（抄）……634
平成二十三年（政令四二三）改正令附則（抄）
第一条（施行期日）……634
平成二十四年（政令三八）改正令附則（抄）
第一条（施行期日）……634
平成二十四年（政令五四）改正令附則
第一条（施行期日）……635
平成二十四年（政令七四）改正令附則……635
平成二十四年（政令一九七）改正令附則……635
平成二十四年（政令二〇二）改正令附則（抄）

第一条（施行期日）……635
平成二十四年（政令二七九）改正令附則……635
平成二十四年（政令二八二）改正令附則……636
平成二十五年（政令五一）改正令附則（抄）
1（施行期日）……636
平成二十五年（政令五五）改正令附則（抄）
第一条（施行期日）……636
平成二十五年（政令五七）改正令附則（抄）
第一条（施行期日）……636
平成二十五年（政令六五）改正令附則（抄）
1（施行期日）……636
平成二十五年（政令七〇）改正令附則……636
平成二十五年（政令八六）改正令附則……637
平成二十五年（政令一七四）改正令附則……637
平成二十五年（政令二二六）改正令附則
第一条（施行期日）……637
第二条（国家公務員共済組合法による年金である給付の額等に関する経過措置）……637
第三条……638
第四条（追加費用対象期間を有する者に係る退職共済年金等の額の特例）……639
平成二十五年（政令二五六）改正令附則……639
平成二十五年（政令二七三）改正令附則……640
平成二十五年（政令二八二）改正令附則……640
平成二十五年（政令三五六）改正令附則……640
平成二十五年（政令三五七）改正令附則……640
平成二十五年（政令三六六）改正令附則……640
平成二十六年（政令二三）改正令附則……640
平成二十六年（政令二九）改正令附則……641
平成二十六年（政令三九）改正令附則（抄）
1（施行期日）……641
平成二十六年（政令七三）改正令附則（抄）
第一条（施行期日）……641
平成二十六年（政令八五）改正令附則（抄）
第一条（施行期日）……641
第二条（国家公務員共済組合法による年金である給付の額等に関する経過措置）……641
第三条（遺族共済年金の支給の停止に関する経過措置）……641
平成二十六年（政令一二一）改正令附則……643
平成二十六年（政令一二九）改正令附則（抄）
第一条（施行期日）……643
第五条（国家公務員共済組合法施行令の一部改正に伴う経過措置）……643
平成二十六年（政令一九五）改正令附則（抄）
第一条（施行期日）……643
平成二十六年（政令二三四）改正令附則……644
平成二十六年（政令二四四）改正令附則……644
平成二十六年（政令二六一）改正令附則（抄）
第一条（施行期日）……644
平成二十六年（政令二七三）改正令附則（抄）
1（施行期日）……644
平成二十六年（政令三一三）改正令附則（抄）
1（施行期日）……644
平成二十六年（政令三六五）改正令附則（抄）
第一条（施行期日）……645
第十三条（国家公務員共済組合法施行令の一部改正に伴う経過措置）……645
第十四条……645
第十五条……646
平成二十六年（政令四〇七）改正令附則（抄）
1（施行期日）……646
平成二十七年（政令三五）改正令附則（抄）
1（施行期日）……646
平成二十七年（政令七四）改正令附則……646
平成二十七年（政令一〇三）改正令附則
1（施行期日）……646
2（国家公務員共済組合法による年金である給付の額等に関する経過措置）……646
平成二十七年（政令一三八）改正令附則（抄）
第一条（施行期日）……647
平成二十七年（政令二二三）改正令附則……647
平成二十七年（政令三一一）改正令附則……647
平成二十七年（政令三四四）改正令附則
第一条（施行期日）……647
第二条（退職等年金給付積立金の管理及び運用に関する基本的な指針に係る経過措置）……648
第三条（平成二十七年度における国家公務員共済組合法による長期給付に要する費用のうち昭和三十六年四月一日前の組合員期間に係る部分の経過措置）……648
平成二十七年（政令三九二）改正令附則（抄）
第一条（施行期日）……649
平成二十七年（政令四四四）改正令附則（抄）
1（施行期日）……650
平成二十八年（政令一三）改正令
第一条（施行期日）……650
平成二十八年（政令七八）改正令
第一条（施行期日）……650
平成二十八年（政令一二九）改正令
第一条（施行期日等）……650
第二条（国家公務員等共済組合法等の一部を改正する法律による年金である給付の額等に関する経過措置）……651
平成二十八年（政令一八〇）改正令附則（抄）
第一条（施行期日）……651
第六条（国家公務員共済組合法施行令の一部改正に伴う経過措置）……651
平成二十八年（政令一九九）改正令附則（抄）……651

平成二十八年（政令三一九）改正令附則（抄）……651
平成二十八年（政令三六一）改正令附則（抄）……652
平成二十八年（政令三七二）改正令附則（抄）
第一条（施行期日）……652
平成二十九年（政令四）改正令附則（抄）……652
平成二十九年（政令八一）改正令附則（抄）
1（施行期日）……652
平成二十九年（政令九八）改正令附則（抄）……652
第一条（施行期日）……652
平成二十九年（政令一二九）改正令附則……652
平成二十九年（政令二一三）改正令附則（抄）……653
第一条（施行期日）……653
第八条（国家公務員共済組合法施行令の一部改正に伴う経過措置）……653
第九条……653
平成二十九年（政令二六四）改正令附則（抄）……653
平成三十年（政令五五）改正令附則（抄）……653
平成三十年（政令一一七）改正令附則（抄）……653
1（施行期日）……653

○国家公務員共済組合法施行規則

第一章　総則
第一条（趣旨）……4
第二条（定義）……4
第二章　組合
第一節　運営規則
第三条（運営規則）……18
第二節　財務
第一款　通則
第四条（会計組織）……38
第五条（会計単位）……38
第六条（経理単位）……39
第七条（業務経理又は福祉経理の財源）……41
第八条（管理責任）……41
第二款　資産管理
第九条（資産の価額）……42
第十条（資産の保管）……42
第十一条（資金の集中）……35
第十二条（資金の運用）……36
第十三条（経理単位の余裕金）……37
第十三条の二（貯金経理の資産の構成）……37
第十四条（債権の放棄等）……43
第十五条（資産の交換等の制限）……43
第三款　出納職員
第十六条（出納役）……44
第十七条（出納主任）……45
第十八条（代理出納役等）……45
第十八条の二（出納員）……45
第十八条の三（官職等を指定する方法による出納職員の任命）……45
第十九条（出納職員の兼任の禁止等）……46
第二十条（出納職員の任免報告）……46
第二十一条（出納職員の事故報告）……46
第四款　事業計画及び予算
第二十二条（事業計画及び予算の認可）……20
第二十三条（事業計画の内容）……20
第二十四条（予算の内容）……22
第五款　契約
第二十五条（契約担当者）……47
第二十六条（一般競争契約）……47
第二十六条の二（一般競争等に付さなくてもよい場合）……48
第二十六条の三（指名競争）……48
第二十七条（随意契約）……49
第二十七条の二（長期継続契約ができるもの）……50
第二十七条の三（入札保証金）……50
第二十八条（契約書の作成）……52
第二十八条の二（契約書の作成を省略することができる場合）……52
第二十九条（契約保証金）……53
第二十九条の二（手付金）……54
第三十条（部分払）……54
第三十一条（財産の貸付け）……54
第三十二条（代金の完納）……54
第六款　出納
第三十三条（取引命令）……55
第三十四条（各経理単位間における取引命令の制限）……55
第三十五条（現金の払いもどしの制限）……56
第三十六条（取引金融機関の指定等）……56
第三十七条（登録印鑑）……56
第三十八条（当座借越契約の禁止）……57
第三十九条（先日付小切手の振出の禁止）……57
第四十条（手形等による取引の制限）……57
第四十一条（出納の締切）……57
第四十二条（収納手続）……57
第四十三条（収納金の預入）……58
第四十四条（支払手続）……58
第四十五条（支払の方法）……58
第四十六条（小切手事務の取扱）……59
第四十七条（給付金等の支払の委託）……60
第四十七条の二（収入金の受領委託）……60
第四十八条（隔地払等）……60
第四十九条（前金払）……61
第五十条（概算払）……62
第五十一条（資金の回送）……62
第七款　経理
第一目　通則

第五十二条（経理の原則）……62
第五十三条（勘定区分）……63
第五十四条（預り金処理）……63
第五十五条（払もどし及びもどし入）……64
第二目　伝票、帳簿及び出納計算表
第五十六条（伝票）……64
第五十七条（帳簿の種類）……64
第五十八条（帳簿の記入）……64
第五十九条（照合の責任）……65
第六十条（出納計算表の提出）……65
第三目　決算
第六十一条（決算精算表の提出）……23
第六十二条（財務諸表の提出）……24
第六十二条の二（財務諸表等の閲覧期間）……26
第六十三条（前期損益修正益及び前期損益修正損の処理）……26
第六十四条（たな卸）……26
第六十五条（たな卸資産の評価）……26
第六十六条（たな卸資産の減価）……27
第六十七条（資産の再評価）……28
第六十八条（有形固定資産の減価償却）……28
第六十九条（無形固定資産の償却）……30
第七十条（借入不動産の増築費等の償却）……30
第七十一条（特別償却）……31
第七十二条（創業費及び開発費の償却）……31
第七十三条（退職給与引当金）……32
第七十四条（災害補てん引当金）……32
第七十五条　削除
第七十六条（貸倒引当金）……32
第七十七条（特別修繕引当金）……32
第七十八条（支払準備金）……33
第七十九条（再評価積立金）……33
第八十条（建設積立金等）……33
第八十一条（別途積立金）……33
第八十一条の二（貸付資金積立金）……33
第八十二条（欠損金補てん積立金）……34
第八十三条　削除
第八十四条（利益剰余金及び欠損金の処分）……34

第三章　連合会

第八十五条（準用規定）……65
第八十五条の二（連合会の業務）……71
第八十五条の三（退職等年金給付に要する費用を計算したときの財務大臣への報告）……71
第八十五条の四（運営審議会）……71
第八十五条の五（運営審議会の会議）……72
第八十五条の六（厚生年金保険経理及び退職等年金経理における損益計算上の整理）……72
第八十五条の七（組合貸付債権の信託）……73
第八十五条の八（組合への貸付けに係る利率）……73
第八十五条の九（資金の貸付けに係る利率）……73
第八十五条の十（応募又は買入れの方法により取得する有価証券から除かれる有価証券の範囲）……74
第八十五条の十一（合同運用における利益又は損失の経理間の按《あん》分）……74
第八十五条の十二（厚生年金保険法第七十九条の八第一項に規定する財務省令で定める事項）……75
第八十五条の十三（厚生年金保険法第七十九条の八第二項に規定する財務省令で定める事項）……76
第八十五条の十四（法第三十五条の四に規定する財務省令で定める事項）……77
第八十六条（財政調整事業の経理の特例）……78

第四章　組合員

第八十七条（組合員原票）……81
第八十七条の二（長期組合員となつた者の資格取得届等）……82
第八十七条の二の二（第二号厚生年金被保険者の資格取得届等）……86
第八十七条の二の三（高齢任意加入被保険者の資格取得の申出等）……87
第八十七条の三（組合員長期原票）……89
第八十七条の四（厚生年金保険法による被保険者に関する原簿）……90
第八十八条（被扶養者の申告）……120
第八十九条（組合員証の交付）……91
第九十条（組合員証の記載事項の訂正）……92
第九十一条（組合員証の亡失等）……92
第九十二条（組合員証の検認等）……93
第九十三条（組合員証の返納）……93
第九十四条（組合員証整理簿）……94
第九十五条（組合員被扶養者証）……94
第九十五条の二（高齢受給者証の交付等）……95

第五章　給付

第一節　通則
第九十六条（提出書類の省略）……97
第九十六条の二（標準報酬の決定等）……98
第九十六条の二の二（第二号厚生年金被保険者等である組合員の標準報酬月額の決定等）……103
第九十六条の二の三（第二号厚生年金被保険者等が育児休業等を終了した際の標準報酬月額の改定に係る申出）……104
第九十六条の二の四（第二号厚生年金被保険者等が育児休業等を終了した際の

標準報酬月額の改定に係る申出の特例）……105
第九十六条の二の五（七十歳以上の使用される者の要件）……105
第九十六条の二の六（七十歳以上の使用される者に係る標準報酬月額に相当する額の決定等）……106
第九十六条の三（標準報酬の組合員への通知等）……106
第九十六条の四（標準報酬の連合会への通知等）……107
第九十六条の五（標準報酬の改定の程度）……108
第九十六条の六（標準期末手当等の額の決定）……108
第九十六条の六の二（第二号厚生年金被保険者等である組合員の標準賞与額の決定等）……110
第九十六条の六の三（七十歳以上の使用される者に係る標準賞与額に相当する額の決定等）……111
第九十六条の七（標準期末手当等の額の組合員への通知等）……112
第九十六条の八（標準期末手当等の額の連合会への通知等）……112
第九十七条（支払未済の給付）……114
第九十八条（第三者の行為による損害の届出）……116
第九十八条の二（掛金等を納付しない場合の給付制限についての控除金額）……359
第二節　短期給付
第九十九条（療養の給付等）……122
第九十九条の二（一部負担金の割合が百分の二十となる財務省令で定めるところにより算定した収入の額等）……123
第九十九条の二の二（一部負担金の額の特例に係る特別の事情）……125
第九十九条の三（食事療養標準負担額減額に関する特例）……125
第九十九条の四（生活療養標準負担額減額に関する特例）……126
第百条　削除
第百一条（薬剤の支給）……123
第百二条（療養費）……128
第百二条の二（訪問看護療養費）……130
第百三条（移送費）……131
第百四条（特別療養証明書）……136
第百五条（家族療養費）……131
第百五条の二（家族訪問看護療養費）……134
第百五条の三（家族移送費）……135
第百五条の四（高額療養費の決定の請求）……140
第百五条の四の二（年間の高額療養費の決定の請求等）……147
第百五条の四の三（年間の高額療養費の支給及び証明書の交付の申請等）……149
第百五条の五（特定給付対象療養）……140
第百五条の五の二（特定疾病給付対象療養の認定）……140
第百五条の五の三（特定疾病に係る療養の認定）……143
第百五条の五の四（令第十一条の三の四第一項五号、第六号、第十一号、第十二号、第十七号及び第十八号の財務省令で定めるところにより算定した金額）……152
第百五条の五の五（令第十一条の三の四第五項の財務省令で定めるところにより算定した金額）……155
第百五条の五の六（令第十一条の三の四第六項において準用する同条第五項の財務省令で定めるところにより算定した金額）……156
第百五条の五の七（令第十一条の三の四第七項の財務省令で定めるところにより算定した金額）……157
第百五条の六（高額療養費に係る療養に要した費用の額）……167
第百五条の七（令第十一条の三の五第一項第五号に規定する財務省令で定める者等）……168
第百五条の七の二（限度額適用の認定）……179
第百五条の八（令第十一条の三の六第一項第一号イ、ロ若しくはハ、第二号ロ又は第三号ロに規定する財務省令で定める費用の額）……182
第百五条の九（限度額適用・標準負担額減額の認定）……182
第百五条の十（高額療養費を医療機関等に支払うことができる医療に関する給付）……185
第百五条の十の二（令第十一条の三の六第十二項の財務省令で定める場合及び財務省令で定める日）……185
第百五条の十一（高額介護合算療養費の決定の請求等）……189
第百五条の十二（高額介護合算療養費の支給及び証明書の交付の申請等）……191
第百五条の十三（令第十一条の三の六の二第一項第五号の財務省令で定めるところにより算定した金額）……193
第百五条の十四（令第十一条の三の六の二第二項の財務省令で定めるところにより算定した金額）……195
第百五条の十五（令第十一条の三の六の二第五項の財務省令で定めるところにより

算定した第一項各号に掲げる金額に相当する金額）……202
第百五条の十六（令第十一条の三の六の二第六項の財務省令で定めるところにより算定した金額）……204
第百五条の十七（令第十一条の三の六の二第七項の財務省令で定めるところにより算定した第一項各号に掲げる金額に相当する金額）……204
第百五条の十八（介護合算算定基準額及び七十歳以上介護合算算定基準額に関する読替え）……208
第百五条の十九（令第十一条の三の六の三第六項の介護合算算定基準額に関する読替え）……212
第百五条の二十（令第十一条の三の六の四第一項の財務省令で定める場合及び財務省令で定める日）……212
第百六条（出産費及び家族出産費）……213
第百七条　削除
第百八条（埋葬料及び家族埋葬料）……215
第百九条（傷病手当金）……216
第百九条の二（傷病手当金の額の算定）……217
第百九条の三（障害厚生年金の日額計算）……218
第百九条の四（退職老齢年金給付の日額計算）……220
第百十条（出産手当金）……224
第百十条の二（出産手当金の額の算定）……224
第百十一条（休業手当金）……225
第百十一条の二（育児休業手当金）……225
第百十一条の三（介護休業手当金）……228
第百十二条（弔慰金及び家族弔慰金）……230
第百十三条（災害見舞金）……231
第百十三条の二　削除
第百十三条の三（短期給付の決定及び通知）……118
第百十三条の三の二（医療費の通知）……119
第百十三条の四（高齢者の医療の確保に関する法律の障害の認定を受けた者の届出）……120
第百十三条の五（介護保険第二号被保険者の資格の届出）……121
第三節　長期給付
第一款　厚生年金保険給付
第一目　老齢厚生年金
第百十四条（老齢厚生年金の請求等）……232
第二目　障害厚生年金及び障害手当金
第百十四条の二（障害厚生年金及び障害手当金の請求等）……246
第三目　遺族厚生年金
第百十四条の三（遺族厚生年金の請求等）……251
第四目　脱退一時金
第百十四条の四（脱退一時金の請求等）……257
第五目　離婚等をした場合における特例
第百十四条の五（標準報酬改定請求等）……257
第百十四条の六（当事者等からの情報提供請求等）……258
第百十四条の七（離婚時みなし被保険者期間を有する者の届出等）……262
第百十四条の八（みなし組合員長期原票）……263
第百十四条の九（離婚時みなし被保険者期間に係る記録）……263
第百十四条の十（標準報酬改定請求に係る連合会への通知）……264
第百十四条の十一（連合会への資料の求め）……264
第六目　被扶養配偶者である期間についての特例
第百十四条の十二（三号分割標準報酬改定請求等）……264
第百十四条の十三（被扶養配偶者みなし被保険者期間を有する者の届出等）……265
第百十四条の十四（被扶養配偶者みなし組合員長期原票）……266
第百十四条の十五（被扶養配偶者みなし被保険者期間に係る記録）……266
第百十四条の十六（三号分割標準報酬改定請求に係る連合会への通知）……267
第七目　雑則
第百十四条の十七（厚生年金保険給付に関する通知）……267
第百十四条の十八（厚生年金保険給付に係る年金証書）……267
第百十四条の十九（厚生年金保険給付に係る年金証書の亡失等）……268
第百十四条の二十（支払の一時差止め）……268
第百十四条の二十一（連合会による厚生年金保険給付の受給権者の確認等）……269
第百十四条の二十二（厚生年金保険給付の受給権者に係る所在不明の届出）……270
第百十四条の二十三（本人確認情報の提供を受けることができない厚生年金保険給付の受給権者に係る届出）……271
第百十四条の二十四（厚生年金保険給付の受給権者の異動報告等）……271
第百十四条の二十五（厚生年金保険給付の受給権の消滅の届出）……273
第百十四条の二十六（未支給の厚生年金保険給付の請求）……274
第百十四条の二十七（保険料納付の実績及び将来の給付に関する必要な情報の通知）……275

第百十四条の二十八（添付書類の特例）……276
第百十四条の二十九（実施機関による届書等の受理、送付等）……277
第百十四条の三十（年金原簿等の作成）……278
第二款　退職等年金給付
第一目　通則
第百十五条（付与率の見直し）……279
第百十五条の二（基準利率の基礎となる国債の利回り）……280
第百十五条の三（基準利率の下限）……280
第百十五条の四（終身年金現価率の計算に用いる基準利率等）……280
第百十五条の五（終身年金現価率の見直し）……281
第百十五条の六（有期年金現価率の計算に用いる基準利率）……281
第百十五条の七（有期年金現価率の見直し）……281
第百十五条の八（端数計算）……281
第百十五条の九（委任規定）……282
第百十五条の十（老齢加算額等が支給される場合の厚生年金相当額である老齢厚生年金等の額）……282
第百十五条の十一（公務障害年金及び公務遺族年金の最低保障額から控除する老齢基礎年金相当額等）……283
第百十五条の十二（併せて受けることができる二以上の年金である給付に加算額等がある場合における厚生年金相当額）……285
第百十五条の十三（遺族の範囲の特例）……286
第二目　退職年金
第百十六条（退職年金の決定の請求）……287
第百十六条の二（整理退職の場合の一時金の決定の請求）……289
第百十六条の三（遺族に対する一時金の決定の請求）……290
第百十六条の四（三歳に満たない子を養育する組合員等の給付算定基礎額の計算の特例を受ける場合の申出等）……292
第百十六条の五（子の養育以外の標準報酬の月額の特例の開始事由）……294
第百十六条の六（厚生年金保険法による三歳に満たない子を養育する被保険者等の標準報酬月額の特例に係る申出）……295
第百十六条の七（厚生年金保険法による三歳に満たない子を養育する被保険者等の標準報酬月額の特例に係る申出の特例）……295
第百十六条の八（併給調整事由該当の届出等）……295
第百十六条の九（併給調整事由消滅の届出）……297
第百十六条の十（受給権者の申出による支給停止に係る届出等）……298
第百十六条の十一（受給権者の申出による支給停止の撤回等）……298
第三目　公務障害年金
第百十七条（公務障害年金の決定の請求）……299
第百十七条の二（併給調整事由該当の届出等）……302
第百十七条の三（併給調整事由消滅の届出）……303
第百十七条の四（受給権者の申出による支給停止に係る届出等）……304
第百十七条の五（受給権者の申出による支給停止の撤回等）……304
第百十七条の六（障害の程度が変わつたときの改定の請求等）……305
第百十七条の七（障害等級に該当しなくなつたときの届出）……306
第百十七条の八（障害の状態等に関する届出）……306
第四目　公務遺族年金
第百十八条（公務遺族年金の決定の請求）……307
第百十八条の二（併給調整事由該当の届出等）……311
第百十八条の三（併給調整事由等消滅の届出）……312
第百十八条の四（受給権者の申出による支給停止に係る届出等）……313
第百十八条の五（受給権者の申出による支給停止の撤回等）……314
第百十八条の六（所在不明による支給停止の申請）……315
第百十八条の七（出生の届出）……315
第百十八条の八（二級以上の障害の状態にある子等である公務遺族年金の受給権者等の届出）……316
第五目　雑則
第百十九条（退職等年金給付に関する通知）……317
第百十九条の二（退職等年金給付に係る年金証書）……317
第百十九条の三（退職等年金給付に係る年金証書の亡失等）……318
第百十九条の四（連合会による退職等年金給付の受給権者の確認等）……318
第百十九条の五（退職等年金給付の受給権者に係る所在不明の届出）……319
第百十九条の六（本人確認情報の提供を受けることができない退職等年金給付の受給権者等に係る届出）……320
第百十九条の七（退職等年金給付の受給権者の異動報告等）……321
第百十九条の七の二（退職等年金給付の受給権者の個人番号の変更の届出）……323
第百十九条の八（退職年金受給権者等の再就職届）……323
第百十九条の九（退職等年金給付の受給権の消滅の届出）……323

第百十九条の十（退職等年金分掛金の払込みの実績の通知）……324
第百十九条の十一（年金原簿等の作成）……325

第六章　掛金及び負担金

第百二十条（育児休業期間中の掛金の免除の申出）……381
第百二十条の二（厚生年金保険法による育児休業期間中の保険料の免除の申出）……382
第百二十条の三（厚生年金保険法による育児休業期間中の被保険者に係る保険料の徴収の特例の申出等の特例）……382
第百二十条の四（産前産後休業期間中の掛金の免除の申出）……383
第百二十条の五（厚生年金保険法による産前産後休業期間中の保険料の免除の申出）……384
第百二十条の六（厚生年金保険法による産前産後休業期間中の保険料の徴収の特例の申出等の特例）……384
第百二十条の七（掛金等の還付）……383
第百二十条の八（払い込むべき掛金等の通知）……385
第百二十条の九（負担金の払込みの手続）……385

第六章の二　地方公務員共済組合連合会に対する財政調整拠出金

第百二十一条（地方公務員共済組合連合会に対する財政調整拠出金）……389

第六章の三　国家公務員共済組合審査会

第百二十二条（審査会の委員に対する報酬の額）……394

第七章　雑則

第百二十三条（年金の支払の調整）……333
第百二十四条（書類の保存期限）……465
第百二十五条（事業報告書）……401
第百二十五条の二（決算事業報告書）……401
第百二十五条の三（社会保険診療報酬支払基金等に委託する事務）……399
第百二十六条（外部監査）……402
第百二十六条の二……402
第百二十六条の三……402
第百二十六条の四（内部監査）……402
第百二十六条の五（検査証票）……403
第百二十七条（船員組合員原票）……403
第百二十七条の二（船員組合員証等）……404
第百二十七条の三（船員組合員の療養の給付等）……404
第百二十七条の四（船員組合員療養補償証明書）……405
第百二十七条の五（船員組合員の一部負担金等の返還）……406
第百二十八条（外国で勤務する組合員の特例）……408
第百二十八条の二（継続長期組合員となつた者の資格取得届等）……411
第百二十八条の三（継続長期組合員に係る組合員期間の通算の特例）……413
第百二十八条の四（継続長期組合員の取扱い）……413
第百二十八条の五（行政執行法人以外の独立行政法人又は国立大学法人等に常時勤務することを要する者の取扱い）……414
第百二十九条（組合職員の取扱い）……451
第百三十条（連合会役職員の取扱い）……452
第百三十条の二（任意継続組合員となるための申出等）……459
第百三十条の三（任意継続組合員に係る組合員原票の整理等の特例）……459
第百三十条の四（任意継続組合員に係る減額認定証等に関する特例）……459
第百三十条の五（前納された任意継続掛金の取扱い）……462
第百三十条の六（前納された任意継続掛金の還付の請求手続）……462
第百三十一条（様式の特例）……465
第百三十二条（電子情報処理組織による申請等）……466
第百三十三条（電子情報処理組織による処分通知等）……466
第百三十四条（電磁的記録による作成等）……467
平成十年（大蔵令四二）改正規則附則（抄）……518
平成十一年（大蔵令二九）改正規則附則……518
平成十一年（大蔵令七七）改正規則附則……518
平成十二年（大蔵令六）改正規則附則……518
平成十二年（大蔵令一三）改正規則附則……518
平成十二年（大蔵令四四）改正規則附則（抄）……519
平成十二年（大蔵令四五）改正規則附則……519
平成十二年（大蔵令六九）改正規則附則……519
平成十二年（大蔵令八五）改正規則附則……520
平成十二年（大蔵令九三）改正規則附則（抄）
1（施行期日）……520
2（様式の特例）……520
平成十三年（財務令一七）改正規則附則（抄）
1（施行期日）……520
平成十三年（財務令二四）改正規則附則（抄）
1（施行期日）……521
平成十四年（財務令一八）改正規則附則……522
平成十四年（財務令五二）改正規則附則……522
平成十五年（財務令一）改正規則附則
第一条（施行期日）……523
平成十五年（財務令六）改正規則附則
第一条（施行期日）……523
第二条（従前の特別掛金）……523
第三条（事業報告書及び決算事業報告書に関する経過措置）……523

平成十五年（財務令二五）改正規則附則……524
平成十五年（財務令五六）改正規則附則……524
平成十五年（財務令六一）改正規則附則……524
平成十六年（財務令一一〇）改正規則附則……525
平成十六年（財務令二三）改正規則附則（抄）……525
平成十六年（財務令二四）改正規則附則（抄）
第一条（施行期日）……525
1（施行期日）……525
2（様式の特例）……525
平成十六年（財務令四九）改正規則附則（抄）
1（施行期日）……525
平成十六年（財務令六三）改正規則附則……525
平成十六年（財務令八〇）改正規則附則……525
平成十七年（財務令二五）改正規則附則（抄）
1（施行期日）……526
2（貸付金の利率に関する経過措置）……526
3（様式の特例）……526
平成十八年（財務令一五）改正規則附則
1（施行期日）……526
2（事業報告書及び決算事業報告書に関する経過措置）……526
平成十八年（財務令五六）改正規則附則……527
平成十八年（財務令六〇）改正規則附則……527
平成十八年（財務令六一）改正規則附則……528
平成十九年（財務令一）改正規則附則（抄）……528
平成十九年（財務令一〇）改正規則附則……528
平成十九年（財務令一一）改正規則附則（抄）
第一条（施行期日）……529
第二条（国家公務員共済組合法等の一部を改正する法律附則第十九条に規定する財務省令で定める場合）……529
平成十九年（財務令四八）改正規則附則……529
平成十九年（財務令四九）改正規則附則（抄）
第一条（施行期日）……529
平成十九年（財務令五二）改正規則附則
第一条（施行期日）……530
第二条（様式の特例）……530
第三条……531
平成十九年（財務令五七）改正規則附則（抄）
第一条（施行期日）……531
平成二十年（財務令一八）改正規則附則
第一条（施行期日）……531
第二条（事業報告書及び決算事業報告書に関する経過措置）……531
第三条……531
第四条（減価償却に関する経過措置）……532
第五条（様式の特例）……532
第六条……533
第七条（老人保健法の一部改正に伴う国家公務員共済組合の業務等の特例）……533
第九条（旧組合員証等の様式の特例）……533
平成二十年（財務令六一）改正規則附則（抄）
第一条（施行期日）……533
平成二十年（財務令七六）改正規則附則……534
平成二十年（財務令八四）改正規則附則（抄）
第一条（施行期日）……534
平成二十年（財務令八五）改正規則附則……534
平成二十年（財務令八七）改正規則附則
第一条（施行期日）……534
第二条（様式の特例）……534
第三条……535
平成二十一年（財務令三）改正規則附則……535
平成二十一年（財務令一三）改正規則附則……535
平成二十一年（財務令三五）改正規則附則……535
平成二十一年（財務令五九）改正規則附則……536
平成二十一年（財務令七四）改正規則附則……536
平成二十一年（財務令七六）改正規則附則……536
平成二十二年（財務令二四）改正規則附則（抄）
第一条（施行期日）……536
平成二十二年（財務令三七）改正規則附則（抄）
第一条（施行期日）……537
第三条（様式の特例）……537
第四条……537
平成二十二年（財務令四三）改正規則附則……538
平成二十三年（財務令四）改正規則附則……538
平成二十三年（財務令七）改正規則附則……538
平成二十三年（財務令八）改正規則附則……538
平成二十三年（財務令二六）改正規則附則……538
平成二十三年（財務令六二）改正規則附則……539
平成二十四年（財務令一一）改正規則附則
第一条（施行期日）……539
第二条（様式の特例）……539
第三条……539
平成二十四年（財務令一七）改正規則附則
第一条（施行期日）……539
第二条（様式の特例）……540
第三条……540
平成二十五年（財務令八）改正規則附則
第一条（施行期日）……540
第二条（様式の特例）……540
第三条……540
平成二十五年（財務令一三）改正規則附則（抄）
第一条（施行期日）……540
第二条（退職等年金給付事業の準備行為）……540
第三条（経理単位の特例）……541
第四条……541
平成二十六年（財務令一七）改正規則附則
第一条（施行期日）……542
第二条（様式の特例）……542

第三条……542
平成二十六年（財務令四五）改正規則附則（抄）…542
平成二十六年（財務令七七）改正規則附則……542
平成二十六年（財務令九八）改正規則附則
第一条（施行期日）……542
第二条（特定疾病給付対象療養の認定に関する経過措置）……543
第三条（出産費及び家族出産費に関する経過措置）……543
第四条（様式の特例）……543
平成二十七年（財務令一七）改正規則附則……543
平成二十七年（財務令一八）改正規則附則（抄）
第一条（施行期日）……544
第二条（事業報告書及び決算事業報告書に関する経過措置）……544
第三条（経理単位に関する経過措置）……544
第四条（厚生年金保険給付積立金の当初額）……545
第五条（経過的長期給付積立金の当初額）……546
第六条（連合会の平成二十七年四月一日に開始する事業年度における事業計画及び予算に関する経過措置）……546
平成二十七年（財務令五九）改正規則附則（抄）
第一条（施行期日）……547
第二条（様式の特例）……547
第三条……547
第五条（旧組合員証等の様式の特例）……548
平成二十七年（財務令七三）改正規則附則（抄）
第一条（施行期日）……548
第二条（退職等年金給付に要する費用を計算したときの財務大臣への報告の特例）……548
第三条（特別支給の退職共済年金の受給権者に係る老齢厚生年金の裁定請求に関する経過措置）……549
第四条（経過措置に関する委任）……549
平成二十七年（財務令八一）改正規則附則（抄）…549
平成二十八年（財務令一四）改正規則附則（抄）…549
平成二十八年（財務令六五）改正規則附則（抄）…551
平成二十八年（財務令八六）改正規則附則（抄）…551
平成二十九年（財務令二）改正規則附則（抄）…551
平成二十九年（財務令九）改正規則附則（抄）…551
平成二十九年（財務令四〇）改正規則附則（抄）
第一条（施行期日）……551
第二条（様式の特例）……551
第三条……552
第四条（国家公務員共済組合法施行規則の一部を改正する省令附則第二条の規定によりなおその効力を有するものとされた同省令による改正前の国家公務員共済組合法施行規則の一部改正）……552
第五条（旧組合員証等の様式の特例）……552
平成二十九年（財務令四三）改正規則附則……553
平成二十九年（財務令五二）改正規則附則
第一条（施行期日）……553
第二条（様式の特例）……553
第三条……553
平成二十九年（財務令五九）改正規則附則……553
平成三十年（財務令三）改正規則附則……554

省令別表
別表……718
別紙様式第九号―第四十三号……719
国家公務員共済組合法施行規則の一部を改正する省令（平成二十二年財務令三七）附則第三条の規定による改正前の別紙様式第十一号―第四十号……731

二　関係法令等

○国家公務員共済組合法による再評価率の改定等に関する政令……326
○東日本大震災に対処するための特別の財政援助及び助成に関する法律（抄）……736
○東日本大震災に対処するための特別の財政援助及び助成に関する法律第二十六条第一項第二号の給付を定める政令……739
○東日本大震災に対処するための国家公務員共済組合法の特例等に関する省令……739
○健康保険法（抄）……740
○国民健康保険法（抄）……753
○高齢者の医療の確保に関する法律（抄）……756
○特定健康診査及び特定保健指導の実施に関する基準……765
○介護保険法（抄）……768
○船員保険法（抄）……778
○介護保険法施行法（抄）……791
○船員法（抄）……792
○国と民間企業との間の人事交流に関する法律（抄）……792
○法科大学院への裁判官及び検察官その他の一般職の国家公務員の派遣に関する法律……796
○判事補及び検事の弁護士職務経験に関する法律……799

○社会保険診療報酬支払基金法（抄）…… 802
○行政手続等における情報通信の技術の利用に関する法律（抄）…… 803
○支出官事務規程（抄）…… 804
○出納官吏事務規程（抄）…… 805
○国家公務員共済組合連合会定款 …… 805
○一般社団法人共済組合連盟定款 …… 808
○共済組合と社会保険診療報酬支払基金との契約書 …… 811
○出産費等の支払に関する契約書 …… 815
○国家公務員共済組合法第六十一条第二項の規定に基づく出産費の支払に関する契約書 …… 817
○国家公務員共済組合事務連絡協議会会則 …… 818
○国家公務員共済組合担当課長会会則 …… 820
○一般職の職員の給与に関する法律（抄）…… 821
○人事院規則九—一三〔休職者の給与〕（抄）…… 831
○人事院規則一一—四〔職員の身分保障〕（抄）…… 832
○人事院規則九—八〇〔扶養手当〕…… 833
○扶養手当の運用について（通知）（抄）…… 834
○扶養親族の認定について（通知）（抄）…… 834
〔行政実例〕
○扶養手当支給について …… 835
○扶養家族認定上の疑義について …… 835
○扶養親族認定の疑義について …… 835
○職員の配偶者が農業に従事している場合の扶養親族の認定について …… 835
○扶養手当支給の扶養親族の認定について …… 836
○扶養手当に関する疑義について …… 836
○収入がある者についての被扶養者の認定について …… 837
○夫婦共同扶養の場合における被扶養者の認定について …… 838
○出産費等の支給申請及び支払方法について …… 839
○国家公務員の育児休業等に関する法律（抄）…… 849
○人事院規則一九—〇〔職員の育児休業等〕（抄）…… 852
○一般職の職員の勤務時間、休暇等に関する法律（抄）…… 857
○人事院規則八—一二〔職員の任免〕（抄）…… 858
○人事院規則八—一二〔職員の任免〕の運用について（抄）…… 858
○期間業務職員の適切な採用について …… 859
○犯罪被害による傷病の保険給付の取扱いについて …… 859
○治療用装具の療養費支給基準について …… 860
○補装具の種目、購入又は修理に要する費用の額の算定等に関する基準 …… 861
○小児弱視等の治療用眼鏡等に係る療養費の支給について …… 862
○小児弱視等の治療用眼鏡等に係る療養費の支給における留意事項について …… 862
○社会保障制度改革推進法 …… 863
○民法（抄）…… 865

凡　例

本書の目的

本書は、主として短期給付関係法令を理解するための手引書として編さんした。

収録法令

国家公務員共済組合法、同法施行令、同法施行規則及びこれら法令の運用方針並びに関係法令の一部条項。

内容現在

内容は、平成三十年四月一日現在で公布された法令等を掲載した。

検索方法

国家公務員共済組合法・同法施行令及び同法施行規則の各条検索は目次及び各頁欄外によられたい。

公布・改正

各法令の公布年月日及び法令番号は、各法令名の下に示し、以後の改正については、直近の改正年月日及び法令番号のみを示した。これに使用した略号は、左の例による。

法—国家公務員共済組合法
政令—国家公務員共済組合法施行令
財務令（欄外見出しにおいては規則）
　　—国家公務員共済組合法施行規則

項番号

項番号の附されていない法令にあっては、検出の便宜上、編集者において②・③を附した。

未施行法令等について

改正法令は、便宜のため、平成三十年四月一日で未施行のものは改正文として掲載しできる限り収録した。

共済組合法関係法令集

○国家公務員共済組合法

昭三三・五・一法一二八

最終改正　平二九・六・二法五二

目次

第一章　総則（第一条・第二条）
第二章　組合及び連合会
　第一節　組合（第三条―第二十条）
　第二節　連合会（第二十一条―第三十六条）
第三章　組合員（第三十七条・第三十八条）
第四章　給付
　第一節　通則（第三十九条―第四十九条）
　第二節　短期給付
　　第一款　通則（第五十条―第五十三条）
　　第二款　保健給付（第五十四条―第六十五条）
　　第三款　休業給付（第六十六条―第六十九条）
　　第四款　災害給付（第七十条・第七十一条）
　第三節　長期給付
　　第一款　通則（第七十二条）
　　第二款　厚生年金保険給付（第七十三条）
　　第三款　退職等年金給付
　　　第一目　通則（第七十四条―第七十五条の十）
　　　第二目　退職年金（第七十六条―第八十二条）
　　　第三目　公務障害年金（第八十三条―第八十八条）
　　　第四目　公務遺族年金（第八十九条―第九十三条）
　第四節　給付の制限（第九十四条―第九十七条）
第五章　福祉事業（第九十八条）
第六章　費用の負担（第九十九条―第百二条）
第六章の二　地方公務員共済組合連合会に対する財政調整拠出金（第百二条の二―第百二条の五）
第七章　審査請求（第百三条―第百十条）
第八章　雑則（第百十一条―第百二十七条）
第九章　罰則（第百二十七条の二―第百三十一条）
附則

○国家公務員共済組合法施行令

昭三三・六・三〇政令二〇七

最終改正　平三〇・三・三一政令一二六

目次

第一章　総則（第一条―第五条の二）
第二章　組合及び連合会（第五条の三―第十条）
第三章　給付（第十一条―第二十一条の二）
第四章　費用の負担（第二十二条―第二十五条の四）
第四章の二　地方公務員共済組合連合会に対する財政調整拠出金（第二十六条―第二十八条）
第五章　国家公務員共済組合審査会（第二十九条―第二十九条の三）
第五章の二　資料の提供（第三十条）
第六章　権限の委任（第三十一条）
第七章　外国で勤務する組合員に係る特例（第三十二条―第四十二条）
第八章　公庫等の継続長期組合員に係る特例（第四十三条―第四十四条の四）
第八章の二　行政執行法人以外の独立行政法人又は国立大学法人等に常時勤務することを要する者の取扱い（第四十四条の五）
第八章の三　組合職員及び連合会役職員の取扱い（第四十五条・第四十五条の二）
第九章　地方公務員共済組合との関係（第四十六条―第四十八条）
第十章　任意継続組合員に係る特例（第四十九条―第六十一条）
附則

○国家公務員共済組合法施行規則

昭三三・一〇・一一大蔵令五四

最終改正　平三〇・三・二財務省令三

目次

第一章　総則（第一条・第二条）
第二章　組合
　第一節　運営規則（第三条）
　第二節　財務
　　第一款　通則（第四条―第八条）
　　第二款　資産管理（第九条―第十五条）
　　第三款　出納職員（第十六条―第二十一条）
　　第四款　事業計画及び予算（第二十二条―第二十四条）
　　第五款　契約（第二十五条―第三十二条）
　　第六款　出納（第三十三条―第五十一条）
　　第七款　経理
　　　第一目　通則（第五十二条―第五十五条）
　　　第二目　伝票、帳簿及び出納計算表（第五十六条―第六十条）
　　　第三目　決算（第六十一条―第八十四条）
第三章　連合会（第八十五条―第八十六条）
第四章　組合員（第八十七条―第九十五条の二）
第五章　給付
　第一節　通則（第九十六条―第九十八条の二）
　第二節　短期給付（第九十九条―第百十三条の五）
　第三節　長期給付
　　第一款　厚生年金保険給付
　　　第一目　老齢厚生年金（第百十四条）
　　　第二目　障害厚生年金及び障害手当金（第百十四条の二）
　　　第三目　遺族厚生年金（第百十四条の三）
　　　第四目　脱退一時金（第百十四条の四）
　　　第五目　離婚等をした場合における特例（第百十四条の五―第百十四条の十一）
　　　第六目　被扶養配偶者である期間についての特例（第百十四条の十二―第百十四条の十六）
　　　第七目　雑則（第百十四条の十七―第百十四条の三十）
　　第二款　退職等年金給付
　　　第一目　通則（第百十五条―第百十五条の十三）

○国家公務員共済組合法等の運用方針

昭三四・一〇・一蔵計二九二七

最終改正　平三〇・三・二財計五一九

第二目　退職年金（第百十六条―第百十六条の十一）
第三目　公務障害年金（第百十七条―第百十七条の八）
第四目　公務遺族年金（第百十八条―第百十八条の八）
第五目　雑則（第百十九条―第百十九条の十一）
第六章　掛金等及び負担金（第百二十条―第百二十条の九）
第六章の二　地方公務員共済組合連合会に対する財政調整拠出金（第百二十一条）
第六章の三　国家公務員共済組合審査会（第百二十二条）
第七章　雑則（第百二十三条―第百三十四条）
附則

国家公務員共済組合法

第一章　総則

（目的）

第一条　この法律は、国家公務員の病気、負傷、出産、休業、災害、退職、障害若しくは死亡又はその被扶養者の病気、負傷、出産、死亡若しくは災害に関して適切な給付を行うため、相互救済を目的とする共済組合の制度を設け、その行うこれらの給付及び福祉事業に関して必要な事項を定め、もつて国家公務員及びその遺族の生活の安定と福祉の向上に寄与するとともに、公務の能率的運営に資することを目的とする。

2　国及び行政執行法人（独立行政法人通則法（平成十一年法律第百三号）第二条第四項に規定する行政執行法人をいう。以下同じ。）は、前項の共済組合の健全な運営と発達が図られるように、必要な配慮を加えるものとする。

（定義）

第二条　この法律において、次の各号に掲げる用語の意義は、それぞれ当該各号に定めるところによる。

一　職員　常時勤務に服することを要する国家公務員（国家公務員法（昭和二十二年法律第百二十号）第七十九条又は第八十二条の規定（他の法令のこれらに相当する規定を含む。）による休職又は停職の処分を受けた者、法令の規定により職務に専念する義務を免除された者その他の常時勤務に服することを要しない国家公務員で**政令で定める**ものを含むものとし、臨時に使用される者その他の**政令で定める**者を含まないものとする。）をいう。

国家公務員共済組合法施行令

第一章　総則

（定義）

第一条　この政令において、「行政執行法人」、「職員」、「被扶養者」、「遺族」、「退職」、「報酬」、「期末手当等」、「組合」、「組合の代表者」、「連合会」、「独立行政法人」、「国立大学法人等」、「受給権者」、「地方の組合」、「厚生年金保険給付」、「退職等年金給付」、「継続長期組合員」、「任意継続組合員」、「任意継続掛金」、「特定共済組合員」、「特例退職組合員」、「郵政会社等」、若しくは日本郵政共済組合又は「旧法」、「恩給公務員期間」、「在職年」、「旧長期組合員期間」若しくは「恩給更新組合員」とは、それぞれ国家公務員共済組合法（以下「法」という。）第一条第二項、第二条第一項第一号から第六号まで、第三条第一項、第八条第二項、第二十一条第一項、第三十一条第一号、第三十九条第一項、第五十五条第一項第二号、第七十三条第一項、第七十四条、第百二十四条の二第二項、第百二十六条の五第二項、附則第十二条第一項若しくは附則第二十条の二第二項若しくは第三項、附則第二十条の三第一項又は国家公務員共済組合法の長期給付に関する施行法（昭和三十三年法律第百二十九号。以下「施行法」という。）第二条第二号、第十号、第十一号若しくは第十三号若しくは第二十三条第一項に規定する行政執行法人、職員、被扶養者、遺族、退職、報酬、期末手当等、組合、組合の代表者、連合会、独立行政法人、国立大学法人等、受給権者、地方の組合、厚生年金保険給付、退職等年金給付、継続長

国家公務員共済組合法施行規則

第一章　総則

（趣旨）

第一条　この省令は、国家公務員共済組合及び国家公務員共済組合連合会の財務その他その運営に関し必要な事項を定めるとともに、国家公務員共済組合法（昭和三十三年法律第百二十八号。以下「法」という。）及び国家公務員共済組合法の長期給付に関する施行法（昭和三十三年法律第百二十九号。以下「施行法」という。）の実施のための手続その他法及び施行法の執行に関して必要な細則を定めるものとする。

（定義）

第二条　この省令において、「行政執行法人」、「職員」、「被扶養者」、「遺族」、「退職」、「報酬」、「期末手当等」、「組合」、「組合の代表者」、「運営規則」、「事業計画」、「予算」、「連合会」、「独立行政法人」、「国立大学法人等」、「組合員」、「組合員期間」、「短期給付」、「長期給付」、「厚生年金保険給付」、「退職等年金給付」、「福祉事業」、「船員組合員」、「公庫等」、「公庫等職員」、「特定公庫等」、「特定公庫等役員」、「継続長期組合員」、「組合職員」、「連合会役職員」、「任意継続組合員」若しくは「任意継続掛金」、「恩給公務員期間」又は「在外組合員」とは、それぞれ法第一条第二項、第二

国家公務員共済組合法等の運用方針

期組合員、任意継続組合員、任意継続掛金、特定共済組合、特例退職組合員、郵政会社等若しくは日本郵政共済組合又は旧法、恩給公務員期間、在職年、旧長期組合員期間若しくは恩給更新組合員をいう。

（職員）

第二条　法第二条第一項第一号に規定する常時勤務に服することを要しない国家公務員で**政令で定める**ものは、次に掲げる者とする。

一　国家公務員法（昭和二十二年法律第百二十号）第七十九条又は第八十二条の規定による休職又は停職の処分を受けた者

二　国家公務員法第百八条の六第五項又は行政執行法人の労働関係に関する法律（昭和二十三年法律第二百五十七号）第七条第五項の規定により休職者とされた者

三　国際機関等に派遣される一般職の国家公務員の処遇等に関する法律（昭和四十五年法律第百十七号）第二条第一項の規定により派遣された者

四　国家公務員の育児休業等に関する法律（平成三年法律第百九号）第三条第一項の規定により育児休業をしている者又は同法第十三条第一項に規定する育児短時間勤務職員（同法第二十二条の規定による勤務をしている者を含む。）

四の二　国と民間企業との間の人事交流に関する法律（平成十一年法律第二百二十四号）第八条第二項に規定する交流派遣職員

四の三　法科大学院への裁判官及び検察官その他の一般職の国家公務員の派遣に関する法律（平成十五年法律第四十号）第十一条第一項の規定により派遣された者（地方の組合の組合員となつた者を除く。）

条第一項第一号から第六号まで、第三条第一項、第八条第二項、第十一条、第十五条、第二十一条、第三十一条第一号、第三十七条、第三十八条、第五十二条、第七十二条第一項、第七十三条第一項、第七十四条、第九十八条、第百十九条、第百二十四条の二第一項若しくは第二項、第百二十五条、第百二十六条第一項若しくは第百二十六条の五第二項、施行法第二条第十号又は国家公務員共済組合法施行令（昭和三十三年政令第二百七号。以下「令」という。）第二十二条の二第一項に規定する行政執行法人、職員、被扶養者、遺族、退職、報酬、期末手当等、組合、組合の代表者、運営規則、事業計画、予算、連合会、独立行政法人、国立大学法人等、組合員、組合員期間、短期給付、長期給付、厚生年金保険給付、退職等年金給付、福祉事業、船員組合員、公庫等、公庫等職員、特定公庫等、特定公庫等役員、継続長期組合員、組合職員、連合会役職員、任意継続組合員若しくは任意継続掛金、恩給公務員期間又は在外組合員をいう。

国家公務員共済組合法

国家公務員共済組合法施行令

四の四　判事補及び検事の弁護士職務経験に関する法律（平成十六年法律第百二十一号）第二条第七項に規定する弁護士職務従事職員

四の五　国家公務員の自己啓発等休業に関する法律（平成十九年法律第四十五号）第二条第五項に規定する自己啓発等休業をしている者

四の六　国家公務員の配偶者同行休業に関する法律（平成二十五年法律第七十八号）第二条第四項に規定する配偶者同行休業をしている者

五　国家公務員法第二条第三項第十号、第十三号、第十四号又は第十六号に掲げる者で第一号から第四号の二まで又は前二号に掲げる者に準ずるもの

六　国の一般会計又は特別会計の歳出予算の常勤職員給与の目から俸給が支給される者

七　前各号に掲げる者以外の常時勤務に服することを要しない国家公務員のうち、**財務大臣の定める**ところにより、常勤職員について定められている勤務時間以上勤務した日（法令の規定により、勤務を要しないこととされ、又は休暇を与えられた日を含む。）が引き続いて十二月を超えるに至つたもので、その超えるに至つた日以後引き続き当該勤務時間により勤務することを要することとされているもの

2　法第二条第一項第一号に規定する臨時に使用される者その他の**政令で定める**者は、次に掲げる者とする。

一　国家公務員法第六十条第一項の規定により臨時的に任用された者

二　国家公務員の育児休業等に関する法律

国家公務員共済組合法施行規則

国家公務員共済組合法等の運用方針

第二条関係

国家公務員共済組合法施行令（昭和三十三年政令第二百七号。以下「施行令」という。）第二条第一項の規定の適用については、次により行うものとする。

(1)　施行令第二条第一項第七号に規定する「常勤職員について定められている勤務時間以上勤務した日（法令の規定により、勤務を要しないこととされ、又は休暇を与えられた日を含む。）が引き続いて十二月を超えるに至つたもの」は、雇用関係が事実上継続していると認められる場合において、常勤職員について定められている勤務時間以上勤務した日が十八日以上ある月が、引き続いて十二月を超えるに至つたものとする。

(2)　前項の十八日には、次に掲げる日を含

二　被扶養者　次に掲げる者（後期高齢者医療の被保険者（高齢者の医療の確保に関する法律（昭和五十七年法律第八十号）第五十条の規定による被保険者をいう。）及び同条各号のいずれかに該当する者で同法第五十一条の規定により後期高齢者医療の被保険者とならないもの（以下「後期高齢者医療の被保険者等」という。）を除く。）で主として組合員

第七条第一項又は国家公務員の配偶者同行休業に関する法律第七条第一項の規定により臨時的に任用された者

三　国家公務員法第二条第三項第十号、第十三号、第十四号又は第十六号に掲げる者で第一号又は前号に掲げる者に準ずるもの

四　国及び行政執行法人から給与を受けない者

（被扶養者）

第三条　法第二条第一項第二号に規定する主として組合員の収入により生計を維持することの認定に関しては、一般職の職員の給与に関する法律（昭和二十五年法律第九十五号）第十一条第二項に規定する扶養親族に係る扶養の事実の認定の例及び健康保険法（大正十一年法律第七十号）における被扶養者の認定の取扱いを参酌して、**財務大**

むものとする。

(イ)　施行令第二条第一項第一号に規定する休職又は停職の処分により現実に職務をとることを要しない期間に属する日（任命権者又はその委任を受けた者が当該処分に係る事由がなければ勤務を要するものとして定めた日に限る。）

(ロ)　施行令第二条第一項第四号に規定する育児休業により現実に職務をとることを要しない期間に属する日（任命権者又はその委任を受けた者が当該育児休業に係る請求がなければ勤務を要するものとして定めた日に限る。）

(ハ)　国家公務員の育児休業等に関する法律（平成三年法律第百九号。以下「国家公務員育児休業法」という。）第二十六条第一項の規定による育児時間（同項に規定する育児時間をいう。）その他これに準ずる事由により勤務しない時間を勤務したものとみなした場合にその日の勤務した時間が常勤職員について定められている勤務時間以上となる日

(ニ)　一般職の職員の勤務時間、休暇等に関する法律（平成六年法律第三十三号）第二十三条の規定に基づく人事院規則により休暇を与えられた日

(ホ)　(イ)から(ニ)までに掲げる日に準ずる日

第一項第二号

1　共済組合の組合員、健康保険の被保険者又は船員保険の被保険者であるものは、これを被扶養者として取り扱わないものとする。

2　次に掲げる者は、「主として組合員の収入により生計を維持する者」に該当しないものとする。

(1)　その者について当該組合員以外の者

国家公務員共済組合法

（短期給付に関する規定の適用を受けないものを除く。以下この号において同じ。）の収入により生計を維持するものをいう。

イ　組合員の配偶者、子、父母、孫、祖父母及び兄弟姉妹

ロ　組合員と同一の世帯に属する三親等内の親族でイに掲げる者以外のもの

ハ　組合員の配偶者で届出をしていないが事実上婚姻関係と同様の事情にあるものの父母及び子並びに当該配偶者の死亡後におけるその父母及び子で、組合員と同一の世帯に属するもの

国家公務員共済組合法施行令

臣の定めるところによる。

国家公務員共済組合法施行規則

国家公務員共済組合法等の運用方針

が一般職の職員の給与に関する法律（昭和二十五年法律第九十五号。以下「一般職給与法」という。）第十一条第一項に規定する扶養手当又はこれに相当する手当を国、地方公共団体その他から受けている者

(2)　組合員が他の者と共同して同一人を扶養する場合において、社会通念上、その組合員が主たる扶養者でない者

(3)　年額百三十万円以上の所得がある者。ただし、その者の所得の全部又は一部が国民年金法（昭和三十四年法律第百四十一号）及び厚生年金保険法（昭和二十九年法律第百十五号）に基づく年金たる給付その他の公的な年金たる給付（以下この号において「公的年金等」という。）のうち障害を支給事由とする給付に係る所得である場合又は六十歳以上の者であつてその者の所得の全部又は一部が公的年金等に係る所得である場合にあつては、百八十万円以上の所得がある者

3　前項第三号の所得は、被扶養者としようとするときにおける恒常的な所得の現況により算定する。従つて、過去において同号に定める金額以上の所得があつた場合においても、現在所得がないときは、同号には該当しない。

4　主として組合員の収入により生計を維持することの認定に関しては、十八歳未満の者、六十歳以上の者、一般職給与法第十一条に規定する扶養親族（一般職給与法の適用を受けない組合員にあつては、これに相当するもの）とされている者、学校教育法（昭和二十二年法律第二十六号）第一条に規定する学校の学生（同法

三　遺族　組合員又は組合員であつた者の配偶者、子、父母、孫及び祖父母で、組合員又は組合員であつた者の死亡の当時（失踪《そう》の宣言を受けた組合員であつた者にあつては、行方不明となつた当時。第三項において同じ。）その者によつて生計を維持していたものをいう。

四　退職　職員が死亡以外の事由により職員でなくなること（職員でなくなつた日又はその翌日に再び職員となる場合におけるその職員でなくなることを除く。）をいう。

（遺族）

第四条　法第二条第一項第三号に掲げる組合員又は組合員であつた者の死亡の当時（失踪《そう》の宣告を受けた組合員であつた者にあつては、行方不明となつた当時。以下この条において同じ。）その者によつて生計を維持していた者は、当該組合員又は組合員であつた者の死亡の当時その者と生計を共にしていた者のうち**財務大臣の定める**金額以上の収入を将来にわたつて有すると認められる者以外のものその他これに準ずる者として**財務大臣が定める**者とする。

第五十三条に規定する定時制の課程、同法第五十四条に規定する通信制の課程並びに同法第八十六条に規定する夜間において授業を行う学部及び通信による教育を行う学部の学生を除く。）、所得税法（昭和四十年法律第三十三号）第二条第一項第三十三号に規定する同一生計配偶者又は同項第三十四号に規定する扶養親族とされている者及び病気又は負傷のため就労能力を失つている者を除き、通常稼働能力があるものと考えられる場合が多いので、扶養の事実及び扶養しなければならない事情を具体的に調査確認して処理するものとする。なお、これらの者であつても第二項各号に該当することが明らかなものは、被扶養者には該当しない。

5　「組合員と同一の世帯に属する」とは、組合員と生計を共にし、かつ、同居している場合をいう。ただし、営内居住の自衛官、病院勤務の看護師のように、勤務上別居を要する場合、若しくはこれに準ずる場合、又は転勤等に際して自己の都合により一時的に別居を余儀なくされる場合には、同居を要しないものとする。

第一項第三号

施行令第四条に規定する**財務大臣の定める**金額は、八百五十万円とする。

なお、以上のほか、遺族に係る生計を維持することの認定に関しては、厚生年金保険における生計維持関係等の認定基準及び認定の取扱いの例によるものとする。

国家公務員共済組合法

五　報酬　一般職の職員の給与に関する法律（昭和二十五年法律第九十五号）の適用を受ける職員については、同法の規定に基づく給与のうち期末手当、勤勉手当その他**政令で定める**給与を除いたもの及び他の法律の規定に基づく給与のうち**政令で定める**ものとし、その他の職員については、これらに準ずる給与として**政令で定める**ものをいう。

六　期末手当等　一般職の職員の給与に関する法律の適用を受ける職員については、同法の規定に基づく給与のうち期末手当、勤勉手当その他**政令で定める**給与（報酬に該当しない給与に限る。）及び他の法律の規定に基づく給与のうち**政令で定める**もの（報酬に該当しない給与に限る。）とし、その他の職員については、これらに準ずる給与として**政令で定める**ものをいう。

七　各省各庁　衆議院、参議院、内閣（環境省を含む。）、各省（環境省を除く。）、裁判所及び会計検査院をいう。

2　前項第二号の規定の適用上主として組合員の収入により生計を維持することの認定及び同項第三号の規定の適用上組合員又は組合員であつた者によつて生計を維持することの認定に関し必要な事項は、**政令で定める**。

3　第一項第三号の規定の適用については、夫、父母又は祖父母は五十五歳以上の者に、子若しくは孫は十八歳に達する日以降の最初の三月三十一日までの間にあるか、又は二十歳未満で厚生年金保険法（昭和二十九年法律第百十五号）第四十七条第二項に規定する障害等級（以下単に「障害等級」という。）の一級若しくは二級に該当する程

国家公務員共済組合法施行令

（報酬）

第五条　法第二条第一項第五号に規定する一般職の職員の給与に関する法律の規定に基づく給与のうち**政令で定める**ものは、同法第二十二条の規定に基づく給与のうち期末手当、勤勉手当に相当するものとする。

2　法第二条第一項第五号に規定する他の法律の規定に基づく給与のうち**政令で定める**ものは、次に掲げる給与とする。

一　国家公務員の寒冷地手当に関する法律（昭和二十四年法律第二百号）の規定に基づく寒冷地手当

一の二　在外公館の名称及び位置並びに在外公館に勤務する外務公務員の給与に関する法律（昭和二十七年法律第九十三号）の規定に基づく在勤手当（財務大臣が定めるものを除く。）

二　沖縄の復帰に伴う特別措置に関する法律（昭和四十六年法律第百二十九号）の規定に基づく特別の手当

三　国際連合平和維持活動等に対する協力に関する法律（平成四年法律第七十九号）の規定に基づく国際平和協力手当

四　イラクにおける人道復興支援活動及び安全確保支援活動の実施に関する特別措置法（平成十五年法律第百三十七号）の規定に基づくイラク人道復興支援等手当

五　独立行政法人原子力安全基盤機構の解散に関する法律（平成二十五年法律第八十二号）の規定に基づく特別の手当

3　一般職の職員の給与に関する法律の適用を受けないその他の職員に係る報酬について、同法の適用を受ける職員に係る報酬に含まれる給与（以下「一般職員の報酬に含まれる給与」という。）に準ずる給与として法第二条第一項第五号に規定する**政令で定める**ものは、

国家公務員共済組合法施行規則

国家公務員共済組合法等の運用方針

法第二条

度の障害の状態にあり、かつ、まだ配偶者がない者に限るものとし、組合員又は組合員であった者の死亡の当時胎児であった子が出生した場合には、その子は、これらの者の死亡の当時その者によって生計を維持していたものとみなす。

4　この法律において、「配偶者」、「夫」及び「妻」には、婚姻の届出をしていないが、事実上婚姻関係と同様の事情にある者を含むものとする。

政令第五条

次の各号に掲げる職員の区分に応じ、当該各号に掲げる給与のうち一般職員の報酬に含まれる給与に相当するものとして組合の運営規則で定めるものとする。

一　特別職の職員の給与に関する法律（昭和二十四年法律第二百五十二号）第一条第一号から第四十四号までに掲げる特別職の職員　同法第二条の規定に基づく給与

二　特別職の職員の給与に関する法律第一条第七十三号に掲げる特別職の職員　同法第十条の規定に基づく給与

三　国会職員　国会職員法（昭和二十二年法律第八十五号）第二十五条の規定に基づく給与

四　裁判官　裁判官の報酬等に関する法律（昭和二十三年法律第七十五号）第二条、第九条及び第十五条の規定に基づく給与

五　裁判官及び裁判官の秘書官以外の裁判所職員　裁判所職員臨時措置法（昭和二十六年法律第二百九十九号）において準用する一般職の職員の給与に関する法律の規定に基づく給与

六　検察官　検察官の俸給等に関する法律（昭和二十三年法律第七十六号）第一条、第二条及び第九条の規定に基づく給与

七　防衛省の職員　防衛省の職員の給与等に関する法律（昭和二十七年法律第二百六十六号）の規定に基づく給与

八　行政執行法人の職員　その受ける給与

4　一般職の職員の給与に関する法律の適用を受けない職員が労働の対償として受ける前項に定める給与以外のもので、一般職員の報酬に含まれる給与に相当するものについては、別に**財務大臣が定める**。

第一項第五号

1　施行令第五条第二項第一号の二に規定する財務大臣が定めるものは、在外公館の名称及び位置並びに在外公館に勤務する外務公務員の給与に関する法律（昭和二十七年法律第九十三号）第五条に規定

国家公務員共済組合法	
国家公務員共済組合法施行令	
国家公務員共済組合法施行規則	
国家公務員共済組合法等の運用方針	する在勤手当のうち次に掲げる手当（第一号、第二号及び第四号に掲げる手当にあつては、当該手当のうち組合の運営規則で定める額に係る部分に限る。）とする。 (1) 住居手当 (2) 子女教育手当 (3) 特殊語学手当 (4) 研修員手当 2 施行令第五条第四項に規定する一般職員の報酬に含まれる給与に相当するものとして別に**財務大臣が定める**ものは、次に掲げるものとする。 (1) 国会議員の歳費、旅費及び手当等に関する法律（昭和二十二年法律第八十号）第一条の規定に基づく歳費及び同法第七条ただし書の規定に基づく差額 (2) 国家公務員の寒冷地手当に関する法律（昭和二十四年法律第二百号）の規定に基づく寒冷地手当 (3) 一般職給与法第十二条の規定に基づく通勤手当に相当するものとして支給される定期券、回数券、乗車証その他の有価物 (4) 在外公館の名称及び位置並びに在外公館に勤務する外務公務員の給与に関する法律第五条の規定に基づく在勤手当（前項に規定する各手当のうち同項の規定により組合の運営規則で定める額を除く。） (5) 国際連合平和維持活動等に対する協力に関する法律（平成四年法律第七十九号）第十六条の規定に基づく国際平和協力手当 (6) イラクにおける人道復興支援活動及び安全確保支援活動の実施に関する特

（期末手当等）

第五条の二　法第二条第一項第六号に規定する一般職の職員の給与に関する法律の規定に基づく給与のうち**政令で定める**ものは、同法第二十二条の規定に基づく給与のうち期末手当及び勤勉手当に相当するものとする。

2　法第二条第一項第六号に規定する他の法律の規定に基づく給与のうち**政令で定める**ものは、一般職の任期付研究員の採用、給与及び勤務時間の特例に関する法律（平成九年法律第六十五号）の規定に基づく任期付研究員業績手当及び一般職の任期付職員の採用及び給与の特例に関する法律（平成十二年法律第百二十五号）の規定に基づく特定任期付職員業績手当とする。

3　一般職の職員の給与に関する法律の適用を受けないその他の職員について、同法の適用を受ける職員に係る期末手当等（以下「一般職員の期末手当等」という。）に準ずる給与として法第二条第一項第六号に規定する**政令で定める**ものは、その受ける給与で報酬に該当しないもののうち、一般職員の期末手当等に相当するものとして組合の運営規則で定める給与とする。

別措置法（平成十五年法律第百三十七号）第十四条の規定に基づくイラク人道復興支援等手当

(7)　沖縄の復帰に伴う防衛庁関係法令の適用の特別措置に関する政令（昭和四十七年政令第百八十七号）第十一条の規定に基づく医師暫定手当

国家公務員共済組合法

第二章　組合及び連合会

第一節　組合

（設立及び業務）

第三条　各省各庁ごとに、その所属の職員及びその所管する行政執行法人の職員（次項各号に掲げる各省各庁にあつては、同項各号に掲げる職員を除く。）をもつて組織する国家公務員共済組合（以下「組合」という。）を設ける。

2　前項に定めるもののほか、次の各号に掲げる各省各庁については、それぞれ当該各号に掲げる職員をもつて組織する組合を設ける。

一　法務省　矯正管区、刑務所、少年刑務所、拘置所、少年院、少年鑑別所、婦人補導院及び政令で定める機関に属する職員

二　厚生労働省　国立ハンセン病療養所に属する職員

三　農林水産省　林野庁に属する職員

3　組合は、第五十条第一項各号に掲げる短期給付、長期給付及び第九十八条第一項第一号の二に掲げる福祉事業を行うものとする。

4　組合は、前項に定めるもののほか、高齢者の医療の確保に関する法律第三十六条第一項に規定する前期高齢者納付金等（以下「前期高齢者納付金等」という。）及び同法第百十八条第一項に規定する後期高齢者支援金等（以下「後期高齢者支援金等」とい

国家公務員共済組合法施行令

第二章　組合及び連合会

（法第三条第二項第一号に規定する政令で定める機関）

第五条の三　法第三条第二項第一号に規定する政令で定める機関は、矯正研修所とする。

国家公務員共済組合法施行規則

国家公務員共済組合法等の運用方針

う。）、介護保険法（平成九年法律第百二十三号）第百五十条第一項に規定する納付金（以下「介護納付金」という。）、厚生年金保険法第八十四条の五第一項に規定する拠出金（以下「厚生年金拠出金」という。）並びに国民年金法（昭和三十四年法律第百四十一号）第九十四条の二第二項に規定する基礎年金拠出金（以下「基礎年金拠出金」という。）の納付並びに第百二条の二に規定する財政調整拠出金の拠出に関する業務を行う。

5　組合は、前二項に定めるもののほか、組合員の福祉の増進に資するため、第五十一条に規定する短期給付及び第九十八条第一項各号（第一号の二を除く。）に掲げる福祉事業を行うことができる。

（法人格）

第四条　組合は、法人とする。

（事務所）

第五条　組合は、各省各庁の長（第八条第一項に規定する各省各庁の長をいう。）の指定する地に主たる事務所を置く。

2　組合は、必要な地に従たる事務所を置くことができる。

（定款）

第六条　組合は、定款をもつて次に掲げる事項を定めなければならない。

一　目的

二　名称

三　事務所の所在地

四　運営審議会に関する事項

五　組合員の範囲に関する事項

六　給付及び掛金に関する事項（第二十四条第一項第八号に掲げる事項を除く。）

七　福祉事業（第九十八条第一項各号に掲げる福祉事業をいう。第五章を除き、以下同じ。）に関する事項

国家公務員共済組合法

八　資産の管理その他財務に関する事項

九　その他組織及び業務に関する重要事項

2　前項の定款の変更（**政令で定める**事項に係るものを除く。）は、財務大臣の認可を受けなければ、その効力を生じない。

3　組合は、前項に規定する**政令で定める**事項に係る定款の変更をしたときは、遅滞なく、これを財務大臣に届け出なければならない。

4　組合は、定款の変更について第二項に規定する認可を受けたとき、又は同項に規定する**政令で定める**事項に係る定款の変更をしたときは、遅滞なく、これを公告しなければならない。

（住所）

第七条　組合の住所は、その主たる事務所の所在地にあるものとする。

（管理）

第八条　衆議院議長、参議院議長、内閣総理大臣、各省大臣（環境大臣を除く。）、最高裁判所長官及び会計検査院長（第三条第二項第三号に掲げる職員をもつて組織する組合にあつては、第十二条及び第百二条を除き、林野庁長官とし、以下「各省各庁の長」という。）は、それぞれその各省各庁の所属の職員及び当該各省各庁の所管する行政執行法人の職員をもつて組織する組合を代表し、その業務を執行する。

2　各省各庁の長（以下「組合の代表者」という。）は、組合員（組合の事務に従事する者でその組合に係る各省各庁について設けられた他の組合の組合員であるものを含む。）のうちから、組合の業務の一部に関し一切の裁判上又は裁判外の行為をする権限を有する代理人を選任することができる。

（運営審議会）

国家公務員共済組合法施行令

（定款の変更）

第六条　法第六条第二項に規定する**政令で定める**事項は、次に掲げる事項とする。

一　事務所の所在地の変更

二　行政組織の変更に伴う組合員の範囲の変更

三　その他**財務大臣の指定する**事項

国家公務員共済組合法施行規則

国家公務員共済組合法等の運用方針

第六条関係

第二項

施行令第六条第三号に規定する「**財務大臣の指定する**事項」とは、事務所の名称の変更及び行政組織の変更に伴う支部、支部の長等の名称の変更とする。

第九条　組合の業務の適正な運営に資するため、各組合に運営審議会を置く。
2　運営審議会は、委員十人以内で組織する。
3　委員は、組合の代表者がその組合の組合員のうちから命ずる。ただし、その組合の事務に従事する者でその組合に係る各省各庁について設けられた他の組合の組合員であるものがある場合には、組合の代表者は、委員のうち一人をその者のうちから命ずることができる。
4　組合の代表者は、前項の規定により委員を命ずる場合には、組合の業務その他組合員の福祉に関する事項について広い知識を有する者のうちから命ずるものとし、一部の者の利益に偏することのないように、相当の注意を払わなければならない。
第十条　次に掲げる事項は、運営審議会の議を経なければならない。
一　定款の変更
二　運営規則の作成及び変更
三　毎事業年度の事業計画並びに予算及び決算
四　重要な財産の処分及び重大な債務の負担
2　運営審議会は、前項に定めるもののほか、組合の代表者の諮問に応じて組合の業務に関する重要事項を調査審議し、又は必要と認める事項につき組合の代表者に建議することができる。

国家公務員共済組合法

（運営規則）

第十一条　組合の代表者は、組合の業務を執行するために必要な事項で**財務省令で定める**ものについて、運営規則を定めるものとする。

2　組合の代表者は、運営規則を定め、又は変更する場合には、あらかじめ財務大臣に協議しなければならない。

（職員及び施設の提供）

第十二条　各省各庁の長又は行政執行法人の長は、組合の運営に必要な範囲内において、その所属の職員その他国に使用される者又は行政執行法人に使用される者をして当該組合の業務に従事させることができる。

2　各省各庁の長は、組合の運営に必要な範囲内において、その管理に係る土地、建物その他の施設を無償で当該組合の利用に供することができる。

（組合の事務職員の公務員たる性質）

第十三条　組合に使用され、その事務に従事する者は、刑法（明治四十年法律第四十五号）その他の罰則の適用については、法令により公務に従事する職員とみなす。

（秘密保持義務）

第十三条の二　組合の事務に従事している者又は従事していた者は、組合の事業に関して職務上知り得た秘密を漏らし、又は盗用してはならない。

国家公務員共済組合法施行令

国家公務員共済組合法施行規則

第二章　組合

第一節　運営規則

（運営規則）

第三条　組合は、法第十一条第一項の規定により、次の各号に掲げる事項を運営規則で定めなければならない。

一　組合の事業を執行する権限の委任に関する事項

二　医療機関又は薬局との契約に関する事項

三　削除

四　給付の請求、決定及び支払に関する事項

五　福祉事業の運営に関する事項

六　法第十三条に規定する組合に使用され、その事務に従事する者及び組合職員の範囲に関する事項

七　法令又は定款の規定により運営規則で定めることとされている事項

八　前各号に掲げるもののほか、組合の業務の執行に関して必要な事項

国家公務員共済組合法等の運用方針

〈関係通達〉

○国家公務員共済組合が国有財産を使用し、業者に福祉事業の経営を委託して行なわせる場合の取扱要領について（抄）

（昭和三六年二月一四日　蔵計第二四五号大蔵省主計局長から各共済組合本部長あて通達）

最終改正　平成十六年二月十三日財計三二一五号

国家公務員共済組合が国有財産を使用し、業者に福祉事業の経営を委託する場合の取扱いについては、別紙要領によって行われたい。

（別紙）

国家公務員共済組合が国有財産を使用し、業者に福祉事業の経営を委託して行わせる場合の取扱要領

1　支部又は所属所が国有財産を使用し、業者に経営を委託して行わせようとするときは、あらかじめ本部長の承認を受けなければならない。ただし、業者に自動販売機のみによる経営を委託（既に経営を委託している業者の自動販売機による経営の追加委託を含む。）する場合及び既に業者に経営を委託している場合において継続して同一の条件により同一の業者に経営を委託して行わせようとするとき（第四項の規定

（事業年度）

第十四条　組合の事業年度は、毎年四月一日に始まり、翌年三月三十一日に終る。

により委託業者の見直しを行う場合を除く。）は、本部長に対する報告をもって足りるものとする。

2　本部長は、前項の承認をする場合には、次の事項を考慮して行うものとする。

(1)　国家公務員共済組合（国家公務員共済組合連合会を含む。以下「組合」という。）が事業を直接経営することが当該事業の規模又は種類により困難であり、業者に経営を委託することが能率的であり、また、組合の収支の面からも有利であり、かつ、販売価額等が直接経営に比し低廉であること。

(2)　業者に経営を委託して行う事業の種類、販売価額及び修理等の料金が適正妥当であること。

(3)　組合に委託経営の主導権があり、組合は販売物品の価額規格等及び加工、修理の料金等について適宜規制するものであること。

(4)　委託業者の選定が適正であり、事業経営を委託させることの適格性をもつ業者であること。

(5)　委託経営が当該組合員のみを利用対象として行うことが可能であり、業者に経営を委託しても外部業者との摩擦を生ずるおそれがないものであること。

(6)　設置する場所は、組合員以外の者が通常利用し得るような場所でないこと。

(7)　業者との経営委託に関する契約書の内容が適正であること。

3　委託業者との契約方式の選定に当たり、競争入札により難い場合には、透

国家公務員共済組合法

（事業計画及び予算）

第十五条　組合は、毎事業年度、事業計画及び予算を作成し、事業年度開始前に、財務大臣の認可を受けなければならない。

2　組合は、事業計画及び予算の重要な事項で**政令で定める**ものを変更しようとするときは、そのつど、財務大臣の認可を受けなければならない。

〈関係通達〉

○事業計画及び予算の人件費の最高限度額の変更について

（昭和四六年一月一四日　蔵計第六八号大蔵大臣から各共済組合代表者あて通知）

最終改正　平一三・一・五財計二七八二

国家公務員共済組合（国家公務員共済組合連合会を含む。）は、事業計画及び予算の人件費の最高限度額を変更しようとするときは、国家公務員共済組合法（昭和三十三年法律第一二八号）第十五条第二項の規定に基づき、そのつど財務大臣の認可を受けなければならないこととされているが、国家公務員の給与改定（一般職の職員の給与に関する法律（昭和二十五年法律第九五号）及び国の経営する

国家公務員共済組合法施行令

（事業計画及び予算の変更）

第七条　法第十五条第二項に規定する事業計画及び予算の重要な事項で**政令で定める**ものは、次に掲げる事項とする。

一　人件費及び事務費の最高限度額

二　法第十七条ただし書の規定による借入金及び翌事業年度以降にわたる債務の負担の最高限度額

三　組合の経理単位（**財務省令で定める**ところによりその経理について設けられる区分をいう。）相互間における資金の融通の最高限度額

四　法第九十八条の規定により行う福祉事業の種類、当該福祉事業のための施設の設置及び廃止に関する事項並びに当該福祉事業に要する費用に充てることができる金額の最高限度額

五　その他**財務大臣の指定する**事項

国家公務員共済組合法施行規則

第四款　事業計画及び予算

（事業計画及び予算の認可）

第二十二条　組合の代表者は、毎事業年度、経理単位ごとに、事業計画及び予算を作成し、これを前事業年度の二月末日までに財務大臣に提出しなければならない。

（事業計画の内容）

第二十三条　事業計画には、次の各号に掲げる事項を明らかにしなければならない。

一　組合員の数、標準報酬の月額（法第五十二条に規定する標準報酬の月額をいう。以下同じ。）、標準期末手当等の額（法第四十一条第一項に規定する標準期末手当等の額をいう。以下同じ。）並びに被扶養者及び国民年金法第七条第一項第三号に規定する被扶養配偶者の数

二　組合に使用される者の数、支部及び所属所の現況並びに当該事業年度に予定される異動

三　短期経理における給付並びに法第百条第三項に規定する標準報酬の月額及び標準期末手当等の額と掛金（短期給付及び介護納付金に係るものに限る。）との割合の前々事業年度の実績並びに前事業年度及び当該事業年度の推計並びに当該事業年度の資金計画

国家公務員共済組合法等の運用方針

明性及び公平性の確保の観点から、極力公募による企画競争に付して行うよう努めること。

4　業者との契約締結後五年以内の適宜の時期に委託業者の見直しを実施すること。ただし、これによることが困難であるときは、あらかじめ本部長の承認を受けなければならない。

5～13　略

第十五条関係

施行令第七条

1　第一号の「人件費及び事務費」とは、「職員給与」及び「退職給与引当金繰入」並びに「旅費」及び「事務費」とする。

2　第三号の「資金の融通」とは、資金の貸付及び借入をいう。

3　第四号の「当該福祉事業のための施設の設置に関する事項」とは、個々の施設（土地、建物（構築物、機械及び装置を含む。）及び借入不動産附帯施設）の設置場所及び個々の施設の設置に要する額の総額とする。

また、「当該福祉事業のための施設の廃止に関する事項」とは、個々の廃止対象施設（土地、建物（構築物、機械及び装置を含む。）及び借入不動産附帯施設）の帳簿価額とする。

4　第四号の「当該福祉事業に要する費用に充てることができる金額の最高限度」とは、国家公務員共済組合法（昭和三十三年法律第百二十八号。以下「法」という。）第九十九条に規定する福祉事業に要する費用に充てるべき掛金及び国等の負担金を保健経理に出納した後他の福祉経理へ繰り入れる場合には、各福祉経理ごとの当該繰入金の最

法第十五条

企業に勤務する職員の給与等に関する特例法（昭和二十九年法律第一四一号）等の改正による給与等の改定をいう。）の措置に準じて共済組合職員の給与の改定を行なうことに伴なう事業計画及び予算の人件費の最高限度額の変更については、当該人件費の最高限度額の変更に係る事業計画及び予算を作成し、これを財務大臣に報告することにより、財務大臣の認可があったものとみなすこととしたから了知されたい。

○事業計画及び予算の貸付経理における組合員貸付金の受取利率及び最高限度額の変更について

（平成二三年五月九日 財計第一五〇〇号財務大臣から各共済組合代表者あて通知）

事業計画及び予算の貸付経理における組合員貸付金の受取利率及び最高限度額の変更をする場合の取扱いについて下記のとおり定めたので通知する。

記

国家公務員共済組合は、事業計画及び予算を変更しようとするときは、国家公務員共済組合法（昭和三十三年法律第百二十八号）第十五条第二項の規定に基づき、そのつど、財務大臣の認可を受けなければならないこととされているが、東日本大震災を事由とする貸付の特例措置（別紙）に伴う貸付経理における組合員貸付金の受取利率及び最高限度額の変更については、これらの変更に係る事業計画及び予算を作成し、これを財務大臣に報告することにより、財務大臣の認可があったものとみなすこととしたから了知されたい。

政令第七条

規則第二十二条、第二十三条

四　業務経理における当該事業年度の資金計画
五　保健経理における事業の種類、施設の現況、当該事業年度における施設の設置及び廃止に関する事項、施設の利用状況及び利用料金並びに当該事業年度の資金計画
六　宿泊経理における施設の種類及び現況、当該事業年度における施設の設置及び廃止に関する事項、施設の利用状況及び利用料金並びに当該事業年度の資金計画
七　医療経理における施設の現況、当該事業年度における施設の設置及び廃止に関する事項、施設の利用状況及び利用料金並びに当該事業年度の資金計画
八　住宅経理における施設の現況、当該事業年度における施設の設置及び廃止に関する事項、施設の利用状況及び利用料金並びに当該事業年度の資金計画
九　貯金経理における貯金の種類、貯金の現況、貯金の支払利率、当該事業年度の資金計画及び資産の構成割合
十　貸付経理における貸付金の種類、貸付金の現況、貸付金の利率及び当該事業年度の資金計画
十一　物資経理における事業の種類、施設の現況、当該事業年度における施設の設置及び廃止に関する事項、販売計画、仕入原価に対する平均利潤率、資金の回転率並びに当該事業年度の資金計画
十二　前各号に掲げるもののほか、**財務大臣の定める事項**

高限度額である。

5　第五号に規定する「**財務大臣の指定する事項**」とは、次の事項とする。

(1)　法第十七条ただし書の規定による借入金の条件及び第三号に規定する組合の各経理単位相互間における資金の融通の条件
(2)　医療経理における診療報酬の一点単価
(3)　貯金経理における組合員貯金に対する支払利率
(4)　貸付経理における組合員貸付金の受取利率及び最高限度額
(5)　国家公務員共済組合法施行規則（昭和三十三年大蔵省令第五十四号。以下「施行規則」という。）第七条第一項の規定により短期経理から業務経理へ繰り入れられる金額及び短期経理から業務経理に繰り入れる金額の最高限度額
(6)　施行規則第七条第二項の規定により福祉経理相互間において繰り入れられる金額及び繰り入れる金額の最高限度額
(7)　施行規則第八十五条第二項の規定により読み替えられた施行規則第七条第一項の規定により厚生年金保険経理から業務経理へ繰り入れられる金額及び厚生年金保険経理から業務経理に繰り入れる金額の最高限度額
(8)　施行規則第八十五条第二項の規定により読み替えられた施行規則第七条第一項の規定により退職等年金経理から業務経理へ繰り入れられる金額及び退職等年金経理から業務経理に繰り入れる金額の最高限度額
(9)　被用者年金制度の一元化等を図るための厚生年金保険法等の一部を改正する法律の施行及び国家公務員の退職給付の給付水準の見直し等のための国家公務員退

別紙

東日本大震災を事由とする貸付の特例措置

1 特別貸付に係る措置

(1) 対象者

・災害救助法の適用を受けた地域内に居住する組合員又はその被扶養者を有する組合員

(2) 新規の特別貸付（災害貸付に限る）による措置

	（現行）	（新設（別枠））
・貸付限度額	月収の十二月	月収の二十四月
・返済期間	十年間（百二十月）	十五年間（百八十月）
・当初元本返済猶予期間	一年間（十二月）	二年間（二十四月）
・貸付金利	二・九六％	二年間は、預託金利（十年）二年経過後は、通常金利（下限二・九六％）

(3) 既貸付者に対する措置

・一年間（十二月）の元本返済猶予

(4) 申請期限

・平成二十五年三月三十一日

2 住宅貸付に係る措置

(1) 対象者

・災害見舞金の支給を受けた組合員

(2) 新規の住宅貸付による措置

・貸付限度額	二、〇〇〇万円	→据置き
・返済期間	三十年間（三百六十月）	→据置き
・当初元本返済猶予期間	一年間（十二月）	→五年間（六十月）
・貸付金利	二・九六％	→五年間は、預託金利（十年）五年経過後は、事務費相当分（〇・二六％）を減じた通常金利（下限二・七〇％）

(3) 既貸付者に対する措置

・二年間（二十四月）の元本返済猶予

・二年間は、約定利率から▲一・〇％

(4) 申請期限

・平成二十八年三月三十一日

（予算の内容）

第二十四条 予算は、予算総則、予定損益計算書及び予定貸借対照表に区分して作成するものとする。

2 予算総則には、次に掲げる事項を明らかにしなければならない。

一 人件費及び事務費の最高限度額

二 法第十七条ただし書の規定による借入金及び翌事業年度以降にわたる債務の負担の最高限度額

三 組合の経理単位相互間における資金の融通の最高限度額

四 第七条第一項の規定により業務経理へ

職手当法等の一部を改正する法律の一部の施行に伴う国家公務員共済組合法による長期給付等に関する経過措置に関する省令（平成二十七年財務省令第七十四号。以下「平成二十七年経過措置省令」という。）第二条第一項の規定により準用するものとされた施行規則第八十五条第二項の規定により読み替えられた施行規則第七条第一項の規定により経過的長期経理から業務経理へ繰り入れられる金額及び経過的長期経理から業務経理に繰り入れる金額の最高限度額

⑽ 国家公務員共済組合及び国家公務員共済組合連合会が行う国家公務員等の財産形成事業に関する政令（昭和五十二年政令第百九十九号）第四条第三項の規定による借入金の最高限度額

⑾ 日本国有鉄道清算事業団の債務等の処理に関する法律施行令（平成十年政令第三百三十五号）第四条第一項の規定により、日本鉄道共済組合等の当該年度の予算をもって定める額

⑿ 厚生年金保険法等の一部を改正する法律の施行に伴う存続組合又は指定基金に係る特例業務等に関する省令（平成九年大蔵省令第二十一号）第六条第一項の規定により貸付経理から長期経理へ繰り入れられる金額及び貸付経理から長期経理に繰り入れる金額並びに同条第二項の規定により長期経理から業務経理へ繰り入れられる金額及び長期経理から業務経理に繰り入れる金額の最高限度額

施行規則第二十三条関係

第五号、第六号、第七号、第八号及び第十一号中「施設の設置及び廃止に関する事項」とは、施行令第七条第四号に規定する

（決算）

第十六条 組合は、毎事業年度の決算を翌事業年度の五月三十一日までに完結しなければならない。

2 組合は、毎事業年度、貸借対照表及び損益計算書を作成し、決算完結後一月以内に財務大臣に提出して、その承認を受けなければならない。

3 組合は、前項の承認を受けたときは、遅滞なく、貸借対照表及び損益計算書又はこれらの要旨を官報に公告し、かつ、貸借対照表、損益計算書、附属明細書及び事業状況報告書を各事務所に備えて置き、**財務省令で定める**期間、一般の閲覧に供しなければならない。

繰り入れられる金額及び短期経理から業務経理に繰り入れる金額の最高限度額

五 福祉事業に要する費用に充てることができる金額の各福祉経理ごとの最高限度額

六 不動産の取得に要する金額の最高限度及び不動産を譲渡する場合における譲渡金額の最低限度

七 前各号に掲げるもののほか、財務大臣の指定する事項

3 予定損益計算書には、前々事業年度における実績を基礎とし、前事業年度及び当該事業年度における推計を表示しなければならない。

4 予定貸借対照表には、前々事業年度末日における貸借対照表を基礎とし、前事業年度末日及び当該事業年度末日における推計を表示しなければならない。

第三目 決算

（決算精算表の提出）

第六十一条 出納主任は、毎事業年度末日において、決算整理をし、元帳（総勘定元帳を除く。）及び補助簿を締め切り、経理単位ごとに決算精算表及び決算附属明細表を作成し、出納役の証明を受けた後、単位所属所にあつては翌事業年度四月十五日までに、支部及び本部にあつては翌事業年度四月二十五日までに、これを統轄する会計単位の長に提出しなければならない。

2 本部の出納主任は、前項の規定により提出を受けた決算精算表及び決算附属明細表に基づき、毎事業年度末日において、決算整理をし、総勘定元帳を締め切り、経理単位ごとに組合の決算精算表を作成し、本部の出納役の証明を受けた後、翌事業年度の五月二十日までに、これを組合の代表者に提出しなければならない。

ものをいう。

施行規則第二十四条関係

1 第二項第一号中「人件費及び事務費」とは、施行令第七条第一号に規定するものをいう。

2 第二項第三号中「資金の融通」とは、施行令第七条第三号に規定するものをいう。

3 第二項第六号中「不動産」とは、土地、建物（構築物、機械及び装置を含む。）、借入不動産附帯施設とする。

4 第二項第七号の「**財務大臣の指定する事項**」とは、施行令第七条第五号に規定するもの（運用方針法第十五条関係の「施行令第七条」の第五項第五号、第七号及び第十号に掲げる事項を除く。）をいう。

国家公務員共済組合法

国家公務員共済組合法施行令

国家公務員共済組合法施行規則

3　組合の代表者は、前項の規定により提出を受けた組合の決算精算表を、翌事業年度の五月三十一日までに、財務大臣に提出しなければならない。

（財務諸表の提出）

第六十二条　法第十六条第二項に規定する貸借対照表及び損益計算書の作成は、経理単位ごとに行うものとし、その提出にあたつては、同条第三項の附属明細書及び事業状況報告書並びに第百二十六条の四第二項第一号の監査（本部に係るものに限る。）に関する監査報告書を添付するものとする。

2　前項の附属明細書には、次に掲げる事項を記載しなければならない。

一　組合が議決権の過半数を実質的に所有している会社又は当該組合及び当該会社若しくは当該会社が他の会社の議決権の過半数を実質的に所有している場合における当該他の会社（以下この項及び次項において「子会社」という。）又は組合（当該組合が子会社を有する場合には、当該子会社を含む。）が議決権の百分の二十以上百分の五十以下を実質的に所有し、かつ、組合が人事、資金、技術及び取引等の関係を通じて財務及び営業の方針に対して重要な影響を与えることができる会社（以下この項及び次項において「関連会社」という。）の株式を所有している場合における当該子会社又は当該関連会社の名称、一株当たりの額、当該事業年度末日及び前事業年度末日における所有株数、取得価格、貸借対照表計上額、当該事業年度におけるそれぞれの増減その他の組合が所有する子会社及び関連会社の株式に係る明細

二　組合が他の団体等に対して出資を行つ

国家公務員共済組合法等の運用方針

た場合における当該団体等の名称、一株又は一口当たりの額、当該事業年度末日及び前事業年度末日における所有株数又は所有口数、取得価格、貸借対照表計上額、当該事業年度におけるそれぞれの増減その他の出資に係る明細

三　子会社及び関連会社に対する債権及び債務の明細

四　当該事業年度に受け入れた国の補助金その他これに準ずるもの（以下この号及び次項において「国庫補助金等」という。）の名称、当該国庫補助金等に係る国の会計区分、当該国庫補助金等と貸借対照表及び損益計算書における関連科目との関係その他の国庫補助金等に係る明細

五　組合に使用される者の給与費の明細

六　組合の業務の一部又は当該業務に関連する事業を行う公益法人その他の団体で、組合が出資、人事、資金、技術及び取引等の関係を通じて財務及び事業の方針決定を支配し、又はそれらに対して重要な影響を与えることができるもの（次項において「関連公益法人等」という。）の基本財産に対する拠出その他の組合の業務の性質上重要と認められるものの明細

七　財務諸表附属明細表に掲げる事項

3　第一項の事業状況報告書には、次に掲げる事項を記載しなければならない。

一　業務の内容、各事務所の所在地、沿革、設立に係る根拠法の名称、主務大臣、当該事業年度における組合に使用される者の定数及びその増減その他の組合の概要

二　当該事業年度及び前事業年度までにおける組合の業務の実施状況（借入金及び国庫補助金等による資金調達の状況を含む。）

三　子会社及び関連会社並びに関連公益法

国家公務員共済組合法

国家公務員共済組合法施行令

国家公務員共済組合法施行規則

人等に関するものとして次に掲げる事項

イ　子会社及び関連会社並びに関連公益法人等の概況（組合との関係を示す系統図を含む。）

ロ　子会社及び関連会社の名称、事務所の所在地、資本金の額、事業内容、役員数、代表者の氏名、従業員数、組合の持株比率及び組合との関係

ハ　関連公益法人等の名称、事務所の所在地、基本財産の額、事業内容、役員数、代表者の氏名、職員数及び組合との関係

四　組合が対処すべき課題

（財務諸表等の閲覧期間）

第六十二条の二　法第十六条第三項に規定する財務省令で定める期間は、五年とする。

（前期損益修正益及び前期損益修正損の処理）

第六十三条　前事業年度以前の事業年度に属すべき収入金又は支払金は、毎事業年度の前期損益修正益又は前期損益修正損として処理しなければならない。

（たな卸）

第六十四条　出納主任は、毎事業年度末日において、実地についてたな卸資産のたな卸を行い、それに基いて、たな卸表を作成しなければならない。

2　前項の規定により出納主任がたな卸をする場合には、会計単位の長があらかじめその所属の職員又は組合職員のうちから指定する者がこれに立会し、その者が確認の証としてたな卸表に記名押印するものとする。

（たな卸資産の評価）

第六十五条　たな卸資産を評価する場合には、次の各号に掲げる価額によるものとする。ただし、第五号又は第六号の規定による価

国家公務員共済組合法等の運用方針

額による場合には、あらかじめ、会計単位の長の承認を受けなければならない。

一 他から購入したものは、買入原価（購入に際し手数料、運賃又はこれらに準ずる経費を支払つた場合において、買入原価にこれを加算すべきときは、その加算すべき額を含む。）

二 当該組合の生産に係るものは、その製造原価

三 当該組合の生産に係る半製品は、原材料の価額に支払済工賃を加算した金額

四 前三号に掲げる価額によるべき場合において、買入原価、製造原価又は原材料の価額に、二以上の単価があり、そのいずれによるべきかが明らかでないときは、前三号の規定にかかわらず、当該事業年度における最終の買入原価、製造原価又は原材料の価額。ただし、これらの価額以外の価額によることについて、組合の代表者の承認を受けた場合には、この限りでない。

五 買入原価、製造原価又は原材料の価額が明らかでないものは、見積価額

六 破損、きず、たなざらし、型くずれ、陳腐化等のため通常の価額で販売できないもの又は通常の方法で使用に堪えないものは、処分のできる価額

（たな卸資産の減価）

第六十六条 たな卸資産を評価する場合において、破損、腐敗、欠減等を生じやすい種類のたな卸資産で、個々に破損、腐敗、欠減等の有無を確かめることが困難なものについて破損、腐敗、欠減等のあることが推定されるときは、前条の規定にかかわらず、同条第一号から第五号までの規定により評価した価額から、当該価額に薬品、医療原材料及び飲食料品については十分の三以下、

国家公務員共済組合法

国家公務員共済組合法施行令

国家公務員共済組合法施行規則

その他の資産については十分の二以下の範囲内において組合の代表者が当該たな卸資産の種類ごとに定める割合を乗じて得た金額を減額することができる。

（資産の再評価）

第六十七条 当座資産として取得した有価証券について、時価と帳簿価額とに著しい差異がある場合には、当該事業年度末日において再評価し、帳簿価額を適正に修正しなければならない。

2 福祉経理の資産について、時価と帳簿価額とに著しい差異がある場合において、当該事業年度末日又は財務大臣の指定する時に再評価しようとするときは、当該再評価の方法について、あらかじめ、財務大臣の承認を受けなければならない。

（有形固定資産の減価償却）

第六十八条 土地以外の有形固定資産（第九条第二項に規定する不動産を除く。以下「有形固定資産」という。）は、毎事業年度末日において、資産の種類ごとに、定額法（当該減価償却資産の取得価額にその償却費が毎事業年度同一となるように当該資産の耐用年数に応じた償却率を乗じて計算した金額を各事業年度の償却限度額として償却する方法をいう。）により減価償却をしなければならない。

2 当該事業年度の前事業年度までの各事業年度においてした償却の額の累計額と当該減価償却資産につき計算した当該事業年度の償却限度額に相当する金額との合計額が当該減価償却資産の取得価額から一円を控除した金額に相当する金額を超える場合には、前項の規定にかかわらず、当該償却限度額に相当する金額からその超える部分の金額を控除した金額をもつて当該事業年度

国家公務員共済組合法等の運用方針

施行規則第六十八条関係

1 施行規則第六十八条第一項に規定する有形固定資産には、次の各号に掲げる資産は該当しないものとすることができる。

(1) 当該資産の取得の時において当該資産につき通常の管理又は修理をするものとした場合に予測される当該資産の使用可能期間が一年未満である資産

(2) 法人税法施行令（昭和四十年政令第九十七号）第五十四条第一項各号の規定により計算した取得価格が同令第百三十三条に規定する価格未満である資産（共済組合の業務の性質上基本的に重要な資産を除く。）

2 前項第二号の取得価格は、通常一単位として取引される単位ごとに判定する。例えば、器具及び備品については、一個、一組又は一揃ごとに判定する。

3 償却の基礎となる固定資産には遊休設備は含むが、建設中のものは含まない。ただ

の償却限度額とする。

3　第一項の規定により減価償却をする場合における耐用年数及び償却率は、減価償却資産の耐用年数等に関する省令（昭和四十年大蔵省令第十五号）の別表に定めるところによる。ただし、通常の使用度を超える使用のためその損耗が著しい有形固定資産について、組合の代表者が必要があると認める場合には、同表に掲げる耐用年数（以下「法定耐用年数」という。）を短縮することができる。

4　法定耐用年数の全部又は一部を経過した有形固定資産を取得し、その将来の残存耐用年数を見積る場合において、その将来の残存耐用年数を見積ることが困難なときは、法定耐用年数の全部を経過したものについては、当該法定耐用年数の十分の二に相当する年数を、法定耐用年数の一部を経過したものについては、当該法定耐用年数から経過年数を控除した年数に、経過年数の十分の二に相当する年数を加算した年数を法定耐用年数とみなし、償却額を計算するものとする。この場合において、一年未満の端数を生じたときは、これを切り捨てるものとする。

5　有形固定資産を増築し、改築し、修繕しその他改良を加えた場合において、組合の代表者が必要があると認めるときは、前二項の規定による耐用年数を延長することができる。

6　事業年度の中途において取得した有形固定資産の当該事業年度における償却額は、前五項の規定により計算した償却額に、経過月数を十二で除して得た割合を乗じて得た金額とする。

7　前条第二項の規定により有形固定資産を再評価した場合には、その再評価後の価額

し、建設仮勘定に属しているものであつても、その完成部分を事業の用に供しているものは償却の対象とすることができる。

4　減価償却資産は、その資産の効用が漸次消滅するものであるから、時の経過とともにその価値が減少しないような書画、骨董等は減価償却の対象には含まれない。

ただし、書画・骨董等の複製のようなものであつて、単に装飾的目的にのみ使用されるものは、この限りでない。

5　一つの建物が二以上の構造により構成されている場合において、構造別に区分することができるもの（例えば、鉄筋コンクリート造三階建の上に更に木造建物を建築し四階建としたようなもの）は、それぞれ構造の異なるごとに区分して、その構造について定められた耐用年数を適用し、構造別にその建物と区分することが困難なものについてはその骨格が主としてどの構造によつて構成されているかにより、その耐用年数を判定するものとする。

6　毎事業年度の減価償却を計算する場合において、最終的確定金額に一円未満の端数が生じた場合には、切り捨てる。

7　減価償却資産の耐用年数等に関する省令（昭和四十年大蔵省令第十五号）の別表の耐用年数が改正された場合において、その改正の適用日前に取得した有形固定資産のうち、耐用年数が改正された有形固定資産の毎事業年度の減価償却の計算は、次の方法で一円に達するまで減価償却を行なうものとする。

取得価額×新耐用年数に応じた償却率

8　施行規則第六十八条第四項の規定により法定耐用年数とみなされて償却額を計算するものとされている有形固定資産に係る法定耐用年数が、減価償却資産の耐用年数等

国家公務員共済組合法

国家公務員共済組合法施行令

国家公務員共済組合法施行規則

を取得価額と、残存耐用年数を法定耐用年数とみなし、前六項の規定により償却額を計算するものとする。

8　有形固定資産の減価償却額は、直接法により処理しなければならない。

（無形固定資産の償却）

第六十九条　無形固定資産は、毎事業年度末日において、その取得価額を基礎とし、期間の定めのあるものについてはその期間、期間の定めのないものについては十年以内で組合の代表者が定める期間により、均分して償却しなければならない。

2　事業年度の中途において取得した無形固定資産の当該事業年度における償却額は、前項の規定により計算した償却額に、経過月数を十二で除して得た割合を乗じて得た金額とする。

3　第六十七条第二項の規定により無形固定資産を再評価した場合には、その再評価後の価額を取得価額とみなし、前二項の規定により償却額を計算するものとする。

4　無形固定資産の減価償却額は、直接法により処理しなければならない。

（借入不動産の増築費等の償却）

第七十条　借入不動産の増築、改築、修繕その他改良に要した費用のうち、当該不動産の通常の維持又は管理に必要と認められる金額を超える額（以下この条において「増築費等」という。）については、毎事業年度末日において、増築費等を基礎とし、賃借期間の定めのあるものについてはその期間、賃借期間の定めのないものについては十年以内で組合の代表者が定める期間により、均分して償却しなければならない。

2　事業年度の中途において取得した借入不動産の増築費等の当該事業年度における償

国家公務員共済組合法等の運用方針

に関する省令の改正により短縮された場合には、同条第四項の規定の例により計算するものとする。この場合において、同項中「法定耐用年数の全部を経過したもの」とあるのは「減価償却資産の耐用年数等に関する省令の改正により短縮された同令の別表に掲げる耐用年数（以下「新耐用年数」という。）の全部を経過したもの」と、「当該法定耐用年数」とあるのは「当該新耐用年数」と、「法定耐用年数の一部」とあるのは「新耐用年数の一部」と、「法定耐用年数と」とあるのは「前項の耐用年数と」として適用する。

9　事業年度の中途において譲渡又は滅失した資産の当該年度の減価償却は行なわないものとする。

10　第四項中「経過年数」とは、「経過年月数」とする。

11　経過年数が不明なときは、その構造、形式、表示された製作の時期等を勘案して、その経過年数を適正に見積るものとする。

12　第六項中「経過月数」を計算する場合には、取得した日の属する月は、一月として計算する。

施行規則第六十八条・第六十九条・第七十条関係

減価償却の償却期間の始期は次の各号に定めるところによるものとする。

(1)　新規に施設の営業を開始するために取得したものについては、営業を開始した日

(2)　施設の増改築により取得したものについては、当該施設の使用を開始した日

(3)　(1)及び(2)に掲げるもののうちに含まれない減価償却の対象となる物品の購入については、組合が検査納入した日

却額は、前項の規定により計算した償却額に、経過月数を十二で除して得た割合を乗じて得た金額とする。

3　借入不動産の増築費等の減価償却額は、直接法により処理しなければならない。

（特別償却）

第七十一条　固定資産が陳腐化、不適応化その他災害等の理由により著しくその価値を減じた場合において、組合の代表者が必要があると認めるときは、前三条の規定による償却の基礎となる価額の全部又は一部を減額することができる。

（創業費及び開発費の償却）

第七十二条　繰延費用として処理した創業費及び開発費は、毎事業年度末日において、五年以内で組合の代表者が定める期間により均分額以上の償却をしなければならない。

2　事業年度の中途において繰延費用として処理した創業費及び開発費の当該事業年度における償却額は、前項の規定により計算した償却額に、経過月数を十二で除して得た割合を乗じて得た金額とする。

3　創業費及び開発費の償却額は、直接法により処理しなければならない。

施行規則第七十一条関係

1　「陳腐化」とは、流行の変せん、新発見又は新発明等によって、その使用価値が減価されるものである。例えば、新式の医療機器又は機械が発明され、従来共済組合で使用していた同種類のものが患者の利用に供することができなくなり、用途廃止する場合である。

2　「不適応化」とは、それ自体の原因でなく、他の資産の関係からその使用価値が減価されるものである。例えば、動力源を火力から電力に変更することにより煙突は不用となる場合及び従来三十キロワットの変圧器を使用していたが、病床数を増加したことにより、その変圧器は病院施設の使用には不適当となり、取替える場合等である。

なお、固定資産で通常の使用方法により使用していたのであるが、使用度が激しいために使用不能になり価値を減じた場合等は、特別償却とならない。

国家公務員共済組合法

国家公務員共済組合法施行令

国家公務員共済組合法施行規則

（退職給与引当金）

第七十三条　組合に使用される者に対して退職給与を支払う規定がある場合には、毎事業年度末日において、当該規定に基く所要の金額を退職給与引当金として計上しなければならない。

（災害補てん引当金）

第七十四条　有形固定資産について、災害その他の事故による将来の損害に対する準備をしようとする場合には、毎事業年度末日において、所要の金額を災害補てん引当金として計上することができる。

第七十五条　削除

（貸倒引当金）

第七十六条　福祉経理（貯金経理及び指定経理のうち**財務大臣が定める**ものを除く。）においては、毎事業年度末日において、貸付金、売掛金その他事業に係る未収金の総額の百分の二以内で**財務大臣が定める**金額に達するまでの金額を貸倒引当金として計上することができる。

（特別修繕引当金）

第七十七条　福祉経理においては、事業に使用されている施設について翌事業年度以降に大規模の修繕をすることが予定される場合には、毎事業年度末日において、所要の金額を特別修繕引当金として計上すること

国家公務員共済組合法等の運用方針

施行規則第七十四条関係

商品についても、有形固定資産に準じて所要の金額を損害補てん引当金として計上することができる。

施行規則第七十六条関係

1　「**財務大臣が定める**金額」とは、各事業年度末日における貸付金、売掛金その他事業に係る未収金の総額に次に掲げる率を乗じて得た金額とする。

(1)　保健経理、医療経理、宿泊経理及び住宅経理においては、$\frac{1}{100}$

(2)　貸付経理においては、$\frac{0.3}{100}$

(3)　物資経理においては、$\frac{2}{100}$

2　「貸付金」のうちには、各経理相互間における貸付金は含まないものとする。

3　「事業に係る未収金」のうちには、国、独立行政法人、職員団体及び共済組合、国及び地方公共団体の補助金、組合員の掛金、福祉経理相互間における繰入金並びに各経理相互間における未収金は、含まないものとする。

ができる。

(支払準備金)

第七十八条　短期経理においては、毎事業年度末日において、当該事業年度における短期給付の請求額の総額の十二分の二に相当する金額を支払準備金として積み立て、翌事業年度末日まで据え置かなければならない。

(再評価積立金)

第七十九条　第六十七条第二項の規定による再評価により生じた利益金は、再評価積立金として積み立てなければならない。

2　前項の再評価積立金は、翌事業年度以降において再評価により損失を生じた場合及び財務大臣の承認を受けた場合を除くほか、とりくずすことができない。

(建設積立金等)

第八十条　福祉経理において、一定の金額を積み立てて施設の新設、増設又は改良を行うとする場合には、毎事業年度末日において、当該金額を建設積立金又は改良積立金として積み立てることができる。

(別途積立金)

第八十一条　組合は、当該組合以外の者から受けた補助金若しくは寄附金(現金以外の資産による寄附を含む。)、法第九十九条に規定する福祉事業に要する費用に充てるべき掛金及び国、行政執行法人、法科大学院設置者、職員団体若しくは郵政会社等の負担金又は第七条第二項に規定する繰入金をもつて固定資産を取得した場合には、当該事業年度末日において、当該固定資産の価額に相当する金額を別途積立金として積み立てなければならない。

2　前項の別途積立金は、財務大臣の承認を受けて、取り崩すことができる。

(貸付資金積立金)

国家公務員共済組合法

国家公務員共済組合法施行令

国家公務員共済組合法施行規則

第八十一条の二　貸付経理においては、毎事業年度末日において、貸付事業の資金に充てるため、当該事業年度の利益金を、当該事業年度以前三事業年度末日における平均貸付残高の百分の十に相当する金額（前事業年度以前の積立金をもつて積み立てられた貸付資金積立金がある場合には、当該百分の十に相当する金額が当該積立金の額を超える額）に達するまで貸付資金積立金として積み立てなければならない。

（欠損金補てん積立金）

第八十二条　短期経理及び福祉経理（貸付経理を除く。以下この条において同じ。）においては、毎事業年度末日において、将来の欠損金の補てんに充てるため、当該事業年度の利益金を、次の各号に掲げる金額（前事業年度以前の積立金をもつて積み立てられた欠損金補てん積立金がある場合には、次の各号に掲げる金額が当該積立金の額を超える額）に達するまで欠損金補てん積立金として積み立てなければならない。

一　短期経理については、当該事業年度以前三事業年度における短期給付の平均請求額の百分の十に相当する金額

二　貯金経理については組合員の貯金額、その他の福祉経理については借入金の額及び固定資産の価額（借入資金によつて取得した固定資産の価額を除く。）のそれぞれ百分の五以上に相当する金額の範囲内において組合の代表者が定める額

第八十三条　削除

（利益剰余金及び欠損金の処分）

第八十四条　毎事業年度における決算上の利益剰余金は、翌事業年度に繰り越すものとする。

2　毎事業年度の欠損金は、前年度積立金を

国家公務員共済組合法等の運用方針

法第十七条～第十九条

（借入金の制限）

第十七条　組合は、借入金をしてはならない。ただし、組合の目的を達成するため必要な場合において、財務大臣の承認を受けたときは、この限りでない。

第十八条　削除

（資金の運用）

第十九条　組合の業務上の余裕金の運用は、**政令で定める**ところにより、事業の目的及び資金の性質に応じ、安全かつ効率的にしなければならない。

政令第八条

（資金の運用）

第八条　組合の業務上の余裕金は、次に掲げるものに運用するものとする。

一　銀行その他**財務大臣の指定する**金融機関への預金

二　信託業務を営む金融機関（金融機関の信託業務の兼営等に関する法律（昭和十八年法律第四十三号）第一条第一項の認可を受けた金融機関をいう。次項及び第九条の三第一項第三号において同じ。）への金銭信託で元本補塡の契約があるもの

三　国債、地方債その他**財務省令で定める**有価証券

2　前項第三号の有価証券は、信託会社（信託業法（平成十六年法律第百五十四号）第三条又は第五十三条第一項の免許を受けたものに限る。第九条の三第一項第三号において同じ。）又は信託業務を営む金融機関への当該有価証券の貸付けを目的とする信託に運用することができる。

3　前二項に規定するもののほか、組合の業務上の余裕金の運用に関し必要な事項は、**財務省令で定める**。

規則第八十一条の二～第八十四条、第十一条

取り崩して補てんし、なお欠損金がある場合には、欠損金補てん積立金（貸付経理については、貸付資金積立金）を取り崩して補てんするものとする。

3　前項の規定により欠損金を補てんしてもなお欠損金がある場合には、その決算上の欠損金は、翌事業年度に繰り越すものとする。

（資金の集中）

第十一条　支部又は単位所属所の長は、余裕金のうち、当該支部又は単位所属所の行う事業に必要な当座の支払資金を除いたものを、すべて経理単位ごとに統轄する会計単位の長に送金しなければならない。

国家公務員共済組合法

国家公務員共済組合法施行令

国家公務員共済組合法施行規則

（資金の運用）

第十二条 令第八条第一項第一号に規定する財務大臣の指定する金融機関は、臨時金利調整法（昭和二十二年法律第百八十一号）第一条第一項に規定する金融機関（銀行を除く。）とする。

2 令第八条第一項の規定により業務上の余裕金を同項第一号に掲げるものに運用する場合には、余裕金のうち、当座の支払資金については、同号に規定する金融機関への短期の預金とし、その他の資金にあつては、長期の銀行預金とするものとする。

3 令第八条第一項第三号に規定する**財務省令で定める**有価証券は、次に掲げるものとする。

一 特別の法律により法人の発行する債券

二 資産の流動化に関する法律（平成十年法律第百五号）に規定する特定社債券（当該特定社債に係る特定資産が連合会の譲渡する信託受益権であるものに限る。）

三 社債券（担保付社債券その他確実と認められるものに限る。）

四 公社債投資信託（投資信託及び投資法人に関する法律（昭和二十六年法律第百九十八号）第二条第四項に規定する証券投資信託のうち、その信託財産を公社債に対する投資として運用することを目的とするもので、株式又は出資に対する投資として運用しないものをいう。以下同じ。）の受益証券

五 貸付信託の受益証券

六 外国の政府、地方公共団体、特別の法律により設立された法人又は国際機関が発行する債券（元本が本邦通貨で支払われるものに限る。）

国家公務員共済組合法等の運用方針

施行規則第十二条関係

1 第二項に規定する短期の預金とは、当座預金、普通預金、通知預金又は別段預金をいう。

2 第三項第三号の「その他確実と認められるもの」とは、信用のある格付け機関からA格以上の格付けを取得したものとする。

3 第三項第六号に掲げる債券への運用は、信用ある格付け機関からＡＡ格以上の格付けを取得したものに限るものとする。

（経理単位の余裕金）

第十三条　各経理単位（厚生年金保険経理及び退職等年金経理を除く。）の余裕金は、予算の定めるところにより他の経理単位に貸し付けることができる。

（貯金経理の資産の構成）

第十三条の二　組合が保有する貯金経理の資産のうち、次の各号に掲げる資産の価額は、常時、第一号にあつては同号に掲げる額以上、第二号及び第三号にあつては当該各号に掲げる額以内でなければならない。

一　現金、当座預金、普通預金、通知預金又は定期預金（預入期間が一年未満のものに限る。）　前月末日において当該組合が寄託を受けている貯金のうち普通貯金（預入及び払もどしについて特別の条件を附けないものをいう。）の残高に百分の四を乗じて得た額と同日において当該組合が寄託を受けている積立貯金（一定のすえ置期間を定め、一定の金額をその期間内に毎月預入するものをいう。）、定額貯金（一定のすえ置期間を定め、分割払いもどしをしない条件で一定の金額を一時に預入するものをいう。）及び定期貯金（一定の預入期間を定め、その期間内には払いもどしをしない条件で一定の金額を一時に預入するものをいう。）の残高に百分の一を乗じて得た額との合計額

二　公社債投資信託　前月末日において当該組合が寄託を受けている貯金（保険料相当額として預入されたものを除く。以下次号において同じ。）の残高に百分の五を乗じて得た額

三　固定資産　前月末日において当該組合が寄託を受けている貯金の残高に百分の二を乗じて得た額

2　前項各号に掲げる資産の構成額が当該資

施行規則第十三条の二関係

第一項第三号中「固定資産」とは、有形固定資産及び無形固定資産とする。

国家公務員共済組合法

（省令への委任）

第二十条　この節に規定するもののほか、組合の財務その他その運営に関して必要な事項は、**財務省令で定める。**

国家公務員共済組合法施行令

国家公務員共済組合法施行規則

産の価格の変動その他当該組合の意思に基づかない理由により、同項に規定する額と異なることとなつた場合には、当該組合は、同項の規定にかかわらず、その異なることとなつた額によることができる。この場合において、当該組合は、同項の趣旨に従つて、漸次、その額を改めなければならない。

第二節　財務

第一款　通則

（会計組織）

第四条　組合の経理は、本部（法第五条第一項に規定する主たる事務所をいう。以下同じ。）、支部（同条第二項に規定する従たる事務所をいう。以下同じ。）及び所属所（本部又は支部の所轄機関をいう。以下同じ。）の別に従つて設ける会計単位並びに組合の行う事業の種類ごとに設ける経理単位に区分して行うものとする。

（会計単位）

第五条　前条の会計単位は、本部会計、支部会計及び所属所会計とする。

2　本部会計は、本部及び本部に属する所属所（第四項の規定により所属所会計の設けられる所属所（以下「単位所属所」という。）を除く。）の経理を行い、本部、支部及び本部に属する単位所属所の経理を統轄する会計とする。

3　支部会計は、支部及び支部に属する単位所属所以外の所属所の経理を行い、支部及び支部に属する単位所属所の経理を統轄する会計とする。

4　所属所会計は、組合の代表者が特に必要

国家公務員共済組合法等の運用方針

があると認める場合において設けるものとし、所属所の経理を行う会計とする。

（経理単位）

第六条　第四条の経理単位は、次の各号に掲げる経理単位とし、各経理単位においては、当該各号に規定する取引を経理するものとする。

一　短期経理　短期給付及びこれに準ずる給付並びに高齢者の医療の確保に関する法律（昭和五十七年法律第八十号）第三十六条第一項に規定する前期高齢者納付金等、同法第百十八条第一項に規定する後期高齢者支援金等、介護保険法（平成九年法律第百二十三号）第百五十条第一項に規定する納付金（以下「介護納付金」という。）、法附則第十四条の三第二項の特別拠出金及び同条第三項第一号の調整拠出金に関する取引（組合の資産、負債及び基本金の増減及び異動の原因となる一切の事実をいい、会計単位間及び経理単位間におけるものを含む。以下同じ。）

二　厚生年金保険経理　厚生年金保険給付及びこれに準ずる給付並びに厚生年金保険法（昭和二十九年法律第百十五号）第八十四条の五第一項に規定する拠出金、国民年金法（昭和三十四年法律第百四十一号）第九十四条の二第二項に規定する基礎年金拠出金及び法第百二条の二に規定する財政調整拠出金（法第百二条の三第一項第一号から第三号までに掲げる場合に行われるものに限る。）に関する取引

二の二　退職等年金経理　退職等年金給付及び法第百二条の二に規定する財政調整拠出金（法第百二条の三第一項第四号に掲げる場合に行われるものに限る。）に関する取引

施行規則第六条関係

宿泊所及び病院等に附帯する業務（例えば売店等）は、宿泊所及び病院等の主体業務の経理単位に含めて経理することができる。

国家公務員共済組合法	国家公務員共済組合法施行令	国家公務員共済組合法施行規則	国家公務員共済組合法等の運用方針
		三　業務経理　法第九十九条第五項に規定する組合の事務に関する取引 四　保健経理　法第九十八条第一項第一号に規定する組合員及びその被扶養者の健康教育、健康相談、健康診査その他の健康の保持増進のための必要な事業、同項第一号の二に規定する特定健康診査等並びに同項第二号に規定する組合員の保養及び教養に資する施設の経営に関する取引（医療施設及び宿泊施設に係るものを除く。） 五　医療経理　法第九十八条第一項第一号に規定する組合員及びその被扶養者の健康教育、健康相談、健康診査その他の健康の保持増進のための必要な事業のうち医療施設の経営に関する取引 六　宿泊経理　法第九十八条第一項第二号に規定する組合員の利用に供する宿泊施設の経営に関する取引 七　住宅経理　法第九十八条第一項第三号に規定する組合員の利用に供する住宅の取得、管理又は貸付けに関する取引 八　貯金経理　法第九十八条第一項第四号に規定する組合員の貯金の受入又はその運用に関する取引 九　貸付経理　法第九十八条第一項第五号に規定する組合員の臨時の支出に対する貸付けに関する取引 十　物資経理　法第九十八条第一項第六号に規定する組合員の需要する生活必需物資の供給に関する取引 2　法第九十八条第一項第七号に規定する事業に係る取引の経理は、前項の規定にかかわらず、**財務大臣が定める**経理単位（以下「指定経理」という。）により行うものとする。ただし、財務大臣は、前項各号に掲げ	

る経理単位において当該事業に係る取引の経理を合わせて行うことが適当と認める場合においては、当該経理単位においてその取引の経理を行わせることができる。

（業務経理又は福祉経理の財源）

第七条　法第九十九条第一項第一号に規定する事務に要する費用に充てるべき金額は、短期経理から業務経理に繰り入れなければならない。

2　保健経理、医療経理、宿泊経理、住宅経理、貯金経理、貸付経理、物資経理及び指定経理（以下「福祉経理」と総称する。）に属する経理単位の財源は、福祉経理に属する他の経理単位の前事業年度における剰余金に相当する金額の範囲内において、財務大臣の承認を受けて当該他の経理単位から繰り入れられる金額を財源とすることができる。

3　法第九十九条に規定する福祉事業に要する費用に充てるべき掛金及び国、行政執行法人、法科大学院への裁判官及び検察官その他の一般職の国家公務員の派遣に関する法律（平成十五年法律第四十号）第三条第一項に規定する法科大学院設置者（以下「法科大学院設置者」という。）、法第九十九条第六項に規定する職員団体（以下「職員団体」という。）又は法附則第二十条の二第一項に規定する郵政会社等（以下「郵政会社等」という。）の負担金は、保健経理に受け入れたのち、これを福祉経理に属する他の経理単位に繰り入れることができる。

（管理責任）

第八条　組合の代表者、会計単位の長（本部、支部及び単位所属所の長をいう。以下同じ。）、第二十条に規定する出納職員及び第二十五条に規定する契約担当者並びにこれらの者の補助者は、組合の行う事業の経理

施行規則第七条関係

第二項に規定する「剰余金に相当する金額」とは、剰余金のうち積立金及び当期利益金とする。

国家公務員共済組合法

国家公務員共済組合法施行令

国家公務員共済組合法施行規則

について、善良な管理者の注意を払わなければならない。

第二款　資産管理

（資産の価額）

第九条　組合の資産の価額は、取得価額によるものとし、取得価額が不明のものは、見積価額によるものとする。ただし、第六十五条及び第六十七条に規定する場合には、それぞれ当該規定の定めるところによる。

2　売渡を目的として取得した不動産で、割賦で代金を収納し、その完納後において、当該財産を引き渡すことを契約したものの価額は、前項の規定にかかわらず、その取得価額から取得価額に対してその売渡価額に対する収納金額の割合を乗じて得た金額を控除して得た金額とする。

（資産の保管）

第十条　組合の資産の保管は、次の各号に定めるところにより行わなければならない。

一　現金、預金通帳又は信託証書、預り証書その他これらに準ずる証書は、厳重な鍵のかかる容器に保管しなければならない。

二　国債、地方債、特別の法律により法人の発行する債券、貸付信託又は証券投資信託の受益証券その他の有価証券（以下「有価証券」という。）は、銀行、信託会社（信託業法（平成十六年法律第百五十四号）第三条又は第五十三条第一項の免許を受けたものに限る。第八十五条の七第一項において同じ。）、信託業務を営む金融機関（金融機関の信託業務の兼営等に関する法律（昭和十八年法律第四十三号）第一条第一項の認可を受けた金融機関をいう。第八十五条の七第一項におい

国家公務員共済組合法等の運用方針

施行規則第十条関係

1　貸付信託及び証券投資信託の受益証券（約款において受益証券が無記名式に限定されている公社債投資信託を除く。）は、記名式としなければならない。

2　損害保険に付する資産の価格は時価とする。

て同じ。）若しくは金融商品取引法（昭和二十三年法律第二十五号）第二条第八項に規定する金融商品取引業を行う者に保護預けをし、社債、株式等の振替に関する法律（平成十三年法律第七十五号）に規定する振替口座簿への記載若しくは記録をし、又は日本銀行その他の登録機関に登録をしなければならない。

三　前各号に掲げる動産以外の動産は、その取扱責任者を明らかにして保管し、かつ、当該動産のうち福祉経理に属するものについては、損害保険に付しておかなければならない。

四　不動産は、登記をし、かつ、土地については常時その境界を明らかにし、土地以外の不動産については損害保険に付しておかなければならない。

2　組合は、第七十四条の規定により災害補てん引当金を計上した場合には、前項第三号及び第四号の規定による損害保険に付さないことができる。

（債権の放棄等）

第十四条　組合の債権は、その全部若しくは一部を放棄し、又はその効力を変更することができない。ただし、債権を行使するため必要とする費用がその債権の額をこえるとき、債権の効力の変更が明らかに組合に有利であるとき、その他やむを得ない理由がある場合において財務大臣の承認を受けたときは、この限りでない。

（資産の交換等の制限）

第十五条　組合の資産は、この省令で定めるもののほか、これを交換し、適正な対価なくして譲渡し、若しくは貸し付け、担保に供し、又は支払手段として用いてはならない。ただし、組合の目的を達成するため必要な場合において財務大臣の承認を受けた

施行規則第十五条関係

組合の資産の交換で相手方に新たに建物等を建築させて共済組合の資産と交換しようとする場合においては、次の建築交換基準によるものとする。

建　築　交　換　基　準

（交換の目的）

国家公務員共済組合法

国家公務員共済組合法施行令

国家公務員共済組合法施行規則

ときは、この限りでない。

第三款　出納職員

（出納役）

第十六条　会計単位の長は、その所属の職員又は組合職員のうちから出納役を任命し、取引の命令に関する事務をつかさどらせるものとする。

2　組合の代表者は、必要があると認める場合には、会計単位の長をして、経理単位ご

国家公務員共済組合法等の運用方針

1　交換の目的は次の各号のいずれかに該当するものでなければならない。

(1)　都市計画上現在の施設を他に移転しようとするとき。

(2)　資産の効率的活用を図るため、分散している施設を集合整備しようとするとき。

(3)　老朽施設の更新をしようとする場合で四囲の環境等からみて、その他の場所に施設を設けることが適当であると認めるとき。

(4)　その他現在の位置、環境、規模、形態等からみて組合がそのまま使用することが適当でないと認められる施設の更新をしようとするとき。

（交換の相手方）

2　建築交換の相手方は、次の各号のいずれかに該当するものでなければならない。

(1)　交換の相手方が国、他の共済組合、政府関係機関、地方公共団体、その他公共性、公益性の強い者であつて、交換渡資産をこれらの者の本来の用に直接供するものであるとき。

(2)　交換の相手方が、交換渡財産を取得するにふさわしい者であつて、組合として交換しようとすることが、通常の売払及び購入によるよりも有利であると認められるとき。

とに出納役を任命させることができる。

（出納主任）

第十七条 会計単位の長は、その所属の職員又は組合職員のうちから出納主任を任命し、出納役の命ずるところにより取引の遂行、資産の保管及び帳簿その他の証ひよう書類の保存に関する事務をつかさどらせるものとする。

2 組合の代表者は、必要があると認める場合には、会計単位の長をして、経理単位ごとに出納主任を任命させることができる。

（代理出納役等）

第十八条 会計単位の長は、必要があると認める場合には、出納役若しくは出納主任の事務の全部を代理する代理出納役若しくは代理出納主任又はその事務の一部を分掌する分任出納役若しくは分任出納主任を任命することができる。

（出納員）

第十八条の二 会計単位の長は、単位所属所以外の所属所において、特に必要があると認める場合には、その所属の職員又は組合職員のうちから出納員を任命し、出納役の命令するところによる取引の遂行、資産の保管及び帳簿その他の証ひよう書類の保存に関する事務をつかさどらせるものとする。

2 組合の代表者は、必要があると認める場合には、会計単位の長をして、経理単位ごとに出納員を任命させることができる。

（官職等を指定する方法による出納職員の任命）

第十八条の三 会計単位の長は、第十六条から前条までにおいて、その所属の職員又は組合職員について官職又は役職を指定することにより、その官職又は役職にある者を出納役（代理出納役及び分任出納役を含む。以下同じ。）又は出納主任（代理出納主任、

施行規則第十八条の二関係

第一項中「特に必要があると認める場合」とは、宿泊所、学生寮、保養所及び臨時に開設する海の家、山の家の運営を行なう場合並びに貯金、食堂、物資の業務を行なう場合等で特別の事情により出納員の配置を必要とする場合とする。

国家公務員共済組合法

国家公務員共済組合法施行令

国家公務員共済組合法施行規則

分任出納主任及び出納員を含む。以下同じ。）とすることができる。この場合においては、会計単位の長は、あらかじめ組合の代表者に協議しなければならない。

（出納職員の兼任の禁止等）

第十九条　出納役と出納主任とは兼任することができない。ただし、組合の代表者が特別の必要があると認める場合には、この限りでない。

（出納職員の任免報告）

第二十条　会計単位の長は、出納役及び出納主任（以下「出納職員」という。）を任免した場合には、組合の代表者に報告しなければならない。ただし、第十八条の三の規定を適用している場合には、この限りでない。

2　前項本文の規定により会計単位の長が組合の代表者に報告する場合において、統轄する会計単位の長があるときは、当該会計単位の長を経由して行うものとする。

（出納職員の事故報告）

第二十一条　会計単位の長は、出納職員がその保管する資産又は第五十七条に規定する帳簿を亡失したときは、遅滞なく、その事実を調査し、次に掲げる事項を明らかにしてこれを組合の代表者に報告するとともに、本省支部及び本庁支部以外の支部及び単位所属所にあつては、当該報告書の写しを当該支部又は単位所属所の所在地の所轄財務局長（当該所在地が、福岡財務支局の管轄に属するときは福岡財務支局長。第三項において「関係財務局長等」という。）に報告しなければならない。

一　事故物件
二　事故の日時及び場所
三　事故の具体的事項
四　平素における事故物件の管理状況

国家公務員共済組合法等の運用方針

施行規則第二十一条関係

1　「第五十七条に規定する帳簿」とは、各会計単位において、記録された元帳及び補助簿である。

2　「亡失」とは、社会通念上減耗と考えられるものを除き、天災その他の事由により、焼失、流失、盗難等によつて滅失（物がその物としての物理的存在を失うことをいう。）又は紛失（物が物としての物理的存在を失つたかどうかを問わず見えなくなること或いはこれをなくすることをいう。）したことをいう。

五　被害物件に係る直接担当者及びその直接監督責任者
六　損害に対する賠償責任者
七　警察又は検察当局に対する連絡状況及びこれらの機関の執つた処置
八　事故の発生に対して執つた具体的善後措置
九　事故の発生にかんがみ制度上及び運営上の欠陥並びにこれらの改善に関する具体的意見
十　前各号に掲げるもののほか、必要な事項

2　組合の代表者は、前項の規定による報告を受けた場合には、当該事故に関する自己の所見及び処置した事項とともに、遅滞なく、これを財務大臣に報告しなければならない。

3　関係財務局長等は、第一項の規定による報告書の写の提出を受けた場合には、当該事故に関する自己の所見とともに、遅滞なく、これを財務大臣に提出しなければならない。

4　前条第二項の規定は、第一項の規定による報告について準用する。

第五款　契約

(契約担当者)

第二十五条　契約は、組合の代表者又はその委任を受けた者（以下「契約担当者」という。）でなければ、これをすることができない。

(一般競争契約)

第二十六条　契約担当者は売買、賃貸借、請負その他の契約をする場合には、あらかじめ契約をしようとする事項の予定価格を定め、競争入札に付する事項、競争執行の場所及び日時、入札保証金に関する事項、競

国家公務員共済組合法

国家公務員共済組合法施行令

国家公務員共済組合法施行規則

争に参加する者に必要な資格に関する事項並びに契約条項を示す場所等を公告して申込みをさせることにより競争に付さなければならない。

（一般競争等に付さなくてもよい場合）

第二十六条の二　契約の性質又は目的により競争に加わるべき者が少数で前条の競争に付する必要がない場合及び前条の競争に付することが不利と認められる場合においては、指名競争に付するものとする。

2　契約の性質又は目的が競争を許さない場合、緊急の必要により競争に付することができない場合及び競争に付することが、不利と認められる場合においては、随意契約によるものとする。

（指名競争）

第二十六条の三　第二十六条の規定にかかわらず、次に掲げる場合は、指名競争に付することができる。

一　予定価格が五百万円を超えない工事又は製造をさせるとき。

二　予定価格が三百万円を超えない財産を買入れるとき。

三　予定賃借料の年額又は総額が百六十万円を超えない物件を借入れるとき。

四　予定価格が百万円を超えない財産を売払うとき。

五　予定賃貸料の年額又は総額が五十万円を超えない物件を貸付けるとき。

六　工事又は製造の請負、財産の売買及び物件の貸借以外の契約でその予定価格が二百万円を超えないものをするとき。

2　指名競争に付そうとするときは、あらかじめ契約をしようとする事項の予定価格を定め、**財務大臣が別に定める**指名基準にしたがつてなるべく十人以上の入札者を指名

国家公務員共済組合法等の運用方針

施行規則第二十六条の三関係

第二項中の「指名基準」を次のように定める。

契約担当者は、履行成績、履行能力、立地条件、経営状況、信用度、実務経験、機械設備及びその他必要と認める事項を考慮して指名するものとする。

しなければならない。

3　随意契約によることができる場合においては、指名競争に付することを妨げない。

（随意契約）

第二十七条　第二十六条の規定にかかわらず、次に掲げる場合は、随意契約によることができる。

一　予定価格が二百五十万円を超えない工事又は製造をさせるとき。

二　予定価格が百六十万円を超えない財産を買入れるとき。

三　予定賃借料の年額又は総額が八十万円を超えない物件を借入れるとき。

四　予定価格が五十万円を超えない財産を売払うとき。

五　予定賃貸料の年額又は総額が三十万円を超えない物件を貸付けるとき。

六　工事又は製造の請負、財産の売買及び物件の貸借以外の契約でその予定価格が百万円を超えないものをするとき。

七　運送又は保管をさせるとき。

八　国、地方公共団体及び他の組合並びにこれらに準ずる団体として**財務大臣が指定する**団体との間で契約をするとき。

九　外国で契約をするとき。

十　物資経理において商品の売買を行うとき。

十一　競争に付しても入札者がないとき、若しくは再度の入札に付しても落札者がないとき又は落札者が契約を結ばないとき。

2　前項第十一号の規定により随意契約による場合は、最初競争に付するときに定めた次の各号に掲げる条件を変更することができない。

一　競争に付しても入札者がないとき又は再度の入札に付しても落札者がないとき

施行規則第二十七条関係

1　第一項第八号にいう「**財務大臣が指定する団体**」とは、次に掲げる団体とする。

(1)　地共法第三条第一項に規定する地方公務員共済組合

(2)　公有地の拡大の推進に関する法律（昭和四十七年法律第六十六号）第十条第一項の規定により設立された土地開発公社（同法第十七条第一項第一号ロに規定する業務の用に直接供するため必要な物件（土地に限る。）を直接に当該公社に売り払う場合に限る。）

(3)　地方住宅供給公社法（昭和四十年法律第百二十四号）の規定により設立された地方住宅供給公社

(4)　地方道路公社法（昭和四十五年法律第八十二号）の規定により設立された地方道路公社

2　次の各号に掲げる随意契約については、見積書の徴取を省略することができる。

(1)　法令に基づいて取引価格（料金）が定められていることその他特別の事由があることにより、特定の取引価格（料金）によらなければ契約が不可能又は著しく困難であると認められる場合の随意契約

(2)　予定価格が十万円を超えない契約で、組合の代表者において契約担当者が見積書の徴取を省略しても支障がないと認める場合の随意契約

国家公務員共済組合法

国家公務員共済組合法施行令

国家公務員共済組合法施行規則

契約保証金及び履行期限を除くほか予定価格その他の条件

二　落札者が契約を結ばないとき　落札金額の範囲内で履行期限を除くほかの条件

3　随意契約によろうとする場合には、あらかじめ、契約をしようとする事項の予定価格を定め、なるべく二人以上から見積書を徴さなければならない。

（長期継続契約ができるもの）

第二十七条の二　契約担当者は、翌年度以降にわたり、次に掲げる電気、ガス若しくは水又は電気通信役務について、その供給又は提供を受ける契約を締結することができる。この場合においては、各年度におけるこれらの経費の予算の範囲内においてその供給又は提供を受けなければならない。

一　電気事業法（昭和三十九年法律第百七十号）第二条第一項第十七号に規定する電気事業者が供給する電気

二　ガス事業法（昭和二十九年法律第五十一号）第二条第十二項に規定するガス事業者が供給するガス

三　水道法（昭和三十二年法律第百七十七号）第三条第五項に規定する水道事業者又は工業用水道事業法（昭和三十三年法律第八十四号）第二条第五項に規定する工業用水道事業者が供給する水

四　電気通信事業法（昭和五十九年法律第八十六号）第二条第五号に規定する電気通信事業者が提供する電気通信役務

（入札保証金）

第二十七条の三　契約担当者は、競争に付そうとする場合においては、その競争に加わろうとする者をして、その者の見積る契約金額の百分の五以上の保証金を納めさせなければならない。ただし、競争に参加しよ

国家公務員共済組合法等の運用方針

施行規則第二十七条の二関係

契約担当者は、施行規則第二十七条の二に規定する場合のほか、施行規則第二十四条に規定する予算総則に翌年度以降にわたる債務の負担の最高限度額を明らかにすれば長期継続契約を締結することができる。

施行規則第二十七条の三関係

1　契約担当者は、第二十七条の三第一項ただし書の場合のほか競争に参加しようとする者の工事、製造又は販売の実績、従業員数、資本の額、その他経営の規模及び経営の状況等に関する事項について競争に参加

うとする者が保険会社との間に組合を被保険者とする入札保証保険契約を結んだときは、その全部又は一部を納めさせないことができる。

2　前項の保証金の納付は、次に掲げる担保の提供をもつて代えることができる。

一　国債

二　政府の保証のある債券

三　銀行、株式会社商工組合中央金庫、農林中央金庫又は全国を地区とする信用金庫連合会の発行する債券

四　銀行が振り出し又は支払保証した小切手

五　その他確実と認められる担保で別に**財務大臣の定める**もの

3　契約担当者は、落札者が契約を結ばないときは、入札保証金は組合に帰属する旨を第二十六条に規定する公告において又は第二十六条の三の規定により指名する際その指名の通知において明らかにしなければならない。

する者に必要な資格を定めた場合において落札者が契約を結ばないおそれがないと認められたときは、入札保証金の全部又は一部の納付を当分の間免除できるものとする。

2　第二項第五号にいう「その他確実と認められる担保で別に**財務大臣の定めるもの**」とは、次に掲げるものとする。

(1)　施行規則第二十七条の三第二項第二号の規定に該当するものを除くほか、日本国有鉄道及び旧日本電信電話公社の発行した債券

(2)　地方債

(3)　契約担当者が確実と認める社債

(4)　契約担当者が確実と認める金融機関(出資の受入れ、預り金及び金利等の取締りに関する法律(昭和二十九年法律第百九十五号)第三条に規定する金融機関をいう。以下同じ。)が振り出し又は支払保証をした小切手

(5)　銀行又は契約担当者が確実と認める金融機関が引き受け又は保証若しくは裏書をした手形

(6)　銀行又は契約担当者が確実と認める金融機関に対する定期預金債権

(7)　銀行又は契約担当者が確実と認める金融機関の保証

3　契約担当者は定期預金債権を入札保証金に代わる担保として提供させるときは、当該債権に質権を設定させ、当該債権に係る証書及び当該債権に係る債務者である銀行又は確実と認める金融機関の承諾を証する確定日付のある書面を提出させなければならない。

4　契約担当者は銀行又は確実と認める金融機関の保証を入札保証金に代わる担保として提供させるときは、当該保証を証する書面を提出させ、その提出を受けたときは、

国家公務員共済組合法

国家公務員共済組合法施行令

国家公務員共済組合法施行規則

（契約書の作成）

第二十八条　契約担当者は、競争により落札者を決定したとき、又は随意契約の相手方を決定したときは、契約書を作成するものとし、その契約書には契約の目的、契約金額、履行期限及び契約保証金に関する事項のほか、次に掲げる事項を記載しなければならない。ただし、契約の性質又は目的により該当のない事項についてはこの限りでない。

一　契約履行の場所
二　契約代金の支払又は受領の時期及び方法
三　監督及び検査
四　履行の遅滞その他債務の不履行の場合における遅延利息、違約金その他の損害金
五　危険負担
六　かし担保責任
七　契約に関する紛争の解決方法
八　その他必要な事項

2　前項の規定により契約書を作成する場合においては、契約担当者は、契約の相手方とともに契約書に記名押印しなければならない。

（契約書の作成を省略することができる場合）

第二十八条の二　前条の規定にかかわらず、次の各号に掲げる場合には契約書の作成を省略することができる。

一　指名競争又は随意契約で、契約金額が百五十万円（外国で契約をするときは、二百万円）を超えない契約をするとき。

国家公務員共済組合法等の運用方針

遅滞なく、当該保証をした銀行又は確実と認める金融機関との間に保証契約を締結しなければならない。

二　せり売りに付するとき。

三　物品を売り払う場合において、買受人が代金を即納してその物品を引き取るとき。

四　第一号及び前号に規定する場合のほか随意契約による場合において、組合の代表者が契約書を作成する必要がないと認めるとき。

2　前項の規定により契約書の作成を省略する場合においても、特に軽微な契約を除き、契約の適正な履行を確保するため請書その他これに準ずる書面を徴するものとする。

（契約保証金）

第二十九条　契約担当者は、組合と契約を結ぶ者をして契約金額の百分の十以上の契約保証金を納めさせなければならない。ただし、指名競争契約及び随意契約による場合のほか、次の各号に定める場合には、その全部又は一部を納めさせないことができる。

一　せり売りに付するとき。

二　契約の相手方が保険会社との間に組合を被保険者とする履行保証保険契約を結んだとき。

三　契約の相手方から委託を受けた保険会社と工事履行保証契約を結んだとき。

2　第二十七条の三第二項の規定は、契約担当者が契約保証金の納付に代えて担保を提供させる場合に準用する。

3　契約担当者は、契約保証金を納付した者がその契約上の義務を履行しないときは、契約保証金は組合に帰属する旨を第二十八条に規定する契約書において明らかにしなければならない。

施行規則第二十九条関係

1　契約担当者は、第一項ただし書の場合のほか競争に参加する者に必要な資格を定めて契約を結ぼうとする場合において、契約保証金の全部又は一部を、その必要がないと認められるときには、当分の間、納めさせないことができる。

2　第二項において準用する第二十七条の三第二項第五号にいう「その他確実と認められる担保で別に財務大臣の定めるもの」とは、次に掲げるものとする。

(1)　施行規則第二十七条の三関係の2の(1)から(7)までに掲げるもの

(2)　公共工事の前払金保証事業に関する法律（昭和二十七年法律第百八十四号）第二条第四項に規定する保証事業会社（以下「保証事業会社」という。）の保証

3　施行規則第二十七条の三関係の3及び4の規定は、契約保証金について準用する。この場合において、同条関係の4中「金融機関の保証」とあるのは「金融機関の保証若しくは保証事業会社の保証」と、「金融機関との間」とあるのは「金融機関若しくは保証事業会社との間」と読み替えるものとする。

国家公務員共済組合法

国家公務員共済組合法施行令

国家公務員共済組合法施行規則

（手付金）

第二十九条の二　契約担当者は、土地、建物その他の不動産の買入れ又は借入れに際し、慣習上手付金を交付する必要があるときは、その交付によつて契約を有利にすることができ、かつ、その交付した金額を契約金額の一部に充当することができる場合に限り、手付金を交付することができる。

（部分払）

第三十条　契約担当者は契約により、工事若しくは製造その他についての請負契約に係る既済部分又は物件の買入契約に係る既納部分に対し、その完済前又は完納前に代価の一部を支払うことができるものとし、その支払金額は工事又は製造その他についての請負契約にあつてはその既済部分に対する代価の十分の九、物件の買入契約にあつてはその既納部分に対する代価をこえることができない。ただし、性質上可分の工事又は製造その他についての請負契約に係る完済部分にあつては、その代価の全額までを支払うことができる。

（財産の貸付け）

第三十一条　契約担当者は、財産を貸し付ける場合には、賃貸料を前納させなければならない。ただし、国、地方公共団体若しくは他の組合に対し貸し付ける場合又は賃貸期間が六月以上にわたる場合には、定期に納付させる契約をすることができる。

（代金の完納）

第三十二条　契約担当者は、財産を売り払う場合には、その引渡しのときまで又は移転の登記若しくは登録のときまでに、その代金を完納させなければならない。ただし、組合員に対して宅地又は建物の譲渡をする場合その他**財務大臣の定める**場合であつて、

国家公務員共済組合法等の運用方針

施行規則第三十二条関係

「**財務大臣の定める場合**」とは、物資経理において、組合員に対して生活必需物資を供給する取引をする場合とする。

組合の代表者の定めるところにより担保を提供させ、かつ、利息を付して宅地又は建物等の代金の割賦弁済の特約をするときは、この限りでない。

第六款　出納

（取引命令）

第三十三条　取引は、すべて、出納役の命ずるところにより出納主任が行うものとする。ただし、出納役の不在その他の事故のある場合において、法令の定めるところにより収入又は支払をしなければならないとき、その他緊急やむを得ない理由があるときは、出納役の命令によらないで収入又は支払をすることができる。

2　出納主任は、前項ただし書の規定により収入又は支払をしたときは、その理由を明らかにし、遅滞なく出納役の承認を受けなければならない。

3　出納員は、組合の代表者があらかじめ指示した事項については、第一項の規定にかかわらず、出納役の命令によらないで取引を行うことができる。

4　出納員は、前項の規定による取引をしたときは、会計単位の長の定める期間ごとに、一括して出納役の承認を受けなければならない。

（各経理単位間における取引命令の制限）

第三十四条　各経理単位間における取引の命令は、本部の出納役でなければ行うことができない。ただし、次の各号に掲げる場合には、この限りでない。

一　組合職員に係る掛金等（法第百条第一項に規定する掛金等をいう。以下同じ。）及び組合の負担金の支払

二　短期経理の医療経理に対する診療費の支払

国家公務員共済組合法	国家公務員共済組合法施行令	国家公務員共済組合法施行規則	国家公務員共済組合法等の運用方針
		三　福祉経理に係る施設を利用した場合（物資経理に係る商品を購入した場合を含む。）において他の経理単位が負担する代価の支払 四　他の経理単位に属する収入金又は支払金を収入又は支出した場合において、その決済のためにする受払 五　前各号に掲げるもののほか、組合の代表者が財務大臣の承認を受けた事項 **（現金の払いもどしの制限）** **第三十五条**　出納役は、預金を現金によつて払いもどすことを命ずることができない。ただし、次条第二項に規定する預金口座相互間に資金を異動する場合、第四十七条及び第四十八条第一項の規定による支払をする場合、第十一条若しくは第五十一条の規定による送金をする場合には、この限りでない。 **（取引金融機関の指定等）** **第三十六条**　組合の代表者は、会計単位ごとに、かつ、経理単位ごとに、取引金融機関を指定しなければならない。 2　会計単位の長は、取引金融機関に自己名義の預金口座を設けなければならない。ただし、組合の代表者が特に必要と認める場合には、会計単位の長の名義に代え出納員の名義とすることができる。 3　第二十条の規定は、会計単位の長及び出納員が前項の規定により預金口座を設け、又はこれを廃止した場合について準用する。 **（登録印鑑）** **第三十七条**　取引金融機関に登録する登録印鑑は、会計単位の長の印鑑と出納主任の印鑑との組合せ式としなければならない。ただし、前条第二項ただし書の場合には、この限りでない。	**施行規則第三十七条関係** 取引金融機関に登録する印鑑は、公印、私印のいずれでも差し支えない。ただし、組合の内部においては統一を図ること。

2　会計単位の長の印は、出納役が保管しなければならない。

（当座借越契約の禁止）

第三十八条　会計単位の長及び出納員は、取引金融機関と当座借越契約をすることができない。

（先日付小切手の振出の禁止）

第三十九条　会計単位の長及び出納員は、先日付の小切手を振り出すことができない。

（手形等による取引の制限）

第四十条　会計単位の長及び出納員は、手形その他の商業証券（小切手を除く。）をもつて取引をし、又は取引に関して電子記録債権法（平成十九年法律第百二号）第二条第一項に規定する電子記録の請求をしてはならない。ただし、やむを得ない理由がある場合において、他人が振り出した手形その他の商業証券を担保として受領するとき又は同項に規定する電子記録債権（会計単位の長及び出納員が同法第二十条第一項に規定する電子記録債務者として記録されているものを除く。）を担保とするときは、この限りでない。

（出納の締切）

第四十一条　会計単位の長は、毎日の出納締切時刻を定めておかなければならない。

2　出納主任は、出納締切時刻後すみやかに帳簿と現金（小切手その他現金に準ずるものを含む。以下第四十三条までにおいて同じ。）の在高とを照合し、現金を取引金融機関に預入しなければならない。ただし、やむを得ない理由により出納締切時刻後に収納した現金及び第四十五条第一項ただし書の規定による支払をするために保有する現金については、この限りでない。

（収納手続）

第四十二条　出納主任は、現金を収納した場

施行規則第四十一条関係

事業運営上の「つり銭」については、出納しめ切後に現金を収納したものと解して必要額を翌日に繰越し保有することができる。

施行規則第四十二条関係

現金を収納し相手方に領収証書を交付す

国家公務員共済組合法

国家公務員共済組合法施行令

国家公務員共済組合法施行規則

合（第四十七条の二の規定により受領の委託をした場合を除く。）には、当該取引に係る伝票に領収日付印及び認印を押し、領収証書を相手方に交付しなければならない。

（収納金の預入）

第四十三条　出納主任は、その収納した現金を取引金融機関に預入することとし、直ちにこれを支払にあててはならない。ただし、組合の現金自動預払機により第四十五条第一項第九号に規定する貯金の払いもどしをするときは、この限りでない。

（支払手続）

第四十四条　出納主任は、支払をする場合には、必ず領収証書を徴し、当該取引に係る伝票に支払日付印及び認印を押さなければならない。ただし、第四十八条第一項の規定による支払の場合にあつては、領収証書を徴しないことができる。

（支払の方法）

第四十五条　出納主任は、支払をしようとする場合には、支払を受ける者を受取人とする小切手を振り出して交付しなければならない。ただし、次の各号に掲げる場合には、小切手による支払に代え、現金をもつて支払をすることができる。

一　出納主任の属する本部、支部又は単位所属所の所在地に当座取引を有する取引金融機関がないとき。

二　組合員以外の者に対し支払をしようとする場合において、受取人が小切手による受領を拒んだとき。

三　常用の雑費の支払で一件の取引金額が五万円を超えないとき。

四　旅費の支払をするとき。

五　組合に使用されている者に対して給与

国家公務員共済組合法等の運用方針

る場合において、相手方が領収証書の受領を拒んだ場合又は施行規則第四十四条ただし書の規定により領収証書を必要としない場合においては、その交付を行なわないことができる。

施行規則第四十五条関係

第二項中「自己を受取人とする小切手」とは、出納主任を受取人とする小切手をいう。

の支払をするとき。
六　短期経理において、法第五十条、第五十一条及び附則第八条の規定に基づく給付の支払をするとき。
七　保健経理、医療経理、宿泊経理又は物資経理において、日常消費する物件を購入するとき。
八　保健経理において、厚生費の支払をするとき。
九　貯金経理において、組合員に貯金の払戻しをするとき。
十　貸付経理において、組合の代表者が財務大臣と協議して定める額以下の貸付金の支払をするとき。
十一　掛金等を還付するとき。
十二　前各号に掲げる場合を除くほか、組合の代表者が財務大臣の承認を受けたとき。

2　出納主任は、前項ただし書の規定により現金をもつて支払をするため預金の払戻しを受けようとするときは、同項第一号に掲げる場合を除き、自己を受取人とする小切手を振り出すものとする。

（小切手事務の取扱）

第四十六条　小切手帳は、経理単位ごとに、かつ、取引金融機関ごとに、常時各一冊を使用するものとする。

2　小切手帳の保管及び小切手の作成は、出納主任又はその指定する補助者でなければ行うことができない。

3　小切手は、出納役が印を押した当該取引に係る伝票に基かなければ振り出すことができない。

4　小切手の券面金額は、所定の金額記載欄にアラビア数字で表示しなければならない。この場合において、その表示は、印影を刻み込むことができる印字機を用いてしなけ

国家公務員共済組合法

国家公務員共済組合法施行令

国家公務員共済組合法施行規則

ればならない。

5　小切手の振出年月日の記入及び押印は、当該小切手を受取人に交付するときにしなければならない。

（給付金等の支払の委託）

第四十七条　会計単位の長は、給付金及び組合員に対する貸付金の支払を取引金融機関に委託することが適当であると認める場合には、組合の代表者の承認を受けて、取引金融機関に給付金及び組合員に対する貸付金の支払を委託することができる。

（収入金の受領委託）

第四十七条の二　会計単位の長は、収入金の受領を取引金融機関に委託することが適当であると認めた場合には、組合の代表者の承認を受けて、取引金融機関に収入金の受領の委託をすることができる。

（隔地払等）

第四十八条　出納主任は、次の各号のいずれかに該当するときは、第四十五条の規定にかかわらず、必要な資金を取引金融機関に交付して又は預金口座からの必要な資金の払出しを当該預金口座を設けている取引金融機関に行わせて、当該必要な資金を交付した取引金融機関又は当該必要な資金の払出しを行わせた取引金融機関に支払をさせることができる。

一　隔地者に対して支払をする場合

二　前号に掲げる場合を除き、預金への振込み又は口座振替の方法により支払をする場合

2　出納主任は、前項の規定により必要な資金を取引金融機関に交付した場合又は預金口座からの必要な資金の払出しを取引金融機関に行わせた場合には、その旨を支払を受ける者に通知しなければならない。ただ

国家公務員共済組合法等の運用方針

し、口座振替の方法によつて行つた場合は、この限りでない。

3　第一項の規定により必要な資金を取引金融機関に交付した場合又は預金口座からの必要な資金の払出しを取引金融機関に行わせた場合には、交付手続又は払出し手続が完了した日に支払がなされたものとして当該取引を整理するものとする。

（前金払）

第四十九条　会計単位の長は、次の各号に掲げる経費を除くほか、前金払をすることができない。

一　削除

二　外国から購入する機械、図書、標本又は実験用材料の代価（購入契約に係る機械、図書、標本又は実験用材料を当該契約の相手方が外国から直接購入しなければならない場合におけるこれらの物の代価を含む。）

三　定期刊行物の代価及び日本放送協会に対し支払う受信料

四　土地、家屋その他の財産の賃借料及び保険料

五　運賃

六　研究又は調査の受託者に支払う経費

七　諸謝金

八　助成金及び交付金

九　電話、電気、ガス及び水道の引込工事費及び料金

十　公共工事の前払金保証事業に関する法律（昭和二十七年法律第百八十四号）第二条第四項に規定する保証事業会社により同条第二項に規定する前払金の保証された工事の代価

十一　官公署に対し支払う経費

十二　前各号に掲げるもののほか、組合の代表者が財務大臣の承認を受けた経費

国家公務員共済組合法

国家公務員共済組合法施行令

国家公務員共済組合法施行規則

2　前項第十号に掲げる経費について同項の規定により、前金払をする場合における当該前金払の金額の当該経費に対する割合は、当該請負代価の十分の四以内とする。

（概算払）

第五十条　会計単位の長は、次の各号に掲げる経費を除くほか、概算払をすることができない。

一　旅費
二　組合職員に係る組合の負担金
三　社会保険診療報酬支払基金に対し支払う委託金及び診療報酬
四　契約医療機関に対し支払う療養費
五　前条第一項第八号及び第十一号に掲げる経費
六　法第七十一条に規定する災害見舞金
七　前各号に掲げるもののほか、組合の代表者が財務大臣の承認を受けた経費

（資金の回送）

第五十一条　支部又は単位所属所の長は、支払資金に不足を生じたときは、直ちに、統轄する会計単位の長に対し、資金の送金を求めるものとする。

第七款　経理

第一目　通則

（経理の原則）

第五十二条　組合は、この省令に定めるものを除くほか、取引を正規の簿記の原則に従つて整然かつ明りように、整理して記録しなければならない。

国家公務員共済組合法等の運用方針

施行規則第五十二条関係

1　取引を行う場合の事業年度区分は、発生した事実に基き、正規の簿記の原則に従つて整理しなければならない。ただし、短期経理及び長期経理における給付金の事業年度区分は、当該請求書の到着した日の属する事業年度において処理するものとする。

2　短期経理における給付金のうち附加給付金の事業年度区分は、当該給付の基礎となる法定給付の事業年度区分に一致させるも

（勘定区分）

第五十三条　各経理単位においては、資産勘定、負債勘定、純資産勘定、利益勘定及び損失勘定を設け、取引の整理を行うものとする。

（預り金処理）

第五十四条　隔地者に対する支払で、受取人の所在不明その他の理由により返送された

のとする。ただし、家族療養費附加金、傷病手当金附加金、入院附加金、災害見舞金附加金についてこの年度区分により難い場合は、組合ごとに定めるところによることができる。

3　短期経理及び長期経理の給付金について、各月請求のあつたものについては、すみやかに審査確定し、その月の末日において未払のものについては、未払金として処理するものとする。

4　修繕費と資本的支出の区別

　修繕費とは、固定資産の原状を維持管理するために必要な費用であり、資本的支出とは、固定資産に支出した金額のうち、当該固定資産の使用可能期間を延長させる部分に対する金額又は当該固定資産の価格を増加させる部分に対応する金額をいう。ただし、事業開始前に設備に投入した費用は、全額資本的支出として処理するものとする。

　例えば、修繕費として処理する事項は、(1)　家屋又は壁の塗替　(2)　家屋の床の毀損部分の取替　(3)　家屋の畳の表替　(4)　瓦の取替　(5)　ガラスの取替又は障子、襖の張替　(6)　ベルトの取替　(7)　自動車のタイヤの取替等であり、また資本的支出として処理する事項は、(1)　工場用建物を宿泊所に変更する等の特殊な用途の変更を行う改造　(2)　ビルディング等における避難施設等の取付、等である。

国家公務員共済組合法

国家公務員共済組合法施行令

国家公務員共済組合法施行規則

もの又は振り出した小切手でその振出年月日から一年を経過し、なお取引金融機関に提示のないものは、預り金として処理しなければならない。

（払もどし及びもどし入）

第五十五条　事業年度内の受入に係るもので過誤納となつたものの払いもどし金は、当該事業年度の受入勘定科目から払い出し、事業年度内の支払に係るもので過誤払となつたもののもどし入金は、当該事業年度の払出勘定科目にもどし入れるものとする。

第二目　伝票、帳簿及び出納計算表

（伝票）

第五十六条　取引は、すべて、伝票によつて処理しなければならない。ただし、単位所属所以外の所属所においては、伝票に代え日記帳に記入して、処理することができる。

2　伝票は、収入伝票、支払伝票及び振替伝票とする。

（帳簿の種類）

第五十七条　各会計単位においては、経理単位ごとに、元帳及び補助簿を備え、すべての取引を記入しなければならない。

2　元帳は、総勘定元帳、本部元帳、支部総勘定元帳、支部元帳及び所属所元帳とし、補助簿は、本部元帳補助簿、支部元帳補助簿及び所属所元帳補助簿とし、それぞれ勘定科目ごとに口座を設けなければならない。

（帳簿の記入）

第五十八条　本部元帳、支部元帳及び所属所元帳並びにこれらの補助簿の記入は、伝票又は日記帳に基いて行い、総勘定元帳及び支部総勘定元帳の記入は、決算整理に関するものを除くほか、第六十条第一項の規定により提出される出納計算表に基いて行うものとする。

国家公務員共済組合法等の運用方針

施行規則第五十六条関係

伝票は、収入伝票、支払伝票及び振替伝票に区分されるが、この三種類の伝票を使用するか、又は振替伝票のみで取引を処理するかは、組合の実情により決定すべきもので、必ずしも三種類の伝票を使用しなくても差しつかえない。

法第二十一条

第二節　連合会

（設立及び業務）

第二十一条　組合の事業のうち次項各号に掲げる業務を共同して行うため、全ての組合をもつて組織する国家公務員共済組合連合会（以下「連合会」という。）を設ける。

2　連合会の業務は、次に掲げるものとする。

政令第八条の二

（連合会の業務として計算をすべき費用）

第八条の二　法第二十一条第二項第一号ロに規定する政令で定める費用は、厚生年金保険給付に係る事務に要する費用とする。

2　法第二十一条第二項第二号ロに規定する政令で定める費用は、退職等年金給付に係

規則第五十四条～第六十条、第八十五条

第三章　連合会

（準用規定）

第八十五条　第三条の規定は、連合会について準用する。この場合において、同条中「法第十一条第一項」とあるのは「法第三十六条において準用する法第十一条第一項」と、「法第十三条」とあるのは「法第

2　本部元帳、支部元帳及び所属所元帳の記入は、伝票に基く場合は取引のつど、日記帳に基く場合は会計単位の長の定める時期に行い、総勘定元帳及び支部総勘定元帳の記入は、毎月末日において行うものとする。

（照合の責任）

第五十九条　出納主任は、前条に規定する元帳及び補助簿の記入について責任を負わなければならない。

2　出納主任は、毎月末日、元帳の口座の金額について関係帳簿と照合し、記入の正確を確認しなければならない。

（出納計算表の提出）

第六十条　出納主任は、毎月末日において、元帳（総勘定元帳を除く。）を締め切り、経理単位ごとに出納計算表を作成し、出納役の証明を受けた後、単位所属所にあつては翌月五日までに、支部及び本部にあつては翌月十五日までに、これを統轄する会計単位の長に提出しなければならない。

2　本部の出納主任は、前項の規定により提出を受けた出納計算表に基づき、毎月末日において総勘定元帳を締め切り、経理単位ごとに組合の出納計算表を作成し、本部の出納役の証明を受けた後、翌月二十五日までに、これを組合の代表者に提出しなければならない。

施行規則第五十九条関係

出納主任は、毎月末日、元帳口座の金額について関係帳簿と照合して記入の正確を確認した場合には、確認をした証として確認印を押印するものとする。

国家公務員共済組合法

一　厚生年金保険給付の事業に関する業務（厚生年金拠出金の納付及び厚生年金保険法第八十四条の三に規定する交付金（以下この号において「厚生年金交付金」という。）の受入れ、基礎年金拠出金の納付並びに第百二条の二に規定する財政調整拠出金の拠出（第百二条の三第一項第一号から第三号までに掲げる場合に行われるものに限る。以下この号及び第九十九条第三項において同じ。）及び地方公務員等共済組合法（昭和三十七年法律第百五十二号）第百十六条の二に規定する財政調整拠出金の受入れ（同法第百十六条の三第一項第一号から第三号までに掲げる場合に行われるものに限る。以下この号において同じ。）に関する業務を含む。）のうち次に掲げるもの

イ　厚生年金保険給付の裁定及び支払

ロ　厚生年金拠出金及び基礎年金拠出金の納付並びに第百二条の二に規定する財政調整拠出金の拠出に要する費用その他政令で定める費用の計算

ハ　厚生年金拠出金及び基礎年金拠出金の納付並びに第百二条の二に規定する財政調整拠出金の拠出に充てるべき積立金（以下「厚生年金保険給付積立金」という。）の積立て

ニ　厚生年金保険給付積立金及び厚生年金保険給付の支払上の余裕金の管理及び運用

ホ　厚生年金拠出金の納付及び厚生年金交付金の受入れ

へ　基礎年金拠出金の納付

ト　第百二条の二に規定する財政調整拠出金の拠出及び地方公務員等共済組合法第百十六条の二に規定する財政調整

国家公務員共済組合法施行令

る事務に要する費用とする。

国家公務員共済組合法施行規則

三十六条において準用する法第十三条」と、「組合職員」とあるのは「連合会役職員」と、それぞれ読み替えるものとする。

2　連合会の行う事業（旧令による共済組合等からの年金受給者のための特別措置法（昭和二十五年法律第二百五十六号）第八条及び附則第三項の規定による連合会の業務を含む。）の財務については、前章第二節の規定を準用する。この場合において、同節中「組合の代表者」とあるのは「連合会の理事長」と読み替えるほか、次の表の上欄に掲げる同節の規定中同表の中欄に掲げる字句は、それぞれ同表の下欄に掲げる字句に読み替えるものとする。

第四条	第五条第一項	第二十三条第一項
第六条第一項第二号	限る。）	限る。）の拠出並びに厚生年金保険法第八十四条の三に規定する交付金、国民年金法等の一部を改正する法律（昭和六十年法律第三十四号）附則第三十五条第二項に規定する交付金及び地方公務員等共済組合法（昭和三十七年法律第百五十二号）第百十六条の二に規定する財政調整拠出金（同法第百十六条の三第一項第一号から第三号までに掲げる場合に行われるものに限る。）の受入れ
第六条	限る。）	限る。）の拠出並び

国家公務員共済組合法等の運用方針

拠出金の受入れ
チ　その他**財務省令で定める**業務
二　退職等年金給付の事業に関する業務（第百二条の二に規定する財政調整拠出金の拠出（第百二条の三第一項第四号に掲げる場合に行われるものに限る。以下この号において同じ。）及び地方公務員等共済組合法第百十六条の二に規定する財政調整拠出金の受入れ（同法第百十六条の三第一項第四号に掲げる場合に行われるものに限る。以下この号において同じ。）を含む。）のうち次に掲げるもの
イ　退職等年金給付の決定及び支払
ロ　退職等年金給付に要する費用（第百二条の二に規定する財政調整拠出金の拠出に要する費用その他政令で定める費用を含む。）の計算
ハ　退職等年金給付（第百二条の二に規定する財政調整拠出金の拠出を含む。）に充てるべき積立金（以下「退職等年金給付積立金」という。）の積立て
ニ　退職等年金給付積立金及び退職等年金給付の支払上の余裕金の管理及び運用
ホ　第百二条の二に規定する財政調整拠出金の拠出及び地方公務員等共済組合法第百十六条の二に規定する財政調整拠出金の受入れ
ヘ　その他財務省令で定める業務
三　福祉事業に関する業務
3　前二項の規定は、組合が自ら前項第三号に掲げる業務を行うことを妨げるものではない。
4　連合会は、第二項に定めるもののほか、国家公務員共済組合審査会に関する事務を行うものとする。

（法人格）

第一項第二号の二		に地方公務員等共済組合法第百十六条の二に規定する財政調整拠出金（同法第百十六条の三第一項第四号に掲げる場合に行われるものに限る。）の受入れ
第七条第一項	第九十九条第一項第一号	第九十九条第三項
	、短期経理から	厚生年金保険経理から、同条第一項第三号に規定する事務に要する費用に充てるべき金額は退職等年金経理から、それぞれ
第七条第二項	前事業年度における剰余金に相当する金額の範囲内	前事業年度における剰余金に相当する金額又は当該事業年度において明らかに剰余金に相当する金額として見込まれる金額の範囲内
第十二条第一項	第八条第一項第一号	第十条において準用する令第八条第一項第一号
第十二条第二項	第八条第一項	第十条において読み替えて準用する令第八条第一項
第十二条第三項	第八条第一項第三号	第十条において準用する令第八条第一項第三号
第二十三条第一号	組合員の数	組合員の数、厚生年金保険法第二条の五第一項第二号に規定する第二号厚生年金

国家公務員共済組合法

第二十二条 連合会は、法人とする。

（事務所）

第二十三条 連合会は、主たる事務所を東京都に置く。

2 連合会は、必要な地に従たる事務所を設けることができる。

（定款）

第二十四条 連合会は、定款をもつて次に掲げる事項を定めなければならない。

一 目的

二 名称

三 事務所の所在地

四 役員に関する事項

五 運営審議会に関する事項

六 厚生年金保険給付の裁定及び支払に関する事項

七 退職等年金給付の決定及び支払に関する事項

八 第七十五条第一項に規定する付与率及び同条第三項に規定する基準利率、第七十八条第一項に規定する終身年金現価率、第七十九条第一項に規定する有期年金現価率並びに退職等年金給付に係る標準報酬の月額及び標準期末手当等の額と掛金との割合に関する事項

九 第百二条の二に規定する財政調整拠出金に関する事項

十 福祉事業に関する事項

十一 国家公務員共済組合審査会に関する事項

十二 資産の管理その他財務に関する事項

十三 その他組織及び業務に関する重要事項

2 第六条第二項から第四項までの規定は、連合会の定款について準用する。

3 財務大臣は、第一項第八号及び第九号に

国家公務員共済組合法施行令

国家公務員共済組合法施行規則

		被保険者の数
	以下同じ。）、	以下同じ。）、厚生年金保険法第二十条第一項に規定する標準報酬月額、
	以下同じ。）並びに	以下同じ。）、厚生年金保険法第二十四条の四第一項に規定する標準賞与額並びに
第二十三条第二号	組合に使用される者	連合会の役員及び連合会に使用される者
第二十四条第二項第二号	第十七条ただし書	第三十六条において準用する法第十七条ただし書
第二十四条第二項第四号	第七条第一項	第八十五条第二項の規定により読み替えられた第七条第一項
	及び短期経理から業務経理に繰り入れる	並びに厚生年金保険経理及び退職等年金経理から業務経理に繰り入れるそれぞれの
第二十四条第二項第六号	最低限度額	最低限度額（法第三十六条において準用する法第十九条の規定による業務上の余裕金の運用として行う不動産の取得及び譲渡に係るものを除く。）
第四十五条第一項第	組合に使用されている者	連合会の役員及び連合会に使用されている者

国家公務員共済組合法等の運用方針

掲げる事項について、前項の規定により準用する第六条第二項の規定による認可をしようとするときは、あらかじめ、総務大臣に協議しなければならない。

（登記）

第二十五条　連合会は、**政令で定める**ところにより、登記しなければならない。

2　前項の規定により登記しなければならない事項は、登記の後でなければ、これをもつて第三者に対抗することができない。

（一般社団法人及び一般財団法人に関する法律の準用）

第二十六条　一般社団法人及び一般財団法人に関する法律（平成十八年法律第四十八号）第七十八条の規定は、連合会について準用する。

（役員）

第二十七条　連合会に、役員として、理事長一人、理事十人以内及び監事三人以内を置く。

2　前項の理事のうち六人以内及び監事のうち二人以内は、組合の事務を行う組合員をもつて充てる。

（役員の職務及び権限）

第二十八条　理事長は、連合会を代表し、その業務を執行する。

2　理事は、理事長の定めるところにより、理事長を補佐して連合会の業務を執行し、理事長に事故があるときはその職務を代理し、理事長が欠員のときはその職務を行う。

3　監事は、連合会の業務を監査する。

（役員の任命）

第二十九条　理事長及び監事（第二十七条第二項の規定による監事を除く。）は、財務大臣が任命する。

2　理事（第二十七条第二項の規定による理事を除く。以下第三十二条第三項において

〈参考〉

法第二十五条の政令とは、独立行政法人等登記令（昭和三九年政令第二八号）をいう。

五号		
第六十条第一項	翌月五日	翌月五日（病院施設に係る単位所属所にあつては、翌月十五日）
第六十一条第一項	四月十五日	四月十五日（病院施設に係る単位所属所にあつては、翌事業年度四月二十五日）
第六十二条第一項	第十六条第二項	第三十六条において読み替えて準用する法第十六条第二項
	同条第三項の附属明細書及び事業状況報告書並びに第百二十六条の四第二項第一号の監査（本部に係るものに限る。）に関する監査報告書	第三十六条において読み替えて準用する法第十六条第三項の附属明細書及び事業状況報告書
第六十二条第二項第五号	組合に使用される者	連合会の役員及び連合会に使用される者
第六十二条第三項第一号	組合に使用される者	連合会の役員及び連合会に使用される者
	増減	増減並びに役員の氏名、役職、任期及び

国家公務員共済組合法

同じ。）は、理事長が、財務大臣の認可を受けて任命する。

3　前二項の規定の適用を受けない理事及び監事は、理事長が任命する。

（役員の任期）

第三十条　役員の任期は、二年とする。ただし、補欠の役員の任期は、前任者の残任期間とする。

2　役員は、再任されることができる。

（役員の欠格条項）

第三十一条　次の各号のいずれかに該当する者は、役員となることができない。ただし、第二十七条第二項の規定の適用を妨げない。

一　国務大臣、国会議員、政府職員（非常勤の者を除く。）、独立行政法人（独立行政法人通則法第二条第一項に規定する独立行政法人をいう。以下同じ。）の役職員（非常勤の者を除く。）、国立大学法人等（国立大学法人法（平成十五年法律第百十二号）第二条第一項に規定する国立大学法人及び同条第三項に規定する大学共同利用機関法人をいう。以下同じ。）の役職員（非常勤の者を除く。）、地方公共団体の議会の議員又は地方公共団体の長若しくは常勤職員

二　政党の役員

三　連合会と取引上密接な関係を有する事業者又はその者が法人であるときはその役員（いかなる名称によるかを問わず、これと同等以上の職権又は支配力を有する者を含む。）

四　前号に掲げる事業者の団体の役員（いかなる名称によるかを問わず、これと同等以上の職権又は支配力を有する者を含む。）

（役員の解任）

国家公務員共済組合法施行令

国家公務員共済組合法施行規則

		経歴
第六十二条の二	第十六条第三項	第三十六条において読み替えて準用する法第十六条第三項
第六十七条第二項	福祉経理の資産	厚生年金保険経理の資産、退職等年金経理の資産又は福祉経理の資産
第七十三条	組合に使用される者	連合会の役員及び連合会に使用される者
第八十一条第一項	第九十九条に規定する福祉事業に要する費用に充てるべき掛金及び国、行政執行法人、法科大学院設置者、職員団体若しくは郵政会社等の負担金	第百二条第四項の規定により払い込まれた金額のうち福祉事業に係る金額

3　前項において準用する第六条第一項第三号に規定する業務経理においては、同項第二号に規定する取引の事務に要する費用と同項第二号の二に規定する取引の事務に要する費用とに区分して管理しなければならない。ただし、これらの取引の事務に要する費用のうち共通する費用については、連合会は、財務大臣の承認を受けて定める基

国家公務員共済組合法等の運用方針

第三十二条　財務大臣又は理事長は、それぞれその任命に係る役員が前条各号の一に該当するに至つたとき（第二十七条第二項の規定による理事又は監事が組合の事務を行う組合員でなくなつたときを含む。）は、その役員を解任しなければならない。
2　財務大臣又は理事長は、それぞれその任命に係る役員が次の各号の一に該当するとき、その他役員たるに適しないと認めるときは、その役員を解任することができる。
一　心身の故障のため職務の執行に堪えないと認められるとき。
二　職務上の義務違反があるとき。
3　理事長は、前項の規定により理事を解任しようとするときは、財務大臣の認可を受けなければならない。

（役員の兼業禁止）
第三十三条　役員は、営利を目的とする団体の役員となり、又は自ら営利事業に従事してはならない。

（理事長の代表権の制限）
第三十四条　理事長又は理事の代表権に加えた制限は、善意の第三者に対抗することができない。
2　連合会と理事長又は理事との利益が相反する事項については、これらの者は、代表権を有しない。この場合には、監事が連合会を代表する。

（運営審議会）
第三十五条　連合会の業務の適正な運営に資するため、連合会に運営審議会を置く。
2　運営審議会は、委員十六人以内で組織する。
3　委員は、理事長が組合員のうちから任命する。
4　理事長は、前項の規定により委員を任命

準に従つて区分して管理するものとする。
4　第二項において準用する第二十二条の規定により事業計画を作成する場合には、同項の規定により読み替えて準用する第二十三条各号に掲げる事項のほか、次の各号に掲げる事項を明らかにしなければならない。
一　厚生年金保険経理における給付の前々事業年度の実績並びに前事業年度及び当該事業年度の推計並びに当該事業年度の資金計画
二　退職等年金経理における給付並びに退職等年金給付に係る標準報酬の月額及び標準期末手当等の額と掛金との割合の前々事業年度の実績並びに前事業年度及び当該事業年度の推計並びに当該事業年度の資金計画

（連合会の業務）
第八十五条の二　法第二十一条第二項第一号チに規定する財務省令で定める業務は、厚生年金保険給付に関する調査及び統計に関する業務とする。
2　法第二十一条第二項第二号へに規定する財務省令で定める業務は、退職等年金給付に関する調査及び統計に関する業務とする。

（退職等年金給付に要する費用を計算したときの財務大臣への報告）
第八十五条の三　連合会は、法第二十一条第二項第二号ロの計算をしたときは、財務大臣の定める様式に基づき、財務大臣に報告しなければならない。

（運営審議会）
第八十五条の四　法第三十五条第一項に規定する運営審議会（以下「運営審議会」という。）の組合員を代表する者である委員及び組合員を代表する者以外の者である委員は、それぞれ八人以内とする。
2　委員の任期は、二年とする。ただし、補

国家公務員共済組合法

する場合には、組合及び連合会の業務その他組合員の福祉に関する事項について広い知識を有する者のうちから任命しなければならない。この場合において、委員の半数は、組合員を代表する者でなければならない。

5　次に掲げる事項は、運営審議会の議を経なければならない。

一　定款の変更

二　運営規則の作成及び変更

三　毎事業年度の事業計画並びに予算及び決算

四　重要な財産の処分及び重大な債務の負担

6　運営審議会は、前項に定めるもののほか、理事長の諮問に応じて連合会の業務に関する重要事項を調査審議し、又は必要と認める事項につき理事長に建議することができる。

7　前各項に定めるもののほか、運営審議会の組織及び運営に関し必要な事項は、**財務省令で定める。**

（積立金の積立て）

第三十五条の二　連合会は、**政令で定める**ところにより、厚生年金保険法第七十九条の二に規定する実施機関積立金として厚生年金保険給付積立金を積み立てるとともに、退職等年金給付積立金を積み立てなければならない。

（退職等年金給付積立金の管理運用の方針）

第三十五条の三　連合会は、その管理する退職等年金給付積立金の管理及び運用が長期的な観点から安全かつ効率的に行われるようにするため、管理及び運用の方針（以下この条において「退職等年金給付積立金管理運用方針」という。）を定めなければな

国家公務員共済組合法施行令

（厚生年金保険給付積立金及び退職等年金給付積立金の積立て）

第九条　連合会は、毎事業年度の厚生年金保険給付（厚生年金保険法（昭和二十九年法律第百十五号）第八十四条の五第一項に規定する拠出金（以下「厚生年金拠出金」という。）、国民年金法（昭和三十四年法律第百四十一号）第九十四条の二第二項に規定する基礎年金拠出金（以下「基礎年金拠出金」という。）及び法第百二条の二に規定する財政調整拠出金（法第百二条の三第一項第一号から第三号までに掲げる場合に行われるものに限る。）を含む。次項及び第九条の三第一項において同じ。）に係る経

国家公務員共済組合法施行規則

欠の委員の任期は、前任者の残任期間とする。

（運営審議会の会議）

第八十五条の五　運営審議会は、連合会の理事長が招集する。

2　連合会の理事長は、七人以上の委員が審議すべき事項を示して運営審議会の招集を請求したときは、運営審議会を招集しなければならない。

3　運営審議会に議長を置く。議長は、組合員を代表する者以外の者である委員のうちから、委員が選挙する。

4　議長は、運営審議会の議事を整理する。議長に事故があるとき、又は議長が欠けたときは、あらかじめ議長が指名する委員がその職務を行う。

5　運営審議会は、前条第一項に掲げる委員が、それぞれ半数以上出席しなければ議事を開くことができない。

（厚生年金保険経理及び退職等年金経理における損益計算上の整理）

第八十五条の六　連合会の厚生年金保険経理においては、損益計算上利益を生じたときは、その額を法第二十一条第二項第一号ハに規定する厚生年金保険給付積立金（以下この項において「厚生年金保険給付積立金」という。）として、損益計算上損失を生じたときは、その額を厚生年金保険給付積立金から減額して、それぞれ整理しなければならない。

2　前項の規定は、連合会の退職等年金経理について準用する。この場合において、同項中「法第二十一条第二項第一号ハ」とあるのは「法第二十一条第二項第二号ハ」と、「厚生年金保険給付積立金」とあるのは「退職等年金給付積立金」と読み替えるも

国家公務員共済組合法等の運用方針

らない。

2　退職等年金給付積立金管理運用方針においては、次に掲げる事項を定めるものとする。

一　退職等年金給付積立金の管理及び運用の基本的な方針

二　退職等年金給付積立金の管理及び運用に関し遵守すべき事項

三　退職等年金給付積立金の管理及び運用における長期的な観点からの資産の構成に関する事項

四　その他退職等年金給付積立金の管理及び運用に関し必要な事項

3　連合会は、退職等年金給付積立金管理運用方針を定め、又は変更しようとするときは、あらかじめ、財務大臣の承認を得なければならない。

4　財務大臣は、前項の規定による承認をしようとするときは、あらかじめ、総務大臣に協議しなければならない。

5　連合会は、退職等年金給付積立金管理運用方針を定め、又は変更したときは、遅滞なく、これを公表しなければならない。

6　連合会は、退職等年金給付積立金管理運用方針に従つて退職等年金給付積立金の管理及び運用を行わなければならない。

（退職等年金給付積立金の管理及び運用の状況に関する業務概況書）

第三十五条の四　連合会は、各事業年度の決算完結後、遅滞なく、当該事業年度における退職等年金給付積立金の資産の額、その構成割合、運用収入の額その他の財務省令で定める事項を記載した業務概況書を作成し、財務大臣に提出するとともに、これを公表しなければならない。

（政令への委任）

第三十五条の五　前二条に定めるもののほか、

理において損益計算上利益を生じたときは、その額を法第二十一条第二項第一号ハに規定する厚生年金保険給付積立金（以下「厚生年金保険給付積立金」という。）として整理しなければならない。

2　連合会は、毎事業年度の厚生年金保険給付に係る経理において損益計算上損失を生じたときは、厚生年金保険給付積立金を減額して整理するものとする。

3　連合会は、毎事業年度の退職等年金給付（法第百二条の二に規定する財政調整拠出金（法第百二条の三第一項第四号に掲げる場合に行われるものに限る。）を含む。次項及び第九条の三第二項において同じ。）に係る経理において損益計算上利益を生じたときは、その額を法第二十一条第二項第二号ハに規定する退職等年金給付積立金（以下「退職等年金給付積立金」という。）として整理しなければならない。

4　連合会は、毎事業年度の退職等年金給付に係る経理において損益計算上損失を生じたときは、退職等年金給付積立金を減額して整理するものとする。

（退職等年金給付積立金の管理及び運用に関する基本的な指針）

第九条の二　財務大臣は、退職等年金給付積立金の管理及び運用に関し、法第三十五条の三第二項各号に掲げる事項に関する基本的な指針（以下この条において「指針」という。）を定めることができる。

2　財務大臣は、指針を定め、又は変更しようとするときは、あらかじめ、指針の案又はその変更の案を作成し、総務大臣に協議するものとする。

3　財務大臣は、指針を定め、又は変更したときは、速やかに、これを公表するものとする。

のとする。

（組合貸付債権の信託）

第八十五条の七　連合会は、資産の流動化に関する法律第二条第三項に規定する特定目的会社を用いて資産の流動化を行うため、令第九条の三第二項第三号及び附則第五条第三号の貸付けに係る債権を信託会社又は信託業務を営む金融機関へ信託することができる。

2　連合会は、前項の規定によりその貸付債権を信託するときは、当該信託の受託者から当該貸付債権に係る元利金の回収その他回収に関する業務の全部を受託しなければならない。

（組合への貸付けに係る利率）

第八十五条の八　令第九条の三第二項第三号及び附則第五条第三号の規定により連合会が組合に資金の貸付けを行う場合（組合の貸付経理又は物資経理に資金の貸付けを行う場合（物資経理においては、固定資産の取得を目的とした資金の貸付け以外の貸付けを行う場合に限る。）を除く。）においては、当該貸付金に係る利率については、長期給付の事業に係る財政の安定に配慮しつつ、財政融資資金法（昭和二十六年法律第百号）第十条第一項の規定に基づき財政融資資金を貸し付ける場合の利率を参酌して財務大臣が定める利率による。

2　令第九条の三第二項第三号及び附則第五条第三号の規定により連合会が組合の貸付経理又は物資経理に資金の貸付けを行う場合（物資経理においては、固定資産の取得を目的とした資金の貸付け以外の貸付けを行う場合に限る。）においては、当該貸付金の利率は、年四パーセントを下回ることができない。

（資金の貸付けに係る利率）

国家公務員共済組合法

退職等年金給付積立金の運用に関し必要な事項は、政令で定める。

国家公務員共済組合法施行令

4　連合会は、第一項の規定により指針が定められたときは、当該指針に適合するように法第三十五条の三第一項に規定する退職等年金給付積立金管理運用方針を定めなければならない。

5　連合会は、指針が変更されたときその他必要があると認めるときは、法第三十五条の三第一項に規定する退職等年金給付積立金管理運用方針に検討を加え、必要に応じ、これを変更しなければならない。

（厚生年金保険給付積立金等及び退職等年金給付積立金等の管理及び運用）

第九条の三　厚生年金保険給付積立金及び厚生年金保険給付の支払上の余裕金（以下「厚生年金保険給付積立金等」という。）の運用は、次に掲げる方法により行われなければならない。

一　次に掲げる有価証券若しくは有価証券とみなされる権利又はこれらに係る標準物（金融商品取引法（昭和二十三年法律第二十五号）第二条第二十四項第五号に掲げる標準物をいう。第六号イ及び第三項において「標準物」という。）の売買（デリバティブ取引（同条第二十項に規定するデリバティブ取引をいう。第九号において同じ。）に該当するものについては、この号及び第三号に掲げる方法による運用に係る損失の危険の管理を目的として行うものに限る。）

イ　金融商品取引法第二条第一項第一号から第五号まで、第十号から第十三号まで、第十五号、第十八号及び第二十一号に掲げる有価証券並びに同項第十七号に掲げる有価証券（同項第六号から第九号まで、第十四号及び第十六号に掲げる有価証券の性質を有するもの

国家公務員共済組合法施行規則

第八十五条の九　令第九条の三第二項第四号に掲げる方法により退職等年金給付積立金等（同項に規定する退職等年金給付積立金等をいう。以下同じ。）の運用を行う場合における同号に規定する資金の貸付けに係る利率については、退職等年金給付の事業に係る財政の安定に配慮しつつ、財政融資資金法第十条第一項の規定に基づき財政融資資金を貸し付ける場合の利率を参酌して財務大臣が定める利率とする。

2　前項の規定は、令附則第五条第四号に掲げる方法により厚生年金保険給付積立金等（令第九条の三第一項に規定する厚生年金保険給付積立金等をいう。以下同じ。）の運用を行う場合における同号に規定する資金の貸付けに係る利率について準用する。

（応募又は買入れの方法により取得する有価証券から除かれる有価証券の範囲）

第八十五条の十　令第九条の三第三項に規定する財務省令で定める有価証券は、資産の流動化に関する法律に規定する特定社債券（当該特定社債券に係る特定資産が連合会の譲渡する信託受益権であるものに限る。）とする。

（合同運用における利益又は損失の経理間の按《あん》分）

第八十五条の十一　令第九条の三第四項の規定により、厚生年金保険給付積立金等及び退職等年金給付積立金等を合同して管理及び運用を行った場合に利益を生じたときは、次の各号に掲げる経理に帰属する額は、それぞれ当該各号に定める額とする。

一　厚生年金保険経理　当該利益の額に当該事業年度において合同して管理及び運用を行った厚生年金保険給付積立金等の額を当該額と当該事業年度において合同

国家公務員共済組合法等の運用方針

第十九条関係

施行令第九条の三

1　第一項第二号に規定する年金積立金管理運用独立行政法人法（平成十六年法律第百五号）第二十一条第一項第二号の規定により厚生労働大臣が適当と認めて指定した預金又は貯金の取扱いを参酌して財務大臣が定めるものは、次に掲げるものとする。

(1)　国内における円建て普通預金並びに譲渡性預金

(2)　外国における外貨建て普通預金（外国における決済に用いる場合に限る。）

2　第二項第二号及び附則第五条第二号に規定する不動産が国に対する投資不動産である場合には、あらかじめ財務大臣の承認を受けたものとして準用するものとする。

を除く。）

ロ　イに掲げる有価証券に表示されるべき権利であつて、金融商品取引法第二条第二項の規定により有価証券とみなされるもの

ハ　金融商品取引法第二条第二項第五号に掲げる権利（投資事業有限責任組合契約に関する法律（平成十年法律第九十号）第三条第一項に規定する投資事業有限責任組合契約（当該投資事業有限責任組合契約において営むことを約する事業において取得し、又は保有する(1)から(4)までに掲げるものについて、当該投資事業有限責任組合契約においてその銘柄を特定しているものを除く。）に基づく権利（同法第二条第二項に規定する有限責任組合員として有するものに限る。）に係るものに限る。以下このハにおいて同じ。）及び金融商品取引法第二条第二項第六号に掲げる権利（同項第五号に掲げる権利に類するものに限る。）であつて、同項の規定により有価証券とみなされるもの

(1)　投資事業有限責任組合契約に関する法律第三条第一項第一号に規定する株式会社の設立に際して発行する株式及び企業組合の設立に際しての持分

(2)　投資事業有限責任組合契約に関する法律第三条第一項第二号に規定する株式会社の発行する株式及び新株予約権並びに企業組合の持分

(3)　投資事業有限責任組合契約に関する法律第三条第一項第三号に規定する指定有価証券（次に掲げるものに限る。）

(i)　金融商品取引法第二条第一項第

して管理及び運用を行つた退職等年金給付積立金等の額との合算額で除して得た率を乗じて得た額（一円未満の端数があるときは、これを四捨五入して得た額）

二　退職等年金経理　当該利益の額から前号に定める額を控除して得た額

2　令第九条の三第四項の規定により、厚生年金保険給付積立金等及び退職等年金給付積立金等を合同して管理及び運用を行つた場合に損失が生じたときは、次の各号に掲げる経理に帰属する額は、それぞれ当該各号に定める額とする。

一　厚生年金保険経理　当該損失の額に前項第一号の率を乗じて得た額（一円未満の端数があるときは、これを四捨五入して得た額）

二　退職等年金経理　当該損失の額から前号に定める額を控除して得た額

3　前二項に定めるもののほか、厚生年金保険給付積立金等及び退職等年金給付積立金等を合同して管理及び運用を行つた場合の利益又は損失に関し必要な事項は、財務大臣が定める。

（厚生年金保険法第七十九条の八第一項に規定する財務省令で定める事項）

第八十五条の十二　厚生年金保険法第七十九条の八第一項に規定する財務省令で定める業務概況書に記載すべき事項は、次の各号に掲げる事項とする。

一　当該事業年度における管理積立金（厚生年金保険法第七十九条の六第一項に規定する管理積立金のうち連合会が管理するものをいう。以下この条及び次条において同じ。）の資産の額

二　当該事業年度における管理積立金の資産の構成割合

三　当該事業年度における管理積立金の運

国家公務員共済組合法	
国家公務員共済組合法施行令	六号に掲げる出資証券 (ii) 金融商品取引法第二条第一項第七号に掲げる優先出資証券 (iii) 金融商品取引法第二条第一項第八号に掲げる優先出資引受権を表示する証券 (iv) 金融商品取引法第二条第一項第九号及び(i)から(iii)までに掲げる有価証券並びに(v)に掲げる権利に係る同項第十九号に規定するオプションを表示する証券及び証書 (v) (i)から(iii)までに掲げる有価証券に表示されるべき権利であつて、金融商品取引法第二条第二項の規定により有価証券とみなされるもの (4) 投資事業有限責任組合契約に関する法律第三条第一項第十一号に規定する外国法人の発行する株式、新株予約権及び指定有価証券（(3)(i)から(v)までに掲げるものに限る。）並びに外国法人の持分並びにこれらに類似するもの 二 預金又は貯金（年金積立金管理運用独立行政法人法（平成十六年法律第百五号）第二十一条第一項第二号の規定により厚生労働大臣が適当と認めて指定した預金又は貯金の取扱いを参酌して財務大臣が定めるものに限る。） 三 信託会社又は信託業務を営む金融機関への信託。ただし、運用方法を特定するものにあつては、次に掲げる方法により運用するものに限る。 イ 前二号及び第五号から第九号までに掲げる方法 ロ コール資金の貸付け又は手形の割引 ハ 金融商品取引業者（金融商品取引法第二条第九項に規定する金融商品取引
国家公務員共済組合法施行規則	用収入の額 四 厚生年金保険法第七十九条の三第三項ただし書の規定による運用の状況 五 厚生年金保険法第七十九条の六第二項第三号に規定する管理積立金の管理及び運用における長期的な観点からの資産の構成に関する事項 六 管理積立金の運用利回り 七 管理積立金の運用に関するリスク管理の状況 八 運用手法別の運用の状況（連合会が令第九条の三第一項第三号本文、同号ハ及び同項第四号に規定する方法で運用する場合にあつては、当該運用に関する契約の相手方の選定及び管理の状況等を含む。） 九 連合会における株式に係る議決権の行使に関する状況等 十 連合会の役員（監事を除く。）及び職員の職務の執行が法令等に適合するための体制その他連合会の業務の適正を確保するための体制に関する事項 十一 その他管理積立金の管理及び運用に関する重要事項 **（厚生年金保険法第七十九条の八第二項に規定する財務省令で定める事項）** **第八十五条の十三** 厚生年金保険法第七十九条の八第二項に規定する財務省令で定める事項は、次の各号に掲げる事項とする。 一 管理積立金の運用の状況及び当該運用の状況が年金財政に与える影響 二 厚生年金保険法第七十九条の三第三項ただし書の規定による運用の状況 三 厚生年金保険法第七十九条の四第一項に規定する積立金基本指針及び同法第七十九条の六第一項に規定する管理運用の
国家公務員共済組合法等の運用方針	

業者をいう。第五号において同じ。）との投資一任契約（同条第八項第十二号ロに規定する契約をいう。）であって連合会が同号ロに規定する投資判断の全部を一任することを内容とするものの締結

四　組合員（長期給付に関する規定の適用を受けるものに限る。以下この号において同じ。）を被保険者とする生命保険（組合員の所定の時期における生存を保険金の支払事由とするものに限る。）の保険料の払込み

五　第一号の規定により取得した有価証券（金融商品取引法第二条第一項第一号から第五号までに掲げる有価証券及び同項第十七号に掲げる有価証券（同項第六号から第九号まで、第十四号及び第十六号に掲げる有価証券の性質を有するものを除く。）に限る。）の株式会社商工組合中央金庫、株式会社日本政策投資銀行、農林中央金庫、全国を地区とする信用金庫連合会、金融商品取引業者（同法第二十八条第一項に規定する第一種金融商品取引業を行う者（同法第二十九条の四の二第九項に規定する第一種少額電子募集取扱業者を除く。）に限る。）、同法第二条第三十項に規定する証券金融会社及び貸金業法施行令（昭和五十八年政令第百八十一号）第一条の二第三号に掲げる者に対する貸付け

六　次に掲げる権利の取得又は付与（第一号及び第三号に掲げる方法による運用に係る損失の危険の管理を目的として行うものに限る。）

イ　金融商品取引法第二条第十六項に規定する金融商品取引所の定める基準及び方法に従い、当事者の一方の意思表

方針に定める事項の遵守の状況（前二号に掲げるものを除く。）

四　その他管理積立金の管理及び運用に関する重要事項

（法第三十五条の四に規定する財務省令で定める事項）

第八十五条の十四　法第三十五条の四に規定する財務省令で定める業務概況書に記載すべき事項は、次の各号に掲げる事項とする。

一　当該事業年度における法第二十一条第二項第一号ハに規定する退職等年金給付積立金（以下「退職等年金給付積立金」という。）の資産の額

二　当該事業年度における退職等年金給付積立金の資産の構成割合

三　当該事業年度における退職等年金給付積立金の運用収入の額

四　法第三十五条の三第二項第三号に規定する退職等年金給付積立金の管理及び運用における長期的な観点からの資産の構成に関する事項

五　退職等年金給付積立金の運用利回り

六　退職等年金給付積立金の運用に関するリスク管理の状況

七　運用手法別の運用の状況（連合会が令第九条の三第一項第三号本文、同号ハ及び同項第四号に規定する方法で運用する場合にあっては、当該運用に関する契約の相手方の選定及び管理の状況等を含む。）

八　連合会における株式に係る議決権の行使に関する状況等

九　連合会の役員（監事を除く。）及び職員の職務の執行が法令等に適合するための体制その他連合会の業務の適正を確保するための体制に関する事項

十　その他退職等年金給付積立金の管理及

国家公務員共済組合法

国家公務員共済組合法施行令

示により当事者間において債券（標準物を含む。）の売買契約を成立させることができる権利

ロ　債券の売買契約において、当事者の一方が受渡日を指定できる権利であつて、一定の期間内に当該権利が行使されない場合には、当該売買契約が解除されるもの（外国で行われる取引に係る売買契約に係るものを除く。）

七　先物外国為替（外国通貨をもつて表示される支払手段であつて、その売買契約に基づく債権の発生、変更又は消滅に係る取引を当該売買契約の契約日後の一定の時期に一定の外国為替相場により実行する取引の対象となるものをいう。）の売買（第一号から第三号までに掲げる方法による運用に係る損失の危険の管理を目的として行うものに限る。）

八　通貨オプション（当事者の一方の意思表示により当事者間において外国通貨をもつて表示される支払手段の売買取引を成立させることができる権利をいい、金融商品取引法第二条第二十一項に規定する市場デリバティブ取引（同項第三号に掲げる取引に係るものに限る。）及び同条第二十三項に規定する外国市場デリバティブ取引（同号に掲げる取引に類似するものに限る。）に係る権利を除く。）の取得又は付与（第一号から第三号までに掲げる方法による運用に係る損失の危険の管理を目的として行うものに限る。）

九　第一号及び前三号に定めるもののほか、デリバティブ取引であつて金融商品取引法第二十八条第八項第三号ロ、第四号ロ及び第五号（同項第三号ロに掲げる取引に類似する取引に係るものに限る。）に

国家公務員共済組合法施行規則

び運用に関する重要事項

（財政調整事業の経理の特例）

第八十六条　法附則第十四条の三第一項の規定により連合会が行うことができる事業に係る経理については、第八十五条第二項の規定にかかわらず、別に財務大臣の定めるところによることができる。

附則7　財政融資資金法第七条第三項の規定により財務大臣が定める利率（預託期間が十年の預託金に係るものに限る。）が年四パーセントを下回つている間においては、令第九条の三第二項第三号及び附則第五条第三号の規定により連合会が組合の貸付経理に資金を貸し付ける場合の貸付金に係る利率については、第八十五条の八第二項の規定にかかわらず、長期給付の事業に係る財政の安定に配慮して**財務大臣が別に定める**利率によることができる。

附則8　前項の規定の適用がある間を除き、阪神・淡路大震災に際し災害救助法（昭和二十二年法律第百十八号）が適用された市町村の区域における被害に対処するため、令第九条の三第二項第三号及び附則第五条第三号の規定により連合会が組合の貸付経理に資金を貸し付ける場合の貸付金に係る利率については、第八十五条の八第二項の規定にかかわらず、長期給付の事業に係る財政の安定に配慮して**財務大臣が別に定める**利率によることができる。

附則9　連合会が、令第九条の三第二項第三号及び附則第五条第三号の規定により、地方分権の推進を図るための関係法律の整備等に関する法律（平成十一年法律第八十七号）の施行の日の前日に同法附則第百五十八条第一項に規定する地方職員共済組合の組合員であつて、同法の施行の日において

国家公務員共済組合法等の運用方針

掲げる取引のうち、同法第二条第八項第十一号イに規定する有価証券指標（株式に係るものに限る。）に係るものの売買（第一号から第三号までに掲げる方法による運用に係る損失の危険の管理を目的として行うものに限る。）

十　財政融資資金への預託

2　退職等年金給付積立金及び退職等年金給付の支払上の余裕金（以下「退職等年金給付積立金等」という。）の運用は、次に掲げる方法により行われなければならない。

一　前項各号に掲げる方法

二　不動産（あらかじめ財務大臣の承認を受けたものに限る。）の取得、譲渡又は貸付け

三　組合に対する資金の貸付け

四　連合会の経理単位（財務省令で定めるところによりその経理について設けられる区分をいい、第九条第一項に規定する経理を行うものを除く。）に対する資金の貸付け

3　前二項の規定により第一項第一号イ及びロに規定する有価証券又は有価証券とみなされる権利（国債証券、国債証券に表示されるべき権利であつて、金融商品取引法第二条第二項の規定により有価証券とみなされるもの、標準物その他**財務省令で定める**ものを除く。）を取得する場合には、応募又は買入れの方法により行わなければならない。

4　連合会は、厚生年金保険給付積立金等及び退職等年金給付積立金等を合同して管理及び運用を行うことができる。

5　前各項に規定するもののほか、連合会の厚生年金保険給付積立金等及び退職等年金給付積立金等の管理及び運用に関し必要な事項は、財務省令で定める。

同法附則第七十一条の規定により相当の地方社会保険事務局又は社会保険事務所の職員となつた者及び同法附則第百二十三条の規定により相当の都道府県労働局の職員となつた者が属することとなつた組合に資金（これらの者が、当該地方職員共済組合が貸し付けた貸付金の弁済に充てるため、その属することとなつた組合から臨時の支出に対する貸付けを受ける場合における資金に限る。）の貸付けを行う場合の貸付金に係る利率については、第八十五条の八第二項及び附則第七項の規定にかかわらず、これらの者の生活の安定に配慮して**財務大臣が別に定める**利率によることができる。

〈参考〉

○国家公務員共済組合連合会の積立金等の資金を他の経理単位等に貸し付ける場合の貸付金に係る利率について

平一五・二・二八　財計四〇六

最近改正　平二三・五・九　財計一四九九

国家公務員共済組合法施行規則（昭和三十三年大蔵省令第五十四号。以下「施行規則」という。）第八十五条の二、第八十六条第一項及び附則第七項の規定に基づき、標記のことについて下記のとおり定めたので通知する。

記

1　施行規則第八十五条の二及び第八十六条第一項に規定する財務大臣が定める利率は、長期給付の事業に係る財政の安定に配慮しつつ、財政融資資金法（昭和二十六年法律第百号）第十一条の規定による財政融資資金運用計画に基づき財務大臣が定める貸付利率を基準として、国家公務員共済組合連合会が財務省主計局長と協議のうえ定める利率とする。

2　施行規則附則第七項に規定する財務大臣が定める利率は、次の各号に掲げるものにつき、それぞれ当該各号に定める利率とする。

(1)　住宅貸付（特別住宅貸付を除く。）に係る貸付金　財政融資資金法第七条第三項の規定により財務大臣が定める利率（預託期間が十年の預託金に係るものに限る。以下「財政融資資金預託金利率」という。）（当該利率が二・七％を下回るときは、二・七％）

(2)　住宅貸付のうち「東日本大震災（東日本大震災に対処するための特別の財政援助及び助成に関する法律（平成二十三年法律第四十号）第二条第一項に規定する東日本大震災をいう。以下同じ。）」を事由とするものに係る貸付金（公務員宿舎の建替えに伴う強制退去者に係る特別加算部分を除き、貸付後五年間に限る。）　財政融資資金預託金利率

(3)　特別住宅貸付に係る貸付金　(1)に定

国家公務員共済組合法

（準用規定）

第三十六条　第七条、第十一条から第十七条まで、第十九条及び第二十条の規定は、連合会について準用する。この場合において、第十一条中「組合の代表者」とあるのは「理事長」と、第十三条中「組合」とあるのは「連合会の役員及び連合会」と、第十三条の二中「組合の事務」とあるのは「連合会の役員若しくは連合会の事務」と、「従事していた」とあるのは「これらの者であつた」と、第十六条第二項中「作成し」とあるのは「作成し、これらに監事の意見を記載した書面を添付し」と、同条第三項中「及び事業状況報告書」とあるのは「、事業状況報告書及び監事の意見を記載した書面」と読み替えるものとする。

国家公務員共済組合法施行令

（厚生年金保険給付積立金等及び退職等年金給付積立金等の管理及び運用に関する契約）

第九条の四　連合会は、厚生年金保険給付積立金等及び退職等年金給付積立金等の管理及び運用に関して、次に掲げる契約を締結するときは、当該契約において、当該契約の相手方が委任を受けて他人のために資産の管理及び運用を行う者であつてその職務に関して一般に認められている専門的な知見に基づき慎重な判断を行うものが同様の状況の下で払う注意に相当する注意を払うとともに、法令及び連合会と締結した契約その他の規程を遵守し、連合会のため忠実にその職務を遂行しなければならない旨の規定を定めなければならない。

一　前条第一項第三号に掲げる信託の契約

二　前条第一項第三号ハに規定する投資一任契約

三　前条第一項第四号に掲げる生命保険の保険料の払込みの契約

（準用規定）

第十条　第六条から第八条までの規定は、連合会について準用する。この場合において、第六条各号列記以外の部分中「次に掲げる事項」とあるのは「第一号及び第三号に掲げる事項」と、第八条第一項及び第三項中「業務上の余裕金」とあるのは「業務上の余裕金（第九条の三第一項に規定する厚生年金保険給付積立金等及び同条第二項に規定する退職等年金給付積立金等を除く。）」と読み替えるものとする。

国家公務員共済組合法施行規則

国家公務員共済組合法等の運用方針

める利率に〇・三%を加えた利率

(4)　特別貸付に係る貸付金　(1)に定める利率

(5)　特別貸付のうち「東日本大震災」を事由とするものに係る貸付金（貸付後二年間に限る。）　財政融資資金預託金利率

3　上記2の利率は、財政融資資金預託金利率が変更されたときは、当該利率が変更された日の属する月の翌月以後新たに貸し付ける貸付金の利率について適用する。

附　則

1　この通達は、平成十五年二月二十八日から適用する。

2　昭和六十二年六月二十七日付蔵計一五九一号「国家公務員共済組合法施行規則第八十五条の二及び第八十六条の規定により長期経理単位に貸し付ける場合等の貸付金に係る利率の特例について」及び昭和六十二年六月二十七日付蔵計一五九二号「「国家公務員共済組合法施行規則第八十五条の二及び第八十六条の規定により長期経理に属する余裕金を他の経理単位に貸し付ける場合等の貸付金に係る利率の特例について」の規定に基づき、国家公務員共済組合又は国家公務員共済組合連合会の行う事業のうち不動産等の取得を目的とする貸付金に係る利率を定める件」は廃止する。

3　平成十五年二月二十八日前に貸し付けた貸付金の利率については、なお従前の例による。ただし、この通達の記の1による利率は、事業計画及び予算の財務大臣認可に基づき平成十五年二月二十八日前に貸し付けた貸付金についても適用できるものとする。

附　則（平成二十三年五月九日財計第一四九九号）

この改正は、平成二十三年五月九日から適用する。

法第三十六条、第三十七条

第三章　組合員

（組合員の資格の得喪）

第三十七条　職員となつた者は、その職員となつた日から、その属する各省各庁及び当該各省各庁の所管する行政執行法人の職員をもつて組織する組合（第三条第二項各号に掲げる職員については、同項の規定により同項各号の職員をもつて組織する組合）の組合員の資格を取得する。

2　組合員は、死亡したとき、又は退職したときは、その翌日から組合員の資格を喪失する。

3　一の組合の組合員が他の組合を組織する職員となつたときは、その日から前の組合の組合員の資格を喪失し、後の組合の組合員の資格を取得する。

政令第九条の四、第十条

規則第八十七条

第四章　組合員

（組合員原票）

第八十七条　組合は、組合員ごとに、別紙様式第九号による組合員原票を備え、組合員の資格の得喪の年月日、住所、所属機関の名称、被扶養者、標準報酬の月額、標準期末手当等の額その他所要の事項を記載して整理しなければならない。

2　組合は、第二号厚生年金被保険者（厚生年金保険法第二条の五第一項第二号に規定する第二号厚生年金被保険者をいう。以下同じ。）又は同法附則第四条の三第一項の規定による被保険者（以下「第二号厚生年金被保険者等」という。）については、前項の組合員原票に、当該第二号厚生年金被保険者等の資格の取得及び喪失の年月日、同法第二十条第一項に規定する標準報酬月額（以下「厚生年金保険の標準報酬月額」という。）及び同法第二十四条の四第一項に規定する標準賞与額（以下「厚生年金保険の標準賞与額」という。）、当該厚生年金保険の標準賞与額の決定の基礎となつた賞与（同法第三条第一項第四号に規定する賞与をいう。第八十七条の四において同じ。）の支払年月、基礎年金番号（国民年金法第十四条に規定する基礎年金番号をいう。以下同じ。）並びに第二号厚生年金被保険者等の種別その他所要の事項を併せて記載して整理しなければならない。ただし、これらの事項と前項に規定する事項のうち共通する事項については、一の記載をもつて足りるものとする。

3　組合は、第一項の組合員原票に被用者年金制度の一元化等を図るための厚生年金保

国家公務員共済組合法	国家公務員共済組合法施行令	国家公務員共済組合法施行規則	国家公務員共済組合法等の運用方針
		険法等の一部を改正する法律（平成二十四年法律第六十三号。以下「平成二十四年一元化法」という。）附則第七条第一項の規定により第二号厚生年金被保険者とみなされた期間に係る前項の規定により組合員原票に記載することとされた事項と併せて記載して整理しなければならない。 4　組合は、組合員が他の組合の組合員又は地方の組合（法第五十五条第一項第二号に規定する地方の組合をいう。以下同じ。）の組合員となつたときは、当該組合員に係る組合員原票を当該他の組合又は地方の組合に送付し、その写しを保管しなければならない。 **（長期組合員となつた者の資格取得届等）** **第八十七条の二**　長期組合員（法の長期給付に関する規定の適用を受ける組合員をいう。以下同じ。）となつた者は、遅滞なく、その氏名、生年月日、性別、住所、就職年月日及び行政手続における特定の個人を識別するための番号の利用等に関する法律（平成二十五年法律第二十七号）第二条第五項に規定する個人番号（以下「個人番号」という。）又は基礎年金番号を記載した長期組合員資格取得届を連合会に提出しなければならない。この場合において、長期組合員となつた者に被扶養配偶者（当該長期組合員の配偶者として国民年金法第七条第一項第三号に該当するものをいう。第三項において同じ。）があるときは、当該長期組合員となつた者は、当該被扶養配偶者の氏名、生年月日、住所及び基礎年金番号を長期組合員資格取得届に記載しなければならない。 2　恩給法（大正十二年法律第四十八号）又は旧法（施行法第二条第二号に規定する旧	

法をいう。）が適用され若しくは準用され、組合員期間に通算することとされている期間を有する者であつて初めて長期組合員となつた者は、前項の規定にかかわらず、その氏名、生年月日、住所及び就職年月日並びに当該期間並びに当該期間に係る就職年月日及び退職年月日を記載した前歴報告書を、任命権者が証明した履歴書その他の必要な書類と併せて連合会に提出しなければならない。

3　長期組合員は、次の各号のいずれかに該当することとなつたときは、遅滞なく、当該変更に関する書類を連合会に提出しなければならない。

一　長期組合員の氏名、住所又は個人番号に変更があつたとき

二　長期組合員について被扶養配偶者が生じたとき又は被扶養配偶者がその要件を欠くに至つたとき

三　長期組合員の被扶養配偶者の氏名に変更があつたとき

4　長期組合員が退職し、又は死亡した場合には、当該長期組合員であつた者（死亡した場合には当該長期組合員であつた者の遺族又は相続人）は、次に掲げる事項を記載した退職届又は死亡届を連合会に提出しなければならない。

一　組合員であつた者の氏名、生年月日及び住所

二　退職当時又は死亡当時の所属機関の名称

三　組合員の資格を取得した年月日（退職又は死亡に際し、厚生年金保険給付又は退職等年金給付の請求を行わない場合に限る。）及び喪失した年月日

四　その他必要な事項

5　前項の退職届又は死亡届を提出する場合

国家公務員共済組合法

国家公務員共済組合法施行令

国家公務員共済組合法施行規則

には、次に掲げる事項を組合が証明した書類（以下「組合員期間等証明書」という。）を併せて提出しなければならない。

一　組合員期間及び第二号厚生年金被保険者等である期間

二　令第二十一条の二第一項各号のいずれか又は第二項の規定に該当するときには、その旨

三　その他必要な事項

6　第三項及び第四項の規定は、長期組合員であつた者について準用する。この場合において、第三項中「次の各号のいずれか」とあるのは「第一号」と、第四項中「退職し、又は死亡した場合には、当該長期組合員であつた者（死亡した場合には当該長期組合員であつた者の遺族又は相続人）」とあるのは「死亡した場合には、当該長期組合員であつた者の遺族又は相続人」と、「事項を」とあるのは「事項及び死亡年月日を」と、「退職届又は死亡届」とあるのは「死亡届」と、「ならない」とあるのは「ならない。ただし、当該長期組合員であつた者の死亡に際し、当該長期組合員であつた者に係る長期給付の請求を行うことができるときは、この限りでない」と読み替えるものとする。

7　地方の長期組合員（地方公務員等共済組合法（昭和三十七年法律第百五十二号）第七十四条に規定する退職等年金給付に関する規定の適用を受ける地方の組合の組合員をいう。以下この項及び第八十七条の三第三項において同じ。）若しくは地方の長期組合員であつた者で長期組合員となつたもの又は厚生年金保険法第七十八条の六第三項の規定により同法第二条の五第一項第三号に規定する第三号厚生年金被保険者（以

国家公務員共済組合法等の運用方針

下「第三号厚生年金被保険者」という。）であつたものとみなされた期間を有する者（同号に規定する第三号厚生年金被保険者期間（以下「第三号厚生年金被保険者期間」という。）を有する者を除く。）若しくは同法第七十八条の十四第四項の規定により特定期間に係る第三号厚生年金被保険者期間であつたものとみなされた期間を有する者（第三号厚生年金被保険者期間を有する者を除く。）で長期組合員となつたもの若しくは平成二十四年一元化法第三条の規定による改正前の地方公務員等共済組合法（以下この項において「改正前の地共済法」という。）第百七条の四第二項に規定する離婚時みなし組合員期間を有する者（改正前の地共済法第四十条第一項に規定する組合員期間を有する者を除く。）若しくは改正前の地共済法第百七条の七第四項の規定により組合員期間であつたものとみなされた期間を有する者（改正前の地共済法第四十条第一項に規定する組合員期間を有する者を除く。）で長期組合員となつたものは、そのなつた際、次に掲げる事項を記載した前歴報告書を連合会に提出しなければならない。

一　組合員の氏名、生年月日、住所及び基礎年金番号

二　地方の長期組合員であつた時の所属機関の名称並びに就職年月日及び退職年月日

三　その他必要な事項

8　第一項から第五項まで及び前項の規定による連合会への書類の提出は、当該組合が確認を行つた後当該組合を経由して行うものとする。

9　第一項から第七項までの規定による連合会への書類の提出は、前項の規定にかかわ

国家公務員共済組合法

国家公務員共済組合法施行令

国家公務員共済組合法施行規則

らず、電磁的記録（行政手続等における情報通信の技術の利用に関する法律（平成十四年法律第百五十一号。以下「情報通信利用法」という。）第二条第五号に規定する電磁的記録をいう。以下同じ。）により行うことができる。

（第二号厚生年金被保険者の資格取得届等）

第八十七条の二の二　長期組合員となつた者（七十歳以上の者を除く。）が前条第一項に規定する長期組合員資格取得届の届出を行つた場合には、第二号厚生年金被保険者の資格取得の届出があつたものとみなす。

2　第二号厚生年金被保険者が前条第三項第一号の書類の提出を行つた場合には、第二号厚生年金被保険者に係る同様の届出があつたものとみなす。

3　前条第四項の規定により提出された退職届又は死亡届が第二号厚生年金被保険者に係るものであるときは、当該第二号厚生年金被保険者の資格喪失の届出があつたものとみなす。ただし、当該第二号厚生年金被保険者が厚生年金保険法第十四条第五号に該当するに至つたときは、この限りでない。

4　第二号厚生年金被保険者が厚生年金保険法第十四条第五号に該当することにより第二号厚生年金被保険者の資格を喪失した場合には、当該第二号厚生年金被保険者であつた者は、次の各号に掲げる事項を組合が証明した書類を連合会に提出しなければならない。

一　当該第二号厚生年金被保険者であつた者の氏名、生年月日及び住所

二　当該第二号厚生年金被保険者であつた者の個人番号又は基礎年金番号

三　資格喪失時の所属機関の名称

四　第二号厚生年金被保険者の資格を喪失

国家公務員共済組合法等の運用方針

した年月日

五　その他必要な事項

（高齢任意加入被保険者の資格取得の申出等）

第八十七条の二の三　厚生年金保険法附則第四条の三第一項の規定による被保険者（第二号厚生年金被保険者に限る。以下「高齢任意加入被保険者」という。以下同じ。）の資格取得の申出、届出その他の行為については、厚生年金保険法施行規則（昭和二十九年厚生省令第三十七号）第五条の二及び第五条の三（同規則第五条の二第一項第二号、第三号、第六号及び第七号、第二項第二号、第四号及び第七号、第三項並びに第四項並びに第五条の三第一項第二号及び第三号並びに第二項を除く。）に定めるところによるものとする。この場合において、次の表の上欄に掲げる同規則の規定中同表の中欄に掲げる字句は、それぞれ同表の下欄に掲げる字句とする。

第五条の二第一項各号列記以外の部分	第一号厚生年金被保険者	第二号厚生年金被保険者（法第二条の五第一項第二号に規定する第二号厚生年金被保険者をいう。次条第一項において同じ。）
	機構	組合（国家公務員共済組合法（昭和三十三年法律第百二十八号）第三条第一項に規定する組合をいう。次条第一項において同じ。）
第五条の二第一項第五号	事業所	所属機関
	名称、所在地及び事業の種類又は船舶所	名称

国家公務員共済組合法

国家公務員共済組合法施行令

国家公務員共済組合法施行規則

	有者（第一号厚生年金被保険者に係るものに限る。以下同じ。）の氏名及び住所（船舶所有者が法人であるときは、名称及び主たる事務所の所在地（仮住所があるときは、仮住所地）とする。以下同じ。）	
第五条の二第二項第一号	（厚生労働大臣	若しくは謄本（国家公務員共済組合連合会
第五条の二第二項第三号	共済組合の	第一号厚生年金被保険者期間（厚生年金保険法第二条の五第一項第一号に規定する第一号厚生年金被保険者である期間をいう。以下同じ。）を有する者にあつては厚生労働大臣が、共済組合の
	、当該共済組合	当該共済組合
	国民年金法施行規則	それぞれ国民年金法施行規則
第五条の三第一項各号列記以外の部分	第一号厚生年金被保険者	第二号厚生年金被保険者
	機構	組合
第五条の三第一項	事業所	所属機関
	名称及び所在	名称

国家公務員共済組合法等の運用方針

五号	地又は船舶所有者の氏名及び住所	

2　高齢任意加入被保険者が第八十七条の二第三項第一号の書類の提出を行つた場合は、高齢任意加入被保険者に係る同様の届出があつたものとみなす。

3　第八十七条の二第八項の規定は、第一項の申出、届出その他の行為について準用する。

（組合員長期原票）

第八十七条の三　連合会は、長期組合員（長期組合員であつた者を含む。）ごとに、組合員長期原票を備え、第八十七条の二第一項から第七項まで、第八十七条の二の二第三項及び前条第一項の規定により提出を受けた届出又は書類（第八十七条の二第九項の規定により提出された電磁的記録を含む。）並びに第九十六条の二の六第三項、第九十六条の四第一項、第九十六条の六の三第三項、第九十六条の八第一項、第百二十条第三項及び第百二十条の四第四項の規定により通知を受けた事項により、組合員期間及び第二号厚生年金被保険者等であつた期間に関する事項、標準報酬の月額及び標準期末手当等の額並びに厚生年金保険の標準報酬月額及び厚生年金保険の標準賞与額その他の長期給付の裁定又は決定に関し必要な事項を記載して整理しなければならない。

2　連合会は、前項の組合員長期原票に平成二十四年一元化法附則第七条第一項の規定により第二号厚生年金被保険者とみなされた期間に係る前項の規定により組合員長期原票に記載することとされた事項を併せて記載して整理しなければならない。

3　連合会は、第八十七条の二第七項の規定

国家公務員共済組合法

国家公務員共済組合法施行令

国家公務員共済組合法施行規則

により前歴報告書の提出を受けたときは、組合員長期原票、地方公務員等共済組合法施行規程（昭和三十七年総理府・文部省・自治省令第一号）第九十条第一項に規定する組合員原票及び同規程第九十二条第一項に規定する組合員期間等証明書（以下「組合員原票等」という。）並びに退職又は障害を給付事由とする年金である給付の決定に関し必要な書類（これらの年金である給付を受ける権利を有する者に係るものに限る。以下この条において「年金決定関係書類」という。）を当該前歴報告書を提出した者に係る組合員原票等及び年金決定関係書類を保管している地方の組合に対し、当該組合員原票等及び年金決定関係書類の送付を求めなければならない。

4　連合会は、長期組合員が地方の長期組合員となつたときは、その者に係る組合員長期原票（第八十七条の二第五項の規定により組合員期間等証明書が提出されている場合には組合員長期原票及び当該組合員期間等証明書）及び年金決定関係書類を当該地方の長期組合員の属する地方の組合に送付し、その写しを保管しなければならない。

5　第三項の規定による地方の組合から連合会への組合員長期原票等及び年金決定関係書類の送付並びに前項の規定による連合会から地方の組合への書類の送付は、前二項の規定にかかわらず、電磁的記録により行うことができる。

（厚生年金保険法による被保険者に関する原簿）

第八十七条の四　第二号厚生年金被保険者等（第二号厚生年金被保険者等であつた者を含む。以下この条において同じ。）について、厚生年金保険法第二十八条の規定を適

国家公務員共済組合法等の運用方針

用する場合においては、第八十七条に規定する組合員原票及び前条に規定する組合員長期原票を同法第二十八条に規定する原簿とみなす。この場合において、同条に規定する主務省令で定める事項は、前条第一項に規定する長期給付の裁定又は決定に関し必要な事項のうち、第二号厚生年金被保険者等の種別及び厚生年金保険の標準賞与額の決定の基礎となつた賞与の支払年月とする。

（組合員証の交付）

第八十九条　組合は、組合員の資格を取得した者（法第二条第一項第二号に規定する後期高齢者医療の被保険者等（以下「後期高齢者医療の被保険者等」という。）であつた者で引き続き短期給付に関する規定の適用を受ける組合員となつたもの、継続長期組合員であつた者で引き続き組合員の資格を取得したもの又は国と民間企業との間の人事交流に関する法律（平成十一年法律第二百二十四号）第八条第二項（同法第二十四条第一項において準用する場合を含む。）に規定する交流派遣職員（以下「交流派遣職員」という。）、法科大学院への裁判官及び検察官その他の一般職の国家公務員の派遣に関する法律第十四条第一項に規定する私立大学派遣検察官等（以下「私立大学派遣検察官等」という。）若しくは法科大学院への裁判官及び検察官その他の一般職の国家公務員の派遣に関する法律施行令（平成十五年政令第五百四十六号）第八条第一項に規定する私立大学等複数校派遣検察官等（以下「私立大学等複数校派遣検察官等」という。）、判事補及び検事の弁護士職務経験に関する法律（平成十六年法律第百二十一号）第二条第七項に規定する弁護士職務従事職員（以下「弁護士職務従事職

国家公務員共済組合法

国家公務員共済組合法施行令

国家公務員共済組合法施行規則

員」という。）、平成三十二年東京オリンピック競技大会・東京パラリンピック競技大会特別措置法（平成二十七年法律第三十三号）第十七条第七項に規定する派遣職員（以下「オリンピック・パラリンピック派遣職員」という。）、平成三十一年ラグビーワールドカップ大会特別措置法（平成二十七年法律第三十四号）第四条第七項に規定する派遣職員（以下「ラグビー派遣職員」という。）若しくは福島復興再生特別措置法（平成二十四年法律第二十五号）第四十八条の三第七項に規定する派遣職員（以下「福島相双復興推進機構派遣職員」という。）であつた者で引き続き短期給付に関する規定の適用を受ける組合員となつたものを含む。）に対しては、遅滞なく、別紙様式第十一号による組合員証を作成し、交付しなければならない。

（組合員証の記載事項の訂正）

第九十条　組合員は、組合員証の記載事項に変更があつたときは、遅滞なく、当該変更に関する申告書を、組合員証及びその事実を証する書類と併せて組合に提出しなければならない。

2　組合は、前項の規定による組合員証の提出があつたときは、遅滞なく、その記載事項を訂正して、その組合員に返付しなければならない。

（組合員証の亡失等）

第九十一条　組合員は、組合員証を亡失し、又は著しく損傷したときは、遅滞なく、次に掲げる事項を記載した組合員証等再交付申請書を、亡失の場合を除き組合員証と併せて組合に提出しなければならない。

一　組合員の氏名及び住所並びに組合員証の記号及び番号又は個人番号

国家公務員共済組合法等の運用方針

施行規則第九十条関係

「その事実を証する書類」の記載事項について人事担当者による確認又はその他の方法による確認が可能な場合には、「その事実を証する書類」の提出を省略することができるものとする。この場合においては、その確認した内容及び確認方法について記録しておくものとする。

二　再交付の申請を行う理由
三　その他必要な事項
2　組合は、前項の申請書の提出を受けたときは、新たな組合員証を交付するものとする。
3　組合員は、組合員証の再交付を受けた後において、亡失した組合員証を発見したときは、遅滞なく、これを組合に返納しなければならない。

（組合員証の検認等）

第九十二条　組合は、**財務大臣の定めるところ**により、組合員証の検認又は更新をしなければならない。
2　組合員は、検認、更新又は記載事項の訂正のため、組合員証の提出を求められたときは、遅滞なく、これを組合に提出しなければならない。
3　組合は、前項の規定により組合員証の提出を受けたときは、遅滞なく、これを検認し、更新し、又は記載事項を訂正して、その者に交付しなければならない。
4　第一項の規定により検認又は更新を行つた場合において、その検認又は更新を受けない組合員証は、無効とする。

（組合員証の返納）

第九十三条　組合員は、その資格を喪失したとき（後期高齢者医療の被保険者等となつたとき、継続長期組合員の資格を取得したとき又は交流派遣職員、私立大学派遣検察官等若しくは私立大学等複数校派遣検察官等、弁護士職務従事職員、オリンピック・パラリンピック派遣職員、ラグビー派遣職員若しくは福島相双復興推進機構派遣職員となつたときを含む。）は、遅滞なく、組合員証を組合に返納しなければならない。
2　前項の資格喪失の原因が死亡である場合又は同項の規定により組合員証を返納すべ

国家公務員共済組合法

国家公務員共済組合法施行令

国家公務員共済組合法施行規則

き者が死亡した場合には、埋葬料の支給を受けるべき者は、その請求の際、組合員証を組合に返納しなければならない。

（組合員証整理簿）

第九十四条　組合は、組合員証整理簿を備え、組合員証の交付、検認、更新、返納その他所要の事項を記載整理しなければならない。

（組合員被扶養者証）

第九十五条　組合は、第八十八条の申告書（組合員について被扶養者がその要件を欠くに至つた場合における申告書を除く。）の提出があつたときは、遅滞なく、別紙様式第十五号による組合員被扶養者証を作成し、組合員に交付しなければならない。

2　前項の規定により組合員被扶養者証の交付を受けた組合員は、次の各号のいずれかに該当することとなつたときは、遅滞なく、組合員被扶養者証を返納しなければならない。

一　組合員の資格を喪失したとき。

二　組合員が後期高齢者医療の被保険者等又は交流派遣職員、私立大学派遣検察官等若しくは私立大学等複数校派遣検察官等、弁護士職務従事職員、オリンピック・パラリンピック派遣職員、ラグビー派遣職員若しくは福島相双復興推進機構派遣職員となつたとき。

三　組合員が継続長期組合員の資格を取得したとき。

四　被扶養者がその要件を欠くに至つたとき。

3　第九十条から前条までの規定（第九十三条第一項の規定を除く。）は、組合員被扶養者証について準用する。この場合において、第九十二条第一項中「しなければならない」とあるのは「しなければならない。

国家公務員共済組合法等の運用方針

この場合において、組合は、財務大臣の定めるところにより、組合員被扶養者証の交付を行つた組合員に対し、毎年、被扶養者の要件の確認を行うものとする」と、前条中「組合員証整理簿」とあるのは「組合員被扶養者証整理簿」と読み替えるものとする。

（高齢受給者証の交付等）

第九十五条の二　組合は、組合員が法第五十五条第二項第二号若しくは第三号に掲げる場合に該当することとなるとき又はその被扶養者が法第五十七条第二項第一号ハ若しくはニに掲げる場合に該当することとなるときには、遅滞なく、別紙様式第十五号の三による高齢受給者証を作成し、組合員に対して交付しなければならない。

ただし、組合員証に一部負担金の割合又は百分の百から法第五十七条第二項第一号ハ若しくはニに定める割合を控除して得た割合及び高齢受給者証を兼ねる旨を明記した場合は、この限りでない。

2　前項の規定により高齢受給者証の交付を受けた組合員は、次の各号のいずれかに該当することとなつたときは、遅滞なく、高齢受給者証を返納しなければならない。

一　組合員の資格を喪失したとき。

二　組合員が後期高齢者医療の被保険者等又は交流派遣職員、私立大学派遣検察官等若しくは私立大学等複数校派遣検察官等、弁護士職務従事職員、オリンピック・パラリンピック派遣職員、ラグビー派遣職員若しくは福島相双復興推進機構派遣職員となつたとき。

三　組合員が継続長期組合員の資格を取得したとき。

四　法第五十七条第二項第一号ハ又はニに掲げる場合に該当する被扶養者が被扶養

国家公務員共済組合法	国家公務員共済組合法施行令	国家公務員共済組合法施行規則	国家公務員共済組合法等の運用方針
（組合員期間の計算） **第三十八条**　組合員である期間（以下「組合員期間」という。）の計算は、組合員の資格を取得した日の属する月からその資格を喪失した日の属する月の前月までの期間の年月数による。 2　組合員の資格を取得した日の属する月にその資格を喪失したときは、その月を一月として組合員期間を計算する。ただし、その月に、更に組合員の資格を取得したとき、又は厚生年金保険の被保険者（組合員たる厚生年金保険の被保険者を除く。）若しくは国民年金の被保険者（国民年金法第七条第一項第二号に規定する第二号被保険者を除く。）の資格を取得したときは、この限りでない。 3　組合員が引き続き他の組合の組合員の資格を取得したときは、元の組合の組合員期間は、その者が新たに組合員の資格を取得した組合の組合員期間とみなす。 4　組合員がその資格を喪失した後再び元の組合又は他の組合の組合員の資格を取得したときは、前後の組合員期間を合算する。		者の要件を欠くに至つたとき。 五　高齢受給者証に記載されている一部負担金の割合が変更されるとき。 六　高齢受給者証の有効期限に至つたとき。 3　第九十条から第九十四条までの規定（第九十三条第一項の規定を除く。）は、高齢受給者証について準用する。この場合において、第九十三条第二項中「前項の資格喪失の」とあるのは「第九十五条の二第二項第一号の資格喪失又は同項第四号の要件を欠くに至つた」と、「埋葬料」とあるのは「埋葬料又は家族埋葬料」と、第九十四条中「組合員証整理簿」とあるのは「高齢受給者証整理簿」と読み替えるものとする。	

第四章　給付

第一節　通則

（給付の決定及び裁定）

第三十九条　短期給付及び退職等年金給付を受ける権利はその権利を有する者（以下「受給権者」という。）の請求に基づいて組合（退職等年金給付にあつては、連合会。次項、第四十六条第一項、第四十七条、第九十五条及び第百十三条において同じ。）が決定し、厚生年金保険給付を受ける権利は厚生年金保険法第三十三条の規定によりその権利を有する者の請求に基づいて連合会が裁定する。

2　組合は、短期給付又は退職等年金給付の原因である事故が公務又は通勤（国家公務員災害補償法（昭和二十六年法律第百九十一号）第一条の二に規定する通勤をいう。以下同じ。）により生じたものであるかどうかを認定するに当たつては、同法に規定する実施機関その他の公務上の災害又は通勤による災害に対する補償の実施機関の意見を聴かなければならない。

（標準報酬）

第四十条　標準報酬の等級及び月額は、組合員の報酬月額に基づき次の区分（第三項又は第四項の規定により標準報酬の区分の改定が行われたときは、改定後の区分）によつて定め、各等級に対応する標準報酬の日額は、その月額の二十二分の一に相当する金額（当該金額に五円未満の端数があるときは、これを切り捨て、五円以上十円未満

第三章　給付

（災害補償の実施機関の意見）

第十一条　組合又は連合会は、法第三十九条第二項の規定により同項に規定する公務上の災害又は通勤（国家公務員災害補償法（昭和二十六年法律第百九十一号）第一条の二に規定する通勤をいう。以下この項において同じ。）による災害に対する補償の実施機関の意見を聴こうとするときは、当該実施機関に対し、その災害が公務上の災害又は通勤による災害であるかどうかの認定及びその理由につき文書で意見を求めなければならない。

2　前項に規定する実施機関は、同項の規定により意見を求められたときは、組合又は連合会に対し、文書ですみやかに回答しなければならない。

第五章　給付

第一節　通則

（提出書類の省略）

第九十六条　二以上の給付（厚生年金保険給付を除く。）を同時に請求する者は、これらの給付の請求の際併せて提出すべき書類が同一であるときは、この省令に定めるところによるほか、組合（退職等年金給付にあつては、連合会）の運営規則で定めるところにより、一の提出書類によりこれらの給付を請求することができる。

第三十九条関係

第一項

「その権利を有する者」には、後見人、保佐人及び臨時保佐人を含むものとする。

第四十条関係

1　法第四十条第八項に規定する組合員の資格を取得した者には、組合間で異動したもの、地方公務員等共済組合法（昭和三十七年法律第百五十二号。以下「地共法」という。）に基づく組合の組合員から組合の組合員となつたもの、継続長期組合員から継続長期組合員以外の組合員となつたもの、交流派遣職員から交流派遣職員以外の組合員となつたもの、私立大学派遣検察官等から私立大学派遣検察官等以外の組合員となつたもの、私立大学等複数校派遣検察官等から私立大学等複数校派遣検察官等以外の組

国家公務員共済組合法

の端数があるときは、これを十円に切り上げるものとする。）とする。

標準報酬の等級	標準報酬の月額	報酬月額
第一級	九八、〇〇〇円	一〇一、〇〇〇円未満
第二級	一〇四、〇〇〇円	一〇一、〇〇〇円以上 一〇七、〇〇〇円未満
第三級	一一〇、〇〇〇円	一〇七、〇〇〇円以上 一一四、〇〇〇円未満
第四級	一一八、〇〇〇円	一一四、〇〇〇円以上 一二二、〇〇〇円未満
第五級	一二六、〇〇〇円	一二二、〇〇〇円以上 一三〇、〇〇〇円未満
第六級	一三四、〇〇〇円	一三〇、〇〇〇円以上 一三八、〇〇〇円未満
第七級	一四二、〇〇〇円	一三八、〇〇〇円以上 一四六、〇〇〇円未満
第八級	一五〇、〇〇〇円	一四六、〇〇〇円以上 一五五、〇〇〇円未満
第九級	一六〇、〇〇〇円	一五五、〇〇〇円以上 一六五、〇〇〇円未満
第一〇級	一七〇、〇〇〇円	一六五、〇〇〇円以上 一七五、〇〇〇円未満
第一一級	一八〇、〇〇〇円	一七五、〇〇〇円以上 一八五、〇〇〇円未満
第一二級	一九〇、〇〇〇円	一八五、〇〇〇円以上 一九五、〇〇〇円未満
第一三級	二〇〇、〇〇〇円	一九五、〇〇〇円以上 二一〇、〇〇〇円未満
第一四級	二二〇、〇〇〇円	二一〇、〇〇〇円以上 二三〇、〇〇〇円未満
第一五級	二四〇、〇〇〇円	二三〇、〇〇〇円以上 二五〇、〇〇〇円未満
第一六級	二六〇、〇〇〇円	二五〇、〇〇〇円以上 二七〇、〇〇〇円未満
第一七級	二八〇、〇〇〇円	二七〇、〇〇〇円以上 二九〇、〇〇〇円未満
第一八級	三〇〇、〇〇〇円	二九〇、〇〇〇円以上 三一〇、〇〇〇円未満
第一九級	三二〇、〇〇〇円	三一〇、〇〇〇円以上 三三〇、〇〇〇円未満
第二〇級	三四〇、〇〇〇円	三三〇、〇〇〇円以上 三五〇、〇〇〇円未満
第二一級	三六〇、〇〇〇円	三五〇、〇〇〇円以上 三七〇、〇〇〇円未満
第二二級	三八〇、〇〇〇円	三七〇、〇〇〇円以上 三九五、〇〇〇円未満
第二三級	四一〇、〇〇〇円	三九五、〇〇〇円以上 四二五、〇〇〇円未満
第二四級	四四〇、〇〇〇円	四二五、〇〇〇円以上 四五五、〇〇〇円未満
第二五級	四七〇、〇〇〇円	四五五、〇〇〇円以上 四八五、〇〇〇円未満
第二六級	五〇〇、〇〇〇円	四八五、〇〇〇円以上 五一五、〇〇〇円未満
第二七級	五三〇、〇〇〇円	五一五、〇〇〇円以上 五四五、〇〇〇円未満
第二八級	五六〇、〇〇〇円	五四五、〇〇〇円以上 五七五、〇〇〇円未満
第二九級	五九〇、〇〇〇円	五七五、〇〇〇円以上 六〇五、〇〇〇円未満
第三〇級	六二〇、〇〇〇円	六〇五、〇〇〇円以上

2　短期給付等事務（短期給付の額の算定並びに短期給付、介護納付金及び福祉事業に係る掛金及び負担金の徴収をいう。次項及び次条第二項において同じ。）に関する前

国家公務員共済組合法施行令

国家公務員共済組合法施行規則

（標準報酬の決定等）

第九十六条の二　組合は、次に掲げる事項を記載した標準報酬定時決定基礎届の提出を当該組合員の給与支給機関より受け、標準

国家公務員共済組合法等の運用方針

合員となつたもの、弁護士職務従事職員から弁護士職務従事職員以外の組合員となつたもの、オリンピック・パラリンピック派遣職員からオリンピック・パラリンピック派遣職員以外の組合員となつたもの及びラグビー派遣職員からラグビー派遣職員以外の組合員となつたもの及び福島相双復興推進機構派遣職員から福島相双復興推進機構派遣職員以外の組合員となつたものを含むものとし、同項の標準報酬の算定の基礎となる報酬は、その者が月の初日に資格を取得したとしたならば受けるべき報酬及び同様の職務に従事する職員の報酬等を考慮した額とすること。

2　法第四十条第十項の規定による標準報酬の改定（以下「随時改定」という。）は、次のいずれかに該当した場合に行うものとする。この場合において、退職等年金給付の額の算定並びに退職等年金給付に係る掛金及び負担金の徴収に関する標準報酬の等級については、随時改定された標準報酬の等級が第三十級を超えるときは、第三十級とするものとする。

⑴　昇給、降給等により固定的給与の変動があり、当該変動があつた月から継続した三月間に受けた報酬の総額を三で除して得た額（当該額に円位未満の端数が生じたときは、その端数を切り捨てるものとする。次号及び第三号において同じ。）を報酬月額として算定した標準報酬の等級と既に決定又は改定されている標準報酬（以下「従前標準報酬」という。）の等級に二等級以上の差がある場合

⑵　退職等年金給付の額の算定並びに退職等年金給付に係る掛金及び負担金の徴収に関する標準報酬の等級が第二十九級で

項の規定の適用については、同項の表中「第三〇級　六二〇、〇〇〇円　六〇五、〇〇〇円以上」とあるのは、

「

第三〇級	六二〇、〇〇〇円	六〇五、〇〇〇円以上 六三五、〇〇〇円未満
第三一級	六五〇、〇〇〇円	六三五、〇〇〇円以上 六六五、〇〇〇円未満
第三二級	六八〇、〇〇〇円	六六五、〇〇〇円以上 六九五、〇〇〇円未満
第三三級	七一〇、〇〇〇円	六九五、〇〇〇円以上 七三〇、〇〇〇円未満
第三四級	七五〇、〇〇〇円	七三〇、〇〇〇円以上 七七〇、〇〇〇円未満
第三五級	七九〇、〇〇〇円	七七〇、〇〇〇円以上 八一〇、〇〇〇円未満
第三六級	八三〇、〇〇〇円	八一〇、〇〇〇円以上 八五五、〇〇〇円未満
第三七級	八八〇、〇〇〇円	八五五、〇〇〇円以上 九〇五、〇〇〇円未満
第三八級	九三〇、〇〇〇円	九〇五、〇〇〇円以上 九五五、〇〇〇円未満
第三九級	九八〇、〇〇〇円	九五五、〇〇〇円以上 一、〇〇五、〇〇〇円未満
第四〇級	一、〇三〇、〇〇〇円	一、〇〇五、〇〇〇円以上 一、〇五五、〇〇〇円未満
第四一級	一、〇九〇、〇〇〇円	一、〇五五、〇〇〇円以上 一、一一五、〇〇〇円未満
第四二級	一、一五〇、〇〇〇円	一、一一五、〇〇〇円以上 一、一七五、〇〇〇円未満
第四三級	一、二一〇、〇〇〇円	一、一七五、〇〇〇円以上 一、二三五、〇〇〇円未満
第四四級	一、二七〇、〇〇〇円	一、二三五、〇〇〇円以上 一、二九五、〇〇〇円未満
第四五級	一、三三〇、〇〇〇円	一、二九五、〇〇〇円以上 一、三五五、〇〇〇円未満
第四六級	一、三九〇、〇〇〇円	一、三五五、〇〇〇円以上

」

とする。

3　短期給付等事務に関する前項の規定によ

報酬を決定するものとする。

一　組合員の氏名、生年月日、性別及び長期組合員番号

二　法第四十条第五項に規定する報酬の総額

三　その他必要な事項

2　組合は、組合員の資格を取得した者があるときは、次に掲げる事項を記載した標準報酬新規・転入基礎届の提出を当該組合員の給与支給機関より受け、標準報酬を決定するものとする。

一　組合員の氏名、生年月日、性別及び長期組合員番号

二　組合員の資格を取得した年月日及び報酬の総額

三　その他必要な事項

3　組合は、法第四十条第十項の規定により組合員の標準報酬を改定するときは、次に掲げる事項を記載した標準報酬随時改定基礎届の提出を当該組合員の給与支給機関より受け、標準報酬を改定するものとする。

一　組合員の氏名、生年月日、性別及び長期組合員番号

二　改定前における標準報酬の月額及び等級

三　法第四十条第十項に規定する報酬の総額

四　標準報酬の月額を改定する理由及び年月日

五　その他必要な事項

4　組合は、法第四十条第十二項の規定による標準報酬の改定を希望する旨の申出並びに人事担当者による育児休業等（同項に規定する育児休業等をいう。以下同じ。）に係る子の氏名及び生年月日並びに当該育児休業等の承認期間を証明する証拠書類の提出が組合員からあり標準報酬を改定するとき

ある者の報酬月額が昇給等により固定的給与の増額があり、増額があつた月から継続した三月間に受けた報酬の総額を三で除して得た額が六三五、〇〇〇円以上である場合

(3)　短期給付の額の算定並びに短期給付に係る掛金及び負担金の徴収に関する標準報酬の等級が第四十五級である者の報酬月額が昇給等により固定的給与の増額があり、増額があつた月から継続した三月間に受けた報酬の総額を三で除して得た額が一、四一五、〇〇〇円以上である場合

(4)　標準報酬の等級が第一級である者の報酬月額（報酬月額が九三、〇〇〇円未満である場合に限る。）が昇給等により固定的給与の増額があり、増額があつた月から継続した三月間に受けた報酬の総額を三で除して得た報酬月額（当該報酬月額に円位未満の端数が生じたときは、その端数を切り捨てるものとする。第五号、第六号及び第七号において同じ。）が第二級以上の標準報酬に該当する場合

(5)　退職等年金給付の額の算定並びに退職等年金給付に係る掛金及び負担金の徴収に関する標準報酬の等級が第三十級である者の報酬月額（報酬月額が六三五、〇〇〇円以上である場合に限る。）が降給等により固定的給与の減額があり、減額があつた月から継続した三月間に受けた報酬の総額を三で除して得た報酬月額が第二十九級以下の標準報酬に該当する場合

(6)　短期給付の額の算定並びに短期給付に係る掛金及び負担金の徴収に関する標準報酬の等級が第四十六級である者の報酬月額（報酬月額が一、四一五、〇〇〇円以上である場合に限る。）が降給等により

国家公務員共済組合法

り読み替えられた第一項の規定による標準報酬の区分については、健康保険法（大正十一年法律第七十号）第四十条第二項の規定による標準報酬月額の等級区分の改定措置その他の事情を勘案して、政令で定めるところにより、前項の規定により読み替えられた第一項の規定による標準報酬の等級の最高等級の上に更に等級を加える改定を行うことができる。ただし、当該改定後の標準報酬の等級のうちの最高等級の標準報酬の月額は、同条の規定による標準報酬月額等級のうちの最高等級の標準報酬月額を超えてはならない。

4　退職等年金給付の額の算定並びに退職等年金給付に係る掛金及び負担金の徴収に関する第一項の規定による標準報酬の区分については、厚生年金保険法第二十条第二項の規定による標準報酬月額の等級区分の改定措置その他の事情を勘案して、政令で定めるところにより、第一項の規定による標準報酬の等級の最高等級の上に更に等級を加える改定を行うことができる。ただし、当該改定後の標準報酬の等級のうちの最高等級の標準報酬の月額は、同条の規定による標準報酬月額等級のうちの最高等級の標準報酬月額を超えてはならない。

5　組合は、毎年七月一日において、現に組合員である者の同日前三月間（同日に継続した組合員であつた期間に限るものとし、かつ、報酬支払の基礎となつた日数が十七日未満である月があるときは、その月を除く。）に受けた報酬の総額をその期間の月数で除して得た額を報酬月額として、標準報酬を決定する。

6　前項の規定によつて決定された標準報酬は、その年の九月一日から翌年の八月三十

国家公務員共済組合法施行令

国家公務員共済組合法施行規則

は、次に掲げる事項を記載した標準報酬育児休業等終了時改定基礎届の提出を当該組合員の給与支給機関より受け、標準報酬を改定するものとする。

一　組合員の氏名、生年月日、性別及び長期組合員番号

二　改定前における標準報酬の月額及び等級

三　法第四十条第十二項に規定する報酬の総額

四　標準報酬の月額を改定する年月日

五　その他必要な事項

5　組合は、法第四十条第十四項の規定による標準報酬の改定を希望する旨の申出並びに人事担当者による産前産後休業（同項に規定する産前産後休業をいう。以下同じ。）に係る子の氏名及び生年月日並びに当該産前産後休業の取得期間を証する書類の提出が組合員からあり標準報酬を改定するときは、次に掲げる事項を記載した標準報酬産前産後休業終了時改定基礎届の提出を当該組合員の給与支給機関より受け、標準報酬を改定するものとする。

一　組合員の氏名、生年月日及び長期組合員番号

二　改定前における標準報酬の月額及び等級

三　法第四十条第十四項に規定する報酬の総額

四　標準報酬の月額を改定する年月日

五　その他必要な事項

6　組合は、継続長期組合員を使用する事業主が、健康保険法（大正十一年法律第七十号）第四十九条第一項の規定による標準報酬の決定又は改定に係る通知を受けたときは、当該事業主より当該通知に係る書類の

国家公務員共済組合法等の運用方針

固定的給与の減額があり、減額があつた月から継続した三月間に受けた報酬の総額を三で除して得た報酬月額が第四十五級以下の標準報酬に該当する場合

(7)　標準報酬の等級が第二級である者の報酬月額が降給等により固定的給与の減額があり、減額があつた月から継続した三月間に受けた報酬の総額を三で除して得た報酬月額が九三、〇〇〇円未満である場合

3　欠勤、休職その他の理由（以下「休職等」という。）により報酬の全部又は一部が支給されないこととなつた場合（国家公務員育児休業法第二十六条第二項及び一般職の職員の勤務時間、休暇等に関する法律第二十条の二第三項の規定により一部が支給されない場合その他これに相当する法令の規定により一部が支給されない場合を除く。）においては、その者の固定的給与の減額はないものとする。

4　固定的給与の変動があつた月から継続した三月間のうちに休職等により組合員の報酬の全部又は一部が支給されない日の属する月（報酬支払の基礎となつた日数が十七日以上でなければならない。）がある場合には、当該月に支払われた報酬を含めて随時改定に係る報酬月額の計算を行うものとする。

5　前三項に規定する固定的給与とは、一般職給与法の適用を受ける者にあつては、一般職給与法の規定による俸給、俸給の特別調整額、本府省業務調整手当、初任給調整手当、扶養手当、地域手当、広域異動手当、住居手当及び通勤手当等勤務実績に直接関係なく、月等を単位として一定額が継続して支給される報酬をいい、一般職給与法の

法第四十条

一日までの標準報酬とする。

7　第五項の規定は、六月一日から七月一日までの間に組合員の資格を取得した者並びに第十項又は第十二項及び第十三項若しくは第十四項及び第十五項の規定により七月から九月までのいずれかの月から標準報酬を改定され又は改定されるべき組合員については、その年に限り適用しない。

8　組合は、組合員の資格を取得した者があるときは、その資格を取得した日の現在の報酬の額により標準報酬を決定する。この場合において、週その他月以外の一定期間により支給される報酬については、**政令で定める**ところにより算定した金額をもつて報酬月額とする。

9　前項の規定によつて決定された標準報酬は、組合員の資格を取得した日からその年の八月三十一日（六月一日から十二月三十一日までの間に組合員の資格を取得した者については、翌年の八月三十一日）までの標準報酬とする。

10　組合は、組合員が継続した三月間（各月とも、報酬支払の基礎となつた日数が、十七日以上でなければならない。）に受けた報酬の総額を三で除して得た額が、その者の標準報酬の基礎となつた報酬月額に比べて著しく高低を生じ、**財務省令で定める**程度に達したときは、その額を報酬月額として、その著しく高低を生じた月の翌月から標準報酬を改定するものとする。

11　前項の規定によつて改定された標準報酬は、その年の八月三十一日（七月から十二月までのいずれかの月から改定されたものについては、翌年の八月三十一日）までの標準報酬とする。

12　組合は、育児休業、介護休業等育児又は家族介護を行う労働者の福祉に関する法律

政令第十一条の二

（組合員の資格取得時における標準報酬の特例）

第十一条の二　法第四十条第八項の規定により標準報酬を定める場合において、組合員の資格を取得した日の現在の報酬が日により支給されるものであるときは当該組合員の資格を取得した日の属する月前一月間に同様の職務に従事し、かつ、同様の報酬を受ける者が受けた報酬の額を平均した金額を、当該組合員の資格を取得した日の現在の報酬が週その他日及び月以外の一定期間により支給されるものであるときはその報酬の額をその支給される期間の総日数をもつて除して得た額の三十倍に相当する金額を報酬月額とする。

規則第九十六条の二

写しの提出を受け、当該写しに記載された標準報酬（同項に規定する標準報酬をいう。第八項から第十二項まで並びに第九十六条の六において同じ。）のうち同法第四十条第一項に規定する標準報酬月額を参酌して当該継続長期組合員の標準報酬を決定し又は改定するものとする。

7　組合員が法科大学院への裁判官及び検察官その他の一般職の国家公務員の派遣に関する法律第四条第三項又は同法第十一条第一項の規定により派遣された同法第二条第二項に規定する検察官等である場合における第一項から第五項までの規定の適用については、第一項中「給与支給機関」とあるのは「各給与支給機関」と、同項第二号中「報酬」とあるのは「報酬（法科大学院への裁判官及び検察官その他の一般職の国家公務員の派遣に関する法律第八条第二項（法科大学院への裁判官及び検察官その他の一般職の国家公務員の派遣に関する法律施行令第八条第四項において準用する場合を含む。）又は同法第十四条第四項（同令第八条第五項において準用する場合を含む。）の規定による読替え後の法第二条第一項第五号に規定する報酬をいう。次項第二号、第三項第三号及び第四項第三号において同じ。）の各給与支給機関ごと」と、第二項から第五項までの規定中「給与支給機関」とあるのは「各給与支給機関」と、「総額」とあるのは「各給与支給機関ごとの総額」とする。

8　組合は、交流派遣職員である組合員を使用する派遣先企業（国と民間企業との間の人事交流に関する法律第七条第三項（同法第二十四条第一項において準用する場合を含む。）に規定する派遣先企業をいう。以下同じ。）が、健康保険法第四十九条第一項の

適用を受ける者以外の者については、これに準ずるものをいう。

なお、以上のほか、勤務実績に直接関係なく支給される報酬等であると思われるものについては、財務省主計局長と協議の上認めるものとする。

6　随時改定を行う場合には、原則として、第二項第一号に規定する昇給又は降給等があつた月の翌々月を法第四十条第十項に規定する「その著しく高低を生じた月」とし、その翌月の初日において行うものとする。

7　組合は、法第四十条第五項の規定により標準報酬の決定（以下「定時決定」という。）を行う場合において、次の各号に掲げる場合に該当する場合には、同条第十六項の規定の適用があるものとし、当該各号に定める額をもつてその者の報酬月額とする。

(1)　七月一日前三月間の各月とも、報酬支払の基礎となつた日数が十七日未満である場合　従前標準報酬の算定の基礎となつている報酬月額（以下「従前報酬月額」という。）

(2)　七月一日前三月のうちいずれかの月において、休職等により、組合員の報酬の全部又は一部が支給されない日の属する月（報酬支払の基礎となつた日数が十七日未満である月を除く。次号において同じ。）がある場合（国家公務員育児休業法第二十六条第二項及び一般職の職員の勤務時間、休暇等に関する法律第二十条の二第三項の規定により一部が支給されない場合その他これらに相当する法令の規定により一部が支給されない場合を除く。次号において同じ。）　その月を除いて算出した報酬月額

(3)　七月一日前三月間の各月とも、休職等により、組合員の報酬の全部又は一部が

国家公務員共済組合法

（平成三年法律第七十六号）第二条第一号の規定による育児休業若しくは同法第二十三条第二項の育児休業に関する制度に準ずる措置若しくは同法第二十四条第一項（第二号に係る部分に限る。）の規定により同項第二号に規定する育児休業に関する制度に準じて講ずる措置による休業、国会職員の育児休業等に関する法律（平成三年法律第百八号）第三条第一項の規定による育児休業、国家公務員の育児休業等に関する法律（平成三年法律第百九号）第三条第一項（同法第二十七条第一項及び裁判所職員臨時措置法（昭和二十六年法律第二百九十九号）（第七号に係る部分に限る。）において準用する場合を含む。）の規定による育児休業又は裁判官の育児休業に関する法律（平成三年法律第百十一号）第二条第一項の規定による育児休業（以下「育児休業等」という。）を終了した組合員が、当該育児休業等を終了した日（以下この項及び次項において「育児休業等終了日」という。）において育児休業、介護休業等育児又は家族介護を行う労働者の福祉に関する法律第二条第一号、国会職員の育児休業等に関する法律第三条第一項、国家公務員の育児休業等に関する法律第三条第一項（同法第二十七条第一項及び裁判所職員臨時措置法（第七号に係る部分に限る。）において準用する場合を含む。）又は裁判官の育児休業に関する法律第二条第一項に規定する子（第六十八条の二及び第七十五条の三において「子」という。）であつて、当該育児休業等に係る三歳に満たないものを養育する場合において、組合に申出をしたときは、育児休業等終了日の翌日が属する月以後三月間（育児休業等終了日の翌日において継続し

国家公務員共済組合法施行令

国家公務員共済組合法施行規則

規定による標準報酬の決定又は改定に係る通知を受けたときは、当該派遣先企業より当該通知に係る書類の写しの提出を受け、当該写しに記載された標準報酬のうち同法第四十条第一項に規定する標準報酬月額を参酌して当該交流派遣職員である組合員の標準報酬を決定し又は改定するものとする。

9　組合は、弁護士職務従事職員である組合員を使用する受入先弁護士法人等（判事補及び検事の弁護士職務経験に関する法律第二条第七項に規定する受入先弁護士法人等をいう。以下同じ。）が、健康保険法第四十九条第一項の規定による標準報酬の決定又は改定に係る通知を受けたときは、当該受入先弁護士法人等より当該通知に係る書類の写しの提出を受け、当該写しに記載された標準報酬のうち同法第四十条第一項に規定する標準報酬月額を参酌して当該弁護士職務従事職員である組合員の標準報酬を決定し又は改定するものとする。

10　組合は、オリンピック・パラリンピック派遣職員である組合員を使用する平成三十二年東京オリンピック競技大会・東京パラリンピック競技大会特別措置法第八条第一項に規定する組織委員会（以下「オリンピック・パラリンピック組織委員会」という。）が、健康保険法第四十九条第一項の規定による標準報酬の決定又は改定に係る通知を受けたときは、当該オリンピック・パラリンピック組織委員会より当該通知に係る書類の写しの提出を受け、当該写しに記載された標準報酬のうち同法第四十条第一項に規定する標準報酬月額を参酌して当該オリンピック・パラリンピック派遣職員である組合員の標準報酬を決定し又は改定するものとする。

国家公務員共済組合法等の運用方針

支給されない日の属する月である場合

従前標準報酬の算定の基礎となつている従前報酬月額

8　定時決定を行う場合において、四月、五月及び六月に三月分以前の報酬の遅配分を受け、又は遡つた昇給、昇格等により数月分の差額を一括して受ける等通常受けるべき報酬以外の報酬を受けたときは、その差額については、これらの期間における報酬としては取り扱わないものとする。

9　組合は、国家公務員育児休業法第十三条第一項に規定する育児短時間勤務職員である組合員のうち国家公務員育児休業法第十二条第一項第三号若しくは第四号に掲げる勤務の形態により勤務する者又は同項第五号の規定により一月当たりの勤務を要する日数が十七日未満とされた者（他の法令に規定する当該育児短時間勤務職員に相当する組合員のうち一月当たりの勤務を要する日数が十七日未満とされた者を含む。以下「育児短時間勤務組合員」と総称する。）に対して、国家公務員育児休業法第十六条の規定による読替え後の一般職給与法の規定により報酬が支給される場合その他これに相当する法令の規定により報酬が支給される場合における標準報酬の月額の基礎となる報酬月額については、法第四十条第十六項の規定の適用があるものとし、報酬支払の基礎となつた日数が十七日未満である月（国家公務員育児休業法第十二条第三項の規定その他これに相当する法令の規定による承認を受けた育児短時間勤務について、当該承認を受けた勤務形態により勤務した日数が、当該勤務形態により当該月の初日から末日までの間に勤務するとした場合に勤務を要することとなる日数に四分の三を

て組合員であつた期間に限るものとし、かつ、報酬支払の基礎となつた日数が十七日未満である月があるときは、その月を除く。）に受けた報酬の総額をその期間の月数で除して得た額を報酬月額として、標準報酬を改定するものとする。ただし、育児休業等終了日の翌日に第十四項に規定する産前産後休業を開始している組合員は、この限りでない。

13　前項の規定によつて改定された標準報酬は、育児休業等終了日の翌日から起算して二月を経過した日の属する月の翌月からその年の八月三十一日（七月から十二月までのいずれかの月から改定されたものについては、翌年の八月三十一日）までの標準報酬とする。

14　組合は、産前産後休業（出産の日（出産の日が出産の予定日後であるときは、出産の予定日）以前四十二日（多胎妊娠の場合にあつては、九十八日）から出産の日後五十六日までの間において勤務に服さないこと（妊娠又は出産に関する事由を理由として勤務に服さない場合に限る。）をいう。以下同じ。）を終了した組合員が、当該産前産後休業を終了した日（以下この項及び次項において「産前産後休業終了日」という。）において当該産前産後休業に係る子を養育する場合において、組合に申出をしたときは、産前産後休業終了日の翌日が属する月以後三月間（産前産後休業終了日の翌日において継続して組合員であつた期間に限るものとし、かつ、報酬支払の基礎となつた日数が十七日未満である月があるときは、その月を除く。）に受けた報酬の総額をその期間の月数で除して得た額を報酬月額として、標準報酬を改定するものとする。ただし、産前産後休業終了日の翌日に育児休業

11　組合は、ラグビー派遣職員である組合員を使用する平成三十一年ラグビーワールドカップ大会特別措置法第二条に規定する組織委員会（以下「ラグビー組織委員会」という。）が、健康保険法第四十九条第一項の規定による標準報酬の決定又は改定に係る通知を受けたときは、当該ラグビー組織委員会より当該通知に係る書類の写しの提出を受け、当該写しに記載された標準報酬のうち同法第四十条第一項に規定する標準報酬月額を参酌して当該ラグビー派遣職員である組合員の標準報酬を決定し又は改定するものとする。

12　組合は、福島相双復興推進機構派遣職員である組合員を使用する福島復興再生特別措置法第四十八条の二第一項に規定する公益社団法人福島相双復興推進機構（以下「福島相双復興推進機構」という。）が、健康保険法第四十九条第一項の規定による標準報酬の決定又は改定に係る通知を受けたときは、当該福島相双復興推進機構より当該通知に係る書類の写しの提出を受け、当該写しに記載された標準報酬のうち同法第四十条第一項に規定する標準報酬月額を参酌して当該福島相双復興推進機構派遣職員である組合員の標準報酬を決定し又は改定するものとする。

（第二号厚生年金被保険者等である組合員の標準報酬月額の決定等）

第九十六条の二の二　第二号厚生年金被保険者等である組合員について、厚生年金保険法第二十一条から第二十三条の三までの規定により当該組合員の厚生年金保険の標準報酬月額を決定し又は改定するときは、当該厚生年金保険の標準報酬月額の決定又は改定は、法第四十条第五項、第八項、第十項、第十二項又は第十四項の規定による当

乗じて得た数（一未満の端数があるときは、これを切り上げる。）に相当する日数以上となる月に限る。）を十七日以上である月とみなして、法第四十条第五項、第十項、第十二項又は第十四項の規定を適用することにより算定された報酬月額をもつて当該育児短時間勤務の期間中の報酬月額とする。

10　標準報酬の算定の基礎となる報酬とされる寒冷地手当の額は、七月一日前の一年間に受けた寒冷地手当の総額を十二で除して得た額とする。ただし、次の各号に掲げる場合に該当する場合には、当該各号に定める額とする。

(1)　三月二日から七月一日までの間に寒冷地（国家公務員の寒冷地手当に関する法律第一条第一号及び第二号に規定する地域をいう。以下同じ。）に異動することとなつた場合（四月一日から七月一日までの間に寒冷地において休職等から復職した場合を含む。）　その者が寒冷地に異動することとなつたときと同様の状況の下で、当該寒冷地に異動することとなつた日前一年間に当該寒冷地に在勤していたとすれば支給されるべき寒冷地手当の総額を十二で除して得た額

(2)　法第四十条第八項に規定する組合員の資格を取得して、寒冷地で勤務することとなつた場合　その者と同様の事情にある者に支給される寒冷地手当の額を考慮して組合が決定した寒冷地手当の総額を十二で除して得た額（六月一日から七月一日までの間に組合員資格を取得した場合には、その者と同様の事情にある者に同月以前一年間に支給された寒冷地手当の総額を十二で除して得た額）

11　七月二日から翌年三月一日までの間に寒冷地に異動することとなつた場合（七月二

国家公務員共済組合法

等を開始している組合員は、この限りでない。

15　前項の規定によつて改定された標準報酬は、産前産後休業終了日の翌日から起算して二月を経過した日の属する月の翌月からその年の八月三十一日（七月から十二月までのいずれかの月から改定されたものについては、翌年の八月三十一日）までの標準報酬とする。

16　組合員の報酬月額が第五項、第八項、第十二項若しくは第十四項の規定によつて算定することが困難であるとき、又は第五項、第八項、第十項、第十二項若しくは第十四項の規定によつて算定するとすれば著しく不当であるときは、これらの規定にかかわらず、同様の職務に従事する職員の報酬月額その他の事情を考慮して組合の代表者が適当と認めて算定する額をこれらの規定による当該組合員の報酬月額とする。

〈参考　平二四改正法附則〉

（国家公務員共済組合法による産前産後休業を終了した際の改定に関する経過措置）

第三十条　第十条の規定による改正後の国家公務員共済組合法第四十二条第十一項及び第十二項の規定は、第四号施行日（平成二十六年四月一日）以後に終了した同条第十一項に規定する産前産後休業（次条及び附則第三十二条において「産前産後休業」という。）について適用する。

国家公務員共済組合法施行令

国家公務員共済組合法施行規則

該組合員の標準報酬の決定又は改定と同時に行うものとする。

2　前項の規定により厚生年金保険法第二十一条から第二十三条の三までの規定による厚生年金保険の標準報酬月額を決定し又は改定する場合においては、前条第一項から第五項まで（同条第七項の規定によりこれらの規定を読み替えて適用する場合を含む。）の規定による標準報酬の決定又は改定に係る基礎届を厚生年金保険の標準報酬月額の決定又は改定に係る基礎届とみなす。

3　第二号厚生年金被保険者等である組合員が継続長期組合員又は交流派遣職員、弁護士職務従事職員、オリンピック・パラリンピック派遣職員、ラグビー派遣職員若しくは福島相双復興推進機構派遣職員である組合員となつた場合における前条第六項及び第八項から第十二項までの規定の適用については、これらの規定中「標準報酬を決定」とあるのは、「標準報酬及び厚生年金保険法第二十一条第一項に規定する標準報酬月額を決定」とする。

（第二号厚生年金被保険者等が育児休業等を終了した際の標準報酬月額の改定に係る申出）

第九十六条の二の三　第九十六条の二第四項の規定は、第二号厚生年金被保険者等が、厚生年金保険法第二十三条の二第一項の規定による厚生年金保険の標準報酬月額の改定を希望する旨の申出について準用する。この場合において、第九十六条の二第四項中「法第四十条第十二項」とあるのは「厚生年金保険法第二十三条の二第一項」と、「標準報酬の改定」とあるのは「標準報酬月額の改定」と、「標準報酬を」とあるのは「標準報酬月額を」と、「標準報酬の月

国家公務員共済組合法等の運用方針

日から翌年三月三十一日までの間に寒冷地において休職等から復職した場合を含む。）には、その者と同様の事情にある者に支給される寒冷地手当の額を考慮して組合が決定した寒冷地手当の総額を十二で除して得た額をその者の標準報酬の算定の基礎となる各月の報酬とされる寒冷地手当の額として、その者の異動のあつた月の属する年度の九月一日（十月以後に異動したものについては、当該異動した日の属する月）からの標準報酬について見直しを行うものとする。

12　七月二日から翌年三月一日までの間に寒冷地から寒冷地以外の地域に異動することとなつた場合において、その者の異動のあつた月の属する年度においてその者に寒冷地手当が支給された場合には、当該寒冷地手当の総額を十二で除して得た額をその者の標準報酬の算定の基礎となる各月の報酬とされる寒冷地手当の額として、当該異動のあつた月からの標準報酬について見直しを行うものとする。

13　法第四十条第十項、第十二項及び第十四項に規定する標準報酬の改定（以下「随時改定等」という。）を行う場合（七月、八月及び九月の随時改定等を行う場合を除く。）における寒冷地手当の額については、当該随時改定等前の当該額を当該随時改定等後の標準報酬の算定の基礎となる報酬とされる寒冷地手当の額とするものとする。

14　標準報酬の月額の決定に関しては、前各項の規定に定めるもののほか、組合の代表者が財務大臣と協議して定めるところによることができるものとする。

第四十一条関係

1　標準期末手当等の額は「組合員が期末手

額」とあるのは「標準報酬月額」と読み替えるものとする。

2　第九十六条の二第五項の規定は、第二号厚生年金被保険者等が、厚生年金保険法第二十三条の三第一項の規定による厚生年金保険の標準報酬月額の改定を希望する旨の申出について準用する。この場合において、第九十六条の二第五項中「法第四十条第十四項」とあるのは「厚生年金保険法第二十三条の三第一項」と、「標準報酬の改定」とあるのは「標準報酬月額の改定」と、「標準報酬を」とあるのは「標準報酬月額を」と、「標準報酬の月額」とあるのは「標準報酬月額」と読み替えるものとする。

（第二号厚生年金被保険者等が育児休業等を終了した際の標準報酬月額の改定に係る申出の特例）

第九十六条の二の四　第二号厚生年金被保険者等が法第四十条第十二項の規定による標準報酬の改定を希望する旨の申出をした場合には、併せて同一の事由により厚生年金保険法第二十三条の二の規定による厚生年金保険の標準報酬月額の改定を希望する旨の申出をしたものとみなす。

2　前項の規定は、第二号厚生年金被保険者等が法第四十条第十四項の規定による標準報酬の改定を希望する旨の申出と同一の事由により厚生年金保険法第二十三条の三の規定による厚生年金保険の標準報酬月額の改定を希望する旨の申出をしようとする場合について準用する。

（七十歳以上の使用される者の要件）

第九十六条の二の五　七十歳以上の長期組合員については、厚生年金保険法第二十七条に規定する七十歳以上の使用される者（以下「七十歳以上の使用される者」という。）とみなす。

当等を受けた月」において決定することとされていることから、その決定については、原則として組合員の資格を喪失した日以後に支給される期末手当等の額に基づく標準期末手当等の額の決定は行わないこととする。

2　「期末手当等を受けた月」であつても当該月が組合員期間の計算の基礎とならない月である場合には、標準期末手当等の額の決定は行わないものとする。

3　期末手当等の支給の基準となる日とされている日（以下「期末手当等基準日」という。）後から期末手当等の実際の支給日（以下「期末手当等支給日」という。）以前に他の組合の組合員（地共法に基づく組合の組合員を含む。）に異動した場合におけるその者の当該期末手当等基準日に係る標準期末手当等の額は、その者の異動前の組合において決定するものとする。

4　同一の期末手当等支給日において数種類の期末手当等である給与が支給される場合には、その合計額をもつて「期末手当等の額」として取り扱うものとする。

5　同一の月における期末手当等の合計額が千円未満の場合には、標準期末手当等の額の決定は、行わないこととする。

6　同一の月に期末手当等支給日が異なる期末手当等が二回支給される場合であつて、これらの合計額が同月において既に決定している標準期末手当等の額と千円以上の差を有することとなるとき（標準期末手当等の額が決定されていない場合には、千円以上となるとき）は、当該合計額に基づき、二回目の期末手当等支給日において標準期末手当等の額について再決定（標準期末手当等の額が決定されていない場合には、決定）するものとする。

国家公務員共済組合法

国家公務員共済組合法施行令

国家公務員共済組合法施行規則

（七十歳以上の使用される者に係る標準報酬月額に相当する額の決定等）

第九十六条の二の六　七十歳以上の長期組合員について、法第四十条第五項、第八項、第十項、第十二項又は第十四項の規定による当該長期組合員の標準報酬の決定又は改定が行われたときは、決定又は改定された額を厚生年金保険法第四十六条第二項に規定する標準報酬月額に相当する額（以下「七十歳以上被用者の標準報酬月額」という。）とする。

2　前項の規定により七十歳以上被用者の標準報酬月額を決定し又は改定する場合においては、第九十六条の二第一項から第五項まで（同条第七項の規定によりこれらの規定を読み替えて適用する場合を含む。以下この項において同じ。）の規定による標準報酬の決定又は改定に係る基礎届を七十歳以上被用者の標準報酬月額の決定又は改定に係る基礎届とみなす。

3　組合は、第一項の規定により七十歳以上被用者の標準報酬月額を決定し又は改定したときは、当該七十歳以上の使用される者ごとに、その七十歳以上被用者の標準報酬月額及び当該七十歳以上被用者の標準報酬月額の基礎となつた報酬月額を連合会に通知しなければならない。

（標準報酬の組合員への通知等）

第九十六条の三　組合は、法第四十条第五項、第八項、第十項、第十二項又は第十四項の規定により組合員の標準報酬を決定し又は改定したとき、及び厚生年金保険法第二十一条第一項、第二十二条第一項、第二十三条第一項、第二十三条の二又は第二十三条の三の規定により第二号厚生年金被保険者等である組合員の厚生年金保険の標準報酬

国家公務員共済組合法等の運用方針

同一の月に期末手当等支給日が異なる期末手当等が三回以上支給される場合においても、同様とする。

7　標準期末手当等の額を決定した月後に当該標準期末手当等の額の基礎となつた期末手当等の額の増額又は減額が行われる場合には、当該月に遡つて当該増額又は減額後の期末手当等の額を基礎として標準期末手当等の額を再決定するものとする。

組合員の資格喪失後に当該増額又は減額が行われる場合においても、同様に遡つて再決定するものとする。

8　派遣休職等の理由により本来支給されるべき給与が支給されない場合であつても、その間他から期末手当等に相当する給与が支給されるときは、法第四十一条の規定の適用があるものと解し、当該期末手当等に相当する給与の額に基づいて標準期末手当等の額を決定するものとする。

9　標準期末手当等の額の決定に関しては、前各項の規定に定めるもののほか、組合の代表者が財務大臣と協議して定めるところによることができるものとする。

施行規則第九十六条の二関係

第四項

「証拠書類」の記載事項について人事担当者による確認又はその他の方法による確認が可能な場合には、「証拠書類」の提出を省略することができるものとする。この場合においては、その確認した内容及び確認方法について記録しておくものとする。

月額を決定し又は改定したときは、その旨を当該組合員に通知しなければならない。この場合において、当該組合員が継続長期組合員又は交流派遣職員、私立大学派遣検察官等若しくは私立大学等複数校派遣検察官等、弁護士職務従事職員、オリンピック・パラリンピック派遣職員、ラグビー派遣職員若しくは福島相双復興推進機構派遣職員である組合員であるときは、当該決定し又は改定した標準報酬及び厚生年金保険の標準報酬月額を当該組合員を使用する公庫等若しくは特定公庫等又は派遣先企業、法科大学院設置者、受入先弁護士法人等、オリンピック・パラリンピック組織委員会、ラグビー組織委員会若しくは福島相双復興推進機構に通知しなければならない。

2　前項前段の規定にかかわらず、給与支給機関が標準報酬及び厚生年金保険の標準報酬月額の決定又は改定を通知したときは、組合が同項前段の通知をしたものとみなす。

3　組合は、第一項前段の規定にかかわらず、組合員の標準報酬及び厚生年金保険の標準報酬月額を閲覧に供することをもつて同項前段の通知に代えることができる。

（標準報酬の連合会への通知等）

第九十六条の四　組合は、法第四十条第五項、第八項、第十項、第十二項又は第十四項の規定により長期組合員の標準報酬を決定し又は改定したとき、及び厚生年金保険法第二十一条第一項、第二十二条第一項、第二十三条第一項、第二十三条の二又は第二十三条の三の規定により第二号厚生年金被保険者等である長期組合員の厚生年金保険の標準報酬月額を決定し又は改定したときは、当該長期組合員ごとに、その標準報酬及び当該厚生年金保険の標準報酬月額並びに当該標準報酬及び当該厚生年金保険の標準報

国家公務員共済組合法

（標準期末手当等の額の決定）

第四十一条　組合は、組合員が期末手当等を受けた月において、その月に当該組合員が受けた期末手当等の額に基づき、これに千円未満の端数を生じたときはこれを切り捨てて、その月における標準期末手当等の額を決定する。この場合において、当該標準期末手当等の額が百五十万円を超えるときは、これを百五十万円とする。

2　短期給付等事務に関する前項の規定の適用については、同項後段中「標準期末手当等の額が百五十万円を超えるときは、これを百五十万円」とあるのは、「組合員が受けた期末手当等によりその年度における標準期末手当等の額の累計額が五百七十三万円（前条第三項の規定による標準報酬の区分の改定が行われたときは、政令で定める金額。以下この項において同じ。）を超えることとなる場合には、当該累計額が五百七十三万円となるようその月の標準期末手当等の額を決定し、その年度においてその月の翌月以降に受ける期末手当等の標準期末

国家公務員共済組合法施行令

国家公務員共済組合法施行規則

酬月額の基礎となつた報酬月額を連合会に通知しなければならない。

2　連合会は、前項の通知を受けたときは、長期組合員ごとに長期組合員番号を付し、当該長期組合員番号並びに当該標準報酬及び当該厚生年金保険の標準報酬月額を同項の通知をした組合に通知しなければならない。

（標準報酬の改定の程度）

第九十六条の五　法第四十条第十項に規定する**財務省令で定める**程度は、組合員の標準報酬の等級と当該組合員に係る同項の規定により算定した額に相当する標準報酬の等級との間に二等級以上の差が生じた状態に係る程度とする。

（標準期末手当等の額の決定）

第九十六条の六　組合は、次に掲げる事項を記載した標準期末手当等の額決定基礎届の提出を当該組合員の給与支給機関より受け、標準期末手当等の額を決定するものとする。

一　組合員の氏名、生年月日、性別及び長期組合員番号

二　期末手当等の額及び支払年月

三　その他必要な事項

2　組合は、継続長期組合員を使用する事業主が、健康保険法第四十九条第一項の規定による標準報酬の決定又は改定に係る通知を受けたときは、当該事業主より当該通知に係る書類の写しの提出を受け、当該写しに記載された標準報酬のうち標準賞与額（同法第四十五条第一項の規定により決定される標準賞与額をいう。第四項から第八項までにおいて同じ。）を参酌して当該継続長期組合員の標準期末手当等の額を決定するものとする。

3　組合員が法科大学院への裁判官及び検察

国家公務員共済組合法等の運用方針

法第四十一条

手当等の額は零」とする。

3　前条第四項の規定による標準報酬の区分の改定が行われた場合における退職等年金給付の額の算定並びに退職等年金給付に係る掛金及び負担金の徴収に関する標準期末手当等の額については、第一項後段中「百五十万円を」とあるのは、「百五十万円（前条第四項の規定による標準報酬の区分の改定が行われたときは、政令で定める金額。以下この項において同じ。）を」とする。

4　前条第十六項の規定は、標準期末手当等の額の算定について準用する。

規則第九十六条の四～第九十六条の六

官その他の一般職の国家公務員の派遣に関する法律第四条第三項又は同法第十一条第一項の規定により派遣された同法第二条第二項に規定する検察官等である場合における第一項の規定の適用については、同項中「給与支給機関」とあるのは「各給与支給機関」と、同項第二号中「期末手当」とあるのは「期末手当等（法科大学院への裁判官及び検察官その他の一般職の国家公務員の派遣に関する法律第八条第二項（法科大学院への裁判官及び検察官その他の一般職の国家公務員の派遣に関する法律施行令第八条第四項において準用する場合を含む。）又は同法第十四条第四項（同令第八条第五項において準用する場合を含む。）の規定による読替え後の法第二条第一項第六号に規定する期末手当等をいう。）の各給与支給機関ごと」とする。

4　組合は、交流派遣職員である組合員を使用する派遣先企業が、健康保険法第四十九条第一項の規定による標準報酬の決定又は改定に係る通知を受けたときは、当該派遣先企業より当該通知に係る書類の写しの提出を受け、当該写しに記載された標準報酬のうち標準賞与額を参酌して当該交流派遣職員である組合員の標準期末手当等の額を決定するものとする。

5　組合は、弁護士職務従事職員である組合員を使用する受入先弁護士法人等が、健康保険法第四十九条第一項の規定による標準報酬の決定又は改定に係る通知を受けたときは、当該受入先弁護士法人等より当該通知に係る書類の写しの提出を受け、当該写しに記載された標準報酬のうち標準賞与額を参酌して当該弁護士職務従事職員である組合員の標準期末手当等の額を決定するものとする。

国家公務員共済組合法	国家公務員共済組合法施行令	国家公務員共済組合法施行規則	国家公務員共済組合法等の運用方針
		6　組合は、オリンピック・パラリンピック派遣職員である組合員を使用するオリンピック・パラリンピック組織委員会が、健康保険法第四十九条第一項の規定による標準報酬の決定又は改定に係る通知を受けたときは、当該オリンピック・パラリンピック組織委員会より当該通知に係る書類の写しの提出を受け、当該写しに記載された標準報酬のうち標準賞与額を参酌して当該オリンピック・パラリンピック派遣職員である組合員の標準期末手当等の額を決定するものとする。 7　組合は、ラグビー派遣職員である組合員を使用するラグビー組織委員会が、健康保険法第四十九条第一項の規定による標準報酬の決定又は改定に係る通知を受けたときは、当該ラグビー組織委員会より当該通知に係る書類の写しの提出を受け、当該写しに記載された標準報酬のうち標準賞与額を参酌して当該ラグビー派遣職員である組合員の標準期末手当等の額を決定するものとする。 **（第二号厚生年金被保険者等である組合員の標準賞与額の決定等）** **第九十六条の六の二**　第二号厚生年金被保険者等である組合員について、厚生年金保険法第二十四条の四の規定により当該組合員の厚生年金保険の標準賞与額を決定するときは、当該厚生年金保険の標準賞与額の決定は、法第四十一条の規定による当該組合員の標準期末手当等の額の決定と同時に行うものとする。 2　前項の規定により厚生年金保険法第二十四条の四の規定による厚生年金保険の標準賞与額を決定する場合においては、前条第一項（同条第三項の規定によりこれらの規	

定を読み替えて適用する場合を含む。以下この項において同じ。）の規定による標準期末手当等の額の決定に係る基礎届を厚生年金保険の標準賞与額の決定に係る基礎届とみなす。

3　第二号厚生年金被保険者等である組合員が継続長期組合員又は交流派遣職員、弁護士職務従事職員、オリンピック・パラリンピック派遣職員、ラグビー派遣職員若しくは福島相双復興推進機構派遣職員である組合員となつた場合における前条第二項及び第四項から第八項までの規定の適用については、これらの規定中「標準期末手当等の額を」とあるのは、「標準期末手当等の額及び厚生年金保険法第二十四条の四第一項に規定する標準賞与額を」とする。

（七十歳以上の使用される者に係る標準賞与額に相当する額の決定等）

第九十六条の六の三　七十歳以上の長期組合員について、法第四十一条の規定による当該長期組合員の標準期末手当等の額の決定が行われたときは、当該決定された額を厚生年金保険法第四十六条第二項に規定する標準賞与額に相当する額（以下「七十歳以上被用者の標準賞与額」という。）とする。

2　前項の規定により七十歳以上被用者の標準賞与額を決定し又は改定する場合においては、第九十六条の六第一項（同条第三項の規定によりこれらの規定を読み替えて適用する場合を含む。以下この項において同じ。）の規定による標準期末手当等の額の決定に係る基礎届を七十歳以上被用者の標準賞与額の決定に係る基礎届とみなす。

3　組合は、第一項の規定により七十歳以上被用者の標準賞与額を決定し又は改定したときは、当該七十歳以上の使用される者ごとに、その七十歳以上被用者の標準賞与額

国家公務員共済組合法

国家公務員共済組合法施行令

国家公務員共済組合法施行規則

及び当該標準賞与額の基礎となつた期末手当等の額を当該決定した月を単位として連合会に通知しなければならない。

（標準期末手当等の額の組合員への通知等）

第九十六条の七　組合は、法第四十一条第一項（同条第二項又は第三項の規定により読み替えて適用する場合を含む。次条において同じ。）の規定により組合員の標準期末手当等の額を決定したとき、及び厚生年金保険法第二十四条の四の規定により第二号厚生年金被保険者等である組合員の厚生年金保険の標準賞与額を決定したときは、その旨を当該組合員に通知しなければならない。この場合において、当該組合員が継続長期組合員又は交流派遣職員、私立大学派遣検察官等若しくは私立大学等複数校派遣検察官等、弁護士職務従事職員、オリンピック・パラリンピック派遣職員、ラグビー派遣職員若しくは福島相双復興推進機構派遣職員である組合員であるときは、当該決定した標準期末手当等の額及び厚生年金保険の標準賞与額を当該組合員を使用する公庫等若しくは特定公庫等又は派遣先企業、法科大学院設置者、受入先弁護士法人等、オリンピック・パラリンピック組織委員会、ラグビー組織委員会若しくは福島相双復興推進機構に通知しなければならない。

2　前項前段の規定にかかわらず、給与支給機関が標準期末手当等の額及び厚生年金保険の標準賞与額の決定を通知したときは、組合が同項前段の通知をしたものとみなす。

3　組合は、第一項前段の規定にかかわらず、組合員の標準期末手当等の額及び厚生年金保険の標準賞与額を閲覧に供することをもつて同項前段の通知に代えることができる。

（標準期末手当等の額の連合会への通知等）

国家公務員共済組合法等の運用方針

（遺族の順位）

第四十二条　給付を受けるべき遺族の順位は、次の各号の順序とする。

一　配偶者及び子

二　父母

三　孫

四　祖父母

2　前項の場合において、父母については養父母、実父母の順とし、祖父母については養父母の養父母、養父母の実父母、実父母の養父母、実父母の実父母の順とする。

3　第一項の規定にかかわらず、父母は配偶者又は子が、孫は配偶者、子又は父母が、祖父母は配偶者、子、父母又は孫が給付を受けるべき権利を有することとなつたときは、それぞれ当該給付を受けることができる遺族としない。

4　先順位者となることができる者が後順位者より後に生じ、又は同順位者となることができる者がその他の同順位者である者よ

第九十六条の八　組合は、法第四十一条第一項の規定により長期組合員の標準期末手当等の額を決定したとき、及び厚生年金保険法第二十四条の四の規定により第二号厚生年金被保険者等である長期組合員の厚生年金保険の標準賞与額を決定したときは、当該長期組合員ごとに、その標準期末手当等の額及び厚生年金保険の標準賞与額並びに当該標準期末手当等の額及び当該厚生年金保険の標準賞与額の基礎となつた期末手当等の額を当該決定をした月を単位として連合会に通知しなければならない。

2　連合会は、前項の通知を受けたときは、当該長期組合員に係る長期組合員番号並びに当該標準期末手当等の額及び当該厚生年金保険の標準賞与額を同項の通知をした組合に通知しなければならない。

国家公務員共済組合法

り後に生じたときは、その先順位者又は同順位者となることができる者については、前三項の規定は、その生じた日から適用する。

（同順位者が二人以上ある場合の給付）

第四十三条　前条の規定により給付を受けるべき遺族に同順位者が二人以上あるときは、その給付は、その人数によつて等分して支給する。

（支払未済の給付の受給者の特例）

第四十四条　受給権者が死亡した場合において、その者が支給を受けることができた給付でその支払を受けなかつたものがあるときは、これをその者の配偶者、子、父母、孫、祖父母、兄弟姉妹又はこれらの者以外の三親等内の親族であつて、その者の死亡の当時その者と生計を共にしていたもの（次条第二項において「親族」という。）に支給する。

2　前項の場合において、死亡した者が公務遺族年金の受給権者である妻であつたときは、その者の死亡の当時その者と生計を共にしていた組合員又は組合員であつた者の子であつて、その者の死亡によつて公務遺族年金の支給の停止が解除されたものは、同項に規定する子とみなす。

3　第一項の規定による給付を受けるべき者の順位は、政令で定める。

4　第一項の規定による給付を受けるべき同順位者が二人以上あるときは、その全額をその一人に支給することができるものとし、この場合において、その一人にした支給は、全員に対してしたものとみなす。

（給付金からの控除）

第四十五条　組合員が第百一条第三項の規定により第百条第一項に規定する掛金等に相当する金額を組合に払い込むべき場合にお

国家公務員共済組合法施行令

（支払未済の給付を受けるべき者の順位）

第十一条の二の二　法第四十四条第三項に規定する同条第一項の規定による給付を受けるべき者の順位は、死亡した者の配偶者、子（死亡した者が公務遺族年金（法第七十四条第三号に規定する公務遺族年金をいう。以下同じ。）の受給権者である夫であつた場合における組合員又は組合員であつた者の子であつてその者の死亡によつて公務遺族年金の支給の停止が解除されたものを含む。）、父母、孫、祖父母、兄弟姉妹及びこ

国家公務員共済組合法施行規則

（支払未済の給付）

第九十七条　法第四十四条第一項の規定により給付の支給を受けようとする者は、次に掲げる事項を記載した請求書を組合（当該給付が退職等年金給付である場合には、連合会）に提出しなければならない。

一　請求者の氏名、生年月日及び住所並びに請求者と死亡した者との続柄

二　死亡した者の氏名及び生年月日

二の二　死亡した者の組合員証の記号及び番号（当該給付が退職等年金給付である場合には、基礎年金番号）又は個人番号

三　死亡した者の死亡の年月日

四　払渡金融機関の名称及び預金口座の口座番号

五　その他必要な事項

2　前項の請求書を提出する場合には、次に掲げる書類を併せて提出しなければならない。

一　死亡した受給権者（法第三十九条第一項に規定する受給権者をいう。以下同じ。）と請求者との身分関係を明らかにすることができる市町村長（特別区の区長を含むものとし、地方自治法（昭和二十二年法律第六十七号）第二百五十二条の十九第一項の指定都市にあつては、区長又は総合区長とする。以下同じ。）による証明書、戸籍抄本、戸籍謄本、除籍抄本

国家公務員共済組合法等の運用方針

いて、その者に支給すべき給付金（家族埋葬料に係る給付金を除く。）があり、かつ、その者が第百一条第三項の規定により払い込まなかつた金額があるときは、当該給付金からこれを控除することができる。

2　組合員が組合員の資格を喪失した場合において、その者又はその者の親族（前条第二項の規定により同条第一項に規定する子とみなされる者を含む。）に支給すべき給付金（埋葬料及び家族埋葬料に係る給付金を除く。）があり、かつ、その者が組合に対して支払うべき金額があるときは、当該給付金からこれを控除する。

（不正受給者からの費用の徴収等）

第四十六条　偽りその他不正の行為により組合から給付を受けた者がある場合には、組合は、その者から、その給付に要した費用に相当する金額（その給付が療養の給付であるときは、第五十五条第二項又は第三項の規定により支払つた一部負担金（第五十五条の二第一項第一号の措置が採られるときは、当該減額された一部負担金）に相当する額を控除した金額）の全部又は一部を徴収することができる。

2　前項の場合において、第五十五条第一項第三号に掲げる保険医療機関において診療に従事する保険医（第五十八条第一項に規定する保険医をいう。）又は健康保険法第八十八条第一項に規定する主治の医師が組合に提出されるべき診断書に虚偽の記載をしたため、その給付が行われたものであるときは、組合は、その保険医又は主治の医師に対し、給付を受けた者と連帯して前項の規定により徴収すべき金額を納付させることができる。

3　組合は、第五十五条第一項第三号に掲げる保険医療機関若しくは保険薬局又は第五

れらの者以外の三親等内の親族の順序とする。

又は除籍謄本

二　死亡した受給権者の死亡の当時その者と生計を同じくしていたことを証する書類

三　預金口座の口座番号についての当該払渡金融機関の証明書、預金通帳の写しその他の預金口座の口座番号を明らかにすることができる書類

四　その他必要な書類

3　第一項の請求書を提出する者が、同時に厚生年金保険法第三十七条第一項の規定による未支給の保険給付の請求をするときは、前項の規定にかかわらず、同項の規定により当該請求書と併せて提出しなければならないこととされた書類のうち当該保険給付に係る請求書に添えたものについては、第一項の請求書に併せて提出することを要しないものとする。

国家公務員共済組合法

十六条の二第一項に規定する指定訪問看護事業者が偽りその他不正の行為により組合員又は被扶養者の療養に関する費用の支払を受けたときは、当該保険医療機関若しくは保険薬局又は当該指定訪問看護事業者に対し、その支払つた額につき返還させるほか、その返還させる額に百分の四十を乗じて得た額を納付させることができる。

（損害賠償の請求権）

第四十七条　組合は、給付事由（第七十条又は第七十一条の規定による給付に係るものを除く。）が第三者の行為によつて生じた場合には、当該給付事由に対して行つた給付の価額の限度で、受給権者（当該給付事由が組合員の被扶養者について生じた場合には、当該被扶養者を含む。次項において同じ。）が第三者に対して有する損害賠償の請求権を取得する。

2　前項の場合において、受給権者が第三者から同一の事由について損害賠償を受けたときは、組合は、その価額の限度で、給付をしないことができる。

国家公務員共済組合法施行令

国家公務員共済組合法施行規則

（第三者の行為による損害の届出）

第九十八条　給付事由が第三者の行為によつて生じた場合において、給付の支給を受けようとする者は、次に掲げる事項を記載した損害賠償申告書を組合（厚生年金保険給付又は退職等年金給付を請求する場合にあつては、連合会）に提出しなければならない。

一　組合員の氏名及び住所並びに組合員証の記号及び番号（厚生年金保険給付又は退職等年金給付を請求する場合にあつては、基礎年金番号）又は個人番号

二　被害者の氏名及び被害者と組合員との続柄

三　加害者の氏名及び住所並びに加害者から受けた損害賠償の内容

四　被害が発生した年月日並びに被害の状況及びその見積額

五　その他必要な事項

国家公務員共済組合法等の運用方針

第四十七条関係

1　第一項の規定により組合が取得する損害賠償の請求権は、当該第三者の行為によつて生じた損害のうち、組合が行つた給付によつててん補された部分についての請求権であると解する。

従つて、給付を受ける権利を有する者が第三者から損害賠償を受けた場合においても、当該損害賠償による損害のてん補に相当する給付以外の給付については、第二項の規定を適用しないものとする。

（注）たとえば、組合員が損害賠償として慰謝料の支払を受けても、これによつて治療費の損害はてん補されないから、療養の給付又は療養費の支給は制限しない。

2　自動車損害賠償保障法（昭和三十年法律第九十七号）第十六条第一項の規定により被害者が保険会社に対して有する賠償額の支払の請求権についても、組合は、その行つた給付の価額の限度でこれを取得することになるものと解する。

この場合の取扱は、原則として、先ず被害者に保険会社から賠償額の支払を受けさせ、その額を同一の事由に係る給付（当該賠償額の支払による損害てん補に相当するものに限る。）の額から差し引くものとする。

3　給付を受ける権利を有する者（以下「受

法第四十六条、第四十七条

規則第九十八条

給権者」という。）が、損害賠償請求権の全部又は一部を放棄した場合は、前二項の規定にかかわらず、その限度において組合は給付を行なわないものとする。従つて、受給権者と第三者との間に示談が成立した場合においては、その給付が当該示談の成立した後になされたものであるときは、その給付の額の限度で不当利得の返還請求ができるものと解する。なお、組合が給付を行なつた後又は行なうこととされた後、示談が成立した場合におけるその給付の費用は、この条の規定により損害賠償請求を第三者に対して行なうものとする。

4　第三者の行為によつて生じた給付事由に対する給付が退職等年金給付である場合はその将来の給付現価それぞれ当該給付事由発生の直前におけるその者のために積み立てるべき責任準備金よりも多い場合のみ、次により算定した額とする。

$$\text{毎年度請求すべき金額} = \text{毎年度支給した金額} \times \left(1 - \frac{\text{給付事由発生の直前におけるその者のために積み立てるべき責任準備金（A）}}{\text{第三者の行為によつて生じた給付事由に対する将来の給付現価（B）}}\right)$$

なお、第三者の行為によつて生じた給付事由に対して、受給権者が、第三者から同一の事由について損害賠償を受けたときは、その受けた価額の限度において、組合が第三者に対して請求すべき損害賠償額、即ち（B—A）に達するまで、受給権者に対する給付の支給を停止するものとする。

（注）　将来の給付現価及び積み立てるべき責任準備金は、当該組合の所要財源率の計算基礎によつて計算するものとする。

国家公務員共済組合法

（給付を受ける権利の保護）

第四十八条 この法律に基づく給付を受ける権利は、譲り渡し、担保に供し、又は差し押さえることができない。ただし、退職年金若しくは公務遺族年金又は休業手当金を受ける権利を国税滞納処分（その例による処分を含む。）により差し押さえる場合は、この限りでない。

（公課の禁止）

第四十九条 租税その他の公課は、組合の給付として支給を受ける金品を標準として、課することができない。ただし、退職年金及び公務遺族年金並びに休業手当金については、この限りでない。

第二節 短期給付

第一款 通則

（短期給付の種類等）

第五十条 この法律による短期給付は、次のとおりとする。

一 療養の給付、入院時食事療養費、入院時生活療養費、保険外併用療養費、療養費、訪問看護療養費及び移送費

二 家族療養費、家族訪問看護療養費及び家族移送費

二の二 高額療養費及び高額介護合算療養費

三 出産費

四 家族出産費

五 削除

六 埋葬料

七 家族埋葬料

八 傷病手当金

国家公務員共済組合法施行令

国家公務員共済組合法施行規則

（短期給付の決定及び通知）

第百十三条の三 組合は、法第五十条第一項に掲げる短期給付（法第五十四条及び第五十五条の規定による療養の給付、法第五十五条の三第三項から第五項までの規定の適用を受ける入院時食事療養費、法第五十五条の四第三項の規定の適用を受ける入院時生活療養費、法第五十五条の五第三項の規定の適用を受ける保険外併用療養費、法第五十六条の二第三項及び第四項の規定の適用を受ける訪問看護療養費、法第五十七条第三項から第五項までの規定の適用を受ける家族療養費、法第五十七条の三第三項の規定の適用を受ける家族訪問看護療養費並びに令第十一条の三の六第一項から第十項までの規定の適用を受ける高額療養費を除

国家公務員共済組合法等の運用方針

九　出産手当金
十　休業手当金
十の二　育児休業手当金
十の三　介護休業手当金
十一　弔慰金
十二　家族弔慰金
十三　災害見舞金

2　短期給付に関する規定（育児休業手当金及び介護休業手当金に係る部分を除く。以下この条において同じ。）は、後期高齢者医療の被保険者等に該当する組合員には、適用しない。

3　短期給付に関する規定の適用を受ける組合員が前項の規定によりその適用を受けない組合員となつたときは、短期給付に関する規定の適用については、そのなつた日の前日に退職したものとみなす。

4　第二項の規定により短期給付に関する規定の適用を受けない組合員が後期高齢者医療の被保険者等に該当しないこととなつたときは、短期給付に関する規定の適用については、そのなつた日に組合員となつたものとみなす。

（附加給付）

第五十一条　組合は、**政令で定める**ところにより、前条第一項各号に掲げる給付にあわせて、これに準ずる短期給付を行うことができる。

（短期給付の給付額の算定の基礎となる標準報酬）

第五十二条　短期給付（前二条に規定する短期給付をいう。以下同じ。）の給付額の算定の基準となるべき第四十条第一項に規定する標準報酬の月額（以下「標準報酬の月額」という。）又は同項に規定する標準報酬の日額（以下「標準報酬の日額」という。）は、給付事由が生じた日（給付事由が退職

（附加給付）

第十一条の三　法第五十一条に規定する短期給付は、組合の定款で定めるところにより行うことができる。

2　前項に規定する短期給付に関する定款の規定が、当該給付に関し財務大臣が財政制度等審議会の意見を聴いて定める基準に合致しないときは、法第六条第二項の認可をしないものとする。

く。）又は法第五十一条に規定する短期給付に係る請求書の提出を受けたときは、遅滞なく、これを審査決定し、請求額と決定額とが異なるとき、又は請求に応ずることができないときは、理由を付してその旨を文書で請求者に通知しなければならない。

（医療費の通知）

第百十三条の三の二　組合は、組合員又はその被扶養者が支払つた医療費の額を当該組合員又はその被扶養者に通知するときは、次の各号に掲げる事項を通知することを標準とする。

一　組合員又はその被扶養者の氏名
二　療養を受けた年月
三　療養を受けた者の氏名
四　療養を受けた病院、診療所、薬局その他の療養機関の名称
五　組合員又はその被扶養者が支払つた医療費の額
六　所属機関の名称

国家公務員共済組合法

後に生じた場合には、退職の日）の標準報酬の月額又は標準報酬の日額とする。

（被扶養者に係る届出及び短期給付）

第五十三条　新たに組合員となつた者に被扶養者の要件を備える者がある場合又は組合員について次の各号の一に該当する事実が生じた場合には、その組合員は、**財務省令で定める**手続により、その旨を組合に届け出なければならない。

一　新たに被扶養者の要件を備える者が生じたこと。

二　被扶養者がその要件を欠くに至つたこと。

2　被扶養者に係る短期給付は、新たに組合員となつた者に被扶養者となるべき者がある場合にはその者が組合員となつた日から、組合員に前項第一号に該当する事実が生じた場合にはその事実が生じた日から、それぞれ行うものとする。ただし、同項（第二号を除く。）の規定による届出がその組合員となつた日又はその事実の生じた日から三十日以内にされない場合には、その届出を受けた日から行うものとする。

国家公務員共済組合法施行令

国家公務員共済組合法施行規則

（被扶養者の申告）

第八十八条　組合員となつた者に被扶養者の要件を備える者がある場合又は組合員について被扶養者の要件を備える者が生じた場合若しくは被扶養者がその要件を欠くに至つた場合には、その組合員は、遅滞なく、次に掲げる事項を記載した被扶養者申告書を組合に提出しなければならない。

一　組合員の氏名及び住所並びに組合員証の記号及び番号又は個人番号

二　被扶養者の要件を備える者又は被扶養者の要件を欠くに至つた者の氏名、性別、生年月日、職業、年間所得推計額及び住所又は個人番号並びにその者と組合員との続柄

三　被扶養者の要件を備えるに至つた年月日又は被扶養者の要件を欠くに至つた年月日及びその理由

四　その他必要な事項

（高齢者の医療の確保に関する法律の障害の認定を受けた者の届出）

第百十三条の四　組合員又はその被扶養者が高齢者の医療の確保に関する法律第五十条第二号に掲げる者となつたときは、当該組合員は、遅滞なく、次に掲げる事項を記載した書類を組合に提出しなければならない。

一　組合員証の記号及び番号又は個人番号

二　認定を受けた者の氏名及び生年月日

三　高齢者の医療の確保に関する法律の規定による被保険者証に記載された資格取得年月日及び有効期限

2　組合員又はその被扶養者が前項の障害に該当しなくなつたとき又は前項の書類の記載事項に変更があつたときは、当該組合員

国家公務員共済組合法等の運用方針

施行規則第八十八条関係

被扶養者の認定を受けようとする者が一般職給与法第十一条に規定する扶養親族（一般職給与法の適用を受けない組合員にあつては、これに相当するもの）の認定を受けている者である場合には、給与事務担当者による確認を受け、その確認した内容及び確認方法について記録しておくものとする。

第二款　保健給付

（療養の給付）

第五十四条　組合は、組合員の公務によらない病気又は負傷について次に掲げる療養の給付を行う。

一　診察

二　薬剤又は治療材料の支給

三　処置、手術その他の治療

四　居宅における療養上の管理及びその療養に伴う世話その他の看護

五　病院又は診療所への入院及びその療養に伴う世話その他の看護

2　次に掲げる療養に係る給付は、前項の給付に含まれないものとする。

一　食事の提供である療養であつて前項第五号に掲げる療養と併せて行うもの（医療法（昭和二十三年法律第二百五号）第七条第二項第四号に掲げる療養病床への

は、遅滞なく、その旨を組合に届け出なければならない。

（介護保険第二号被保険者の資格の届出）

第百十三条の五　組合員又はその被扶養者（四十歳以上六十五歳未満の者に限る。）が次に掲げる事由に該当したときは、当該組合員は、遅滞なく、当該組合員（被扶養者にあつては、当該組合員及びその被扶養者）の氏名及び生年月日、組合員証の記号及び番号又は個人番号並びに次に掲げる事由に該当した年月日及び理由を記載した書類を組合に提出しなければならない。

一　組合員又はその被扶養者が介護保険法施行法（平成九年法律第百二十四号）第十一条第一項に該当したとき。

二　組合員又はその被扶養者が介護保険法施行法第十一条第一項に該当しなくなつたとき。

第五十四条関係

療養の給付の対象となる「病気」又は「負傷」の範囲並びに「診察」、「薬剤又は治療材料の支給」、「処置、手術その他の治療」、「居宅における療養上の管理及びその療養に伴う世話その他の看護」及び「病院又は診療所への入院及びその療養に伴う世話その他の看護」の取扱いについては、健康保険の例に準ずるものとする。

国家公務員共済組合法

入院及びその療養に伴う世話その他の看護であつて、当該療養を受ける際、六十五歳に達する日の属する月の翌月以後である組合員（以下「特定長期入院組合員」という。）に係るものを除く。以下「食事療養」という。）
二　次に掲げる療養であつて前項第五号に掲げる療養と併せて行うもの（特定長期入院組合員に係るものに限る。以下「生活療養」という。）
イ　食事の提供である療養
ロ　温度、照明及び給水に関する適切な療養環境の形成である療養
三　健康保険法第六十三条第二項第三号に掲げる療養（以下「評価療養」という。）
四　健康保険法第六十三条第二項第四号に掲げる療養（以下「患者申出療養」という。）
五　健康保険法第六十三条第二項第五号に掲げる療養（以下「選定療養」という。）

（療養の機関及び費用の負担）
第五十五条　組合員は、前条第一項各号に掲げる療養の給付を受けようとするときは、次に掲げる医療機関又は薬局から受けるものとする。
一　組合又は連合会の経営する医療機関又は薬局
二　組合員（地方公務員等共済組合法第三条第一項に規定する地方公務員共済組合（以下「地方の組合」という。）で療養の給付に相当する給付を行うものの組合員及び私立学校教職員共済法（昭和二十八年法律第二百四十五号）の規定による私立学校教職員共済制度の加入者（以下「私学共済制度の加入者」という。）を含む。）に対し療養を行う医療機関又は薬局

国家公務員共済組合法施行令

国家公務員共済組合法施行規則

第二節　短期給付

（療養の給付等）
第九十九条　法第五十五条第一項各号に掲げる医療機関から療養の給付、入院時食事療養費に係る療養、入院時生活療養費に係る療養又は保険外併用療養費に係る療養を受けようとする者は、組合員証を（その者が法第五十五条第二項第二号又は第三号の規定の適用を受ける場合には高齢受給者証を添えて）当該医療機関に提出しなければならない。ただし、緊急その他やむを得ない事情により、提出することができない場合には、この限りでない。
2　前項ただし書の場合においては、その事

国家公務員共済組合法等の運用方針

第五十五条関係
1　第一項第一号の連合会の経営する医療機関又は薬局とは、連合会がこの法律に基いて経営するものをいい、旧令による共済組合等からの年金受給者のための特別措置法（昭和二十五年法律第二百五十六号）附則第三項の規定に基いて経営するものを含まないものとする。
2　法第五十五条第一項第三号に掲げる医療機関等が水震火災その他の非常災害により、組合員又は被扶養者等の診療録等を失つた場合は、その療養に係る費用の支払については、健康保険の例によるものとする。

で組合員の療養について組合が契約しているもの

三　保険医療機関又は保険薬局（健康保険法第六十三条第三項第一号に規定する保険医療機関又は保険薬局をいう。以下同じ。）

2　前項の規定により同項第二号又は第三号に掲げる医療機関又は薬局から療養の給付を受ける者は、その給付を受ける際、次の各号に掲げる場合の区分に応じ、当該給付について健康保険法第七十六条第二項の規定の例により算定した費用の額に当該各号に定める割合を乗じて得た金額を一部負担金として当該医療機関又は薬局に支払うものとする。ただし、前項第二号に掲げる医療機関又は薬局から受ける場合には、組合は、運営規則で定めるところにより、当該一部負担金を減額し、又はその支払を要しないものとすることができる。

一　七十歳に達する日の属する月以前である場合　百分の三十

二　七十歳に達する日の属する月の翌月以後である場合（次号に掲げる場合を除く。）　百分の二十

三　七十歳に達する日の属する月の翌月以後である場合であつて、**政令で定める**ところにより算定した報酬の額が**政令で定める額**以上であるとき　百分の三十

3　組合は、運営規則で定めるところにより、第一項第一号に掲げる医療機関又は薬局から療養の給付を受ける者については、前項の規定の例により算定した金額の範囲内で運営規則で定める金額を一部負担金として支払わせることができる。

4　保険医療機関又は保険薬局は、第二項に規定する一部負担金（次条第一項第一号の措置が採られるときは、当該減額された一

（一部負担金の割合が百分の三十となる場合）

第十一条の三の二　法第五十五条第二項第三号に規定する**政令で定める**ところにより算定した報酬の額は療養の給付を受ける月の標準報酬の月額（法第五十二条に規定する標準報酬の月額をいう。以下同じ。）とし、同号に規定する**政令で定める額**は二十八万円とする。

2　前項の規定は、次の各号のいずれかに該当する者については、適用しない。

一　組合員及びその被扶養者（七十歳に達

情がなくなつた後遅滞なく組合員証又は高齢受給者証を当該医療機関に提出しなければならない。

第百条　削除〔平成十五年三月財務令二五号〕

（薬剤の支給）

第百一条　法第五十五条第一項に規定する薬局から薬剤の支給を受けようとする者は、同項に規定する医療機関において診療に従事する保険医又は医師若しくは歯科医師から処方箋の交付を受けた上、これを当該薬局に提出しなければならない。ただし、当該薬局から組合員証の提出を求められたときは、当該処方箋及び組合員証を（その者が法第五十五条第二項第二号又は第三号の規定の適用を受ける場合には高齢受給者証を添えて）提出しなければならない。

（一部負担金の割合が百分の二十となる財務省令で定めるところにより算定した収入の額等）

国家公務員共済組合法

部負担金）の支払を受領しなければならないものとし、保険医療機関又は保険薬局が善良な管理者の注意と同一の注意をもつてその支払を受領すべく努めたにもかかわらず、組合員が当該一部負担金の全部又は一部を支払わないときは、組合は、当該保険医療機関又は保険薬局の請求により、当該一部負担金の全部又は一部を支払わなかつた組合員から、これを徴収することができる。

5　組合員が第一項の規定により療養の給付を受けた場合には、組合は、同項第一号の医療機関又は薬局については、その費用から組合員が支払うべき第三項に規定する一部負担金に相当する金額を控除した金額を負担し、第一項第二号又は第三号の医療機関又は薬局については、療養に要する費用から組合員が支払うべき第二項に規定する一部負担金（次条第一項各号の措置が採られるときは、当該措置が採られたものとした場合の一部負担金）に相当する金額を控除した金額を当該医療機関又は薬局に支払うものとする。

6　前項に規定する療養に要する費用の額は、健康保険法第七十六条第二項の規定に基づき厚生労働大臣が定めるところにより算定した金額（当該金額の範囲内において組合が第一項第二号又は第三号の医療機関又は薬局との契約により別段の定めをした場合には、その定めたところにより算定した金額）とする。

7　第二項の規定により一部負担金を支払う場合においては、当該一部負担金の額に五円未満の端数があるときは、これを切り捨て、五円以上十円未満の端数があるときは、これを十円に切り上げるものとする。

国家公務員共済組合法施行令

する日の属する月の翌月以後である場合に該当する者に限る。）について**財務省令で定める**ところにより算定した収入の額が五百二十万円（当該被扶養者がいない者にあつては、三百八十三万円）に満たない者

二　組合員（その被扶養者（七十歳に達する日の属する月の翌月以後である場合に該当する者に限る。）がいない者であつてその被扶養者であつた者（法第二条第一項第二号に規定する後期高齢者医療の被保険者等となつたため被扶養者でなくなつた者であつて、当該後期高齢者医療の被保険者等となつた日の属する月以後五年を経過する月までの間に限り、同日以後継続して当該後期高齢者医療の被保険者等であるものをいう。以下この号において同じ。）がいるものに限る。）及びその被扶養者であつた者について前号の**財務省令で定める**ところにより算定した収入の額が五百二十万円に満たない者

国家公務員共済組合法施行規則

第九十九条の二　令第十一条の三の二第二項第一号に規定する**財務省令で定める**ところにより算定した収入の額は、同項各号に規定する組合員が療養を受ける日の属する年の前年（当該療養を受ける日の属する月が一月から八月までの場合にあつては、前々年）における当該組合員及び同項第一号に規定する被扶養者又は同項第二号に規定する被扶養者であつた者（第三項において「被扶養者であつた者」という。）に係る所得税法（昭和四十年法律第三十三号）第三十六条第一項に規定する各種所得の金額の計算上収入金額とすべき金額又は総収入金額に算入すべき金額を合算した額から退職所得の金額（同法第三十条第二項に規定する退職所得の金額をいう。）の計算上収入金額とすべき金額を控除した額とする。

2　令第十一条の三の二第二項の規定の適用を受けようとする組合員は、次に掲げる事項を記載した基準収入額適用申請書を、当該事実を証明する証拠書類と併せて組合に提出しなければならない。

一　組合員の氏名、生年月日及び住所並びに組合員証の記号及び番号又は個人番号

二　組合員の収入の状況

三　被扶養者の氏名及び生年月日又は個人番号

四　被扶養者の収入の状況

五　その他必要な事項

3　令第十一条の三の二第二項第二号に該当することにより同項の規定の適用を受ける組合員（同項第一号に該当する者を除く。）は、その被扶養者であつた者が法第二条第一項第二号に規定する後期高齢者医療の被保険者等でなくなつたときは、遅滞なく、次に掲げる事項を記載した後期高齢者医療

国家公務員共済組合法等の運用方針

（一部負担金の額の特例）

第五十五条の二　組合は、災害その他の財務省令で定める特別の事情がある組合員であつて、前条第一項第二号又は第三号に掲げる医療機関又は薬局に同条第二項の規定による一部負担金を支払うことが困難であると認められるものに対し、次の措置を採ることができる。

一　一部負担金を減額すること。

二　一部負担金の支払を免除すること。

三　当該医療機関又は薬局に対する支払に代えて、一部負担金を直接に徴収することとし、その徴収を猶予すること。

2　前項の措置を受けた組合員は、前条第二項の規定にかかわらず、前項第一号の措置を受けた組合員にあつてはその減額された一部負担金を同条第一項第二号又は第三号に掲げる医療機関又は薬局に支払うをもつて足り、前項第二号又は第三号の措置を受けた組合員にあつては一部負担金を当該医療機関又は薬局に支払うことを要しない。

3　前条第七項の規定は、前項の場合における一部負担金の支払について準用する。

（入院時食事療養費）

第五十五条の三　組合員（特定長期入院組合員を除く。以下この条において同じ。）が公務によらない病気又は負傷により、第五十五条第一項各号に掲げる医療機関から第五十四条第一項第五号に掲げる療養の給付と併せて食事療養を受けたときは、その食事療養に要した費用について入院時食事療養費を支給する。

2　入院時食事療養費の額は、当該食事療養について健康保険法第八十五条第二項に規定する厚生労働大臣が定める基準によりされる算定の例により算定した費用の額（その額が現に当該食事療養に要した費用の額

の被保険者等の資格喪失等申出書を、当該事実を証明する証拠書類と併せて組合に提出しなければならない。

一　組合員の氏名、生年月日及び住所並びに組合員証の記号及び番号又は個人番号

二　被扶養者の氏名及び生年月日又は個人番号並びに後期高齢者医療の被保険者等でなくなつた年月日及びその理由

三　その他必要な事項

（一部負担金の額の特例に係る特別の事情）

第九十九条の二の二　法第五十五条の二第一項に規定する**財務省令で定める**特別の事情は、健康保険法第七十五条の二第一項に規定する厚生労働省令で定める特別の事情とする。

（食事療養標準負担額減額に関する特例）

第九十九条の三　組合は、組合員が限度額適用証（第百五条の九第二項に規定する限度額適用証をいう。次項第三号並びに次条第一項及び第二項第三号において同じ。）を医療機関に提出しないことにより減額がされない食事療養標準負担額（法第五十五条の三第二項に規定する食事療養標準負担額をいう。以下この条並びに第百五条の七第二項及び第三項において同じ。）を支払つた場合で、組合がその提出しないことがやむを得ないものと認めたときは、その食事療養（法第五十四条第二項第一号に規定する食事療養をいう。第百五条の五の二第七項並

第五十五条の三関係

入院時食事療養費は、第三項から第五項までの規定により給付することを原則とする。

国家公務員共済組合法

を超えるときは、当該現に食事療養に要した費用の額）から同項に規定する食事療養標準負担額（以下「食事療養標準負担額」という。）を控除した金額とする。

3　組合員が第五十五条第一項第一号に掲げる医療機関から食事療養を受けた場合において、組合がその組合員の支払うべき食事療養に要した費用のうち入院時食事療養費として組合員に支給すべき金額の支払を免除したときは、組合員に対し入院時食事療養費を支給したものとみなす。

4　組合員が第五十五条第一項第二号又は第三号に掲げる医療機関から食事療養を受けた場合には、組合は、その組合員が当該医療機関に支払うべき食事療養に要した費用について入院時食事療養費として組合員に支給すべき金額に相当する金額を、組合員に代わり、当該医療機関に支払うことができる。

5　前項の規定による支払があつたときは、組合員に対し入院時食事療養費を支給したものとみなす。

6　第五十五条第一項各号に掲げる医療機関は、食事療養に要した費用について支払を受ける際に、その支払をした組合員に対し、領収証を交付しなければならない。

（入院時生活療養費）

第五十五条の四　特定長期入院組合員が公務によらない病気又は負傷により、第五十五条第一項各号に掲げる医療機関から第五十四条第一項第五号に掲げる療養の給付と併せて生活療養を受けたときは、その生活療養に要した費用について入院時生活療養費を支給する。

2　入院時生活療養費の額は、当該生活療養について健康保険法第八十五条の二第二項

国家公務員共済組合法施行令

国家公務員共済組合法施行規則

びに第百五条の六第三号及び第五号において同じ。）について支払つた食事療養標準負担額から食事療養標準負担額の減額があつたとすれば支払うべきであつた食事療養標準負担額を控除した額に相当する額を入院時食事療養費又は保険外併用療養費として組合員に支給することができる。

2　前項の規定による支給を受けようとする組合員は、次に掲げる事項を記載した入院時食事療養費等差額申請書を、当該医療機関に支払つた食事療養標準負担額の額及び食事療養標準負担額の減額の認定に関する事実を証明する証拠書類と併せて組合に提出しなければならない。

一　組合員の氏名、生年月日及び住所並びに組合員証の記号及び番号又は個人番号
二　食事療養を受けた者の氏名及び生年月日
三　入院期間、支払つた標準負担額の合計額及び限度額適用証を提出できなかつた理由
四　払渡金融機関の名称及び預金口座の口座番号
五　その他必要な事項

（生活療養標準負担額減額に関する特例）

第九十九条の四　組合は、組合員が限度額適

国家公務員共済組合法等の運用方針

第五十五条の四関係

入院時生活療養費は、第三項において準用する法第五十五条の三第三項から第五項までの規定により給付することを原則とする。

に規定する厚生労働大臣が定める基準によりされる算定の例により算定した費用の額（その額が現に当該生活療養に要した費用の額を超えるときは、当該現に生活療養に要した費用の額）から同項に規定する生活療養標準負担額（以下「生活療養標準負担額」という。）を控除した金額とする。

3　前条第三項から第六項までの規定は、入院時生活療養費の支給について準用する。

（保険外併用療養費）

第五十五条の五　組合員が公務によらない病気又は負傷により、第五十五条第一項各号に掲げる医療機関又は薬局（以下「保険医療機関等」という。）から評価療養、患者申出療養又は選定療養を受けたときは、その療養に要した費用について保険外併用療養費を支給する。

2　保険外併用療養費の額は、第一号に掲げる金額（当該療養に食事療養が含まれるときは当該金額及び第二号に掲げる金額との合算額、当該療養に生活療養が含まれるときは当該金額及び第三号に掲げる金額との合算額）とする。

一　当該療養（食事療養及び生活療養を除く。）について健康保険法第八十六条第二項第一号に規定する厚生労働大臣が定めるところによりされる算定の例により算定した費用の額（その額が現に当該療養に要した費用の額を超えるときは、当該現に療養に要した費用の額）から、その額に第五十五条第二項各号に掲げる場合の区分に応じ、同項各号に定める割合を乗じて得た額（療養の給付に係る同項の一部負担金について第五十五条の二第一項各号の措置が採られるときは、当該措置が採られたものとした場合の額）を控除した金額

用証を医療機関に提出しないことにより減額がされない生活療養標準負担額（法第五十五条の四第二項に規定する生活療養標準負担額をいう。以下この条並びに第百五条の七第二項及び第三項において同じ。）を支払つた場合で、組合がその提出しないことがやむを得ないものと認めたときは、その生活療養（法第五十四条第二項第二号に規定する生活療養をいう。第百五条の五の二第七項並びに第百五条の六第三号及び第五号において同じ。）について支払つた生活療養標準負担額から生活療養標準負担額の減額があつたとすれば支払うべきであつた生活療養標準負担額を控除した額に相当する額を入院時生活療養費又は保険外併用療養費として組合員に支給することができる。

2　前項の規定による支給を受けようとする組合員は、次に掲げる事項を記載した入院時生活療養費等差額申請書を、当該医療機関に支払つた生活療養標準負担額の額及び生活療養標準負担額の減額の認定に関する事実を証明する証拠書類と併せて組合に提出しなければならない。

一　組合員の氏名、生年月日及び住所並びに組合員証の記号及び番号又は個人番号

二　生活療養を受けた者の氏名及び生年月日

三　入院期間、支払つた生活療養標準負担額の合計額及び限度額適用証を提出できなかつた理由

四　払渡金融機関の名称及び預金口座の口座番号

五　その他必要な事項

第五十五条の五関係

保険外併用療養費は、第三項において準用する法第五十五条の三第三項から第五項までの規定により給付することを原則とする。

国家公務員共済組合法

二　当該食事療養について健康保険法第八十五条第二項に規定する厚生労働大臣が定める基準によりされる算定の例により算定した費用の額（その額が現に当該食事療養に要した費用の額を超えるときは、当該現に食事療養に要した費用の額）から食事療養標準負担額を控除した金額

三　当該生活療養について健康保険法第八十五条の二第二項に規定する厚生労働大臣が定める基準によりされる算定の例により算定した費用の額（その額が現に当該生活療養に要した費用の額を超えるときは、当該現に生活療養に要した費用の額）から生活療養標準負担額を控除した金額

3　第五十五条の三第三項から第六項までの規定は、保険外併用療養費の支給について準用する。

4　第五十五条第七項の規定は、前項において準用する第五十五条の三第四項の場合において、第二項の規定により算定した費用の額（その額が現に療養に要した費用の額を超えるときは、当該現に療養に要した費用の額）から当該療養に要した費用につき保険外併用療養費として支給される金額に相当する金額を控除した金額の支払について準用する。

（療養費）

第五十六条　組合は、療養の給付若しくは入院時食事療養費、入院時生活療養費若しくは保険外併用療養費の支給（以下この項において「療養の給付等」という。）をすることが困難であると認めたとき、又は組合員が保険医療機関等以外の病院、診療所、薬局その他の療養機関から診療、手当若しくは薬剤の支給を受けた場合において、組合

国家公務員共済組合法施行令

国家公務員共済組合法施行規則

（療養費）

第百二条　法第五十六条の規定により療養費の支給を受けようとする者は、次に掲げる事項を記載した療養費請求書を、同条に規定する医療機関若しくは薬局又はその他の療養機関が作成する第三号に掲げる事項を証明する証拠書類と併せて組合に提出しなければならない。

一　組合員の氏名、生年月日及び住所並び

国家公務員共済組合法等の運用方針

第五十六条関係

1　療養費の内訳に、厚生労働大臣の定めた基準より高いものと低いものとがある場合には、その基準により調整して支払うものとする。ただし、その調整した総額が実費を超えるときは、実費とする。

2　国外で療養を受けたときについては、「療養の給付若しくは入院時食事療養費、入院時生活療養費若しくは保険外併用療養

がやむを得ないと認めたときは、療養の給付等に代えて、療養費を支給することができる。

2 組合は、組合員が第五十五条第一項第二号又は第三号の医療機関又は薬局から第五十四条第一項各号に掲げる療養を受け、緊急その他やむを得ない事情によりその費用をこれらの医療機関又は薬局に支払つた場合において、組合が必要と認めたときは、療養の給付に代えて、療養費を支給することができる。

3 前二項の規定により支給する療養費の額は、当該療養（食事療養及び生活療養を除く。）について算定した費用の額（その額が現に療養（食事療養又は生活療養を除く。）に要した費用の額を超えるときは、当該現に療養に要した費用の額）からその額に第五十五条第二項各号に掲げる場合の区分に応じ、同項各号に定める割合を乗じて得た額を控除した金額及び当該食事療養又は生活療養について算定した費用の額（その額が現に食事療養又は生活療養に要した費用の額を超えるときは、当該現に食事療養又は生活療養に要した費用の額）から食事療養標準負担額又は生活療養標準負担額を控除した金額の合算額（第一項の規定による場合には、当該合算額の範囲内で組合が定める金額）とする。

4 前項の費用の額の算定に関しては、療養の給付を受けるべき場合には第五十五条第六項の療養に要する費用の額の算定、入院時食事療養費の支給を受けるべき場合には第五十五条の三第二項の食事療養についての費用の額の算定、入院時生活療養費の支給を受けるべき場合には第五十五条の四第二項の生活療養についての費用の額の算定、保険外併用療養費の支給を受けるべき場合

に組合員証の記号及び番号又は個人番号

二 組合員証を使用しなかつた理由

三 傷病名及び療養に要した費用の額

四 医療機関若しくは薬局又はその他の療養機関の名称及びその住所

五 請求金額並びに払渡金融機関の名称及び預金口座の口座番号

六 その他必要な事項

2 海外において受けた診療、薬剤の支給又は手当（第二号において「海外療養」という。）について療養費の支給を受けようとする者は、前項の療養費請求書を、次に掲げる書類と併せて組合に提出しなければならない。

一 旅券、航空券その他の海外に渡航した事実が確認できる書類の写し

二 組合が海外療養の内容について当該海外療養を担当した者に照会することに関する当該海外療養を受けた者の同意書

費の支給をすることが困難であると認めたとき」に該当するものとして、療養費を支給して差し支えない。この場合において、療養に要する費用の額が健康保険の例により算定することが困難である場合には、算定することができるものに限り支給するものとする。従つて、その費用の総額の何割というような支給は認めない。

3 前項の場合において、請求に必要な証拠書類が日本語により作成されていないものであるときは、組合の求めに応じて、日本語の翻訳文を添付しなければならない。

国家公務員共済組合法

には前条第二項の療養についての費用の額の算定の例による。

（訪問看護療養費）

第五十六条の二　組合員が公務によらない病気又は負傷により、健康保険法第八十八条第一項に規定する指定訪問看護事業者（以下「指定訪問看護事業者」という。）から同項に規定する指定訪問看護（以下「指定訪問看護」という。）を受けた場合において、組合が必要と認めたときは、その指定訪問看護に要した費用について訪問看護療養費を支給する。

2　訪問看護療養費の額は、当該指定訪問看護について健康保険法第八十八条第四項に規定する厚生労働大臣が定めるところにより算定される算定の例により算定した費用の額から、その額に第五十五条第二項各号に掲げる場合の区分に応じ、同項各号に定める割合を乗じて得た額（療養の給付に係る同項の一部負担金について第五十五条の二第一項各号の措置が採られるときは、当該措置が採られたものとした場合の額）を控除した金額とする。

3　組合員が指定訪問看護事業者から指定訪問看護を受けた場合には、組合は、その組合員が当該指定訪問看護事業者に支払うべき当該指定訪問看護に要した費用について訪問看護療養費として組合員に支給すべき金額に相当する金額を、組合員に代わり、当該指定訪問看護事業者に支払うことができる。

4　前項の規定による支払があつたときは、組合員に対し訪問看護療養費を支給したものとみなす。

5　指定訪問看護事業者は、指定訪問看護に要した費用について支払を受ける際に、そ

国家公務員共済組合法施行令

国家公務員共済組合法施行規則

（訪問看護療養費）

第百二条の二　法第五十六条の二第一項に規定する指定訪問看護事業者から訪問看護を受けようとする者は、組合員証を（その者が法第五十五条第二項第二号又は第三号の規定の適用を受ける場合には高齢受給者証を添えて）当該指定訪問看護事業者に提出しなければならない。ただし、やむを得ない事情により、提出することができない場合には、この限りでない。

2　前項ただし書の場合においては、その事情がなくなつた後遅滞なく組合員証又は高齢受給者証を当該指定訪問看護事業者に提出しなければならない。

国家公務員共済組合法等の運用方針

第五十六条の二関係

訪問看護療養費は、第三項及び第四項の規定により給付することを原則とする。

の支払をした組合員に対し、領収証を交付しなければならない。

6　指定訪問看護は、第五十四条第一項各号に掲げる療養に含まれないものとする。

7　第五十五条第七項の規定は、第三項の場合において、第二項の規定により算定した費用の額から当該指定訪問看護に要した費用につき訪問看護療養費として支給される金額に相当する金額を控除した金額の支払について準用する。

（移送費）

第五十六条の三　組合員が療養の給付（保険外併用療養費に係る療養を含む。）を受けるため病院又は診療所に移送された場合において、組合が必要と認めたときは、その移送に要した費用について移送費を支給する。

2　移送費の額は、健康保険法第九十七条第一項に規定する厚生労働省令で定めるところによりされる算定の例により算定した金額とする。

（家族療養費）

第五十七条　被扶養者が保険医療機関等から療養を受けたときは、その療養に要した費用について組合員に対し家族療養費を支給する。

2　家族療養費の額は、第一号に掲げる金額（当該療養に食事療養が含まれるときは当該金額及び第二号に掲げる金額の合算額、

（移送費）

第百三条　法第五十六条の三第一項に規定する移送費の支給を受けようとする者は、次に掲げる事項を記載した移送費請求書を、第二号及び第三号に掲げる移送に要した費用の額についての証拠書類と併せて組合に提出しなければならない。

一　組合員の氏名、生年月日及び住所並びに組合員証の記号及び番号又は個人番号

二　移送の方法及び経路並びに移送に要した費用の額

三　付添人の氏名、住所及び当該付添人に係る移送に要した費用の額（付添があつた場合に限る。）

四　移送を必要とする理由についての医師又は歯科医師の証明

五　払渡金融機関の名称及び預金口座の口座番号

六　その他必要な事項

（家族療養費）

第百五条　第九十九条、第九十九条の三及び第百一条の規定は、被扶養者が法第五十五条第一項各号に掲げる医療機関又は薬局（以下「保険医療機関等」という。）から療養を受ける場合について準用する。この場合において、第九十九条及び第百一条中「組合員証」とあるのは「組合員被扶養者

第五十六条の三関係

「組合が必要と認めたとき」の取扱いについては、健康保険の例に準ずるものとする。

施行規則第百三条関係

第四号

1　「移送を必要とする理由」には、付添が必要であった理由を含むものとする。

2　「医師又は歯科医師の証明」の記載については、医師又は歯科医師による当該事項に掲げる内容が記載された証明書を「移送費請求書」と併せて組合に提出することで省略することができるものとする。

第五十七条関係

家族療養費は、第四項から第六項までの規定により給付することを原則とし、療養費払方式は、緊急その他やむを得ない場合に限り認めるものとする。（第七項参照）

国家公務員共済組合法

当該療養に生活療養が含まれるときは当該金額及び第三号に掲げる金額の合算額）とする。

一　当該療養（食事療養及び生活療養を除く。）について算定した費用の額（その額が現に当該療養に要した費用の額を超えるときは、当該現に療養に要した費用の額）に次のイからニまでに掲げる場合の区分に応じ、それぞれイからニまでに定める割合を乗じて得た金額

イ　被扶養者が六歳に達する日以後の最初の三月三十一日の翌日以後であつて七十歳に達する日の属する月以前である場合　百分の七十

ロ　被扶養者が六歳に達する日以後の最初の三月三十一日以前である場合　百分の八十

ハ　被扶養者（ニに規定する被扶養者を除く。）が七十歳に達する日の属する月の翌月以後である場合　百分の八十

ニ　第五十五条第二項第三号に掲げる場合に該当する組合員その他政令で定める組合員の被扶養者が七十歳に達する日の属する月の翌月以後である場合　百分の七十

二　当該食事療養費について算定した費用の額（その額が現に当該食事療養に要した費用の額を超えるときは、当該現に食事療養に要した費用の額）から食事療養標準負担額を控除した金額

三　当該生活療養について算定した費用の額（その額が現に当該生活療養に要した費用の額を超えるときは、当該現に生活療養に要した費用の額）から生活療養標準負担額を控除した金額

3　前項第一号の療養についての費用の額の

国家公務員共済組合法施行令

国家公務員共済組合法施行規則

証」と、「法第五十五条第二項第二号又は第三号」とあるのは「法第五十七条第二項第一号ハ又はニ」と読み替えるものとする。

2　第百二条及び前条の規定は、家族療養費について準用する。この場合において、第百二条第一項中「法第五十六条」とあるのは「法第五十七条第七項において準用する法第五十六条」と、「を記載した療養費請求書」とあるのは「並びに療養を受けた被扶養者の氏名及び生年月日又は個人番号並びに被扶養者と組合員との続柄を記載した家族療養費請求書」と、同項第一号及び第二号中「組合員証」とあるのは「組合員被扶養者証」と、同条第二項中「療養費請求書」とあるのは「家族療養費請求書」と、前条第一項中「法第五十九条第一項」とあるのは「法第五十九条第一項又は第二項」と、「資格を喪失した後」とあるのは「退職又は死亡後」と、同条第三項中「資格を喪失した後」とあるのは「退職又は死亡後」と、同条第四項中「法第五十九条第一項」とあるのは「法第五十九条第一項又は第二項」と、「第百四条第三項」とあるのは「第百五条第二項において読み替えて準用する第百四条第三項」と読み替えるものとする。

国家公務員共済組合法等の運用方針

法第五十七条

算定に関しては、保険医療機関等から療養（評価療養、患者申出療養及び選定療養を除く。）を受ける場合にあつては第五十五条第六項の療養に要する費用の額の算定、保険医療機関等から評価療養、患者申出療養又は選定療養を受ける場合にあつては第五十五条の五第二項の療養についての費用の額の算定、前項第二号の食事療養についての費用の額の算定に関しては、第五十五条の三第二項の食事療養についての費用の額の算定、前項第三号の生活療養についての費用の額の算定に関しては、第五十五条の四第二項の生活療養についての費用の額の算定の例による。

4　被扶養者が第五十五条第一項第一号に掲げる医療機関又は薬局から療養を受けた場合において、組合がその被扶養者の支払うべき療養に要した費用のうち家族療養費として組合員に支給すべき金額に相当する金額の支払を免除したときは、組合員に対し家族療養費を支給したものとみなす。

5　被扶養者が第五十五条第一項第二号又は第三号に掲げる医療機関又は薬局から療養を受けた場合には、組合は、療養に要した費用のうち家族療養費として組合員に支給すべき金額に相当する金額を、組合員に代わり、これらの医療機関又は薬局に支払うことができる。

6　前項の規定による支払があつたときは、組合員に対し家族療養費を支給したものとみなす。

7　第五十五条の三第六項並びに第五十六条第一項及び第二項の規定は、家族療養費の支給について準用する。

8　前項において準用する第五十六条第一項又は第二項の規定により支給する家族療養費の額は、第二項の規定の例により算定し

規則第百五条

国家公務員共済組合法

た金額（同条第一項の規定による場合には、当該金額の範囲内で組合が定める金額）とする。

9　第五十五条第七項の規定は、第五項の場合において、療養につき第三項の規定により算定した費用の額（その額が現に療養に要した費用の額を超えるときは、当該現に療養に要した費用の額）から当該療養に要した費用につき家族療養費として支給される金額に相当する金額を控除した金額の支払について準用する。

（家族療養費の額の特例）

第五十七条の二　組合は、第五十五条の二第一項に規定する組合員の被扶養者に係る家族療養費の支給について、前条第二項第一号イからニまでに定める割合を、それぞれの割合を超え百分の百以下の範囲内において組合が定めた割合とする措置を採ることができる。

2　組合は、前項に規定する被扶養者に係る前条第五項の規定の適用については、同項中「家族療養費として組合員に支給すべき金額」とあるのは、「当該療養につき算定した費用の額（その額が現に当該療養に要した費用の額を超えるときは、当該現に療養に要した費用の額）」とする。この場合において、組合は、当該支払をした金額から家族療養費として組合員に対し支給すべき金額に相当する金額を控除した金額をその被扶養者に係る組合員から直接に徴収することとし、その徴収を猶予することができる。

（家族訪問看護療養費）

第五十七条の三　被扶養者が指定訪問看護事業者から指定訪問看護を受けた場合において、組合が必要と認めたときは、その指定

国家公務員共済組合法施行令

国家公務員共済組合法施行規則

（家族訪問看護療養費）

第百五条の二　第百二条の二及び第百四条の規定は、家族訪問看護療養費について準用する。この場合において、第百二条の二第

国家公務員共済組合法等の運用方針

第五十七条の三関係

家族訪問看護療養費は、第三項において準用する法第五十六条の二第三項及び第四項の規定により給付することを原則とする。

訪問看護に要した費用について組合員に対し家族訪問看護療養費を支給する。

2　家族訪問看護療養費の額は、当該指定訪問看護につい て健康保険法第八十八条第四項に規定する厚生労働大臣が定めるところによりされる算定の例により算定した費用の額に第五十七条第二項第一号イから二までに掲げる場合の区分に応じ、同号イから二までに定める割合を乗じて得た金額（家族療養費の支給について前条第一項又は第二項の規定が適用されるときは、当該規定が適用されたものとした場合の金額）とする。

3　第五十六条の二第三項から第五項までの規定は、家族訪問看護療養費の支給及び被扶養者の指定訪問看護について準用する。

4　第五十五条第七項の規定は、前項において準用する第五十六条の二第三項の場合において、第二項の規定により算定した費用の額から当該指定訪問看護に要した費用につき家族訪問看護療養費として支給される金額に相当する金額を控除した金額の支払について準用する。

（家族移送費）

第五十七条の四　被扶養者が家族療養費に係る療養を受けるため病院又は診療所に移送された場合において、組合が必要と認めたときは、その移送に要した費用について組合員に対し家族移送費を支給する。

2　第五十六条の三第二項の規定は、家族移送費の支給について準用する。

（保険医療機関の療養担当等）

第五十八条　保険医療機関若しくは保険薬局又はこれらにおいて診療若しくは調剤に従事する保険医若しくは保険薬剤師（健康保険法第六十四条に規定する保険医又は保険薬剤師をいう。）は、同法及びこれに基づく

一項中「組合員証」とあるのは「組合員被扶養者証」と、「法第五十五条第二項第二号又は第三号」とあるのは「法第五十七条第二項第一号ハ又は二」と、同条第二項中「組合員証」とあるのは「組合員被扶養者証」と、第百四条第一項中「法第五十九条第一項」とあるのは「法第五十九条第一項又は第二項」と、「資格を喪失した後」とあるのは「退職又は死亡後」と、同条第三項中「資格を喪失した後」とあるのは「退職又は死亡後」と、同条第四項中「法第五十九条第一項」とあるのは「法第五十九条第一項又は第二項」と、「第百四条第三項」とあるのは「第百五条の二において読み替えて準用する第百四条第三項」と読み替えるものとする。

（家族移送費）

第百五条の三　第百三条の規定は、家族移送費について準用する。この場合において、同条中「を記載した移送費請求書」とあるのは「並びに移送を受けた被扶養者の氏名及び生年月日又は個人番号並びに被扶養者と組合員との続柄を記載した家族移送費請求書」と、同条第一号中「組合員証」とあるのは「組合員被扶養者証」と読み替えるものとする。

第五十七条の四関係

「組合が必要と認めたとき」の取扱いについては、健康保険の例に準ずるものとする。

国家公務員共済組合法

命令の規定の例により、組合員及びその被扶養者の療養並びにこれに係る事務を担当し、又は診療若しくは調剤に当たらなければならない。

2　指定訪問看護事業者又は指定訪問看護事業者の当該指定に係る訪問看護事業所（健康保険法第八十九条第一項に規定する訪問看護事業所をいう。第百十七条第二項において同じ。）の看護師その他の従業者は、同法及びこれに基づく命令の規定の例により、組合員及びその被扶養者の指定訪問看護並びにこれに係る事務を担当し、又は指定訪問看護に当たらなければならない。

（組合員が日雇特例被保険者又はその被扶養者となつた場合等の給付）

第五十九条　組合員が資格を喪失し、かつ、健康保険法第三条第二項に規定する日雇特例被保険者又はその被扶養者（次項において「日雇特例被保険者等」という。）となつた場合において、その者が退職した際に療養の給付、入院時食事療養費、入院時生活療養費、保険外併用療養費、療養費、訪問看護療養費、家族療養費若しくは家族訪問看護療養費又は介護保険法の規定による居宅介護サービス費（同法の規定による当該給付のうち療養に相当する同法第四十一条第一項に規定する指定居宅サービスに係るものに限る。以下この条において同じ。）、特例居宅介護サービス費（同法の規定による当該給付のうち療養に相当する同法第八条第一項に規定する居宅サービス又はこれに相当するサービスに係るものに限る。以下この条において同じ。）、地域密着型介護サービス費（同法の規定による当該給付のうち療養に相当する同法第四十二条の二第一項に規定する指定地域密着型サービスに

国家公務員共済組合法施行令

国家公務員共済組合法施行規則

（特別療養証明書）

第百四条　法第五十九条第一項の規定により組合員の資格を喪失した後療養の給付、入院時食事療養費、入院時生活療養費、保険外併用療養費、療養費、訪問看護療養費又は移送費の支給を受けようとする者は、その資格を喪失した後、遅滞なく、次に掲げる事項を記載した特別療養証明書交付申請書を、健康保険法第百二十六条第一項の規定による日雇特例被保険者手帳又はその写しと併せて組合に提出しなければならない。

一　組合員であつた者の氏名、生年月日及び住所又は個人番号

二　組合員の資格を喪失した年月日

三　前号に掲げる日の前日において受けていた給付に係る傷病名

四　その他必要な事項

2　組合は、前項の規定による申請書の提出があつたときは、遅滞なく、別紙様式第二十四号の二による特別療養証明書を作成し、その者に交付しなければならない。この場合において、組合は、特別療養給付管理台帳を備え、所要の事項を記載して整理する

国家公務員共済組合法等の運用方針

第五十九条関係

第一項

1　「組合員が資格を喪失し、かつ、健康保険法第三条第二項に規定する日雇特例被保険者又はその被扶養者（次項において「日雇特例被保険者等」という。）となつた場合」とは、組合員がその資格を喪失し、引き続いて日雇特例被保険者（健康保険法（大正十一年法律第七十号）第三条第二項に規定する日雇特例被保険者をいう。以下同じ。）又はその被扶養者となつた場合と解して取り扱うものとする。

2　退職した際（任意継続組合員にあつては、その資格を喪失した際）に療養の給付、入院時食事療養費、入院時生活療養費、保険外併用療養費、療養費、訪問看護療養費、家族療養費若しくは家族訪問看護療養費又は介護保険法（平成九年法律第百二十三号）の規定による居宅介護サービス費（同法の規定による当該給付のうち療養に相当する同法第四十一条第一項に規定する指定居宅サービスに係るものに限る。以下同じ。）、特例居宅介護

係るものに限る。以下この条において同じ。）、特例地域密着型介護サービス費（同法の規定による当該給付のうち療養に相当する同法第八条第十四項に規定する地域密着型サービス又はこれに相当するサービスに係るものに限る。以下この条において同じ。）、施設介護サービス費（同法の規定による当該給付のうち療養に相当する同法第四十八条第一項に規定する指定施設サービス等に係るものに限る。以下この条において同じ。）若しくは特例施設介護サービス費（同法の規定による当該給付のうち療養に相当する同法第八条第二十六項に規定する施設サービスに係るものに限る。以下この条において同じ。）若しくは介護予防サービス費（同法の規定による当該給付のうち療養に相当する同法第五十三条第一項に規定する指定介護予防サービスに係るものに限る。以下この条において同じ。）若しくは特例介護予防サービス費（同法の規定による当該給付のうち療養に相当する同法第八条の二第一項に規定する介護予防サービス又はこれに相当するサービスに係るものに限る。以下この条において同じ。）を受けているとき（その者が退職した際にその被扶養者が同法の規定による居宅介護サービス費、特例居宅介護サービス費、地域密着型介護サービス費、特例地域密着型介護サービス費、施設介護サービス費若しくは特例施設介護サービス費又は介護予防サービス費若しくは特例介護予防サービス費を受けているときを含む。）には、当該病気又は負傷及びこれらにより生じた病気について継続して療養の給付、入院時食事療養費、入院時生活療養費、保険外併用療養費、療養費、訪問看護療養費、移送費、家族療養費、家族訪問看護療養費又は家族移送費を支給する。

ものとする。

3　組合員の資格を喪失した後療養の給付、入院時食事療養費、入院時生活療養費、保険外併用療養費、訪問看護療養費又は移送費の支給を受ける者は、その支給を受けることができなくなつたとき、又は受けなくなつたときは、遅滞なく、特別療養証明書を組合に返納しなければならない。

4　第九十条、第九十一条、第九十三条第二項、第九十四条、第九十九条、第九十九条の三及び第百二条の二の規定は、法第五十九条第一項の規定の適用を受ける者について準用する。この場合において、第九十三条第二項中「前項の資格喪失の原因が死亡である場合又は同項」とあるのは「第百四条第三項」と、「受けるべき者」とあるのは「受けるべき者（その者がない場合には埋葬を行つた者）」と、第九十四条中「組合員証整理簿」とあるのは「特別療養証明書整理簿」と、第九十九条第一項中「組合員証を（その者が法第五十五条第二項第二号又は第三号の規定の適用を受ける場合には高齢受給者証を添えて）」とあるのは「特別療養証明書を」と、同条第二項中「組合員証又は高齢受給者証」とあるのは「特別療養証明書」と、第百二条の二第一項中「組合員証を（その者が法第五十五条第二項第二号又は第三号の規定の適用を受ける場合には高齢受給者証を添えて）」とあるのは「特別療養証明書を」と、同条第二項中「組合員証又は高齢受給者証」とあるのは「特別療養証明書」とする。

サービス費（同法の規定による当該給付のうち療養に相当する同法第八条第一項に規定する居宅サービス又はこれに相当するサービスに係るものに限る。以下同じ。）、施設介護サービス費（同法の規定による当該給付のうち療養に相当する同法第四十八条第一項に規定する指定施設サービス等に係るものに限る。以下同じ。）若しくは特例施設介護サービス費（同法の規定による当該給付のうち療養に相当する同法第八条第二十六項に規定する施設サービスに係るものに限る。以下同じ。）若しくは介護予防サービス費（同法の規定による当該給付のうち療養に相当する同法第五十三条第一項に規定する指定介護予防サービスに係るものに限る。以下同じ。）若しくは特例介護予防サービス費（同法の規定による当該給付のうち療養に相当する同法第八条の二第一項に規定する介護予防サービス又はこれに相当するサービスに係るものに限る。以下同じ。）を受けている場合における当該病気（その原因となつた病気又は負傷を含む。）又は負傷（以下「当該傷病」という。）について、医師が臨床的に診断の結果、治癒したものと認め、かつ、療養を離れてから三月を経過した後に再発したものは、当該傷病に該当しないものとして取り扱う。ただし、喘息、てんかん等の間歇的慢性疾患については、時々発作を起こして短期間の診療によつて軽快し、継続して治療を要せず、業務及び日常生活等にも支障がない場合には、一の発作期間をもつて一の病気又は負傷として取り扱う。

国家公務員共済組合法	国家公務員共済組合法施行令	国家公務員共済組合法施行規則	国家公務員共済組合法等の運用方針
2 組合員が死亡により資格を喪失し、又は組合員であつた者が死亡により前項の規定の適用を受けることができないこととなつた場合であつて、かつ、当該組合員又は組合員であつた者の被扶養者が日雇特例被保険者等となつた場合において、当該組合員又は組合員であつた者が死亡した際に家族療養費又は家族訪問看護療養費を受けているとき（当該組合員又は組合員であつた者が死亡した際に当該被扶養者が介護保険法の規定による居宅介護サービス費、特例居宅介護サービス費、地域密着型介護サービス費、特例地域密着型介護サービス費、施設介護サービス費若しくは特例施設介護サービス費又は介護予防サービス費若しくは特例介護予防サービス費を受けているときを含む。）には、当該病気又は負傷及びこれらにより生じた病気について、継続して家族療養費、家族訪問看護療養費又は家族移送費を当該組合員であつた者の被扶養者として現に療養を受けている者に支給する。 3 第二項の規定による給付は、次の各号のいずれかに該当するに至つたときは、行わない。 一 当該病気又は負傷について、健康保険法第五章の規定による療養の給付又は入院時食事療養費、入院時生活療養費、保険外併用療養費、療養費、訪問看護療養費、移送費（次項に規定する移送費を除く。）、家族療養費、家族訪問看護療養費若しくは家族移送費（同項に規定する家族移送費を除く。）の支給を受けることができるに至つたとき。 二 その者が、他の組合の組合員（地方の組合でこれらの給付に相当する給付を行うものの組合員、私学共済制度の加入者、			

健康保険の被保険者（健康保険法第三条第二項に規定する日雇特例被保険者を除く。）及び船員保険の被保険者を含む。第六十一条第二項ただし書、第六十四条ただし書、第六十六条第五項ただし書及び第六十七条第三項ただし書において同じ。）若しくはその被扶養者、国民健康保険の被保険者又は後期高齢者医療の被保険者等となつたとき。

三　組合員の資格を喪失した日から起算して六月を経過したとき。

4　第一項及び第二項の規定による給付は、当該病気又は負傷について、健康保険法第五章の規定による特別療養費（同法第百四十五条第六項において準用する同法第百三十二条の規定により支給される療養費を含む。）又は移送費若しくは家族移送費（当該特別療養費に係る療養を受けるための移送に係る移送費又は家族移送費に限る。）の支給を受けることができる間は、行わない。

（他の法令による療養との調整）

第六十条　他の法令の規定により国又は地方公共団体の負担において療養又は療養費の支給を受けたときは、その受けた限度において、療養の給付又は入院時食事療養費、入院時生活療養費、保険外併用療養費、療養費、訪問看護療養費、移送費、家族療養費、家族訪問看護療養費、家族移送費若しくは高額療養費の支給は、行わない。

2　療養の給付又は入院時食事療養費、入院時生活療養費、保険外併用療養費、療養費、訪問看護療養費、移送費、家族療養費、家族訪問看護療養費若しくは家族移送費の支給は、同一の病気又は負傷に関し、国家公務員災害補償法の規定による通勤による災害に係る療養補償又はこれに相当する補償が行われるときは、行わない。

国家公務員共済組合法

3　療養の給付又は入院時食事療養費、入院時生活療養費、保険外併用療養費、療養費、訪問看護療養費、家族療養費若しくは家族訪問看護療養費の支給は、同一の病気又は負傷に関し、介護保険法の規定によりそれぞれの給付に相当する給付が行われるときは、行わない。

（高額療養費）

第六十条の二　療養の給付につき支払われた第五十五条第二項若しくは第三項に規定する一部負担金（第五十五条の二第一項第一号の措置が採られるときは、当該減額された一部負担金）の額又は療養（食事療養及び生活療養を除く。次項において同じ。）に要した費用の額からその療養に要した費用につき保険外併用療養費、療養費、訪問看護療養費、家族療養費若しくは家族訪問看護療養費として支給される金額に相当する金額を控除した金額（次条第一項において「一部負担金等の額」という。）が著しく高額であるときは、その療養の給付又はその保険外併用療養費、療養費、訪問看護療養費、家族療養費若しくは家族訪問看護療養費の支給を受けた者に対し、高額療養費を支給する。

2　高額療養費の支給要件、支給額その他高額療養費の支給に関し必要な事項は、療養に必要な費用の負担の家計に与える影響及び療養に要した費用の額を考慮して、**政令で定める。**

国家公務員共済組合法施行令

（月間の高額療養費の支給要件及び支給額）

第十一条の三の三　高額療養費は、同一の月における次に掲げる金額を合算した金額から次項から第五項までの規定により支給される高額療養費の額を控除した金額（以下この項において「一部負担金等世帯合算額」という。）が高額療養費算定基準額を超える場合に支給するものとし、その額は、一部負担金等世帯合算額から高額療養費算定基準額を控除した金額とする。

一　組合員（法第五十九条第一項の規定により療養の給付又は保険外併用療養費、療養費若しくは訪問看護療養費の支給を受けている者を含む。以下この条、第十一条の三の五、第十一条の三の六及び附則第三十四条の三第八項において同じ。）又はその被扶養者（法第五十九条第一項又は第二項の規定により支給される家族療養費又は家族訪問看護療養費に係る療養を受けている者を含む。以下この条、第十一条の三の五、第十一条の三の六及び附則第三十四条の三において同じ。）が同一の月にそれぞれ一の病院、診療所、薬局その他の療養機関（以下「病院等」という。）から受けた療養（法第五十四条第二項第一号に規定する食事療養（第八項及び第九項において「食事療養」という。）及び同条第二項第二号に規定する生活療養（第八項及び第九項において

国家公務員共済組合法施行規則

（月間の高額療養費の決定の請求）

第百五条の四　法第六十条の二第一項の規定により高額療養費（令第十一条の三の三の規定により支給される高額療養費に限る。以下この条において同じ。）の支給を受けようとする者は、次に掲げる事項を記載した高額療養費請求書（その者が令第十一条の三の五第一項第五号又は第三項第三号若しくは第四号に掲げる者のいずれかに該当するときは、当該請求書及びその該当することを証明する書類）を組合に提出しなければならない。

一　組合員の氏名、生年月日及び住所並びに組合員証の記号及び番号又は個人番号

二　当該療養を受けた期間

三　当該療養のあつた月以前十二月間における高額療養費の支給状況

四　請求金額並びに払渡金融機関の名称及び預金口座の口座番号

五　その他の必要な事項

（特定給付対象療養）

第百五条の五　令第十一条の三の三第一項第二号に規定する**財務省令で定める**医療に関する給付は、健康保険法施行令（大正十五年勅令第二百四十三号）第四十一条第一項第二号に規定する厚生労働省令で定める医療に関する給付とする。

（特定疾病給付対象療養の認定）

第百五条の五の二　令第十一条の三の三第七

国家公務員共済組合法等の運用方針

法第六十条、第六十条の二

政令第十一条の三の三

「生活療養」という。）並びに当該組合員又はその被扶養者が第八項の規定に該当する場合における同項に規定する療養を除く。以下この項から第五項まで、第十一条の三の六第一項、第三項及び第五項並びに第十一条の三の六の二並びに附則第三十四条の三第一項、第二項及び第八項において同じ。）であつて次号に規定する特定給付対象療養以外のものに係る次のイからへまでに掲げる金額（七十歳に達する日の属する月以前の療養に係るものにあつては、二万千円（第十一条の三の五第五項に規定する七十五歳到達時特例対象療養に係るものにあつては、一万五百円）以上のものに限る。）を合算した金額。

イ　法第五十五条第二項又は第三項に規定する一部負担金（法第五十五条の二第一項第一号の措置が採られるときは、当該減額された一部負担金）の額（ロに規定する場合における当該一部負担金の額を除く。）

ロ　当該療養が法第五十四条第二項第三号に規定する評価療養、同項第四号に規定する患者申出療養又は同項第五号に規定する選定療養を含む場合における法第五十五条第二項又は第三項に規定する一部負担金（法第五十五条の二第一項第一号の措置が採られるときは、当該減額された一部負担金）の額に法第五十五条の五第二項第一号の規定により算定した費用の額（その額が現に当該療養に要した費用の額を超えるときは、現に当該療養に要した費用の額）から当該療養に要した費用につき保険外併用療養費として支給される金額に相当する金額を控除した金額を加

規則第百五条の四、第百五条の五、第百五条の五の二

項の規定による組合の認定（以下この条において単に「認定」という。）を受けようとする者（その者が被扶養者であるときは、その者を扶養する組合員）は、次の各号に掲げる事項を、同項に規定する**財務大臣が定める**医療に関する給付の実施機関（以下この条において単に「実施機関」という。）を経由して、組合に申し出なければならない。

一　組合員証の記号及び番号又は個人番号

二　組合員の氏名

三　認定を受けようとする者の氏名及び生年月日

四　認定を受けようとする者が受けるべき令第十一条の三の三第七項に規定する**財務大臣が定める**医療に関する給付の名称

2　前項の申出については、認定を受けようとする者（その者が被扶養者であるときは、その者を扶養する組合員）が令第十一条の三の五第一項第五号又は第三項第三号若しくは第四号のいずれかに該当するときは、その旨を証する書類を提出しなければならない。

3　組合は、第一項の申出に基づき認定を行つたときは、実施機関を経由して、認定を受けた者（その者が被扶養者であるときは、その者を扶養する組合員）に対し当該者が該当する令第十一条の三の五第一項各号又は第三項各号に掲げる者の区分（第五項及び第六項において「所得区分」という。）を通知しなければならない。

4　認定を受けた者（その者が被扶養者であるときは、その者を扶養する組合員）は、次の各号のいずれかに該当するに至つたときは、遅滞なく、実施機関を経由して、その旨を組合に申し出なければならない。この場合において、第二号に該当するに至つ

国家公務員共済組合法

国家公務員共済組合法施行令

えた金額

ハ　当該療養について算定した費用の額（その額が現に当該療養に要した費用の額を超えるときは、現に当該療養に要した費用の額）から当該療養に要した費用につき療養費として支給される金額に相当する金額を控除した金額

ニ　法第五十六条の二第二項の規定により算定した費用の額からその指定訪問看護（同条第一項に規定する指定訪問看護をいう。ヘ並びに第十一条の三の六第一項、第四項及び第九項において同じ。）に要した費用につき訪問看護療養費として支給される金額に相当する金額を控除した金額

ホ　当該療養について算定した費用の額（その額が現に当該療養に要した費用の額を超えるときは、現に当該療養に要した費用の額）から当該療養に要した費用につき家族療養費として支給される金額に相当する金額を控除した金額

ヘ　法第五十七条の三第二項の規定により算定した費用の額からその指定訪問看護に要した費用につき家族訪問看護療養費として支給される金額に相当する金額を控除した金額

二　組合員又はその被扶養者が同一の月にそれぞれ一の病院等から受けた特定給付対象療養（原子爆弾被爆者に対する援護に関する法律（平成六年法律第百十七号）による一般疾病医療費（第十一条の三の六第六項及び第八項において「原爆一般疾病医療費」という。）の支給その他**財務省令で定める**医療に関する給付が行われるべき療養及び当該組合員又はその被

国家公務員共済組合法施行規則

たことによる申出については、第二項の規定を準用する。

一　令第十一条の三の五第一項第五号又は第三項第三号若しくは第四号のいずれかに該当していた者が、当該いずれかに該当しないこととなつたとき。

二　令第十一条の三の五第一項第五号又は第三項第三号若しくは第四号のいずれかに該当することとなつたとき。

三　認定を受けた者が令第十一条の三の三第七項に規定する**財務大臣が定める**医療に関する給付を受けないこととなつたとき。

5　組合は、認定を受けた者（その者が被扶養者であるときは、その者を扶養する組合員）が該当する所得区分に変更が生じたときは、遅滞なく、実施機関を経由して、当該者に対し変更後の所得区分を通知しなければならない。

6　認定を受けた者は、令第十一条の三の三第一項第一号に規定する病院等から特定疾病給付対象療養（同条第七項に規定する特定疾病給付対象療養をいう。次項及び第百五条の六において同じ。）を受けようとするときは、第三項又は前項の規定により通知された所得区分を当該病院等に申し出なければならない。

7　認定を受けた者（令第十一条の三の五第三項第一号又は第二号に掲げる者及び第百五条の七の二第一項又は第百五条の九第一項の申請書の提出に基づく組合の認定を受けている者を除く。）が特定疾病給付対象療養を受けた場合において、同一の月に同一の保険医療機関等又は指定訪問看護事業者から療養（食事療養及び生活療養並びに令第十一条の三の三第一項第一号に規定する

国家公務員共済組合法等の運用方針

扶養者が第九項の規定による組合の認定を受けた場合における同項に規定する療養をいう。以下同じ。）について、当該組合員又はその被扶養者がなお負担すべき額（七十歳に達する日の属する月以前の特定給付対象療養に係るものにあつては、当該特定給付対象療養に係る前号イからへまでに掲げる金額が二万千円（第十一条の三の五第五項に規定する七十五歳到達時特例対象療養に係るものにあつては、一万五百円）以上のものに限る。）を合算した金額

2　組合員の被扶養者が療養（第十一条の三の五第五項に規定する七十五歳到達時特例対象療養であつて、七十歳に達する日の属する月以前のものに限る。）を受けた場合において、当該被扶養者が同一の月にそれぞれ一の病院等から受けた当該療養に係る次に掲げる金額を当該被扶養者ごとにそれぞれ合算した金額が高額療養費算定基準額を超えるときは、当該それぞれ合算した金額から高額療養費算定基準額を控除した金額の合算額を高額療養費として支給する。

一　被扶養者が受けた当該療養（特定給付対象療養を除く。）に係る前項第一号イからへまでに掲げる金額（一万五百円以上のものに限る。）を合算した金額

二　被扶養者が受けた当該療養（特定給付対象療養に限る。）について、当該被扶養者がなお負担すべき額（当該特定給付対象療養に係る前項第一号イからへまでに掲げる金額が一万五百円以上のものに限る。）を合算した金額

3　組合員又はその被扶養者が療養（七十歳に達する日の属する月の翌月以後の療養に限る。第五項において同じ。）を受けた場合において、当該組合員又はその被扶養者

組合員又はその被扶養者が同条第八項の規定に該当する場合における同項に規定する療養を除く。第百五条の七の二第五項及び第百五条の九第五項において同じ。）を受けたときの令第十一条の三の六第一項又は第三項から第五項までの規定の適用については、当該認定を受けた者は、第百五条の七の二第一項又は第百五条の九第一項の申請書の提出に基づく組合の認定を受けているものとみなす。

（特定疾病に係る療養の認定）

第百五条の五の三　令第十一条の三の三第九項の規定による組合の認定（以下この条において単に「認定」という。）を受けようとする者（その者が被扶養者であるときは、その者を扶養する組合員）は、次の各号に掲げる事項を記載した書類を組合に提出しなければならない。

一　組合員証の記号及び番号又は個人番号

二　認定を受けようとする者の氏名及び生年月日

三　認定を受けようとする者のかかつた健康保険法施行令第四十一条第九項に規定する疾病の名称

2　前項の書類を提出する場合には、認定を受けようとする者が同項第三号に掲げる疾病にかかつたことに関する医師又は歯科医師の意見書その他当該疾病にかかつたことを証明する書類を併せて提出しなければならない。

3　組合は、第一項の書類の提出に基づき認定を行つたときは、認定を受けた者（その者が被扶養者であるときは、その者を扶養する組合員）に対して別紙様式第二十一号の二による特定疾病療養受療証を交付しなければならない。

4　認定を受けた者は、保険医療機関等から

国家公務員共済組合法

国家公務員共済組合法施行令

が同一の月にそれぞれ一の病院等から受けた当該療養に係る次に掲げる金額を合算した金額から次項又は第五項の規定により支給される高額療養費の額を控除した金額（以下この項及び附則第三十四条の三第二項第一号において「七十歳以上一部負担金等世帯合算額」という。）が高額療養費算定基準額を超えるときは、当該七十歳以上一部負担金等世帯合算額から高額療養費算定基準額を控除した金額を高額療養費として支給する。

一 組合員又はその被扶養者が受けた当該療養（特定給付対象療養を除く。）に係る第一項第一号イからへまでに掲げる金額を合算した金額

二 組合員又はその被扶養者が受けた当該療養（特定給付対象療養に限る。）について、当該組合員又はその被扶養者がなお負担すべき額を合算した金額

4 組合員が第一号に掲げる療養を受けた場合又はその被扶養者が第二号に掲げる療養若しくは第三号に掲げる療養（七十歳に達する日の属する月の翌月以後の療養に限る。）を受けた場合において、当該組合員又はその被扶養者が同一の月にそれぞれ一の病院等から受けた当該療養に係る前項第一号及び第二号に掲げる金額を当該組合員又はその被扶養者ごとにそれぞれ合算した金額から次項の規定により支給される高額療養費の額のうち当該組合員又はその被扶養者に係る金額をそれぞれ控除した金額が高額療養費算定基準額を超えるときは、当該それぞれ控除した金額から高額療養費算定基準額を控除した金額の合算額を高額療養費として支給する。

一 高齢者の医療の確保に関する法律（昭

国家公務員共済組合法施行規則

健康保険法施行令第四十一条第九項に規定する療養を受けようとするときは、特定疾病療養受療証を当該保険医療機関等に提出しなければならない。ただし、緊急その他やむを得ない事情により、提出できない場合には、この限りでない。

5 前項ただし書の場合においては、その事情がなくなつた後遅滞なく特定疾病療養受療証を当該保険医療機関等に提出しなければならない。

6 第九十条から第九十四条までの規定は、特定疾病療養受療証について準用する。

7 第一項から前項までの規定は、法第五十九条第一項又は第二項の規定の適用を受ける者について準用する。この場合において、第一項中「被扶養者」とあるのは「法第五十九条第一項の規定の適用を受ける組合員であつた者が退職した際に被扶養者であつた者」と、「その者を扶養する組合員」とあるのは「退職した際にその者を扶養していた組合員であつた者」と、同項第一号中「組合員証」とあるのは「特別療養証明書」と、第三項中「被扶養者」とあるのは「法第五十九条第一項の規定の適用を受ける組合員であつた者が退職した際に被扶養者であつた者」と、「その者を扶養する組合員」とあるのは「退職した際にその者を扶養していた組合員であつた者」と読み替えるものとする。

国家公務員共済組合法等の運用方針

和五十七年法律第八十号）第五十二条第一号に該当し、月の初日以外の日において同法第五十条の規定による被保険者（以下「後期高齢者医療の被保険者」という。）の資格を取得したことにより短期給付に関する規定の適用を受けない組合員となつた者（第三号において「七十五歳到達前組合員」という。）が、同日の前日の属する月（同日以前の期間に限る。第三号において「組合員七十五歳到達月」という。）に受けた療養

二　高齢者の医療の確保に関する法律第五十二条第一号に該当し、月の初日以外の日において後期高齢者医療の被保険者の資格を取得したことにより被扶養者でなくなつた者が、同日の前日の属する月（同日以前の期間に限る。）に受けた療養

三　七十五歳到達前組合員の被扶養者であつた者（当該七十五歳到達前組合員が後期高齢者医療の被保険者の資格を取得したことによりその被扶養者でなくなつた者に限る。）が、当該七十五歳到達前組合員に係る組合員七十五歳到達月に受けた療養

5　組合員又はその被扶養者が療養（法第五十四条第一項第一号から第四号までに掲げる療養（同項第五号に掲げる療養と併せて行うものを除く。）に限る。以下「外来療養」という。）を受けた場合において、当該組合員又はその被扶養者が同一の月にそれぞれ一の病院等から受けた当該外来療養に係る第三項第一号及び第二号に掲げる金額を当該組合員又はその被扶養者ごとにそれぞれ合算した金額が高額療養費算定基準額を超えるときは、当該それぞれ合算した金額から高額療養費算定基準額を控除した金額の合算額を高額療養費として支給する。

国家公務員共済組合法

国家公務員共済組合法施行令

6　組合員又はその被扶養者が特定給付対象療養（当該組合員又はその被扶養者が次項の規定による組合の認定を受けた場合における同項に規定する特定疾病給付対象療養及び当該組合員又はその被扶養者が第九項の規定による組合の認定を受けた場合における同項に規定する療養を除く。）を受けた場合において、当該組合員又はその被扶養者が同一の月にそれぞれ一の病院等から受けた当該特定給付対象療養に係る第一項第一号イからへまでに掲げる金額が高額療養費算定基準額を超えるときは、当該同号イからへまでに掲げる金額から高額療養費算定基準額を控除した金額を高額療養費として支給する。

7　組合員又はその被扶養者が特定疾病給付対象療養（特定給付対象療養（当該組合員又はその被扶養者が第九項の規定による組合の認定を受けた場合における同項に規定する療養を除く。）のうち、治療方法が確立していない疾病その他の疾病であつて、当該疾病にかかることにより長期にわたり療養を必要とすることとなるものの当該療養に必要な費用の負担を軽減するための医療に関する給付として財務大臣が定めるものが行われるべきものをいう。以下この項及び第十一条の三の五第七項において同じ。）を受けた場合において、当該特定疾病給付対象療養を受けた組合員又はその被扶養者が財務省令で定めるところにより組合の認定を受けたものであり、かつ、当該組合員又はその被扶養者が同一の月にそれぞれ一の病院等から受けた当該特定疾病給付対象療養に係る第一項第一号イからへまでに掲げる金額が高額療養費算定基準額を超えるときは、当該同号イからへまでに掲

国家公務員共済組合法施行規則

国家公務員共済組合法等の運用方針

げる金額から高額療養費算定基準額を控除した金額を高額療養費として支給する。

8　組合員又はその被扶養者が生活保護法（昭和二十五年法律第百四十四号）第六条第一項に規定する被保護者である場合において、当該組合員又はその被扶養者が同一の月にそれぞれ一の病院等から受けた療養（食事療養及び生活療養並びに特定給付対象療養を除く。）に係る第一項第一号イからへまでに掲げる金額が高額療養費算定基準額を超えるときは、当該同号イからへまでに掲げる金額から高額療養費算定基準額を控除した金額を高額療養費として支給する。

9　組合員又はその被扶養者が健康保険法施行令（大正十五年勅令第二百四十三号）第四十一条第九項に規定する厚生労働大臣が定める疾病に係る療養（食事療養及び生活療養を除く。）を受けた場合において、当該療養を受けた組合員又はその被扶養者が**財務省令で定める**ところにより組合の認定を受けたものであり、かつ、当該組合員又はその被扶養者が同一の月にそれぞれ一の病院等から受けた当該療養に係る第一項第一号イからへまでに掲げる金額が高額療養費算定基準額を超えるときは、当該同号イからへまでに掲げる金額から高額療養費算定基準額を控除した金額を高額療養費として支給する。

（年間の高額療養費の支給要件及び支給額）

第十一条の三の四　高額療養費は、第一号から第六号までに掲げる金額を合算した金額（以下この項において「基準日組合員合算額」という。）、第七号から第十二号までに掲げる金額を合算した金額（以下この項において「基準日被扶養者合算額」という。）又は第十三号から第十八号までに掲げる金額を合算した金額（以下この項において

（年間の高額療養費の決定の請求等）

第百五条の四の二　法第六十条の二第一項の規定により高額療養費（令第十一条の三の四第一項の規定により支給される高額療養費に限る。以下この条において同じ。）の支給を受けようとする基準日組合員（同項第一号に規定する基準日組合員をいう。以下同じ。）（以下この条において「申請者」という。）は、次に掲げる事項を記載した

国家公務員共済組合法

国家公務員共済組合法施行令

「元被扶養者合算額」という。）のいずれかが高額療養費算定基準額を超える場合に第一号に規定する基準日組合員に支給するものとし、その額は、基準日組合員合算額から高額療養費算定基準額を控除した金額（当該金額が零を下回る場合には、零とする。）に高額療養費按《あん》分率（同号に掲げる金額を、基準日組合員合算額で除して得た率をいう。）を乗じて得た金額、基準日被扶養者合算額から高額療養費算定基準額を控除した金額（当該金額が零を下回る場合には、零とする。）に高額療養費按《あん》分率（第七号に掲げる金額を、基準日被扶養者合算額で除して得た率をいう。）を乗じて得た金額及び元被扶養者合算額から高額療養費算定基準額を控除した金額（当該金額が零を下回る場合には、零とする。）に高額療養費按《あん》分率（第十三号に掲げる金額を、元被扶養者合算額で除して得た率をいう。）を乗じて得た金額の合算額とする。ただし、当該基準日組合員が基準日（計算期間（毎年八月一日から翌年七月三十一日までの期間をいう。以下同じ。）の末日をいう。以下同じ。）において法第五十五条第二項第三号の規定が適用される者である場合は、この限りでない。

一　計算期間（基準日において当該組合の組合員である者（以下この条並びに第十一条の三の六の二第一項、第二項、第五項及び第七項において「基準日組合員」という。）が当該組合の組合員であつた間に限る。）において、当該基準日組合員が当該組合の組合員（法第五十五条第二項第三号の規定が適用される者である場合を除く。）として受けた外来療養（七十歳に達する日の属する月の翌月以

国家公務員共済組合法施行規則

申請書を組合に提出しなければならない。

一　組合員証の記号及び番号又は個人番号

二　計算期間（令第十一条の三の四第一項に規定する計算期間をいう。以下第百五条の五の四及び第百五条の五の七を除き同じ。）の始期及び終期

三　申請者及び基準日被扶養者（令第十一条の三の四第一項第三号に規定する基準日被扶養者をいう。以下同じ。）の氏名及び生年月日

四　申請者が計算期間における当該組合の組合員であつた間に、高額療養費に係る外来療養（令第十一条の三の四第一項第一号に規定する外来療養をいう。以下同じ。）を受けた者の氏名及びその年月

五　申請者及び基準日被扶養者が、計算期間において、それぞれ加入していた医療保険者（高齢者の医療の確保に関する法律第七条第二項に規定する保険者及び同法第四十八条に規定する後期高齢者医療広域連合をいう。以下同じ。）の名称及びその加入期間

六　払渡金融機関の名称及び預金口座の口座番号

2　前項の申請書を提出する場合には、次に掲げる書類を併せて提出しなければならない。ただし、第一号に掲げる証明書は、記載すべき金額が零である場合は、前項の申請書にその旨を記載して、提出を省略することができる。

一　令第十一条の三の四第一項第二号から第十八号までに掲げる金額に関する証明書（同項第三号、第九号又は第十五号に掲げる金額に関する証明書について、組合が不要と認める場合における当該証明書を除く。）

国家公務員共済組合法等の運用方針

後の外来療養に限る。以下この条において同じ。）（法第五十九条第一項又は第二項の規定による給付に係る外来療養（以下この条において「継続給付に係る外来療養」という。）を含む。）に係る次に掲げる金額の合算額（前条第一項から第五項までの規定により高額療養費が支給される場合にあつては、当該基準日組合員に係る支給額を控除した金額とし、法第五十一条に規定する短期給付として次に掲げる金額に係る負担を軽減するための給付が行われる場合にあつては、当該基準日組合員に係る当該給付に相当する金額を控除した金額とする。）

イ　当該外来療養（特定給付対象療養を除く。）に係る前条第一項第一号イからへまでに掲げる金額を合算した金額

ロ　当該外来療養（特定給付対象療養に限る。）について、当該外来療養を受けた者がなお負担すべき金額

二　計算期間（基準日組合員が他の組合の組合員であつた間に限る。）において、当該基準日組合員が当該他の組合の組合員（法第五十五条第二項第三号の規定が適用される者である場合を除く。）として受けた外来療養（継続給付に係る外来療養を含む。）に係る前号に規定する合算額

三　計算期間（基準日組合員の被扶養者（基準日において当該組合の組合員の被扶養者である者に限る。以下この条並びに第十一条の三の六の二第一項（同条第三項において準用する場合を含む。）、第三項及び第五項において「基準日被扶養者」という。）が当該組合の組合員であり、かつ、当該基準日組合員が当該基準日被扶養者の被扶養者であつた間に限

二　基準日における申請者の所得区分を証する書類

3　第一項の規定による申請書の提出を受けた組合は、次に掲げる事項を、前項第一号の証明書を交付した者に対し、遅滞なく通知しなければならない。

一　当該申請者に適用される令第十一条の三の四第一項に規定する基準日組合員合算額、基準日被扶養者合算額及び元被扶養者合算額

二　その他高額療養費の支給に必要な事項

4　精算対象者（計算期間の途中で死亡した被扶養者その他これに準ずる者をいう。以下この項において同じ。）が死亡した日その他これに準ずる日において、当該精算対象者を扶養する組合員は、当該精算対象者に係る高額療養費の金額の算定の申請を行うことができる。この場合においては、当該申請を行う者を第一項の申請者とみなして、同項及び第二項の規定を適用する。

5　前項の申請があつた場合においては、第三項中「通知しなければならない」とあるのは、「通知しなければならない。ただし、精算対象者（計算期間の途中で死亡した被扶養者その他これに準ずる者をいう。）に対する証明書を交付した者以外の者に対する通知は省略することができる」と読み替えて、同項の規定を適用する。

（年間の高額療養費の支給及び証明書の交付の申請等）

第百五条の四の三　法第六十条の二第一項の規定により高額療養費（令第十一条の三の四第二項から第七項までの規定により支給される高額療養費に限る。以下この条において同じ。）の支給を受けようとする者（令第十一条の三の四第二項から第七項までに規定する組合員であつた者をいう。以

国家公務員共済組合法

国家公務員共済組合法施行令

る。）において、当該基準日組合員が当該組合の組合員の被扶養者（法第五十七条第二項第一号ニの規定が適用される者である場合を除く。）として受けた外来療養（継続給付に係る外来療養を含む。）に係る第一号に規定する合算額

四　計算期間（基準日被扶養者が他の組合の組合員であり、かつ、基準日組合員が当該基準日被扶養者の被扶養者であつた間に限る。）において、当該基準日組合員が当該他の組合の組合員の被扶養者（法第五十七条第二項第一号ニの規定が適用される者である場合を除く。）として受けた外来療養（継続給付に係る外来療養を含む。）に係る第一号に規定する合算額

五　計算期間（基準日組合員が保険者等の被保険者等であつた間に限る。）において、当該基準日組合員が当該保険者等の被保険者等（法第五十五条第二項第三号の規定が適用される者に相当する者である場合を除く。）として受けた外来療養について第一号に規定する合算額に相当する金額として財務省令で定めるところにより算定した金額

六　計算期間（基準日被扶養者が保険者等（高齢者の医療の確保に関する法律に基づく後期高齢者医療広域連合を除く。）の被保険者等（後期高齢者医療の被保険者を除く。）であり、かつ、基準日組合員が当該基準日被扶養者の被扶養者等であつた間に限る。）において、当該基準日組合員が当該保険者等の被保険者等の被扶養者等（法第五十七条第二項第一号ニの規定が適用される者に相当する者である場合を除く。）として受けた外来療

国家公務員共済組合法施行規則

下この条において「申請者」という。）は、次に掲げる事項を記載した申請書を組合に提出しなければならない。ただし、第三項第四号に掲げる金額が零である場合にあつては、この限りでない。

一　組合員証の記号及び番号又は個人番号
二　計算期間の始期及び終期
三　基準日に加入する医療保険者の名称
四　申請者及び計算期間においてその被扶養者であつた者の氏名及び生年月日
五　申請者が計算期間における当該組合の組合員であつた間に、高額療養費に係る外来療養を受けた者の氏名及びその年月
六　払渡金融機関の名称及び預金口座の口座番号

2　前項の申請書を提出する場合には、基準日における申請者の所得区分を証する書類を併せて提出しなければならない。

3　組合は、第一項の規定による申請書の提出を受けたときは、次に掲げる事項を記載した証明書を申請者に交付しなければならない。ただし、前条第二項第一号に規定する場合に該当するときは、この限りでない。

一　組合員証の記号及び番号
二　申請者が計算期間において当該組合の組合員であつた期間
三　申請者の氏名及び生年月日
四　令第十一条の三の四第一項第三号、第九号若しくは第十五号に掲げる金額、計算期間（申請者が当該組合の組合員であつた間に限る。）において、当該申請者が当該組合の組合員（法第五十五条第二項第三号の規定が適用される者である場合を除く。）として受けた外来療養に係る令第十一条の三の四第一項第一号に規定する合算額又は計算期間（申請者が当

国家公務員共済組合法等の運用方針

養について第一号に規定する合算額に相当する金額として**財務省令で定めるところ**により算定した金額

七　計算期間（基準日組合員が当該組合の組合員であり、かつ、基準日被扶養者が当該基準日組合員の被扶養者であつた間に限る。）において、当該基準日被扶養者が当該組合の組合員の被扶養者（法第五十七条第二項第一号ニの規定が適用される者である場合を除く。）として受けた外来療養（継続給付に係る外来療養を含む。）に係る第一号に規定する合算額

八　計算期間（基準日組合員が他の組合の組合員であり、かつ、基準日被扶養者が当該基準日組合員の被扶養者であつた間に限る。）において、当該基準日被扶養者が当該他の組合の組合員の被扶養者（法第五十七条第二項第一号ニの規定が適用される者である場合を除く。）として受けた外来療養（継続給付に係る外来療養を含む。）に係る第一号に規定する合算額

九　計算期間（基準日被扶養者が当該組合の組合員であつた間に限る。）において、当該基準日被扶養者が当該組合の組合員（法第五十五条第二項第三号の規定が適用される者である場合を除く。）として受けた外来療養（継続給付に係る外来療養を含む。）に係る第一号に規定する合算額

十　計算期間（基準日被扶養者が他の組合の組合員であつた間に限る。）において、当該基準日被扶養者が当該他の組合の組合員（法第五十五条第二項第三号の規定が適用される者である場合を除く。）として受けた外来療養（継続給付に係る外来療養を含む。）に係る第一号に規定す

該組合の組合員であり、かつ、当該申請者の被扶養者であつた者が当該申請者の被扶養者であつた間に限る。）において、当該申請者の被扶養者であつた者が当該組合の被扶養者（法第五十七条第二項第一号ニの規定が適用される者である場合を除く。）として受けた外来療養に係る令第十一条の三の四第一項第一号に規定する合算額

五　証明書を交付する者の名称及び所在地

六　その他必要な事項

4　前項の証明書を交付した組合は、当該証明書に係る基準日の翌日から二年以内に第一項第三号に掲げる医療保険者から高額療養費の支給に必要な事項の通知が行われない場合において、申請者等に対して当該申請に関する確認を行つたときは、当該証明書に係る同項の申請書は提出されなかつたものとみなすことができる。

5　組合は、精算対象者（計算期間の途中で死亡した者その他これに準ずる者をいう。以下この項において同じ。）に係る高額療養費の金額の算定に必要な第三項の証明書の交付申請を、当該組合の組合員であつた者（当該精算対象者を除く。）から受けたときは、当該証明書を交付しなければならない。

（令第十一条の三の四第一項第五号、第六号、第十一号、第十二号、第十七号及び第十八号の財務省令で定めるところにより算定した金額）

第百五条の五の四　令第十一条の三の四第一項第五号の**財務省令で定めるところ**により算定した金額は、計算期間（同号に規定する計算期間をいう。）において、基準日組合員が該当する次の表の上欄に掲げる期間の区分に応じ、当該期間に当該基準日組合

国家公務員共済組合法

国家公務員共済組合法施行令

る合算額

十一　計算期間（基準日組合員が保険者等（高齢者の医療の確保に関する法律に基づく後期高齢者医療広域連合を除く。）の被保険者等（後期高齢者医療の被保険者を除く。）であり、かつ、基準日被扶養者が当該基準日組合員の被扶養者等であつた間に限る。）において、当該基準日被扶養者が当該保険者等の被保険者等の被扶養者等（法第五十七条第二項第一号ニの規定が適用される者に相当する者である場合を除く。）として受けた外来療養について第一号に規定する合算額に相当する金額として**財務省令で定める**ところにより算定した金額

十二　計算期間（基準日被扶養者が保険者等の被保険者等であつた間に限る。）において、当該基準日被扶養者が当該保険者等の被保険者等（法第五十五条第二項第三号の規定が適用される者に相当する者である場合を除く。）として受けた外来療養について第一号に規定する合算額に相当する金額として**財務省令で定める**ところにより算定した金額

十三　計算期間（基準日組合員が当該組合の組合員であり、かつ、当該基準日組合員の被扶養者であつた者（基準日組合員の被扶養者を除く。）が当該基準日組合員の被扶養者であつた間に限る。）において、当該基準日組合員の被扶養者であつた者（基準日被扶養者を除く。）が当該組合の組合員の被扶養者（法第五十七条第二項第一号ニの規定が適用される者である場合を除く。）として受けた外来療養（継続給付に係る外来療養を含む。）に係る第一号に規定する合算額

国家公務員共済組合法施行規則

員が受けた外来療養に係る同表の下欄に掲げる金額とする。

地方の組合の組合員であつた期間	地方公務員等共済組合法施行令（昭和三十七年政令第三百五十二号）第二十三条の三第一項第一号に規定する合算額
私立学校教職員共済法（昭和二十八年法律第二百四十五号）の規定による私立学校教職員共済制度の加入者であつた期間	私立学校教職員共済法施行令（昭和二十八年政令第四百二十五号）第六条において準用する令第十一条の三の四第一項第一号に規定する合算額
健康保険法の被保険者（日雇特例被保険者（健康保険法施行令第四十一条の二第九項に規定する日雇特例被保険者をいう。以下同じ。）、組合員、地方の組合の組合員及び私立学校教職員共済法の規定による私立学校教職員共済制度の加入者である者を除く。以下同じ。）であつた期間	健康保険法施行令第四十一条の二第一項第一号に規定する合算額
日雇特例被保険者であつた期間	健康保険法施行令第四十四条第二項において準用する同令第四十一条の二第一項第一号に規定する合算額
船員保険の被保険者（組合員及び地方の組合の組合員を除く。以下同じ。）であつた期間	船員保険法施行令（昭和二十八年政令第二百四十号）第八条の二第一項第一号に規定する合算額
令第十一条の三の四第九項に規定す	国民健康保険法施行令第二十九条の

国家公務員共済組合法等の運用方針

政令第十一条の三の四

十四　計算期間（基準日組合員が他の組合の組合員であり、かつ、当該基準日組合員の被扶養者であつた者（基準日被扶養者を除く。）が当該基準日組合員の被扶養者であつた間に限る。）において、当該基準日組合員の被扶養者であつた者（基準日被扶養者を除く。）が当該他の組合の組合員の被扶養者（法第五十七条第二項第一号ニの規定が適用される者である場合を除く。）として受けた外来療養（継続給付に係る外来療養を含む。）に係る第一号に規定する合算額

十五　計算期間（基準日被扶養者が当該組合の組合員であり、かつ、当該基準日被扶養者の被扶養者であつた者（基準日組合員を除く。）が当該基準日被扶養者の被扶養者であつた間に限る。）において、当該基準日被扶養者の被扶養者であつた者（基準日組合員を除く。）が当該組合の組合員の被扶養者（法第五十七条第二項第一号ニの規定が適用される者である場合を除く。）として受けた外来療養（継続給付に係る外来療養を含む。）に係る第一号に規定する合算額

十六　計算期間（基準日被扶養者が他の組合の組合員であり、かつ、当該基準日被扶養者の被扶養者であつた者（基準日組合員を除く。）が当該基準日被扶養者の被扶養者であつた間に限る。）において、当該基準日被扶養者の被扶養者であつた者（基準日組合員を除く。）が当該他の組合の組合員の被扶養者（法第五十七条第二項第一号ニの規定が適用される者である場合を除く。）として受けた外来療養（継続給付に係る外来療養を含む。）に係る第一号に規定する合算額

十七　計算期間（基準日組合員が保険者等

規則第百五条の五の四

る国民健康保険の世帯主等（以下「国民健康保険の世帯主等」という。）であつた期間（同条第一項に規定する基準日（以下「基準日」という。）において、国民健康保険の被保険者でない場合（基準日において当該者と同一の世帯に属する全ての国民健康保険の被保険者が国民健康保険法施行令（昭和三十三年政令第三百六十二号）第二十九条の四の四第一項に掲げる場合に該当する場合を除く。）にあつては、計算期間（令第十一条の三の四第一項に規定する計算期間をいう。）における基準日まで継続して国民健康保険の世帯主等であつた期間を除く。）	高齢者の医療の確保に関する法律の規定による被保険者であつた期間
二の二第一項第一号に規定する合算額	高齢者の医療の確保に関する法律施行令（平成十九年政令第三百十八号）第十四条の二第一項第一号に規定する合算額

2　令第十一条の三の四第一項第六号の**財務省令で定める**ところにより算定した金額は、計算期間（同号に規定する計算期間をいう。）において、基準日被扶養者が該当する前項の表の上欄に掲げる期間の区分に応じ、当該期間に基準日組合員が受けた外来療養に係る同表の下欄に掲げる金額とする。

3　令第十一条の三の四第一項第十一号の**財務省令で定める**ところにより算定した金額は、計算期間（同号に規定する計算期間をいう。）において、基準日組合員が該当す

国家公務員共済組合法

国家公務員共済組合法施行令

（高齢者の医療の確保に関する法律に基づく後期高齢者医療広域連合を除く。）の被保険者等（後期高齢者医療の被保険者を除く。）であり、かつ、当該基準日組合員の被扶養者等であつた者（基準日被扶養者を除く。）が当該基準日組合員の被扶養者等であつた間に限る。）において、当該基準日組合員の被扶養者等であつた者（基準日被扶養者を除く。）が当該保険者等の被保険者等の被扶養者等（法第五十七条第二項第一号ニの規定が適用される者に相当する者である場合を除く。）として受けた外来療養について第一号に規定する合算額に相当する金額として**財務省令で定める**ところにより算定した金額

十八　計算期間（基準日被扶養者が保険者等（高齢者の医療の確保に関する法律に基づく後期高齢者医療広域連合を除く。）の被保険者等（後期高齢者医療の被保険者を除く。）であり、かつ、当該基準日被扶養者の被扶養者等であつた者（基準日組合員を除く。）が当該基準日被扶養者の被扶養者等であつた間に限る。）において、当該基準日被扶養者の被扶養者等であつた者（基準日組合員を除く。）が当該保険者等の被保険者等の被扶養者等（法第五十七条第二項第一号ニの規定が適用される者に相当する者である場合を除く。）として受けた外来療養について第一号に規定する合算額に相当する金額として**財務省令で定める**ところにより算定した金額

2　前項の規定は、計算期間において当該組合の組合員であつた者（基準日被扶養者に限る。）に対する高額療養費の支給につい

国家公務員共済組合法施行規則

る第一項の表の上欄に掲げる期間の区分に応じ、当該期間に基準日被扶養者が受けた外来療養に係る同表の下欄に掲げる金額とする。

4　令第十一条の三の四第一項第十二号の**財務省令で定めるところにより算定した金額**は、計算期間（同号に規定する計算期間をいう。）において、基準日被扶養者が該当する第一項の表の上欄に掲げる期間の区分に応じ、当該期間に当該基準日被扶養者が受けた外来療養に係る同表の下欄に掲げる金額とする。

5　令第十一条の三の四第一項第十七号の**財務省令で定めるところにより算定した金額**は、計算期間（同号に規定する計算期間をいう。）において、基準日組合員が該当する第一項の表の上欄に掲げる期間の区分に応じ、当該期間に当該基準日組合員の被扶養者等（同条第十項に規定する被扶養者等をいう。次項及び第百五条の十三において同じ。）であつた者（基準日被扶養者を除く。）が受けた外来療養に係る同表の下欄に掲げる金額とする。

6　令第十一条の三の四第一項第十八号の**財務省令で定めるところにより算定した金額**は、計算期間（同号に規定する計算期間をいう。）において、基準日被扶養者が該当する第一項の表の上欄に掲げる期間の区分に応じ、当該期間に当該基準日被扶養者の被扶養者等であつた者（基準日組合員を除く。）が受けた外来療養に係る同表の下欄に掲げる金額とする。

（令第十一条の三の四第五項の財務省令で定めるところにより算定した金額）

第百五条の五の五　令第十一条の三の四第五項の**財務省令で定める**ところにより算定し

国家公務員共済組合法等の運用方針

て準用する。この場合において、同項中「同号」とあるのは「第三号」と、「（第七号」とあるのは「（第九号」と、「（第十三号」とあるのは「（第十五号」と、同項ただし書中「第五十五条第二項第三号」とあるのは「第五十七条第二項第一号ニ」と読み替えるものとする。

3　第一項の規定は、計算期間において当該組合の組合員であつた者（基準日において他の組合の組合員である者に限る。）に対する高額療養費の支給について準用する。この場合において、次の表の上欄に掲げる規定中同表の中欄に掲げる字句は、それぞれ同表の下欄に掲げる字句に読み替えるものとする。

第一項	同号に掲げる	第二号に掲げる金額のうち、計算期間（毎年八月一日から翌年七月三十一日までの期間をいう。以下同じ。）（第三項に規定する者が当該組合の組合員であつた期間に限る。）において当該第三項に規定する者が当該組合の組合員（法第五十五条第二項第三号の規定が適用される者である場合を除く。）として受けた第二号に規定する外来療養に係る
	第七号に掲げる	第八号に掲げる金額のうち、計算期間（第三項に規定する者が当該組合の組合員であり、かつ、第三号に規定する基準日被

た金額は、組合員であつた者が基準日において該当する次の表の上欄に掲げる者の区分に応じ、それぞれ同表の下欄に掲げる金額とする。

地方の組合の組合員	地方公務員等共済組合法施行令第二十三条の三の三第一項各号に掲げる金額
私立学校教職員共済法の規定による私立学校教職員共済制度の加入者	私立学校教職員共済法施行令第六条において準用する令第十一条の三の四第一項各号に掲げる金額
健康保険法の被保険者	健康保険法施行令第四十一条の二第一項各号に掲げる額
日雇特例被保険者	健康保険法施行令第四十四条第二項において準用する同令第四十一条の二第一項各号に掲げる額
船員保険の被保険者	船員保険法施行令第八条の二第一項各号に掲げる額
国民健康保険の世帯主等（国民健康保険の被保険者である者に限り、国民健康保険法施行令第二十九条の四の四第一項に掲げる場合に該当する者を除く。）	国民健康保険法施行令第二十九条の二の二第一項各号に掲げる額

（令第十一条の三の四第六項において準用する同条第五項の財務省令で定めるところにより算定した金額）

第百五条の五の六　令第十一条の三の四第六項において準用する同条第五項の**財務省令で定めるところ**により算定した金額は、組合員であつた者が基準日において該当する

		扶養者が当該同項に規定する者の被扶養者であつた間に限る。）において、当該基準日被扶養者が当該組合の組合員の被扶養者（法第五十七条第二項第一号ニの規定が適用される者である場合を除く。）として受けた第八号に規定する外来療養に係る
	第十三号に掲げる	第十四号に掲げる金額のうち、計算期間（第三項に規定する者が当該組合の組合員であり、かつ、当該同項に規定する者の被扶養者であつた者（当該基準日被扶養者を除く。）が当該同項に規定する者の被扶養者であつた間に限る。）において、当該同項に規定する者の被扶養者であつた者（当該基準日被扶養者を除く。）が当該組合の組合員の被扶養者（法第五十七条第二項第一号ニの規定が適用される者である場合を除く。）として受けた第十四号に規定する外来療養に係る
第一項ただし書	（毎年八月一日から翌年七月三十一日までの期間をいう。以下同じ。）の末日	の末日

次の表の上欄に掲げる者の区分に応じ、それぞれ同表の下欄に掲げる金額とする。

地方の組合の組合員の被扶養者	地方公務員等共済組合法施行令第二十三条の三の三第二項において準用する同条第一項各号に掲げる金額
私立学校教職員共済法の規定による私立学校教職員共済制度の加入者の被扶養者	私立学校教職員共済法施行令第六条において準用する令第十一条の三の四第二項において準用する同条第一項各号に掲げる金額
健康保険法の被保険者の被扶養者	健康保険法施行令第四十一条の二第二項において準用する同条第一項各号に掲げる額
日雇特例被保険者の被扶養者	健康保険法施行令第四十四条第二項において準用する同令第四十一条の二第二項において準用する同条第一項各号に掲げる額
船員保険の被保険者の被扶養者	船員保険法施行令第八条の二第二項において準用する同条第一項各号に掲げる額
国民健康保険の世帯主等の世帯員（国民健康保険法施行令第二十九条の二の二第一項第三号に規定する世帯員をいう。）	国民健康保険法施行令第二十九条の二の二第二項において準用する同条第一項各号に掲げる額

（令第十一条の三の四第七項の財務省令で定めるところにより算定した金額）

第百五条の五の七　令第十一条の三の四第七項の**財務省令で定めるところ**により算定した金額は、次に掲げる金額とする。

第一項第一号	おいて当該	おいて他の
	）が当該組合	）が当該他の組合（以下この項において「基準日組合」という。）
	組合の組合員（	基準日組合の組合員（
第一項第二号	他の	基準日組合以外の
第一項第三号	おいて当該組合	おいて基準日組合
	が当該組合	が当該基準日組合
第一項第四号	他の	基準日組合以外の
第一項第七号	当該組合の組合員で	基準日組合の組合員で
	組合の組合員の	基準日組合の組合員の
第一項第八号	他の	基準日組合以外の
第一項第九号	当該組合の組合員で	基準日組合の組合員で
	組合の組合員（	基準日組合の組合員（
第一項第十号	他の	基準日組合以外の
第一項第十三号	当該組合の組合員で	基準日組合の組合員で
	組合の組合員の	基準日組合の組合員の
第一項第十四号	他の	基準日組合以外の
第一項第十五号	当該組合の組合員で	基準日組合の組合員で

一　高齢者の医療の確保に関する法律施行令第十四条の二第一項各号に掲げる額

二　計算期間（基準日後期高齢者医療被保険者（令第十一条の三の四第七項に規定する基準日後期高齢者医療被保険者をいう。以下この条において同じ。）が組合等（高齢者の医療の確保に関する法律施行令第十四条の二第五項に規定する組合等をいう。以下この条において同じ。）の組合員等（同令第十四条の二第六項に規定する組合員等をいう。以下この条において同じ。）であり、かつ、当該基準日後期高齢者医療被保険者の被扶養者等（同令第十四条の二第七項に規定する被扶養者等をいう。以下この条において同じ。）であつた者（基準日世帯被保険者（同令第十四条の二第一項第四号に規定する基準日世帯被保険者をいう。以下この条において同じ。）（基準日後期高齢者医療被保険者を除く。以下この条において同じ。）を除く。）が当該基準日後期高齢者医療被保険者の被扶養者等であつた期間に限る。）において、当該基準日後期高齢者医療被保険者の被扶養者等であつた者（基準日世帯被保険者を除く。）が当該組合等の組合員等の被扶養者等（法第五十七条第二項第一号ニの規定が適用される者に相当する者である場合を除く。）として受けた外来療養について令第十一条の三の四第一項第一号に規定する合算額及び前条で定めるところにより算定した金額の合算額の合算額

三　計算期間（基準日世帯被保険者が組合等の組合員等であり、かつ、当該基準日世帯被保険者の被扶養者等であつた者（基準日後期高齢者医療被保険者を除く。）が基準日世帯被保険者の被扶養者

国家公務員共済組合法

国家公務員共済組合法施行令

	組合の組合員の	基準日組合の組合員の
第一項第十六号	他の	基準日組合以外の

4　第一項の規定は、計算期間において当該組合の組合員であつた者（基準日において他の組合の組合員の被扶養者である者に限る。）に対する高額療養費の支給について準用する。この場合において、次の表の上欄に掲げる規定中同表の中欄に掲げる字句は、それぞれ同表の下欄に掲げる字句に読み替えるものとする。

第一項	同号に掲げる	第四号に掲げる金額のうち、計算期間（毎年八月一日から翌年七月三十一日までの期間をいう。以下同じ。）（第四項に規定する者が当該組合の組合員であり、かつ、第一号に規定する基準日組合員が当該同項に規定する者の被扶養者であつた間に限る。）において、当該基準日組合員が当該組合の組合員の被扶養者（法第五十七条第二項第一号ニの規定が適用される者である場合を除く。）として受けた第四号に規定する外来療養に係る
	第七号に掲げる	第十号に掲げる金額のうち、計算期間（第四項に規定する者が当該組合の組合

国家公務員共済組合法施行規則

等であつた間に限る。）において、当該基準日世帯被保険者の被扶養者等であつた者（基準日後期高齢者医療被保険者を除く。）が当該組合等の組合員等の被扶養者等（法第五十七条第二項第一号ニの規定が適用される者に相当する者である場合を除く。）として受けた外来療養について令第十一条の三の四第一項第一号に規定する合算額及び前条で定めるところにより算定した金額の合算額の合算額

国家公務員共済組合法等の運用方針

第一項ただし書			
第五十五条第二項第三号	（毎年八月一日から翌年七月三十一日までの期間をいう。以下同じ。）の末日	第十三号に掲げる	
第五十七条第二項第一号ニ	の末日	第十六号に掲げる金額のうち、計算期間（第四項に規定する者が当該組合の組合員であり、かつ、当該同項に規定する者の被扶養者であつた者（当該基準日組合員を除く。）が当該同項に規定する者の被扶養者であつた間に限る。）において、当該同項に規定する者の被扶養者であつた者（当該基準日組合員を除く。）が当該組合の組合員の被扶養者（法第五十七条第二項第一号ニの規定が適用される者である場合を除く。）として受けた第十六号に規定する外来療養に係る	員であつた間に限る。）において、当該第四項に規定する者が当該組合の組合員（法第五十五条第二項第三号の規定が適用される者である場合を除く。）として受けた第十号に規定する外来療養に係る

国家公務員共済組合法

国家公務員共済組合法施行令

第一項第一号	おいて当該	おいて他の
	）が当該組合	）が当該他の組合（以下この項において「基準日組合」という。）
	組合の組合員（	基準日組合の組合員（
第一項第二号	他の	基準日組合以外の
第一項第三号	おいて当該組合	おいて基準日組合
	が当該組合	が当該基準日組合
第一項第四号	他の	基準日組合以外の
第一項第七号	当該組合の組合員で	基準日組合の組合員で
	組合の組合員の	基準日組合の組合員の
第一項第八号	他の	基準日組合以外の
第一項第九号	当該組合の組合員で	基準日組合の組合員で
	組合の組合員（	基準日組合の組合員（
第一項第十号	他の	基準日組合以外の
第一項第十三号	当該組合の組合員で	基準日組合の組合員で
	組合の組合員の	基準日組合の組合員の
第一項第十四号	他の	基準日組合以外の
第一項	当該組合の組	基準日組合の組

国家公務員共済組合法施行規則

国家公務員共済組合法等の運用方針

第十五号	合員で	合員で
	組合の組合員の	基準日組合の組合員の
第十六号第一項	他の	基準日組合以外の

5　計算期間において当該組合の組合員であつた者（基準日において保険者等（高齢者の医療の確保に関する法律に基づく後期高齢者医療広域連合を除く。）の被保険者等（第九項に規定する国民健康保険の世帯主等であつて組合員又はその被扶養者である者及び後期高齢者医療の被保険者を除く。）である者に限る。以下この項において「基準日被保険者等」という。）に対する高額療養費は、次の表の上欄に掲げる金額のいずれかが高額療養費算定基準額を超える場合に支給するものとし、その額は、同表の中欄に掲げる金額（当該金額が零を下回る場合には、零とする。）にそれぞれ同表の下欄に掲げる率を乗じて得た金額の合算額とする。ただし、当該基準日被保険者等が基準日において法第五十五条第二項第三号の規定が適用される者に相当する者である場合は、この限りでない。

基準日被保険者等を基準日組合員と、基準日被扶養者等（基準日において当該基準日被保険者等の被扶養者等である者をいう。以下この表において同じ。）を基準日被扶養者とそれぞれみなして**財務省令**	基準日被保険者等合算額から高額療養費算定基準額を控除した金額	基準日被保険者等合算額のうち、基準日被保険者等を基準日組合員と、基準日被扶養者等を基準日被扶養者とそれぞれみなして**財務省令**で**定める**ところにより算定した第一項第一号に掲げる金額に相当

国家公務員共済組合法

国家公務員共済組合法施行令

で定めるところにより算定した第一項第一号から第六号までに掲げる金額に相当する金額を合算した金額（以下この表において「基準日被保険者等合算額」という。）		する金額を、基準日被保険者等合算額で除して得た率
基準日被保険者等を基準日組合員と、基準日被扶養者等を基準日被扶養者とそれぞれみなして財務省令で定めるところにより算定した第一項第七号から第十二号までに掲げる金額に相当する金額を合算した金額（以下この表において「基準日被扶養者等合算額」という。）	基準日被扶養者等合算額から高額療養費算定基準額を控除した金額	基準日被扶養者等合算額のうち、基準日被保険者等を基準日組合員と、基準日被扶養者等を基準日被扶養者とそれぞれみなして財務省令で定めるところにより算定した第一項第七号に掲げる金額に相当する金額を、基準日被扶養者等合算額で除して得た率
基準日被保険者等を基準日組合員と、基準日被扶養者等を基準日被扶養者とそれぞれみなして財務省令で定めるところにより算定した第一項第十三号から第十八号までに掲げる金額に相当する金額を合算した金額（以下この表において「元被扶養者合算額」	元被扶養者合算額から高額療養費算定基準額を控除した金額	元被扶養者合算額のうち、基準日被保険者等を基準日組合員と、基準日被扶養者等を基準日被扶養者とそれぞれみなして財務省令で定めるところにより算定した第一項第十三号に掲げる金額に相当する金額を、元被扶養者合算額で除して得た率

国家公務員共済組合法施行規則

国家公務員共済組合法等の運用方針

という。）

6 前項の規定は、計算期間において当該組合の組合員であつた者（基準日において保険者等（高齢者の医療の確保に関する法律に基づく後期高齢者医療広域連合を除く。）の被保険者等（後期高齢者医療の被保険者を除く。）の被扶養者等である者に限る。）に対する高額療養費の支給について準用する。この場合において、同項ただし書中「第五十五条第二項第三号」とあるのは「第五十七条第二項第一号ニ」と、同項の表中「を基準日組合員と、基準日被扶養者等（」とあるのは「（基準日において保険者等（高齢者の医療の確保に関する法律に基づく後期高齢者医療広域連合を除く。）の被保険者等（後期高齢者医療の被保険者を除く。）である者をいう。以下この表において同じ。）を基準日組合員と、基準日被扶養者等（」と、「第一項第三号に」と、「第一項第一号に」とあるのは「第一項第七号に」とあるのは「第一項第九号に」と、「第一項第十三号に」とあるのは「第一項第十五号に」と読み替えるものとする。

7 計算期間において当該組合の組合員であつた者（基準日において後期高齢者医療の被保険者である者に限る。以下この項において「基準日後期高齢者医療被保険者」という。）に対する高額療養費は、次の表の上欄に掲げる金額のいずれかが高額療養費算定基準額を超える場合に支給するものとし、その額は、同表の中欄に掲げる金額（当該金額が零を下回る場合には、零とする。）にそれぞれ同表の下欄に掲げる率を乗じて得た金額の合算額とする。ただし、当該基準日後期高齢者医療被保険者が基準日において法第五十五条第二項第三号の規

国家公務員共済組合法

国家公務員共済組合法施行令

定が適用される者に相当する者である場合は、この限りでない。

基準日後期高齢者医療被保険者を基準日組合員と、基準日後期高齢者医療被保険者以外後期高齢者医療被保険者（基準日において当該基準日後期高齢者医療被保険者と同一の世帯に属する当該基準日後期高齢者医療被保険者以外の後期高齢者医療の被保険者をいう。以下この表において同じ。）を基準日被扶養者とそれぞれみなして財務省令で定めるところにより算定した第一項第一号から第六号までに掲げる金額に相当する金額を合算した金額（以下この表において「基準日後期高齢者医療被保険者合算額」という。）	基準日後期高齢者医療被保険者を基準日組合員と、基準日後期高齢者医療被保険者以外後期高齢者医療被保険者を基準日被扶養者とそれぞれみなし
基準日後期高齢者医療被保険者合算額から高額療養費算定基準額を控除した金額	基準日後期高齢者医療被保険者以外後期高齢者医療被保険者合算額から高
基準日後期高齢者医療被保険者合算額のうち、基準日後期高齢者医療被保険者を基準日組合員と、基準日後期高齢者医療被保険者以外後期高齢者医療被保険者を基準日被扶養者とそれぞれみなして財務省令で定めるところにより算定した第一項第一号に掲げる金額に相当する金額を、基準日後期高齢者医療被保険者合算額で除して得た率	基準日後期高齢者医療被保険者以外後期高齢者医療被保険者合算額のうち、基準日後期高齢者医療被保険者を基準日組合員と、基準日後期高齢者医

国家公務員共済組合法施行規則

国家公務員共済組合法等の運用方針

て財務省令で定めるところにより算定した第一項第七号から第十二号までに掲げる金額に相当する金額を合算した金額（以下この表において「基準日後期高齢者医療被保険者以外後期高齢者医療被保険者合算額」という。）	額療養費算定基準額を控除した金額	療被保険者以外後期高齢者医療被保険者を基準日被扶養者とそれぞれみなして財務省令で定めるところにより算定した第一項第七号に掲げる金額に相当する金額を、基準日後期高齢者医療被保険者以外後期高齢者医療被保険者合算額で除して得た率
基準日後期高齢者医療被保険者を基準日組合員と、基準日後期高齢者医療被保険者以外後期高齢者医療被保険者を基準日被扶養者とそれぞれみなして財務省令で定めるところにより算定した第一項第十三号から第十八号までに掲げる金額に相当する金額を合算した金額（以下この表において「元被扶養者合算額」という。）	元被扶養者合算額から高額療養費算定基準額を控除した金額	元被扶養者合算額のうち、基準日後期高齢者医療被保険者を基準日組合員と、基準日後期高齢者医療被保険者以外後期高齢者医療被保険者を基準日被扶養者とそれぞれみなして財務省令で定めるところにより算定した第一項第十三号に掲げる金額に相当する金額を、元被扶養者合算額で除して得た率

8　第一項（第二項から第四項までにおいて準用する場合を含む。）、第五項（第六項において準用する場合を含む。）及び第六項において「保険者等」とは、地方の組合、日本私立学校振興・共済事業団、健康保険（健康保険法第三条第二項に規定する日雇特例被保険者（第十一条の三の六の三第五

国家公務員共済組合法	国家公務員共済組合法施行令	国家公務員共済組合法施行規則	国家公務員共済組合法等の運用方針
	項において「日雇特例被保険者」という。）の保険者を除く。）の保険者としての全国健康保険協会、健康保険組合、同法第百二十三条第一項の規定による保険者としての全国健康保険協会、船員保険法（昭和十四年法律第七十三号）の規定により医療に関する給付を行う全国健康保険協会、市町村（特別区を含む。）、国民健康保険組合又は高齢者の医療の確保に関する法律に基づく後期高齢者医療広域連合をいう。 9　第一項（第二項から第四項までにおいて準用する場合を含む。）、第五項（第六項において準用する場合を含む。）及び第六項において「被保険者等」とは、地方の組合の組合員、私学共済制度の加入者（法第五十五条第一項第二号に規定する私学共済制度の加入者をいう。第十一条の三の六の三第五項において同じ。）、健康保険の被保険者（日雇特例被保険者であつた者（健康保険法施行令第四十一条の二第九項に規定する日雇特例被保険者であつた者をいう。第十一条の三の六の三第五項において同じ。）を含む。）、船員保険の被保険者、国民健康保険の被保険者の属する世帯の世帯主若しくは国民健康保険組合の組合員（以下「国民健康保険の世帯主等」という。）又は後期高齢者医療の被保険者をいう。 10　第一項（第二項から第四項までにおいて準用する場合を含む。）、第五項（第六項において準用する場合を含む。）及び第六項において「被扶養者等」とは、地方公務員等共済組合法（昭和三十七年法律第百五十二号）、私立学校教職員共済法（昭和二十八年法律第二百四十五号）、健康保険法若しくは船員保険法の規定による被扶養者又は国民健康保険の世帯主等と同一の世帯に		

属する当該国民健康保険の世帯主等以外の国民健康保険の被保険者をいう。

（高額療養費算定基準額）

第十一条の三の五　第十一条の三の三第一項の高額療養費算定基準額は、次の各号に掲げる者の区分に応じ、当該各号に定める金額とする。

一　次号から第五号までに掲げる者以外の者　八万百円と、第十一条の三の三第一項第一号及び第二号に掲げる金額を合算した金額に係る療養につき**財務省令で定めるところ**により算定した当該療養に要した費用の額（その額が二十六万七千円に満たないときは、二十六万七千円）から二十六万七千円を控除した金額に百分の一を乗じて得た金額（その金額に一円未満の端数がある場合において、その端数金額が五十銭未満であるときは、これを切り捨てた金額とし、その端数金額が五十銭以上であるときは、これを一円に切り上げた金額とする。）との合算額。ただし、当該療養のあつた月以前の十二月以内に既に高額療養費（同条第一項から第四項までの規定によるものに限る。）が支給されている月数が三月以上ある場合（以下この条及び次条第一項において「高額療養費多数回該当の場合」という。）にあつては、四万四千四百円とする。

二　療養のあつた月の標準報酬の月額が八十三万円以上の組合員又はその被扶養者　二十五万二千六百円と、第十一条の三の三第一項第一号及び第二号に掲げる金額を合算した金額に係る療養につき**財務省令で定めるところ**により算定した当該療養に要した費用の額（その額が八十四万二千円に満たないときは、八十四万二

（高額療養費に係る療養に要した費用の額）

第百五条の六　令第十一条の三の五第一項第一号、第二号若しくは第三号に規定する**財務省令で定めるところ**により算定した療養に要した費用の額、同条第二項第一号、第二号若しくは第三号に規定した療養に要した費用の額、同条第三項第二号若しくは第四項第二号に規定する**財務省令で定めるところ**により算定した療養に要した費用の額又は同条第六項第一号若しくは第七項第一号イ、ロ若しくはハ若しくは第二号ロに規定する**財務省令で定めるところ**により算定した特定給付対象療養（令第十一条の三の三第一項第二号に規定する特定給付対象療養をいう。）若しくは特定疾病給付対象療養に要した費用の額は、同項第一号及び第二号に掲げる合算した金額、同条第二項第一号及び第二号に掲げる合算した金額、同条第三項第一号及び第二号に掲げる合算した金額又は同条第一項第一号イからヘまでに掲げる金額につき次の各号に掲げる区分に応じ、当該各号に定める費用の額又はその合算額とする。

一　令第十一条の三の三第一項第一号イに掲げる金額　次のイ又はロに掲げる区分に応じ、当該イ又はロに定める額

イ　法第五十五条第二項の規定により当該額を算定する場合にその例によることとされる健康保険法第七十六条第二項の規定により算定される費用の額

ロ　法第五十五条第三項に規定する運営規則で定める金額に係る療養に要した費用の額

二　令第十一条の三の三第一項第一号ロに

〈参考〉

○健康保険法施行令第四十一条第九項の規定に基づき厚生労働大臣が定める治療及び疾病を定める件

（昭和五十九年九月二十八日厚生省告示第百五十六号）

最終改正　平二一厚労告二九一

健康保険法施行令（大正十五年勅令第二百四十三号）第四十一条第六項の規定に基づき、厚生大臣が定める治療及び疾病を次のように定め、昭和五十九年十月一日から適用する。

一　人工腎《じん》臓を実施している慢性腎《じん》不全

二　血漿《しょう》分画製剤を投与している先天性血液凝固第Ⅷ因子障害又は先天性血液凝固第Ⅸ因子障害

三　抗ウイルス剤を投与している後天性免疫不全症候群（ＨＩＶ感染を含み、厚生労働大臣の定める者に係るものに限る。）

国家公務員共済組合法

国家公務員共済組合法施行令

千円）から八十四万二千円を控除した金額に百分の一を乗じて得た金額（その金額に一円未満の端数がある場合において、その端数金額が五十銭未満であるときは、これを切り捨てた金額とし、その端数金額が五十銭以上であるときは、これを一円に切り上げた金額とする。）との合算額。ただし、高額療養費多数回該当の場合にあつては、十四万百円とする。

三　療養のあつた月の標準報酬の月額が五十三万円以上八十三万円未満の組合員又はその被扶養者　十六万七千四百円と、第十一条の三の三第一項第一号及び第二号に掲げる金額を合算した金額に係る療養につき財務省令で定めるところにより算定した当該療養に要した費用の額（その額が五十五万八千円に満たないときは、五十五万八千円）から五十五万八千円を控除した金額に百分の一を乗じて得た金額（その金額に一円未満の端数がある場合において、その端数金額が五十銭未満であるときは、これを切り捨てた金額とし、その端数金額が五十銭以上であるときは、これを一円に切り上げた金額とする。）との合算額。ただし、高額療養費多数回該当の場合にあつては、九万三千円とする。

四　療養のあつた月の標準報酬の月額が二十八万円未満の組合員又はその被扶養者（次号に掲げる者を除く。）　五万七千六百円。ただし、高額療養費多数回該当の場合にあつては、四万四千四百円とする。

五　市町村民税非課税者（療養のあつた月の属する年度（当該療養のあつた月が四月から七月までの場合にあつては、前年度）分の地方税法（昭和二十五年法律第

国家公務員共済組合法施行規則

掲げる金額　法第五十五条の五第二項第一号の規定により算定した費用の額（その額が現に当該療養に要した費用の額を超えるときは、現に当該療養に要した費用の額）に前号に定める額を加えた額

三　令第十一条の三の三第一項第一号ハに掲げる金額　法第五十六条第三項の規定により算定した費用の額（食事療養及び生活療養について算定した費用の額を除くものとし、その額が現に療養に要した費用の額を超えるときは、現にその療養に要した費用の額とする。）

四　令第十一条の三の三第一項第一号ニに掲げる金額　法第五十六条の二第二項の規定により算定した費用の額

五　令第十一条の三の三第一項第一号ホに掲げる金額　当該療養（食事療養及び生活療養を除く。）について算定した費用の額（その額が現に当該療養に要した費用の額を超えるときは、現に当該療養に要した費用の額）

六　令第十一条の三の三第一項第一号へに掲げる金額　法第五十七条の三第二項の規定により算定した費用の額

（令第十一条の三の五第一項第五号に規定する財務省令で定める者等）

第百五条の七　令第十一条の三の五第一項第五号に規定する**財務省令で定める者**は、令第十一条の三の三第一項の規定による高額療養費の支給があり、かつ、令第十一条の三の六第一項第一号ホの規定の適用を受ける者として食事療養標準負担額又は生活療養標準負担額について減額があるならば生活保護法（昭和二十五年法律第百四十四号）第六条第二項に規定する要保護者に該当しないこととなる者とする。

国家公務員共済組合法等の運用方針

〈参考　平二六改正令附則〉

（国家公務員共済組合法施行令の一部改正に伴う経過措置）

第五条　施行日（平成二十六年四月一日）前に行われた療養に係る国家公務員共済組合法の規定による高額療養費の支給（次項に規定する療養に係るものを除く。）及び高額介護合算療養費の支給については、なお従前の例による。

2　新国共済令第十一条の三の五第六項又は第七項の規定は、平成二十一年五月一日から施行日の前日までに行われた療養であつて、旧国共済令附則第三十四条の四第一項の規定により読み替えて適用する旧国共済令第十一条の三の四第六項に規定する特定給付対象療養又は旧国共済令第十一条の三の四第七項に規定する特定疾患給付対象療養に該当するものに係る国家公務員共済組合法の規定による高額療養費の支給についても適用する。

政令第十一条の三の五

二百二十六号）の規定による市町村民税（同法の規定による特別区民税を含むものとし、同法第三百二十八条の規定によつて課する所得割を除く。第十一条の三の六の三第一項第五号において同じ。）が課されない者（市町村（特別区を含む。同号において同じ。）の条例で定めるところにより当該市町村民税を免除された者を含むものとし、当該市町村民税の賦課期日において同法の施行地に住所を有しない者を除く。）をいう。第三項第三号において同じ。）である組合員若しくはその被扶養者又は当該療養のあつた月において要保護者（生活保護法第六条第二項に規定する要保護者をいう。第三項において同じ。）である者であつて**財務省令で定める**ものに該当する組合員若しくはその被扶養者（第二号及び第三号に掲げる者を除く。）　三万五千四百円。ただし、高額療養費多数回該当の場合にあつては、二万四千六百円とする。

2　第十一条の三の三第二項の高額療養費算定基準額は、当該被扶養者に係る次の各号に掲げる組合員の区分に応じ、当該各号に定める金額とする。

一　次号から第五号までに掲げる組合員以外の組合員　四万五十円と、第十一条の三の三第二項第一号及び第二号に掲げる金額を合算した金額に係る療養につき**財務省令で定める**ところにより算定した当該療養に要した費用の額（その額が十三万三千五百円に満たないときは、十三万三千五百円）から十三万三千五百円を控除した金額に百分の一を乗じて得た金額（その金額に一円未満の端数がある場合において、その端数金額が五十銭未満であるときは、これを切り捨てた金額とし、

規則第百五条の六、第百五条の七

2　令第十一条の三の五第三項第三号（同条第四項第三号において引用する場合を含む。）に規定する**財務省令で定める**者は、令第十一条の三の三第三項又は第四項の規定による高額療養費の支給があり、かつ、令第十一条の三の六第一項第二号ハ又は第三号ハの規定の適用を受ける者として食事療養標準負担額又は生活療養標準負担額について減額があるならば生活保護法第六条第二項に規定する要保護者に該当しないこととなる者とする。

3　令第十一条の三の五第三項第四号（同条第四項第四号において引用する場合を含む。）に規定する**財務省令で定める**者は、令第十一条の三の三第三項又は第四項の規定による高額療養費の支給があり、かつ、令第十一条の三の六第一項第二号ニ又は第三号ニの規定の適用を受ける者として食事療養標準負担額又は生活療養標準負担額について減額があるならば生活保護法第六条第二項に規定する要保護者に該当しないこととなる者とする。

4　中国残留邦人等の円滑な帰国の促進並びに永住帰国した中国残留邦人等及び特定配偶者の自立の支援に関する法律（平成六年法律第三十号。以下この項において「支援法」という。）第十四条第一項に規定する支援給付（中国残留邦人等の円滑な帰国の促進及び永住帰国後の自立の支援に関する法律の一部を改正する法律（平成十九年法律第百二十七号。以下この項において「平成十九年改正法」という。）附則第四条第一項に規定する支援給付及び中国残留邦人等の円滑な帰国の促進及び永住帰国後の自立の支援に関する法律の一部を改正する法律（平成二十五年法律第百六号。以下この項において「平成二十五年改正法」という。）

国家公務員共済組合法

国家公務員共済組合法施行令

その端数金額が五十銭以上であるときは、これを一円に切り上げた金額とする。）との合算額。ただし、高額療養費多数回該当の場合にあつては、二万二千二百円とする。

二　前項第二号に規定する組合員　十二万六千三百円と、第十一条の三の三第二項第一号及び第二号に掲げる金額を合算した金額に係る療養につき**財務省令で定める**ところにより算定した当該療養に要した費用の額（その額が四十二万千円に満たないときは、四十二万千円）から四十二万千円を控除した金額に百分の一を乗じて得た金額（その金額に一円未満の端数がある場合において、その端数金額が五十銭未満であるときは、これを切り捨てた金額とし、その端数金額が五十銭以上であるときは、これを一円に切り上げた金額とする。）との合算額。ただし、高額療養費多数回該当の場合にあつては、七万五十円とする。

三　前項第三号に規定する組合員　八万三千七百円と、第十一条の三の三第二項第一号及び第二号に掲げる金額を合算した金額に係る療養につき財務省令で定めるところにより算定した当該療養に要した費用の額（その額が二十七万九千円に満たないときは、二十七万九千円）から二十七万九千円を控除した金額に百分の一を乗じて得た金額（その金額に一円未満の端数がある場合において、その端数金額が五十銭未満であるときは、これを切り捨てた金額とし、その端数金額が五十銭以上であるときは、これを一円に切り上げた金額とする。）との合算額。ただし、高額療養費多数回該当の場合にあつ

国家公務員共済組合法施行規則

附則第二条第一項又は第二項の規定によりなお従前の例によることとされた平成二十五年改正法による改正前の中国残留邦人等の円滑な帰国の促進及び永住帰国後の自立の支援に関する法律第十四条第一項に規定する支援給付を含む。以下この項において「支援給付」という。）が行われる場合における前各項の規定の適用については、支援給付を必要とする状態にある世帯に属する者（支援法第十四条第一項若しくは第三項、平成十九年改正法附則第四条第一項又は平成二十五年改正法附則第二条第三項の規定による生活保護法第八条第一項の基準による額の算出に係る者に限る。）を生活保護法第六条第二項に規定する要保護者とみなす。

国家公務員共済組合法等の運用方針

ては、四万六千五百円とする。

四　前項第四号に規定する組合員　二万八千八百円。ただし、高額療養費多数回該当の場合にあつては、二万二千二百円とする。

五　前項第五号に規定する組合員　一万七千七百円。ただし、高額療養費多数回該当の場合にあつては、一万二千三百円とする。

3　第十一条の三の三第三項の高額療養費算定基準額は、次の各号に掲げる者の区分に応じ、当該各号に定める金額とする。

一　次号から第四号までに掲げる者以外の者　五万七千六百円。ただし、高額療養費多数回該当の場合にあつては、四万四千四百円とする。

二　法第五十五条第二項第三号又は第五十七条第二項第一号ニの規定が適用される者　八万百円と、第十一条の三の三第三項第一号及び第二号に掲げる金額を合算した金額に係る療養につき**財務省令で定める**ところにより算定した当該療養に要した費用の額（その額が二十六万七千円に満たないときは、二十六万七千円）から二十六万七千円を控除した金額に百分の一を乗じて得た金額（その金額に一円未満の端数がある場合において、その端数金額が五十銭未満であるときは、これを切り捨てた金額とし、その端数金額が五十銭以上であるときは、これを一円に切り上げた金額とする。）との合算額。ただし、高額療養費多数回該当の場合にあつては、四万四千四百円とする。

三　市町村民税非課税者である組合員若しくはその被扶養者又は療養のあつた月において要保護者である者であつて**財務省令で定める**ものに該当する組合員若しく

国家公務員共済組合法

国家公務員共済組合法施行令

はその被扶養者（前号又は次号に掲げる者を除く。）　二万四千六百円

四　健康保険法施行令第四十二条第三項第四号に掲げる者（同号に規定する厚生労働省令で定める者又はその被扶養者を除く。）に相当する者又は療養のあつた月において要保護者である者であつて**財務省令で定める**ものに該当する組合員若しくはその被扶養者（第二号に掲げる者を除く。）　一万五千円

4　第十一条の三の三第四項の高額療養費算定基準額は、次の各号に掲げる者の区分に応じ、当該各号に定める金額とする。

一　前項第一号に掲げる者　二万八千八百円。ただし、高額療養費多数回該当の場合にあつては、二万二千二百円とする。

二　前項第二号に掲げる者　四万五十円と、第十一条の三の三第四項に規定する合算した金額に係る療養につき**財務省令で定める**ところにより算定した当該療養に要した費用の額（その額が十三万三千五百円に満たないときは、十三万三千五百円）から十三万三千五百円を控除した金額に百分の一を乗じて得た金額（その金額に一円未満の端数がある場合において、その端数金額が五十銭未満であるときは、これを切り捨てた金額とし、その端数金額が五十銭以上であるときは、これを一円に切り上げた金額とする。）との合算額。ただし、高額療養費多数回該当の場合にあつては、二万二千二百円とする。

三　前項第三号に掲げる者　一万二千三百円

四　前項第四号に掲げる者　七千五百円

5　第十一条の三の三第五項の高額療養費算定基準額は、次の各号に掲げる者の区分に

国家公務員共済組合法施行規則

国家公務員共済組合法等の運用方針

応じ、当該各号に定める金額（同条第四項各号に掲げる療養（以下この条及び第十一条の三の六の二第一項第一号において「七十五歳到達時特例対象療養」という。）に係るものにあつては、当該各号に定める金額に二分の一を乗じて得た金額とする。）とする。

一　第三項第一号に掲げる者　一万四千円

二　第三項第二号に掲げる者　五万七千六百円

三　第三項第三号又は第四号に掲げる者　八千円

6　第十一条の三の三第六項の高額療養費算定基準額は、次の各号に掲げる場合の区分に応じ、当該各号に定める金額とする。

一　次号又は第三号に掲げる場合以外の場合　八万百円（七十五歳到達時特例対象療養に係るものにあつては、四万五十円）と、第十一条の三の三第一項第一号イからへまでに掲げる金額に係る同条第六項に規定する特定給付対象療養につき**財務省令で定める**ところにより算定した当該特定給付対象療養に要した費用の額（その額が二十六万七千円（七十五歳到達時特例対象療養に係るものにあつては、十三万三千五百円。以下この号において同じ。）に満たないときは、二十六万七千円）から二十六万七千円を控除した金額に百分の一を乗じて得た金額（その金額に一円未満の端数がある場合において、その端数金額が五十銭未満であるときは、これを切り捨てた金額とし、その端数金額が五十銭以上であるときは、これを一円に切り上げた金額とする。）との合算額

二　七十歳に達する日の属する月の翌月以後の前号の特定給付対象療養であつて、

国家公務員共済組合法

国家公務員共済組合法施行令

入院療養（法第五十四条第一項第五号に掲げる療養（当該療養と併せて行う同項第一号から第三号までに掲げる療養を含む。）をいう。次項及び第八項第二号において同じ。）である場合　五万七千六百円（七十五歳到達時特例対象療養に係るものにあつては、二万八千八百円）

三　七十歳に達する日の属する月の翌月以後の第一号の特定給付対象療養であつて、外来療養である場合　一万四千円（七十五歳到達時特例対象療養に係るものにあつては、七千円）

7　第十一条の三の三第七項の高額療養費算定基準額は、次の各号に掲げる場合の区分に応じ、当該各号に定める金額とする。

一　次号又は第三号に掲げる場合以外の場合　次のイからホまでに掲げる者の区分に応じ、それぞれイからホまでに定める金額

イ　第一項第一号に掲げる者　八万百円（七十五歳到達時特例対象療養に係るものにあつては、四万五十円）と、第十一条の三の三第一項第一号イからへまでに掲げる金額に係る特定疾病給付対象療養につき**財務省令で定める**ところにより算定した当該特定疾病給付対象療養に要した費用の額（その額が二十六万七千円（七十五歳到達時特例対象療養に係るものにあつては、十三万三千五百円。以下このイにおいて同じ。）に満たないときは、二十六万七千円）から二十六万七千円を控除した金額に百分の一を乗じて得た金額（その金額に一円未満の端数がある場合において、その端数金額が五十銭未満であるときは、これを切り捨てた金額と

国家公務員共済組合法施行規則

国家公務員共済組合法等の運用方針

し、その端数金額が五十銭以上であるときは、これを一円に切り上げた金額とする。）との合算額。ただし、当該特定疾病給付対象療養（入院療養に限る。）のあつた月以前の十二月以内に既に高額療養費（当該特定疾病給付対象療養（入院療養に限る。）を受けた組合員又はその被扶養者がそれぞれ同一の病院又は診療所から受けた入院療養に係るものであつて、同条第七項の規定によるものに限る。）が支給されている月数が三月以上である場合（以下この項において「特定疾病給付対象療養高額療養費多数回該当の場合」という。）にあつては、四万四千四百円（七十五歳到達時特例対象療養に係るものにあつては、二万二千二百円）とする。

ロ　第一項第二号に掲げる者　二十五万二千六百円（七十五歳到達時特例対象療養に係るものにあつては、十二万六千三百円）と、第十一条の三の三第一項第一号イからへまでに掲げる金額に係る特定疾病給付対象療養につき**財務省令で定める**ところにより算定した当該特定疾病給付対象療養に要した費用の額（その額が八十四万二千円（七十五歳到達時特例対象療養に係るものにあつては、四十二万千円。以下このロにおいて同じ。）に満たないときは、八十四万二千円）から八十四万二千円を控除した金額に百分の一を乗じて得た金額（その金額に一円未満の端数がある場合において、その端数金額が五十銭未満であるときは、これを切り捨てた金額とし、その端数金額が五十銭以上であるときは、これを一円に切り

国家公務員共済組合法	
国家公務員共済組合法施行令	上げた金額とする。）との合算額。ただし、特定疾病給付対象療養高額療養費多数回該当の場合にあつては、十四万百円（七十五歳到達時特例対象療養に係るものにあつては、七万五十円）とする。 ハ　第一項第三号に掲げる者　十六万七千四百円（七十五歳到達時特例対象療養に係るものにあつては、八万三千七百円）と、第十一条の三の三第一項第一号イからヘまでに掲げる金額に係る特定疾病給付対象療養につき**財務省令で定める**ところにより算定した当該特定疾病給付対象療養に要した費用の額（その額が五十五万八千円（七十五歳到達時特例対象療養に係るものにあつては、二十七万九千円。以下このハにおいて同じ。）に満たないときは、五十五万八千円）から五十五万八千円を控除した金額に百分の一を乗じて得た金額（その金額に一円未満の端数がある場合において、その端数金額が五十銭未満であるときは、これを切り捨てた金額とし、その端数金額が五十銭以上であるときは、これを一円に切り上げた金額とする。）との合算額。ただし、特定疾病給付対象療養高額療養費多数回該当の場合にあつては、九万三千円（七十五歳到達時特例対象療養に係るものにあつては、四万六千五百円）とする。 ニ　第一項第四号に掲げる者　五万七千六百円（七十五歳到達時特例対象療養に係るものにあつては、二万八千八百円）。ただし、特定疾病給付対象療養高額療養費多数回該当の場合にあつて
国家公務員共済組合法施行規則	
国家公務員共済組合法等の運用方針	

は、四万四千四百円（七十五歳到達時特例対象療養に係るものにあつては、二万二千二百円）とする。

ホ　第一項第五号に掲げる者　三万五千四百円（七十五歳到達時特例対象療養に係るものにあつては、一万七千七百円）。ただし、特定疾病給付対象療養高額療養費多数回該当の場合にあつては、二万四千六百円（七十五歳到達時特例対象療養に係るものにあつては、一万二千三百円）とする。

二　七十歳に達する日の属する月の翌月以後の特定疾病給付対象療養であつて、入院療養である場合　次のイからニまでに掲げる者の区分に応じ、それぞれイからニまでに定める金額

イ　第三項第一号に掲げる者　五万七千六百円（七十五歳到達時特例対象療養に係るものにあつては、二万八千八百円）。ただし、特定疾病給付対象療養高額療養費多数回該当の場合にあつては、四万四千四百円（七十五歳到達時特例対象療養に係るものにあつては、二万二千二百円）とする。

ロ　第三項第二号に掲げる者　八万百円（七十五歳到達時特例対象療養に係るものにあつては、四万五十円）と、第十一条の三の三第一項第一号イからヘまでに掲げる金額に係る特定疾病給付対象療養につき**財務省令で定める**ところにより算定した当該特定疾病給付対象療養に要した費用の額（その額が二十六万七千円（七十五歳到達時特例対象療養に係るものにあつては、十三万三千五百円。以下このロにおいて同じ。）に満たないときは、二十六万七千円）から二十六万七千円を控除した

国家公務員共済組合法

国家公務員共済組合法施行令

金額に百分の一を乗じて得た金額（その金額に一円未満の端数がある場合において、その端数金額が五十銭未満であるときは、これを切り捨てた金額とし、その端数金額が五十銭以上であるときは、これを一円に切り上げた金額とする。）との合算額。ただし、特定疾病給付対象療養高額療養費多数回該当の場合にあつては、四万四千四百円（七十五歳到達時特例対象療養に係るものにあつては、二万二千二百円）とする。

ハ　第三項第三号に掲げる者　二万四千六百円（七十五歳到達時特例対象療養に係るものにあつては、一万二千三百円）

ニ　第三項第四号に掲げる者　一万五千円（七十五歳到達時特例対象療養に係るものにあつては、七千五百円）

三　七十歳に達する日の属する月の翌月以後の特定疾病給付対象療養であつて、外来療養である場合　次のイからハまでに掲げる者の区分に応じ、それぞれイからハまでに定める金額（七十五歳到達時特例対象療養に係るものにあつては、それぞれイからハまでに定める金額に二分の一を乗じて得た金額）

イ　第三項第一号に掲げる者　一万四千円

ロ　第三項第二号に掲げる者　五万七千六百円

ハ　第三項第三号又は第四号に掲げる者　八千円

8　第十一条の三の三第八項の高額療養費算定基準額は、次の各号に掲げる場合の区分に応じ、当該各号に定める金額（七十五歳

国家公務員共済組合法施行規則

国家公務員共済組合法等の運用方針

到達時特例対象療養に係るものにあつては、当該各号に定める金額に二分の一を乗じて得た金額とする。）とする。

一　次号又は第三号に掲げる場合以外の場合　三万五千四百円

二　七十歳に達する日の属する月の翌月以後の第十一条の三の三第八項に規定する療養であつて、入院療養である場合　一万五千円

三　七十歳に達する日の属する月の翌月以後の第十一条の三の三第八項に規定する療養であつて、外来療養である場合　八千円

9　第十一条の三の三第九項の高額療養費算定基準額は、次の各号に掲げる者の区分に応じ、当該各号に定める金額（七十五歳到達時特例対象療養に係るものにあつては、当該各号に定める金額に二分の一を乗じて得た金額とする。）とする。

一　次号に掲げる者以外の者　一万円

二　第一項第二号及び第三号に掲げる者（七十歳に達する日の属する月の翌月以後に第十一条の三の三第九項に規定する療養を受けた者及び同項に規定する療養のうち健康保険法施行令第四十二条第九項第二号に規定する厚生労働大臣が定める疾病に係る療養を受けた者を除く。）　二万円

10　前条第一項（同条第二項から第四項までにおいて準用する場合を含む。）、第五項（同条第六項において準用する場合を含む。）及び第七項の高額療養費算定基準額は、それぞれ十四万四千円とする。

（その他高額療養費の支給に関する事項）

第十一条の三の六　組合員が同一の月に一の法第五十五条第一項第二号若しくは第三号に掲げる医療機関若しくは薬局（以下この

（限度額適用の認定）

第百五条の七の二　令第十一条の三の六第一項第一号イからニまでのいずれか（これらの規定を同条第四項又は第五項において引

国家公務員共済組合法

国家公務員共済組合法施行令

項及び第六項において「第二号医療機関等」という。）又は法第五十六条の二第一項に規定する指定訪問看護事業者（以下この項及び第六項において「指定訪問看護事業者」という。）から療養を受けた場合において、法第五十五条第二項に規定する一部負担金（法第五十五条の二第一項第一号の措置が採られるときは、当該減額された一部負担金）、保険外併用療養費負担額（保険外併用療養費の支給につき法第五十五条の五第三項において準用する法第五十五条の三第三項又は第四項の規定の適用がある場合における当該保険外併用療養費の支給に係る療養につき算定した費用の額から当該保険外併用療養費の額を控除した金額をいう。以下この条において同じ。）又は訪問看護療養費負担額（訪問看護療養費の支給につき法第五十六条の二第三項の規定の適用がある場合における当該訪問看護療養費の支給に係る指定訪問看護につき算定した費用の額から当該訪問看護療養費の額を控除した金額をいう。以下この項及び第六項において同じ。）の支払が行われなかつたときは、組合は、第十一条の三の三第一項及び第三項から第五項までの規定による高額療養費について、当該一部負担金の額、保険外併用療養費負担額又は訪問看護療養費負担額から次の各号に掲げる場合の区分に応じ、当該各号に定める金額を控除した金額の限度において、当該第二号医療機関等又は指定訪問看護事業者に支払うものとする。

一　第十一条の三の三第一項の規定により高額療養費を支給する場合　次のイからホまでに掲げる者の区分に応じ、それぞれイからホまでに定める金額

国家公務員共済組合法施行規則

用する場合を含む。）の規定による組合の認定又は同条第四項若しくは第五項の規定による組合の認定（令第十一条の三の五第二項第一号から第四号までのいずれかに掲げる区分に該当する者に対して行われるものに限る。）（以下この条において単に「認定」という。）を受けようとする者（その者が被扶養者であるときは、その受けようとする者を扶養する組合員）は、次に掲げる事項を記載した限度額適用認定申請書を、当該事実を証明する証拠書類と併せて組合に提出しなければならない。

一　組合員の氏名、生年月日及び住所並びに組合員証の記号及び番号又は個人番号

二　被扶養者の氏名、生年月日、性別及び住所又は個人番号並びに被扶養者と組合員との続柄（認定を受けようとする者が被扶養者である場合に限る。）

三　その他必要な事項

2　組合は、前項の申請書の提出に基づき認定を行つたときは、認定を受けた者（その者が被扶養者であるときは、その者を扶養する組合員）に対して別紙様式第二十一号の二の三による限度額適用認定証を交付しなければならない。

3　限度額適用認定証の交付を受けた組合員は、次の各号のいずれかに該当することとなつたときは、遅滞なく、限度額適用認定証を組合に返納しなければならない。

一　組合員の資格を喪失したとき。

二　組合員が後期高齢者医療の被保険者等又は交流派遣職員、私立大学派遣検察官等若しくは私立大学等複数校派遣検察官等、弁護士職務従事職員、オリンピック・パラリンピック派遣職員、ラグビー派遣職員若しくは福島相双復興推進機構

国家公務員共済組合法等の運用方針

政令第十一条の三の六

イ　前条第一項第一号に掲げる者に該当していることにつき**財務省令で定める**ところにより組合の認定を受けている者　八万百円と、当該療養につき**財務省令で定める**ところにより算定した当該療養に要した費用の額（その額が二十六万七千円に満たないときは、二十六万七千円）から二十六万七千円を控除した金額に百分の一を乗じて得た金額（その金額に一円未満の端数がある場合において、その端数金額が五十銭未満であるときは、これを切り捨てた金額とし、その端数金額が五十銭以上であるときは、これを一円に切り上げた金額とする。）との合算額。ただし、高額療養費多数回該当の場合にあつては、四万四千四百円とする。

ロ　前条第一項第二号に掲げる者に該当していることにつき**財務省令で定める**ところにより組合の認定を受けている者　二十五万二千六百円と、当該療養につき**財務省令で定める**ところにより算定した当該療養に要した費用の額（その額が八十四万二千円に満たないときは、八十四万二千円）から八十四万二千円を控除した金額に百分の一を乗じて得た金額（その金額に一円未満の端数がある場合において、その端数金額が五十銭未満であるときは、これを切り捨てた金額とし、その端数金額が五十銭以上であるときは、これを一円に切り上げた金額とする。）との合算額。ただし、高額療養費多数回該当の場合にあつては、十四万百円とする。

ハ　前条第一項第三号に掲げる者に該当していることにつき財務省令で定めるところにより組合の認定を受けている

規則第百五条の七の二

派遣職員となつたとき。

三　組合員が継続長期組合員の資格を取得したとき。

四　被扶養者がその要件を欠くに至つたとき。

五　令第十一条の三の六第一項第一号イに掲げる者が令第十一条の三の五第一項第一号に掲げる者に該当しなくなつたとき、令第十一条の三の六第一項第一号ロに掲げる者が令第十一条の三の五第一項第二号に掲げる者に該当しなくなつたとき、令第十一条の三の六第一項第一号ハに掲げる者が令第十一条の三の五第一項第三号に掲げる者に該当しなくなつたとき若しくは令第十一条の三の六第一項第一号ニに掲げる者が令第十一条の三の五第一項第四号に掲げる者に該当しなくなつたとき又は令第十一条の三の六第四項若しくは第五項の規定により令第十一条の三の五第二項第一号から第四号までのいずれかに掲げる区分に該当していることにつき認定を受けている者が当該区分に該当しなくなつたとき。

六　限度額適用認定証の有効期限に至つたとき。

4　第九十条から第九十四条までの規定（第九十三条第一項の規定を除く。）は、限度額適用認定証について準用する。この場合において、第九十三条第二項中「前項の資格喪失の」とあるのは「第百五条の七の二第三項第一号の資格喪失又は同項第四号の要件を欠くに至つた」と、「埋葬料」とあるのは「埋葬料又は家族埋葬料」と、第九十四条中「組合員証整理簿」とあるのは「限度額適用認定証整理簿」と読み替えるものとする。

5　認定を受けた者は、保険医療機関等又は

国家公務員共済組合法

国家公務員共済組合法施行令

者　十六万七千四百円と、当該療養につき**財務省令で定める**ところにより算定した当該療養に要した費用の額（その額が五十五万八千円に満たないときは、五十五万八千円）から五十五万八千円を控除した金額（その金額に百分の一を乗じて得た金額（その金額に一円未満の端数がある場合において、その端数金額が五十銭未満であるときは、これを切り捨てた金額とし、その端数金額が五十銭以上であるときは、これを一円に切り上げた金額とする。）との合算額。ただし、高額療養費多数回該当の場合にあつては、九万三千円とする。

ニ　前条第一項第四号に掲げる者に該当していることにつき**財務省令で定める**ところにより組合の認定を受けている者　五万七千六百円。ただし、高額療養費多数回該当の場合にあつては、四万四千四百円とする。

ホ　前条第一項第五号に掲げる者に該当していることにつき**財務省令で定める**ところにより組合の認定を受けている者　三万五千四百円。ただし、高額療養費多数回該当の場合にあつては、二万四千六百円とする。

二　第十一条の三の三第三項の規定により高額療養費を支給する場合　次のイからニまでに掲げる者の区分に応じ、それぞれイからニまでに定める金額

イ　ロからニまでに掲げる者以外の者　五万七千六百円。ただし、高額療養費多数回該当の場合にあつては、四万四千四百円とする。

ロ　前条第三項第二号に掲げる者　八万百円と、当該療養につき**財務省令で定**

国家公務員共済組合法施行規則

指定訪問看護事業者から療養を受けようとするときは、限度額適用認定証を当該保険医療機関等又は指定訪問看護事業者に提出しなければならない。ただし、緊急その他やむを得ない事情により、提出できない場合には、この限りでない。

6　前項ただし書の場合においては、その事情がなくなつた後遅滞なく限度額適用認定証を当該保険医療機関等又は指定訪問看護事業者に提出しなければならない。

（令第十一条の三の六第一項第一号イ、ロ若しくはハ、第二号ロ又は第三号ロに規定する財務省令で定める費用の額）

第百五条の八　第百五条の六の規定は、令第十一条の三の六第一項第一号イ、ロ若しくはハ、第二号ロ又は第三号ロに規定する**財務省令で定める**ところにより算定した療養に要した費用の額について準用する。

（限度額適用・標準負担額減額の認定）

第百五条の九　令第十一条の三の六第一項第一号ホ、第二号ハ若しくはニ、第三号ハ若しくはニ若しくは第四号ハ（これらの規定を同条第四項又は第五項において引用する場合を含む。）の規定による組合の認定又は同条第四項若しくは第五項の規定による組合の認定（令第十一条の三の五第二項第五号に掲げる区分に該当する者に対して行われるものに限る。）（以下この条において単に「認定」という。）を受けようとする者（その者が被扶養者であるときは、その受けようとする者を扶養する組合員）は、次に掲げる事項を記載した限度額適用・標準負担額減額認定申請書を、当該事実を証明する証拠書類と併せて組合に提出しなければならない。

一　組合員の氏名、生年月日及び住所並び

国家公務員共済組合法等の運用方針

めるところにより算定した当該療養に要した費用の額（その額が二十六万七千円に満たないときは、二十六万七千円）から二十六万七千円を控除した金額に百分の一を乗じて得た金額（その金額に一円未満の端数がある場合において、その端数金額が五十銭未満であるときは、これを切り捨てた金額とし、その端数金額が五十銭以上であるときは、これを一円に切り上げた金額とする。）との合算額。ただし、高額療養費多数回該当の場合にあつては、四万四千四百円とする。

ハ　前条第三項第三号に掲げる者に該当していることにつき**財務省令で定める**ところにより組合の認定を受けている者　二万四千六百円

ニ　前条第三項第四号に掲げる者に該当していることにつき**財務省令で定める**ところにより組合の認定を受けている者　一万五千円

三　第十一条の三の三第四項の規定により高額療養費を支給する場合　次のイからニまでに掲げる者の区分に応じ、それぞれイからニまでに定める金額

イ　ロからニまでに掲げる者以外の者　二万八千八百円。ただし、高額療養費多数回該当の場合にあつては、二万二千二百円とする。

ロ　前条第四項第二号に掲げる者　四万五十円と、当該療養につき**財務省令で定める**ところにより算定した当該療養に要した費用の額（その額が十三万三千五百円に満たないときは、十三万三千五百円）から十三万三千五百円を控除した金額に百分の一を乗じて得た金額（その金額に一円未満の端数がある

に組合員証の記号及び番号又は個人番号

二　被扶養者の氏名、生年月日、性別及び住所又は個人番号並びに被扶養者と組合員との続柄（認定を受けようとする者が被扶養者である場合に限る。）

三　入院期間

四　その他必要な事項

2　組合は、前項の申請書の提出に基づき認定を行つたときは、認定を受けた者（その者が被扶養者であるときは、その者を扶養する組合員）に対して別紙様式第二十一号の三による限度額適用・標準負担額減額認定証（以下この条において「限度額適用証」という。）を交付しなければならない。

3　限度額適用証の交付を受けた組合員は、次の各号のいずれかに該当することとなつたときは、遅滞なく、限度額適用証を組合に返納しなければならない。

一　組合員の資格を喪失したとき。

二　組合員が後期高齢者医療の被保険者等又は交流派遣職員、私立大学派遣検察官等若しくは私立大学等複数校派遣検察官等、弁護士職務従事職員、オリンピック・パラリンピック派遣職員、ラグビー派遣職員若しくは福島相双復興推進機構派遣職員となつたとき。

三　組合員が継続長期組合員の資格を取得したとき。

四　被扶養者がその要件を欠くに至つたとき。

五　令第十一条の三の六第一項第一号ホに掲げる者が令第十一条の三の五第一項第五号に掲げる者に該当しなくなつたとき、令第十一条の三の六第一項第二号ハに掲げる者が令第十一条の三の五第三項第三号に掲げる者に該当しなくなつたとき、令第十一条の三の六第一項第二号ニに掲

国家公務員共済組合法

国家公務員共済組合法施行令

場合において、その端数金額が五十銭未満であるときは、これを切り捨てた金額とし、その端数金額が五十銭以上であるときは、これを一円に切り上げた金額とする。）との合算額。ただし、高額療養費多数回該当の場合にあつては、二万二千二百円とする。

ハ　前条第四項第三号に掲げる者に該当していることにつき**財務省令で定める**ところにより組合の認定を受けている者　一万二千三百円

ニ　前条第四項第四号に掲げる者に該当していることにつき**財務省令で定める**ところにより組合の認定を受けている者　七千五百円

四　第十一条の三の三第五項の規定により高額療養費を支給する場合　次のイからハまでに掲げる者の区分に応じ、それぞれイからハまでに定める金額

イ　ロ又はハに掲げる者以外の者　一万四千円

ロ　前条第五項第二号に掲げる者　五万七千六百円

ハ　前条第五項第三号に掲げる者に該当していることにつき**財務省令で定める**ところにより組合の認定を受けている者　八千円

2　前項の規定による支払があつたときは、その限度において、組合員に対し第十一条の三の三第一項及び第三項から第五項までの規定による高額療養費を支給したものとみなす。

3　組合員が同一の月に一の法第五十五条第一項第一号に掲げる医療機関又は薬局（第八項において「第一号医療機関等」という。）から療養を受けた場合において、組

国家公務員共済組合法施行規則

げる者が令第十一条の三の五第三項第四号に掲げる者に該当しなくなつたとき、令第十一条の三の六第一項第三号ハに掲げる者が令第十一条の三の五第四項第三号に掲げる者に該当しなくなつたとき、令第十一条の三の六第一項第三号ニに掲げる者が令第十一条の三の五第四項第四号に掲げる者に該当しなくなつたとき若しくは令第十一条の三の六第一項第四号ハに掲げる者が令第十一条の三の五第五項第三号に掲げる者に該当しなくなつたとき又は令第十一条の三の六第四項若しくは第五項の規定により令第十一条の三の五第二項第五号に掲げる区分に該当していることにつき認定を受けている者が当該区分に該当しなくなつたとき。

六　限度額適用証の有効期限に至つたとき。

4　第九十条から第九十四条までの規定（第九十三条第一項の規定を除く。）は、限度額適用証について準用する。この場合において、第九十三条第二項中「前項の資格喪失の」とあるのは「第百五条の九第三項第一号の資格喪失又は同項第四号の要件を欠くに至つた」と、「埋葬料」とあるのは「埋葬料又は家族埋葬料」と、第九十四条中「組合員証整理簿」とあるのは「限度額適用・標準負担額減額認定証整理簿」と読み替えるものとする。

5　認定を受けた者は、保険医療機関等又は指定訪問看護事業者から療養を受けようとするときは、限度額適用証を当該保険医療機関等又は指定訪問看護事業者に提出しなければならない。ただし、緊急その他やむを得ない事情により、提出できない場合には、この限りでない。

6　前項ただし書の場合においては、その事

国家公務員共済組合法等の運用方針

合がその組合員の支払うべき同条第三項に規定する一部負担金又は保険外併用療養費負担額のうち、これらの金額から第一項各号に掲げる場合の区分に応じ、当該各号に定める金額を控除した金額（以下この項において「控除後の額」という。）の限度において、当該控除後の額に相当する金額の支払を免除したときは、その限度において、組合員に対し第十一条の三の三第一項及び第三項から第五項までの規定による高額療養費を支給したものとみなす。

4　法第五十六条の二第三項及び第四項の規定は、家族訪問看護療養費に係る指定訪問看護についての第十一条の三の三第一項から第五項までの規定による高額療養費の支給（家族訪問看護療養費負担額（家族訪問看護療養費の支給につき法第五十七条の三第三項において準用する法第五十六条の二第三項の規定の適用がある場合における当該家族訪問看護療養費の支給に係る指定訪問看護につき算定した費用の額から当該家族訪問看護療養費の額を控除した金額をいう。）から第一項各号に掲げる場合については当該場合の区分に応じ当該各号に定める金額を、第十一条の三の三第二項の規定により高額療養費を支給する場合であつて前条第二項各号のいずれかに掲げる区分に該当していることにつき**財務省令で定める**ところにより組合の認定を受けているときについては当該区分に応じ当該各号に定める金額を控除した金額を限度とするものに限る。）について準用する。この場合において、法第五十六条の二第三項中「組合員が」とあるのは、「被扶養者が」と読み替えるものとする。

5　法第五十七条第四項から第六項までの規定は、家族療養費に係る療養についての第

情がなくなつた後遅滞なく限度額適用証を当該保険医療機関等又は指定訪問看護事業者に提出しなければならない。

（高額療養費を医療機関等に支払うことができる医療に関する給付）

第百五条の十　令第十一条の三の六第六項及び第八項に規定する**財務省令で定める**医療に関する給付は、健康保険法施行令第四十三条第五項に規定する厚生労働省令をもつて定める医療に関する給付とする。

2　令第十一条の三の六第九項において読み替えて準用する法第五十六条の二第三項に規定する**財務省令で定める**医療に関する給付は、健康保険法施行令第四十三条第八項において読み替えて準用する健康保険法第八十八条第六項に規定する厚生労働省令をもつて定める医療に関する給付とする。

3　令第十一条の三の六第十項において読み替えて準用する法第五十七条第四項及び第五項に規定する**財務省令で定める**医療に関する給付は、健康保険法施行令第四十三条第七項において読み替えて準用する健康保険法第百十条第四項に規定する厚生労働省令をもつて定める医療に関する給付とする。

（令第十一条の三の六第十二項の財務省令で定める場合及び財務省令で定める日）

第百五条の十の二　令第十一条の三の六第十二項の**財務省令で定める**場合は、当該組合の組合員であつた者が、計算期間において医療保険加入者（令第十一条の三の六第十二項に規定する医療保険加入者をいう。第百五条の二十において同じ。）の資格を喪失し、かつ、当該医療保険加入者の資格を喪失した日以後の当該計算期間において医療保険加入者とならない場合とし、同項の**財務省令で定める**日は、当該日の前日とする。

国家公務員共済組合法

国家公務員共済組合法施行令

十一条の三の三第一項から第五項までの規定による高額療養費の支給（家族療養費負担額（家族療養費の支給につき法第五十七条第四項又は第五項の規定の適用がある場合における当該家族療養費の支給に係る療養につき算定した費用の額から当該家族療養費の額を控除した金額をいう。）から第一項各号に掲げる場合については当該場合の区分に応じ当該各号に定める金額を、第十一条の三の三第二項の規定により高額療養費を支給する場合であつて前条第二項各号のいずれかに掲げる区分に該当していることにつき**財務省令で定める**ところにより組合の認定を受けているときについては当該区分に応じ当該各号に定める金額を控除した金額を限度とするものに限る。）について準用する。

6　組合員が第二号医療機関等若しくは指定訪問看護事業者から原爆一般疾病医療費の支給その他**財務省令で定める**医療に関する給付が行われるべき療養を受けた場合、第十一条の三の三第八項の規定に該当する組合員が第二号医療機関等若しくは指定訪問看護事業者から同項に規定する療養を受けた場合又は同条第九項の規定による組合の認定を受けた組合員が第二号医療機関等若しくは指定訪問看護事業者から同項に規定する療養を受けた場合において、法第五十五条第二項に規定する一部負担金（法第五十五条の二第一項第一号の措置が採られるときは、当該減額された一部負担金）、保険外併用療養費負担額又は訪問看護療養費負担額の支払が行われなかつたときは、組合は、当該療養に要した費用のうち第十一条の三の四第六項から第九項までの規定による高額療養費として組合員に支給すべき

国家公務員共済組合法施行規則

国家公務員共済組合法等の運用方針

金額に相当する金額を当該第二号医療機関等又は指定訪問看護事業者に支払うものとする。

7　前項の規定による支払があつたときは、組合員に対し第十一条の三の三第六項から第九項までの規定による高額療養費を支給したものとみなす。

8　組合員が第一号医療機関等から原爆一般疾病医療費の支給その他**財務省令で定める**医療に関する給付が行われるべき療養を受けた場合、第十一条の三の三第八項の規定に該当する組合員が第一号医療機関等から同項に規定する療養を受けた場合又は同条第九項の規定による組合の認定を受けた組合員が第一号医療機関等から同項に規定する療養を受けた場合において、組合がその組合員の支払うべき法第五十五条第三項に規定する一部負担金又は保険外併用療養費負担額のうち、第十一条の三の三第六項から第九項までの規定による高額療養費として組合員に支給すべき金額に相当する金額の支払を免除したときは、組合員に対しこれらの規定による高額療養費を支給したものとみなす。

9　法第五十六条の二第三項及び第四項の規定は、家族訪問看護療養費に係る指定訪問看護についての第十一条の三の三第六項から第九項までの規定による高額療養費の支給について準用する。この場合において、法第五十六条の二第三項中「組合員が」とあるのは「被扶養者が」と、「指定訪問看護を」とあるのは「原子爆弾被爆者に対する援護に関する法律（平成六年法律第百十七号）による一般疾病医療費の支給その他**財務省令で定める**医療に関する給付が行われるべき指定訪問看護を」と読み替えるものとする。

国家公務員共済組合法

国家公務員共済組合法施行令

10　法第五十七条第四項から第六項までの規定は、家族療養費に係る療養についての第十一条の三の三第六項から第九項までの規定による高額療養費の支給について準用する。この場合において、法第五十七条第四項及び第五項中「療養を」とあるのは「原子爆弾被爆者に対する援護に関する法律（平成六年法律第百十七号）による一般疾病医療費の支給その他**財務省令で定める**医療に関する給付が行われるべき療養を」と、「療養に」とあるのは「その療養に」と読み替えるものとする。

11　健康保険法施行令第四十三条第九項及び第十項の規定は、第十一条の三の三の規定による高額療養費の支給について準用する。この場合において、同令第四十三条第九項中「第四十一条」とあるのは「国家公務員共済組合法施行令（昭和三十三年政令第二百七号）第十一条の三の三」と、同条第十項中「法第六十三条第一項第五号」とあるのは「国家公務員共済組合法第五十四条第一項第五号」と、「第四十一条」とあるのは「国家公務員共済組合法施行令第十一条の三の三」と読み替えるものとする。

12　組合員が計算期間においてその資格を喪失し、かつ、当該資格を喪失した日以後の当該計算期間において医療保険加入者（高齢者の医療の確保に関する法律第七条第四項に規定する加入者又は後期高齢者医療の被保険者をいう。第十一条の三の六の四第一項において同じ。）とならない場合その他**財務省令で定める**場合における第十一条の三の四の規定による高額療養費の支給については、当該資格を喪失した日の前日（当該**財務省令で定める**場合にあつては、**財務省令で定める**日）を基準日とみなして、

国家公務員共済組合法施行規則

国家公務員共済組合法等の運用方針

同条及び前条第十項の規定を適用する。

13　防衛省の職員の給与等に関する法律第二十二条の規定に基づき国が自衛官（同法第二十二条の二第一項に規定する職員に該当する自衛官を除く。）、自衛官候補生並びに防衛大学校の学生、防衛医科大学校の学生及び陸上自衛隊高等工科学校の生徒（同法第二十二条の規定に基づき退職後において療養の給付又は保険外併用療養費、療養費若しくは訪問看護療養費の支給を受けている者を含む。）である組合員に対して行つた療養の給付又は保険外併用療養費、療養費、訪問看護療養費若しくは高額療養費の支給は、前三条及び前各項の規定の適用については、法の規定による給付とみなす。

14　高額療養費の支給に関する手続に関して必要な事項は、**財務省令で定める。**

（高額介護合算療養費）

第六十条の三　一部負担金等の額（前条第一項の高額療養費が支給される場合にあつては、当該支給額に相当する金額を控除した金額）並びに介護保険法第五十一条第一項に規定する介護サービス利用者負担額（同項の高額介護サービス費が支給される場合にあつては、当該支給額に相当する金額を控除した金額）及び同法第六十一条第一項に規定する介護予防サービス利用者負担額（同項の高額介護予防サービス費が支給される場合にあつては、当該支給額に相当する金額を控除した金額）の合計額が著しく高額であるときは、当該一部負担金等の額に係る療養の給付又は保険外併用療養費、療養費、訪問看護療養費、家族療養費若しくは家族訪問看護療養費の支給を受けた者に対し、高額介護合算療養費を支給する。

2　前条第二項の規定は、高額介護合算療養費の支給について準用する。

（高額介護合算療養費の支給要件及び支給額）

第十一条の三の六の二　高額介護合算療養費は、次に掲げる金額を合算した金額から七十歳以上介護合算支給総額（次項の七十歳以上介護合算一部負担金等世帯合算額から同項の七十歳以上介護合算算定基準額を控除した金額（当該金額が健康保険法施行令第四十三条の二第一項に規定する支給基準額（以下この条において「支給基準額」という。）以下である場合又は当該七十歳以上介護合算一部負担金等世帯合算額の算定につき次項ただし書に該当する場合には、零とする。）をいう。）を控除した金額（以下この項において「介護合算一部負担金等世帯合算額」という。）が介護合算算定基準額に支給基準額を加えた金額を超える場合に基準日組合員に支給するものとし、その額は、介護合算一部負担金等世帯合算額から介護合算算定基準額を控除した金額に

（高額介護合算療養費の決定の請求等）

第百五条の十一　申請者（法第六十条の三の規定により高額介護合算療養費の支給を受けようとする基準日組合員をいう。以下この条において同じ。）は、次に掲げる事項を記載した申請書を組合に提出しなければならない。

一　組合員証の記号及び番号又は個人番号

二　計算期間の始期及び終期

三　申請者及び基準日被扶養者の氏名及び生年月日

四　申請者が計算期間における当該組合の組合員であつた間に、高額介護合算療養費に係る療養を受けた者の氏名及びその年月

五　申請者及び基準日被扶養者が、計算期間において、それぞれ加入していた医療保険者並びに介護保険者（介護保険法第三条の規定により介護保険を行う市町村及び特別区をいう。）の名称及びその加入

国家公務員共済組合法

国家公務員共済組合法施行令

介護合算按《あん》分率（第一号に掲げる金額から次項の規定により支給される高額介護合算療養費の額を控除した金額を、介護合算一部負担金等世帯合算額で除して得た率をいう。）を乗じて得た金額とする。ただし、同号から第五号までに掲げる金額を合算した金額又は第六号及び第七号に掲げる金額を合算した金額が零であるときは、この限りでない。

一　計算期間において、基準日組合員又はその被扶養者がそれぞれ当該組合の組合員又はその被扶養者として受けた療養（法第五十九条第一項又は第二項の規定による給付に係る療養（以下この条において「継続給付に係る療養」という。）を含む。）に係る次に掲げる金額の合算額（第十一条の三の三第一項から第五項まで又は第十一条の三の四の規定により高額療養費が支給される場合にあつては、当該支給額を控除した金額とし、法第五十一条に規定する短期給付として次に掲げる金額に係る負担を軽減するための給付が行われる場合にあつては、当該給付に相当する金額を控除した金額とする。）

イ　当該療養（特定給付対象療養を除く。）に係る第十一条の三の三第一項第一号イからへまでに掲げる金額（七十歳に達する日の属する月以前の当該療養に係るものにあつては、同一の月にそれぞれ一の病院等から受けた当該療養について二万千円（七十五歳到達時特例対象療養に係るものにあつては、一万五百円）以上のものに限る。）を合算した金額

ロ　当該療養（特定給付対象療養に限る。）について、当該療養を受けた者

国家公務員共済組合法施行規則

期間

六　払渡金融機関の名称及び預金口座の口座番号

2　前項の申請書を提出する場合には、令第十一条の三の六の二第一項第二号から第七号までに掲げる金額に関する証明書（同項第三号に掲げる金額に関する証明書について、組合が不要と認める場合における当該証明書を除く。）をそれぞれ併せて提出しなければならない。ただし、記載すべき金額が零である証明書は、前項の申請書にその旨を記載して、提出を省略することができる。

3　申請者が、令第十一条の三の六の三第一項第五号又は第二項第三号若しくは第四号のいずれかに該当するときは、当該申請者は、第一項の申請書にその旨を証する書類を併せて提出しなければならない。

4　第一項の規定による申請書の提出を受けた組合は、次に掲げる事項を、第二項の証明書を交付した者に対し、遅滞なく通知しなければならない。

一　当該申請者に適用される令第十一条の三の六の二第一項に規定する介護合算算定基準額及び介護合算一部負担金等世帯合算額

二　当該申請者に適用される令第十一条の三の六の二第二項に規定する七十歳以上介護合算算定基準額及び七十歳以上介護合算一部負担金等世帯合算額

三　その他高額介護合算療養費等（高齢者の医療の確保に関する法律第七条第一項に規定する医療保険各法若しくは高齢者の医療の確保に関する法律の規定による高額介護合算療養費又は介護保険法の規定による高額医療合算介護サービス費若

国家公務員共済組合法等の運用方針

がなお負担すべき金額（七十歳に達する日の属する月以前の特定給付対象療養に係るものにあつては、当該特定給付対象療養に係る第十一条の三の三第一項第一号イからへまでに掲げる金額が同一の月にそれぞれ一の病院等から受けた当該特定給付対象療養について二万千円（七十五歳到達時特例対象療養に係るものにあつては、一万五百円）以上のものに限る。）を合算した金額

二　基準日組合員が計算期間における他の組合の組合員であつた間に、当該基準日組合員が受けた療養又はその被扶養者であつた者がその被扶養者であつた間に受けた療養に係る前号に規定する合算額

三　基準日被扶養者が計算期間における当該組合の組合員であつた間に、当該基準日被扶養者が受けた療養（継続給付に係る療養を含む。）又はその被扶養者であつた者がその被扶養者であつた間に受けた療養（継続給付に係る療養を含む。）に係る第一号に規定する合算額

四　基準日被扶養者が計算期間における他の組合の組合員であつた間に、当該基準日被扶養者が受けた療養又はその被扶養者であつた者がその被扶養者であつた間に受けた療養に係る第一号に規定する合算額

しくは高額医療合算介護予防サービス費をいう。次項及び次条第四項において同じ。）の支給に必要な事項

5　精算対象者（計算期間の途中で死亡した被扶養者その他これに準ずる者をいう。以下この項において同じ。）が死亡した日その他これに準ずる日において、当該精算対象者を扶養する組合員は、当該精算対象者に係る高額介護合算療養費等の額の算定の申請を行うことができる。この場合においては、当該申請を行う者を第一項の申請者とみなして、第一項から第三項までの規定を適用する。

6　前項の申請があつた場合においては、第四項中「通知しなければならない」とあるのは、「通知しなければならない。ただし、精算対象者（計算期間の途中で死亡した被扶養者その他これに準ずる者をいう。）に対する証明書を交付した者以外の者に対する通知は省略することができる」と読み替えて、同項の規定を適用する。

（高額介護合算療養費の支給及び証明書の交付の申請等）

第百五条の十二　法第六十条の三の規定により高額介護合算療養費の支給を受けようとする者（令第十一条の三の六の二第三項から第五項まで及び第七項に規定する組合員であつた者をいう。以下この条において「申請者」という。）は、次に掲げる事項を記載した申請書を組合に提出しなければならない。ただし、次項第四号に掲げる金額が零である場合にあつては、この限りでない。

一　組合員証の記号及び番号又は個人番号
二　計算期間の始期及び終期
三　基準日に加入する医療保険者の名称
四　申請者及び計算期間においてその被扶

国家公務員共済組合法

国家公務員共済組合法施行令

国家公務員共済組合法施行規則

養者であつた者の氏名及び生年月日

五　申請者が計算期間における当該組合の組合員であつた間に、高額介護合算療養費に係る療養を受けた者の氏名及びその年月

六　払渡金融機関の名称及び預金口座の口座番号

2　組合は、前項の規定による申請書の提出を受けたときは、次に掲げる事項を記載した証明書を申請者に交付しなければならない。ただし、前条第二項に規定する場合に該当するときは、この限りでない。

一　組合員証の記号及び番号

二　申請者が計算期間において組合の組合員であつた期間

三　申請者の氏名及び生年月日

四　令第十一条の三の六の二第一項第三号に掲げる金額又は第二号に掲げる組合員であつた期間に、当該申請者が受けた療養若しくはその被扶養者であつた者がその被扶養者であつた間に受けた療養に係る同項第一号に規定する合算額

五　証明書を交付する者の名称及び所在地

六　その他必要な事項

3　前項の証明書を交付した組合は、当該証明書に係る基準日の翌日から二年以内に第一項第三号に掲げる医療保険者から高額介護合算療養費の支給に必要な事項の通知が行われない場合において、申請者等に対して当該申請に関する確認を行つたときは、当該証明書に係る同項の申請書は、提出されなかつたものとみなすことができる。

4　組合は、精算対象者（計算期間の途中で死亡した者その他これに準ずる者をいう。以下この項において同じ。）に係る高額介護合算療養費等の額の算定に必要な第二項の

国家公務員共済組合法等の運用方針

五　基準日組合員又は基準日被扶養者が計算期間における被保険者等（第十一条の三の四第九項に規定する被保険者等をいう。以下この号及び第五項において同じ。）であつた間に、当該被保険者等が受けた療養（前各号に規定する療養を除く。）又はその被扶養者等（同条第十項に規定する被扶養者等をいう。以下この号及び第五項において同じ。）であつた者がその被扶養者等であつた間に受けた療養について第一号に規定する合算額に相当する金額として**財務省令で定める**ところにより算定した金額

六　基準日組合員又は基準日被扶養者が計算期間に受けた居宅サービス等（介護保険法施行令（平成十年政令第四百十二号）第二十二条の二の二第一項に規定する居宅サービス等をいう。次項において同じ。）に係る同条第二項第一号及び第二号に掲げる金額の合算額（同項の規定により高額介護サービス費が支給される場合にあつては、当該支給額を控除した金額とする。）

七　基準日組合員又は基準日被扶養者が計算期間に受けた介護予防サービス等（介護保険法施行令第二十二条の二の二第二項に規定する介護予防サービス等をいう。次項において同じ。）に係る同条第二項第三号及び第四号に掲げる金額の合算額（同令第二十九条の二の二第二項の規定により高額介護予防サービス費が支給される場合にあつては、当該支給額を控除した金額とする。）

証明書の交付申請を、当該組合の組合員であつた者（当該精算対象者を除く。）から受けたときは、当該証明書を交付しなければならない。

（令第十一条の三の六の二第一項第五号の財務省令で定めるところにより算定した金額）

第百五条の十三　令第十一条の三の六の二第一項第五号の**財務省令で定める**ところにより算定した金額は、計算期間において、基準日組合員又は基準日被扶養者が該当する次の表の第一欄に掲げる期間の区分に応じ、それぞれ当該期間にこれらの者が受けた療養又はその被扶養者等がその被扶養者等であつた間に受けた療養に係る同表の第二欄に掲げる金額とする。

	第一欄	第二欄
一	地方の組合の組合員であつた期間	地方公務員等共済組合法施行令第二十三条の三の六第一項第一号に規定する合算額
二	私立学校教職員共済法の規定による私立学校教職員共済制度の加入者であつた期間	私立学校教職員共済法施行令第六条において準用する令第十一条の三の六の二第一項第一号に規定する合算額
三	防衛省の職員の給与等に関する法律施行令（昭和二十七年政令第三百六十八号）第十七条の三第一項に規定する自衛官等（以	防衛省の職員の給与等に関する法律施行令第十七条の六の四第一項第一号に規定する合算額

国家公務員共済組合法

国家公務員共済組合法施行令

2　前項各号に掲げる金額のうち、七十歳に達する日の属する月の翌月以後に受けた療養又は居宅サービス等若しくは介護予防サービス等（以下この項及び第六項において「七十歳以上合算対象サービス」という。）に係る金額に相当する金額として**財務省令で定める**ところにより算定した金額を合算した金額（以下この項において「七十歳以上介護合算一部負担金等世帯合算額」という。）が七十歳以上介護合算算定基準額に支給基準額を加えた金額を超える場合は、七十歳以上介護合算一部負担金等世帯合算額から七十歳以上介護合算算定基準額を控除した金額に七十歳以上介護合算按《あん》分率（七十歳以上合算対象サービスに係る前項第一号に掲げる金額に相当する金額として**財務省令で定める**ところにより算定した金額を、七十歳以上介護合算一部負担金等世帯合算額で除して得た率をいう。）を乗じて得た金額を高額介護合算療養費として基準日組合員に支給する。ただし、七十歳以上合算対象サービスに係る前項第一号から第五号までに掲げる金額に相当する金額として**財務省令で定める**ところにより算定した金額を合算した金額又は七十歳以上合算対象サービスに係る同項第六号及び第七号に掲げる金額に相当する金額として**財務省令で定める**ところにより算定した金額を合算した金額が零であるときは、この限りでない。

3　前二項の規定は、計算期間において当該組合の組合員であつた者（基準日被扶養者に限る。）に対する高額介護合算療養費の支給について準用する。この場合において、第一項中「第一号に掲げる」とあるのは「第三号に掲げる」と、同項ただし書中

国家公務員共済組合法施行規則

	下「自衛官等」という。）であった期間	
四	健康保険法の被保険者であつた期間	健康保険法施行令第四十三条の二第一項第一号に規定する合算額
五	日雇特例被保険者であつた期間	健康保険法施行令第四十四条第五項において準用する同令第四十三条の二第一項第一号に規定する合算額
六	船員保険の被保険者であつた期間	船員保険法施行令第十一条第一項第一号に規定する合算額
七	国民健康保険の世帯主等であつた期間（基準日において、国民健康保険の被保険者でない場合（基準日において当該者と同一の世帯に属する全ての国民健康保険の被保険者が国民健康保険法施行令第二十九条の四の四第一項に掲げる場合に該当する場合を除く。）にあつては、計算期間における基準日まで	国民健康保険法施行令第二十九条の四の二第一項第一号に規定する合算額

国家公務員共済組合法等の運用方針

「同号」とあるのは「第一号」と、前項中「前項第一号に」とあるのは「前項第三号に」と読み替えるものとする。

4　第一項及び第二項の規定は、計算期間において当該組合の組合員であつた者（基準日において他の組合の組合員又はその被扶養者である者に限る。）に対する高額介護合算療養費の支給について準用する。この場合において、第一項中「第一号に掲げる金額」とあるのは「第四項に規定する者が計算期間における当該組合の組合員であつた間に、当該組合の組合員であつた者が受けた療養（第一号に規定する継続給付に係る療養を含む。）又はその被扶養者であつた者がその被扶養者であつた間に受けた療養（同号に規定する継続給付に係る療養を含む。）に係る同号に規定する合算額」と、同項第一号中「基準日組合員」とあるのは「他の組合の組合員（基準日において当該他の組合の組合員である者に限る。以下この項及び次項において「基準日組合員」という。）」と、「組合の」とあるのは「他の組合（以下この項において「基準日組合」という。）の」と、同項第二号中「他の」とあるのは「基準日組合以外の」と、同項第三号中「基準日被扶養者が計算期間」とあるのは「基準日組合員の被扶養者（基準日において基準日組合の組合員の被扶養者である者に限る。以下この項において「基準日被扶養者」という。）が計算期間」と、「組合の」とあるのは「基準日組合の」と、同項第四号中「他の」とあるのは「基準日組合以外の」と、第二項中「七十歳以上合算対象サービスに係る前項第一号に掲げる金額」とあるのは「第四項に規定する者が計算期間における当該組合の組合員であつた間に、当該組合の組合員であつた者が受

	継続して国民健康保険の世帯主等であつた期間を除く。）	
八	高齢者の医療の確保に関する法律の規定による被保険者であつた期間	高齢者の医療の確保に関する法律施行令第十六条の二第一項第一号に規定する合算額

（令第十一条の三の六の二第二項の財務省令で定めるところにより算定した金額）

第百五条の十四　令第十一条の三の六の二第二項の**財務省令で定めるところ**により算定した金額は、次の各号に掲げる金額の区分に応じ、当該各号に定める金額とする。

一　令第十一条の三の六の二第一項第一号から第四号までに掲げる金額に相当する金額　当該各号に掲げる金額について、それぞれ七十歳に達する日の属する月の翌月以後に受けた療養に係る同項第一号イ及びロに掲げる金額を合算した金額から次に掲げる金額を控除した金額

イ　令第十一条の三の三第一項の規定により高額療養費が支給される場合にあつては、当該支給額に七十歳以上高額療養費按《あん》分率（同条第三項に規定する七十歳以上一部負担金等世帯合算額（同項の規定により高額療養費が支給される場合にあつては、当該支給額を控除した金額）を同条第一項に規定する一部負担金等世帯合算額で除して得た率をいう。）を乗じて得た金額

ロ　令第十一条の三の三第三項から第五項までの規定により高額療養費が支給される場合にあつては、当該支給額

ハ　令第十一条の三の四第一項の規定に

けた療養（七十歳に達する日の属する月の翌月以後に受けた療養（継続給付に係る療養を含む。）に限る。）又はその被扶養者であつた者がその被扶養者であつた間に受けた療養（七十歳に達する日の属する月の翌月以後に受けた療養（継続給付に係る療養を含む。）に限る。）に係る前項第一号に規定する合算額」と読み替えるものとする。

5　計算期間において当該組合の組合員であつた者（基準日において被保険者等（国民健康保険の世帯主等であつて組合員又はその被扶養者である者及び後期高齢者医療の被保険者を除く。）である者又は被扶養者等である者に限る。）に対する高額介護合算療養費は、当該被保険者等である者を基準日組合員と、当該被扶養者等である者を基準日被扶養者とそれぞれみなして**財務省令で定める**ところにより算定した第一項各号に掲げる金額に相当する金額（以下この項及び次項において「通算対象負担額」という。）を合算した金額から七十歳以上介護合算支給総額（次項の七十歳以上介護合算一部負担金等世帯合算額から同項の七十歳以上介護合算算定基準額を控除した金額（当該金額が支給基準額以下である場合又は当該七十歳以上介護合算一部負担金等世帯合算額の算定につき同項ただし書に該当する場合には、零とする。）をいう。）を控除した金額（以下この項において「介護合算一部負担金等世帯合算額」という。）が介護合算算定基準額に支給基準額を加えた金額を超える場合に支給するものとし、その額は、介護合算一部負担金等世帯合算額から介護合算算定基準額を控除した金額に介護合算按《あん》分率（この項に規定する者が計算期間における当該組合の組合員であつた

より高額療養費が支給される場合にあつては、当該支給額

ニ　七十歳に達する日の属する月の翌月以後に受けた療養について、法第五十二条に規定するその他の給付として令第十一条の三の六の二第一項第一号イ及びロに掲げる金額に係る負担を軽減するための給付が行われる場合にあつては、当該給付に相当する金額

二　令第十一条の三の六の二第一項第五号に掲げる金額に相当する金額　同号に規定する療養（七十歳に達する日の属する月の翌月以後に受けた療養に限る。）に係る金額として、次の表の上欄に掲げる前条の表の項の第二欄に掲げる金額を、次の表の下欄に掲げる金額に読み替えて適用する同条の規定によりそれぞれ算定した金額

一の項	地方公務員等共済組合法施行令第二十三条の三の六第一項第一号イ及びロに掲げる金額（七十歳に達する日の属する月の翌月以後に受けた療養に係るものに限る。）の合算額（同令第二十三条の三の二第一項の規定により高額療養費が支給される場合にあつては、当該支給額に七十歳以上高額療養費按《あん》分率（同条第三項に規定する七十歳以上一部負担金等世帯合算額から同項の規定により支給される高額療養費の額を控除した金額を同条第一項に規定する一部負担金等世帯合算額で除して得た率をいう。）を乗じて得た金額を控除した金額とし、同条第三項から第五項までの規定により高額療養費が支給される場合にあつては、当該支給額

間に、当該組合員が受けた療養（継続給付に係る療養を含む。）又はその被扶養者であつた者がその被扶養者であつた間に受けた療養（継続給付に係る療養を含む。）に係る通算対象負担額から次項の規定により支給される高額介護合算療養費の額を控除した金額を、介護合算一部負担金等世帯合算額で除して得た率をいう。）を乗じて得た金額とする。ただし、第一項第一号から第五号までに係る通算対象負担額を合算した金額又は同項第六号及び第七号に係る通算対象負担額を合算した金額が零であるときは、この限りでない。

	二の項
を控除した金額とし、同令第二十三条の三の三の規定により高額療養費が支給される場合にあつては、当該支給額を控除した金額とし、地方公務員等共済組合法第五十四条に規定する短期給付として同号イ及びロに掲げる金額（七十歳に達する日の属する月の翌月以後に受けた療養に係るものに限る。）に係る負担を軽減するための給付が行われる場合にあつては、当該給付に相当する金額を控除した金額とする。）	私立学校教職員共済法施行令第六条において準用する令（以下この号において「準用国共済法施行令」という。）第十一条の三の六の二第一項第一号イ及びロに掲げる金額（七十歳に達する日の属する月の翌月以後に受けた療養に係るものに限る。）の合算額（準用国共済法施行令第十一条の三の三第一項の規定により高額療養費が支給される場合にあつては、当該支給額に七十歳以上高額療養費按《あん》分率（同条第三項に規定する七十歳以上一部負担金等世帯合算額から同項の規定により支給される高額療養費の額を控除した金額を同条第一項に規定する一部負担金等世帯合算額で除して得た率をいう。）を乗じて得た金額を控除した金額とし、同条第三項から第五項までの規定により高額療養費が支給される場合にあつては、当該支給額を控除した金額とし、準用国共済法施行令第十一条の三の四の規定により高額療養費が支給される場合にあつては、当該支給額を控除した金額とし、私立学校教職員共済法第二十条第三項に規定する短期

区分	内容
国家公務員共済組合法	
国家公務員共済組合法施行令	
国家公務員共済組合法施行規則	給付として同号イ及びロに掲げる金額（七十歳に達する日の属する月の翌月以後に受けた療養に係るものに限る。）に係る負担を軽減するための給付が行われる場合にあつては、当該給付に相当する金額を控除した金額とする。） 三の項　防衛省の職員の給与等に関する法律施行令第十七条の六の四第一項第一号イ及びロに掲げる金額（七十歳に達する日の属する月の翌月以後に受けた療養に係るものに限る。）の合算額（令第十一条の三の三第一項の規定により高額療養費が支給される場合にあつては、当該支給額に七十歳以上高額療養費按《あん》分率（同条第三項に規定する七十歳以上一部負担金等世帯合算額から同項の規定により支給される高額療養費の額を控除した金額を同条第一項に規定する一部負担金等世帯合算額で除して得た率をいう。）を乗じて得た金額を控除した金額とし、同条第三項から第五項までの規定により高額療養費が支給される場合にあつては、当該支給額を控除した金額とし、法第五十二条に規定する短期給付として令第十一条の三の六の二第一項第一号イ及びロに掲げる金額（七十歳に達する日の属する月の翌月以後に受けた療養に係るものに限る。）に係る負担を軽減するための給付が行われる場合にあつては、当該給付に相当する金額を控除した金額とする。） 四の項　健康保険法施行令第四十三条の二第一項第一号イ及びロに掲げる額（七十歳に達する日の属する月の
国家公務員共済組合法等の運用方針	

五の項	
健康保険法施行令第四十四条第五項において準用する同令第四十三条の二第一項第一号イ及びロに掲げる額（七十歳に達する日の属する月の翌月以後に受けた療養に係るものに限る。）の合算額（同令第四十四条第一項において準用する同令第四十一条第一項の規定により高額療養費が支給される場合にあつては、当該支給額に七十歳以上高額療養費按《あん》分率（同令第四十四条第一項において準用する同令第四十一条第三項に規定する七十	翌月以後に受けた療養に係るものに限る。）の合算額（同令第四十一条第一項の規定により高額療養費が支給される場合にあつては、当該支給額に七十歳以上高額療養費按《あん》分率（同条第三項に規定する七十歳以上一部負担金等世帯合算額から同項の規定により支給される高額療養費の額を控除した額を同条第一項に規定する一部負担金等世帯合算額で除して得た率をいう。）を乗じて得た額を控除した額とし、同条第三項から第五項までの規定により高額療養費が支給される場合にあつては、当該支給額を控除した額とし、同令第四十一条の二の規定により高額療養費が支給される場合にあつては、当該支給額を控除した額とし、健康保険法第五十三条に規定する短期給付として同号イ及びロに掲げる額（七十歳に達する日の属する月の翌月以後に受けた療養に係るものに限る。）に係る負担を軽減するための金品が支給される場合にあつては、当該金品に相当する額を控除した額とする。）

国家公務員共済組合法

国家公務員共済組合法施行令

国家公務員共済組合法施行規則

	歳以上一部負担金等世帯合算額から同令第四十四条第一項において準用する同令第四十一条第三項の規定により支給される高額療養費の額を控除した額を同令第四十四条第一項において準用する同令第四十一条第一項に規定する一部負担金等世帯合算額で除して得た率をいう。）を乗じて得た額を控除した額とし、同令第四十四条第一項において準用する同令第四十一条第三項から第五項までの規定により高額療養費が支給される場合にあつては、当該支給額を控除した額とし、同令第四十四条第二項又は第三項において準用する同令第四十一条の二の規定により高額療養費が支給される場合にあつては、当該支給額を控除した額とする。）
六の項	船員保険法施行令第十一条第一項第一号イ及びロに掲げる額（七十歳に達する日の属する月の翌月以後に受けた療養に係るものに限る。）の合算額（同令第八条第一項の規定により高額療養費が支給される場合にあつては、当該支給額に七十歳以上高額療養費按《あん》分率（同条第三項に規定する七十歳以上一部負担金等世帯合算額から同項の規定により支給される高額療養費の額を控除した額を同条第一項に規定する一部負担金等世帯合算額で除して得た率をいう。）を乗じて得た額を控除した額とし、同条第三項から第五項までの規定により高額療養費が支給される場合にあつては、当該支給額を控除した額とし、同令第八条の二の規定により高額療養費が支給される場合にあつては、当該支給額を控除

国家公務員共済組合法等の運用方針

	した額とする。）
七の項	国民健康保険法施行令第二十九条の四の二第一項第一号イ及びロに掲げる額（七十歳に達する日の属する月の翌月以後に受けた療養に係るものに限る。）の合算額（同令第二十九条の二第一項の規定により高額療養費が支給される場合にあつては、当該支給額に七十歳以上高額療養費按《あん》分率（同条第三項に規定する七十歳以上一部負担金等世帯合算額から同項の規定により支給される高額療養費の額を控除した額を同条第一項に規定する一部負担金等世帯合算額で除して得た率をいう。）を乗じて得た額を控除した額とし、同条第三項から第五項までの規定により高額療養費が支給される場合にあつては、当該支給額を控除した額とし、同令第二十九条の二の二の規定により高額療養費が支給される場合にあつては、当該支給額を控除した額とする。）
八の項	高齢者の医療の確保に関する法律施行令第十六条の二第一項第一号イ及びロに掲げる額の合算額（七十歳に達する日の属する月の翌月以後に受けた療養に係るものに限り、当該療養について同令第十四条第一項、第二項、第三項及び第六項の規定により高額療養費が支給される場合にあつては、当該支給額を控除した額とし、同令第十四条の二の規定により高額療養費が支給される場合にあつては、当該支給額を控除した額とする。）

三　令第十一条の三の六の二第一項第六号に掲げる金額に相当する金額　七十歳に達する日の属する月の翌月以後に受けた

国家公務員共済組合法

国家公務員共済組合法施行令

国家公務員共済組合法施行規則

同号に規定する居宅サービス等に係る同号に掲げる金額

四　令第十一条の三の六の二第一項第七号に掲げる金額に相当する金額　七十歳に達する日の属する月の翌月以後に受けた同号に規定する介護予防サービス等に係る同号に掲げる金額

（令第十一条の三の六の二第五項の財務省令で定めるところにより算定した第一項各号に掲げる金額に相当する金額）

第百五条の十五　令第十一条の三の六の二第五項の財務省令で定めるところにより算定した同条第一項各号に掲げる金額に相当する金額は、組合員であつた者が基準日において該当する次の表の第一欄に掲げる者の区分に応じ、それぞれ同表の第二欄に掲げる金額とする。

	第一欄	第二欄
一	地方の組合の組合員又はその被扶養者	地方公務員等共済組合法施行令第二十三条の三の六第一項各号（同条第三項において準用する場合を含む。）に掲げる金額
二	私立学校教職員共済法の規定による私立学校教職員共済制度の加入者又はその被扶養者	私立学校教職員共済法施行令第六条において準用する令第十一条の三の六の二第一項各号（私立学校教職員共済法施行令第六条において準用する令第十一条の三の六の二第三項に

国家公務員共済組合法等の運用方針

		おいて準用する場合を含む。）に掲げる金額
三	自衛官等	防衛省の職員の給与等に関する法律施行令第十七条の六の四第一項各号に掲げる金額
四	健康保険法の被保険者又はその被扶養者	健康保険法施行令第四十三条の二第一項各号（同条第三項において準用する場合を含む。）に掲げる額
五	日雇特例被保険者又はその被扶養者	健康保険法施行令第四十四条第二項において準用する同令第四十三条の二第一項各号（同令第四十四条第五項において準用する同令第四十三条の二第三項において準用する場合を含む。）に掲げる額
六	船員保険の被保険者又はその被扶養者	船員保険法施行令第十一条第一項各号（同条第三項において準用する場合を含む。）に掲げる額
七	国民健康保険の被保険者（国民健康保険法施行令第二十九条の四の四第一項に掲げる場合に該当する者を除	国民健康保険法施行令第二十九条の四の二第一項各号（同条第三項において準用する場合を含む。）に掲げる

6 通算対象負担額のうち、七十歳以上合算対象サービスに係る金額に相当する金額として**財務省令で定める**ところにより算定した金額（以下この項において「七十歳以上通算対象負担額」という。）を合算した金額（以下この項において「七十歳以上介護合算一部負担金等世帯合算額」という。）が七十歳以上介護合算算定基準額に支給基準額を加えた金額を超える場合は、七十歳以上介護合算一部負担金等世帯合算額から七十歳以上介護合算算定基準額を控除した金額に七十歳以上介護合算按《あん》分率（前項に規定する者が計算期間における当該組合の組合員であつた間に、当該組合員であつた者が受けた療養（継続給付に係る療養を含む。）又はその被扶養者であつた者がその被扶養者であつた間に受けた療養（継続給付に係る療養を含む。）に係る七十歳以上通算対象負担額を、七十歳以上介護合算一部負担金等世帯合算額で除して得た率をいう。）を乗じて得た金額を高額介護合算療養費として同項に規定する者に支給する。ただし、第一項第一号から第五号までに係る七十歳以上通算対象負担額を合算した金額又は同項第六号及び第七号に係る七十歳以上通算対象負担額を合算した金額が零であるときは、この限りでない。

7 計算期間において当該組合の組合員であつた者（基準日において後期高齢者医療の被保険者である者に限る。）に対する高額

く。）	額

（令第十一条の三の六の二第六項の財務省令で定めるところにより算定した金額）

第百五条の十六 令第十一条の三の六の二第六項の**財務省令で定める**ところにより算定した金額は、次の表の上欄に掲げる前条の表の項の第二欄に掲げる金額を、次の表の下欄に掲げる金額にそれぞれ読み替えて適用する同条の規定により算定した金額とする。

一の項	地方公務員等共済組合法施行令第二十三条の三の六第二項の総務省令で定めるところにより算定した金額
二の項	私立学校教職員共済法施行令第六条において準用する令第十一条の三の六の二第二項の文部科学省令で定めるところにより算定した金額
三の項	令第十一条の三の六の二第二項の財務省令で定めるところにより算定した金額
四の項	健康保険法施行令第四十三条の二第二項の厚生労働省令で定めるところにより算定した額
五の項	健康保険法施行令第四十四条第五項において準用する同令第四十三条の二第二項の厚生労働省令で定めるところにより算定した額
六の項	船員保険法施行令第十一条第二項の厚生労働省令で定めるところにより算定した額
七の項	国民健康保険法施行令第二十九条の四の二第二項の厚生労働省令で定めるところにより算定した額

（令第十一条の三の六の二第七項の財務省令で定めるところにより算定した第一項各号に掲げる金額に相当する金額）

第百五条の十七 令第十一条の三の六の二第

介護合算療養費は、当該後期高齢者医療の被保険者を基準日組合員とみなして**財務省令で定める**ところにより算定した第一項各号に掲げる金額に相当する金額（以下この項において「通算対象負担額」という。）を合算した金額（以下この項において「介護合算一部負担金等世帯合算額」という。）が介護合算算定基準額に支給基準額を加えた金額を超える場合に支給するものとし、その額は、介護合算一部負担金等世帯合算額から介護合算算定基準額を控除した金額に介護合算按《あん》分率（この項に規定する者が計算期間における当該組合の組合員であつた間に、当該組合員であつた者が受けた療養（継続給付に係る療養を含む。）又はその被扶養者であつた者がその被扶養者であつた間に受けた療養（継続給付に係る療養を含む。）に係る通算対象負担額を、介護合算一部負担金等世帯合算額で除して得た率をいう。）を乗じて得た金額とする。ただし、第一項第一号から第五号までに係る通算対象負担額を合算した金額又は同項第六号及び第七号に係る通算対象負担額を合算した金額が零であるときは、この限りでない。

（介護合算算定基準額）

第十一条の三の六の三　前条第一項（同条第三項及び第四項において準用する場合を除く。）の介護合算算定基準額は、次の各号に掲げる者の区分に応じ、当該各号に定める金額とする。

一　次号から第五号までに掲げる者以外の者　六十七万円

二　基準日が属する月の標準報酬の月額が八十三万円以上の組合員　二百十二万円

三　基準日が属する月の標準報酬の月額が五十三万円以上八十三万円未満の組合員

七項の**財務省令で定める**ところにより算定した同条第一項各号に掲げる金額に相当する金額は、高齢者の医療の確保に関する法律施行令第十六条の二第一項各号に掲げる額とする。

国家公務員共済組合法

国家公務員共済組合法施行令

百四十一万円

四　基準日が属する月の標準報酬の月額が二十八万円未満の組合員（次号に掲げる者を除く。）　六十万円

五　市町村民税非課税者（基準日の属する年度の前年度（次条第一項の規定により前年の八月一日からその年の三月三十一日までのいずれかの日を基準日とみなした場合にあつては、当該基準日とみなした日の属する年度）分の地方税法の規定による市町村民税が課されない者（市町村の条例で定めるところにより当該市町村民税を免除された者を含むものとし、当該市町村民税の賦課期日において同法の施行地に住所を有しない者を除く。）をいう。次項第三号において同じ。）である組合員（第二号及び第三号に掲げる者を除く。）　三十四万円

2　前条第二項（同条第三項及び第四項において準用する場合を除く。）の七十歳以上介護合算算定基準額は、次の各号に掲げる者の区分に応じ、当該各号に定める金額とする。

一　次号から第四号までに掲げる者以外の者　五十六万円

二　基準日において療養の給付を受けることとした場合に法第五十五条第二項第三号の規定が適用される者　六十七万円

三　市町村民税非課税者である組合員（前号又は次号に掲げる者を除く。）　三十一万円

四　健康保険法施行令第四十三条の三第二項第四号に掲げる者に相当する者（第二号に掲げる者を除く。）　十九万円

3　第一項の規定は前条第三項において準用する同条第一項の介護合算算定基準額につ

国家公務員共済組合法施行規則

国家公務員共済組合法等の運用方針

いて、前項の規定は同条第三項において準用する同条第二項の七十歳以上介護合算算定基準額について、それぞれ準用する。この場合において、第一項中「前条第一項（同条第三項及び第四項において準用する場合を除く。）」とあるのは「前条第三項において準用する同条第一項」と、「次の各号に掲げる者」とあるのは「同条第三項に規定する当該組合の組合員であつた者について基準日において当該組合員であつた者を扶養する次の各号に掲げる基準日組合員である者」と、前項中「前条第二項（同条第三項及び第四項において準用する場合を除く。）」とあるのは「前条第三項において準用する同条第二項」と、「次の各号に掲げる者」とあるのは「同条第三項に規定する当該組合の組合員であつた者について基準日において当該組合員であつた者を扶養する次の各号に掲げる基準日組合員である者」と読み替えるものとする。

4　第一項の規定は前条第四項において準用する同条第一項の介護合算算定基準額について、第二項の規定は同条第四項において準用する同条第二項の七十歳以上介護合算算定基準額について、それぞれ準用する。この場合において、第一項中「前条第一項（同条第三項及び第四項において準用する場合を除く。）」とあるのは「前条第四項において準用する同条第一項」と、「次の各号に掲げる者」とあるのは「同条第四項に規定する当該組合の組合員であつた者であつて、基準日において他の組合の組合員である者にあつては次の各号に掲げる当該者の区分に応じ、基準日において他の組合の組合員の被扶養者である者にあつては次の各号に掲げる当該組合員である者」と、「当該各号」とあるのは「それぞれ当該各

国家公務員共済組合法

国家公務員共済組合法施行令

号」と、第二項中「前条第二項（同条第三項及び第四項において準用する場合を除く。）」とあるのは「前条第四項において準用する同条第二項」と、「次の各号に掲げる者」とあるのは「同条第四項に規定する当該組合の組合員であつた者であつて、基準日において他の組合の組合員である者にあつては次の各号に掲げる当該者の区分に応じ、基準日において他の組合の組合員の被扶養者である者にあつては次の各号に掲げる当該組合員である者」と、「当該各号」とあるのは「それぞれ当該各号」と読み替えるものとする。

5　前条第五項の介護合算算定基準額については、次の表の上欄に掲げる者の区分に応じ、それぞれ同表の中欄に掲げる規定を、同条第六項の七十歳以上介護合算算定基準額については、同表の上欄に掲げる者の区分に応じ、それぞれ同表の下欄に掲げる規定を準用する。この場合において、必要な技術的読替えは、**財務省令で定める。**

基準日において地方の組合の組合員である者又はその被扶養者である者	地方公務員等共済組合法施行令（昭和三十七年政令第三百五十二号）第二十三条の三の七第一項（同条第三項において準用する場合を含む。）及び第二十三条の三の八第一項	地方公務員等共済組合法施行令第二十三条の三の七第二項（同条第三項において準用する場合を含む。）及び第二十三条の三の八第一項
基準日におい	私立学校教職	私立学校教

国家公務員共済組合法施行規則

（介護合算算定基準額及び七十歳以上介護合算算定基準額に関する読替え）

第百五条の十八　令第十一条の三の六の三第五項の規定により同項の表の中欄又は下欄に掲げる規定を準用する場合においては、次の表の上欄に掲げる規定中同表の中欄に掲げる字句は、それぞれ同表の下欄に掲げる字句に読み替えるものとする。

地方公務員等共済組合法施行令第二十三条の三の七第一項及び第二項	次の各号に掲げる者	国家公務員共済組合法施行令第十一条の三の六の二第五項に規定する者であつて、基準日において組合員である者にあつては次の各号に掲げる当該者の、基準日において当該組合員の被扶養

国家公務員共済組合法等の運用方針

て私学共済制度の加入者である者又はその被扶養者である者	員共済法施行令（昭和二十八年政令第四百二十五号）第六条において準用する第一項（同条において準用する第三項において準用する場合を含む。）及び次条第一項	職員共済法施行令第六条において準備する第二項（同条において準用する第三項において準用する場合を含む。）及び次条第一項
基準日において防衛省の職員の給与等に関する法律施行令（昭和二十七年政令第三百六十八号）第十七条の三第一項に規定する自衛官等である者	防衛省の職員の給与等に関する法律施行令第十七条の六の五第一項及び第十七条の六の六第一項	第二項及び次条第一項
基準日において健康保険の被保険者（日雇特例被保険者並びに組合員、地方の組合の組合員及び私学共済制度の加入者を除く。）である者又はその被扶養者である者	健康保険法施行令第四十三条の三第一項（同条第三項において準用する場合を含む。）及び第四十三条の四第一項	健康保険法施行令第四十三条の三第二項（同条第三項において準用する場合を含む。）及び第四十三条の四第一項

		者である者にあつては次の各号に掲げる当該組合員
私立学校教職員共済法施行令第六条において準用する令第十一条の三の六の三第一項及び第二項	次の各号に掲げる者	国家公務員共済組合法施行令第十一条の三の六の二第五項に規定する者であつて、基準日において加入者である者にあつては次の各号に掲げる当該者の、基準日において当該加入者の被扶養者である者にあつては次の各号に掲げる当該加入者
防衛省の職員の給与等に関する法律施行令第十七条の六の五第一項	次の各号に掲げる者	国家公務員共済組合法施行令第十一条の三の六の二第五項に規定する者であつて、基準日において自衛官等である次の各号に掲げる者
健康保険法施行令第四十三条の三第一項及び第二項	次の各号に掲げる者	国家公務員共済組合法施行令第十一条の三の六の二第五項に規定す

国家公務員共済組合法

国家公務員共済組合法施行令

基準日において日雇特例被保険者（日雇特例被保険者であつた者を含む。）である者又はその被扶養者である者	健康保険法施行令第四十四条第五項において準用する同令第四十三条の三第一項（同令第四十四条第五項において準用する同令第四十三条の三第三項において準用する場合を含む。）及び第四十四条第七項	健康保険法施行令第四十四条第五項において準用する同令第四十三条の三第二項（同令第四十四条第五項において準用する同令第四十三条の三第三項において準用する場合を含む。）及び第四十四条第七項
基準日において船員保険の被保険者（組合員及び地方の組合の組合員を除く。）である者又はその被扶養者である者	船員保険法施行令（昭和二十八年政令第二百四十号）第十二条第一項（同条第三項において準用する場合を含む。）及び第十三条第一項	船員保険法施行令第十二条第二項（同条第三項において準用する場合を含む。）及び第十三条第一項
基準日において国民健康保険の世帯主等である者又は当該国民健康保険の世帯主等と同一の世	国民健康保険法施行令（昭和三十三年政令第三百六十二号）第二十九条の四の三第一項並びに	国民健康保険法施行令第二十九条の四の三第三項並びに第二十九条の四の四第

国家公務員共済組合法施行規則

	健康保険法施行令第四十四条第五項において準用する同令第四十三条の三第一項及び第二項
	次の各号に掲げる者
る者であつて、基準日において被保険者である者にあつては次の各号に掲げる当該者の、基準日において被保険者の被扶養者である者にあつては次の各号に掲げる当該被保険者	国家公務員共済組合法施行令第十一条の三の六の二第五項に規定する者であつて、基準日において日雇特例被保険者（第四十一条の二第九項に規定する日雇特例被保険者をいう。以下この項において同じ。）である者にあつては次の各号に掲げる当該者の、基準日において日雇特例被保険者の被扶養者である者にあつては次の各

国家公務員共済組合法等の運用方針

政令第十一条の三の六の三

帯に属する当該国民健康保険の世帯主等以外の国民健康保険の被保険者である者	第二十九条の四の四第一項及び第二項	一項及び第二項

規則第百五条の十八

		号に掲げる当該日雇特例被保険者
	次条第一項	第四十四条第七項
船員保険法施行令第十二条第一項及び第二項	次の各号に掲げる者	国家公務員共済組合法施行令第十一条の三の六の二第五項に規定する者であつて、基準日において被保険者である者にあつては次の各号に掲げる当該者の、基準日において被保険者の被扶養者である者にあつては次の各号に掲げる当該被保険者
国民健康保険法施行令第二十九条の四の三第一項及び第三項	国民健康保険の世帯主等と	国家公務員共済組合法施行令第十一条の三の六の二第五項に規定する者であつて、基準日において被保険者である者と
	国民健康保険の世帯主等及び	国家公務員共済組合法施行令第十一条の三の六の二第五項に規定する者であつて、

国家公務員共済組合法

国家公務員共済組合法施行令

6　前条第七項の介護合算算定基準額については、高齢者の医療の確保に関する法律施行令（平成十九年政令第三百十八号）第十六条の三第一項及び第十六条の四第一項の規定を準用する。この場合において、必要な技術的読替えは、**財務省令で定める**。

（その他高額介護合算療養費の支給に関する事項）

第十一条の三の六の四　組合員が計算期間においてその資格を喪失し、かつ、当該資格を喪失した日以後の当該計算期間において医療保険加入者とならない場合その他**財務省令で定める**場合における高額介護合算療養費の支給については、当該資格を喪失し

国家公務員共済組合法施行規則

	被保険者が
基準日において被保険者である者が属する世帯の国民健康保険の世帯主等及び	国家公務員共済組合法施行令第十一条の三の六の二第五項に規定する者であつて、基準日において被保険者である者が

（令第十一条の三の六の三第六項の介護合算算定基準額に関する読替え）

第百五条の十九　令第十一条の三の六の三第六項の規定により高齢者の医療の確保に関する法律施行令第十六条の三第一項及び第十六条の四第一項の規定を準用する場合において、同令第十六条の三第一項中「次の各号に掲げる者」とあるのは、「国家公務員共済組合法施行令第十一条の三の六の二第五項に規定する者であつて、基準日において被保険者である次の各号に掲げる者」と読み替えるものとする。

（令第十一条の三の六の四第一項の財務省令で定める場合及び財務省令で定める日）

第百五条の二十　令第十一条の三の六の四第一項の**財務省令で定める場合**は、組合の組合員であつた者が、計算期間において医療保険加入者の資格を喪失し、かつ、当該医療保険加入者の資格を喪失した日以後の当該計算期間において医療保険加入者となら

国家公務員共済組合法等の運用方針

（出産費及び家族出産費）

第六十一条　組合員が出産したときは、出産費として、**政令で定める**金額を支給する。

2　前項の規定は、組合員の資格を喪失した日の前日まで引き続き一年以上組合員であつた者（以下「一年以上組合員であつた者」という。）が退職後六月以内に出産した場合について準用する。ただし、退職後出産するまでの間に他の組合の組合員の資格を取得したときは、この限りでない。

3　組合員の被扶養者（前項本文の規定の適用を受ける者を除く。）が出産したときは、家族出産費として、**政令で定める**金額を支給する。

た日の前日（当該**財務省令で定める**場合にあつては、**財務省令で定める日**）を基準日とみなして、前二条の規定を適用する。

2　防衛省の職員の給与等に関する法律第二十二条の規定に基づき国が自衛官（同法第二十二条の二第一項に規定する職員に該当する自衛官を除く。）、自衛官候補生並びに防衛大学校の学生、防衛医科大学校の学生及び陸上自衛隊高等工科学校の生徒（同法第二十二条の規定に基づき退職後において療養の給付又は保険外併用療養費、療養費、訪問看護療養費若しくは高額療養費の支給を受けている者を含む。）である組合員に対して行つた療養の給付又は保険外併用療養費、療養費、訪問看護療養費、高額療養費若しくは高額介護合算療養費の支給は、前二条及び前項の規定の適用については、法の規定による給付とみなす。

3　高額介護合算療養費の支給に関する手続に関して必要な事項は、**財務省令で定める**。

（出産費及び家族出産費の額）

第十一条の三の七　法第六十一条第一項（同条第二項において準用する場合を含む。）及び第三項に規定する**政令で定める**金額は、四十万四千円とする。ただし、病院、診療所、助産所その他の者であつて、次の各号に掲げる要件のいずれにも該当するものによる医学的管理の下における出産であると組合が認めたときは、四十万四千円に、第一号に規定する保険契約に関し組合員又はその被扶養者が追加的に必要となる費用の額を基準として、三万円を超えない範囲内で**財務省令で定める**金額を加算した金額とする。

一　当該病院、診療所、助産所その他の者による医学的管理の下における出産について、特定出産事故（出産（**財務省令で**

ない場合とし、令第十一条の三の六の四第一項の**財務省令で定める**日は、当該日の前日とする。

（出産費及び家族出産費）

第百六条　令第十一条の三の七ただし書に規定する**財務省令で定める**金額は、一万六千円（同条第一号に規定する保険契約に関し、病院、診療所、助産所その他の者（以下この条において「病院等」という。）が負担する保険料に相当する金額が一万六千円に満たないときは、当該保険料に相当する金額とする。）とする。

2　令第十一条の三の七第一号に規定する**財務省令で定める**基準は、出生した者が、出生した時点において次の各号のいずれかに該当することとする。

一　体重が千四百グラム以上であり、かつ、在胎週数が三十二週以上であること。

二　前号に掲げるもののほか、在胎週数が二十八週以上であり、かつ、**財務大臣が**

第六十一条～第六十四条関係

他の法律に基づく共済組合で短期給付に相当する給付を行うものの組合員、健康保険の被保険者（日雇特例被保険者を除く。）又は船員保険の被保険者が、その資格を喪失した後、組合員の被扶養者になつた場合において、その者がこれらの法律の規定に基づく給付を受けることができるときは、その給付に相当する組合の給付は行わないものとする。ただし、その者がこれらの法律の規定に基づく給付を受けないことが明らかであるときは、この限りでない。

第六十一条関係

1　「一年以上組合員であつた者」とは、組合員（この法律及び地共法に基づく他の組合の組合員（短期給付の適用を受けない者を除く。）を含む。）となつた日から組合員の

国家公務員共済組合法

国家公務員共済組合法施行令

定める基準に該当する出産に限る。）に係る事故（**財務省令で定める**事由により発生したものを除く。）のうち、出生した者が当該事故により脳性麻痺《ひ》にかかり、**財務省令で定める**程度の障害の状態となつたものをいう。次号において同じ。）が発生した場合において、当該出生した者の養育に係る経済的負担の軽減を図るための補償金の支払に要する費用の支出に備えるための保険契約であつて**財務省令で定める**要件に該当するものが締結されていること。

二　出産に係る医療の安全を確保し、当該医療の質の向上を図るため、**財務省令で定める**ところにより、特定出産事故に関する情報の収集、整理、分析及び提供の適正かつ確実な実施のための措置を講じていること。

国家公務員共済組合法施行規則

定めるものに該当すること。

3　令第十一条の三の七第一号に規定する**財務省令で定める**事由は、次のとおりとする。

一　天災、事変その他の非常事態

二　出産した者の故意又は重大な過失

4　令第十一条の三の七第一号に規定する**財務省令で定める**程度の障害の状態は、身体障害者福祉法施行規則（昭和二十五年厚生省令第十五号）別表第五号の一級又は二級に該当するものとする。

5　令第十一条の三の七第一号に規定する**財務省令で定める**要件は、病院等に対し、当該病院等が三千万円以上の補償金を出生した者又はその保護者（親権を行う者、未成年後見人その他の者で、出生した者を現に監護するものをいう。）（次項において「出生した者等」という。）に対して適切な期間にわたり支払うための保険金（特定出産事故（同号に規定する特定出産事故をいう。次項において同じ。）が病院等の過失によつて発生した場合であつて、当該病院等が損害賠償の責任を負うときは、補償金から当該損害賠償金の額を除いた額とする。）が支払われるものであることとする。

6　令第十一条の三の七第二号に規定する**財務省令で定める**ところにより講ずる措置は、病院等と出生した者等との間における特定出産事故に関する紛争の防止又は解決を図るとともに、特定出産事故に関する情報の分析結果を体系的に編成し、その成果を広く社会に提供するため、特定出産事故に関する情報の収集、整理、分析及び提供について、これらを適正かつ確実に実施することができる適切な機関に委託することとする。

7　法第六十一条の規定により、出産費又は

国家公務員共済組合法等の運用方針

資格を喪失した日の前日まで引き続く期間が満一年以上であつた者をいい、当該引き続く期間には任意継続組合員期間を含むものとする。

2　妊娠四箇月以上（八十五日以上をいう。以下同じ。）の異常分べん又は母体保護法（昭和二十三年法律第百五十六号）に基く妊娠四箇月以上の胎児の人工妊娠中絶手術をした場合も、「出産」に該当するものとして、出産費又は家族出産費を支給するものとする。

3　双生児を出産した場合には、出産が二度あつたものとして、倍額を支給するものとする。

4　妊娠四箇月以上を経過して胎児であつたものをべん出した場合において、その胎児であつたものが四箇月未満で死亡していたときは、出産費又は家族出産費は支給できないものとする。

財務省告示　第三百六十六号

国家公務員共済組合法施行規則（昭和三十三年大蔵省令第五十四号）第百六条第二項第二号の規定に基づき、国家公務員共済組合法施行規則第百六条第二項第二号の規定に基づき財務大臣が定めるものを次のように定め、平成二十一年一月一日から適用する。

平成二十年十二月二十二日

財務大臣　中川　昭一

最終改正　平二六・一二・二二

財務省告示　三八九

国家公務員共済組合法施行規則第百六条第二項第二号の規定に基づき財務大臣が定めるものは、次の各号に掲げるものとする。

一　低酸素状態が継続して、臍《さい》帯動脈血中

第六十二条　削除

（埋葬料及び家族埋葬料）

第六十三条　組合員が公務によらないで死亡したときは、その死亡の当時被扶養者であつた者で埋葬を行うものに対し、埋葬料として、**政令で定める**金額を支給する。

2　前項の規定により埋葬料の支給を受けるべき者がない場合には、埋葬を行つた者に対し、同項に規定する金額の範囲内で、埋葬に要した費用に相当する金額を支給する。

3　被扶養者が死亡したときは、家族埋葬料として、**政令で定める**金額を支給する。

4　埋葬料及び家族埋葬料は、国家公務員災害補償法の規定による通勤による災害に係る葬祭補償又はこれに相当する補償が行われるときは、支給しない。

第六十四条　組合員であつた者が退職後三月以内に死亡したときは、前条第一項及び第

（埋葬料及び家族埋葬料の額）

第十一条の三の八　法第六十三条第一項及び第三項に規定する**政令で定める**金額は、五万円とする。

家族出産費の支給を受けようとする者は、次に掲げる事項を記載した出産費請求書又は家族出産費請求書を、医師又は助産師による当該出産に関する事実を証明する証拠書類と併せて組合に提出しなければならない。

一　組合員の氏名及び住所並びに組合員証の記号及び番号又は個人番号

二　出産した者及びその者が出産した子の氏名並びに出産年月日

三　請求金額並びに払渡金融機関の名称及び預金口座の口座番号

四　その他必要な事項

8　令第十一条の三の七ただし書の加算した金額の支給を受けようとする者は、前項の出産費請求書又は家族出産費請求書に同条ただし書に規定する出産であると組合が認める際に必要となる書類を併せて提出しなければならない。

第百七条　削除〔昭和三八年六月大蔵令三六号〕

（埋葬料及び家族埋葬料）

第百八条　法第六十三条又は第六十四条の規定により埋葬料又は家族埋葬料の支給を受けようとする者は、次に掲げる事項を記載した埋葬料請求書又は家族埋葬料請求書を、市町村長の埋葬許可証又は火葬許可証の写し（法第六十三条第二項の規定により埋葬料の支給を受けようとする者にあつては、これらの書類及び埋葬に要した費用の額に関する証拠書類）と併せて組合に提出しなければならない。ただし、やむを得ない理由がある場合には、死亡の事実を証明する書類をもつて埋葬許可証又は火葬許可証の写しに代えることができる。

一　組合員の氏名及び住所並びに組合員証の記号及び番号又は個人番号

二　死亡した者の氏名、生年月日及び性別

の水素イオン指数が七・一未満である代謝性アシドーシス（酸性血症）の所見があると認められるもの

二　胎児に低酸素状態が生じたものであって、かつ、次に掲げるもののいずれかであること

イ　分娩監視装置が示す情報に異常が認められたもの

ロ　出生した者のアプガースコア一分値が三点以下であるもの

ハ　生後一時間以内の者に係る血液ガス分析における水素イオン指数が七・〇未満であるもの

第六十三条関係

第一項

「被扶養者であつた者で埋葬を行うもの」は、被扶養者であつた者で社会通念上埋葬を行うべき者とみられる者と解し取り扱うものとする。

第二項

1　「埋葬を行つた者」は、死亡した者との親族関係の有無等を問わず実際に埋葬を行つた者をいうものとする。

2　「埋葬に要した費用」は、埋葬に直接要した実費とし、霊柩代又は霊柩の借料、霊柩の運搬費、葬式の際における僧侶の謝礼及び霊前供物代又は入院患者が死亡した場合に、病院から自宅まで移送する費用等を含むものとする。

国家公務員共済組合法

二項の規定に準じて埋葬料を支給する。ただし、退職後死亡するまでの間に他の組合の組合員の資格を取得したときは、この限りでない。

（日雇特例被保険者に係る給付との調整）

第六十五条　家族療養費、家族訪問看護療養費、家族移送費、家族出産費又は家族埋葬料は、同一の病気、負傷、出産又は死亡に関し、健康保険法第五章の規定により療養の給付又は入院時食事療養費、入院時生活療養費、保険外併用療養費、療養費、訪問看護療養費、移送費、出産育児一時金若しくは埋葬料の支給があつた場合には、その限度において、支給しない。

第三款　休業給付

（傷病手当金）

第六十六条　組合員（第百二十六条の五第二項に規定する任意継続組合員を除く。第五項、次条第一項及び第三項並びに第六十八条から第六十八条の三までにおいて同じ。）が公務によらないで病気にかかり、又は負傷し、療養のため引き続き勤務に服することができない場合には、勤務に服することができなくなつた日以後三日を経過した日からその後における勤務に服することができない期間、傷病手当金を支給する。

2　傷病手当金の額は、一日につき、傷病手当金の支給を始める日の属する月以前の直近の継続した十二月間の各月の標準報酬の月額（組合員が現に属する組合により定められたものに限る。以下この項において同じ。）の平均額の二十二分の一に相当する金額（当該金額に五円未満の端数があるときは、これを切り捨て、五円以上十円未満

国家公務員共済組合法施行令

国家公務員共済組合法施行規則

並びにその者と組合員との続柄並びに死亡年月日及び埋葬年月日

三　請求金額並びに払渡金融機関の名称及び預金口座の口座番号

四　その他必要な事項

（傷病手当金）

第百九条　法第六十六条の規定により傷病手当金の支給を受けようとする者は、次に掲げる事項を記載した傷病手当金請求書を、医師又は歯科医師による当該傷病のため勤務に服することができないことを証明する証拠書類と併せて組合に提出しなければならない。

一　組合員の氏名及び住所並びに組合員証の記号及び番号又は個人番号

二　傷病名及び当該傷病が発病した年月日

三　勤務できなくなつた最初の年月日

四　請求期間、請求金額並びに払渡金融機関の名称及び預金口座の口座番号

五　その他必要な事項

2　前項の請求書を提出する場合においては、次に掲げる者にあつては、当該各号に定める書類を併せて提出しなければならない。

一　法第六十六条第六項の規定に該当する

国家公務員共済組合法等の運用方針

第六十六条～第六十八条の三関係

1　休業給付は、正規の勤務日が国民の祝日に関する法律（昭和二十三年法律第百七十八号）に規定する休日（以下「祝日法による休日」という。）及び十二月二十九日から翌年の一月三日までの日（祝日法による休日を除く。）に当たつても支給されるが、正規の勤務日以外の日については支給されない。

2　勤務時間が平日の勤務時間と異なる定めがなされている日についても、休業給付の額は、一日分として算定する。

の端数があるときは、これを十円に切り上げるものとする。）の三分の二に相当する金額（当該金額に五十銭未満の端数があるときは、これを切り捨て、五十銭以上一円未満の端数があるときは、これを一円に切り上げるものとする。）とする。ただし、同日の属する月以前の直近の継続した期間において標準報酬の月額が定められている月が十二月に満たない場合にあつては、次の各号に掲げる金額のうちいずれか少ない額の三分の二に相当する金額（当該金額に五十銭未満の端数があるときは、これを切り捨て、五十銭以上一円未満の端数があるときは、これを一円に切り上げるものとする。）とする。

一　傷病手当金の支給を始める日の属する月以前の直近の継続した各月の標準報酬の月額の平均額の二十二分の一に相当する金額（当該金額に五円未満の端数があるときは、これを切り捨て、五円以上十円未満の端数があるときは、これを十円に切り上げるものとする。）

二　傷病手当金の支給を始める日の属する年度の前年度の九月三十日における短期給付に関する規定の適用を受ける全ての組合員の同月の標準報酬の月額の平均額を標準報酬の基礎となる報酬月額とみなしたときの標準報酬の月額の二十二分の一に相当する金額（当該金額に五円未満の端数があるときは、これを切り捨て、五円以上十円未満の端数があるときは、これを十円に切り上げるものとする。）

3　前項に規定するもののほか、傷病手当金の額の算定に関して必要な事項は、財務省令で定める。

4　傷病手当金の支給期間は、同一の病気又は負傷及びこれらにより生じた病気（以下

者　第百十四条の十七の規定による通知の写し、第百十四条の十八の規定による障害厚生年金の年金証書の写し及び当該年金の直近の額を証明する書類

二　法第六十六条第七項の規定に該当する者　第百十四条の十七の規定による通知の写し

三　法第六十六条第八項の規定に該当する者　第百十四条の十七の規定による通知又はこれに準ずる書類の写し、同項に規定する退職老齢年金給付の年金証書又はこれに準ずる書類（以下「年金証書等」という。）の写し及び当該年金の直近の額を証明する書類

（傷病手当金の額の算定）

第百九条の二　組合員（任意継続組合員を除く。以下この条において同じ。）の資格を喪失した日以後に法第六十六条第五項の規定により傷病手当金の支給を始める場合においては、同条第二項中「傷病手当金の支給を始める日」とあるのは「組合員（任意継続組合員を除く。）の資格を喪失した日の前日」と、「組合員が現に属する」とあるのは「組合員であつた者（任意継続組合員を除く。）が同日において属していた」と読み替えて、同項の規定を適用する。

2　法第六十六条第二項に規定する標準報酬の月額は、同項に規定する傷病手当金の支給を始める日の属する月以前の直近の継続した十二月以内の期間において組合員が現に属する組合の任意継続組合員である期間が含まれるときは、当該期間の標準報酬の月額を含むものとする。

3　法第六十六条第二項に規定する標準報酬の月額について、同一の月において二以上の標準報酬の月額が定められている月があるときは、当該月の標準報酬の月額は直近

第六十六条関係

第四項

国家公務員共済組合法

「傷病」という。）については、第一項に規定する勤務に服することができなくなつた日以後三日を経過した日（同日において第六十九条第一項の規定により傷病手当金の全部を支給しないときは、その支給を始めた日）から通算して一年六月間（結核性の病気については、三年間）とする。

5　一年以上組合員であつた者が退職した際に傷病手当金を受けている場合には、その者が退職しなかつたとしたならば前項の規定により受けることができる期間、継続してこれを支給する。ただし、その者が他の組合の組合員の資格を取得したときは、この限りではない。

6　傷病手当金は、同一の傷病について厚生年金保険法による障害厚生年金の支給を受

国家公務員共済組合法施行令

国家公務員共済組合法施行規則

のもの（同項に規定する傷病手当金の支給を始める日以前に定められたものに限る。）とする。

4　傷病手当金の支給を受けている期間に別の疾病又は負傷及びこれにより発した疾病につき傷病手当金の支給を受けることができるときは、それぞれの疾病又は負傷及びこれにより発した疾病に係る傷病手当金について法第六十六条第二項の規定により算定される額のいずれか多い額を支給する。

（障害厚生年金の日額計算）

第百九条の三　法第六十六条第六項に規定す

国家公務員共済組合法等の運用方針

1　同時に発生した病気であつても相互に因果関係のない病気は「同一の傷病」に該当せず、又、傷病名が異なつていても相互に因果関係のある病気は「同一の傷病」に該当するものと解する。なお、この取扱いについては、運用方針法第五十九条関係の「第一項」の第二項に規定する「当該傷病」の取扱いに準ずるものとする。

2　傷病のため勤務に服することができなかつた日について俸給が支給されても、その日は、傷病手当金の支給期間に算入されるが、病気の途中で出勤し、再び同じ傷病で欠勤した場合には、その出勤した期間は、支給期間に算入せず、前後の期間を通算して一年六月又は三年に達するまで、傷病手当金を支給するものとする。

3　傷病手当金の支給を受けている期間内に更に他の傷病にかかり、引き続き勤務に服することができない場合における当該他の傷病に係る傷病手当金の支給期間は、当該他の傷病により勤務に服することができなくなつた日以後三日を経過した日から起算すべきものと解する。この場合、重複する期間について、傷病手当金は、二重には支給されない。

第五項

1　退職した日において、すでに勤務に服することができなかつた日以後三日を経過しているが、報酬が支給されているため、法第六十六条第六項、第七項若しくは第十三項又は第六十九条第一項の規定により、傷病手当金の支給が行なわれていない場合においても、「退職した際に傷病手当金を受けている場合」に該当す

けることができるときは、支給しない。ただし、その支給を受けることができる障害厚生年金の額（当該障害厚生年金と同一の給付事由に基づき国民年金法による障害基礎年金の支給を受けることができるときは、当該障害厚生年金の額と当該障害基礎年金の額との合算額）を基準として**財務省令で定める**ところにより算定した額（以下この項において「障害年金の額」という。）が、第二項の規定により算定される額より少ないときは、当該額から次の各号に掲げる場合の区分に応じて当該各号に定める額を控除した額を支給する。

一　報酬を受けることができない場合であつて、かつ、出産手当金の支給を受けることができない場合　障害年金の額

二　報酬を受けることができない場合であつて、かつ、出産手当金の支給を受けることができる場合　出産手当金の額（当該額が第二項の規定により算定される額を超える場合にあつては、当該額）と障害年金の額のいずれか多い額

三　報酬の全部又は一部を受けることができる場合であつて、かつ、出産手当金の支給を受けることができない場合　当該受けることができる報酬の全部又は一部の額（当該額が第二項の規定により算定される額を超える場合にあつては、当該額）と障害年金の額のいずれか多い額

四　報酬の全部又は一部を受けることができる場合であつて、かつ、出産手当金の支給を受けることができる場合　報酬を受けることができないとしたならば支給されることとなる出産手当金の額（当該額が第二項の規定により算定される額を超える場合にあつては、当該額）と障害年金の額のいずれか多い額

る**財務省令で定める**ところにより算定した額は、同項に規定する者の受ける障害厚生年金の額（当該障害厚生年金と同一の給付事由に基づき国民年金法による障害基礎年金の支給を受けることができるときは、当該障害厚生年金の額とその受ける当該障害基礎年金の額との合算額）に二百六十四分の一を乗じて得た額（その額に一円未満の端数があるときは、これを切り捨てた額）とする。

るものとして取り扱うものとする。この場合の支給の始期は、資格を喪失した日とする。

2　労働能力がある場合には、「傷病のため勤務に服することができない場合」に該当せず、従つて自家営業を行つている場合、事務所に雇用されている場合、勤務することができる状態にありながら、適当な職がないため勤務しない場合等には、組合員資格喪失後の傷病手当金は支給できないものと解される。

国家公務員共済組合法

7　傷病手当金は、同一の傷病について厚生年金保険法による障害手当金の支給を受けることとなつたときは、当該障害手当金の支給を受けることとなつた日からその日以後に傷病手当金の支給を受けるとする場合の第二項の規定により算定される額の合計額が当該障害手当金の額に達するに至る日までの間、支給しない。ただし、当該合計額が当該障害手当金の額に達するに至つた日において当該合計額が当該障害手当金の額を超える場合において、報酬の全部若しくは一部又は出産手当金の支給を受けることができるときその他の政令で定めるときは、当該合計額から当該障害手当金の額を控除した額その他の政令で定める額については、この限りでない。

8　第五項の傷病手当金（政令で定める要件に該当する者に支給するものに限る。）は、厚生年金保険法又は国民年金法による老齢を給付事由とする年金である給付その他の退職又は老齢を給付事由とする年金である給付であつて政令で定めるもの（以下この項及び次項において「退職老齢年金給付」という。）の支給を受けることができるときは、支給しない。ただし、その支給を受けることができる退職老齢年金給付の額（当該退職老齢年金給付が二以上あるときは、当該二以上の退職老齢年金給付の額を合算した額）を基準として**財務省令で定める**ところにより算定した額が、当該退職老齢年金給付の支給を受けることができないとしたならば支給されることとなる傷病手当金の額より少ないときは、当該傷病手当金の額から当該**財務省令で定める**ところにより算定した額を控除した額を支給する。

9　組合は、前三項の規定による傷病手当金

国家公務員共済組合法施行令

（傷病手当金と障害手当金等との併給調整）

第十一条の三の八の二　法第六十六条第七項ただし書に規定する政令で定めるときは次の各号に掲げる場合とし、同項ただし書に規定する政令で定める額は当該各号に掲げる場合の区分に応じ当該各号に定める額とする。

一　報酬を受けることができない場合であつて、かつ、出産手当金の支給を受けることができない場合　傷病手当金合計額（厚生年金保険法による障害手当金の支給を受けることとなつた日以後に傷病手当金の支給を受けるとする場合の法第六十六条第二項の規定により算定される額の合計額が当該障害手当金の額に達するに至る日における当該合計額をいう。以下この条において同じ。）から障害手当金の額を控除した額

二　報酬を受けることができない場合であつて、かつ、出産手当金の支給を受けることができる場合　法第六十六条第二項の規定により算定される額から出産手当金の額（当該額が同項の規定により算定される額を超える場合にあつては、当該額）を控除した額又は傷病手当金合計額から障害手当金の額を控除した額のいずれか少ない額

三　報酬の全部又は一部を受けることができる場合であつて、かつ、出産手当金の支給を受けることができない場合　法第六十六条第二項の規定により算定される額から当該受けることができる報酬の全部若しくは一部の額（当該額が同項の規定により算定される額を超える場合にあつては、当該額）を控除した額又は傷病

国家公務員共済組合法施行規則

（退職老齢年金給付の日額計算）

第百九条の四　法第六十六条第八項に規定する**財務省令で定める**ところにより算定した額は、同項に規定する者の受けるべき退職老齢年金給付の額（当該退職老齢年金給付が二以上あるときは、当該二以上の退職老齢年金給付の額を合算した額）に二百六十四分の一を乗じて得た額（その額に一円未満の端数があるときは、これを切り捨てた額）とする。

国家公務員共済組合法等の運用方針

に関する処分に関し必要があると認めるときは、第六項の障害厚生年金若しくは障害基礎年金、第七項の障害手当金又は前項の退職老齢年金給付の支給状況につき、退職老齢年金給付の支払をする者（次項において「年金支給実施機関」という。）に対し、必要な資料の提供を求めることができる。

10　支給実施機関（厚生労働大臣を除く。）は、厚生労働大臣の同意を得て、前項の規定による資料の提供の事務を厚生労働大臣に委託することができる。

11　厚生労働大臣は、日本年金機構に、前項の規定により委託を受けた資料の提供に係る事務（当該資料の提供を除く。）を行わせるものとする。

12　厚生年金保険法第百条の十第二項及び第三項の規定は、前項の事務について準用する。この場合において、必要な技術的読替えは、政令で定める。

13　傷病手当金は、次条の規定により出産手当金を支給する場合（第六項又は第七項に該当するときを除く。）には、その期間内は、支給しない。ただし、報酬を受けることができないとしたならば支給されることとなる出産手当金の額が、第二項の規定により算定される額より少ないときは、同項の規定により算定される額から当該出産手当金の額を控除した額を支給する。

14　傷病手当金は、同一の傷病に関し、国家公務員災害補償法の規定による通勤による災害に係る休業補償若しくは傷病補償年金又はこれらに相当する補償が行われるときは、支給しない。

手当金合計額から障害手当金の額を控除した額のいずれか少ない額

四　報酬の全部又は一部を受けることができる場合であつて、かつ、出産手当金の支給を受けることができる場合　法第六十六条第二項の規定により算定される額から報酬を受けることができないとしたならば支給されることとなる出産手当金の額（当該額が同項の規定により算定される額を超える場合にあつては、当該額）を控除した額又は傷病手当金合計額から障害手当金の額を控除した額のいずれか少ない額

（傷病手当金と退職老齢年金給付との調整）

第十一条の三の九　法第六十六条第八項に規定する政令で定める要件は、健康保険法第百三十五条第一項の規定により傷病手当金の支給を受けることができる日雇特例被保険者（同法第三条第二項に規定する日雇特例被保険者をいい、当該日雇特例被保険者であつた者を含む。）でないこととする。

2　法第六十六条第八項に規定する政令で定める年金である給付は、次に掲げる年金である給付（その全額につき支給を停止されているものを除く。）とする。

一　国民年金法による老齢基礎年金及び同法附則第九条の三第一項の規定による老齢年金並びに国民年金法等の一部を改正する法律（昭和六十年法律第三十四号。以下「昭和六十年国民年金等改正法」という。）第一条の規定による改正前の国民年金法による老齢年金（老齢福祉年金を除く。）及び通算老齢年金

二　厚生年金保険法による老齢厚生年金及び特例老齢年金並びに昭和六十年国民年金等改正法第三条の規定による改正前の厚生年金保険法（以下「旧厚生年金保険

国家公務員共済組合法

国家公務員共済組合法施行令

法」という。）による老齢年金、通算老齢年金及び特例老齢年金

三　昭和六十年国民年金等改正法第五条の規定による改正前の船員保険法（以下「旧船員保険法」という。）による老齢年金、通算老齢年金及び特例老齢年金

四　被用者年金制度の一元化等を図るための厚生年金保険法等の一部を改正する法律（平成二十四年法律第六十三号。以下「平成二十四年一元化法」という。）附則第三十六条第五項に規定する改正前国共済法による職域加算額のうち退職を給付事由とするもの及び平成二十四年一元化法附則第三十七条第一項に規定する給付のうち退職を給付事由とするもの

四の二　平成二十四年一元化法附則第四十一条第一項の規定による退職共済年金

五　平成二十四年一元化法附則第六十条第五項に規定する改正前地共済法による職域加算額のうち退職を給付事由とするもの及び平成二十四年一元化法附則第六十一条第一項に規定する給付のうち退職を給付事由とするもの

五の二　平成二十四年一元化法附則第六十五条第一項の規定による退職共済年金

六　平成二十四年一元化法附則第七十八条第三項に規定する給付のうち退職を給付事由とするもの及び平成二十四年一元化法附則第七十九条に規定する給付のうち退職を給付事由とするもの

七　厚生年金保険制度及び農林漁業団体職員共済組合制度の統合を図るための農林漁業団体職員共済組合法等を廃止する等の法律（平成十三年法律第百一号。以下「平成十三年統合法」という。）附則第十六条第三項の規定により厚生年金保険の

国家公務員共済組合法施行規則

国家公務員共済組合法等の運用方針

実施者たる政府が支給するものとされた年金である給付のうち退職を給付事由とするもの及び特例年金給付（平成十三年統合法附則第二十五条第三項の規定により同項に規定する存続組合が支給するものとされた同条第四項各号に掲げる特例年金給付をいう。）のうち退職又は老齢を給付事由とするもの

八　厚生年金保険法附則第二十八条に規定する共済組合が支給する年金である給付のうち退職を給付事由とするもの

九　旧令による共済組合等からの年金受給者のための特別措置法（昭和二十五年法律第二百五十六号）の規定により連合会が支給する年金である給付のうち退職を給付事由とするもの

3　法第六十六条第十二項の規定により厚生年金保険法第百条の十第二項及び第三項の規定を準用する場合には、次の表の上欄に掲げる同法の規定中同表の中欄に掲げる字句は、それぞれ同表の下欄に掲げる字句に読み替えるものとする。

第百条の十第二項	機構	日本年金機構（次項において「機構」という。）
	前項各号に掲げる事務の全部又は一部	国家公務員共済組合法第六十六条第十一項に規定する資料の提供に係る事務（以下「資料の提供に

国家公務員共済組合法

（出産手当金）

第六十七条　組合員が出産した場合には、出産の日（出産の日が出産の予定日後であるときは、出産の予定日）以前四十二日（多胎妊娠の場合にあつては、九十八日）から出産の日後五十六日までの間において勤務に服することができなかつた期間、出産手当金を支給する。

２　前条第二項及び第三項の規定は、出産手当金の額の算定について準用する。

３　一年以上組合員であつた者が退職した際に出産手当金を受けているときは、その給付は、第一項に規定する期間内は、引き続き支給する。ただし、その者が他の組合の組合員の資格を取得したときは、この限りでない。

国家公務員共済組合法施行令

		係る事務」という。）
	同項各号に掲げる	当該資料の提供に係る
	の全部又は一部を自ら	を自ら
第百条の十第三項	前二項	国家公務員共済組合法第六十六条第十一項及び同条第十二項において準用する前項
	第一項各号に掲げる	資料の提供に係る

国家公務員共済組合法施行規則

（出産手当金）

第百十条　法第六十七条の規定により出産手当金の支給を受けようとする者は、次に掲げる事項を記載した出産手当金請求書を、医師又は助産師による第二号に掲げる事項を証明する証拠書類と併せて組合に提出しなければならない。

一　組合員の氏名及び住所並びに組合員証の記号及び番号又は個人番号

二　出産した年月日及び出産予定年月日

三　請求期間、請求金額並びに払渡金融機関の名称及び預金口座の口座番号

四　その他必要な事項

（出産手当金の額の算定）

第百十条の二　第百九条の二第一項から第三項までの規定は、出産手当金の額の算定について準用する。この場合において、同条第一項中「第六十六条第五項」とあるのは「第六十七条第二項」と、「同条第二項」及

国家公務員共済組合法等の運用方針

第六十七条関係

妊娠四箇月以上の異常分べん又は母体保護法に基く妊娠四箇月以上の胎児の人工妊娠中絶をした場合も、「出産」に該当するものとして、これにより勤務に服することができない場合には、出産手当金を支給するものとする。

法第六十七条～第六十八条の二

（休業手当金）

第六十八条　組合員が次の各号の一に掲げる事由により欠勤した場合には、休業手当金として、その期間（第二号から第四号までの各号については、当該各号に掲げる期間内においてその欠勤した期間）一日につき標準報酬の日額の百分の五十に相当する金額を支給する。ただし、傷病手当金又は出産手当金を支給する場合には、その期間内は、この限りでない。

一　被扶養者の病気又は負傷

二　組合員の配偶者の出産　十四日

三　組合員の公務によらない不慮の災害又はその被扶養者に係る不慮の災害　五日

四　組合員の婚姻、配偶者の死亡又は二親等内の血族若しくは一親等の姻族で主として組合員の収入により生計を維持するもの若しくはその他の被扶養者の婚姻若しくは葬祭　七日

五　前各号に掲げるもののほか、運営規則で定める事由　運営規則で定める期間

（育児休業手当金）

第六十八条の二　組合員が育児休業等（育児休業、介護休業等育児又は家族介護を行う労働者の福祉に関する法律第二十三条第二項の育児休業に関する制度に準ずる措置及

政令第十一条の三の九

規則第百十条～第百十一条の二

び「同項」とあるのは「法第六十七条第二項において準用する法第六十六条第二項」と、同条第二項中「法第六十六条第二項」及び「同項」とあるのは「法第六十七条第二項において準用する法第六十六条第二項」と、同条第三項中「法第六十六条第二項」及び「同項」とあるのは「法第六十七条第二項において準用する法第六十六条第二項（第百十条の二において準用する第一項の規定により読み替えて適用する場合を含む。）」と読み替えるものとする。

（休業手当金）

第百十一条　法第六十八条の規定により休業手当金の支給を受けようとする者は、次に掲げる事項を記載した休業手当金請求書を、所属長による当該休業に関する事実を証明する証拠書類と併せて組合に提出しなければならない。

一　組合員の氏名及び住所並びに組合員証の記号及び番号又は個人番号

二　勤務できなかつた期間及び理由

三　請求期間、請求金額並びに払渡金融機関の名称及び預金口座の口座番号

四　その他必要な事項

（育児休業手当金）

第百十一条の二　法第六十八条の二第一項（同条第二項の規定により読み替えて適用する場合を含む。次項及び第三項において同じ。）の規定により育児休業手当金の支給

第六十八条関係

組合員の傷病又は出産については、休業手当金は、支給しないものとする。

施行規則第百十一条～第百十一条の3関係

「証拠書類」の記載事項について所属長（施行規則第百十一条の二又は第百十一条の三の規定が適用される場合には人事担当者）による確認又はその他の方法による確認が可能な場合には、「証拠書類」の提出を省略することができるものとする。この場合においては、その確認した内容及び確認方法について記録しておくものとする。

国家公務員共済組合法

び同法第二十四条第一項（第二号に係る部分に限る。）の規定により同項第二号に規定する育児休業に関する制度に準じて講ずる措置による休業を除く。以下この項及び次項において同じ。）をした場合には、育児休業手当金として、当該育児休業等により勤務に服さなかつた期間で当該育児休業等に係る子が一歳（その子が一歳に達した日後の期間について育児休業等をすることが必要と認められるものとして**財務省令で定める場合**に該当するときは、一歳六か月（その子が一歳六か月に達した日後の期間について育児休業等をすることが必要と認められるものとして**財務省令で定める場合**に該当するときは、二歳））に達する日までの期間一日につき標準報酬の日額の百分の四十に相当する金額を支給する。

2　組合員の養育する子について、当該組合員の配偶者がその子の一歳に達する日以前のいずれかの日において育児休業等（地方公務員の育児休業等に関する法律（平成三年法律第百十号）第二条第一項の規定による育児休業を含む。）をしている場合における前項の規定の適用については、同項中「係る子が一歳」とあるのは「係る子が一歳二か月」と、「までの期間」とあるのは「までの期間（当該期間において当該育児休業等をした期間（一般職の職員の勤務時間、休暇等に関する法律（平成六年法律第三十三号）第十九条の規定による特別休暇（出産に関する特別休暇であつて政令で定めるものに限る。）の期間その他これに準ずる休業であつて政令で定めるものをした期間を含む。）が一年（その子が一歳に達した日後の期間について育児休業等をすることが必要と認められるものとして**財務省令で**

国家公務員共済組合法施行令

（出産に関する特別休暇等）

第十一条の三の十　法第六十八条の二第二項において読み替えて適用する同条第一項に規定する出産に関する特別休暇であつて政令で定めるものは、国家公務員の育児休業等に関する法律第三条第一項の規定による育児休業に係る子の出生の日以後における人事院規則一五―一四（職員の勤務時間、休日及び休暇）第二十二条第一項第六号又は第七号に掲げる場合における休暇とする。

2　法第六十八条の二第二項において読み替えて適用する同条第一項に規定する特別休暇に準ずる休業であつて政令で定めるものは、次の各号に掲げる組合員（一般職の職員の勤務時間、休暇等に関する法律（平成六年法律第三十三号）第十九条の規定の適用を受ける組合員を除く。）の区分に応じ、当該各号に定める休業（法第六十八条の二第一項に規定する育児休業等に係る子の出

国家公務員共済組合法施行規則

を受けようとする者は、次に掲げる事項を記載した育児休業手当金請求書を、人事担当者による当該育児休業等が承認された期間及び当該育児休業等に係る子の生年月日を証明する証拠書類と併せて組合に提出しなければならない。

一　組合員の氏名及び住所並びに組合員証の記号及び番号又は個人番号

二　請求期間、請求金額並びに払渡金融機関の名称及び預金口座の口座番号

三　その他必要な事項

2　法第六十八条の二第一項のその子が一歳に達した日後の期間について育児休業等をすることが必要と認められるものとして**財務省令で定める場合**は、次のとおりとする。

一　育児休業等（育児休業、介護休業等育児又は家族介護を行う労働者の福祉に関する法律（平成三年法律第七十六号）第二十三条第二項の育児休業に関する制度に準ずる措置及び同法第二十四条第一項（第二号に係る部分に限る。）の規定により同項第二号に規定する育児休業に関する制度に準じて講ずる措置による休業を除く。以下この条において同じ。）の申出に係る子について、児童福祉法（昭和二十二年法律第百六十四号）第三十九条第一項に規定する保育所若しくは就学前の子どもに関する教育、保育等の総合的な提供の推進に関する法律（平成十八年法律第七十七号）第二条第六項に規定する認定こども園における保育又は児童福祉法第二十四条第二項に規定する家庭的保育事業等による保育の利用を希望し、申込みを行つているが、当該子が一歳に達する日後の期間について、当面その実施が行われない場合

国家公務員共済組合法等の運用方針

法第六十八条の二

定める場合に該当するときは、一年六月（その子が一歳六か月に達した日後の期間について育児休業等をすることが必要と認められるものとして**財務省令で定める**場合に該当するときは、二年）。以下この項において同じ。）を超えるときは、一年）」とする。

3　第一項（前項の規定により読み替えて適用する場合を含む。以下この項において同じ。）の規定により支給すべきこととされる標準報酬の日額の百分の四十に相当する金額が、雇用保険給付相当額（雇用保険法（昭和四十九年法律第百十六号）第十七条第四項第二号ハに定める額（当該額が同法第十八条の規定により変更された場合には、当該変更された後の額）に相当する額に三十を乗じて得た額の百分の四十に相当する額を二十二で除して得た額をいう。）を超える場合における第一項の規定の適用については、同項中「標準報酬の日額の百分の四十」とあるのは「第三項に規定する雇用保険給付相当額」とする。

4　育児休業手当金は、同一の育児休業について雇用保険法の規定による育児休業給付の支給を受けることができるときは、支給しない。

政令第十一条の三の十

生の日以後における休業に限る。）とする。

一　裁判官及び裁判官の秘書官以外の裁判所職員である組合員　裁判所職員臨時措置法において準用する一般職の職員の勤務時間、休暇等に関する法律第十九条の規定による特別休暇であつて人事院規則一五―一四（職員の勤務時間、休日及び休暇）第二十二条第一項第六号又は第七号に掲げる場合における休暇

二　労働基準法（昭和二十二年法律第四十九号）の適用を受ける組合員　同法第六十五条第一項又は第二項の規定による休業

三　前二号に掲げる組合員以外の組合員　前項に定める出産に関する特別休暇に相当する休業として組合の運営規則で定めるもの

規則第百十一条の二

二　常態として育児休業等の申出に係る子の養育を行つている配偶者であつて当該子が一歳に達する日後の期間について常態として当該子の養育を行う予定であつたものが次のいずれかに該当した場合

イ　死亡したとき。

ロ　負傷、疾病又は身体上若しくは精神上の障害により育児休業等の申出に係る子を養育することが困難な状態になつたとき。

ハ　婚姻の解消その他の事情により配偶者が育児休業等の申出に係る子と同居しないこととなつたとき。

ニ　六週間（多胎妊娠の場合であつては、十四週間）以内に出産する予定であるか又は産後八週間を経過しないとき。

3　前項第一号に定める場合に該当する場合において法第六十八条の二第一項の規定により育児休業等に係る子の一歳に達する日の翌日から一歳六か月に達する日までの期間について育児休業手当金の支給を受けようとするときは、第一項の規定の適用については、同項中「証拠書類」とあるのは、「証拠書類並びに次項第一号に定める場合に該当することを証明する証拠書類」とする。

4　法第六十八条の二第二項において読み替えて適用する同条第一項の規定により育児休業等に係る子の一歳に達する日の翌日から一歳二か月に達する日までの期間について育児休業手当金の支給を受けようとするとき（第二項各号に定める場合に該当する場合において、同条第二項において読み替えて適用する同条第一項の規定により育児休業手当金の支給を受けるときを除く。）は、同項中第一項の規定の適用については、同項中「証拠書類」とあるのは「証拠書類並びに

国家公務員共済組合法

（介護休業手当金）

第六十八条の三　組合員が介護のための休業（一般職の職員の勤務時間、休暇等に関する法律（平成六年法律第三十三号）の適用を受ける組合員（同法第二十三条の規定の適用を受ける組合員を除く。）については同法第二十条第一項に規定する介護休暇を、その他の組合員についてはこれに準ずる休業として**政令で定める**ものをいい、以下この条において「介護休業」という。）により勤務に服することができない場合には、介護休業手当金として、当該介護休業により勤務に服することができない期間一日につ

国家公務員共済組合法施行令

（介護のための休業）

第十一条の三の十一　一般職の職員の勤務時間、休暇等に関する法律第二十三条の規定の適用を受ける組合員及び同法の適用を受けない組合員について、同法の適用を受ける組合員（同条の規定の適用を受ける組合員を除く。）に係る同法第二十条第一項に規定する介護休暇（以下この条において「一般組合員の介護休暇」という。）に準ずる休業として法第六十八条の三第一項に規定する政令で定めるものは、次の各号に掲げる組合員の区分に応じ、当該各号に定める休業とする。

国家公務員共済組合法施行規則

育児休業手当金の支給を受けようとする者の配偶者が育児休業等に係る子の一歳に達する日以前のいずれかの日において育児休業等（地方公務員の育児休業等に関する法律（平成三年法律第百十号）第二条第一項の規定による育児休業を含む。）をしていることを証明する証拠書類（以下この項において「配偶者育児休業取得証明書類」という。）」と、「しなければならない」とあるのは「しなければならない。ただし、既にこの項の規定により配偶者育児休業取得証明書類を提出している場合には、当該書類を提出することを要しない」とする。

5　第二項及び第三項の規定は、法第六十八条の二第一項のその子が一歳六か月に達した日後の期間について育児休業等をすることが必要と認められるものとして**財務省令で定める**場合について準用する。この場合において、第二項中「一歳」とあるのは「一歳六か月」と、第三項中「一歳」とあるのは「一歳六か月」と、「一歳六か月」とあるのは「二歳」と読み替えるものとする。

（介護休業手当金）

第百十一条の三　法第六十八条の三の規定により介護休業手当金の支給を受けようとする者は、次に掲げる事項を記載した介護休業手当金請求書を、人事担当者による同条第一項に規定する介護休業の承認期間を証明する証拠書類と併せて組合に提出しなければならない。

一　組合員の氏名及び住所並びに組合員証の記号及び番号又は個人番号

二　請求期間、請求金額並びに払渡金融機関の名称及び預金口座の口座番号

三　その他必要な事項

国家公務員共済組合法等の運用方針

き標準報酬の日額の百分の四十に相当する金額を支給する。

2 前項の介護休業手当金の支給期間は、組合員の介護を必要とする者の各々が介護を必要とする一の継続する状態ごとに、介護休業の日数を通算して六十六日を超えないものとする。

3 前条第三項の規定は、第一項の場合について準用する。この場合において、同条第三項中「第十七条第四項第二号ハ」とあるのは、「第十七条第四項第二号ロ」と読み替えるものとする。

4 介護休業手当金は、同一の介護休業について雇用保険法の規定による介護休業給付の支給を受けることができるときは、支給しない。

(報酬との調整)

第六十九条 傷病手当金は、その支給期間に係る報酬の全部又は一部を受ける場合（第六十六条第六項、第七項又は第十三項に該当するときを除く。）には、その受ける金額を基準として**政令で定める**金額の限度において、その全部又は一部を支給しない。

2 出産手当金、休業手当金、育児休業手当金又は介護休業手当金は、その支給期間に係る報酬の全部又は一部を受ける場合には、その受ける金額を基準として政令で定める金額の限度において、その全部又は一部を支給しない。

一 裁判官である組合員 裁判官の介護休暇に関する法律（平成六年法律第四十五号）第一条に規定する介護休暇

二 裁判官及び裁判官の秘書官以外の裁判所職員である組合員 裁判所職員臨時措置法において準用する一般職の職員の勤務時間、休暇等に関する法律第二十条第一項に規定する介護休暇

三 前二号に掲げる組合員以外の組合員 一般組合員の介護休暇に相当する休業として組合の運営規則で定めるもの

（傷病手当金等と報酬との調整に係る基準額）

第十一条の四 法第六十九条第一項に規定する**政令で定める**金額は、次に掲げる金額とする。

一 傷病手当金の額が当該傷病手当金を受ける者の受ける報酬の額以下である場合には、当該傷病手当金の額

二 前号の場合以外の場合には、支給を受ける報酬の額

2 法第六十九条第二項に規定する政令で定める金額は、次に掲げる金額とする。

一 出産手当金、休業手当金、育児休業手当金又は介護休業手当金の額が当該給付を受ける者の受ける報酬の額以下である場合には、当該出産手当金、休業手当金、育児休業手当金又は介護休業手当金の額

二 前号の場合以外の場合には、支給を受ける報酬の額

第六十九条関係

1 傷病手当金又は出産手当金と報酬との調整については、健康保険法による傷病手当金又は出産手当金と報酬との調整の例に準ずるものとする。

2 休業手当金と報酬との調整については、傷病手当金又は出産手当金と報酬との調整の例による。

3 育児休業手当金又は介護休業手当金と報酬との調整については、雇用保険法（昭和四十九年法律第百十六号）による育児休業給付金又は介護休業給付金と賃金との調整の例に準ずるものとする。

4 休業給付は、国家公務員災害補償法（昭和二十六年法律第百九十一号）に基づく休業補償又はこれに相当する補償を受けている場合は報酬の全部又は一部を受けているものとみなし、本条を適用するものとする。ただし、普通恩給、増加恩給その他公的年金制度による年金等を受けている場合は報酬を受けているものとみなさない。

国家公務員共済組合法

第四款　災害給付

（弔慰金及び家族弔慰金）

第七十条　組合員又はその被扶養者が水震火災その他の非常災害により死亡したときは、組合員については標準報酬の月額に相当する金額の弔慰金をその遺族に、被扶養者については当該金額の百分の七十に相当する金額の家族弔慰金を組合員に支給する。

国家公務員共済組合法施行令

国家公務員共済組合法施行規則

（弔慰金及び家族弔慰金）

第百十二条　法第七十条の規定により弔慰金又は家族弔慰金の支給を受けようとする者は、次に掲げる事項を記載した弔慰金請求書又は家族弔慰金請求書（弔慰金の支給を受けようとする者にあつては、当該請求書及び遺族の順位を証明するに足る書類）を、市町村長又は警察署長による当該死亡に関する事実を証明する証拠書類と併せて組合に提出しなければならない。

一　組合員の氏名及び住所並びに組合員証の記号及び番号

二　請求金額並びに払渡金融機関の名称及び預金口座の口座番号

三　その他必要な事項

国家公務員共済組合法等の運用方針

第七十条関係

「非常災害」とは、水害、地震、火災などの災害、主として天災をいうが、その他の予測し難い事故を含むものと解する。この場合において、「予想し難い事故」の判定は、次に掲げる事由に該当する事項を勘案して、弔慰金、家族弔慰金の支給の可否を判定するものとする。

1　その事故による死亡の要素が、客観的にみて、社会通念上予想し難い不慮の事故による死亡であると考えられるものでなければならない。

2　その事故による死亡が事故直後に起つたもので、医療効果が得られないような状態で死亡した場合でなければならない。

3　その事故による死亡が、原則として他動的原因に基いて死亡したものでなければならない。

（注）　例えば1の場合、風雪や濃霧で通常、登山できないような状態にありながら登山し転落死亡した場合、又は危険地域とされている海岸で水泳中に溺死した場合或いは密閉した部屋でガス中毒死した場合などは、客観的にみて社会通念上の自己の不注意により事故を生ぜしめたことも考えられるので、このような場合は予想し難い事故とはみなさない。また2の場合、例えば交通事故により負傷し、病院で治療を受けていたが事故発生後数週間経て死亡した場合も、治療の方法によつては回復することも考えられるので、この場合も弔慰金、家族弔慰金の支給の対象と考えない。3の場合、例えば、テレビ観覧中にそのショックにより死亡した場合とか通勤電車の中で心臓麻痺のため死亡したような場合は通常予想しがたい死亡であるが、法の主旨からしてこの

（災害見舞金）

第七十一条　組合員が前条に規定する非常災害によりその住居又は家財に損害を受けたときは、災害見舞金として、別表第一に掲げる損害の程度に応じ、同表に定める月数を標準報酬の月額に乗じて得た金額を支給する。

（災害見舞金）

第百十三条　法第七十一条の規定により災害見舞金の支給を受けようとする者は、次に掲げる事項を記載した災害見舞金請求書を、市町村長、消防署長又は警察署長による当該災害に関する事実を証明する証拠書類と併せて組合に提出しなければならない。

一　組合員の氏名及び住所並びに組合員証の記号及び番号

二　請求金額並びに払渡金融機関の名称及び預金口座の口座番号

三　その他必要な事項

第百十三条の二　削除〔平成二二年三月財務令二四号〕

程度まで弔慰金、家族弔慰金の支給の対象と考えるのは疑義がある。しかし、子供が電気洗濯機に逆さに落ちて死亡した場合などは、他動的に事故が発生したものではないが、1及び2に該当するものであれば支給の対象となるものとする。

第七十一条関係

1　「非常災害」には、盗難を含まないものと解する。

2　「住居」とは、現に組合員が生活の本拠として居住する建造物をいい、自宅、公務員宿舎、公営住宅、借家、借間等の別を問わない。

3　「家財」とは、住居以外の社会生活上必要な一切の財産をいう。ただし、山林、田畑、宅地、貸家等の不動産及び現金、預貯金、有価証券等を含まない。

4　同一世帯に組合員が二人以上ある場合には、各組合員につき、それぞれ災害見舞金を支給する。

5　損害の程度は、原則として、住居又は家財を換価して判定する。

6　組合員とその被扶養者が別居している場合には、被扶養者の住居又は家財も組合員の住居又は家財の一部として取り扱う。

7　災害見舞金の額の算定は住居、家財のそれぞれにつき別個に別表を適用して算定した月数を合算することとするが、標準報酬の月額の三月分を超えることができない。

8　浸水により平家屋（家財を含む。）が損害を受けた場合におけるその損害については、当分の間、その損害の程度の認定が困難な場合に限り、次の外形的標準により取り扱うものとする。

浸水の程度	標準報酬の月額に乗ずべき月数
床上三〇センチメートル以上	〇・五月

国家公務員共済組合法

第三節　長期給付

第一款　通則

（長期給付の種類等）

第七十二条　この法律における長期給付は、厚生年金保険給付及び退職等年金給付とする。

2　長期給付に関する規定は、次の各号のいずれかに該当する職員（**政令で定める**職員を除く。）には適用しない。

一　任命について国会の両院の議決又は同意によることを必要とする職員

二　国会法（昭和二十二年法律第七十九号）第三十九条の規定により国会議員がその職を兼ねることを禁止されていない職にある職員

3　長期給付に関する規定の適用を受ける組合員がその適用を受けない組合員となつたときは、長期給付に関する規定の適用については、そのなつた日の前日に退職したものとみなす。

第二款　厚生年金保険給付

国家公務員共済組合法施行令

（長期給付の適用範囲の特例）

第十二条　法第七十二条第二項に規定する**政令で定める**職員は、次に掲げる職員とする。

一　法第七十二条第二項第一号に掲げる職員のうち、人事官、検査官、公正取引委員会の委員長及び委員並びに国立国会図書館の館長

二　国務大臣、内閣官房副長官、内閣総理大臣補佐官、副大臣、大臣政務官及び大臣補佐官並びに特派大使、政府代表、全権委員、政府代表又は全権委員の代理並びに特派大使、政府代表又は全権委員の顧問及び随員のうち、国会議員でない者をもつて充てられたもの

国家公務員共済組合法施行規則

第三節　長期給付

第一款　厚生年金保険給付

第一目　老齢厚生年金

（老齢厚生年金の請求等）

第百十四条　老齢厚生年金（連合会が支給するものに限る。）に係る請求、届出その他の行為については、厚生年金保険法施行規則第三十条から第三十八条の二まで（同規則第三十条第一項第三号ロ、第五号、第六号及び第十一号ロ、第二項第四号の三並びに第三項、第三十条の五の二第二項第二号から第五号まで、第三十条の六、第三十一条の二第二項、第三十五条並びに第三十五条の二、第三十六条から第三十八条まで並びに第三十八条の二第二項を除く。）に定めるところによるものとする。この場合において、これらの規定中「機構」とあり、及び「厚生労働大臣」とあるのは「国家公務員共済組合連合会」と、「戸籍の抄本」とあるのは「戸籍の抄本若しくは謄本」とするほか、次の表の上欄に掲げるこれらの規定中同表の中欄に掲げる字句は、それぞれ同

国家公務員共済組合法等の運用方針

床上一二〇センチメートル以上	一月

9　豪雨によるがけ崩れ等のために立退命令を受け住居の移転を要する場合には、災害による損害とみなす。この場合において、住居移転に必要な経費は、住居等の損害に加算して損害の程度を算定して取扱つてさしつかえない。

（厚生年金保険給付の種類等）

第七十三条　この法律における厚生年金保険給付は、厚生年金保険法第三十二条に規定する次に掲げる保険給付（同法第二条の五第一項第二号に規定する第二号厚生年金被保険者期間に基づくものに限る。）とする。

一　老齢厚生年金

二　障害厚生年金及び障害手当金

三　遺族厚生年金

2　第一節（第三十九条第一項及び第四十五条を除く。）及び次節（第九十六条を除く。）並びに第八章（第百十六条、第百十七条の二、第百二十四条の二から第百二十六条の三まで及び第百二十六条の六から第百二十七条までを除く。）の規定は、厚生年金保険給付については、適用しない。

第三款　退職等年金給付

第一目　通則

（退職等年金給付の種類）

第七十四条　この法律による退職等年金給付は、次に掲げる給付とする。

一　退職年金

二　公務障害年金

三　公務遺族年金

（給付算定基礎額）

第七十五条　退職等年金給付の給付事由が生じた日における当該退職等年金給付の額の算定の基礎となるべき額（以下「給付算定基礎額」という。）は、組合員期間の計算の基礎となる各月の掛金の標準となつた標準報酬の月額と標準期末手当等の額に当該各月において適用される付与率を乗じて得た額に当該各月から当該給付事由が生じた日の前日の属する月までの期間に応ずる利子に相当する額を加えた額の総額とする。

2　前項に規定する付与率は、退職等年金給

（付与率を定める際に勘案する事情）

表の下欄に掲げる字句とする。

第三十条第一項第三号	被保険者（	被保険者（平成二十四年一元化法第一条の規定による改正前の法による被保険者及び
	第五号から第七号までにおいて	以下
第三十条第一項第七号	被保険者	第二号厚生年金被保険者（法第二条の五第一項第二号に規定する第二号厚生年金被保険者をいう。以下同じ。）
	使用される事業所の名称及び所在地又は船舶所有者の氏名及び住所	所属機関の名称及び所在地
第三十条第一項第八号	附則第九条の三第二項及び第九条の四第三項	附則第九条の三第二項
	附則第十八条第三項、第十九条第三項、第二十条第三項	附則第十九条第三項
	を含む。）並びに平成六年改正法附則第三十一条第三項の規定により	を含む

第七十五条関係

第三項の「掛金の払込みがあつた月」には、法第百条の二又は第百条の二の二の規定により掛金等を徴収しないこととされた期間に係る各月を含むものとする。

国家公務員共済組合法

付が組合員であつた者及びその遺族の適当な生活の維持を図ることを目的とする年金制度の一環をなすものであることその他政令で定める事情を勘案して、連合会の定款で定める。

3　第一項に規定する利子は、掛金の払込みがあつた月から退職等年金給付の給付事由が生じた日の前日の属する月までの期間に応じ、当該期間の各月において適用される基準利率を用いて複利の方法により計算する。

4　各年の十月から翌年の九月までの期間の各月において適用される前項に規定する基準利率（以下「基準利率」という。）は、毎年九月三十日までに、国債の利回りを基礎として、退職等年金給付積立金の運用の状況及びその見通しその他政令で定める事情を勘案して、連合会の定款で定める。

5　前各項に定めるもののほか、給付算定基礎額の計算に関し必要な事項は、財務省令で定める。

（退職等年金給付の支給期間及び支給期月）

第七十五条の二　退職等年金給付は、その給付事由が生じた日の属する月の翌月からその事由のなくなつた日の属する月までの分を支給する。

2　退職等年金給付は、その支給を停止すべき事由が生じたときは、その事由が生じた日の属する月の翌月からその事由がなくなつた日の属する月までの分の支給を停止する。ただし、これらの日が同じ月に属する場合には、支給を停止しない。

3　退職等年金給付の額を改定する事由が生じたときは、その事由が生じた日の属する月の翌月分からその改定した金額を支給する。

国家公務員共済組合法施行令

第十三条　法第七十五条第二項に規定する政令で定める事情は、地方公務員等共済組合法による退職等年金給付が地方の組合の組合員であつた者及びその遺族の適当な生活の維持を図ることを目的とする年金制度の一環をなすものであること、法第九十九条第一項第三号の規定により退職等年金給付に要する費用の算定について同号に規定する国の積立基準額（以下「国の積立基準額」という。）と地方公務員等共済組合法第百十三条第一項第三号に規定する地方の積立基準額（以下「地方の積立基準額」という。）との合計額と退職等年金給付積立金の額と地方退職等年金給付積立金（同法第二十四条の二（同法第三十八条第一項において準用する場合を含む。）に規定する退職等年金給付組合積立金及び同法第三十八条の八の二第一項に規定する退職等年金給付調整積立金をいう。以下同じ。）の額との合計額とが将来にわたつて均衡を保つことができるようにすることとされていることその他財務大臣が定める事情とする。

（基準利率を定める際に勘案する事情）

第十四条　法第七十五条第四項に規定する政令で定める事情は、地方退職等年金給付積立金の運用の状況及びその見通しその他財務大臣が定める事情とする。

国家公務員共済組合法施行規則

	なおその効力を有するものとされた平成六年改正法第二条の規定による改正前の法第四十四条第一項（以下「法第四十四条第一項」という。）	
第三十条第一項第九号及び第十号	年月日	年月
第三十条第一項第十一号	イ及びロ	イ
	希望する者（ロに規定する者を除く。）	希望する者
第三十条第二項第一号の二	書類（雇用保険被保険者証の交付を受けていない者にあつては、その事由書）	書類
第三十条第二項第三号	共済組合の	法第二条の五第一項第一号に規定する第一号厚生年金被保険者期間を有する者にあつては厚生

国家公務員共済組合法等の運用方針

4　退職等年金給付は、毎年二月、四月、六月、八月、十月及び十二月において、それぞれの前月までの分を支給する。ただし、その給付を受ける権利が消滅したとき、又はその支給を停止すべき事由が生じたときは、その支給期月にかかわらず、その際、その月までの分を支給する。

（三歳に満たない子を養育する組合員等の給付算定基礎額の計算の特例）

第七十五条の三　三歳に満たない子を養育し、又は養育していた組合員又は組合員であつた者が、組合（組合員であつた者にあつては、連合会）に申出をしたときは、当該子を養育することとなつた日（財務省令で定める事由が生じた場合にあつては、その日）の属する月から次の各号のいずれかに該当するに至つた日の翌日の属する月の前月までの各月のうち、その標準報酬の月額が当該子を養育することとなつた日の属する月の前月（当該月において組合員でない場合にあつては、当該月前一年以内における組合員であつた月のうち直近の月。以下この条において「基準月」という。）の標準報酬の月額（この項の規定により当該子以外の子に係る基準月の標準報酬の月額が標準報酬の月額とみなされている場合にあつては、当該みなされた基準月の標準報酬の月額。以下この項において「従前標準報酬の月額」という。）を下回る月（当該申出が行われた日の属する月前の月にあつては、当該申出が行われた日の属する月の前月までの二年間のうちにあるものに限る。）については、従前標準報酬の月額を当該下回る月の標準報酬の月額とみなして、第七十五条第一項の規定を適用する。

一　当該子が三歳に達したとき。

二　当該組合員若しくは当該組合員であつ

		労働大臣が、共済組合の
	、当該共済組合	当該共済組合
	国民年金法施行規則	それぞれ国民年金法施行規則
第三十条第五項	第四十四条の三第一項、なお効力を有する平成二十四年一元化法改正前の法（平成二十四年一元化法附則第十二条第二項の規定によりなおその効力を有するものとされた平成二十四年一元化法第一条の規定による改正前の法をいう。以下同じ。）第四十四条の三第一項又は国民年金法等の一部を改正する法律（平成十二年法律第十八号。以下「平成十二年改正法」という。）附則第十七条	第四十四条の三第一項

国家公務員共済組合法

た者が死亡したとき、又は当該組合員が退職したとき。

三　当該子以外の子についてこの条の規定の適用を受ける場合における当該子以外の子を養育することとなつたときその他これに準ずるものとして財務省令で定めるものが生じたとき。

四　当該子が死亡したときその他当該組合員が当該子を養育しないこととなつたとき。

五　当該組合員が第百条の二の規定の適用を受ける育児休業等を開始したとき。

六　当該組合員が第百条の二の二の規定の適用を受ける産前産後休業を開始したとき。

2　前項の規定による給付算定基礎額の計算その他同項の規定の適用に関し必要な事項は、政令で定める。

3　第一項第六号の規定に該当した組合員（同項の規定により当該子以外の子に係る基準月の標準報酬の月額が基準月の標準報酬の月額とみなされている場合を除く。）に対する同項の規定の適用については、同項中「この項の規定により当該子以外の子に係る基準月の標準報酬の月額が標準報酬の月額とみなされている場合にあつては、当該みなされた基準月の標準報酬の月額」とあるのは、「第六号の規定の適用がなかつたとしたならば、この項の規定により当該子以外の子に係る基準月の標準報酬の月額が標準報酬の月額とみなされる場合にあつては、当該みなされることとなる基準月の標準報酬の月額」とする。

（併給の調整）

第七十五条の四　次の各号に掲げる退職等年金給付（第七十九条の二第三項前段、第七

国家公務員共済組合法施行令

国家公務員共済組合法施行規則

	第一項の規定によりなおその効力を有するものとされた平成十二年改正法第五条の規定による改正前の法第四十四条の三第一項	
第三十条第六項	第四十四条の三第一項又はなお効力を有する平成二十四年一元化法改正前の法第四十四条の三第一項	第四十四条の三第一項
第三十条第八項	第二条の五第一項第一号に規定する第一号厚生年金被保険者期間（以下「第一号厚生年金被保険者期間	第二条の五第一項第二号に規定する第二号厚生年金被保険者期間（以下「第二号厚生年金被保険者期間
	これらの表	表
第三十条の二第一項各号列記以外の部分	老齢厚生年金及び平成六年改正法附則第三十一条第一項に規定する改正前の老	老齢厚生年金

国家公務員共済組合法等の運用方針

十九条の三第二項前段若しくは第三項又は第七十九条の四第一項に規定する一時金を除く。以下この条において同じ。）の受給権者が当該各号に定める場合に該当するときは、その該当する間、当該退職等年金給付は、その支給を停止する。

一　退職年金　公務障害年金を受けることができるとき。

二　公務障害年金　退職年金又は公務遺族年金を受けることができるとき。

三　公務遺族年金　公務障害年金を受けることができるとき。

2　前項の規定によりその支給を停止するものとされた退職等年金給付の受給権者は、同項の規定にかかわらず、その支給の停止の解除を申請することができる。

3　現にその支給が行われている退職等年金給付が第一項の規定によりその支給を停止するものとされた場合において、その支給を停止すべき事由が生じた日の属する月に当該退職等年金給付に係る前項の申請がなされないときは、その支給を停止すべき事由が生じたときにおいて、当該退職等年金給付に係る同項の申請があつたものとみなす。

4　第二項の申請（前項の規定により第二項の申請があつたものとみなされた場合における当該申請を含む。以下この項及び次項において同じ。）があつた場合には、当該申請に係る退職等年金給付については、第一項の規定にかかわらず、同項の規定による支給の停止は行わない。ただし、その者に係る他の退職等年金給付について、第二項の申請があつたとき（次項の規定により当該申請が撤回された場合を除く。）は、この限りでない。

5　第二項の申請は、いつでも、将来に向か

	齢厚生年金	
第三十条の二第二項第五号及び第六号	年月日	年月
第三十条の二第四項	第三十九条第一項	国家公務員共済組合法施行規則（昭和三十三年大蔵省令第五十四号）第百十四条の二十四第二項第二号
第三十条の三第一項第五号及び第六号	年月日	年月
第三十条の三第一項第七号	第四十四条の三第一項又はなお効力を有する平成二十四年一元化法改正前の法第四十四条の三第一項	第四十四条の三第一項
第三十条の四第一項各号列記以外の部分	第四十四条の三第一項、なお効力を有する平成二十四年一元化法改正前の法第四十四条の三第一項又は平成十二年改正法附則	第四十四条の三第一項

つて撤回することができる。

（受給権者の申出による支給停止）

第七十五条の五　退職等年金給付（この法律の他の規定により支給を停止されているものを除く。）は、その受給権者の申出により、その支給を停止する。

2　前項の申出は、いつでも、将来に向かつて撤回することができる。

3　第一項の規定による支給停止の方法その他前二項の規定の適用に関し必要な事項は、政令で定める。

（年金の支払の調整）

第七十五条の六　退職等年金給付（以下この項において「乙年金」という。）の受給権者が他の退職等年金給付（以下この項において「甲年金」という。）を受ける権利を取得したため乙年金を受ける権利が消滅し、又は同一人に対して乙年金の支給を停止して甲年金を支給すべき場合において、乙年金を受ける権利が消滅し、又は乙年金の支給を停止すべき事由が生じた月の翌月以後の分として、乙年金の支払が行われたときは、その支払われた乙年金は、甲年金の内払とみなす。

2　退職等年金給付の支給を停止すべき事由が生じたにもかかわらず、その停止すべき期間の分として退職等年金給付が支払われたときは、その支払われた退職等年金給付は、その後に支払うべき退職等年金給付の内払とみなすことができる。退職等年金給付を減額して改定すべき事由が生じたにもかかわらず、その事由が生じた月の翌月以後の分として減額しない額の退職等年金給付が支払われた場合における当該退職等年金給付の当該減額すべきであつた部分についても、同様とする。

（受給権者の申出による支給停止を撤回した場合の終身退職年金算定基礎額及び有期退職年金算定基礎額の計算）

第十五条　法第七十五条の五第二項の規定により退職年金（法第七十四条第一号に規定する退職年金をいう。第二十一条の二及び第四十七条第二項において同じ。）の受給権者が法第七十五条の五第一項の申出を撤回した場合には、当該申出を撤回した日の属する月の翌月の初日における当該受給権者の法第七十八条第一項に規定する終身退職年金算定基礎額は、当該申出による終身退職年金（法第七十六条第一項に規定する終身退職年金をいう。第二十一条の二第一項において同じ。）の支給の停止がなかつたものとして法第七十八条第二項から第四項までの規定を適用して計算した額とし、当該申出を撤回した日の属する月の翌月の初日における当該受給権者の法第七十九条第一項に規定する有期退職年金算定基礎額は、当該申出による有期退職年金（法第七十六条第一項に規定する有期退職年金をいう。第十五条の三及び第十八条の二第二項において同じ。）の支給の停止がなかつたものとして法第七十九条第二項から第四項までの規定を適用して計算した額とする。

（併給の調整の特例）

第十五条の二　公務障害年金（法第七十四条第二号に規定する公務障害年金をいう。以下同じ。）の受給権者に対して更に公務障

	第十七条第一項の規定によりなおその効力を有するものとされた平成十二年改正法第五条の規定による改正前の法第四十四条の三第一項	
第三十条の五第一項各号列記以外の部分	第三十八条第二項又はなお効力を有する平成二十四年一元化法改正前の法第三十八条第二項（昭和六十年改正法附則第五十六条第三項において準用する場合を含む。）	第三十八条第二項
第三十条の五第一項第六号	年月日	年月
第三十条の五の二第二項各号列記以外の部分	第三十八条の二第一項（平成十六年度、平成十七年度、平成十九年度及び平成二	第三十八条の二第一項

3　第七十九条の二第三項前段若しくは第七十九条の三第二項前段若しくは第三項に規定する一時金の支給を受けた者が、公務障害年金の支給を受けるときは、その支払われた一時金は、その後に支払うべき公務障害年金の支給期月ごとの支給額の二分の一に相当する金額の限度において、当該支給期月において支払うべき公務障害年金の内払とみなす。

第七十五条の七　退職等年金給付の受給権者が死亡したためその受ける権利が消滅したにもかかわらず、その死亡の日の属する月の翌月以後の分として当該退職等年金給付の過誤払が行われた場合において、当該過誤払による返還金に係る債権（以下この条において「返還金債権」という。）に係る債務の弁済をすべき者に支払うべき退職等年金給付があるときは、財務省令で定めるところにより、当該退職等年金給付の支払金の金額を当該過誤払による返還金債権の金額に充当することができる。

（死亡の推定）

第七十五条の八　船舶が沈没し、転覆し、滅失し、若しくは行方不明となつた際現にその船舶に乗つていた組合員若しくは組合員であつた者若しくは船舶に乗つていてその船舶の航行中に行方不明となつた組合員若しくは組合員であつた者の生死が三月間分からない場合又はこれらの者の死亡が三月以内に明らかとなり、かつ、その死亡の時期が分からない場合には、公務遺族年金又はその他の退職等年金給付に係る支払未済の給付の支給に関する規定の適用については、その船舶が沈没し、転覆し、滅失し、若しくは行方不明となつた日又はその者が行方不明となつた日に、その者は、死亡したものと推定する。航空機が墜落し、滅失

害年金を支給すべき事由が生じたとき（法第八十六条第一項の規定が適用される場合を除く。）は、法第七十五条の四の規定を準用する。この場合において、同条第一項第二号中「退職年金」とあるのは、「退職年金、公務障害年金」と読み替えるものとする。

2　公務障害年金の受給権者が地方公務員等共済組合法の規定による公務遺族年金を受けることができるときは、法第七十五条の四の規定を準用する。この場合において、同条第一項第二号中「又は公務遺族年金」とあるのは、「、公務遺族年金又は地方公務員等共済組合法の規定による公務遺族年金」と読み替えるものとする。

（公務障害年金算定基礎額の特例）

第十五条の二の二　公務障害年金（法第八十三条第三項の規定により支給するものに限る。）の額に係る公務障害年金算定基礎額（法第八十四条第一項に規定する公務障害年金算定基礎額をいう。次項において同じ。）を同条第二項の規定により計算する場合において、給付算定基礎額（法第七十五条第一項に規定する給付算定基礎額をいう。次項、第四十六条及び第四十八条第三項において同じ。）を法第七十五条の規定により計算するときは、同条第一項中「退職等年金給付の給付事由が生じた日」とあるのは「第八十三条第一項に規定する障害認定日」と、「給付事由が生じた日の」とあるのは「障害認定日の」と、同条第三項中「退職等年金給付の給付事由が生じた日」とあるのは「第八十三条第一項に規定する障害認定日」とする。

2　公務障害年金（法第八十三条第四項の規定により支給するものに限る。）の額に係る公務障害年金算定基礎額を法第八十四条

十年度の国民年金制度及び厚生年金保険制度並びに国家公務員共済組合制度の改正に伴う厚生労働省関係法令に関する経過措置に関する政令（平成十六年政令第二百九十八号。以下「平成十六年経過措置政令」という。）第三十二条第一項及び第三十三条第一項において準用する場合を含む。）、国民年金法第二十条の二第一項（平成十六年経過措置政令第三十一条第一項において準用する場合を含む。）又は平成八年改正法附則第十六条第一項の規定により適用す

し、若しくは行方不明となつた際現にその航空機に乗つていた組合員若しくは組合員であつた者若しくは航空機に乗つていてその航空機の航行中に行方不明となつた組合員若しくは組合員であつた者の生死が三月間分からない場合又はこれらの者の死亡が三月以内に明らかとなり、かつ、その死亡の時期が分からない場合にも、同様とする。

（年金受給者の書類の提出等）

第七十五条の九　連合会は、退職等年金給付の支給に関し必要な範囲内において、その支給を受ける者に対して、身分関係の異動、支給の停止及び障害の状態に関する書類その他の物件の提出を求めることができる。

2　連合会は、前項の要求をした場合において、正当な理由がなくてこれに応じない者があるときは、その者に対しては、これに応ずるまでの間、退職等年金給付の支払を差し止めることができる。

（政令への委任）

第七十五条の十　この款に定めるもののほか、退職等年金給付の額の計算及びその支給に関し必要な事項は、政令で定める。

第二項の規定により計算する場合において、給付算定基礎額を法第七十五条の規定により計算するときは、同条第一項中「退職等年金給付の給付事由が生じた日」とあるのは「第八十三条第四項に規定する基準公務傷病に係る障害認定日」と、「給付事由が生じた日の」とあるのは「障害認定日の」と、同条第三項中「退職等年金給付の給付事由が生じた日」とあるのは「第八十三条第四項に規定する基準公務傷病に係る障害認定日」とする。

（有期退職年金の受給権が消滅した後に再び就職した者に係る有期退職年金）

第十五条の三　法第八十二条第二項の規定により有期退職年金を受ける権利を失つた者に法第七十七条第二項前段の規定により有期退職年金を支給することとなつた場合における当該有期退職年金に関する規定の適用については、法第七十五条第一項中「組合員期間」とあるのは「組合員期間（第七十七条第二項の規定により組合員期間に含まれないものとされた組合員期間を除く。）」と、法第七十五条の三第一項中「第七十五条第一項」とあるのは「国家公務員共済組合法施行令（以下「令」という。）第十五条の三の規定により読み替えられた第七十五条第一項」と、法第七十九条第二項中「給付算定基礎額」とあるのは「令第十五条の三の規定により読み替えられた第七十五条第一項に規定する給付算定基礎額」と、「組合員期間」とあるのは「組合員期間（第七十七条第二項の規定により組合員期間に含まれないものとされた組合員期間を除く。）」と、法第七十九条の四第一項第一号中「給付算定基礎額(」とあるのは「令第十五条の三の規定により読み替え

	るものとされたなお効力を有する平成二十四年一元化法改正前国共済法第七十四条の二第一項	
第三十条の五の二第二項第一号	限る。）又は旧法による年金たる保険給付	限る。）
第三十条の五の三第三項	前条第二項各号	前条第二項第一号
	第三十八条の二第三項（平成十六年経過措置政令第三十二条第一項及び第三十三条第一項において準用する場合を含む。）、国民年金法第二十条の二第三項（平成十六年経過措置政令第三十一条第一項において準用する場合を含む。）又は平	第三十八条の二第三項

られた第七十五条第一項に規定する給付算定基礎額（」と、「組合員期間」とあるのは「組合員期間（第七十七条第二項の規定により組合員期間に含まれないものとされた組合員期間を除く。）」と、「金額（当該死亡した者が前条第一項の規定による一時金の請求をした者であるときは、当該二分の一に相当する金額から当該請求に基づき支払われるべき一時金の額に相当するものとして政令で定めるところにより計算した金額を控除した金額）」とあるのは「金額」と、同条第二項中「第七十五条第一項」とあるのは「令第十五条の三の規定により読み替えられた第七十五条第一項」とする。

	第三十一条第一項各号列記以外の部分	
成八年改正法附則第十六条第一項の規定により適用するものとされたなお効力を有する平成二十四年一元化法改正前国共済法第七十四条の二第三項	第九条の三第二項及び第四項、第九条の四第三項及び第五項並びに平成六年改正法附則第十八条第三項、第十九条第三項及び第五項、第二十条第三項及び第五項並びに第二十七条第十三項及び第十四項	並びに平成六年改正法附則第三十一条第三項の規定によりなおその効力を有するものとされた平成六
	第九条の三第二項及び第四項並びに第二十七条第十三項	に規定する

国家公務員共済組合法

国家公務員共済組合法施行令

国家公務員共済組合法施行規則

	年改正法第三条の規定による改正前の法第四十四条第三項に規定する	
	十日以内に	速やかに
第三十一条の二第一項第四号	配偶者が令第三条の七に掲げる給付又は平成二十四年一元化法附則第十二条第二項の規定によりなおその効力を有するものとされた被用者年金制度の一元化等を図るための厚生年金保険法等の一部を改正する法律の施行に伴う厚生労働省関係政令等の整備に関する政令（平成二十七年政令第三百四十二号）第一条の規定による改正前の令（以下「平成二十七年改	配偶者が令第三条の七に掲げる給付

国家公務員共済組合法等の運用方針

	正前の令」という。）第三条の七に掲げる給付（以下「令第三条の七に掲げる給付」という。）	
	年月日	年月
第三十一条の二第三項第五号	年月日	年月
第三十一条の二第四項各号列記以外の部分	第四十三条第三項又はなお効力を有する平成二十四年一元化法改正前の法第四十三条第三項	第四十三条第三項
第三十一条の二第四項第五号並びに第三十一条の四第一項第五号及び第七号	年月日	年月
第三十二条第一項各号列記以外の	第九条の三第二項及び第四項並びに第九条の四第三項及	第九条の三第二項及び第四項並びに第二十七条第十三項

国家公務員共済組合法	国家公務員共済組合法施行令	国家公務員共済組合法施行規則	国家公務員共済組合法等の運用方針
		（下表参照）	

国家公務員共済組合法施行規則

部分	び第五項並びに平成六年改正法附則第十八条第三項、第十九条第三項及び第五項、第二十条第三項及び第五項並びに第二十七条第十三項及び第十四項	
	を含む。）又は平成六年改正法附則第三十一条第三項の規定によりなおその効力を有するものとされた平成六年改正法第三条の規定による改正前の法第四十四条第四項各号（第四号、第八号及び第十号を除く。）	を含む。）
	十日以内に	速やかに
第三十二条の四第二項	法第二条の五第一項第二号に規定する第二号厚生年金被保険者	第二号厚生年金被保険者

	保険者（以下「第二号厚生年金被保険者」という。	
第三十三条の二第四号	年月日	年月
第三十四条第一項各号列記以外の部分	第三十八条第一項若しくはなお効力を有する平成二十四年一元化法改正前の法第三十八条第一項	第三十八条第一項
第三十四条第一項第五号、第三十四条の二第一項第四号及び第三十四条の二の二第一項第七号	年月日	年月
第三十五条の三第一項各号列記以外の部分	平成六年改正法附則第十九条第一項又は第二十条第一項	平成六年改正法附則第十九条第一項

第二目　障害厚生年金及び障害手当金

（障害厚生年金及び障害手当金の請求等）

第百十四条の二　障害厚生年金及び障害手当金（連合会が支給するものに限る。）に係る請求、届出その他の行為については、厚生年金保険法施行規則第四十四条から第五十四条の二まで（同規則第四十四条第一項第九号ロ及び第四項、第四十七条の二の二第三項及び第四項、第四十八条の二、第五十一条、第五十一条の二、第五十二条から第五十四条まで並びに第五十四条の二第二項を除く。次項において「障害厚生年金請求等規定」という。）に定めるところによるものとする。この場合において、これらの規定中「機構」とあり、及び「厚生労働大臣」とあるのは「国家公務員共済組合連合会」と、「戸籍の抄本」とあるのは「戸籍の抄本若しくは謄本」とするほか、次の表の上欄に掲げるこれらの規定中同表の中欄に掲げる字句は、それぞれ同表の下欄に掲げる字句とする。

第四十四条第一項第五号	業務上	公務上若しくは業務上
第四十四条第一項第八号	年月日	年月
第四十四条第一項第九号	イ及びロ	イ

第四十四条第二項第三号	共済組合の	第一号厚生年金被保険者期間を有する者にあつては厚生労働大臣が、共済組合の
	、当該共済組合	当該共済組合
	国民年金法施行規則	それぞれ国民年金法施行規則
第四十五条第一項	第三十八条第二項又はなお効力を有する平成二十四年一元化法改正前の法第三十八条第二項（なお効力を有する平成二十四年一元化法改正前の法第五十四条の二第二項及び昭和六十年改正法附則第五十六条第三項において準用する場合を含む。）	第三十八条第二項
第四十六条各号列記以外の部分	十日以内に	速やかに
第四十七条の二第一	障害厚生年金（昭和六十年改正法	障害厚生年金

国家公務員共済組合法

国家公務員共済組合法施行令

国家公務員共済組合法施行規則

項各号列記以外の部分	附則第七十八条第七項及び第八十七条第八項並びに国民年金法等の一部を改正する法律の施行に伴う経過措置に関する政令（平成元年政令第三百三十七号。以下「政令第三百三十七号」という。）第十五条及び第十九条の規定により受給権者とみなされる者に係るものを含む。以下この項（第二号を除く。）及び第五十条の二第一項（第二号を除く。）において同じ。）	
第四十七条の二第一項第三号	年金証書、旧法による障害年金証書又は旧船員保険法による障害年金証書	年金証書

国家公務員共済組合法等の運用方針

第四十七条の二第一項第九号及び第十一号	年月日	年月
第四十七条の二第二項第一号	共済組合の	第一号厚生年金被保険者期間を有する者にあつては厚生労働大臣が、共済組合の
	、当該共済組合	当該共済組合
	国民年金法施行規則	それぞれ国民年金法施行規則
第四十七条の二第三項	政令第三百三十七号	国民年金法等の一部を改正する法律の施行に伴う経過措置に関する政令（平成元年政令第三百三十七号。以下「政令第三百三十七号」という。）
第四十七条の三第一項及び第四十九条第一項	十日以内に	速やかに
第五十条第一項各号列記以外の部分	第三十八条第一項若しくはなお効力を有する平成二十四年一元化法	第三十八条第一項

国家公務員共済組合法

国家公務員共済組合法施行令

国家公務員共済組合法施行規則

	改正前の法第三十八条第二項　第五十四条第一項若しくは第二項若しくはなお効力を有する平成二十四年一元化法改正前の法第五十四条の二第一項又は昭和六十年改正法附則第五十六条第一項	第五十四条第一項若しくは第二項
第五十条第一項第五号	年月日	年月
第五十条第三項第一号	第三十八条第一項及びなお効力を有する平成二十四年一元化法改正前の法第三十八条第二項並びに	第三十八条第一項及び
第五十条の二第一項第十号	年月日	年月
第五十条の二第二項第二号	共済組合の	第一号厚生年金被保険者期間を有する者にあつては厚生労働大

国家公務員共済組合法等の運用方針

		臣が、共済組合の
	、当該共済組合	当該共済組合
	国民年金法施行規則	それぞれ国民年金法施行規則
第五十条の三第一項第四号	年月日	年月

2　前項の規定による障害厚生年金又は障害手当金の請求、届出その他の行為について、当該障害厚生年金又は障害手当金が厚生年金保険法第七十八条の二十二に規定する一の期間に係る第二号厚生年金被保険者期間に基づくものである場合においては、障害厚生年金請求等規定（同項の規定により読み替えられた場合には、読替え後の規定）のうち第四十四条第一項中「障害手当金（国家公務員共済組合連合会」とあるのは、「障害手当金（法第七十八条の二十二に規定する一の期間に係るものに限り、かつ、国家公務員共済組合連合会」とする。

第三目　遺族厚生年金

（遺族厚生年金の請求等）

第百十四条の三　遺族厚生年金（連合会が支給するものに限る。）に係る請求、届出その他の行為については、厚生年金保険法施行規則第十一条の二第二号及び第三号並びに第六十条から第七十一条の二まで（同規則第六十条第一項第十四号ロ、第三項第十一号及び第五項、第六十条の二第一項第三号ロ、第六十二条の二第三項、第六十八条、六十八条の二、第六十九条から第七十一条まで並びに第七十一条の二第二項を除く。次項において「遺族厚生年金請求等規定」という。）に定めるところによるものとする。

国家公務員共済組合法	国家公務員共済組合法施行令	国家公務員共済組合法施行規則	国家公務員共済組合法等の運用方針
		この場合において、これらの規定中「第一号厚生年金被保険者期間」とあるのは「第二号厚生年金被保険者期間」と、「機構」とあり、及び「厚生労働大臣」とあるのは「国家公務員共済組合連合会」と、「戸籍の抄本」とあるのは「戸籍の抄本若しくは謄本」とするほか、次の表の上欄に掲げるこれらの規定中同表の中欄に掲げる字句は、それぞれ同表の下欄に掲げる字句とする。	

第六十条第一項第八号	業務上	公務上若しくは業務上
第六十条第一項第九号	年月日	年月
第六十条第一項第十四号	イ及びロ	イ
第六十条第三項第二号	年金手帳（年金手帳を添えることができないときは、その事由書）	年金手帳
第六十条第三項第九号の二	共済組合の	第一号厚生年金被保険者期間を有する者にあつては厚生労働大臣が、共済組合の
	、当該共済組合	当該共済組合
	国民年金法	それぞれ国民年金

	施行規則	金法施行規則
第六十条第三項第十二号	附則第十二条第一項第九号、第十一号、第十三号又は第十五号	附則第十二条第一項第十七号
	該当する者（同項第十六号の規定に該当する者にあつては、退職共済年金を受けることができるものに限る。）	該当する者
第六十条の二第一項第三号	イ及びロ	イ
第六十条の三	第六十四条の二第一項若しくはなお効力を有する平成二十四年一元化法改正前の法第六十四条の三第一項	第六十四条の二第一項
	老齢厚生年金等又は平成二十四年一元化法附則第十二条第二項の規定によりなおその効力	老齢厚生年金等

国家公務員共済組合法

国家公務員共済組合法施行令

国家公務員共済組合法施行規則

	を有するものとされた平成二十七年改正前の令第三条の十の五各号に掲げる年金たる給付	
第六十一条第一項各号列記以外の部分	第三十八条第二項又はなお効力を有する平成二十四年一元化法改正前の法第三十八条第二項（なお効力を有する平成二十四年一元化法改正前の法第六十四条の二第二項及び昭和六十年改正法附則第五十六条第三項において準用する場合を含む。）	第三十八条第二項
第六十一条第一項第四号	第二条の五第一項第二号から第四号まで	第二条の五第一項第一号、第三号及び第四号
	第二号等遺族厚生年金	第一号等遺族厚生年金
第六十二条第	十日以内に	速やかに

国家公務員共済組合法等の運用方針

一項各号列記以外の部分		
第六十三条第一項各号列記以外の部分	除く。）又は昭和六十年改正法附則第七十二条第三項の規定によりなおその効力を有するものとされた旧法第六十三条第三項（以下この条において「旧法第六十三条第三項」という。）	除く。）
	十日以内に	速やかに
	第七十四条	国家公務員共済組合法施行規則（昭和三十三年大蔵省令第五十四号）第百十四条の二十五第一項
第六十三条第一項第三号	除く。）又は旧法第六十三条第三項	除く。）
第六十五条第一項各号列記以外の部分	第六十六条若しくはなお効力を有する平成二十四年一元化法改正前の法第三十八条第一項、	第六十六条

国家公務員共済組合法

国家公務員共済組合法施行令

国家公務員共済組合法施行規則

第六十四条の二第一項若しくは第六十六条	第三十八条第一項及びなお効力を有する平成二十四年一元化法改正前の法第三十八条第一項並びに	第三十八条第一項及び
第六十五条第五項第一号		

2　前項の規定による遺族厚生年金の請求、届出その他の行為について、当該遺族厚生年金が厚生年金保険法第五十八条第一項第四号に該当することにより支給されるもの又は同法第七十八条の三十二に規定する一の期間に係る第二号厚生年金被保険者期間に基づくもの（同法第五十八条第一項第一号から第三号までのいずれかに該当することにより支給されるものに限る。）である場合においては、遺族厚生年金請求等規定（前項の規定により読み替えられた場合には、読替え後の規定）のうち第六十条第六項中「法若しくは旧法若しくは船員保険法」とあるのは「法」と、「、厚生年金保険法等の一部を改正する法律の施行に伴う経過措置に関する政令（平成九年政令第八十五号）第十七条第一項第三号に掲げる年金たる給付又は厚生年金保険制度及び農林漁業団体職員共済組合制度の統合を図るための農林漁業団体職員共済組合法等を廃止する等の法律の施行に伴う移行農林共済年金等に関する経過措置に関する政令（平成十四年政令第四十四号）第九条第一項第二号に掲げる年金である給付を受ける」とあ

国家公務員共済組合法等の運用方針

るのは「を受ける」とする。

第四目　脱退一時金

（脱退一時金の請求等）

第百十四条の四　脱退一時金（連合会が支給するものに限る。）に係る請求、届出その他の行為については、厚生年金保険法施行規則第七十六条の二及び第七十六条の四に定めるところによるものとする。この場合において、同規則第七十六条の二第一項中「脱退一時金」とあるのは「脱退一時金（第二号厚生年金被保険者期間（法附則第二十九条の二の規定により第二号厚生年金被保険者期間に合算された第二号厚生年金被保険者以外の被保険者の種別に係る被保険者であつた期間を含む。）に基づくものに限る。）」と、同項第一号中「及び住所」とあるのは「、住所及び氏名」と、同項及び同規則第七十六条の四第一項中「機構」とあるのは「国家公務員共済組合連合会」とする。

第五目　離婚等をした場合における特例

（標準報酬改定請求等）

第百十四条の五　第二号厚生年金被保険者期間を有する者が厚生年金保険法第七十八条の二第一項に規定する離婚等をした場合であつて同項各号のいずれかに該当することにより同項に規定する当事者に係る第二号厚生年金被保険者期間の標準報酬の改定又は決定を請求するときは、当該改定又は決定に係る請求その他の行為については、厚生年金保険法施行規則第三章の二（第七十八条の六及び第七十八条の十を除く。）に定めるところによるものとする。この場合において、同規則第七十八条の十一第一項中「第一号厚生年金被保険者期間」とあるのは「第二号厚生年金被保険者期間」と、

国家公務員共済組合法	国家公務員共済組合法施行令	国家公務員共済組合法施行規則	国家公務員共済組合法等の運用方針
		「機構」とあるのは「国家公務員共済組合（組合員であつた者又はその配偶者であつた者にあつては、国家公務員共済組合連合会）」と、同条第二項第四号及び第五号中「厚生労働大臣」とあるのは「国家公務員共済組合連合会」と、同条第三項中「第二号厚生年金被保険者期間」とあるのは「第一号厚生年金被保険者期間」とする。 （当事者等からの情報提供請求等） **第百十四条の六**　厚生年金保険法第七十八条の四第一項の規定により第二号厚生年金被保険者期間について情報提供請求をする当事者（以下この条において「情報提供請求当事者」という。）は、次に掲げる事項を記載した請求書を組合（組合員であつた者又はその配偶者（配偶者であつた者を含む。）にあつては、連合会）に提出しなければならない。 一　氏名、生年月日及び住所 二　個人番号又は基礎年金番号 三　次のイからハまでに掲げる場合の区分に応じ、それぞれイからハまでに定める事項 イ　情報提供請求当事者が、厚生年金保険法第七十八条の二第一項に規定する対象期間（以下「対象期間」という。）の末日（情報提供請求があつた日において対象期間の末日が到来していないときは、当該請求があつた日とする。以下この条において同じ。）が属する月の前月の末日において、第一号厚生年金被保険者、第二号厚生年金被保険者、第三号厚生年金被保険者及び第四号厚生年金被保険者（以下この号において「被保険者」と総称する。）の資格を喪失している場合　同日以前の直近の被	

保険者の資格を喪失した年月日

ロ　情報提供請求当事者が、対象期間の末日が属する月の前月の末日において、被保険者である場合（ハに該当する場合を除く。）　同日以前の直近の被保険者の資格を取得した年月日

ハ　情報提供請求当事者が、対象期間の末日が属する月の前月において被保険者の資格を喪失し、同月に更に被保険者の資格を取得した場合であつて、同月の末日において被保険者であるとき　当該資格を喪失した年月日及び当該資格を取得した年月日

四　次のイからへまでに掲げる場合の区分に応じ、それぞれイからへまでに定める事項

イ　情報提供請求があつた日において、当事者が婚姻をしている場合　当該婚姻が成立した日

ロ　情報提供請求があつた日において、当事者が婚姻の届出をしていないが事実上婚姻関係と同様の事情にある場合　事実婚第三号被保険者期間（厚生年金保険法施行規則第七十八条の二第一項第三号に規定する事実婚第三号被保険者期間をいう。以下同じ。）の初日及び現に当該事情にある旨

ハ　情報提供請求があつた日以前において、厚生年金保険法施行規則第七十八条の二第一項第一号に掲げる場合に該当する場合　同号に規定する期間

ニ　情報提供請求があつた日以前において、厚生年金保険法施行規則第七十八条の二第一項第二号に掲げる場合に該当する場合　同号に規定する期間

ホ　情報提供請求があつた日以前において、厚生年金保険法施行規則第七十八

国家公務員共済組合法

国家公務員共済組合法施行令

国家公務員共済組合法施行規則

条の二第一項第三号に掲げる場合に該当する場合　事実婚第三号被保険者期間及び婚姻の届出をしていないが事実上婚姻関係と同様の事情が解消した旨

へ　情報提供請求があつた日以前において、厚生年金保険法施行規則第七十八条の二第一項ただし書に規定する第三号被保険者であつた期間があると認められる場合　当該第三号被保険者並びにその者の配偶者の氏名、生年月日及び基礎年金番号

五　婚姻が成立した日前から婚姻の届出をしていないが事実上婚姻関係と同様の事情にあつた情報提供請求当事者について、当該情報提供請求当事者が婚姻の届出をしたことにより当該事情が解消した場合にあつては、事実婚第三号被保険者期間の初日

六　厚生年金保険法施行規則第七十八条の七各号のいずれかに該当する場合にあつては、その旨

2　前項の請求書には、次に掲げる書類を添えなければならない。

一　前項の規定により同項の請求書に基礎年金番号を記載する者にあつては、年金手帳又は国民年金手帳その他の基礎年金番号を明らかにすることができる書類

二　当事者間の身分関係を明らかにすることができる市町村長の証明書又は戸籍の抄本若しくは謄本

三　情報提供請求があつた日において婚姻の届出をしていないが事実上婚姻関係と同様の事情にある情報提供請求当事者であつて、当該事情にある間に事実婚第三号被保険者期間を有するものであるときは、事実婚第三号被保険者期間の初日か

国家公務員共済組合法等の運用方針

ら情報提供請求があつた日までの間引き続き当該事情にあることを明らかにすることができる書類

四　婚姻の届出をしていないが事実上婚姻関係と同様の事情にあつた情報提供請求当事者であつて、当該事情にあつた間に事実婚第三号被保険者期間を有していたものであるときは、事実婚第三号被保険者期間の初日から当該事情が解消するまでの間引き続き当該事情にあつたことを明らかにすることができる書類

3　当事者の一方のみが情報提供請求をするときは、第一項各号に掲げる事項のほか、次の各号に掲げる事項を第一項の請求書に記載しなければならない。

一　当事者の他方の氏名、生年月日及び住所

二　その他必要な事項

4　前項の場合において、当該当事者が厚生年金保険法施行規則第七十八条の二第一項各号に掲げる場合のいずれかに該当するときは、当該当事者の一方による情報提供請求があつた日において、当該当事者の他方について情報提供請求があつたものとみなす。

5　情報提供請求当事者が、第一号厚生年金被保険者期間、第三号厚生年金被保険者期間又は第四号厚生年金被保険者期間について、他の実施機関（厚生年金保険法第二条の五第一項各号に定める実施機関をいう。以下同じ。）に厚生年金保険法第七十八条の四第一項の規定による情報提供請求をしたときは、併せて、第一項の請求書を提出したものとみなす。

6　連合会は、厚生年金保険法第七十八条の四第一項に規定する情報を提供するときは、文書でその内容を情報提供請求当事者に通

国家公務員共済組合法

国家公務員共済組合法施行令

国家公務員共済組合法施行規則

知しなければならない。ただし、第三項の場合であつて、当該当事者が厚生年金保険法施行規則第七十八条の二第一項各号に掲げる場合のいずれにも該当しないときは、当該当事者の他方に対し通知しないものとする。

7　第五項の場合において、他の実施機関が情報提供請求当事者に厚生年金保険法第七十八条の四第一項に規定する情報を提供したときは、連合会は、当該情報を提供したものとみなす。

（離婚時みなし被保険者期間を有する者の届出等）

第百十四条の七　厚生年金保険法第七十八条の七に規定する離婚時みなし被保険者期間（第二号厚生年金被保険者期間に係るものに限る。以下この目において「離婚時みなし第二号被保険者期間」という。）を有する者（第二号厚生年金被保険者期間を有する者を除く。以下この条において同じ。）は、その氏名、生年月日、住所及び個人番号又は基礎年金番号を記載した書類を連合会に提出しなければならない。

2　離婚時みなし第二号被保険者期間を有する者（連合会から当該期間を含む厚生年金保険給付の支給を受けている場合を除く。次項において同じ。）は、その氏名又は住所に変更があつたときは、遅滞なく、当該変更に関する書類を連合会に提出しなければならない。

3　離婚時みなし第二号被保険者期間を有する者が死亡した場合には、当該離婚時みなし第二号被保険者期間を有する者であつた者の遺族又は相続人は、次に掲げる事項を記載した死亡届を連合会に提出しなければならない。ただし、死亡に際し、当該離婚

国家公務員共済組合法等の運用方針

時みなし第二号被保険者期間を有する者であつた者に係る厚生年金保険給付の請求を行うことができるときは、この限りでない。

一　離婚時みなし第二号被保険者期間を有する者であつた者の氏名、生年月日、住所及び個人番号又は基礎年金番号

二　死亡年月日

三　その他必要な事項

4　連合会は、離婚時みなし第二号被保険者期間を有する者又は前項に規定する遺族若しくは相続人に対し、第一項若しくは第二項に規定する書類又は前項の死亡届に記載された事項について確認できる書類の提出を求めることができる。

（みなし組合員長期原票）

第百十四条の八　連合会は、離婚時みなし第二号被保険者期間を有する者ごとに、みなし組合員長期原票を備え、次に掲げる事項を記載して整理しなければならない。

一　離婚時みなし第二号被保険者期間を有する者の氏名、生年月日、住所及び基礎年金番号

二　離婚時みなし第二号被保険者期間

三　離婚時みなし第二号被保険者期間に係る標準報酬月額及び標準賞与額

四　その他必要な事項

2　連合会は、離婚時みなし第二号被保険者期間を有する者が第三号厚生年金被保険者となつたときは、その者に係るみなし組合員長期原票その他必要な書類を当該第三号厚生年金被保険者の属する地方の組合に送付し、その写しを保管しなければならない。

（離婚時みなし被保険者期間に係る記録）

第百十四条の九　離婚時みなし第二号被保険者について、厚生年金保険法第二十八条の規定を適用する場合においては、前条のみなし組合員長期原票をもつて同法第二十八

条に規定する原簿とみなす。この場合において、同法第七十八条の七に規定する主務省令で定める事項は、離婚時みなし第二号被保険者期間を有する者の基礎年金番号及び生年月日とする。

（標準報酬改定請求に係る連合会への通知）

第百十四条の十　組合は、厚生年金保険法第七十八条の六第一項及び第二項の規定により当事者の標準報酬月額及び標準賞与額を改定し、又は決定したときは、その標準報酬月額及び改定前の標準報酬月額、その標準賞与額及び改定前の標準賞与額その他必要な事項を連合会に通知しなければならない。

（連合会への資料の求め）

第百十四条の十一　組合は、連合会に対し、厚生年金保険法第七十八条の四第一項に規定する情報又は同法第七十八条の五に規定する資料の提供に必要な資料を求めることができる。

第六目　被扶養配偶者である期間についての特例

（三号分割標準報酬改定請求等）

第百十四条の十二　第二号厚生年金被保険者期間を有する者が離婚若しくは婚姻の取消し又は厚生年金保険法施行規則第七十八条の十四各号に掲げる場合に該当することにより厚生年金保険法第七十八条の十四第一項に規定する特定期間に係る第二号厚生年金被保険者期間の標準報酬の改定又は決定を請求するときは、当該改定又は決定に係る請求その他の行為については、同規則第三章の三（第七十八条の十八を除く。）に定めるところによる。この場合において、同規則第七十八条の十九第一項中「第一号厚生年金被保険者期間」とあるのは「第二号厚生年金被保険者期間」と、「機構」とあるのは「国家公務員共済組合（組合員であつた者の被扶養配偶者であつた者にあつては、国家公務員共済組合連合会）」と、同条第二項第四号及び第五項中「厚生労働大臣」とあるのは「国家公務員共済組合連合会」と、第七十八条の二十第二項中「厚生労働大臣」とあるのは「国家公務員共済組合（組合員であつた者の被扶養配偶者であつた者にあつては、国家公務員共済組合連合会）」とする。

（被扶養配偶者みなし被保険者期間を有する者の届出等）

第百十四条の十三　厚生年金保険法第七十八条の十四第四項の規定により第二号厚生年金被保険者期間であつたものとみなされた期間（以下この目において「被扶養配偶者みなし第二号被保険者期間」という。）を有する者（第二号厚生年金被保険者期間を有する者を除く。以下この条において同じ。）は、その氏名、生年月日、住所及び個人番号又は基礎年金番号を記載した書類を連合会に提出しなければならない。

2　被扶養配偶者みなし被保険者期間を有する者（連合会から当該期間を含む厚生年金保険給付の支給を受けている場合を除く。次項において同じ。）は、その氏名又は住所に変更があつたときは、遅滞なく、当該変更に関する書類を連合会に提出しなければならない。

3　被扶養配偶者みなし被保険者期間を有する者が死亡した場合には、当該被扶養配偶者みなし被保険者期間を有する者であつた者の遺族又は相続人は、次に掲げる事項を記載した死亡届を連合会に提出しなければならない。ただし、死亡に際し、当該被扶養配偶者みなし被保険者期間を有する者で

国家公務員共済組合法

国家公務員共済組合法施行令

国家公務員共済組合法施行規則

あつた者に係る厚生年金保険給付の請求を行うことができるときは、この限りでない。

一　被扶養配偶者みなし被保険者期間を有する者であつた者の氏名、生年月日、住所及び個人番号又は基礎年金番号

二　死亡年月日

三　その他必要な事項

4　連合会は、被扶養配偶者みなし被保険者期間を有する者又は前項に規定する遺族若しくは相続人に対し、第一項若しくは第二項に規定する書類又は前項に規定する死亡届に記載された事項について確認できる書類の提出を求めることができる。

（被扶養配偶者みなし組合員長期原票）

第百十四条の十四　連合会は、被扶養配偶者みなし被保険者期間を有する者ごとに、被扶養配偶者みなし組合員長期原票を備え、次に掲げる事項を記載して整理しなければならない。

一　被扶養配偶者みなし被保険者期間を有する者の氏名、生年月日、住所及び基礎年金番号

二　被扶養配偶者みなし被保険者期間

三　被扶養配偶者みなし被保険者期間に係る標準報酬月額及び標準賞与額

四　その他必要な事項

2　連合会は、被扶養配偶者みなし被保険者期間を有する者が第三号厚生年金被保険者となつたときは、その者に係る被扶養配偶者みなし組合員長期原票その他必要な書類を当該第三号厚生年金被保険者の属する地方の組合に送付し、その写しを保管しなければならない。

（被扶養配偶者みなし被保険者期間に係る記録）

第百十四条の十五　被扶養配偶者みなし第二

国家公務員共済組合法等の運用方針

号被保険者について、厚生年金保険法第二十八条の規定を適用をする場合においては、前条の被扶養配偶者みなし組合員長期原票をもつて同法第二十八条に規定する原簿とみなす。この場合において、同法第七十八条の十五に規定する主務省令で定める事項は、被扶養配偶者みなし被保険者期間を有する者の基礎年金番号及び生年月日とする。

（三号分割標準報酬改定請求に係る連合会への通知）

第百十四条の十六　組合は、厚生年金保険法第七十八条の十四第二項及び第三項の規定により特定被保険者及び被扶養配偶者の標準報酬月額及び標準賞与額を改定し、及び決定したときは、その標準報酬月額及び改定前の標準報酬月額、その標準賞与額及び改定前の標準賞与額その他必要な事項を連合会に通知しなければならない。

第七目　雑則

（厚生年金保険給付に関する通知）

第百十四条の十七　連合会は、厚生年金保険給付（連合会が支給するものに限る。以下この目において同じ。）に係る処分を行つたときは、速やかに、文書でその内容を請求者又は厚生年金保険給付の受給権者に通知しなければならない。この場合において、請求に応ずることができないものであるときは、理由を付さなければならない。

（厚生年金保険給付に係る年金証書）

第百十四条の十八　連合会は、前条による通知が厚生年金保険給付の裁定に係るものであるときは、同条の通知に併せて、次に掲げる事項を記載した年金証書を交付しなければならない。ただし、特別支給の老齢厚生年金以外の老齢厚生年金の受給権を裁定した場合においてその受給権者が特別支給の老齢厚生年金の年金証書の交付を受けて

国家公務員共済組合法

国家公務員共済組合法施行令

国家公務員共済組合法施行規則

いるときは、この限りでない。この場合において、当該特別支給の老齢厚生年金の年金証書は当該老齢厚生年金の年金証書とみなす。

一　受給権者の氏名、生年月日及び基礎年金番号
二　年金の種類及び年金証書の記号番号
三　年金コード
四　年金の受給権発生年月
五　その他必要な事項

2　連合会は、必要があると認めるときは、受給権者に対して年金証書の提出を求めることができる。

（厚生年金保険給付に係る年金証書の亡失等）

第百十四条の十九　受給権者は、年金証書を亡失し又は著しく損傷したときは、遅滞なく、次に掲げる事項を記載した年金証書再交付申請書を、亡失の事実を明らかにする書類又はその損傷した年金証書と併せて連合会に提出しなければならない。

一　受給権者の氏名、生年月日及び住所
二　個人番号又は基礎年金番号
三　年金証書の記号番号
四　再交付申請の理由

2　連合会は、前項の申請書の提出を受けたときは、新たな年金証書を交付しなければならない。

3　受給権者は、年金証書の再交付を受けた後において、亡失した年金証書を発見したときは、遅滞なくこれを連合会に返納しなければならない。

（支払の一時差止め）

第百十四条の二十　連合会は、厚生年金保険給付の受給権者が正当な理由がなく、厚生年金保険法施行規則第三十二条の三第一項

国家公務員共済組合法等の運用方針

の届書若しくはこれに添えるべき書類（同条第三項の規定の適用を受けるものに限る。）、第三十五条第三項に規定する書類、第三十五条の二の書類等、第三十五条の三第一項に規定する届書若しくはこれに添えるべき書類等、第三十五条の四の書類等、第四十条の二第三項に規定する書類、第五十一条第三項に規定する書類、第五十一条の二の書類等、第五十一条の三第一項に規定する届書、第五十一条の四の書類等、第五十六条の二第三項に規定する書類、第六十八条第三項に規定する書類、第六十八条の二若しくは第六十八条の三の書類等又は第七十三条の二第三項の書類を提出しないときは、それらの書類等が提出されるまで当該受給権者に係る厚生年金保険給付の支払を差し止めることができる。

（連合会による厚生年金保険給付の受給権者の確認等）

第百十四条の二十一　連合会は、厚生年金保険法第三十六条第三項の規定により厚生年金保険給付を支給する月（以下この項において「厚生年金保険給付の支給期月」という。）の前月（同項ただし書の規定により年金である給付を支給する場合には、その月）において、地方公共団体情報システム機構から当該厚生年金保険給付の支給期月に支給する厚生年金保険給付の受給権者又は当該保険給付に加算されている加給年金額の対象者（次項において「受給権者等」という。）に係る住民基本台帳法（昭和四十二年法律第八十一号）第三十条の九に規定する機構保存本人確認情報（同法第七条第八号の二に規定する個人番号を除く。以下「本人確認情報」という。）の提供を受け、必要な事項について確認を行うものとする。

2　連合会は、前項の規定により必要な事項

国家公務員共済組合法

国家公務員共済組合法施行令

国家公務員共済組合法施行規則

について確認を行つた場合において、受給権者等の生存の事実が確認されなかつたとき（第百十四条の二十三第一項に規定する場合を除く。）には、当該受給権者又は当該加給年金額の対象者がある受給権者に対し、当該受給権者等の生存の事実について確認できる書類の提出を求めることができるものとする。

3　前項の規定により同項に規定する書類の提出を求められた受給権者は、毎年連合会が指定する日（以下「指定日」という。）までに、当該書類を連合会に提出しなければならない。

4　連合会は、前項の規定により第二項の書類を提出しなければならない受給権者が当該書類を提出しないときは、当該書類が提出されるまで、指定日の属する月の翌月以後に支払うべき厚生年金保険給付（加給年金額の対象者についてのみ生存の事実が確認されなかつた受給権者が当該事実について確認できる書類を提出しないときは、当該対象者に係る加給年金額に相当する部分に限る。）の支払を差し止めることができる。

（厚生年金保険給付の受給権者に係る所在不明の届出）

第百十四条の二十二　受給権者の属する世帯の世帯主その他その世帯に属する者は、当該受給権者の所在が一月以上明らかでないときは、速やかに、次に掲げる事項を記載した所在不明届出書を連合会に提出しなければならない。

一　所在不明届出書を提出する者の氏名及び住所並びに当該者と厚生年金保険給付の受給権者との身分関係

二　受給権者と同一世帯である旨

三　受給権者の氏名及び生年月日

国家公務員共済組合法等の運用方針

四　基礎年金番号

五　年金証書の記号番号

六　受給権者が所在不明となつた年月日

（本人確認情報の提供を受けることができない厚生年金保険給付の受給権者に係る届出）

第百十四条の二十三　連合会は、地方公共団体情報システム機構から受給権者に係る本人確認情報の提供を受けることができない場合にあつては当該受給権者に対し、前条の規定による所在不明届出書の提出があつた場合にあつては当該届出書の提出を行つた者に対し、次に掲げる事項について記載がある当該受給権者又は当該届出書の提出を行つた者が署名した届出書（署名することが困難な受給権者にあつては、当該受給権者の代理人が署名した届出書）を指定日までに提出することを求めることができる。

一　受給権者の氏名、生年月日、住所及び個人番号又は基礎年金番号

二　年金の種類及び年金証書の記号番号

三　その他必要な事項

2　前項の規定により同項に規定する届出書の提出を求められた受給権者は、毎年、指定日までに、当該届出書を連合会に提出しなければならない。

（厚生年金保険給付の受給権者の異動報告等）

第百十四条の二十四　受給権者は、住居表示に関する法律（昭和三十七年法律第百十九号）により住居表示が変更されたとき又は転居したときは、その旨、氏名、生年月日、住所（転居の場合にあつては、転居後の住所）、個人番号又は基礎年金番号及び厚生年金保険給付に係る年金証書の記号番号を記載した受給権者異動届出書を連合会に提出しなければならない。ただし、住居表示

国家公務員共済組合法

国家公務員共済組合法施行令

国家公務員共済組合法施行規則

が変更されたこと又は転居したことにつき、連合会が地方公共団体情報システム機構から本人確認情報の提供を受けることができるときは、この限りでない。

2 受給権者は、前項の規定に該当する場合のほか、次の各号に掲げる事由に該当したときは、その旨、氏名（第一号に該当する場合にあつては、変更前の氏名及び変更後の氏名）、生年月日、住所、基礎年金番号及び厚生年金保険給付に係る年金証書の記号番号を記載した受給権者異動届出書を、当該各号に掲げる書類と併せて連合会に提出しなければならない。

一 氏名を改めたとき 年金証書及び氏名の変更に関する市町村長の証明書又は戸籍抄本（連合会が地方公共団体情報システム機構から当該厚生年金保険給付の受給権者に係る本人確認情報の提供を受けることができる者を除く。）

二 払渡金融機関を変更するとき 新たな払渡金融機関の所在地及び名称を記載したもの、預金口座の口座番号についての当該払渡金融機関の証明書、預金通帳の写しその他の預金口座の口座番号を明らかにすることができる書類

3 連合会は、第一項又は前項に規定する受給権者異動届出書の提出を受けた場合において必要があると認めるときは、地方公共団体情報システム機構から本人確認情報の提供を受け、必要な事項について確認を行うものとする。この場合において、当該事項について確認を行うことができなかつた場合には、連合会はその受給権者に対し当該事項について確認できる書類の提出を求めることができる。

4 連合会は、第二項第一号の規定により、

国家公務員共済組合法等の運用方針

年金証書の提出があつたときは、遅滞なくその記載事項を訂正して、その受給権者に交付しなければならない。

5　厚生年金保険法第四十四条の三第一項の規定による老齢厚生年金の支給の繰下げの申出を行つていないもの（以下「老齢厚生年金の繰下げ待機者」という。）が老齢厚生年金の支給の繰下げの申出を行うまでの間において第一項又は第二項に定める場合に該当するときは、第一項又は第二項に定める受給権者異動届出書を連合会に提出しなければならない。ただし、住居表示が変更されたこと又は転居したことにつき、連合会が地方公共団体情報システム機構から本人確認情報の提供を受けることができるときは、この限りでない。

（厚生年金保険給付の受給権の消滅の届出）

第百十四条の二十五　厚生年金保険給付の受給権者が死亡し、又はその権利を喪失したとき（老齢厚生年金の受給権者が六十五歳に達したとき及び老齢厚生年金又は障害厚生年金を受ける権利を有していた者が死亡したことにより遺族厚生年金が支給されることとなるときを除く。）は、その遺族、厚生年金保険法第三十七条第一項の規定による未支給の厚生年金保険給付を受ける者若しくは戸籍法（昭和二十二年法律第二百二十四号）の規定による死亡の届出義務者又は年金を受ける権利を喪失した者は、遅滞なく、次に掲げる事項を記載した年金受給権消滅届出書を連合会に提出しなければならない。ただし、当該受給権者が死亡したことにつき、連合会が地方公共団体情報システム機構から本人確認情報の提供を受けることができるときは、この限りでない。

一　受給権者であつた者の氏名、生年月日及び住所

国家公務員共済組合法

国家公務員共済組合法施行令

国家公務員共済組合法施行規則

二　年金の種類
三　個人番号又は基礎年金番号
四　年金証書の記号番号
五　受給権の消滅の事由

2　老齢厚生年金の繰下げ待機者が老齢厚生年金の支給の繰下げの申出を行うまでの間において前項に定める場合に該当するときは、同項に定める年金受給権消滅届出書を連合会に提出しなければならない。ただし、当該老齢厚生年金繰下げ待機者が死亡したことにつき、連合会が地方公共団体情報システム機構から本人確認情報の提供を受けることができるときは、この限りでない。

(未支給の厚生年金保険給付の請求)

第百十四条の二十六　厚生年金保険法第三十七条第一項の規定により厚生年金保険給付の支給を受けようとする者は、次の各号に掲げる事項を記載した請求書を連合会に提出しなければならない。

一　請求者の氏名、生年月日及び住所並びに請求者と死亡した受給権者との続柄
二　死亡した受給権者の氏名及び生年月日
三　死亡した受給権者の個人番号又は基礎年金番号
四　年金証書の記号番号
五　死亡した者の死亡年月日
六　請求者以外に厚生年金保険法第三十七条第一項の規定に該当する者があるときは、その者と受給権者との身分関係
七　払渡金融機関の名称及び預金口座の口座番号

2　受給権者が死亡した場合であつて、厚生年金保険法第三十七条第三項の規定に該当するときは、同条の規定による未支給の保険給付の支給を受けようとする者は、老齢厚生年金の受給権者が死亡した場合にあつ

国家公務員共済組合法等の運用方針

ては、前項の請求書並びに厚生年金保険法施行規則第三十条、第三十条の二第二項又は第三十条の三の例による請求書及びこれに添えるべき書類等を、障害厚生年金及び障害手当金の受給権者が死亡した場合にあつては、前項の請求書並びに同規則第四十四条の例による請求書及びこれに添えるべき書類等を、遺族厚生年金の受給権者が死亡した場合にあつては、同規則第六十条又は第六十条の二の例による請求書及びこれに添えるべき書類等を連合会に提出しなければならない。

3　前二項の請求書には、次の各号に掲げる書類を添えなければならない。

一　死亡した受給権者と請求者との身分関係を明らかにすることができる市町村長による証明書、戸籍抄本、戸籍謄本、除籍抄本又は除籍謄本

二　死亡した受給権者の死亡の当時その者と生計を同じくしていたことを証する書類

三　預金口座の口座番号についての当該払渡金融機関の証明書、預金通帳の写しその他の預金口座の口座番号を明らかにすることができる書類

（保険料納付の実績及び将来の給付に関する必要な情報の通知）

第百十四条の二十七　厚生年金保険法第三十一条の二の規定による通知（連合会が行うものに限る。）は、次の各号に掲げる事項を記載した書面によつて行うものとする。

一　被保険者期間の月数

二　最近一年間の被保険者期間における標準報酬月額及び標準賞与額

三　被保険者期間における標準報酬月額及び標準賞与額に応じた保険料（被保険者の負担するものに限る。）の総額

国家公務員共済組合法	国家公務員共済組合法施行令	国家公務員共済組合法施行規則	国家公務員共済組合法等の運用方針
		四　国民年金法施行規則（昭和三十五年厚生省令第十二号）第十五条の四第一項第一号（ロを除く。）に掲げる事項 五　国民年金法による老齢基礎年金（以下「老齢基礎年金」という。）及び老齢厚生年金の額の見込額 六　その他必要な事項 2　前項の規定にかかわらず、厚生年金保険法第三十一条の二の規定により通知（連合会が行うものに限る。）が行われる被保険者が三十五歳、四十五歳及び五十九歳に達する日の属する年度における同項の通知は、当該被保険者に係る同項各号に掲げる事項（同項第二号に掲げる事項及び最近一年間の被保険者期間における保険料の納付状況を除く。）のほか、次の各号に掲げる事項を記載した書面によつて行うものとする。 一　国民年金法施行規則第十五条の四第二項第一号に掲げる事項 二　国民年金法第七条第一項第一号に規定する第一号被保険者期間における保険料の納付状況及び被保険者期間における標準賞与額 **（添付書類の特例）** **第百十四条の二十八**　前章及びこの章第三節第一款の規定により次の各号に掲げる書類を提出し、又は請求書、申請書、申出書又は届書（以下この条及び次条において「請求書等」という。）に添えなければならない場合において、厚生年金保険法第百条の二第一項の規定による情報の提供を受けることにより連合会が次に掲げる書類に係る事実を確認することができるときは、前章及びこの章第三節第一款の規定にかかわらず、当該書類を提出し、又は請求書等に添えることを要しないものとする。	

一　厚生労働大臣、共済組合（法律によって組織された共済組合をいい、厚生年金保険法等の一部を改正する法律（平成八年法律第八十二号）附則第三十二条第二項に規定する存続組合及び同法附則第四十八条第一項に規定する指定基金を含む。以下この号において同じ。）又は日本私立学校振興・共済事業団が国民年金法施行規則様式第一号により厚生労働大臣、共済組合の組合員又は私学教職員制度の加入者であつた期間を確認した書類

二　国民年金法附則第九条第一項に規定する合算対象期間（国民年金法等の一部を改正する法律（昭和六十年法律第三十四号。以下「昭和六十年国民年金等改正法」という。）附則第八条第五項及び国民年金法等の一部を改正する法律（平成元年法律第八十六号）附則第四条第一項の規定により合算対象期間に算入される期間を含む。）を明らかにすることができる書類

三　厚生年金保険法施行規則第三十条第一項第九号に規定する公的年金給付（連合会が支給するものとされたものを除く。）の支給状況に関する書類

（実施機関による届書等の受理、送付等）

第百十四条の二十九　実施機関（連合会を除く。以下この条において同じ。）は、厚生年金保険法施行令第四条の二の十四の規定により、第百十四条から第百十四条の三まで、第百十四条の五若しくは第百十四条の十二により読み替えられた厚生年金保険法施行規則第三十条から第三十五条の四まで（同規則第三十条の二第一項を除く。）、第四十五条第一項、第四十五条の二第一項、第四十六条、第四十九条の二、第五十条の三第一項若しくは第六十条から第六十八条の三

国家公務員共済組合法

国家公務員共済組合法施行令

国家公務員共済組合法施行規則

まで（同規則第六十七条の二並びに第六十八条の三第一項及び第二項を除く。）又は第三章の二若しくは第三章の三の規定による請求書等の受理及びこれらの書類に係る事実についての審査を行うものとする。

２　実施機関は、第百十四条の十九、第百十四条の二十二及び第百十四条の二十四から第百十四条の二十六までの規定による請求書等の受理及びこれらの書類に係る事実についての審査を行うものとする。

３　実施機関は、第一項及び前項の規定により請求書等を受理したときは、必要な審査を行い、連合会にこれを送付し、又は電磁的方法により送らなければならない。

４　第一項及び第二項の規定により同項の請求書等が実施機関に受理されたときは、その受理されたときに連合会に提出があつたものとみなす。

（年金原簿等の作成）

第百十四条の三十　連合会は、厚生年金保険給付に係る受給権者ごとに、年金原簿及び年金支給簿を備え、年金の決定、改定及び支給に必要な事項を記載して整理しなければならない。

２　第二号厚生年金被保険者である受給権者については、第八十七条の四中「第八十七条に規定する組合員原票及び前条に規定する組合員長期原票」とあるのは「第八十七条に規定する組合員原票及び前条に規定する組合員長期原票並びに年金原簿及び年金支給簿（厚生年金保険給付に関する部分に限る。）」と、「賞与の支払年月」とあるのは「賞与の支払年月並びに厚生年金保険給付に関する事項」と読み替えて、第二号厚生年金被保険者等であつた者である受給権者については、「前条に規定する組合員長

国家公務員共済組合法等の運用方針

期原票」とあるのは「前条に規定する組合員長期原票並びに年金原簿及び年金支給簿（厚生年金保険給付に関する部分に限る。）」と、「賞与の支払年月」とあるのは「賞与の支払年月並びに厚生年金保険給付に関する事項」と読み替えて、同条の規定を適用する。

3　第八十七条の三第一項の規定により組合員長期原票に記載した七十歳以上被用者の標準報酬月額及び標準賞与額については、年金原簿及び年金支給簿に記載したものとみなす。

4　離婚時みなし第二号被保険者であつた受給権者については、第百十四条の九中「みなし組合員長期原票」とあるのは「みなし組合員長期原票並びに年金原簿及び年金支給簿（厚生年金保険給付に関する部分に限る。）」と読み替えて、同条の規定を適用する。

5　被扶養配偶者みなし第二号被保険者であつた受給権者については、第百十四条の十五中「被扶養配偶者みなし組合員長期原票」とあるのは「みなし組合員長期原票並びに年金原簿及び年金支給簿（厚生年金保険給付に関する部分に限る。）」と読み替えて、同条の規定を適用する。

第二款　退職等年金給付

第一目　通則

（付与率の見直し）

第百十五条　法第七十五条第一項に規定する付与率（以下第百十五条の九まで及び第百十九条の十第一項において「付与率」という。）について、法第七十五条第二項又は令第十三条に規定する事情に適合しないことが明らかとなつたときは、速やかにその水準について見直しを行い、連合会の定款を

国家公務員共済組合法

国家公務員共済組合法施行令

国家公務員共済組合法施行規則

変更するものとする。

（基準利率の基礎となる国債の利回り）

第百十五条の二　基準利率（法第七十五条第四項の規定により各年の十月から適用される同条第三項に規定する基準利率をいう。以下第百十五条の九まで及び第百十九条の十第一項において同じ。）の基礎となる国債の利回りは、次の各号のいずれか低い率とする。

一　当該十月の属する年の三月から過去一年間に発行された利付国庫債券（期間十年のものに限る。この号及び次号において同じ。）の応募者利回り（当該利付国庫債券の償還金額から発行価格を減じたものを十で除して得た率に当該利付国庫債券の表面利率を加えたものを当該利付国庫債券の発行価格で除したものをいう。次号において同じ。）の平均値

二　当該十月の属する年の三月から過去五年間に発行された利付国庫債券の応募者利回りの平均値

（基準利率の下限）

第百十五条の三　基準利率は、零を下回らないものとする。

（終身年金現価率の計算に用いる基準利率等）

第百十五条の四　法第七十八条第一項及び第三項に規定する終身年金現価率（以下第百十五条の九までにおいて「終身年金現価率」という。）の計算に用いる基準利率は、当該終身年金現価率が適用される各年の十月から翌年の九月までの期間の各月において適用される基準利率とする。

2　終身年金現価率の計算に用いる死亡率は、当該終身年金現価率が適用される各年の十月における法第百条第二項に規定する退職

国家公務員共済組合法等の運用方針

等年金分掛金に係る同条第三項の割合の計算に用いた死亡率とする。

（終身年金現価率の見直し）

第百十五条の五　終身年金現価率について、法第七十八条第五項又は令第十六条に規定する事情に適合しないことが明らかとなつたときは、速やかにその水準について見直しを行い、連合会の定款を変更するものとする。

（有期年金現価率の計算に用いる基準利率）

第百十五条の六　法第七十九条第一項及び第三項に規定する有期年金現価率（以下第百十五条の九までにおいて「有期年金現価率」という。）の計算に用いる基準利率は、当該有期年金現価率が適用される各年の十月から翌年の九月までの期間の各月に適用される基準利率とする。

（有期年金現価率の見直し）

第百十五条の七　有期年金現価率について、法第七十九条第五項又は令第十七条に規定する事情に適合しないことが明らかとなつたときは、速やかにその水準について見直しを行い、連合会の定款を変更するものとする。

（端数計算）

第百十五条の八　次の表の上欄に掲げる率を算定する場合において、その率に同表の下欄に掲げる位未満の端数があるときは、同欄に掲げるところにより計算するものとする。

<table>
<tr><td>付与率</td><td>小数点以下四位未満の端数を四捨五入する。</td></tr>
<tr><td>基準利率</td><td>小数点以下四位未満の端数を切り捨てる。</td></tr>
<tr><td>終身年金現価率</td><td rowspan="2">小数点以下六位未満の端数を四捨五入する。</td></tr>
<tr><td>有期年金現価率</td></tr>
</table>

国家公務員共済組合法

国家公務員共済組合法施行令

国家公務員共済組合法施行規則

（委任規定）

第百十五条の九　第百十五条から前条までに定めるもののほか、付与率、基準利率、終身年金現価率及び有期年金現価率の算定に関し必要な事項は、財務大臣が定める。

（老齢加算額等が支給される場合の厚生年金相当額である老齢厚生年金等の額）

第百十五条の十　厚生年金保険法第四十四条第一項に規定する加給年金額、同法第四十四条の三第四項に規定する加算額若しくは同法附則第九条の二第二項第一号に掲げる額又は昭和六十年国民年金等改正法附則第五十九条第二項若しくは第六十条第二項に規定する加算額（以下この項において「老齢加算額等」という。）が支給される場合における法第八十四条第七項に規定する厚生年金保険法による老齢厚生年金の額は、同法の規定により算定した額から当該老齢加算額等を控除した額に相当する額とする。

2　厚生年金保険法第五十条の二第一項に規定する加給年金額が支給される場合における法第八十四条第七項に規定する厚生年金保険法による障害厚生年金の額は、同法の規定により算定した額から当該加給年金額を控除した額に相当する額とする。

3　厚生年金保険法第六十二条第一項に規定する加算額又は昭和六十年国民年金等改正法附則第七十三条第一項若しくは附則第七十四条第一項若しくは第二項に規定する加算額（以下この項において「遺族加算額」という。）が支給される場合における法第八十四条第七項に規定する厚生年金保険法による遺族厚生年金の額は、同法の規定により算定した額から当該遺族加算額を控除した額に相当する額とする。

4　前三項の規定は、法第九十条第七項に規

国家公務員共済組合法等の運用方針

定する老齢厚生年金の額、障害厚生年金の額又は遺族厚生年金の額を算定する場合において準用する。

（公務障害年金及び公務遺族年金の最低保障額から控除する老齢基礎年金相当額等）

第百十五条の十一　令第二十条第二号に規定する老齢基礎年金相当額は、同号に規定する退職年金、減額退職年金又は通算退職年金の額の計算の基礎となつた平成二十四年一元化法附則第四条第五号に規定する旧国共済法の組合員期間の年数に十二を乗じて得た月数（当該月数が四百八十月（これらの年金である給付の受給権者のうち昭和六十年国民年金等改正法附則別表第四の上欄に掲げる者については、同表の下欄に掲げる数の月数。以下この号において同じ。）を超えるときは、四百八十月とする。）を国民年金法第二十七条に規定する保険料納付済期間の月数とみなして同条の規定の例により計算した額に相当する額とする。

2　令第二十条第二号に規定する障害基礎年金相当額は、国民年金法第三十三条第一項に規定する障害基礎年金の額に相当する額（同号に規定する障害年金の給付事由となつた障害の程度が障害等級の一級に該当するときはその額の百分の百二十五に相当する額とし、障害等級の三級に該当するときは零とする。）とする。

3　令第二十条第二号に規定する遺族基礎年金相当額は、国民年金法第三十八条に規定する遺族基礎年金の額に相当する額とする。

4　令第二十条第五号の規定を適用する場合における同号に規定する老齢基礎年金相当額については、第一項の規定中「第二十条第二号」とあるのは「第二十条第五号」と、「附則第四条第五号に規定する旧国共済法の組合員期間」とあるのは「附則第四条第

国家公務員共済組合法

国家公務員共済組合法施行令

国家公務員共済組合法施行規則

八号に規定する旧地共済法の組合員期間」と、同号に規定する障害基礎年金相当額については、第二項中「第二十条第二号」とあるのは「第二十条第五号」とし、同条第八号の規定を適用する場合における同号に規定する老齢基礎年金相当額については、第一項中「第二十条第二号」とあるのは「第二十条第八号」と、「附則第四条第五号に規定する旧国共済法の組合員期間」とあるのは「附則第四条第十号に規定する旧私学共済法の加入者期間」と、同号に規定する障害基礎年金相当額については、第二項中「第二十条第二号」とあるのは「第二十条第八号」とし、同項第九号の規定を適用する場合における同号に規定する老齢基礎年金相当額については、第一項中「第二十条第九号」と、「附則第四条第五号に規定する旧国共済法の組合員期間の年数に十二を乗じて得た」とあるのは「附則第四条第二号に規定する旧厚生年金保険法の被保険者期間の」と、同号に規定する障害基礎年金相当額については、第二項中「第二十条第二号」とあるのは「第二十条第九号」とし、同項第十号の規定を適用する場合における同号に規定する老齢基礎年金相当額については、第一項中「第二十条第二号」とあるのは「第二十条第十号」と、「平成二十四年一元化法附則第四条第五号に規定する旧国共済法の組合員期間の年数に十二を乗じて得た」とあるのは「昭和六十年国民年金等改正法附則第八十七条第三項の規定によりなおその効力を有するものとされた旧船員保険法の被保険者期間の」と、同号に規定する障害基礎年金相当額については、第二項中「第二十条第二号」とあるのは「第二十

国家公務員共済組合法等の運用方針

条第十号」とし、同項第十二号の規定を適用する場合における同号に規定する老齢基礎年金相当額については、第一項中「第二十条第二号」とあるのは「第二十条第十二号」と、「平成二十四年一元化法附則第四条第五号に規定する旧国共済法の組合員期間」とあるのは「厚生年金保険制度及び農林漁業団体職員共済組合制度の統合を図るための農林漁業団体職員共済組合法等を廃止する等の法律（平成十三年法律第百一号）附則第二条第五号に規定する旧制度農林共済法の組合員期間」と、同号に規定する障害基礎年金相当額については、第二項中「第二十条第二号」とあるのは「第二十条第十二号」とする。

（併せて受けることができる二以上の年金である給付に加算額等がある場合における厚生年金相当額）

第百十五条の十二　公務障害年金の受給権者が二以上の法第八十四条第七項に規定する年金である給付を併せて受けることができる場合において、これらの年金である給付が第百十五条の十第一項に規定する老齢加算額等若しくは同条第二項に規定する加給年金額（同条第四項において読み替えて適用する場合を含む。以下この項において「年金加算額等」という。）が支給されるものであるときは、これらの年金である給付の額の合計額は、年金加算額等（これらの年金である給付が令第二十条第二号、第五号、第八号から第十号まで又は第十二号に該当する場合にあつては、当該年金加算額等と前条第一項から第三項まで（同条第四項において読み替えて適用する場合を含む。）に規定する老齢基礎年金相当額、障害基礎年金相当額又は遺族基礎年金相当額との合計額）を当該これらの年金である給付

国家公務員共済組合法

国家公務員共済組合法施行令

国家公務員共済組合法施行規則

の額の合計額から除いた額に相当する額とする。

2　前項の規定は、公務遺族年金の受給権者が法第九十条第七項に規定する年金である給付を併せて受けることができる場合について準用する。

（遺族の範囲の特例）

第百十五条の十三　法附則第十二条の二に規定する財務省令で定める者は、人事院規則一六―〇（職員の災害補償）第三十二条の表に定める職員（海上保安官を除く。）及び自衛官とし、法附則第十二条の二に規定する財務省令で定める職務は、同表に定める職員にあつては同表に定める職員の区分に応じ、同表に定める職務（犯罪の捜査、被疑者の逮捕、犯罪の制止及び天災時における人命の救助を除く。）とし、自衛官にあつては防衛省職員の災害補償に関する政令（昭和四十一年政令第三百十二号）第二条第一項各号に定める職務（犯罪の捜査及び被疑者の逮捕を除く。）とする。

2　前項に定めるもののほか、国際緊急援助隊の派遣に関する法律（昭和六十二年法律第九十三号。以下この項において「派遣法」という。）第二条に規定する国際緊急援助活動を行う者（海上保安官及び前項に規定する者（以下この項において「海上保安官等」という。）を除く。）、国際連合平和維持活動等に対する協力に関する法律（平成四年法律第七十九号。以下この項において「協力法」という。）第四条第二項第四号に規定する国際平和協力隊の隊員（海上保安官等を除く。）及び協力法第二十条の規定により国際平和協力本部長の委託を受けて実施される輸送の業務（以下この項において「輸送業務」という。）に従事する者（海上

国家公務員共済組合法等の運用方針

保安官等を除く。）、我が国以外の領域（イラクにおける人道復興支援活動及び安全確保支援活動の実施に関する特別措置法（平成十五年法律第百三十七号）第二条第三項第二号に規定する公海を含む。）において行われる同条第一項に規定する対応措置（以下この項において「国外対応措置」という。）に従事する者（海上保安官等を除く。）並びに化学兵器の開発、生産、貯蔵及び使用の禁止並びに廃棄に関する条約（以下この項において「化学兵器禁止条約」という。）に基づく遺棄化学兵器の廃棄に係る業務に従事する者（海上保安官等を除く。）は、法附則第十二条の二に規定する財務省令で定める者に該当するものとし、派遣法第二条に規定する国際緊急援助活動、協力法第三条第三号に規定する国際平和協力業務及び当該国際平和協力業務が実施される国において行われる輸送業務、国外対応措置、テロ対策海上阻止活動に対する補給支援活動の実施に関する特別措置法（平成二十年法律第一号）第三条第二号に規定する補給支援活動、海賊行為の処罰及び海賊行為への対処に関する法律（平成二十一年法律第五十五号）第七条第二項第一号に規定する海賊対処行動並びに化学兵器禁止条約に基づく遺棄化学兵器の廃棄に係る業務であつて人事院規則九―三〇（特殊勤務手当）第五条第一項第五号(1)に規定する化学砲弾等による被害の危険がある区域内において行われるものは、法附則第十二条の二に規定する財務省令で定める職務に該当するものとする。

第二目　退職年金

（退職年金の決定の請求）

第百十六条　退職年金について、法第三十九条第一項の規定による決定を受けようとす

国家公務員共済組合法

国家公務員共済組合法施行令

国家公務員共済組合法施行規則

る者（法第七十九条の三又は第七十九条の四の規定による一時金について、法第三十九条第一項の規定による決定を受けようとする者を除く。）は、次に掲げる事項を記載した請求書を組合又は連合会に提出しなければならない。この場合において、組合に当該請求書の提出があつたときは、組合は、速やかにこれを連合会に送付するものとする。

一　請求者の氏名、生年月日、住所及び個人番号又は基礎年金番号

二　退職当時の所属機関の名称

三　退職年月日

四　法第七十五条の四第一項第一号又は平成二十四年一元化法附則第三十七条の二第一項第一号に規定する場合に該当するときは、その給付の名称、支給を受けることができることとなつた年月日及びその年金証書等の記号番号

五　有期退職年金について、法第七十六条第二項の規定による支給期間の短縮の申出又は法第七十九条の二第一項の規定による一時金の支給の請求をしようとするときは、その旨

六　法第七十七条第一項の規定による退職年金の支給を受けようとする者（法附則第十三条第一項の規定による退職年金の決定の請求を既に行つた者を除く。）で、法第八十条第一項の規定による退職年金の支給の繰下げを行うときは、その旨

七　過去に法第八十二条第二項の規定により有期退職年金を受ける権利を失つた者は、その旨

八　禁錮以上の刑に処せられたとき又は法第九十七条第一項（令第四十八条第六項の規定によりみなして適用する場合を含

国家公務員共済組合法等の運用方針

む。）に規定する懲戒処分若しくは退職手当支給制限等処分を受けたときは、その旨

九　法附則第十三条第一項の規定により退職年金の支給を繰り上げて受けようとするときは、その旨

十　払渡金融機関の名称及び預金口座の口座番号

十一　その他必要な事項

2　前項の請求書を提出する場合には、次に掲げる書類を併せて提出しなければならない。

一　預金口座の口座番号についての当該払渡金融機関の証明書、預金通帳の写しその他の預金口座の口座番号を明らかにすることができる書類

二　その他必要な書類

3　連合会は、請求者について、地方公共団体情報システム機構から本人確認情報の提供を受け、第一項第一号に掲げる事項その他必要な事項について確認を行うものとする。この場合において、当該確認を行うことができなかつたときは、連合会は、その請求者に対し当該事項について確認できる書類の提出を求めることができる。

4　第一項の請求書を提出する者が、同時に厚生年金保険法による老齢厚生年金の裁定請求をするときは、第二項の規定にかかわらず、同項の規定により当該請求書と併せて提出しなければならないこととされた書類のうち当該老齢厚生年金の裁定請求書に添えたものについては、第一項の請求書に併せて提出することを要しないものとする。

（整理退職の場合の一時金の決定の請求）

第百十六条の二　法第七十九条の三の規定による一時金について、法第三十九条第一項の規定による決定を受けようとする者は、

国家公務員共済組合法

国家公務員共済組合法施行令

国家公務員共済組合法施行規則

次に掲げる事項を記載した請求書を組合に提出しなければならない。この場合において、組合は、速やかに当該請求書を連合会に送付するものとする。

一　請求者の氏名、生年月日、住所及び個人番号又は基礎年金番号

二　退職当時の所属機関の名称

三　退職年月日

四　国家公務員退職手当法（昭和二十八年法律第百八十二号）第五条第一項第二号に掲げる者（令第十八条第四項に規定する同法第五条第一項第二号に相当する者を含む。）に該当する旨

五　払渡金融機関の名称及び預金口座の口座番号

六　その他必要な事項

2　前項の請求書を提出する場合には、次に掲げる書類を併せて提出しなければならない。

一　請求者が国家公務員退職手当法第五条第一項第二号に掲げる者に該当する旨を証する書類

二　預金口座の口座番号についての当該払渡金融機関の証明書、預金通帳の写しその他の預金口座の口座番号を明らかにすることができる書類

三　その他必要な書類

3　連合会は、請求者について、地方公共団体情報システム機構から本人確認情報の提供を受け、第一項第一号に掲げる事項その他必要な事項について確認を行うものとする。この場合において、当該確認を行うことができなかつたときは、連合会は、その請求者に対し当該事項について確認できる書類の提出を求めることができる。

（遺族に対する一時金の決定の請求）

国家公務員共済組合法等の運用方針

第百十六条の三　法第七十九条の四の規定による一時金について、法第三十九条第一項の規定による決定を受けようとする者は、次に掲げる事項を記載した請求書を組合（法第七十九条の四第一項第二号に掲げる場合に該当するときは、連合会）に提出しなければならない。この場合において、組合に当該請求書の提出があつたときは、組合は、速やかにこれを連合会に送付するものとする。

一　請求者の氏名、生年月日、住所及び個人番号又は基礎年金番号並びに請求者と組合員又は組合員であつた者との身分関係

二　組合員又は組合員であつた者の氏名、生年月日、個人番号又は基礎年金番号及び死亡した年月日

三　組合員又は組合員であつた者の退職当時又は死亡当時の所属機関の名称

四　払渡金融機関の名称及び預金口座の口座番号

五　その他必要な事項

2　前項の請求書を提出する場合には、次に掲げる書類を併せて提出しなければならない。

一　組合員又は組合員であつた者の死亡に関して市町村長に提出した死亡診断書、死体検案書若しくは検視調書に記載してある事項についての市町村長の証明書又はこれに準ずる書類

二　請求者と組合員又は組合員であつた者との身分関係を明らかにすることができる市町村長の証明書、戸籍謄本又は除籍謄本

三　死亡した組合員又は組合員であつた者の死亡の当時その者によつて生計を維持していたことを証する書類

国家公務員共済組合法

国家公務員共済組合法施行令

国家公務員共済組合法施行規則

四　請求者が婚姻の届出をしていないが組合員又は組合員であつた者と事実上婚姻関係と同様の事情にあつた者であるときは、その事実を証する書類

五　請求者（配偶者、十八歳に達した日以後最初の三月三十一日までの間にある子又は孫、父母及び祖父母を除く。）が、障害等級の一級又は二級の障害の状態にあるときは、その障害の状態に関する医師又は歯科医師の診断書

六　預金口座の口座番号についての当該払渡金融機関の証明書、預金通帳の写しその他の預金口座の口座番号を明らかにすることができる書類

七　その他必要な書類

3　連合会は、請求者について、地方公共団体情報システム機構から本人確認情報の提供を受け、第一項第一号及び第二号に掲げる事項その他必要な事項について確認を行うものとする。この場合において、当該確認を行うことができなかつたときは、連合会は、その請求者に対し当該事項について確認できる書類の提出を求めることができる。

4　第一項の請求書を提出する者が、同一の給付事由により同時に厚生年金保険法による遺族厚生年金の裁定請求をするときは、第二項の規定にかかわらず、同項の規定により当該請求書と併せて提出しなければならないこととされた書類のうち、当該遺族厚生年金の裁定請求書に添えたものについては、第一項の請求書に併せて提出することを要しないものとする。

（三歳に満たない子を養育する組合員等の給付算定基礎額の計算の特例を受ける場合の申出等）

国家公務員共済組合法等の運用方針

施行規則第百十六条の四関係

第二項第一号イ及び第二号イに規定する「その他相当な機関」とは、家庭裁判所及

第百十六条の四　法第七十五条の三第一項の申出は、次に掲げる事項を記載した申出書を組合（組合員であつた者にあつては、連合会。第三項において同じ。）に提出することによつて行うものとする。

一　申出者の氏名、生年月日及び住所

二　個人番号又は基礎年金番号及び長期組合員番号

三　法第七十五条の三第一項に規定する基準月において組合員であつた当時の所属機関の名称

四　三歳に満たない子（以下この条において「子」という。）を養育することとなつた年月日

五　次条に規定する事由が生じた場合にあつては、当該事由が生じた年月日

六　子の氏名及び生年月日

七　その他必要な事項

2　前項の申出書を提出する場合には、次に掲げる者の区分に応じ、当該各号に定める書類を併せて提出しなければならない。

一　子を養育することとなつたことによる法第七十五条の三第一項の申出をする者　次に掲げる書類

イ　当該子の生年月日及びその子と申出者との身分関係を明らかにすることができる市町村長その他相当な機関の証明書又は戸籍抄本

ロ　当該子を養育することとなつた年月日を証する書類

ハ　その他必要な書類

二　次条各号に掲げる事由が生じたことによる法第七十五条の三第一項の申出をする者　次に掲げる書類。ただし、当該子について、前号又はこの号の申出をしたことがある者については、イに掲げる書類を提出す

び児童相談所とする。

国家公務員共済組合法

国家公務員共済組合法施行令

国家公務員共済組合法施行規則

ることを要しない。

イ　当該子の生年月日及びその子と申出者との身分関係を明らかにすることができる市町村長その他相当な機関の証明書又は戸籍抄本

ロ　次条に規定する事由が生じた年月日に当該子を養育していることを証する書類

ハ　その他必要な書類

3　法第七十五条の三第一項の申出をした者は、同条第一項第三号から第六号までのいずれかに該当するに至つたときは、速やかに、次に掲げる事項を記載した届出書を組合に提出しなければならない。

一　申出者の氏名、生年月日及び住所

二　個人番号又は基礎年金番号及び長期組合員番号

三　子の氏名及び生年月日

四　法第七十五条の三第一項第三号から第六号までのいずれかに該当するに至つた年月日

五　その他必要な事項

4　組合は、第一項の申出及び前項の届出を受けた場合は、当該申出書及び届出書を連合会に提出しなければならない。

（子の養育以外の標準報酬の月額の特例の開始事由）

第百十六条の五　法第七十五条の三第一項に規定する財務省令で定める事由は、次に掲げる事由とする。

一　三歳に満たない子を養育する者が新たに組合員の資格を取得したこと。

二　法第百条の二の規定の適用を受ける育児休業等を終了した日の翌日が属する月の初日が到来したこと（当該育児休業等を終了した日の翌日が属する月に法第百

国家公務員共済組合法等の運用方針

条の二の二の規定の適用を受ける産前産後休業を開始している場合を除く。）。

三　法第百条の二の二の規定の適用を受ける産前産後休業を終了した日の翌日が属する月の初日が到来したこと（当該産前産後休業を終了した日の翌日が属する月に法第百条の二の規定の適用を受ける育児休業等を開始している場合を除く。）。

四　当該子以外の子に係る法第七十五条の三第一項の規定の適用を受ける期間の最後の月の翌月の初日が到来したこと。

（厚生年金保険法による三歳に満たない子を養育する被保険者等の標準報酬月額の特例に係る申出）

第百十六条の六　第百十六条の四の規定は、厚生年金保険法第二十六条第一項の規定による厚生年金保険法の標準報酬月額の特例を希望する旨の申出について準用する。この場合において、第百十六条の四中「法第七十五条の三第一項」とあるのは「厚生年金保険法第二十六条第一項」と、同条第一項第三号中「組合員であつた当時の所属機関」とあるのは「被保険者であつた者が使用されていた事業所」と、同条第三項中「法第七十五条の三第一項」とあるのは「厚生年金保険法第二十六条第一項」と読み替えるものとする。

（厚生年金保険法による三歳に満たない子を養育する被保険者等の標準報酬月額の特例に係る申出の特例）

第百十六条の七　第二号厚生年金被保険者が厚生年金保険法第二十六条第一項の申出と法第七十五条の三第一項の規定による給付算定基礎額の計算の特例を希望する旨の申出を行うことができるときは、これらを同時に行うものとする。

（併給調整事由該当の届出等）

国家公務員共済組合法

国家公務員共済組合法施行令

国家公務員共済組合法施行規則

第百十六条の八　退職年金の受給権者は、法第七十五条の四第一項第一号又は平成二十四年一元化法附則第三十七条の二第一項第一号に定める場合に該当することとなつたときは、速やかに、次に掲げる事項を記載した届出書を連合会に提出しなければならない。

一　受給権者の氏名、生年月日及び住所
一の二　個人番号又は基礎年金番号
二　退職年金の年金証書の記号番号
三　退職年金の支給の停止の原因となつた他の年金である給付（以下この条及び次条において「退職年金に係る併給調整年金」という。）の支給を受けることができることとなつた年月日及びその年金証書の記号番号
四　その他必要な事項

2　法第七十五条の四第二項（平成二十四年一元化法附則第三十七条の二第三項において準用する場合を含む。）の規定により退職年金の支給の停止の解除を申請しようとする者（以下この項において「退職年金の停止解除申請者」という。）は、前項の規定にかかわらず、次に掲げる事項を記載した申請書を連合会に提出しなければならない。

一　受給権者の氏名、生年月日及び住所
二　退職当時の所属機関の名称（組合員にあつては、当該組合員の所属機関の名称）
三　当該申請に係る退職年金の年金証書の記号番号
四　当該申請を行う日が、当該申請に係る退職年金について法第七十五条の四第一項又は平成二十四年一元化法附則第三十七条の二第一項の規定によりその支給を停止すべき事由が生じた日の属する月と

国家公務員共済組合法等の運用方針

同一の月に属するときは、退職年金に係る併給調整年金又は当該退職年金について、退職年金の停止解除申請者にあつては法第七十五条の四第二項又は第三項（平成二十四年一元化法附則第三十七条の二第三項において準用する場合を含む。）の規定（以下「停止解除規定」という。）による支給の停止の解除を申請していない旨

五　当該申請を行う日が、当該申請に係る退職年金について法第七十五条の四第一項又は平成二十四年一元化法附則第三十七条の二第一項の規定によりその支給を停止すべき事由が生じた日の属する月の翌月以後に属するときは、退職年金に係る併給調整年金又は当該退職年金について、退職年金の停止解除申請者にあつては当該支給を停止すべき事由が生じた日以後に行われた停止解除規定による支給の停止の解除の申請を撤回した旨

六　その他必要な事項

3　前項第五号に掲げる事項を記載した申請書を提出する場合には、同号の撤回を証する書類その他の必要な書類を併せて提出しなければならない。

（併給調整事由消滅の届出）

第百十六条の九　退職年金の受給権者は、退職年金に係る併給調整年金の支給を停止すべき事由が消滅したときは、次に掲げる事項を記載した届出書を連合会に提出しなければならない。

一　受給権者の氏名、生年月日及び住所

一の二　個人番号又は基礎年金番号

二　退職年金の年金証書の記号番号

三　退職年金に係る併給調整年金の支給停止事由消滅の事由

四　その他必要な事項

国家公務員共済組合法	国家公務員共済組合法施行令	国家公務員共済組合法施行規則	国家公務員共済組合法等の運用方針
		2　連合会は、受給権者について、地方公共団体情報システム機構から本人確認情報の提供を受け、前項第一号に掲げる事項その他必要な事項について確認を行うものとする。この場合において、当該確認を行うことができなかつたときは、連合会は、その受給権者に対し当該事項について確認できる書類の提出を求めることができる。 **（受給権者の申出による支給停止に係る届出等）** **第百十六条の十**　法第七十五条の五第一項の規定による申出をしようとする退職年金の受給権者は、次に掲げる事項を記載した申出書を連合会に提出しなければならない。 一　法第七十五条の五第一項の申出をする旨 二　受給権者の氏名、生年月日及び住所 二の二　個人番号又は基礎年金番号 三　退職年金の年金証書の記号番号 四　その他必要な事項 2　連合会は、前項の申出をした者について、地方公共団体情報システム機構から本人確認情報の提供を受け、同項第二号に掲げる事項その他必要な事項について確認を行うものとする。この場合において、当該確認を行うことができなかつたときは、連合会は、その受給権者に対し当該事項について確認できる書類の提出を求めることができる。 **（受給権者の申出による支給停止の撤回等）** **第百十六条の十一**　法第七十五条の五第二項の規定による申出の撤回をしようとする退職年金の受給権者は、次に掲げる事項を記載した申出書を連合会に提出しなければならない。 一　法第七十五条の五第一項の申出を撤回	

する旨

二　受給権者の氏名、生年月日及び住所

二の二　個人番号又は基礎年金番号

三　退職年金の年金証書の記号番号

四　その他必要な事項

2　連合会は、受給権者について、地方公共団体情報システム機構から本人確認情報の提供を受け、前項第二号に掲げる事項その他必要な事項について確認を行うものとする。この場合において、当該確認を行うことができなかつたときは、連合会は、その受給権者に対し当該事項について確認できる書類の提出を求めることができる。

第三目　公務障害年金

（公務障害年金の決定の請求）

第百十七条　公務障害年金について、法第三十九条第一項の規定による決定を受けようとする者は、次に掲げる事項を記載した請求書を組合に提出しなければならない。この場合において、組合に当該請求書の提出があつたときは、組合は、速やかにこれを連合会に送付するものとする。

一　請求者の氏名、生年月日、住所及び個人番号又は基礎年金番号

二　退職当時の所属機関の名称（組合員にあつては、当該組合員の所属機関の名称）

三　退職年月日

四　給付事由の発生原因

五　初診日及び障害認定日

六　障害の原因である病気若しくは負傷が第三者の行為によつて生じたものであるときは、その旨

七　法第七十五条の四第一項第二号又は平成二十四年一元化法附則第三十七条の二第一項第二号に定める場合に該当するときは、その給付の名称、その支給を受け

国家公務員共済組合法

国家公務員共済組合法施行令

国家公務員共済組合法施行規則

ることができることとなつた年月日及びその年金証書等の記号番号

八　法第八十四条第六項に定める場合に該当し、厚生年金保険法による年金たる保険給付及び同法による年金たる保険給付に相当するものとして政令で定めるものを受けることができるとき（同法第四十七条第一項ただし書（同法第四十七条の二第二項、第四十七条の三第二項、第五十二条第五項及び第五十四条第三項において準用する場合を含む。）の規定に該当することにより同法による障害厚生年金を受ける権利を有しないとき、又は同法第五十八条第一項ただし書の規定に該当することにより同法による遺族厚生年金を受ける権利を有しないときを除く。）は、同条第七項の厚生年金保険給付相当額に相当する給付の名称、その支給を受けることができることとなつた年月日及びその年金証書等の記号番号

九　厚生年金保険法第四十七条第一項ただし書（同法第四十七条の二第二項、第四十七条の三第二項、第五十二条第五項及び第五十四条第三項において準用する場合を含む。）の規定に該当することにより同法による障害厚生年金を受ける権利を有しないとき、又は同法第五十八条第一項ただし書の規定に該当することにより同法による遺族厚生年金を受ける権利を有しないときは、その旨

十　禁錮以上の刑に処せられたとき又は法第九十七条第一項（令第四十八条第六項の規定によりみなして適用する場合を含む。）に規定する懲戒処分若しくは退職手当支給制限等処分を受けたときは、その旨

国家公務員共済組合法等の運用方針

十一　払渡金融機関の名称及び預金口座の口座番号

十二　その他必要な事項

2　前項の請求書を提出する場合には、次に掲げる書類を併せて提出しなければならない。

一　組合員期間等証明書

二　障害の状態に関する医師又は歯科医師の診断書

三　前項第八号に規定する場合に該当するときは、同号に規定する年金証書等の写し

四　請求者について国家公務員災害補償法（昭和二十六年法律第百九十一号）の規定による傷病補償年金若しくは障害補償年金又はこれらに相当する補償に係る当該補償の同法第三条第一項に規定する実施機関の長の証明書

五　預金口座の口座番号についての当該払渡金融機関の証明書、預金通帳の写しその他の預金口座の口座番号を明らかにすることができる書類

六　障害の原因となつた病気又は負傷に係る初診日を明らかにすることができる書類

七　その他必要な書類

3　連合会は、請求者について、地方公共団体情報システム機構から本人確認情報の提供を受け、第一項第一号に掲げる事項その他必要な事項について確認を行うものとする。この場合において、当該確認を行うことができなかつたときは、連合会は、その請求者に対し当該事項について確認できる書類の提出を求めることができる。

4　第一項の請求書を提出する者が、同時に厚生年金保険法による障害厚生年金（当該公務障害年金と同一の給付事由に基づいて

国家公務員共済組合法

国家公務員共済組合法施行令

国家公務員共済組合法施行規則

支給されるものに限る。以下この条において同じ。）の裁定請求をするときは、第二項の規定により当該請求書と併せて提出しなければならないこととされた書類のうち当該障害厚生年金の裁定請求書に添えたものについては、同項の規定にかかわらず、第一項の請求書に併せて提出することを要しないものとする。

（併給調整事由該当の届出等）

第百十七条の二　公務障害年金の受給権者は、法第七十五条の四第一項第二号又は平成二十四年一元化法附則第三十七条の二第一項第二号に定める場合に該当することとなつたときは、速やかに、次に掲げる事項を記載した届出書を連合会に提出しなければならない。

一　受給権者の氏名、生年月日及び住所

一の二　個人番号又は基礎年金番号

二　公務障害年金の年金証書の記号番号

三　公務障害年金の支給の停止の原因となつた他の年金である給付（次項及び次条において「公務障害年金に係る併給調整年金」という。）の名称、その支給を行う者の名称、その支給を受けることができることとなつた年月日及びその年金証書の記号番号

四　その他必要な事項

2　法第七十五条の四第二項（平成二十四年一元化法附則第三十七条の二第三項において準用する場合を含む。）の規定により公務障害年金の支給の停止の解除を申請しようとする者は、前項の規定にかかわらず、次に掲げる事項を記載した申請書を連合会に提出しなければならない。

一　受給権者の氏名、生年月日及び住所

一の二　個人番号又は基礎年金番号

国家公務員共済組合法等の運用方針

二　退職当時の所属機関の名称（組合員にあつては、当該組合員の所属機関の名称）

三　当該申請に係る公務障害年金の年金証書の記号番号

四　当該申請を行う日が、当該申請に係る公務障害年金について法第七十五条の四第一項又は平成二十四年一元化法附則第三十七条の二第一項の規定によりその支給を停止すべき事由が生じた日の属する月と同一の月に属するときは、公務障害年金に係る併給調整年金について停止解除規定による支給の停止の解除を申請していない旨

五　当該申請を行う日が、当該申請に係る公務障害年金について法第七十五条の四第一項又は平成二十四年一元化法附則第三十七条の二第一項の規定によりその支給を停止すべき事由が生じた日の属する月の翌月以後に属するときは、公務障害年金に係る併給調整年金について当該支給を停止すべき事由が生じた日以後に行われた停止解除規定による支給の停止の解除の申請を撤回した旨

六　その他必要な事項

3　前項第五号に掲げる事項を記載した申請書を提出する場合には、同号の撤回を証する書類その他の必要な書類を併せて提出しなければならない。

（併給調整事由消滅の届出）

第百十七条の三　公務障害年金の受給権者は、公務障害年金に係る併給調整年金の支給を停止すべき事由が消滅したときは、次に掲げる事項を記載した届出書を連合会に提出しなければならない。

一　受給権者の氏名、生年月日及び住所

一の二　個人番号又は基礎年金番号

国家公務員共済組合法

国家公務員共済組合法施行令

国家公務員共済組合法施行規則

二　公務障害年金の年金証書の記号番号
三　公務障害年金に係る併給調整年金の支給停止事由消滅の事由
四　その他必要な事項

2　連合会は、受給権者について、地方公共団体情報システム機構から本人確認情報の提供を受け、前項第一号に掲げる事項その他必要な事項について確認を行うものとする。この場合において、当該確認を行うことができなかつたときは、連合会は、その受給権者に対し当該事項について確認できる書類の提出を求めることができる。

（受給権者の申出による支給停止に係る届出等）

第百十七条の四　法第七十五条の五第一項の規定による申出をしようとする公務障害年金の受給権者は、次に掲げる事項を記載した申出書を連合会に提出しなければならない。
一　法第七十五条の五第一項の申出をする旨
二　受給権者の氏名、生年月日及び住所
二の二　個人番号又は基礎年金番号
三　公務障害年金の年金証書の記号番号
四　その他必要な事項

2　連合会は、前項の申出をした者について、地方公共団体情報システム機構から本人確認情報の提供を受け、同項第二号に掲げる事項その他必要な事項について確認を行うものとする。この場合において、当該確認を行うことができなかつたときは、連合会は、その受給権者に対し当該事項について確認できる書類の提出を求めることができる。

（受給権者の申出による支給停止の撤回等）

第百十七条の五　法第七十五条の五第二項の

国家公務員共済組合法等の運用方針

規定による申出の撤回をしようとする公務障害年金の受給権者は、次に掲げる事項を記載した申出書を連合会に提出しなければならない。

一　法第七十五条の五第一項の規定による申出の撤回をする旨

二　受給権者の氏名、生年月日及び住所

二の二　個人番号又は基礎年金番号

三　公務障害年金の年金証書の記号番号

四　その他必要な事項

2　連合会は、受給権者について地方公共団体情報システム機構から本人確認情報の提供を受け、前項第二号に掲げる事項その他必要な事項について確認を行うものとする。この場合において、当該確認を行うことができなかつたときは、連合会は、その受給権者に対し当該事項について確認できる書類の提出を求めることができる。

（障害の程度が変わつたときの改定の請求等）

第百十七条の六　公務障害年金の受給権者は、法第八十五条第一項又は第二項の規定による当該公務障害年金の額の改定を請求しようとするときは、次に掲げる事項を記載した請求書を連合会に提出しなければならない。

一　受給権者の氏名、生年月日及び住所

一の二　個人番号又は基礎年金番号

二　退職当時の所属機関の名称

三　公務障害年金の年金証書の記号番号

四　公務障害年金を受ける原因となつた病気又は負傷の名称

五　その他必要な事項

2　前項の請求書を提出する場合には、次に掲げる書類を併せて提出しなければならない。

一　当該請求書を提出する日前一月以内に

国家公務員共済組合法

国家公務員共済組合法施行令

国家公務員共済組合法施行規則

作成された障害の状態に関する医師又は歯科医師の診断書

二　その他必要な書類

3　前二項の規定は、法第八十五条第一項の規定による公務障害年金の受給権者の障害の程度が減退したときの届出について準用する。

4　第一項の請求書を提出する者が、同時に厚生年金保険法による障害厚生年金（当該公務障害年金と同一の給付事由に基づいて支給されるものに限る。）の改定請求をするときは、第二項の規定により当該請求書と併せて提出しなければならないこととされた書類のうち当該障害厚生年金の改定請求書に添えたものについては、同項の規定にかかわらず、第一項の請求書に併せて提出することを要しないものとする。

（障害等級に該当しなくなつたときの届出）

第百十七条の七　公務障害年金の受給権者は、障害の程度が障害等級に該当しなくなつたときは、速やかに、次に掲げる事項を記載した届出書を連合会に提出しなければならない。

一　受給権者の氏名、生年月日及び住所

一の二　個人番号又は基礎年金番号

二　公務障害年金の年金証書の記号番号

三　障害の程度が障害等級に該当しなくなつた年月日

四　その他必要な事項

（障害の状態等に関する届出）

第百十七条の八　公務障害年金の受給権者であつて、その障害の程度についての診査が必要であると認めて連合会が指定したものは、指定日までに、次に掲げる事項を記載した届出書を連合会に提出しなければならない。ただし、当該公務障害年金の全額に

国家公務員共済組合法等の運用方針

つき支給が停止されているときは、この限りでない。

一　受給権者の氏名、生年月日及び住所

一の二　個人番号又は基礎年金番号

二　公務障害年金の年金証書の記号番号

三　その他必要な事項

2　前項の届出書を提出する場合には、次に掲げる書類を併せて提出しなければならない。

一　指定日前一月以内に作成された障害の状態に関する医師又は歯科医師の診断書

二　その他必要な書類

3　連合会は、前二項の書類が提出されるまで、指定日の属する月の翌月以後に支払うべき公務障害年金の支払を差し止めることができる。

4　第一項の届出書を提出する者が、同時に厚生年金保険法による障害厚生年金（当該公務障害年金と同一の給付事由に基づいて支給されるものに限る。）について厚生年金保険法施行規則第五十一条の四第一項に規定する届出をするときは、第二項の規定により当該届出書と併せて提出しなければならないこととされた書類のうち当該障害厚生年金に係る届出書に添えたものについては、同項の規定にかかわらず、第一項の届出書に併せて提出することを要しないものとする。

第四目　公務遺族年金

（公務遺族年金の決定の請求）

第百十八条　公務遺族年金について、法第三十九条第一項の規定による決定を受けようとする者は、次に掲げる事項を記載した請求書を組合（公務障害年金の受給権者が退職後に死亡した場合においては、連合会）に提出しなければならない。この場合において、組合に当該請求書の提出があつたと

国家公務員共済組合法

国家公務員共済組合法施行令

国家公務員共済組合法施行規則

きは、組合は、速やかにこれを連合会に送付するものとする。

一　請求者の氏名、生年月日、住所、個人番号又は基礎年金番号及び請求者と組合員又は組合員であつた者との身分関係

二　組合員又は組合員であつた者の氏名、生年月日、個人番号又は基礎年金番号及び死亡した年月日

三　組合員又は組合員であつた者の退職当時又は死亡当時の所属機関の名称

四　組合員又は組合員であつた者の死亡の原因が第三者の行為によつて生じたものであるときは、その旨

五　法第七十五条の四第一項第三号又は平成二十四年一元化法附則第三十七条の二第一項第三号に定める場合に該当するときは、その給付の名称、その支給を行う者の名称、その支給を受けることができることとなつた年月日及びその年金証書等の記号番号

六　法第九十条第六項に定める場合に該当するときは、同条第七項の厚生年金相当額に相当する給付の名称、その支給を受けることができることとなつた年月日及びその年金証書等の記号番号

七　厚生年金保険法第四十七条第一項ただし書（同法第四十七条の二第二項、第四十七条の三第二項、第五十二条第五項及び第五十四条第三項において準用する場合を含む。）の規定に該当することにより同法による障害厚生年金を受ける権利を有しないとき、又は同法第五十八条第一項ただし書の規定に該当することにより同法による遺族厚生年金を受ける権利を有しないときは、その旨

八　請求者が、組合員又は組合員であつた

国家公務員共済組合法等の運用方針

者の配偶者である場合において、同一の給付事由により国民年金法による遺族基礎年金の支給を受ける権利を有するときは、その旨

九　請求者が、組合員又は組合員であつた者の子である場合において、当該組合員又は組合員であつた者の夫が六十歳に達していないときは、その旨

十　組合員又は組合員であつた者の死亡について、その配偶者が国民年金法による遺族基礎年金の支給を受ける権利を有しない場合であつて、その子が当該遺族基礎年金の支給を受ける権利を有するときは、その旨

十一　死亡の原因となつた傷病又は負傷に係る初診日を明らかにすることができる書類

十二　払渡金融機関の名称及び預金口座の口座番号

十三　その他必要な事項

2　前項の請求書を提出する場合には、次に掲げる書類を併せて提出しなければならない。

一　組合員又は組合員であつた者の死亡に関して市町村長に提出した死亡診断書、死体検案書若しくは検視調書に記載してある事項についての市町村長の証明書又はこれに準ずる書類

二　請求者と組合員又は組合員であつた者との身分関係を明らかにすることができる市町村長の証明書、戸籍謄本又は除籍謄本

三　組合員又は組合員であつた者の死亡の当時その者と生計を同じくしていたことを証する書類

四　請求者が婚姻の届出をしていないが組合員又は組合員であつた者と事実上婚姻

国家公務員共済組合法

国家公務員共済組合法施行令

国家公務員共済組合法施行規則

関係と同様の事情にあつた者であるときは、その事実を証する書類

五　請求者（組合員又は組合員であつた者の配偶者、父母及び祖父母を除く。）が障害等級の一級又は二級の障害の状態にあるときは、その障害の状態に関する医師又は歯科医師の診断書

六　前項第五号に規定する場合に該当するときは、同号に規定する年金証書等の写し

七　請求者について国家公務員災害補償法の規定による遺族補償年金又はこれに相当する補償に係る当該補償の同法第三条第一項に規定する実施機関の長の証明書

八　預金口座の口座番号についての当該払渡金融機関の証明書、預金通帳の写しその他の預金口座の口座番号を明らかにすることができる書類

九　その他必要な書類

3　連合会は、請求者について、地方公共団体情報システム機構から本人確認情報の提供を受け、第一項第一号及び第二号に掲げる事項その他必要な事項について確認を行うものとする。この場合において、当該確認を行うことができなかつたときには、連合会は、その請求者に対し当該事項について確認できる書類の提出を求めることができる。

4　第一項の請求書を提出する者が、同時に厚生年金保険法による遺族厚生年金（当該公務遺族年金と同一の給付事由に基づいて支給されるものに限る。）の裁定請求をするときは、第二項の規定により当該請求書と併せて提出しなければならないこととされた書類のうち当該遺族厚生年金の裁定請求書に添えたものについては、同項の規定に

国家公務員共済組合法等の運用方針

かかわらず、第一項の請求書に併せて提出することを要しないものとする。

（併給調整事由該当の届出等）

第百十八条の二 公務遺族年金の受給権者は、法第七十五条の四第一項第三号又は平成二十四年一元化法附則第三十七条の二第一項第三号に定める場合に該当することとなつたときは、速やかに、次に掲げる事項を記載した届出書を連合会に提出しなければならない。

一 受給権者の氏名、生年月日及び住所

一の二 個人番号又は基礎年金番号

二 公務遺族年金の年金証書の記号番号

三 公務遺族年金の支給の停止の原因となつた他の年金である給付（次項及び次条において「公務遺族年金に係る併給調整年金」という。）の名称、その支給を行う者の名称、その支給を受けることができることとなつた年月日及びその年金証書の記号番号

四 その他必要な事項

2 法第七十五条の四第二項（平成二十四年一元化法附則第三十七条の二第三号において準用する場合を含む。）の規定により公務遺族年金の支給の停止の解除を申請しようとする者（以下この項において「公務遺族年金の停止解除申請者」という。）は、前項の規定にかかわらず、次に掲げる事項を記載した申請書を連合会に提出しなければならない。

一 受給権者の氏名、生年月日及び住所

一の二 個人番号又は基礎年金番号

二 組合員又は組合員であつた者の退職当時又は死亡当時の所属機関の名称

三 当該申請に係る公務遺族年金の年金証書の記号番号

四 当該申請を行う日が、当該申請に係る

国家公務員共済組合法

国家公務員共済組合法施行令

国家公務員共済組合法施行規則

公務遺族年金について法第七十五条の四第一項又は平成二十四年一元化法附則第三十七条の二第一項の規定によりその支給を停止すべき事由が生じた日の属する月と同一の月に属するときは、公務遺族年金に係る併給調整年金又は当該公務遺族年金について、公務遺族年金の停止解除申請者にあつては停止解除規定による支給の停止の解除を申請していない旨

五　当該申請を行う日が、当該申請に係る公務遺族年金について法第七十五条の四第一項又は平成二十四年一元化法附則第三十七条の二第一項の規定によりその支給を停止すべき事由が生じた日の属する月の翌月以後に属するときは、公務遺族年金に係る併給調整年金又は当該公務遺族年金について、公務遺族年金の停止解除申請者にあつては当該支給を停止すべき事由が生じた日以後に行われた停止解除規定による支給の停止の解除の申請を撤回した旨

六　その他必要な事項

3　前項第五号に掲げる事項を記載した申請書を提出する場合には、同号の撤回を証する書類その他の必要な書類を併せて提出しなければならない。

（併給調整事由等消滅の届出）

第百十八条の三　公務遺族年金の受給権者は、公務遺族年金に係る併給調整年金の支給を停止すべき事由が消滅したときは、次に掲げる事項を記載した届出書を連合会に提出しなければならない。

一　受給権者の氏名、生年月日及び住所

一の二　個人番号又は基礎年金番号

二　公務遺族年金の年金証書の記号番号

三　公務遺族年金に係る併給調整年金の支

国家公務員共済組合法等の運用方針

給停止事由消滅の事由
四　その他必要な事項
2　法第九十一条第一項から第三項までの規定により支給が停止されている公務遺族年金の受給権者は、その支給を停止される事由が消滅したときは、次に掲げる事項を記載した届出書を連合会に提出しなければならない。
一　受給権者の氏名、生年月日及び住所
一の二　個人番号又は基礎年金番号
二　公務遺族年金の年金証書の記号番号
三　公務遺族年金の支給停止事由消滅の事由
四　その他必要な事項
3　前二項の届出書を提出する場合には、次に掲げる書類を併せて提出しなければならない。
一　受給権者が障害等級の一級又は二級に該当する障害の状態になつたことにより前項の届出書を提出する場合には、当該届出書を提出する日前一月以内に作成された障害の状態に関する医師又は歯科医師の診断書
二　その他必要な書類
4　連合会は、受給権者について、地方公共団体情報システム機構から本人確認情報の提供を受け、第一項第一号及び第二項第一号に掲げる事項その他必要な事項について確認を行うものとする。この場合において、当該確認を行うことができなかつたときは、連合会は、その受給権者に対し当該事項について確認できる書類の提出を求めることができる。

（受給権者の申出による支給停止に係る届出等）

第百十八条の四　法第七十五条の五第一項の規定による申出をしようとする公務遺族年

国家公務員共済組合法

国家公務員共済組合法施行令

国家公務員共済組合法施行規則

金の受給権者は、次に掲げる事項を記載した申出書を連合会に提出しなければならない。

一　法第七十五条の五第一項の申出をする旨

二　受給権者の氏名、生年月日及び住所

二の二　個人番号又は基礎年金番号

三　公務遺族年金の年金証書の記号番号

四　その他必要な事項

2　連合会は、前項の申出をした者について、地方公共団体情報システム機構から本人確認情報の提供を受け、同項第二号に掲げる事項その他必要な事項について確認を行うものとする。この場合において、当該確認を行うことができなかつたときは、連合会は、その受給権者に対し当該事項について確認できる書類の提出を求めることができる。

（受給権者の申出による支給停止の撤回等）

第百十八条の五　法第七十五条の五第二項の規定による申出の撤回をしようとする公務遺族年金の受給権者は、次に掲げる事項を記載した申出書を連合会に提出しなければならない。

一　法第七十五条の五第一項の申出を撤回する旨

二　受給権者の氏名、生年月日及び住所

二の二　個人番号又は基礎年金番号

三　公務遺族年金の年金証書の記号番号

四　その他必要な事項

2　連合会は前項の申出をした者について、地方公共団体情報システム機構から本人確認情報の提供を受け、前項第二号に掲げる事項その他必要な事項について確認を行うものとする。この場合において、当該確認を行うことができなかつたときは、連合会

国家公務員共済組合法等の運用方針

は、その受給権者に対し当該事項について確認できる書類の提出を求めることができる。

(所在不明による支給停止の申請)

第百十八条の六　法第九十二条第一項の規定により所在不明である受給権者の公務遺族年金の支給の停止を申請しようとする者は、次に掲げる事項を記載した申請書を連合会に提出しなければならない。

一　申請者の氏名、生年月日、住所及び個人番号又は基礎年金番号並びに申請者と組合員であつた者との身分関係

二　所在不明である受給権者の氏名

三　公務遺族年金の年金証書の記号番号

四　払渡金融機関の名称及び預金口座の口座番号

五　その他必要な事項

2　前項の申請書を提出する場合には、法第九十二条第一項に該当する事実があるときはその事実を証する書類その他の必要な書類を併せて提出しなければならない。

(出生の届出)

第百十八条の七　公務遺族年金の受給権者は、法第二条第三項に規定する胎児であつた子が出生したときは、次に掲げる事項を記載した届出書を連合会に提出しなければならない。

一　受給権者の氏名、生年月日及び住所

一の二　個人番号又は基礎年金番号

二　公務遺族年金の年金証書の記号番号

三　子の氏名及び生年月日

四　その他必要な事項

2　前項の届出書を提出する場合には、次に掲げる書類を併せて提出しなければならない。

一　その子と受給権者との身分関係を明らかにすることができる市町村長の証明書、

国家公務員共済組合法

国家公務員共済組合法施行令

国家公務員共済組合法施行規則

戸籍抄本又は戸籍謄本

二　子が障害等級の一級又は二級の障害の状態にあるときは、その障害の状態に関する医師又は歯科医師の診断書

三　その他必要な書類

3　連合会は、その子について、地方公共団体情報システム機構から本人確認情報の提供を受け、第一項第三号に掲げる事項その他必要な事項について確認を行うものとする。この場合において、当該確認を行うことができなかつたときは、連合会は、その受給権者に対し当該事項について確認できる書類の提出を求めることができる。

4　第一項の届出書を提出する者が、同時に厚生年金保険法による遺族厚生年金（当該公務遺族年金と同一の給付事由に基づいて支給されるものに限る。）について厚生年金保険法施行規則第六十二条に規定する届出を行うときは、第二項の規定により当該届出書と併せて提出しなければならないこととされた書類のうち当該遺族厚生年金に係る届出書に添えたものについては、同項の規定にかかわらず、第一項の届出書に併せて提出することを要しないものとする。

（二級以上の障害の状態にある子等である公務遺族年金の受給権者等の届出）

第百十八条の八　公務遺族年金の受給権者であつて、その障害の程度についての診査が必要であると認めて連合会が指定した者は、指定日までに、次に掲げる事項を記載した届出書を連合会に提出しなければならない。ただし、当該公務遺族年金の全額につき支給が停止されているときは、この限りでない。

一　受給権者の氏名、生年月日及び住所

一の二　個人番号又は基礎年金番号

国家公務員共済組合法等の運用方針

二　公務遺族年金の年金証書の記号番号
三　その他必要な事項
2　前項の届出書を提出する場合には、次に掲げる書類を併せて提出しなければならない。
一　その障害の状態に関する指定日前一月以内に作成された医師又は歯科医師の診断書
二　その他必要な書類
3　連合会は、前二項の書類が提出されるまで、指定日の属する月の翌月以後に支払うべき公務遺族年金の支払を差し止めることができる。
4　第一項の届出書を提出する者が、同時に厚生年金保険法による遺族厚生年金（当該公務遺族年金と同一の給付事由に基づいて支給されるものに限る。）について厚生年金保険法施行規則第六十八条の三に規定する届出をするときは、第二項の規定により当該届出書と併せて提出しなければならないこととされた書類のうち当該遺族厚生年金に係る届出書に添えたものについては、同項の規定にかかわらず、第一項の届出書に併せて提出することを要しないものとする。

第五目　雑則

（退職等年金給付に関する通知）
第百十九条　連合会は、退職等年金給付に係る処分を行つたときは、速やかに、文書でその内容を請求者又は退職等年金給付の受給権者に通知しなければならない。この場合において、請求に応ずることができないものであるときは、理由を付さなければならない。

（退職等年金給付に係る年金証書）
第百十九条の二　連合会は、前条の通知が退職等年金給付（法第七十九条の二から法第七十九条の四までの規定による一時金を除

国家公務員共済組合法

国家公務員共済組合法施行令

国家公務員共済組合法施行規則

く。第百十九条の四から第百十九条の九までにおいて同じ。）の決定に係るものであるときは、同条の通知に併せて、次に掲げる事項を記載した年金証書を交付しなければならない。

一　受給権者の氏名及び生年月日

二　年金の種類及び年金証書の記号番号

三　年金の受給権発生年月

四　その他必要な事項

2　連合会は、必要があると認めるときは、受給権者に対して年金証書の提出を求めることができる。

（退職等年金給付に係る年金証書の亡失等）

第百十九条の三　受給権者は、年金証書を亡失し又は著しく損傷したときは、遅滞なく、次に掲げる事項を記載した年金証書再交付申請書を、亡失の事実を明らかにする書類又は当該損傷した年金証書と併せて連合会に提出しなければならない。

一　受給権者の氏名、生年月日及び住所

一の二　個人番号又は基礎年金番号

二　年金証書の記号番号

三　再交付申請の理由

四　その他必要な事項

2　連合会は、前項の申請書の提出を受けたときは、新たな年金証書を交付しなければならない。

3　受給権者は、年金証書の再交付を受けた後において、亡失した年金証書を発見したときは、遅滞なく、これを連合会に返納しなければならない。

（連合会による退職等年金給付の受給権者の確認等）

第百十九条の四　連合会は、法第七十五条の二第四項の規定により退職等年金給付を支給する月（以下この項において「退職等年

国家公務員共済組合法等の運用方針

金給付の支給期月」という。）の前月（同項ただし書の規定により退職等年金給付を支給する場合には、その月）において、地方公共団体情報システム機構から当該退職等年金給付の支給期月に支給する退職等年金給付の受給権者（第二号厚生年金被保険者期間に基づく厚生年金保険給付の受給権者を除く。）に係る本人確認情報の提供を受け、必要な事項について確認を行うものとする。

2　連合会は、前項の規定により必要な事項について確認を行つた場合において、退職等年金給付の受給権者の生存の事実が確認されなかつたとき（第百十九条の六第一項に規定する場合を除く。）には、当該退職等年金給付の受給権者に対し、当該退職等年金給付の受給権者の生存の事実について確認できる書類の提出を求めることができるものとする。

3　前項の規定により同項に規定する書類の提出を求められた受給権者は、指定日までに、当該書類を連合会に提出しなければならない。

4　連合会は、前項の規定により第二項の書類を提出しなければならない退職等年金給付の受給権者が当該書類を提出しないときは、当該書類が提出されるまで、指定日の属する月の翌月以後に支払うべき退職等年金給付の支払を差し止めることができる。

（退職等年金給付の受給権者に係る所在不明の届出）

第百十九条の五　受給権者の属する世帯の世帯主その他その世帯に属する者は、当該受給権者の所在が一月以上明らかでないときは、速やかに、次に掲げる事項を記載した所在不明届出書を連合会に提出しなければならない。

一　所在不明届出書を提出する者の氏名及

国家公務員共済組合法

国家公務員共済組合法施行令

国家公務員共済組合法施行規則

び住所並びに当該者と受給権者との身分関係

二　受給権者と同一世帯である旨

三　受給権者の氏名及び生年月日

四　受給権者の年金証書の記号番号

五　受給権者が所在不明となつた年月日

六　その他必要な事項

2　前項の届出を行う者が、厚生年金保険給付（連合会が支給するものに限る。）について同様の届出を行つた場合は、前項の規定による届出書の提出は要しないものとする。

（本人確認情報の提供を受けることができない退職等年金給付の受給権者等に係る届出）

第百十九条の六　連合会は、地方公共団体情報システム機構から受給権者に係る本人確認情報の提供を受けることができない場合にあつては当該受給権者に対し、前条の規定による所在不明届出書の提出があつた場合にあつては当該届出書の提出を行つた者に対し、次に掲げる事項について記載がある当該受給権者又は当該届出書の提出を行つた者が署名した届出書（署名することが困難な受給権者にあつては、当該受給権者の代理人が署名した届出書）を毎年、指定日までに提出することを求めることができる。

一　受給権者の氏名、生年月日及び住所

一の二　個人番号又は基礎年金番号

二　年金証書の記号番号

三　その他必要な事項

2　前項の規定により同項に規定する届出書の提出を求められた受給権者は、毎年、指定日までに、当該届出書を連合会に提出しなければならない。

3　連合会は、前項の規定により第一項の届

国家公務員共済組合法等の運用方針

出書を提出しなければならない受給権者が当該届出書を提出しないときは、当該届出書が提出されるまで、指定日の属する月の翌月以後に支払うべき退職等年金給付の支払を差し止めることができる。

4　第一項の規定による届出を行う者が、厚生年金保険給付（連合会が支給するものに限る。）について同様の届出を行つた場合は、同項の規定による届出書の提出は要しないものとする。

（退職等年金給付の受給権者の異動報告等）

第百十九条の七　受給権者は、住居表示に関する法律により住居表示が変更されたとき、又は転居したときは、その旨、氏名、生年月日、変更後の住所（転居の場合にあつては、転居後の住所）及び従前の住所、個人番号又は基礎年金番号並びに年金証書の記号番号を記載した受給権者異動届出書を連合会に提出しなければならない。ただし、住居表示が変更されたこと又は転居したことにつき、連合会が地方公共団体情報システム機構から本人確認情報の提供を受けることができるときは、この限りでない。

2　受給権者は、前項の規定に該当する場合のほか、次の各号に掲げる事由に該当したときは、その旨、氏名（第一号に該当する場合にあつては、変更前の氏名及び変更後の氏名）、生年月日、住所、個人番号又は基礎年金番号及び年金証書の記号番号を記載した受給権者異動届出書を、当該各号に掲げる書類と併せて連合会に提出しなければならない。この場合において、第八十七条の二第二項の規定による書類の提出は要しないものとする。

一　氏名を改めたとき　年金証書

二　払渡金融機関を変更するとき　新たな払渡金融機関の所在地及び名称を記載し

国家公務員共済組合法	国家公務員共済組合法施行令	国家公務員共済組合法施行規則	国家公務員共済組合法等の運用方針
		た届出書、預金口座の口座番号についての当該払渡金融機関の証明書、預金通帳の写しその他の預金口座の口座番号を明らかにすることができる書類 三　禁錮以上の刑に処せられたとき又は法第九十七条第一項（令第四十八条第六項の規定によりみなして適用する場合を含む。）に規定する懲戒処分若しくは退職手当支給制限等処分を受けたとき　当該刑に処せられ、又はこれらの処分を受けたことを証する書類 3　連合会は、前二項に規定する受給権者異動届出書の提出を受けた場合において必要があると認めるときは、地方公共団体情報システム機構から本人確認情報の提供を受け、必要な事項について確認を行うものとする。この場合において、当該事項について確認を行うことができなかつたときは、連合会は、その受給権者に対し当該事項について確認できる書類の提出を求めることができる。 4　連合会は、第二項第一号の規定により、年金証書の提出があつたときは、遅滞なくその記載事項を訂正して、その受給権者に交付しなければならない。 5　法第八十条第一項の規定による退職年金の支給の繰下げの申出を行つていないもの（第百十九条の九第二項において「退職年金の繰下げ待機者」という。）が退職年金の支給の繰下げの申出を行うまでの間において第一項又は第二項に定める場合に該当するときは、第一項又は第二項に定める受給権者異動届出書を連合会に提出しなければならない。ただし、住居表示が変更されたこと又は転居したことにつき、連合会が地方公共団体情報システム機構から本人確認	

情報の提供を受けることができるときは、この限りでない。

6　第一項又は第二項第一号の規定による届出を行う者が、厚生年金保険給付（連合会が支給するものに限る。）に係る同様の届出を行つた場合は、第一項又は第二項第一号の規定による届出書の提出は要しないものとする。

（退職等年金給付の受給権者の個人番号の変更の届出）

第百十九条の七の二　受給権者は、その個人番号を変更したときは、速やかに、次に掲げる事項を記載した個人番号変更届出書を連合会に提出しなければならない。

一　氏名、生年月日及び住所

二　変更前及び変更後の個人番号

三　個人番号の変更年月日

四　年金証書の記号番号

2　前項の規定による届出を行う者が、厚生年金保険給付（連合会が支給するものに限る。）に係る同様の届出を行つた場合は、同項の規定による届出書の提出は要しないものとする。

（退職年金受給権者等の再就職届）

第百十九条の八　退職年金又は公務障害年金を受ける権利を有する者が再び長期組合員となつたときは、遅滞なく、次に掲げる事項を記載した再就職届出書を連合会に提出しなければならない。

一　組合員の氏名、生年月日及び住所

一の二　個人番号又は基礎年金番号

二　年金の種類

三　年金証書の記号番号

四　再就職後の組合名

五　その他必要な事項

（退職等年金給付の受給権の消滅の届出）

第百十九条の九　退職等年金給付の受給権者

国家公務員共済組合法

国家公務員共済組合法施行令

国家公務員共済組合法施行規則

が死亡し、又はその権利を喪失したとき（公務障害年金を受ける権利を有していた者が死亡したことにより公務遺族年金が支給されることとなるときを除く。）は、その遺族、法第四十四条第一項の規定により支払未済の給付の支給を受ける者若しくは戸籍法の規定による死亡の届出義務者又は年金を受ける権利を喪失した者は、遅滞なく、次に掲げる事項を記載した年金受給権消滅届出書を連合会に提出しなければならない。ただし、当該受給権者が死亡したことにつき、連合会が地方公共団体情報システム機構から本人確認情報の提供を受けることができるときは、この限りでない。

一　受給権者であつた者の氏名、生年月日及び住所

一の二　個人番号又は基礎年金番号

二　年金の種類

三　年金証書の記号番号

四　受給権の消滅の事由

五　その他必要な事項

2　退職年金の繰下げ待機者が当該退職年金の支給の繰下げの申出を行うまでの間において前項に定める場合に該当するときは、同項に定める年金受給権消滅届出書を連合会に提出しなければならない。ただし、当該退職年金の繰下げ待機者が死亡したことにつき、連合会が地方公共団体情報システム機構から本人確認情報の提供を受けることができるときは、この限りでない。

3　前二項の規定による届出を行う者が、厚生年金保険給付（連合会が支給するものに限る。）に係る同様の届出を行つた場合は、前二項の届出書の提出は要しないものとする。

（退職等年金分掛金の払込みの実績の通知）

国家公務員共済組合法等の運用方針

第百十九条の十　連合会は、組合員に対し、当該組合員の退職等年金分掛金（法第百条第二項に規定する退職等年金分掛金をいう。次項において同じ。）の払込みの実績に関する次に掲げる情報を通知するものとする。

一　退職等年金給付の算定の基礎となる組合員期間の月数

二　最近一年間の組合員期間の各月における標準報酬の月額及び標準期末手当等の額

三　最近一年間の組合員期間において適用される付与率及び基準利率並びに当該組合員期間の各月における付与額及び基準利率に基づく利息の額（次号において単に「利息の額」という。）

四　付与額及び利息の額の累計額

五　その他必要な事項

2　連合会は、組合員が退職したとき、又は組合員であつた者（退職等年金給付の受給権者を除く。）が三十五歳、四十五歳、五十九歳及び六十三歳に達したときは、その者に対し、その者の退職等年金分掛金の払込みの実績に関する前項各号（第二号及び第三号を除く。）に掲げる情報を通知するものとする。

（年金原簿等の作成）

第百十九条の十一　連合会は、退職等年金給付の受給権者ごとに、年金原簿及び年金支給簿を備え、年金の決定、改定及び支給に必要な事項を記載して整理しなければならない。

○国家公務員共済組合法による再評価率の改定等に関する政令

（平一七・三・三〇
政令八二）

最終改正　平二七・三・二七
政令一〇三

内閣は、国家公務員共済組合法（昭和三十三年法律第百二十八号）第七十二条の三第五項及び第七十二条の四第四項、国家公務員等共済組合法等の一部を改正する法律（昭和六十年法律第百五号）附則第三十五条第四項並びに国家公務員共済組合法等の一部を改正する法律（平成十二年法律第二十一号）附則第十二条第七項及び附則別表の規定に基づき、この政令を制定する。

（平成二十七年度における再評価率に関する読替え）

第一条　平成二十七年度における国家公務員共済組合法第七十二条の二に規定する再評価率については、同法別表第二を次のとおり読み替えて、同法の規定（他の法令において、引用し、準用し、又はその例による場合を含む。）を適用する。

一　昭和五年四月一日以前に生まれた者　組合員であつた月が属する次の表の上欄に掲げる期間の区分に応じて、それぞれ同表の下欄に掲げる率

昭和六十二年三月以前	一・二二一
昭和六十二年四月から昭和六十三年三月まで	一・一八九
昭和六十三年四月から平成元年十一月まで	一・一六〇
平成元年十二月から平成三年三月まで	一・〇九〇
平成三年四月から平成四年三月まで	一・〇三九
平成四年四月から平成五年三月まで	一・〇一〇
平成五年四月から平成六年三月まで	〇・九九〇
平成六年四月から平成七年三月まで	〇・九八二
平成七年四月から平成八年三月まで	〇・九八一
平成八年四月から平成九年三月まで	〇・九七七
平成九年四月から平成十年三月まで	〇・九五七
平成十年四月から平成十一年三月まで	〇・九五一
平成十一年四月から平成十二年三月まで	〇・九五四
平成十二年四月から平成十三年三月まで	〇・九五九
平成十三年四月から平成十四年三月まで	〇・九六六
平成十四年四月から平成十五年三月まで	〇・九七五
平成十五年四月から平成十六年三月まで	〇・九七九
平成十六年四月から平成十七年三月まで	〇・九八〇
平成十七年四月から平成十八年三月まで	〇・九八一
平成十八年四月から平成十九年三月まで	〇・九八一
平成十九年四月から平成二十年三月まで	〇・九七九
平成二十年四月から平成二十一年三月まで	〇・九六二
平成二十一年四月から平成二十二年三月まで	〇・九七四
平成二十二年四月から平成二十三年三月まで	〇・九八〇
平成二十三年四月から平成二十四年三月まで	〇・九八二
平成二十四年四月から平成二十五年三月まで	〇・九八三
平成二十五年四月から平成二十六年三月まで	〇・九七九
平成二十六年四月から平成二十七年三月まで	〇・九五三
平成二十七年四月から平成二十八年三月まで	〇・九五三

二　昭和五年四月二日から昭和六年四月一日までの間に生まれた者　組合員であつた月が属する次の表の上欄に掲げる期間の区分に応じて、それぞれ同表の下欄に掲げる率

昭和六十二年三月以前	一・二三一
昭和六十二年四月から昭和六十三年三月まで	一・二〇二
昭和六十三年四月から平成元年十一月まで	一・一七一
平成元年十二月から平成三年三月まで	一・一〇〇
平成三年四月から平成四年三月まで	一・〇五一
平成四年四月から平成五年三月まで	一・〇二〇
平成五年四月から平成六年三月まで	一・〇〇〇
平成六年四月から平成七年三月まで	〇・九八二
平成七年四月から平成八年三月まで	〇・九八一
平成八年四月から平成九年三月まで	〇・九七七
平成九年四月から平成十年三月まで	〇・九五七
平成十年四月から平成十一年三月まで	〇・九五一
平成十一年四月から平成十二年三月まで	〇・九五四

平成十二年四月から平成十三年三月まで	〇・九五九
平成十三年四月から平成十四年三月まで	〇・九六六
平成十四年四月から平成十五年三月まで	〇・九七五
平成十五年四月から平成十六年三月まで	〇・九七九
平成十六年四月から平成十七年三月まで	〇・九八〇
平成十七年四月から平成十八年三月まで	〇・九八一
平成十八年四月から平成十九年三月まで	〇・九八一
平成十九年四月から平成二十年三月まで	〇・九七九
平成二十年四月から平成二十一年三月まで	〇・九六二
平成二十一年四月から平成二十二年三月まで	〇・九七四
平成二十二年四月から平成二十三年三月まで	〇・九八〇
平成二十三年四月から平成二十四年三月まで	〇・九八二
平成二十四年四月から平成二十五年三月まで	〇・九八三
平成二十五年四月から平成二十六年三月まで	〇・九七九
平成二十六年四月から平成二十七年三月まで	〇・九五三
平成二十七年四月から平成二十八年三月まで	〇・九五三

三　昭和六年四月二日から昭和七年四月一日までの間に生まれた者　組合員であつた月が属する次の表の上欄に掲げる期間の区分に応じて、それぞれ同表の下欄に掲げる率

昭和六十二年三月以前	一・二五七
昭和六十二年四月から昭和六十三年三月まで	一・二二七
昭和六十三年四月から平成元年十一月まで	一・一九七
平成元年十二月から平成三年三月まで	一・一二五
平成三年四月から平成四年三月まで	一・〇七四
平成四年四月から平成五年三月まで	一・〇四一
平成五年四月から平成六年三月まで	一・〇二一
平成六年四月から平成七年三月まで	一・〇〇二
平成七年四月から平成八年三月まで	〇・九八一
平成八年四月から平成九年三月まで	〇・九七七
平成九年四月から平成十年三月まで	〇・九五七
平成十年四月から平成十一年三月まで	〇・九五一
平成十一年四月から平成十二年三月まで	〇・九五四
平成十二年四月から平成十三年三月まで	〇・九五九
平成十三年四月から平成十四年三月まで	〇・九六六
平成十四年四月から平成十五年三月まで	〇・九七五
平成十五年四月から平成十六年三月まで	〇・九七九
平成十六年四月から平成十七年三月まで	〇・九八〇
平成十七年四月から平成十八年三月まで	〇・九八一
平成十八年四月から平成十九年三月まで	〇・九八一
平成十九年四月から平成二十年三月まで	〇・九七九
平成二十年四月から平成二十一年三月まで	〇・九六二
平成二十一年四月から平成二十二年三月まで	〇・九七四
平成二十二年四月から平成二十三年三月まで	〇・九八〇
平成二十三年四月から平成二十四年三月まで	〇・九八二
平成二十四年四月から平成二十五年三月まで	〇・九八三
平成二十五年四月から平成二十六年三月まで	〇・九七九
平成二十六年四月から平成二十七年三月まで	〇・九五三
平成二十七年四月から平成二十八年三月まで	〇・九五三

四　昭和七年四月二日から昭和八年四月一日までの間に生まれた者　組合員であつた月が属する次の表の上欄に掲げる期間の区分に応じて、それぞれ同表の下欄に掲げる率

昭和六十二年三月以前	一・二六三
昭和六十二年四月から昭和六十三年三月まで	一・二三三
昭和六十三年四月から平成元年十一月まで	一・二〇三
平成元年十二月から平成三年三月まで	一・一三〇
平成三年四月から平成四年三月まで	一・〇七九
平成四年四月から平成五年三月まで	一・〇四七
平成五年四月から平成六年三月まで	一・〇二七
平成六年四月から平成七年三月まで	一・〇〇七
平成七年四月から平成八年三月まで	〇・九八六
平成八年四月から平成九年三月まで	〇・九七三
平成九年四月から平成十年三月まで	〇・九五七
平成十年四月から平成十一年三月まで	〇・九五一
平成十一年四月から平成十二年三月まで	〇・九五四
平成十二年四月から平成十三年三月まで	〇・九五九

平成十三年四月から平成十四年三月まで	○・九六六
平成十四年四月から平成十五年三月まで	○・九七五
平成十五年四月から平成十六年三月まで	○・九七九
平成十六年四月から平成十七年三月まで	○・九八○
平成十七年四月から平成十八年三月まで	○・九八一
平成十八年四月から平成十九年三月まで	○・九八一
平成十九年四月から平成二十年三月まで	○・九七九
平成二十年四月から平成二十一年三月まで	○・九六二
平成二十一年四月から平成二十二年三月まで	○・九七四
平成二十二年四月から平成二十三年三月まで	○・九八○
平成二十三年四月から平成二十四年三月まで	○・九八二
平成二十四年四月から平成二十五年三月まで	○・九八三
平成二十五年四月から平成二十六年三月まで	○・九七九
平成二十六年四月から平成二十七年三月まで	○・九五三
平成二十七年四月から平成二十八年三月まで	○・九五三

五　昭和八年四月二日から昭和十年四月一日までの間に生まれた者　組合員であつた月が属する次の表の上欄に掲げる期間の区分に応じて、それぞれ同表の下欄に掲げる率

昭和六十二年三月以前	一・二六三
昭和六十二年四月から昭和六十三年三月まで	一・二三三
昭和六十三年四月から平成元年十一月まで	一・二○三
平成元年十二月から平成三年三月まで	一・一三○
平成三年四月から平成四年三月まで	一・○七九
平成四年四月から平成五年三月まで	一・○四七
平成五年四月から平成六年三月まで	一・○二七
平成六年四月から平成七年三月まで	一・○○七
平成七年四月から平成八年三月まで	○・九八六
平成八年四月から平成九年三月まで	○・九七三
平成九年四月から平成十年三月まで	○・九六○
平成十年四月から平成十一年三月まで	○・九五一
平成十一年四月から平成十二年三月まで	○・九五四
平成十二年四月から平成十三年三月まで	○・九五九
平成十三年四月から平成十四年三月まで	○・九六六
平成十四年四月から平成十五年三月まで	○・九七五
平成十五年四月から平成十六年三月まで	○・九七九
平成十六年四月から平成十七年三月まで	○・九八○
平成十七年四月から平成十八年三月まで	○・九八一
平成十八年四月から平成十九年三月まで	○・九八一
平成十九年四月から平成二十年三月まで	○・九七九
平成二十年四月から平成二十一年三月まで	○・九六二
平成二十一年四月から平成二十二年三月まで	○・九七四
平成二十二年四月から平成二十三年三月まで	○・九八○
平成二十三年四月から平成二十四年三月まで	○・九八二
平成二十四年四月から平成二十五年三月まで	○・九八三
平成二十五年四月から平成二十六年三月まで	○・九七九
平成二十六年四月から平成二十七年三月まで	○・九五三
平成二十七年四月から平成二十八年三月まで	○・九五三

六　昭和十年四月二日から昭和十一年四月一日までの間に生まれた者　組合員であつた月が属する次の表の上欄に掲げる期間の区分に応じて、それぞれ同表の下欄に掲げる率

昭和六十二年三月以前	一・二六九
昭和六十二年四月から昭和六十三年三月まで	一・二三八
昭和六十三年四月から平成元年十一月まで	一・二○八
平成元年十二月から平成三年三月まで	一・一三五
平成三年四月から平成四年三月まで	一・○八三
平成四年四月から平成五年三月まで	一・○五二
平成五年四月から平成六年三月まで	一・○三一
平成六年四月から平成七年三月まで	一・○一一
平成七年四月から平成八年三月まで	○・九九○
平成八年四月から平成九年三月まで	○・九七七
平成九年四月から平成十年三月まで	○・九六四
平成十年四月から平成十一年三月まで	○・九五五
平成十一年四月から平成十二年三月まで	○・九五四

平成十二年四月から平成十三年三月まで	○・九五九
平成十三年四月から平成十四年三月まで	○・九六六
平成十四年四月から平成十五年三月まで	○・九七五
平成十五年四月から平成十六年三月まで	○・九七九
平成十六年四月から平成十七年三月まで	○・九八○
平成十七年四月から平成十八年三月まで	○・九八一
平成十八年四月から平成十九年三月まで	○・九八一
平成十九年四月から平成二十年三月まで	○・九七九
平成二十年四月から平成二十一年三月まで	○・九六二
平成二十一年四月から平成二十二年三月まで	○・九七四
平成二十二年四月から平成二十三年三月まで	○・九八○
平成二十三年四月から平成二十四年三月まで	○・九八二
平成二十四年四月から平成二十五年三月まで	○・九八三
平成二十五年四月から平成二十六年三月まで	○・九七九
平成二十六年四月から平成二十七年三月まで	○・九五三
平成二十七年四月から平成二十八年三月まで	○・九五三

七　昭和十一年四月二日から昭和十二年四月一日までの間に生まれた者　組合員であつた月が属する次の表の上欄に掲げる期間の区分に応じて、それぞれ同表の下欄に掲げる率

昭和六十二年三月以前	一・二七九
昭和六十二年四月から昭和六十三年三月まで	一・二四六
昭和六十三年四月から平成元年十一月まで	一・二一七
平成元年十二月から平成三年三月まで	一・一四三
平成三年四月から平成四年三月まで	一・○九一
平成四年四月から平成五年三月まで	一・○六一
平成五年四月から平成六年三月まで	一・○三八
平成六年四月から平成七年三月まで	一・○一八
平成七年四月から平成八年三月まで	○・九九七
平成八年四月から平成九年三月まで	○・九八五
平成九年四月から平成十年三月まで	○・九七一
平成十年四月から平成十一年三月まで	○・九六○
平成十一年四月から平成十二年三月まで	○・九五九
平成十二年四月から平成十三年三月まで	○・九五九
平成十三年四月から平成十四年三月まで	○・九六六
平成十四年四月から平成十五年三月まで	○・九七五
平成十五年四月から平成十六年三月まで	○・九七九
平成十六年四月から平成十七年三月まで	○・九八○
平成十七年四月から平成十八年三月まで	○・九八一
平成十八年四月から平成十九年三月まで	○・九八一
平成十九年四月から平成二十年三月まで	○・九七九
平成二十年四月から平成二十一年三月まで	○・九六二
平成二十一年四月から平成二十二年三月まで	○・九七四
平成二十二年四月から平成二十三年三月まで	○・九八○
平成二十三年四月から平成二十四年三月まで	○・九八二
平成二十四年四月から平成二十五年三月まで	○・九八三
平成二十五年四月から平成二十六年三月まで	○・九七九
平成二十六年四月から平成二十七年三月まで	○・九五三
平成二十七年四月から平成二十八年三月まで	○・九五三

八　昭和十二年四月二日から昭和十三年四月一日までの間に生まれた者　組合員であつた月が属する次の表の上欄に掲げる期間の区分に応じて、それぞれ同表の下欄に掲げる率

昭和六十二年三月以前	一・二九○
昭和六十二年四月から昭和六十三年三月まで	一・二五六
昭和六十三年四月から平成元年十一月まで	一・二二六
平成元年十二月から平成三年三月まで	一・一五二
平成三年四月から平成四年三月まで	一・○九九
平成四年四月から平成五年三月まで	一・○六九
平成五年四月から平成六年三月まで	一・○四六
平成六年四月から平成七年三月まで	一・○二七
平成七年四月から平成八年三月まで	一・○○五
平成八年四月から平成九年三月まで	○・九九三
平成九年四月から平成十年三月まで	○・九八○
平成十年四月から平成十一年三月まで	○・九六八
平成十一年四月から平成十二年三月まで	○・九六七
平成十二年四月から平成十三年三月まで	○・九六七
平成十三年四月から平成十四年三月まで	○・九六六

平成十四年四月から平成十五年三月まで	〇・九七五
平成十五年四月から平成十六年三月まで	〇・九七九
平成十六年四月から平成十七年三月まで	〇・九八〇
平成十七年四月から平成十八年三月まで	〇・九八一
平成十八年四月から平成十九年三月まで	〇・九八一
平成十九年四月から平成二十年三月まで	〇・九七九
平成二十年四月から平成二十一年三月まで	〇・九六二
平成二十一年四月から平成二十二年三月まで	〇・九七四
平成二十二年四月から平成二十三年三月まで	〇・九八〇
平成二十三年四月から平成二十四年三月まで	〇・九八二
平成二十四年四月から平成二十五年三月まで	〇・九八三
平成二十五年四月から平成二十六年三月まで	〇・九七九
平成二十六年四月から平成二十七年三月まで	〇・九五三
平成二十七年四月から平成二十八年三月まで	〇・九五三

九　昭和十三年四月二日以後に生まれた者　組合員であつた月が属する次の表の上欄に掲げる期間の区分に応じて、それぞれ同表の下欄に掲げる率

昭和六十二年三月以前	一・二九一
昭和六十二年四月から昭和六十三年三月まで	一・二五七
昭和六十三年四月から平成元年十一月まで	一・二二七
平成元年十二月から平成三年三月まで	一・一五三

平成三年四月から平成四年三月まで	一・一〇〇
平成四年四月から平成五年三月まで	一・〇七〇
平成五年四月から平成六年三月まで	一・〇四七
平成六年四月から平成七年三月まで	一・〇二七
平成七年四月から平成八年三月まで	一・〇〇六
平成八年四月から平成九年三月まで	〇・九九四
平成九年四月から平成十年三月まで	〇・九八一
平成十年四月から平成十一年三月まで	〇・九六九
平成十一年四月から平成十二年三月まで	〇・九六八
平成十二年四月から平成十三年三月まで	〇・九六八
平成十三年四月から平成十四年三月まで	〇・九六七
平成十四年四月から平成十五年三月まで	〇・九七三
平成十五年四月から平成十六年三月まで	〇・九七六
平成十六年四月から平成十七年三月まで	〇・九七七
平成十七年四月から平成十八年三月まで	〇・九七九
平成十八年四月から平成十九年三月まで	〇・九七九
平成十九年四月から平成二十年三月まで	〇・九七六
平成二十年四月から平成二十一年三月まで	〇・九六〇
平成二十一年四月から平成二十二年三月まで	〇・九七二
平成二十二年四月から平成二十三年三月まで	〇・九七七
平成二十三年四月から平成二十四年三月まで	〇・九八〇

平成二十四年四月から平成二十五年三月まで	〇・九八一
平成二十五年四月から平成二十六年三月まで	〇・九七七
平成二十六年四月から平成二十七年三月まで	〇・九五一
平成二十七年四月から平成二十八年三月まで	〇・九五一

（平成二十七年度以後における停止解除調整変更額及び支給停止調整額の改定）

第二条　平成二十七年度以後における国家公務員共済組合法第七十九条第二項に規定する停止解除調整変更額については、同条第四項本文中「四十八万円」とあるのは、「四十七万円」と読み替えて、同法の規定（他の法令において、引用し、準用し、又はその例による場合を含む。）を適用する。

2　平成二十三年度以後における国家公務員共済組合法第八十条第一項に規定する支給停止調整額については、同条第二項本文中「四十八万円」とあるのは、「四十六万円」と読み替えて、同法の規定（他の法令において、引用し、準用し、又はその例による場合を含む。）を適用する。

（平成二十七年度における俸給年額改定率に関する読替え）

第三条　平成二十七年度における国家公務員等共済組合法等の一部を改正する法律（昭和六十年法律第百五号）附則第三十五条第一項に規定する俸給年額改定率については、同法附則別表第五を次のとおり読み替えて、同法の規定（他の法令において、引用し、準用し、又はその例による場合を含む。）を適用する。

昭和五年四月一日以前に生まれた者	一・二二一
昭和五年四月二日から昭和六年四月一日までの間に生まれた者	一・二三一
昭和六年四月二日から昭和七年四月一日までの間に生まれた者	一・二五七
昭和七年四月二日から昭和八年四月一日までの間に生まれた者	一・二六三
昭和八年四月二日から昭和十年四月一日までの間に生まれた者	一・二六三
昭和十年四月二日から昭和十一年四月一日までの間に生まれた者	一・二六九
昭和十一年四月二日から昭和十二年四月一日までの間に生まれた者	一・二七九
昭和十二年四月二日から昭和十三年四月一日までの間に生まれた者	一・二九〇
昭和十三年四月二日以後に生まれた者	一・二九一

（平成二十七年度における従前額改定率の改定等）

第四条　平成二十七年度における国家公務員共済組合法等の一部を改正する法律（平成十二年法律第二十一号。次項において「平成十二年改正法」という。）附則第十二条第一項及び第二項の従前額改定率は、昭和十三年四月一日以前に生まれた者については一・〇〇〇とし、同月二日以後に生まれた者については〇・九九八とする。

2　平成十二年改正法附則別表平成十七年度以後の各年度に属する月の項の政令で定める率は、次の表の上欄に掲げる期間について、同表の下欄に定めるとおりとする。

平成十七年四月から平成十八年三月まで	〇・九二三
平成十八年四月から平成十九年三月まで	〇・九二六
平成十九年四月から平成二十年三月まで	〇・九二四
平成二十年四月から平成二十一年三月まで	〇・九二四
平成二十一年四月から平成二十二年三月まで	〇・九一四
平成二十二年四月から平成二十三年三月まで	〇・九二七
平成二十三年四月から平成二十四年三月まで	〇・九三四
平成二十四年四月から平成二十五年三月まで	〇・九三七
平成二十五年四月から平成二十六年三月まで	〇・九三七
平成二十六年四月から平成二十七年三月まで	〇・九三二
平成二十七年四月から平成二十八年三月まで	〇・九〇九

附　則

この政令は、平成十七年四月一日から施行する。

平成十八年（政令七五）改正令

附　則（抄）

（施行期日）

第一条　この政令は、平成十八年四月一日から施行する。

平成十九年（政令七七）改正令

附　則（抄）

この政令は、平成十九年四月一日から施行する。

平成二十年（政令八五）改正令

附　則（抄）

この政令は、平成二十年四月一日から施行する。

平成二十一年（政令五八）改正令

附　則（抄）

この政令は、平成二十一年四月一日から施行する。

平成二十二年（政令四二）改正令

附　則（抄）

この政令は、平成二十二年四月一日から施行する。

平成二十三年（政令五八）改正令

附　則（抄）

（施行期日等）

第一条　この政令は、平成二十三年四月一日から施行する。〔ただし書略〕

（国家公務員共済組合法による年金である給付の額等に関する経過措置）

第二条　平成二十三年三月以前の月分の国家公務員共済組合法による年金である給付の額及び国家公務員等共済組合法等の一部を改正する法律（昭和六十年法律第百五号）附則第二条第六号に規定する旧共済法による年金の額については、なお従前の例による。

平成二十四年（政令五八）改正令

附　則（抄）

（施行期日）

1　この政令は、平成二十四年四月一日から施行する。

（国家公務員共済組合法による年金である給付の額等に関する経過措置）

2　平成二十四年三月以前の月分の国家公務員共済組合法による年金である給付の額及び国家公務員等共済組合法等の一部を改正する法律附則第二条第六号に規定する旧共済法による年金の額については、なお従前の例による。

平成二十五年（政令八六）改正令

附　則

この政令は、平成二十五年四月一日から

施行する。

平成二十六年（政令八五）改正令（抄）

（施行期日）

第一条　この政令は、平成二十六年四月一日から施行する。

（国家公務員共済組合法による年金である給付の額等に関する経過措置）

第二条　平成二十六年三月以前の月分の国家公務員共済組合法（昭和三十三年法律第百二十八号）による年金である給付の額及び国家公務員等共済組合法等の一部を改正する法律（昭和六十年法律第百五号）附則第二条第六号に規定する旧共済法による年金の額については、なお従前の例による。

（遺族共済年金の支給の停止に関する経過措置）

第三条　公的年金制度の財政基盤及び最低保障機能の強化等のための国民年金法等の一部を改正する法律（以下「改正法」という。）附則第一条第三号に掲げる規定の施行の日の前日において改正法第九条の規定による改正前の国家公務員共済組合法（以下「改正前国共済法」という。）第九十一条第四項の規定により支給が停止されている夫に対する遺族共済年金及び同条第六項の規定により支給されている子に対する遺族共済年金については、改正法第九条の規定による改正後の国家公務員共済組合法第九十一条第二項及び第三項の規定は適用せず、改正前国共済法第九十一条第四項及び第六項の規定は、なおその効力を有する。

2　前項の規定が適用される遺族共済年金の受給権者（国家公務員共済組合法第二条第一項第三号に規定する遺族である夫に限る。）に係る第一条の規定による改正後の国家公務員共済組合法施行令第十一条の十第三項及び第四項の規定の適用については、同条第三項中「第九十二条第一項」とあるのは「第九十二条第一項若しくは国家公務員共済組合法施行令等の一部を改正する政令（平成二十六年政令第八十五号。次項において「改正令」という。）附則第三条第一項の規定によりなおその効力を有するものとされた公的年金制度の財政基盤及び最低保障機能の強化等のための国民年金法等の一部を改正する法律（平成二十四年法律第六十二号。次項において「改正法」という。）第九条の規定による改正前の法第九十一条第四項」と、同条第四項中「第九十二条第一項」とあるのは「第九十二条第一項若しくは改正令附則第三条第一項の規定によりなおその効力を有するものとされた改正法第九条の規定による改正前の法第九十一条第四項」とする。

第四条　（略）

平成二十七年（政令一〇三）改正令

附　則

（施行期日）

1　この政令は、平成二十七年四月一日から施行する。

（国家公務員共済組合法による年金である給付の額等に関する経過措置）

2　平成二十七年三月以前の月分の国家公務員共済組合法による年金である給付の額及び国家公務員等共済組合法等の一部を改正する法律（昭和六十年法律第百五号）附則第二条第六号に規定する旧共済法による年金の額については、なお従前の例による。

第七章　雑則

（年金の支払の調整）

第百二十三条　法第七十五条の七の規定による退職等年金給付の支払金の金額の過誤払による返還金に係る債権（以下この条において「返還金債権」という。）への充当は、次の各号に掲げる場合に行うことができるものとする。

一　退職等年金給付の受給権者の死亡を給付事由とする公務遺族年金の受給権者が、当該退職等年金給付の受給権者の死亡に伴う当該退職等年金給付の過誤払による返還金債権に係る債務の弁済をすべき者であるとき。

二　公務遺族年金の受給権者が、同一の給付事由に基づく他の公務遺族年金の受給権者の死亡に伴う当該公務遺族年金の過誤払による返還金債権に係る債務の弁済をすべき者であるとき。

〈参考　平二四改正法附則〉

（三歳に満たない子を養育する組合員等の標準報酬の月額の特例に関する経過措置）

第三十一条　第四号施行日（平成二十六年四月一日）において、国家公務員共済組合法第七十三条の二の規定の適用を受けている者であって、第十条の規定による改正後の国家公務員共済組合法第百条の二の二の規定の適用を受ける産前産後休業をしているものについては、第四号施行日に産前産後休業を開始したものとみなして、第十条の規定による改正後の国家公務員共済組合法第七十三条の二第一項第六号の規定を適用する。

国家公務員共済組合法

第二目　退職年金

（退職年金の種類）

第七十六条　退職年金は、支給期間を終身とするもの（以下「終身退職年金」という。）及び支給期間を二百四十月とするもの（以下「有期退職年金」という。）とする。

2　有期退職年金の受給権者が連合会に当該有期退職年金の支給期間の短縮の申出をしたときは、当該有期退職年金の支給期間は百二十月とする。

3　前項の申出は、当該有期退職年金の給付事由が生じた日から六月以内に、退職年金の支給の請求と同時に行わなければならない。

（退職年金の受給権者）

第七十七条　一年以上の引き続く組合員期間を有する者が退職した後に六十五歳に達したとき（その者が組合員である場合を除く。）、又は六十五歳に達した日以後に退職したときは、その者に退職年金を支給する。

2　第八十二条第二項の規定により有期退職年金を受ける権利を失つた者が前項に規定する場合に該当するに至つたときは、同条第二項の規定にかかわらず、その者に有期退職年金を支給する。この場合において、当該失つた権利に係る組合員期間は、この項の規定により支給する有期退職年金の額の計算については、組合員期間に含まれないものとするほか、当該有期退職年金の額の計算に関し必要な事項は、政令で定める。

（終身退職年金の額）

第七十八条　終身退職年金の額は、終身退職年金の額の算定の基礎となるべき額（以下「終身退職年金算定基礎額」という。）を、受給権者の年齢に応じた終身年金現価率で除して得た金額とする。

国家公務員共済組合法施行令

国家公務員共済組合法施行規則

国家公務員共済組合法等の運用方針

2　終身退職年金の給付事由が生じた日からその年の九月三十日（終身退職年金の給付事由が生じた日が九月一日から十二月三十一日までの間にあるときは、翌年の九月三十日）までの間における終身退職年金算定基礎額は、給付算定基礎額の二分の一に相当する額（組合員期間が十年に満たないときは、当該額に二分の一を乗じて得た額）とする。

3　終身退職年金の給付事由が生じた日の属する年（終身退職年金の給付事由が生じた日が九月一日から十二月三十一日までの間にあるときは、その翌年）以後の各年の十月一日から翌年の九月三十日までの間における終身退職年金算定基礎額は、当該各年の九月三十日における終身退職年金の額に同日において当該終身退職年金の受給権者の年齢に一年を加えた年齢の者に対して適用される終身年金現価率を乗じて得た額とする。

4　第一項及び前項の規定の適用については、終身退職年金の給付事由が生じた日からその日の属する年の九月三十日（終身退職年金の給付事由が生じた日が十月一日から十二月三十一日までの間にあるときは、翌年の九月三十日）までの間においては終身退職年金の給付事由が生じた日の属する年の前年の三月三十一日（終身退職年金の給付事由が生じた日が十月一日から十二月三十一日までの間にあるときは、その年の三月三十一日）における当該終身退職年金の受給権者の年齢に一年を加えた年齢を、終身退職年金の給付事由が生じた日の属する年（終身退職年金の給付事由が生じた日が十月一日から十二月三十一日までの間にあるときは、その翌年）以後の各年の十月一日から翌年の九月三十日までの間においては

国家公務員共済組合法

当該各年の三月三十一日における当該終身退職年金の受給権者の年齢に一年を加えた年齢を、当該受給権者の年齢とする。

5　各年の十月から翌年の九月までの期間において適用される第一項及び第三項に規定する終身年金現価率（第八十四条第一項及び第九十条第一項において「終身年金現価率」という。）は、毎年九月三十日までに、基準利率、死亡率の状況及びその見通しその他政令で定める事情を勘案して終身にわたり一定額の年金額を支給することとした場合の年金額を計算するための率として、連合会の定款で定める。

6　前各項に定めるもののほか、終身退職年金の額の計算に関し必要な事項は、財務省令で定める。

（有期退職年金の額）

第七十九条　有期退職年金の額は、有期退職年金の額の算定の基礎となるべき額（以下「有期退職年金算定基礎額」という。）を、支給残月数に応じた有期年金現価率で除して得た金額とする。

2　有期退職年金の給付事由が生じた日からその年の九月三十日（有期退職年金の給付事由が生じた日が九月一日から十二月三十一日までの間にあるときは、翌年の九月三十日）までの間における有期退職年金算定基礎額は、給付算定基礎額の二分の一に相当する額（組合員期間が十年に満たないときは、当該額に二分の一を乗じて得た額）とする。

3　有期退職年金の給付事由が生じた日の属する年（有期退職年金の給付事由が生じた日が九月一日から十二月三十一日までの間にあるときは、その翌年）以後の各年の十月一日から翌年の九月三十日までの間にお

国家公務員共済組合法施行令

（終身年金現価率を定める際に勘案する事情）

第十六条　法第七十八条第五項に規定する政令で定める事情は、地方公務員等共済組合法第七十七条第四項に規定する基準利率（次条及び第四十八条第二項において「地方の基準利率」という。）、同法第八十九条第五項に規定する死亡率の状況及びその見通し、法第九十九条第一項第三号の規定により退職等年金給付に要する費用の算定について国の積立基準額と地方の積立基準額との合計額と退職等年金給付積立金の額と地方退職等年金給付積立金の額との合計額とが将来にわたつて均衡を保つことができるようにすることとされていることその他財務大臣が定める事情とする。

国家公務員共済組合法施行規則

国家公務員共済組合法等の運用方針

〈参考　平二四改正法附則〉

（支給の繰下げに関する経過措置）

第三十三条　第十条の規定による改正後の国家公務員共済組合法第七十八条の二の規定は、第四号施行日（平成二十六年四月一日）の前日において、同条第二項各号のいずれにも該当しない者について適用する。ただし、第四号施行日前に第十条の規定による改正後の国家公務員共済組合法第七十八条の二第二項各号のいずれかに該当する者に対する同条の規定の適用については、同項中「ときは」とあるのは「ときは、次項の規定を適用する場合を除き」と、「同項」とあるのは「前項」と、同条第三項中「当該申出のあつた」とあるのは「公的年金制度の財政基盤及び最低保障機能の強化等のための国民年金法等の一部を改正する法律（平成二十四年法律第六十二号）附則第一条第四号に掲げる規定の施行の日の属する」とする。

ける有期退職年金算定基礎額は、当該各年の九月三十日における有期退職年金の額にその年の十月一日における当該有期退職年金の支給残月数に相当する月数に対してその年の九月三十日において適用される有期年金現価率を乗じて得た額とする。

4　第一項及び前項に規定する支給残月数（次項において「支給残月数」という。）は、有期退職年金の給付事由が生じた日からその年の九月三十日（有期退職年金の給付事由が生じた日が九月一日から十二月三十一日までの間にあるときは、翌年の九月三十日）までの間においては二百四十月（第七十六条第二項の申出があつた場合は百二十月。以下この項、第七十九条の四第一項第二号及び第八十一条第四項において同じ。）とし、同日以後の各年の十月一日から翌年の九月三十日までの間においては二百四十月から当該給付事由が生じた日の属する月の翌月から当該各年の九月までの月数を控除した月数とする。

5　各年の十月から翌年の九月までの期間において適用される第一項及び第三項に規定する有期年金現価率（第七十九条の四第一項第二号及び第八十一条第四項において「有期年金現価率」という。）は、毎年九月三十日までに、基準利率その他政令で定める事情を勘案して支給残月数の期間において一定額の年金額を支給することとした場合の年金額を計算するための率として、連合会の定款で定める。

6　前各項に定めるもののほか、有期退職年金の額の計算に関し必要な事項は、財務省令で定める。

（有期退職年金に代わる一時金）

第七十九条の二　有期退職年金の受給権者は、給付事由が生じた日から六月以内に、一時

（有期年金現価率を定める際に勘案する事情）

第十七条　法第七十九条第五項に規定する政令で定める事情は、地方の基準利率、法第九十九条第一項第三号の規定により退職等年金給付に要する費用の算定について国の積立基準額と地方の積立基準額との合計額と退職等年金給付積立金の額と地方退職等年金給付積立金の額との合計額とが将来にわたつて均衡を保つことができるようにすることとされていることその他財務大臣が定める事情とする。

国家公務員共済組合法	国家公務員共済組合法施行令	国家公務員共済組合法施行規則	国家公務員共済組合法等の運用方針
金の支給を連合会に請求することができる。 2　前項の請求は、退職年金の支給の請求と同時に行わなければならない。 3　第一項の請求があつたときは、その請求をした者に給付事由が生じた日における有期退職年金算定基礎額に相当する金額の一時金を支給する。この場合においては、第七十七条の規定にかかわらず、その者に対する有期退職年金は支給しない。 4　前項の規定による一時金は、有期退職年金とみなしてこの法律の規定（第七十七条、前条及び第八十二条第二項を除く。）を適用する。 **（整理退職の場合の一時金）** **第七十九条の三**　国家公務員退職手当法（昭和二十八年法律第百八十二号）第五条第一項第二号に掲げる者（一年以上の引き続く組合員期間を有する者であつて、六十五歳未満であるものに限る。）は、同号の退職をした日から六月以内に、一時金の支給を連合会に請求することができる。 2　前項の請求があつたときは、その請求をした者に同項に規定する退職をした日における給付算定基礎額の二分の一に相当する金額の一時金を支給する。この場合において、第七十五条第一項中「退職等年金給付の給付事由が生じた日」とあるのは「国家公務員退職手当法（昭和二十八年法律第百八十二号）第五条第一項第二号の退職をした日」と、「当該給付事由が生じた日の」とあるのは「同号の退職をした日の」と、同条第三項中「退職等年金給付の給付事由が生じた日」とあるのは「第一項に規定する退職をした日」とする。 3　第一項の請求をした者が、他の退職に係る同項の請求（他の法令の規定で同項の規	**（整理退職の場合の一時金に相当する一時金等）**		

定に相当するものとして政令で定めるものに基づく請求を含む。）をした者であるときは、前項の規定にかかわらず、その者に同項の規定の例により算定した金額から当該他の退職に関し同項の規定（他の法令の規定で同項の規定に相当するものとして政令で定めるものを含む。）により支給すべき一時金の額に相当する金額として政令で定めるところにより計算した金額を控除した金額の一時金を支給する。

4 前二項の規定による一時金は、有期退職年金とみなしてこの法律の規定（第七十七条、第七十九条及び第八十二条第二項を除く。）を適用する。

5 連合会は、第二項又は第三項の規定による一時金の支給の決定を行うため必要があると認めるときは、当該支給の請求をした者が当該請求に係る退職をした時就いていた職又はこれに相当する職に係る任命権者又はその委任を受けた者に対し、当該退職に関して必要な資料の提供を求めることができる。

6 前各項に定めるもののほか、第二項又は第三項の規定による一時金の支給に関し必要な事項は、政令で定める。

（遺族に対する一時金）

第七十九条の四 一年以上の引き続く組合員期間を有する者が死亡した場合には、その者の遺族に次の各号に掲げる場合の区分に応じ当該各号に定める金額の一時金を支給する。

一 次号及び第三号に掲げる場合以外の場合 その者が死亡した日における給付算定基礎額（組合員であつた者が死亡した場合において、その者の組合員期間が十年に満たないときは、当該給付算定基礎額に二分の一を乗じて得た額）の二分の

第十八条 法第七十九条の三第三項に規定する同条第一項の規定に相当するものとして政令で定める規定は、地方公務員等共済組合法第九十二条第一項の規定とする。

2 法第七十九条の三第三項に規定する同条第二項の規定に相当するものとして政令で定める規定は、地方公務員等共済組合法第九十二条第二項の規定とする。

3 法第七十九条の三第三項に規定する政令で定めるところにより計算した金額は、同項に規定する他の退職に係る同条第二項の規定により支給すべき一時金（地方公務員等共済組合法第九十二条第一項の請求をした者にあつては、同条第二項の規定により支給すべき一時金）の額に、当該他の退職をした日の前日の属する月の翌月から法第七十九条の三第一項に規定する退職をした日の前日の属する月までの期間に応じ、当該期間の各月において適用される基準利率（法第七十五条第四項に規定する基準利率をいう。以下同じ。）を用いて複利の方法により計算された利子に相当する額を加えた額に相当する金額とする。

4 法第七十九条の三の規定は、国家公務員退職手当法（昭和二十八年法律第百八十二号）の適用を受けない組合員であつて、同法第五条第一項第二号に掲げる者に相当する者（一年以上の引き続く組合員期間を有する者であつて、六十五歳未満であるものに限る。）について準用する。この場合において、法第七十九条の三第一項及び第二項中「の退職」とあるのは、「の退職に相当する退職」と読み替えるものとする。

（遺族に対する一時金に係る給付算定基礎額から控除すべき金額等）

第十八条の二 法第七十九条の四第一項第一号に規定する政令で定めるところにより計

国家公務員共済組合法

一に相当する金額（当該死亡した者が前条第一項の規定による一時金の請求をした者であるときは、当該二分の一に相当する金額から当該請求に基づき支払われるべき一時金の額に相当するものとして政令で定めるところにより計算した金額を控除した金額）

二　その者が退職年金の受給権者である場合（次号に掲げる場合を除く。）　その者が死亡した日における有期退職年金の額に二百四十月から当該有期退職年金の給付事由が生じた日の属する月の翌月からその者が死亡した日の属する月までの月数を控除した月数に応じた有期年金現価率を乗じて得た額に相当する金額

三　その者が退職年金の受給権者であり、かつ、組合員である場合　その者が死亡した日において退職をしたものとした場合における有期退職年金算定基礎額に相当する額として政令で定めるところにより計算した金額

2　前項第一号に規定する給付算定基礎額に係る第七十五条第一項及び第三項の規定の適用については、同条第一項中「退職等年金給付の給付事由が生じた日」とあるのは「一年以上の引き続く組合員期間を有する者が死亡した日」と、「当該給付事由が生じた日の」とあるのは「その者が死亡した日の」と、同条第三項中「退職等年金給付の給付事由が生じた日」とあるのは「その者が死亡した日」とする。

3　第一項の規定により一時金の支給を受ける者が、同項に規定する者の死亡により公務遺族年金を受けることができるときは、当該支給を受ける者の選択により、一時金と公務遺族年金のうち、そのいずれかを支

国家公務員共済組合法施行令

算した金額は、同号に規定する死亡した者が法第七十九条の三第二項又は第三項の規定により支給を受けた一時金の額に、同条第一項に規定する退職をした日の前日の属する月の翌月からその者の死亡した日の前日の属する月までの期間に応じ、当該期間の各月において適用される基準利率を用いて複利の方法により計算された利子に相当する額を加えた額に相当する金額とする。

2　法第七十九条の四第一項第三号に規定する政令で定めるところにより計算した金額は、最後に組合員となつた日（以下この項において「最終資格取得日」という。）の前日における有期退職年金の額に二百四十月（法第七十六条第二項の申出をしていた場合には、百二十月）から給付事由が生じた日の属する月の翌月から最終資格取得日の属する月までの月数を控除した月数に応じた有期年金現価率を乗じて得た額に、最終資格取得日の属する月から死亡した日の前日の属する月までの期間に応じ、当該期間の各月において適用される基準利率を用いて複利の方法により計算された利子に相当する額を加えた額及び死亡した日を給付事由が生じた日と、組合員期間から最終資格取得日前の組合員期間を除いた期間を組合員期間とみなして法第七十九条第二項の規定の例により計算した額の合計額とする。

国家公務員共済組合法施行規則

国家公務員共済組合法等の運用方針

給し、他は支給しない。

4　第一項の規定による一時金は、有期退職年金とみなしてこの法律の規定（第七十七条、第七十九条及び第八十二条第二項を除く。）を適用する。

（支給の繰下げ）

第八十条　退職年金の受給権者であつて当該退職年金を請求していないものは、その者が七十歳に達する日の前日までに、連合会に当該退職年金の支給の繰下げの申出をすることができる。

2　前項の申出をした者に対する退職年金は、第七十五条の二第一項の規定にかかわらず、当該申出のあつた月の翌月から支給するものとする。

3　第一項の申出があつた場合における第七十五条から前条までの規定の適用については、第七十五条第一項中「退職等年金給付の給付事由が生じた日」とあるのは「第八十条第一項の申出をした日」と、「給付事由が生じた日の」とあるのは「申出をした日の」と、同条第三項中「退職等年金給付の給付事由が生じた日」とあるのは「第八十条第一項の申出をした日」とするほか、必要な技術的読替えは、政令で定める。

4　前三項に定めるもののほか、退職年金の支給の繰下げについて必要な事項は、政令で定める。

（組合員である間の退職年金の支給の停止等）

第八十一条　終身退職年金の受給権者が組合員であるときは、組合員である間、終身退職年金の支給を停止する。

2　前項の規定により終身退職年金の支給を停止されている者が退職をした場合における当該退職をした日からその年の九月三十日（当該退職をした日が九月一日から十二

（支給の繰下げの申出があつた場合における法第七十六条等の規定の適用）

第十九条　法第八十条第一項の申出があつた場合における法第七十六条、第七十八条から第七十九条の二まで及び第七十九条の四の規定の適用については、法第七十六条第三項中「前項の申出は、当該有期退職年金の給付事由が生じた日から六月以内に」とあるのは「前項の申出は」と、法第七十八条第二項中「終身退職年金の給付事由が生じた日から」とあるのは「第八十条第一項の申出をした日（以下「繰下げ申出日」という。）から」と、「終身退職年金の給付事由が生じた日が」とあるのは「繰下げ申出日が」と、同条第三項及び第四項中「終身退職年金の給付事由が生じた日」とあり、並びに法第七十九条第二項及び第三項中「有期退職年金の給付事由が生じた日」とあるのは「繰下げ申出日」と、同条第四項中「有期退職年金の給付事由が生じた日」とあるのは「繰下げ申出日」と、「給付事由が生じた日の」とあるのは「繰下げ申出日の」と、法第七十九条の二第二項中「有期退職年金の受給権者は、給付事由が生じた日から六月以内に」とあるのは「有期退職年金の受給権者は」と、同条第三項及び法第七十九条の四第一項第二号中「給付事由が生じた日」とあるのは「繰下げ申出日」とする。

国家公務員共済組合法

月三十一日までの間にあるときは、翌年の九月三十日）までの間における終身退職年金算定基礎額は、第七十八条第三項の規定にかかわらず、最後に組合員となつた日（以下この条において「最終資格取得日」という。）の前日における終身退職年金算定基礎額に最終資格取得日の属する月から当該退職をした日の前日の属する月までの期間に応ずる利子に相当する額を加えた額及び当該退職をした日を給付事由が生じた日と、組合員期間から最終資格取得日前の組合員期間を除いた期間を組合員期間とみなして第七十八条第二項の規定の例により計算した額の合計額とする。

3　有期退職年金の受給権者が組合員であるときは、組合員である間、有期退職年金は支給しない。

4　前項の規定により有期退職年金の支給を受けないこととされている者が退職をした場合における当該退職をした日からその年の九月三十日（当該退職をした日が九月一日から十二月三十一日までの間にあるときは、翌年の九月三十日）までの間における有期退職年金算定基礎額は、第七十九条第三項の規定にかかわらず、最終資格取得日の前日における有期退職年金の額に同日における二百四十月から給付事由が生じた日の属する月の翌月から最終資格取得日の属する月までの月数を控除した月数に応じた有期年金現価率を乗じて得た額に最終資格取得日の属する月から当該退職をした日の前日の属する月までの期間に応ずる利子に相当する額を加えた額及び当該退職をした日を給付事由が生じた日と、組合員期間から最終資格取得日前の組合員期間を除いた期間を組合員期間とみなして同条第二項の

国家公務員共済組合法施行令

国家公務員共済組合法施行規則

国家公務員共済組合法等の運用方針

規定の例により計算した額の合計額とする。

5　前項に規定する退職をした場合における第七十九条から前条までの規定の適用については、第七十九条第四項中「有期退職年金の給付事由が生じた日から」とあるのは「第八十一条第四項に規定する退職をした日（以下この項において「最終退職日」という。）から」と、「有期退職年金の給付事由が生じた日が」とあるのは「最終退職日が」と、「とし、同日」とあるのは「から有期退職年金の給付事由が生じた日の属する月の翌月から最後に組合員となつた日（以下この項において「最終資格取得日」という。）の属する月までの月数を控除した月数とし、最終退職日の属する年の九月三十日（最終退職日が九月一日から十二月三十一日までの間にあるときは、翌年の九月三十日）」と、「とする」とあるのは「に最終資格取得日の属する月の翌月から最終退職日の属する月までの月数を加えた月数とする」とするほか、必要な技術的読替えは、政令で定める。

6　第二項及び第四項に規定する利子は、最終資格取得日の属する月から退職をした日の前日の属する月までの期間に応じ、当該期間の各月において適用される基準利率を用いて複利の方法により計算する。

7　前条第一項の申出をした者に対する第四項の規定の適用については、同項中「給付事由が生じた日の」とあるのは、「前条第一項の申出をした日の」とする。

8　前各項に定めるもののほか、終身退職年金算定基礎額及び有期退職年金算定基礎額の計算に関し必要な事項は、財務省令で定める。

（退職年金の失権）

第八十二条　退職年金を受ける権利は、その

国家公務員共済組合法

受給権者が死亡したときは、消滅する。

2 有期退職年金を受ける権利は、前項に規定する場合のほか、次の各号のいずれかに該当することとなつたときは、消滅する。

一 第七十六条第一項又は第二項に規定する支給期間が終了したとき。

二 第七十九条の二第一項又は第七十九条の三第一項の規定により一時金の支給を請求したとき。

第三目 公務障害年金

（公務障害年金の受給権者）

第八十三条 公務により病気にかかり、又は負傷した者で、その病気又は負傷に係る傷病（以下「公務傷病」という。）について初めて医師又は歯科医師の診療を受けた日（以下「初診日」という。）において組合員であつたものが、当該初診日から起算して一年六月を経過した日（その期間内にその公務傷病が治つたとき、又はその症状が固定し治療の効果が期待できない状態に至つたときは、当該治つた日又は当該状態に至つた日。以下「障害認定日」という。）において、その公務傷病により障害等級に該当する程度の障害の状態にある場合には、その障害の程度に応じて、その者に公務障害年金を支給する。

2 公務により病気にかかり、又は負傷した者で、その公務傷病の初診日において組合員であつた者のうち、障害認定日において障害等級に該当する程度の障害の状態になかつた者が、障害認定日後六十五歳に達する日の前日までの間において、その公務傷病により障害等級に該当する程度の障害の状態になつたときは、その者は、その期間内に前項の公務障害年金の支給を請求することができる。

国家公務員共済組合法施行令

国家公務員共済組合法施行規則

国家公務員共済組合法等の運用方針

3　前項の請求があつたときは、第一項の規定にかかわらず、その請求をした者に同項の公務障害年金を支給する。

4　公務により病気にかかり、又は負傷した者で、その公務傷病の初診日において組合員であつた者のうち、その公務傷病（以下この項において「基準公務傷病」という。）以外の公務傷病（以下この項において「その他公務傷病」という。）により障害の状態にある者が、基準公務傷病に係る障害認定日以後六十五歳に達する日の前日までの間において、初めて、基準公務傷病による障害（以下この項において「基準公務障害」という。）とその他公務傷病による障害とを併合して障害等級の一級又は二級に該当する程度の障害の状態になつたとき（基準公務傷病の初診日が、その他公務傷病（その他公務傷病が二以上ある場合は、全てのその他公務傷病）に係る初診日以後であるときに限る。）は、その者に基準公務障害とその他公務傷病による障害とを併合した障害の程度による公務障害年金を支給する。

5　前項の公務障害年金の支給は、第七十五条の二第一項の規定にかかわらず、当該公務障害年金の請求のあつた月の翌月から始めるものとする。

（公務障害年金の額）

第八十四条　公務障害年金の額は、公務障害年金の額の算定の基礎となるべき額（次項において「公務障害年金算定基礎額」という。）を、組合員又は組合員であつた者の公務障害年金の給付事由が生じた日における年齢（その者の年齢が六十四歳に満たないときは、六十四歳）に応じた終身年金現価率で除して得た金額に調整率を乗じて得た金額とする。

国家公務員共済組合法

2　公務障害年金算定基礎額は、次に掲げる額の合計額とする。

一　給付算定基礎額に五・三三四（障害の程度が障害等級の一級に該当する者にあつては、八・〇〇一）を乗じて得た額を組合員期間の月数で除して得た額に三百を乗じて得た額

二　給付算定基礎額（障害の程度が障害等級の一級に該当する者にあつては、給付算定基礎額に一・二五を乗じて得た額）を組合員期間の月数で除して得た額に組合員期間の月数（組合員期間の月数が三百月以下であるときは、三百月）から三百月を控除した月数を乗じて得た額

3　第一項に規定する者が退職年金の受給権者である場合における前項の規定の適用については、同項各号中「給付算定基礎額」とあるのは、「公務障害年金の給付事由が生じた日におけるその者の終身退職年金算定基礎額（その者の組合員期間が十年に満たないときは、当該終身退職年金算定基礎額に二を乗じて得た額）に二を乗じて得た額」とする。

4　第一項に規定する組合員又は組合員であつた者の年齢については、第七十八条第四項の規定を準用する。

5　第一項に規定する調整率は、各年度における国民年金法第二十七条に規定する改定率（以下「改定率」という。）を公務障害年金の給付事由が生じた日の属する年度における改定率で除して得た率とする。

6　公務障害年金の額が、その受給権者の公務傷病による障害の程度が次の各号に掲げる障害等級のいずれの区分に属するかに応じ当該各号に定める金額に改定率を乗じて得た金額から厚生年金相当額を控除して得

国家公務員共済組合法施行令

国家公務員共済組合法施行規則

国家公務員共済組合法等の運用方針

た金額より少ないときは、当該控除して得た金額を当該公務障害年金の額とする。

一　障害等級一級　四百十五万二千六百円

二　障害等級二級　二百五十六万四千八百円

三　障害等級三級　二百三十二万六百円

7　前項に規定する厚生年金相当額は、公務障害年金の受給権者が受ける権利を有する厚生年金保険法による障害厚生年金の額（同法第四十七条第一項ただし書（同法第四十七条の二第二項、第四十七条の三第二項、第五十二条第五項及び第五十四条第三項において準用する場合を含む。以下この項及び第九十条第七項において同じ。）の規定により同法による障害厚生年金を受ける権利を有しないときは同法第四十七条第一項ただし書の規定の適用がないものとして同法の規定の例により算定した額）、同法による老齢厚生年金の額、同法による遺族厚生年金の額（同法第五十八条第一項ただし書の規定により同法による遺族厚生年金を受ける権利を有しないときは同項ただし書の規定の適用がないものとして同法の規定の例により算定した額）、同法による年金たる保険給付に相当するものとして政令で定めるものの額又はその者が二以上のこれらの年金である給付を併せて受けることができる場合におけるこれらの年金である給付の額の合計額のうち最も高い額をいう。

8　前各項に定めるもののほか、公務障害年金の額の計算に関し必要な事項は、財務省令で定める。

（障害の程度が変わつた場合の公務障害年金の額の改定）

第八十五条　公務障害年金の受給権者の障害の程度が減退したとき、又は当該障害の程

（厚生年金保険法による年金たる保険給付に相当する給付）

第二十条　法第八十四条第七項及び第九十条第七項に規定する厚生年金保険法による年金たる保険給付に相当するものとして政令で定めるものは、次に掲げる給付とする。

一　平成二十四年一元化法附則第三十七条第一項に規定する給付のうち平成二十四年一元化法第二条の規定による改正前の法（以下「平成二十四年一元化法改正前の法」という。）による退職共済年金（同項の規定によりなおその効力を有するものとされた平成二十四年一元化法改正前の法（以下この条において「なお効力を有する平成二十四年一元化法改正前の法」という。）第七十四条第二項に規定する退職共済年金の職域加算額、なお効力を有する平成二十四年一元化法改正前の法第七十八条第一項に規定する加給年金額、なお効力を有する平成二十四年一元化法改正前の法第七十八条の二第四項の規定により加算される額、なお効力を有する平成二十四年一元化法改正前の法附則第十二条の四の二第二項第一号に掲げる金額及び同条第三項の規定により加算される金額並びになお効力を有する平成二十四年一元化法改正前の法附則第十二条の六の三第一項に規定する繰上げ調整額及び同条第三項に規定する繰上げ調整追加額並びに平成二十四年一元化法附則第三十七条第一項の規定によりなお

国家公務員共済組合法

度が増進した場合においてその者の請求があつたときは、その減退し、又は増進した後における障害の程度に応じて、その公務障害年金の額を改定する。

2　公務障害年金（その権利を取得した当時から引き続き障害等級の一級又は二級に該当しない程度の障害の状態にある受給権者に係るものを除く。）の受給権者であつて、後発公務傷病（公務傷病であつて当該公務障害年金の給付事由となつた障害に係る公務傷病の初診日後に初診日があるものをいう。以下この項及び第八十七条第二項ただし書において同じ。）の初診日において組合員であつたものが、当該後発公務傷病により障害（障害等級の一級又は二級に該当しない程度のものに限る。以下この項及び第八十七条第二項ただし書において「その他公務障害」という。）の状態にあり、かつ、当該後発公務傷病に係る障害認定日以後六十五歳に達する日の前日までの間において、当該公務障害年金の給付事由となつた障害とその他公務障害（その他公務障害が二以上ある場合は、全てのその他公務障害を併合した障害）とを併合した障害の程度が当該公務障害年金の給付事由となつた障害の程度より増進した場合においてその期間内にその者の請求があつたときは、その増進した後における障害の程度に応じて、その公務障害年金の額を改定する。

3　第一項の規定は、公務障害年金（障害等級の三級に該当する程度の障害の状態にある場合に限る。）の受給権者（当該公務障害年金の給付事由となつた障害について国民年金法による障害基礎年金が支給されない者に限る。）であつて、かつ、六十五歳以上の者については、適用しない。

国家公務員共済組合法施行令

その効力を有するものとされた平成二十四年一元化法附則第九十八条の規定（平成二十四年一元化法附則第一条第三号に掲げる改正規定を除く。）による改正前の国家公務員等共済組合法等の一部を改正する法律（昭和六十年法律第百五号。以下この条において「なお効力を有する昭和六十年改正法」という。）附則第十六条第一項及び第四項並びに第十七条第二項の規定により加算される金額を当該退職共済年金の額から除いた額に相当する部分に限る。）、障害共済年金（なお効力を有する平成二十四年一元化法改正前の法第七十四条第二項に規定する障害共済年金の職域加算額及びなお効力を有する平成二十四年一元化法改正前の法第八十三条第一項に規定する加給年金額を当該障害共済年金の額から除いた額に相当する部分に限る。）又は遺族共済年金（なお効力を有する平成二十四年一元化法改正前の法第七十四条第二項に規定する遺族共済年金の職域加算額並びになお効力を有する昭和六十年改正法附則第二十八条第一項並びに第二十九条第一項及び第二項の規定により加算される金額並びになお効力を有する平成二十四年一元化法改正前の法第九十条の規定により加算される金額を当該遺族共済年金の額から除いた額に相当する部分に限る。）

二　平成二十四年一元化法附則第三十七条第一項に規定する給付のうち国家公務員等共済組合法等の一部を改正する法律（昭和六十年法律第百五号。以下「昭和六十年改正法」という。）第一条の規定による改正前の国家公務員等共済組合法（以下「旧国共済法」という。）による退

国家公務員共済組合法施行規則

国家公務員共済組合法等の運用方針

（二以上の障害がある場合の取扱い）

第八十六条　公務障害年金（その権利を取得した当時から引き続き障害等級の一級又は二級に該当しない程度の障害の状態にある受給権者に係るものを除く。以下この条において同じ。）の受給権者に対して更に公務障害年金を支給すべき事由が生じたときは、前後の障害を併合した障害の程度を第八十三条に規定する障害の程度として同条の規定を適用する。

２　公務障害年金の受給権者が前項の規定により前後の障害を併合した障害の程度による公務障害年金を受ける権利を取得したときは、従前の公務障害年金を受ける権利は、消滅する。

３　第一項の規定による公務障害年金の額が前項の規定により消滅した公務障害年金の額に満たないときは、第八十四条第一項の規定にかかわらず、従前の公務障害年金の額に相当する額をもつて、第一項の規定による公務障害年金の額とする。

（組合員である間の公務障害年金の支給の停止等）

第八十七条　公務障害年金の受給権者が組合員であるときは、組合員である間、公務障害年金の支給を停止する。

２　公務障害年金の受給権者の障害の程度が障害等級に該当しなくなつたときは、その該当しない間、公務障害年金の支給を停止する。ただし、その支給を停止された公務障害年金（その権利を取得した当時から引き続き障害等級の一級又は二級に該当しない程度の障害の状態にある受給権者に係るものを除く。）の受給権者が後発公務傷病の初診日において組合員であつた場合であつて、当該後発公務傷病によりその他公務障害の状態にあり、かつ、当該後発公務傷

職年金、減額退職年金若しくは通算退職年金（当該これらの年金である給付の額の百十分の十に相当する額及び国民年金法による老齢基礎年金の額に相当するものとして財務省令で定めるところにより計算した額（以下この条において「老齢基礎年金相当額」という。）を当該これらの年金である給付の額から除いた額に相当する部分に限る。）、障害年金（当該障害年金の額（なお効力を有する昭和六十年改正法附則第四十二条第一項ただし書の規定の適用があるときは、平成二十四年一元化法附則第三十七条第一項の規定によりなおその効力を有するものとされた国家公務員共済組合法施行令等の一部を改正する等の政令（平成二十七年政令第三百四十四号）第二条の規定による改正前の国家公務員等共済組合法等の一部を改正する法律の施行に伴う経過措置に関する政令（昭和六十一年政令第五十六号。以下この条において「なお効力を有する昭和六十一年経過措置政令」という。）第四十二条第二項の規定の適用がないものとした場合の同条第一項各号に定める金額。以下この号において同じ。）の百十分の十に相当する額及び国民年金法による障害基礎年金の額に相当するものとして財務省令で定めるところにより計算した額（以下この条において「障害基礎年金相当額」という。）を当該障害年金の額から除いた額に相当する部分に限る。）又は遺族年金若しくは通算遺族年金（当該これらの年金である給付の額（遺族年金にあつては、その額がなお効力を有する昭和六十一年経過措置政令第四十八条第三項の規定によるものであるときは、同項の規定の適用がないものと

病に係る障害認定日以後六十五歳に達する日の前日までの間において、当該公務障害年金の給付事由となつた障害とその他公務障害（その他公務障害が二以上ある場合は、全てのその他公務障害を併合した障害）とを併合した障害の程度が、障害等級の一級又は二級に該当するに至つたときは、この限りでない。

（公務障害年金の失権）

第八十八条　公務障害年金を受ける権利は、第八十六条第二項の規定によつて消滅するほか、公務障害年金の受給権者が次の各号のいずれかに該当するに至つたときは、消滅する。

一　死亡したとき。

二　障害等級に該当する程度の障害の状態にない者が六十五歳に達したとき。ただし、六十五歳に達した日において、障害等級に該当する程度の障害の状態に該当しなくなつた日から起算して障害等級に該当することなく三年を経過していないときを除く。

三　障害等級に該当する程度の障害の状態に該当しなくなつた日から起算して障害等級に該当することなく三年を経過したとき。ただし、三年を経過した日において、当該受給権者が六十五歳未満であるときを除く。

第四目　公務遺族年金

（公務遺族年金の受給権者）

第八十九条　組合員又は組合員であつた者が次の各号のいずれかに該当するときは、その者の遺族に公務遺族年金を支給する。

一　組合員が、公務傷病により死亡したとき（公務により行方不明となり、失踪《そう》の宣告を受けたことにより死亡したとみな

した場合の同条第一項又は第二項の規定による額）の百十分の十に相当する額及び国民年金法による遺族基礎年金の額に相当するものとして財務省令で定めるところにより計算した額（以下この条において「遺族基礎年金相当額」という。）を当該これらの年金である給付の額から除いた額に相当する部分に限る。）

三　平成二十四年一元化法附則第四十一条第一項の規定による退職共済年金（厚生年金保険法の規定を適用することとしたならば同法第四十四条第一項の規定により加算されることとなる額、同法第四十四条の三第四項の規定により加算されることとなる額、同法附則第九条の二第二項の規定により算定されることとなる額のうち同項第一号に掲げる額、同法附則第十三条の五第一項及び第四項の規定により加算されることとなる額並びに昭和六十年国民年金等改正法附則第五十九条第二項及び第六十条第二項の規定により加算されることとなる額に相当する額を当該退職共済年金の額から除いた額に相当する部分に限る。）、障害共済年金（厚生年金保険法の規定を適用することとしたならば同法第五十条の二第一項の規定により加算されることとなる額に相当する額を当該障害共済年金の額から除いた額に相当する部分に限る。）又は遺族共済年金（厚生年金保険法の規定を適用することとしたならば同法第六十二条第一項の規定により加算されることとなる額並びに昭和六十年国民年金等改正法附則第七十三条第一項並びに第七十四条第一項及び第二項の規定により加算されることとなる額に相当する額を当該遺族共済

されたときを含む。）。

二　組合員であつた者が、退職後に、組合員であつた間に初診日がある公務傷病により当該初診日から起算して五年を経過する日前に死亡したとき。

三　障害等級の一級又は二級に該当する障害の状態にある公務障害年金の受給権者が当該公務障害年金の給付事由となつた公務傷病により死亡したとき。

2　一年以上の引き続く組合員期間を有し、かつ、国民年金法第五条第一項に規定する保険料納付済期間、同条第二項に規定する保険料免除期間及び同法附則第九条第一項に規定する合算対象期間を合算した期間が二十五年以上である者が、公務傷病により死亡したときの前項の規定の適用については、同項第二号中「当該初診日から起算して五年を経過する日前に死亡した」とあるのは「死亡した」と、同項第三号中「の一級又は二級に該当する」とあるのは「に該当する」とする。

（公務遺族年金の額）

第九十条　公務遺族年金の額は、公務遺族年金の額の算定の基礎となるべき額（次項において「公務遺族年金算定基礎額」という。）を、組合員又は組合員であつた者の死亡の日における年齢（その者の年齢が六十四歳に満たないときは、六十四歳）に応じた終身年金現価率で除して得た金額に調整率を乗じて得た金額とする。

2　公務遺族年金算定基礎額は、給付算定基礎額に二・二五を乗じて得た額（組合員期間の月数が三百月未満であるときは、当該乗じて得た額を組合員期間の月数で除して得た額に三百を乗じて得た額）とする。

3　第一項に規定する者が退職年金の受給権者である場合における前項の規定の適用に

年金の額から除いた額に相当する部分に限る。）

四　平成二十四年一元化法附則第六十一条第一項に規定する給付のうち平成二十四年一元化法第三条の規定による改正前の地方公務員等共済組合法（以下「平成二十四年一元化法改正前地方共済法」という。）による退職共済年金（平成二十四年一元化法附則第六十一条の二第一項第二号に規定する旧職域加算額（以下この号において「旧職域加算額」という。）のうち退職共済年金に係るものに相当する金額、平成二十四年一元化法附則第六十一条第一項の規定によりなおその効力を有するものとされた平成二十四年一元化法改正前地方共済法（以下この号において「なお効力を有する平成二十四年一元化法改正前地方共済法」という。）第八十条第一項に規定する加給年金額、なお効力を有する平成二十四年一元化法改正前地方共済法第八十条の二第四項の規定により加算される額、なお効力を有する平成二十四年一元化法改正前地方共済法附則第二十条の二第二項第一号及び第三号に掲げる金額並びになお効力を有する平成二十四年一元化法改正前地方共済法附則第二十四条の三第一項に規定する繰上げ調整額及び同条第三項に規定する繰上げ調整追加額並びに平成二十四年一元化法附則第六十一条第一項の規定によりなおその効力を有するものとされた平成二十四年一元化法附則第百二条の規定（平成二十四年一元化法附則第一条第三号に掲げる改正規定を除く。）による改正前の地方公務員等共済組合法等の一部を改正する法律（昭和六十年法律第百八号。以下この条において「なお効力を有

国家公務員共済組合法

ついては、同項中「給付算定基礎額」とあるのは、「死亡した日におけるその者の終身退職年金算定基礎額（その者の組合員期間が十年に満たないときは、当該終身退職年金算定基礎額に二を乗じて得た額）に二を乗じて得た額」とする。

4　第一項に規定する組合員又は組合員であつた者の年齢については、第七十八条第四項の規定を準用する。

5　第一項に規定する調整率は、各年度における改定率を公務遺族年金の給付事由が生じた日の属する年度における改定率で除して得た率とする。

6　第一項の規定による公務遺族年金の額が百三万八千百円に改定率を乗じて得た金額から厚生年金相当額を控除して得た金額より少ないときは、当該控除して得た金額を当該公務遺族年金の額とする。

7　前項に規定する厚生年金相当額は、公務遺族年金の受給権者が受ける権利を有する厚生年金保険法による遺族厚生年金の額（同法第五十八条第一項ただし書の規定により同法による遺族厚生年金を受ける権利を有しないときは同項ただし書の規定の適用がないものとして同法の規定の例により算定した額）、同法による老齢厚生年金の額、同法による障害厚生年金の額（同法第四十七条第一項ただし書の規定により障害厚生年金を受ける権利を有しないときは同法第四十七条第一項ただし書の規定の適用がないものとして同法の規定の例により算定した額）、同法による年金たる保険給付に相当するものとして政令で定めるものの額又はその者が二以上のこれらの年金である給付を併せて受けることができる場合におけるこれらの年金である給付の額の合計

国家公務員共済組合法施行令

する昭和六十年地方の改正法」という。）附則第十六条第一項及び第四項並びに第十七条第二項の規定により加算される額を当該退職共済年金の額から除いた額に相当する部分に限る。）、障害共済年金（旧職域加算額のうち障害共済年金に係るものに相当する金額及びなお効力を有する平成二十四年一元化法改正前地方共済法第八十八条第一項に規定する加給年金額を当該障害共済年金の額から除いた額に相当する部分に限る。）又は遺族共済年金（旧職域加算額のうち遺族共済年金に係るものに相当する金額及びなお効力を有する平成二十四年一元化法改正前地方共済法第九十九条の三の規定により加算される金額並びになお効力を有する昭和六十年地方の改正法附則第二十九条第一項並びに第三十条第一項及び第二項の規定により加算される額を当該遺族共済年金の額から除いた額に相当する部分に限る。）

五　平成二十四年一元化法附則第六十一条第一項に規定する給付のうち地方公務員等共済組合法等の一部を改正する法律（昭和六十年法律第百八号。以下「昭和六十年地方の改正法」という。）第一条の規定による改正前の地方公務員等共済組合法（以下「旧地共済法」という。）による退職年金、減額退職年金若しくは通算退職年金（当該これらの年金である給付の額の百十分の十に相当する額及び老齢基礎年金相当額を当該これらの年金である給付の額から除いた額に相当する部分に限る。）、障害年金（当該障害年金の額（なお効力を有する昭和六十年地方の改正法附則第四十八条第三項の規定を

国家公務員共済組合法施行規則

国家公務員共済組合法等の運用方針

額のうち最も高い額をいう。

8　前各項に定めるもののほか、公務遺族年金の額の計算に関し必要な事項は、財務省令で定める。

（公務遺族年金の支給の停止）

第九十一条　夫、父母又は祖父母に対する公務遺族年金は、その者が六十歳に達するまでは、その支給を停止する。ただし、夫に対する公務遺族年金については、当該組合員又は組合員であつた者の死亡について、夫が国民年金法による遺族基礎年金を受ける権利を有するときは、この限りでない。

2　子に対する公務遺族年金は、配偶者が公務遺族年金を受ける権利を有する間、その支給を停止する。ただし、配偶者に対する公務遺族年金が第七十五条の五第一項、前項本文、次項本文又は次条第一項の規定によりその支給を停止されている間は、この限りでない。

3　配偶者に対する公務遺族年金は、当該組合員又は組合員であつた者の死亡について、配偶者が国民年金法による遺族基礎年金を受ける権利を有しない場合であつて子が当該遺族基礎年金を受ける権利を有するときは、その間、その支給を停止する。ただし、子に対する公務遺族年金が次条第一項の規定によりその支給を停止されている間は、この限りでない。

4　第二項本文の規定により年金の支給を停止した場合においては、その停止している期間、その年金は、配偶者に支給する。

5　第三項本文の規定により年金の支給を停止した場合においては、その停止している期間、その年金は、子に支給する。

第九十二条　公務遺族年金の受給権者が一年以上所在不明である場合には、同順位者があるときは同順位者の申請により、その所

適用する場合（同条第一項の規定により算定した障害年金の額について適用する場合に限る。）は、平成二十四年一元化法附則第六十一条第一項の規定によりなおその効力を有するものとされた地方公務員等共済組合法施行令等の一部を改正する等の政令（平成二十七年政令第三百四十六号）第二条の規定による改正前の地方公務員等共済組合法等の一部を改正する法律の施行に伴う経過措置に関する政令（昭和六十一年政令第五十八号。以下この号において「なお効力を有する昭和六十一年地共済経過措置政令」という。）第四十四条第三項の規定の適用がないものとした場合の同条第二項各号に定める金額。以下この号において同じ。）の百十分の十に相当する額及び障害基礎年金相当額を当該障害年金の額から除いた額に相当する部分に限る。）又は遺族年金若しくは通算遺族年金（当該これらの年金である給付の額（遺族年金にあつては、その額がなお効力を有する昭和六十一年地共済経過措置政令第四十九条第三項の規定によるものであるときは、同項の規定の適用がないものとした場合の同条第一項又は第二項の規定による額）の百十分の十に相当する額及び遺族基礎年金相当額を当該これらの年金である給付の額から除いた額に相当する部分に限る。）

六　平成二十四年一元化法附則第六十五条第一項の規定による退職共済年金（厚生年金保険法の規定を適用することとしたならば同法第四十四条第一項の規定により加算されることとなる額、同法第四十四条の三第四項の規定により加算されることとなる額、同法附則第九条の二第二

国家公務員共済組合法

在不明である間、当該受給権者の受けるべき公務遺族年金の支給を停止することができる。

2　前項の規定により年金の支給を停止した場合には、その停止している期間、その年金は、同順位者から申請があつたときは同順位者に支給する。

（公務遺族年金の失権）

第九十三条　公務遺族年金の受給権者は、次の各号のいずれかに該当するに至つたときは、その権利を失う。

一　死亡したとき。

二　婚姻をしたとき（届出をしていないが、事実上婚姻関係と同様の事情にある者となつたときを含む。）。

三　直系血族及び直系姻族以外の者の養子（届出をしていないが、事実上養子縁組関係と同様の事情にある者を含む。）となつたとき。

四　死亡した組合員であつた者との親族関係が離縁によつて終了したとき。

五　次のイ又はロに掲げる区分に応じ、当該イ又はロに定める日から起算して五年を経過したとき。

イ　公務遺族年金の受給権を取得した当時三十歳未満である妻が当該公務遺族年金と同一の給付事由に基づく国民年金法による遺族基礎年金の受給権を取得しないとき　当該公務遺族年金の受給権を取得した日

ロ　公務遺族年金と当該公務遺族年金と同一の給付事由に基づく国民年金法による遺族基礎年金の受給権を有する妻が三十歳に到達する日前に当該遺族基礎年金の受給権が消滅したとき　当該遺族基礎年金の受給権が消滅した日

国家公務員共済組合法施行令

項の規定により算定されることとなる額のうち同項第一号に掲げる額、同法附則第十三条の五第一項及び第四項の規定により加算されることとなる額並びに昭和六十年国民年金等改正法附則第五十九条第二項及び第六十条第二項の規定により加算されることとなる額に相当する額を当該退職共済年金の額から除いた額に相当する部分に限る。）、障害共済年金（厚生年金保険法の規定を適用することとしたならば同法第五十条の二第一項の規定により加算されることとなる額に相当する額を当該障害共済年金の額から除いた額に相当する部分に限る。）又は遺族共済年金（厚生年金保険法の規定を適用することとしたならば同法第六十二条第一項の規定により加算されることとなる額並びに昭和六十年国民年金等改正法附則第七十三条第一項並びに第七十四条第一項及び第二項の規定により加算されることとなる額に相当する額を当該遺族共済年金の額から除いた額に相当する部分に限る。）

七　平成二十四年一元化法附則第七十九条に規定する給付のうち平成二十四年一元化法第四条の規定による改正前の私立学校教職員共済法（以下「平成二十四年一元化法改正前私学共済法」という。）による退職共済年金（平成二十四年一元化法附則第七十九条の規定によりなおその効力を有するものとされた平成二十四年一元化法改正前私学共済法第二十五条において準用するなお効力を有する平成二十四年一元化法改正前の法（以下この号において「なお効力を有する平成二十四年一元化法改正前準用国共済法」とい

国家公務員共済組合法施行規則

国家公務員共済組合法等の運用方針

2　公務遺族年金の受給権者である子又は孫は、次の各号のいずれかに該当するに至つたときは、その権利を失う。

一　子又は孫（障害等級の一級又は二級に該当する障害の状態にある子又は孫を除く。）について、十八歳に達した日以後の最初の三月三十一日が終了したとき。

二　障害等級の一級又は二級に該当する障害の状態にある子又は孫（十八歳に達する日以後の最初の三月三十一日までの間にある子又は孫を除く。）について、その事情がなくなつたとき。

三　子又は孫が、二十歳に達したとき。

第四節　給付の制限

（給付の制限）

第九十四条　この法律により給付を受けるべき者が、故意の犯罪行為により、又は故意に、病気、負傷、障害、死亡若しくは災害又はこれらの直接の原因となつた事故を生じさせた場合には、その者には、次項の規定に該当する場合を除き、当該病気、負傷、障害、死亡又は災害に係る給付は、行わない。

2　公務遺族年金である給付又は第四十四条の規定により支給するその他の給付に係る支払未済の給付（以下この項及び第百十一条第三項において「遺族給付」という。）を受けるべき者が組合員、組合員であつた者又は遺族給付を受ける者を故意の犯罪行為により、又は故意に死亡させた場合には、その者には、当該遺族給付は、行わない。組合員又は組合員であつた者の死亡前に、その者の死亡によつて遺族給付を受けるべき者を故意の犯罪行為により、又は故意に

う。）第七十四条第二項に規定する退職共済年金の職域加算額、なお効力を有する平成二十四年一元化法改正前準用国共済法第七十八条第一項に規定する加給年金額、なお効力を有する平成二十四年一元化法改正前準用国共済法第七十八条の二第四項の規定により加算される額、なお効力を有する平成二十四年一元化法改正前準用国共済法附則第十二条の四の二第二項第一号に掲げる金額及び同条第三項の規定により加算される金額並びになお効力を有する平成二十四年一元化法改正前準用国共済法附則第十二条の六の三第一項に規定する繰上げ調整額及び同条第三項に規定する繰上げ調整追加額並びに私立学校教職員共済法第四十八条の二の規定によりその例によることとされるなお効力を有する昭和六十年改正法附則第十六条第一項及び第四項並びに第十七条第二項の規定により加算される金額を当該退職共済年金の額から除いた額に相当する部分に限る。）、障害共済年金（なお効力を有する平成二十四年一元化法改正前準用国共済法第七十四条第二項に規定する障害共済年金の職域加算額及びなお効力を有する平成二十四年一元化法改正前準用国共済法第八十三条第一項に規定する加給年金額を当該障害共済年金の額から除いた額に相当する部分に限る。）又は遺族共済年金（なお効力を有する平成二十四年一元化法改正前準用国共済法第七十四条第二項に規定する遺族共済年金の職域加算額及びなお効力を有する平成二十四年一元化法改正前準用国共済法第九十条の規定により加算される金額並びに私立学校教職員共済法第四十八条の二の規定によりその例によることとされ

第九十四条関係

第一項及び第三項の「この法律により給付を受けるべき者」には、当該給付が組合員の被扶養者について生じた場合にはその被扶養者を含むものとする。

国家公務員共済組合法

死亡させた者についても、同様とする。

3 この法律により給付を受けるべき者が、重大な過失により、若しくは正当な理由がなくて療養に関する指示に従わなかつたことにより、病気、負傷、障害若しくは死亡若しくはこれらの直接の原因となつた事故を生じさせ、その病気若しくは障害の程度を増進させ、若しくはその回復を妨げ、又は故意にその障害の程度を増進させ、若しくはその回復を妨げた場合には、その者には、当該病気、負傷、障害又は死亡に係る給付の全部又は一部を行わず、また、当該障害については、第八十五条第一項の規定による改定を行わず、又はその者の障害の程度が現に該当する障害等級以下の障害等級に該当するものとして同項の規定による公務障害年金の額の改定を行うことができる。

第九十五条 組合がこの法律に基く給付の支給に関し必要があると認めてその支給に係る者につき診断を受けるべきことを求めた場合において、正当な理由がなくてこれに応じない者があるときは、その者に係る当該給付は、その全部又は一部を行わないことができる。

国家公務員共済組合法施行令

るなお効力を有する昭和六十年改正法附則第二十八条第一項並びに第二十九条第一項及び第二項の規定により加算される金額を当該遺族共済年金の額から除いた額に相当する部分に限る。）

八 平成二十四年一元化法附則第七十九条に規定する給付のうち私立学校教職員共済組合法等の一部を改正する法律（昭和六十年法律第百六号）第一条の規定による改正前の私立学校教職員共済組合法（以下「旧私学共済法」という。）による退職年金、減額退職年金若しくは通算退職年金（当該これらの年金である給付の額の百十分の十に相当する額及び老齢基礎年金相当額を当該これらの年金である給付の額から除いた額に相当する部分に限る。）、障害年金（当該障害年金の額（私立学校教職員共済法第四十八条の二の規定によりその例によることとされるなお効力を有する昭和六十年改正法附則第四十二条第一項ただし書の規定の適用があるときは、私立学校教職員共済法第四十八条の二の規定によりその例によることとされるなお効力を有する昭和六十一年経過措置政令第四十二条第二項の規定の適用がないものとした場合の同条第一項各号に定める金額。以下この号において同じ。）の百十分の十に相当する額及び障害基礎年金相当額を当該障害年金の額から除いた額に相当する部分に限る。）又は遺族年金若しくは通算遺族年金（当該これらの年金である給付の額（遺族年金にあつては、その額が私立学校教職員共済法第四十八条の二の規定によりその例によることとされるなお効力を有する昭和六十一年経過措置政令第四

国家公務員共済組合法施行規則

国家公務員共済組合法等の運用方針

十八条第三項の規定によるものであるときは、同項の規定の適用がないものとした場合の同条第一項又は第二項の規定による額）の百十分の十に相当する額及び遺族基礎年金相当額を当該これらの年金である給付の額から除いた額に相当する部分に限る。）

九　旧厚生年金保険法による老齢年金、通算老齢年金若しくは特例老齢年金（昭和六十年国民年金等改正法附則第七十八条第二項の規定によりなおその効力を有するものとされた旧厚生年金保険法（以下この号において「なお効力を有する旧厚生年金保険法」という。）第四十三条第一項に規定する加給年金額及び老齢基礎年金相当額を当該これらの年金である給付の額から除いた額に相当する部分に限る。）、障害年金（なお効力を有する旧厚生年金保険法第五十条第一項第一号及び第二号に規定する加給年金額並びに障害基礎年金相当額を当該障害年金の額から除いた額に相当する部分に限る。）又は遺族年金、通算遺族年金若しくは特例遺族年金（なお効力を有する旧厚生年金保険法第六十条第一項に規定する加給年金額及び遺族基礎年金相当額を当該これらの年金である給付の額から除いた額に相当する部分に限る。）

十　旧船員保険法による老齢年金、通算老齢年金若しくは特例老齢年金（昭和六十年国民年金等改正法附則第八十七条第三項の規定によりなおその効力を有するものとされた旧船員保険法（以下この号において「なお効力を有する旧船員保険法」という。）第三十六条第一項の規定により加給される金額及び老齢基礎年金相当額を当該これらの年金である給付の

国家公務員共済組合法	
国家公務員共済組合法施行令	額から除いた額に相当する部分に限る。)、障害年金(なお効力を有する旧船員保険法第四十一条の二第一項の規定により加給される金額及び障害基礎年金相当額を当該障害年金の額から除いた額に相当する部分に限る。)又は遺族年金、通算遺族年金若しくは特例遺族年金(なお効力を有する旧船員保険法第五十条の三及び第五十条の三の二の規定により加給される金額並びに遺族基礎年金相当額を当該これらの年金である給付の額から除いた額に相当する部分に限る。) 十一　平成十三年統合法附則第十六条第四項に規定する移行農林共済年金のうち退職共済年金(同条第一項の規定によりなおその効力を有するものとされた平成十三年統合法第一条の規定による廃止前の農林漁業団体職員共済組合法(昭和三十三年法律第九十九号。以下この号において「なお効力を有する廃止前農林共済法」という。)第三十八条第一項に規定する加給年金額、なお効力を有する廃止前農林共済法附則第九条第二項第一号に掲げる額並びになお効力を有する廃止前農林共済法附則第十一条の三第一項に規定する繰上げ調整額及び同条第三項に規定する年齢到達時繰上げ調整追加額並びに平成十三年統合法附則第十六条第一項の規定によりなおその効力を有するものとされた農林漁業団体職員共済組合法の一部を改正する法律(昭和六十年法律第百七号。以下この号において「なお効力を有する廃止前昭和六十年農林共済改正法」という。)附則第十五条第一項及び第四項並びに第十六条第二項の規定により加算される額を当該退職共済年金の額
国家公務員共済組合法施行規則	
国家公務員共済組合法等の運用方針	

法第九十六条

第九十六条　第百一条第三項の規定により同条第一項に規定する掛金等に相当する金額を組合に払い込むべき者が、その払い込むべき月の翌月の末日までにその掛金等に相当する金額を組合に納付しない場合には、**政令で定める**ところにより、その者に係る給付の一部を行わないことができる。

政令第二十条、第二十一条

から除いた額に相当する部分に限る。）、障害共済年金（なお効力を有する廃止前農林共済法第四十三条第一項に規定する加給年金額を当該障害共済年金の額から除いた額に相当する部分に限る。）又は遺族共済年金（なお効力を有する廃止前農林共済法第四十八条の規定により加算される額及びなお効力を有する廃止前昭和六十年農林共済改正法附則第二十六条並びに第二十七条第一項及び第二項の規定により加算される額を当該遺族共済年金の額から除いた額に相当する部分に限る。）

十二　平成十三年統合法附則第十六条第六項に規定する移行農林年金のうち退職年金、減額退職年金若しくは通算退職年金（老齢基礎年金相当額を当該これらの年金である給付の額から除いた額に相当する部分に限る。）、障害年金（障害基礎年金相当額を当該障害年金の額から除いた額に相当する部分に限る。）又は遺族年金若しくは通算遺族年金（遺族基礎年金相当額を当該これらの年金である給付の額から除いた額に相当する部分に限る。）

（掛金等を納付しない場合の給付の制限）

第二十一条　組合が第二十五条の二第二項の規定に該当する者に対し同項の通知をした場合において、当該通知に係る金額（以下「未納掛金等」という。）が未納掛金等につき控除の行なわれるべき月の翌月の末日（当該通知に係る同項に規定する組合の指定した日が当該末日後に到来する場合には、当該指定した日。以下「納付期限」という。）までに完納されないときは、納付期限後に支給すべきその者に係る給付金については、法第九十六条の規定により、その額（法第四十五条及び第九十七条の規定の

規則第九十八条の二

（掛金等を納付しない場合の給付制限についての控除金額）

第九十八条の二　令第二十一条第一項に規定する**財務省令で定める**金額は、百円とする。

国家公務員共済組合法

第九十七条　組合員若しくは組合員であつた者が禁錮《こ》以上の刑に処せられたとき、組合

国家公務員共済組合法施行令

適用後の額をいう。）から**財務省令で定める**金額を控除した金額のうち、納付期限の翌日から未納掛金等を完納した日の前日までの日数に応じ未納掛金等につき年十四・六パーセントの割合で計算した金額（以下「給付制限額」という。）に達するまでの金額は、支給しない。ただし、次の各号の一に該当する場合又は納付期限までに完納しなかつたことにつきやむを得ない事情があると認められる場合は、この限りでない。

一　未納掛金等につき控除の行なわれるべき月分のその者の掛金等（法第百条第一項に規定する掛金等をいう。以下同じ。）の額が千円未満であるとき。

二　その者の住所若しくは居所が国内にないため、又はその住所及び居所がともに明らかでないため、公示送達の方法によつて当該通知をしたとき。

三　給付制限額が十円未満であるとき。

2　前項本文の場合において、未納掛金等の一部につき納付があつたときは、その納付の日以後の期間に係る給付制限額の計算の基礎となる未納掛金等は、その納付のあつた金額を控除した金額とする。

3　第一項本文の場合において、給付制限額のうちに前回以前の支給に係る給付金で同項本文の規定により支給されなかつたものに対応する金額があるときは、当該金額に相当する部分の給付制限額は、ないものとみなす。

4　給付制限額を計算するに当たり未納掛金等に百円未満の端数があるとき、又は給付制限額に一円未満の端数があるときは、これらの端数は、切り捨てる。

（刑に処せられた場合等の給付の制限）

第二十一条の二　組合員若しくは組合員であ

国家公務員共済組合法施行規則

国家公務員共済組合法等の運用方針

第九十七条関係

第一項

員が懲戒処分（国家公務員法第八十二条の規定による減給若しくは戒告又はこれらに相当する処分を除く。）を受けたとき又は組合員（退職した後に再び組合員となつた者に限る。）若しくは組合員であつた者が退職手当支給制限等処分（国家公務員退職手当法第十四条第一項第三号に該当することにより同項の規定による一般の退職手当等（同法第五条の二第二項に規定する一般の退職手当等をいう。以下この項において同じ。）の全部若しくは一部を支給しないこととする処分若しくは同法第十五条第一項第三号に該当することにより同項の規定による一般の退職手当等の額の全部若しくは一部の返納を命ずる処分又はこれらに相当する処分をいう。第四項において同じ。）を受けたときは、**政令で定める**ところにより、その者には、その組合員期間に係る退職年金又は公務障害年金の全部又は一部を支給しないことができる。

2　公務遺族年金の受給権者が禁錮《こ》以上の刑に処せられたときは、**政令で定める**ところにより、その者には、公務遺族年金の一部を支給しないことができる。

3　禁錮《こ》以上の刑に処せられてその刑の執行を受ける者に支給すべきその組合員期間に係る退職年金又は公務障害年金は、その刑の執行を受ける間、その支給を停止する。

4　連合会は、第一項の規定により退職手当支給制限等処分を受けたことを理由として退職年金又は公務障害年金の支給の制限を行うため必要があると認めるときは、国家公務員退職手当法第十一条第二号に規定する退職手当管理機関又はこれに相当する機関に対し、当該退職手当支給制限等処分に関して必要な資料の提供を求めることができる。

つた者が禁錮以上の刑に処せられた場合、組合員が法第九十七条第一項に規定する懲戒処分（以下この条において「懲戒処分」という。）を受けた場合又は組合員（退職した後に再び組合員となつた者に限る。）若しくは組合員であつた者が同項に規定する退職手当支給制限等処分（以下この条において「退職手当支給制限等処分」という。）を受けた場合には、その刑に処せられ、又は懲戒処分若しくは退職手当支給制限等処分を受けたとき以後、その組合員期間に係る退職年金（終身退職年金に限る。以下この条において同じ。）又は公務障害年金の額のうち、次の各号に掲げる場合に応じ当該各号に掲げる割合に相当する金額を支給しない。

一　禁錮以上の刑に処せられた場合　百分の百（公務障害年金にあつては、百分の五十）

二　懲戒処分によつて退職した場合　その引き続く組合員期間の月数（国家公務員法第八十一条の四第一項の規定により採用された職員又はこれに相当する職員（以下この号及び第四号において「再任用職員等」という。）である組合員（職員でなくなつたことにより当該職員が退職手当（国家公務員退職手当法の規定による退職手当をいう。以下この号及び第四号において同じ。）又はこれに相当する給付の支給を受けることができる場合における当該職員でなくなつた日又はその翌日に再任用職員等となつた組合員を除く。）が退職手当又はこれに相当する給付の額の算定の基礎となる職員としての引き続く在職期間中の行為に関する懲戒処分によつて退職した場合にあつては、

1　「懲戒処分を受けた場合」には、次の場合を含むものとする。

(1)　裁判官弾劾法（昭和二十二年法律第百三十七号）により裁判官を罷免された場合

(2)　国家公務員法（昭和二十二年法律第百二十号）第八条第二項第二号の事由により、同条第一項第二号に該当して罷免された場合

(3)　会計検査院法（昭和二十二年法律第七十三号）第六条第一項の規定により、職務上の義務に違反する事実があると決定され、かつ、両議院の議決があつた場合

2　年金受給者が再就職した場合において、その再就職期間に係る懲戒処分による給付の制限を受けるべきこととなつたときは、従前の年金額までに制限しないこととする。

第一項・第二項

施行令第二十一条の二第一項及び第二項の規定により退職等年金給付の一部の支給を制限する場合においては、法第百十五条第一項の規定を適用して端数の整理を行つた後の額により制限額を決定し、その制限額に円位未満の端数があるときは、円位未満の端数を切り捨てるものとする。

第三項

刑の執行を受ける間、その支給を停止されていた年金は、刑の執行を受けなくなつた日の属する月の翌月から支給するものとする。

国家公務員共済組合法

国家公務員共済組合法施行令

当該引き続く在職期間に係る組合員期間の月数と当該再任用職員等としての在職期間に係る組合員期間の月数とを合算した月数）が組合員期間の月数のうちに占める割合に百分の百（公務障害年金にあつては、百分の五十）を乗じて得た割合

三　国家公務員法第八十二条の規定による停職又はこれに相当する処分を受けた場合　当該停職の期間の日数（当該日数が三百六十五日を超える場合にあつては、三百六十五日）が三百六十五日のうちに占める割合に百分の五十（公務障害年金にあつては、百分の二十五）を乗じて得た割合

四　退職手当支給制限等処分を受けた場合　当該退職手当支給制限等処分の対象となる退職手当又はこれに相当する給付の額の算定の基礎となる職員としての引き続く在職期間に係る組合員期間の月数（当該職員である組合員が当該引き続く在職期間の末日以後に再任用職員等である組合員となつた場合にあつては、当該引き続く在職期間に係る組合員期間の月数と当該再任用職員等としての在職期間に係る組合員期間の月数とを合算した月数）が組合員期間の月数のうちに占める割合に百分の百（公務障害年金にあつては、百分の五十）を乗じて得た割合

2　公務遺族年金の受給権者が禁錮以上の刑に処せられた場合には、法第九十七条第二項の規定により、その者には、その刑に処せられたとき以後、当該公務遺族年金の額の百分の五十に相当する金額を支給しない。

3　前二項の場合において、これらの規定による給付の制限は、当該給付の制限を開始すべき月から、法第七十五条の四第一項の

国家公務員共済組合法施行規則

国家公務員共済組合法等の運用方針

規定、法第八十一条の規定、法第八十七条の規定又は法第九十一条第一項から第三項まで若しくは第九十二条第一項の規定により退職年金、公務障害年金又は公務遺族年金の支給が停止されている月を除き通算して六十月に達するまでの間に限り、行うものとする。

4　前項に規定する給付の制限を開始すべき月とは、禁錮以上の刑に処せられ若しくは懲戒処分若しくは退職手当支給制限等処分を受けた日又は退職年金、公務障害年金若しくは公務遺族年金の給付事由が生じた日のいずれか遅い日の属する月の翌月をいい、同日において法第七十五条の四第一項の規定、法第八十一条第一項の規定、法第八十七条の規定又は法第九十一条第一項から第三項まで若しくは第九十二条第一項の規定により退職年金、公務障害年金若しくは公務遺族年金の支給が停止されている場合にあつては、その停止すべき事由がなくなつた日の属する月の翌月をいう。

5　第一項第二号に規定する引き続く組合員期間の月数、同号及び同項第四号に規定する引き続く在職期間に係る組合員期間の月数若しくは再任用職員等としての在職期間に係る組合員期間の月数又は同項第三号に規定する停職の期間の日数は、法第九十九条第六項に規定する専従職員である組合員については、その専従職員であつた期間の月数又は日数を控除した月数又は日数による。

6　第一項から第三項までの規定を適用する場合において、同一の組合員期間について第一項又は第二項の規定に定める給付の制限の二以上に該当するときは、その該当する間は、そのうち最も高い割合による給付の制限（給付の制限の割合が同じときは、

国家公務員共済組合法

国家公務員共済組合法施行令

そのうちいずれか一の給付の制限）を定めている規定の定めるところによる。

7　第一項又は第二項の規定に該当する者に対する給付の制限は、各省各庁の長（法第八条第一項に規定する各省各庁の長をいう。）がこれらの規定に定める割合によることを不適当と認め、かつ、その割合の範囲内で財務大臣と協議して定めた割合を連合会に通知したときは、その割合によるものとする。

8　禁錮以上の刑に処せられてその刑の全部の執行猶予の言渡しを受けた者が、その言渡しを取り消されることなく猶予の期間を経過したときは、その刑に処せられなかつたとしたならば支給を受けるべきであつた退職年金、公務障害年金又は公務遺族年金の額のうち、第一項第一号又は第二項の規定及び第三項の規定により支給されなかつた金額に相当する金額を支給するものとする。

国家公務員共済組合法施行規則

国家公務員共済組合法等の運用方針

第五章　福祉事業

（福祉事業）

第九十八条　組合又は連合会の行う福祉事業は、次に掲げる事業とする。

一　組合員及びその被扶養者（以下この号及び第三項において「組合員等」という。）の健康教育、健康相談及び健康診査並びに健康管理及び疾病の予防に係る組合員等の自助努力についての支援その他の組合員等の健康の保持増進のために必要な事業（次号に掲げるものを除く。）

一の二　高齢者の医療の確保に関する法律第二十条の規定による特定健康診査及び同法第二十四条の規定による特定保健指導（第九十九条の二において「特定健康診査等」という。）

二　組合員の保養若しくは宿泊又は教養のための施設の経営

三　組合員の利用に供する財産の取得、管理又は貸付け

四　組合員の貯金の受入れ又はその運用

五　組合員の臨時の支出に対する貸付け

六　組合員の需要する生活必需物資の供給

七　その他組合員の福祉の増進に資する事業で定款で定めるもの

八　前各号に掲げる事業に附帯する事業

2　組合は、前項第一号及び第一号の二に掲げる事業を行うに当たつては、高齢者の医療の確保に関する法律第十六条第二項の情報を活用し、適切かつ有効に行うものとする。

3　財務大臣は、第一項第一号の規定により

○財務省告示第七十六号

国家公務員共済組合法（昭和三十三年法律第百二十八号）第九十八条第三項の規定に基づき、国家公務員共済組合連合会が行う健康の保持増進のために必要な事業に関して、その適切かつ有効な実施を図るための指針（平成十六年財務省告示第三百八十三号）の全部を次のように改正し、平成二十九年三月二十八日から適用する。

平成二十九年三月二十八日

財務大臣　麻生　太郎

第一　本指針策定の背景及び目的

一　「二十一世紀における国民健康づくり運動（健康日本二十一）」（平成十二年三月三十一日厚生省発健医第百十五号等）を中核とする国民の健康づくりや疾病予防をさらに推進するため、健康増進法（平成十四年法律第百三号）が平成十五年五月一日に施行され、同法に基づく健康増進事業実施者に対する健康診査の実施等に関する指針（平成十六年厚生労働省告示第二百四十二号。以下「健康診査等実施指針」という。）が平成十六年六月十四日に公布されたところである。

また、平成二十年四月一日には、高齢者の医療の確保に関する法律（昭和五十七年法律第八十号）及び特定健康診査及び特定保健指導の実施に関する基準（平成十九年厚生労働省令第百五十七号）が施行されたことに伴い、健康診査等実施指針の一部が改正されるとともに、同法に基づく特定健康診査及び特定保健指導の適切かつ有効な実施を図るための基本的な指針（平成二十年厚生労働省告示第百五十号）等の関連告示が適用され、生活習慣病のうち特に糖尿病、高血圧症、脂質異常症等の発症や重症化を予防することを目的として、メタボリックシンドロームに着目した生活習慣病予防のための健康診査（以下「特定健康診査」という。）及び保健指導（以下「特定保健指導」という。）の実施が、組合に対

国家公務員共済組合法

組合又は連合会が行う組合員等の健康の保持増進のために必要な事業に関して、その適切かつ有効な実施を図るため、指針の公表、情報の提供その他の必要な支援を行うものとする。

4　前項の指針は、健康増進法（平成十四年法律第百三号）第九条第一項に規定する健康診査等指針と調和が保たれたものでなければならない。

国家公務員共済組合法施行令

国家公務員共済組合法施行規則

国家公務員共済組合法等の運用方針

し義務付けられることとなった。

さらに、平成二十五年度からは「二十一世紀における第二次国民健康づくり運動（健康日本二十一（第二次））」（平成二十四年厚生労働省告示第四百三十号。以下「健康日本二十一（第二次）」という。）が適用され、健康づくりや疾病予防の更なる推進を図ることとされた。

加えて、平成二十八年四月一日には、持続可能な医療保険制度を構築するための国民健康保険法等の一部を改正する法律（平成二十七年法律第三十一号）による国家公務員共済組合法（昭和三十三年法律第百二十八号。以下「法」という。）第九十八条の改正により、国家公務員共済組合（以下「組合」という。）は、健康教育、健康相談及び健康診査並びに健康管理及び疾病の予防に係る国家公務員共済組合の組合員及びその被扶養者（以下「組合員等」という。）の自助努力についての支援その他の加入者の健康の保持増進のために必要な事業を行うように努めなければならないこととされた。

本指針は法第九十八条第三項及び第四項の規定に基づき、健康診査等実施指針と調和を保ちつつ、組合及び国家公務員共済組合連合会が組合員等を対象として行う健康教育、健康相談、健康診査その他の健康の保持増進のために必要な事業（以下「保健事業」という。）に関して、その適切かつ有効な実施を図るため、基本的な考え方を示すものである。

二　我が国では、生活環境の変化や高齢化の進展に伴って、疾病に占める生活習慣病の割合が増えてきており、がん、循環器疾患、糖尿病、ＣＯＰＤ（慢性閉塞性肺疾患をいう。以下同じ。）等の生活習慣病が死因の約六割を占めている。また、医療費に占める割合についてもがん、循環器疾患、糖尿病、ＣＯＰＤ等の生活習慣病が三割を占めている。

しかしながら、生活習慣病は、多くの場合、食生活、身体活動等の日常の生活習慣を見直すことによってその発症や進行を未然に防ぐことが可能であると言われている。一方で、本人に明確な自覚症状がないまま、症状が悪化することが多いことから、本人が自らの生活習慣の問題点を発見し、意識して、その特徴に応じて、生活習慣の改善に継続的に取り組み、それを組合が支援していくことが必要である。

このような生活習慣の改善に向けた取組は、個々の組合員等の生涯にわたる生活の質の維持及び向上に大きく影響し、ひいては、医療費全体の適正化にも資するものである。

三　こうした中で、近年、特定健康診査の実施や診療報酬明細書及び調剤報酬明細書（以下「診療報酬明細書等」という。）の電子化の進展等により、組合が健康や医療に関する情報を活用して組合員等の健康課題の分析、保健事業の評価等を行うための基盤の整備が進んでいる。

また、平成二十七年には、健康寿命の延伸とともに医療費の適正化を図ることを目的として、民間主導の活動体である日本健康会議が発足し、自治体、企業、保険者等における先進的な取組を横展開するため、平成三十二年までの数値目標を定めた「健康なまち・職場づくり宣言二〇二〇」が採択されたところである。

四　本指針は、これらの保健事業をめぐる動向を踏まえ、生活習慣病対策をはじめとして、組合員の自主的な健康増進及び疾病予防の取組について、組合がその支援の中心となって、組合員の特性を踏まえた効果的かつ効率的な保健事業を展開することを目指すものである。

五　組合をはじめとする保健事業の実施者は、本指針、健康診査等実施指針等に基づき、保健事業の積極的な推進が図られるよう努めるものとする。

第二　保健事業の基本的な考え方

組合は、法第九十八条第一項第一号の規定により、組合員等の保健事業を行うことができるとされている。

一　組合の役割の重視

1　組合は、組合員等の立場に立って、健康の保持増進を図り、もって病気の予防や早期回復を図る役割が期待されており、他の組合及び国家公務員共済組合連合会等様々な実施主体と連携しながら、個々の組合員等の自主的な健康増進及び疾病予防の取組を支援すべきであること。また、組合員等の健康の保持増進により、医療費の適正化及び組合の財政基盤強化が図られることは組合にとっても重要であること。

2　組合は、組合員等の特性に応じた

きめ細かい保健事業を実施し、その際には職場及び地域の特性にも配慮すること。また、保健事業への参加率が低い傾向にあると考えられる被扶養者についても、保健事業への参加を促進するため、高齢者の医療の確保に関する法律第百五十七条の二第一項の規定に基づき都道府県ごとに組織される保険者協議会等を活用することなどにより、他の被用者保険の保険者、国民健康保険（以下「国保」という。）の保険者、市町村及び地域産業保健センターと連携するなどの工夫をすること。

3　組合は、保健事業の実施にとどまらず、禁煙の推進、身体活動の機会の提供、医療機関への受診勧奨など、組合員等の健康を支え、かつ、それを守るための職場環境の整備を国及び独立行政法人等（以下「国等」という。）に働きかけるよう努めること。

二　健康・医療情報の活用及びPDCAサイクルに沿つた事業運営

保健事業の効果的かつ効率的な推進を図るためには、健康・医療情報（健康診査の結果や診療報酬明細書等から得られる情報（以下「診療報酬明細書等情報」という。）、各種保健医療関連統計資料その他の健康や医療に関する情報をいう。以下同じ。）を活用して、PDCAサイクル（事業を継続的に改善するため、Ｐｌａｎ（計画）—ＤＯ（実施）—Ｃｈｅｃｋ（評価）—Ａｃｔ（改善）の段階を繰り返すことをいう。以下同じ。）に沿つて事業運営を行うことが重要であること。また、事業の運営に当たつては、費用対効果の観点も考慮すること。

三　生活習慣病対策としての発症予防と重症化予防の推進

生活習慣病に対処するため、二次予防（健康診査等による疾病の早期発見及び早期治療をいう。）及び三次予防（疾病が発症した後、必要な治療を受け、心身機能の維持及び回復を図ることをいう。）に加え、一次予防（生活習慣を改善して健康を増進し、疾病の発症を予防することをいい、健康診査の結果等を踏まえ、特に疾病の発症の予防のための指導が必要な者（以下「要指導者」という。）に対して生活習慣の改善に関する指導を行うことを含む。以下同じ。）を重視し、総人口に占める高齢者の割合が最も高くなる時期に高齢期を迎える現在の青年期・壮年期の世代への生活習慣病の改善に向けた働きかけを重点的に行うとともに、小児期からの健康な生活習慣づくりにも配慮すること。

また、合併症の発症、症状の進展等の重症化予防の推進を図ること。

四　特定健康診査及び特定保健指導の実施

1　特定健康診査については、糖尿病等の生活習慣病の発症には、内臓脂肪の蓄積（以下「内臓脂肪型肥満」という。）が関与しており、肥満に加え、高血糖、高血圧等の状態が重複した場合には、虚血性心疾患、脳血管疾患等の発症リスクが高くなるため、糖尿病等の生活習慣病の発症や重症化を予防することを目的として、メタボリックシンドロームに着目し、生活習慣を改善するための特定保健指導を必要とする者を的確に抽出するために行うものである。

2　特定保健指導については、内臓脂肪型肥満に着目し、生活習慣を改善するための保健指導を行うことにより、対象者が自らの生活習慣における課題を認識して行動変容と自己管理を行うとともに健康的な生活を維持することができるようになることを通じて、糖尿病等の生活習慣病を予防することを目的とするものである。

3　これらの実施に当たつては、特定健康診査及び特定保健指導の適切かつ有効な実施を図るための基本的な指針を参照すること。

五　きめ細かい保健指導の重視

1　組合は、特定健康診査及び特定保健指導の実施にとどまらず、健康診査においては、個々の組合員等に生活習慣の問題点を発見させ、意識させるという機能を重視するべきであり、健康診査の結果を踏まえた、よりきめ細かい、個々の組合員等の生活習慣等の特性に応じた継続的な保健指導に重点を置くこと。

2　健康診査の結果等を踏まえ、要指導者に対して生活習慣の改善に関する保健指導を行うことを中心に位置付けるが、必要な者には、受診勧奨や、重症化予防のための保健指導等を実施するよう努めること。

六　地域や組合の特性に応じた事業運営

1　組合員等の居住地域や組合ごとに、組合員等の疾病構造、健康水準、受診実態、活用できる物的・人的資源等が大きく異なり、医療費にも格差があることから、各組合は、各組合や地域の特性、医療費の傾向等の分析を行うとともに、組合員等のニーズを把握し、分析の結果を踏まえて優先順位や課題を明らかにし、組合の特性に応じた効果的かつ効率的な保健事業を行うよう努めること。

2 保健事業を行うに当たつては、都道府県や保険者協議会等関係者と十分連携し、地域ごとの医療費の特性や健康課題について共通の認識を持つた上で、地域の特性に応じた保健事業を行うよう努めること。

3 地域の関係者が連携、協力して健康づくりを行うとの観点から、地域の特性の分析や、それに応じた課題に対する保健事業の企画及び実施に当たつては、それぞれの地域において、他の被用者保険の保険者、国保の保険者や、健康増進法に基づく健康増進事業や介護保険法（平成九年法律第百二十三号）に基づく事業等の実施主体である市町村と積極的に連携、協力すること。

また、関係者間で、保険者協議会や、必要に応じ地域・職域連携協議会等の場も活用することにより、各種行事や専門職研修等を共同して実施したり、施設や保健師等の物的・人的資源を共同して利用するなど、効率的に事業を行うよう努めること。

第三 保健事業の内容

組合は、第二の保健事業の基本的な考え方を踏まえ、本項に示す保健事業を実施するよう努めること。また、組合員等が参加しやすいような環境づくりに努め、特に参加率が低い組合員等については重点的に参加を呼びかけたり、組合員等の参加率を高めるために国等に協力を要請するなどの工夫を行うこと。

なお、本指針は、今後重点的に実施すべき保健事業を示すものであり、以下の項目以外でも、組合独自の創意工夫により、健康増進及び疾病予防の観点から、より良い保健事業を展開することを期待するものであること。

一 健康診査

1 健康診査は、健康診査後の通知及び保健指導とともに、保健事業の中核的な事業の一つであり、今後とも、健康診査等実施指針等に沿つて、効果的かつ効率的に実施していくことが重要であること。

2 組合員等の利便性を考慮して、健康増進法等に基づく健康増進事業等と連携を図り、各種検診の同時実施に努めること。

また、その際には、検診の種類ごとに、対象者、対象年齢、検査項目等を適切に設定し、組合員等に周知すること。

3 被扶養者の健康保持は被扶養者本人のみならず家族の健康管理にも影響する重要なものであることを踏まえ、特に被扶養者の健康診査については、受診が容易になるよう、健康診査の場所、時期及び期間に配慮したり、他の被用者保険の保険者と共同実施する等の工夫を行うこと。

また、市町村等が実施する保健事業の情報を組合員等に提供するなど、市町村等と連携、協力することによって、受診率が向上するよう努めること。

4 検査項目及び検査方法の設定及び見直し

㈠ 検査項目及び検査方法については、科学的知見の蓄積等を踏まえて設定及び見直しを行うこと。そのため、組合は、一般に入手可能な手段により、他の実施者の実施状況、医学的に有効な検査項目及び検査方法等、必要な情報収集を行うこと。

㈡ 検査項目及び検査方法の設定又は見直しを他の事業者に委託する場合には、委託契約において、当該事業者が必要な情報収集を行い、検査項目及び検査方法を適切に見直すことを求めるとともに、それを適切に管理すること。

二 健康診査後の通知

1 健康診査を行つた場合には、速やかに、治療を要する者及び要指導者の把握をはじめとして、対象者の健康水準の把握及び評価を行うこと。また、組合以外の者が健康診査を行う場合でも、事後の指導を有効に行うため、必要な範囲で、結果の把握に努めること。

2 健康診査の結果の通知については、医師、保健師等の助言及び指導を得て、治療を要する者に対して、必要に応じ医療機関での受診を勧めるとともに、経年的な変化を分かりやすく表示したり、生活習慣等に関する指導事項を添付するなど、対象者に自らの生活習慣等の問題点を発見、意識させ、療養及び疾病予防に効果的につながるような工夫を行うこと。また、組合以外の者が健康診査を行う場合でも、その者による効果的な結果の通知に努めること。なお、個人情報保護に配慮しつつ、職場の電子メールやウェブサイトを活用するなど、確実で効果的な通知方法を工夫すること。

三　保健指導

保健指導は、健康診査の結果、生活状況、就労状況、生活習慣等を十分に把握し、生活習慣の改善に向けての行動変容の方法を本人が選択できるよう配慮するとともに、加齢による心身の特性の変化などライフステージや性差に応じた内容とすること。その際には、個人や集団を対象として行う方法があり、適切に組み合わせて効果的かつ効率的な方策をとること。

四　健康教育

1　健康教育（対象者の生活状況等に即した生活習慣病の予防等に関する指導及び教育を実施することをいう。以下同じ。）は、組合の特性や課題に応じて、テーマや対象、実施方法等を選定し、計画的かつ効果的な実施に努めること。その際、個別の保健指導と併せて実施する等、個人の行動変容に対する取組を支援していくものとすること。

2　生活習慣病は生命及び健康に対して危険をもたらすものであることを示す一方で、生活習慣の改善が健康増進や疾病予防につながった好事例を示すなど、具体的な事例を挙げながら、運動習慣、食習慣、喫煙、飲酒、歯の健康の保持等について、生活習慣に着目した健康管理の重要性を組合員等に理解させること。

3　喫煙や飲酒が健康に及ぼす悪影響については、多くの疫学研究等により指摘がなされており、職場の内外において、例えば、喫煙の弊害を具体的な数値を挙げて説明するなど、効果的な指導及び教育を行うこと。

4　心の健康づくりは、身体的な健康と密接に関わっており、特に職域における組合員の健康の保持増進に極めて重要であることから、組合は、組合員等への心の健康に関する正しい知識の普及啓発等を通じ、心の病気の予防、早期発見及び早期治療ができるような健康教育を推進すること。また、その際、プライバシーの保護に配慮する一方で、他の健康教育と一体的に実施するなど、心の健康に関する健康教育が利用しやすくなる工夫を行うこと。

五　健康相談

1　健康相談は、組合員等の相談内容に応じ、主体性を重んじながら、生活習慣の改善をはじめとした必要な助言及び支援を行うこと。その際には、組合員等の生活習慣に関する意識及びプライバシーの保護に配慮すること。

2　定期的に健康相談を開催し、組合員等の参加を促すとともに、疾病別に行うなど、より効果的で充実したものとなるよう工夫すること。

また、実施時間に配慮する、職場内に健康相談室を設ける、職場の巡回相談を行う、専門の電話相談窓口を設ける、電子メールを活用する等の工夫を行い、従来健康相談を利用する機会が少なかった組合員等にも利用の機会を増やすよう努めること。

3　組合員等が心の健康に関する相談を利用しやすい環境となるよう、他の健康相談と一体的に実施するなどの工夫を行うこと。

六　訪問指導

1　保健指導については、特定の会場を設けたり、職場を訪問して実施する方法のほか、組合員等の心身の状況、置かれている環境、受診状況等に照らして、居宅を訪問して指導することが効果的と認められる者を対象として実施すること。その際には、例えば、他の組合と連携、協力するなど、効率的に行うよう工夫すること。

2　居宅等における訪問指導を実施する場合には、おおむね次の事項に関する指導を必要に応じて本人又はその家族に対し行うこと。

㈠　健康診査の結果、診療報酬明細書等情報等からみて、医療機関に受診が必要な者への受診勧奨

㈡　地域における保健医療サービス、福祉・介護予防等の実施状況を勘案し、必要があると認められる場合には、これらのサービス等の活用方法又は居宅における療養方法に関する指導

㈢　生活習慣病等の予防に関する指導

㈣　心の健康づくりに関する指導

3　特に、複数の医療機関を重複して

受診する組合員等については、その事情を十分に聴取し、必要に応じて適切な受診につながるような助言及び指導を行うこと。

また、継続的な治療が必要であるにもかかわらず、医療機関を受診していない組合員等についても、その事情を十分に聴取した上で、適切な助言及び指導を行うこと。その際には、必要に応じて、医療機関と十分な連携を図ること。

4 居宅等における訪問指導を実施する場合には、健康増進法に基づく健康増進事業との重複を避けるために実施の実態を把握するなど、市町村と連携、協力して、効率的な実施に努めること。

七 健康管理及び疾病の予防に係る組合員等の自助努力についての支援

1 健康管理及び疾病の予防に係る組合員等の自助努力についての支援は、組合員等の健康づくりに向けた意識や行動の変容を図ることを目的として、組合員等がそれぞれの年齢や健康状態等に応じ、健康づくりの取組を開始するきつかけや継続するための支援等として実施するものである。当該支援を実施する場合には、個人の予防・健康づくりに向けたインセンティブを提供する取組に係るガイドライン（平成二十八年五月十八日保発第一号厚生労働省保険局長通知）も踏まえつつ、当該目的に照らして、当該支援が真に効果的であるかについて定期的に評価しながら行うこと。

2 当該支援の実施に当たつては、必要な医療を受けるべき組合員等の医療機関への受診抑制を招き、これにより症状が重症化すること等がないよう、十分に留意すること。

第四 保健事業の実施計画（データヘルス計画）の策定、実施及び評価

組合は、健康・医療情報を活用した組合員等の健康課題の分析、保健事業の評価等を行うための基盤が近年整備されてきていること等を踏まえ、健康・医療情報を活用してPDCAサイクルに沿つた効果的かつ効率的な保健事業の実施を図るための保健事業の実施計画（以下「実施計画」という。）を策定した上で、保健事業の実施及び評価を行うこと。

実施計画の策定、保健事業の実施及び評価に当たつては、次の事項に留意すること。

一 実施計画の策定

実施計画の策定に当たつては、特定健康診査の結果、診療報酬明細書等情報等を活用し、組合、職場、組合員等ごとに、生活習慣の状況、健康状態、医療機関への受診状況、医療費の状況等を把握し、分析すること。その際、性別、年齢階層別、疾病別の分析のほか、経年的な変化、他の組合又は職場との比較等、更に詳細な分析を行うよう努めること。

これらの分析結果に基づき、直ちに取り組むべき健康課題、中長期的に取り組むべき健康課題等を明確にして、目標値の設定を含めた事業内容の企画を行うこと。

また、具体的な事業内容の検討に当たつては、食生活、身体活動、休養、飲酒、喫煙、歯・口腔の健康など、健康日本二十一（第二次）に示された各分野及びその考え方を参考にすること。その際、身体の健康のみならず、心の健康の維持についても留意すること。

二 実施計画に基づく事業の実施

実施計画に基づく事業（以下単に「事業」という。）の実施に当たつては、特定健康診査及び特定保健指導の実施率の向上を図り、組合員等の健康状態に関する情報の把握を適切に行うとともに、特定健康診査の結果等を踏まえ、対象者を健康状態等により分類し、それぞれの分類にとつて効果が高いと予測される事業を提供するよう努めること。

特に疾病の重症化の予防等に係る事業を行う際には、医療機関や地域の医療関係団体との連携を図ること。

1 一次予防の取組としては、組合員等に自らの生活習慣等の問題点を発見させ、その改善を促す取組を行うこと。このような取組としては、情報通信技術（ICT）等を活用し、組合員等自身の健康・医療情報を本人に分かりやすく提供すること、組合員等の性別若しくは年齢階層ごと又は組合、職場等ごとの健康・医療情報を提供すること、組合員等の健康増進に資する自発的な活動を推奨する仕組みを導入すること等が考えられる。

2 生活習慣病の発症を予防するため、特定保健指導の実施率の向上に努め

ること。

また、特定保健指導の実施に当たつては、特定健康診査の結果や診療報酬明細書等情報等を活用して、生活習慣の改善により予防効果が大きく期待できる者を明確にし、優先順位をつけて行うことが考えられること。

3　疾病の重症化を予防する取組としては、健康診査の結果や診療報酬明細書等情報等を活用して抽出した疾病リスクが高い者に対して、優先順位を設定して、症状の進展及び虚血性心疾患、脳血管疾患、糖尿病性腎症等の合併症の発症を抑えるため、適切な保健指導、医療機関への受診勧奨を行うこと等が考えられること。その際、医療機関に受診中の者に対して保健指導等を実施する場合には、当該医療機関と連携すべきこと。

4　健康・医療情報を活用したその他の取組としては、診療報酬明細書等情報等を活用して、複数の医療機関を重複して受診している加入者に対し、医療機関、組合の関係者が連携して、適切な受診の指導を行うこと等が考えられること。

また、診療報酬明細書等情報等に基づき、後発医薬品を使用した場合の具体的な自己負担の差額に関して組合員等に通知を行うなど、後発医薬品の使用促進に資する取組を行うことも、医療費の適正化等の観点から有効であることも多いと考えられるため、積極的にこれらの取組の実施に努めること。その他、保健指導の場などの多様な機会を通じて、後発医薬品の啓発・普及に努めること。

三　事業の評価

事業の評価は、健康・医療情報を活用して、費用対効果の観点も考慮しつつ行うこと。なお、評価の際に用いることが可能な指標としては、生活習慣の状況（食生活、日常生活における歩数、アルコール摂取量、喫煙の有無等をいう。）、健康診査等の受診率及びその結果、医療費等があること。

四　事業の見直し

それぞれの事業については、少なくとも毎年度効果の測定及び評価を行つた上で、必要に応じて事業内容等の見直しを行うこと。

五　計画期間、他の計画との関係等

計画期間は、特定健康診査等実施計画（高齢者の医療の確保に関する法律第十九条第一項に規定する特定健康診査等実施計画をいう。）や健康増進計画（健康増進法第八条第一項に規定する都道府県健康増進計画及び同条第二項に規定する市町村健康増進計画をいう。）との整合性も踏まえ、複数年とすること。

また、特定健康診査等実施計画は保健事業の中核をなす特定健康診査及び特定保健指導の具体的な実施方法等を定めるものであることから、組合が保健事業を総合的に企画し、より効果的かつ効率的に実施することができるよう、可能な限り実施計画と特定健康診査等実施計画を一体的に策定することが望ましいこと。

なお、策定した実施計画については、分かりやすい形でホームページ等を通じて公表すること。

第五　事業運営上の留意事項

組合は、保健事業の運営に当たつて、特に次の事項に留意すること。

一　保健事業の担当者

1　第三に掲げられた保健事業を実施する際には、医師、歯科医師、薬剤師、保健師、看護師、管理栄養士、栄養士、歯科衛生士等、生活習慣病の予防等に関し知識及び経験を有する者をもつて充てること。

2　担当者の資質の向上のため、組合員等の生活習慣の改善等に向けた取組の目的及び内容を理解させ、さらに知識及び技術を習得させるため、定期的な研修を行うこと。その際には、効果的な研修を行うため、他の組合と共同して行うことも有効であること。

二　職域及び地域におけるリーダー的人材の育成

一に掲げた直接の事業担当者のほかにも、職域及び地域のそれぞれにおいて、組合による保健事業の目的及び内容を理解し、個々の加入者の保健事業への積極的な参加を呼びかけ、生活習慣の改善等に向けた取組を支援するリーダー的な人材の育成に努めること。

地域における人材の育成に当たつては、保険者協議会等の場を通じて、他の組合や市町村との連携に努めること。その際、必要に応じて、既存の制度や活動（例えば、健康保険組合の健康管理委員（各職場ごとに健康管理に関する情報、知識等を広く被保険者等に周知し、保健事業の有効かつ円滑な実施を図るため、被保険者の中から委嘱された者をいう。）や地域のボランティア活動）も活用すること。

三　委託事業者の活用

1　よりきめ細やかな保健事業を行うために委託事業者を活用することも可能であること。

その際は、事業が実効を上げるよう、保健や医療に関する専門家を有するなど、保健指導を効果的に行うノウハウを有するような一定の水準を満たす事業者を選定し委託すること。

特に、個人を対象とした指導や小集団を対象とした指導等においては、組合において企画及び調整を行うことを前提に、実際の指導に当たつては保健師等の専門職を活用することが重要であること。

2　委託を行う際には、効果的な事業が行われるよう、委託事業者との間で、保健事業の趣旨や組合員等への対応について、事前に十分に協議を行い、共通の認識を得ておくこと。

また、事業の終了後は、当該事業の効果について、客観的な指標を用いて評価を行うこと。

四　健康情報の継続的な管理

1　健康情報を継続的に管理することは、加入者の健康の自己管理に役立ち、疾病の発症及び重症化の予防の観点からも重要であること。

健康情報の管理は、健康の自己管理の観点から本人が主体となつて行うことが原則であるが、組合は、健康診査の結果、保健指導の内容、主な受診歴等、個々の組合員等に係る健康情報を、少なくとも五年間継続して保存及び管理し、必要に応じて活用することにより、組合員等による健康の自己管理及び疾病の発症や重症化の予防の取組を支援するよう努めること。

2　健康情報の提供の際の手続等については、当該情報を第三者に提供する場合には、原則としてあらかじめ組合員等本人の同意を得るなど、個人情報の保護に関する法律（平成十五年法律第五十七号）及び財務省所管分野における個人情報保護に関するガイドライン（平成二十二年三月財務省告示第九十一号）によること。

なお、組合が保健事業により得た組合員等の健康に関する情報を国等に提供する場合には、組合が国等に代わつて行つた労働安全衛生法（昭和四十七年法律第五十七号）に基づく事業により得られた情報以外は、原則として本人の同意を必要とすること。

3　組合を異動する際において、組合員等が希望する場合には、異動元の組合が保存及び管理をしている健康情報を組合員等に提供するとともに、異動先の組合に同情報を提供するように組合員等に対し勧奨すること。

さらに、健康情報の継続的な管理に資するよう、既存の健康手帳等を活用し、健康診査の記録を綴じ込める記録簿を新たに発行するなど、必要に応じて工夫を行うこと。

五　国等との関係

1　組合は、十分な保健事業を実施することができるよう、国等に対して、組合又は職場ごとの組合員等の健康状況や健康課題を客観的な指標を用いて示すことなどにより、保健事業の必要性についての理解を得るよう努めること。また、国等に対して、保健事業の内容、実施方法、期待される効果等を事前に十分に説明し、組合員等が参加しやすい実施時間及び場所を確保することにより、保健事業に参加しやすい職場環境を醸成すること。さらに、組合員等に対して保健事業への参加を勧奨してもらうこと等について、国等の協力が得られるよう努めること。

2　職場における禁煙や身体活動の機会の提供など、個々の組合員等が健康づくりに自主的に取り組みやすい環境が職場において実現するよう、必要に応じて、国等に働きかけること。

3　組合が行う保健事業は、国等が行う国家公務員法に基づく福利厚生事業や労働安全衛生法に基づく事業と密接な関係がある。このため、保健事業の実施に当たつて、それぞれの役割分担を含めて、事前に国等と十分な調整を行い、効率的な実施に努めること。また、組合員の健康水準の維持及び向上に役立てるため、例えば、高齢者の医療の確保に関する法律第二十七条第二項及び第三項の規定に基づき、四十歳以上の組合員に係る健康診断の結果の提供を求めるとともに、四十歳未満の組合員に係る健康診断の結果についても、本人の同意を前提として、提供してもらうよう国等に依頼するなど、国等が行う事業との積極的な連携に努めること。

国家公務員共済組合法

第六章　費用の負担

（費用負担の原則）

第九十九条　組合の給付に要する費用（前期高齢者納付金等及び後期高齢者支援金等、介護納付金並びに基礎年金拠出金の納付に要する費用並びに組合の事務に要する費用を含む。第四項において同じ。）のうち次の各号に規定する費用は、当該各号に定めるところにより、**政令で定める**職員を単位として、算定するものとする。この場合において、第三号に規定する費用については、少なくとも五年ごとに再計算を行うものとする。

一　短期給付に要する費用（前期高齢者納付金等及び後期高齢者支援金等の納付に要する費用並びに長期給付（基礎年金拠出金を含む。）及び福祉事業に係る事務以外の事務に要する費用（第五項の規定による国の負担に係るもの並びに第七項及び第八項において読み替えて適用する第五項の規定による行政執行法人の負担に係るものを除く。）を含み、第四項（同項第二号を除く。）の規定による同項に規定する国等の負担に係るものを除く。次項第一号において同じ。）については、当該事業年度におけるその費用の予想額と当該事業年度における同号の掛金及び負担金の額とが等しくなるようにすること。

二　介護納付金の納付に要する費用については、当該事業年度におけるその費用の額と当該事業年度における次項第二号の掛金及び負担金の額とが等しくなるようにすること。

国家公務員共済組合法施行令

第四章　費用の負担

（給付に要する費用等の算定方法）

第二十二条　組合の短期給付に要する費用（高齢者の医療の確保に関する法律第三十六条第一項に規定する前期高齢者納付金等（以下この項において「前期高齢者納付金等」という。）及び同法第百十八条第一項に規定する後期高齢者支援金等（以下この項において「後期高齢者支援金等」という。）の納付に要する費用並びに長期給付（基礎年金拠出金を含む。）及び福祉事業に係る事務以外の事務に要する費用（法第九十九条第五項の規定による国の負担に係るもの並びに同条第七項及び第八項において読み替えて適用する同条第五項の規定による行政執行法人の負担に係るものを除く。以下この項において「短期給付事務に要する費用」という。）を含み、法第九十九条第四項（第二号を除く。）の規定による国等（同項に規定する国等をいう。以下同じ。）の負担に係るもの（以下この項において、「育児休業等負担金」という。）を除く。次条第一項において同じ。）は、毎事業年度、前事業年度における法第五十条及び第五十一条に規定する短期給付の種類別の給付額並びに当該事業年度における前期高齢者納付金等及び後期高齢者支援金等の納付額、短期給付事務に要する費用の額並びに育児休業等負担金の額を基礎として、**財務大臣の定める**方法により算定するものとする。

2　組合の退職等年金給付に要する費用（退職等年金給付に係る事務に要する費用（法第九十九条第五項の規定による国の負担に

国家公務員共済組合法施行規則

国家公務員共済組合法等の運用方針

第九十九条関係

　法第九十九条第二項の規定により組合員が負担すべき標準報酬の月額を標準とする掛金は、毎月の初日（月の初日以外の日に組合員の資格を取得した者に係るその月の当該掛金については、その組合員の資格を取得した日）における当該組合員の標準報酬の月額を標準として算定すること。

法第九十九条

三　退職等年金給付に要する費用（退職等年金給付に係る組合の事務に要する費用（第五項の規定による国の負担に係るもの並びに第七項及び第八項において読み替えて適用する第五項の規定による行政執行法人の負担に係るものを除く。）を含む。次項第三号において同じ。）については、将来にわたるその費用の予想額の現価に相当する額から将来にわたる同号の掛金及び負担金の予想額の現価に相当する額を控除した額に相当する額として政令で定めるところにより計算した額（第百二条の三第一項第四号において「国の積立基準額」という。）と地方公務員等共済組合法第百十三条第一項第三号に規定する地方の積立基準額（第百二条の三第一項第四号において「地方の積立基準額」という。）との合計額と、退職等年金給付積立金の額と地方退職等年金給付積立金（同法第二十四条の二（同法第三十八条第一項において準用する場合を含む。）に規定する退職等年金給付組合積立金及び同法第三十八条の八の二第一項に規定する退職等年金給付調整積立金をいう。第百二条の三第一項第四号において同じ。）の額との合計額とが、将来にわたつて均衡を保つことができるようにすること。

2　組合の事業に要する費用で次の各号に掲げるものは、当該各号に掲げる割合により、組合員の掛金及び国の負担金をもつて充てる。

一　短期給付に要する費用　掛金百分の五十、国の負担金百分の五十

二　介護納付金の納付に要する費用　掛金百分の五十、国の負担金百分の五十

三　退職等年金給付に要する費用　掛金百

政令第二十二条

係るもの並びに同条第七項及び第八項において読み替えて適用する同条第五項の規定による行政執行法人の負担に係るものを除く。以下この項において「退職等年金給付事務に要する費用」という。）を含む。次項及び次条第三項において同じ。）は、全ての組合の最近の数年間における次に掲げる事項、基準利率の状況及びその見通し並びに退職等年金給付事務に要する費用の額を基礎として、財務大臣の定める方法により算定するものとする。ただし、当該事項によることが適当でないと認められる場合には、財務大臣の定めるところにより、厚生労働省の作成に係る生命表その他の資料におけるこれらの事項に相当する事項その他の適当な事項を基礎とすることができる。

一　組合員のうち退職した者及び公務以外の理由により死亡した者の数の組合員の総数に対する年齢別の割合

二　退職等年金給付を受ける権利を失つた者の数の退職等年金給付を受ける権利を有する者の数に対する退職等年金給付の種類別及び受給者の年齢別の割合

三　組合員の年齢別の標準報酬の月額及び標準期末手当等の額（法第四十一条第一項に規定する標準期末手当等の額をいう。以下同じ。）の平均額の上昇その他の変動の割合

3　国の積立基準額は、将来にわたる退職等年金給付に要する費用の予想額の現価に相当する額から将来にわたる法第九十九条第二項第三号に規定する掛金及び負担金の予想額の現価に相当する額を控除した額に相当する額を基準として、財務大臣が定める方法により算定した額とし、当該算定を行う場合の予想額の現価の計算に用いる予定利率は、連合会が退職等年金給付積立金の

国家公務員共済組合法

分の五十、国の負担金百分の五十

四　福祉事業に要する費用　掛金百分の五十、国の負担金百分の五十

3　厚生年金保険給付に要する費用（厚生年金拠出金及び基礎年金拠出金の納付並びに第百二条の二に規定する財政調整拠出金の拠出に要する費用（次項第二号に掲げる費用のうち同項の規定による国等の負担に係るものを除く。）をいい、厚生年金保険給付及びこれに相当するものとして政令で定める年金である給付（厚生年金拠出金及び基礎年金拠出金並びに第百二条の三第一項第一号から第三号までに掲げる場合における第百二条の二に規定する財政調整拠出金を含む。）に係る事務に要する費用（第五項の規定による国の負担に係るもの並びに第七項及び第八項の規定により読み替えて適用する第五項の規定による行政執行法人の負担に係るものを除く。）を含む。）については、厚生年金保険法第八十一条第一項に規定する保険料をもつて充てる。

4　国又は独立行政法人造幣局若しくは独立行政法人国立印刷局（第百二条第三項において「国等」という。）は、**政令で定める**ところにより、組合の給付に要する費用のうち次の各号に規定する費用については、当該各号に定める額を負担する。

一　育児休業手当金及び介護休業手当金の支給に要する費用　当該事業年度において支給される育児休業手当金及び介護休業手当金の額に雇用保険法の規定による育児休業給付及び介護休業給付に係る国庫の負担の割合を参酌して**政令で定める**割合を乗じて得た額

二　基礎年金拠出金の納付に要する費用

国家公務員共済組合法施行令

運用収益の予測を勘案して財務大臣が定めるところにより合理的に定めた率とする。

4　法第百条第三項に規定する標準報酬の月額及び標準期末手当等の額と掛金との割合は、短期給付に係るものにあつては、第一項の規定により算定した費用の額を同項に規定する前事業年度の各月の初日における組合員の標準報酬の月額の合計額及び当該組合員の標準期末手当等の額の合計額の合算額で除し、これに百分の五十を乗じて算定するものとし、介護納付金（介護保険法（平成九年法律第百二十三号）第百五十条第一項に規定する納付金をいう。以下同じ。）の納付に係るものにあつては、当該事業年度における介護納付金の納付に要する費用の額を前事業年度の各月の初日における介護保険法第九条第二号に規定する被保険者（以下「介護保険第二号被保険者」という。）の資格を有する組合員の標準報酬の月額の合計額及び当該組合員の標準期末手当等の額の合計額の合算額で除し、これに百分の五十を乗じて算定するものとし、退職等年金給付に係るものにあつては、**財務大臣の定める**基準に従つて、国の積立基準額と地方の積立基準額との合計額と退職等年金給付積立金の額と地方退職等年金給付積立金の額との合計額とが将来にわたつて均衡を保つことができるように算定するものとする。

（給付に要する費用の算定単位）

第二十二条の二　組合の短期給付に要する費用は、当該組合を組織する職員（任意継続組合員及び特例退職組合員を含む。）を単位として算定する。ただし、外務省の職員（任意継続組合員及び特例退職組合員を含む。）をもつて組織する組合にあつては、在

国家公務員共済組合法施行規則

国家公務員共済組合法等の運用方針

当該事業年度において納付される基礎年金拠出金の額の二分の一に相当する額

5　組合の事務（福祉事業に係る事務を除く。）に要する費用については、国は毎年度の予算で定める金額を負担する。

6　専従職員（国家公務員法第百八条の二の職員団体又は行政執行法人の労働関係に関する法律（昭和二十三年法律第二百五十七号）第四条第二項若しくは労働組合法（昭和二十四年法律第百七十四号）第二条の労働組合（以下「職員団体」と総称する。）の事務に専ら従事する職員をいう。以下この条において同じ。）である組合員（行政執行法人の職員である組合員を除く。）に係る第二項に規定する費用については、同項中「国の負担金」とあるのは「職員団体の負担金」として、同項の規定を適用する。

7　行政執行法人の職員（専従職員を除く。）である組合員に係る第二項及び第五項に規定する費用については、第二項中「国の負担金」とあるのは、「行政執行法人の負担金」と、第五項中「国は毎年度の予算で定める」とあるのは「行政執行法人は政令で定めるところにより行政執行法人が負担することとなる」として、これらの規定を適用する。

8　行政執行法人の職員であつて専従職員である組合員に係る第二項及び第五項に規定する費用については、第二項中「国の負担金」とあるのは「職員団体の負担金」と、第五項中「国は毎年度の予算で定める」とあるのは「行政執行法人は政令で定めるところにより行政執行法人が負担することとなる」として、これらの規定を適用する。

（国の補助）

第九十九条の二　国は、予算の範囲内において、組合の事業に要する費用のうち、特定

外公館に勤務する外務公務員である職員（以下「在外組合員」という。）とその他の者とに区分し、防衛省の職員（任意継続組合員及び特例退職組合員を含む。）をもつて組織する組合にあつては、自衛官（防衛省の職員の給与等に関する法律第二十二条の二第一項に規定する職員に該当する自衛官を除く。）、自衛官候補生並びに防衛大学校の学生、防衛医科大学校の学生（防衛省設置法（昭和二十九年法律第百六十四号）第十六条第一項第三号の教育訓練を受けている者を除く。）及び陸上自衛隊高等工科学校の生徒とその他の者とに区分して算定する。

2　組合の介護納付金の納付に要する費用は、当該組合を組織する職員（任意継続組合員及び特例退職組合員を含む。）を単位として算定する。

3　組合の退職等年金給付に要する費用は、全ての組合を組織する職員（継続長期組合員を含む。）を単位として算定する。

（育児休業手当金等に対する国等の負担）

第二十二条の三　法第九十九条第四項第一号に掲げる費用のうち同項の規定により国等が毎年度において負担すべき金額は、次の各号に掲げる者の区分に応じ、それぞれ当該各号に定める金額とする。

一　国　当該事業年度において組合ごとにその組合員に支給される育児休業手当金及び介護休業手当金の額に次項に定める割合を乗じて得た金額の合計額から次号及び第三号に定める金額の合計額を控除した金額

二　独立行政法人造幣局　当該事業年度において独立行政法人造幣局の職員である組合員に支給される育児休業手当金及び介護休業手当金の額に次項に定める割合を乗じて得た金額

国家公務員共済組合法

健康診査等の実施に要する費用の一部を補助することができる。

国家公務員共済組合法施行令

三　独立行政法人国立印刷局　当該事業年度において独立行政法人国立印刷局の職員である組合員に支給される育児休業手当金及び介護休業手当金の額に次項に定める割合を乗じて得た金額

2　法第九十九条第四項第一号に規定する**政令で定める**割合は、百分の十二・五とする。

3　法第九十九条第四項第二号に掲げる費用のうち同項の規定により国等が毎年度において負担すべき金額は、次の各号に掲げる者の区分に応じ、それぞれ当該各号に定める金額とする。

一　国　当該事業年度において納付される基礎年金拠出金の額の二分の一に相当する額から次号及び第三号に定める金額の合計額を控除した金額

二　独立行政法人造幣局　当該事業年度において納付される基礎年金拠出金の額の二分の一に相当する額に当該事業年度における全ての組合の厚生年金保険法第二条の五第一項第二号に規定する第二号厚生年金被保険者（以下「第二号厚生年金被保険者」という。）の標準報酬月額の合計額及び当該第二号厚生年金被保険者の標準賞与額の合計額の合算額に対する独立行政法人造幣局の職員である第二号厚生年金被保険者の標準報酬月額の合計額及び当該第二号厚生年金被保険者の標準賞与額の合計額の合算額の割合を乗じて得た金額

三　独立行政法人国立印刷局　当該事業年度において納付される基礎年金拠出金の額の二分の一に相当する額に当該事業年度における全ての組合の第二号厚生年金被保険者の標準報酬月額の合計額及び当該第二号厚生年金被保険者の標準賞与額

国家公務員共済組合法施行規則

国家公務員共済組合法等の運用方針

（掛金等）

第百条　掛金等（掛金及び組合員保険料（厚生年金保険法第八十二条第一項の規定により組合員たる厚生年金保険の被保険者が負担する厚生年金保険の保険料をいう。以下同じ。）をいう。以下同じ。）は組合員の資格を取得した日の属する月にその資格を喪失したときを除き、組合員の資格を取得した日の属する月からその資格を喪失した日の属する月の前月までの各月（介護納付金に係る掛金にあつては、当該各月のうち対象月に限る。）につき、徴収するものとする。

2　組合員の資格を取得した日の属する月にその資格を喪失したときは、その月（介護納付金に係る掛金にあつては、その月が対象月である場合に限る。）の掛金等を徴収する。ただし、第九十九条第二項第三号に規定する掛金（以下「退職等年金分掛金」という。）にあつては、その月に、更に組合

の合計額の合算額に対する独立行政法人国立印刷局の職員である第二号厚生年金被保険者の標準報酬月額の合計額及び当該第二号厚生年金被保険者の標準賞与額の合計額の合算額の割合を乗じて得た金額

（組合の事務に要する費用の行政執行法人の負担）

第二十三条　法第九十九条第七項及び第八項において読み替えて適用する同条第五項に規定する政令で定めるところにより行政執行法人が負担することとなる金額は、組合の事務（福祉事業に係る事務を除く。）に要する費用について、行政執行法人の職員である組合員が属する組合が当該事業年度において負担すべき金額として当該組合の予算に計上した額とする。

第六章　掛金及び負担金

第百条関係

1　短期掛金及び福祉掛金を算定する場合は、これらの掛金率を合わせて標準報酬の月額及び標準期末手当等の額に乗ずることができる。この場合、その総額を短期及び福祉の掛金率の比率で割り振る場合に円位未満の端数が生じたときは、短期掛金の端数を切り捨てるものとする。

2　組合員の資格を取得した月の中途で他の組合の組合員（地共法に基づく組合の組合員を含む。）に異動した場合における、その者の異動前の組合に係る短期掛金、介護掛金及び福祉掛金は徴収しないものとする。

3　同一の組合内において期末手当等基準日に属する給与支給機関と期末手当等支給日に属する給与支給機関が異なる組合員に係る標準期末手当等の額（当該期末手当支給日に支給される期末手当等の額に基づき決定されるものに限る。）を標準とする掛金の

国家公務員共済組合法

員の資格を取得したとき、又は地方の組合の組合員の資格を取得したとき、組合員保険料にあつては、その月に、更に組合員の資格を取得したとき、又は厚生年金保険の被保険者（組合員たる厚生年金保険の被保険者を除く。）若しくは国民年金の被保険者（国民年金法第七条第一項第二号に規定する第二号被保険者を除く。）の資格を取得したときは、それぞれの喪失した資格に係るその月の退職等年金分掛金又は組合員保険料は、徴収しない。

3　掛金は、組合員の標準報酬の月額及び標準期末手当等の額を標準として算定するものとし、その標準報酬の月額及び標準期末手当等の額と掛金との割合は、組合（退職等年金分掛金に係るものにあつては、連合会）の定款で定める。

4　退職等年金分掛金に係る前項の割合については、第七十五条第一項に規定する付与率を基礎として、公務障害年金及び公務遺族年金の支給状況その他**政令で定める**事情を勘案して、千分の七・五を超えない範囲で定めるものとする。

5　第一項及び第二項に規定する対象月とは、当該組合員が介護保険法第九条第二号に規定する被保険者（以下「介護保険第二号被保険者」という。）の資格を有する日を含む月（**政令で定める**ものを除く。）をいう。

国家公務員共済組合法施行令

（標準報酬の月額及び標準期末手当等の額と退職等年金分掛金との割合を定める際に勘案する事情）

第二十四条　法第百条第四項に規定する政令で定める事情は、地方公務員等共済組合法第七十七条第一項に規定する付与率、同法における公務障害年金及び公務遺族年金の支給状況、法第九十九条第一項第三号の規定により退職等年金給付に要する費用の算定について国の積立基準額と地方の積立基準額との合計額と退職等年金給付積立金の額と地方退職等年金給付積立金の額との合計額とが将来にわたつて均衡を保つことができるようにすることとされていることその他財務大臣が定める事情とする。

（介護納付金に係る掛金の徴収の対象月から除外する月）

第二十五条　法第百条第五項に規定する**政令で定める**月は、介護保険第二号被保険者の資格を喪失した日の属する月（介護保険第二号被保険者の資格を取得した日の属する月を除く。）とする。

国家公務員共済組合法施行規則

国家公務員共済組合法等の運用方針

取扱いは、原則として期末手当等基準日に属する給与支給機関において、次の各号に掲げる場合の区分に応じ、当該各号に掲げる標準期末手当等の額を標準とする掛金の源泉控除を行い、これを組合に払い込むこととする。

(1)　次号に掲げる以外の場合　短期掛金、介護掛金、退職等年金分掛金及び福祉掛金

(2)　期末手当等基準日に長期給付に関する規定の適用を受ける組合員であつた者が当該期末手当等基準日に係る期末手当等支給日に継続長期組合員、交流派遣職員、私立大学派遣検察官等、私立大学等複数校派遣検察官等、弁護士職務従事職員、オリンピック・パラリンピック派遣職員、ラグビー派遣職員又は福島相双復興推進機構派遣職員である組合員である場合

退職等年金分掛金

4　期末手当等基準日に属する組合と期末手当等支給日に属する組合が異なる組合員（地共法に基づく組合の組合員を含む。）に係る標準期末手当等の額（当該期末手当等支給日に支給される期末手当等の額に基づき決定されるものに限る。）を標準とする掛金の取扱いは、原則として期末手当等基準日に属する給与支給機関において、次の各号に掲げる場合の区分に応じ、当該各号に掲げる掛金の源泉控除を行い、これを当該期末手当等基準日に属する組合に払い込むこととする。

ただし、第一号に掲げる場合にあつては、払い込まれた掛金（退職等年金分掛金を除く。）を当該期末手当等支給日に属する組合に移換するものとする。

(1)　次号に掲げる組合員以外の組合員であ

（育児休業期間中の掛金等の特例）

第百条の二　育児休業等をしている組合員（次条の規定の適用を受けている組合員及び第百二十六条の五第二項に規定する任意継続組合員を除く。）が組合に申出をしたときは、前条の規定にかかわらず、その育児休業等を開始した日の属する月からその育児休業等が終了する日の翌日の属する月の前月までの期間に係る掛金等は、徴収しない。

（産前産後休業期間中の掛金等の特例）

第百条の二の二　産前産後休業をしている組合員（第百二十六条の五第二項に規定する任意継続組合員を除く。）が組合に申出をし

（育児休業期間中の掛金の免除の申出）

第百二十条　法第百条の二の規定により掛金の免除の申出をしようとする者は、次に掲げる事項を記載した育児休業等掛金免除申出書を、人事担当者による育児休業等に係る子の氏名及び生年月日並びに当該育児休業等の承認期間を証明する証拠書類と併せて組合に提出しなければならない。

一　組合員の氏名及び住所並びに組合員証の記号及び番号又は個人番号

二　掛金の免除を希望する旨

三　その他必要な事項

2　組合は、前項の規定による申出書の提出があつたときは、掛金を免除する旨及び当該掛金を免除する期間を組合員原票に記載

る場合　短期掛金、介護掛金、退職等年金分掛金及び福祉掛金

(2)　期末手当等基準日に組合員であつた者が当該期末手当等基準日に係る期末手当等支給日に地共法に基づく組合の組合員である場合　退職等年金分掛金

5　前二項の規定の場合における事業主が負担することとされている負担金の負担者は、期末手当等基準日を基準に判断する。従って、一般には、期末手当等の支給者と一致することとなる。

6　派遣休職等の間にその派遣先等から支給される期末手当等に相当する給与の額に基づいて決定した標準期末手当等の額に係る事業主が負担することとされている負担金については、その者が休職等をしていないものとした場合に負担することとなる者が負担するものとする。

7　第二項から前項までの規定は、厚生年金保険法の標準賞与額を標準とする組合員保険料を組合に払い込む場合について準用する。

第百条の二関係

同条に規定する「育児休業等を開始した日」と「育児休業等が終了する日」が同一の月に属するときは、後者が月の末日である場合を除き、その月の掛金等については、同条の適用がないものとする。

第百条の二の二関係

同条に規定する「産前産後休業を開始した日」と「産前産後休業が終了する日」が同一の月に属するときは、後者が月の末日である場合を除き、その月の掛金等については、同条の適用がないものとする。

施行規則第百二十条関係

「証拠書類」の記載事項について人事担当者による確認又はその他の方法による確

国家公務員共済組合法

たときは、第百条の規定にかかわらず、その産前産後休業を開始した日の属する月からその産前産後休業が終了する日の翌日の属する月の前月までの期間に係る掛金等は、徴収しない。

（掛金等の給与からの控除）

第百一条　組合員の給与支給機関は、毎月、報酬その他の給与を支給する際、組合員の給与から掛金等に相当する金額を控除して、これを組合員に代わつて組合に払い込まなければならない。

2　組合員（組合員であつた者を含む。以下この条において同じ。）の給与支給機関は、組合員が組合に対して支払うべき掛金等以外の金額又は前項の規定により控除して払い込まれなかつた掛金等の金額があるときは、報酬その他の給与（国家公務員退職手当法（昭和二十八年法律第百八十二号）に基づく退職手当又はこれに相当する手当を含む。以下この項及び次項において同じ。）を支給する際、組合員の報酬その他の給与からこれらの金額に相当する金額を控除して、これを組合員に代わつて組合に払い込まなければならない。

3　組合員は、報酬その他の給与の全部又は一部の支給を受けないことにより、前二項の規定による掛金等に相当する金額の全部又は一部の控除及び払込みが行われないときは、**政令で定める**ところにより、その控除が行われるべき毎月の末日までに、その払い込まれるべき掛金等に相当する金額を組合に払い込まなければならない。

4　組合は、掛金等のうち退職等年金分掛金及び船員保険料については、前三項の規定

国家公務員共済組合法施行令

（掛金等の払込期限）

第二十五条の二　法第百一条第三項の規定により掛金等に相当する金額を組合に払い込むべき期限は、報酬その他の給与の全部又は一部の支給を受けないことにより、同条第一項の規定による控除が行われない場合には、その控除が行われなかつた月の末日とする。

2　法第百一条第三項の規定により掛金等に相当する金額を組合に払い込むべき者が前項に定める日までに当該金額を組合に納付しないときは、組合は、**財務省令で定める**ところにより、その者に対し当該金額を組

国家公務員共済組合法施行規則

しなければならない。

3　組合は、第一項の規定による申出書の提出があつたときは、当該組合員の氏名、長期組合員番号及び掛金を免除する期間その他必要な事項を連合会に通知しなければならない。

（厚生年金保険法による育児休業期間中の保険料の免除の申出）

第百二十条の二　前条の規定は、厚生年金保険法第八十一条の二の規定による育児休業期間中の保険料の徴収の特例に係る申出について準用する。この場合において、前条第一項中「法第百条の二」とあるのは「厚生年金保険法第八十一条の二」と、「掛金の免除」とあるのは「保険料の免除」と、同条第二項中「掛金を免除する旨及び当該掛金を免除する期間」とあるのは「保険料の徴収の特例を適用する旨及び当該保険料の徴収の特例を適用する期間」と、同条第三項中「掛金を免除する期間」とあるのは「保険料の徴収の特例を適用する期間」と読み替えるものとする。

（厚生年金保険法による育児休業期間中の被保険者に係る保険料の徴収の特例の申出等の特例）

第百二十条の三　第二号厚生年金被保険者が法第百二条の二の規定による掛金の免除を希望する旨の申出をした場合には、併せて同一の事由により厚生年金保険法第八十一条の二の規定による同法による育児休業期間中の保険料の徴収の特例に係る申出をしたものとみなす。

2　第二号厚生年金被保険者等が厚生年金保険法第八十一条の二の規定による同法による育児休業期間中の保険料の徴収の特例の適用を受けることを希望する旨の申出をし

国家公務員共済組合法等の運用方針

認が可能な場合には、「証拠書類」の提出を省略することができるものとする。この場合においては、その確認した内容及び確認方法について記録しておくものとする。

〈参考　平二四改正法附則〉

（国家公務員共済組合法による産前産後休業期間中の組合員の特例に関する経過措置）

第三十二条　第四号施行日（平成二十六年四月一日）前に産前産後休業に相当する休業を開始した者については、第四号施行日をその産前産後休業を開始した日とみなして、第十条の規定による改正後の国家公務員共済組合法第百条の二の二の規定を適用する。

による払込みがあるごとに、これを連合会に払い込まなければならない。

5　第一項から第三項までの規定により組合に払い込まれた掛金等のうち、徴収を要しないこととなつたものがあるときは、組合（前項の規定により当該掛金等のうち退職等年金分掛金及び船員保険料が連合会に払い込まれている場合には、連合会）は、**財務省令で定める**ところにより、当該徴収を要しないこととなつた掛金等を組合員に還付するものとする。

（負担金）

第百二条　各省各庁の長（環境大臣を含む。）、行政執行法人又は職員団体は、それぞれ第九十九条第二項（同条第六項から第八項までの規定により読み替えて適用する場合を含む。）及び第五項（同条第七項及び第八項の規定により読み替えて適用する場合を含む。）並びに厚生年金保険法第八十二条第一項の規定により国、行政執行法人又は職員団体が負担すべき金額（組合員に係るものに限るものとし、第百条の二及び第百条の二の二の規定により徴収しないこととされた掛金等に相当する金額を除く。）を、毎月組合に払い込まなければならない。

2　前項の規定による負担金の支払については、概算払をすることができる。この場合においては、当該事業年度末において、精算するものとする。

3　国等は、第九十九条第四項の規定により負担すべき金額を、**政令で定める**ところに

合の指定した日までに払い込むべき旨を通知するものとする。

た場合には、併せて同一の事由により法第百二条の二の規定による掛金の免除を希望する旨の申出をしたものとみなす。

（産前産後休業期間中の掛金の免除の申出）

第百二十条の四　法第百条の二の二の規定により掛金の免除の申出をしようとする者は、次に掲げる事項を記載した産前産後休業掛金免除申出書を、産前産後休業の取得期間を証する書類と併せて組合に提出しなければならない。

一　組合員の氏名及び住所並びに組合員証の記号及び番号又は個人番号

二　産前産後休業に係る子の出産予定年月日

三　多胎妊娠の場合にあつては、その旨

四　申出に係る組合員が産前産後休業に係る子を既に出産した場合にあつては、当該子の氏名及び生年月日

五　掛金の免除を希望する旨

六　その他必要な事項

2　法第百条の二の二の規定により掛金が免除されている者は、前項に規定する産前産後休業の取得期間に変更があつた場合には、変更後の産前産後休業の取得期間を証する書類を組合に提出しなければならない。

3　組合は、第一項の規定による申出書の提出又は前項の規定による書類の提出があつたときは、掛金を免除する旨及び当該掛金を免除する期間を組合員原票に記載しなければならない。

4　組合は、第一項の規定による申出書の提出があつたときは、当該組合員の氏名、長期組合員番号及び掛金を免除する期間その他必要な事項を連合会に通知しなければならない。

（掛金等の還付）

第百二十条の七　組合は、法第百一条第五項

施行規則第百二十条の七関係

1　組合は、退職等年金分掛金及び組合員保

国家公務員共済組合法

より、組合に払い込まなければならない。

4　組合は、**政令で定める**ところにより、第九十九条第二項第三号及び第四号に掲げる費用並びに同条第五項（同条第七項及び第八項の規定により読み替えて適用する場合を含む。以下この項において同じ。）の規定により負担することとなる費用（同条第五項の規定により負担することとなる費用にあつては、長期給付（基礎年金拠出金を含む。）に係るものに限る。）並びに厚生年金保険法第八十一条第一項に規定する費用に充てるため国、行政執行法人又は職員団体が負担すべき金額（組合員に係るものに限る。）の全部又は一部を、当該金額の払込みがあるごとに、連合会に払い込まなければならない。

国家公務員共済組合法施行令

国家公務員共済組合法施行規則

の規定により掛金等を還付するときは、次に掲げる事項を記載した通知書を当該組合員に交付しなければならない。

一　還付金額

二　還付することとなつた理由

三　還付年月日

四　その他必要な事項

2　前項の規定は、令第五十二条第三項又は附則第六条の二の四第三項の規定により任意継続掛金又は特例退職掛金の還付をする場合について準用する。

（厚生年金保険法による産前産後休業期間中の保険料の免除の申出）

第百二十条の五　前条の規定は、厚生年金保険法第八十一条の二の二の規定による産前産後休業期間中の保険料の徴収の特例に係る申出について準用する。この場合において、前条第一項中「法第百条の二の二」とあるのは「厚生年金保険法第八十一条の二の二」と、「掛金の免除」とあるのは「保険料の免除」と、同条第二項中「法第百条の二の二」とあるのは「厚生年金保険法第八十一条の二の二」と、「掛金」とあるのは「保険料」と、同条第三項中「掛金を免除する旨及び当該掛金を免除する期間」とあるのは「保険料の徴収の特例を適用する旨及び当該保険料の徴収の特例を適用する期間」と、同条第四項中「掛金を免除する期間」とあるのは「保険料の徴収の特例を適用する期間」と読み替えるものとする。

（厚生年金保険法による産前産後休業期間中の保険料の徴収の特例の申出等の特例）

第百二十条の六　第二号厚生年金被保険者等が法第百二条の二の二の規定による掛金の免除を希望する旨の申出をした場合には、併せて同一の事由により厚生年金保険法第

国家公務員共済組合法等の運用方針

険料に係る還付金を短期経理により立替金として取引することができる。

2　前項の立替金は、還付金が生じた月の翌月までの掛金の内から調整するものとする。

法第百二条

八十一条の二の二の規定による同法による産前産後休業期間中の保険料の徴収の特例の適用を受けることを希望する旨の申出をしたものとみなす。

2　第二号厚生年金被保険者等が厚生年金保険法第八十一条の二の二の規定による同法による産前産後休業期間中の保険料の徴収の特例の適用を受けることを希望する旨の申出をした場合には、併せて同一の事由により法第百二条の二の二の規定による掛金の免除を希望する旨の申出をしたものとみなす。

政令第二十五条の三

（組合への国等の負担金の払込み）

第二十五条の三　国は、予算で定めるところにより、法第九十九条第四項（第二号を除

規則第百二十条の五～第百二十条の九

（払い込むべき掛金等の通知）

第百二十条の八　令第二十五条の二第二項の通知は、次に掲げる事項を記載した通知書を同項に規定する組合員に交付し、又は公示送達することによりするものとする。

一　組合に払い込むべき金額

二　令第二十五条の二第一項に規定する払い込むべき期限

三　令第二十五条の二第二項に規定する組合の指定する期限

2　前項第三号の期限は、同項の規定により通知書を交付し、又は公示送達する日から十日以上を経過した日でなければならない。

（負担金の払込みの手続）

第百二十条の九　法第百二条の規定による負

〈関係通達〉

○月末採用者にかかわる掛金、国庫（地方）負担金等の処理について

国家公務員共済組合法

国家公務員共済組合法施行令

く。）の規定により負担すべき金額を、当該事業年度における育児休業手当金及び介護休業手当金の支給の状況を勘案して組合に払い込むものとする。

2　国は、予算で定めるところにより、法第九十九条第四項（第一号を除く。）の規定により負担すべき金額を、当該事業年度における基礎年金拠出金の納付の状況を勘案して組合に払い込むものとする。

3　前二項の規定により国が組合に払い込んだ金額と法第九十九条第四項各号の規定により当該事業年度において国が負担すべき金額との調整は、当該事業年度の翌々年度までの国の予算によりそれぞれ行うものとする。

4　前三項の規定は、独立行政法人造幣局又は独立行政法人国立印刷局について準用する。この場合において、第一項中「予算で定めるところにより、法」とあるのは「法」と、「負担すべき金額を、」とあるのは「負担すべき金額として独立行政法人造幣局又は独立行政法人国立印刷局の職員である組合員が属する組合が当該事業年度においてその予算に計上した額を、当該組合の」と、「支給」とあるのは「支給（独立行政法人造幣局又は独立行政法人国立印刷局の職員である組合員に係るものに限る。）」と、「組合」とあるのは「当該組合」と、第二項中「予算で定めるところにより、法」とあるのは「法」と、「負担すべき金額」とあるのは「負担すべき金額として連合会が当該事業年度においてその予算に計上した額」と、「組合」とあるのは「前項に規定する組合」と、前項中「組合」とあるのは「第一項に規定する組合」と、「国の予算」とあるのは「第一項に規定する組合

国家公務員共済組合法施行規則

担金の払込みを受けるに必要な手続については、別に財務大臣が定める。

国家公務員共済組合法等の運用方針

（昭和二五年七月十三日　計発第五二九号）

○国家公務員共済組合負担金（長期給付事務費）の交付手続について
（昭和五六年三月二七日　蔵計第七三七号　改正　平成二二年三月三一日　財計第一三四二号）

○特例適用期間中の長期給付に係る国の負担金率について
（昭和五六年一二月二八日　蔵計第三〇〇〇号）

○特例適用期間中の長期給付に係る国の負担金率の変更について
（昭和五九年一〇月二二日　蔵計第二四一三号）

○国家公務員共済組合負担金の概算払手続について
（昭和六〇年三月二八日　蔵計第八一九号）

○国家公務員共済組合負担金の概算払に対する精算手続について
（昭和六一年三月一日　蔵計第四一八号）

○国家公務員共済組合法施行令第十三条第一項第二号に規定する財務大臣の定める金額等について
（昭和六一年四月一日　蔵計第八〇四号）

○国家公務員等共済組合負担金（基礎年金拠出金及び長期給付に係る公経済負担金の調整分）の請求手続等について
（昭和六二年四月一日　蔵計第九六二号）

○国家公務員共済組合負担金（育児休業手当金及び介護休業手当金に係る公経済負担金の調整分）の請求手続等について
（平成八年四月一〇日　蔵計第九四〇号）

○国家公務員共済組合負担金（共済組合事務システム開発に係る事務費負担金）の請求

（前項に係るものにあつては、連合会）の予算に当該調整後の金額として計上した額をその予算に計上した事業年度において独立行政法人造幣局又は独立行政法人国立印刷局が払い込むこと」と読み替えるものとする。

（連合会への負担金の払込み）

第二十五条の四　法第百二条第四項の規定により組合が連合会に払い込むべき金額は、次に掲げる金額とする。

一　法第九十九条第二項第三号に掲げる費用及び同条第五項（同条第七項及び第八項の規定により読み替えて適用する場合を含む。以下この号において同じ。）の規定により負担することとなる費用であつて第九条第三項に規定する退職等年金給付に係るもの並びに第九十九条第三項に規定する厚生年金保険給付に要する費用及び同条第五項の規定により負担することとなる費用であつて第九条第一項に規定する厚生年金保険給付に係るものに充てるため国、行政執行法人若しくは職員団体（法第九十九条第六項に規定する職員団体をいう。以下この条において同じ。）又は派遣先企業（国と民間企業との間の人事交流に関する法律第七条第三項（同法第二十四条第一項において準用する場合を含む。）に規定する派遣先企業をいう。次項において同じ。）、法科大学院設置者（法科大学院への裁判官及び検察官その他の一般職の国家公務員の派遣に関する法律第三条第一項に規定する法科大学院設置者をいう。次号及び次項において同じ。）若しくは受入先弁護士法人等（判事補及び検事の弁護士職務経験に関する法律第二条第七項に規定する受入先弁護士法人等をいう。次項において同

手続について

（平成一八年三月三一日　財計第一二八六号）

○平成二十四年度における国家公務員共済組合負担金の概算払手続について

（平成二四年三月三〇日　財計第九七六号）

○「九月以降の一般会計予算の執行について」（平成二十四年九月七日閣議決定）による国家公務員共済組合負担金（育児休業手当金及び介護休業手当金に係る公経済負担金、基礎年金拠出金及び長期給付に係る公経済負担金並びに長期給付に係る整理資源）の請求手続等について

（平成二四年九月七日　財計第二〇九五号）

○国家公務員共済組合負担金（育児休業手当金及び介護休業手当金に係る公経済負担金、基礎年金拠出金及び長期給付に係る公経済負担金並びに長期給付に係る整理資源）の請求手続等について

（平成二四年一一月一六日　財計第二四六九号）

○国家公務員共済組合負担金（基礎年金拠出金に係る公経済負担金）の概算払手続について

（平成二五年二月二六日　財計第二九二号）

以上、内容については略。

国家公務員共済組合法

国家公務員共済組合法施行令

じ。）が負担すべき金額

二　法第九十九条第二項第四号に掲げる費用に充てるため国、行政執行法人若しくは職員団体又は法科大学院設置者が負担すべき金額のうち**財務大臣の定める**金額

2　組合は、法第百二条第四項に規定する国、行政執行法人若しくは職員団体又は派遣先企業、法科大学院設置者若しくは受入先弁護士法人等が負担すべき金額及び前条第二項（同条第四項において読み替えて準用する場合を含む。以下この項において同じ。）に規定する金額の払込みがあるごとに、前項各号に掲げる金額及び同条第二項の規定により払い込まれた金額を、直ちに連合会に払い込まなければならない。

国家公務員共済組合法施行規則

国家公務員共済組合法等の運用方針

〈関係通達〉

○国家公務員共済組合法施行令第十三条第一項第二号に規定する財務大臣の定める金額等について

（昭和六一年四月一日　蔵計第八〇四号大蔵大臣から各共済組合代表者あて通知）

最終改正　平十五・三・三十一財計九一一

標記のことについて、下記のとおり定めたので通知する。

記

1　国家公務員共済組合法施行令（昭和三十三年政令第二〇七号）第十三条第一項第二号に規定する「財務大臣の定める金額」は、次の各号に掲げる場合に応じ、当該各号に定める金額とする。

(1)　福祉事業に係る標準報酬の月額及び標準期末手当等の額と掛金との割合が、〇・六七／一〇〇〇を超える場合　掛金の基礎となつた標準報酬の月額及び標準期末手当等の額の総額の〇・六七／一〇〇〇に相当する金額（当該金額に一円未満の端数があるときは、これを切り捨てて得た金額）

(2)　前号以外の場合　国、日本郵政公社、独立行政法人又は職員団体の負担金に相当する金額

2　国家公務員共済組合法施行令第十三条第二項の規定により前項第一号の金額を国家公務員共済組合連合会へ払い込む場合については、概算払をすることができる。この場合においては、当該事業年度末において、精算するものとする。

附　則

1　この規定は、昭和六十一年四月一日から適用する。ただし、昭和六十一年度については、第一項各号に定める金額は、掛金の基礎となつた標準報酬の総額に別表に定める率を乗じて得た額に相当する金額（当該金額に一円未満の端数があるときは、これを切り捨てて得た金額）とする。

2　国家公務員等共済組合法施行令第十三条第一項第二号に規定する大蔵大臣の定める金額について（昭和五十九年四月一日蔵計七九九号）は、廃止する。

附　則

この改正は、平成十五年四月一日から適用する。

法第百二条の二、第百二条の三

第六章の二　地方公務員共済組合連合会に対する財政調整拠出金

（地方公務員共済組合連合会に対する長期給付に係る財政調整拠出金の拠出）

第百二条の二　連合会は、厚生年金保険給付費（厚生年金拠出金及び基礎年金拠出金の納付に要する費用その他政令で定める費用をいう。次条第一項第一号において同じ。）の負担の水準と地方の組合の地方公務員等共済組合法第百十六条の二に規定する厚生年金保険給付費の負担の水準との均衡及び組合の長期給付と地方の組合の同法第七十四条に規定する長期給付の円滑な実施を図るため、次条第一項各号に掲げる場合に該当するときは、その事業年度において、地方公務員共済組合連合会（同法第三十八条の二第一項に規定する地方公務員共済組合連合会をいう。以下同じ。）への拠出金（以下「財政調整拠出金」という。）の拠出を行うものとする。

第百二条の三　財政調整拠出金の額は、次の各号に掲げる場合の区分に応じ、当該各号に定める額（当該各号に掲げる場合の二以上に該当するときは、当該二以上の各号に定める額の合計額）とする。

一　当該事業年度における組合の厚生年金保険給付費のうち**政令で定める**ものの額（以下この号において「国の調整対象費用の額」という。）を当該事業年度におけるすべての組合員（厚生年金保険給付に関する規定の適用を受ける組合員に限る。以下この号において同じ。）の厚生年金保

政令第二十五条の四、第二十六条

第四章の二　地方公務員共済組合連合会に対する財政調整拠出金

（国の調整対象費用の額）

第二十六条　法第百二条の三第一項第一号に規定する政令で定める費用は、当該事業年度における厚生年金保険法第八十四条の六第一項に規定する拠出金算定対象額に同法第二条の五第一項に規定する実施機関である連合会に係る同法第八十四条の六第一項第一号に掲げる率を乗じて得た額に相当する費用とする。

規則第百二十一条

第六章の二　地方公務員共済組合連合会に対する財政調整拠出金

（地方公務員共済組合連合会に対する財政調整拠出金）

第百二十一条　連合会は、法第百二条の三第一項（第一号から第三号までに係る部分に限る。）の規定による令第二十八条第一項に規定する国の厚生年金保険給付概算財政調整拠出金の額を地方公務員等共済組合法

国家公務員共済組合法	国家公務員共済組合法施行令	国家公務員共済組合法施行規則	国家公務員共済組合法等の運用方針
険法第二十条第一項に規定する標準報酬月額の合計額及び当該組合員の同法第二十四条の四第一項に規定する標準賞与額の合計額の合算額（以下この号において「標準報酬等総額」という。）で除して得た率が、当該事業年度における地方公務員等共済組合法第百十六条の三第一項第一号に規定する地方の調整対象費用の額（以下この号において「地方の調整対象費用の額」という。）を当該事業年度における同項第一号に規定する標準報酬等総額（以下この号において「地方の標準報酬等総額」という。）で除して得た率を下回る場合　当該事業年度における国の調整対象費用の額に一定額を加算して得た額を当該事業年度における標準報酬等総額で除して得た率と当該事業年度における地方の調整対象費用の額から当該一定額を控除して得た額を当該事業年度における地方の標準報酬等総額で除して得た率とが等しくなる場合における当該一定額に相当する額 二　当該事業年度における国の厚生年金保険給付等に係る収入の額が当該事業年度における国の厚生年金保険給付等に係る支出の額を上回り、かつ、当該事業年度における地方の厚生年金保険給付等に係る収入の額（地方公務員等共済組合法第百十六条の三第二項に規定する地方の厚生年金保険給付等に係る収入の額をいう。以下この号及び次号において同じ。）が当該事業年度における地方の厚生年金保険給付等に係る支出の額（同条第三項に規定する地方の厚生年金保険給付等に係る支出の額をいう。以下この号及び次号において同じ。）を下回る場合（次号に	**（国の厚生年金保険給付等に係る収入）** **第二十七条**　法第百二条の三第二項に規定する政令で定める収入は、当該事業年度の厚生年金保険給付（厚生年金拠出金及び基礎年金拠出金を含む。以下この条及び次条において同じ。）に要する費用及び当該厚生年金保険給付の事務に要する費用に係る収入のうち、組合の厚生年金保険給付と地方の組合の厚生年金保険給付の円滑な実施を図るために法第百二条の三第一項第二号及び第三号に規定する国の厚生年金保険給付等に係る収入とすることが適当でないものとして財務大臣が定めるもの以外のものとする。	第七十八条第四項に規定する支給期月（次項において「支給期月」という。）ごとに財務大臣が別に定める日までに、地方公務員共済組合連合会に拠出するものとする。 2　連合会は、法第百二条の三第一項（第四号に係る部分に限る。）の規定による令第二十八条第四項の規定により準用する同条第一項に規定する国の退職等年金給付概算財政調整拠出金の額を支給期月ごとに財務大臣が別に定める日までに、地方公務員共済組合連合会に拠出するものとする。	

掲げる場合を除く。）当該事業年度における地方の厚生年金保険給付等に係る支出の額から当該事業年度における地方の厚生年金保険給付等に係る収入の額を控除して得た額（当該控除して得た額が、限度額（当該事業年度における国の厚生年金保険給付等に係る収入の額から当該事業年度における国の厚生年金保険給付等に係る支出の額に前号に掲げる場合における同号に定める額を加算した額を控除して得た額をいう。）を超える場合にあつては、当該限度額）

三　当該事業年度における地方の厚生年金保険給付等に係る支出の額に地方公務員等共済組合法第百十六条の三第一項第一号に掲げる場合における同号に定める額を加算した額が地方の厚生年金保険給付等に係る収入の額を上回り、かつ、当該上回る額（以下この号において「地方の不足額」という。）が前事業年度の末日における地方厚生年金保険給付積立金（同法第二十四条（同法第三十八条第一項において準用する場合を含む。）に規定する厚生年金保険給付組合積立金及び同法第三十八条の八第一項に規定する厚生年金保険給付調整積立金をいう。以下この号において同じ。）の額を上回る場合　地方の不足額から前事業年度の末日における地方厚生年金保険給付積立金の額を控除して得た額（当該控除して得た額が、限度額（前事業年度の末日における厚生年金保険給付積立金の額から当該事業年度における国の厚生年金保険給付等に係る支出の額に第一号に掲げる場合における同号に定める額を加算した額を控除し、当該事業年度における国の厚生年金保険給付等に係る収入の額を加算し

（国の厚生年金保険給付等に係る支出）

第二十七条の二　法第百二条の三第三項に規定する政令で定める支出は、当該事業年度の厚生年金保険給付に要する費用及び当該厚生年金保険給付の事務に要する費用に係る支出のうち、組合の厚生年金保険給付と地方の組合の厚生年金保険給付の円滑な実施を図るために同条第一項第二号及び第三号に規定する国の厚生年金保険給付等に係る支出とすることが適当でないものとして財務大臣が定めるもの以外のものとする。

（地方公務員共済組合連合会に対する財政調整拠出金の拠出）

第二十八条　連合会は、毎事業年度、当該事業年度における法第百二条の二に規定する財政調整拠出金（以下この条において「財政調整拠出金」という。）の見込額として法第百二条の三第一項（第四号を除く。）の規定の例により算定した額（次項において「国の厚生年金保険給付概算財政調整拠出金の額」という。）を、財務省令の定めるところにより、地方公務員共済組合連合会（地方公務員等共済組合法第三十八条の二第一項に規定する地方公務員共済組合連合会をいう。以下この条において同じ。）に拠出するものとする。

2　連合会は、毎事業年度における国の厚生年金保険給付概算財政調整拠出金の額が法第百二条の三第一項（第四号を除く。）の規定により算定した当該事業年度における連合会が拠出すべき財政調整拠出金の額に満たないときは、その満たない額を翌々事業年度に地方公務員共済組合連合会に拠出するものとする。ただし、当該翌々事業年度において地方公務員等共済組合法施行令第三十条の六第一項の規定により地方公務員共済組合連合会が連合会に拠出すること

国家公務員共済組合法

た額をいう。）を超える場合にあつては、当該限度額）

四　当該事業年度の末日における地方退職等年金給付積立金の額が地方の積立基準額を下回り、かつ、退職等年金給付積立金の額が国の積立基準額を上回る場合　地方の積立基準額から地方退職等年金給付積立金の額を控除して得た額の五分の一に相当する額（当該額が当該事業年度の末日における退職等年金給付積立金の額から国の積立基準額（当該国の積立基準額が零を下回る場合には、零とする。）を控除して得た額を超える場合にあつては、当該控除して得た額）

2　前項第二号及び第三号に規定する「国の厚生年金保険給付等に係る収入の額」とは、厚生年金保険法第八十一条第一項に規定する保険料その他の連合会の収入として政令で定めるものの額の合計額に、地方公務員等共済組合法第百十六条の三第一項第一号に掲げる場合における同号に定める額を加算した額をいう。

3　第一項第二号及び第三号に規定する「国の厚生年金保険給付等に係る支出の額」とは、厚生年金拠出金及び基礎年金拠出金の納付その他の連合会の支出として政令で定めるものの額の合計額をいう。

（資料の提供）

第百二条の四　連合会は、地方公務員共済組合連合会に対し、財政調整拠出金の額の算定のために必要な資料の提供を求めることができる。

（政令への委任）

第百二条の五　この章に定めるもののほか、財政調整拠出金の拠出に関し必要な事項は、**政令で定める。**

国家公務員共済組合法施行令

となる額（以下この項及び次項において「地方の厚生年金保険給付概算財政調整拠出金の額」という。）がある場合にあつては、当該満たない額を地方の厚生年金保険給付概算財政調整拠出金の額に充当し、なお残余があるときは、その残余の額を地方公務員共済組合連合会に拠出するものとする。

3　連合会は、毎事業年度における地方の厚生年金保険給付概算財政調整拠出金の額が地方公務員等共済組合法第百十六条の三第一項（第四号を除く。）の規定により算定した当該事業年度における地方公務員共済組合連合会が拠出すべき財政調整拠出金の額を超えるときは、その超える額を翌々事業年度に地方公務員共済組合連合会に還付するものとする。ただし、当該翌々事業年度において地方の厚生年金保険給付概算財政調整拠出金の額がある場合にあつては、当該超える額を地方の厚生年金保険給付概算財政調整拠出金の額に充当し、なお残余があるときは、その残余の額を地方公務員共済組合連合会に還付するものとする。

4　前三項の規定は、法第百二条の三第一項（第一号から第三号までを除く。）の規定による地方公務員共済組合連合会に対する退職等年金給付に係る拠出金の拠出について準用する。この場合において、第一項中「第四号」とあるのは「第一号から第三号まで」と、「国の厚生年金保険給付概算財政調整拠出金の額」とあるのは「国の退職等年金給付概算財政調整拠出金の額」と、第二項中「国の厚生年金保険給付概算財政調整拠出金の額」とあるのは「国の退職等年金給付概算財政調整拠出金の額」と、「第四号」とあるのは「第一号から第三号

国家公務員共済組合法施行規則

国家公務員共済組合法等の運用方針

まで」と、「第三十条の六第一項」とあるのは「第三十条の六第四項の規定により読み替えられた同条第一項」と、「地方の厚生年金保険給付概算財政調整拠出金の額」とあるのは「地方の退職等年金給付概算財政調整拠出金の額」と、前項中「地方の厚生年金保険給付概算財政調整拠出金の額」とあるのは「地方の退職等年金給付概算財政調整拠出金の額」と、「第四号」とあるのは「第一号から第三号まで」と読み替えるものとする。

5　前三条及び前各項に規定するもののほか、財政調整拠出金の拠出に関し必要な事項は、財務大臣が定める。

国家公務員共済組合法

第七章　審査請求

（審査請求）

第百三条　組合員の資格若しくは短期給付及び退職等年金給付に関する決定、厚生年金保険法第九十条第二項（第二号及び第三号を除く。）に規定する被保険者の資格若しくは保険給付に関する処分、掛金等その他この法律及び厚生年金保険法による徴収金の徴収、組合員期間の確認又は国民年金法による障害基礎年金に係る障害の程度の診査に関し不服がある者は、文書又は口頭で、国家公務員共済組合審査会（以下「審査会」という。）に審査請求をすることができる。

2　前項の審査請求は、同項に規定する決定、処分、徴収、確認又は診査があつたことを知つた日から三月を経過したときは、することができない。ただし、正当な理由により、この期間内に審査請求をすることができなかつたことを疎明したときは、この限りでない。

3　審査請求は、時効の中断に関しては、裁判上の請求とみなす。

4　審査会は、行政不服審査法（平成二十六年法律第六十八号）第九条第一項、第三項及び第四項の規定の適用については、同条第一項第二号に掲げる機関とみなす。

（審査会の設置及び組織）

第百四条　審査会は、連合会に置く。

2　審査会は、委員九人をもつて組織する。

国家公務員共済組合法施行令

第五章　国家公務員共済組合審査会

（審査会の委員に対する報酬）

第二十九条　連合会は、国家公務員共済組合審査会（以下「審査会」という。）の公益を代表する委員に対し、審査会に出席した日数に応じ、一般職の職員の給与に関する法律第二十二条第一項の規定による手当の額を基準として**財務省令で定める**額の報酬を支給する。

（審査会の委員及び関係人に対する旅費）

第二十九条の二　審査会の委員に対する旅費は、公益を代表する委員については一般職の職員の給与に関する法律別表第一の行政職俸給表㈠の十級の職務にある職員が国家公務員等の旅費に関する法律（昭和二十五年法律第百十四号）の規定により支給を受けるべき額により、その他の委員についてはその者が職員として受けるべき額又はこれに相当する額により、連合会が支給する。

2　行政不服審査法（平成二十六年法律第六十八号）第三十四条の規定により事実の陳述又は鑑定を求められた参考人に対する旅費は、前項の規定により公益を代表する委員に支給する旅費の額の範囲内において、連合会が支給する。

（審査会の書記）

第二十九条の三　審査会に書記を置く。

2　書記は、連合会の事務に従事する者のうちから、連合会の理事長が任命する。

3　書記は、会長の指揮を受けて庶務を整理

国家公務員共済組合法施行規則

第六章の三　国家公務員共済組合審査会

（審査会の委員に対する報酬の額）

第百二十二条　令第二十九条に規定する**財務省令で定める**額は、会長及びその他の委員につき予算の範囲内で別に連合会の理事長が財務大臣の承認を受けて定める。

国家公務員共済組合法等の運用方針

3　委員は、組合員を代表する者、国を代表する者及び公益を代表する者それぞれ三人とし、財務大臣が委嘱する。
4　委員の任期は、三年とする。ただし、補欠の委員の任期は、前任者の残任期間とする。
5　委員は、再任されることができる。
6　審査会に会長を置く。会長は、審査会において、公益を代表する委員のうちから選挙する。
7　会長は、会務を総理する。会長に事故があるとき、又は会長が欠けたときは、あらかじめその指名する公益を代表する委員がその職務を行う。

（議事）

第百五条　審査会は、組合員を代表する委員、国を代表する委員及び公益を代表する委員各一人以上を含む過半数の委員が出席しなければ、会議を開き、及び議決することができない。
2　審査会の議事は、出席委員の過半数で決する。可否同数のときは、会長の決するところによる。

（組合又は連合会に対する通知等）

第百六条　審査会は、審査請求がされたときは、行政不服審査法第二十四条の規定により当該審査請求を却下する場合を除き、当該審査請求に係る組合（審査請求のうち長期給付に係るものにあつては、連合会）にこれを通知し、かつ、利害関係人に対し参加人として当該審査請求に参加することを求めなければならない。

（政令への委任）

第百七条　この章及び行政不服審査法に定めるもののほか、審査会の委員及び同法第三十四条の規定により事実の陳述を求め、又は鑑定を求めた参考人の旅費その他の手当

する。

国家公務員共済組合法	国家公務員共済組合法施行令	国家公務員共済組合法施行規則	国家公務員共済組合法等の運用方針
の支給その他審査会及び審査請求の手続に関し必要な事項は、**政令で定める。** **第百八条から第百十条まで** 削除			

第八章　雑則

（時効）

第百十一条　この法律に基く給付を受ける権利は、その給付事由が生じた日から、短期給付については二年間、退職等年金給付については五年間行わないときは、時効によつて消滅する。

2　掛金を徴収し、又はその還付を受ける権利は、二年間行わないときは、時効によつて消滅する。

3　時効期間の満了前六月以内において、次に掲げる者の生死又は所在が不明であるためにその者に係る遺族給付の請求をすることができない場合には、その請求をすることができることとなつた日から六月以内は、当該権利の消滅時効は、完成しないものとする。

一　組合員又は組合員であつた者でその者が死亡した場合に遺族給付を受けるべき者があるもの

二　遺族給付を受ける権利を有する者のうち先順位者又は同順位者

（期間計算の特例）

第百十二条　この法律の規定により給付の請求又は給付を受ける権利に係る申出若しくは届出に係る期間を計算する場合において、その請求、申出又は届出が郵便又は民間事業者による信書の送達に関する法律（平成十四年法律第九十九号）第二条第六項に規定する一般信書便事業者若しくは同条第九項に規定する特定信書便事業者による同条第二項に規定する信書便により行われたものであるときは、送付に要した日数は、その期間に算入しない。

第百十一条関係

1　給付を受ける権利の消滅時効の起算日は、給付事由の生じた日の翌日と解されるので、次の各号に掲げる給付については、当該各号に掲げる日を起算日として取り扱うものとする。

(1)　療養費又は家族療養費　組合員が医療機関等に療養の費用を支払つた部分について、その支払つた日の翌日

(2)　移送費及び家族移送費　移送を行つた日の翌日

(3)　高額療養費　高額療養費の算定対象となつた同一月内における次に掲げる日のうち、最も遅い日の翌日

(イ)　当該組合員が医療機関等に支払つた施行令第十一条の三の三第一項第一号イからヘまでに掲げる金額を支払つた日

(ロ)　施行令第十一条の三の三第一項第二号に規定する特定給付対象療養について、当該組合員又はその被扶養者がなお負担すべき額を支払つた日

(4)　高額介護合算療養費　それぞれ次に掲げる日

(イ)　(ロ)に掲げる場合以外の場合　計算期間の末日の翌日

(ロ)　計算期間の末日以外の日に死亡した組合員に係る当該死亡した日の属する計算期間中の高額介護合算療養費を請求する場合　死亡した日の翌日

(5)　傷病手当金、出産手当金、休業手当金又は介護休業手当金　それぞれ勤務に服することができない日ごとに、その翌日

国家公務員共済組合法	国家公務員共済組合法施行令	国家公務員共済組合法施行規則	国家公務員共済組合法等の運用方針
			(6)　育児休業手当金　育児休業等により勤務に服さなかつた日ごとに、その翌日 2　退職等年金給付を受ける権利の消滅時効期間は、基本権については、法律上決定の請求をすることができることとなつた日の翌日を、支分権については、支給すべき期日の翌月の初日をそれぞれ起算日として五年間であると解されるが、年金の決定がなされた後の基本権は、時効により消滅しないものとして取り扱うものとする。 3　時効期間が満了した場合には、組合は時効の利益を放棄しないものとする。ただし、特別の事情がある場合において、組合の代表者がやむを得ないと認めたときは、この限りでない。 4　掛金を徴収し、又はその還付を受ける権利は、その掛金を徴収し、又は払い込むべき月の翌月の初日から二年間これを行わないときは、時効により消滅するものとする。 5　懲戒免職の処分を受けて、組合員の資格を喪失した者が、その処分取消の判定を受けて、組合員の資格を回復した場合において、その処分の日から取消の日までの間に給付事由が生じたときは、処分取消の判定が確定した日を、その給付についての消滅時効の起算日として取り扱うものとする。

（戸籍書類の無料証明）

第百十三条　市町村長（特別区の区長を含むものとし、地方自治法（昭和二十二年法律第六十七号）第二百五十二条の十九第一項の指定都市にあつては、区長又は総合区長）は、組合又は受給権者に対して、当該市町村の条例で定めるところにより、組合員、組合員であつた者又は受給権者の戸籍に関し、無料で証明を行うことができる。

（資料の提供）

第百十四条　連合会は、年金である給付に関する処分に関し必要があると認めるときは、受給権者に対する厚生年金保険法による年金である保険給付（これに相当する給付として政令で定めるものを含む。）の支給状況につき、厚生労働大臣、地方の組合又は日本私立学校振興・共済事業団に対し、必要な資料の提供を求めることができる。

（社会保険診療報酬支払基金等への事務の委託）

第五章の二　資料の提供

第三十条　法第百十四条に規定する政令で定める給付は、次に掲げる給付とする。

一　平成二十四年一元化法附則第六十一条第一項に規定する給付及び平成二十四年一元化法附則第六十五条第一項の規定による年金である給付

二　平成二十四年一元化法附則第七十九条に規定する給付

三　厚生年金保険法等の一部を改正する法律（平成八年法律第八十二号）附則第十六条第三項の規定により厚生年金保険の

（社会保険診療報酬支払基金等に委託する事務）

国家公務員共済組合法

第百十四条の二　組合は、次に掲げる事務を社会保険診療報酬支払基金法（昭和二十三年法律第百二十九号）による社会保険診療報酬支払基金又は国民健康保険法（昭和三十三年法律第百九十二号）第四十五条第五項に規定する国民健康保険団体連合会に委託することができる。

一　第五十条第一項に規定する短期給付のうち財務省令で定めるものの支給に関する事務

二　第五十条第一項に規定する短期給付の支給、第九十八条第一項に規定する福祉事業の実施その他の財務省令で定める事務に係る組合員若しくは組合員であつた者又はこれらの被扶養者（次号において「組合員等」という。）に係る情報の収集又は整理に関する事務

三　第五十条第一項に規定する短期給付の支給その他の財務省令で定める事務に係る組合員等に係る情報の利用又は提供に関する事務

2　組合は、前項の規定により同項第二号又は第三号に掲げる事務を委託する場合は、他の社会保険診療報酬支払基金法第一条に規定する保険者と共同して委託するものとする。

（端数の処理）

第百十五条　長期給付を受ける権利を決定し又は長期給付の額を改定する場合において、その長期給付の額に五十円未満の端数があるときは、これを切り捨て、五十円以上百円未満の端数があるときは、これを百円に切り上げるものとする。

2　前項に定めるもののほか、この法律による給付及び掛金等に係る端数計算については、別段の定めがあるものを除き、国等の

国家公務員共済組合法施行令

実施者たる政府が支給するものとされた年金である給付

四　平成十三年統合法附則第十六条第三項の規定により厚生年金保険の実施者たる政府が支給するものとされた年金である給付

〈参考〉

○国等の債権債務等の金額の端数計算に関する法律（抄）

昭二五・三・三一法六一

最終改正　平二二・三・三一法一五

（国等の債権又は債務の金額の端数計算）

第二条　国及び公庫等の債権で金銭の給付を目的とするもの（以下「債権」という。）又は国及び公庫等の債務で金銭の給付を目的とするもの（以下「債務」という。）の確定金額に一円未満の端数があるときは、その端数金額を切り捨てるものとする。

2　国及び公庫等の債権の確定金額の全額が一円未満であるときは、その全額を切り捨てるものとし、国及び公庫等の債務の確定金額の全額が一円未満であるときは、その全額を一円として計算する。

3　国及び公庫等の相互の間における債権又は債務の確定金額の全額が一円未満であるときは、前項の規定にかかわらず、その全額を切り捨てるものとする。

国家公務員共済組合法施行規則

第百二十五条の三　法第百十四条の二第一項第一号の財務省令で定める短期給付は、法第五十条第一項に規定する短期給付のうち、療養費、高額療養費、高額介護合算療養費、出産費及び家族出産費とする。

2　法第百十四条の二第一項第二号の財務省令で定める事務は、次の各号に掲げる事務とする。

一　法第五十条第一項に規定する短期給付（同項第十号から第十三号までに掲げるものを除く。）の支給に関する事務

二　法第九十八条第一項に規定する福祉事業（同項第二号から第八号までに掲げるものを除く。）の実施に関する事務

三　行政手続における特定の個人を識別するための番号の利用等に関する法律別表第一の主務省令で定める事務を定める命令（平成二十六年内閣府・総務省令第五号）第二十三条の二各号に規定する事務

3　法第百十四条の二第一項第三号の**財務省令で定める**事務は、次の各号に掲げる事務とする。

一　法第五十条第一項に規定する短期給付（同項第十号から第十三号までに掲げるものを除く。）の支給に関する事務

二　行政手続における特定の個人を識別するための番号の利用等に関する法律別表第二の主務省令で定める事務及び情報を定める命令（平成二十六年内閣府・総務省令第七号）第二十四条の二各号に規定する事務

国家公務員共済組合法等の運用方針

第百十五条関係

1　退職等年金給付の額を算出する過程において、円位未満の端数があるときは、特段の定めのない限り、銭位まで計算し、銭位未満の端数は四捨五入するものとする。

2　退職等年金給付の各支給期月における支給額に一円未満の端数があるときは、四月、六月、八月、十月、十二月に支給すべき端数金額はこれを切り捨て、二月に支給すべき金額に加算するものとする。

債権債務等の金額の端数計算に関する法律（昭和二十五年法律第六十一号）第二条の規定を準用する。

（財務大臣の権限）

第百十六条　組合及び連合会の業務の執行は、財務大臣が監督する。

2　組合及び連合会は、**財務省令で定める**ところにより、毎月末日現在におけるその事業についての報告書を財務大臣に提出しなければならない。

3　財務大臣は、必要があると認めるときは、当該職員に組合又は連合会の業務及び財産の状況を監査させるものとする。

4　財務大臣は、この法律の適正な実施を確保するため必要があると認めるときは、組合又は連合会に対して、その業務に関し、監督上必要な命令をすることができる。

第百十七条　財務大臣は、組合の療養に関する短期給付についての費用の負担又は支払の適正化を図るため必要があると認めるときは、医師、歯科医師、薬剤師若しくは手当を行つた者若しくはこれらの者を使用する者に対し、その行つた診療、薬剤の支給若しくは手当に関し、報告若しくは診療録、帳簿書類その他の物件の提示を求め、若しくは当該職員をして質問させ、又は当該給付に係る療養を行つた保険医療機関若しくは保険薬局若しくは当該保険医療機関若しくは保険薬局の開設者若しくは管理者、保険医、保険薬剤師その他の従業者であつた者（以下この項において「開設者であつた者等」という。）から報告若しくは資料の提出を求め、当該保険医療機関若しくは保険薬局の開設者若しくは管理者、保険医、保険薬剤師その他の従業者（開設者であつた者等を含む。）に対し出頭を求め、若しくは当該職員をして関係者に対し質問し、若し

（事業報告書）

第百二十五条　本部長又は支部長（第四条（第八十五条第二項の規定により読み替えて準用する場合を含む。）に規定する本部又は支部の長をいう。以下同じ。）は、毎月末日現在における**財務大臣が別に定める**事業報告書を作成しなければならない。この場合において、支部にあつては、翌月十五日までに当該事業報告書を本部長に提出しなければならない。

2　本部長は、前項の規定により提出を受けた事業報告書に基づき、総括した事業報告書を作成し、提出を受けた月の二十五日までに、これを**財務大臣が別に定める**書類と併せて、組合の代表者（連合会にあつては、連合会の理事長。以下第百二十六条の四までにおいて同じ。）に提出しなければならない。

3　組合の代表者は、前項の規定により提出を受けた事業報告書を、提出を受けた月の末日までに、財務大臣に提出しなければならない。

4　前三項の規定による事業報告書の提出については、電磁的記録媒体（電磁的記録に係る記録媒体をいう。次条第四項において同じ。）を提出することにより行うことができる。

（決算事業報告書）

第百二十五条の二　本部長又は支部長は、毎事業年度末日現在における**財務大臣が別に定める**決算事業報告書を作成しなければならない。この場合において、支部にあつては、翌事業年度の四月二十五日までに当該決算事業報告書を本部長に提出しなければ

国家公務員共済組合法

くは当該保険医療機関若しくは保険薬局につき設備若しくは診療録その他その業務に関する帳簿書類を検査させることができる。

2　財務大臣は、組合の指定訪問看護に関する短期給付についての費用の負担又は支払の適正化を図るため必要があると認めるときは、指定訪問看護事業者又は指定訪問看護事業者であつた者若しくは当該指定に係る訪問看護事業所の看護師その他の従業者であつた者（以下この項において「指定訪問看護事業者であつた者等」という。）に対し、その行つた訪問看護療養費又は家族訪問看護療養費の支給に関し、報告若しくは帳簿書類の提出若しくは提示を求め、当該指定訪問看護事業者若しくは当該指定に係る訪問看護事業所の看護師その他の従業者（指定訪問看護事業者であつた者等を含む。）に対し出頭を求め、又は当該職員をして関係者に対し質問させ、若しくは当該指定訪問看護事業者の当該指定に係る訪問看護事業所につき帳簿書類その他の物件を検査させることができる。

3　当該職員は、前二項の規定により質問又は検査をする場合には、その身分を示す証票を携帯し、関係人にこれを提示しなければならない。

4　第一項又は第二項の質問又は検査の権限は、犯罪捜査のために認められたものと解してはならない。

国家公務員共済組合法施行令

国家公務員共済組合法施行規則

ならない。

2　本部長は、前項の規定により提出を受けた決算事業報告書に基づき、総括した決算事業報告書を作成し、翌事業年度の五月二十日までに、これを**財務大臣が別に定める**書類と併せて、組合の代表者に提出しなければならない。

3　組合の代表者は、前項の規定により提出を受けた決算事業報告書を、翌事業年度の五月三十一日までに、財務大臣に提出しなければならない。

4　前三項の規定による決算事業報告書の提出については、電磁的記録媒体を提出することにより行うことができる。

（外部監査）

第百二十六条　法第百十六条第三項の規定による当該職員の監査は、別に定める監査要領に従つて行わなければならない。

2　前項に規定する当該職員は、同項の監査をする場合には、別紙様式第三十六号による監査証票を携帯し、関係者の請求があつたときは、提示しなければならない。

第百二十六条の二　会計単位の長及び出納職員は、前条の規定による監査に立会しなければならない。ただし、これらの職員が事故のため自ら立会することができない場合には、その代理人が立会しなければならない。

第百二十六条の三　第百二十六条第一項に規定する当該職員は、同項の監査を行う場合には、会計単位の長及び出納職員又はこれらの者の代理人に対し、現金、預金通帳、帳簿、証ひよう書類等の提示、事実の説明、資料の作成その他監査に必要な事項を要求することができる。

（内部監査）

国家公務員共済組合法等の運用方針

施行規則第百二十六条の四関係

法第百十七条～第百十九条

（権限の委任）

第百十七条の二　財務大臣は、**政令で定める**ところにより、この法律による権限の一部を財務局長又は財務支局長に行わせることができる。

（医療に関する事項等の報告）

第百十八条　組合は、**財務省令・厚生労働省令で定める**ところにより、この法律に定める医療に関する事項その他この法律の規定による短期給付に関する事項について、厚生労働大臣に報告しなければならない。

（船員組合員の資格の得喪の特例）

第百十九条　船員保険の被保険者（以下「船員」という。）である組合員（以下「船員組合員」という。）の船員組合員としての資格の得喪については、船員保険法（昭和十四

政令第三十一条

第六章　権限の委任

第三十一条　次の各号に掲げる財務大臣の権限は、当該各号に規定する従たる事務所又は保険医療機関、保険薬局若しくは指定訪問看護事業者の所在地を管轄する財務局長（当該所在地が福岡財務支局の管轄区域内にある場合にあつては、福岡財務支局長）に委任する。ただし、財務大臣が必要があると認めるときは、自ら行うことを妨げないものとする。

一　法第百十六条第三項の規定による監査で組合又は連合会の従たる事務所に関するもの

二　法第百十七条第一項又は第二項の規定による報告、資料の提出及び出頭の要求並びに質問及び検査で保険医療機関、保

規則第百二十五条の二、第百二十六条～第百二十七条

第百二十六条の四　組合の代表者又はその委任を受けた者は、組合の業務及び財産（連合会にあつては、連合会の業務及び財産）について監査を行わなければならない。

2　前項の規定により行わなければならない監査は、次に掲げる監査とする。

一　毎事業年度末日現在における監査

二　出納主任に異動があつた場合に行う監査

三　その他必要と認める場合に行う監査

3　組合は、法第十六条第二項の承認を受けたときは、前項第一号の監査（本部に係るものに限る。）に関する監査報告書を各事務所に備え置き、五年間、一般の閲覧に供しなければならない。

（検査証票）

第百二十六条の五　法第百十七条第三項に規定する検査証票は、別紙様式第三十七号による。

（船員組合員原票）

第百二十七条　組合は、船員組合員の資格を取得した者に対しては、第八十七条の規定にかかわらず、別紙様式第三十八号による船員組合員原票を備え、船員組合員の資格

内部監査を行つた場合には、監査確認した証として元帳に確認印を押印するものとする。

国家公務員共済組合法

年法律第七十三号）の定めるところによる。

（船員組合員の療養の特例）

第百二十条　船員組合員が公務又は通勤によらないで病気にかかり、若しくは負傷し、又は船員組合員の被扶養者が病気にかかり、若しくは負傷した場合における療養に関しては、第五十四条から第五十九条まで、第六十条の二及び第六十条の三の規定にかかわらず、船員保険法第五十三条（第四項を除く。）、第五十四条から第六十八条まで、第七十六条から第七十九条まで及び第八十二条から第八十四条までの規定の例による。

国家公務員共済組合法施行令

険薬局、特定承認保険医療機関及び指定訪問看護事業者に関するもの

2　前項第一号に掲げる財務大臣の権限で、組合又は連合会の従たる事務所の所轄機関に関するものについては、同項に規定する財務局長のほか、当該所轄機関の所在地を管轄する財務局長（当該所在地が福岡財務支局の管轄区域内にある場合にあつては、福岡財務支局長）も行うことができる。

3　第一項第二号に掲げる財務大臣の権限については、同項に規定する保険医療機関、保険薬局又は指定訪問看護事業者に係る療養に関する短期給付についての費用の支払を行うべき組合又は連合会の従たる事務所又はその所轄機関の所在地を管轄する財務局長（当該所在地が福岡財務支局の管轄区域内にある場合にあつては、福岡財務支局長）も行うことができる。

国家公務員共済組合法施行規則

の得喪、被扶養者その他所要の事項を記載して整理しなければならない。

2　第八十七条第三項の規定は、船員組合員原票について準用する。

（船員組合員証等）

第百二十七条の二　組合は、船員組合員の資格を取得した者に対しては、第八十九条の規定にかかわらず、別紙様式第三十九号による船員組合員証を作成し、その者に交付しなければならない。この場合において、その者に被扶養者があるときは、第九十五条の規定にかかわらず、別紙様式第四十号による船員組合員被扶養者証を作成し、その者に交付しなければならない。

2　第九十条から第九十四条まで及び第九十五条の二第一項ただし書の規定は船員組合員証について、第九十五条第二項及び第三項の規定は船員組合員被扶養者証について準用する。この場合において、第九十四条中「組合員証整理簿」とあるのは「船員組合員証整理簿」と、第九十五条第二項中「前項」とあるのは「第百二十七条の二第一項」と、「組合員は」とあるのは「船員組合員は」と、同項第一号及び第二号中「組合員」とあるのは「船員組合員」と、同項第三号中「組合員が」とあるのは「船員組合員が」と、同条第三項中「組合員に」とあるのは「船員組合員に」と、「組合員被扶養者証整理簿」とあるのは「船員組合員被扶養者証整理簿」と読み替えるものとする。

（船員組合員の療養の給付等）

第百二十七条の三　第九十九条から第百五条の十までの規定は、船員組合員又はその被扶養者が法第百二十条の規定により、船員保険法（昭和十四年法律第七十三号）第五十三条（第四項を除く。）、第六十一条から

国家公務員共済組合法等の運用方針

第六十四条第一項まで、第六十五条、第六十八条、第七十六条、第七十八条、第七十九条、第八十二条又は第八十三条の規定の例により療養を受ける場合について準用する。この場合において、第九十九条及び第百二条の二中「組合員証」とあるのは「船員組合員証」と、第百五条第一項及び第百五条の二中「組合員被扶養者証」とあるのは「船員被扶養者証」と読み替えるものとする。

（船員組合員療養補償証明書）

第百二十七条の四　船員組合員は、法第百二十条の規定により、その例によることとされる船員保険法の規定により、船員法（昭和二十二年法律第百号）第八十九条第二項に規定する療養補償に相当する療養の給付、当該療養補償に相当する入院時食事療養費に係る療養、当該療養補償に相当する入院時生活療養費に係る療養、当該療養補償に相当する保険外併用療養費に係る療養又は当該療養補償に相当する訪問看護療養費に係る指定訪問看護を受けようとするときは、別紙様式第四十三号による船員組合員療養補償証明書を保険医療機関等又は指定訪問看護事業者に提出しなければならない。ただし、緊急その他やむを得ない事情により、提出することができない場合には、この限りでない。

2　前項ただし書の場合においては、その事情がなくなつた後、遅滞なく、船員組合員療養補償証明書を当該保険医療機関等又は指定訪問看護事業者に提出しなければならない。

3　船員組合員は、前二項の規定により保険医療機関等又は指定訪問看護事業者に船員組合員療養補償証明書を提出したときは、遅滞なく、その写しを組合に提出しなければ

国家公務員共済組合法

国家公務員共済組合法施行令

国家公務員共済組合法施行規則

ばならない。

（船員組合員の一部負担金等の返還）

第百二十七条の五　船員組合員は、法第百二十条の規定によりその例によることとされる船員保険法の規定により、船員法第八十九条第二項に規定する療養補償に相当する療養の給付、当該療養補償に相当する入院時食事療養費に係る療養、当該療養補償に相当する入院時生活療養費に係る療養、当該療養補償に相当する保険外併用療養費に係る療養又は当該療養補償に相当する訪問看護療養費に係る指定訪問看護を受けた場合において、船員保険法第六十六条の規定の例により、同法第五十五条第一項若しくは第六十条第二項の規定の例により負担した一部負担金の額、同法第六十一条第二項の規定の例により算定した食事療養標準負担額の額、同法第六十二条第二項の規定の例により算定した生活療養標準負担額の額、同法第六十三条第二項の規定の例により算定した費用の額からその療養に要した費用につき保険外併用療養費として支給される金額に相当する金額を控除した金額、同法第六十四条第二項の規定の例により控除された額又は同法第六十五条第五項の規定の例により算定した額からその療養に要した費用につき訪問看護療養費として支給される金額に相当する金額を控除した金額の支払を受けようとするときは、次に掲げる事項を記載した船員組合員一部負担金等返還請求書を組合に提出しなければならない。

一　船員組合員の氏名、生年月日、住所並びに船員組合員証の記号及び番号

二　傷病名、療養に係る療養費等の支給状況及び一部負担金等の額

三　請求金額並びに払渡金融機関の名称及

国家公務員共済組合法等の運用方針

（船員組合員の療養以外の短期給付の特例）

第百二十一条　前条に定めるもののほか、船員組合員若しくは船員組合員であつた者又はこれらの者の遺族に対する第五十条第一項第三号から第十三号までに掲げる短期給付（その給付事由が通勤によるものを除く。）は、次に掲げるもののうちこれらの者が選択するいずれか一の給付とする。

一　組合員若しくは組合員であつた者又はこれらの者の遺族として受けるべき給付

二　その者が組合員とならなかつたものとした場合に船員若しくは船員であつた者又はこれらの者の遺族として受けるべき船員保険法に規定する給付

（船員組合員についての負担金の特例）

第百二十二条　国又は行政執行法人は、船員組合員若しくは船員組合員であつた者又はこれらの者の遺族に対する短期給付に要する費用のうち、船員保険法に規定する給付に要する費用に係る部分については、第九十九条第二項の規定にかかわらず、同法第百二十五条第一項の規定による船舶所有者の負担と同一の割合によつて算定した金額を負担する。

第百二十三条　削除

び預金口座の口座番号

四　その他必要な事項

第百二十一条関係

船員組合員に対する給付は、船員組合員又は船員組合員であつたものが死亡し、かつ、その者が給付の選択をしなかつたときは、その者の遺族のうち先順位者が、この条の規定による給付の選択を行うものとする。

（外国で勤務する組合員についての特例）

第百二十四条　外国で勤務する組合員に対するこの法律の適用については、**政令で特例を定める**ことができる。

第七章　外国で勤務する組合員に係る特例

（療養費の特例）

第三十二条　在外組合員が本邦を出発した時から本邦に到着する時までの期間（以下この章において「本邦外にある期間」という。）内において療養を受ける場合には、組合がその者に支払うべき療養費の額は、法第五十六条第三項及び第四項の規定にかかわらず、その療養に要した費用の額から、その額に百分の三十を乗じて得た額を控除した金額とする。

（家族療養費の特例）

第三十三条　在外組合員が随伴し、又は在勤地に呼び寄せたその親族（在外組合員の配偶者で本邦外において婚姻したもの及び在外組合員の子で本邦外において出生したものを含むものとし、被扶養者であるものに限るものとする。）で次の各号に掲げる者（次条から第三十九条までにおいて「在外被扶養者」という。）が本邦外にある期間内において療養を受ける場合には、組合がその在外組合員に支払うべき家族療養費の額は、法第五十七条第二項、第三項及び第八項の規定にかかわらず、当該各号に掲げる者の区分に応じ当該各号に定める金額とする。

一　配偶者　その療養に要した費用の額に百分の七十を乗じて得た金額

二　子及び父母　その療養に要した費用の額に百分の五十六を乗じて得た金額

（高額療養費の特例）

第三十四条　在外組合員が本邦外にある期間

（外国で勤務する組合員の特例）

第百二十八条　在外組合員に短期給付を支給する場合の手続に関しては、外務大臣が定めるところによる。

法第百二十四条

政令第三十二条～第三十四条

内において療養を受ける場合における法第六十条の二第一項の高額療養費は、第十一条の三の三から第十一条の三の五までの規定にかかわらず、在外組合員が同一の月にそれぞれ一の病院等（第十一条の三の三第一項第一号に規定する病院等をいう。次項において同じ。）から受けた療養に係る療養に要した費用の額から当該療養に要した費用について療養費として支給される金額に相当する金額を控除した金額（以下この項において「組合員負担額」という。）がその者の在勤手当（第五条第二項第一号の二に掲げる給与をいう。以下この章において同じ。）の月額に組合の定款で定める割合を乗じて得た金額を超える場合に支給するものとし、その額は、当該組合員負担額から当該在勤手当の月額に当該割合を乗じて得た金額を控除した金額とする。

2　在外組合員の在外被扶養者が本邦外にある期間内において療養を受ける場合における法第六十条の二第一項の高額療養費は、第十一条の三の三から第十一条の三の五までの規定にかかわらず、当該在外被扶養者が同一の月にそれぞれ一の病院等から受けた療養に係る療養に要した費用の額から当該療養に要した費用について家族療養費として支給される金額に相当する金額を控除した金額（以下この項において「組合員負担額」という。）がその在外組合員の在勤手当の月額に組合の定款で定める割合を乗じて得た金額を超える場合に支給するものとし、その額は、当該組合員負担額から当該在勤手当の月額に当該割合を乗じて得た金額を控除した金額とする。

3　前二項に定めるもののほか、前二項の高額療養費の支給に関し必要な事項は、第十一条の三の六の規定にかかわらず、組合の

規則第百二十八条

国家公務員共済組合法

国家公務員共済組合法施行令

定款で定める。

（出産費及び家族出産費の特例）

第三十五条　在外組合員又はその在外被扶養者が本邦外にある期間内において出産した場合における法第六十一条第一項又は第三項の規定による出産費又は家族出産費の額は、第十一条の三の七の規定にかかわらず、組合の定款で定める金額とする。

（家族埋葬料の特例）

第三十六条　在外組合員の在外被扶養者である子が本邦外において死亡した場合における法第六十三条第三項の規定による家族埋葬料の額は、第十一条の三の八の規定にかかわらず、組合の定款で定める金額とする。

（災害見舞金の特例）

第三十七条　在外組合員が本邦外にある家財に損害を受けた場合における法第七十一条の規定による災害見舞金の額は、同条の規定にかかわらず、別表に掲げる損害の程度に応じ、その者の在勤手当の月額に同表に定める割合を乗じて得た金額とする。

2　在外組合員の本邦外にある住居については、法第七十一条の規定は、適用しない。

（対外支払手段による支払）

第三十八条　組合は、在外組合員又はその在外被扶養者が本邦外にある期間内にこれらの者について生じた給付事由に基づく短期給付のうち療養費、家族療養費、高額療養費、移送費、家族移送費、出産費、家族出産費、在外被扶養者である子及び父母についての家族埋葬料並びに災害見舞金の支払は、特別の事情がある場合を除くほか、対外支払手段（外国為替及び外国貿易法（昭和二十四年法律第二百二十八号）第六条第一項第八号に規定する対外支払手段をいう。）によつて行うものとする。

国家公務員共済組合法施行規則

国家公務員共済組合法等の運用方針

法第百二十四条の二

（公庫等に転出した継続長期組合員についての特例）

第百二十四条の二　組合員（長期給付に関する規定の適用を受けない者を除く。）が任命権者若しくはその委任を受けた者の要請に応じ、引き続いて沖縄振興開発金融公庫その他特別の法律により設立された法人でその業務が国若しくは地方公共団体の事務若しくは事業と密接な関連を有するもののうち**政令で定める**もの（第四項において「公庫等」という。）に使用される者（役員及び

政令第三十四条～第四十条、第四十二条、第四十三条

（給付の制限）

第三十九条　在外組合員又はその在外被扶養者が本邦外にある期間内にこれらの者について生じた給付事由に基く短期給付のうち前条の規定の適用を受ける給付以外のものは、支給しない。

（掛金の特例）

第四十条　在外組合員に係る法第九十九条第二項第一号及び第四号に規定する掛金は、法第百条第三項の規定にかかわらず、同項の規定により算定する掛金のほかその者の在勤手当を標準として算定する掛金とし、その掛金と在勤手当との割合は、組合の定款で定める。

第四十一条　削除

（区分経理）

第四十二条　組合は、在外組合員に係る組合の収入及び支払については、他の収入及び支払と区分して経理しなければならない。

第八章　公庫等の継続長期組合員に係る特例

（継続長期組合員につき組合員期間の通算を認める公庫等又は特定公庫等の範囲）

第四十三条　法第百二十四条の二第一項に規定する公庫等（以下「公庫等」という。）に係る同項に規定する**政令で定める**法人は、沖縄振興開発金融公庫のほか、次に掲げる法人とする。

一　小型船舶検査機構

二　日本消防検定協会

三　株式会社日本政策金融公庫（株式会社日本政策金融公庫法（平成十九年法律第

規則第百二十八条の二

（継続長期組合員となつた者の資格取得届等）

第百二十八条の二　法第百二十四条の二第一項の規定により公庫等職員又は特定公庫等役員である期間引き続き組合員であるものとされることとなつた者は、次に掲げる事項を記載した継続長期組合員資格取得届出書を、公庫等職員又は特定公庫等役員となつたことを証明する書類と併せて組合に提出しなければならない。

一　継続長期組合員の氏名、生年月日、住

第百二十四条の二関係

継続長期組合員が公庫等職員から引き続き当該公庫等の役員となつた場合又は特定公庫等役員から引き続き当該特定公庫等に使用される者となつた場合は、継続長期組合員としての資格を失つたものとして処理するものとする。

国家公務員共済組合法

常時勤務に服することを要しない者を除く。以下「公庫等職員」という。）となるため退職した場合（**政令で定める**場合を除く。）又は組合員（長期給付に関する規定の適用を受けない者を除く。）が任命権者若しくはその委任を受けた者の要請に応じ、引き続いて沖縄振興開発金融公庫その他特別の法律により設立された法人でその業務が国の事務若しくは事業と密接な関連を有するもののうち**政令で定めるもの**（同項において「特定公庫等」という。）の役員（常時勤務に服することを要しない者を除く。以下「特定公庫等役員」という。）となるため退職した場合（**政令で定める**場合を除く。）には、長期給付に関する規定（第三十九条第二項の規定を除く。）の適用については、別段の定めがあるものを除き、その者の退職は、なかつたものとみなし、その者は、当該公庫等職員又は特定公庫等役員である期間引き続き転出（公庫等職員又は特定公庫等役員となるための退職をいう。以下この条において同じ。）の際に所属していた組合の組合員であるものとする。この場合においては、第四章中「公務」とあるのは「業務」と、第九十九条第二項中「及び国の負担金」とあるのは「、公庫等又は特定公庫等の負担金及び国の負担金」と、同項第三号中「国の負担金」とあるのは「公庫等又は特定公庫等の負担金」と、第百二条第一項中「各省各庁の長（環境大臣を含む。）、行政執行法人又は職員団体」とあり、及び「国、行政執行法人又は職員団体」とあるのは「公庫等又は特定公庫等」と、「第九十九条第二項（同条第六項から第八項までの規定により読み替えて適用する場合を含む。）及び第五項（同条第七項及び第八項

国家公務員共済組合法施行令

五十七号）附則第四十二条第四号の規定による廃止前の国際協力銀行法（平成十一年法律第三十五号）附則第六条第一項の規定により解散した旧日本輸出入銀行及び同法附則第七条第一項の規定により解散した旧海外経済協力基金、国民金融公庫法の一部を改正する法律（平成十一年法律第五十六号）附則第二条の規定により国民生活金融公庫となつた旧国民金融公庫及び同法附則第三条第一項の規定により解散した旧環境衛生金融公庫並びに株式会社日本政策金融公庫法附則第十五条第一項の規定により解散した旧国民生活金融公庫、同法附則第十六条第一項の規定により解散した旧農林漁業金融公庫、同法附則第十七条第一項の規定により解散した旧中小企業金融公庫及び同法附則第十八条第一項の規定により解散した旧国際協力銀行を含む。）

四　削除

五　株式会社日本政策投資銀行（株式会社日本政策投資銀行法（平成十九年法律第八十五号）附則第二十六条の規定による廃止前の日本政策投資銀行法（平成十一年法律第七十三号）附則第六条第一項の規定により解散した旧日本開発銀行及び同法附則第七条第一項の規定により解散した旧北海道東北開発公庫並びに株式会社日本政策投資銀行法附則第十五条第一項の規定により解散した旧日本政策投資銀行を含む。）

六　軽自動車検査協会

七　高圧ガス保安協会

八　独立行政法人農林漁業信用基金（独立行政法人農林漁業信用基金法（平成十四年法律第百二十八号）附則第五条の規定

国家公務員共済組合法施行規則

所及び基礎年金番号

二　公庫等又は特定公庫等である法人の名称

三　その他必要な事項

2　継続長期組合員が令第四十四条の二各号のいずれかに該当することとなつた場合は、その者は、その日から六十日以内に、次に掲げる事項を記載した継続長期組合員転出入届出書を、引き続き他の公庫等職員又は特定公庫等役員となつたことを証明する書類と併せて組合に提出しなければならない。

一　継続長期組合員の氏名、生年月日、住所及び基礎年金番号

二　公庫等又は特定公庫等である法人の名称

三　その他必要な事項

3　組合は、前二項の規定による書類の提出を受けたときは、これを提出した継続長期組合員の氏名、決定した標準報酬の月額及び標準期末手当等の額、厚生年金保険法第八十一条第四項に規定する保険料率（平成二十四年一元化法附則第八十三条に規定する保険料率を含む。）、当該標準報酬の月額及び標準期末手当等の額と掛金及び負担金との割合（退職等年金給付に係るものに限る。）その他必要な事項を当該継続長期組合員の所属する公庫等又は特定公庫等に通知しなければならない。

国家公務員共済組合法等の運用方針

の規定により読み替えて適用する場合を含む。）並びに厚生年金保険法」とあるのは「厚生年金保険法」と、同条第四項中「第九十九条第二項第三号及び第四号に掲げる費用並びに同条第五項（同条第七項及び第八項の規定により読み替えて適用する場合を含む。）以下この項において同じ。）の規定により負担することとなる費用（同条第五項の規定により負担することとなる費用にあつては、長期給付（基礎年金拠出金を含む。）に係るものに限る。）並びに厚生年金保険法」とあるのは「第九十九条第二項第三号に掲げる費用及び厚生年金保険法」と、「国、行政執行法人又は職員団体」とあるのは「公庫等又は特定公庫等」とする。

2　前項前段の規定により引き続き組合員であるとされる者（以下この条において「継続長期組合員」という。）が次の各号のいずれかに該当するに至つたときは、その翌日から、継続長期組合員の資格を喪失する。

一　転出の日から起算して五年を経過したとき。

二　引き続き公庫等職員又は特定公庫等役員として在職しなくなつたとき。

三　死亡したとき。

3　継続長期組合員が公庫等職員として在職し、引き続き他の公庫等職員となつた場合（その者が更に引き続き他の公庫等職員となつた場合を含む。）、継続長期組合員が特定公庫等役員として在職し、引き続き他の特定公庫等役員となつた場合（その者が更に引き続き他の特定公庫等役員となつた場合を含む。）その他の**政令で定める**場合における前二項の規定の適用については、その者は、公庫等職員又は特定公庫等役員として引き続き在職する間、継続長期組合員であるものとみなす。

による廃止前の農林漁業信用基金法（昭和六十二年法律第七十九号）附則第三条第一項の規定により解散した旧林業信用基金及び同法附則第七条第三項の規定により解散した旧中央漁業信用基金、農業災害補償法及び農林漁業信用基金法の一部を改正する法律（平成十一年法律第六十九号）附則第三条第四項の規定により解散した旧農業共済基金並びに独立行政法人農林漁業信用基金法附則第三条第一項の規定により解散した旧農林漁業信用基金を含む。）

九　独立行政法人農業技術研究機構法の一部を改正する法律（平成十四年法律第百二十九号）附則第四条第一項の規定により解散した旧生物系特定産業技術研究推進機構（同法附則第八条の規定による廃止前の生物系特定産業技術研究推進機構法（昭和六十一年法律第八十二号）附則第二条第一項の規定により解散した旧農業機械化研究所を含む。）

十　独立行政法人福祉医療機構（独立行政法人福祉医療機構法（平成十四年法律第百六十六号）附則第六条の規定による廃止前の社会福祉・医療事業団法（昭和五十九年法律第七十五号）附則第二条の規定により社会福祉・医療事業団となつた旧社会福祉事業振興会及び同法附則第三条第一項の規定により解散した旧医療金融公庫並びに独立行政法人福祉医療機構法附則第二条第一項の規定により解散した旧社会福祉・医療事業団を含む。）

十一　確定給付企業年金法（平成十三年法律第五十号）に規定する企業年金連合会（国民年金法等の一部を改正する法律（平成十六年法律第百四号）附則第三十九条の規定により企業年金連合会（平成

（継続長期組合員に係る組合員期間の通算の特例）

第百二十八条の三　法第百二十四条の二第四項に規定する**財務省令で定める**期間は、六月とする。

（継続長期組合員の取扱い）

第百二十八条の四　継続長期組合員に対するこの省令の適用については、第百二十条の九中「法第百二条」とあるのは、「法第百二条及び第百二十四条の二第一項」とする。

国家公務員共済組合法

4　第一項の規定は、継続長期組合員が公庫等職員として在職し、引き続き再び組合員の資格を取得した後、その者が**財務省令で定める**期間内に引き続き再び同一の公庫等に公庫等職員として転出をした場合、継続長期組合員が特定公庫等役員として在職し、引き続き再び組合員の資格を取得した後、その者が**財務省令で定める**期間内に引き続き再び同一の特定公庫等に特定公庫等役員として転出をした場合その他の**政令で定める**場合については、適用しない。

5　前各項に定めるもののほか、継続長期組合員に対する長期給付に関する規定の適用に関し必要な事項は、**政令で定める。**

（行政執行法人以外の独立行政法人又は国立大学法人等に常時勤務することを要する者の取扱い）

第百二十四条の三　行政執行法人以外の独立行政法人のうち別表第二に掲げるもの又は国立大学法人等に常時勤務することを要する者（行政執行法人以外の独立行政法人又は国立大学法人等に常時勤務することを要しない者で政令で定めるものを含むものとし、臨時に使用される者その他の政令で定める者を含まないものとする。）は、職員とみなして、この法律の規定を適用する。この場合においては、第三条第一項中「及びその所管する行政執行法人」とあるのは「並びにその所管する行政執行法人、第三十一条第一号に規定する独立行政法人のうち別表第二に掲げるもの及び同号に規定する国立大学法人等」と、同条第二項第二号中「国立ハンセン病療養所」とあるのは「国立ハンセン病療養所並びに独立行政法人国立病院機構及び高度専門医療に関する研究等を行う国立研究開発法人に関する法

国家公務員共済組合法施行令

二十五年厚生年金等改正法第一条の規定による改正前の厚生年金保険法により設立されたものをいう。以下この号において「旧企業年金連合会」という。）となつた旧厚生年金基金連合会及び旧企業年金連合会を含む。）

十二　独立行政法人都市再生機構（独立行政法人都市再生機構法（平成十五年法律第百号）附則第十八条の規定による廃止前の都市基盤整備公団法（平成十一年法律第七十六号。以下「旧都市基盤整備公団法」という。）附則第十七条の規定による廃止前の住宅・都市整備公団法（昭和五十六年法律第四十八号。以下「旧住宅・都市整備公団法」という。）附則第六条第一項の規定により解散した旧日本住宅公団及び旧住宅・都市整備公団法附則第七条第一項の規定により解散した旧宅地開発公団、旧都市基盤整備公団法附則第六条第一項の規定により解散した旧住宅・都市整備公団並びに独立行政法人都市再生機構法附則第四条第一項の規定により解散した旧都市基盤整備公団を含む。）

十三　独立行政法人日本スポーツ振興センター（独立行政法人日本スポーツ振興センター法（平成十四年法律第百六十二号）附則第九条の規定による廃止前の日本体育・学校健康センター法（昭和六十年法律第九十二号。以下この号において「旧日本体育・学校健康センター法」という。）附則第十三条の規定による廃止前の日本学校健康会法（昭和五十七年法律第六十三号）附則第六条第一項の規定により解散した旧日本学校給食会、旧日本体育・学校健康センター法附則第六条第

国家公務員共済組合法施行規則

（行政執行法人以外の独立行政法人又は国立大学法人等に常時勤務することを要する者の取扱い）

第百二十八条の五　法第百二十四条の三に規定する行政執行法人以外の独立行政法人のうち法別表第二に掲げるもの又は国立大学法人等に常時勤務することを要する者に対するこの省令の適用については、第七条第三項及び第八十一条第一項中「行政執行法人」とあるのは「行政執行法人、独立行政法人のうち法別表第二に掲げるもの、国立大学法人等」と、第百二十条の九中「法第百二条」とあるのは「法第百二条及び第百二十四条の三」とする。

国家公務員共済組合法等の運用方針

法第百二十四条の二、第百二十四条の三

律（平成二十年法律第九十三号）第三条の二に規定する国立高度専門医療研究センター」と、同項第三号中「林野庁」とあるのは「林野庁及び国立研究開発法人森林総合研究所」と、第八条第一項中「及び当該各省各庁の所管する行政執行法人」とあるのは「並びに当該各省各庁の所管する行政執行法人、第三十一条第一号に規定する独立行政法人のうち別表第二に掲げるもの及び同号に規定する国立大学法人等」と、第三十七条第一項中「及び当該各省各庁の所管する行政執行法人」とあるのは「並びに当該各省各庁の所管する行政執行法人、独立行政法人のうち別表第二に掲げるもの及び国立大学法人等」と、第四章中「公務」とあるのは「業務」と、第九十九条第一項第一号及び第三号中「行政執行法人の負担に係るもの」とあるのは「行政執行法人の負担に係るもの（第百二十四条の三の規定により読み替えられた第七項及び第八項において読み替えて適用する第五項の規定による独立行政法人のうち別表第二に掲げるもの及び国立大学法人等の負担に係るものを含む。）」と、同条第三項中「若しくは独立行政法人国立印刷局」とあるのは「、独立行政法人国立印刷局若しくは独立行政法人国立病院機構」と、同条第六項から第八項までの規定中「行政執行法人」とあるのは「行政執行法人、独立行政法人のうち別表第二に掲げるもの又は国立大学法人等」と、第百二条第一項及び第四項並びに第百二十二条中「行政執行法人」とあるのは「行政執行法人、独立行政法人のうち別表第二に掲げるもの、国立大学法人等」とするほか、必要な技術的読替えは、**政令で定める。**

政令第四十三条

一項の規定により解散した旧国立競技場及び旧日本学校健康会並びに独立行政法人日本スポーツ振興センター法附則第四条第一項の規定により解散した旧日本体育・学校健康センターを含む。）

十四　国立研究開発法人新エネルギー・産業技術総合開発機構（石油代替エネルギーの開発及び導入の促進に関する法律等の一部を改正する法律（平成二十一年法律第七十号）第一条の規定による改正前の石油代替エネルギーの開発及び導入の促進に関する法律（昭和五十五年法律第七十一号）附則第七条第一項の規定により解散した旧石炭鉱業合理化事業団、産業技術に関する研究開発体制の整備に関する法律の一部を改正する法律（平成三年法律第六十四号）による改正前の産業技術に関する研究開発体制の整備に関する法律（昭和六十三年法律第三十三号）附則第四条の規定により新エネルギー・産業技術総合開発機構となつた旧新エネルギー総合開発機構、石炭鉱害賠償等臨時措置法の一部を改正する法律（平成八年法律第二十三号）附則第二条第一項の規定により解散した旧石炭鉱害事業団、独立行政法人通則法の一部を改正する法律の施行に伴う関係法律の整備に関する法律（平成二十六年法律第六十七号。以下「平成二十六年独法整備法」という。）第百七十三条の規定による改正前の独立行政法人新エネルギー・産業技術総合開発機構法（平成十四年法律第百四十五号）附則第二条第一項の規定により解散した旧新エネルギー・産業技術総合開発機構及び同法第三条の独立行政法人新エネルギー・産業技術総合開発機構を含む。）

規則第百二十八条の五

国家公務員共済組合法

国家公務員共済組合法施行令

十五　東日本高速道路株式会社（日本道路公団等民営化関係法施行法（平成十六年法律第百二号）第十五条第一項の規定により解散した旧日本道路公団を含む。）

十六　独立行政法人緑資源機構法を廃止する法律（平成二十年法律第八号）附則第二条第一項の規定により解散した旧独立行政法人緑資源機構（農用地開発公団法の一部を改正する法律（昭和六十三年法律第四十四号）附則第二条の規定により農用地整備公団となつた旧農用地開発公団、森林開発公団法の一部を改正する法律（平成十一年法律第七十号）附則第二条の規定により緑資源公団となつた旧森林開発公団及び同法附則第三条第一項の規定により解散した旧農用地整備公団並びに独立行政法人緑資源機構法を廃止する法律による廃止前の独立行政法人緑資源機構法（平成十四年法律第百三十号。以下「旧緑資源機構法」という。）附則第四条第一項の規定により解散した旧緑資源公団を含む。）

十七　国立研究開発法人日本原子力研究開発機構（日本原子力船開発事業団法の一部を改正する法律（昭和五十五年法律第九十二号）附則第二条第一項の規定により日本原子力船研究開発事業団となつた旧日本原子力船開発事業団、日本原子力研究所法の一部を改正する法律（昭和五十九年法律第五十七号）附則第二条第一項の規定により解散した旧日本原子力船研究開発事業団、原子力基本法及び動力炉・核燃料開発事業団法の一部を改正する法律（平成十年法律第六十二号）附則第二条の規定により核燃料サイクル開発機構となつた旧動力炉・核燃料開発事業

国家公務員共済組合法施行規則

国家公務員共済組合法等の運用方針

団、平成二十六年独法整備法第九十七条の規定による改正前の独立行政法人日本原子力研究開発機構法（平成十六年法律第百五十五号）附則第二条第一項の規定により解散した旧日本原子力研究所及び同法附則第三条第一項の規定により解散した旧核燃料サイクル開発機構並びに同法第三条の独立行政法人日本原子力研究開発機構を含む。）

十八　国立研究開発法人科学技術振興機構（新技術開発事業団法の一部を改正する法律（平成元年法律第五十二号）附則第二条の規定により新技術事業団となつた旧新技術開発事業団、平成二十六年独法整備法第八十五条の規定による改正前の独立行政法人科学技術振興機構法（平成十四年法律第百五十八号）附則第六条の規定による廃止前の科学技術振興事業団法（平成八年法律第二十七号）附則第六条第一項の規定により解散した旧日本科学技術情報センター及び同法附則第八条第一項の規定により解散した旧新技術事業団、平成二十六年独法整備法第八十五条の規定による改正前の独立行政法人科学技術振興機構法附則第二条第一項の規定により解散した旧科学技術振興事業団並びに同法第三条の独立行政法人科学技術振興機構を含む。）

十九　独立行政法人労働者健康安全機構（独立行政法人に係る改革を推進するための厚生労働省関係法律の整備等に関する法律（平成二十七年法律第十七号。以下「平成二十七年独法改革厚生労働省関係法整備法」という。）第四条の規定による改正前の独立行政法人労働者健康福祉機構法（平成十四年法律第百七十一号）附則第二条第一項の規定により解散

国家公務員共済組合法	国家公務員共済組合法施行令	国家公務員共済組合法施行規則	国家公務員共済組合法等の運用方針
	した旧労働福祉事業団及び同法第二条の独立行政法人労働者健康福祉機構を含む。） 二十　国立研究開発法人理化学研究所（平成二十六年独法整備法第八十七条の規定による改正前の独立行政法人理化学研究所法（平成十四年法律第百六十号）附則第二条第一項の規定により解散した旧理化学研究所及び同法第二条の独立行政法人理化学研究所を含む。） 二十一　独立行政法人中小企業基盤整備機構（中小企業総合事業団法及び機械類信用保険法の廃止等に関する法律（平成十四年法律第百四十六号）第一条の規定による廃止前の中小企業総合事業団法（平成十一年法律第十九号）附則第二十四条の規定による廃止前の中小企業事業団法（昭和五十五年法律第五十三号）附則第六条第一項の規定により解散した旧中小企業共済事業団及び同法附則第七条第一項の規定により解散した旧中小企業振興事業団、特定不況産業安定臨時措置法の一部を改正する法律（昭和五十八年法律第五十三号）による改正前の特定不況産業安定臨時措置法（昭和五十三年法律第四十四号）第十三条の特定不況産業信用基金、民間事業者の能力の活用による特定施設の整備の促進に関する臨時措置法（昭和六十一年法律第七十七号）附則第七条第五項の規定により解散した旧特定産業信用基金、産業構造転換円滑化臨時措置法（昭和六十二年法律第二十四号）附則第四条の規定による改正前の民間事業者の能力の活用による特定施設の整備の促進に関する臨時措置法第十四条の産業基盤信用基金、繊維工業構造改善臨時		

措置法の一部を改正する法律（平成六年法律第二十七号）による改正前の繊維工業構造改善臨時措置法（昭和四十二年法律第八十二号）第二十一条の繊維工業構造改善事業協会、中小企業総合事業団法附則第五条第一項の規定により解散した旧中小企業信用保険公庫、同法附則第六条第一項の規定により解散した旧繊維産業構造改善事業協会及び同法附則第七条第一項の規定により解散した旧中小企業事業団、中小企業総合事業団法及び機械類信用保険法の廃止等に関する法律附則第二条第一項の規定により解散した旧中小企業総合事業団及び同法附則第四条第一項の規定により解散した旧産業基盤整備基金並びに中小企業金融公庫法及び独立行政法人中小企業基盤整備機構法の一部を改正する法律（平成十六年法律第三十五号）附則第三条第一項の規定により解散した旧地域振興整備公団を含む。）

二十二　独立行政法人日本貿易振興機構（独立行政法人日本貿易振興機構法（平成十四年法律第百七十二号）附則第二条第一項の規定により解散した旧日本貿易振興会を含む。）

二十三　独立行政法人労働政策研究・研修機構（日本労働協会法の一部を改正する法律（平成元年法律第三十九号）附則第二条の規定により日本労働研究機構となつた旧日本労働協会及び独立行政法人労働政策研究・研修機構法（平成十四年法律第百六十九号）附則第十条第一項の規定により解散した旧日本労働研究機構を含む。）

二十四　独立行政法人国際観光振興機構（独立行政法人国際観光振興機構法（平成十四年法律第百八十一号）附則第二条

国家公務員共済組合法

国家公務員共済組合法施行令

第一項の規定により解散した旧国際観光振興会を含む。）

二十五　独立行政法人鉄道建設・運輸施設整備支援機構（特定船舶製造業安定事業協会法の一部を改正する法律（平成元年法律第五十七号）による改正前の特定船舶製造業安定事業協会法（昭和五十三年法律第百三号）第一条の特定船舶製造業安定事業協会、独立行政法人鉄道建設・運輸施設整備支援機構法（平成十四年法律第百八十号）附則第十四条の規定による廃止前の運輸施設整備事業団法（平成九年法律第八十三号）附則第六条第一項の規定により解散した旧船舶整備公団及び同法附則第七条第一項の規定により解散した旧鉄道整備基金、日本国有鉄道清算事業団の債務等の処理に関する法律（平成十年法律第百三十六号）附則第二条の規定により解散した旧日本国有鉄道清算事業団、運輸施設整備事業団法の一部を改正する法律（平成十二年法律第四十七号）附則第三条第一項の規定により解散した旧造船業基盤整備事業協会並びに独立行政法人鉄道建設・運輸施設整備支援機構法附則第二条第一項の規定により解散した旧日本鉄道建設公団及び同法附則第三条第一項の規定により解散した旧運輸施設整備事業団を含む。）

二十六　首都高速道路株式会社（日本道路公団等民営化関係法施行法第十五条第一項の規定により解散した旧首都高速道路公団を含む。）

二十七　独立行政法人勤労者退職金共済機構（中小企業退職金共済法の一部を改正する法律（昭和五十六年法律第三十八号）附則第五条第一項の規定により解散

国家公務員共済組合法施行規則

国家公務員共済組合法等の運用方針

した旧特定業種退職金共済組合、中小企業退職金共済法の一部を改正する法律（平成九年法律第六十八号）附則第五条第一項の規定により解散した旧中小企業退職金共済事業団及び同法附則第六条第一項の規定により解散した旧特定業種退職金共済組合並びに中小企業退職金共済法の一部を改正する法律（平成十四年法律第百六十四号）附則第二条第一項の規定により解散した旧勤労者退職金共済機構を含む。）

二十八　独立行政法人雇用・能力開発機構法を廃止する法律（平成二十三年法律第二十六号）附則第二条第一項の規定により解散した旧独立行政法人雇用・能力開発機構（同法による廃止前の独立行政法人雇用・能力開発機構法（平成十四年法律第百七十号）附則第六条の規定による廃止前の雇用・能力開発機構法（平成十一年法律第二十号）附則第六条第一項の規定により解散した旧雇用促進事業団及び独立行政法人雇用・能力開発機構法を廃止する法律による廃止前の独立行政法人雇用・能力開発機構法附則第三条第一項の規定により解散した旧雇用・能力開発機構を含む。）

二十九　年金積立金管理運用独立行政法人（年金積立金管理運用独立行政法人法附則第十四条の規定による廃止前の年金福祉事業団の解散及び業務の承継等に関する法律（平成十二年法律第二十号）第一条第一項の規定により解散した旧年金福祉事業団及び年金積立金管理運用独立行政法人法附則第三条第一項の規定により解散した旧年金資金運用基金を含む。）

三十　独立行政法人農畜産業振興機構（独立行政法人農畜産業振興機構法（平成十

国家公務員共済組合法

国家公務員共済組合法施行令

四年法律第百二十六号）附則第九条の規定による廃止前の農畜産業振興事業団法（平成八年法律第五十三号。以下この号において「旧農畜産業振興事業団法」という。）附則第十五条の規定による廃止前の蚕糸砂糖類価格安定事業団法（昭和五十六年法律第四十四号）附則第六条第一項の規定により解散した旧日本蚕糸事業団及び同法附則第八条第一項の規定により解散した旧糖価安定事業団、旧農畜産業振興事業団法附則第六条第一項の規定により解散した旧畜産振興事業団及び旧農畜産業振興事業団法附則第七条第一項の規定により解散した旧蚕糸砂糖類価格安定事業団並びに独立行政法人農畜産業振興機構法附則第三条第一項の規定により解散した旧農畜産業振興事業団及び同法附則第四条第一項の規定により解散した旧野菜供給安定基金を含む。）

三十一　独立行政法人水資源機構（独立行政法人水資源機構法（平成十四年法律第百八十二号）附則第二条第一項の規定により解散した旧水資源開発公団を含む。）

三十二　阪神高速道路株式会社（日本道路公団等民営化関係法施行法第十五条第一項の規定により解散した旧阪神高速道路公団を含む。）

三十三　郵政民営化法等の施行に伴う関係法律の整備等に関する法律（平成十七年法律第百二号）第二条の規定による廃止前の日本郵政公社法施行法（平成十四年法律第九十八号。第七十五号において「旧公社法施行法」という。）第六条第一項の規定により解散した旧簡易保険福祉事業団（簡易生命保険法の一部を改正する法律（平成二年法律第五十号）附則第

国家公務員共済組合法施行規則

国家公務員共済組合法等の運用方針

二十八条第一項の規定により簡易保険福祉事業団となつた旧簡易保険郵便年金福祉事業団を含む。）

三十四　独立行政法人石油天然ガス・金属鉱物資源機構（石油公団法及び金属鉱業事業団法の廃止等に関する法律（平成十四年法律第九十三号）附則第二条第一項の規定により解散した旧石油公団及び同法附則第五条第一項の規定により解散した旧金属鉱業事業団を含む。）

三十五　国立教育会館の解散に関する法律（平成十一年法律第六十二号）第一項の規定により解散した旧国立教育会館

三十六　社会保障研究所の解散に関する法律（平成八年法律第四十号）第一項の規定により解散した旧社会保障研究所

三十七　独立行政法人環境再生保全機構（公害健康被害補償法の一部を改正する法律（昭和六十二年法律第九十七号）による改正前の公害健康被害補償法（昭和四十八年法律第百十一号）第十三条第二項の公害健康被害補償協会、公害防止事業団法の一部を改正する法律（平成四年法律第三十九号）附則第二条の規定により環境事業団となつた旧公害防止事業団並びに独立行政法人環境再生保全機構法（平成十五年法律第四十三号）附則第三条第一項の規定により解散した旧公害健康被害補償予防協会及び同法附則第四条第一項の規定により解散した旧環境事業団を含む。）

三十八　成田国際空港株式会社（成田国際空港株式会社法（平成十五年法律第百二十四号）附則第十二条第一項の規定により解散した旧新東京国際空港公団を含む。）

三十九　独立行政法人日本芸術文化振興会

国家公務員共済組合法

国家公務員共済組合法施行令

（国立劇場法の一部を改正する法律（平成二年法律第六号）附則第二条の規定により日本芸術文化振興会となつた旧国立劇場及び独立行政法人日本芸術文化振興会法（平成十四年法律第百六十三号）附則第二条第一項の規定により解散した旧日本芸術文化振興会を含む。）

四十　独立行政法人空港周辺整備機構（公共用飛行場周辺における航空機騒音による障害の防止等に関する法律の一部を改正する法律（昭和六十年法律第四十七号）附則第四条第一項の規定により解散した旧空港周辺整備機構及び公共用飛行場周辺における航空機騒音による障害の防止等に関する法律の一部を改正する法律（平成十四年法律第百八十四号）附則第二条第一項の規定により解散した旧空港周辺整備機構を含む。）

四十一　独立行政法人日本学術振興会（独立行政法人日本学術振興会法（平成十四年法律第百五十九号）附則第二条第一項の規定により解散した旧日本学術振興会を含む。）

四十二　海上物流の基盤強化のための港湾法等の一部を改正する法律（平成十八年法律第三十八号）第二条の規定による改正前の外貿埠頭公団の解散及び業務の承継に関する法律（昭和五十六年法律第二十八号）第一条の規定により解散した旧京浜外貿埠頭公団及び旧阪神外貿埠頭公団

四十三　削除

四十四　国立研究開発法人宇宙航空研究開発機構（平成二十六年独法整備法第八十八条の規定による改正前の独立行政法人宇宙航空研究開発機構法（平成十四年法

国家公務員共済組合法施行規則

国家公務員共済組合法等の運用方針

律第百六十一号）附則第十条第一項の規定により解散した旧宇宙開発事業団及び同法第三条の独立行政法人宇宙航空研究開発機構を含む。）

四十五　独立行政法人国立重度知的障害者総合施設のぞみの園（独立行政法人国立重度知的障害者総合施設のぞみの園法（平成十四年法律第百六十七号）附則第二条第一項の規定により解散した旧心身障害者福祉協会を含む。）

四十六　日本私立学校振興・共済事業団（日本私立学校振興・共済事業団法（平成九年法律第四十八号）附則第六条第一項の規定により解散した旧日本私学振興財団を含む。）

四十七　独立行政法人農業者年金基金（独立行政法人農業者年金基金法（平成十四年法律第百二十七号）附則第四条第一項の規定により解散した旧農業者年金基金を含む。）

四十八　本州四国連絡高速道路株式会社（日本道路公団等民営化関係法施行法第十五条第一項の規定により解散した旧本州四国連絡橋公団を含む。）

四十九　独立行政法人情報処理推進機構（情報処理の促進に関する法律の一部を改正する法律（平成十四年法律第百四十四号）附則第二条第一項の規定により解散した旧情報処理振興事業協会を含む。）

五十　独立行政法人国民生活センター（独立行政法人国民生活センター法（平成十四年法律第百二十三号）附則第二条第一項の規定により解散した旧国民生活センターを含む。）

五十一　海洋汚染等及び海上災害の防止に関する法律等の一部を改正する法律（平成二十四年法律第八十九号）附則第十条

国家公務員共済組合法

国家公務員共済組合法施行令

第一項の規定により解散した旧独立行政法人海上災害防止センター（海洋汚染及び海上災害の防止に関する法律の一部を改正する法律（平成十四年法律第百八十五号）附則第二条第一項の規定により解散した旧海上災害防止センターを含む。）

五十二　独立行政法人水産総合研究センター法の一部を改正する法律（平成十四年法律第百三十一号）附則第五条第一項の規定により解散した旧海洋水産資源開発センター

五十三　国立研究開発法人海洋研究開発機構（平成二十六年独法整備法第九十二条の規定による改正前の独立行政法人海洋研究開発機構法（平成十五年法律第九十五号）附則第十条第一項の規定により解散した旧海洋科学技術センター及び同法第三条の独立行政法人海洋研究開発機構を含む。）

五十四　独立行政法人日本万国博覧会記念機構法を廃止する法律（平成二十五年法律第十九号）附則第二条第一項の規定により解散した旧独立行政法人日本万国博覧会記念機構（同法による廃止前の独立行政法人日本万国博覧会記念機構法（平成十四年法律第百二十五号）附則第二条第一項の規定により解散した旧日本万国博覧会記念協会を含む。）

五十五　日本下水道事業団

五十六　独立行政法人国際交流基金（独立行政法人国際交流基金法（平成十四年法律第百三十七号）附則第三条第一項の規定により解散した旧国際交流基金を含む。）

五十七　通商産業省関係の基準・認証制度等の整理及び合理化に関する法律（平成

国家公務員共済組合法施行規則

国家公務員共済組合法等の運用方針

十一年法律第百二十一号。以下この号において「整理合理化法」という。）第一条の規定による改正前の消費生活用製品安全法（昭和四十八年法律第三十一号）により設立された製品安全協会（整理合理化法附則第十条に規定する時までの間におけるものに限る。）

五十八　独立行政法人自動車事故対策機構（独立行政法人自動車事故対策機構法（平成十四年法律第百八十三号）附則第二条第一項の規定により解散した旧自動車事故対策センターを含む。）

五十九　独立行政法人国際協力機構（独立行政法人国際協力機構法（平成十四年法律第百三十六号）附則第二条第一項の規定により解散した旧国際協力事業団を含む。）

六十　自動車安全運転センター

六十一　輸出入・港湾関連情報処理センター株式会社（航空運送貨物の税関手続の特例等に関する法律の一部を改正する法律（平成三年法律第十八号）による改正前の航空運送貨物の税関手続の特例等に関する法律（昭和五十二年法律第五十四号）第六条の航空貨物通関情報処理センター、電子情報処理組織による税関手続の特例等に関する法律の一部を改正する法律（平成十四年法律第百二十四号）附則第二条第一項の規定により解散した旧通関情報処理センター及び電子情報処理組織による税関手続の特例等に関する法律の一部を改正する法律（平成二十年法律第四十六号）附則第十二条第一項の規定により解散した旧独立行政法人通関情報処理センターを含む。）

六十二　独立行政法人通信総合研究所法の一部を改正する法律（平成十四年法律第

国家公務員共済組合法	国家公務員共済組合法施行令	国家公務員共済組合法施行規則	国家公務員共済組合法等の運用方針
	百三十四号）附則第三条第一項の規定により解散した旧通信・放送機構（通信・放送衛星機構法の一部を改正する法律（平成四年法律第三十四号）による改正前の通信・放送衛星機構法（昭和五十四年法律第四十六号）第一条の通信・放送衛星機構を含む。） 六十三　独立行政法人医薬品医療機器総合機構（医薬品副作用被害救済基金法の一部を改正する法律（昭和六十二年法律第三十二号）による改正前の医薬品副作用被害救済基金法（昭和五十四年法律第五十五号）第一条の医薬品副作用被害救済基金、薬事法及び医薬品副作用被害救済・研究振興基金法の一部を改正する法律（平成五年法律第二十七号）による改正前の医薬品副作用被害救済・研究振興基金法第一条の医薬品副作用被害救済・研究振興基金及び独立行政法人医薬品医療機器総合機構法（平成十四年法律第百九十二号）附則第十三条第一項の規定により解散した旧医薬品副作用被害救済・研究振興調査機構を含む。） 六十四　独立行政法人日本学生支援機構（独立行政法人日本学生支援機構法（平成十五年法律第九十四号）附則第十条第一項の規定により解散した旧日本育英会を含む。） 六十五　放送大学学園法（平成十四年法律第百五十六号）第三条に規定する放送大学学園（同法附則第三条第一項の規定により解散した旧放送大学学園を含む。） 六十六　関西国際空港及び大阪国際空港の一体的かつ効率的な設置及び管理に関する法律（平成二十三年法律第五十四号。以下この号において「設置管理法」とい		

う。）附則第十九条の規定による廃止前の関西国際空港株式会社法（昭和五十九年法律第五十三号）により設立された関西国際空港株式会社（設置管理法の施行の日の前日までの間におけるものに限る。）

六十七　危険物保安技術協会

六十八　消防団員等公務災害補償等共済基金

六十九　独立行政法人高齢・障害・求職者雇用支援機構（身体障害者雇用促進法の一部を改正する法律（昭和六十二年法律第四十一号）による改正前の身体障害者雇用促進法（昭和三十五年法律第百二十三号）第四十条の身体障害者雇用促進協会、独立行政法人雇用・能力開発機構法を廃止する法律附則第十三条の規定による改正前の独立行政法人高齢・障害者雇用支援機構法（平成十四年法律第百六十五号）附則第三条第一項の規定により解散した旧日本障害者雇用促進協会及び同法第二条の独立行政法人高齢・障害者雇用支援機構を含む。）

七十　中央労働災害防止協会

七十一　地方公務員災害補償基金

七十二　中央職業能力開発協会

七十三　総合研究開発機構法を廃止する法律（平成十九年法律第百号。以下この号において「廃止法」という。）による廃止前の総合研究開発機構法（昭和四十八年法律第五十一号）により設立された総合研究開発機構（廃止法附則第二条に規定する旧法適用期間が経過する時までの間におけるものに限る。）

七十四　基盤技術研究円滑化法の一部を改正する法律（平成十三年法律第六十号）附則第二条第一項の規定により解散した

国家公務員共済組合法

国家公務員共済組合法施行令

旧基盤技術研究促進センター

七十五　旧公社法施行法第四十条の規定による改正前の郵便貯金法（昭和二十二年法律第百四十四号）により設立された郵便貯金振興会（旧公社法施行法附則第六条第一項に規定する時までの間におけるものに限る。）

七十六　独立行政法人平和祈念事業特別基金等に関する法律の廃止等に関する法律（平成十八年法律第百十九号）附則第二条第一項の規定により解散した旧独立行政法人平和祈念事業特別基金（平和祈念事業特別基金等に関する法律の一部を改正する法律（平成十四年法律第百三十三号）附則第二条第一項の規定により解散した旧平和祈念事業特別基金を含む。）

七十七　社会保険診療報酬支払基金

七十八　国民年金基金連合会

七十九　日本中央競馬会

八十　預金保険機構

八十一　日本たばこ産業株式会社

八十二　日本電信電話株式会社

八十三　北海道旅客鉄道株式会社

八十四　旅客鉄道株式会社及び日本貨物鉄道株式会社に関する法律の一部を改正する法律（平成十三年法律第六十一号。以下この号において「平成十三年旅客会社法改正法」という。）による改正前の旅客鉄道株式会社及び日本貨物鉄道株式会社に関する法律（昭和六十一年法律第八十八号）により設立された東日本旅客鉄道株式会社、東海旅客鉄道株式会社及び西日本旅客鉄道株式会社（平成十三年旅客会社法改正法の施行の日の前日までの間におけるこれらのものに限る。）

八十五　四国旅客鉄道株式会社

国家公務員共済組合法施行規則

国家公務員共済組合法等の運用方針

八十六　旅客鉄道株式会社及び日本貨物鉄道株式会社に関する法律の一部を改正する法律（平成二十七年法律第三十六号。以下「平成二十七年旅客会社法改正法」という。）による改正前の旅客鉄道株式会社及び日本貨物鉄道株式会社に関する法律により設立された九州旅客鉄道株式会社（平成二十七年旅客会社法の施行の日の前日までの間におけるものに限る。）

八十七　日本貨物鉄道株式会社

八十八　東日本電信電話株式会社

八十九　西日本電信電話株式会社

九十　原子力発電環境整備機構

九十一　株式会社産業再生機構

九十二　独立行政法人北方領土問題対策協会

九十三　独立行政法人原子力安全基盤機構の解散に関する法律第一条の規定により解散した旧独立行政法人原子力安全基盤機構

九十四　中間貯蔵・環境安全事業株式会社（日本環境安全事業株式会社法の一部を改正する法律（平成二十六年法律第百二十号）による改正前の日本環境安全事業株式会社法（平成十五年法律第四十四号）第一条第一項の日本環境安全事業株式会社を含む。）

九十五　独立行政法人奄美群島振興開発基金

九十六　国立研究開発法人医薬基盤・健康・栄養研究所（独立行政法人医薬基盤研究所法の一部を改正する法律（平成二十六年法律第三十八号）による改正前の独立行政法人医薬基盤研究所法（平成十六年法律第百三十五号）第二条の独立行政法人医薬基盤研究所を含む。）

九十七　沖縄科学技術大学院大学学園法

国家公務員共済組合法

国家公務員共済組合法施行令

（平成二十一年法律第七十六号）附則第三条第一項の規定により解散した旧独立行政法人沖縄科学技術研究基盤整備機構

九十八　中日本高速道路株式会社

九十九　西日本高速道路株式会社

百　独立行政法人日本高速道路保有・債務返済機構

百一　独立行政法人地域医療機能推進機構（独立行政法人年金・健康保険福祉施設整理機構法の一部を改正する法律（平成二十三年法律第七十三号）第二条の規定による改正前の独立行政法人年金・健康保険福祉施設整理機構法（平成十七年法律第七十一号）第二条の独立行政法人年金・健康保険福祉施設整理機構を含む。）

百二　日本司法支援センター

百三　独立行政法人住宅金融支援機構（独立行政法人住宅金融支援機構法（平成十七年法律第八十二号）附則第三条第一項の規定により解散した旧住宅金融公庫を含む。）

百四　地方公共団体金融機構（地方交付税法等の一部を改正する法律（平成二十一年法律第十号）第五条の規定による改正前の地方公営企業等金融機構法（平成十九年法律第六十四号。以下「旧地方公営企業等金融機構法」という。）附則第九条第一項の規定により解散した旧公営企業金融公庫及び旧地方公営企業等金融機構法第一条の地方公営企業等金融機構を含む。）

百五　地方競馬全国協会

百六　株式会社商工組合中央金庫

百七　全国健康保険協会

百八　農水産業協同組合貯金保険機構

百九　株式会社産業革新機構

国家公務員共済組合法施行規則

国家公務員共済組合法等の運用方針

百十　株式会社地域経済活性化支援機構（株式会社企業再生支援機構法の一部を改正する法律（平成二十五年法律第二号）による改正前の株式会社企業再生支援機構法（平成二十一年法律第六十三号）第一条の株式会社企業再生支援機構を含む。）

百十一　日本年金機構

百十二　漁業経営に関する補償制度の改善のための漁船損害等補償法及び漁業災害補償法の一部を改正する等の法律（平成二十八年法律第三十九号）附則第四条第一項の規定により解散した旧漁船保険中央会

百十三　日本商工会議所

百十四　全国土地改良事業団体連合会

百十五　全国中小企業団体中央会

百十六　全国商工会連合会

百十七　漁業共済組合連合会

百十八　日本銀行

百十九　日本弁理士会

百二十　東京地下鉄株式会社

百二十一　日本アルコール産業株式会社

百二十二　原子力損害賠償・廃炉等支援機構（原子力損害賠償支援機構法の一部を改正する法律（平成二十六年法律第四十号）による改正前の原子力損害賠償支援機構法（平成二十三年法律第九十四号）第一条の原子力損害賠償支援機構を含む。）

百二十三　株式会社東日本大震災事業者再生支援機構

百二十四　株式会社国際協力銀行

百二十五　新関西国際空港株式会社

百二十六　株式会社農林漁業成長産業化支援機構

百二十七　株式会社民間資金等活用事業推

国家公務員共済組合法

国家公務員共済組合法施行令

進機構
百二十八　株式会社海外需要開拓支援機構
百二十九　地方公共団体情報システム機構
百三十　株式会社海外交通・都市開発事業支援機構
百三十一　広域的運営推進機関
百三十二　国立研究開発法人日本医療研究開発機構
百三十三　株式会社海外通信・放送・郵便事業支援機構
百三十四　国立研究開発法人量子科学技術研究開発機構
百三十五　使用済燃料再処理機構
百三十六　外国人技能実習機構
百三十七　株式会社日本貿易保険
百三十八　農業共済組合連合会（農業保険法（昭和二十二年法律第百八十五号）第十条第一項に規定する全国連合会に限る。）

2　法第百二十四条の二第一項に規定する特定公庫等（以下「特定公庫等」という。）に係る同項に規定する**政令で定める**法人は、沖縄振興開発金融公庫のほか、次に掲げる法人とする。
一　削除
二　地方競馬全国協会
三　自転車競技法及び小型自動車競走法の一部を改正する法律（平成十九年法律第八十二号）附則第三条第一項の規定により解散した旧日本自転車振興会
四　自転車競技法及び小型自動車競走法の一部を改正する法律附則第十条第一項の規定により解散した旧日本小型自動車振興会
五　日本道路公団等民営化関係法施行法第十五条第一項の規定により解散した旧日

国家公務員共済組合法施行規則

国家公務員共済組合法等の運用方針

本道路公団

六　国立研究開発法人日本原子力研究開発機構（平成二十六年独法整備法第九十七条の規定による改正前の独立行政法人日本原子力研究開発機構法附則第二条第一項の規定により解散した旧日本原子力研究所及び同法第三条の独立行政法人日本原子力研究開発機構を含む。）

七　日本道路公団等民営化関係法施行法第十五条第一項の規定により解散した旧首都高速道路公団

八　日本道路公団等民営化関係法施行法第十五条第一項の規定により解散した旧阪神高速道路公団

九　独立行政法人中小企業基盤整備機構（中小企業金融公庫法及び独立行政法人中小企業基盤整備機構法の一部を改正する法律附則第三条第一項の規定により解散した旧地域振興整備公団を含む。）

十　地方公務員災害補償基金

十一　日本道路公団等民営化関係法施行法第十五条第一項の規定により解散した旧本州四国連絡橋公団

十二　預金保険機構

十三　日本下水道事業団

十四　総合研究開発機構法を廃止する法律（以下この号において「廃止法」という。）による廃止前の総合研究開発機構法により設立された総合研究開発機構（廃止法附則第二条に規定する旧法適用期間が経過する時までの間におけるものに限る。）

十五　農水産業協同組合貯金保険機構

十六　独立行政法人通信総合研究所法の一部を改正する法律附則第三条第一項の規定により解散した旧通信・放送機構

十七　独立行政法人医薬品医療機器総合機

国家公務員共済組合法

国家公務員共済組合法施行令

構（独立行政法人医薬品医療機器総合機構法附則第十三条第一項の規定により解散した旧医薬品副作用被害救済・研究振興調査機構を含む。）
十八　国立研究開発法人新エネルギー・産業技術総合開発機構（平成二十六年独法整備法第百七十三条の規定による改正前の独立行政法人新エネルギー・産業技術総合開発機構法附則第二条第一項の規定により解散した旧新エネルギー・産業技術総合開発機構及び同法第三条の独立行政法人新エネルギー・産業技術総合開発機構を含む。）
十九　日本私立学校振興・共済事業団
二十　株式会社日本政策金融公庫法附則第十五条第一項の規定により解散した旧国民生活金融公庫、同法附則第十六条第一項の規定により解散した旧農林漁業金融公庫、同法附則第十七条第一項の規定により解散した旧中小企業金融公庫及び同法附則第十八条第一項の規定により解散した旧国際協力銀行
二十一　株式会社日本政策投資銀行法附則第十五条第一項の規定により解散した旧日本政策投資銀行
二十二　年金積立金管理運用独立行政法人（年金積立金管理運用独立行政法人法附則第三条第一項の規定により解散した旧年金資金運用基金を含む。）
二十三　銀行等保有株式取得機構
二十四　独立行政法人日本万国博覧会記念機構法を廃止する法律附則第二条第一項の規定により解散した旧独立行政法人日本万国博覧会記念機構
二十五　独立行政法人水資源機構
二十六　独立行政法人農畜産業振興機構

国家公務員共済組合法施行規則

国家公務員共済組合法等の運用方針

二十七　独立行政法人農業者年金基金

二十八　独立行政法人農林漁業信用基金

二十九　独立行政法人北方領土問題対策協会

三十　独立行政法人日本学術振興会

三十一　国立研究開発法人宇宙航空研究開発機構（平成二十六年独法整備法第八十八条の規定による改正前の独立行政法人宇宙航空研究開発機構法第三条の独立行政法人宇宙航空研究開発機構を含む。）

三十二　独立行政法人日本スポーツ振興センター

三十三　独立行政法人日本芸術文化振興会

三十四　独立行政法人福祉医療機構

三十五　独立行政法人国立重度知的障害者総合施設のぞみの園

三十六　独立行政法人日本貿易振興機構

三十七　独立行政法人国際交流基金

三十八　独立行政法人労働政策研究・研修機構

三十九　独立行政法人緑資源機構法を廃止する法律附則第二条第一項の規定により解散した旧独立行政法人緑資源機構

四十　国立研究開発法人科学技術振興機構（平成二十六年独法整備法第八十五条の規定による改正前の独立行政法人科学技術振興機構法第三条の独立行政法人科学技術振興機構を含む。）

四十一　国立研究開発法人理化学研究所（平成二十六年独法整備法第八十七条の規定による改正前の独立行政法人理化学研究所法第二条の独立行政法人理化学研究所を含む。）

四十二　独立行政法人自動車事故対策機構

四十三　独立行政法人勤労者退職金共済機構

四十四　独立行政法人空港周辺整備機構

国家公務員共済組合法

国家公務員共済組合法施行令

四十五　海洋汚染等及び海上災害の防止に関する法律等の一部を改正する法律附則第十条第一項の規定により解散した旧独立行政法人海上災害防止センター
四十六　電子情報処理組織による税関手続の特例等に関する法律の一部を改正する法律（平成二十年法律第四十六号）附則第十二条第一項の規定により解散した旧独立行政法人通関情報処理センター
四十七　独立行政法人平和祈念事業特別基金等に関する法律の廃止等に関する法律附則第二条第一項の規定により解散した旧独立行政法人平和祈念事業特別基金
四十八　独立行政法人国際協力機構
四十九　放送大学学園法第三条に規定する放送大学学園
五十　独立行政法人高齢・障害・求職者雇用支援機構（独立行政法人雇用・能力開発機構法を廃止する法律附則第十三条の規定による改正前の独立行政法人高齢・障害者雇用支援機構法第二条の独立行政法人高齢・障害者雇用支援機構を含む。）
五十一　独立行政法人原子力安全基盤機構の解散に関する法律第一条の規定により解散した旧独立行政法人原子力安全基盤機構
五十二　独立行政法人鉄道建設・運輸施設整備支援機構
五十三　独立行政法人国際観光振興機構
五十四　独立行政法人環境再生保全機構
五十五　独立行政法人雇用・能力開発機構法を廃止する法律附則第二条第一項の規定により解散した旧独立行政法人雇用・能力開発機構
五十六　独立行政法人労働者健康安全機構（平成二十七年独法改革厚生労働省関係

国家公務員共済組合法施行規則

国家公務員共済組合法等の運用方針

法整備法第四条の規定による改正前の独立行政法人労働者健康福祉機構法第二条の独立行政法人労働者健康福祉機構を含む。）

五十七　独立行政法人情報処理推進機構

五十八　独立行政法人日本学生支援機構

五十九　独立行政法人石油天然ガス・金属鉱物資源機構

六十　国立研究開発法人海洋研究開発機構（平成二十六年独法整備法第九十二条の規定による改正前の独立行政法人海洋研究開発機構法第三条の独立行政法人海洋研究開発機構を含む。）

六十一　独立行政法人都市再生機構

六十二　独立行政法人奄美群島振興開発基金

六十三　国立研究開発法人医薬基盤・健康・栄養研究所（独立行政法人医薬基盤研究所法の一部を改正する法律による改正前の独立行政法人医薬基盤研究所法第二条の独立行政法人医薬基盤研究所を含む。）

六十四　沖縄科学技術大学院大学学園法附則第三条第一項の規定により解散した旧独立行政法人沖縄科学技術研究基盤整備機構

六十五　独立行政法人日本高速道路保有・債務返済機構

六十六　独立行政法人住宅金融支援機構（独立行政法人住宅金融支援機構法附則第三条第一項の規定により解散した旧住宅金融公庫を含む。）

六十七　地方公共団体金融機構（旧地方公営企業等金融機構法附則第九条第一項の規定により解散した旧公営企業金融公庫及び旧地方公営企業等金融機構法第一条の地方公営企業等金融機構を含む。）

国家公務員共済組合法	国家公務員共済組合法施行令	国家公務員共済組合法施行規則	国家公務員共済組合法等の運用方針
	六十八　全国健康保険協会 六十九　日本年金機構 七十　漁業経営に関する補償制度の改善のための漁船損害等補償法及び漁業災害補償法の一部を改正する等の法律附則第四条第一項の規定により解散した旧漁船保険中央会 七十一　日本商工会議所 七十二　全国土地改良事業団体連合会 七十三　全国中小企業団体中央会 七十四　全国商工会連合会 七十五　高圧ガス保安協会 七十六　消防団員等公務災害補償等共済基金 七十七　漁業共済組合連合会 七十八　軽自動車検査協会 七十九　小型船舶検査機構 八十　自動車安全運転センター 八十一　危険物保安技術協会 八十二　関西国際空港及び大阪国際空港の一体的かつ効率的な設置及び管理に関する法律（以下この号において「設置管理法」という。）附則第十九条の規定による廃止前の関西国際空港株式会社法により設立された関西国際空港株式会社（設置管理法の施行の日の前日までの間におけるものに限る。） 八十三　日本電信電話株式会社 八十四　北海道旅客鉄道株式会社 八十五　四国旅客鉄道株式会社 八十六　平成二十七年旅客会社法改正法による改正前の旅客鉄道株式会社及び日本貨物鉄道株式会社に関する法律により設立された九州旅客鉄道株式会社（平成二十七年旅客会社法改正法の施行の日の前日までの間におけるものに限る。）		

八十七　日本貨物鉄道株式会社
八十八　東日本電信電話株式会社
八十九　西日本電信電話株式会社
九十　原子力発電環境整備機構
九十一　東京地下鉄株式会社
九十二　中間貯蔵・環境安全事業株式会社（日本環境安全事業株式会社法の一部を改正する法律による改正前の日本環境安全事業株式会社法第一条第一項の日本環境安全事業株式会社を含む。）
九十三　成田国際空港株式会社
九十四　東日本高速道路株式会社
九十五　首都高速道路株式会社
九十六　中日本高速道路株式会社
九十七　西日本高速道路株式会社
九十八　阪神高速道路株式会社
九十九　本州四国連絡高速道路株式会社
百　日本アルコール産業株式会社
百一　株式会社日本政策金融公庫
百二　株式会社商工組合中央金庫
百三　株式会社日本政策投資銀行
百四　輸出入・港湾関連情報処理センター株式会社
百五　原子力損害賠償・廃炉等支援機構（原子力損害賠償支援機構法の一部を改正する法律による改正前の原子力損害賠償支援機構法第一条の原子力損害賠償支援機構を含む。）
百六　株式会社国際協力銀行
百七　新関西国際空港株式会社
百八　株式会社産業革新機構
百九　株式会社農林漁業成長産業化支援機構
百十　株式会社地域経済活性化支援機構
百十一　株式会社民間資金等活用事業推進機構
百十二　株式会社海外需要開拓支援機構

国家公務員共済組合法

国家公務員共済組合法施行令

百十三　地方公共団体情報システム機構
百十四　独立行政法人地域医療機能推進機構
百十五　株式会社海外交通・都市開発事業支援機構
百十六　広域的運営推進機関
百十七　国立研究開発法人日本医療研究開発機構
百十八　株式会社海外通信・放送・郵便事業支援機構
百十九　国立研究開発法人量子科学技術研究開発機構
百二十　使用済燃料再処理機構
百二十一　外国人技能実習機構
百二十二　株式会社日本貿易保険

（継続長期組合員についての特例を適用しない場合）

第四十四条　法第百二十四条の二第一項に規定する公庫等職員（以下「公庫等職員」という。）となるため退職した場合に係る同項に規定する**政令で定める**場合は、公庫等職員が公庫等の要請に応じてその職を退き、引き続いて職員である長期組合員（法の長期給付に関する規定の適用を受ける組合員をいう。以下同じ。）となつた後退職し、引き続いて再び元の公庫等の公庫等職員となつた場合であつて、その者が同項の規定により引き続き組合員であるものとされることを希望しない旨を組合に申し出た場合その他これに準ずる場合として**財務省令で定める**場合とする。

2　法第百二十四条の二第一項に規定する特定公庫等役員（以下「特定公庫等役員」という。）となるため退職した場合に係る同項に規定する**政令で定める**場合は、特定公庫等役員が特定公庫等の要請に応じてその職

国家公務員共済組合法施行規則

国家公務員共済組合法等の運用方針

を退き、引き続いて職員である長期組合員となつた後退職し、引き続いて再び元の特定公庫等の特定公庫等役員となつた場合であつて、その者が同項の規定により引き続き組合員であるものとされることを希望しない旨を組合に申し出た場合その他これに準ずる場合として**財務省令で定める**場合とする。

3　継続長期組合員が法第百二十四条の二第一項に規定する転出（第四十四条の三において「転出」という。）の日以後再び長期組合員となることなく法第百二十四条の二第二項第一号又は第二号に掲げる場合に該当し、その資格を喪失したときは、長期給付に関する規定の適用については、同項第一号又は第二号に掲げる場合に該当するに至つた日に退職したものとみなす。

（継続長期組合員が引き続き他の公庫等職員又は特定公庫等役員となつた場合の特例）

第四十四条の二　法第百二十四条の二第三項に規定する**政令で定める**場合は、次に掲げる場合とする。

一　継続長期組合員が公庫等職員として在職し、引き続き他の公庫等職員となつた場合（その者が更に引き続き他の公庫等職員となつた場合を含む。）

二　継続長期組合員が特定公庫等役員として在職し、引き続き他の特定公庫等役員となつた場合（その者が更に引き続き他の特定公庫等役員となつた場合を含む。）

（継続長期組合員であつた者が再び同一の公庫等又は特定公庫等に転出した場合の取扱い）

第四十四条の三　法第百二十四条の二第四項に規定する**政令で定める**場合は、次に掲げる場合とする。

一　継続長期組合員が公庫等職員として在

職し、引き続き再び組合員の資格を取得した後、法第百二十四条の二第四項に規定する**財務省令で定める**期間内に引き続き再び同一の公庫等に公庫等職員として転出をした場合

二　継続長期組合員が特定公庫等役員として在職し、引き続き再び組合員の資格を取得した後、法第百二十四条の二第四項に規定する**財務省令で定める**期間内に引き続き再び同一の特定公庫等に特定公庫等役員として転出をした場合

（継続長期組合員の報酬等）

第四十四条の四　継続長期組合員については、その受ける給与のうち一般職員の報酬に含まれる給与に相当するものとして組合の運営規則で定める給与をもつて報酬とし、その受ける給与で報酬に該当しないもののうち一般職員の期末手当等に相当するものとして組合の運営規則で定める給与をもつて期末手当等とする。

第八章の二　行政執行法人以外の独立行政法人又は国立大学法人等に常時勤務することを要する者の取扱い

第四十四条の五　法第百二十四条の三に規定

する常時勤務することを要しない者で**政令で定める**ものは、第二条第一項第一号から第四号まで、第四号の五若しくは第四号の六に掲げる者又は教育公務員特例法（昭和二十四年法律第一号）第二十六条第一項の規定により大学院修学休業をしている者に準ずる者として組合の運営規則で定める者とする。

2　法第百二十四条の三に規定する臨時に使用される者その他の**政令で定める**者は、第二条第二項第一号、第二号若しくは第四号に掲げる者又は女子教職員の出産に際しての補助教職員の確保に関する法律（昭和三十年法律第百二十五号）第三条第一項（同条第三項において準用する場合を含む。）の規定により臨時的に任用された者に準ずる者として組合の運営規則で定める者とする。

3　法第百二十四条の三に規定する行政執行法人以外の独立行政法人のうち法別表第二に掲げるもの又は国立大学法人等に常時勤務することを要する者（第一項に規定する者を含み、前項に規定する者を除く。次項において同じ。）については、その受ける給与のうち一般職員の報酬に含まれる給与に相当するものとして組合の運営規則で定める給与をもって報酬とし、その受ける給与で報酬に該当しないもののうち一般職員の期末手当等に相当するものとして組合の運営規則で定める給与をもって期末手当等とする。

4　法第百二十四条の三に規定する行政執行法人以外の独立行政法人のうち法別表第二に掲げるもの又は国立大学法人等に常時勤務することを要する者について法の規定を適用する場合における第十一条、第二十二条、第二十二条の三、第二十三条、第二十

国家公務員共済組合法

国家公務員共済組合法施行令

五条の三及び第二十五条の四の規定の適用については、次の表の上欄に掲げる規定中同表の中欄に掲げる字句は、それぞれ同表の下欄に掲げる字句とする。

第十一条第一項	に規定する公務上の災害	に規定する公務上の災害（独立行政法人のうち法別表第二に掲げるもの及び国立大学法人等の業務上の災害を含む。以下この項において同じ。）
第二十二条第一項及び第二項	行政執行法人の負担に係るもの	行政執行法人の負担に係るもの並びに法第百二十四条の三の規定により読み替えられた法第九十九条第七項及び第八項において読み替えて適用する同条第五項の規定による独立行政法人のうち法別表第二に掲げるもの及び国立大学法人等の負担に係るもの
第二十二条の三第	同項	同項（法第百二十四条の三

国家公務員共済組合法施行規則

国家公務員共済組合法等の運用方針

一項	の規定により読み替えて適用する場合を含む。）
及び第三号	から第四号まで
三　独立行政法人国立印刷局　当該事業年度において独立行政法人国立印刷局の職員である組合員に支給される育児休業手当金及び介護休業手当金の額に次項に定める割合を乗じて得た金額	三　独立行政法人国立印刷局　当該事業年度において独立行政法人国立印刷局の職員である組合員に支給される育児休業手当金及び介護休業手当金の額に次項に定める割合を乗じて得た金額 四　独立行政法人国立病院機構　当該事業年度において独立行政法人国立病院機構の職員である組合員に支給される育児休業手当金及び介護休業手当金の額に

国家公務員共済組合法

国家公務員共済組合法施行令

		次項に定める割合を乗じて得た金額
第二十二条の三第三項		
	同項	同項（法第百二十四条の三の規定により読み替えて適用する場合を含む。）
	及び第三号	から第四号まで
	三　独立行政法人国立印刷局　当該事業年度において納付される基礎年金拠出金の額の二分の一に相当する額に当該事業年度における全ての組合の第二号厚生年金被保険者の標準報酬月額の合計額及び当該第二号厚生年金被保険者の標準賞与額の合計額の合算額に対する独立行政法人国立印刷局の職員である第二号厚生年金	三　独立行政法人国立印刷局　当該事業年度において納付される基礎年金拠出金の額の二分の一に相当する額に当該事業年度における全ての組合の第二号厚生年金被保険者の標準報酬月額の合計額及び当該第二号厚生年金被保険者の標準賞与額の合計額の合算額に対する

国家公務員共済組合法施行規則

国家公務員共済組合法等の運用方針

被保険者の標準報酬月額の合計額及び当該第二号厚生年金被保険者の標準賞与額の合計額の合算額の割合を乗じて得た金額

独立行政法人国立印刷局の職員である第二号厚生年金被保険者の標準報酬月額の合計額及び当該第二号厚生年金被保険者の標準賞与額の合計額の合算額の割合を乗じて得た金額

四　独立行政法人国立病院機構　当該事業年度において納付される基礎年金拠出金の額の二分の一に相当する額に当該事業年度における全ての組合の第二号厚生年金被保険者の標準報酬月額の合計額及び当該第二号厚生年金被保険者の標準賞与額の

国家公務員共済組合法

国家公務員共済組合法施行令

		合計額の合算額に対する独立行政法人国立病院機構の職員である第二号厚生年金被保険者の標準報酬月額の合計額及び当該第二号厚生年金被保険者の標準賞与額の合計額の合算額の割合を乗じて得た金額
第二十三条	同条第五項	同条第四項（法第百二十四条の三の規定により読み替えられた法第九十九条第七項及び第八項において読み替えて適用する場合を含む。）
	行政執行法人	行政執行法人、独立行政法人のうち法別表第二に掲げるもの又は国立大学法人等

国家公務員共済組合法施行規則

国家公務員共済組合法等の運用方針

法第百二十五条

（組合職員の取扱い）

第百二十五条　組合に使用される者でその運営規則で定めるもの（以下「組合職員」という。）は、当該組合を組織する職員とみなして、この法律（第三十九条第二項及び第百二十四条の二を除く。）の規定を適用する。この場合においては、第四章中「公務」とあるのは「業務」と、第九十九条第二項中

政令第四十四条の五、第四十五条

第二十五条の三第四項	又は独立行政法人国立印刷局	、独立行政法人国立印刷局又は独立行政法人国立病院機構
第二十五条の四	適用する場合	適用する場合並びに法第百二十四条の三の規定により読み替えられた法第九十九条第七項及び第八項の規定により読み替えて適用する場合
	行政執行法人	行政執行法人、独立行政法人のうち法別表第二に掲げるもの、国立大学法人等

第八章の三　組合職員及び連合会役職員の取扱い

（組合職員の報酬等）

第四十五条　組合職員（法第百二十五条に規定する組合職員をいう。次項において同じ。）については、その受ける給与のうち一般職員の報酬に含まれる給与に相当するものとして組合の運営規則で定める給与をもつて報酬とし、その受ける給与で報酬に該当しないもののうち一般職員の期末手当

規則第百二十九条

（組合職員の取扱い）

第百二十九条　組合職員に対するこの省令の適用については、第百二十条の九中「法第百二条」とあるのは、「法第百二条及び第百二十五条」とする。

国家公務員共済組合法

「国の負担金」とあるのは「組合の負担金」とする。

（連合会役職員の取扱い）

第百二十六条　連合会の役員及び連合会に使用される者でその運営規則で定めるもの（以下「連合会役職員」という。）をもつて組織する共済組合を設けることができる。

2　前項の規定により共済組合を設けた場合には、連合会役職員は職員と、同項の共済組合は組合とそれぞれみなして、この法律の規定（第三十九条第二項、第六十八条の二、第六十八条の三及び第百二十四条の二の規定を除く。）を適用する。この場合において、必要な技術的読替えは、**政令で定める**。

国家公務員共済組合法施行令

等に相当するものとして組合の運営規則で定める給与をもつて期末手当等とする。

2　組合職員については、育児休業、介護休業等育児又は家族介護を行う労働者の福祉に関する法律（平成三年法律第七十六号）第二条第二号に規定する介護休業をもつて法第六十八条の三第一項に規定する介護休業とする。

（連合会役職員の取扱い）

第四十五条の二　連合会役職員（法第百二十六条第一項に規定する連合会役職員をいう。次項において同じ。）については、その受ける給与のうち一般職員の報酬に含まれる給与に相当するものとして組合の運営規則で定める給与をもつて報酬とし、その受ける給与で報酬に該当しないもののうち一般職員の期末手当等に相当するものとして組合の運営規則で定める給与をもつて期末手当等とする。

2　連合会役職員について法の規定を適用する場合においては、法第四章中「公務」とあるのは「業務」と読み替えるほか、次の表の上欄に掲げる法の規定中同表の中欄に掲げる字句は、それぞれ同表の下欄に掲げる字句とする。

法第五条第一項	各省各庁の長（第八条第一項に規定する各省各庁の長をいう。）	国家公務員共済組合連合会の理事長（以下第十二条までにおいて「理事長」という。）
法第八条第一項	衆議院議長、参議院議長、内閣総理大臣、各省	理事長は、第百二十六条第一項に規定す

国家公務員共済組合法施行規則

（連合会役職員の取扱い）

第百三十条　連合会役職員に対するこの省令の適用については、第百二十条の九中「法第百二条」とあるのは、「法第百二条及び第百二十六条第二項」とする。

国家公務員共済組合法等の運用方針

法第百二十五条、法第百二十六条

政令第四十五条、第四十五条の二

	大臣（環境大臣を除く。）、最高裁判所長官及び会計検査院長（第三条第二項第三号に掲げる職員をもつて組織する組合にあつては、第十二条及び第百二条を除き、林野庁長官とし、以下「各省各庁の長」という。）は、それぞれその各省各庁の所属の職員及びに当該各省各庁の所管する行政執行法人の職員	る連合会役職員
法第八条第二項	各省各庁の長	理事長
法第十二条第一項	各省各庁の長又は行政執行法人の長	理事長
	その所属の職員その他国に使用される者又は行政執行法人に使用される者	国家公務員共済組合連合会の役員及び国家公務員共済組合連合会に使用される者
法第十二条第二項	各省各庁の長	理事長
法第九十九条第二項	国	連合会

規則第百三十条

国家公務員共済組合法

（地方公務員等共済組合法との関係）

第百二十六条の二　組合員が退職し、引き続き地方の組合の組合員となつたときは、長期給付に関する規定の適用については、その退職は、なかつたものとみなす。

2　組合員が地方の組合の組合員となつたときは、当該地方の組合を他の組合と、当該地方の組合の組合員を他の組合の組合員とそれぞれみなして、第三十七条第三項の規

国家公務員共済組合法施行令

法第九十九条第五項	国	連合会
法第百二条第一項	各省各庁の長（環境大臣を含む。）行政執行法人	連合会
	国、行政執行法人	連合会
法第百二条第四項	国、行政執行法人	連合会
法第百二十六条の五第二項	国	連合会

3　前項の場合における第二十一条の二第七項及び第二十五条の四の規定の適用については、同項中「各省各庁の長（法第八条第一項に規定する各省各庁の長をいう。）」とあるのは「連合会の理事長」と、同条中「国、行政執行法人」とあるのは「連合会」とする。

第九章　地方公務員共済組合との関係

（組合員が地方の組合の組合員となつた場合の取扱い）

第四十六条　組合員又は組合員であつた者が地方の組合の組合員となつたときは、連合会は、財務大臣が総務大臣と協議して定める期限までに、当該地方の組合の組合員となつたときに給付事由が生じたものとしたならばその者に支払うこととなるべき厚生

国家公務員共済組合法施行規則

〈参考　平成二六政令三一八附則〉

（平成二十七年九月三十日までの国家公務員共済組合法施行令の特例）

第七条　施行日（平成二十六年十二月一日）から一元化法施行日の前日（平成二十七年九月三十日）までにおける国家公務員共済組合法施行令（昭和三十

国家公務員共済組合法等の運用方針

定を適用する。

3　組合員又は組合員であつた者が地方の組合の組合員となつたときは、連合会は、**政令で定める**ところにより、厚生年金保険給付積立金及び退職等年金給付積立金の額のうちその者に係る部分として**政令で定める**ところにより算定した金額を当該地方の組合（地方公務員等共済組合法第二十七条第一項に規定する全国市町村職員共済組合連合会を組織する地方の組合にあつては、当該全国市町村職員共済組合連合会）に移換しなければならない。

4　前三項に定めるもののほか、組合員又は組合員であつた者が地方の組合の組合員となつた場合におけるこの法律の適用に関し必要な事項は、**政令で定める。**

第百二十六条の三　地方の組合の組合員であつた組合員に対するこの法律（第六章を除く。）の規定の適用については、その者の当該地方の組合の組合員であつた間組合員であつたものと、地方公務員等共済組合法の規定による給付はこの法律中の相当する規定による給付とみなす。ただし、長期給付に関する規定の適用については、地方公務員等共済組合法の長期給付に関する規定の適用を受けた地方の組合の組合員であつた間に限る。

2　前項に定めるもののほか、地方の組合の組合員であつた組合員に対するこの法律の適用に関し必要な事項は、**政令で定める。**

年金保険給付の額及び当該地方の組合の組合員となつたときから移換までの利子に相当する金額を基礎として財務大臣が総務大臣と協議して定める方法により算定した金額並びに当該地方の組合の組合員となつたときに給付事由が生じたものとしたならばその者の当該地方の組合の組合員となつた日における給付算定基礎額となるべき金額及び当該地方の組合の組合員となつたときから移換までの利子に相当する金額を基礎として財務大臣が総務大臣と協議して定める方法により算定した金額を、法第百二十六条の二第三項に規定する政令で定めるところにより算定した金額として、当該地方の組合（地方公務員等共済組合法第二十七条第一項に規定する全国市町村職員共済組合連合会を組織する地方の組合にあつては、当該全国市町村職員共済組合連合会）に移換するものとする。

第四十七条　組合員又は組合員であつた者が、地方の組合の組合員となり地方公務員等共済組合法第百四十四条の規定によりその者に係る厚生年金保険法による老齢厚生年金（第二号厚生年金被保険者期間（同法第二条の五第一項第二号に規定する第二号厚生年金被保険者期間をいい、平成二十四年一元化法附則第七条第一項の規定により第二号厚生年金被保険者期間とみなされた期間を含む。以下同じ。）を計算の基礎とする部分に限る。以下この項において「第二号老齢厚生年金」という。）又は障害厚生年金（第二号厚生年金被保険者期間を計算の基礎とする部分に限る。以下この項において「第二号障害厚生年金」という。）が厚生年金保険法による老齢厚生年金（第三号厚生年金被保険者期間（同法第二条の五第一項第三号に規定する第三号厚生年金被保

三年政令第二百七号）第四十六条の規定の適用については、同条中「地方の組合に」とあるのは、「地方の組合（同法第三条第一項第五号に規定する指定都市職員共済組合を除く。）に」とする。

国家公務員共済組合法

国家公務員共済組合法施行令

険者期間をいい、平成二十四年一元化法附則第七条第一項の規定により第三号厚生年金被保険者期間とみなされた期間を含む。以下同じ。）を計算の基礎とする部分に限る。）又は障害厚生年金（第三号厚生年金被保険者期間を計算の基礎とする部分に限る。）とみなされた場合には、厚生年金保険給付に関する規定の適用については、当該みなされた老齢厚生年金又は障害厚生年金は、第二号老齢厚生年金又は第二号障害厚生年金に該当しないものとみなす。

2　組合員又は組合員であつた者が、地方の組合の組合員となり地方公務員等共済組合法第百四十四条の規定によりその者に係る退職年金又は公務障害年金が同法による退職年金又は公務障害年金とみなされた場合には、退職等年金給付に関する規定の適用については、当該みなされた退職年金又は公務障害年金は、退職年金又は公務障害年金に該当しないものとみなす。

（地方の組合の組合員が組合員となつた場合の取扱い）

第四十八条　地方の組合の組合員又は地方の組合の組合員であつた者が組合員となつたときは、厚生年金保険給付に関する規定の適用については、その者の地方の組合の組合員であつた期間における各月の厚生年金保険法による標準報酬月額（平成二十四年一元化法附則第四条第十二号に掲げる旧地方公務員共済組合員期間（以下この項において「旧地方公務員共済組合員期間」という。）にあつては、平成二十四年一元化法附則第八条第一項の規定により厚生年金保険法による標準報酬月額とみなされた額）及び厚生年金保険法による標準賞与額（旧地方公務員共済組合員期間にあつては、平

国家公務員共済組合法施行規則

国家公務員共済組合法等の運用方針

成二十四年一元化法附則第八条第二項の規定により厚生年金保険法による標準賞与額とみなされた額）をその者の第二号厚生年金被保険者期間における当該各月の厚生年金保険法による標準報酬月額及び標準賞与額とみなす。

2　地方の組合の組合員又は地方の組合の組合員であつた者（地方公務員等共済組合法による退職等年金給付の受給権者を除く。）が組合員となつたときは、退職等年金給付に関する規定の適用については、その者の地方の組合の組合員であつた期間における各月の同法第五十四条の二に規定する標準報酬の月額及び同法第四十四条第一項に規定する標準期末手当等の額並びに同法第七十七条第一項に規定する付与率及び地方の基準利率をその者の組合員期間における当該各月の標準報酬の月額及び標準期末手当等の額並びに法第七十五条第一項に規定する付与率及び基準利率とみなす。

3　地方の組合の組合員又は地方の組合の組合員であつた者（地方公務員等共済組合法による退職等年金給付の受給権者に限る。）が組合員となつたときは、退職等年金給付に関する規定の適用については、その者が組合員となつた日における同法第七十七条第一項に規定する給付算定基礎額をその者の同日における給付算定基礎額とみなす。

4　地方の組合の組合員又は地方の組合の組合員であつた者で、平成二十四年一元化法改正前地方共済法第百条に規定する地方公共団体の長であつた期間（地方公務員等共済組合法の長期給付等に関する施行法（昭和三十七年法律第百五十三号。以下「地方の施行法」という。）の規定により当該期間に算入され、又は当該期間とみなされた期間を含む。）が十二年以上であるもの

国家公務員共済組合法

第百二十六条の四 削除

国家公務員共済組合法施行令

（平成二十四年一元化法の施行の日前に地方公共団体の長であつた期間を有する者に限る。）が組合員となつたときは、その者に対する厚生年金保険法による老齢厚生年金（法第百二十六条の三第一項の規定により組合員であつた期間とみなされた第三号厚生年金被保険者期間に係るものに限る。）の支給又はその者の遺族に対する厚生年金保険法による遺族厚生年金（同項の規定により組合員であつた期間とみなされた第三号厚生年金被保険者期間に係るものに限る。）の支給については、平成二十四年一元化法附則第六十八条の規定の例による。

5　地方の組合の組合員又は地方の組合の組合員であつた者で、平成二十四年一元化法附則第六十八条第二項から第四項までの規定によりその額が算定される厚生年金保険法による障害厚生年金の受給権者が組合員となつたときは、その者に対する障害厚生年金の支給については、同条第二項から第四項までの規定の例による。

6　地方の組合の組合員又は地方の組合の組合員であつた者が組合員となつたときは、法第九十七条第一項の規定の適用については、その者に対してされた地方公務員等共済組合法第百十一条第一項に規定する懲戒処分又は退職手当支給制限等処分に相当する処分は、法第九十七条第一項に規定する懲戒処分又は退職手当支給制限等処分とみなす。

国家公務員共済組合法施行規則

国家公務員共済組合法等の運用方針

（任意継続組合員に対する短期給付等）

第百二十六条の五　退職の日の前日まで引き続き一年以上組合員であつた者（後期高齢者医療の被保険者等でない者に限る。）は、その退職の日から起算して二十日を経過する日（正当な理由があると組合が認めた場合には、その認めた日）までに、引き続き短期給付を受け、及び福祉事業を利用することを希望する旨を組合に申し出ることができる。この場合において、その申出をした者は、この法律の規定中短期給付及び福祉事業に係る部分の適用については、別段の定めがあるものを除き、引き続き当該組合の組合員であるものとみなす。

2　前項後段の規定により組合員であるものとみなされた者（以下この条において「任意継続組合員」という。）は、組合が、**政令で定める**基準に従い、その者の短期給付及び福祉事業に係る掛金及び国の負担金（介護保険第二号被保険者の資格を有する任意継続組合員にあつては、介護納付金に係る掛金及び国の負担金を含む。）の合算額を基礎として定款で定める金額（以下この条において「任意継続掛金」という。）を、毎月、**政令で定める**ところにより、組合に払い込まなければならない。

第十章　任意継続組合員に係る特例

（任意継続組合員となるための申出等の手続）

第四十九条　法第百二十六条の五第一項に規定する申出は、次に掲げる事項を記載した書面を、退職の際に所属していた組合に提出してするものとする。

一　申出をする者の住所及び氏名

二　法第百二十六条の五第一項の規定の適用を受けようとする旨

三　退職した年月日

四　退職時の標準報酬の月額

五　その他**財務省令で定める**事項

2　法第百二十六条の五第五項第五号に規定する申出は、次に掲げる事項を記載した書面を、前項の申出をした組合に提出してするものとする。

一　申出をする者の住所及び氏名

二　任意継続組合員でなくなることを希望する旨

三　その他**財務省令で定める**事項

（任意継続組合員の標準報酬の月額及び標準報酬の日額）

第四十九条の二　任意継続組合員の標準報酬の月額は、次の各号に掲げる額のうちいずれか少ない額とし、その額の二十二分の一に相当する金額（当該金額に五円未満の端数があるときは、これを切り捨て、五円以上十円未満の端数があるときは、これを十円に切り上げるものとする。）をもつてその者の標準報酬の日額（法第五十二条に規定する標準報酬の日額をいう。以下同じ。）とする。

（任意継続組合員となるための申出等）

第百三十条の二　令第四十九条第一項第五号に規定する**財務省令で定める**事項は、退職時に交付されていた組合員証の記号及び番号又は個人番号、生年月日並びに組合員期間の年数とする。

2　令第四十九条第二項第三号に規定する**財務省令で定める**事項は、法第百二十六条の五第五項第五号に規定する申出のときに交付されている組合員証の記号及び番号とする。

（任意継続組合員に係る組合員原票の整理等の特例）

第百三十条の三　任意継続組合員に係る第八十七条第一項、第八十八条及び第八十九条の規定の適用については、第八十七条第一項中「組合員の資格の得喪の年月日、住所、所属機関の名称」とあるのは「任意継続組合員となつた事実、任意継続組合員の資格の喪失の年月日、住所」と、第八十八条中「組合員となつた者」とあるのは「任意継続組合員となつた者」と、第八十九条中「組合員の資格を取得した者」とあるのは「任意継続組合員となつた者」とする。

（任意継続組合員に係る減額認定証等に関する特例）

第百三十条の四　任意継続組合員に係る第百条第一項、第百二条の二第一項、第百四条、第百五条第二項、第百五条の二、第百六条、第百八条及び第百十三条の三の規定の適用については、次の表の上欄に掲げる規定中同表の中欄に掲げる字句は、それぞれ同表

一　任意継続組合員の退職時の標準報酬の月額

二　前年（一月から三月までの標準報酬の月額にあつては、前々年）の九月三十日における当該任意継続組合員の属する組合の短期給付に関する規定の適用を受ける全ての組合員の同月の標準報酬の月額の平均額（当該平均額の範囲内において組合の定款で定めた額があるときは、当該定款で定めた額）を法第四十条第一項の規定による標準報酬の基礎となる報酬月額とみなしたときの標準報酬の月額

（費用の負担の特例）

第五十条　任意継続組合員の存する組合に係る法第九十九条第一項及び第二項の規定の適用については、同条第一項中「職員」とあるのは「職員（第百二十六条の五第二項に規定する任意継続組合員（次項において「任意継続組合員」という。）を含む。）」と、同項第一号中「掛金」とあるのは「掛金（第百二十六条の五第二項に規定する任意継続掛金（次号及び次項において「任意継続掛金」という。）を含む。）」と、同項第二号中「掛金」とあるのは「掛金（任意継続掛金を含む。）」と、同条第二項中「組合員の掛金」とあるのは「組合員の掛金（任意継続掛金を含む。）」と、同項第一号、第二号及び第四号中「掛金百分の五十、国の負担金百分の五十」とあるのは「掛金百分の五十、国の負担金百分の五十（任意継続組合員に係るものにあつては、任意継続掛金百分の百）」とする。

（任意継続掛金）

第五十一条　任意継続掛金は、任意継続組合員の資格を取得した日の属する月にその資格を喪失したときを除き、任意継続組合員

の下欄に掲げる字句とする。

第百条第一項	法第五十九条第一項	令第五十八条第一項において読み替えて適用される法第五十九条第一項
第百二条の二第一項	法第五十六条の二第一項	令第五十八条第一項において読み替えて適用される法第五十六条の二第一項
第百四条	法第五十九条第一項	令第五十八条第一項において読み替えて適用される法第五十九条第一項
第百五条第二項	「法第五十九条第一項又は第二項」	「令第五十八条第一項において読み替えて適用される法第五十九条第一項又は第二項」
	「退職又は死亡後」	「資格を喪失した後」
第百五条の二	「法第五十九条第一項又は第二項」	「令第五十八条第一項において読み替えて適用される法第五十九条第一項又は第二項」
	「退職又は死亡後」	「資格を喪失した後」
第百六条	法第六十一条	令第五十八条第一項において読み替えて適用される法第六十一条
第百八条	法第六十三条	令第五十八条第一項において読み替えて適用される法第六十

〈関係通達〉

○任意継続組合員の掛金の軽減措置について

（昭和五一年六月二九日蔵計第二〇一〇号大蔵大臣から各共済組合代表者あて通達）

最近改正　平成十三年一月五日蔵計第二七八二号

今回の国家公務員共済組合法及び国家公務員共済組合法施行令（以下「令」という。）の改正により任意継続組合員制度の改善が行われたが、改正後の令の規定に基づき、任意継続掛金軽減措置の対象となる任意継続組合員の要件及び任意継続掛金の軽減割合の限度を下記のとおり定めたので、昭和五十一年七月分以後の掛金（昭和五十一年六月三十日以前にすでに払い込まれたものを含む。）について、これにより措置されたい。

記

1　第四十九条の二第一号に規定する「財務大臣が定める要件」は、次のとおりとする。

(1)　組合員期間が、十五年あるいはこれを超える年数以上であること。

(2)　退職時の年齢が、五十五歳あるいはこれを超える年齢以上であること。ただし、法令の規定により定年が五十五歳未満の年齢で定められている職種の組合員にあつては定年の年齢以上であること。

(3)　任意継続組合員に係る退職が、前記(2)に定める年齢となつた日以後初めての退職であること。

2　第四十九条の二第一号に規定する「財務大臣の定める割合の範囲内にお

となつた日の属する月からその資格を喪失した日の属する月の前月までの各月（介護納付金に係る任意継続掛金にあつては、当該各月のうち対象月に限る。）につき、徴収するものとする。

2　任意継続組合員の資格を取得した日の属する月にその資格を喪失したときは、その月（介護納付金に係る任意継続掛金にあつては、その月が対象月である場合に限る。）の任意継続掛金を徴収する。

3　任意継続掛金は、任意継続組合員の標準報酬の月額を標準として算定するものとし、その標準報酬の月額と任意継続掛金との割合は、組合の定款で定める。

4　第一項及び第二項に規定する対象月とは、当該任意継続組合員が介護保険第二号被保険者の資格を有する日を含む月（介護保険第二号被保険者の資格を喪失した日の属する月（介護保険第二号被保険者の資格を取得した日の属する月を除く。）を除く。）をいう。

（任意継続掛金の払込み）

第五十二条　任意継続組合員は、初めて払い込むべき任意継続組合員となった日の属する月の任意継続掛金を、その退職の日から起算して二十日を経過する日（法第百二十六条の五第一項に規定する正当な理由があると組合が認めた場合には、同項に規定する申出があつた日から起算して十日以内で組合が指定する日。次項において「払込期日」という。）までに、組合に払い込まなければならない。

2　任意継続組合員は、前項の場合を除き、任意継続組合員の資格を継続しようとする月の任意継続掛金を、その月の前月の末日（その日が払込期日前であるときは、当該期日）までに、組合に払い込まなければな

		三条
	法第六十四条	令第五十八条第一項において読み替えて適用される法第六十四条
第百十三条の三	法第五十四条	令第五十八条第一項において読み替えて適用される法第五十四条

いて組合の定款で定める割合」は、百分の三十の範囲内において組合の定款で定める割合とする。

第百二十六条の五関係

施行令第五十一条

任意継続組合員の資格を取得した日の属する月にその資格を喪失したときは、その月の任意継続掛金を徴収することになつているが、更にその月に組合員の資格を取得すれば、その月の任意継続掛金は徴収しないものとする。

国家公務員共済組合法

3　任意継続組合員は、将来の一定期間に係る任意継続掛金を前納することができる。この場合において、前納すべき額は、当該期間の各月の任意継続掛金の合計額から**政令で定める**額を控除した額とする。

4　任意継続組合員が初めて払い込むべき任意継続掛金をその払込期日までに払い込まなかつたときは、第一項の規定にかかわらず、その者は、任意継続組合員にならなかつたものとみなす。ただし、その払込みの遅延について正当な理由があると組合が認めたときは、この限りでない。

5　任意継続組合員が次の各号のいずれかに該当するに至つたときは、その翌日（第四号又は第六号に該当するに至つたときは、その日）から、その資格を喪失する。

一　任意継続組合員となつた日から起算して二年を経過したとき。

二　死亡したとき。

三　任意継続掛金（初めて払い込むべき任意継続掛金を除く。）をその払込期日までに払い込まなかつたとき（払込みの遅延について正当な理由があると組合が認めたときを除く。）。

四　組合員（地方の組合で短期給付に相当する給付を行うものの組合員、私学共済制度の加入者、健康保険の被保険者（健康保険法第三条第二項に規定する日雇特

国家公務員共済組合法施行令

らない。

3　前項の規定により組合に払い込まれた任意継続掛金のうち、徴収を要しないこととなつたものがあるときは、組合は、**財務省令で定める**ところにより、当該徴収を要しないこととなつた任意継続掛金を任意継続組合員又は任意継続組合員であつた者に還付するものとする。

（任意継続掛金の前納）

第五十三条　法第百二十六条の五第三項の規定による任意継続掛金の前納は、四月から九月まで若しくは十月から翌年三月までの六月間又は四月から翌年三月までの十二月間を単位として行うものとする。ただし、当該六月間又は十二月間において、任意継続組合員の資格を取得した者又はその資格を喪失することが明らかである者については、当該六月間又は十二月間のうち、同条第一項に規定する申出をした日の属する月の翌月以後の期間（二月以上の期間に限る。）又はその資格を喪失する日の属する月の前月までの期間（二月以上の期間に限る。）の任意継続掛金について前納を行うことができるものとする。

第五十四条　法第百二十六条の五第三項の規定により任意継続掛金を前納しようとする任意継続組合員は、当該前納すべき額を、当該前納に係る期間の最初の月の前月の末日までに、組合に払い込まなければならない。

（前納の際の控除額）

第五十五条　法第百二十六条の五第三項に規

国家公務員共済組合法施行規則

（前納された任意継続掛金の取扱い）

第百三十条の五　法第百二十六条の五第三項の規定により任意継続掛金が前納された後、前納に係る期間の経過前において任意継続掛金の額の引下げが行われることとなつた場合においては、前納された任意継続掛金の額のうち当該任意継続掛金の額の引下げが行われることとなつた後の期間に係るものから当該期間の各月につき払い込むべきこととなる任意継続掛金の額の合計額を控除した額は当該前納に係る期間の後に引き続き任意継続掛金を前納することができる期間に係る前納されるべき任意継続掛金の額の一部とみなす。ただし、当該組合員の請求があつたときは当該残額を当該組合員に還付するものとする。

（前納された任意継続掛金の還付の請求手続）

第百三十条の六　法第百二十六条の五第三項の規定により前納した任意継続掛金の還付を請求しようとする者は、次に掲げる事項を記載した還付請求書を組合に提出しなければならない。

一　還付を請求しようとする者の氏名、生

国家公務員共済組合法等の運用方針

第百二十六条の五関係

第三項

この項の規定により前納すべき額は、任意継続掛金の額に次の表の前納期間の区分に応じた率を乗じて得た額（その額に一円未満の端数がある場合は、これを四捨五入するものとする。）とする。

前納期間	率
一月	○・九九六七三七
二月	一・九九○二二一
三月	二・九八○四六四
四月	三・九六七四七六
五月	四・九五一二六七
六月	五・九三一八四七
七月	六・九○九二二八
八月	七・八八三四二○
九月	八・八五四四三三
十月	九・八二二二七七
十一月	一○・七八六九六四
十二月	一一・七四八五○二

第百二十六条の五関係

施行令第五十四条

任意継続掛金を前納する期間内において、介護保険第二号被保険者の資格を有することとなる任意継続組合員の介護納付金に係る任意継続掛金は、当該介護納付金の対象月以後の月数に応じた

例被保険者を除く。）及び船員保険の被保険者を含む。）となつたとき。

五　任意継続組合員でなくなることを希望する旨を組合に申し出た場合において、その申出が受理された日の属する月の末日が到来したとき。

六　後期高齢者医療の被保険者等となつたとき。

6　第一項及び前項第五号の申出の手続、任意継続組合員に対する短期給付の支給の特例その他任意継続組合員に関し必要な事項並びに任意継続掛金の前納の手続、前納された任意継続掛金の還付その他任意継続掛金の前納に関し必要な事項は、**政令で定める**。

定する**政令で定める**額は、前納に係る期間の各月の任意継続掛金の合計額から、その期間の各月の任意継続掛金の額を年四パーセントの利率による複利現価法によつて前納に係る期間の最初の月から当該各月までのそれぞれの期間に応じて割り引いた額の合計額（その額に一円未満の端数がある場合においては、その端数金額が五十銭未満であるときは、これを切り捨てた額とし、その端数金額が五十銭以上であるときは、これを一円に切り上げた額とする。）を控除した額とする。

（前納された任意継続掛金の充当）

第五十六条　法第百二十六条の五第三項の規定により任意継続掛金が前納された後、前納に係る期間の経過前において任意継続掛金の額の引上げが行われることとなつた場合においては、前納された任意継続掛金のうち当該任意継続掛金の額の引上げが行われることとなつた後の期間に係るものは、当該期間の各月につき払い込むべき任意継続掛金に、先に到来する月の分から順次充当するものとする。

（前納された任意継続掛金の還付）

第五十七条　法第百二十六条の五第三項の規定により任意継続掛金を前納した後、前納に係る期間の経過前において任意継続組合員がその資格を喪失した場合においては、その者（同条第五項第二号に該当したことによりその資格を喪失した場合においては、その者の相続人）の請求に基づき、前納された任意継続掛金のうち未経過期間に係るものを還付する。

2　前項に規定する未経過期間に係る還付額は、任意継続組合員の資格を喪失したときにおいて当該未経過期間につき任意継続掛金を前納するものとした場合におけるその

年月日及び住所

二　任意継続組合員であつた者の氏名及び生年月日

三　組合員証の記号及び番号又は個人番号

四　払渡金融機関の名称及び預金口座の口座番号

五　還付を請求しようとする金額

六　還付を請求しようとする理由

七　第一号に掲げる者が第二号に掲げる者の相続人であるときは、任意継続組合員であつた者との続柄

2　前項の場合において還付を請求しようとする者が任意継続組合員であつた者の相続人であるときは、次に掲げる書類を提出するものとする。

一　任意継続組合員であつた者の死亡を証明する書類

二　その者が任意継続組合員であつた者の先順位の相続人であることを証明する書類

前納に係る率を乗じて算出した額を当該対象月の前月の末日までに組合に払い込まなければならない。

ただし、任意継続掛金を前納する期間内において、介護保険第二号被保険者の資格を有することとなることが明らかである者については、当該前納に係る期間の最初の月の前月の末日までに、当該介護納付金に係る任意継続掛金と短期給付及び福祉事業に係る任意継続掛金とを合算して前納を行うことができるものとする。

第百二十六条の五関係

施行令第五十六条

1　引上げ後の任意継続掛金に対する充当額に初めて不足が生じる月（以下「不足月」という。）以後の不足額は、当該不足月の前月の末までに組合に払い込むものとする。

2　前納に係る期間の経過前において任意継続掛金の額の引上げが行われることとなつたときは、1によるほか、当該引上げが行われることとなる月以後の前納に係る期間の各月の任意継続掛金の引上げ額のうち、当該引上げ額について払込みをしようとする月の翌月以後の分について、前納の取扱いの例により組合に前納することができるものとする。

国家公務員共済組合法

国家公務員共済組合法施行令

前納すべき額に相当する額とする。

（任意継続組合員に係る短期給付の特例）

第五十八条　任意継続組合員に係る法第五十二条、第五十四条第一項、第五十五条の三第一項、第五十五条の四第一項、第五十五条の五第一項、第五十六条の二第一項、第五十九条第一項、第六十一条第二項、第六十三条第一項又は第六十四条の規定の適用については、法第五十二条中「（給付事由が退職後に生じた場合には、退職の日）」とあるのは「（給付事由が任意継続組合員の資格を喪失した後に生じた場合には、任意継続組合員の資格を喪失した日の前日）」と、法第五十四条第一項、第五十五条の三第一項、第五十五条の四第一項、第五十五条の五第一項及び第五十六条の二第一項中「公務によらない病気又は負傷」とあるのは「公務によらない病気又は負傷（任意継続組合員となつた後における病気及び負傷を含む。）」と、法第五十九条第一項中「退職した」とあるのは「任意継続組合員の資格を喪失した」と、法第六十一条第二項中「退職後六月以内」とあるのは「任意継続組合員の資格を喪失した日から起算して六月以内」と、「退職後出産する」とあるのは「任意継続組合員の資格喪失後出産する」と、法第六十三条第一項中「公務によらないで死亡した」とあるのは「公務によらない死亡（任意継続組合員となつた後における死亡を含む。）をした」と、法第六十四条中「退職後三月以内」とあるのは「任意継続組合員の資格を喪失した日から起算して三月以内」と、「退職後死亡する」とあるのは「任意継続組合員の資格喪失後死亡する」とする。

第五十九条　任意継続組合員に係る法第五十

国家公務員共済組合法施行規則

国家公務員共済組合法等の運用方針

（国家公務員法との関係）

第百二十六条の六　この法律の定めるところにより行われる長期給付の制度は、国家公務員法第二条に規定する一般職に属する職員については、同法第百七条に規定する年金制度とする。

（経過措置）

第百二十六条の七　この法律に基づき政令を制定し、又は改廃する場合においては、政令で、その制定又は改廃に伴い合理的に必要と認められる範囲内において、所要の経過措置を定めることができる。

（省令への委任）

四条第一項、第五十五条の三第一項、第五十五条の四第一項、第五十五条の五第一項、第五十六条第一項若しくは第二項、第五十六条の二第一項、第五十六条の三第一項、第六十三条第一項若しくは第二項又は第六十四条の規定による給付は、同一の病気、負傷又は死亡に関し、労働基準法、労働者災害補償保険法（昭和二十二年法律第五十号）その他これらに類する法令の規定によりこれらの給付に相当する補償又は給付が行われるときは、行わない。

（任意継続組合員に係る審査請求等）

第六十条　任意継続組合員に係る法第百三条第一項、第百十一条第二項又は第百十五条第二項の規定の適用については、法第百三条第一項及び第百十五条第二項中「掛金等」とあり、並びに法第百十一条第二項中「掛金」とあるのは、「第百二十六条の五第二項に規定する任意継続掛金」とする。

（省令への委任）

第六十一条　第四十九条から前条までに定めるもののほか、法第百二十六条の五の規定の適用に関し必要な事項は、**財務省令で定める。**

（書類の保存期限）

第百二十四条　次の各号に掲げる組合の帳簿又は書類の保存期限は、その処理の終つた翌事業年度から起算して当該各号に掲げる期間とする。

一　元帳及び補助簿　十年

二　財産関係帳簿及び書類　十年

三　長期給付に係る伝票、収入及び支出の証ひよう書類、給付関係帳簿、給付の請求書その他関係書類　十年

四　伝票、収入及び支出の証ひよう書類、給付関係帳簿又は給付の請求書その他給付関係書類（前号に掲げるものを除く。）　七年

五　報告書類　三年

六　その他の証ひよう書類　運営規則で定める期間

（様式の特例）

施行規則第百二十四条関係

帳簿又は書類の保管については、フイルム又は磁気テープ（これらに類するものを含む。）に収録する方法によつて行うことができる。この場合においては、その取扱いに関する細則を定めなければならない。

国家公務員共済組合法

第百二十七条　この法律の実施のための手続その他この法律の執行に関し必要な細則は、**財務省令で定める。**

国家公務員共済組合法施行令

国家公務員共済組合法施行規則

第百三十一条　任意継続組合員に係る組合員原票は、別紙様式第九号の様式にかかわらず、**財務大臣が別に定める**様式によるものとする。

2　組合の代表者又は連合会の理事長は、この省令の規定による書類を作成する場合において、電子計算機等の使用その他特別の事情によりこの省令に定める様式により難いときは、財務大臣の承認を受けて、その特例を定めることができる。

（電子情報処理組織による申請等）

第百三十二条　法、令及びこの省令の規定に基づき組合員及び給与支給機関が書面等（情報通信利用法第二条第三号に規定する書面等をいう。以下同じ。）により組合に申請等（情報通信利用法第二条第六号に規定する申請等をいう。以下同じ。）を行う場合には、電子情報処理組織（組合、組合員及び給与支給機関の使用に係る電子計算機を電気通信回線で接続した電子情報処理組織をいう。以下同じ。）を使用して行うことができる。

2　前項の規定により電子情報処理組織を使用して申請等を行う場合には、電磁的記録により行うものとする。

3　第一項の規定により電子情報処理組織を使用して申請等を行う場合には、暗証番号及び識別番号を電子計算機に入力することにより署名等（情報通信利用法第二条第四号に規定する署名等をいう。以下同じ。）に代えるものとする。

（電子情報処理組織による処分通知等）

第百三十三条　法、令及びこの省令の規定に基づき組合が書面等により組合員に処分通知等（情報通信利用法第二条第七号に規定する処分通知等をいう。以下同じ。）を行

国家公務員共済組合法等の運用方針

う場合には、電子情報処理組織を使用して行うことができる。

2　前項の規定により電子情報処理組織を使用して処分通知等を行う場合には、電磁的記録により行うものとする。

3　第一項の規定により電子情報処理組織を使用して処分通知等を行う場合には、暗証番号及び識別番号を電子計算機に入力することにより署名等に代えるものとする。

（電磁的記録による作成等）

第百三十四条　法、令及びこの省令の規定に基づき組合が作成等（情報通信利用法第二条第九号に規定する作成等をいう。次項において同じ。）を行う場合には、書面等に代えて電磁的記録により行うことができる。

2　前項の規定により作成等を行う場合には、暗証番号及び識別番号を電子計算機に入力することにより署名等に代えるものとする。

国家公務員共済組合法

第九章　罰則

第百二十七条の二　第十三条の二の規定に違反して秘密を漏らし、又は盗用した者は、一年以下の懲役又は百万円以下の罰金に処する。

第百二十八条　第百十六条第二項又は第三項の規定に違反して、報告をせず、若しくは虚偽の報告をし、又は監査を拒み、妨げ、若しくは忌避した者は、三十万円以下の罰金に処する。

第百二十九条　次の各号のいずれかに該当する場合には、その違反行為をした組合職員、連合会役職員その他組合又は連合会の事務を行う者は、二十万円以下の過料に処する。

一　この法律により財務大臣の認可又は承認を受けなければならない場合において、その認可又は承認を受けなかつたとき。

二　第十九条（第三十六条において準用する場合を含む。）の規定に違反して、組合の業務上の余裕金を運用したとき。

三　第三十五条の三第五項又は第三十五条の四の規定により公表しなければならない場合において、その公表をせず、又は虚偽の公表をしたとき。

四　第百十六条第四項の規定による財務大臣の命令に違反したとき。

五　この法律に規定する業務又は他の法律により組合若しくは連合会が行うものとされた業務以外の業務を行つたとき。

第百三十条　連合会の役員が第二十五条の規定による政令に違反して登記をすることを怠つたときは、二十万円以下の過料に処する。

国家公務員共済組合法施行令

国家公務員共済組合法施行規則

国家公務員共済組合法等の運用方針

第百三十一条　医師、歯科医師、薬剤師若しくは手当を行つた者又はこれらの者を使用する者が第百十七条第一項の規定による報告若しくは診療録、帳簿書類その他の物件の提示を命ぜられて正当な理由がなくこれに従わず、又は同項の規定による質問に対して正当な理由がなく答弁せず、若しくは虚偽の答弁をしたときは、十万円以下の過料に処する。

国家公務員共済組合法

附則（抄）

（施行期日）

第一条　この法律は、昭和三十三年七月一日から施行する。ただし、附則第三条第三項（同条第四項及び附則第二十条第二項後段において準用する場合を含む。）の規定は、公布の日から、第十九条第二項、第三十八条第三項、第四十一条第二項及び第三項、第四十二条第二項から第四項まで、第四章第三節、第百条第三項並びに附則第二十条第六項の規定は、昭和三十四年一月一日から施行する。

（旧法の効力）

第二条　改正前の国家公務員共済組合法（以下「旧法」という。）中第三章第三節から第五節までの規定その他これらの規定に規定する給付に係る規定（これらの規定に基く命令の規定を含む。）は、昭和三十三年十二月三十一日まで（これらの規定を他の法令において準用し、又は適用する場合については、当分の間）は、なおその効力を有する。

2　前項の規定によりなおその効力を有するものとされた旧法の規定による給付については、この附則に別段の規定があるもののほか、当該旧法の規定に抵触する限度において、本則の規定は、適用しない。

3　第一項の規定によりなおその効力を有するものとされた旧法の規定は、第百二十五条第一項又は第百二十六条第二項の規定により職員とみなされる者についても適用する。

（組合及び連合会の存続）

第三条　旧法第二条の規定により設けられた

国家公務員共済組合法施行令

附則（抄）

（施行期日）

第一条　この政令は、昭和三十三年七月一日から施行する。

（他の政令の廃止）

第二条　次に掲げる政令は、廃止する。

一　共済組合審査会に関する政令（昭和二十三年政令第二百三十五号）

二　在外公館に勤務する外務公務員についての国家公務員共済組合法の特例に関する政令（昭和二十七年政令第二百四号）

第三条及び第四条　削除

国家公務員共済組合法施行規則

国家公務員共済組合法等の運用方針

共済組合（以下この条において「旧組合」という。）又は旧法第六十三条の二の規定により設けられた共済組合連合会（以下この条において「旧連合会」という。）は、昭和三十三年七月一日（以下「施行日」という。）において、それぞれ第三条又は第二十一条の規定により設けられた組合又は連合会となり、同一性をもつて存続するものとする。

2　旧法の規定により定められた旧組合の運営規則及び旧連合会の定款でこの法律の規定に抵触するものは、施行日（前条第一項に規定する給付に係る部分については、昭和三十四年一月一日）からその効力を失うものとする。

3　各省各庁の長は、この法律の施行前に、旧組合の共済組合運営審議会の議を経て、第六条及び第十五条の規定の例により、組合の定款を定め、施行日を含む事業年度のうち同日以後の期間に係る事業計画及び予算を作成し、並びに当該定款、事業計画及び予算につき大蔵大臣の認可を受けるものとする。

4　前項の規定は、連合会について準用する。この場合において、同項中「各省各庁の長」とあるのは「連合会の理事長」と、「旧組合の共済組合運営審議会の議を経て、第六条及び」とあるのは「第二十四条の規定及び第三十六条において準用する」と、「定款を定め」とあるのは「定款を変更し」と読み替えるものとする。

（組合の運営審議会の委員の任命の特例）

第三条の二　組合の運営審議会の委員の任命については、当分の間、第九条第三項本文中「組合員」とあるのは、「組合員又は組合員であつた者（運営審議会の委員であつた者に限る。）」として、同項の規定を適用

国家公務員共済組合法

する。

（連合会の役員の任期の特例）

第四条　この法律に基いて最初に任命された連合会の理事及び監事のうち第二十七条第二項の規定によるものの半数については、理事長の定めるところにより、第三十条第一項の規定にかかわらず、その任期は、一年とする。

（連合会の運営審議会の委員の任命の特例）

第四条の二　連合会の運営審議会の委員の任命については、当分の間、第三十五条第三項中「組合員」とあるのは、「組合員又は組合員であつた者（組合の運営審議会の委員であつた者に限る。）」として、同項の規定を適用する。

（従前の給付等）

第五条　この附則に別段の規定があるもののほか、旧法（附則第二条第一項の規定によりなおその効力を有するものとされた旧法を含む。）の規定に基いてした給付、審査の請求その他の行為又は手続は、この法律中の相当する規定によつてした行為又は手続とみなす。

（被扶養者に関する経過措置）

第六条　施行日の前日において旧法第十八条に規定する被扶養者であつた者で第二条第一項第二号に掲げる被扶養者に該当しないもののうち次の各号の一に該当するものの被扶養者としての資格については、その者が引き続き主として当該組合員又は組合員であつた者の収入により生計を維持している間に限り、同項同号の規定にかかわらず、なお従前の例による。ただし、第一号に該当する者にあつては、当該傷病手当金及びその給付事由である病気又は負傷により生じた病気による傷病手当金以外の給付、第

国家公務員共済組合法施行令

国家公務員共済組合法施行規則

国家公務員共済組合法等の運用方針

附則第五条関係

　掛金を徴収し、又はその還付を受ける権利は、昭和三十三年七月一日においてその請求をすることができることとなつた日から既に二年を経過している場合には、同日において時効により消滅することとなるが、掛金の還付については、旧法下における期待権を尊重して、同日から二年内は、援用しないものとする。ただし、未納の掛金その他その者が組合に支払うべき金額で時効により消滅したものがあるときは、当該金額に相当する金額については、この限りでない。

二号に該当する者にあつては、その傷病により生じた病気についての家族療養費以外の給付については、この限りでない。

一　この法律の施行の際現に傷病手当金の支給を受け、かつ、病院又は診療所に収容されている組合員又は組合員であつた者によつて生計を維持している者

二　その病気又は負傷につき、この法律の施行の際現に組合員又は組合員であつた者が家族療養費の支給を受けている者

（一部負担金に関する経過措置）

第七条　この法律の施行の際現に病院又は診療所に収容されている者は、その収容に係る傷病については、第五十五条第二項の規定にかかわらず、健康保険法第四十三条ノ八第一項第二号の規定の例により算定する一部負担金に相当する金額を支払うことを要しない。ただし、その者がこの法律の施行後引き続き当該傷病により病院又は診療所に収容されている間に限る。

第八条　組合は、当分の間、組合員が第五十五条第二項又は第三項に規定する一部負担金を支払つたことにより生じた余裕財源の範囲内で、当該一部負担金の払戻しその他の措置で**財務大臣の定めるもの**を行うことができる。

（療養費に関する経過措置）

第九条　この法律の施行前に行われた診療又は手当に係る療養費の額については、なお従前の例による。

（資格喪失後の給付に関する経過措置）

第十条　この法律の施行の際現に旧法第三十四条第二項（旧法第五十五条第五項において準用する場合を含む。）、旧法第三十六条第三項若しくは旧法第五十六条第三項の規定により支給されている給付又は施行日前に組合員の資格を喪失し、かつ、施行日以

（厚生年金保険給付積立金等の運用の特例）

第五条　厚生年金保険給付積立金等の運用については、第九条の三第一項の規定にかかわらず、当分の間、次に掲げる方法により行うことができるものとする。

一　第九条の三第一項各号に掲げる方法

二　不動産（あらかじめ財務大臣の承認を受けたものに限る。）の取得、譲渡又は貸付け

三　組合に対する資金の貸付け

四　連合会の経理単位（財務省令で定めるところによりその経理について設けられる区分をいい、第九条第三項に規定する経理を行うものを除く。）に対する資金の貸付け

（退職者給付拠出金の経過措置）

第六条　国民健康保険法附則第十条第一項の規定により社会保険診療報酬支払基金が同項に規定する拠出金を徴収する間、第二十二条第一項中「の納付に」とあるのは「並びに国民健康保険法（昭和三十三年法律第百九十二号）附則第十条第一項に規定する拠出金（以下この項において「退職者給付拠出金」という。）の納付に」と、「の納付額、」とあるのは「並びに退職者給付拠出金の納付額並びに」とする。

附則第八条関係

「一部負担金の払戻しその他の措置で**財務大臣の定めるもの**」は、一部負担金の払戻しとする。

国家公務員共済組合法

後に出産し、若しくは死亡したときに、旧法第三十五条第二項（旧法第三十六条第二項において準用する場合を含む。）、旧法第三十八条若しくは旧法第五十六条第一項後段の規定が適用されるものとした場合にこれらの規定により支給される給付については、第五十九条第二項（第六十六条第四項において準用する場合を含む。）、第六十一条第二項、第六十二条第二項及び第三項、第六十四条並びに第六十七条第二項及び第四項の規定にかかわらず、なお従前の例による。

2　第五十九条第三項又は第六十二条第三項若しくは第四項の規定は、前項の規定により家族療養費又はほ育手当金を受けている者が死亡した場合についても、適用する。

（傷病手当金の支給に関する経過措置）

第十一条　この法律の施行の際現に旧法第五十五条の規定により傷病手当金の支給を受けている者については、前条第一項に定めるもののほか、第六十六条第三項及び第四項の規定にかかわらず、なお従前の例による。

（育児休業手当金に関する暫定措置）

第十一条の二　第六十八条の二第一項から第三項までの規定の適用については、当分の間、同条第一項中「及び次項」とあるのは「から第三項まで」と、「百分の四十」とあるのは「百分の五十（当該育児休業等をした期間が百八十日に達するまでの期間については、百分の六十七）」と、同条第二項中「「まで」とあるのは「」に達する日まで」と、同条第三項中「百分の四十」とあるのは「百分の五十（当該育児休業等をした期間が百八十日に達するまでの期間については、百分の六十七）」とする。

国家公務員共済組合法施行令

国家公務員共済組合法施行規則

国家公務員共済組合法等の運用方針

〈参考　平二六改正法附則〉

（国家公務員共済組合法の一部改正に伴う経過措置）

第七条　前条の規定による改正後の国家公務員共済組合法附則第十一条の二の規定は、施行日（平成二十六年四月一日）以後に開始された国家公務員共済組合法第六十八条の二第一項に規定する育児休業等に係る育児休業手当金について適用し、施行日前に開始された同項に規定する育児休業等に係る育児休業手当金については、なお従前の例による。

（介護休業手当金に関する暫定措置）

第十一条の三　第六十八条の三第一項及び同条第三項において準用する第六十八条の二第三項の規定の適用については、当分の間、これらの規定中「百分の四十」とあるのは、「百分の六十七」とする。

（退職者給付拠出金の納付が行われる場合における組合の業務等の特例）

第十一条の四　当分の間、国民健康保険法附則第十条第一項に規定する拠出金の納付が同条第二項の規定により行われる場合における第三条第四項及び第九十九条第一項の規定の適用については、第三条第四項中「介護保険法」とあるのは「国民健康保険法（昭和三十三年法律第百九十二号）附則第十条第一項に規定する拠出金（以下「退職者給付拠出金」という。）、介護保険法」と、第九十九条第一項中「並びに介護納付金」とあるのは、「、退職者給付拠出金並びに介護納付金」とする。

（特例退職組合員に対する短期給付等）

第十二条　財務省令で定める要件に該当するものとして財務大臣の認可を受けた組合（以下この条において「特定共済組合」という。）の組合員であつた者で健康保険法等の一部を改正する法律（平成十八年法律第八十三号）第十三条の規定による改正前の国民健康保険法第八条の二第一項に規定する退職被保険者であるべきもののうち当該特定共済組合の定款で定めるものは、財務省令で定めるところにより、当該特定共済組合の組合員として短期給付を受けることを希望する旨を当該特定共済組合に申し出ることができる。ただし、第百二十六条の五第二項に規定する任意継続組合員であるときは、この限りでない。

2　前項本文の規定により申出をした者は、

（特例退職組合員の標準報酬の日額）

第六条の二　特例退職組合員の標準報酬の日額は、その者の標準報酬の月額の二十二分の一に相当する金額（当該金額に五円未満の端数があるときは、これを切り捨て、五円以上十円未満の端数があるときは、これを十円に切り上げるものとする。）とする。

（特例退職組合員に係る費用の負担の特例）

第六条の二の二　特定共済組合に係る法第九十九条第一項及び第二項の規定の適用については、同条第一項中「職員」とあるのは「職員（第一号に規定する費用については、法附則第十二条第三項に規定する特例退職組合員（次項において「特例退職組合員」という。）を含む。）」と、同項第一号中「掛金」とあるのは「掛金（附則第十二条第六項に規定する定款で定める金額（次号及び

附則23　法附則第十一条の三の規定により国民健康保険法（昭和三十三年法律第百九十二号）附則第十条第一項に規定する拠出金の納付が行われる場合における第六条の規定の適用については、同条第一項第一号中「介護保険法」とあるのは、「国民健康保険法（昭和三十三年法律第百九十二号）附則第十条に規定する拠出金、介護保険法」とする。

国家公務員共済組合法

この法律の規定中短期給付に係る部分の適用については、別段の定めがあるものを除き、当該特定共済組合の組合員であるものとみなす。

3 前項の規定により特定共済組合の組合員であるものとみなされた者（以下この条及び附則第十四条の二第二項において「特例退職組合員」という。）は、第一項の申出が受理された日からその資格を取得するものとする。

4 特例退職組合員は、同時に二以上の組合の組合員（地方の組合で短期給付に相当する給付を行うものの組合員、私学共済制度の加入者及び健康保険の被保険者（健康保険法第三条第二項に規定する日雇特例被保険者を除く。）を含む。）となることができない。

5 特例退職組合員の標準報酬の月額は、第四十条の規定にかかわらず、前年（一月から三月までの標準報酬の月額にあつては、前々年）の九月三十日における当該特例退職組合員の属する特定共済組合の短期給付に関する規定の適用を受ける全ての組合員（特例退職組合員を除く。）の標準報酬の月額の平均額の範囲内で定款で定める金額を標準報酬の基礎となる報酬月額とみなしたときの標準報酬の月額とする。

6 特例退職組合員は、当該特定共済組合が、その者の短期給付に係る掛金及び国の負担金（介護保険第二号被保険者の資格を有する特例退職組合員にあつては、介護納付金に係る掛金及び国の負担金を含む。）の合算額を基礎として定款で定める金額を、毎月、**政令で定める**ところにより、当該特定共済組合に払い込まなければならない。

7 第六十六条、第六十八条から第六十八条

国家公務員共済組合法施行令

次項において「特例退職掛金」という。）を含む。）」と、同項第二号中「掛金」とあるのは「掛金（特例退職掛金を含む。）」と、同条第二項中「組合員の掛金」とあるのは「組合員の掛金（特例退職掛金を含む。）」と、同項第一号及び第二号中「掛金百分の五十、国の負担金百分の五十」とあるのは「掛金百分の五十、国の負担金百分の五十（特例退職組合員に係るものにあつては、特例退職掛金百分の百）」とする。

（特例退職掛金）

第六条の二の三 特例退職掛金（法附則第十二条第六項に規定する定款で定める金額をいう。以下同じ。）は、特例退職組合員の資格を取得した日の属する月にその資格を喪失したときを除き、特例退職組合員となつた日の属する月からその資格を喪失した日の属する月の前月までの各月（介護納付金に係る特例退職掛金にあつては、当該各

国家公務員共済組合法施行規則

国家公務員共済組合法等の運用方針

の三まで、第七十条及び第七十一条の規定にかかわらず、特例退職組合員については、傷病手当金、休業手当金、育児休業手当金、介護休業手当金、弔慰金及び家族弔慰金並びに災害見舞金は、支給しない。

8　特例退職組合員は、第百二十六条の五第二項に規定する任意継続組合員とみなして同条第三項、第四項並びに第五項第一号及び第三号の規定を適用する。この場合において、同条第四項中「第一項」とあるのは「附則第十二条第一項」と、同条第五項第一号中「任意継続組合員となつた日から起算して二年を経過したとき」とあるのは「健康保険法等の一部を改正する法律（平成十八年法律第八十三号）第十三条の規定による改正前の国民健康保険法第八条の二第一項に規定する退職被保険者であるべき者に該当しなくなつたとき」と読み替えるものとする。

9　第百条の二及び第百条の二の二の規定は、特例退職組合員については、適用しない。

月のうち対象月に限る。）につき、徴収するものとする。

2　特例退職組合員の資格を取得した日の属する月にその資格を喪失したときは、その月（介護納付金に係る特例退職掛金にあつては、その月が対象月である場合に限る。）の特例退職掛金を徴収する。

3　特例退職掛金は、特例退職組合員の標準報酬の月額を標準として算定するものとし、その標準報酬の月額と特例退職掛金との割合は、特定共済組合の定款で定める。

4　第一項及び第二項に規定する対象月とは、当該特例退職組合員が介護保険第二号被保険者の資格を有する日を含む月（介護保険第二号被保険者の資格を喪失した日の属する月（介護保険第二号被保険者の資格を取得した日の属する月を除く。）を除く。）をいう。

（特例退職掛金の払込み）

第六条の二の四　特例退職組合員は、初めて払い込むべき特例退職掛金を、法附則第十二条第一項の規定による申出をした日から起算して二十日を経過する日（次項において「払込期日」という。）までに、特定共済組合に払い込まなければならない。

2　特例退職組合員は、前項の場合を除き、各月の特例退職掛金を、その月の前月の末日（その日が払込期日前であるときは、当該払込期日）までに、特定共済組合に払い込まなければならない。

3　前項の規定により特定共済組合に払い込まれた特例退職掛金のうち、徴収を要しないこととなつたものがあるときは、特定共済組合は、**財務省令で定める**ところにより、当該徴収を要しないこととなつた特例退職掛金を特例退職組合員又は特例退職組合員

国家公務員共済組合法

10　特例退職組合員に対する短期給付の支給の特例その他特例退職組合員に関し必要な事項は、**政令で定める。**

国家公務員共済組合法施行令

であつた者に還付するものとする。

（特例退職掛金の前納）

第六条の二の五　第五十三条から第五十七条までの規定は、特例退職掛金の前納について準用する。この場合において、第五十三条中「同条第一項に規定する申出をした日」とあるのは、「特例退職組合員の資格を取得した日」と読み替えるものとする。

（特例退職組合員に係る短期給付の特例）

第六条の二の六　特例退職組合員に係る法第五十二条、第五十四条第一項、第五十五条の三第一項、第五十五条の四第一項、第五十五条の五第一項、第五十六条の二第一項、第五十九条第一項、第六十一条第二項、第六十三条第一項、第六十四条又は第六十七条の規定の適用については、法第五十二条中「（給付事由が退職後に生じた場合には、退職の日）」とあるのは「（給付事由が特例退職組合員の資格を喪失した後に生じた場合には、特例退職組合員の資格を喪失した日の前日）」と、法第五十四条第一項、第五十五条の三第一項、第五十五条の四第一項、第五十五条の五第一項及び第五十六条の二第一項中「公務によらない病気又は負傷」とあるのは「公務によらない病気又は負傷（特例退職組合員となつた後における病気及び負傷を含む。）」と、法第五十九条第一項中「退職した」とあるのは「特例退職組合員の資格を喪失した」と、法第六十一条第二項中「退職後六月以内」とあるのは「特例退職組合員の資格を喪失した日から起算して六月以内」と、「退職後出産する」とあるのは「特例退職組合員の資格喪失後出産する」と、法第六十三条第一項中「公務によらないで死亡した」とあるのは「公務によらない死亡（特例退職組合員と

国家公務員共済組合法施行規則

国家公務員共済組合法等の運用方針

（遺族の範囲の特例）

第十二条の二　退職等年金給付に関する規定

なつた後における死亡を含む。）をした」と、法第六十四条中「退職後三月以内」とあるのは「特例退職組合員の資格を喪失した日から起算して三月以内」と、「退職後死亡する」とあるのは「特例退職組合員の資格喪失後死亡する」と、法第六十七条第一項中「勤務」とあるのは「労務」と、同条第三項中「退職した」とあるのは「特例退職組合員の資格を喪失した」とする。

第六条の二の七　特例退職組合員に係る法第五十四条第一項、第五十五条の三第一項、第五十五条の四第一項、第五十五条の五第一項、第五十六条第一項若しくは第二項、第五十六条の二第一項、第五十六条の三第一項、第六十三条第一項若しくは第二項又は第六十四条の規定による給付は、同一の病気、負傷又は死亡に関し、労働基準法、労働者災害補償保険法その他これらに類する法令の規定によりこれらの給付に相当する補償又は給付が行われるときは、行わない。

（特例退職組合員に係る審査請求等）

第六条の二の八　特例退職組合員に係る法第百三条第一項、第百十一条第二項又は第百十五条第二項の規定の適用については、法第百三条第一項及び第百十五条第二項中「掛金等」とあり、並びに法第百十一条第二項中「掛金」とあるのは、「国家公務員共済組合法施行令附則第六条の二の三第一項に規定する特例退職掛金」とする。

（省令への委任）

第六条の三　附則第六条の二の二から前条までに定めるもののほか、法附則第十二条の規定の適用に関し必要な事項は、**財務省令で定める。**

国家公務員共済組合法

の適用については、当分の間、組合員（海上保安官その他職務内容の特殊な職員で**財務省令で定める**者に限る。）が、その生命又は身体に対する高度の危険が予測される状況の下において犯罪の捜査、被疑者の逮捕、犯罪の制止、天災時における人命の救助その他これらに類する職務で**財務省令で定める**ものに従事し、そのため公務傷病により死亡した場合において、その死亡した者と生計を共にしていた配偶者、子又は父母（第二条第一項第三号に掲げる者に該当するものを除く。）があるときは、これらの者を同号に規定する遺族とみなす。

2　前項に規定する場合における退職等年金給付に関する規定の適用については、当分の間、第二条第三項中「夫、父母又は祖父母は五十五歳以上の者に、子若しくは孫は」とあるのは「子又は孫は、」と、「二十歳未満で」とあるのは「組合員若しくは組合員であつた者の死亡の当時から引き続き」とし、第九十三条第二項（第三号に係る部分に限る。）の規定は、適用しない。

（支給の繰上げ）

第十三条　当分の間、一年以上の引き続く組合員期間を有する者であり、かつ、退職している者であつて、六十歳以上六十五歳未満であるものは、退職年金の支給を連合会に請求することができる。

2　前項の請求があつたときは、その請求をした者に退職年金を支給する。この場合においては、第七十七条の規定は、適用しない。

3　第一項の請求があつた場合における第七十五条から第七十九条の四までの規定の適用については、第七十五条第一項中「退職等年金給付の給付事由が生じた日」とある

国家公務員共済組合法施行令

（支給の繰上げの請求があつた場合における法第七十六条等の規定の適用）

第七条　法附則第十三条第一項の請求があつた場合における法第七十六条、第七十八条から第七十九条の二まで及び第七十九条の四の規定の適用については、法第七十六条第三項中「前項の申出は、当該有期退職年金の給付事由が生じた日から六月以内に」とあるのは「前項の申出は」と、法第七十八条第二項中「終身退職年金の給付事由が生じた日から」とあるのは「附則第十三条第一項の請求をした日（以下「繰上げ請求日」という。）から」と、「終身退職年金の給付事由が生じた日が」とあるのは「繰上げ請求日が」と、同条第三項及び第四項中「終身退職年金の給付事由が生じた日」と

国家公務員共済組合法施行規則

国家公務員共済組合法等の運用方針

〈参考　平二四改正法附則〉

（特例による退職共済年金の額の算定等の特例の経過措置）

第三十四条　第十条の規定による改正後の国家公務員共済組合法附則第十二条の四の二第六項の規定は、同条第一項に規定する退職共済年金の受給権者（以下この条において「退職共済年金の受給権者」という。）又は退職共済年金の受給権者であった者が、第四号施行日（平成二十六年四月一日）以後に第十条の規定による改正後の国家公務員共済組合法附則第十二条の四の二第六項各号のいずれかに該当する場合について適用する。ただし、第四号施行日において退職共済年金の受給権者であった者であって、組合員でなく、かつ、同項第一号に規定する障害共済年金等を受けることができるものについては、第四号施行日に同項各号のいずれかに該当したものとみなして、同項の規定を適用する。この場合において、同項中「当該各号に規定する日」とあるのは、「公的年金制度の財政基盤及び最低保障機能の強化等のための国民年金法等の一部を改正する法律（平成二十四年法律第六十二号）附則第一条第四号に掲げる規定の施行の日」とする。

のは「附則第十三条第一項の請求をした日」と、「給付事由が生じた日の」とあるのは「請求をした日の」と、同条第三項中「退職等年金給付の給付事由が生じた日」とあるのは「附則第十三条第一項の請求をした日」とするほか、必要な技術的読替えは、政令で定める。

4　前三項に定めるもののほか、退職年金の支給の繰上げについて必要な事項は、政令で定める。

（公務障害年金等に関する暫定措置）

第十四条　第七十九条の三第一項、第八十四条第一項及び第九十条第一項の規定の適用については、当分の間、第七十九条の三第一項中「六十五歳」とあるのは「六十歳」と、第八十四条第一項及び第九十条第一項中「六十四歳」とあるのは「五十九歳」とするほか、必要な技術的読替えその他必要な事項は、政令で定める。

あり、並びに法第七十九条第二項及び第三項中「有期退職年金の給付事由が生じた日」とあるのは「繰上げ請求日」と、同条第四項中「有期退職年金の給付事由が生じた日」とあるのは「繰上げ請求日」と、「給付事由が生じた日の」とあるのは「繰上げ請求日の」と、法第七十九条の二第一項中「有期退職年金の受給権者は、給付事由が生じた日から六月以内に」とあるのは「有期退職年金の受給権者は」と、同条第三項及び法第七十九条の四第一項第二号中「給付事由が生じた日」とあるのは「繰上げ請求日」とする。

（公務障害年金又は公務遺族年金の額の基礎となる終身年金現価率の年齢の特例）

第七条の二　法第八十四条第一項又は第九十条第一項に規定する組合員又は組合員であつた者が厚生年金保険法附則第八条の二第一項の表の上欄に掲げる者に該当する場合における法附則第十四条の規定の適用については、同条中「五十九歳」とあるのは、「厚生年金保険法附則第八条の二第一項の表の上欄に掲げる者の区分に応じ、それぞれ同表の下欄に掲げる年齢から一年を控除した年齢」とし、その者が昭和三十六年四月二日以後に生まれた者である場合における同条の規定の適用については、同条中「六十歳」と、第八十四条第一項及び第九十条第一項中「六十四歳」とあるのは「五十九歳」とあるのは、「、「六十歳」とする。

（育児休業手当金等に対する国等の負担に関する暫定措置）

第七条の三　法第九十九条第四項第一号に規定する政令で定める割合は、当分の間、第二十二条の三第二項の規定にかかわらず、同項に定める割合に百分の五十五を乗じて得た率とする。

国家公務員共済組合法

（介護納付金に係る掛金の徴収の特例）

第十四条の二　介護納付金に係る掛金は、第百条第一項及び第二項の規定により徴収するもののほか、組合の定款で定めるところにより、当該組合の組合員が介護保険第二号被保険者の資格を有しない日（当該組合員に介護保険第二号被保険者の資格を有する被扶養者がある日に限る。）を含む月（政令で定めるものを除く。）であつて定款で定めるものにつき、徴収することができる。

2　前項の規定により介護納付金に係る掛金を徴収することとした組合の第百二十六条の五第二項に規定する任意継続組合員及び特例退職組合員に対する同項及び附則第十二条第六項の規定の適用については、第百二十六条の五第二項中「介護保険第二号被保険者の資格を有する任意継続組合員」とあるのは「介護保険第二号被保険者の資格を有する任意継続組合員及び介護保険第二号被保険者の資格を有しない任意継続組合員（介護保険第二号被保険者の資格を有しない任意継続組合員にあつては、介護保険第二号被保険者の資格を有する被扶養者がある者で定款で定めるものに限る。）」と、附則第十二条第六項中「介護保険第二号被保険者の資格を有する特例退職組合員」とあるのは「介護保険第二号被保険者の資格を有する特例退職組合員及び介護保険第二号被保険者の資格を有しない特例退職組合

国家公務員共済組合法施行令

第七条の三の二　平成二十九年度から平成三十一年度までの各年度における法第九十九条第四項第一号に規定する政令で定める割合は、第二十二条の三第二項及び前条の規定にかかわらず、同項に定める割合に百分の十を乗じて得た率とする。

（介護納付金に係る掛金の徴収の特例）

第七条の四　法附則第十四条の二第一項に規定する政令で定める月は、次に掲げる月とする。

一　法第百条第一項又は第二項に規定する対象月

二　組合員の資格を喪失した日の属する月（組合員の資格を取得した日の属する月を除く。）

三　組合員が介護保険第二号被保険者の資格を有する被扶養者を有しないこととなつた日の属する月（当該組合員が介護保険第二号被保険者の資格を有する被扶養者を有することとなつた日の属する月を除く。）

2　法附則第十四条の二第一項の規定により介護納付金に係る掛金を徴収することとした組合の任意継続組合員及び特例退職組合員に対する同項の規定の適用については、同項中「第百条第一項及び第二項」とあるのは「国家公務員共済組合法施行令第五十一条第一項及び第二項又は附則第六条の二の三第一項及び第二項」と、「組合員」とあるのは「任意継続組合員又は特例退職組合員」と、「政令で定めるもの」とあるのは「同令第五十一条第一項若しくは第二項若しくは附則第六条の二の三第一項若しくは第二項に規定する対象月、任意継続組合員若しくは特例退職組合員の資格を喪失した日の属する月（任意継続組合員又は特例

国家公務員共済組合法施行規則

国家公務員共済組合法等の運用方針

員（介護保険第二号被保険者の資格を有しない特例退職組合員にあつては、介護保険第二号被保険者の資格を有する被扶養者がある者で定款で定めるものに限る。）」とする。

退職組合員の資格を取得した日の属する月を除く。）又は任意継続組合員若しくは特例退職組合員が介護保険第二号被保険者の資格を有する被扶養者を有しないこととなつた日の属する月（当該任意継続組合員又は特例退職組合員が介護保険第二号被保険者の資格を有する被扶養者を有することとなつた日の属する月を除く。）」とする。

3　法附則第十四条の二第一項の規定により介護納付金に係る掛金を徴収することとした場合における第二十二条第四項の規定の適用については、同項中「資格を有する組合員」とあるのは、「資格を有する組合員及び法附則第十四条の二第一項の規定により介護納付金に係る掛金を徴収することとされる組合員」とする。

4　外務省の職員（任意継続組合員及び特例退職組合員を含む。）をもつて組織する組合において介護保険第二号被保険者の資格を有しない在外組合員から法附則第十四条の二第一項の規定により介護納付金に係る掛金を徴収することとした場合における第二十二条の二第二項の規定の適用については、同項中「算定する」とあるのは、「算定する。ただし、外務省の職員（任意継続組合員及び特例退職組合員を含む。）をもつて組織する組合にあつては、在外組合員とその他の者とに区分して算定する」とする。

（支出費按《あん》分率が通用される間の財政調整拠出金の額の特例等）

第七条の五　厚生年金保険法附則第二十三条の規定が通用される間における第二十六条の規定の適用については、同条中「得た」とあるのは、「得た額に、当該拠出金算定対象額に当該実施機関である連合会に係る同法附則第二十三条第一項の規定により読み替えて適用する同法第八十四条の六第一

国家公務員共済組合法

（短期給付に係る財政調整事業）

第十四条の三　連合会は、第二十一条第二項及び第四項に規定する業務のほか、当分の間、政令で定めるところにより、組合の短期給付（第五十一条に規定する短期給付を除く。）の掛金（介護納付金に係るものを含む。）に係る不均衡を調整するための交付金の交付の事業その他組合の短期給付に係る事業のうち共同して行うことが適当と認められる事業として政令で定める事業を行うことができる。

2　連合会が前項の規定により行う交付金の交付の事業に要する費用のうち、財務大臣が定める基準を超える著しい掛金に係る不均衡を調整するための交付金の交付に要する費用として政令で定めるところにより算定した費用は、組合からの連合会に対する特別拠出金をもつて充てるものとする。

3　連合会が第一項の規定により行う事業に要する費用（前項の規定により特別拠出金をもつて充てられる費用を除く。）は、次に掲げる調整拠出金又は預託金の運用収入をもつて充てるものとする。

一　組合からの連合会に対する調整拠出金

二　組合からの連合会に対する預託金の運用収入

4　組合は、**政令で定める**ところにより、第二項の特別拠出金若しくは前項第一号の調整拠出金を連合会に拠出し、又は短期給付に係る業務上の余裕金のうちから同項第二号の預託金を連合会に預託するものとする。

5　前項の規定により連合会に拠出する特別拠出金の拠出に要する費用は、国、行政執行法人若しくは職員団体、独立行政法人の

国家公務員共済組合法施行令

項に規定する支出費按《あん》分率を乗じて得た額を加えて得た」とする。

（短期給付に係る財政調整事業）

第八条　法附則第十四条の三第一項の規定により連合会が行う交付金の交付の事業は、その組合の所要掛金率（第二十二条第四項の規定の例により算定した短期給付（法第五十一条に規定する短期給付を除く。以下この項において同じ。）及び介護納付金に係る標準報酬の月額及び標準期末手当等の額と掛金との割合をいう。以下この項及び第三項において同じ。）が全ての組合の平均の所要掛金率を基礎として**財務大臣の定める**率以上である組合であつて、短期給付及び介護納付金に係る掛金の負担を軽減することが必要であると認められるものに対して行うものとする。

2　連合会は、前項の規定により行う交付金の交付の事業のほか、財務大臣の承認を受けて、組合員又はその被扶養者が受けた療養に関する費用の組合員に対する通知その他の事業で短期給付に係る財政の健全化に資するとともに組合が共同して行うことが適当であると認められるものを行うことができる。

3　法附則第十四条の三第二項に規定する**政令で定める**ところにより算定した費用は、所要掛金率が**財務大臣が定める**率を超える組合の第一号に掲げる金額に第二号に掲げる率を乗じて得た金額の二分の一に相当する金額とする。

一　当該事業年度における当該組合の組合員（交流派遣職員（国と民間企業との間の人事交流に関する法律第八条第二項（同法第二十四条第一項において準用する場合を含む。）に規定する交流派遣職員

国家公務員共済組合法施行規則

〈関係通達〉

○国家公務員共済組合法附則第十四条の三第一項の規定により行う交付事業及び共同事業に関する取扱いについて

（昭和五六年六月二〇日　蔵計第一七四二号大蔵大臣から各共済組合代表者・国家公務員共済組合連合会理事長あて通知）

最近改正　平成二五年一月二四日財計第六六号

国家公務員共済組合法施行令（昭和三十三年政令第二百七号。以下「令」という。）附則第八条第三項、第七項及び第九項の規定に基づき、国家公務員共済組合法（昭和三十三年法律第百二十八号。以下「法」という。）附則第十四条の三第一項の規定により国家公務員共済組合連合会（以下「連合会」という。）が行う国家公務員共済組合（以下「組合」という。）の短期給付（法第五十二条に規定する短期給付を除く。）の掛金に係る不均衡を調整するための交付金の交付の事業（以下「交付事業」という。）及び組合の短期給付に係る事業のうち共同して行うことが適当であると認められるもの（以下「共同事業」という。）に関し必要な事項について下記のとおり定めたので通知する。

記

第一　財務大臣が定める率

一　令附則第八条第一項に規定する財務大臣が定める率は、千分の五八・〇とする。

二　令附則第八条第三項に規定する財務大臣が定める率は、千分の五〇・〇に当該組合の介護納付金に係る掛金率を加えた率とする。　（以下略）

国家公務員共済組合法等の運用方針

うち別表第二に掲げるもの若しくは国立大学法人等又は組合若しくは連合会が、政令で定めるところにより、負担するものとする。

6　第九十九条第一項第一号及び第二項第一号の規定の適用については、第三項第一号の調整拠出金は、短期給付に要する費用とみなす。

7　第一項の規定による交付金の交付を受ける組合に係る第九十九条第一項第一号及び第二項第一号並びに第百条第三項の規定の適用については、当該交付金は、掛金とみなす。

8　連合会は、第一項の規定により行う事業に係る経理については、その他の事業に係る経理と区分しなければならない。

9　第三十五条第五項及び第六項の規定は、第一項の規定により行う事業については、適用しない。

10　第二項から前項までに規定するもののほか、第一項の規定により行う事業の実施に関し必要な事項は、**政令で定める**。

をいう。第六項において同じ。）である組合員、法科大学院派遣職員（法科大学院への裁判官及び検察官その他の一般職の国家公務員の派遣に関する法律第十一条第一項の規定により派遣された者をいう。第六項において同じ。）である組合員（短期給付に関する規定の適用を受けない者に限る。）、弁護士職務従事職員（判事補及び検事の弁護士職務経験に関する法律第二条第七項に規定する弁護士職務従事職員をいう。第六項において同じ。）である組合員、継続長期組合員、任意継続組合員及び特例退職組合員を除く。次項において同じ。）の標準報酬の月額の合計額及び当該組合員の標準期末手当等の額の合計額の合算額

二　当該組合の所要掛金率から当該**財務大臣が定める**率を控除した率

4　組合は、法附則第十四条の三第二項の規定による交付金の交付に要する費用に充てるため、毎月、連合会に対し、組合員の標準報酬の月額の合計額（組合が標準期末手当等の額を決定した月においては、標準報酬の月額の合計額及び標準期末手当等の額の合計額の合算額とする。）に、当該交付金の交付に要する費用の額を勘案して**連合会が定める**率を乗じて得た金額に相当する金額を同項の特別拠出金として払い込まなければならない。

5　国、行政執行法人若しくは法第九十九条第六項に規定する職員団体、独立行政法人のうち法別表第二に掲げるもの若しくは国立大学法人等又は組合若しくは連合会（以下この項において「費用負担者」という。）は、毎月、組合に対し、前項の規定により当該組合が連合会に払い込むべき特別拠出金の額に、当該組合に係る同条第二項第一

〈関係通達〉

○国家公務員共済組合法附則第一四条の三第一項の規定により国家公務員共済組合連合会が行う交付金の交付事業に係る特別拠出金について

（平成二六年三月二日　共済連本特第三六号国家公務員共済組合連合会理事長から各共済組合本部長あて通知）

標記のことについて、平成二十六年度は、国家公務員共済組合の短期給付及び介護納付金に係る掛金率が、財務大臣が定める率を超えないため、国家公務員共済組合法附則第一四条の三第一項の規定により当会が行う交付金の交付事業は行わないこととなっております。

したがいまして、同法附則第十四条の三第四項の規定に基づく各共済組合からの当会に対する特別拠出金についても、発生しないこととなります。

つきましては、今後、交付金の交付事業が行われない年度については、国家公務員共済組合法附則第八条第四項に規定する連合会が定める率に係る通知は行わないこととするので、よろしくお取り計らい願います。

国家公務員共済組合法

国家公務員共済組合法施行令

号に掲げる費用に充てるための負担金の合計額に対する当該費用負担者の負担金の割合を乗じて得た金額を払い込まなければならない。

6　組合は、法附則第十四条の三第一項の規定により行う事業に要する費用に充てるため、毎月、連合会に対し、組合員（交流派遣職員である組合員、法科大学院派遣職員である組合員（短期給付に関する規定の適用を受けない者に限る。）、弁護士職務従事職員である組合員及び継続長期組合員を除く。）の標準報酬の月額の合計額（組合が標準期末手当等の額を決定した月においては、標準報酬の月額の合計額及び標準期末手当等の額の合計額の合算額とする。）に、当該費用（同条第二項又は第三項の規定により特別拠出金又は預託金の運用収入をもつて充てられる費用を除く。）の額を勘案して連合会が定める率を乗じて得た金額に相当する金額を同項第一号の調整拠出金として払い込まなければならない。

7　法第百二条第二項の規定は、前三項の規定による払込みについて準用する。

8　組合は、毎事業年度、その前事業年度の決算につき法第十六条第二項の承認があつた後二月以内に、前事業年度の末日において有する短期給付に係る業務上の余裕金のうち法附則第十四条の三第一項の規定により連合会が行う事業の運営上必要と認める金額を財務大臣の定める基準により連合会に預託しなければならない。

9　連合会は、前項の規定により預託された預託金を第八条第一項から第三項までの規定の例により運用しなければならない。

10　第四項から前項までに定めるもののほか、第一項の事業の対象となる組合に対する交

国家公務員共済組合法施行規則

国家公務員共済組合法等の運用方針

（組合員に係る福祉増進事業）

第十四条の四　組合及び連合会は、第三条第三項から第五項まで並びに第二十一条第二項及び第四項に規定する業務のほか、当分の間、**政令で定める**ところにより、次に掲げる事業を行うことができる。

一　組合員で勤労者財産形成促進法（昭和四十六年法律第九十二号）第九条第一項の**政令で定める**要件を満たす者にその持家としての住宅の建設若しくは購入のための資金（当該住宅の用に供する宅地又はこれに係る借地権の取得のための資金を含む。）又はその持家である住宅の改良のための資金を貸し付ける事業

二　前号に掲げる事業のほか、組合員の福祉の増進に資する事業として**政令で定める事業**

2　組合及び連合会は、前項の規定により行う事業に係る経理については、その他の事業に係る経理と区分しなければならない。

3　第十条並びに第三十五条第五項及び第六項の規定は、第一項の規定により行う事業については、適用しない。

4　前二項に規定するもののほか、第一項の規定により行う事業の実施に関し必要な事項は、**政令で定める**。

（従前の行為に対する罰則の適用）

第十五条　この法律の施行前にした行為に対する罰則の適用については、なお従前の例による。

（連合会組合の設立に伴う権利義務の承継）

付金の額の算定その他交付金の交付に関し必要な事項、第四項から第六項までの規定による払込みに関し必要な事項並びに前二項の規定による余裕金の預託及びその運用に関し必要な事項は、財務大臣が定める。

〈参考〉

○国家公務員共済組合及び国家公務員共済組合連合会が行う国家公務員等の財産形成事業に関する政令（抄）

（昭五二・六・一〇　政令一九九）

最終改正　平二三・六・一〇　政令一六六

（趣旨）

第一条　国家公務員共済組合（以下「組合」という。）及び国家公務員共済組合連合会（以下「連合会」という。）が国家公務員共済組合法（以下「法」という。）附則第十四条の四第一項の規定により行う事業については、この政令の定めるところによる。

（財産形成事業）

第二条　組合及び連合会は、法附則第十四条の四第一項の規定により行う事業として、次に掲げる事業（以下「財産形成事業」という。）を行うことができる。

一　組合の組合員（常時勤務に服することを要しない国家公務員のうち内閣総理大臣が定めるものを除く。第七条において同じ。）で勤労者財産形成促進法施行令（昭和四十六年政令第三百三十二号）第三十一条各号に掲げる要件を満たす者にその持家としての住宅の建設若しくは購入のための資金（当該住宅の用に供する宅地又はこれに係る借地権の取得のための資金を含む。）又はその持家である住宅の改良のための資金を貸し付ける事業

二　前号に掲げる事業に附帯する事業

（財産形成事業に係る基本計画）

第三条　内閣総理大臣は、組合及び連合会の毎事業年度の財産形成事業につき基本計画を定め、当該事業年度の開始前に、組合及び連合会に通知するものとする。これを変更したときも、同様とする。

2　内閣総理大臣は、前項の基本計画を定めようとするとき、又はこれを変更しようとするときは、あらかじめ財務大臣と協議するものとする。

3　組合及び連合会は、財産形成事業に係る法第十五条（法第三十六条において準用する場合を含む。）の事業計画及び予算を作成し、又は変更しようとするときは、第一項の基本計画に基づいて行うものとする。

（財産形成事業に係る資金の調達等）

第四条　連合会は、法第三十六条において準用する法第十七条ただし書の規定による財務大臣の承認を受けて、組合及び連合会が財産形成事業を行うために必要な資金（以下「事業資金」という。）を、勤労者財産形成促進法（昭和四十六年法律第九十二号）第十二条第一項又は附則第二条に規定するところにより、同法第六条第一項第一号、第二号及び第二号の二に規定する金融機関等、生命保険会社等及び損害保険会社又は独立行政法人勤労者退職金共済機構から調達するものとする。

2　組合は、その必要とする事業資金の金額を、あらかじめ、連合会に対し申し出なければならない。

3　連合会は、前項の規定による申出に係る事業資金を調達したときは、内閣総理大臣が財務大臣と協議して定める条件により、速やかに、当該申出をした組合にこれを貸し付けるものとする。

4　組合が前項の規定による貸付けを受ける場合には、法第十七条の規定は、適用がないものとする。

（財産形成事業に係る短期借入金）

第五条　組合及び連合会は、前条の規定による場合のほか、財産形成事業の円滑な実施のため必要があるときは、法第十七条ただし書（法第三十六条において準用する場合を含む。次項において同じ。）の規定による財務大臣の承認を受けて、短期借入金をすることができる。

2　前項の規定による短期借入金は、当該事業年度内に償還しなければならない。ただし、資金の不足のため償還することができない金額に限り、法第十七条ただし書の規定による財務大臣の承認を受けて、これを借り換えることができる。

3　前項ただし書の規定により借り換えた

第十六条　第百二十六条第一項の規定による組合（以下「連合会組合」という。）が成立した場合には、その組合員となるべき者を被保険者とする健康保険組合は、連合会組合が成立した日に解散するものとし、その権利義務は、健康保険法第四十条の規定にかかわらず、政令で定めるところにより、連合会組合が承継する。

（組合職員等の健康保険法の被保険者であつた期間に係る給付の取扱）

第十七条　組合職員又は連合会役職員で、施行日（連合会役職員については、連合会組合の成立の日）において第百二十五条第一項又は第百二十六条第二項の規定により組合員となつたものに対する短期給付に関する規定の適用については、その者は、その組合員となつた日前の健康保険の被保険者であつた期間、組合員であつたものとみなし、その組合員となつた日において現に健康保険法による保険給付を受けている場合には、当該保険給付は、この法律に基いて当該保険給付に相当する給付として受けていたものとみなし、その者が組合員となつた組合は、そのなつた日以後に係る給付を支給するものとする。

（組合職員等の厚生年金保険の被保険者であつた期間の取扱）

第十八条　前条に規定する者でその組合員となつた際現に厚生年金保険法による厚生年金保険の被保険者であつたもののその被保険者であつた期間は、この法律の適用については、組合員であつた期間とみなす。

2　前項に規定する者の同項の規定により組合員期間とみなされた期間は、その組合員となつた日以後においては、厚生年金保険の被保険者でなかつたものとみなす。

短期借入金は、一年以内に償還しなければならない。

（財産形成事業に係る貸付けの限度額）

第六条　第二条第一項第一号の規定による資金の貸付けは、当該貸付けを受ける各人につき勤労者財産形成促進法第十五条第三項に規定する貸付限度額の範囲内で行わなければならない。

（財産形成事業に係る貸付けの条件等の決定）

第七条　第二条から前条までに規定するもののほか、組合の組合員に対する第二条の規定による資金の貸付けの条件その他財産形成事業の実施に関し必要な事項は、内閣総理大臣が財務大臣と協議して定める。

附　則

1　この政令は、公布の日から施行する。

2　国家公務員の福祉増進事業に関する政令（昭和五十年政令第三百七号。次項において「旧令」という。）は、廃止する。

○国家公務員共済組合及び国家公務員共済組合連合会が行う国家公務員等の財産形成事業に関する省令

（昭五二・一二・一五　大蔵令五〇）

改正　平一二・八・二一大蔵令六九

国家公務員共済組合及び国家公務員共済組合連合会が行う国家公務員等の財産形成事業に関する政令（昭和五十二年政令第百九十九号）第二条の規定により国家公務員共済組合及び国家公務員共済組合連合会が行うことができる国家公務員等の福祉の増進に資する事業に係る経理その他その事業の実施に必要な事項については、国家公務員共済組合法施行規則（昭和三十三年大蔵省令第五十四号）の規定にかかわらず、別に大蔵大臣の定めるところによることができる。

附　則

1　この省令は、公布の日から施行する。

2　国家公務員共済組合連合会が行う国家公務員の福祉増進事業に関する省令（昭和五十年大蔵省令第四十号）は、廃止する。

〈通　達〉

○国家公務員共済組合及び国家公務員共済組合連合会が行う国家公務員等の財産形成事業に係る国家公務員共済組合法施行規則の特例について

（平成二二年二月一九日　財計第三二九号財務大臣から各共済組合本部長・国家公務員共済組合連合会理事長あて通達）

（財産形成事業に係る財務）

第一条　国家公務員共済組合及び国家公務員共済組合連合会が行う国家公務員等の財産形成事業に関する政令（昭和五十二年政令第百九十九号）第二条第一項の規定により国家公務員共済組合及び国家公務員共済組合連合会が行うことができる同項に規定する財産形成事業（以下「財産形成事業」という。）に係る経理単位、事務に要する費用の財源、事業計画の内容及び予算総則の内容については、国家公務員共済組合法施行規則（昭和三十三年大蔵省令第五十四号。以下「施行規則」という。）第六条、第七条、第二十三条及び第二十四条第二項の規定にかかわらず、この通達に定めるところによる。

2　施行規則第八十六条の規定は、財産形成事業については、適用しない。

（経理単位）

第二条　財産形成事業の経理単位は、財形経理とし、財産形成事業に関する取引を経理するものとする。

（財産形成事業に係る事務に要する費用の財源）

第三条　財形経理における財産形成事業に係る事務に要する費用の財源は、施行規則第七条に規定する福祉経理（以下「福祉経理」という。）に属する各経理単位の前事業年度における剰余金に相当する金額の範囲内において、財務大臣の承認を受けてそれぞれ当該各経理単位から繰り入れられる金額を財源とすることができる。

（事業計画の特例）

第四条　事業計画には、財形経理における貸付金の種類、貸付金の現況、貸付金の利率及び当該事業年度の資金計画を明らかにしなければならない。

（予算総則の特例等）

第五条　予算総則には、第三条の規定により福祉経理から財形経理へ繰り入れられる金額の最高限度額を明らかにしなければならない。

2　第三条の規定に基づき福祉経理から財形経理へ資金の繰入れを行う場合におけ

（厚生保険特別会計からの交付金）

第十九条　政府は、厚生保険特別会計の積立金のうち、前条に規定する者の厚生年金保険の被保険者であつた期間に係る部分を、**政令で定めるところにより**、施行日（連合会役職員に係る部分については、連合会組合の成立の日）から一年以内に厚生保険特別会計から組合に交付するものとする。

（病床転換支援金等の納付が行われる場合における組合の業務等の特例）

第二十条　高齢者の医療の確保に関する法律附則第二条に規定する政令で定める日までの間、同法附則第七条第一項に規定する病床転換支援金等の納付が同条第二項の規定により行われる場合における第三条第四項及び第九十九条第一項の規定の適用については、第三条第四項中「）及び同法」とあるのは「）、同法」と、「後期高齢者支援金等」という。）」とあるのは「後期高齢者支援金等」という。）及び同法附則第七条第一項に規定する病床転換支援金等（以下「病床転換支援金等」という。）」と、第九十九条第一項中「及び後期高齢者支援金等」とあるのは「、後期高齢者支援金等及び病床転換支援金等」とする。

（郵政会社等の役職員の取扱い）

第二十条の二　当分の間、郵政会社等の役員及び郵政会社等に使用される者でその運営規則で定めるもの（以下「郵政会社等役職員」という。）をもつて組織する共済組合を設ける。

2　前項の「郵政会社等」とは、次に掲げるものをいう。

一　日本郵政株式会社

二　日本郵便株式会社

三　郵政民営化法（平成十七年法律第九十七号）第九十四条に規定する郵便貯金銀

る国家公務員共済組合法等の運用方針（昭和三十四年十月一日蔵計第二千九百二十七号（一）共済組合法関係第十五条関係「施行令第七条」第五項第八号の適用については、同号中「借入金」とあるのは、「借入金及び福祉経理から財形経理へ繰り入れられる金額」とする。

附　則

1　この通達は、平成二十二年二月十九日から適用する。

2　国家公務員共済組合及び国家公務員共済組合連合会が行う国家公務員等の財産形成事業に係る国家公務員共済組合法施行規則の特例について（昭和五十二年十二月十五日蔵計第三千八十号）は、平成二十二年二月十八日をもって廃止する。

附　則

この改正は、平成二十二年四月一日から適用する。

（恩給の受給権の取扱に係る旧長期組合員であつた者の範囲）

第九条　施行法第五条第二項第二号に規定する施行日の前日に旧長期組合員であつた者には、同日において旧法第九十四条第二項の規定の適用を受けていた者を含まないものとする。

（職員に準ずる者）

第十条　施行法第七条第一項第五号に規定する職員に準ずる者で政令で定めるものは、次に掲げる者とする。

一　職員（国家公務員法の施行前におけるこれに相当する者を含む。）以外の者として国に使用され、国庫から報酬を受けていた者であつて、次のイ、ロ又はハに掲げる者に該当するもの

イ　昭和二十三年七月一日（同日前から国に使用され、国庫から報酬を受けていた者については、同日まで引き続いて勤務していた期間の初日。ロにおいて同じ。）以後に、常勤職員について定められている勤務時間以上勤務した日（法令の規定により、勤務を要しないこととされ、又は休暇を与えられた日を含むものとし、旧法第一条第三号から第五号までに掲げる者その他財務省令で定める者（以下「駐留軍労働者等」という。）として勤務した日を除

附則10　令附則第十条第一項第一号に規定する財務省令で定める者は、次に掲げる者とする。

一　日本国との平和条約の効力の発生及び日本国とアメリカ合衆国との間の安全保障条約第三条に基く行政協定の実施等に伴い国家公務員法等の一部を改正する等の法律（昭和二十七年法律第百七十四号）による改正前の国家公務員共済組合法第一条第三号及び第四号に掲げる者

二　昭和三十四年一月一日以後において、職員以外の者として、国に使用され、国庫から報酬を受けていた者

附則11　令附則第十条第一項第一号ハに規定する財務省令で定めるもののうち同号イに掲げる者に準ずる者は、昭和二十四年八月四日から昭和二十八年七月三十一日までの

国家公務員共済組合法

行（以下この号において「郵便貯金銀行」という。）及び次に掲げる法人であつてその行う事業の内容、人的構成その他の事情を勘案して財務大臣が定めるもの

イ　郵便貯金銀行の事業の全部又は一部を譲り受けた法人

ロ　郵便貯金銀行との合併後存続する法人又は合併により設立された法人

ハ　会社分割により郵便貯金銀行の事業を承継した法人

ニ　郵便貯金銀行又はイからハまでに掲げる法人（この号の規定により財務大臣が定めたものに限る。）について政令で定める組織の再編成があつた場合における当該組織の再編成後の法人

四　郵政民営化法第百二十六条に規定する郵便保険会社（以下この号において「郵便保険会社」という。）及び次に掲げる法人であつてその行う事業の内容、人的構成その他の事情を勘案して財務大臣が定めるもの

イ　郵便保険会社の事業の全部又は一部を譲り受けた法人

ロ　郵便保険会社との合併後存続する法人又は合併により設立された法人

ハ　会社分割により郵便保険会社の事業を承継した法人

ニ　郵便保険会社又はイからハまでに掲げる法人（この号の規定により財務大臣が定めたものに限る。）について政令で定める組織の再編成があつた場合における当該組織の再編成後の法人

五　独立行政法人郵便貯金・簡易生命保険管理機構

3　財務大臣は、前項第三号又は第四号の規定による定めをしようとするときは、あら

国家公務員共済組合法施行令

く。）が二十二日以上ある月が六月引き続いている期間（ロにおいて「待期期間」という。）を有するに至つた者で、その有するに至つた月の翌月以後引き続き当該勤務時間により勤務することを要することとされていたもの

ロ　昭和二十三年七月一日以後における待期期間を合算した期間が十二月となるに至つた者で、そのなるに至つた月の翌月以後常勤職員について定められている勤務時間により勤務することを要することとされていたもの

ハ　イ又はロに掲げる者に準ずる者で財務省令で定めるもの

二　旧特別調達庁法（昭和二十二年法律第七十八号）に規定する特別調達庁に勤務していた者で職員に相当するもの

2　施行法第七条第一項第五号又は第九条第一号の規定の適用については、前項第一号に掲げる者であつた期間は、駐留軍労働者等として勤務した期間を含まないものとする。

（政令で定める要件に該当する期間）

第十条の二　施行法第七条第一項第五号に規定する政令で定める要件に該当する期間は、外地官署所属職員の身分に関する件（昭和二十一年勅令第二百八十七号）第一項に規定する外地にある官署所属の職員（当該職員に準ずる者として財務省令で定める者を含む。以下この条において「外地官署所属職員」という。）であつた者で、昭和二十年八月十四日まで引き続き外地官署所属職員として勤務し、その後他に就職することなく三年以内に職員となり、昭和三十四年一月一日（恩給更新組合員にあつては、同年十月一日。次条第二項において同じ。）

国家公務員共済組合法施行規則

間において、次に掲げるものとして雇用されていたものとする。

一　旧法第一条第一号に規定する常時勤務に服しない者として雇用された者で、次のイ、ロ又はハのいずれにも該当しないもの

イ　勤務日について常勤職員と異なる定めのある者

ロ　勤務時間の定めが一週間について三十六時間（昭和二十七年一月二十二日以後においては、三十三時間）未満の者

ハ　報酬のうち雇用された日において適用されていた政府職員の新給与実施に関する法律（昭和二十三年法律第四十六号）又は一般職の職員の給与に関する法律（昭和二十五年法律第九十五号）に規定する俸給に相当する給与として財務大臣の定める方法により算定した額が、当該法律に定める俸給表に掲げる俸給のうちの最低額に満たない者

二　旧法第一条第二号に規定する臨時に使用される者として雇用された者で、その者が臨時に使用される者として勤務した日（法令の規定により、勤務を要しないこととされ、又は休暇を与えられた日を含むものとし、同条第三号から第五号までに掲げる者及び前項第一号に掲げる者として勤務した日を除く。）が二十二日以上ある月が二月引き続いている期間（次項において「臨時に使用される者に係る待期期間」という。）を有するに至つたもので、その有するに至つた月の翌月以後引き続き臨時に使用される者として勤務することを要することとされてい

国家公務員共済組合法等の運用方針

かじめ、厚生労働大臣に協議しなければならない。

4　第一項の規定により共済組合を設けた場合には、郵政会社等役職員は職員と、同項の共済組合は組合と、郵政会社等の業務は公務とそれぞれみなして、この法律（第六十八条の二、第六十八条の三及び附則第十四条の四を除く。）の規定を適用する。この場合において、次の表の上欄に掲げる規定中同表の中欄に掲げる字句は、それぞれ同表の下欄に掲げる字句とするほか、必要な技術的読替えは、政令で定める。

第五条第一項	各省各庁の長をいう。）	各省各庁の長をいう。）又は郵政会社等を代表する者（同項に規定する郵政会社等を代表する者をいう。）
第八条第一項	各省各庁の長」という。）	各省各庁の長」という。）又は郵政会社等（附則第二十条の二第二項に規定する郵政会社等をいう。以下附則第十四条の三までにおいて同じ。）が当該郵政会社等を代表する者として財務大臣に届け出た者（以下「郵政会社等を代表する者」という。）
	行政執行法人の職員	行政執行法人の職員又は郵政会社等の所属の職員
第八条第二項	各省各庁の長	各省各庁の長又は郵政会社等を代表する者
第十一条	場合には	場合には、組合の代表

の前日まで引き続いて職員であつたものの当該外地官署所属職員として勤務した期間その他これに準ずる特別の事情があるものとして財務省令で定める期間とする。

（外国政府職員等から職員となるまでの期間等）

第十条の三　施行法第七条第一項第六号に規定する政令で定める期間は、三年とする。

2　施行法第七条第一項第六号に規定する政令で定める者は、外国政府等（同号に規定する外国政府等をいう。以下この項において同じ。）に勤務していた者のうち次の各号に掲げる者とする。

一　当該外国政府等に勤務する者としての職務に起因する負傷又は疾病のため退職した者で、その後他に就職することなく昭和二十三年八月七日（当該外国政府等に昭和二十年八月八日まで引き続き勤務した後引き続いて海外にあつた未帰還者（未帰還者留守家族等援護法（昭和二十八年法律第百六十一号）第二条に規定する未帰還者をいう。次号において同じ。）と認められた者にあつては、その帰国した日から三年を経過する日の前日）までの間に職員となり、昭和三十四年一月一日の前日まで引き続いて職員であつたもの

二　外国政府等に勤務し、引き続き職員又は施行法第三十一条第一項に規定する地方の職員等となり、更に引き続いて外国政府等に勤務した者（当該外国政府等に昭和二十年八月八日まで引き続き勤務した後引き続いて海外にあつた未帰還者と認められた者を含む。）で、その後他に就職することなく三年以内に職員となり、昭和三十四年一月一日の前日まで引き続いて職員であつたもの

たもの

附則12　令附則第十条第一項第一号ハに規定する財務省令で定めるもののうち同号ロに掲げる者に準ずる者は、臨時に使用される者に係る待期期間（昭和二十四年八月四日から昭和二十八年七月三十一日までの間に係るものに限る。）を合算した期間又は当該臨時に使用される者に係る待期期間と同号イに規定する待期期間（臨時に使用される者に係る待期期間と重複する期間を除く。）とを合算した期間が十二月となるに至つたもので、そのなるに至つた月の翌月以後常勤職員について定められている勤務時間により勤務することを要するものとされていたものとする。

附則13　令附則第十条第一項第一号ロ又は前項の規定を適用する場合において、同号イに規定する待期期間のうち附則第十項に規定する者であつた期間は、同号ロ又は前項の当該待期期間に算入しないものとする。

附則14　令附則第十条の二に規定する財務省令で定める者は、昭和二十年九月二日以前の財務大臣が定める地域における地方公共団体に準ずるものとして財務大臣が定める団体の常勤の職員とする。

附則15　令附則第十条の二に規定する財務省令で定める期間は、次に掲げる期間とする。

一　令附則第十条の二に規定する外地官署所属職員として勤務した期間の前に引続く国家公務員法（昭和二十二年法律第百二十号）の施行前における職員に相当する者（次号において「職員に相当する者」という。）であつた期間

二　職員に相当する者が召集等により兵役に服するため退職した後他に就職することなく兵役に服し、当該召集等の解除等の日から三年を経過する日の前日までの

国家公務員共済組合法

第二項		者が各省各庁の長であるときは
	協議しなければ	協議しなければならず、組合の代表者が郵政会社等を代表する者であるときは、あらかじめ財務大臣の認可を受けなければ
第三十一条第一号	を除く。）、地方公共団体	を除く。）、郵政会社等の役職員（非常勤の者を除く。）、地方公共団体
第三十七条第一項	行政執行法人	行政執行法人又は郵政会社等
第九十九条第一項第一号及び第三号	行政執行法人の負担に係るもの	行政執行法人の負担に係るもの並びに附則第二十条の二第四項において読み替えて適用する第五項の規定による郵政会社等の負担に係るもの
第九十九条第二項	国	国又は郵政会社等
第九十九条第三項	を除く。）を含む	並びに附則第二十条の二第四項において読み替えて適用する第五項の規定による郵政会社等の負担に係るものを除く。）を含む
第九十九条第四項	若しくは独立行政法人国立病院機構	、独立行政法人国立印刷局若しくは独立行政法人郵便貯金・簡易生命保険管理機構

国家公務員共済組合法施行令

三　外国政府等に勤務し、引き続き職員又は施行法第三十一条第一項に規定する地方の職員等となり、更に引き続いて外国政府等に勤務した者で、その後任命権者又はその委任を受けた者の要請に応じ外国政府等又は日本政府がその運営に関与していた法人その他の団体の職員（以下この号において「関与法人等の職員」という。）となるため退職し、当該関与法人等の職員として昭和二十年八月八日まで引き続き勤務し、その後他に就職することなく三年以内に職員となり、昭和三十四年一月一日の前日まで引き続いて職員であつたもの

（特殊の期間の通算の対象となる者等）

第十一条　施行法第九条第四号に規定する政令で定める者は、外国政府等（同号に規定する外国政府等をいう。以下この条において同じ。）に勤務していた者で、当該外国政府等に勤務する者としての職務に起因する負傷又は疾病のため、当該外国政府等に引き続き昭和二十年八月八日まで在職することができなかつたものとする。

2　施行法第九条第四号に規定する政令で定める期間は、同号に規定する者（前項の規定に該当する者を除く。）の昭和二十年八月八日まで、職員となつた日まで又は同号に規定する関与法人等の職員となつた日まで引き続いていない外国政府等に勤務した期間及び同項の規定に該当する者の外国政府等に勤務する者としての職務に起因する負傷又は疾病以外の理由により当該外国政府等を退職した場合のその退職に係る外国政府等に勤務した期間とする。

（地方鉄道会社の範囲）

第十一条の二　施行法第九条第五号に規定す

国家公務員共済組合法施行規則

間に職員（職員に相当する者を含む。以下この号において同じ。）となり、昭和三十四年一月一日（施行法第二十三条第一項に規定する恩給更新組合員にあつては、同年十月一日）の前日まで引続いて職員であつたものの当該兵役に服するため退職した職員であつた期間

三　前二号に掲げる期間に準ずるものとして財務大臣が相当と認める期間

附則16　令附則第二十七条の二第二項第二号に規定する財務省令で定める者は、次の各号に掲げる者以外の者とする。

一　公務員等共済組合法施行規則（千九百七十年規則第十二号）第二条に規定する者

二　公立学校職員共済組合法施行規則（千九百六十九年規則第四十二号）第二条に規定する者

三　旧公務員退職年金法（千九百六十五年立法第百号）附則第三条第一項及び第四条第一項に規定する政府等の職員及びこれらの規定に規定する機関に在職していた職員で前二号に掲げる者に準ずる者

附則17　令附則第二十七条の四第一項に規定する財務省令で定める者は、職員の任免（千九百六十年人事委員会規則第二号）第五条第二号の規定に基づき定められた行政職群の一般事務職の二級の職及びこれと同等以上の職として財務大臣が指定する職にある者とする。

附則18　前二項に定めるもののほか、沖縄の組合員であつた者に対する共済組合に関する法令の規定の適用に関し必要な細目は、財務大臣が定める。

附則22　国家公務員等共済組合法等の一部を改正する法律の施行に伴う経過措置に関す

国家公務員共済組合法等の運用方針

第九十九条第五項	負担する	負担し、郵政会社等は政令で定めるところにより郵政会社等が負担することとなる金額を負担する
第百二条第一項及び第四項	行政執行法人	行政執行法人、郵政会社等
第百四条第三項及び第百五条第一項	国	国又は郵政会社等
第百十一条第二項	掛金	掛金又はこの法律の規定による負担金若しくは延滞金（附則第二十条の三第一項に規定する日本郵政共済組合に係るものに限る。）
第百二十二条	又は行政執行法人	、行政執行法人又は郵政会社等（附則第二十条の七第一項に規定する適用法人を含む。第百二十六条の五第二項及び附則第十四条の三第五項において同じ。）
第百二十六条の五第二項	国	国又は郵政会社等
第百三十条	役員	役員又は郵政会社等を代表する者
	第二十五条	第二十五条又は附則第二十条の三
附則第十	国	国又は郵政会社等

る政令で定める地方鉄道会社は、信濃鉄道株式会社、芸備鉄道株式会社、横荘鉄道株式会社、北九州鉄道株式会社、富士身延鉄道株式会社、白棚鉄道株式会社、新潟臨港開発鉄道株式会社、留萠鉄道株式会社、北海道鉄道株式会社、鶴見鉄道株式会社、富山地方鉄道株式会社、伊那電気鉄道株式会社、三信鉄道株式会社、鳳来寺鉄道株式会社、豊川鉄道株式会社、播丹鉄道株式会社、宇部鉄道株式会社、小野田鉄道株式会社、小倉鉄道株式会社、産業セメント株式会社、胆振縦貫鉄道株式会社、宮城電気鉄道株式会社、南武鉄道株式会社、青柳電気鉄道株式会社、奥多摩電気鉄道株式会社、相模鉄道株式会社、飯山鉄道株式会社、中国鉄道株式会社、西日本鉄道株式会社及び南海鉄道株式会社とする。

第十二条から第十七条まで　削除

（施行日以後の重複期間を有する者の取扱い）

第十八条　昭和三十四年九月三十日において、国家公務員共済組合法等の一部を改正する法律（昭和三十四年法律第百六十三号）第二条の規定による改正前の施行法第四十七条又は第四十八条の規定の運用を受けていた組合員は、施行法第二十三条第一項に規定する恩給更新組合員に該当するものとみなし、その組合員については、同項において準用する施行法第七条第二項に規定する同条第一項第二号から第四号までの期間には、昭和三十四年一月一日以後の組合員期間を含むものとする。

第十九条及び第二十条　削除

（厚生年金保険の被保険者であつた更新組合員の取扱い）

第二十一条　施行法第二十八条第一項に規定する政令で定める者は、国家公務員共済組

る政令（昭和六十一年政令第五十六号）第六条第四項に規定する財務省令で定める期間は、令第二条第一項第一号から第五号に掲げる者又は同条第二項各号に掲げる者に該当する者であつた期間のうち、人事院規則第九一八（初任給、昇格、昇給等の基準）第四十四条の規定による俸給月額の調整又はこれに相当する法令若しくは規程の規定による俸給月額の調整対象とされなかつた期間とする。

附則24　法附則第二十条の規定により高齢者の医療の確保に関する法律附則第七条第一項に規定する病床転換支援金等の納付が行われる場合における第六条の規定の適用については、同条第一項第一号中「後期高齢者支援金等」とあるのは、「後期高齢者支援金等、同法附則第七条第一項に規定する病床転換支援金等」とする。

国家公務員共済組合法

二条第六項		
附則第十四条の三第五項	国立大学法人等	国立大学法人等若しくは郵政会社等

（日本郵政共済組合の登記）

第二十条の三　日本郵政共済組合（前条第四項の規定により組合とみなされた同条第一項に規定する郵政会社等役職員をもつて組織する共済組合をいう。以下同じ。）は、政令で定めるところにより、登記しなければならない。

2　前項の規定により登記しなければならない事項は、登記の後でなければ、これをもつて第三者に対抗することができない。

（運営審議会の委員の数の特例等）

第二十条の四　日本郵政共済組合の運営審議会の委員の数は、第九条第二項の規定にかかわらず、定款で定める数とする。

2　第十三条の規定は、日本郵政共済組合に使用され、その事務に従事するものについては、適用しない。

（事務に要する費用の補助）

第二十条の五　国は、予算の範囲内において、日本郵政共済組合に対し、附則第二十条の二第四項の規定により読み替えられた第九十九条第五項に規定する費用の一部を補助することができる。

（組合員の範囲の特例等）

第二十条の六　郵政会社等（附則第二十条の二第二項に規定する郵政会社等をいう。以下同じ。）とそれぞれ業務、資本、人的構成その他について密接な関係を有するものとして政令で定める要件に該当する法人であつて財務大臣の承認を受けたものに使用

国家公務員共済組合法施行令

合法施行令の一部を改正する政令（昭和四十年政令第百八十四号）の施行の日に職員として在職している者で施行法の施行の日（恩給更新組合員にあつては、昭和三十四年十月一日）前に附則第十条第一項各号に掲げる者であつたことのあるもののうち、同令の施行の際現に次の各号に掲げる者に該当する者（第三号又は第四号に掲げる者については、国家公務員共済組合法施行令の一部を改正する政令（昭和四十一年政令第三百三十号）の施行の日から六十日を経過する日以前に、その者又はその遺族が、組合を経由して社会保険庁長官に対して施行法第二十八条第一項の規定の適用を受けることを希望しない旨の申出をした場合に限る。）以外の者とする。

一　旧厚生年金保険法による厚生年金保険の被保険者であつた期間（以下この条において「被保険者期間」という。）が旧厚生年金保険法の規定による老齢年金の受給資格要件たる期間以上である者

二　旧厚生年金保険法の規定による障害年金の受給権を取得している者

三　旧厚生年金保険法第十五条第一項の規定による被保険者となつていた者

四　通算年金制度を創設するための関係法律の一部を改正する法律（昭和三十六年法律第百八十二号）附則第九条第一項又は第二項の規定により脱退手当金を受けることができた者

2　前項の規定に該当する者の施行法第七条第一項第五号又は第九条第一号に掲げる期間内の被保険者期間は、施行法第七条第一項第三号の期間で施行法第二条第十四号に規定する控除期間に該当しないものであつたものとみなす。

国家公務員共済組合法施行規則

国家公務員共済組合法等の運用方針

される者（当該法人の常勤の役員を含み、臨時に使用される者を除く。）のうち職員に相当する者として日本郵政共済組合の運営規則で定める者は、日本郵政共済組合を組織する郵政会社等役職員とみなして、この法律（第六十八条の二、第六十八条の三及び附則第十四条の四を除く。）の規定を適用する。

2 附則第二十条の二第三項の規定は、財務大臣が前項の規定による承認をしようとする場合について準用する。

3 第一項の規定により財務大臣の承認を受けようとする場合の申請の手続その他同項の承認に関し必要な事項は、政令で定める。

（適用法人に対する法律の規定の適用の特例）

第二十条の七 前条第一項の規定によりこの法律の規定を適用するものとされた財務大臣の承認を受けた法人（以下「適用法人」という。）の役職員（非常勤の者を除く。）は、附則第二十条の二第四項の規定により読み替えられた第三十一条の規定の適用については、郵政会社等の役職員とみなす。

2 適用法人の業務は、第四章の規定の適用については、郵政会社等の業務とみなす。

3 適用法人は、第六章（附則第二十条の二第四項の規定により読み替えて適用する場合を含む。）の規定の適用については、郵政会社等とみなす。

（組合員等に対する督促及び延滞金の徴収）

第二十条の八 日本郵政共済組合は、掛金等又は負担金を滞納した組合員又は郵政会社等若しくは適用法人に対し、期限を指定して、掛金等又は負担金の納付を督促しなければならない。

2 前項の規定による督促は、督促状を発してしなければならない。この場合において、

（恩給等の裁定者等の証明等）

第二十二条 連合会は、長期給付の決定に関して必要がある場合には、組合員又は組合員であつた者に係る恩給（施行法第三十一条第一項後段の規定により恩給とみなされるものを含む。）、同項後段の規定により旧法の規定による退職給付、障害給付及び遺族給付とみなされる給付又は地方公務員等共済組合法若しくは地方の施行法の規定による給付（以下この項において「恩給等」という。）の受給権並びにその基礎となつた在職年、条例在職年（地方の施行法第二条第一項第二十号に規定する条例在職年をいう。）、旧長期組合員期間（地方の施行法第二条第一項第二十一号に規定する旧長期組合員期間をいう。）、地方の組合の組合員であつた期間その他の事項で長期給付の決定に関して必要なものについて、その当該恩給等の裁定又は決定を行つた者（次項において「裁定者等」という。）に対し、証明を求めることができる。

2 裁定者等は、前項の規定により連合会から証明を求められたときは、速やかに回答しなければならない。

（長期給付の決定に関する審理）

第二十三条 連合会は、長期給付の決定の基礎となる組合員期間のうち次に掲げる期間（普通恩給若しくは一時恩給の裁定又は長期給付の決定を受けた期間を除く。）に該当するものに係る長期給付については、施行法第五十五条の規定により、総務大臣の審理を経て決定するものとする。

一 恩給公務員期間のうち、在職年の計算において実在職年数と異なつた在職年の計算を行う期間

二 恩給法（大正十二年法律第四十八号）第九十条第二項の規定により通算される

国家公務員共済組合法

督促により指定すべき期限は、督促状を発する日から起算して十日以上を経過した日でなければならない。

3　第一項の規定による督促は、民法第百五十三条の規定にかかわらず、時効中断の効力を有する。

4　第一項の規定によつて督促したときは、日本郵政共済組合は、掛金等又は負担金の額に、納付期限の翌日から掛金等若しくは負担金の完納又は財産の差押えの日の前日までの期間の日数に応じ、年十四・六パーセント（当該納付期限の翌日から三月を経過する日までの期間については、年七・三パーセント）の割合を乗じて計算した延滞金を徴収する。ただし、掛金等又は負担金の額が千円未満であるとき、又は延滞につきやむを得ない事情があると認められるときは、この限りでない。

5　前項に規定する延滞金の年十四・六パーセントの割合及び年七・三パーセントの割合は、当分の間、同項の規定にかかわらず、各年の特例基準割合（租税特別措置法（昭和三十二年法律第二十六号）第九十三条第二項に規定する特例基準割合をいう。以下この項において同じ。）が年七・三パーセントの割合に満たないときは、その年中においては、年十四・六パーセントの割合にあつては当該特例基準割合に年七・三パーセントの割合を加算した割合とし、年七・三パーセントの割合にあつては当該特例基準割合に年一パーセントの割合を加算した割合（当該加算した割合が年七・三パーセントの割合を超える場合には、年七・三パーセントの割合）とする。

6　第四項の規定により延滞金を徴収した場合において、掛金等又は負担金の一部につ

国家公務員共済組合法施行令

こととされている期間

三　前二号に掲げるもののほか、財務大臣が特に必要と認め、総務大臣と協議して定める期間

（健康保険組合の権利義務の承継）

第二十四条　連合会組合（法附則第十六条に規定する連合会組合をいう。以下同じ。）は、その成立の際、同条の規定により解散した健康保険組合（以下「解散健康保険組合」という。）のすべての権利義務を承継する。この場合において、解散健康保険組合の保険料その他の徴収金で未収のものに係るものがあるときは、連合会組合は、なお従前の例により、当該徴収金を徴収することができる。

2　解散健康保険組合の理事であつた者は、解散の日から三十日以内に、解散の日の前日現在で決算を行わなければならない。この場合において、当該理事であつた者は、大蔵大臣の定める様式により、財産目録、貸借対照表及び附属明細書並びに書類帳簿引継調書を作成しなければならない。

3　解散健康保険組合の理事であつた者は、前項の書類を作成したときは、遅滞なくこれを厚生大臣に提出し、その認定を受けた後、これを連合会の理事長に引き継がなければならない。

4　連合会の理事長は、前項の規定により第二項の書類の引継を受けたときは、その書類の写を添附し、当該権利義務の承継について、大蔵大臣及び厚生大臣に報告しなければならない。

（組合職員及び連合会役職員の取扱い）

第二十五条　組合職員（法第百二十五条に規定する組合職員をいう。）又は連合会役職員（法第百二十六条第一項に規定する連合会

国家公務員共済組合法施行規則

国家公務員共済組合法等の運用方針

いて納付があつたときは、その納付の日以後の期間に係る延滞金の計算の基礎となる掛金等又は負担金の額は、その納付のあつた掛金等又は負担金の額を控除した金額による。

7　掛金等又は負担金の額に千円未満の端数があるときは、延滞金は、その端数を切り捨てて計算する。

8　督促状に指定した期限までに掛金等若しくは負担金を完納したとき、又は前四項の規定によつて計算した金額が十円未満のときは、延滞金は、徴収しない。

9　延滞金の金額に十円未満の端数があるときは、その端数は、切り捨てる。

（滞納処分）

第二十条の九　前条第一項の規定による督促を受けた組合員又は郵政会社等若しくは適用法人が、同項の規定により指定された期限までに掛金等又は負担金を完納しないときは、日本郵政共済組合は、国税滞納処分の例によつてこれを処分し、又は組合員若しくは郵政会社等若しくは適用法人の住所若しくは財産がある市町村（特別区を含む。以下この条において同じ。）に対して、その処分を請求することができる。

2　日本郵政共済組合は、前項の規定により国税滞納処分の例により処分しようとするときは、財務大臣の認可を受けなければならない。

3　市町村は、第一項の規定による処分の請求を受けたときは、市町村税の滞納処分の例によつてこれを処分することができる。この場合においては、日本郵政共済組合は、徴収金額の百分の四に相当する金額を当該市町村に交付しなければならない。

（先取特権の順位）

第二十条の十　掛金等、負担金その他この法

会役職員をいう。以下この条において同じ。）である組合員に対する施行法の規定の適用については、次に定めるところによる。

一　これらの者のうち旧法の規定に基づく組合又は連合会に使用される者（常時勤務に服することを要しない者及び臨時に使用される者を除く。）でそれぞれ組合又は連合会の運営規則で定めるもの（以下「旧組合職員等」という。）であつた者の旧組合職員等であつた期間（施行法第七条第一項第三号又は第四号の期間に該当するものを除く。）は、同項第五号の期間（旧組合職員等であつた期間（職員であつた期間を含む。）が昭和三十三年七月一日（連合会役職員にあつては、昭和三十六年十月一日）の前日まで引き続いていない場合には、施行法第九条第一号の期間）に該当するものとする。

二　これらの者のうち法附則第十八条第一項に規定する者の厚生年金保険の被保険者であつた期間（その期間の計算については、厚生年金保険法の規定による被保険者期間の計算の例による。）は、施行法第七条第一項第三号の期間で施行法第二条第十四号に規定する控除期間に該当しないものであつたものとみなす。

2　昭和三十六年十月一日前に職員が連合会役職員（旧法の規定に基づく連合会に使用された者（常時勤務に服することを要しない者及び臨時に使用される者を除く。）を含む。）となつた場合における長期給付に関する規定の適用については、国家公務員共済組合法等の一部を改正する法律（昭和三十六年法律第百五十二号）附則第十二条の規定の適用を受ける者の例による。

（厚生保険特別会計からの交付金）

国家公務員共済組合法

律の規定による日本郵政共済組合の徴収金の先取特権の順位は、国税及び地方税に次ぐものとする。

（徴収に関する通則）

第二十条の十一　掛金等、負担金その他この法律の規定による日本郵政共済組合の徴収金は、この法律に別段の規定があるものを除き、国税徴収の例により徴収する。

（政令への委任）

第二十条の十二　附則第二十条の二から前条までに規定するもののほか、郵政会社等役職員、郵政会社等、日本郵政共済組合及び適用法人に対するこの法律の規定の適用に関し必要な事項は、政令で定める。

第二十一条～第三十条〔関係法律の一部改正省略〕

国家公務員共済組合法施行令

第二十六条　法附則第十九条の規定により厚生保険特別会計から組合に交付すべき金額は、昭和三十三年六月三十日（連合会組合にあつては、その成立の日の前日）における厚生保険特別会計の年金勘定の積立金総額から、その日において厚生年金保険法の規定により年金たる保険給付を受ける権利を有する者が同日以後受けるべき年金額の百分の八十五に相当する額の現価の総額を控除して得た額に、同日において厚生年金保険の被保険者（以下この条において「被保険者」という。）であり、かつ、引き続き組合員となる者の被保険者であつた期間のそれぞれの期間の標準報酬月額に当該期間に係る所定の保険料率をそれぞれ乗じて得た額の総額を同日における被保険者及び同日以前に被保険者であつたすべての者の被保険者であつた期間のそれぞれの期間の標準報酬月額に当該期間に係る所定の保険料率をそれぞれ乗じて得た額の総額で除して得た割合を乗じて算定した金額とする。

2　前項に規定する組合に交付すべき金額の交付の手続については、大蔵大臣が厚生大臣と協議して定める。

（地方の職員等であつた組合員の取扱い）

第二十七条　地方の更新組合員（施行法第三十一条第二項に規定する地方の更新組合員をいう。）であつた者で地方の施行法第三十三条第一項の申出をしたものが組合員となつたときにおける施行法第三十一条の規定の適用については、当該申出に係る旧市町村職員共済組合法又は共済条例の規定による障害年金は、旧法の規定による障害年金に該当しないものとし、当該旧市町村職員共済組合法又は共済条例の規定による障害年金の基礎となつた期間は、旧長期組合

国家公務員共済組合法施行規則

国家公務員共済組合法等の運用方針

員期間に該当しないものとする。

2　施行法第三十一条第四項第三号に規定する政令で定める者は、外国政府等（同号に規定する外国政府等をいう。以下この条において同じ。）に勤務していた者で当該外国政府等に勤務する者としての職務に起因する負傷又は疾病のため、当該外国政府等に引き続き昭和二十年八月八日まで在職することができなかつたものとする。

3　施行法第三十一条第四項第三号に規定する政令で定める期間は、同号に規定する者（前項の規定に該当する者を除く。）の昭和二十年八月八日まで、職員となつた日まで又は同号に規定する関与法人等の職員となつた日まで引き続いていない外国政府等に勤務した期間及び同項の規定に該当する者の外国政府等に勤務する者としての職務に起因する負傷又は疾病以外の理由により当該外国政府等を退職した場合のその退職に係る外国政府等に勤務した期間とする。

4　施行法第三十一条第五項に規定する政令で定める者は、次に掲げる者で、施行法第五条第二項本文（施行法第二十二条第一項において準用する場合を含む。）の規定により退職年金を受ける権利が消滅させられたものとする。ただし、その組合員期間のうち、昭和六十年地方の改正法第二条の規定による改正前の地方の施行法第百五十一条の規定による改正前の施行法（以下「昭和三十七年改正前の施行法」という。）第五十一条第一項又は第五十一条の三の規定により職員であつたものとみなされることとなつていた期間以外の地方公務員であつた期間（昭和三十七年十一月三十日までの期間に限る。）を有する者、昭和三十七年十二月一日前に長期組合員であつた者で退職した後同日以後再び長期組合員となつたもの及び地方公務員等共済組合法の長期給付に関する規定の適用を受けた者を除く。

一　地方自治法施行令の一部を改正する政令（昭和三十二年政令第二十一号）附則第四条、第六条若しくは第十一条又は地方自治法施行令の一部を改正する政令（昭和三十四年政令第百五十四号）附則第四条、第六条若しくは第十一条の規定の適用を受けることができなかつた者のうち、地方自治法（昭和二十二年法律第六十七号）の施行の日前に都道府県の条例に基づく退職年金を受ける権利又は市町村の教育職員として勤務したことにより生じた当該市町村の条例に基づく退職年金を受ける権利を有していた者

二　地方自治法第二百五十二条の十八第一項ただし書（同条第三項において準用する場合を含む。）又は同法附則第七条第一項ただし書の規定により市町村の教育職員としての在職年が恩給法の公務員、都道府県の職員又は市町村の教育職員としての在職年に通算しないこととされている者で、その通算しないこととされている市町村の教育職員として勤務したことにより生じた当該市町村の条例に基づく退職年金を受ける権利を有していたもの。ただし、前号の規定に該当する者を除く。

5　前項各号に規定する者で、その組合員期間のうち、昭和三十七年改正前の施行法第五十一条第一項又は第五十一条の三の規定により職員であつたものとみなされることとなつていた期間以外の地方公務員であつた期間（昭和三十七年十一月三十日までの期間に限る。）を有するもの（昭和三十七年十二月一日前に長期組合員であつた者で

退職した後同日以後再び長期組合員となつたもの及び地方公務員等共済組合法の長期給付に関する規定の適用を受けた者を除く。）に施行法第三十一条第五項の規定を適用する場合においては、同項中「その受けたこれらの給付の額」とあるのは、「地方の施行法による改正前の国家公務員共済組合法の長期給付に関する施行法第五十一条第一項又は第五十一条の三の規定により職員であつたものとみなされることとなつていた期間以外の地方公務員であつた期間に受けたこれらの給付の額」とする。

（復帰更新組合員等から除かれる者の範囲）

第二十七条の二　施行法第三十三条第四号に規定する政令で定める者は、次に掲げる者とする。

一　沖縄の立法院議員（群島議会議員を含む。）であつた者

二　沖縄の中央教育委員会の委員であつた者

2　施行法第三十三条第六号に規定する政令で定める者は、次に掲げる者とする。

一　前項各号に掲げる者

二　常時勤務に服することを要しない者であつた者で財務省令で定めるもの

（退職共済年金等の取扱い）

第二十七条の三　施行法第三十四条第二項に規定する退職一時金の支給を受けた者から除かれる者は、公務員等共済組合法（千九百六十九年立法第百五十四号。以下「公務員等共済法」という。）、公立学校職員共済組合法（千九百六十八年立法第百四十七号。以下「公立学校職員共済法」という。）又は旧公務員退職年金法（千九百六十五年立法第百号。以下「年金法」という。）の規定による返還一時金の支給を受けた者とする。

国家公務員共済組合法

国家公務員共済組合法施行令

2　施行法第三十四条第二項に規定する退職一時金の支給を受けた者に準ずるものとして政令で定める者は、次に掲げる者（前項の返還一時金の支給を受けた者を除く。）とする。

一　公務員等共済法第六十六条第一項ただし書、公立学校職員共済法第六十七条第一項ただし書又は年金法第二十八条第一項ただし書の規定の適用を受けた者

二　通算年金制度を創設するための関係立法の一部を改正する立法（千九百七十年立法第五十六号。以下「沖縄の通算年金関係整理法」という。）附則第五条ただし書又は附則第十四条ただし書の規定によりこれらの規定に規定する控除額相当額を琉球政府又は公立学校職員共済法に基づく公立学校職員共済組合に返還した者

3　施行法第三十四条第二項に規定する者については、その者が沖縄の組合員（施行法第三十三条第三号に規定する沖縄の組合員をいう。以下同じ。）であつた間長期組合員であつたものと、同項に規定する退職一時金は昭和四十二年度以後における国家公務員共済組合等からの年金の額の改定に関する法律等の一部を改正する法律（昭和五十四年法律第七十二号）第二条の規定による改正前の法第八十条第二項の退職一時金とみなして、法その他の長期給付に関する法令の規定を適用するとしたならば退職共済年金（施行法第十一条第一項に規定する退職共済年金をいう。以下同じ。）又は昭和六十年改正前の法の規定による通算退職年金を受ける権利を有することとなる場合には、連合会が当該退職共済年金又は昭和六十年改正前の法の規定による通算退職年

国家公務員共済組合法施行規則

国家公務員共済組合法等の運用方針

金を支給する。

（沖縄の組合員であつた長期組合員の取扱い）

第二十七条の四　施行法第三十七条第三項に規定する政令で定める者は、年金法附則第三条第一項若しくは第四条第一項に規定する政府等の職員又はこれらの規定に規定する機関に在職していた職員のうち元南西諸島官公署職員等の身分、恩給等の特別措置に関する法律施行令（昭和二十八年政令第三百二十二号）別表第一に掲げる職員（同表第十七項及び第十八項に掲げる職員を除く。）及びこれに準ずる者として財務省令で定める者とする。

2　沖縄の組合員であつた長期組合員に対する長期給付については、旧長期組合員期間のうち元南西諸島官公署職員等の身分、恩給等の特別措置に関する法律（昭和二十八年法律第百五十六号）第四条の三第一項に規定する改正法施行後の在職期間は、施行法第二条第十四号に規定する控除期間とみなして、施行法の規定を適用する。

3　次の各号に掲げる者であつた長期組合員に対する長期給付については、その者が当該各号に掲げる者であつた間、施行法第二十二条第一項第二号に掲げる長期組合員であつたものと、その者に係る恩給又は沖縄の退職年金条例の規定による給付を受ける権利で沖縄の共済法（施行法第三十三条第二号に規定する沖縄の共済法をいう。以下同じ。）の規定によつて消滅したものは施行法中の相当する規定によつて消滅したものとみなして、施行法の規定を適用する。

一　公務員等共済組合法の長期給付に関する施行法（千九百六十九年立法第百五十五号）第三十九条第一項第二号に掲げる者

国家公務員共済組合法

国家公務員共済組合法施行令

二　公立学校職員共済組合法の長期給付に関する施行法（千九百六十八年立法第百四十八号）第二十三条第一項第二号に掲げる者

三　年金法附則第四条第一項の規定に該当した者

4　施行法第三十三条第七号に規定する沖縄更新組合員（前項各号に掲げる者を含む。以下同じ。）である同条第六号に規定する琉球政府等の職員であつた長期組合員に対する施行法第八条第二号及び第十四条第一項の規定の適用については、別段の定めがあるものを除き、同号中「第五条第二項本文」とあるのは「第三十五条第二項本文」と、同項中「第五条第一項及び第二項本文」とあるのは「第三十五条第一項及び第二項本文」とする。

5　施行法第三十七条第五項の規定は、施行法第三十五条第二項第二号の規定による申出をしなかつた者又は施行法第三十六条第一項ただし書若しくは第二項ただし書の規定による申出をした者については、適用しない。

（副看守長等であつた衛視等の取扱い）

第二十七条の五　施行法第三十八条第一項に規定する政令で定める機関は、元南西諸島官公署職員等の身分、恩給等の特別措置に関する法律施行令第二条第一号から第四号までに掲げる機関とする。

2　施行法第三十八条第一項に規定する副看守長等（以下「副看守長等」という。）であつた法附則第十三条第二項に規定する衛視等（以下「衛視等」という。）については、その者が昭和四十一年七月一日前において副看守長等であつた間施行法第二条第四号の二に規定する警察監獄職員であつた

国家公務員共済組合法施行規則

国家公務員共済組合法等の運用方針

ものとみなして、施行法の規定を適用する。

3　沖縄更新組合員である副看守長等であつた衛視等に対する施行法第二十五条の規定の適用については、同条第一号中「昭和三十四年十月一日」とあるのは、「昭和四十一年七月一日」とする。

（沖縄の組合員であつた者が特別措置法の施行日以後に組合員となつた場合の取扱い）

第二十七条の六　施行法第三十九条に規定する政令で定める者は、次に掲げる者とする。

一　復帰更新組合員（施行法第三十三条第四号に規定する復帰更新組合員をいう。次号において同じ。）であつた者で再び組合員となつたもの

二　沖縄の組合員であつた者（附則第二十七条の二第一項各号に掲げる者及び沖縄の共済法の規定に基づく共済組合の役員であつた者を除く。）で沖縄の復帰に伴う特別措置に関する法律の施行の日以後に組合員となつたもの（復帰更新組合員及び前号に掲げる者を除く。）

2　施行法第三十五条第二項（第二号を除く。以下この項において同じ。）並びに第三十六条第一項本文、第二項及び第三項の規定は、前項各号に掲げる者について準用する。この場合において、施行法第三十五条第二項並びに第三十六条第一項本文及び第二項中「特別措置法の施行日」とあるのは、「国家公務員共済組合法施行令附則第二十七条の六第一項各号に掲げる組合員となつた日」と読み替えるものとする。

（省令への委任）

第二十七条の七　附則第二十七条の二から前条までに定めるもののほか、施行法第九章の規定の適用に関し必要な事項は、財務省令で定める。

（経過措置に伴う追加費用の負担）

第二十八条　施行法第五十四条第一項の規定により国が毎年度において負担すべき金額は、当分の間、国の当該年度の予算をもつて定める。

2　施行法第五十四条第一項の規定により独立行政法人造幣局、独立行政法人国立印刷局又は独立行政法人国立病院機構が毎年度において負担すべき金額は、当分の間、連合会が当該事業年度においてその予算に当該負担すべき金額として計上した額とする。

3　施行法第五十四条第二項の規定により組合又は連合会が毎事業年度において負担すべき金額は、当分の間、それぞれ組合又は連合会の当該事業年度の予算をもつて定める。

（旧地方公営企業等金融機構法の施行に伴う経過措置）

第二十九条　旧公営企業金融公庫の職員で旧地方公営企業等金融機構法附則第二十六条の規定による廃止前の公営企業金融公庫法（昭和三十二年法律第八十三号）第三十九条の規定の適用を受けていたものに係る施行法の規定の適用については、なお従前の例による。この場合においては、旧地方公営企業等金融機構法附則第九条第一項の規定の適用があるものとする。

（動力炉・核燃料開発事業団法の施行に伴う経過措置）

第三十条　旧原子燃料公社の役員又は職員で原子力基本法及び動力炉・核燃料開発事業団法の一部を改正する法律第二条の規定による改正前の動力炉・核燃料開発事業団法（昭和四十二年法律第七十三号。以下この条において「旧動力炉・核燃料開発事業団法」という。）附則第八条の規定による廃止前の原子燃料公社法（昭和三十一年法律第九十四号）第三十七条の規定の適用を受けていたものに係る施行法の規定の適用については、なお従前の例による。この場合においては、旧動力炉・核燃料開発事業団法附則第三条第一項及び平成二十六年独法整備法第九十七条の規定による改正前の独立行政法人日本原子力研究開発機構法附則第三条第一項の規定の適用があるものとする。

（水資源開発公団法の一部を改正する法律の施行に伴う経過措置）

第三十一条　旧愛知用水公団の役員又は職員で昭和四十三年十月一日前に旧愛知用水公団法（昭和三十年法律第百四十一号）第四十八条の規定の適用を受けていたものに係る施行法の規定の適用については、なお従前の例による。この場合においては、水資源開発公団法の一部を改正する法律（昭和四十三年法律第七十三号）附則第二条第一項及び独立行政法人水資源機構法附則第二条第一項の規定の適用があるものとする。

（農用地開発公団法の施行に伴う経過措置）

第三十二条　旧農地開発機械公団の役員又は職員で森林開発公団法の一部を改正する法律附則第八条の規定による廃止前の農用地整備公団法（昭和四十九年法律第四十三号。以下この条において「旧農用地整備公団法」という。）附則第十六条の規定による廃止前の農地開発機械公団法（昭和三十年法律第百四十二号）第三十七条の規定の適用を受けていたものに係る施行法の規定の適用については、なお従前の例による。この場合においては、旧農用地整備公団法附則第六条第一項、森林開発公団法の一部を改正する法律附則第三条第一項、旧緑資源機構法附則第四条第一項及び独立行政法人

国家公務員共済組合法

国家公務員共済組合法施行令

緑資源機構法を廃止する法律附則第二条第一項の規定の適用があるものとする。

（旧住宅・都市整備公団法の施行に伴う経過措置）

第三十三条　旧日本住宅公団の役員又は職員で旧住宅・都市整備公団法附則第二十一条第一号の規定による廃止前の日本住宅公団法（昭和三十年法律第五十三号）第五十九条の規定の適用を受けていたものに係る施行法の規定の適用については、なお従前の例による。この場合においては、旧住宅・都市整備公団法附則第六条第一項、旧都市基盤整備公団法附則第六条第一項及び独立行政法人都市再生機構法附則第四条第一項の規定の適用があるものとする。

（中小企業総合事業団法の施行に伴う経過措置）

第三十三条の二　旧中小企業信用保険公庫の職員で中小企業総合事業団法及び機械類信用保険法の廃止等に関する法律第一条の規定による廃止前の中小企業総合事業団法（以下この条において「旧中小企業総合事業団法」という。）附則第二十四条の規定による廃止前の中小企業信用保険公庫法（昭和三十三年法律第九十三号）第二十九条の規定の適用を受けていたものに係る施行法の規定の適用については、なお従前の例による。この場合においては、旧中小企業総合事業団法附則第五条第一項及び中小企業総合事業団法及び機械類信用保険法の廃止等に関する法律附則第二条第一項の規定の適用があるものとする。

（森林開発公団法の一部を改正する法律の施行に伴う経過措置）

第三十三条の三　旧森林開発公団の役員又は職員で森林開発公団法の一部を改正する法

国家公務員共済組合法施行規則

国家公務員共済組合法等の運用方針

律による改正前の森林開発公団法（昭和三十一年法律第八十五号）第四十四条の規定の適用を受けていたものに係る施行法の規定の適用については、なお従前の例による。この場合においては、森林開発公団法の一部を改正する法律附則第二条、旧緑資源機構法附則第四条第一項及び独立行政法人緑資源機構法を廃止する法律附則第二条第一項の規定の適用があるものとする。

（独立行政法人労働者健康福祉機構法の施行に伴う経過措置）

第三十三条の四　旧労働福祉事業団の役員又は職員で平成二十七年独法改革厚生労働省関係法整備法第四条の規定による改正前の独立行政法人労働者健康福祉機構法附則第十条の規定による廃止前の労働福祉事業団法（昭和三十二年法律第百二十六号）第三十五条の規定の適用を受けていたものに係る施行法の規定の適用については、なお従前の例による。この場合においては、平成二十七年独法改革厚生労働省関係法整備法第四条の規定による改正前の独立行政法人労働者健康福祉機構法附則第二条第一項の規定の適用があるものとする。

（日本道路公団等民営化関係法施行法の施行に伴う経過措置）

第三十三条の五　旧日本道路公団の役員又は職員で日本道路公団等民営化関係法施行法第三十七条第一号の規定による廃止前の日本道路公団法（昭和三十一年法律第六号）第三十七条の規定の適用を受けていたもの及び旧首都高速道路公団の役員又は職員で日本道路公団等民営化関係法施行法第三十七条第二号の規定による廃止前の首都高速道路公団法（昭和三十四年法律第百三十三号）第四十八条の規定の適用を受けていたものに係る施行法の規定の適用については、

国家公務員共済組合法

国家公務員共済組合法施行令

なお従前の例による。この場合においては、日本道路公団等民営化関係法施行法第十五条第一項の規定の適用があるものとする。

(病床転換支援金等の経過措置)

第三十四条 平成三十六年三月三十一日までの間、第二十二条第一項中「)及び同法」とあるのは「)、同法」と、「後期高齢者支援金等」という。)」とあるのは「後期高齢者支援金等」という。)及び同法附則第七条第一項に規定する病床転換支援金等(以下この項において「病床転換支援金等」という。)」と、「及び後期高齢者支援金等」とあるのは「、後期高齢者支援金等及び病床転換支援金等」とする。

(郵便貯金銀行等の組織の再編成)

第三十四条の二 法附則第二十条の二第二項第三号ニ及び第四号ニに規定する政令で定める組織の再編成は、事業の全部若しくは一部の譲渡、合併又は会社分割の行為とする。

第三十四条の二の二 法附則第二十条の二第二項第三号ニに掲げる組織の再編成後の法人(この項の規定により同号ニに掲げる組織の再編成後の法人とみなされる法人を含む。)であつて同号の規定により**財務大臣が定めた**ものが事業の全部若しくは一部の譲渡、合併又は会社分割を行つたときは、当該事業の全部若しくは一部を譲り受けた法人、合併後存続する法人若しくは合併により設立された法人又は会社分割により当該事業を承継した法人を同号ニに掲げる組織の再編成後の法人とみなして同号の規定を適用する。

2 前項の規定は、法附則第二十条の二第二項第四号ニに掲げる組織の再編成後の法人であつて同号の規定により財務大臣が定め

国家公務員共済組合法施行規則

国家公務員共済組合法等の運用方針

たものについて準用する。

（郵政会社等役職員の取扱い等）

第三十四条の二の三　郵政会社等役職員（法附則第二十条の二第一項に規定する郵政会社等役職員をいう。第五項において同じ。）については、その受ける給与のうち一般職員の報酬に含まれる給与に相当するものとして日本郵政共済組合の運営規則で定める給与をもつて報酬とし、その受ける給与で報酬に該当しないもののうち一般職員の期末手当等に相当するものとして日本郵政共済組合の運営規則で定める給与をもつて期末手当等とする。

2　法附則第二十条の二第四項の規定により読み替えて適用する法第九十九条第四項（第一号を除く。）の規定により独立行政法人郵便貯金・簡易生命保険管理機構（以下この条において「管理機構」という。）が毎年度において負担すべき金額は、当該事業年度において納付される基礎年金拠出金の額の二分の一に相当する額に当該事業年度における全ての組合の第二号厚生年金被保険者の標準報酬月額の合計額及び当該第二号厚生年金被保険者の標準賞与額の合計額の合算額に対する管理機構の職員である第二号厚生年金被保険者の標準報酬月額の合計額及び当該第二号厚生年金被保険者の標準賞与額の合計額の合算額の割合を乗じて得た金額とする。この場合において、第二十二条の三第三項の規定の適用については、同項第一号中「定める金額」とあるのは、「定める金額及び附則第三十四条の二の三第二項に定める金額」とする。

3　管理機構は、法附則第二十条の二第四項の規定により読み替えて適用する法第九十九条第四項（第一号を除く。）の規定により負担すべき金額として連合会が当該事業

国家公務員共済組合法

国家公務員共済組合法施行令

年度においてその予算に計上した額を、当該事業年度における基礎年金拠出金の納付の状況を勘案して日本郵政共済組合に払い込むものとする。

4　前項の規定により管理機構が日本郵政共済組合に払い込んだ金額と法附則第二十条の二第四項の規定により読み替えて適用する法第九十九条第四項（第一号を除く。）の規定により当該事業年度において管理機構が負担すべき金額との調整は、当該事業年度の翌々年度までの連合会の予算に当該調整後の金額として計上した額をその予算に計上した事業年度において管理機構が払い込むことにより行うものとする。

5　前各項に定めるもののほか、郵政会社等役職員についてこの政令の規定を適用する場合においては、次の表の上欄に掲げる規定中同表の中欄に掲げる字句は、それぞれ同表の下欄に掲げる字句とする。

第二十一条の二第七項	各省各庁の長（法第八条第一項に規定する各省各庁の長をいう。）	各省各庁の長（法第八条第一項に規定する各省各庁の長をいう。）又は郵政会社等を代表する者（法附則第二十条の二第四項の規定により読み替えて適用する法第八条第一項に規定する郵政会社等を代表する者をいう。）
第二十二条	を除く。以下この項	並びに法附則第二十条の二第四項において読み替えて適用する法第九十九条第四項の規定による郵政会社等の負担に係るものを除く。以下この項

国家公務員共済組合法施行規則

国家公務員共済組合法等の運用方針

第二十三条	に規定する政令	又は法附則第二十条の二第四項において読み替えて適用する法第九十九条第五項に規定する政令
	行政執行法人が	行政執行法人又は郵政会社等が
	組合が	組合又は日本郵政共済組合が
	当該組合	これらの組合
第二十五条の四	行政執行法人	行政執行法人、郵政会社等
附則第八条第五項	国立大学法人等	国立大学法人等若しくは郵政会社等
附則第二十八条第二項	又は独立行政法人	若しくは独立行政法人
	国立病院機構	国立病院機構又は日本郵政株式会社

（適用法人の要件等）

第三十四条の二の四　法附則第二十条の六第一項に規定する**政令で定める**要件は、同項の承認の際、次の各号のいずれにも該当することとする。

一　新たに設立される法人で郵政会社等と密接な関係を有する業務を行うものと認められること。

二　法附則第二十条の七第一項に規定する承認を受けようとする法人（以下この項において「承認申請法人」という。）が株式会社であるときは当該承認申請法人の発行済株式の総数の三分の二以上に当たる株式が郵政会社等により保有されていると認められること又は承認申請法人が株式会社以外の法人であるときは当該承認申請法人が郵政会社等とこれに準ずる

附則19　令附則第三十四条の二の四第一項各号に掲げる要件のすべてに該当する法人を設立しようとする者で法附則第二十条の六第一項に規定する承認を受けようとするものは、次に掲げる事項を記載した承認申請書を財務大臣に提出しなければならない。

一　名称及び住所

二　発起人の氏名

三　承認を受けようとする理由

四　郵政会社等との関係の概要

附則第二十条の六関係

一　施行令附則第三十四条の二の四第一項第一号に規定する「新たに設立される法人」には、既に厚生年金保険法及び健康保険法の規定による保険料の徴収等これらの法律の適用のための具体的事務が行われているものは含まないこととする。

二　施行令附則第三十四条の二の四第一項第一号に規定する郵政会社等（以下「郵政会社等」という。）と密接な関係を有する業務とは、次の各号のいずれかに該当する業務とする。

(1)　郵政会社等の委託により、当該郵政会社等の業務の一部を行う業務

(2)　郵政会社等の行う事業に関連する業務（郵政会社等の本来事業に付帯する業務又は目的達成事業に関連する業務を含む。）

(3)　郵政会社等の経営の効率化又は合理

国家公務員共済組合法

国家公務員共済組合法施行令

密接な関係にあると認められること。

三　郵政会社等に使用され、かつ、郵政会社等から給与を受ける者（郵政会社等の常勤の役員を含み、臨時に使用される者を除く。）又は適用法人（法附則第二十条の七第一項に規定する適用法人をいう。以下この号及び次条において同じ。）に使用され、かつ、当該適用法人から給与を受ける者（当該適用法人の常勤の役員を含み、臨時に使用される者を除く。）から引き続き承認申請法人に使用され、かつ、当該承認申請法人から給与を受ける者（当該承認申請法人の常勤の役員を含み、臨時に使用される者を除く。以下この号において同じ。）となるものの数が当該承認申請法人に使用され、かつ、当該承認申請法人から給与を受ける者の総数の四分の三以上になると認められること。

2　前項に規定する要件に該当する法人を設立しようとする者で法附則第二十条の六第一項に規定する承認を受けようとするものは、財務省令で定めるところにより、財務省令で定める書類を添えて、財務大臣に申請しなければならない。

（適用法人に使用される者の報酬等）

第三十四条の二の五　適用法人に使用される者である日本郵政共済組合の組合員については、その受ける給与のうち一般職員の報酬に含まれる給与に相当するものとして日本郵政共済組合の運営規則で定める給与をもつて報酬とし、その受ける給与で報酬に該当しないもののうち一般職員の期末手当等に相当するものとして日本郵政共済組合の運営規則で定める給与をもつて期末手当等とする。

（市町村民税経過措置対象組合員に対する

国家公務員共済組合法施行規則

附則20　令附則第三十四条の二の四第二項に規定する**財務省令で定める**書類は、次に掲げる書類とする。

一　定款

二　令附則第三十四条の二の四第一項各号に掲げる要件のすべてに該当することを証明する書類

三　事業計画の概要を記載した書類

四　創立総会の議事録又はこれに準ずるもの

附則21　令附則第三十四条の二の四第二項の規定による申請に係る法人は、設立後、遅滞なく、当該法人の登記簿の謄本を財務大臣に提出しなければならない。

国家公務員共済組合法等の運用方針

化に資する業務

三　施行令附則第三十四条の二の四第一項第二号に掲げる郵政会社等と密接な資本関係を有する法人は次の各号のいずれかに該当するものとする。

(1)　当該法人が株式会社であるときは、郵政会社等が当該法人の設立に際して発行される株式の総数の三分の二以上を引き受けることが明らかであり、かつ、その資本関係が将来においても継続するものであると認められること。

(2)　当該法人が財団法人又はこれに類する法人であるときは、当該法人の設立者に郵政会社等又は郵政会社等の役員若しくはこれに準ずる者が加わつているとともに、当該法人の基本財産の額の三分の二以上に当たる金額が郵政会社等により出資されることが明らかなものであること。

(3)　当該法人が社団法人又はこれに類する法人（株式会社を除く。）であるときは、当該法人の設立者に郵政会社等又は郵政会社等の役員若しくはこれに準ずる者が加わつているとともに、当該法人の議決権の三分の二以上が郵政会社等又は郵政会社等の役員若しくはこれに準ずる者が有することが明らかなものであり、かつ、その関係が将来においても継続するものであると認められること。

四　施行令附則第三十四条の二の四第一項第三号に掲げる郵政会社等又は適用法人に使用され、かつ、これらの法人から給与を受ける者から引き続き当該承認申請法人に使用され、かつ、給与を受ける者には、郵政会社等又は適用法人の職員の

（高額療養費の支給に関する特例）

第三十四条の三　市町村民税経過措置対象組合員の被扶養者が同一の月にそれぞれ一の病院等から受けた療養に係る高額療養費については、第十一条の三の四第一項中「次項又は第三項」とあるのは、「第三項又は附則第三十四条の三第二項」と読み替えて、同項の規定を適用する。

2　市町村民税経過措置対象組合員の被扶養者が同一の月に一の病院等から療養（七十歳に達する日の属する月の翌月以後の療養に限る。以下この項において同じ。）を受けた場合において、当該市町村民税経過措置対象組合員に対して支給される高額療養費の額は、第十一条の三の四第二項の規定にかかわらず、同項の規定により支給されるべき高額療養費の額に、当該被扶養者ごとに算定した第二号に掲げる金額から第一号に掲げる金額を控除した金額（当該金額が零を下回る場合には、零とする。）を合算した金額を加算した金額とする。

一　七十歳以上一部負担金等世帯合算額から高額療養費算定基準額を控除した金額（当該金額が零を下回る場合には、零とする。）に、被扶養者按《あん》分率（市町村民税経過措置対象組合員の被扶養者が同一の月にそれぞれ一の病院等から受けた療養に係る第十一条の三の四第二項各号に掲げる金額を合算した金額から同条第三項の規定により支給される高額療養費の額を控除した金額（次号において「被扶養者一部負担金等合算額」という。）を七十歳以上一部負担金等世帯合算額で除して得た率をいう。）を乗じて得た金額

二　被扶養者一部負担金等合算額から高額療養費算定基準額を控除した金額

3　第一項の規定により読み替えて適用する

身分を保有したまま、いわゆる在籍出向として、当該法人に出向するものを含むこととする。

国家公務員共済組合法

国家公務員共済組合法施行令

第十一条の三の四第一項の高額療養費算定基準額については、第十一条の三の五第一項第一号中「同条第一項又は第二項」とあるのは、「同条第一項若しくは第二項又は附則第三十四条の三第一項の規定により読み替えて適用する前条第一項若しくは附則第三十四条の三第二項」と読み替えて、同項の規定を適用する。

4　第十一条の三の五第二項（第三号及び第四号を除く。）の規定は、第二項第一号の高額療養費算定基準額について準用する。この場合において、同条第二項中「前条第二項の」とあるのは「附則第三十四条の三第二項第一号の」と、同項第一号中「次号から第四号まで」とあるのは「次号」と、同項第二号中「高額療養費多数回該当の場合」とあるのは「当該療養のあつた月以前の十二月以内に既に高額療養費（前条第一項若しくは第二項又は附則第三十四条の三第一項の規定により読み替えて適用する前条第一項若しくは附則第三十四条の三第二項の規定によるものに限る。）が支給されている月数が三月以上ある場合」と読み替えるものとする。

5　第二項第二号の高額療養費算定基準額は、第十一条の三の五第二項第三号に定める金額とする。

6　市町村民税経過措置対象組合員の被扶養者に係る第十一条の三の五第三項の高額療養費算定基準額は、同項の規定にかかわらず、同項第三号に定める金額とする。

7　市町村民税経過措置対象組合員の被扶養者に係る第十一条の三の六第一項及び第二項の規定の適用については、これらの規定中「当該各号」とあるのは、「当該各号ハ」とする。

国家公務員共済組合法施行規則

国家公務員共済組合法等の運用方針

8　第一項、第二項、第六項及び前項の市町村民税経過措置対象組合員は、組合員のうち、次の各号のいずれかに該当する者とする。

一　その被扶養者が療養を受ける月が平成十八年八月から平成十九年七月までの場合にあつては、地方税法等の一部を改正する法律（平成十七年法律第五号）附則第六条第二項に該当する者

二　その被扶養者が療養を受ける月が平成十九年八月から平成二十年七月までの場合にあつては、地方税法等の一部を改正する法律附則第六条第四項に該当する者

（厚生労働大臣が定める医療に関する給付が行われるべき療養を受けた組合員等に係る高額療養費の支給に関する経過措置）

第三十四条の四　法第五十五条第二項第二号の規定が適用される組合員又は法第五十七条第二項第一号ハの規定が適用される被扶養者のうち、平成二十一年四月から平成三十一年三月までの間に、特定給付対象療養（これらの者に対する医療に関する給付であつて、健康保険法施行令附則第六条第一項に規定する厚生労働大臣が定めるものが行われるべき療養に限る。）を受けたものに係る第十一条の三の三第六項の規定による高額療養費の支給については、同項中「及び当該組合員」とあるのは「、当該組合員」と、「を除く」とあるのは、「及び健康保険法施行令（大正十五年勅令第二百四十三号）附則第六条第一項に規定する厚生労働大臣が定める給付が行われるべき療養を除く」と読み替えて、同項の規定を適用する。

第三十五条から第三十八条　（関係政令の一部改正）

国家公務員共済組合法

平成九年（法四八）改正法

附　則（抄）

（施行期日）

第一条　この法律は、平成十年一月一日から施行する。〔ただし書略〕

平成九年（法一〇九）改正法

附　則（抄）

（施行期日）

第一条　この法律は、公布の日（平成九年十二月五日）から施行する。

平成九年（法一二二）改正法

附　則（抄）

この法律は、公布の日（平成九年十二月十日）から施行する。〔ただし書略〕

○介護保険法施行法（抄）

平九・一二・一七法一二四
最終改正平一一・七・一六法八七

附　則（抄）

この法律は、介護保険法の施行の日（平成十二年四月一日）から施行する。〔ただし書以下略〕

平成十年（法一〇九）改正法

附　則（抄）

（施行期日）

第一条　この法律は、公布の日（平成十一年六月十七日）から施行する。〔ただし書以下略〕

平成十一年（法五六）改正法

附　則（抄）

（施行期日）

第一条　この法律は、平成十一年十月一日か

国家公務員共済組合法施行令

平成十年（政令一〇〇）改正令

附　則（抄）

1　この政令は、公布の日から施行する。

平成十年（政令三〇八）改正令

附　則

この政令は、原子力基本法及び動力炉・核燃料開発事業団法の一部を改正する法律の施行の日（平成十年十月一日）から施行する。

平成十年（政令三三六）改正令

附　則（抄）

（施行期日）

第一条　この政令は、日本国有鉄道清算事業団の債務等の処理に関する法律の施行の日（平成十年十月二十二日）から施行する。

平成十一年（政令一六五）改正令

附　則（抄）

（施行期日）

この政令は、日本電信電話株式会社法の一部を改正する法律の施行の日（平成十一年七月一日）から施行する。〔ただし書略〕

平成十一年（政令二〇四）改正令

附　則（抄）

（施行期日）

第一条　この政令は、平成十一年七月一日から施行する。

平成十一年（政令二三五）改正令

附　則（抄）

（施行期日）

この政令は、司法制度改革審議会設置法の施行の日（平成十一年七月二十七日）から施行する。

国家公務員共済組合法施行規則

平成十年（大蔵令四二）改正規則

附　則（抄）

1　この省令は、平成十年四月一日から施行する。

平成十一年（大蔵令二九）改正規則

附　則

この省令は、平成十一年四月一日から施行する。

平成十一年（大蔵令七七）改正規則

附　則

この省令は、公布の日から施行する。

平成十二年（大蔵令六）改正規則

附　則

1　この省令は、平成十二年四月一日から施行する。

2　この省令による改正後の別紙様式第三十五号の規定は、この省令の施行の日（以下「施行日」という。）以後に開始する事業年度に係る決算事業報告書について適用し、施行日前に開始する事業年度に係る決算事業報告書については、なお従前の例による。

3　この省令による改正後の第六条及び別表第一号表の規定は、施行日以後に開始する事業年度に係る経理単位について適用する。

4　この省令の施行の際現に存するこの省令による改正前の別紙様式第二十八号及び別紙様式第二十九号の用紙は、当分の間、これを取り繕い使用することができる。

平成十二年（大蔵令一三）改正規則

附　則

この省令は、平成十二年三月二十一日から施行する。

国家公務員共済組合法等の運用方針

ら施行する。〔ただし書略〕

平成十一年（法八七）改正法

附　則（抄）

（施行期日）

第一条　この法律は、平成十二年四月一日から施行する。〔ただし書略〕

平成十一年（法一〇二）改正法

附　則（抄）

（施行期日）

第一条　この法律は、内閣法の一部を改正する法律（平成十一年法律第八十八号）の施行の日から施行する。〔ただし書略〕

平成十一年（法一〇四）改正法

附　則（抄）

（施行期日）

第一条　この法律は、内閣法の一部を改正する法律（平成十一年法律第八十八号）の施行の日から施行する。〔ただし書略〕

平成十一年（法一六〇）改正法

附　則（抄）

（施行期日）

第一条　この法律（第二条及び第三条を除く。）は、平成十三年一月六日から施行する。

平成十一年（法一八九）改正法

附　則（抄）

（施行期日）

第一条　この法律は、平成十三年一月六日から施行する。ただし、附則第七条及び第八条の規定は、同日から起算して六月を超えない範囲内において政令で定める日から施行する。

平成十一年（政令二四九）改正令

附　則

（施行期日）

この政令は、公布の日から施行する。

平成十一年（政令二五六）改正令

附　則（抄）

（施行期日）

第一条　この政令は都市基盤整備公団法（以下「公団法」という。）の一部の施行の日（平成十一年十月一日）から施行する。

平成十一年（政令二六七）改正令

附　則（抄）

（施行期日）

第一条　この政令は、平成十一年十月一日から施行する。

平成十一年（政令二七〇）改正令

附　則

（施行期日）

この政令は、平成十一年十月一日から施行する。

平成十一年（政令二七二）改正令

附　則（抄）

（施行期日）

第一条　この政令は、平成十一年十月一日から施行する。

平成十一年（政令二七六）改正令

附　則（抄）

（施行期日）

第一条　この政令は、雇用能力開発機構法（以下「法」という。）の一部施行の日（平成十一年十月一日）から施行する。

平成十二年（大蔵令四四）改正規則

附　則（抄）

1　この省令は、公布の日から施行する。ただし、第一条中国家公務員共済組合法施行規則第九十七条及び第百十四条の四十四の改正規定〔中略〕は、平成十二年四月一日から施行する。

2　第一条の規定による改正後の国家公務員共済組合法施行規則第六十二条、第八十五条第二項及び第百二十二条第三項〔中略〕の規定は、平成十一年四月一日に始まる事業年度に係るこれらの規定に規定する書類から適用する。

平成十二年（大蔵令四五）改正規則

附　則

1　この省令は、平成十二年四月一日から施行する。

2　この省令による改正後の第八十五条の二、第八十六条及び附則第七項の規定は、この省令の施行の日以後に貸し付けた貸付金の利率について適用し、同日前に貸し付けた貸付金の利率については、なお従前の例による。

平成十二年（大蔵令六九）改正規則

附　則

1　この省令は、平成十三年一月六日から施行する。ただし、第百八十一条第一項、第百八十二条第一項（改正前国共済施行規則第七十八条中「十二分の二」とあるのは「九分の二」と読み替える部分に限る。）及び第二項並びに第百八十三条第一項の規定は、公布の日から施行する。

2　この省令の施行の際、現に存するこの省令による改正前の様式による用紙は、当分

国家公務員共済組合法

平成十一年（法一九八）改正法

附　則（抄）

（施行期日）

第一条　この法律は、平成十三年一月六日から施行する。ただし、附則第七条の規定は、同日から起算して六月を超えない範囲内において政令で定める日から施行する。

平成十一年（法二二七）改正法

附　則（抄）

（施行期日）

第一条　この法律は、平成十三年一月六日から施行する。

平成十二年（法一八）改正法

附　則（抄）

（施行期日）

第一条　この法律は、平成十二年四月一日から施行する。

平成十二年（法二一）改正法

附　則（抄）

（施行期日等）

第一条　この法律は、平成十二年四月一日から施行する。ただし、次の各号に掲げる規定は、それぞれ当該各号に定める日から施行する。

一　第一条中国家公務員共済組合法第十六条第二項及び第三項並びに第三十六条の改正規定、同法第五十一条第十号の二の次に一号を加える改正規定、同法第六十八条の二の次に一条を加える改正規定並びに同法第六十九条、第九十九条第三項第一号、第百二十五条第二項、第百二十六条第二項及び附則第十二条第七項の改正規定、第五条の規定並びに次条、附則

国家公務員共済組合法施行令

平成十一年（政令三〇六）改正令

附　則（抄）

（施行期日）

第一条　この法律は、平成十一年十月一日から施行する。

平成十二年（政令七三）改正令

附　則（抄）

（施行期日）

1　この政令は、平成十二年三月二十一日から施行する。

平成十二年（政令一七一）改正令

附　則

この政令は、農業災害補償法及び農林漁業信用基金法の一部を改正する法律の一部の施行の日（平成十二年四月一日）から施行する。

平成十二年（政令一八一）改正令

附　則

1　この政令は、公布の日から施行する。

2　第一条の規定による改正後の国家公務員共済組合法施行令の規定は、平成十一年四月一日から適用する。

平成十二年（政令一八二）改正令

附　則（抄）

（施行期日）

第一条　この政令は、平成十二年四月一日から施行する。ただし、第一条中国家公務員共済組合法施行令附則第六条の改正規定は、同年十月一日から施行する。

（増加恩給の受給権者であつた者等に係る遺族共済年金の額の改定の特例に関する経過措置）

第二条　第二条の規定による改正後の国家公

国家公務員共済組合法施行規則

の間、これを取り繕い使用することができる。

平成十二年（大蔵令八五）改正規則

附　則

この省令は、平成十三年一月六日から施行する。〔ただし書略〕

平成十二年（大蔵令九三）改正規則

附　則（抄）

（施行期日）

1　この省令は、平成十三年一月一日から施行する。〔ただし書略〕

（様式の特例）

2　この省令による改正前の別紙様式第十一号による組合員証、別紙様式第十五号による遠隔地被扶養者証、別紙様式第十九号による継続療養証明書、別紙様式第三十九号による船員組合員証及び別紙様式第四十号による船員被扶養者証は、当分の間、この省令による改正後の別紙様式第十一号、別紙様式第十五号、別紙様式第十九号、別紙様式第三十九号及び別紙様式第四十号の様式によるものとみなす。

3　この省令の施行の際現に存するこの省令による改正前の別紙様式第二十一号及び別紙様式第三十一号の二から別紙様式第三十一号の四までの用紙は、当分の間、これを取り繕い使用することができる。

平成十三年（財務令一七）改正規則

附　則（抄）

（施行期日）

1　この省令は、平成十三年四月一日から施行する。

2　この省令の施行の際現に国家公務員共済

国家公務員共済組合法等の運用方針

第四条、第十七条、第十八条及び第二十一条の規定　公布の日

二　第一条中国家公務員共済組合法第四十二条第一項の改正規定及び附則第三条の規定　平成十二年十月一日

三　第一条中国家公務員共済組合法第八十条の見出し及び同条第一項並びに第八十七条の二第一項の改正規定、同法附則第十二条の二の次に一条を加える改正規定、同法附則第十二条の三の改正規定、同条の次に一条を加える改正規定、同法附則第十二条の四第一項を削り、同条第二項を同条第一項とし、同条第三項を第二項とする改正規定、同法附則第十二条の四の二第一項の改正規定、同法附則第十二条の六の次に見出し及び二条を加える改正規定、同法附則第十二条の八第二項及び第四項、第十二条の八の二第一項及び第四項から第七項まで、第十二条の八の三第一項、第三項及び第五項並びに第十二条の十第一項の改正規定並びに同法附則第十三条第一項の表第九十条の項の次に一項を加え、及び附則第十二条の六第二項及び第三項の項の次に三項を加える改正規定、第三条中国家公務員等共済組合法等の一部を改正する法律附則第十四条第一項及び第二項、第四十五条第一項並びに第六十条第二項の改正規定、第六条（厚生年金保険法等の一部を改正する法律附則第三十三条第六項及び第七項の改正規定に限る。）の規定並びに附則第八条の規定　平成十四年四月一日

四　第二条（次号に掲げる規定を除く。）、第四条（国家公務員等共済組合法等の一部を改正する法律附則第九条第一項、第十五条及び附則別表第二の改正規定に限る。）、第六条（前号に掲げる規定を除く。）並び

務員等共済組合法等の一部を改正する法律の施行に伴う経過措置に関する政令第二十六条第四項の規定は、平成十二年四月分以後の月分の国家公務員共済組合法（昭和三十三年法律第百二十八号。以下「法」という。）による遺族共済年金の額について適用し、平成十二年三月分以前の月分の法による遺族共済年金の額については、なお従前の例による。

（国家公務員共済組合法の年金の額の改定に関する政令の適用関係）

第三条　国家公務員共済組合法の年金の額の改定に関する政令（平成七年政令第百十六号）の規定は、平成十二年四月分以後の月分の法による年金である給付及び旧共済法による年金（国家公務員等共済組合法等の一部を改正する法律（昭和六十年法律第百五号。以下「昭和六十年改正法」という。）附則第五十条第一項に規定する旧共済法による年金をいう。）については、適用しない。

（平成十四年度までの障害一時金の額の算定に関する経過措置）

第四条　平成十二年度から平成十四年度までの各年度における国家公務員共済組合法等の一部を改正する法律（以下「平成十二年改正法」という。）第一条の規定による改正後の法（以下この条から附則第九条第一項までにおいて「改正後の法」という。）による障害一時金の額については、第一号に掲げる金額が第二号に掲げる金額に満たないときは、改正後の法第八十七条の七（第三条の規定による改正後の厚生年金保険法等の一部を改正する法律の施行に伴う国家公務員共済組合法による長期給付等に関する経過措置に関する政令（以下「改正後の平成九年経過措置政令」という。）第十四条第

組合法施行令等の一部を改正する政令（平成十二年政令第五百四十三号）第一条の規定による改正前の国家公務員共済組合法施行令第八条（同令第十条において準用する場合を含む。）の規定により運用している有価証券のうち、この省令による改正後の第十二条第三項各号（この省令による改正後の第八十五条第二項において準用する場合を含む。）に掲げる有価証券に該当しないものに限り、当該各号に掲げる有価証券とみなす。この場合においては、この省令による改正後の第十三条の二第一項第二号中「公社債投資信託」とあるのは、「公社債投資信託及び国家公務員共済組合法施行規則の一部を改正する省令（平成十三年財務省令第十七号）附則第二項の規定により第十二条第三項各号に掲げる有価証券とみなされたもの」とし、この省令による改正前の第六十七条第二項の規定は、なおその効力を有する。

3　この省令による改正後の第二十四条第二項（この省令による改正後の第八十五条第二項において準用する場合を含む。）及び別紙様式第七号の十の規定は、この省令の施行の日以後に開始する事業年度に係る予算総則及び固定資産明細表について適用し、施行日前に開始する事業年度に係る予算総則及び固定資産明細表については、なお従前の例による。

平成十三年（財務令二四）改正規則

附　則（抄）

（施行期日）

1　この省令は、平成十三年四月一日から施行する。

2　この省令による改正後の第百十四条の三十九の規定は、この省令の施行の日以後に

に附則第十条から第十二条まで、第十四条、第十五条、第十九条、第二十条及び第二十二条の規定　平成十五年四月一日

五　第二条（国家公務員共済組合法第七十九条第二項、第八十条、第八十七条第二項及び第八十七条の二第一項の改正規定に限る。）、第四条（前号に掲げる規定を除く。）及び附則第十三条の規定　平成十六年四月一日

2　第一条の規定による改正後の国家公務員共済組合法（以下「法」という。）第五十一条第十号の三、第六十八条の三、第六十九条、第九十九条第三項第一号、第百二十五条第二項、第百二十六条第二項及び附則第十二条第七項の規定並びに附則第四条及び第十七条の規定による改正後の私立学校教職員共済法（昭和二十八年法律第二百四十五号）第二十五条の規定は、平成十一年四月一日から適用する。

（決算の経過措置）

第二条　第一条の規定による改正後の法第十六条第三項及び第三十六条の規定は、平成十一年四月一日に始まる事業年度に係るこれらの規定に規定する書類から適用する。

（標準報酬の月額に関する経過措置）

第三条　平成十二年十月一日前に国家公務員共済組合の組合員（以下「組合員」という。）の資格を取得して、同日まで引き続き組合員の資格を有する者（法第百二十六条の五第二項に規定する任意継続組合員及び法附則第十二条第三項に規定する特例退職組合員を除く。）のうち、同年七月一日から九月三十日までの間に組合員の資格を取得した者又は法第四十二条第七項の規定により同年八月若しくは九月から標準報酬が改定された者であつて、同月の同条第一

一項第一号においてその例による場合を含む。）の規定による金額は、当該規定にかかわらず、第二号の規定による金額とする。

一　改正後の法第八十七条の七及び附則第十三条の九の規定を適用したとしたならばこれらの規定により算定される金額

二　平成十二年改正法第一条の規定による改正前の法（以下この条から附則第九条第一項までにおいて「改正前の法」という。）第八十七条の七及び附則第十三条の九の規定を適用したとしたならばこれらの規定により算定される金額に一・〇三一を乗じて得た金額

2　平成十二年改正法附則第七条第二項の規定は、前項第二号の規定による金額を算定する場合における平均標準報酬月額について準用する。

（平成十四年度までの障害共済年金の支給停止額の算定に関する経過措置）

第五条　平成十二年度から平成十四年度までの各年度における改正後の法第八十七条の四に規定する公務等による障害共済年金の同条の規定により支給を停止する額については、第一号に掲げる金額が第二号に掲げる金額に満たないときは、同条の規定による金額は、同条の規定にかかわらず、同号の規定による金額とする。

一　改正後の法第八十七条の四及び附則第十三条の九の規定を適用したとしたならばこれらの規定により算定される金額

二　改正前の法第八十七条の四及び附則第十三条の九の規定を適用したとしたならばこれらの規定により算定される金額に一・〇三一を乗じて得た金額

2　平成十二年改正法附則第七条第二項の規定は、前項第二号の規定による金額を算定

交付する年金証書について適用し、同日前に交付された年金証書については、なお従前の例による。

平成十四年（財務令一八）改正規則

附　則

1　この省令は、平成十四年四月一日から施行する。

2　第一条の規定による改正後の国家公務員共済組合法施行規則別表第一号表の規定は、この省令の施行の日以後に開始する事業年度に係る経理単位について適用する。

3　この省令の施行の際現に存する第一条の規定による改正前の別紙様式第三十一号の二、別紙様式第三十一号の三、別紙様式第三十三号の三及び別紙様式第三十七号の用紙〔中略〕は、当分の間、これを取り繕い使用することができる。

平成十四年（財務令五二）改正規則

附　則

1　この省令は、平成十四年十月一日から施行する。

2　この省令による改正前の別紙様式第十一号による組合員証、別紙様式第十五号による遠隔地被扶養者証、別紙様式第十七号の三による標準負担額減額認定証、別紙様式第十九号による継続療養証明書、別紙様式第二十一号の二による特定疾病療養受領証、別紙様式第三十九号による船員組合員証及び別紙様式第四十号による船員被扶養者証は、当分の間、この省令による改正後の別紙様式第十一号、別紙様式第十五号、別紙様式第十七号の三、別紙様式第十九号、別紙様式第二十一号の二、別紙様式第三十九号及び別紙様式第四十号の様式によるもの

項に規定する標準報酬の月額が九万二千円であるもの又は五十九万円であるもの（当該標準報酬の月額の基礎となつた報酬月額が六十万五千円未満であるものを除く。）の標準報酬は、当該標準報酬の月額の基礎となつた報酬月額を第一条の規定による改正後の法第四十二条第一項に規定する標準報酬の月額の基礎となる報酬月額とみなして、国家公務員共済組合が改定する。

2　前項の規定により改定された標準報酬は、平成十二年十月から平成十三年九月までの各月の標準報酬とする。

（介護休業手当金に関する経過措置）

第四条　第一条の規定による改正後の法第六十八条の三に規定する介護休業手当金は、同条に規定する介護休業により勤務に服さなかつた期間のうち平成十一年四月一日以後に係る期間について支給する。

（法による年金である給付の額等に関する経過措置）

第五条　平成十二年三月以前の月分の法による年金である給付の額及び国家公務員等共済組合法等の一部を改正する法律（以下「昭和六十年改正法」という。）附則第二条第六号に規定する旧共済法による年金の額については、なお従前の例による。

2　第一条の規定による改正後の法第八十七条の七の規定は、この法律の施行の日（以下「施行日」という。）以後に給付事由が生じた法による障害一時金の額について適用し、施行日前に給付事由が生じた法による障害一時金の額については、なお従前の例による。

（併給の調整の経過措置）

第六条　第一条の規定による改正後の法第七十四条の二第一項及び第二項の規定は、施行日以後に支給の停止の解除の申請があつ

する場合における平均標準報酬月額について準用する。

（平成十四年度までの遺族共済年金の支給停止額の算定に関する経過措置）

第六条　平成十二年度から平成十四年度までの各年度における改正後の法第八十九条第二項に規定する公務等による遺族共済年金の改正後の法第九十三条の三の規定により支給を停止する額については、第一号に掲げる金額が第二号に掲げる金額に満たないときは、同条の規定による金額は、同条の規定にかかわらず、同号の規定による金額とする。

一　改正後の法第九十三条の三及び附則第十三条の九の規定を適用したとしたならばこれらの規定により算定される金額

二　改正前の法第九十三条の三及び附則第十三条の九の規定を適用したとしたならばこれらの規定により算定される金額に一・〇三一を乗じて得た金額

2　平成十二年改正法附則第七条第二項の規定は、前項第二号の規定による金額を算定する場合における平均標準報酬月額について準用する。

（平成十二年度以後における旧共済法による年金の額の算定に関する経過措置）

第七条　平成十二年度以後の各年度における旧共済法による年金（昭和六十年改正法附則第二条第六号に規定する旧共済法による年金をいう。）の額については、第一号に掲げる金額が第二号に掲げる金額に満たないときは、昭和六十年改正法附則第三十五条第一項（国家公務員等共済組合法等の一部を改正する法律の施行に伴う経過措置に関する政令（以下この条から附則第九条までにおいて「昭和六十一年経過措置政令」という。）第四十九条第三項において準用

とみなす。

3　この省令の施行の際現に存するこの省令による改正前の別紙様式第十二号、別紙様式第十六号、別紙様式第十七号の二、別紙様式第二十一号、別紙様式第二十四号、別紙様式第二十五号、別紙様式第三十号、別紙様式第三十四号及び別紙様式第三十五号の用紙は、当分の間、これを取り繕い使用することができる。

平成十五年（財務令一）改正規則

附　則

（施行期日）

第一条　この省令は、平成十五年四月一日から施行する。

平成十五年（財務令六）改正規則

附　則

（施行期日）

第一条　この省令は、平成十五年四月一日から施行する。ただし、第八十五条の二後段の改正規定、第八十六条の改正規定及び同条に一項を加える改正規定、附則第七項の改正規定、附則第八項の改正規定並びに附則第九項の改正規定は、公布の日から施行する。

（従前の特別掛金）

第二条　平成十五年四月前の期末手当等（国家公務員共済組合法等の一部を改正する法律（平成十二年法律第二十一号）第二条による改正前の国家公務員共済組合法第百一条の二第一項に規定する期末手当等をいう。）に係る特別掛金（同項に規定する特別掛金をいう。）については、なお従前の例による。

（事業報告書及び決算事業報告書に関する経過措置）

国家公務員共済組合法

たものについて適用し、施行日前に支給の停止の解除の申請があつたものについては、なお従前の例による。

（平成十四年度までの法による年金である給付等の額の算定に関する経過措置）

第七条　平成十二年度から平成十四年度までの各年度における法による年金である給付の額については、第一号に掲げる金額が第二号に掲げる金額に満たないときは、第一条の規定による改正後の法第七十七条第一項及び第二項、第八十二条第一項及び第二項、第八十九条第一項及び第二項並びに附則第十二条の四の二第二項第二号及び第三項の規定（第一条の規定による改正後の法附則第十二条の四の三第一項及び第三項並びに法附則第十二条の七の二第二項、第十二条の七の三第二項及び第四項並びに第十二条の八第三項並びに昭和六十年改正法附則第三十六条第二項においてその例による場合を含む。）による金額は、これらの規定にかかわらず、第二号の規定による金額とする。

一　第一条の規定による改正後の法第七十七条第一項及び第二項、第八十二条第一項及び第二項、第八十九条第一項及び第二項、附則第十二条の四の二第二項第二号及び第三項並びに附則第十三条の九並びに第三条の規定による改正後の昭和六十年改正法附則第十五条及び附則別表第二の規定を適用したとしたならばこれらの規定により算定される金額

二　第一条の規定による改正前の法第七十七条第一項及び第二項、第八十二条第一項及び第二項、第八十九条第一項及び第二項、附則第十二条の四の二第二項第二号及び第三項並びに附則第十三条の九並

国家公務員共済組合法施行令

する場合を含む。）、第四十条第一項第二号（同条第二項においてその例による場合を含む。）、第四十二条第一項（同条第二項（昭和六十一年経過措置政令第四十九条第三項において準用する場合を含む。）において準用する場合を含む。）及び第二項並びに第四十六条第一項及び第三項（昭和六十一年経過措置政令第四十九条第三項において準用する場合を含む。）並びに第五十七条第一項（同条第二項において準用する場合を含む。）（いずれも昭和六十一年経過措置政令第五十八条においてその例による場合を含む。）並びに昭和六十一年経過措置政令第三十八条、第五十条並びに第五十七条第一項及び第二項の規定（俸給年額又は衛視等の俸給年額に基づいて算定される部分に限る。）による金額は、これらの規定にかかわらず、第二号の規定による金額とする。

一　昭和六十年改正法附則第三十五条第一項、第四十条第一項第二号、第四十二条第一項及び第二項並びに第四十六条第一項及び第三項並びに第五十七条第一項の規定並びに昭和六十一年経過措置政令第三十八条、第五十条並びに第五十七条第一項及び第二項の規定（俸給年額又は衛視等の俸給年額に基づいて算定される部分に限る。）を適用したとしたならばこれらの規定により算定される金額

二　平成十二年改正法第三条の規定による改正前の昭和六十年改正法（以下この条から附則第九条第一項までにおいて「改正前の昭和六十年改正法」という。）附則第三十五条第一項、第四十条第一項第二号、第四十二条第一項及び第二項並びに第四十六条第一項及び第三項並びに第

国家公務員共済組合法施行規則

第三条　この省令による改正後の別紙様式第三十四号による事業報告書及び別紙様式第三十五号による決算事業報告書の様式は、この省令の施行の日以後に開始する事業年度に係る事業報告書及び決算事業報告書について適用し、同日前に開始する事業年度に係る事業報告書及び決算事業報告書については、なお従前の例による。

平成十五年（財務令二五）改正規則

附　則

1　この省令は、平成十五年四月一日から施行する。

2　この省令による改正前の別紙様式第十一号による組合員証、別紙様式第十五号による遠隔地被扶養者証、別紙様式第三十九号による船員組合員証及び別紙様式第四十号による船員被扶養者証は、当分の間、この省令による改正後の別紙様式第十一号、別紙様式第十五号、別紙様式第三十九号及び別紙様式第四十号によるものとみなす。

3　この省令の施行の際現に存するこの省令による改正前の別紙様式第十二号の用紙は、当分の間、これを取り繕い使用することができる。

平成十五年（財務令五六）改正規則

附　則

この省令は、公布の日から施行する。

平成十五年（財務令六一）改正規則

附　則

1　この省令は、平成十五年六月十五日から施行する。

2　この省令の施行の際現に存するこの省令による改正前の別紙様式第四十五号から第

国家公務員共済組合法等の運用方針

びに第三条の規定による改正前の昭和六十年改正法附則第十五条及び附則別表第二の規定を適用したとしたならばこれらの規定により算定される金額に一・〇三一を乗じて得た金額

2　前項第二号の規定による金額を算定する場合における平均標準報酬月額を計算する場合においては、第一条の規定による改正前の法附則第十三条の九中「次の表」とあり、及び「附則第十三条の九の表」とあるのは、「国家公務員共済組合法等の一部を改正する法律（平成十二年法律第二十一号）附則別表」とする。

3　前二項に定めるもののほか、平成十二年度から平成十四年度までの各年度における法の長期給付に関する規定等の適用に関し必要な事項は、政令で定める。

（厚生年金保険の被保険者等である間の退職共済年金等の支給の停止の経過措置）

第八条　第一条の規定による改正後の法第八十条及び第八十七条の二並びに第三条の規定による改正後の昭和六十年改正法附則第四十五条の規定は、厚生年金保険の被保険者（国民年金法等の一部を改正する法律（昭和六十年法律第三十四号）附則第五条第十三号に規定する第四種被保険者を除く。附則第十三条において同じ。）又は法第三十八条第二項に規定する私学共済制度の加入者（これらの者が昭和十二年四月一日以前に生まれた者である場合に限る。）である間に支給される法による退職共済年金若しくは障害共済年金又は昭和六十年改正法附則第二条第五号に規定する退職年金、減額退職年金、通算退職年金若しくは障害年金については、適用しない。

（育児休業期間中の組合員に係る負担金等の特例に関する経過措置）

五十七条第一項の規定並びに第二条の規定による改正前の国家公務員等共済組合法等の一部を改正する法律の施行に伴う経過措置に関する政令第三十八条、第五十条並びに第五十七条第一項及び第二項の規定（俸給年額又は衛視等の俸給年額に基づいて算定される部分に限る。）を適用したとしたならばこれらの規定により算定される金額に平成十二年改正法附則第十二条第一項に規定する従前額改定率（次条第一項第二号において「従前額改定率」という。）を乗じて得た金額

（平成十二年度以後における障害年金等の支給停止額の算定に関する経過措置）

第八条　平成十二年度以後の各年度における公務による障害年金、公務によらない障害年金又は公務による遺族年金（それぞれ昭和六十一年経過措置政令第二条第十四号に規定する公務による障害年金、公務によらない障害年金又は公務による遺族年金をいう。）の昭和六十一年経過措置政令第四十八条の二の規定により支給を停止する額については、第一号に掲げる金額が第二号に掲げる金額に満たないときは、同条の規定による金額は、同条の規定にかかわらず、同号の規定による金額とする。

一　昭和六十一年経過措置政令第四十八条の二の規定を適用したとしたならば同条の規定により算定される金額

二　改正前の昭和六十年改正法附則第三条第一項の規定によりなお従前の例によることとされる場合における旧共済法（改正前の昭和六十年改正法附則第二条第二号に規定する旧共済法をいう。以下同じ。）第八十六条第一項、第八十六条の二第一項又は第九十二条第一項の規定を適用したとしたならばこれらの規定によ

四十七号までの用紙は、当分の間、これを取り繕い使用することができる。

平成十五年（財務令一一〇）改正規則

附　則

この省令は、公布の日から施行する。

平成十六年（財務令二三）改正規則

附　則（抄）

（施行期日）

第一条　この省令は、平成十六年四月一日から施行する。

平成十六年（財務令二四）改正規則

附　則（抄）

（施行期日）

1　この省令は、平成十六年四月一日から施行する。

（様式の特例）

2　この省令による改正前の国家公務員共済組合法施行規則の様式は、当分の間、この省令による改正後の国家公務員共済組合法施行規則の様式によるものとみなす。

平成十六年（財務令四九）改正規則

附　則（抄）

（施行期日）

1　この省令は、平成十六年七月一日から施行する。

平成十六年（財務令六三）改正規則

附　則

この省令は、平成十六年十月一日から施行する。

平成十六年（財務令八〇）改正規則

附　則

国家公務員共済組合法

第九条　第一条の規定による改正後の法第百一条の二第三項及び第百二条の規定は、平成十二年四月以後の月分の特別掛金及び国又は職員団体が負担すべき金額について適用し、同月前の月分の特別掛金及び国又は職員団体の負担すべき金額については、なお従前の例による。

（標準報酬の定時決定等に関する経過措置）

第十条　平成十五年四月一日以前に第二条の規定による改正前の法第四十二条第二項、第五項又は第七項の規定により決定され、又は改定された同年三月における標準報酬は、同年八月までの各月の標準報酬とする。

（平成十五年度以後における法による年金である給付等の額の算定に関する経過措置）

第十一条　組合員期間の全部又は一部が平成十五年四月一日前である者に支給する法による年金である給付の額については、法第七十七条第一項及び第二項、第八十二条第一項及び第二項、第八十九条第一項から第三項まで並びに附則第十二条の四の二第二項第二号及び第三項の規定（法附則第十二条の四の三第一項及び第三項並びに法附則第十二条の七の二第二項、第十二条の七の三第二項及び第四項並びに第十二条の八第三項並びに昭和六十年改正法附則第三十六条第二項においてその例による場合を含む。）による金額は、これらの規定にかかわらず、次の各号の規定による金額を合算した金額とする。

一　平成十五年四月一日前の組合員期間を基礎として第二条の規定による改正前の法第七十七条第一項及び第二項、第八十二条第一項及び第二項並びに附則第十二条の四の二第二項第二号及び第三項並びに第四条の規定による改正前の昭和六十

国家公務員共済組合法施行令

り算定される金額に従前額改定率を乗じて得た金額

2　前項第二号の規定による金額を算定する場合における旧共済法第八十六条第一項、第八十六条の二第一項又は第九十二条第一項に規定する俸給年額は、改正前の昭和六十年改正法附則第三十五条第一項ただし書に規定する俸給年額とする。

（平成十二年度以後における退職年金の受給権者の在職中支給基本額等の算定に関する経過措置）

第九条　平成十二年改正法附則第七条第一項及び第二項の規定は、平成十二年度から平成十五年度までの各年度における改正後の昭和六十年改正法附則第三十六条第一項第一号（改正後の昭和六十年改正法附則第三十九条において読み替えて準用する場合を含む。）及び第四十四条第一項第一号、改正後の昭和六十一年経過措置政令第四十一条並びに改正後の平成九年経過措置政令第十三条第一項においてその例によることとされる改正後の法第七十七条第一項及び第二項、第八十二条第一項第一号、第八十九条第一項第一号（同号ロを除く。）及び第二号（同号ロを除く。）並びに附則第十二条の四の二第二項第二号の規定による金額を算定する場合について準用する。

2　平成十二年改正法附則第十一条第一項（第二号を除く。）から第三項まで並びに第十二条第一項（第二号を除く。）及び第三項から第五項までの規定は、平成十六年度以後の各年度における昭和六十年改正法附則第三十六条第一項第一号（昭和六十年改正法附則第三十九条において読み替えて準用する場合を含む。）及び第四十四条第一項第一号、改正後の昭和六十一年経過措置

国家公務員共済組合法施行規則

この省令は、平成十六年十二月三十日から施行する。

平成十七年（財務令二五）改正規則

附　則（抄）

（施行期日）

1　この省令は、平成十七年四月一日から施行する。

（貸付金の利率に関する経過措置）

2　この省令による改正後の国家公務員共済組合法施行規則第八十六条の規定は、この省令の施行の日以後に貸し付けた貸付金の利率について適用し、同日前に貸し付けた貸付金の利率については、なお従前の例による。

（様式の特例）

3　この省令による改正前の国家公務員共済組合法施行規則の様式は、当分の間、この省令による改正後の国家公務員共済組合法施行規則の様式によるものとみなす。

平成十八年（財務令一五）改正規則

附　則

（施行期日）

1　この省令は、平成十八年四月一日から施行する。

（事業報告書及び決算事業報告書に関する経過措置）

2　この省令による改正後の別紙様式第三十四号による事業報告書及び別紙様式第三十五号による決算事業報告書の様式は、この省令の施行の日以後に開始する事業年度に係る事業報告書及び決算事業報告書について適用し、同日前に開始する事業年度に係る事業報告書及び決算事業報告書については、なお従前の例による。

国家公務員共済組合法等の運用方針

年改正法附則第十五条及び附則別表第二の規定又は国家公務員共済組合法等の一部を改正する法律（平成十六年法律第百三十号。第三項及び次条において「平成十六年改正法」という。）第五条の規定による改正後の法第八十九条第一項から第三項までの規定を適用したとしたならばこれらの規定により算定される金額

二　平成十五年四月一日以後の組合員期間を基礎として法第七十二条の二、第七十七条第一項及び第二項、第八十二条第一項及び第二項、第八十九条第一項から第三項まで、並びに附則第十二条の四の二第二項第二号及び第三項並びに昭和六十年改正法附則第十五条及び附則別表第二の規定を適用したとしたならばこれらの規定により算定される金額

2　前項第一号の規定による金額を算定する場合における第二条の規定による改正前の法第七十七条第一項に規定する平均標準報酬月額の計算の基礎となる標準報酬の月額については、同項の規定にかかわらず、組合員期間の各月の標準報酬の月額に、法第七十二条の二に規定する再評価率（以下「再評価率」という。）を乗じて得た額とする。

3　第一項第一号の規定による金額を算定する場合においては、第二条の規定による改正前の法第七十七条第一項中「組合員期間の計算」とあるのは「平成十五年四月前の組合員期間（以下「基準日前組合員期間」という。）の計算」と、「組合員期間の月数」とあるのは「基準日前組合員期間の月数」と、同条第二項中「組合員期間の月数」とあるのは「基準日前組合員期間の月数」と、第八十二条第一項中「組合員期間の月数（当該月数が三百月未満であるときは、三百月）」とあるのは「基準日前組合員期間

政令第四十一条並びに改正後の平成九年経過措置政令第十三条第一項においてその例によることとされる法第七十七条第一項及び第二項、第八十二条第一項第一号、第八十九条第一項第一号（同号ロを除く。）及び第二号（同号ロを除く。）並びに附則第十二条の四の二第二項第二号の規定による金額を算定する場合について準用する。

平成十二年（政令三〇七）改正令

中央省庁等改革のための財務省関係法令等の整備に関する政令（抄）

附　則（抄）

（施行期日）

第一条　この政令は、平成十三年一月六日から施行する。

平成十二年（政令三二六）改正令

附　則

この政令は、平成十三年一月六日から施行する。

平成十二年（政令三四六）改正令

附　則（抄）

（施行期日）

第一条　この政令は、平成十三年四月一日から施行する。ただし、附則第五条の改正規定は、公布の日から施行する。

（育児休業手当金及び介護休業手当金に対する国の負担割合に関する経過措置）

第二条　平成十二年度以前の年度に係る国家公務員共済組合法による育児休業手当金及び介護休業手当金に対する国の負担の割合については、なお従前の例による。

平成十二年（政令三六一）改正令

附　則（抄）

1　この政令は、平成十三年四月一日から施

平成十八年（財務令五六）改正規則

附　則

この省令は、平成十八年九月二十日から施行する。

平成十八年（財務令六〇）改正規則

附　則

1　この省令は、平成十八年十月一日から施行する。

2　この省令による改正前の別紙様式第十一号による組合員証、別紙様式第十五号による遠隔地被扶養者証、別紙様式第十七号の三による標準負担額減額認定証、別紙様式第二十一号の二による特定疾病療養受療証、別紙様式第二十一号の三による限度額適用・標準負担額減額認定証、別紙様式第二十四号の二による特別療養証明書、別紙様式第三十七号による検査証票、別紙様式第三十九号による船員組合員証及び別紙様式第四十号による船員被扶養者証は、当分の間、この省令による改正後の別紙様式第十一号、別紙様式第十五号、別紙様式第十七号の三、別紙様式第二十一号の二、別紙様式第二十一号の三、別紙様式第二十四号の二、別紙様式第三十七号、別紙様式第三十九号及び別紙様式第四十号の様式によるものとみなす。

3　この省令の施行の際現に存するこの省令による改正前の別紙様式第十一号、別紙様式第十五号、別紙様式第十七号の三、別紙様式第十七号の五、別紙様式第二十一号、別紙様式第二十一号の二、別紙様式第二十一号の三、別紙様式第二十四号の二、別紙様式第二十五号、別紙様式第二十八号、別紙様式第三十一号の三、別紙様式第三十一号の四、別紙様式第三十三号の三、別紙様

国家公務員共済組合法

の月数」と、同条第二項中「加えた金額）」とあるのは「加えた金額）に、基準日前組合員期間の月数を組合員期間の月数で除して得た割合を乗じて得た金額」と、附則第十二条の四の二第二項第二号及び第三項中「組合員期間の月数」とあるのは「基準日前組合員期間の月数」と、平成十六年改正法第五条の規定による改正後の法第八十九条第一項第一号イ中「平均標準報酬額の千分の五・四八一」とあるのは「平成十五年四月一日前の組合員期間（以下「基準日前組合員期間」という。）に係る第七十二条の二に規定する再評価率を乗じて得た標準報酬の月額を基礎として計算した国家公務員共済組合法等の一部を改正する法律（平成十二年法律第二十一号）第二条の規定による改正前の第七十七条に規定する平均標準報酬月額（以下この条において「再評価率による平均標準報酬月額」という。）の千分の七・一二五」と、「組合員期間の月数（当該月数が三百月未満であるときは、三百月）」とあるのは「基準日前組合員期間の月数」と、「平均標準報酬額の千分の一・〇九六」とあるのは「再評価率による平均標準報酬額の千分の一・四二五」と、同号ロ中「平均標準報酬額の千分の五・四八一」とあるのは「再評価率による平均標準報酬月額の千分の七・一二五」と、「組合員期間の月数」とあるのは「基準日前組合員期間の月数」と、「平均標準報酬額の千分の一・〇九六」とあるのは「再評価率による平均標準報酬月額の千分の一・四二五」と、「平均標準報酬額の千分の〇・五四八」とあるのは「再評価率による平均標準報酬月額の千分の〇・七一三」と、同条第三項中「千分の一・〇九六」とあるのは

国家公務員共済組合法施行令

行する。

平成十二年（政令三八〇）改正令

附　則（抄）

（施行期日）

1　この政令は、平成十三年四月一日から施行する。

平成十二年（政令四一四）改正令

附　則（抄）

（施行期日）

第一条　この政令は、特定放射性廃棄物の最終処分に関する法律附則第一条第二号に掲げる規定の施行の日（平成十二年九月一日）から施行する。

平成十二年（政令四七四）改正令

附　則

この政令は、平成十三年三月一日から施行する。

平成十二年（政令四九二）改正令

附　則（抄）

1　この政令は、法の一部の施行の日（平成十二年十二月一日）から施行する。

平成十二年（政令五〇六）改正令

附　則

この政令は、国立教育会館の解散に関する法律の施行の日（平成十三年四月一日）から施行する。

平成十二年（政令五〇八）改正令

附　則（抄）

（施行期日）

第一条　この政令は、平成十三年一月一日か

国家公務員共済組合法施行規則

式第三十四号、別紙様式第三十五号、別紙様式第三十七号、別紙様式第三十九号、別紙様式第四十号、別紙様式第四十四号及び別表第一号表第一号表の一の用紙は、当分の間、これを取り繕い使用することができる。

平成十八年（財務令六一）改正規則

附　則

この省令は、平成十九年四月一日から施行する。

平成十九年（財務令一）改正規則

附　則（抄）

1　この省令は、防衛庁設置法等の一部を改正する法律の施行の日（平成十九年一月九日）から施行する。

平成十九年（財務令一〇）改正規則

附　則

1　この省令は、平成十九年四月一日から施行する。

2　この省令の施行の際現に交付されている第一条の規定による改正前の別紙様式第十七号の三による標準負担額減額認定証は、平成十九年七月三十一日までの間、同条の規定による改正後の別紙様式第二十一号の二の三によるものとみなす。

3　この省令の施行の際現に存するこの省令による改正前の別紙様式第十七号の二の二、別紙様式第二十一号の四、別紙様式第二十九号及び別紙様式第三十号、別紙様式第三十一号の四の用紙は、当分の間、これを取り繕い使用することができる。

平成十九年（財務令一一）改正規則

国家公務員共済組合法等の運用方針

「千分の一・四二五」と、「千分の二・四六六」とあるのは「千分の三・二〇六」とする。

4　第一項第二号の規定による金額を算定する場合においては、法第七十二条の二第一項中「組合員期間の計算」とあるのは「平成十五年四月以後の組合員期間（以下「基準日後組合員期間」という。）の計算」と、「組合員期間の月数」とあるのは「基準日後組合員期間の月数」と、第七十七条第一項及び第二項中「組合員期間の月数」とあるのは「基準日後組合員期間の月数」と、第八十二条第一項中「組合員期間の月数（当該月数が三百月未満であるときは、三百月）」とあるのは「基準日後組合員期間の月数」と、同条第二項中「加えた金額」」とあるのは「加えた金額）に、基準日後組合員期間の月数を組合員期間の月数で除して得た割合を乗じて得た金額」と、第八十九条第一項第一号イ中「組合員期間の月数（当該月数が三百月未満であるときは、三百月）」とあるのは「基準日後組合員期間の月数」と、同号ロ中「組合員期間」とあるのは「基準日後組合員期間」と、附則第十二条の四の二第二項第二号及び第三項中「組合員期間の月数」とあるのは「基準日後組合員期間の月数」とする。

第十二条　法による年金である給付の額については、前条の規定により算定した金額が次の各号の規定による金額を合算して得た金額に従前額改定率を乗じて得た金額に満たないときは、同条の規定にかかわらず、当該各号の規定による金額を合算して得た金額に従前額改定率を乗じて得た金額を、同条の規定による金額とする。

一　平成十五年四月一日前の組合員期間を基礎として第一条の規定による改正前の

ら施行する。ただし、〔中略〕第九条の規定（国家公務員共済組合法施行令第十一条の三の二、第十二条及び第三十四条の改正規定に係る部分を除く。）〔中略〕は、平成十三年四月一日から施行する。

平成十二年（政令五四三）改正令

附　則（抄）

（施行期日）

1　この政令は、平成十三年四月一日から施行する。ただし、第一条中国家公務員共済組合法施行令第十一条の四、第十二条の二、第六十条、附則第六条の二の八、附則第七条の八及び附則第二十五条の改正規定〔中略〕は、平成十三年一月六日から施行する。

（罰則に関する経過措置）

2　この政令の施行前にした行為に対する罰則の適用については、なお従前の例による。

平成十三年（政令二一一）改正令

附　則（抄）

（施行期日）

第一条　この政令は、平成十三年四月一日から施行する。

平成十三年（政令一〇三）改正令

附　則（抄）

（施行期日）

第一条　この政令は、平成十三年四月一日から施行する。

平成十三年（政令三五二）改正令

附　則

この政令は、公布の日から施行する。

平成十三年（政令三六六）改正令

附　則

附　則（抄）

（施行期日）

第一条　この省令は、平成十九年四月一日から施行する。

（国家公務員共済組合法等の一部を改正する法律附則第十九条に規定する財務省令で定める場合）

第二条　国家公務員共済組合法等の一部を改正する法律附則第十九条に規定する財務省令で定める場合は、婚姻の届出をしていないが事実上婚姻関係と同様の事情にあった当事者（国家公務員共済組合法第九十三条の五第一項に規定する当事者をいう。）について、当該当事者の一方の被扶養配偶者（国民年金法（昭和三十四年法律第百四十一号）第七条第一項第三号に規定する被扶養配偶者をいう。以下この条において同じ。）である第三号被保険者（同号に規定する第三号被保険者をいう。以下この条において同じ。）であった当該当事者の他方が、平成十九年四月一日前に当該第三号被保険者の資格を喪失した場合であつて、当該当事者の一方が当該当事者の他方の被扶養配偶者である第三号被保険者となることなくして同日以後に当該事情が解消したと認められるとき（当該当事者間で婚姻の届出をしたことにより当該事情が解消したと認められるときを除く。）とする。

平成十九年（財務令四八）改正規則

附　則

この省令は、信託法の施行の日（平成十九年九月三十日）から施行する。

平成十九年（財務令四九）改正規則

附　則（抄）

（施行期日）

国家公務員共済組合法

法第七十七条第一項及び第二項、第八十二条第一項及び第二項、附則第十二条の四の二第二項第二号及び第三項並びに附則第十三条の九並びに第三条の規定による改正前の昭和六十年改正法附則第十五条及び附則別表第二の規定又は平成十六年改正法第五条の規定による改正後の法第八十九条第一項から第三項までの規定を適用したとしたならばこれらの規定により算定される金額

二　平成十五年四月一日以後の組合員期間を基礎として法第七十二条の二、第七十七条第一項及び第二項、第八十二条第一項及び第二項、第八十九条第一項から第三項まで、附則第十二条の四の二第二項第二号及び第三項並びに第四条の規定による改正後の昭和六十年改正法附則第十五条及び附則別表第二の規定を適用したとしたならばこれらの規定により算定される金額

2　組合員期間の全部が平成十五年四月一日以後であるときは、法第七十二条の二、第七十七条第一項及び第二項、第八十二条第一項及び第二項、第八十九条第一項から第三項まで並びに附則第十二条の四の二第二項第二号及び第三項の規定（法附則第十二条の四の三第一項及び第三項、第十二条の七の二第二項、第十二条の七の三第二項及び第四項並びに第十二条の八第三項並びに昭和六十年改正法附則第三十六条第二項においてその例による場合を含む。）により算定した金額が、前項第二号の規定の例により算定される金額に従前額改定率を乗じて得た金額に満たないときは、これらの規定にかかわらず、当該金額をこれらの規定に定める金額とする。

国家公務員共済組合法施行令

この政令は、公布の日から施行する。

平成十三年（政令三九一）改正令

附　則

この政令は、平成十四年四月一日から施行する。

平成十四年（政令四三）改正令

附　則（抄）

（施行期日）

第一条　この政令は、平成十四年四月一日から施行する。

（国家公務員共済組合法施行令の一部改正に伴う経過措置）

第八条　第十二条の規定による改正後の国家公務員共済組合法施行令第十一条の七の十一の規定は、施行日以後に給付事由が生じた障害一時金の支給について適用し、施行日前に給付事由が生じた障害一時金の支給については、なお従前の例による。

平成十四年（政令二三九）改正令

附　則

この政令は、公布の日から施行する。

平成十四年（政令二八二）改正令

附　則（抄）

（施行期日）

第一条　この政令は、平成十四年十月一日から施行する。

平成十四年（政令三四八）改正令

附　則（抄）

（施行期日）

第一条　この政令は、平成十五年四月一日から施行する。

国家公務員共済組合法施行規則

第一条　この省令は、証券取引法等の一部を改正する法律の施行の日（平一九・九・三〇）から施行する。

平成十九年（財務令五二）改正規則

附　則

（施行期日）

第一条　この省令は、公布の日から施行する。ただし、附則に次の一項を加える改正規定は、平成十九年十月一日から施行する。

（様式の特例）

第二条　組合は、この省令による改正後の国家公務員共済組合法施行規則の規定にかかわらず、当分の間、この省令による改正前の国家公務員共済組合法施行規則（以下この条において「改正前国共済施行規則」という。）別紙様式第十一号による組合員証、別紙様式第十五号による遠隔地被扶養者証、別紙様式第十五号の三による高齢受給者証、別紙様式第三十九号による船員組合員証及び別紙様式第四十号による船員被扶養者証（以下この条において「旧組合員証等」という。）を交付することができる。この場合において、旧組合員証等については、改正前国共済施行規則の規定は、なおその効力を有する。

2　前項後段の規定によりなおその効力を有することとされた改正前国共済施行規則第九十二条第一項（改正前国共済施行規則第九十五条第四項、第九十五条の二第三項及び第百二十五条第二項において準用する場合を含む。）の規定を適用する場合においては、改正前国共済施行規則第九十二条第一項中「毎年、財務大臣」とあるのは「財務大臣」と、「しなければならない」とあるのは「しなければならない。この場合に

国家公務員共済組合法等の運用方針

3　平成十六年度における前二項の従前額改定率は、一・〇〇一とする。

4　第一項及び第二項の従前額改定率は、毎年度、法第七十二条の四第一項又は第三項（法第七十二条の五第一項に規定する調整期間にあつては、法第七十二条の六第一項又は第四項）の規定の例により改定する。

5　第一項第一号の規定による金額を算定する場合においては、第一条の規定による改正前の法第七十七条第一項中「組合員期間の計算」とあるのは「平成十五年四月前の組合員期間（以下「基準日前組合員期間」という。）の計算」と、「組合員期間の月数」とあるのは「基準日前組合員期間の月数」と、同条第二項中「組合員期間の月数」とあるのは「基準日前組合員期間の月数」と、第八十二条第一項中「組合員期間の月数（当該月数が三百月未満であるときは、三百月）」とあるのは「基準日前組合員期間の月数」と、同条第二項中「加えた金額」とあるのは「加えた金額」に、基準日前組合員期間の月数を組合員期間の月数で除して得た割合を乗じて得た金額」と、附則第十二条の四の二第二項第二号及び第三項中「組合員期間の月数」とあるのは「基準日前組合員期間の月数」と、附則第十三条の九中「次の表」とあるのは「国家公務員共済組合法等の一部を改正する法律（平成十六年法律第百三十号）第十七条の規定による改正後の国家公務員共済組合法等の一部を改正する法律（平成十二年法律第二十一号）附則別表」と、「第七十七条第一項」とあるのは「同法附則第十二条第二項の規定により読み替えられた第七十七条第一項」と、「附則第十三条の九の表」とあるのは「国家公務員共済組合法等の一部を改正する法律（平成十二年法律第二十一号）

平成十四年（政令三八五）改正令

附　則（抄）

（施行期日）

第一条　この政令は、平成十五年四月一日から施行する。

平成十五年（政令一六）改正令

附　則（抄）

（施行期日）

第一条　この政令は、平成十五年四月一日から施行する。

（平成十五年度以後における障害共済年金の額の算定に関する経過措置）

第二条　組合員期間の全部又は一部が平成十五年四月前である者に支給する国家公務員共済組合法（以下「法」という。）第八十二条第一項後段に規定する障害共済年金の額については、国家公務員共済組合法等の一部を改正する法律（以下「平成十二年改正法」という。）附則第十一条第一項中「第八十二条第一項」とあるのは「第八十二条第一項（後段を除く。）」と、「金額とする」とあるのは「金額とする。この場合において、第二条の規定による改正前の法第八十二条第一項第一号（同号に規定する平均標準報酬月額は、平成十五年四月前の組合員期間の各月の掛金の標準となつた標準報酬の月額に法第七十二条の二に規定する再評価率（以下「再評価率」という。）を乗じて得た額を平均した額とする。）の規定により算定される金額と法第八十二条第一項第一号（同号に規定する平均標準報酬額は、平成十五年四月以後の組合員期間の各月の掛金の標準となつた標準報酬の月額と標準期末手当等の額に再評価率を乗じて得た額の総額を、当該平成十五年四月以後の組合員

おいて、組合は、財務大臣の定めるところにより、被扶養者を有する組合員に対し、毎年、被扶養者の要件の確認を行うものとする」と読み替えるものとする。

3　この省令の施行の際現に交付されている旧組合員証等については、改正前国共済施行規則の規定は、なおその効力を有する。

第三条　この省令の施行の際現に存するこの省令による改正前の別紙様式第三十一号の三の用紙は、当分の間、これを取り繕い使用することができる。

平成十九年（財務令五七）改正規則

附　則（抄）

（施行期日）

第一条　この省令は、平成十九年十月一日から施行する。〔ただし書略〕

平成二十年（財務令一八）改正規則

附　則

（施行期日）

第一条　この省令は、平成二十年四月一日から施行する。

（事業報告書及び決算事業報告書に関する経過措置）

第二条　この省令による改正後の別紙様式第三十四号による事業報告書及び別紙様式第三十五号による決算事業報告書の様式は、この省令の施行の日以後に開始する事業年度に係る事業報告書及び決算事業報告書について適用し、同日前に開始する事業年度に係る事業報告書及び決算事業報告書については、なお従前の例による。

第三条　この省令による改正後の第六条及び別表第一号表の規定は、施行日以後に開始する事業年度に係る経理単位について適用する。

国家公務員共済組合法

附則別表」と、平成十六年改正法第五条の規定による改正後の法第八十九条第一項第一号イ中「平均標準報酬額の千分の五・四八一」とあるのは「平成十五年四月一日前の組合員期間（以下「基準日前組合員期間」という。）に係る国家公務員共済組合法等の一部を改正する法律（平成十二年法律第二十一号）附則第十二条第一項の従前額改定率を乗じて得た標準報酬の月額を基礎として計算した同法第二条の規定による改正前の第七十七条に規定する平均標準報酬月額（以下この条において「従前額改定率による平均標準報酬月額」という。）の千分の七・五」と、「組合員期間の月数（当該月数が三百月未満であるときは、三百月）」とあるのは「基準日前組合員期間の月数」と、「平均標準報酬額の千分の一・〇九六」とあるのは「従前額改定率による平均標準報酬月額の千分の一・五」と、同号ロ中「平均標準報酬額の千分の五・四八一」とあるのは「従前額改定率による平均標準報酬月額の千分の七・五」と、「組合員期間の月数」とあるのは「基準日前組合員期間の月数」と、「平均標準報酬額の千分の一・〇九六」とあるのは「従前額改定率による平均標準報酬月額の千分の一・五」と、「平均標準報酬額の千分の〇・五四八」とあるのは「従前額改定率による平均標準報酬月額の千分の〇・七五」と、同条第三項中「千分の一・〇九六」とあるのは「千分の一・五」と、「千分の二・四六六」とあるのは「千分の三・三七五」とする。

6　第一項第二号又は第二項の規定による金額を算定する場合においては、法第七十二条の二中「長期給付」とあるのは「国家公

国家公務員共済組合法施行令

期間の月数で除して得た額とする。）の規定により算定される金額とを合算した金額が国民年金法（昭和三十四年法律第百四十一号）第三十三条第一項に規定する障害基礎年金の額に相当する額に四分の三を乗じて得た金額（その金額に五十円未満の端数があるときは、これを切り捨て、五十円以上百円未満の端数があるときは、これを百円に切り上げるものとする。）より少ないときは、当該金額を当該合算した金額とする」と、平成十二年改正法附則第十二条第一項中「金額とする」とあるのは「金額とする。この場合において、第一条の規定による改正前の法第八十二条第一項第一号（同号に規定する平均標準報酬月額は、平成十五年四月前の組合員期間の各月の掛金の標準となった標準報酬の月額に、国家公務員共済組合法等の一部を改正する法律（平成十二年法律第二十一号）附則別表の上欄に掲げる期間の区分に応じてそれぞれ同表の下欄に定める率（以下「従前額改定再評価率」という。）を乗じて得た額を平均した額とする。）の規定により算定される金額と法第八十二条第一項第一号（同号に規定する平均標準報酬額は、平成十五年四月以後の組合員期間の各月の掛金の標準となつた標準報酬の月額と標準期末手当等の額に従前額改定再評価率を乗じて得た額の総額を、当該平成十五年四月以後の組合員期間の月数で除して得た額とする。）の規定により算定される金額とを合算した金額に従前額改定率を乗じて得た金額が国民年金法第三十三条第一項に規定する障害基礎年金の額に相当する額に四分の三を乗じて得た金額（その金額に五十円未満の端数があるときは、これを切り捨て、五十円以上百円未満の端数

国家公務員共済組合法施行規則

（減価償却に関する経過措置）

第四条　この省令による改正後の第六十八条の規定は、平成十九年四月一日以後に取得した有形固定資産のこの省令の施行の日以後に開始した事業年度以後の減価償却について適用する。

2　平成十九年三月三十一日以前に取得した有形固定資産の減価償却については、なお従前の例による。ただし、この省令による改正前の第六十八条第二項の規定による残存価額にかかわらず、当該事業年度の前事業年度までの各事業年度においてした償却の額の累計額が取得価額の百分の九十五に相当する額に達するまで従前の例により減価償却を行い、その達した年度の翌事業年度以後、取得価額から取得価額の百分の九十五に相当する額及び一円を控除した金額に事業年度の月数を六十で除した割合を乗じた金額（当該計算した金額と当該事業年度の前事業年度までにした償却の額の累計額との合計額が当該資産の取得価額から一円を控除した金額を超える場合には、当該超える部分の金額を控除した金額）を償却するものとする。

（様式の特例）

第五条　この省令による改正前の別紙様式第十五号の三による高齢受給者証、別紙様式第二十一号の二による特定疾病療養受療証、別紙様式第二十一号の二の三による限度額適用認定証、別紙様式第二十一号の三による限度額適用・標準負担額減額認定証、別紙様式第二十二号の一による診療報酬領収済明細書及び別紙様式第二十四号の二による特別療養証明書は、当分の間、この省令による改正後の別紙様式第十五号の三、別紙様式第二十一号の二、別紙様式第二十一

国家公務員共済組合法等の運用方針

務員共済組合法等の一部を改正する法律（平成十六年法律第百三十号）第十七条の規定による改正後の国家公務員共済組合法等の一部を改正する法律（平成十二年法律第二十一号）附則別表の上欄に掲げる期間に係る組合員期間を有する受給権者の長期給付」と、「組合員期間の計算」とあるのは「平成十五年四月以後の組合員期間（以下「基準日後組合員期間」という。）の計算」と、「別表第二の各号に掲げる受給権者の区分に応じ、それぞれ当該各号に定める金額（以下「再評価率」という。）の月数」とあるのは「その月が属する同表の上欄に掲げる期間の区分に応じてそれぞれ同表の下欄に掲げる率」と、「組合員期間の月数」とあるのは「基準日後組合員期間の月数」と、第七十七条第一項中「千分の五・七六九」と、「組合員期間の月数」とあるのは「基準日後組合員期間の月数」と、同条第二項中「千分の一・〇九六」とあるのは「千分の一・一五四」と、「組合員期間の月数」とあるのは「基準日後組合員期間の月数」とあるのは「千分の〇・五四八」とあるのは「千分の〇・五七七」と、第八十二条第一項中「千分の五・四八一」とあるのは「千分の五・七六九」と、「組合員期間の月数（当該月数が三百月未満であるときは、三百月）」とあるのは「基準日後組合員期間の月数」と、「千分の一・〇九六」とあるのは「千分の一・一五四」と、同条第二項中「百分の十四・六一五」とあるのは「百分の十五・三八五」と、「百分の二十一・九二三」とあるのは「百分の二十三・〇七七」と、「千分の一・〇九六」とあるのは「千分の一・一五四」と、「千分の一・三七」とあるのは「千分の一・四四二」と、

があるときは、これを百円に切り上げるものとする。）より少ないときは、当該金額を当該従前額改定率を乗じて得た金額とする」と、「第八十二条第一項」とあるのは「第八十二条第一項（後段を除く。）」とする。

（平成十五年度以後における障害一時金の額の算定に関する経過措置）

第三条　組合員期間の全部又は一部が平成十五年四月一日前である者に支給する法による障害一時金の額については、法第八十七条の七（厚生年金保険法等の一部を改正する法律の施行に伴う国家公務員共済組合法による長期給付等に関する経過措置に関する政令（以下「平成九年経過措置政令」という。）第十四条第一項第一号においてその例による場合を含む。）の規定による金額は、法第八十七条の七の規定にかかわらず、次の各号の規定による金額を合算した金額とする。この場合において、平成十二年改正法第二条の規定による改正前の法（以下「改正前の法」という。）第八十七条の七第一号の規定により算定される金額と法第八十七条の七第一号の規定により算定される金額とを合算した金額が国民年金法（昭和三十四年法律第百四十一号）第三十三条第一項に規定する障害基礎年金の額に相当する額に四分の三を乗じて得た金額（その金額に五十円未満の端数があるときは、これを切り捨て、五十円以上百円未満の端数があるときは、これを百円に切り上げるものとする。）より少ないときは、当該金額を当該合算した金額とする。

一　平成十五年四月一日前の組合員期間を基礎として改正前の法第八十七条の七（後段を除く。）の規定を適用したとしたならばこれらの規定により算定される金額

号の二の三、別紙様式第二十一号の三、別紙様式第二十二号の一及び別紙様式第二十四号の二の様式によるものとみなす。

第六条　この省令の施行の際現に存するこの省令による改正前の別紙様式第十五号の三、別紙様式第十七号の二、別紙様式第二十一号の二、別紙様式第二十一号の二の三、別紙様式第二十一号の三、別紙様式第二十二号の一、別紙様式第二十四号の二、別紙様式第二十八号、別紙様式第二十九号及び別紙様式第四十四号の様式は、当分の間、これを取り繕い使用することができる。

（老人保健法の一部改正に伴う国家公務員共済組合の業務等の特例）

第七条　健康保険法施行令等の一部を改正する政令（平成二十年政令第百十六号）附則第十三条の規定の適用がある場合における国家公務員共済組合法施行規則第六条の規定の適用については、同条第一項第一号中「並びに」とあるのは、「並びに健康保険法等の一部を改正する法律（平成十八年法律第八十三号）附則第三十八条の規定によりなおその効力を有するものとされた同法第七条の規定による改正前の老人保健法（昭和五十七年法律第八十号）第五十三条第一項に規定する拠出金、」とする。

（旧組合員証等の様式の特例）

第九条　前条の規定による改正前の旧組合員証等は、当分の間、前条による改正後の旧組合員証等の様式によるものとみなす。

2　この省令の施行の際現に存する前条による改正前の旧組合員証等の用紙は、当分の間、これを取り繕い使用することができる。

平成二十年（財務令六一）改正規則

附　則（抄）

（施行期日）

国家公務員共済組合法

「加えた金額)」とあるのは「加えた金額)に、基準日後組合員期間の月数を組合員期間の月数で除して得た割合を乗じて得た金額」と、第八十九条第一項第一号イ中「千分の五・四八一」とあるのは「千分の五・七六九」と、「組合員期間の月数(当該月数が三百月未満であるときは、三百月)」とあるのは「基準日後組合員期間の月数」と、「千分の一・〇九六」とあるのは「千分の一・一五四」と、同号ロ中「千分の五・四八一」とあるのは「千分の五・七六九」と、「組合員期間」とあるのは「基準日後組合員期間」と、「千分の一・〇九六」とあるのは「千分の一・一五四」と、「千分の〇・五四八」とあるのは「千分の〇・五七七」と、附則第十二条の四の二第二項第二号中「千分の五・四八一」とあるのは「千分の五・七六九」と、「組合員期間の月数」とあるのは「基準日後組合員期間の月数」と、同条第三項中「千分の一・〇九六」とあるのは「千分の一・一五四」と、「組合員期間の月数」とあるのは「基準日後組合員期間の月数」と、「千分の〇・五四八」とあるのは「千分の〇・五七七」とする。

7 第四項の規定による従前額改定率の改定の措置は、政令で定める。

8 前各項に定めるもののほか、平成十五年度以後における法の長期給付に関する規定等の適用に関し必要な事項は、政令で定める。

(法による年金である給付の額の改定の特例)

第十二条の二 当該年度の前年度に属する三月三十一日において附則第十一条第一項又は前条第一項若しくは第二項の規定による

国家公務員共済組合法施行令

二 平成十五年四月一日以後の組合員期間を基礎として法第八十七条の七(後段を除く。)の規定を適用したとしたならばこれらの規定により算定される金額

2 前項第一号の規定による金額を算定する場合においては、改正前の法第八十七条の七第一号中「平均標準報酬月額」とあるのは「平均標準報酬月額(平成十五年四月前の組合員期間(以下この条において「基準日前組合員期間」という。)の計算の基礎となる各月の掛金の標準となつた標準報酬の月額に、国家公務員共済組合法等の一部を改正する法律(平成十二年法律第二十一号)附則第十一条第二項に規定する再評価率を乗じて得た額を平均した額をいう。次号において同じ。)」と、「組合員期間の月数(当該月数が三百月未満であるときは、三百月)」とあるのは「基準日前組合員期間の月数」と、同条第二号中「組合員期間の月数(当該月数が三百月未満であるときは、三百月)」とあるのは「基準日前組合員期間の月数」とする。

3 第一項第二号の規定による金額を算定する場合においては、法第八十七条の七第一号中「平均標準報酬額」とあるのは「平均標準報酬額(第七十二条の二中「組合員期間」とあるのを「平成十五年四月以後の組合員期間」と読み替えて同条の規定を適用した場合に算定される平均標準報酬額をいう。次号において同じ。)」と、「組合員期間の月数(当該月数が三百月未満であるときは、三百月)」とあるのは「平成十五年四月以後の組合員期間(次号において「基準日後組合員期間」という。)の月数」と、同条第二号中「組合員期間の月数(当該月数が三百月未満であるときは、三百月)」

国家公務員共済組合法施行規則

第一条 この省令は、平成二十年十月一日から施行する。

平成二十年(財務令七六)改正規則

附 則

この省令は、公布の日から施行する。

平成二十年(財務令八四)改正規則

附 則(抄)

(施行期日)

第一条 この省令は、株式等の取引に係る決済の合理化を図るための社債等の振替に関する法律等の一部を改正する法律の施行の日(平成二十一年一月五日)から施行する。

平成二十年(財務令八五)改正規則

附 則

この省令は、平成二十一年一月一日から施行する。

平成二十年(財務令八七)改正規則

附 則

(施行期日)

第一条 この省令は、平成二十一年一月一日から施行する。ただし、別紙様式第二十四号の二、別紙様式第三十四号及び別紙様式第三十五号の改正規定は、平成二十一年四月一日から施行する。

(様式の特例)

第二条 この省令による改正前の別紙様式第二十一号の三による限度額適用・標準負担額減額認定証及び別紙様式第二十四号の二による特別療養証明書は、当分の間、この省令による改正後の別紙様式第二十一号の三及び別紙様式第二十四号の二の様式によるものとみなす。

国家公務員共済組合法等の運用方針

年金である給付の受給権を有する者について、法第七十二条の三から第七十二条の六までの規定による再評価率の改定により、当該年度において附則第十一条第一項の規定により算定した金額（以下この条において「当該年度額」という。）が、当該年度の前年度に属する三月三十一日においてこれらの規定により算定した金額（以下この条において「前年度額」という。）に満たないこととなるときは、これらの規定にかかわらず、前年度額を当該年度額とする。

2　前項の規定にかかわらず、次の各号に掲げる場合において、法第七十二条の三（法第七十二条の四から第七十二条の六までにおいて適用される場合を除く。）の規定による再評価率の改定により、当該年度額が、前年度額に当該各号に定める率を乗じて得た金額に満たないこととなるときは、当該金額を当該年度額とする。

一　法第七十二条の三第一項に規定する名目手取り賃金変動率（以下「名目手取り賃金変動率」という。）が一を下回り、かつ、同項に規定する物価変動率（以下「物価変動率」という。）が名目手取り賃金変動率を下回る場合　名目手取り賃金変動率

二　物価変動率が一を下回り、かつ、物価変動率が名目手取り賃金変動率を上回る場合　物価変動率

3　第一項の規定にかかわらず、物価変動率が一を下回る場合において、法第七十二条の四（法第七十二条の六において適用される場合を除く。）の規定による再評価率の改定により、当該年度額が、前年度額に物価変動率を乗じて得た金額に満たないこととなるときは、当該金額を当該年度額とする。

4　第一項の規定にかかわらず、次の各号に

とあるのは「基準日後組合員期間の月数」とする。

第四条　法による障害一時金の額については、前条の規定により算定した金額が次の各号の規定による金額を合算して得た金額に平成十二年改正法附則第十二条第一項に規定する従前額改定率（以下「従前額改定率」という。）を乗じて得た金額に満たないときは、同条の規定にかかわらず、当該乗じて得た金額を、同条の規定による金額とする。この場合において、平成十二年改正法第一条の規定による改正前の法第八十七条の七第一号の規定により算定される金額と法第八十七条の七第一号の規定により算定される金額とを合算した金額に従前額改定率を乗じて得た金額が国民年金法第三十三条第一項に規定する障害基礎年金の額に相当する額に四分の三を乗じて得た金額（その金額に五十円未満の端数があるときは、これを切り捨て、五十円以上百円未満の端数があるときは、これを百円に切り上げるものとする。）より少ないときは、当該金額を当該従前額改定率を乗じて得た金額とする。

一　平成十五年四月一日前の組合員期間を基礎として平成十二年改正法第一条の規定による改正前の法第八十七条の七（後段を除く。）及び附則第十三条の九の規定を適用したとしたならばこれらの規定により算定される金額

二　平成十五年四月一日以後の組合員期間を基礎として法第八十七条の七（後段を除く。）の規定を適用したとしたならばこれらの規定により算定される金額

2　前項第一号の規定による金額を算定する場合においては、平成十二年改正法第一条の規定による改正前の法第八十七条の七第一号中「平均標準報酬月額」とあるのは

第三条　この省令の施行の際現に存するこの省令による改正前の別紙様式第十七号の二、別紙様式第十七号の二の二、別紙様式第二十一号、別紙様式第二十一号の三、別紙様式第二十一号の四及び別紙様式第二十四号の二の用紙は、当分の間、これを取り繕い使用することができる。

平成二十一年（財務令三）改正規則

附則

この省令は、公布の日から施行する。

平成二十一年（財務令一三）改正規則

附則

この省令は平成二十一年四月一日から施行する。

平成二十一年（財務令三五）改正規則

附則

1　この省令は、平成二十一年五月一日から施行する。

2　平成二十一年五月から九月までの間においては、国家公務員共済組合法第五十五条第二項第三号又は第五十七条第二項第一号ニの規定が適用される者及び国家公務員共済組合法施行令第十一条の三の四第一項第一号に規定する病院等に国家公務員共済組合法施行規則第百五条の七の二第二項に規定する限度額適用認定証又は同規則第百五条の九第二項に規定する限度額適用・標準負担額減額認定証を提出して国家公務員共済組合法施行令第十一条の三の四第七項に規定する特定疾患給付対象療養を受けた者については、この省令による改正後の国家公務員共済組合法施行規則第百五条の五の二第一項の申出に基づく組合の認定を受けているものとみなす。

掲げる場合において、法第七十二条の五（法第七十二条の六において適用される場合を除く。）の規定による再評価率の改定により、当該年度額が前年度額に当該各号に定める率を乗じて得た金額に満たないこととなるときは、当該金額を当該年度額とする。

一　名目手取り賃金変動率が一を下回り、かつ、物価変動率が名目手取り賃金変動率以下となる場合　名目手取り賃金変動率

二　名目手取り賃金変動率が一を下回り、かつ、物価変動率が名目手取り賃金変動率を上回る場合（物価変動率が一を上回る場合を除く。）　物価変動率

5　第一項の規定にかかわらず、物価変動率が一を下回る場合において、法第七十二条の六の規定による再評価率の改定により、当該年度額が、前年度額に物価変動率を乗じて得た金額に満たないこととなるときは、当該金額を当該年度額とする。

（厚生年金保険の被保険者等である間の退職共済年金等の支給の停止の経過措置）

第十三条　第二条の規定による改正後の法第八十条及び第八十七条の二並びに第四条の規定による改正後の昭和六十年改正法附則第四十五条の規定は、平成十六年四月以後の月分として支給される法による退職共済年金若しくは障害共済年金又は昭和六十年改正法附則第二条第五号に規定する退職年金、減額退職年金、通算退職年金若しくは障害年金（これらの年金のうち厚生年金保険の被保険者又は法第三十八条第二項に規定する私学共済制度の加入者（これらの者が昭和十二年四月一日以前に生まれた者である場合に限る。）である間に支給される

「平均標準報酬月額（平成十五年四月前の組合員期間（以下この条において「基準日前組合員期間」という。）の計算の基礎となる各月の掛金の標準となつた標準報酬の月額を平均した額をいう。次号及び附則第十三条の九において同じ。）」と、「組合員期間の月数（当該月数が三百月未満であるときは、三百月）」とあるのは「基準日前組合員期間の月数」と、同条第二号中「組合員期間の月数（当該月数が三百月未満であるときは、三百月）」とあるのは「基準日前組合員期間の月数」と、平成十二年改正法第一条の規定による改正前の法附則第十三条の九中「次の表」とあるのは「国家公務員共済組合法等の一部を改正する法律（平成十二年法律第二十一号）附則別表」と、「第七十七条第一項」とあるのは「国家公務員共済組合法施行令等の一部を改正する政令（平成十五年政令第十六号）附則第四条第二項の規定により読み替えられた第八十七条の七第一号」と、「附則第十三条の九の表」とあるのは「国家公務員共済組合法等の一部を改正する法律（平成十二年法律第二十一号）附則別表」とする。

3　第一項第二号の規定による金額を算定する場合においては、法第八十七条の七中「平均標準報酬額（第七十二条の二中「組合員期間」とあるのを「平成十五年四月以後の組合員期間」と、「別表第二の各号に掲げる受給権者の区分に応じ、それぞれ当該各号」とあるのを「国家公務員共済組合法等の一部を改正する法律（平成十二年法律第二十一号）附則別表の上欄に掲げる期間の区分に応じてそれぞれ同表の下欄」とそれぞれ読み替えて同条の規定を適用した場合に算定

平成二十一年（財務令五九）改正規則

附　則

この省令は、公布の日から施行し、平成二十一年七月二十四日から適用する。

平成二十一年（財務令七四）改正規則

附　則

1　この省令は、平成二十二年一月一日から施行する。

2　雇用保険法等の一部を改正する法律附則第四十二条第一項の規定によりなお従前の例によることとされた求職者等給付の支給を受ける者に係るこの省令による改正後の国家公務員共済組合法施行規則第百十四条及び第百十四条の四の規定の適用については、なお従前の例による。

平成二十一年（財務令七六）改正規則

附　則

1　この省令は、平成二十二年四月一日から施行する。

2　この省令の施行の日前に開始された国家公務員共済組合法第六十八条の二第一項に規定する育児休業等に係る育児休業手当金の支給の請求については、なお従前の例による。

3　この省令の施行の際現に存するこの省令による改正前の別紙様式第三十一号の二及び別紙様式第三十一号の四の用紙は、当分の間、これを取り繕い使用することができる。

平成二十二年（財務令二四）改正規則

附　則（抄）

（施行期日）

年金を除く。）について適用し、同月前の月分として支給されるこれらの年金については、なお従前の例による。

（従前の特別掛金）

第十四条　平成十五年四月前の期末手当等に係る特別掛金（第二条による改正前の法第百一条の二第一項に規定する特別掛金をいう。）については、なお従前の例による。

（法による脱退一時金に関する経過措置）

第十五条　組合員期間の全部又は一部が平成十五年四月一日前である者に支給する法による脱退一時金については、法附則第十三条の十第三項の規定による金額は、同項の規定にかかわらず、同日前の組合員期間の各月の標準報酬の月額に一・三を乗じて得た額並びに同日以後の組合員期間の各月の標準報酬の月額及び標準期末手当等の額を合算して得た額を組合員期間の月数で除して得た額に、組合員期間に応じて支給率（同条第四項に規定する支給率をいう。）を乗じて得た金額とする。

（その他の経過措置の政令への委任）

第十六条　この附則に定めるもののほか、この法律の施行に伴い必要な経過措置は、**政令で定める。**

附則別表（附則第七条、附則第十二条関係）

昭和六十二年三月以前	一・二二
昭和六十二年四月から昭和六十三年三月まで	一・一九
昭和六十三年四月から平成元年十一月まで	一・一六
平成元年十二月から平成三年三月まで	一・〇九
平成三年四月から平成四年三月まで	一・〇四
平成四年四月から平成五年三月まで	一・〇一

される平均標準報酬額をいう。次号において同じ。）」と、「千分の五・四八一」とあるのは「千分の五・七六九」と、「組合員期間の月数（当該月数が三百月未満であるときは、三百月）」とあるのは「平成十五年四月以後の組合員期間（次号において「基準日後組合員期間」という。）の月数」と、同条第二号中「千分の一・〇九六」とあるのは「千分の一・一五四」と、「組合員期間の月数（当該月数が三百月未満であるときは、三百月）」とあるのは「基準日後組合員期間の月数」とする。

（組合員期間の月数が三百月未満である障害共済年金等の額の算定に関する経過措置）

第五条　法による障害共済年金（その額の算定の基礎となる組合員期間の月数が三百月未満であるものに限る。次項において同じ。）について平成十二年改正法附則第十一条第一項第一号及び第二号の規定による金額を算定する場合においては、同条第三項の規定により読み替えて適用する改正前の法第八十二条第一項第一号及び第二号中「相当する金額）」とあるのは「相当する金額）に、三百月を組合員期間の月数で除して得た割合を乗じて得た金額」と、平成十二年改正法附則第十一条第四項の規定により読み替えて適用する法第八十二条第一項第一号及び第二号中「相当する金額）」とあるのは「相当する金額）に、三百月を組合員期間の月数で除して得た割合を乗じて得た金額」とする。

2　法による障害共済年金について平成十二年改正法附則第十二条第一項第一号及び第二号の規定による金額を算定する場合においては、同条第五項の規定により読み替えて適用する平成十二年改正法第一条の規定による改正前の法第八十二条第一項第一号

第一条　この省令は平成二十二年四月一日から施行する。

平成二十二年（財務令三七）改正規則

附　則（抄）

（施行期日）

第一条　この省令は、平成二十二年七月十七日から施行する。

（様式の特例）

第三条　組合は、この省令による改正後の国家公務員共済組合法施行規則の規定にかかわらず、当分の間、この省令による改正前の国家公務員共済組合法施行規則（以下「平成二十二年改正前国共済施行規則」という。）別紙様式第十一号による組合員証、別紙様式第十五号による船員組合員証及び別紙様式第三十九号による船員組合員被扶養者証（以下「平成二十二年改正前組合員証等」という。）を交付することができる。この場合において、平成二十二年改正前組合員証等については、平成二十二年改正前国共済施行規則の規定は、なおその効力を有する。

2　この省令の施行の際現に交付されている平成二十二年改正前組合員証等については、平成二十二年改正前国共済施行規則の規定は、なおその効力を有する。

第四条　組合は、附則第二条の規定による改正後の平成十九年改正省令による改正後の国家公務員共済組合法施行規則の規定にかかわらず、当分の間、平成十九年改正前国共済施行規則別紙様式第十一号による組合員証、別紙様式第十五号による遠隔地被扶養者証、別紙様式第三十九号による船員組合員証及び別紙様式第四十号による船員被扶養者証（以下「平成十九年改正前組合員

国家公務員共済組合法

平成五年四月から平成十二年三月まで	〇・九九
平成十二年四月から平成十七年三月まで	〇・九一七
平成十七年度以後の各年度に属する月	政令で定める率

備考　平成十七年度以後の各年度に属する月の項の政令で定める率は、当該年度の前年度に属する月に係る率を、法第七十二条の三第一項第一号に掲げる率に同項第二号に掲げる率を乗じて得た率で除して得た率を基準として定めるものとする。

平成十二年（法五九）改正法

附　則（抄）

（施行期日）

第一条　この法律は、平成十三年四月一日から施行する。ただし、次の各号に掲げる規定は、当該各号に定める日から施行する。

一・二〔略〕

三〔前略〕附則第二十三条中国家公務員共済組合法（昭和三十三年法律第百二十八号）第六十八条の二及び第六十八条の三第一項の改正規定、附則第二十四条の規定〔中略〕平成十三年一月一日

（国家公務員共済組合法の一部改正に伴う経過措置）

第二十四条　国家公務員共済組合法第六十八条の二に規定する育児休業により勤務に服さなかつた期間のうち平成十三年一月一日前に係る期間について支給する育児休業手当金の額については、なお従前の例による。

2　国家公務員共済組合法第六十八条の三第一項に規定する介護休業により勤務に服す

国家公務員共済組合法施行令

及び第二号中「相当する金額）」とあるのは「相当する金額）に、三百月を組合員期間の月数で除して得た割合を乗じて得た金額」と、平成十二年改正法附則第十二条第六項の規定により読み替えて適用する法第八十二条第一項第一号及び第二号中「相当する金額）」とあるのは「相当する金額）に、三百月を組合員期間の月数で除して得た割合を乗じて得た金額」とする。

3　法による遺族共済年金（法第八十八条第一項第四号に該当することにより支給されるものを除くものとし、その額の算定の基礎となる組合員期間の月数が三百月未満であるものに限る。次項において同じ。）について平成十二年改正法附則第十一条第一項第一号及び第二号の規定による金額を算定する場合においては、同条第三項の規定により読み替えて適用する改正前の法第八十九条第一項第一号中「四分の三に相当する金額」とあるのは「四分の三に相当する金額に、三百月を組合員期間の月数で除して得た割合を乗じて得た金額」と、同条第二項中「乗じて得た金額」とあるのは「乗じて得た金額に、三百月を組合員期間の月数で除して得た割合を乗じて得た金額」と、平成十二年改正法附則第十一条第四項の規定により読み替えて適用する法第八十九条第一項第一号中「四分の三に相当する金額」とあるのは「四分の三に相当する金額に、三百月を組合員期間の月数で除して得た割合を乗じて得た金額」とする。

4　法による遺族共済年金について平成十二年改正法附則第十二条第一項第一号及び第二号の規定による金額を算定する場合においては、同条第五項の規定により読み替えて適用する平成十二年改正法第一条の規定

国家公務員共済組合法施行規則

証等」という。）を交付することができる。この場合において、平成十九年改正前組合員証等については、平成十九年改正前国共済施行規則（国家公務員共済組合法施行規則の一部を改正する省令（平成二十二年財務省令第二十四号）附則第三条の規定により改正された平成十九年改正省令附則第二条第二項の規定により読み替えて適用する場合を含む。次項において同じ。）の規定は、なおその効力を有する。

2　この省令の施行の際現に交付されている平成十九年改正前組合員証等については、平成十九年改正前国共済施行規則の規定は、なおその効力を有する。

平成二十二年（財務令四三）改正規則

附　則

この省令は、平成二十二年六月三十日から施行する。

平成二十三年（財務令四）改正規則

附　則

この省令は、平成二十三年四月一日から施行する。

平成二十三年（財務令七）改正規則

附　則

この省令は、公布の日から施行する。

平成二十三年（財務令八）改正規則

附　則

この省令は、平成二十三年四月一日から施行する。

平成二十三年（財務令二六）改正規則

附　則

国家公務員共済組合法等の運用方針

ることができない期間のうち平成十三年一月一日前に係る期間について支給する介護休業手当金の額については、なお従前の例による。

第二十五条　旧受給資格者であつて附則第五条の規定により同条に規定する個別延長給付の支給についてなお従前の例によることとされたものに係る附則第二十三条の規定による改正後の国家公務員共済組合法附則第十二条の八の二第一項の規定の適用については、なお従前の例による。

平成十二年（法九九）改正法

附　則（抄）

（施行期日）

第一条　この法律は、平成十三年四月一日から施行する。

平成十二年（法一二五）改正法

附　則（抄）

（施行期日）

第一条　この法律は、公布の日から施行する。

平成十二年（法一四〇）改正法

附　則（抄）

（施行期日）

第一条　この法律は、平成十三年一月一日から施行する。ただし、次の各号に掲げる規定は、それぞれ当該各号に定める日から施行する。

一　〔前略〕附則第十九条中国家公務員共済組合法第六十六条の改正規定及び同法第七十四条第二項〔中略〕の改正規定

平成十三年四月一日

二　〔略〕

（国家公務員共済組合法の一部改正に伴う経過措置）

による改正前の法第八十九条第一項第一号中「四分の三に相当する金額」とあるのは「四分の三に相当する金額に、三百月を組合員期間の月数で除して得た割合を乗じて得た金額」と、同条第二項中「乗じて得た金額」とあるのは「乗じて得た金額に、三百月を組合員期間の月数で除して得た割合を乗じて得た金額」と、平成十二年改正法附則第十二条第六項の規定により読み替えて適用する法第八十九条第一項第一号中「四分の三に相当する金額」とあるのは「四分の三に相当する金額に、三百月を組合員期間の月数で除して得た割合を乗じて得た金額」とする。

5　法による障害一時金（その額の算定の基礎となる組合員期間の月数が三百月未満であるものに限る。次項において同じ。）について附則第三条第一項第一号及び第二号の規定による金額を算定する場合においては、同条第二項の規定により読み替えて適用する改正前の法第八十七条の七第一号及び第二号中「乗じて得た金額」とあるのは「乗じて得た金額に、三百月を組合員期間の月数で除して得た割合を乗じて得た金額」と、附則第三条第三項の規定により読み替えて適用する法第八十七条の七第一号及び第二号中「乗じて得た金額」とあるのは「乗じて得た金額に、三百月を組合員期間の月数で除して得た割合を乗じて得た金額」とする。

6　法による障害一時金について前条第一項第一号及び第二号の規定による金額を算定する場合においては、同条第二項の規定により読み替えて適用する平成十二年改正法第一条の規定による改正前の法第八十七条の七第一号及び第二号中「乗じて得た金額」とあるのは「乗じて得た金額に、三百

この省令は、平成二十三年六月一日から施行する。

平成二十三年（財務令六二）改正規則

附　則

1　この省令は、平成二十三年十月一日から施行する。

2　この省令による改正後の規定（第百九条の二の規定を除く。）は、住居表示の変更若しくは転居又は死亡の日がこの省令の施行の日以後である場合について適用し、住居表示の変更若しくは転居又は死亡の日がこの省令の施行の日前である場合については、なお従前の例による。

平成二十四年（財務令一一）改正規則

附　則

（施行期日）

第一条　この省令は、平成二十四年四月一日から施行する。

（様式の特例）

第二条　この省令による改正前の別紙様式第二十一号の二の三による限度額適用認定書及び別紙様式第二十一号の三による限度額適用・標準負担額減額認定証は、当分の間、この省令による改正後の別紙様式第二十一号の二の三及び別紙様式第二十一号の三の様式によるものとみなす。

第三条　この省令の施行の際現に存するこの省令による改正前の別紙様式第二十一号の二の三及び別紙様式第二十一号の三の用紙は、当分の間、これを取り繕い使用することができる。

平成二十四年（財務令一七）改正規則

附　則

（施行期日）

第二十条 施行日前に行われた診療、手当又は薬剤の支給に係る国家公務員共済組合法の規定による高額療養費の支給については、なお従前の例による。

2 前条の規定による改正後の国家公務員共済組合法第百二条の規定は、平成十三年一月以後の月分の国又は職員団体の負担すべき金額について適用し、同月前の月分の国又は職員団体の負担すべき金額については、なお従前の例による。

平成十二年（法一四一）改正法

附　則（抄）

（施行期日）

第一条 この法律は、公布の日から起算して六月を超えない範囲内において政令で定める日から施行する。

平成十三年（法一〇一）改正法

附　則（抄）

（施行期日）

第一条 この法律は、平成十四年四月一日から施行する。

（国家公務員共済組合法の一部改正に伴う経過措置）

第八十七条 前条の規定による改正後の国家公務員共済組合法（以下この条において「新法」という。）第三十八条第二項の規定は、施行日以後の期間に係る組合員期間の計算について適用し、施行日前の期間に係る組合員期間の計算については、なお従前の例による。

2 新法第六十六条第六項の規定は、施行日以後に給付事由が生じた傷病手当金の支給について適用し、施行日前に給付事由が生じた傷病手当金の支給については、なお従

月を組合員期間の月数で除して得た割合を乗じて得た金額」と、前条第三項の規定により読み替えて適用する法第八十七条の七第一号及び第二号中「乗じて得た金額」とあるのは「乗じて得た金額に、三百月を組合員期間の月数で除して得た割合を乗じて得た金額」とする。

（平成十五年度以後における障害共済年金の支給停止額の算定に関する経過措置）

第六条 組合員期間の全部又は一部が平成十五年四月一日前である者に支給する改正後の法第八十七条の四に規定する公務等による障害共済年金の同条の規定により支給を停止する額については、同条の規定による金額は、同条の規定にかかわらず、次の各号の規定による金額を合算した金額とする。

一 平成十五年四月一日前の組合員期間を基礎として改正前の法第八十七条の四の規定を適用したとしたならばこれらの規定により算定される金額

二 平成十五年四月一日以後の組合員期間を基礎として法第八十七条の四の規定を適用したとしたならばこれらの規定により算定される金額

2 前項第一号の規定による金額を算定する場合においては、改正前の法第八十七条の四中「平均標準報酬月額」とあるのは「平均標準報酬月額（平成十五年四月前の組合員期間（以下この条において「基準日前組合員期間」という。）の計算の基礎となる各月の掛金の標準となつた標準報酬の月額に、国家公務員共済組合法等の一部を改正する法律（平成十二年法律第二十一号）附則第十一条第二項に規定する再評価率を乗じて得た額を平均した額をいう。以下この条及び附則第十三条の九において同じ。）」

第一条 この省令は、平成二十四年四月一日から施行する。

（様式の特例）

第二条 この省令による改正前の別紙様式第二十四号の二による特別療養証明書は、当分の間、この省令による改正後の別紙様式第二十四号の二の様式によるものとみなす。

第三条 この省令の施行の際現に存するこの省令による改正前の別紙様式第二十四号の二の用紙は、当分の間、これを取り繕い使用することができる。

平成二十五年（財務令八）改正規則

附　則

（施行期日）

第一条 この省令は、平成二十五年四月一日から施行する。

（様式の特例）

第二条 この省令による改正前の別紙様式第二十四号の二による特別療養証明書は、当分の間、この省令による改正後の別紙様式第二十四号の二の様式によるものとみなす。

第三条 この省令の施行の際現に存するこの省令による改正前の別紙様式第二十四号の二の用紙は、当分の間、これを取り繕い使用することができる。

平成二十五年（財務令一三）改正規則

附　則（抄）

（施行期日）

第一条 この省令は、平成二十五年四月一日から施行する。ただし、附則第四条の規定は、平成二十七年十月一日から施行する。

（退職等年金給付事業の準備行為）

第二条 国家公務員共済組合連合会は、国家公務員の退職給付の給付水準の見直し等の

前の例による。

3　新法第七十四条第一項、第二項及び第四項、第七十九条第三項、第八十条第一項並びに第八十七条の二第一項の規定並びに国家公務員共済組合法等の一部を改正する法律（平成十六年法律第百三十号）第五条の規定による改正前の新法第七十四条の二第一項及び第三項の規定は、施行日以後の月分として支給される国家公務員共済組合法による年金である給付について適用し、施行日前の月分として支給される同法による年金である給付については、なお従前の例による。

4　新法第百条第二項の規定は、施行日以後の月分の掛金について適用し、施行日前の月分の掛金については、なお従前の例による。

5　新法附則第十三条の三第二項の規定は、施行日以前に旧農林共済組合の組合員の資格を喪失した場合についても、適用する。

（国家公務員等共済組合法等の一部を改正する法律の一部改正に伴う経過措置）

第九十条　前条の規定による改正後の国家公務員等共済組合法等の一部を改正する法律（以下この条において「新法」という。）附則第十一条第二項及び第四項並びに第四十五条第一項の規定は、施行日以後の月分として支給される旧共済法による年金（新法附則第二条第六号に規定する旧共済法による年金をいう。以下この条において同じ。）について適用し、施行日前の月分として支給される旧共済法による年金については、なお従前の例による。

平成十三年（法一四二）改正法

附　則（抄）

（施行期日）

と、「政令で定める金額」とあるのは「平均標準報酬月額の千分の〇・三五六二五に相当する金額に三百を乗じて得た金額に相当する金額」と、「相当する金額）（当該障害共済年金の額が第七十二条の二の規定により改定された場合には、当該改定の措置に準じて政令で定めるところにより当該金額を改定した金額）」とあるのは「相当する金額）に、基準日前組合員期間の月数を組合員期間の月数で除して得た割合を乗じて得た金額」とする。

3　第一項第二号の規定による金額を算定する場合においては、法第八十七条の四中「平均標準報酬額」とあるのは「平均標準報酬額（第七十二条の二中「組合員期間」とあるのを「平成十五年四月以後の組合員期間」と読み替えて同条の規定を適用した場合に算定される平均標準報酬額をいう。以下この条において同じ。）」と、「政令で定める金額」とあるのは「平均標準報酬額の千分の〇・二七四に相当する金額に三百を乗じて得た金額に相当する金額」と、「相当する金額）」とあるのは「相当する金額）に、平成十五年四月以後の組合員期間の月数を組合員期間の月数で除して得た割合を乗じて得た金額」とする。

第七条　法第八十七条の四に規定する公務等による障害共済年金の同条の規定により支給を停止する額については、前条の規定により算定した金額が次の各号の規定による金額を合算して得た金額に従前額改定率を乗じて得た金額に満たないときは、同条の規定にかかわらず、当該各号の規定による金額を合算して得た金額に従前額改定率を乗じて得た金額を、同条の規定による金額とする。

一　平成十五年四月一日前の組合員期間を

ための国家公務員退職手当法等の一部を改正する法律（平成二十四年法律第九十六号）附則第一条第六号に掲げる規定の施行の日（以下「第六号施行日」という。）前においても、同法第五条による改正後の国家公務員共済組合法第七十四条に規定する退職等年金給付に係る事業の実施に必要な準備行為をすることができる。

（経理単位の特例）

第三条　国家公務員共済組合連合会は、前条に規定する準備行為を行う場合には、当該準備行為に関する取引を経理するための経理単位として退職等年金給付準備業務経理を設けるものとする。

2　国家公務員共済組合連合会の積立金等（国家公務員共済組合法施行令（昭和三十三年政令第二百七号）第九条の二に規定する積立金等をいう。）の資金は、予算の定めるところにより、前項の規定により設けられた退職等年金給付準備業務経理に貸し付けるものとする。この場合において、当該貸付金に係る利率については、長期給付の事業に係る財政の安定に配慮しつつ、財政融資資金法（昭和二十六年法律第百号）第十条第一項の規定に基づき財政融資資金を貸し付ける場合の利率を参酌して財務大臣が定める利率とする。

第四条　国家公務員共済組合連合会の前条第一項に規定する退職等年金給付準備業務経理に係る資産及び負債は、第六号施行日において国家公務員共済組合連合会の業務経理に帰属するものとする。

2　国家公務員共済組合連合会の平成二十七年四月一日に開始する事業年度における前条第一項に規定する退職等年金給付準備業務経理については、国家公務員共済組合法施行規則第八十五条第二項の規定により準

国家公務員共済組合法

第一条　この法律は、平成十四年四月一日から施行する。

平成十三年（法一五三）改正法

附　則（抄）

（施行期日）

第一条　この法律は、公布の日から起算して六月を超えない範囲内において政令で定める日から施行する。

平成十四年（法四〇）改正法

附　則（抄）

（施行期日）

第一条　この法律は、平成十五年四月一日から施行する。〔ただし書略〕

（国家公務員共済組合法の一部改正に伴う経過措置）

第十四条　前条の規定による改正前の国家公務員共済組合法（第三項において「改正前国共済法」という。）第三条第二項第三号ロの規定により設けられた組合（次項及び次条において「旧組合」という。）は、施行日に解散するものとし、その一切の権利及び義務は、国家公務員共済組合法第三条第一項の規定により財務省に属する職員をもつて組織された組合（次条において「財務省共済組合」という。）が承継する。

2　旧組合の平成十四年度に係る決算並びに貸借対照表及び損益計算書については、なお従前の例による。

3　施行日前に改正前国共済法又はこれに基づく命令の規定によりした処分、手続その他の行為は、別段の定めがあるもののほか、この法律若しくは前条の規定による改正後の国家公務員共済組合法又はこれらに基づく命令中の相当規定によりした処分、手続

国家公務員共済組合法施行令

基礎として平成十二年改正法第一条の規定による改正前の法第八十七条の四及び附則第十三条の九の規定を適用したとしたならばこれらの規定により算定される金額

二　平成十五年四月一日以後の組合員期間を基礎として法第八十七条の四の規定を適用したとしたならばこれらの規定により算定される金額

2　前項第一号の規定による金額を算定する場合においては、平成十二年改正法第一条の規定による改正前の法第八十七条の四中「平均標準報酬月額」とあるのは「平均標準報酬月額（平成十五年四月前の組合員期間（以下この条において「基準日前組合員期間」という。）の計算の基礎となる各月の掛金の標準となつた標準報酬の月額を平均した額をいう。以下この条及び附則第十三条の九において同じ。）」と、「政令で定める金額」とあるのは「平均標準報酬月額の千分の〇・三七五に相当する金額に三百を乗じて得た金額に相当する金額」と、「相当する金額（当該障害共済年金の額が第七十二条の二の規定により改定された場合には、当該改定の措置に準じて政令で定めるところにより当該金額を改定した金額）」とあるのは「相当する金額）に、基準日前組合員期間の月数を組合員期間の月数で除して得た割合を乗じて得た金額」と、平成十二年改正法第一条の規定による改正前の法附則第十三条の九中「次の表」とあるのは「国家公務員共済組合法等の一部を改正する法律（平成十二年法律第二十一号）附則別表」と、「第七十七条第一項」とあるのは「国家公務員共済組合法施行令等の一部を改正する政令（平成十五年政令第十六

国家公務員共済組合法施行規則

用する同規則第八十四条の規定は、適用しない。

○平成二十六年（財務令一七）改正規則

附　則

（施行期日）

第一条　この省令は、平成二十六年四月一日から施行する。

（様式の特例）

第二条　この省令による改正前の別紙様式第二十四号の二による特別療養証明書は、当分の間、この省令による改正後の別紙様式第二十四号の二の様式によるものとみなす。

第三条　この省令の施行の際現に存するこの省令による改正前の別紙様式第二十四号の二の用紙は、当分の間、これを取り繕い使用することができる。

○平成二十六年（財務令四五）改正規則

附　則（抄）

1　この省令は、国家公務員法等の一部を改正する法律（平成二十六年法律第二十二号）の施行の日（平成二十六年五月三十日）から施行する。

○平成二十六年（財務令七七）改正規則

附　則

この省令は、中国残留法人等の円滑な帰国の促進及び永住帰国後の自立の支援に関する法律の一部を改正する法律（平成二十五年法律第百六号）の施行の日（平成二十六年十月一日）から施行する。

○平成二十六年（財務令九八）改正規則

附　則

（施行期日）

国家公務員共済組合法等の運用方針

その他の行為とみなす。

第十五条　施行日の前日に旧組合の組合員であつた者（施行日に財務省共済組合の組合員の資格を取得した者に限る。以下この条において「更新組合員」という。）は財務省共済組合の組合員であつた者と、旧組合の組合員であつた期間（次に掲げる期間を除く。）は財務省共済組合の組合員であつた期間とみなす。

一　国家公務員共済組合法附則第十三条の十の規定による脱退一時金の支給を受けた場合におけるその脱退一時金の額の算定の基礎となつた期間

二　国家公務員等共済組合法等の一部を改正する法律（昭和六十年法律第百五号。第四号において「昭和六十年国共済改正法」という。）第一条の規定による改正前の国家公務員等共済組合法第八十条第一項の規定による脱退一時金（他の法令の規定により当該脱退一時金とみなされたものを含む。）の支給を受けた場合におけるその脱退一時金の額の算定の基礎となつた期間

三　国家公務員及び公共企業体職員に係る共済組合制度の統合等を図るための国家公務員共済組合法等の一部を改正する法律（昭和五十八年法律第八十二号）附則第二条の規定による廃止前の公共企業体職員等共済組合法（昭和三十一年法律第百三十四号）第六十一条の三第一項の規定による脱退一時金の支給を受けた場合におけるその脱退一時金の額の算定の基礎となつた期間

四　昭和六十年国共済改正法附則第六十一条の規定による脱退一時金の支給を受けた場合におけるその脱退一時金の額の算定の基礎となつた期間

号）附則第七条第二項の規定により読み替えられた第八十七条の四」と、「附則第十三条の九の表」とあるのは「国家公務員共済組合法等の一部を改正する法律（平成十二年法律第二十一号）附則別表」とする。

3　第一項第二号の規定による金額を算定する場合においては、法第八十七条の四中「平均標準報酬額」とあるのは「平均標準報酬額（第七十二条の二中「組合員期間」とあるのを「平成十五年四月以後の組合員期間」と、「別表第二の各号に掲げる受給権者の区分に応じ、それぞれ当該各号」とあるのを「国家公務員共済組合法等の一部を改正する法律（平成十二年法律第二十一号）附則別表の上欄に掲げる期間の区分に応じてそれぞれ同表の下欄」とそれぞれ読み替えて同条の規定を適用した場合に算定される平均標準報酬額をいう。以下この条において同じ。）」と、「百分の十四・六一五」とあるのは「百分の十五・三八五」と、「百分の二十一・九二三」とあるのは「百分の二十三・〇七七」と、「政令で定める金額」とあるのは「平均標準報酬額の千分の〇・二八八五に相当する金額に三百を乗じて得た金額に相当する金額」と、「相当する金額）」とあるのは「相当する金額）に、平成十五年四月以後の組合員期間の月数を組合員期間の月数で除して得た割合を乗じて得た金額」とする。

（平成十五年度以後における遺族共済年金の支給停止額の算定に関する経過措置）

第八条　組合員期間の全部又は一部が平成十五年四月一日前である者に支給する法第八十九条第三項に規定する公務等による遺族共済年金の法第九十三条の三の規定により支給を停止する金額については、同条の規定にかかわらず、同条の規定による金額は、

第一条　この省令は、平成二十七年一月一日から施行する。

（特定疾病給付対象療養の認定に関する経過措置）

第二条　平成二十七年一月から同年十二月までの間においては、国家公務員共済組合法第五十五条第二項第三号又は第五十七条第二項第一号ニの規定が適用される者及び国家公務員共済組合法施行令第十一条の三の四第一項第一号に規定する病院等にこの省令による改正後の国家公務員共済組合法施行規則（以下「新規則」という。）別紙様式第二十一号の二の三による限度額適用認定証又は新規則別紙様式第二十一号の三による限度額適用・標準負担額減額認定証を提出して同条第七項に規定する特定疾病給付対象療養を受けた場合の当該療養を受けた者については、新規則第百五条の五の二第一項の申出に基づく組合の認定を受けているものとみなす。

（出産費及び家族出産費に関する経過措置）

第三条　この省令の施行の日前の出産に係る国家公務員共済組合法施行規則第百六条第二項の規定の適用については、なお従前の例による。

（様式の特例）

第四条　この省令の施行の際現に存するこの省令による改正前の別紙様式第二十一号の二の三及び別紙様式第二十一号の三の用紙は、当分の間、これを取り繕い使用することができる。

○平成二十七年（財務令一七）改正規則

附　則

この省令は、平成二十七年四月一日から施行する。

国家公務員共済組合法

2　旧組合が施行日前に国家公務員共済組合法第四十二条第二項、第五項又は第七項の規定により決定し、又は改定した施行日の前日における更新組合員の同条第一項に規定する標準報酬は、当該更新組合員の属する財務省共済組合が同条第二項、第五項又は第七項の規定により決定し、又は改定した同条第一項に規定する標準報酬とみなす。

3　施行日前に国家公務員共済組合法第五十三条第一項（第二号を除く。）の規定により更新組合員が旧組合に届け出なければならない事項についてその届出がされていない場合には、施行日以後は、同項の規定により当該更新組合員が財務省共済組合に届け出なければならない事項についてその届出がされていないものとみなして、同条の規定を適用する。

4　退職の日が施行日前である旧組合の組合員（国家公務員共済組合法第百二十四条の二第二項に規定する継続長期組合員を除く。次項において同じ。）であつた者に対し同法第五十九条、第六十六条第三項又は第六十七条（第一項及び第二項を除く。）の規定が適用されるものとしたならば、これらの規定により支給される給付を受けることができるときは、これらの給付は、同法の規定の例によるものとし、財務省共済組合が支給する。

5　施行日前に旧組合の組合員が退職し、かつ、施行日以後に出産し、又は死亡した場合において、国家公務員共済組合法第六十一条第二項、第六十四条又は第六十七条第二項の規定が適用されるものとしたならば、これらの規定により支給される給付を受けることができるときは、これらの給付は、同法の規定の例によるものとし、財務省共

国家公務員共済組合法施行令

次の各号の規定による金額を合算した金額とする。

一　平成十五年四月一日前の組合員期間を基礎として改正前の法第九十三条の三並びに平成十二年改正法第四条の規定による改正前の国家公務員等共済組合法等の一部を改正する法律（昭和六十年法律第百五号。以下「昭和六十年改正法」という。）附則第十五条第二項及び附則別表第二の規定を適用したとしたならばこれらの規定により算定される金額

二　平成十五年四月一日以後の組合員期間を基礎として法第九十三条の三並びに昭和六十年改正法附則第十五条第二項及び附則別表第二の規定を適用したとしたならばこれらの規定により算定される金額

2　前項第一号の規定による金額を算定する場合においては、改正前の法第九十三条の三中「平均標準報酬月額」とあるのは「平均標準報酬月額（平成十五年四月前の組合員期間（以下この条において「基準日前組合員期間」という。）の計算の基礎となる各月の掛金の標準となつた標準報酬の月額に国家公務員共済組合法等の一部を改正する法律（平成十二年法律第二十一号）附則第十一条第二項に規定する再評価率を乗じて得た額を平均した額をいう。）」と、「相当する金額（当該遺族共済年金の額が第七十二条の二の規定により改定された場合には、当該改定の措置に準じ政令で定めるところにより当該金額を改定した金額）」とあるのは「相当する金額に、基準日前組合員期間の月数を組合員期間の月数で除して得た割合を乗じて得た金額」とする。

3　第一項第二号の規定による金額を算定する場合においては、法第九十三条の三中

国家公務員共済組合法施行規則

○平成二十七年（財務令一八）改正規則

附　則（抄）

（施行期日）

第一条　この省令は、平成二十七年十月一日から施行する。ただし、第百十八条及び第百十八条の二の改正規定は、同年四月一日から施行する。

（事業報告書及び決算事業報告書に関する経過措置）

第二条　この省令による改正後の国家公務員共済組合法施行規則（以下「新規則」という。）第百十八条の規定は、平成二十七年四月以後の毎月末日現在の事業報告書の作成について適用し、同年三月末日現在の事業報告書の作成については、なお従前の例による。

2　新規則第百十八条の二の規定は、平成二十七年四月一日以後に開始する事業年度の毎事業年度末日現在の決算事業報告書の作成について適用し、平成二十七年四月一日前に開始する事業年度の末日現在の決算事業報告書の作成については、なお従前の例による。

（経理単位に関する経過措置）

第三条　この省令の施行の際、この省令による改正前の国家公務員共済組合法施行規則（以下「旧規則」という。）第八十五条第二項の規定により読み替えて準用する第六条第一項第二号に規定する連合会（新規則第二条に規定する連合会をいう。以下同じ。）の長期経理（以下「旧長期経理」という。）の資産及び負債は、新規則第八十五条第二項の規定により読み替えて準用する第六条第一項第二号に規定する厚生年金保険経理又は被用者年金制度の一元化等を図るための厚生年金保険法等の一部を改正する法律

国家公務員共済組合法等の運用方針

済組合が支給する。

6　施行日前に国家公務員共済組合法第百条の二の規定により更新組合員が旧組合にした申出は、同条の規定により財務省共済組合にした申出とみなして、同条の規定を適用する。

7　施行日の前日において国家公務員共済組合法第百二十四条の二第一項の規定により旧組合の組合員であるものとされていた者及び同日において旧組合の組合員であつた者で同日に任命権者又はその委任を受けた者の要請に応じて引き続き同項に規定する公庫等職員となるため退職したものについては、財務省共済組合を同項に規定する転出の際に所属していた組合とみなして、同条の規定を適用する。

8　施行日の前日において国家公務員共済組合法第百二十六条の五第一項又は附則第十二条第二項の規定により旧組合の組合員であるものとみなされていた者及び同日において旧組合の組合員であつた者で同日に退職し、同法第百二十六条の五第一項又は附則第十二条第一項の規定による申出を同日に旧組合に行つたものについては、財務省共済組合を同法第百二十六条の五第一項又は附則第十二条第一項の規定による申出に係る組合とみなして、同法第百二十六条の五又は附則第十二条の規定を適用する。

9　施行日前に退職し、国家公務員共済組合法第百二十六条の五第一項の規定による申出を旧組合にすることができる者で、施行日前に当該申出をしていないものについては、財務省共済組合を同項の規定による申出に係る組合とみなして、同条の規定を適用する。この場合において、同項中「当該組合」とあるのは、「当該組合（独立行政法人造幣局法（平成十四年法律第四十号）

「平均標準報酬額」とあるのは「平均標準報酬額（第七十二条の二中「組合員期間」とあるのを「平成十五年四月以後の組合員期間」と読み替えて同条の規定を適用した場合に算定される平均標準報酬額をいう。）」と、「相当する金額の」とあるのは「相当する金額に、平成十五年四月以後の組合員期間の月数を組合員期間の月数で除して得た割合を乗じて得た金額の」とする。

第九条　法第八十九条第三項に規定する公務等による遺族共済年金の法第九十三条の三の規定により支給を停止する額については、前条の規定により算定した金額が次の各号の規定による金額を合算して得た金額に従前額改定率を乗じて得た金額に満たないときは、同条の規定にかかわらず、当該各号の規定による金額を合算して得た金額に従前額改定率を乗じて得た金額を、同条の規定による金額とする。

一　平成十五年四月一日前の組合員期間を基礎として平成十二年改正法第一条の規定による改正前の法第九十三条の三及び附則第十三条の九並びに平成十二年改正法第三条の規定による改正前の昭和六十年改正法附則第十五条第二項及び附則別表第二の規定を適用したとしたならばこれらの規定により算定される金額

二　平成十五年四月一日以後の組合員期間を基礎として法第九十三条の三並びに昭和六十年改正法附則第十五条第二項及び附則別表第二の規定を適用したとしたならばこれらの規定により算定される金額

2　前項第一号の規定による金額を算定する場合においては、平成十二年改正法第一条の規定による改正前の法第九十三条の三中「平均標準報酬月額」とあるのは「平均標準報酬月額（平成十五年四月前の組合員期

の施行及び国家公務員の退職給付の給付水準の見直し等のための国家公務員退職手当法等の一部を改正する法律の一部の施行に伴う国家公務員共済組合法による長期給付等に関する経過措置に関する省令（平成二十七年財務省令第七十四号。以下「平成二十七年経過措置省令」という。）第二条第一項の規定により読み替えて準用する国家公務員共済組合法施行規則第八十五条第二項の規定により読み替えて準用する平成二十七年経過措置省令第二条第一項の規定により読み替えられた国家公務員共済組合法施行規則第六条第一項第二号に規定する経過的長期経理に帰属するものとする。

2　平成二十七年四月一日に開始する事業年度における旧長期経理については、国家公務員共済組合法施行規則第八十五条第二項の規定により準用する同規則第八十四条の規定は、適用しない。この場合において、旧長期経理について損益計算上利益を生じたときはその額を平成二十七年経過措置省令第二条第一項の規定により読み替えて準用する国家公務員共済組合法施行規則第八十五条の六第一項に規定する国の組合の経過的長期給付積立金（以下「経過的長期給付積立金」という。）として、損益計算上損失を生じたときはその額を経過的長期給付積立金から減額して、それぞれ整理するものとする。

（厚生年金保険給付積立金の当初額）

第四条　旧規則第八十五条の二の四に規定する長期給付積立金のうち被用者年金制度の一元化等を図るための厚生年金保険法等の一部を改正する法律（以下「平成二十四年一元化法」という。）附則第二十七条第一項の規定により平成二十四年一元化法第一条の規定による改正後の厚生年金保険法

国家公務員共済組合法

の施行前の期間については、その者の所属していた同法附則第十四条第一項に規定する旧組合とする。）」とする。

第十六条　この法律の施行前にした附則第十三条の規定による改正前の国家公務員共済組合法の規定に違反する行為に対する罰則の適用については、なお従前の例による。

平成十四年（法四一）改正法

附　則（抄）

（施行期日）

第一条　この法律は、平成十五年四月一日から施行する。〔ただし書略〕

（国家公務員共済組合法の一部改正に伴う経過措置）

第十五条　前条の規定による改正前の国家公務員共済組合法（第四項において「改正前国共済法」という。）第三条第二項第三号の規定により設けられた組合（以下この条及び次条において「旧組合」という。）は、施行日に解散するものとし、その一切の権利及び義務は、国家公務員共済組合法第三条第一項の規定により財務省に属する職員をもつて組織された組合（第三項及び次条において「財務省共済組合」という。）が承継する。

2　旧組合の平成十四年度に係る決算並びに貸借対照表及び損益計算書については、なお従前の例による。

3　第一項の規定により旧組合の権利を財務省共済組合が承継する場合における当該承継に係る不動産の取得に対しては、不動産取得税を課することができない。

4　施行日前に改正前国共済法又はこれに基づく命令の規定によりした処分、手続その他の行為は、別段の定めがあるもののほか、

国家公務員共済組合法施行令

間（以下この条において「基準日前組合員期間」という。）の計算の基礎となる各月の掛金の標準となつた標準報酬の月額を平均した額をいう。附則第十三条の九において同じ。）」と、「相当する金額（当該遺族共済年金の額が第七十二条の二の規定により改定された場合には、当該改定の措置に準じ政令で定めるところにより当該金額を改定した金額）」とあるのは「相当する金額に、基準日前組合員期間の月数を組合員期間の月数で除して得た割合を乗じて得た金額」と、平成十二年改正法第一条の規定による改正前の法附則第十三条の九中「次の表」とあるのは「国家公務員共済組合法等の一部を改正する法律（平成十二年法律第二十一号）附則別表」と、「第七十七条第一項」とあるのは「国家公務員共済組合法施行令等の一部を改正する政令（平成十五年政令第十六号）附則第九条第二項の規定により読み替えられた第九十三条の三」と、「附則第十三条の九の表」とあるのは「国家公務員共済組合法等の一部を改正する法律（平成十二年法律第二十一号）附則別表」とする。

3　第一項第二号の規定による金額を算定する場合においては、法第九十三条の三中「平均標準報酬額（第七十二条の二中「組合員期間」とあるのを「平成十五年四月以後の組合員期間」と、「別表第二の各号に掲げる受給権者の区分に応じ、それぞれ当該各号」とあるのを「国家公務員共済組合法等の一部を改正する法律（平成十二年法律第二十一号）附則別表の上欄に掲げる期間の区分に応じてそれぞれ同表の下欄」とそれぞれ読み替えて同条の規定を適用した場合に算定

国家公務員共済組合法施行規則

（昭和二十九年法律第百十五号）第七十九条の二に規定する実施機関積立金として積み立てられたものとみなされた額に相当する部分は、この省令の施行の日（以下「施行日」という。）において国家公務員共済組合法施行規則第八十五条の六第一項に規定する厚生年金保険給付積立金として整理されたものとみなす。

（経過的長期給付積立金の当初額）

第五条　旧規則第八十五条の二の四に規定する長期給付積立金のうち平成二十四年一元化法附則第四十九条の四の規定により国の組合の経過的長期給付積立金とみなされた額に相当するものは、施行日において経過的長期給付積立金として整理されたものとみなす。

（連合会の平成二十七年四月一日に開始する事業年度における事業計画及び予算に関する経過措置）

第六条　連合会の平成二十七年四月一日に開始する事業年度における新規則第八十五条第三項及び附則第三十七項の規定の適用については、同条第三項第一号中「前々事業年度の実績並びに前事業年度及び当該事業年度の推計並びに」とあるのは「当該事業年度の推計及び」と、同項第二号中「前々事業年度の実績並びに前事業年度及び当該事業年度」とあるのは「当該事業年度」と、新規則附則第三十七項中「前々事業年度の実績並びに前事業年度及び当該事業年度の推計並びに」とあるのは「当該事業年度の推計及び」とする。

2　連合会の平成二十七年四月一日に開始する事業年度における新規則第八十五条第二項の規定により準用する新規則第二十四条の規定の適用については、同条第三項中

国家公務員共済組合法等の運用方針

この法律若しくは前条の規定による改正後の国家公務員共済組合法又はこれらに基づく命令中の相当規定によりした処分、手続その他の行為とみなす。

第十六条　施行日の前日に旧組合の組合員であつた者（施行日に財務省共済組合の組合員の資格を取得した者に限る。以下この条において「更新組合員」という。）は財務省共済組合の組合員であつた者と、旧組合の組合員であつた期間（次に掲げる期間を除く。）は財務省共済組合の組合員であつた期間とみなす。

一　国家公務員共済組合法附則第十三条の十の規定による脱退一時金の支給を受けた場合におけるその脱退一時金の額の算定の基礎となつた期間

二　国家公務員等共済組合法等の一部を改正する法律（昭和六十年法律第百五号。第四号において「昭和六十年国共済改正法」という。）第一条の規定による改正前の国家公務員等共済組合法第八十条第一項の規定による脱退一時金（他の法令の規定により当該脱退一時金とみなされたものを含む。）の支給を受けた場合におけるその脱退一時金の額の算定の基礎となつた期間

三　国家公務員及び公共企業体職員に係る共済組合制度の統合等を図るための国家公務員共済組合法等の一部を改正する法律（昭和五十八年法律第八十二号）附則第二条の規定による廃止前の公共企業体職員等共済組合法（昭和三十一年法律第百三十四号）第六十一条の三第一項の規定による脱退一時金の支給を受けた場合におけるその脱退一時金の額の算定の基礎となつた期間

四　昭和六十年国共済改正法附則第六十一

される平均標準報酬額をいう。）」と、「千分の二・五九六」とあるのは「千分の二・四六六」と、「相当する金額に」とあるのは「相当する金額の」と、平成十五年四月以後の組合員期間の月数を組合員期間の月数で除して得た割合を乗じて得た金額の」とする。

（国家公務員共済組合法施行令の一部改正に伴う経過措置）

第十条　平成十五年度の法第百条第三項に規定する標準報酬の月額及び標準期末手当等の額と掛金との割合（短期給付（同法第五十二条の二に規定する短期給付をいう。）に係るもの及び介護保険法（平成九年法律第百二十三号）第百五十条第一項に規定する納付金の納付に係るものに限る。）の算定に関しては、第一条の規定による改正後の国家公務員共済組合法施行令第十二条第三項中「における組合員の標準報酬の月額の合計額及び当該組合員の標準期末手当等の額」とあるのは、「における組合員の標準報酬の月額の合計額及び当該組合員の国家公務員共済組合法等の一部を改正する法律（平成十二年法律第二十一号）第二条の規定による改正前の法第百一条の二第二項の規定により特別掛金の標準となつた同項に規定する期末手当等の額（その額に千円未満の端数があるときは、これを切り捨てた額（その額が二百万円を超えるときは、二百万円）とする。以下この項において「標準期末手当等の額」という。）」とする。

（平成十五年四月から平成十六年十二月までの特例退職組合員の標準報酬の月額に関する経過措置）

第十一条　平成十五年四月から同年十二月までの健康保険法等の一部を改正する法律（平成十四年法律第百二号）附則第四十八

「前前事業年度」とあるのは「厚生年金保険経理、退職等年金経理及び経過的長期経理（附則第三十五項において読み替えて適用するものとされた附則第三十四項に規定する経過的長期経理をいう。以下この条において同じ。）以外の経理単位については前々事業年度」と、「推計を」とあるのは「推計を、厚生年金保険経理、退職等年金経理及び経過的長期経理については当該事業年度における推計を、それぞれ」と、同条第四項中「前前事業年度末日」とあるのは「厚生年金保険経理、退職等年金経理及び経過的長期経理以外の経理単位については前々事業年度末日」と、「推計を」とあるのは「推計を、厚生年金保険経理、退職等年金経理及び経過的長期経理については当該事業年度末日における推計を、それぞれ」とする。

○平成二十七年（財務令五九）改正規則

附　則（抄）

（施行期日）

第一条　この省令は、平成二十七年六月二十五日から施行する。

（様式の特例）

第二条　この省令による改正前の別紙様式第二十一号の二による特定疾病療養受療証、別紙様式第二十一号の二の三による限度額適用認定証及び別紙様式第二十一号の三による限度額適用・標準負担額減額認定証は、当分の間、この省令による改正後の別紙様式第二十一号の二、別紙様式第二十一号の二の三及び別紙様式第二十一号の三の様式によるものとみなす。

第三条　この省令の施行の際現に存するこの省令による改正前の別紙様式第二十一号の二、別紙様式第二十一号の二の三及び別紙

条の規定による脱退一時金の支給を受けた場合におけるその脱退一時金の額の算定の基礎となつた期間

2　旧組合が施行日前に国家公務員共済組合法第四十二条第二項、第五項又は第七項の規定により決定し、又は改定した施行日の前日における更新組合員の同条第一項に規定する標準報酬は、当該更新組合員の属する財務省共済組合が同条第二項、第五項又は第七項の規定により決定し、又は改定した同条第一項に規定する標準報酬とみなす。

3　施行日前に国家公務員共済組合法第五十三条第一項（第二号を除く。）の規定により更新組合員が旧組合に届け出なければならない事項についてその届出がされていない場合には、施行日以後は、同項の規定により当該更新組合員が財務省共済組合に届け出なければならない事項についてその届出がされていないものとみなして、同条の規定を適用する。

4　退職の日が施行日前である旧組合の組合員（国家公務員共済組合法第百二十四条の二第二項に規定する継続長期組合員を除く。次項において同じ。）であつた者に対し同法第五十九条、第六十六条第三項又は第六十七条（第一項及び第二項を除く。）の規定が適用されるものとしたならば、これらの規定により支給される給付を受けることができるときは、これらの給付は、同法の規定の例によるものとし、財務省共済組合が支給する。

5　施行日前に旧組合の組合員が退職し、かつ、施行日以降に出産し、又は死亡した場合において、国家公務員共済組合法第六十一条第二項、第六十四条又は第六十七条第二項の規定が適用されるものとしたならば、

条の規定による改正後の法附則第十二条第五項に規定する特例退職組合員の標準報酬の月額（次項において「特例退職組合員の標準報酬の月額」という。）に関しては、同条第五項中「標準期末手当等の額」とあるのは、「国家公務員共済組合法等の一部を改正する法律（平成十二年法律第二十一号）第二条の規定による改正前の第百一条の二第二項の規定により特別掛金の算定の標準となつた同項に規定する期末手当等の額（その額に千円未満の端数があるときは、これを切り捨てた額（その額が二百万円を超えるときは、二百万円）とする。）」とする。

2　平成十六年一月から同年十二月までの特例退職組合員の標準報酬の月額に関しては、健康保険法等の一部を改正する法律附則第四十八条の規定による改正後の法附則第十二条第五項中「前年に」とあるのは「前年一月から三月までに」と、「標準期末手当等の額」とあるのは「国家公務員共済組合法等の一部を改正する法律（平成十二年法律第二十一号）第二条の規定による改正前の第百一条の二第二項の規定により特別掛金の算定の標準となつた同項に規定する期末手当等の額（その額に千円未満の端数があるときは、これを切り捨てた額（その額が二百万円を超えるときは、二百万円）と する。）及び同年四月から十二月までにおける当該組合員の標準期末手当等の額」とする。

（退職共済年金等の額の一般的特例に関する経過措置）

第十二条　平成十二年改正法附則第十二条第一項第二号の規定による金額を算定する場合及び附則第九条第一項第二号の規定によ

様式第二十一号の三の用紙は、当分の間、これを取り繕い使用することができる。

（旧組合員証等の様式の特例）

第五条　前条の規定による改正前の平成十九年改正前施行規則別紙様式第十一号による組合員証、別紙様式第十五号による遠隔地被扶養者証、別紙様式第十五号の三による高齢受給者証、別紙様式第三十九号による船員組合員証及び別紙様式第四十号による船員被扶養者証（以下「旧組合員証等」という。）は、当分の間、前条の規定による改正後の別紙様式第十一号、別紙様式第十五号、別紙様式第十五号の三、別紙様式第三十九号及び別紙様式第四十号の様式によるものとみなす。

2　この省令の施行の際現に存する前条の規定による改正前の旧組合員証等の用紙は、当分の間、これを取り繕い使用することができる。

○平成二十七年（財務令七三）改正規則

附　則（抄）

（施行期日）

第一条　この省令は、平成二十七年十月一日から施行する。

（退職等年金給付に要する費用を計算したときの財務大臣への報告の特例）

第二条　国家公務員共済組合連合会は、この省令の施行の日（次項において「施行日」という。）前においても、第一条の規定による改正後の国家公務員共済組合法施行規則第八十五条の三に規定する国家公務員共済組合法第二十一条第二項第二号ロの計算を、財務大臣の定める様式に基づき、財務大臣に報告することができるものとする。

2　前項の規定による報告は、施行日におい

これらの規定により支給される給付を受けることができるときは、これらの給付は、同法の規定の例によるものとし、財務省共済組合が支給する。

6　施行日前に国家公務員共済組合法第百条の二の規定により更新組合員が旧組合にした申出は、同条の規定により財務省共済組合にした申出とみなして、同条の規定を適用する。

7　施行日の前日において国家公務員共済組合法第百二十四条の二第一項の規定により旧組合の組合員であるものとされていた者及び同日において旧組合の組合員であつた者で同日に任命権者又はその委任を受けた者の要請に応じて引き続き同項に規定する公庫等職員となるため退職したものについては、財務省共済組合を同項に規定する転出の際に所属していた組合とみなして、同条の規定を適用する。

8　施行日の前日において国家公務員共済組合法第百二十六条の五第一項又は附則第十二条第二項の規定により旧組合の組合員であるものとみなされていた者及び同日において旧組合の組合員であつた者で同日に退職し、同法第百二十六条の五第一項又は附則第十二条第一項の規定による申出を同日に旧組合に行つたものについては、財務省共済組合を同法第百二十六条の五第一項又は附則第十二条第一項の規定による申出に係る組合とみなして、同法第百二十六条の五又は附則第十二条の規定を適用する。

9　施行日前に退職し、国家公務員共済組合法第百二十六条の五第一項の規定による申出を旧組合にすることができる者で、施行日前に当該申出をしていないものについては、財務省共済組合を同項の規定による申出に係る組合とみなして、同条の規定を適

る金額を算定する場合においては、平成十二年改正法第四条の規定による改正後の昭和六十年改正法附則第十五条第一項中「共済法第七十七条第一項」とあるのは「国家公務員共済組合法等の一部を改正する法律（平成十二年法律第二十一号。次項において「平成十二年改正法」という。）附則第十二条第六項の規定により読み替えられた共済法第七十二条の二、第七十七条第一項」と、「千分の五・四八一」とあるのは「千分の五・七六九」と、「千分の一・〇九六」とあるのは「千分の一・一五四」と、「千分の〇・五四八」とあるのは「千分の〇・五七七」と、同条第二項中「共済法第八十九条第三項及び第九十三条の三の規定」とあるのは「共済法第八十九条第三項の規定により読み替えられた同条第一項及び国家公務員共済組合法施行令等の一部を改正する政令（平成十五年政令第十六号）附則第九条第三項の規定により読み替えられた共済法第九十三条の三の規定」と、「共済法第八十九条第三項及び第九十三条の三中」とあるのは「共済法第八十九条第三項の規定により読み替えられた同条第一項中「千分の二・四六六」とあるのは「千分の二・五九六（その組合員又は組合員であつた者が国家公務員等共済組合法等の一部を改正する法律（昭和六十年法律第百五号）附則別表第二の第一欄に掲げる者であるときは、同欄に掲げる者の区分に応じ、同表の第二欄に掲げる割合の四分の一に相当する割合に同表の第三欄に掲げる割合を加えた割合）」と、「組合員期間の月数（当該月数が三百月未満であるときは、三百月）」とあるのは「基準日後組合員期間の月数」と、同令附則第九条第三項の規定により読み替えられた共済法第九十三条の三

て財務大臣に報告されたものとみなす。

（特別支給の退職共済年金の受給権者に係る老齢厚生年金の裁定請求に関する経過措置）

第三条　被用者年金制度の一元化等を図るための厚生年金保険法等の一部を改正する法律（平成二十四年法律第六十三号。以下この条において「平成二十四年一元化法」という。）附則第三十七条第一項に規定する改正前国共済法による年金である給付のうち退職共済年金（平成二十四年一元化法第二条の規定による改正前の国家公務員共済組合法附則第十二条の三又は第十二条の五の規定による退職共済年金に限る。）の受給権者であつて厚生年金保険法（昭和二十九年法律第百十五号）の規定による老齢厚生年金について同法第三十三条の規定による裁定を受けようとする者については、この命令による改正後の国家公務員共済組合法施行規則第百十四条により適用することとされた厚生年金保険法施行規則第三十条の二の規定を適用する。

（経過措置に関する委任）

第四条　前二条に定めるもののほか、この命令の施行に伴う必要な経過措置については、別に財務大臣が定める。

○平成二十七年（財務令八一）改正規則

附　則（抄）

この省令は、公布の日から施行し、平成二十七年十月五日から適用する。

○平成二十八年（財務令一四）改正規則

附　則（抄）

1　この省令は、平成二十八年四月一日から施行する。ただし、第一条中国家公務員共済組合法施行規則第八十五条第二項の表第

用する。この場合において、同項中「当該組合」とあるのは、「当該組合（独立行政法人国立印刷局法（平成十四年法律第四十一号）の施行前の期間については、その者の所属していた同法附則第十五条第一項に規定する旧組合とする。）」とする。

第十七条 この法律の施行前にした附則第十四条の規定による改正前の国家公務員共済組合法の規定に違反する行為に対する罰則の適用については、なお従前の例による。

平成十四年（法九八）改正法

附 則（抄）

（施行期日）

第一条 この法律は、公社法の施行の日〔平一五・四・一〕から施行する。ただし、次の各号に掲げる規定は、当該各号に定める日から施行する。

一 〔前略〕附則第二十八条第二項〔中略〕の規定 公布の日

二 〔略〕

（国家公務員共済組合法の一部改正に伴う経過措置）

第二十八条 中央省庁等改革関係法施行法（平成十一年法律第百六十号）第千三百二十三条第一項の規定により設けられた国家公務員共済組合（次項において「旧総務省共済組合」という。）又は同条第二項の規定により設けられた国家公務員共済組合（以下この条において「旧郵政共済組合」という。）は、施行日において、それぞれ第百十九条の規定による改正後の国家公務員共済組合法第三条第一項の規定により総務省に属する職員（同法第二条第一項第一号に規定する職員をいう。以下この項及び第三項において同じ。）及びその所管する独立行政

中」と、「千分の二・四六六」とあるのは「千分の二・五九六」と、平成十二年改正法第四条の規定による改正後の昭和六十年改正法附則別表第二中「千分の七・三〇八」とあるのは「千分の七・六九二」と、「千分の〇・三六五」とあるのは「千分の〇・三八五」と、「千分の〇・一八三」とあるのは「千分の〇・一九二」と、「千分の七・二〇五」とあるのは「千分の七・五八五」と、「千分の〇・四二四」とあるのは「千分の〇・四四六」と、「千分の〇・二一二」とあるのは「千分の〇・二二三」と、「千分の七・一〇三」とあるのは「千分の七・四七七」と、「千分の〇・四八二」とあるのは「千分の〇・五〇八」と、「千分の〇・二四二」とあるのは「千分の〇・二五四」と、「千分の七・〇〇一」とあるのは「千分の七・三六九」と、「千分の〇・五三四」とあるのは「千分の〇・五六二」と、「千分の〇・二七一」とあるのは「千分の〇・二八五」と、「千分の六・八九八」とあるのは「千分の七・二六二」と、「千分の〇・五八五」とあるのは「千分の〇・六一五」と、「千分の〇・二九二」とあるのは「千分の〇・三〇八」と、「千分の六・八〇四」とあるのは「千分の七・一六二」と、「千分の〇・六二八」とあるのは「千分の〇・六六二」と、「千分の〇・三一五」とあるのは「千分の〇・三三二」と、「千分の六・七〇二」とあるのは「千分の七・〇五四」と、「千分の〇・六七二」とあるのは「千分の〇・七〇八」と、「千分の〇・三三六」とあるのは「千分の〇・三五四」と、「千分の六・六〇六」とあるのは「千分の六・九五四」と、「千分の〇・七一六」とあるのは「千分の〇・七五

四十五条第一項第五号の項の次に次のように加える改正規定は、公布の日から施行する。

2 第一条の規定による改正後の国家公務員共済組合法施行規則（以下「改正後規則」という。）の規定（改正後規則第二十七条の二、第八十五条第二項及び第九十七条第二項の規定並びに次項に規定するものを除く。）、第二条の規定による改正後の厚生年金保険法等の一部を改正する法律等の施行に伴う存続組合及び指定基金に係る特例業務等に関する省令（以下「改正後平成九年省令」という。）の規定（改正後平成九年省令第四条第二項及び第十七条の二の規定を除く。）、第三条の規定による改正後の国家公務員共済組合法施行規則の一部を改正する省令の規定、第四条の規定による改正後の国家公務員共済組合法施行規則の一部を改正する省令の規定及び第五条の規定による改正後の被用者年金制度の一元化等を図るための厚生年金保険法等の一部を改正する法律の施行及び国家公務員の退職給付の給付水準の見直し等のための国家公務員退職手当法等の一部を改正する法律の一部の施行に伴う国家公務員共済組合法による長期給付等に関する経過措置に関する省令（以下「改正後平成二十七年省令」という。）の規定（次項に規定するものを除く。）は、平成二十七年十月一日から適用する。

3 改正後規則第百十四条の二十五の規定並びに改正後平成二十七年省令第十八条第一項の表第百十四条の三の六第一項、第百十四条の三の七第一項各号列記以外の部分及び第百十四条の三の七第二項の項、第百十四条の四第一項各号列記以外の部分及び同

法人（独立行政法人通則法第二条第一項に規定する独立行政法人をいう。）の職員をもつて組織された国家公務員共済組合（以下この条において「総務省共済組合」という。）又は公社に属する職員をもつて組織された国家公務員共済組合（以下この条から附則第三十条までにおいて「日本郵政公社共済組合」という。）となり、同一性をもつて存続するものとする。

2　旧総務省共済組合又は旧郵政共済組合の代表者は、それぞれ、施行日前に、国家公務員共済組合法第九条に規定する運営審議会の議を経て、同法第六条及び第十一条の規定により、施行日以後に係る総務省共済組合又は日本郵政公社共済組合となるために必要な定款及び運営規則の変更をし、当該定款につき財務大臣の認可を受け、及び当該運営規則につき財務大臣に協議するものとする。

3　施行日の前日において旧郵政共済組合の組合員であつた者（同日において総合通信局、沖縄総合通信事務所若しくは中央省庁等改革関係法施行法第千三百二十三条第二項に規定する政令で定める部局若しくは機関又は独立行政法人通信総合研究所に属する職員であつた者に限る。）が、施行日において総務省又はその所管する独立行政法人通信総合研究所に属する職員であるときは、施行日において旧郵政共済組合の組合員の資格を喪失し、総務省共済組合の組合員の資格を取得する。

4　前項の規定により総務省共済組合の組合員の資格を取得した者があるときは、日本郵政公社共済組合は、施行日の前日における旧郵政共済組合の短期給付の事業又は福祉事業（国家公務員共済組合法附則第十四条の四第一項の規定により行う事業を含む。

四」と、「千分の〇・三五八」とあるのは「千分の〇・三七七」と、「千分の六・五一二」とあるのは「千分の六・八五四」と、「千分の〇・七五三」とあるのは「千分の〇・七九二」と、「千分の〇・三八〇」とあるのは「千分の〇・四〇〇」と、「千分の六・四二四」とあるのは「千分の六・七六二」と、「千分の〇・七九七」とあるのは「千分の〇・八三八」と、「千分の〇・四〇二」とあるのは「千分の〇・四二三」と、「千分の六・三二八」とあるのは「千分の六・六六二」と、「千分の〇・八二六」とあるのは「千分の〇・八六九」と、「千分の〇・四一七」とあるのは「千分の〇・四三八」と、「千分の六・二四一」とあるのは「千分の六・五六九」と、「千分の〇・八六二」とあるのは「千分の〇・九〇八」と、「千分の〇・四三二」とあるのは「千分の〇・四五四」と、「千分の六・一四六」とあるのは「千分の六・四六九」と、「千分の〇・八九二」とあるのは「千分の〇・九三八」と、「千分の〇・四四六」とあるのは「千分の〇・四六九」と、「千分の六・〇五八」とあるのは「千分の六・三七七」と、「千分の〇・九二八」とあるのは「千分の〇・九七七」と、「千分の〇・四六八」とあるのは「千分の〇・四九二」と、「千分の五・九七八」とあるのは「千分の六・二九二」と、「千分の〇・九五〇」とあるのは「千分の一・〇〇〇」と、「千分の〇・四七五」とあるのは「千分の〇・五〇〇」と、「千分の五・八九〇」とあるのは「千分の六・二〇〇」と、「千分の〇・九七九」とあるのは「千分の一・〇三一」と、「千分の〇・四九〇」とあるのは「千分の〇・五一五」と、「千分の五・八〇二」とあるのは「千分の六・一〇八」と、

条第三項各号列記以外の部分の項、第百十四条の四の二の項及び第百十四条の三十一第一項の項の規定は、平成二十七年十月五日から適用する。

○平成二十八年（財務令六五）改正規則

附　則（抄）

この省令は、平成二十九年一月一日から施行する。ただし、第三条の規定は、この省令の公布の日から施行し、平成二十七年十月一日から適用する。

○平成二十八年（財務令八六）改正規則

附　則（抄）

この省令は、公布の日から施行する。

○平成二十九年（財務令二）改正規則

附　則（抄）

この省令は、平成二十九年八月一日から施行する。〔ただし書略〕

○平成二十九年（財務令九）改正規則

附　則（抄）

この省令は、平成二十九年四月一日から施行する。ただし、第一条の表中第百十三条の三の二を加える規定は、平成三十年一月一日から施行する。

○平成二十九年（財務令四〇）改正規則

附　則（抄）

（施行期日）

第一条　この省令は、公布の日から施行する。

（様式の特例）

第二条　この省令による改正前の別紙様式第二十一号の二による特定疾病療養受療証、別紙様式第二十一号の二の三による限度額適用認定証及び別紙様式第二十一号の三に

国家公務員共済組合法

次項において同じ。）に係る資産の価額から負債の価額をそれぞれ差し引いた額につき、財務省令で定めるところにより算出した金額を、総務省共済組合に対して支払わなければならない。

5　前項の財務省令は、旧郵政共済組合の短期給付の事業又は福祉事業に要する費用についてのその組合員の負担の割合、施行日の前日において旧郵政共済組合の組合員であつた者の数に対するこれらの者のうち第三項の規定により総務省共済組合の組合員の資格を取得した者（以下この条において「移行組合員」という。）の数の割合その他の事情を勘案して定めるものとする。

6　前項に定めるもののほか、第四項の規定による支払について必要な事項は、財務省令で定める。

7　旧郵政共済組合が施行日前に国家公務員共済組合法第四十二条第二項、第五項又は第七項の規定により決定し、又は改定した施行日の前日における移行組合員の同条第一項に規定する標準報酬は、総務省共済組合が同条第二項、第五項又は第七項の規定により決定し、又は改定した同条第一項に規定する標準報酬とみなす。

8　施行日前に国家公務員共済組合法第五十三条第一項（第二号を除く。）の規定により移行組合員が旧郵政共済組合に届け出なければならない事項についてその届出がされていない場合には、施行日以後は、同項の規定により当該移行組合員が総務省共済組合に届け出なければならない事項についてその届出がされていないものとみなして、同条の規定を適用する。

9　施行日前に国家公務員共済組合法第百条の二の規定により移行組合員が旧郵政共済

国家公務員共済組合法施行令

「千分の一・〇〇八」とあるのは「千分の一・〇六二」と、「千分の〇・五〇五」とあるのは「千分の〇・五三一」と、「千分の六・〇の五・七二二」とあるのは「千分の六・〇二三」と、「千分の一・〇三一」とあるのは「千分の一・〇八五」と、「千分の〇・五一九」とあるのは「千分の〇・五四六」と、「千分の五・六四二」とあるのは「千分の五・九三八」と、「千分の一・〇五二」とあるのは「千分の一・一〇八」と、「千分の〇・五二六」とあるのは「千分の〇・五五四」と、「千分の五・五六二」とあるのは「千分の五・八五四」と、「千分の一・一三一」とあるのは「千分の一・〇七五」と、「千分の〇・五四一」とあるのは「千分の〇・五六九」とする。

平成十五年（政令六四）改正令

附　則（抄）

（施行期日）

第一条　この政令は、基盤技術研究円滑化法の一部を改正する法律の一部の施行の日（平成十五年四月一日）から施行する。

平成十五年（政令九三）改正令

附　則

この政令は、平成十五年四月一日から施行する。

平成十五年（政令九九）改正令

附　則

1　この政令は、平成十五年四月一日から施行する。

2　改正後の国家公務員共済組合法施行令第三十一条、第三十三条及び第三十五条の規定は、この政令の施行の日以後に給付事由が生じた給付について適用し、同日前に給

国家公務員共済組合法施行規則

よる限度額適用・標準負担額減額認定証は、当分の間、この省令による改正後の別紙様式第二十一号の二、別紙様式第二十一号の二の三及び別紙様式第二十一号の三の様式によるものとみなす。

第三条　この省令の施行の際現に存するこの省令による改正前の別紙様式第二十一号の二、別紙様式第二十一号の二の三及び別紙様式第二十一号の三の用紙は、当分の間、これを取り繕い使用することができる。

（国家公務員共済組合法施行規則の一部を改正する省令附則第二条の規定によりなおその効力を有するものとされた同省令による改正前の国家公務員共済組合法施行規則の一部改正）

第四条　国家公務員共済組合法施行規則の一部を改正する省令（平成十九年財務省令第五十二号）附則第二条の規定によりなおその効力を有するものとされた同省令による改正前の国家公務員共済組合法施行規則（次条第一項において「平成十九年改正前施行規則」という。）の一部を次のように改正する。（以下略）

（旧組合員証等の様式の特例）

第五条　前条の規定による改正前の平成十九年改正前施行規則別紙様式第十一号による組合員証、別紙様式第十五号による遠隔地被扶養者証、別紙様式第十五号の三による高齢受給者証、別紙様式第三十九号による船員組合員証及び別紙様式第四十号による船員被扶養者証（次項において「旧組合員証等」という。）は、当分の間、同条の規定による改正後の別紙様式第十一号、別紙様式第十五号、別紙様式第十五号の三、別紙様式第三十九号及び別紙様式第四十号の様式によるものとみなす。

国家公務員共済組合法等の運用方針

組合にした申出は、同条の規定により総務省共済組合にした申出とみなして、同条の規定を適用する。

第二十九条　施行日の前日において健康保険組合（事業団の事業所又は事務所を健康保険法（大正十一年法律第七十号）第十七条第一項に規定する設立事業所とする健康保険組合をいう。以下この項において同じ。）の被保険者であつた者で、施行日に日本郵政公社共済組合の組合員となつた者に係る施行日以後の給付に係る国家公務員共済組合法の短期給付に関する規定及び同法第百二十六条の五第一項の規定の適用については、その者は、施行日前の健康保険組合の被保険者であつた間日本郵政公社共済組合の組合員であつたものとみなし、その者が施行日前に健康保険法による保険給付を受けていた場合における当該保険給付は、国家公務員共済組合法に基づく当該保険給付に相当する給付とみなす。

2　この法律の施行の際前項に規定する者のうち健康保険法第九十九条第一項の規定による傷病手当金の支給を受けることができた者であつて、同一の傷病について国家公務員共済組合法第六十六条第一項の規定による傷病手当金の支給を受けることができるものに係る同条第二項の規定の適用については、当該健康保険法第九十九条第一項の規定による傷病手当金の支給を始めた日を当該国家公務員共済組合法第六十六条第一項の規定による傷病手当金の支給を始めた日とみなす。

3　第一項に規定する者のうち国家公務員共済組合法第六十六条第一項の規定による傷病手当金の支給を受けることができる者であつて、当該傷病による障害について厚生年金保険法（昭和二十九年法律第百十五号）

付事由が生じた給付については、なお従前の例による。

平成十五年（政令二〇五）改正令

附　則（抄）

この政令は、株式会社産業再生機構法の施行の日（平成十五年四月十日）から施行する。〔ただし書略〕

平成十五年（政令二四一）改正令

附　則

この政令は、国家公務員退職手当法等の一部を改正する法律の一部の施行の日（平成十五年六月十五日）から施行する。

平成十五年（政令二九二）改正令

附　則（抄）

この政令は、平成十五年十月一日から施行する。〔ただし書略〕

平成十五年（政令二九三）改正令

附　則（抄）

（施行期日）

第一条　この政令は、平成十五年十月一日から施行する。〔ただし書略〕

平成十五年（政令二九四）改正令

附　則（抄）

（施行期日）

第一条　この政令は、平成十五年十月一日から施行する。〔ただし書略〕

平成十五年（政令二九五）改正令

附　則（抄）

（施行期日）

第一条　この政令は、平成十五年十月一日から施行する。〔ただし書略〕

2　この省令の施行の際現に存する前条の規定による改正前の旧組合員証等の用紙は、当分の間、これを取り繕い使用することができる。

○平成二十九年（財務令四三）改正規則

附　則

この省令は、平成二十九年五月三十日から施行する。

○平成二十九年（財務令五二）改正規則

附　則

（施行期日）

第一条　この省令は、平成二十九年八月一日から施行する。ただし、第一条中国家公務員共済組合法施行規則第百十一条の二第二項の改正規定、同条に一項を加える改正規定及び同令別紙様式第二十一号の三の改正規定は、平成二十九年十月一日から施行する。

（様式の特例）

第二条　第一条の規定による改正前の別紙様式第二十一号の三による限度額適用・標準負担額減額認定証は、当分の間、同条の規定による改正後の別紙様式第二十一号の三の様式によるものとみなす。

第三条　附則第一条ただし書に規定する規定の施行の日において現に存する第一条の規定による改正前の別紙様式第二十一号の三の用紙は、当分の間、これを取り繕い使用することができる。

○平成二十九年（財務令五九）改正規則

附　則

この省令は、国民年金法施行規則及び厚生年金保険法施行規則の一部を改正する省令（平成二十九年厚生労働省令第百二十二号）

国家公務員共済組合法

による障害厚生年金又は障害手当金の支給を受けることができるものに係る同条第四項又は第五項の規定の適用については、これらの者が引き続き日本郵政公社共済組合の組合員である間は、当該障害厚生年金又は障害手当金を国家公務員共済組合法による障害共済年金又は障害一時金とみなす。

第三十条　施行日の前日において厚生年金基金（事業団の事業所又は事務所を厚生年金保険法第百十七条第三項に規定する設立事業所とする厚生年金基金をいう。以下この項において同じ。）の加入員である厚生年金保険の被保険者であつた者で、施行日に日本郵政公社共済組合の組合員となつた者（以下この条において「事業団等の役職員であつた組合員」という。）のうち、一年以上の引き続く組合員期間（日本郵政公社共済組合の組合員である期間をいう。以下この条において同じ。）を有しない者であり、かつ、施行日前の厚生年金保険の被保険者期間（厚生年金基金の加入員である厚生年金保険の被保険者であつた期間に係るものに限る。以下この条において「厚生年金保険期間」という。）と当該厚生年金保険期間に引き続く組合員期間とを合算した期間が一年以上となるものに係る国家公務員共済組合法第七十七条第二項の規定の適用については、その者は、一年以上の引き続く組合員期間を有する者とみなす。

2　事業団等の役職員であつた組合員のうち、組合員期間が二十年未満であり、かつ、当該組合員期間と厚生年金保険期間とを合算した期間が二十年以上となるもの（一年以上の引き続く組合員期間を有する者及び前項の規定により一年以上の引き続く組合員期間を有する者とみなされる者に限る。）

国家公務員共済組合法施行令

平成十五年（政令二九六）改正令

附　則（抄）

（施行期日）

第一条　この政令は、平成十五年十月一日から施行する。〔ただし書略〕

平成十五年（政令二九七）改正令

附　則（抄）

この政令は、平成十五年十月一日から施行する。〔ただし書略〕

平成十五年（政令三二二）改正令

附　則（抄）

この政令は、平成十五年十月一日から施行する。〔ただし書略〕

平成十五年（政令三二八）改正令

附　則（抄）

この政令は、平成十五年十月一日から施行する。〔ただし書略〕

平成十五年（政令三二九）改正令

附　則（抄）

（施行期日）

第一条　この政令は、公布の日から施行する。ただし、附則第八条から第四十三条までの規定〔中略〕は、平成十五年十月一日から施行する。

平成十五年（政令三四二）改正令

附　則（抄）

（施行期日）

第一条　この政令は、公布の日から施行する。ただし、附則第五条から第二十三条までの規定は、平成十五年十月一日から施行する。

国家公務員共済組合法施行規則

の施行の日から施行する。

○平成三十年（財務令三）改正規則

附　則

この省令は、平成三十年三月五日から施行する。

国家公務員共済組合法等の運用方針

に係る国家公務員共済組合法第七十七条第二項の規定の適用については、その者は、組合員期間が二十年以上である者とみなす。

3　事業団等の役職員であつた組合員のうち、組合員期間が二十年未満であり、かつ、当該組合員期間と厚生年金保険期間とを合算した期間が二十年以上となるものに係る国家公務員共済組合法第八十九条第一項第二号の規定の適用については、その者は、組合員期間が二十年以上である者とみなす。

4　事業団等の役職員であつた組合員のうち、厚生年金保険期間及び組合員期間がいずれも二十年未満であり、かつ、これらの期間を合算した期間が二十年以上となるものに係る国家公務員共済組合法による退職共済年金については、その年金額の算定の基礎となる組合員期間が二十年以上であるものとみなして、同法第七十八条の規定を適用する。この場合において、同条第一項中「六十五歳未満の配偶者」とあるのは「配偶者」と、同条第四項中「次の各号」とあるのは「次の各号（第四号を除く。）」とする。

5　前項に規定する者に係る国家公務員共済組合法による遺族共済年金については、その年金額の算定の基礎となる組合員期間が二十年以上であるものとみなして、同法第九十条の規定を適用する。

6　事業団等の役職員であつた組合員のうち、組合員期間が一年未満であり、かつ、当該組合員期間と厚生年金保険期間とを合算した期間が一年以上となるものに係る国家公務員共済組合法附則第十二条の三の規定の適用については、その者は、一年以上の組合員期間を有する者とみなす。

7　事業団等の役職員であつた組合員のうち、厚生年金保険期間及び組合員期間がいずれ

平成十五年（政令三四三）改正令

附　則（抄）

（施行期日）

第一条　この政令は、公布の日から施行する。ただし、附則第十八条から第三十四条までの規定は、平成十五年十月一日から施行する。

平成十五年（政令三四四）改正令

附　則（抄）

（施行期日）

第一条　この政令は、公布の日から施行する。ただし、附則第四条から第十五条までの規定〔中略〕は、平成十五年十月一日から施行する。

平成十五年（政令三五八）改正令

附　則（抄）

（施行期日）

第一条　この政令は、公布の日から施行する。ただし、附則第四条から第十四条までの規定は、平成十五年十月一日から施行する。

平成十五年（政令三六四）改正令

附　則（抄）

（施行期日）

第一条　この政令は、公布の日から施行する。ただし、〔中略〕附則〔中略〕第十四条から第三十一条までの規定は、平成十五年十月一日から施行する。

平成十五年（政令三六五）改正令

附　則（抄）

（施行期日）

第一条　この政令は、平成十五年十月一日から施行する。

国家公務員共済組合法

も四十四年未満であり、かつ、これらの期間を合算した期間が四十四年以上となるものに係る国家公務員共済組合法附則第十二条の四の三第一項又は第三項の規定の適用については、その者は、組合員期間が四十四年以上である者とみなす。

平成十四年（法一〇〇）改正法

附　則（抄）

（施行期日）

第一条　この法律は、民間事業者による信書の送達に関する法律（平成十四年法律第九十九号）の施行の日〔平一五・四・一〕から施行する。

平成十四年（法一〇二）改正法

附　則（抄）

（施行期日）

第一条　この法律は、平成十四年十月一日から施行する。ただし、〔中略〕附則〔中略〕第四十八条、第四十九条第三項〔中略〕の規定は平成十五年四月一日から〔中略〕施行する。

（国家公務員共済組合法の一部改正に伴う経過措置）

第四十九条　この法律（附則第一条ただし書に規定する規定については、当該規定。以下この項において同じ。）の施行の日前に行われた診療、手当又は薬剤の支給に係るこの法律による改正前の国家公務員共済組合法の規定による療養費、家族療養費又は高額療養費の支給については、なお従前の例による。

2　附則第四十七条の規定による改正後の国家公務員共済組合法第六十一条第三項の規定は、出産の日が施行日以後である組合員

国家公務員共済組合法施行令

平成十五年（政令三六七）改正令

附　則（抄）

（施行期日）

第一条　この政令は、公布の日から施行する。ただし、附則第五条から第十四条までの規定は、平成十五年十月一日から施行する。

平成十五年（政令三六八）改正令

附　則（抄）

（施行期日）

第一条　この政令は、公布の日から施行する。ただし、附則第十四条から第三十八条までの規定は、平成十五年十月一日から施行する。

平成十五年（政令三六九）改正令

附　則（抄）

（施行期日）

第一条　この政令は、公布の日から施行する。ただし、附則第六条から第二十五条までの規定は、平成十五年十月一日から施行する。

平成十五年（政令三七〇）改正令

附　則（抄）

（施行期日）

第一条　この政令は、公布の日から施行する。ただし、附則第五条から第十五条までの規定は、平成十五年十月一日から施行する。

平成十五年（政令三九〇）改正令

附　則

この政令は、平成十五年十月一日から施行する。

平成十五年（政令三九一）改正令

国家公務員共済組合法施行規則

国家公務員共済組合法等の運用方針

について適用し、出産の日が施行日前である組合員の附則第四十七条の規定による改正前の同法の配偶者出産費については、なお従前の例による。

3　前条の規定の施行の日前に任意継続組合員（国家公務員共済組合法第百二十六条の五第二項に規定する任意継続組合員をいう。以下この項において同じ。）の資格を取得した者のその任意継続組合員の資格の喪失については、前条の規定による改正後の同法第百二十六条の五第五項の規定にかかわらず、なお従前の例による。

平成十四年（法一〇三）改正法

附　則（抄）

（施行期日）

第一条　この法律は、公布の日から起算して九月を超えない範囲内において政令で定める日〔平一五・五・一〕から施行する。ただし、〔中略〕附則第八条から第十九条までの規定は、公布の日から起算して二年を超えない範囲内において政令で定める日〔平一六・八・一〕から施行する。

平成十四年（法一九一）改正法

附　則（抄）

（施行期日）

第一条　この法律は、平成十五年十月一日から施行する。ただし、附則第十条から第二十六条までの規定は、同日から起算して九月を超えない範囲内において政令で定める日〔平一六・四・一〕から施行する。

平成十五年（法三一）改正法

附　則（抄）

（施行期日）

第一条　この法律は、平成十五年五月一日から施行する。

附　則（抄）

（施行期日）

第一条　この政令は、平成十五年十月一日から施行する。〔ただし書略〕

平成十五年（政令三九二）改正令

附　則（抄）

（施行期日）

第一条　この政令は、公布の日から施行する。ただし、附則第七条から第二十二条までの規定は、平成十五年十月一日から施行する。

平成十五年（政令三九三）改正令

附　則（抄）

（施行期日）

第一条　この政令は、公布の日から施行する。ただし、附則第六条から第二十四条までの規定は、平成十五年十月一日から施行する。

平成十五年（政令三九四）改正令

附　則（抄）

（施行期日）

第一条　この政令は、公布の日から施行する。ただし、附則第六条から第十七条までの規定は、平成十五年十月一日から施行する。

平成十五年（政令三九七）改正令

附　則（抄）

この政令は、平成十五年十月一日から施行する。〔ただし書略〕

平成十五年（政令四〇六）改正令

附　則（抄）

（施行期日）

第一条　この政令は、公布の日から施行する。ただし、附則第八条から第十七条までの規定は、平成十五年十月一日から施行する。

国家公務員共済組合法

ら施行する。

（国家公務員共済組合法の一部改正に伴う経過措置）

第二十九条　附則第十一条第一項の規定により高年齢雇用継続基本給付金の支給についてなお従前の例によることとされた者及び同条第二項の規定により高年齢再就職給付金の支給についてなお従前の例によることとされた者に係る前条の規定による改正後の国家公務員共済組合法附則第十二条の八の三の規定の適用については、なお従前の例による。

2　施行日以後に安定した職業に就くことにより雇用保険の被保険者となつた旧受給資格者に対する前条の規定による改正後の国家公務員共済組合法附則第十二条の八の三の規定の適用については、同条第五項の規定により読み替えて準用する同条第一項第一号中「雇用保険法」とあるのは「雇用保険法等の一部を改正する法律（平成十五年法律第三十一号）附則第三条の規定によりなお従前の例によることとされた雇用保険法」とする。

平成十五年（法六二）改正法

附　則（抄）

（施行期日）

1　この法律は、平成十五年十月一日から施行する。ただし、次の各号に掲げる規定は、当該各号に定める日から施行する。

一　〔前略〕附則第五項から第七項までの規定　公布の日から起算して二月を超えない範囲内において政令で定める日〔平一五・六・一五〕

二　〔略〕

国家公務員共済組合法施行令

平成十五年（政令四一〇）改正令

附　則

この政令は、公布の日から施行する。ただし、第一章の規定は、平成十五年十月一日から施行する。

平成十五年（政令四一二）改正令

附　則

この政令は、公布の日から施行する。ただし、第一章の規定は、平成十五年十月一日から施行する。

平成十五年（政令四一六）改正令

附　則（抄）

（施行期日）

第一条　この政令は、公布の日から施行する。ただし、附則第十条から第二十一条までの規定は、平成十五年十月一日から施行する。

平成十五年（政令四三八）改正令

附　則（抄）

（施行期日）

第一条　この政令は、公布の日から施行する。ただし、附則第九条及び第十一条から第三十三条までの規定は、平成十五年十月一日から施行する。

平成十五年（政令四三九）改正令

附　則（抄）

（施行期日）

第一条　この政令は、公布の日から施行する。ただし、附則第五条から第十七条までの規定は、平成十五年十月一日から施行する。

平成十五年（政令四四〇）改正令

国家公務員共済組合法施行規則

国家公務員共済組合法等の運用方針

平成十五年（法一一七）改正法

附　則（抄）

（施行期日）

第一条　この法律は、平成十六年四月一日から施行する。

平成十六年（法一三〇）改正法

附　則（抄）

（施行期日）

第一条　この法律は、平成十六年十月一日から施行する。ただし、次の各号に掲げる規定は、当該各号に定める日から施行する。

一　第一条中国家公務員共済組合法附則第二十条の三の改正規定　公布の日

二　第二条、〔中略〕附則第九条から第十五条まで〔中略〕の規定　平成十七年四月一日

三　第三条、第十一条及び第十五条の規定　平成十八年四月一日

四　第四条の規定　平成十八年七月一日

五　第五条、〔中略〕第十二条、第十六条、第十九条〔中略〕並びに附則第十六条から第二十一条まで〔中略〕の規定　平成十九年四月一日

六　第六条並びに附則第二十二条及び第二十三条の規定　平成二十年四月一日

（検討）

第二条　第一条の規定による改正後の国家公務員共済組合法（以下「法」という。）第百二条の二に規定する財政調整拠出金については、国家公務員共済組合及び国家公務員共済組合連合会並びに地方公務員等共済組合法（昭和三十七年法律第百五十二号）第三条第一項に規定する地方公務員共済組合、同法第二十七条第一項に規定する全国市町村職員共済組合連合会及び同法第三十八条の二第一項に規定する地方公務員共済組合

附　則（抄）

（施行期日）

第一条　この政令は、公布の日から施行する。ただし、附則第五条から第十六条までの規定は、平成十五年十月一日から施行する。

平成十五年（政令四八三）改正令

附　則（抄）

（施行期日）

第一条　この政令は、平成十六年四月一日から施行する。

平成十五年（政令四八九）改正令

附　則（抄）

（施行期日）

第一条　この政令は、公布の日から施行する。ただし、附則第十八条から第四十一条まで〔中略〕の規定は、平成十六年四月一日から施行する。

平成十五年（政令四九〇）改正令

附　則

この政令は、平成十六年四月一日から施行する。

平成十五年（政令四九三）改正令

附　則（抄）

（施行期日）

第一条　この政令は、平成十六年一月五日から施行する。

平成十五年（政令五一六）改正令

附　則（抄）

（施行期日）

第一条　この政令は、公布の日から施行する。ただし、〔中略〕附則第三十七条から第五十九条までの規定は、法附則第一条ただし

国家公務員共済組合法

連合会の長期給付に係る財政状況等を勘案して検討を加え、適宜、適切な見直しを行うものとする。

（法による年金である給付の額等に関する経過措置）

第三条　平成十六年九月以前の月分の法による年金である給付の額及び国家公務員等共済組合法等の一部を改正する法律（以下「昭和六十年改正法」という。）附則第二条第六号に規定する旧共済法による年金の額については、なお従前の例による。

2　第一条の規定による改正後の法第八十七条の七の規定は、この法律の施行の日（以下「施行日」という。）以後に給付事由が生じた法による障害一時金の額について適用し、施行日前に給付事由が生じた法による障害一時金の額については、なお従前の例による。

（法による年金である給付の額の算定に関する経過措置）

第四条　平成二十六年度までの各年度における法による年金である給付については、第一条の規定による改正後の法（第十七条の規定による改正後の国家公務員共済組合法等の一部を改正する法律（以下「平成十二年改正法」という。）の規定により読み替えられた第一条の規定による改正後の法を含む。）又は第九条の規定による改正後の昭和六十年改正法の規定（他の法令において引用し、準用し、又はその例による場合を含む。以下この項において「改正後の国共済法等の規定」という。）により算定した金額が、次項の規定により読み替えられた第一条の規定による改正前の法（第十七条の規定による改正前の平成十二年改正法の規定により読み替えられた第一条の規定による

国家公務員共済組合法施行令

書に規定する規定の施行の日（平成十六年四月一日）から施行する。

平成十五年（政令五四三）改正令

附　則（抄）

（施行期日）

第一条　この政令は、公布の日から施行する。

平成十五年（政令五四六）改正令

附　則（抄）

（施行期日）

1　この政令は、法の施行の日（平成十六年四月一日）から施行する。

平成十五年（政令五五三）改正令

附　則（抄）

（施行期日）

第一条　この政令は、法附則第一条第四号に掲げる規定の施行の日（平成十六年二月二十九日）から施行する。

平成十五年（政令五五五）改正令

附　則（抄）

（施行期日）

第一条　この政令は、公布の日から施行する。ただし、附則第九条から第三十六条までの規定については、平成十六年三月一日から施行する。

平成十五年（政令五五六）改正令

附　則（抄）

（施行期日）

第一条　この政令は、公布の日から施行する。ただし、附則第十条から第三十四条までの規定は、平成十六年四月一日から施行する。

国家公務員共済組合法施行規則

国家公務員共済組合法等の運用方針

改正前の法を含む。）又は第九条の規定による改正前の昭和六十年改正法の規定（他の法令において引用し、準用し、又はその例による場合を含む。以下この項において「改正前の国共済法等の規定」という。）により算定した金額に満たないときは、改正前の国共済法等の規定はなおその効力を有するものとし、改正後の国共済法等の規定にかかわらず、当該金額を法による年金である給付の金額とする。

2　前項の場合においては、次の表の第一欄に掲げる法律の同表の第二欄に掲げる規定中同表の第三欄に掲げる字句は、それぞれ同表の第四欄に掲げる字句に読み替えるものとするほか、必要な読替えは、政令で定める。

第一条の規定による改正前の法	第七十八条第二項	二十三万千四百円	二十三万千四百円に〇・九八八（第七十二条の二第一項に規定する物価指数が平成十五年（この項の規定による率の改定が行われたときは、直近の当該改定が行われた年の前年）の当該物価指数を下回るに至つた場合においては、その翌年の四月以後、〇・九八八（この項の規定による率の改定が行われたときは、当該改定後の

平成十六年（政令二）改正令

附　則（抄）

（施行期日）

第一条　この政令は、公布の日から施行する。ただし、〔中略〕第十三条から第二十八条までの規定は、平成十六年四月一日から施行する。

平成十六年（政令一四）改正令

附　則（抄）

（施行期日）

第一条　この政令は、平成十六年四月一日から施行する。

平成十六年（政令三二）改正令

附　則（抄）

（施行期日）

第一条　この政令は、公布の日から施行する。ただし、附則第十三条から第二十四条までの規定は、平成十六年四月一日から施行する。

平成十六年（政令四四）改正令

附　則

この政令は、平成十六年四月一日から施行する。

平成十六年（政令五〇）改正令

附　則（抄）

（施行期日）

第一条　この政令は、公布の日から施行する。ただし、附則第九条から第四十四条までの規定は、平成十六年四月一日から施行する。

平成十六年（政令八三）改正令

附　則（抄）

（施行期日）

国家公務員共済組合法

		率）にその低下した比率を乗じて得た率を基準として政令で定める率とする。以下同じ。）を乗じて得た金額（その金額に五十円未満の端数があるときは、これを切り捨て、五十円以上百円未満の端数があるときは、これを百円に切り上げるものとする。）
	七万七千百円	七万七千百円に〇・九八八を乗じて得た金額（その金額に五十円未満の端数があるときは、これを切り捨て、五十円以上百円未満の端数があるときは、これを百円に切り上げるものとする。）
第八十二条第一項後段	六十万三千二百円	六十万三千二百円に〇・九八八を乗じて得た金額（その金額に五十円未満の端数があるときは、

国家公務員共済組合法施行令

第一条　この政令は、平成十六年四月一日から施行する。〔ただし書略〕

平成十六年（政令一六〇）改正令

附　則（抄）

（施行期日）

第一条　この政令は、平成十六年七月一日から施行する。〔ただし書略〕

平成十六年（政令二〇〇）改正令

附　則

1　この政令は、公布の日から施行する。

2　この政令の施行の日（以下「施行日」という。）の前日において国家公務員共済組合法第七十二条第二項第二号の規定により長期給付に関する規定が適用されない職員であつて施行日において改正後の国家公務員共済組合法施行令第十一条の五第二号に掲げる職員である者に対する長期給付に関する規定の適用については、その者が施行日以後引き続き同号に掲げる職員である間、改正後の同号の規定にかかわらず、なお従前の例による。

平成十六年（政令二〇七）改正令

附　則

この政令は、公布の日から施行する。

平成十六年（政令二八六）改正令

附　則（抄）

（施行期日）

第一条　この政令は、平成十六年十月一日から施行する。

（平成二十六年四月以後の月分の法による年金である給付の額の算定に関する経過措置についての読替え等）

国家公務員共済組合法施行規則

国家公務員共済組合法等の運用方針

		これを切り捨て、五十円以上百円未満の端数があるときは、これを百円に切り上げるものとする。）
第八十二条第三項第一号	四百二十七万六千六百円	四百二十七万六千六百円に〇・九八八を乗じて得た金額（その金額に五十円未満の端数があるときは、これを切り捨て、五十円以上百円未満の端数があるときは、これを百円に切り上げるものとする。）
第八十二条第三項第二号	二百六十四万千四百円	二百六十四万千四百円に〇・九八八を乗じて得た金額（その金額に五十円未満の端数があるときは、これを切り捨て、五十円以上百円未満の端数があるときは、これを百円に切り上げるものとする。）
第八十二条第三項第三号	二百三十八万九千九百円	二百三十八万九千九百円に〇・九八八を乗じて得た金額（その

第二条　平成二十六年四月以後の月分の国家公務員共済組合法（昭和三十三年法律第百二十八号。以下「法」という。）による年金である給付について国家公務員共済組合法等の一部を改正する法律（以下「平成十六年改正法」という。）附則第四条の二の規定により読み替えられた平成十六年改正法附則第四条第一項の規定を適用する場合においては、同条第二項の規定によるほか、次の表の第一欄に掲げる法律の同表の第二欄に掲げる規定中同表の第三欄に掲げる字句は、それぞれ同表の第四欄に掲げる字句に読み替えるものとする。

一　平成十六年改正法第一条の規定による改正前の法	附則第十二条の四の二第二項第一号	四百四十四月	四百八十月
	附則別表第四各号	平成十年四月以後　〇・九八〇	平成十年四月から平成十七年三月まで　〇・九八〇 平成十七年四月から平成十八年三月まで　〇・九八七 平成十八年四月から平成十九年三月まで　〇・九九〇 平成十九年四月から平成二十一年三月まで　〇・九八八 平成二十一年四月から平成二十二年三月まで　〇・九七七

国家公務員共済組合法

		金額に五十円未満の端数があるときは、これを切り捨て、五十円以上百円未満の端数があるときは、これを百円に切り上げるものとする。）
第八十三条第三項	二十三万千四百円	二十三万千四百円に〇・九八八を乗じて得た金額（その金額に五十円未満の端数があるときは、これを切り捨て、五十円以上百円未満の端数があるときは、これを百円に切り上げるものとする。）
第八十九条第三項	百六万九千百円	百六万九千百円に〇・九八八を乗じて得た金額（その金額に五十円未満の端数があるときは、これを切り捨て、五十円以上百円未満の端数があるときは、これを百円に切り上げるものとする。）
第九十	六十万	六十万三千二百

国家公務員共済組合法施行令

平成二十二年四月から平成二十三年三月まで	〇・九九一
平成二十三年四月から平成二十四年三月まで	〇・九九八
平成二十四年四月から平成二十六年三月まで	一・〇〇一
平成二十六年四月から平成二十七年三月まで	〇・九九六

二　平成十六年改正法第七条の規定による改正前の国家公務員共済組合法の長期給付に関する施行法（昭和三十三年法律第百二十九号）

第十一条第一項	三十七年	四十年

三　平成十六年改正法第九条の規定による改正前の国家公務員等共済組合法等の一部を改正する法律（昭和六十年法律第百五号。以下「昭和六十年改正法」という。）

附則第十六条第一項第一号	四百四十四月	四百八十月
附則第十六条第一項第二号及び第二十八条第一項第二号	新国民年金法第二十七条本文に規定する老齢基礎年金の額（新国民年金法第十六条の二の規定による年金の額の改定の措置が講じられたときは、当該改定後の額）	七十七万二千八百円
附則第二十八条第一項第一号	加算額（共済法第七十二条の二の規定による年金の額の改定の措置が講じられた	加算額

国家公務員共済組合法施行規則

国家公務員共済組合法等の運用方針

条		三千二百円	円に〇・九八八を乗じて得た金額（その金額に五十円未満の端数があるときは、これを切り捨て、五十円以上百円未満の端数があるときは、これを百円に切り上げるものとする。）
	附則第十二条の四の二第二項第一号	乗じて得た金額	乗じて得た金額に〇・九八八を乗じて得た金額
二　第九条の規定による改正前の昭和六十年改正法	附則第十六条第一項第一号	乗じて得た金額	乗じて得た金額に〇・九八八（物価指数が平成十五年（この号の規定による率の改定が行われたときは、直近の当該改定が行われた年の前年）の物価指数を下回るに至った場合においては、その翌年の四月以後、〇・九八八（この号の規定による率の改定が行われたときは、当該改定後の率）に

		ときは、当該改定後の額）	
四　国家公務員共済組合法施行令等の一部を改正する政令（平成十六年政令第二百八十六号）第五条の規定による改正前の国家公務員共済組合法施行令等の一部を改正する政令（以下この条において「改正前の平成十五年改正政令」という。）附則第二条の規定により読み替えられた国家公務員共済組合法等の一部を改正する法律（平成十二年法律第二十一号。以下「平成十二年改正法」という。）	附則第十一条第一項及び第十二条第一項	法第八十二条第一項第一号の規定により算定される金額	法第八十二条第一項第一号の規定により算定される金額（平成十三年十二月以前の組合員期間があるときはその金額に〇・九六一を乗じて得た金額とし、平成十四年十二月以前の組合員期間があるとき（平成十三年十二月以前の組合員期間があるときを除く。）はその金額に〇・九七〇を乗じて得た金額とし、平成十六年十二月以前の組合員期間があるとき（平成十四年十二月以前の組合員期間があるときを除く。）はその金額に〇・九七三を乗じて得た金額とし、平成二十一年十二月以前の組合員期間があるとき（平成十六年十二月以前の組合員期間があるときを除く。）はその金額に〇・九七六を乗じて得た金額とし、平成二十二年十二月以前の組合員期間があるとき（平成二十一年十二月以前の組合員期間があるときを除く。）はその金額に〇・九八〇を乗じて得た金額とし、平成二十三年一月以後の組合員期間があるとき（平成二十二年十二月以前の組合員期間があるときを除く。）はその金額に〇・九八三を乗じて得た金額とする。）

国家公務員共済組合法

			その低下した比率を乗じて得た率を基準として政令で定める率とする。以下同じ。）を乗じて得た金額
	附則第十六条第四項	乗じて得た金額	乗じて得た金額に〇・九八八を乗じて得た金額
	附則第十七条第二項第一号	三万四千百円	三万四千百円に〇・九八八を乗じて得た金額（その金額に五十円未満の端数があるときは、これを切り捨て、五十円以上百円未満の端数があるときは、これを百円に切り上げるものとする。）
	附則第十七条第二項第二号	六万八千三百円	六万八千三百円に〇・九八八を乗じて得た金額（その金額に五十円未満の端数があるときは、これを切り捨て、五十円以上百円未満の端数があるときは、これを百円に切り上げるものとする。）

国家公務員共済組合法施行令

		六十万三千二百円	五十七万九千七百円

2　平成二十六年四月以後の月分の法による年金である給付について平成十六年改正法附則第四条の二の規定により読み替えられた平成十六年改正法附則第四条第一項の規定を適用する場合において、平成十四年一月以後の組合員期間があるときは、同条第二項（同項の表第三号の項に限る。）の規定にかかわらず、次の表の第一欄に掲げる法律の同表の第二欄に掲げる規定中同表の第三欄に掲げる字句は、それぞれ同表の第四欄に掲げる字句に読み替えるものとする。

平成十六年改正法第十七条の規定による改正前の平成十二年改正法附則第十一条第二項若しくは第三項又は第十二条第二項若しくは第三項の規定により読み替えられた平成十六年改正法第一条の規定による改正前の法	第七十七条第一項並びに第二項第一号及び第二号並びに第八十二条第一項第一号及び第二号	乗じて得た金額	乗じて得た金額（平成十三年十二月以前の組合員期間があるときはその金額に〇・九六一を乗じて得た金額とし、平成十四年十二月以前の組合員期間があるとき（平成十三年十二月以前の組合員期間があるときを除く。）はその金額に〇・九七〇を乗じて得た金額とし、平成十六年十二月以前の組合員期間があるとき（平成十四年十二月以前の組合員期間があるときを除く。）はその金額に〇・九七三を乗じて得た金額とし、平成二十一年十二月以前の組合員期間があるとき（平成十六年十二月以前の組合員期間があるときを除く。）はその金額に〇・九七六を乗じて得た金額とし、平成二十二年十二月以前の組合員期間があるとき（平成二十一年十二月以前の組合員期間があるときを除く。）はその金額に〇・九八〇を乗じて得た額とし、平成二十三年一月以後の組合員期間があるとき（平成二十二年十二月以前の組合員期間があるときを除く。）はその金額に〇・九八三を乗じて得た金額とする。）
	第八十二条第二項	加えた金額）	加えた金額）（平成十三年十二月以前の組合員期間があるときはその金額に〇・九六一を乗じて得た

国家公務員共済組合法施行規則

国家公務員共済組合法等の運用方針

平十六改正法附則

附則第十七条第二項第三号	十万二千五百円	十万二千五百円に〇・九八八を乗じて得た金額（その金額に五十円未満の端数があるときは、これを切り捨て、五十円以上百円未満の端数があるときは、これを百円に切り上げるものとする。）
附則第十七条第二項第四号	十三万六千六百円	十三万六千六百円に〇・九八八を乗じて得た金額（その金額に五十円未満の端数があるときは、これを切り捨て、五十円以上百円未満の端数があるときは、これを百円に切り上げるものとする。）
附則第十七条第二項第五号	十七万七百円	十七万七百円に〇・九八八を乗じて得た金額（その金額に五十円未満の端数があるときは、これを切り捨て、五十円以上百円未満の端数があるときは、これを百円に切り上

平十六改正令附則

		金額とし、平成十四年十二月以前の組合員期間があるとき（平成十三年十二月以前の組合員期間があるときを除く。）はその金額に〇・九七〇を乗じて得た金額とし、平成十六年十二月以前の組合員期間があるとき（平成十四年十二月以前の組合員期間があるときを除く。）はその金額に〇・九七三を乗じて得た金額とし、平成二十一年十二月以前の組合員期間があるとき（平成十六年十二月以前の組合員期間があるときを除く。）はその金額に〇・九七六を乗じて得た金額とし、平成二十二年十二月以前の組合員期間があるとき（平成二十一年十二月以前の組合員期間があるときを除く。）はその金額に〇・九八〇を乗じて得た金額とし、平成二十三年一月以後の組合員期間があるとき（平成二十二年十二月以前の組合員期間があるときを除く。）はその金額に〇・九八三を乗じて得た金額とする。）
第八十九条第一項第一号イ及びロ並びに第二号イ及びロ並びに附則第十二条の四の二第二項第二号並びに第三項第一号及び第二号	乗じて得た金額	乗じて得た金額（平成十三年十二月以前の組合員期間があるときはその金額に〇・九六一を乗じて得た金額とし、平成十四年十二月以前の組合員期間があるとき（平成十三年十二月以前の組合員期間があるときを除く。）はその金額に〇・九七〇を乗じて得た金額とし、平成十六年十二月以前の組合員期間があるとき（平成十四年十二月以前の組合員期間があるときを除く。）はその金額に〇・九七三を乗じて得た金額とし、平成二十一年十二月以前の組合員期間があるとき（平成十六年十二月以前の組合員期間があるときを除く。）はその金額に〇・九七六を乗じて得た金額とし、平成二十二年十二月以前の組合員期間があるとき（平成二十一年十二月以前の組合員期間があるときを除く。）はその金額に〇・九八〇を乗じて得た金額とし、平成二十三年一月以後の組合員期間があるとき（平成二十二年十二月以前の組合員期間があるときを除く。）はその金額に〇・

		げるものとする。）
第三十七条の規定による改正前の平成十二年改正法附則第十一条第二項若しくは第三項又は第十二条第二項若しくは第三項の規定により読み替えられた	第七十七条第一項	乗じて得た金額	乗じて得た金額に〇・九八八（第七十二条の二第一項に規定する物価指数が平成十五年（この項の規定による率の改定が行われたときは、直近の当該改定が行われた年の前年）の当該物価指数を下回るに至つた場合においては、その翌年の四月以後、〇・九八八（この項の規定による率の改定が行われたときは、当該改定後の率）にその低下した比率を乗じて得た率を基準として政令で定める率とする。以下同じ。）を乗じて得た金額
	第七十七条第二項第一号及び第二号並びに	乗じて得た金額	乗じて得た金額に〇・九八八を乗じて得た金額

		九八三を乗じて得た金額とする。）	
国家公務員共済組合法等の一部を改正する法律（平成十二年法律第二十一号）附則別表	国家公務員共済組合法等の一部を改正する法律（平成十六年法律第百三十号）第十七条の規定による改正後の国家公務員共済組合法等の一部を改正する法律（平成十二年法律第二十一号）附則別表	附則第十三条の九	

3　平成二十六年四月以後の月分の平成十六年改正法附則第四条の二の規定により読み替えられた平成十六年改正法附則第四条第一項の規定を適用する場合における法第八十七条の四に規定する公務等による障害共済年金について同条の規定により支給を停止する金額を算定する場合においては、改正前の平成十五年改正政令附則第六条第二項若しくは第三項又は第七条第二項若しくは第三項の規定により読み替えられた法第八十七条の四中「乗じて得た金額（当該障害共済年金の額が第七十二条の二の規定により改定された場合には、当該改定の措置に準じて政令で定めるところにより当該金額を改定した金額）」とあるのは、「乗じて得た金額（平成十三年十二月以前の組合員期間があるときはその金額に〇・九六一を乗じて得た金額とし、平成十四年十二月以前の組合員期間があるとき（平成十三年十二月以前の組合員期間があるときを除く。）はその金額に〇・九七〇を乗じて得た金額とし、平成十六年十二月以前の組合員期間があるとき（平成十四年十二月以前の組合員期間があるときを除く。）はその金額に〇・九七三を乗じて得た金額とし、平成二

第一条の規定による改正前の法	に第八十二条第一項第一号及び第二号		
	第八十二条第二項	加えた金額）	加えた金額）に〇・九八八を乗じて得た金額
	第八十九条第一項第一号イ及びロ並びに第二号イ及びロ並びに第二項並びに附則第十二条の四の二第二項第二号並びに第三項第一号及び第二号	乗じて得た金額	乗じて得た金額に〇・九八八を乗じて得た金額

（平成二十五年度及び平成二十六年度における法による年金である給付の額の算定に関する経過措置の特例）

第四条の二　平成二十五年度及び平成二十六年度の各年度における前条の規定の適用に

十一年十二月以前の組合員期間があるとき（平成十六年十二月以前の組合員期間があるときを除く。）はその金額に〇・九七六を乗じて得た金額とし、平成二十二年十二月以前の組合員期間があるとき（平成二十一年十二月以前の組合員期間があるときを除く。）はその金額に〇・九八〇を乗じて得た金額とし、平成二十三年一月以後の組合員期間があるとき（平成二十二年十二月以前の組合員期間があるときを除く。）はその金額に〇・九八三を乗じて得た金額とする。）」とする。

4　平成二十六年四月以後の月分の平成十六年改正法附則第四条の二の規定により読み替えられた平成十六年改正法附則第四条第一項の規定を適用する場合における法第八十九条第二項に規定する公務等による遺族共済年金について法第九十三条の三の規定により支給を停止する金額を算定する場合においては、改正前の平成十五年改正政令附則第八条第二項若しくは第三項又は第九条第二項若しくは第三項の規定により読み替えられた法第九十三条の三中「乗じて得た金額（当該遺族共済年金の額が第七十二条の二の規定により改定された場合には、当該改定の措置に準じ政令で定めるところにより当該金額を改定した金額）」とあるのは、「乗じて得た金額（平成十三年十二月以前の組合員期間があるときはその金額に〇・九六一を乗じて得た金額とし、平成十四年十二月以前の組合員期間があるとき（平成十三年十二月以前の組合員期間があるときを除く。）はその金額に〇・九七〇を乗じて得た金額とし、平成十六年十二月以前の組合員期間があるとき（平成十四年十二月以前の組合員期間があるときを除く。）はその金額に〇・九七三を乗じて得た金額

国家公務員共済組合法

ついては、同条第一項中「次項の規定」とあるのは「次条の規定により読み替えられた次項の規定」と、同条第二項の表第四欄中「〇・九八八（第七十二条の二第一項に規定する物価指数が平成十五年（この項の規定による率の改定が行われたときは、直近の当該改定が行われた年の前年）の当該物価指数を下回るに至つた場合においては、その翌年の四月以後、〇・九八八（この項の規定による率の改定が行われたときは、当該改定後の率）にその低下した比率」とあるのは「〇・九七八（当該年度の改定率（国民年金法等の一部を改正する法律（平成十六年法律第百四号）第一条の規定による改正後の国民年金法第二十七条に規定する改定率をいう。）の改定の基準となる率に〇・九九〇を乗じて得た率として政令で定める率が一を下回る場合においては、当該年度の四月以後、〇・九七八（この項の規定による率の改定が行われたときは、当該改定後の率）に当該政令で定める率」と、「〇・九七八を」と、「〇・九八八（物価指数が平成十五年（この号の規定による率の改定が行われたときは、直近の当該改定が行われた年の前年）の物価指数を下回るに至つた場合においては、その翌年の四月以後、〇・九八八（この号の規定による率の改定が行われたときは、当該改定後の率）にその低下した比率」とあるのは「〇・九七八（当該年度の改定率（国民年金法等の一部を改正する法律（平成十六年法律第百四号）第一条の規定による改正後の国民年金法第二十七条に規定する改定率をいう。）の改定の基準となる率に〇・九九〇を乗じて得た率として政令で定める率が一を下回る場合に

国家公務員共済組合法施行令

とし、平成二十一年十二月以前の組合員期間があるとき（平成十六年十二月以前の組合員期間があるときを除く。）はその金額に〇・九七六を乗じて得た金額とし、平成二十二年十二月以前の組合員期間があるとき（平成二十一年十二月以前の組合員期間があるときを除く。）はその金額に〇・九八〇を乗じて得た金額とし、平成二十三年一月以後の組合員期間があるとき（平成二十二年十二月以前の組合員期間があるときを除く。）はその金額に〇・九八三を乗じて得た金額とする。）」とする。

5　平成二十六年四月以後の月分の法による年金である給付について平成十六年改正法附則第四条の二の規定により読み替えられた平成十六年改正法附則第四条第一項の規定を適用する場合における同条第二項の規定により読み替えられた平成十六年改正法第一条の規定による改正前の法第七十八条第二項、平成十六年改正法第九条の規定による改正前の昭和六十年改正法附則第十六条第一項第一号及び平成十六年改正法第十七条の規定による改正前の平成十二年改正法附則第十一条第二項若しくは第三項又は第十二条第二項若しくは第三項の規定により読み替えられた平成十六年改正法第一条の規定による改正前の法第七十七条第一項に規定する当該年度の国民年金法（昭和三十四年法律第百四十一号）第二十七条に規定する改定率の改定の基準となる率に〇・九九〇を乗じて得た率として政令で定める率は〇・九九三とし、これらの規定に規定する当該改定後の率（〇・九六八）に当該政令で定める率を乗じて得た率を基準として**政令で定める**率は〇・九六一とする。

6　平成十九年四月以降の月分の法による年

国家公務員共済組合法施行規則

国家公務員共済組合法等の運用方針

おいては、当該年度の四月以後、○・九七八（この号の規定による率の改定が行われたときは、当該改定後の率）に当該政令で定める率」とする。

（旧共済法による年金である給付の額の算定に関する経過措置）

第五条　平成二十六年度までの各年度における昭和六十年改正法附則第二条第六号に規定する旧共済法による年金については、第九条の規定による改正後の昭和六十年改正法の規定（他の法令において引用し、準用し、又はその例による場合を含む。以下この項において「改正後の昭和六十年改正法の規定」という。）により算定した金額が、次項の規定により読み替えられた第九条の規定による改正前の昭和六十年改正法又は平成十二年改正法第三条の規定による改正前の昭和六十年改正法の規定（他の法令において引用し、準用し、又はその例による場合を含む。以下この項において「改正前の昭和六十年改正法の規定」という。）により算定した金額に満たないときは、改正前の昭和六十年改正法の規定はなお効力を有するものとし、改正後の昭和六十年改正法の規定にかかわらず、当該金額を同号に規定する旧共済法による年金の金額とする。

2　前項の場合においては、次の表の第一欄に掲げる法律の同表第二欄に掲げる規定中同表の第三欄に掲げる字句は、それぞれ同表の第四欄に掲げる字句に読み替えるものとするほか、必要な読替えは、政令で定める。

一	第九条の規定による	附則第三十五条第一項ただし書	相当する金額	相当する金額に○・九八八（物価指数が平成十五年（この項の規定による率の

金である給付（遺族共済年金に限る。）について平成十六年改正法附則第四条第一項の規定を適用する場合においては、同項中「改正後の国共済法等の規定にかかわらず、当該」とあるのは、「次項の規定により読み替えられた第一条の規定による改正前の法第八十九条の規定により算定した金額を基礎として第五条の規定による改正後の法の規定を適用して算定した」とする。この場合において、平成十六年改正法第五条の規定による改正後の法第八十九条第一項第一号イ中「次の(1)に掲げる金額に(2)」とあるのは「国家公務員共済組合法等の一部を改正する法律（平成十六年法律第百三十号）第一条の規定による改正前の法（以下この条において「改正前国共済法」という。）第八十九条第一項第一号イに掲げる金額に同号ロ」と、同号ロ中「次の(1)に掲げる金額に(2)」とあるのは「改正前国共済法第八十九条第一項第二号イに掲げる金額に同号ロ」と、同項第二号ロ中「第七十八条第一項」とあるのは「改正前国共済法第七十八条第一項」と、同条第三項中「を算定する場合における前二項の規定の適用については、第一項第一号イ(2)中「千分の一・○九六」とあるのは「千分の二・四六六」と、「乗じて得た金額の四分の三に相当する金額」とあるのは「乗じて得た金額」と、同号ロ(2)中「次の(i)又は(ii)に掲げる者の区分に応じ、それぞれ(i)又は(ii)に定める金額の四分の三に相当する金額」とあるのは「(i)に定める金額」と、「組合員期間が二十年以上である者」とあるのは「第三項に規定する公務等による遺族共済年金の受給権者」と、「千分の一・○九六」とあるのは「千分の二・四六六」と、「月数」とあるのは「月数（当該月数が三百月未満であると

改正前の昭和六十年改正法			改定が行われたときは、直近の当該改定が行われた年の前年）の物価指数を下回るに至つた場合においては、その翌年の四月以後、〇・九八八（この項の規定による率の改定が行われたときは、当該改定後の率）にその低下した比率を乗じて得た率を基準として政令で定める率とする。以下同じ。）を乗じて得た金額
	附則第三十五条第一項第一号	加えた金額）	加えた金額）に〇・九八八を乗じて得た金額
	附則第三十五条第一項第二号	相当する金額	相当する金額に〇・九八八を乗じて得た金額
	附則第四十条第一項第一号	七十五万四千三百二十円	七十五万四千三百二十円に〇・九八八を乗じて得た金額（その金額に五十円未

きは、三百円）」」とあるのは「の算定については、改正前国共済法第八十九条第一項第一号ロ又は第二号ロに掲げる金額は、これらの規定にかかわらず、同条第二項の規定により算定した金額」と、同条第四項中「第一項第一号に定める金額又は第二項第一号イに掲げる第一項第一号ロの規定の例により算定した」とあるのは「前項の規定により算定した」と、「百三万八千百円に改定率を乗じて得た金額（その金額に五十円未満の端数があるときは、これを切り捨て、五十円以上百円未満の端数があるときは、これを百円に切り上げるものとする。）」とあるのは「改正前国共済法第八十九条第三項の規定による遺族共済年金の額」と、「これらの規定による金額」とあるのは「遺族共済年金の額」とする。

（平成二十六年四月以後の月分の旧共済法による年金の額の算定に関する経過措置についての読替え等）

第三条　平成二十六年四月以後の月分の旧共済法による年金（昭和六十年改正法附則第二条第六号に規定する旧共済法による年金をいう。以下同じ。）について平成十六年改正法附則第五条の二の規定により読み替えられた平成十六年改正法附則第五条第一項の規定を適用する場合においては、同条第二項の規定によるほか、次の表の第一欄に掲げる政令の同表の第二欄に掲げる規定中同表の第三欄に掲げる字句は、それぞれ同表の第四欄に掲げる字句に読み替えるものとする。

一	第二条の規定による改正前の国家公務員等	第三十四条	百八万四千六百円	百四万二千三百円
		第三十八	三万七千七百十六円	三万七千七百十六円に

		満の端数があるときは、これを切り捨て、五十円以上百円未満の端数があるときは、これを百円に切り上げるものとする。）
附則第四十条第一項第二号	乗じて得た金額	乗じて得た金額に〇・九八八を乗じて得た金額
附則第四十二条第一項本文	相当する額を	相当する額に〇・九八八を乗じて得た金額を
附則第四十二条第一項ただし書	相当する金額	相当する金額に〇・九八八を乗じて得た金額
附則第四十二条第一項第一号	加えた金額）	加えた金額）に〇・九八八を乗じて得た金額
附則第四十二条第一項第二号	相当する金額	相当する金額に〇・九八八を乗じて得た金額
附則第四十二条第二項第一号	加算して得た金額	加算して得た金額に〇・九八八を乗じて得た金額

		共済組合法等の一部を改正する法律の施行に伴う経過措置に関する政令（次項において「改正前の昭和六十一年経過措置政令」という。）
条第一項第一号ロ		〇・九六一を乗じて得た金額
第三十八条第一項第一号ハ	相当する額	相当する額に〇・九六一を乗じて得た額
第三十八条第一項第三号ロ	三万七千七百十六円	三万七千七百十六円に〇・九六一を乗じて得た金額
第三十八条第一項第三号ハ	相当する金額	相当する金額に〇・九六一を乗じて得た金額
第三十八条第二項	百八万四千六百円	百四万二千三百円
	相当する金額	相当する金額に〇・九六一を乗じて得た金額
第四十二条第一項第一号	五百二十八万千九百円	五百七万五千九百円
第四十二条第一項第二号	三百四十四万五千六百円	三百三十一万千二百円
第四十二条第一項第三号	二百三十八万九千九百円	二百二十九万六千七百円
第四十二条第二項第一号	二十万八千百円	二十万円
第四十二条第二項第二号	一万四千八百円	一万四千二百円
	六万六千九百円	六万四千三百円
	十四万千二百円	十三万五千七百円
第四十二条第四項第一号	百三十二万六千九百円	百二十七万五千二百円
第四十二条第四項第二号	百八万四千六百円	百四万二千三百円
第四十二条第四項第三号及び第四十五条	八十万四千二百円	七十七万二千八百円
第四十六条第一項	七万七千百円	七万四千百円
	二十三万千四百円	二十二万二千四百円
第四十八条	百八十七万三千三百円	百八十万二百円

国家公務員共済組合法

附則第四十二条第二項第四号	相当する金額	相当する金額に○・九八八を乗じて得た金額
附則第四十六条第一項第一号	加えた金額（	加えた金額に○・九八八を乗じて得た金額（
	百分の○・九五に相当する金額	百分の○・九五に相当する金額に○・九八八を乗じて得た金額
附則第四十六条第三項	相当する金額	相当する金額に○・九八八を乗じて得た金額
附則第四十六条第五項	十五万四千二百円	十五万四千二百円に○・九八八を乗じて得た金額（その金額に五十円未満の端数があるときは、これを切り捨て、五十円以上百円未満の端数があるときは、これを百円に切り上げるものとする。）
	二十六万九千九百円	二十六万九千九百円に○・九八八を乗じて得た金額（その金額に五十円未満の

国家公務員共済組合法施行令

条第一項	円	
第四十八条第二項	百八十七万三千三百円	百八十万二百円
	百七十四万六千四百円	百六十七万八千三百円
第四十八条第三項	一万四千八百円	一万四千二百円
	六万六千九百円	六万四千三百円
第五十条各号列記以外の部分	相当する金額	相当する金額に○・九六一を乗じて得た金額
第五十条第一号	加えた額	加えた額に○・九六一を乗じて得た額
第五十条第三号	相当する額	相当する額に○・九六一を乗じて得た額
第五十七条第一項	乗じて得た率	乗じて得た率に、○・九六一を乗じて得た率
	に相当する金額	に相当する金額から老齢加算改定額（昭和六十年改正法附則第五十七条第一項各号に掲げる期間に応じ、当該各号に定める金額に、昭和六十年改正法附則別表第五の上欄に掲げる受給権者の区分に応じてそれぞれ同表の下欄に掲げる率に一・〇二七を乗じて得た率に〇・〇三九を乗じて得た率を乗じて得た金額）を控除した金額
	当該相当する金額	当該控除した金額
第五十七条第二項	乗じて得た率	乗じて得た率に、○・九六一を乗じて得た率
第六十条	掲げる額	掲げる額に○・九六一を乗じて得た額

二　第四条の規定による改正前の国家公務員共済組合法施行令等の一部を改正

第三十八条第一項第一号ハ	相当する額	相当する額に○・九六一を乗じて得た額
第三十八条第一項	相当する金額	相当する金額に○・九六一を乗じて得た金額

国家公務員共済組合法施行規則

国家公務員共済組合法等の運用方針

			端数があるときは、これを切り捨て、五十円以上百円未満の端数があるときは、これを百円に切り上げるものとする。）
平成十二年改正法第三条の規定による改正前の昭和六十年改正法	附則第三十五条第一項ただし書	相当する金額	相当する金額に〇・九八八（物価指数が平成十五年（この項の規定による率の改定が行われたときは、直近の当該改定が行われた年の前年）の物価指数を下回るに至つた場合においては、その翌年の四月以後、〇・九八八（この項の規定による率の改定が行われたときは、当該改定後の率）にその低下した比率を乗じて得た率を基準として政令で定める率とする。以下同じ。）を乗じて得た金額
	附則第三十五条第一	相当する金額	相当する金額に〇・九八八を乗じて得た金額

する政令（以下この条及び次条において「改正前の平成十二年改正政令」という。）第二条の規定による改正前の国家公務員等共済組合法等の一部を改正する法律の施行に伴う経過措置に関する政令	第三号ハ及び第二項並びに第五十条各号列記以外の部分		
	第五十条第一号及び第三号	相当する額	相当する額に〇・九六一を乗じて得た額
	第五十七条第一項	に相当する金額	に相当する金額から老齢加算改定額（昭和六十年改正法附則第五十七条第一項各号に掲げる期間に応じ、当該各号に定める金額に、一・〇二七に一・〇二を乗じて得た率に〇・〇三九を乗じて得た率を乗じて得た金額をいう。）を控除した金額
		当該相当する金額	当該控除した金額

2　平成二十六年四月以後の月分の平成十六年改正法附則第五条の二の規定により読み替えられた平成十六年改正法附則第五条第一項の規定を適用する場合における昭和六十年改正法附則第四十二条第一項に規定する公務による障害年金、昭和六十年改正法附則第四十二条第二項に規定する公務によらない障害年金又は昭和六十年改正法附則第四十六条第一項第一号に規定する公務による遺族年金について改正前の昭和六十一年経過措置政令第四十八条の二の規定により支給を停止する金額を算定する場合においては、改正前の平成十二年改正政令附則第八条第一項第一号中「算定される金額」とあるのは、「算定される金額に〇・九六一を乗じて得た金額」とする。

3　平成二十六年四月以後の月分の平成十六年改正法附則第五条の二の規定により読み

項第二号		
附則第四十条第一項第二号	乗じて得た金額	乗じて得た金額に〇・九八八を乗じて得た金額
附則第四十二条第一項本文	相当する額を	相当する額に〇・九八八を乗じて得た金額を
附則第四十二条第一項ただし書及び第二号並びに第二項第一号及び第四号	相当する金額	相当する金額に〇・九八八を乗じて得た金額
附則第四十六条第一項第一号	百分の二十に相当する金額	百分の二十に相当する金額に〇・九八八を乗じて得た金額
	百分の一に相当する金額	百分の一に相当する金額に〇・九八八を乗じて得た金額
附則第四十六条第三項	相当する金額	相当する金額に〇・九八八を乗じて得た金額

（平成二十五年度及び平成二十六年度における旧共済法による年金である給付の額の

替えられた平成十六年改正法附則第五条第一項の規定を適用する場合における昭和六十年改正法附則第四十二条第一項に規定する公務による障害年金、昭和六十年改正法附則第四十二条第二項に規定する公務によらない障害年金又は昭和六十年改正法附則第四十六条第一項第一号に規定する公務による遺族年金について改正前の平成十二年改正政令附則第八条第一項第二号の規定により支給を停止する金額を算定する場合においては、同号中「算定される金額」とあるのは、「算定される金額に〇・九六一を乗じて得た金額」とする。

4　平成二十六年四月以後の月分の旧共済法による年金について平成十六年改正法附則第五条の二の規定により読み替えられた平成十六年改正法附則第五条第一項の規定を適用する場合における同条第二項の規定により読み替えられた平成十六年改正法第九条の規定による改正前の昭和六十年改正法附則第三十五条第一項ただし書及び平成十二年改正法第三条の規定による改正前の昭和六十年改正法附則第三十五条第一項ただし書に規定する当該年度の国民年金法第二十七条に規定する改定率の改定の基準となる率に〇・九九〇を乗じて得た率として政令で定める率は〇・九九三とし、これらの規定に規定する当該改定後の率（〇・九六八）に当該政令で定める率を乗じて得た率を基準として政令で定める率は〇・九六一とする。

（更新組合員等であった者で七十歳以上のものが受ける退職年金等の額の改定の特例）

第四条　平成二十六年四月以後の月分の旧共済法による年金について平成十六年改正法

（算定に関する経過措置の特例）

第五条の二　平成二十五年度及び平成二十六年度の各年度における前条の規定の適用については、同条第一項中「次項の規定」とあるのは「次条の規定により読み替えられた次項の規定」と、同条第二項の表第四欄中「〇・九八八（物価指数が平成十五年（この項の規定による率の改定が行われたときは、直近の当該改定が行われた年の前年）の物価指数を下回るに至つた場合においては、その翌年の四月以後、〇・九八八（この項の規定による率の改定が行われたときは、当該改定後の率）にその低下した比率」とあるのは「〇・九七八（当該年度の改定率（国民年金法等の一部を改正する法律（平成十六年法律第百四号）第一条の規定による改正後の国民年金法第二十七条に規定する改定率をいう。）の改定の基準となる率に〇・九九〇を乗じて得た率として政令で定める率が一を下回る場合においては、当該年度の四月以後、〇・九七八（この項の規定による率の改定が行われたときは、当該改定後の率）に当該政令で定める率」と、「〇・九八八を」とあるのは「〇・九七八を」とする。

（平成十七年度から平成二十年度までにおける再評価率の改定等に関する経過措置）

第六条　平成十七年度及び平成十八年度における第一条の規定による改正後の法第七十二条の三から第七十二条の六までの規定の適用については、法第七十二条の三第一項第三号に掲げる率を一とみなす。

2　平成十九年度における第一条の規定による改正後の法第七十二条の三第一項第三号の規定の適用については、同号イ中「九月一日」とあるのは、「十月一日」とする。

3　平成二十年度における第一条の規定によ

附則第五条の二の規定により読み替えられた平成十六年改正法附則第五条第一項の規定を適用する場合における平成十六年改正法第九条の規定による改正前の昭和六十年改正法（以下この項において「平成十六年改正前の昭和六十年改正法」という。）附則第五十七条第一項（同条第二項において準用する場合を含む。以下この項において同じ。）の規定により読み替えられた平成十六年改正前の昭和六十年改正法附則第五十条第三項に規定する政令で定める率は、平成十六年改正前の昭和六十年改正法附則別表第五の上欄に掲げる受給権者の区分に応じてそれぞれ同表の下欄に掲げる率に〇・九六一を乗じて得た率からそれぞれ一を控除して得た率とする。この場合において、平成十六年改正前の昭和六十年改正法附則第五十七条第一項の規定により読み替えられた平成十六年改正前の昭和六十年改正法附則第五十条第三項中「相当する金額を」とあるのは「相当する金額から老齢加算改定額（附則第五十七条第一項各号に掲げる期間に応じ、当該各号に定める金額に、平成十六年改正前の昭和六十年改正法附則別表第五の上欄に掲げる受給権者の区分に応じてそれぞれ同表の下欄に掲げる率に〇・〇三九を乗じて得た率を乗じて得た金額をいう。）を控除した金額を」と、「相当する金額）」とあるのは「相当する金額から老齢加算改定額を控除した金額）」とする。

2　平成二十六年四月以後の月分の旧共済法による年金について平成十六年改正法附則第五条の二の規定により読み替えられた平成十六年改正法附則第五条第一項の規定を適用する場合における改正前の平成十二年改正政令附則第七条第二号の規定による金額を算定する場合において、平成十二年改

国家公務員共済組合法

る改正後の法第七十二条の三第一項第三号の規定の適用については、同号ロ中「九月一日」とあるのは、「十月一日」とする。

（再評価率等の改定等の特例）

第七条　法による年金である給付（政令で定めるものに限る。）その他政令で定める給付の受給権者（以下この条及び次条において「受給権者」という。）のうち、当該年度において第一号に掲げる指数が第二号に掲げる指数以下となる区分（第一条の規定による改正後の法別表第二各号に掲げる受給権者の区分をいう。以下この条及び次条において同じ。）に属するものに適用される再評価率（第一条の規定による改正後の法第七十二条の二に規定する再評価率をいう。以下この項及び次条第一項第一号において同じ。）又は従前額改定率（第十七条の規定による改正後の平成十二年改正法附則第十二条第二項の従前額改定率をいう。以下この項及び次条第一項第一号において同じ。）その他政令で定める率（以下この条及び次条において「再評価率等」という。）の改定又は設定については、平成二十六年度までの間は、第一条の規定による改正後の法第七十二条の五及び第七十二条の六の規定（第十七条の規定による改正後の平成十二年改正法附則第十二条第四項においてその例による場合を含む。以下この条及び次条において同じ。）は、適用しない。

一　第一条の規定による改正後の法第七十七条第一項及び第二項、第八十二条第一項及び第二項、第八十九条第一項及び第二項並びに附則第十二条の四の二第二項第二号及び第三項又は第十七条の規定による改正後の平成十二年改正法附則第十

国家公務員共済組合法施行令

正法第三条の規定による改正前の昭和六十年改正法（以下この項において「平成十二年改正前の昭和六十年改正法」という。）附則第五十七条第一項（同条第二項において準用する場合を含む。以下この項において同じ。）の規定により読み替えられた平成十二年改正前の昭和六十年改正法附則第五十条第三項に規定する**政令で定める**率は、百分の十七・二とする。この場合において、平成十二年改正前の昭和六十年改正法附則第五十七条第一項の規定により読み替えられた平成十二年改正前の昭和六十年改正法附則第五十条第三項中「相当する金額を」とあるのは「相当する金額から老齢加算改定額（附則第五十七条第一項各号に掲げる期間に応じ、当該各号に定める金額に、一・二二に〇・〇三九を乗じて得た率を乗じて得た金額をいう。）を控除した金額を」と、「相当する金額）」とあるのは「相当する金額から老齢加算改定額を控除した金額）」とする。

（再評価率等の改定等の特例の対象となる法による年金である給付）

第五条　平成十六年改正法附則第七条第一項の政令で定める法による年金である給付は、法による年金である給付の全部とする。

（再評価率等の改定等の特例の対象となる給付）

第六条　平成十六年改正法附則第七条第一項の**政令で定める**給付は、次のとおりとする。

一　法による障害一時金

二　旧共済法による年金

（再評価率等の改定等の特例の対象となる率）

第七条　平成十六年改正法附則第七条第一項の政令で定める率は、平成十二年改正法附

国家公務員共済組合法施行規則

国家公務員共済組合法等の運用方針

二条第二項の規定により算定した金額（第一条の規定による改正後の法第七十二条の五及び第七十二条の六の規定の適用がないものとして改定し、又は設定した再評価率又は従前額改定率を基礎として算定した金額とする。）の水準を表すものとして政令で定めるところにより計算した指数

二　附則第四条の二の規定により読み替えられた附則第四条の規定によりなおその効力を有するものとされた第十七条の規定による改正前の平成十二年改正法の規定により読み替えられた第一条の規定による改正前の法の規定により算定した金額の水準を表すものとして政令で定めるところにより計算した指数

2　受給権者のうち、当該年度において、前項第一号に掲げる指数が同項第二号に掲げる指数を上回り、かつ、第一条の規定による改正後の法第七十二条の五第四項第一号に規定する調整率（以下この項及び次条第二項において「調整率」という。）が前項第一号に掲げる指数に対する同項第二号に掲げる指数の比率を下回る区分に属するものに適用される再評価率等の改定又は設定に対する法第七十二条の五及び第七十二条の六の規定の適用については、当該比率を調整率とみなす。

（平成二十七年度における再評価率等の改定等の特例）

第七条の二　平成二十七年度において、受給権者のうち、第一号に掲げる指数が第二号に掲げる指数以下となる区分に属するものに適用される再評価率等の改定又は設定については、第一条の規定による改正後の法第七十二条の五及び第七十二条の六の規定は、適用しない。

則第十二条第一項に規定する従前額改定率とする。

（年金額等の水準を表す指数の計算方法）

第八条　各年度における平成十六年改正法附則第七条第一項第一号の政令で定めるところにより計算した指数（以下この項において「指数」という。）は、当該年度の前年度における指数に、当該年度において法第七十二条の三第一項又は第三項（法第七十二条の四第一項の規定が適用される受給権者にあっては、同項又は同条第三項）の規定により再評価率（法第七十二条の二に規定する再評価率をいう。次条第一項において同じ。）を改定する際に基準とされる率を乗じて得た数（その数に小数点以下四位未満の端数があるときは、これを四捨五入する。）とする。ただし、平成十六年度における指数は、〇・九九〇（昭和十二年四月一日以前に生まれた受給権者にあっては、〇・九八六）とする。

2　平成二十六年度における平成十六年改正法附則第七条第一項第二号の**政令で定める**ところにより計算した指数は、平成二十五年度における指数に〇・九九三を乗じて得た数（その数に小数点以下四位未満の端数があるときは、これを四捨五入する。）とする。

3　前項に規定する平成十六年改正法附則第七条第一項第二号の指数を計算する場合においては、平成十八年度における指数は、〇・九九九九とする。

第八条の二　平成十六年改正法附則第七条の二第一項第一号の政令で定めるところにより計算した指数は、平成二十六年度における前条第一項の規定により得た数に、平成二十七年度において法第七十二条の三第一項又は第三項（法第七十二条の四第一項の

国家公務員共済組合法

一　平成二十七年度における第一条の規定による改正後の法第七十七条第一項及び第二項、第八十二条第一項及び第二項、第八十九条第一項及び第二項並びに附則第十二条の四の二第二項第二号及び第三項又は第十七条の規定による改正後の平成十二年改正法附則第十二条第二項の規定により算定した金額（第一条の規定による改正後の法第七十二条の五及び第七十二条の六の規定の適用がないものとして改定し、又は設定した再評価率又は従前額改定率を基礎として算定した金額とする。）の水準を表すものとして政令で定めるところにより計算した指数

二　平成二十六年度における附則第四条の二の規定により読み替えられた附則第四条の規定によりなおその効力を有するものとされた第十七条の規定による改正前の平成十二年改正法の規定により読み替えられた第一条の規定による改正前の法の規定により算定した金額の水準を表すものとして政令で定めるところにより計算した指数

2　受給権者のうち、平成二十七年度において、前項第一号に掲げる指数が同項第二号に掲げる指数を上回り、かつ、調整率が同項第一号に掲げる指数に対する同項第二号に掲げる指数の比率を下回る区分に属するものに適用される再評価率等の改定又は設定に対する法第七十二条の五及び第七十二条の六の規定の適用については、当該比率を調整率とみなす。

（基礎年金拠出金の負担に関する経過措置）

第八条　平成十六年度における第一条の規定による改正後の法第九十九条第三項第二号の規定の適用については、同号中「二分の

国家公務員共済組合法施行令

規定が適用される受給権者にあつては、同項又は同条第三項）の規定により再評価率を改定する際に基準とされる率を乗じて得た数（その数に小数点以下四位未満の端数があるときは、これを四捨五入する。）とする。

2　平成十六年改正法附則第七条の二第一項第二号の政令で定めるところにより計算した指数は、前条第二項の規定により得た数とする。

（平成二十七年度における従前額改定率の改定の特例）

第八条の三　平成二十七年三月三十一日において附則第二条第一項（同項の表第四号の項に限る。）、第二項（同項の表のうち平成十六年改正法第十七条の規定による改正前の平成十二年改正法附則第十一条第二項若しくは第三項又は第十二条第二項若しくは第三項の規定により読み替えられた平成十六年改正法第一条の規定による改正前の法附則第十三条の九に係る部分を除く。）、第三項又は第四項の規定の適用を受けていた者（平成十三年十二月以前の組合員期間がある者を除く。）に係る平成二十七年度における平成十二年改正法附則第十二条第一項及び第二項の従前額改定率は、国家公務員共済組合法による再評価率の改定等に関する政令（平成十七年政令第八十二号）第四条第一項の規定にかかわらず、次の表の上欄に掲げる者の区分に応じて、一・〇三一にそれぞれ同表の下欄に掲げる率を乗じて得た率とする。

平成十四年十二月以前の組合員期間がある者

〇・九七〇

平成十六年十二月以前の組合員期間がある者

（平成十四年十二月以前の組合員期間があ

国家公務員共済組合法施行規則

国家公務員共済組合法等の運用方針

平十六改正法附則

一」とあるのは、「三分の一」とする。

2　国、独立行政法人造幣局、独立行政法人国立印刷局若しくは独立行政法人国立病院機構又は日本郵政公社は、平成十六年度における国民年金法（昭和三十四年法律第百四十一号）第九十四条の二第二項の規定により納付する基礎年金拠出金の一部に充てるため、前項の規定により読み替えられた第一条の規定による改正後の法第九十九条第三項第二号に定める額のほか、国にあつては五億五千七百二万千円を、独立行政法人造幣局にあつては八十八万九千円を、独立行政法人国立印刷局にあつては三百九十三万円を、独立行政法人国立病院機構にあつては三千六十七万七千円を、日本郵政公社にあつては一億八千七百七十四万七千円を、それぞれ負担する。

3　平成十七年度における第一条の規定による改正後の法第九十九条第三項第二号の規定の適用については、同号中「の二分の一に相当する額」とあるのは、「に、三分の一に千分の十一を加えた率を乗じて得た額」とする。

4　国、独立行政法人造幣局、独立行政法人国立印刷局若しくは独立行政法人国立病院機構又は日本郵政公社は、平成十七年度における国民年金法第九十四条の二第二項の規定により納付する基礎年金拠出金の一部に充てるため、前項の規定により読み替えられた第一条の規定による改正後の法第九十九条第三項第二号に定める額のほか、国にあつては二十一億八千四百三十八万二千円を、独立行政法人造幣局にあつては三百四十一万四千円を、独立行政法人国立印刷局にあつては千五百七万四千円を、独立行政法人国立病院機構にあつては一億千七百二十五万二千円を、日本郵政公社にあつて

平十六改正令附則

る者を除く。）

○・九七三

平成二十一年十二月以前の組合員期間がある者（平成十六年十二月以前の組合員期間がある者を除く。）

○・九七六

平成二十二年十二月以前の組合員期間がある者（平成二十一年十二月以前の組合員期間がある者を除く。）

○・九八○

平成二十三年一月以後の組合員期間がある者（平成二十二年十二月以前の組合員期間がある者を除く。）

○・九八三

（基礎年金拠出金の負担に関する経過措置）

第八条の四　平成十六年度における第一条の規定による改正後の国家公務員共済組合法施行令第十二条の三第三項の規定の適用については、同項中「二分の一」とあるのは、「三分の一」とする。

2　平成十七年度における第一条の規定による改正後の国家公務員共済組合法施行令第十二条の三第三項の規定の適用については、同項中「の二分の一に相当する額」とあるのは、「に、三分の一に千分の十一を加えた率を乗じて得た額」とする。

3　平成十八年度における第一条の規定による改正後の国家公務員共済組合法施行令第十二条の三第三項の規定の適用については、同項中「の二分の一に相当する額」とあるのは、「に、三分の一に千分の二十五を加えた率を乗じて得た額」とする。

4　平成十九年度から特定年度（国民年金法等の一部を改正する法律（平成十六年法律第百四号）附則第十三条第七項に規定する特定年度をいう。）の前年度までの各年度における第一条の規定による改正後の国家

国家公務員共済組合法

は七億八百五十四万二千円を、それぞれ負担する。

5　平成十八年度における法第九十九条第三項第二号（法附則第二十条の三第三項の規定により読み替えて適用する場合を含む。）の規定の適用については、同号中「の二分の一に相当する額」とあるのは、「に、三分の一に千分の二十五を加えた率を乗じて得た額」とする。

6　平成十九年度から特定年度（国民年金法等の一部を改正する法律（平成十六年法律第百四号）附則第十三条第七項に規定する特定年度をいう。附則第八条の三において同じ。）の前年度までの各年度における法第九十九条第三項第二号（法附則第二十条の三第四項の規定により読み替えて適用する場合を含む。附則第八条の三において同じ。）の規定の適用については、同号中「の二分の一に相当する額」とあるのは、「に、三分の一に千分の三十二を加えた率を乗じて得た額」とする。

（平成二十一年度から平成二十五年度までの基礎年金拠出金の負担に関する経過措置の特例）

第八条の二　国又は独立行政法人造幣局、独立行政法人国立印刷局、独立行政法人国立病院機構若しくは独立行政法人郵便貯金・簡易生命保険管理機構は、平成二十一年度から平成二十五年度までの各年度において国民年金法第九十四条の二第二項の規定により納付される基礎年金拠出金の一部に充てるため、当該各年度について、前条第六項の規定により読み替えられた法第九十九条第三項第二号（法附則第二十条の三第四項の規定により読み替えて適用する場合を含む。以下この条において同じ。）に定める

国家公務員共済組合法施行令

公務員共済組合法施行令第十二条の三第三項及び附則第三十四条の二の三第二項の規定の適用については、これらの規定中「の二分の一に相当する額」とあるのは、「に、三分の一に千分の三十二を加えた率を乗じて得た額」とする。

（平成二十一年度から平成二十五年度までの基礎年金拠出金の負担に関する経過措置の特例）

第八条の五　法第九十九条第三項第二号に掲げる費用のうち平成十六年改正法附則第八条の二の規定により国又は独立行政法人造幣局、独立行政法人国立印刷局、独立行政法人国立病院機構若しくは独立行政法人郵便貯金・簡易生命保険管理機構が平成二十一年度から平成二十五年度までの各年度において負担すべき金額は、次の各号に掲げる者の区分に応じ、それぞれ当該各号に定める金額とする。

一　国　当該事業年度において納付される平成十六年改正法附則第八条の二に規定する差額に相当する額から次号から第五号までに定める金額の合計額を控除した金額

二　独立行政法人造幣局　当該事業年度において納付される平成十六年改正法附則第八条の二に規定する差額に相当する額に当該事業年度における全ての組合の長期組合員の標準報酬の月額の合計額及び標準期末手当等の額の合計額の合算額（以下この条において「標準報酬総額」という。）に対する独立行政法人造幣局の職員である長期組合員の標準報酬総額の割合を乗じて得た金額

三　独立行政法人国立印刷局　当該事業年度において納付される平成十六年改正法

国家公務員共済組合法施行規則

国家公務員共済組合法等の運用方針

額のほか、政令で定めるところにより、法第九十九条第三項第二号に定める額と前条第六項の規定により読み替えられた法第九十九条第三項第二号に定める額との差額に相当する額を負担する。この場合において、当該額のうち国の負担に係るものについては、平成二十一年度にあつては財政運営に必要な財源の確保を図るための公債の発行及び財政投融資特別会計からの繰入れの特例に関する法律（平成二十一年法律第十七号）第三条第一項の規定により、平成二十二年度にあつては平成二十二年度における財政運営のための公債の発行の特例等に関する法律（平成二十二年法律第七号）第三条第一項の規定により、財政投融資特別会計財政融資資金勘定から一般会計に繰り入れられる繰入金を活用して、確保するものとし、平成二十三年度にあつては東日本大震災からの復興のための施策を実施するために必要な財源の確保に関する特別措置法（平成二十三年法律第百十七号）第六十九条第二項の規定により適用する同条第一項の規定により発行する公債の発行による収入金を活用して、確保するものとし、平成二十四年度及び平成二十五年度にあつては財政運営に必要な財源の確保を図るための公債の発行の特例に関する法律（平成二十四年法律第百一号）第四条第一項の規定により発行する公債の発行による収入金を活用して、確保するものとする。

（基礎年金拠出金の負担に要する費用の財源）

第八条の三　特定年度以後の各年度において、法第九十九条第四項第二号の規定により負担する費用のうち前条前段の規定の例により算定した額に相当する費用（国の負担に係るものに限る。）の財源については、社

附則第八条の二に規定する差額に相当する額に当該事業年度における全ての組合の長期組合員の標準報酬総額に対する独立行政法人国立印刷局の職員である長期組合員の標準報酬総額の割合を乗じて得た金額

四　独立行政法人国立病院機構　当該事業年度において納付される平成十六年改正法附則第八条の二に規定する差額に相当する額に当該事業年度における全ての組合の長期組合員の標準報酬総額に対する独立行政法人国立病院機構の職員である長期組合員の標準報酬総額の割合を乗じて得た金額

五　独立行政法人郵便貯金・簡易生命保険管理機構　当該事業年度において納付される平成十六年改正法附則第八条の二に規定する差額に相当する額に当該事業年度における全ての組合の長期組合員の標準報酬総額に対する独立行政法人郵便貯金・簡易生命保険管理機構の職員である長期組合員の標準報酬総額の割合を乗じて得た金額

（存続組合が支給する特例年金給付等の額の改定）

第九条　平成二十六年四月以後の月分の存続組合（厚生年金保険法等の一部を改正する法律（平成八年法律第八十二号。以下この項において「平成八年改正法」という。）附則第三十二条第二項に規定する存続組合をいう。）が支給する平成八年改正法附則第三十三条第一項に規定する特例年金給付（以下「特例年金給付」という。）の額を算定する場合における国共済法等の規定（同項に規定する国共済法等の規定をいう。）による年金たる長期給付について平成十六年改正法附則第二十五条の二の規定により

国家公務員共済組合法

会保障の安定財源の確保等を図る税制の抜本的な改革を行うための消費税法の一部を改正する等の法律（平成二十四年法律第六十八号）の施行により増加する消費税の収入を活用して、確保するものとする。

（育児休業等を終了した際の標準報酬の月額の改定に関する経過措置）

第九条　第二条の規定による改正後の法第四十二条の規定は、平成十七年四月一日以後に終了した同条第九項に規定する育児休業等について適用する。

（育児休業手当金の額に関する経過措置）

第十条　第二条の規定による改正後の法第六十八条の二第二項の規定は、平成十七年四月一日以後に開始された同条第一項に規定する育児休業等に係る育児休業手当金の額の算定について適用し、同日前に開始された当該育児休業等に係る育児休業手当金の額の算定については、なお従前の例による。

（介護休業手当金の額に関する経過措置）

第十一条　第二条の規定による改正後の法第六十八条の三第三項の規定は、平成十七年四月一日以後に開始された同条第一項に規定する介護休業に係る介護休業手当金の額の算定について適用し、同日前に開始された当該介護休業に係る介護休業手当金の額の算定については、なお従前の例による。

（三歳に満たない子を養育する組合員等の標準報酬の月額の特例に関する経過措置）

第十二条　第二条の規定による改正後の法第七十三条の二の規定は、平成十七年四月以後の標準報酬の月額について適用する。

（育児休業等期間中の組合員の特例に関する経過措置）

第十三条　平成十七年四月一日前に第二条の

国家公務員共済組合法施行令

読み替えられた平成十六年改正法附則第二十五条第一項の規定を適用する場合においては、同条第二項の規定によるほか、次の表の第一欄に掲げる法律の同表の第二欄に掲げる規定中同表の第三欄に掲げる字句は、それぞれ同表の第四欄に掲げる字句に読み替えて、同表の第一欄に掲げる法令の規定（他の法令において引用し、準用し、又はその例による場合を含む。）を適用する。

一　平成十六年改正法第一条の規定による改正前の法	附則第十二条の四の二第二項第一号	四百四十四月		四百八十月	
	附則別表第四各号	平成十年四月以後	○・九八○	平成十年四月から平成十七年三月まで	○・九八○
				平成十七年四月から平成十八年三月まで	○・九八七
				平成十八年四月から平成十九年三月まで	○・九九○
				平成十九年四月から平成二十一年三月まで	○・九八八
				平成二十一年四月から平成二十二年三月まで	○・九七七
				平成二十二年四月から平成二十三年三月まで	○・九九一
				平成二十三年四月から	○・九九八

国家公務員共済組合法施行規則

国家公務員共済組合法等の運用方針

規定による改正前の法第百条の二の規定に基づく申出をした者については、なお従前の例による。

2　平成十七年四月一日前に第二条の規定による改正後の法第四十二条第九項に規定する育児休業等を開始した者（同日前に第二条の規定による改正前の法第百条の二の規定に基づく申出をした者を除く。）については、その育児休業等を開始した日を平成十七年四月一日とみなして、第二条の規定による改正後の法第百条の二の規定を適用する。

（退職共済年金の額の算定に関する経過措置）

第十四条　第二条の規定による改正後の法附則第十二条の四の二第二項第一号（法附則第十二条の四の三第一項及び第三項、第十二条の七の二第二項並びに第十二条の七の三第二項及び第四項においてその例による場合を含む。）の規定並びに第二条の規定による改正後の法附則第十三条第一項及び第七条の規定による改正後の国家公務員共済組合法の長期給付に関する施行法別表において読み替えられた同号の規定の適用については、当分の間、同号中「四百八十月」とあるのは、「四百八十月（当該退職共済年金の受給権者が昭和四年四月一日以前に生まれた者にあつては四百二十月、昭和四年四月二日から昭和九年四月一日までの間に生まれた者にあつては四百三十二月、昭和九年四月二日から昭和十九年四月一日までの間に生まれた者にあつては四百四十四月、昭和十九年四月二日から昭和二十年四月一日までの間に生まれた者にあつては四百五十六月、昭和二十年四月二日から昭和二十一年四月一日までの間に生まれた者にあつては四百六十八月）」とする。

平成二十四年三月まで	
平成二十四年四月から平成二十六年三月まで	一・〇〇一
平成二十六年四月から平成二十七年三月まで	〇・九九六

二　平成十六年改正法第七条の規定による改正前の国家公務員共済組合法の長期給付に関する施行法	第十一条第一項	三十七年	四十年
三　平成十六年改正法第九条の規定による改正前の昭和六十年改正法	附則第十六条第一項第一号	四百四十四月	四百八十月
	附則第十六条第一項第二号及び第二十八条第一項第二号	新国民年金法第二十七条本文に規定する老齢基礎年金の額（新国民年金法第十六条の二の規定による年金の額の改定の措置が講じられたときは、当該改定後の額）	七十七万二千八百円
	第二十八条第一項第一号	加算額（共済法第七十二条の二の規定による年金の額の改定の措置が講じられたときは、当該改定後の額）	加算額

2　平成二十六年四月以後の月分の存続組合が支給する特例年金給付の額について平成十六年改正法附則第二十五条の二の規定により読み替えられた平成十六年改正法附則第二十五条第一項の規定を適用する場合における第三条の規定による改正前の厚生年

国家公務員共済組合法

2　第十条の規定による改正後の昭和六十年改正法附則第十六条第一項第一号及び第十九条第三項の規定の適用については、当分の間、これらの規定中「四百八十月」とあるのは、「四百八十月（当該退職共済年金の受給権者が昭和四年四月一日以前に生まれた者にあつては四百二十月、昭和四年四月二日から昭和九年四月一日までの間に生まれた者にあつては四百三十二月、昭和九年四月二日から昭和十九年四月一日までの間に生まれた者にあつては四百四十四月、昭和十九年四月二日から昭和二十年四月一日までの間に生まれた者にあつては四百五十六月、昭和二十年四月二日から昭和二十一年四月一日までの間に生まれた者にあつては四百六十八月）」とする。

3　第七条の規定による改正後の国家公務員共済組合法の長期給付に関する施行法第十一条第一項の規定の適用については、当分の間、同項中「四十年」とあるのは、「四十年（当該退職共済年金の受給権者が昭和四年四月一日以前に生まれた者にあつては三十五年、昭和四年四月二日から昭和九年四月一日までの間に生まれた者にあつては三十六年、昭和九年四月二日から昭和十九年四月一日までの間に生まれた者にあつては三十七年、昭和十九年四月二日から昭和二十年四月一日までの間に生まれた者にあつては三十八年、昭和二十年四月二日から昭和二十一年四月一日までの間に生まれた者にあつては三十九年）」とする。

（法による脱退一時金の額に関する経過措置）

第十五条　平成十七年四月前の組合員期間のみに係る法による脱退一時金の額については、なお従前の例による。

国家公務員共済組合法施行令

金保険法等の一部を改正する法律の施行に伴う国家公務員共済組合法による長期給付等に関する経過措置に関する政令（以下この条において「改正前の平成九年経過措置政令」という。）第十二条第三項の規定を適用する場合においては、同項中「乗じて得た金額」とあるのは「乗じて得た金額に〇・九六一を乗じて得た金額」と、「六十万三千二百円」とあるのは「五十七万九千七百円」とする。

3　平成二十六年四月以後の月分の存続組合が支給する特例年金給付の額について平成十六年改正法附則第二十五条の二の規定により読み替えられた平成十六年改正法附則第二十五条第一項の規定を適用する場合において、存続組合が支給する特例年金給付のうち法第八十七条の四に規定する公務等による障害共済年金について改正前の平成九年経過措置政令第十二条第一項の規定により読み替えられた法第八十七条の四の規定により支給を停止する金額は、当該公務等による障害共済年金の算定の基礎となった同条の平均標準報酬月額に十二を乗じて得た金額の百分の十九（その受給権者の同条の公務等傷病による障害の程度が同条の障害等級の一級に該当する場合にあっては、百分の二十八・五）に相当する金額に〇・九六一を乗じて得た金額とする。

4　平成二十六年四月以後の月分の存続組合が支給する特例年金給付の額について平成十六年改正法附則第二十五条の二の規定により読み替えられた平成十六年改正法附則第二十五条第一項の規定を適用する場合において、存続組合が支給する特例年金給付のうち法第八十七条の四に規定する公務等による障害共済年金について改正前の平成

国家公務員共済組合法施行規則

国家公務員共済組合法等の運用方針

（法による退職共済年金の支給の繰下げに関する経過措置）

第十六条　第五条の規定による改正後の法第七十八条の二の規定は、平成十九年四月一日前において法第七十六条の規定による退職共済年金の受給権を有する者については、適用しない。

（厚生年金保険の被保険者等である間の退職共済年金等の支給の停止に関する経過措置）

第十七条　第五条の規定による改正後の法第八十条若しくは第八十七条の二又は昭和六十年改正法附則第四十五条の規定は、法による退職共済年金若しくは障害共済年金又は昭和六十年改正法附則第二条第五号に規定する退職年金、減額退職年金、通算退職年金若しくは障害年金のいずれかの受給権者（昭和十二年四月一日以前に生まれた者に限る。）である厚生年金保険の被保険者等（第五条の規定による改正後の法第八十条第一項に規定する厚生年金保険の被保険者等をいう。以下この条において同じ。）が、同項に規定する七十歳以上の使用される者又は特定教職員等であつて、他の厚生年金保険の被保険者等に該当しない者である場合には、適用しない。

（法による遺族共済年金の支給に関する経過措置）

第十八条　平成十九年四月一日前に給付事由の生じた法による遺族共済年金（その受給権者が昭和十七年四月一日以前に生まれたものに限る。）の額の算定及び支給の停止については、なお従前の例による。

2　平成十九年四月一日前において昭和六十年改正法附則第二条第六号に規定する旧共済法による年金（退職を給付事由とするものに限る。）その他これに相当するものと

九年経過措置政令第十二条第一項の規定により読み替えられた法第八十七条の四の規定により支給を停止する金額を改正前の平成九年経過措置政令第十二条第五項の規定により算定する場合においては、同項中「乗じて得た金額」とあるのは、「乗じて得た金額に〇・九六一を乗じて得た金額」とする。

5　平成二十六年四月以後の月分の存続組合が支給する特例年金給付の額について平成十六年改正法附則第二十五条の二の規定により読み替えられた平成十六年改正法附則第二十五条第一項の規定を適用する場合において、存続組合が支給する特例年金給付のうち法第八十九条第二項に規定する公務等による遺族共済年金について改正前の平成九年経過措置政令第十二条第一項の規定により読み替えられた法第九十三条の三の規定により支給を停止する金額は、当該公務等による遺族共済年金の算定の基礎となった同条の平均標準報酬月額の千分の三・二〇六に相当する金額に三百を乗じて得た金額に〇・九六一を乗じて得た金額とする。

6　平成二十六年四月以後の月分の存続組合が支給する特例年金給付の額について平成十六年改正法附則第二十五条の二の規定により読み替えられた平成十六年改正法附則第二十五条第一項の規定を適用する場合において、存続組合が支給する特例年金給付のうち法第八十九条第二項に規定する公務等による遺族共済年金について改正前の平成九年経過措置政令第十二条第一項の規定により読み替えられた法第九十三条の三の規定により支給を停止する金額を改正前の平成九年経過措置政令第十二条第六項の規定により算定する場合においては、同項中「乗じて得た金額」とあるのは、「乗じて得

国家公務員共済組合法

して政令で定めるものの受給権を有する者が平成十九年四月一日以後に法による遺族共済年金の受給権を取得した場合にあつては、当該遺族共済年金の額の算定及び支給の停止については、なお従前の例による。

3　第五条の規定による改正後の法第九十三条の二第一項第五号の規定は、平成十九年四月一日以後に給付事由の生じた法による遺族共済年金について適用する。

（対象となる離婚等）

第十九条　第五条の規定による改正後の法第九十三条の五第一項の規定は、平成十九年四月一日前に離婚等（同項に規定する離婚等をいう。）をした場合（財務省令で定める場合を除く。）については、適用しない。

（当事者への情報提供の特例）

第二十条　第五条の規定による改正後の法第九十三条の五第一項に規定する当事者又はその一方は、附則第一条第五号に掲げる規定の施行の日前においても、法第九十三条の七第一項の規定による請求をすることができる。

（標準報酬の月額等が改定され、又は決定された者に対する長期給付の特例）

第二十一条　第五条の規定による改正後の法第九十三条の九第一項及び第二項の規定により標準報酬の月額及び標準期末手当等の額が改定され、又は決定された者について国民年金法等の一部を改正する法律（昭和六十年法律第三十四号）附則第八条第二項第二号、第十二条第一項第二号及び第四号並びに第十四条第一項第一号の規定を適用する場合においては、同法附則第八条第二項第二号中「含む。」とあるのは「含み、国家公務員共済組合法第九十三条の九第三項の規定により組合員期間であつたものと

国家公務員共済組合法施行令

た金額に〇・九六一を乗じて得た金額」とする。

7　平成二十六年四月以後の月分の存続組合が支給する特例年金給付の額について平成十六年改正法附則第二十五条の二の規定により読み替えられた平成十六年改正法附則第二十五条第一項の規定を適用する場合における同条第二項の規定により読み替えられた平成十六年改正法第一条の規定による改正前の法第七十七条第一項及び平成十六年改正法第九条の規定による改正前の昭和六十年改正法附則第十六条第一項第一号に規定する当該年度の国民年金法第二十七条に規定する改定率の改定の基準となる率に規定する改定率の改定の基準となる率に〇・九九〇を乗じて得た率として政令で定める率は〇・九九三とし、これらの規定に規定する当該改定後の率（〇・九六八）に当該**政令で定める**率を乗じて得た率を基準として政令で定める率は〇・九六一とする。

8　平成十九年四月以降の月分の存続組合が支給する特例年金給付（遺族特例年金給付に限る。）の額について平成十六年改正法附則第二十五条第一項の規定を適用する場合においては、同項中「改正後の国共済法等の規定にかかわらず、当該」とあるのは、「次項の規定により読み替えられた第一条の規定による改正前の法第八十九条の規定により算定した金額を基礎として第五条の規定による改正後の法の規定を適用して算定した」とする。この場合において、平成十六年改正法第五条の規定による改正後の法第八十九条第一項第一号イ中「次の(1)に掲げる金額に(2)」とあるのは「国家公務員共済組合法等の一部を改正する法律（平成十六年法律第百三十号）第一条の規定による改正前の法（以下この条において「改正

国家公務員共済組合法施行規則

国家公務員共済組合法等の運用方針

みなされた期間（以下「離婚時みなし組合員期間」という。）を除く。」と、同法附則第十二条第一項第二号及び第四号中「含む。」とあるのは「含み、附則第八条第二項第二号に掲げる期間にあつては、離婚時みなし組合員期間を除く。」と、同法附則第十四条第一項第一号中「含む。」の月数」とあるのは「含み、附則第八条第二項第二号に掲げる期間にあつては、離婚時みなし組合員期間を除く。）の月数」と読み替えるものとするほか、法による長期給付の額の算定その他政令で定める規定の適用に関し必要な読替えは、政令で定める。

（対象となる特定期間）

第二十二条　第六条の規定による改正後の法第九十三条の十三第一項の規定の適用については、平成二十年四月一日前の期間については、同項に規定する特定期間に算入しない。

（標準報酬の月額等が改定され、及び決定された者に対する長期給付の特例）

第二十三条　第六条の規定による改正後の法第九十三条の十三第二項及び第三項の規定により標準報酬の月額及び標準期末手当等の額が改定され、及び決定された者について国民年金法等の一部を改正する法律附則第十四条第一項第一号の規定を適用する場合においては、同号中「含む。）の月数」とあるのは、「含み、附則第八条第二項第二号に掲げる期間にあつては、国家公務員共済組合法第九十三条の十三第四項の規定により組合員期間であつたものとみなされた期間を除く。）の月数」と読み替えるものとするほか、法による長期給付の額の算定その他政令で定める規定の適用に関し必要な読替えは、政令で定める。

（平成十二年改正法附則別表に規定する率

前国共済法」という。）第八十九条第一項第一号イに掲げる金額に同号ロ」と、同号ロ中「次の(1)に掲げる金額に(2)」とあるのは「改正前国共済法第八十九条第一項第二号イに掲げる金額に同号ロ」と、同項第二号ロ中「第七十八条第一項」とあるのは「改正前国共済法第七十八条第一項」と、同条第三項中「を算定する場合における前二項の規定の適用については、第一項第一号イ(2)中「千分の一・〇九六」とあるのは「千分の二・四六六」と、「乗じて得た金額の四分の三に相当する金額」とあるのは「乗じて得た金額」と、同号ロ(2)中「次の(i)又は(ii)に掲げる者の区分に応じ、それぞれ(i)又は(ii)に定める金額の四分の三に相当する金額」とあるのは「(i)に定める金額」と、「組合員期間が二十年以上である者」とあるのは「第三項に規定する公務等による遺族共済年金の受給権者」と、「千分の一・〇九六」とあるのは「千分の二・四六六」と、「月数」とあるのは「月数（当該月数が三百月未満であるときは、三百月）」」とあるのは「の算定については、改正前国共済法第八十九条第一項第一号ロ又は第二号ロに掲げる金額は、これらの規定にかかわらず、同条第二項の規定により算定した金額」と、同条第四項中「第一項第一号に定める金額又は第二項第一号イに掲げる第一項第一号ロの規定の例により算定した」とあるのは「前項の規定により算定した」と、「百三万八千百円に改定率を乗じて得た金額（その金額に五十円未満の端数があるときは、これを切り捨て、五十円以上百円未満の端数があるときは、これを百円に切り上げるものとする。）」とあるのは「改正前国共済法第八十九条第三項の規定による遺族共済年金の額」と、「これらの規定によ

国家公務員共済組合法

の設定に関する経過措置）

第二十四条　平成十七年度における第十七条の規定による改正後の平成十二年改正法附則別表の備考の規定の適用については、同備考中「当該年度の前年度に属する月に係る率」とあるのは、「〇・九二六」と読み替えるものとする。

（存続組合が支給する特例年金給付の額の算定に関する経過措置）

第二十五条　平成二十六年度までの各年度における存続組合（厚生年金保険法等の一部を改正する法律（以下この項において「平成八年改正法」という。）附則第三十二条第二項に規定する存続組合をいう。）が支給する平成八年改正法附則第三十三条第一項に規定する特例年金給付（以下この項において「特例年金給付」という。）について、第一条の規定による改正後の法又は第九条の規定による改正後の昭和六十年改正法の規定（他の法令において引用し、準用し、又はその例による場合を含む。以下この項において「改正後の国共済法等の規定」という。）により算定した金額が、次項の規定により読み替えられた第一条の規定による改正前の法又は第九条の規定による改正前の昭和六十年改正法の規定（他の法令において引用し、準用し、又はその例による場合を含む。以下この項において「改正前の国共済法等の規定」という。）により算定した金額に満たないときは、改正前の国共済法等の規定はなおその効力を有するものとし、改正後の国共済法等の規定にかかわらず、当該金額を特例年金給付の金額とする。

2　前項の場合においては、次の表の第一欄に掲げる法律の第二欄に掲げる規定中同表の第三欄に掲げる字句は、それぞれ同表の

国家公務員共済組合法施行令

る金額」とあるのは「遺族共済年金の額」とする。

（退職共済年金の支給の繰下げに係る経過措置）

第九条の二　法第七十八条の二第四項及び国家公務員共済組合法施行令第十一条の七の三の二第一項の規定の適用については、当分の間、これらの規定中「取得した日」とあるのは、「取得した日の翌日」とする。

2　組合員である退職共済年金の受給権者が退職し、かつ、組合員となることなくして退職した日から起算して一月を経過した日の属する月が法第七十八条の二第一項の申出をした日の属する月以前である場合における法第七十七条第一項又は第二項の規定により算定した金額は、当分の間、組合員である退職共済年金の受給権者がその退職した日の翌日の属する月の前月までの組合員期間を基礎として算定した金額とする。

（国民年金法等の一部を改正する法律附則第十二条第一項に規定する政令で定める給付）

第十条　国民年金法等の一部を改正する法律附則第十二条第一項に規定する政令で定める給付は、次のとおりとする。

一　法による年金である給付及び障害一時金

二　旧共済法による年金

平成十六年（政令二九四）改正令

附　則（抄）

この政令は、平成十六年十月一日から施行する。〔ただし書略〕

平成十六年（政令三六六）改正令

附　則（抄）

国家公務員共済組合法施行規則

国家公務員共済組合法等の運用方針

第四欄に掲げる字句に読み替えるものとするほか、必要な読替えは、政令で定める。

第一条の規定による改正前の法	第七十七条第一項	乗じて得た金額	乗じて得た金額に〇・九八八（第七十二条の二第一項に規定する物価指数が平成十五年（この項の規定によりこの率の改定が行われたときは、直近の当該改定が行われた年の前年）の当該物価指数を下回るに至つた場合においては、その翌年の四月以後、〇・九八八（この項の規定による率の改定が行われたときは、当該改定後の率）にその低下した比率を乗じて得た率を基準として政令で定める率とする。以下同じ。）を乗じて得た金額
	第七十七条第二項第一号及び第二号	乗じて得た金額	乗じて得た金額に〇・九八八を乗じて得た金額

（施行期日）

第一条 この政令は、平成十八年四月一日から施行する。〔ただし書略〕

平成十六年（政令三八三）改正令

附　則（抄）

（施行期日）

第一条 この政令は、国民年金法等の一部を改正する法律（次条において「平成十六年改正法」という。）附則第一条第二号に掲げる規定の施行の日（平成十七年十月一日）から施行する。

平成十六年（政令四〇四）改正令

附　則（抄）

この政令は、平成十七年四月一日から施行する。

平成十六年（政令四二九）改正令

附　則（抄）

（施行期日）

第一条 この政令は、法の施行の日（平成十六年十二月三十日）から施行する。

平成十七年（政令一一八）改正令

附　則（抄）

（施行期日）

第一条 この政令は、公布の日（平成十七年四月一日）から施行する。

（停止解除調整開始額に係る再評価率の改定の基準となる率の特例）

第二条 国家公務員共済組合法（以下「法」という。）による年金である給付の受給権者であつて当該年度に六十五歳に達するものに適用される再評価率（法第七十二条の二に規定する再評価率をいう。）の改定について国家公務員共済組合法等の一部を改

国家公務員共済組合法

第七十八条第二項	二十三万千四百円	二十三万千四百円に〇・九八八を乗じて得た金額（その金額に五十円未満の端数があるときは、これを切り捨て、五十円以上百円未満の端数があるときは、これを百円に切り上げるものとする。）
	七万七千百円	七万七千百円に〇・九八八を乗じて得た金額（その金額に五十円未満の端数があるときは、これを切り捨て、五十円以上百円未満の端数があるときは、これを百円に切り上げるものとする。）
第八十二条第一項後段	六十万三千二百円	六十万三千二百円に〇・九八八を乗じて得た金額（その金額に五十円未満の端数があるときは、これを切り捨て、五十円以上百円未満の端数があるときは、これ

国家公務員共済組合法施行令

正する法律（平成十六年法律第百三十号。以下「平成十六年改正法」という。）附則第七条の規定が適用される場合においては、国家公務員共済組合法施行令第十一条の七の三の三の規定にかかわらず、法第七十九条第三項の各年度の再評価率の改定の基準となる率であつて政令で定める率は、一（総務省において作成する年平均の全国消費者物価指数（以下この条において「物価指数」という。）が平成十七年（平成十六年改正法附則第四条第二項の規定により読み替えられた平成十六年改正法第一条の規定による改正前の法第七十八条第二項に規定する政令で定める率の改定が行われたときは、直近の当該改定が行われた年の前年）の物価指数を下回るに至つた場合においては、その低下した比率）とする。

（平成十六年改正前の規定による退職共済年金の額の算定に関する経過措置）

第三条　第五条の規定による改正後の国家公務員共済組合法施行令等の一部を改正する政令（以下「平成十六年改正政令」という。）附則第二条第一項の規定により読み替えられた平成十六年改正法第一条の規定による改正前の法附則第十二条の四の二第二項第一号（法附則第十二条の四の三第一項及び第三項、第十二条の七の二第二項並びに第十二条の七の三第二項及び第四項においてその例による場合を含む。附則第五条において同じ。）の規定並びに平成十六年改正法第一条の規定による改正前の法附則第十三条第一項及び平成十六年改正法第七条の規定による改正前の国家公務員共済組合法の長期給付に関する施行法（昭和三十三年法律第百二十九号）別表において読み替えられた同号の規定の適用については、

国家公務員共済組合法施行規則

国家公務員共済組合法等の運用方針

		を百円に切り上げるものとする。）
第八十二条第一項第一号及び第二号	乗じて得た金額	乗じて得た金額に〇・九八八を乗じて得た金額
第八十二条第二項	加えた金額）	加えた金額）に〇・九八八を乗じて得た金額
第八十二条第三項第一号	四百二十七万六千六百円	四百二十七万六千六百円に〇・九八八を乗じて得た金額（その金額に五十円未満の端数があるときは、これを切り捨て、五十円以上百円未満の端数があるときは、これを百円に切り上げるものとする。）
第八十二条第三項第二号	二百六十四万千四百円	二百六十四万千四百円に〇・九八八を乗じて得た金額（その金額に五十円未満の端数があるときは、これを切り捨て、五十円以上百円未満の端数があるときは、これを百円

当分の間、同号中「四百八十月」とあるのは、「四百八十月（当該退職共済年金の受給権者が昭和四年四月一日以前に生まれた者又は国家公務員等共済組合法等の一部を改正する法律（昭和六十年法律第百五号）附則第十六条第一項に規定する施行日に六十歳以上である者等に該当する者にあつては四百二十月、昭和四年四月二日から昭和九年四月一日までの間に生まれた者（同項に規定する施行日に六十歳以上である者等に該当する者を除く。）にあつては四百三十二月、昭和九年四月二日から昭和十九年四月一日までの間に生まれた者にあつては四百四十四月、昭和十九年四月二日から昭和二十年四月一日までの間に生まれた者にあつては四百五十六月、昭和二十年四月二日から昭和二十一年四月一日までの間に生まれた者にあつては四百六十八月）」とする。

2　第五条の規定による改正後の平成十六年改正政令附則第二条第一項の規定により読み替えられた平成十六年改正法第九条の規定による改正前の国家公務員等共済組合法等の一部を改正する法律（昭和六十年法律第百五号。附則第五条において「昭和六十年改正法」という。）附則第十六条第一項第一号及び第十九条第三項の規定の適用については、当分の間、これらの規定中「四百八十月」とあるのは、「四百八十月（当該退職共済年金の受給権者が昭和四年四月一日以前に生まれた者又は施行日に六十歳以上である者等に該当する者にあつては四百二十月、昭和四年四月二日から昭和九年四月一日までの間に生まれた者（施行日に六十歳以上である者等に該当する者を除く。）にあつては四百三十二月、昭和九年四月二日から昭和十九年四月一日までの間

国家公務員共済組合法

		に切り上げるものとする。）
第八十二条第三項第三号	二百三十八万九千九百円	二百三十八万九千九百円に〇・九八八を乗じて得た金額（その金額に五十円未満の端数があるときは、これを切り捨て、五十円以上百円未満の端数があるときは、これを百円に切り上げるものとする。）
第八十三条第三項	二十三万千四百円	二十三万千四百円に〇・九八八を乗じて得た金額（その金額に五十円未満の端数があるときは、これを切り捨て、五十円以上百円未満の端数があるときは、これを百円に切り上げるものとする。）
第八十九条第一項第一号イ及びロ並びに第二号イ及び	乗じて得た金額	乗じて得た金額に〇・九八八を乗じて得た金額

国家公務員共済組合法施行令

に生まれた者にあつては四百四十四月、昭和十九年四月二日から昭和二十年四月一日までの間に生まれた者にあつては四百五十六月、昭和二十年四月二日から昭和二十一年四月一日までの間に生まれた者にあつては四百六十八月）」とする。

3　第五条の規定による改正後の平成十六年改正政令附則第二条第一項の規定により読み替えられた平成十六年改正法第七条の規定による改正前の国家公務員共済組合法の長期給付に関する施行法第十一条第一項の規定の適用については、当分の間、同項中「四十年」とあるのは、「四十年（当該退職共済年金の受給権者が昭和四年四月一日以前に生まれた者又は国家公務員等共済組合法等の一部を改正する法律（昭和六十年法律第百五号）附則第十六条第一項に規定する施行日に六十歳以上である者等に該当する者にあつては三十五年、昭和四年四月二日から昭和九年四月一日までの間に生まれた者（同項に規定する施行日に六十歳以上である者等に該当する者を除く。）にあつては三十六年、昭和九年四月二日から昭和十九年四月一日までの間に生まれた者にあつては三十七年、昭和十九年四月二日から昭和二十年四月一日までの間に生まれた者にあつては三十八年、昭和二十年四月二日から昭和二十一年四月一日までの間に生まれた者にあつては三十九年）」とする。

（施行日に六十歳以上である者等に対する退職共済年金の額の算定に関する経過措置）

第四条　昭和九年四月一日以前に生まれた者に対する平成十六年改正法附則第十四条の規定の適用については、同条第一項及び第三項中「昭和四年四月一日以前に生まれた

国家公務員共済組合法施行規則

国家公務員共済組合法等の運用方針

ロ並びに第二項		
第八十九条第三項	百六万九千百円	百六万九千百円に〇・九八八を乗じて得た金額（その金額に五十円未満の端数があるときは、これを切り捨て、五十円以上百円未満の端数があるときは、これを百円に切り上げるものとする。）
第九十条	六十万三千二百円	六十万三千二百円に〇・九八八を乗じて得た金額（その金額に五十円未満の端数があるときは、これを切り捨て、五十円以上百円未満の端数があるときは、これを百円に切り上げるものとする。）
附則第十二条の四の二第二項第一号及び第二号並びに	乗じて得た金額	乗じて得た金額に〇・九八八を乗じて得た金額

者」とあるのは「昭和四年四月一日以前に生まれた者又は国家公務員等共済組合法等の一部を改正する法律（昭和六十年法律第百五号）附則第十六条第一項に規定する施行日に六十歳以上である者等に該当する者」と、「昭和九年四月一日までの間に生まれた者」とあるのは「昭和九年四月一日までの間に生まれた者（同項に規定する施行日に六十歳以上である者等に該当する者を除く。）」と、同条第二項中「昭和四年四月一日以前に生まれた者又は施行日に六十歳以上である者等に該当する者」とあるのは「昭和四年四月一日以前に生まれた者」と、「昭和九年四月一日までの間に生まれた者」とあるのは「昭和九年四月一日までの間に生まれた者（施行日に六十歳以上である者等に該当する者を除く。）」とする。

（平成十六年改正前の規定による存続組合等が支給する特例年金給付の額の算定に関する経過措置）

第五条　第五条の規定による改正後の平成十六年改正政令附則第九条第一項の規定により読み替えられた平成十六年改正法第一条の規定による改正前の法附則第十二条の四の二第二項第一号の規定並びに平成十六年改正法第一条の規定による改正前の法附則第十三条第一項及び平成十六年改正法第七条の規定による改正前の国家公務員共済組合法の長期給付に関する施行法別表において読み替えられた同号の規定、平成十六年改正法第九条の規定による改正前の昭和六十年改正法附則第十六条第一項第一号及び第十九条第三項の規定並びに平成十六年改正法第七条の規定による改正前の国家公務員共済組合法の長期給付に関する施行法第十一条第一項の規定の適用については、附則第三条の規定を準用する。

	第三項第一号及び第二号		
二　第九条の規定による改正前の昭和六十年改正法	附則第十六条第一項第一号	乗じて得た金額	乗じて得た金額に〇・九八八（物価指数が平成十五年（この号の規定による率の改定が行われたときは、直近の当該改定が行われた年の前年）の物価指数を下回るに至った場合においては、その翌年の四月以降、〇・九八八（この号の規定による率の改定が行われたときは、当該改定後の率）にその低下した比率を乗じて得た率を基準として政令で定める率とする。以下同じ。）を乗じて得た金額
	附則第十六条第四項	乗じて得た金額	乗じて得た金額に〇・九八八を乗じて得た金額
	附則第十七条第二項	三万四千百円	三万四千百円に〇・九八八を乗じて得た金額

（独立行政法人日本貿易振興機構施行令の廃止に伴う経過措置）

第七条　独立行政法人日本貿易振興機構法（平成十四年法律第百七十二号）附則第四条第一項又は第二項の規定による納付金については、前条の規定による廃止前の独立行政法人日本貿易振興機構法施行令附則第五条から第七条まで及び別表の規定は、なおその効力を有する。

（独立行政法人国際協力機構法施行令の廃止に伴う経過措置）

第八条　独立行政法人国際協力機構法（平成十四年法律第百三十六号）附則第四条第一項の規定による債権等の回収により取得した資産の総額から政令に定める金額を差し引いた額の国庫への納付については、附則第六条の規定による廃止前の独立行政法人国際協力機構法施行令附則第二条から第五条までの規定は、なおその効力を有する。

平成十七年（政令一七三）改正令

附　則（抄）

（施行期日）

第一条　この政令は、公布の日（平成十七年五月二日）から施行する。

（国家公務員共済組合法施行令の一部改正に伴う経過措置）

第五条　第四条の規定による改正後の国家公務員共済組合法施行令（次項において「新国共済法施行令」という。）第十一条の三の二第二項の規定は、療養の給付を受ける月が平成十七年九月以後の場合における国家公務員共済組合法第五十五条第二項第三号の報酬の額について適用し、療養の給付を受ける月が同年八月までの場合における同号の報酬の額については、なお従前の例

第一号		（その金額に五十円未満の端数があるときは、これを切り捨て、五十円以上百円未満の端数があるときは、これを百円に切り上げるものとする。）
附則第十七条第二項第二号	六万八千三百円	六万八千三百円に〇・九八八を乗じて得た金額（その金額に五十円未満の端数があるときは、これを切り捨て、五十円以上百円未満の端数があるときは、これを百円に切り上げるものとする。）
附則第十七条第二項第三号	十万二千五百円	十万二千五百円に〇・九八八を乗じて得た金額（その金額に五十円未満の端数があるときは、これを切り捨て、五十円以上百円未満の端数があるときは、これを百円に切り上げるものとする。）
附則第	十三万	十三万六千六百

による。

２　新国共済法施行令第十一条の三の三第二項の規定は、被扶養者が療養を受ける月が平成十七年九月以後の場合における同項の収入の額について適用し、被扶養者が療養を受ける月が同年八月までの場合における同項の収入の額については、なお従前の例による。

平成十七年（政令一九〇）改正令

附　則（抄）

（施行期日）

第一条　この政令は、公布の日（平成十七年五月二十七日）から施行する。〔ただし書略〕

平成十七年（政令二〇三）改正令

附　則（抄）

（施行期日）

第一条　この政令は、施行日（平成十七年十月一日）から施行する。〔ただし書略〕

平成十七年（政令二二四）改正令

附　則（抄）

（施行期日）

第一条　この政令は、公布の日（平成十七年六月二十四日）から施行する。〔ただし書略〕

平成十七年（政令二七九）改正令

附　則（抄）

（施行期日）

第一条　この政令は、公布の日（平成十七年八月一日）から施行する。〔ただし書略〕

平成十八年（政令一四）改正令

附　則（抄）

（施行期日）

国家公務員共済組合法

十七条第二項第四号	六千六百円	六千六百円に〇・九八八を乗じて得た金額（その金額に五十円未満の端数があるときは、これを切り捨て、五十円以上百円未満の端数があるときは、これを百円に切り上げるものとする。）
附則第十七条第二項第五号	十七万七百円	十七万七百円に〇・九八八を乗じて得た金額（その金額に五十円未満の端数があるときは、これを切り捨て、五十円以上百円未満の端数があるときは、これを百円に切り上げるものとする。）

（平成二十五年度及び平成二十六年度における存続組合が支給する特例年金給付の額の算定に関する経過措置の特例）

第二十五条の二　平成二十五年度及び平成二十六年度の各年度における前条の規定の適用については、同条第一項中「次項の規定」とあるのは「次条の規定により読み替えられた次項の規定」と、同条第二項の表第四欄中「〇・九八八（第七十二条の二第一項に規定する物価指数が平成十五年（こ

国家公務員共済組合法施行令

第一条　この政令は、平成十八年四月一日から施行する。

平成十八年（政令二五）改正令

附　則

この政令は、平成十八年四月一日から施行する。

平成十八年（政令七三）改正令

附　則（抄）

（施行期日）

1　この政令は、平成十八年四月一日から施行する。

平成十八年（政令七五）改正令

附　則

（施行期日）

第一条　この政令は、平成十八年四月一日から施行する。

平成十八年（政令一五四）改正令

附　則（抄）

（施行期日）

第一条　この政令は、平成十八年四月一日から施行する。

平成十八年（政令二四一）改正令

附　則（抄）

（施行期日）

第一条　この政令は、公布の日から施行する。

（国家公務員共済組合法施行令の一部改正に伴う経過措置）

第八条　第五条の規定による改正後の国家公務員共済組合法施行令（以下この条において「新令」という。）第十一条の三の二第二項の規定は、療養の給付を受ける月が平成

国家公務員共済組合法施行規則

国家公務員共済組合法等の運用方針

の項の規定による率の改定が行われたときは、直近の当該改定が行われた年の前年）の当該物価指数を下回るに至つた場合においては、その翌年の四月以後、〇・九八八（この項の規定による率の改定が行われたときは、当該改定後の率）にその低下した比率」とあるのは「〇・九七八（当該年度の改定率（国民年金法等の一部を改正する法律（平成十六年法律第百四号）第一条の規定による改正後の国民年金法第二十七条に規定する改定率をいう。）の改定の基準となる率に〇・九九〇を乗じて得た率として政令で定める率が一を下回る場合においては、当該年度の四月以後、〇・九七八（この項の規定による率の改定が行われたときは、当該改定後の率）に当該政令で定める率」と、「〇・九八八を」とあるのは「〇・九七八を」と、「〇・九八八（物価指数が平成十五年（この号の規定による率の改定が行われたときは、直近の当該改定が行われた年の前年）の物価指数を下回るに至つた場合においては、その翌年の四月以後、〇・九八八（この号の規定による率の改定が行われたときは、当該改定後の率）にその低下した比率」とあるのは「〇・九七八（当該年度の改定率（国民年金法等の一部を改正する法律（平成十六年法律第百四号）第一条の規定による改正後の国民年金法第二十七条に規定する改定率をいう。）の改定の基準となる率に〇・九九〇を乗じて得た率として政令で定める率が一を下回る場合においては、当該年度の四月以後、〇・九七八（この号の規定による率の改定が行われたときは、当該改定後の率）に当該政令で定める率」とする。

（その他の経過措置の政令への委任）

第二十六条　この附則に定めるもののほか、

十八年九月以後の場合について適用し、療養の給付を受ける月が同年八月までの場合については、なお従前の例による。

2　新令第十一条の三の三第二項の規定は、同項に規定する被扶養者（以下この条及び次条において「被扶養者」という。）が療養を受ける月が平成十八年九月以後の場合について適用し、被扶養者が療養を受ける月が同年八月までの場合については、なお従前の例による。

第九条　国家公務員共済組合法第五十五条第二項第三号又は第五十七条第二項第一号ニの規定が適用される組合員のうち、次の各号のいずれかに該当する者（以下この条において「特定収入組合員」という。）に係る国家公務員共済組合法施行令（以下この条において「令」という。）第十一条の三の四第二項の高額療養費算定基準額は、令第十一条の三の五第二項の規定にかかわらず、同項第一号に定める金額とする。

一　療養の給付を受ける月又はその被扶養者が療養を受ける月が平成十八年九月から平成十九年八月までの場合における令第十一条の三の二第二項又は第十一条の三の三第二項の収入の額が六百二十一万円未満である者（被扶養者がいない者にあつては、四百八十四万円未満である者）

二　療養の給付を受ける月又はその被扶養者が療養を受ける月が平成十九年九月から平成二十年三月までの場合における令第十一条の三の二第二項又は第十一条の三の三第二項の収入の額が六百二十一万円未満である者（被扶養者がいない者にあつては、四百八十四万円未満である者）

2　特定収入組合員に係る令第十一条の三の

国家公務員共済組合法

この法律の施行に伴い必要な経過措置は、政令で定める。

平成十六年（法一三二）改正法

附　則（抄）

（施行期日）

第一条　この法律は、平成十六年十月一日から施行する。ただし、次の各号に掲げる規定は、当該各号に定める日から施行する。

三　〔前略〕附則〔中略〕第二十八条から第四十五条まで〔中略〕の規定　平成十九年四月一日

平成十七年（法七七）改正法

附　則（抄）

（施行期日）

第一条　この法律は、平成十八年四月一日から施行する。〔ただし書略〕

平成十七年（法一〇二）改正法

最終改正　平一九・四・二三法三〇

附　則（抄）

（施行期日）

第一条　この法律は、郵政民営化法の施行の日〔平一九・一〇・一〕から施行する。

〔ただし書略〕

（国家公務員共済組合法の一部改正に伴う経過措置）

第九十三条　日本郵政公社共済組合（第六十六条の規定による改正前の国家公務員共済組合法（以下「旧国共済法」という。）第三条第一項の規定により旧公社に属する職員（旧国共済法第二条第一項第一号に規定する職員をいう。）をもって組織された国家公務員共済組合をいう。以下この条及び次条において同じ。）は、施行日において、

国家公務員共済組合法施行令

四第三項の高額療養費算定基準額は、令第十一条の三の五第三項の規定にかかわらず、同項第一号に定める金額とする。

3　特定収入組合員又はその被扶養者に係る令第十一条の三の六第一項及び第二項の規定の適用については、これらの規定中「当該各号」とあるのは、「第二号イ又は第三号イ」とする。

平成十八年（政令二七七）改正令

附　則（抄）

（施行期日）

第一条　この政令は、平成十八年四月一日から施行する。

平成十八年（政令二八六）改正令

附　則（抄）

（施行期日）

第一条　この政令は、平成十八年十月一日から施行する。

（国家公務員共済組合法施行令の一部改正に伴う経過措置）

第十条　施行日前に出産し又は死亡した国家公務員共済組合の組合員若しくは組合員であつた者又は被扶養者に係る国家公務員共済組合法（昭和三十三年法律第百二十八号）第六十一条又は第六十三条若しくは第六十四条の規定による出産費若しくは家族出産費又は埋葬料若しくは家族埋葬料の額については、なお従前の例による。

第十一条　施行日前に行われた療養に係る国家公務員共済組合法の規定による高額療養費の支給については、なお従前の例による。

平成十八年（政令二九六）改正令

附　則

国家公務員共済組合法施行規則

国家公務員共済組合法等の運用方針

日本郵政共済組合（新国共済法附則第二十条の四第一項に規定する日本郵政共済組合をいう。以下この条及び次条において同じ。）となり、同一性をもつて存続するものとする。

2　日本郵政公社共済組合の代表者は、施行日前に、旧国共済法第九条に規定する運営審議会の議を経て、旧国共済法第六条及び第十一条の規定により、施行日以後に係る日本郵政共済組合となるために必要な定款及び運営規則の変更をし、当該定款につき財務大臣の認可を受け、及び当該運営規則につき財務大臣に協議するものとする。

第九十四条　施行日の前日において日本郵政公社共済組合の組合員であつた者であつて、施行日において日本郵政共済組合の組合員となつた者のうち旧国共済法第六十八条の二又は第六十八条の三の規定による育児休業手当金又は介護休業手当金の給付事由の生じた日が施行日前であるものに係るこれらの給付の支給については、新国共済法附則第二十条の三第四項及び第二十条の七第一項の規定にかかわらず、なお従前の例による。

2　施行日の前日において日本郵政公社共済組合の組合員であつた者であつて、施行日において日本郵政共済組合の組合員となつた者のうち雇用保険法の規定による育児休業給付又は介護休業給付を支給すべき事由が生じた日が施行日から同法の規定によるこれらの給付の受給資格を取得するまでの間にあるものに係る新国共済法附則第二十条の三第四項及び第二十条の七第一項の規定の適用については、これらの規定中「第六十八条の二、第六十八条の三及び附則第十四条の四」とあるのは、「附則第十四条の四」とする。

この政令は、国と民間企業との間の人事交流に関する法律の一部を改正する法律の施行の日（平成十八年九月二十日）から施行する。

平成十八年（政令三七五）改正令

附　則

（施行期日）

第一条　この政令は、平成十九年四月一日から施行する。ただし、第七十一条の改正規定及び同条の次に二条を加える改正規定は、公布の日から施行する。

平成十八年（政令三九〇）改正令

附　則（抄）

（施行期日）

第一条　この政令は、平成十九年四月一日から施行する。（以下略）

（国家公務員共済組合法施行令の一部改正に伴う経過措置）

第六条　施行日前に行われた療養に係る国家公務員共済組合法の規定による高額療養費の支給については、なお従前の例による。

第七条　施行日前に国家公務員共済組合の組合員の資格を取得して、施行日まで引き続き組合員の資格を有する者（国家公務員共済組合法第百二十六条の五第二項に規定する任意継続組合員及び同法附則第十三条の三第四項に規定する特例継続組合員並びに同法第四十二条第七項又は第九項の規定により平成十九年四月から標準報酬（同条第一項に規定する標準報酬をいう。以下この条において同じ。）の月額が改定されるべき者を除く。）のうち、同年三月の標準報酬の月額が九十八万円であるもの（当該標準報酬の月額の基礎となつた報酬月額が百万五千円未満であるものを除く。）の標準報酬は、当該標準報酬の月額の基礎となつた報酬月

国家公務員共済組合法

3　施行日の前日において旧国共済法附則第十四条の四第一項の規定により日本郵政公社共済組合が行つている同項第二号に掲げる事業（同日において同号に規定する資金の貸付けを受けている者に係るものに限る。）については、当分の間、国家公務員共済組合法附則第二十条の二第四項及び第二十条の六第一項の規定にかかわらず、日本郵政共済組合が従前の例により行うものとする。

平成十八年（法一）改正法

附　則（抄）

（施行期日）

第一条　この法律は、平成十八年四月一日から施行する。

平成十八年（法二一）改正法

附　則（抄）

（施行期日）

第一条　この法律は、平成十八年四月一日から施行する。

平成十八年（法二三）改正法

附　則（抄）

（施行期日）

第一条　この法律は、平成十八年四月一日から施行する。

平成十八年（法二四）改正法

附　則（抄）

（施行期日）

第一条　この法律は、平成十八年四月一日から施行する。

平成十八年（法二五）改正法

国家公務員共済組合法施行令

額を第五条の規定による改正後の国家公務員共済組合法施行令附則第六条の規定により読み替えられた同法第四十二条第一項の規定による標準報酬の基礎となる報酬月額とみなして、国家公務員共済組合が改定する。

2　前項の規定により改定された標準報酬は、平成十九年四月から同年八月までの各月の標準報酬とする。

平成十九年（政令三）改正令

附　則

（施行期日）

第一条　この政令は、防衛庁設置法等の一部を改正する法律の施行の日（平成十九年一月九日）から施行する。

平成十九年（政令三一）改正令

附　則（抄）

（施行期日）

第一条　この政令は、平成十九年四月一日から施行する。〔ただし書略〕

平成十九年（政令七七）改正令

附　則（抄）

（施行期日）

第一条　この政令は、平成十九年四月一日から施行する。

（国家公務員共済組合法による年金である給付の額等に関する経過措置）

第二条　平成十九年三月以前の月分の国家公務員共済組合法による年金である給付の額及び国家公務員等共済組合法等の一部を改正する法律（昭和六十年法律第百五号）附則第二条第六号に規定する旧共済法による年金の額については、なお従前の例による。

国家公務員共済組合法施行規則

国家公務員共済組合法等の運用方針

附　則（抄）

（施行期日）

第一条　この法律は、平成十八年四月一日から施行する。

平成十八年（法二六）改正法

附　則（抄）

（施行期日）

第一条　この法律は、平成十八年四月一日から施行する。

平成十八年（法二七）改正法

附　則（抄）

（施行期日）

第一条　この法律は、平成十八年四月一日から施行する。

平成十八年（法二八）改正法

附　則（抄）

（施行期日）

第一条　この法律は、平成十八年四月一日から施行する。

平成十八年（法二九）改正法

附　則（抄）

（施行期日）

第一条　この法律は、平成十八年四月一日から施行する。

平成十八年（法八〇）改正法

附　則（抄）

（施行期日）

第一条　この法律は、平成十九年四月一日から施行する。

平成十八年（法八三）改正法

附　則（抄）

（退職共済年金の支給の停止に関する経過措置）

第三条　国家公務員共済組合法等の一部を改正する法律（平成十六年法律第百三十号。以下「平成十六年改正法」という。）附則第十七条の規定は、厚生年金保険法（昭和二十九年法律第百十五号）第六条に規定する適用事業所に使用される七十歳以上の者（同法附則第六条の二の規定により読み替えられた同法第二十七条に規定する七十歳以上の使用される者を除く。）についても適用する。

（標準報酬の月額等が改定され、又は決定された者に対する長期給付の特例の対象である規定の適用に関する読替え）

第四条　平成十六年改正法附則第二十一条に規定する政令で定める規定は、次の表の上欄に掲げる規定とし、これらの規定を適用する場合においては、同欄に掲げる規定中同表の中欄に掲げる字句は、それぞれ同表の下欄に掲げる字句に読み替えるものとする。

国家公務員共済組合法等の一部を改正する法律（平成十二年法律第二十一号。以下「平成十二年改正法」という。）附則第十一条第一項	組合員期間	組合員期間（離婚時みなし組合員期間（法第九十三条の十第二項に規定する離婚時みなし組合員期間（附則第十五条において「離婚時みなし組合員期間」という。）を含む。以下この項及び次条第一項において同じ。）
平成十二年	前の組合	前の組合員期間

（施行期日）

第一条　この法律は、平成十八年十月一日から施行する。ただし、次の各号に掲げる規定は、それぞれ当該各号に定める日から施行する。

一・二　〔略〕

三　〔前略〕附則〔中略〕第五十六条、第六十二条、第六十三条〔中略〕の規定　平成十九年四月一日

四　〔前略〕附則〔中略〕第五十七条〔中略〕の規定　平成二十年四月一日

五　〔略〕

六　〔前略〕附則〔中略〕第五十八条〔中略〕及び第百三十条の二の規定　平成二十四年四月一日

（国家公務員共済組合法の一部改正に伴う経過措置）

第五十九条　附則第五十五条又は第五十七条の規定の施行の日前に行われた診療、手当若しくは薬剤の支給又は訪問看護に係るこれらの条の規定による改正前の国家公務員共済組合法の規定による短期給付については、なお従前の例による。

第六十条　附則第五十五条の規定による改正後の国家公務員共済組合法第六十一条の規定は、出産の日が施行日以後である組合員及び組合員であつた者について適用し、出産の日が施行日前である組合員及び組合員であつた者の附則第五十五条の規定による改正前の国家公務員共済組合法の出産費及び家族出産費の支給については、なお従前の例による。

第六十一条　附則第五十五条の規定による改正後の国家公務員共済組合法第六十三条の規定は、死亡の日が施行日以後である組合員及び組合員であつた者について適用し、

改正法附則第十五条	員期間	（離婚時みなし組合員期間を除く。以下この条において同じ。）
国家公務員共済組合法施行令及び国家公務員等共済組合法等の一部を改正する法律の施行に伴う経過措置に関する政令の一部を改正する政令（平成六年政令第三百五十七号）附則第四条	とする。	とする。ただし、国家公務員共済組合法第九十三条の九第一項及び第二項の規定により標準報酬の月額（同法第四十二条第一項に規定する標準報酬の月額をいう。）及び標準期末手当等の額（同法第四十二条の二第一項において規定する標準期末手当等の額をいう。）の改定又は決定が行われた期間が同日以後の場合における平成六年改正法による改正後の年金である給付については、この限りではない。
国家公務員共済組合法施行令等の一部を改正する政令（平成十六年政令第二百八十六号）附則第九条の二第	組合員期間	組合員期間（法第九十三条の十第二項に規定する離婚時みなし組合員期間を含む。）

死亡の日が施行日前である組合員及び組合員であつた者の附則第五十五条の規定による改正前の国家公務員共済組合法の埋葬料及び家族埋葬料の支給については、なお従前の例による。

第六十二条　附則第五十六条の規定の施行の日の前日において傷病手当金の支給を受けていた者又は受けるべき者（支給事由が生じた際に任意継続組合員であつた者を除く。次項において同じ。）に係る同条の規定の施行の日前までの傷病手当金の額については、なお従前の例による。

2　附則第五十六条の規定の施行の日の前日において傷病手当金の支給を受けていた者又は受けるべき者（支給事由が生じた後に任意継続組合員となつた者に限る。）に係る傷病手当金の支給については、同条の規定による改正後の国家公務員共済組合法第六十六条第一項の規定にかかわらず、これらの者を同項に規定する組合員とみなして同条の規定を適用する。

3　附則第五十六条の規定の施行の日の前日において傷病手当金の支給を受けていた者又は受けるべき者（支給事由が生じた際に任意継続組合員であつた者に限る。）に係る傷病手当金の支給については、なお従前の例による。

第六十三条　附則第五十六条の規定の施行の日の前日において出産手当金の支給を受けていた者又は受けるべき者（支給事由が生じた際に任意継続組合員であつた者及び同条の規定による改正前の国家公務員共済組合法第六十七条第二項の規定による出産手当金の支給を受けていた者又は受けるべき者を除く。次項において同じ。）に係る附則第五十六条の規定の施行の日前までの出産手当金の額については、なお従前の例に

二項

平成十九年（政令一六一）改正令

附　則

（施行期日）

第一条　この政令は、公布の日から施行する。

（国家公務員共済組合法施行令の一部改正に伴う経過措置）

第二条　第三条の規定による改正後の国家公務員共済組合法施行令附則第七条の九の三の規定は、平成十九年度以後の年度において国等（同令第十二条第一項に規定する国等をいう。）が負担すべき金額について適用する。

平成十九年（政令二〇七）改正令

附　則

この政令は、信託法の施行の日から施行する。

平成十九年（政令二一〇）改正令

附　則（抄）

（施行期日）

第一条　この政令は、雇用保険法等の一部を改正する法律附則第一条第一号の二に掲げる規定の施行の日（平成十九年十月一日）から施行する。

平成十九年（政令二一六）改正令

附　則

この政令は、平成十九年八月一日から施行する。

平成十九年（政令二一九）改正令

附　則

この政令は、平成十九年八月一日から施行する。

よる。

2　附則第五十六条の規定の施行の日の前日において出産手当金の支給を受けていた者又は受けるべき者（支給事由が生じた後に任意継続組合員となつた者に限る。）に係る出産手当金の支給については、同条の規定による改正後の国家公務員共済組合法第六十七条第一項の規定にかかわらず、これらの者を同項に規定する組合員とみなして同条の規定を適用する。

3　附則第五十六条の規定の施行の日の前日において出産手当金の支給を受けていた者又は受けるべき者（支給事由が生じた際に任意継続組合員であつた者及び同条の規定による改正前の国家公務員共済組合法第六十七条第二項の規定による出産手当金の支給を受けていた者又は受けるべき者に限る。）に係る出産手当金の支給については、なお従前の例による。

平成十八年（法一一八）改正法

附　則（抄）

（施行期日）

第一条　この法律は、公布の日から起算して三月を超えない範囲内において政令で定める日から施行する。ただし、附則第三十二条第二項の規定は、公布の日から施行する。

（国家公務員共済組合の存続等）

第三十二条　前条の規定による改正前の国家公務員共済組合法（次項において「旧国共済法」という。）第三条第二項の規定により同項第一号に掲げる職員をもつて組織された国家公務員共済組合（次項において「防衛庁共済組合」という。）は、この法律の施行の日において、前条の規定による改正後の国家公務員共済組合法第三条第一項

平成十九年（政令二三三）改正令

附　則（抄）

（施行期日）

第一条　この政令は、改正法の施行の日から施行する。

平成十九年（政令二三五）改正令

附　則（抄）

改正　平一九・九・二〇政令二九二

（施行期日）

第一条　この政令は、平成十九年十月一日から施行する。

（国家公務員共済組合法施行令の一部改正に伴う経過措置）

第二十五条　平成十九年度において第九十二条の規定による改正後の国家公務員共済組合法施行令等の一部を改正する政令（平成十六年政令第二百八十六号）附則第八条の二第四項の規定により読み替えられた第三十九条の規定による改正後の国家公務員共済組合法施行令附則第三十四条の二の三第二項において読み替えて適用する同令第十二条の三第三項の規定により国が負担すべき金額は、同項第一号に定める金額から第九十二条の規定による改正前の国家公務員共済組合法施行令等の一部を改正する政令附則第八条の二第四項において読み替えて適用する第三十九条の規定による改正前の国家公務員共済組合法施行令（次項において「旧国共済令」という。）第十二条の三第三項第五号に定める金額を控除した金額とする。

2　旧国共済令第十二条の五第五項において準用する同条第一項及び第二項の規定により旧公社が日本郵政公社共済組合（整備法

の規定により防衛省に属する職員及びその所管する特定独立行政法人の職員をもつて組織する国家公務員共済組合（次項において「防衛省共済組合」という。）となり、同一性をもつて存続するものとする。

2　防衛庁共済組合の代表者は、この法律の施行の日前に、旧国共済法第九条に規定する運営審議会の議を経て、旧国共済法第六条及び第十一条の規定により、この法律の施行の日以後に係る防衛省共済組合となるために必要な定款及び運営規則の変更をし、当該定款につき財務大臣の認可を受け、及び当該運営規則につき財務大臣に協議するものとする。

平成十九年（法七）改正法

附　則（抄）

（施行期日）

第一条　この法律は、平成十九年四月一日から施行する。

平成十九年（法八）改正法

附　則（抄）

（施行期日）

第一条　この法律は、平成十九年四月一日から施行する。

平成十九年（法九）改正法

附　則（抄）

（施行期日）

第一条　この法律は、平成十九年四月一日から施行する。

平成十九年（法三〇）改正法

附　則（抄）

改正　平一九・七・六法一〇九

（施行期日）

第一条　この法律は、公布の日から施行する。

第六十六条の規定による改正前の国家公務員共済組合法（昭和三十三年法律第百二十八号）第三条第一項の規定により旧公社に属する職員（同法第二条第一項第一号に規定する職員をいう。）をもって組織された国家公務員共済組合をいう。附則第三十四条第二項において同じ。）に払い込んだ金額が、旧公社が負担すべき金額を超えるときは、その超える金額を翌々事業年度までに国家公務員共済組合連合会（旧国共済令第十二条の五第五項において準用する同条第一項の規定により払い込んだ金額にあっては、整備法第六十六条の規定による改正後の国家公務員共済組合法附則第二十条の四第一項に規定する日本郵政共済組合。以下この項において同じ。）が日本郵政株式会社に払い戻すものとし、旧公社が負担すべき金額に満たないときは、その満たない金額を翌々事業年度までに日本郵政株式会社が国家公務員共済組合連合会に払い込むものとする。

平成十九年（政令二五二）改正令

附　則

この政令は、廃止法の施行の日（平成十九年八月十日）から施行する。

平成十九年（政令二八七）改正令

附　則（抄）

この政令は、法附則第一条第二号に掲げる規定の施行の日から施行する。ただし、次の各号に掲げる規定は、当該各号に定める日から施行する。

一　（略）

二　第二条、第四条、第六条、第八条、第十条、第十二条、第十四条、第十六条、第十八条、第二十条、第二十二条、第二

国家公務員共済組合法

ただし、次の各号に掲げる規定は、当該各号に定める日から施行する。

一の二　〔略〕

三　〔略〕

（国家公務員共済組合法の一部改正に伴う経過措置）

第七十二条　国家公務員共済組合法附則第十二条の八の二第一項から第三項までの規定は、同法附則第十二条の三、第十二条の六の二又は第十二条の八の規定による退職共済年金の受給権者（附則第四十二条第一項の規定によりなお従前の例によるものとされた平成二十二年改正前船員保険法の規定による求職者等給付のうち平成二十二年改正前船員保険法第三十三条ノ三の規定により平成二十二年改正前船員保険法の規定による失業保険金の支給を受けることができる者に限る。）が平成二十二年改正前船員保険法第三十三条ノ四第一項の規定による求職の申込みをした場合について準用する。この場合において、これらの規定に関し必要な技術的読替えは、政令で定める。

2　前条の規定による改正後の国家公務員共済組合法附則第十二条の八の二第四項及び第五項の規定は、附則第四十二条第一項の規定によりなお従前の例によるものとされた平成二十二年改正前船員保険法の規定による求職者等給付のうち平成二十二年改正前船員保険法第三十三条ノ三の規定により平成二十二年改正前船員保険法の規定による失業保険金の支給を受けることができる者であつて平成二十二年改正前船員保険法第三十三条ノ四第一項の規定による求職の申込みをしたもの（前項において準用する国家公務員共済組合法附則第十二条の八の二第一項各号のいずれにも該当するに至つ

国家公務員共済組合法施行令

十四条、第二十六条、第二十八条及び第三十条の規定　法附則第一条第一号に掲げる規定の施行の日

平成十九年（政令三二六）改正令

附　則（抄）

（施行期日）

第一条　この政令は、公布の日から施行する。

平成十九年（政令三三三）改正令

附　則（抄）

（施行期日）

第一条　この政令は、公布の日から施行する。

平成十九年（政令三八四）改正令

附　則（抄）

（施行期日）

第一条　この政令は、公布の日から施行する。

平成十九年（政令三八八）改正令

附　則

この政令は、競馬法及び日本中央競馬会法の一部を改正する法律の施行の日（平成二十年一月一日）から施行する。

平成二十年（政令八五）改正令

附　則（抄）

（施行期日）

第一条　この政令は、平成二十年四月一日から施行する。

（国家公務員共済組合法による年金である給付の額等に関する経過措置）

第二条　平成二十年三月以前の月分の国家公務員共済組合法による年金である給付の額及び国家公務員等共済組合法等の一部を改正する法律（昭和六十年法律第百五号）附

国家公務員共済組合法施行規則

国家公務員共済組合法等の運用方針

ていない者に限る。）が国家公務員共済組合法附則第十二条の三、第十二条の六の二又は第十二条の八の規定による退職共済年金を受ける権利を取得した場合について準用する。この場合において、これらの規定に関し必要な技術的読替えは、政令で定める。

平成十九年（法四二）改正法

附　則（抄）

（施行期日）

第一条　この法律は、公布の日から起算して三月を超えない範囲内において政令で定める日（平一九・八・一）から施行する。

平成十九年（法一一〇）改正法

附　則（抄）

（施行期日）

第一条　この法律は、平成二十年四月一日から施行する。〔ただし書略〕

平成二十年（法九三）改正法

附　則（抄）

（施行期日）

第一条　この法律は、平成二十二年四月一日から施行する。〔ただし書略〕

平成二十年（法九五）改正法

附　則（抄）

（施行期日）

第一条　この法律は、公布の日から起算して六月を超えない範囲内において政令で定める日（平二一・四・一）から施行する。

平成二十一年（法五）改正法

附　則（抄）

（施行期日）

則第二条第六号に規定する旧共済法による年金の額については、なお従前の例による。

（三号分割により標準報酬の月額等が改定され、又は決定された者に対する長期給付の特例の対象である規定の適用に関する読替え）

第三条　国家公務員共済組合法等の一部を改正する法律（平成十六年法律第百三十号）附則第二十三条に規定する政令で定める規定は、国家公務員共済組合法等の一部を改正する法律（平成十二年法律第二十一号）附則第十五条及び国家公務員等共済組合法施行令及び国家公務員等共済組合法等の一部を改正する法律の施行に伴う経過措置に関する政令の一部を改正する政令（平成六年政令第三百五十七号）附則第四条とする。この場合におけるこれらの規定の適用については、同法附則第十五条中「以後の組合員期間」とあるのは「以後の組合員期間（法第九十三条の十三第四項の規定により組合員期間であったものとみなされた期間を除く。以下この条において同じ。）」と、同令附則第四条中「とする。」とあるのは「とする。ただし、国家公務員共済組合法第九十三条の十三第二項及び第三項の規定により標準報酬の月額（同法第四十二条第一項に規定する標準報酬の月額をいう。）及び標準期末手当等の額（同法第四十二条の二第一項に規定する標準期末手当等の額をいう。）の改定又は決定が行われた場合における平成六年改正法による改正後の年金である給付については、この限りでない。」とする。

平成二十年（政令一一六）改正令

附　則（抄）

（施行期日）

国家公務員共済組合法

第一条　この法律は、平成二十一年三月三十一日から施行する。ただし、次の各号に掲げる規定は、当該各号に定める日から施行する。

二　第二条並びに附則第四条、第七条、第九条から第十二条まで、第十四条、第十五条及び第十九条の規定　平成二十二年四月一日

（国家公務員共済組合法の一部改正に伴う経過措置）

第十条　前条の規定による改正後の国家公務員共済組合法（以下「新国共済法」という。）第六十八条の二及び附則第十一条の二の規定は、附則第一条第二号に掲げる規定の施行の日以後に開始された新国共済法第六十八条の二第一項に規定する育児休業等に係る育児休業手当金について適用し、同日前に開始された前条の規定による改正前の国家公務員共済組合法（附則第十五条において「旧国共済法」という。）第六十八条の二第一項に規定する育児休業等に係る育児休業手当金については、なお従前の例による。

平成二十一年（法一八）改正法

附　則（抄）

（施行期日）

第一条　この法律は、平成二十一年四月一日から施行する。ただし、次の各号に掲げる規定は、当該各号に定める日から施行する。

二　〔前略〕附則第十六条の規定（国家公務員共済組合法（昭和三十三年法律第百二十八号）別表第三の改正規定中独立行政法人国立国語研究所の項を削る部分に限る。）〔中略〕　平成二十一年十月一日

国家公務員共済組合法施行令

第一条　この政令は、平成二十年四月一日から施行する。

（国家公務員共済組合法施行令の一部改正に伴う経過措置）

第四十七条　第八条の規定による改正後の国家公務員共済組合法施行令（以下「新国共済令」という。）第十一条の三の二第二項の規定は、療養を受ける日が施行日以後の場合について適用し、療養を受ける日が施行日前の場合については、なお従前の例による。

2　新国共済令第十一条の三の二第二項に規定する組合員及びその被扶養者について、療養の給付又は当該被扶養者が療養を受ける月が平成二十年四月から八月までの場合にあつては、同項中「及びその被扶養者（七十歳に達する日の属する月の翌月以後である場合に該当する者に限る。）」とあるのは「並びにその被扶養者（七十歳に達する日の属する月の翌月以後である場合に該当する者に限る。）及びその被扶養者であつた者（法第二条第一項第二号に規定する後期高齢者医療の被保険者に該当するに至つたため被扶養者でなくなつた者をいう。）」と、「当該被扶養者」とあるのは「当該被扶養者及び当該被扶養者であつた者」と読み替えて、同項の規定を適用する。

第四十八条　施行日前に行われた療養に係る国家公務員共済組合法の規定による家族療養費及び家族訪問看護療養費の支給については、なお従前の例による。

第四十九条　施行日前に行われた療養に係る国家公務員共済組合法の規定による高額療養費の支給については、なお従前の例による。

第五十条　国家公務員共済組合法施行令第十

国家公務員共済組合法施行規則

国家公務員共済組合法等の運用方針

平成二十一年（法三六）改正法

附　則（抄）

（施行期日）

第一条　この法律は、平成二十二年一月一日から施行する。

平成二十一年（法四一）改正法

附　則（抄）

（施行期日）

第一条　この法律は、公布の日から施行する。

平成二十一年（法六二）改正法

附　則（抄）

（施行期日）

第一条　この法律は、公布の日から施行する。

（検討）

第二条　政府は、国民年金法等の一部を改正する法律附則第三条第一項の規定を踏まえつつ、年金、医療及び介護の社会保障給付並びに少子化に対処するための施策について機能強化及び効率化を図ることの重要性にかんがみ、その一環として、公的年金制度について、基礎年金の最低保障機能の強化その他の事項に関する検討を進め、当該事項がそれぞれ制度として確立した場合に必要な費用を賄うための安定した財源を確保した上で、段階的にその具体化を図るものとする。

平成二十一年（法六五）改正法

附　則（抄）

（施行期日）

第一条　この法律は、公布の日から起算して一年を超えない範囲内において政令で定める日から施行する。

（調整規定）

第十二条　施行日が被用者年金制度の一元化

一条の三の五第二項第二号に掲げる者のうち、次の各号のいずれかに該当するもの（以下この条において「特定収入組合員」という。）に係る同令第十一条の三の四第二項の高額療養費算定基準額は、新国共済令第十一条の三の五第二項の規定にかかわらず、第八条の規定による改正前の国家公務員共済組合法施行令（次項において「旧国共済令」という。）第十一条の三の五第二項第一号に定める金額とする。

一　療養の給付又はその被扶養者（新国共済令第十一条の三の二第二項に規定する被扶養者をいう。以下この号において同じ。）の療養を受ける月が平成二十年四月から八月までの場合における附則第四十七条第二項の規定により読み替えて適用する新国共済令第十一条の三の二第二項の収入の額が六百二十一万円未満である者（被扶養者及び附則第四十七条第二項の規定により読み替えて適用する新国共済令第十一条の三の二第二項に規定する被扶養者であつた者がいない者にあつては、四百八十四万円未満である者）

二　次のイ及びロのいずれにも該当する者

イ　新国共済令第十一条の三の二第二項に規定する被扶養者がいない者である組合員であつて、被扶養者であつた者（国家公務員共済組合法第二条第一項第二号に規定する後期高齢者医療の被保険者に該当するに至つたため被扶養者でなくなつた者をいう。以下この号及び附則第五十二条第四項第二号において同じ。）がいるもの

ロ　療養の給付を受ける月が平成二十年九月から十二月までの場合において、その被扶養者であつた者について、新国共済令第十一条の三の二第二項に規

国家公務員共済組合法

等を図るための厚生年金保険法等の一部を改正する法律（平成二十一年法律第　号）の施行の日前である場合には、附則第八条第三号中「第二十二条第十項」とあるのは「第二十二条第九項」とし、附則第九条のうち国家公務員共済組合法第五十二条の二第十項の改正規定中「第五十二条の二第十項」とあるのは「第四十二条第九項」とし、附則第十条のうち次の表の上欄に掲げる地方公務員等共済組合法の改正規定中同表の中欄に掲げる字句は、それぞれ同表の下欄に掲げる字句とする。

表（略）

平成二十一年（法九三）改正法

附　則（抄）

（施行期日）

第一条　この法律は、平成二十二年六月三十日までの間において政令で定める日から施行する。

平成二十二年（法二七）改正法

附　則（抄）

（施行期日）

第一条　この法律は、平成二十三年四月一日から施行する。

（経過措置）

第二条　（略）

2　（略）

3　施行日において、現に国家公務員共済組合法の規定による障害共済年金の受給権者によつて生計を維持しているその者の六十五歳未満の配偶者（婚姻の届出をしていないが事実上婚姻関係と同様の事情にある者を含み、当該受給権者がその権利を取得した日の翌日以後に有するに至つた当該配偶

国家公務員共済組合法施行令

定する被扶養者とみなして同項の規定を適用した場合の同項の収入の額が五百二十万円未満である者

2　特定収入組合員に係る国家公務員共済組合法施行令第十一条の三の四第三項の高額療養費算定基準額は、新国共済令第十一条の三の五第三項の規定にかかわらず、旧国共済令第十一条の三の五第三項第一号に定める金額）とする。

3　特定収入組合員又はその被扶養者に係る新国共済令第十一条の三の六第一項及び第二項の規定の適用については、これらの規定中「当該各号に定める金額」とあるのは、「健康保険法施行令等の一部を改正する政令（平成二十年政令第百十六号）第八条の規定による改正前の同項第二号イ又は第三号イに定める金額」とする。

第五十一条　平成十八年健保法等改正法附則第五十七条の規定による改正後の国家公務員共済組合法（以下この項及び第五項において「新国共済法」という。）第五十五条第二項第二号の規定が適用される組合員又は新国共済法第五十七条第二項第一号ハの規定が適用される被扶養者のうち、平成二十年四月から十二月までの間に、特定給付対象療養（新国共済令第十一条の三の四第一項第二号に規定する特定給付対象療養をいい、附則第三十二条第一項に規定する厚生労働大臣が定める給付が行われるべき療養に限る。）を受けたもの（以下この条において「平成二十年特例措置対象組合員等」という。）に係る国家公務員共済組合法施行令第十一条の三の四第四項の規定による高額療養費の支給については、同項中「を除く」とあるのは、「及び健康保険法施行令等の一部を改正する政令（平成二十年

国家公務員共済組合法施行規則

国家公務員共済組合法等の運用方針

者に限る。）がある場合における第三条の規定による改正後の国家公務員共済組合法第八十三条第四項（第六条の規定による改正後の国家公務員等共済組合法等の一部を改正する法律附則第十七条第一項の規定により読み替えて適用する場合を含む。）の規定による障害共済年金の額の改定は、国家公務員共済組合法第七十三条第三項の規定にかかわらず、施行日の属する月から行う。

4～6　（略）

平成二十二年（法六一）改正法

附　則（抄）

（施行期日）

第一条　この法律は、平成二十三年四月一日から施行する。

平成二十三年（法二六）改正法

附　則（抄）

（施行期日）

第一条　この法律は、平成二十三年十月一日から施行する。

平成二十三年（法五六）改正法

附　則（抄）

（施行期日）

第一条　この法律は、平成二十三年六月一日から施行する。

平成二十三年（法七二）改正法

附　則（抄）

（施行期日）

第一条　この法律は、平成二十四年四月一日から施行する。〔ただし書略〕

平成二十三年（法一二二）改正法

附　則

政令第百十六号）附則第三十二条第一項に規定する厚生労働大臣が定める給付が行われるべき療養を除く」と読み替えて、同項の規定を適用する。

2　平成二十年特例措置対象組合員等に係る国家公務員共済組合法施行令第十一条の三の四第二項の高額療養費算定基準額については、新国共済令第十一条の三の五第二項第一号の規定にかかわらず、なお従前の例による。

3　平成二十年特例措置対象組合員等に係る国家公務員共済組合法施行令第十一条の三の四第三項の高額療養費算定基準額については、新国共済令第十一条の三の五第三項第一号の規定にかかわらず、なお従前の例による。

4　国家公務員共済組合法施行令第十一条の三の六第二項の規定により平成二十年特例措置対象組合員等について組合が国家公務員共済組合法第五十五条第一項第三号に掲げる医療機関に支払う額の限度については、新国共済令第十一条の三の六第一項第二号イ及び第三号イの規定にかかわらず、なお従前の例による。

5　国家公務員共済組合法施行令第十一条の三の六第四項の規定により読み替えて準用する国家公務員共済組合法第五十六条の二第三項及び第四項の規定並びに同令第十一条の三の六第五項の規定により読み替えて準用する同法第五十七条第四項から第六項までの規定は、平成二十年特例措置対象組合員等が外来療養（同令第十一条の三の四第三項に規定する外来療養をいう。）を受けた場合において、新国共済法の規定により支払うべき一部負担金等の額（新国共済法第六十条の二第一項に規定する一部負担金等の額をいう。）についての支払が行わ

国家公務員共済組合法

この法律は、公布の日から施行する。

平成二十四年（法三〇）改正法

附　則（抄）

（施行期日）

第一条　この法律は、公布の日から起算して一年を超えない範囲内において政令で定める日（平成二十四年十月一日）から施行する。（ただし書略）

平成二十四年（法四二）改正法

附　則（抄）

（施行期日）

第一条　この法律は、平成二十五年四月一日から施行する。

平成二十四年（法六二）改正法

附　則（抄）

（施行期日）

第一条　この法律は、平成二十九年八月一日から施行する。ただし、次の各号に掲げる規定は、当該各号に定める日から施行する。

一　略

二　削除

三　（略）、第十条中国家公務員共済組合法第九十一条の改正規定、第十二条中国家公務員等共済組合法等の一部を改正する法律（昭和六十年法律第百五号。以下「昭和六十年国共済改正法」という。）附則第二十九条の改正規定、第十四条の規定、（以下略）社会保障の安定財源の確保等を図る税制の抜本的な改革を行うための消費税法の一部を改正する等の法律（平成二十四年法律第六十八号）の施行の日（平成二十六年四月一日）

国家公務員共済組合法施行令

れなかつたときの同令第十一条の三の四第三項の規定による高額療養費の支給について準用する。この場合において、同令第十一条の三の六第四項の規定により読み替えて準用する国家公務員共済組合法第五十六条の二第三項及び同令第十一条の三の六第五項の規定により読み替えて準用する同法第五十七条第五項の規定中「組合員に支給すべき金額に相当する金額を」とあるのは、「当該一部負担金等の額から健康保険法施行令等の一部を改正する政令（平成二十年政令第百十六号）附則第五十一条第三項の規定によりなお従前の例によるものとされた国家公務員共済組合法施行令第十一条の三の四第三項の高額療養費算定基準額（当該外来療養につき算定した費用の額に百分の十を乗じて得た額が当該高額療養費算定基準額を超える場合にあつては、当該乗じて得た額）を控除した額の限度において」と読み替えるものとする。

第五十二条　施行日から平成二十一年七月三十一日までの間に受けた療養に係る国家公務員共済組合法の規定による高額介護合算療養費の支給については、新国共済令第十一条の三の六の二第一項第一号（同条第三項及び第四項において準用する場合を含む。次項及び第四項において同じ。）中「前年の八月一日からその年の七月三十一日まで」とあるのは、「平成二十年四月一日から平成二十一年七月三十一日まで」と読み替えて、同条から新国共済令第十一条の三の六の四までの規定を適用する。この場合において、次の表の上欄に掲げる新国共済令の規定中同表の中欄に掲げる字句は、それぞれ同表の下欄に掲げる字句とする。

国家公務員共済組合法施行規則

国家公務員共済組合法等の運用方針

四　（略）、第十条中国家公務員共済組合法第四十二条、第四十二条の二第二項、第七十三条の二、第七十八条の二及び第百条の二の改正規定、同条の次に一条を加える改正規定、同法第百二条第一項の改正規定、同法附則第十二条第九項及び第十二条の四の二の改正規定並びに同法附則第十三条の十第一項第四号を削る改正規定、（以下略）　公布の日から起算して二年を超えない範囲内において政令で定める日（平成二十六年四月一日）

五　（略）第十条中国家公務員共済組合法第二条第一項の改正規定（以下略）　平成二十八年十月一日

（国家公務員共済組合法による産前産後休業を終了した際の改定に関する経過措置）

第三十条　第十条の規定による改正後の国家公務員共済組合法第四十二条第十一項及び第十二項の規定は、第四号施行日以後に終了した同条第十一項に規定する産前産後休業（次条及び附則第三十二条において「産前産後休業」という。）について適用する。

（三歳に満たない子を養育する組合員等の標準報酬の月額の特例に関する経過措置）

第三十一条　第四号施行日において、国家公務員共済組合法第七十三条の二の規定の適用を受けている者であって、第十条の規定による改正後の国家公務員共済組合法第百条の二の二の規定の適用を受ける産前産後休業をしているものについては、第四号施行日に産前産後休業を開始したものとみなして、第十条の規定による改正後の国家公務員共済組合法第七十三条の二第一項第六号の規定を適用する。

（国家公務員共済組合法による産前産後休業期間中の組合員の特例に関する経過措置）

第十一条の三の六の三第一項（同条第三項及び第四項において準用する場合を含む。）	六十七万円	八十九万円
	百二十六万円	百六十八万円
	三十四万円	四十五万円
第十一条の三の六の三第二項（同条第三項及び第四項において準用する場合を含む。）	六十二万円	七十五万円
	六十七万円	八十九万円
	三十一万円	四十一万円
	十九万円	二十五万円
第十一条の三の六の三第五項の表	地方公務員等共済組合法施行令（	健康保険法施行令等の一部を改正する政令（平成二十年政令第百十六号。以下この条において「改正令」という。）附則第五十八条第一項の規定により読み替えられた地方公務員等共済組合法施行令（
	地方公務員等共済組合法施行令第二十三条の三の七第二項	改正令附則第五十八条第一項の規定により読み替えられた地方公務員等共済組合法施行令第二十三条の三の

国家公務員共済組合法

第三十二条　第四号施行日前に産前産後休業に相当する休業を開始した者については、第四号施行日をその産前産後休業を開始した日とみなして、第十条の規定による改正後の国家公務員共済組合法第百条の二の二の規定を適用する。

（支給の繰下げに関する経過措置）

第三十三条　第十条の規定による改正後の国家公務員共済組合法第七十八条の二の規定は、第四号施行日の前日において、同条第二項各号のいずれにも該当しない者について適用する。ただし、第四号施行日前に第十条の規定による改正後の国家公務員共済組合法第七十八条の二第二項各号のいずれかに該当する者に対する同条の規定の適用については、同項中「ときは」とあるのは「ときは、次項の規定を適用する場合を除き」と、「同項」とあるのは「前項」と、同条第三項中「当該申出のあつた」とあるのは「公的年金制度の財政基盤及び最低保障機能の強化等のための国民年金法等の一部を改正する法律（平成二十四年法律第六十二号）附則第一条第四号に掲げる規定の施行の日の属する」とする。

（特例による退職共済年金の額の算定等の特例の経過措置）

第三十四条　第十条の規定による改正後の国家公務員共済組合法附則第十二条の四の二第六項の規定は、同条第一項に規定する退職共済年金の受給権者（以下この条において「退職共済年金の受給権者」という。）又は退職共済年金の受給権者であつた者が、第四号施行日以後に第十条の規定による改正後の国家公務員共済組合法附則第十二条の四の二第六項各号のいずれかに該当する場合について適用する。ただし、第四号施

国家公務員共済組合法施行令

七第二項	私立学校教職員共済法施行令	私立学校教職員共済法第四十八条の二の規定によりその例によることとされる改正令附則第五十二条第一項の規定により読み替えられた、私立学校教職員共済法施行令
	防衛省の職員の給与等に関する法律施行令第十七条の六の五第一項	改正令附則第六十条第二項の規定により読み替えられた防衛省の職員の給与等に関する法律施行令第十七条の六の五第一項
	第二項及び	改正令附則第五十二条第一項の規定により読み替えられた第二項及び
	健康保険法施行令	改正令附則第三十三条第一項の規定により読み替えられた健康保険法施行令
	船員保険法施行令	改正令附則第四十五条第一項の規定により読み替えられた船員保険法施行令
	国民健康保険法施行令	改正令附則第三十九条第一項の規定により読み替えられた国民健康保険

国家公務員共済組合法施行規則

国家公務員共済組合法等の運用方針

行日において退職共済年金の受給権者であった者であって、組合員でなく、かつ、同項第一号に規定する障害共済年金等を受けることができるものについては、第四号施行日に同項各号のいずれかに該当したものとみなして、同項の規定を適用する。この場合において、同項中「当該各号に規定する日」とあるのは、「公的年金制度の財政基盤及び最低保障機能の強化等のための国民年金法等の一部を改正する法律（平成二十四年法律第六十二号）附則第一条第四号に掲げる規定の施行の日」とする。

（退職共済年金の職域加算額の支給に関する経過措置）

第三十五条　施行日の前日において現に平成二十四年一元化法附則第三十六条第五項に規定する改正前国共済法による職域加算額（退職を給付事由とするものに限る。以下この条において「退職共済年金の職域加算額」という。）の受給権を有しない者であって、改正前支給要件規定（第十条の二の規定による改正後の平成二十四年一元化法附則第三十六条第一項の規定によりなおその効力を有するものとされた平成二十四年一元化法第二条の規定による改正前の国家公務員共済組合法及び同項の規定によりなおその効力を有するものとされた平成二十四年一元化法（平成二十四年一元化法附則第一条各号に掲げる規定を除く。）による改正前のその他の法律の規定（これらの規定に基づく命令の規定を含む。）をいう。以下この条において同じ。）による退職共済年金の職域加算額の支給要件に該当するものについては、施行日において改正前支給要件規定による退職共済年金の職域加算額の支給要件に該当するに至ったものとみなして、施行日以後、その者に対し、改正

		法施行令
第十一条の三の六の三第六項	高齢者の医療の確保に関する法律施行令	改正令附則第三十四条第一項の規定により読み替えられた高齢者の医療の確保に関する法律施行令

2　平成二十年八月一日から平成二十一年七月三十一日までに受けた療養に係る次の各号に掲げる高額介護合算療養費の支給については、当該各号イに掲げる金額が、それぞれ当該各号ロに掲げる金額を超えるときは、前項の規定にかかわらず、新国共済令第十一条の三の六の二第一項第一号中「前年の八月一日からその年の七月三十一日まで」とあるのは、「平成二十年八月一日から平成二十一年七月三十一日まで」と読み替えて、同条から新国共済令第十一条の三の六の四までの規定を適用する。

一　新国共済令第十一条の三の六の二第一項及び第二項（これらの規定を同条第三項及び第四項において準用する場合を含む。）の規定による高額介護合算療養費の支給

イ　この項の規定により新国共済令第十一条の三の六の二を読み替えて適用する場合の同条第一項（同条第三項及び第四項において準用する場合を含む。）に規定する介護合算一部負担金等世帯合算額から同条第一項の介護合算算定基準額を控除した金額（当該金額が同項に規定する支給基準額（以下この項において「支給基準額」という。）以下である場合又は当該介護合算一部負担金等世帯合算額の算定につき同条第一項ただし書に該当する場合には、零

国家公務員共済組合法

前支給要件規定による退職共済年金の職域加算額を支給する。この場合において、改正前支給要件規定の適用に関し必要な事項は、政令で定める。

以下略

平成二十四年（法六三）改正法

附　則（抄）

（施行期日）

第一条　この法律は、平成二十七年十月一日から施行する。ただし、次の各号に掲げる規定は、それぞれ当該各号に定める日から施行する。

一　（略）

二　（略）

三　（略）附則第九十八条中国家公務員等共済組合法等の一部を改正する法律（昭和六十年法律第百五号）附則第十六条、第十七条、第二十一条、第二十八条及び第二十九条の改正規定並びに同法附則第五十七条の次に三条を加える改正規定（以下略）公布の日から起算して一年を超えない範囲内において政令で定める日（平成二十五年八月一日）

四　（略）

五　（略）

平成二十四年（法九六）改正法

附　則（抄）

（施行期日）

第一条　この法律は、平成二十五年一月一日から施行する。ただし、次の各号に掲げる規定は、当該各号に定める日から施行する。

一　第六条の規定（第四号に掲げる改正規定を除く。）並びに附則第七条、第八条及び第十一条の規定　公布の日（平成二

国家公務員共済組合法施行令

とする。）及び同項に規定する七十歳以上介護合算支給総額を合算した金額

ロ　イ中「この項の」とあるのを「前項の」と読み替えてイを適用した場合のイに掲げる金額

二　新国共済令第十一条の三の六の二第五項及び第六項の規定による高額介護合算療養費の支給

イ　この項の規定により新国共済令第十一条の三の六の二を読み替えて適用する場合の同条第五項に規定する介護合算一部負担金等世帯合算額から同項の介護合算算定基準額を控除した金額（当該金額が支給基準額以下である場合又は当該介護合算一部負担金等世帯合算額の算定につき同項ただし書に該当する場合には、零とする。）及び同項に規定する七十歳以上介護合算支給総額を合算した金額

ロ　イ中「この項」とあるのを「前項」と読み替えてイを適用する場合のイに掲げる金額

三　新国共済令第十一条の三の六の二第七項の規定による高額介護合算療養費の支給

イ　この項の規定により新国共済令第十一条の三の六の二を読み替えて適用する場合の同条第七項に規定する介護合算一部負担金等世帯合算額から同項の介護合算算定基準額を控除した金額（当該金額が支給基準額以下である場合又は当該介護合算一部負担金等世帯合算額の算定につき同項ただし書に該当する場合には、零とする。）

ロ　イ中「この項」とあるのを「前項」と読み替えてイを適用する場合のイに

国家公務員共済組合法施行規則

国家公務員共済組合法等の運用方針

十四年十一月二十六日）

四　（略）

六　第五条の規定並びに附則第六条、第九条、第十条及び第十六条から第二十二条までの規定　平成二十七年十月一日

平成二十四年（法九九）改正法

附　則（抄）

（施行期日）

第一条　この法律は、公布の日又は財政運営に必要な財源の確保を図るための公債の発行の特例に関する法律（平成二十四年法律第百一号）の施行の日（編注：平成二十四年十一月二十六日）のいずれか遅い日から施行する。

（ただし書略）

（国家公務員共済組合法等による年金である給付等に関する経過措置）

第四条　第三条の規定による改正後の国家公務員共済組合法等の一部を改正する法律附則第四条の二、第五条の二及び第二十五条の二の規定は、平成二十五年十月以後の月分として支給される国家公務員共済組合法（昭和三十三年法律第百二十八号）による年金である給付、国家公務員等共済組合法等の一部を改正する法律（昭和六十年法律第百五号）附則第二条第六号に規定する旧共済法による年金である給付及び厚生年金保険法等の一部を改正する法律（平成八年法律第八十二号）附則第三十三条第一項に規定する特例年金給付（以下この条において「国家公務員共済組合法等による年金である給付等」という。）について適用し、同月前の月分として支給される国家公務員共済組合法等による年金である給付等については、なお従前の例による。

掲げる金額

3　前項の場合において、次の表の上欄に掲げる新国共済令の規定中同表の中欄に掲げる字句は、それぞれ同表の下欄に掲げる字句とする。

第十一条の三の六の三第二項第一号（同条第三項及び第四項において準用する場合を含む。）	六十二万円	五十六万円
第十一条の三の六の三第五項の表下欄	地方公務員等共済組合法施行令	健康保険法施行令等の一部を改正する政令（平成二十年政令第百十六号。以下この項において「改正令」という。）附則第五十八条第三項の規定により読み替えられた地方公務員等共済組合法施行令
	私立学校教職員共済法施行令	私立学校教職員共済法第四十八条の二の規定によりその例によることとされる改正令附則第五十二条第三項の規定により読み替えられた、私立学校教職員共済法施行令
	第二項及び	改正令附則第五十二条第三項の規定によ

国家公務員共済組合法

平成二十六年（法一三）改正法

附　則（抄）

（施行期日）

第一条　この法律は、平成二十六年四月一日から施行する。

（国家公務員共済組合法の一部改正に伴う経過措置）

第七条　前条の規定による改正後の国家公務員共済組合法附則第十一条の二の規定は、施行日以後に開始された国家公務員共済組合法第六十八条の二第一項に規定する育児休業等に係る育児休業手当金について適用し、施行日前に開始された同項に規定する育児休業等に係る育児休業手当金については、なお従前の例による。

平成二十六年（法三八）改正法

附　則（抄）

（施行期日）

第一条　この法律は、公布の日から起算して一年を超えない範囲内において政令で定める日（平成二十七年四月一日予定）から施行する。

平成二十六年（法四二）改正法

附　則（抄）

（施行期日）

第一条　この法律は、公布の日から起算して二年を超えない範囲内において政令で定める日（平成二十八年四月一日予定）から施行する。

平成二十六年（法六四）改正法

附　則（抄）

（施行期日）

国家公務員共済組合法施行令

		り読み替えられた第二項及び
	健康保険法施行令	改正令附則第三十三条第三項の規定により読み替えられた健康保険法施行令
	船員保険法施行令	改正令附則第四十五条第三項の規定により読み替えられた船員保険法施行令
	国民健康保険法施行令	改正令附則第三十九条第三項の規定により読み替えられた国民健康保険法施行令

4　新国共済令第十一条の三の六の三第二項第二号に掲げる者のうち、次の各号のいずれにも該当するものに係る新国共済令第十一条の三の六の二第二項（同条第三項及び第四項において準用する場合を含む。）の七十歳以上介護合算算定基準額は、新国共済令第十一条の三の六の三第二項（同条第三項及び第四項において準用する場合を含む。）の規定にかかわらず、同条第二項第一号（同条第三項及び第四項において準用する場合を含む。）に定める金額とする。

一　附則第五十条第一項第二号イに掲げる者

二　基準日とみなされる日（新国共済令第十一条の三の六の四第一項の規定により新国共済令第十一条の三の六の二第一項第一号に規定する基準日とみなされる日をいう。以下この条において同じ。）が平成二十年九月から十二月までの間にある場合であって当該基準日とみなされる日において療養の給付を受けることとし

国家公務員共済組合法施行規則

国家公務員共済組合法等の運用方針

第一条　この法律は、平成二十六年十月一日から施行する。ただし、次の各号に掲げる規定は、当該各号に定める日から施行する。

一　（略）

二　（略）第六条から第十二条までの規定、第十三条中年金生活者支援給付金の支給に関する法律附則第九条の次に一条を加える改正規定及び第十四条の規定並びに附則第三条及び第十七条の規定　平成二十七年一月一日

（延滞金の割合の特例等に関する経過措置）

第十七条　次の各号に掲げる規定は、当該各号に定める規定に規定する延滞金（第十五号にあっては、加算金。以下この条において同じ。）のうち平成二十七年一月一日以後の期間に対応するものについて適用し、当該延滞金のうち同日前の期間に対応するものについては、なお従前の例による。

一～六　（略）

七　第七条の規定による改正後の国家公務員共済組合法附則第二十条の九第五項　国家公務員共済組合法附則第二十条の九第四項

（以下省略）

平成二十六年（法六七）改正法

附　則（抄）

（施行期日）

第一条　この法律は、独立行政法人通則法の一部を改正する法律（平成二十六年法律第六十六号。以下「通則法改正法」という。）の施行の日（平成二十七年四月一日）から施行する。（ただし書以下省略）

平成二十六年（法六九）改正法

附　則（抄）

（施行期日）

たときに、その被扶養者であった者について、新国共済令第十一条の三の二第二項に規定する被扶養者とみなして同項の規定を適用した場合の同項の収入の額が五百二十万円未満である者

5　基準日とみなされる日が平成二十年九月から十二月までの間にある場合における新国共済令第十一条の三の六の二第六項の七十歳以上介護合算算定基準額については、新国共済令第十一条の三の六の三第五項の表下欄中次の表の上欄に掲げる字句は、それぞれ同表の下欄に掲げる字句に読み替えて、同項の規定を適用する。

第二十三条の三の八第一項	第二十三条の三の八第一項並びに健康保険法施行令等の一部を改正する政令（平成二十年政令第百十六号。以下この項において「改正令」という。）附則第五十八条第四項
）及び次条第一項	）及び次条第一項並びに改正令附則第五十二条第四項
第二項及び次条第一項	第二項及び次条第一項並びに改正令附則第五十二条第四項
第四十三条の四第一項	第四十三条の四第一項並びに改正令附則第三十三条第四項
第四十四条第四項	第四十四条第四項並びに改正令附則第三十三条第四項
第十一条の四第一項	第十一条の四第一項並びに改正令附則第四十五条第四項
及び第二項	及び第二項並びに改正令附則第三十九条第四項

6　基準日とみなされる日が平成二十年九月から十二月までの間にある場合における新国共済令第十一条の三の六の二第七項の介護合算算定基準額については、新国共済令

国家公務員共済組合法

第一条　この法律は、行政不服審査法（平成二十六年法律第六十八号）の施行の日（平成二十八年四月を予定）から施行する。

平成二十六年（法八三）改正法

附　則（抄）

（施行期日）

第一条　この法律は、公布の日又は平成二十六年四月一日のいずれか遅い日から施行する。ただし、次の各号に掲げる規定は、当該各号に定める日から施行する。

一　（略）

六　（略）附則第二十条（第一項ただし書を除く。）、第二十一条、第四十二条、第四十三条並び第四十九条の規定（略）平成二十八年四月一日までの間において政令で定める日（未定）

平成二十七年（法一七）改正法

附　則（抄）

（施行期日）

第一条　この法律は、平成二十八年四月一日から施行する。

平成二十七年（法二七）改正法

附　則（抄）

（施行期日）

第一条　この法律は、平成二十八年四月一日から施行する。

平成二十七年（法三一）改正法

附　則（抄）

（施行期日）

第一条　この法律は、平成三十年四月一日から施行する。ただし、次の各号に掲げる規定は、それぞれ当該各号に定める日から施

国家公務員共済組合法施行令

第十一条の三の六の三第六項中「第十六条の四第一項」とあるのは、「第十六条の四第一項並びに健康保険法施行令等の一部を改正する政令（平成二十年政令第百十六号）附則第三十四条第四項」と読み替えて、同項の規定を適用する。

平成二十年（政令一二七）改正令

附　則（抄）

（施行期日）

第一条　この政令は、平成二十年四月一日から施行する。

平成二十年（政令一八〇）改正令

附　則（抄）

（施行期日）

第一条　この政令は、平成二十年十月一日から施行する。

（罰則に関する経過措置）

第四条　この政令の施行前にした行為に対する罰則の適用については、なお従前の例による。

平成二十年（政令二一〇）改正令

附　則（抄）

（施行期日）

第一条　この政令は、平成二十年十月一日から施行する。

平成二十年（政令二二六）改正令

附　則（抄）

この政令は、平成二十年十月一日から施行する。

平成二十年（政令二三七）改正令

附　則（抄）

国家公務員共済組合法施行規則

国家公務員共済組合法等の運用方針

行する。

一 〔略〕

二 〔前略〕附則〔中略〕第三十三条から第四十四条まで〔中略〕の規定 平成二十八年四月一日

（国家公務員共済組合法の一部改正に伴う経過措置）

第三十七条 第二号施行日前に国家公務員共済組合の組合員の資格を取得して、第二号施行日まで引き続きその資格を有する者（平成二十八年四月から標準報酬を改定されるべき者を除く。）のうち、同年三月の標準報酬の月額が百二十一万円であるもの（当該標準報酬の月額の基礎となった報酬月額が百二十三万五千円未満である者を除く。）の標準報酬は、当該標準報酬の月額の基礎となった報酬月額を前条の規定による改正後の国家公務員共済組合法（次条において「改正後国共済法」という。）第四十条第二項の規定により読み替えられた同条第一項の規定による標準報酬の基礎となる報酬月額とみなして、国家公務員共済組合が改定する。

2 前項の規定により改定された標準報酬は、平成二十八年四月から同年八月までの各月の標準報酬とする。

第三十八条 改正後国共済法第四十一条第二項の規定は、第二号施行日の属する月以後の月に国家公務員共済組合の組合員が受けた期末手当等の標準期末手当等の額について適用し、第二号施行日の属する月前の月に当該組合員が受けた期末手当等の標準期末手当等の額については、なお従前の例による。

第三十九条 第二号施行日前において、附則第三十六条の規定による改正前の国家公務員共済組合法による傷病手当金又は出産手

（施行期日）

第一条 この政令は、平成二十年十月一日から施行する。

平成二十年（政令二八三）改正令

附　則（抄）

（施行期日）

第一条 この政令は、平成二十年十月一日から施行する。

平成二十年（政令二九七）改正令

附　則（抄）

（施行期日）

第一条 この政令は、平成二十年十月一日から施行する。

平成二十年（政令三五七）改正令

附　則（抄）

（施行期日）

第一条 この政令は、平成二十一年一月一日から施行する。ただし、第二条中健康保険法施行令附則に二条を加える改正規定、第三条中船員保険法施行令附則に二条を加える改正規定、第四条中私立学校教職員共済法施行令第六条の表以外の部分の改正規定（「第十一条の四並びに附則第三十四条の三」の下に「から第三十四条の五まで」を加える部分及び「第十一条の三の六の四第一項並びに附則第三十四条の三」を「第十一条の三の六の四第一項、附則第三十四条の三並びに附則第三十四条の四」に改める部分に限る。）及び同条の表に次のように加える改正規定、第五条中国家公務員共済組合法施行令附則第三十四条の三の次に二条を加える改正規定、第六条中国民健康保険法施行令附則第二条の次に二条を加える改正規定、第七条中地方公務員等共済組合

国家公務員共済組合法

当金の支給を受けていた者又は受けるべき者に係る第二号施行日前までの分として支給される当該傷病手当金又は出産手当金の額については、なお従前の例による。

平成二十七年（法四四）改正法

附　則（抄）

（施行期日）

第一条　この法律は、平成二十八年四月一日から施行する。

平成二十七年（法四八）改正法

附　則（抄）

（施行期日）

第一条　この法律は、平成二十八年四月一日から施行する。

平成二十七年（法五一）改正法

附　則（抄）

（施行期日）

第一条　この法律は、平成二十八年四月一日から施行する。

平成二十七年（法五九）改正法

附　則（抄）

（施行期日）

第一条　この法律は、平成二十九年四月一日から施行する。

平成二十七年（法七〇）改正法

附　則（抄）

（施行期日）

第一条　この法律は、平成二十八年四月一日から施行する。

平成二十八年（法一七）改正法

附　則（抄）

国家公務員共済組合法施行令

法施行令附則第五十二条の五の次に二条を加える改正規定並びに第八条の規定は、同年四月一日から施行する。

（国家公務員共済組合法施行令の一部改正に伴う経過措置）

第十条　第五条の規定による改正後の国家公務員共済組合法施行令（次条及び附則第十二条において「新国共済令」という。）第十一条の三の二第二項及び第十一条の三の四から第十一条の三の六の二までの規定（他の法令において引用する場合を含む。）は、療養を受ける日が施行日以後の場合について適用し、療養を受ける日が施行日前の場合については、なお従前の例による。

第十一条　国家公務員共済組合法第五十五条第二項第二号の規定が適用される組合員又は同法第五十七条第二項第一号ハの規定が適用される被扶養者のうち、平成二十一年一月から三月までの間に、特定給付対象療養（新国共済令第十一条の三の四第一項第二号に規定する特定給付対象療養をいい、健康保険法施行令等の一部を改正する政令（平成二十年政令第百十六号）附則第三十二条第一項に規定する厚生労働大臣が定める給付が行われるべき療養に限る。）を受けたもの（以下この条において「施行日以後平成二十年度特例措置対象組合員等」という。）に係る新国共済令第十一条の三の四第六項の規定による高額療養費の支給については、同項中「を除く」とあるのは、「及び健康保険法施行令等の一部を改正する政令（平成二十年政令第百十六号）附則第三十二条第一項に規定する厚生労働大臣が定める給付が行われるべき療養を除く」と読み替えて、同項の規定を適用する。

2　施行日以後平成二十年度特例措置対象組

国家公務員共済組合法施行規則

国家公務員共済組合法等の運用方針

（施行期日）

第一条　この法律は、平成二十九年一月一日から施行する。ただし、次の各号に掲げる規定は、当該各号に定める日から施行する。

一　〔略〕

三　〔前略〕附則第十九条〔中略〕の規定
　平成二十八年八月一日

（国家公務員共済組合法の一部改正に伴う経過措置）

第二十条　前条の規定による改正後の国家公務員共済組合法附則第十一条の三の規定は、附則第一条第三号に掲げる規定の施行の日以後に開始された前条の規定による改正後の国家公務員共済組合法第六十八条の三第一項に規定する介護休業に係る介護休業手当金について適用し、同日前に開始された前条の規定による改正前の国家公務員共済組合法第六十八条の三第一項に規定する介護休業に係る介護休業手当金については、なお従前の例による。

平成二十八年（法四四）改正法

附　則（抄）

（施行期日）

第一条　この法律は、平成二十九年四月一日から施行する。

平成二十八年（法八〇）改正法

附　則（抄）

（施行期日等）

第一条　この法律は、公布の日から施行する。ただし、次の各号に掲げる規定は、当該各号に定める日から施行する。

一　第三条、第四条及び第九条並びに附則第四条及び第六条から第十条までの規定
　平成二十九年一月一日

二　〔略〕

合員等に係る新国共済令第十一条の三の四第三項の高額療養費算定基準額については、新国共済令第十一条の三の五第三項第一号中「六万二千百円。ただし、高額療養費多数回該当の場合にあつては、四万四千四百円とする。」とあるのは、「四万四千四百円」と読み替えて、同項の規定を適用する。

3　施行日以後平成二十年度特例措置対象組合員等に係る新国共済令第十一条の三の四第四項の高額療養費算定基準額については、新国共済令第十一条の三の五第四項第一号中「三万千五十円。ただし、高額療養費多数回該当の場合にあつては、二万二千二百円とする。」とあるのは、「二万二千二百円」と読み替えて、同項の規定を適用する。

4　施行日以後平成二十年度特例措置対象組合員等に係る新国共済令第十一条の三の四第五項の高額療養費算定基準額については、新国共済令第十一条の三の五第五項第一号中「二万四千六百円」とあるのは、「一万二千円」と読み替えて、同項の規定を適用する。

5　新国共済令第十一条の三の六第二項の規定により施行日以後平成二十年度特例措置対象組合員等について組合が同項に規定する第二号医療機関等に支払う金額の限度については、同条第一項第二号イ中「六万二千百円（七十五歳到達時特例対象療養に係るものにあつては、三万千五十円）。ただし、高額療養費多数回該当の場合にあつては、四万四千四百円（七十五歳到達時特例対象療養に係るものにあつては、二万二千二百円）とする。」とあるのは「四万四千四百円（七十五歳到達時特例対象療養に係るものにあつては、二万二千二百円）」と、同項第三号イ中「二万四千六百円」とあるのは「一万二千円」と読み替えて、同項の

国家公務員共済組合法

（国家公務員共済組合法の一部改正に伴う経過措置）

第八条　次項に定めるものを除き、前条の規定による改正後の国家公務員共済組合法第六十八条の三第二項の規定は、第一号施行日以後に開始された同条第一項に規定する介護休業に係る介護休業手当金について適用し、第一号施行日前に開始された前条の規定による改正前の国家公務員共済組合法第六十八条の三第一項に規定する介護休業に係る介護休業手当金については、なお従前の例による。

2　第一号施行日前に前条の規定による改正前の国家公務員共済組合法第六十八条の三第一項に規定する介護休業を開始した者であって、第一号施行日において当該介護休業の開始の日から起算して三月を超えていないものに係る前条の規定による改正後の国家公務員共済組合法第六十八条の三第二項の規定の適用については、同項中「介護休業の日数」とあるのは、「介護休業の日数（一般職の職員の給与に関する法律等の一部を改正する法律（平成二十八年法律第八十号）附則第七条の規定の施行の日前の介護休業の日数を含む。）」とする。

平成二十八年（法八四）改正法

附　則（抄）

（施行期日）

第一条　この法律は、公布の日から施行する。

（ただし書以下省略）

平成二十八年（法八七）改正法

附　則（抄）

（施行期日）

第一条　この法律は、平成二十九年四月一日

国家公務員共済組合法施行令

規定を適用する。この場合において、同条第二項及び第三項の規定の適用については、同条第二項中「当該各号」とあるのは「当該各号（同項第二号又は第三号の規定を高齢者の医療の確保に関する法律施行令等の一部を改正する政令（平成二十年政令第三百五十七号。次項において「改正令」という。）附則第十一条第五項の規定により読み替えて適用する場合にあつては、前項第一号並びに同条第五項の規定により読み替えられた前項第二号及び第三号）」と、同条第三項中「前項」とあるのは「改正令附則第十一条第五項の規定により読み替えられた前項」とする。

6　新国共済令第十一条の三の六第四項の規定により読み替えて準用する国家公務員共済組合法第五十六条の二第三項及び第四項の規定並びに新国共済令第十一条の三の六第五項の規定により読み替えて準用する同法第五十七条第四項から第六項までの規定は、施行日以後平成二十年度特例措置対象組合員等が外来療養（新国共済令第十一条の三の四第五項に規定する外来療養をいう。）を受けた場合において、同法の規定により支払うべき一部負担金等の額（同法第六十条の二第一項に規定する一部負担金等の額をいう。）についての支払が行われなかつたときの新国共済令第十一条の三の四第五項の規定による高額療養費の支給について準用する。この場合において、新国共済令第十一条の三の六第四項の規定により読み替えて準用する同法第五十六条の二第三項の規定及び新国共済令第十一条の三の六第五項の規定により読み替えて準用する同法第五十七条第五項の規定中「組合員に支給すべき金額に相当する金額を」とあるの

国家公務員共済組合法施行規則

国家公務員共済組合法等の運用方針

から施行する。（ただし書略）

平成二十九年（法一四）改正法

附　則（抄）

（施行期日）

第一条　この法律は、平成二十九年四月一日から施行する。ただし、次の各号に掲げる規定は、当該各号に定める日から施行する。

一・二〔略〕

三　第二条中雇用保険法第六十一条の四第一項の改正規定及び第七条（次号に掲げる規定を除く。）の規定並びに附則第十五条、第十六条及び第二十三条から第二十五条までの規定　平成二十九年十月一日

四〔略〕

○民法の一部を改正する法律の施行に伴う関係法律の整備等に関する法律（抄）

平二九・六・二
法　四　五

（国家公務員共済組合法の一部改正）

第百三十一条　国家公務員共済組合法（昭和三十三年法律第百二十八号）の一部を次のように改正する。

第百三条第三項中「中断」を「完成猶予及び更新」に改める。

第百十一条第一項中「行わない」を「行使しない」に改め、同条第二項中「二年間行わない」を「これらを行使することができる時から二年間行使しない」に改める。

附則第二十条の八第三項中「民法第百五十三条の規定にかかわらず、時効中断」を「時効の更新」に改める。

（国家公務員共済組合法の一部改正に伴う経過措置）

は、「当該一部負担金等の額から高齢者の医療の確保に関する法律施行令等の一部を改正する政令（平成二十年政令第三百五十七号）附則第十一条第四項の規定による高額療養費算定基準額（当該外来療養につき算定した費用の額に百分の十を乗じて得た額が当該高額療養費算定基準額を超える場合にあつては、当該乗じて得た額）を控除した金額の限度において」と読み替えるものとする。

第十二条　平成二十年四月一日から十二月三十一日までの間に受けた療養を含む療養に係る国家公務員共済組合法の規定による高額介護合算療養費の支給について、健康保険法施行令等の一部を改正する政令（平成二十年政令第百十六号）附則第五十二条第一項の規定を適用する場合における新国共済令第十一条の三の六の二第一項第一号（同条第三項及び第四項において準用する場合を含む。次項において同じ。）の規定の適用については、同号中「までの規定」とあるのは、「までの規定（平成二十年四月一日から十二月三十一日までの間に受けた療養に係るものにあつては、高齢者の医療の確保に関する法律施行令等の一部を改正する政令（平成二十年政令第三百五十七号）第五条の規定による改正前の第十一条の三の四第一項から第三項までの規定（同条第一項の規定を附則第三十四条の三第一項の規定により読み替えて適用する場合にあつては、同項の規定により読み替えられた同令第五条の規定による改正前の第十一条の三の四第一項の規定若しくは同令第五条の規定による改正前の第十一条の三の四第三項の規定又は附則第三十四条の三第二項の規定））」とする。

2　平成二十年八月一日から十二月三十一日

国家公務員共済組合法

第百三十二条　施行日前に前条の規定による改正前の国家公務員共済組合法第百三条第三項又は附則第二十条の八第三項に規定する時効の中断の事由が生じた場合におけるその事由の効力については、なお従前の例による。

附　則（抄）

この法律は、民法改正法の施行の日から施行する。〔ただし書略〕

国家公務員共済組合法施行令

までの間に受けた療養を含む療養に係る国家公務員共済組合法の規定による高額介護合算療養費の支給について、健康保険法施行令等の一部を改正する政令（平成二十年政令第百十六号）附則第五十二条第二項の規定を適用する場合における新国共済令第十一条の三の六の二第一項第一号の規定の適用については、同号中「までの規定（平成二十年八月一日から十二月三十一日までの間に受けた療養に係るものにあつては、高齢者の医療の確保に関する法律施行令等の一部を改正する政令（平成二十年政令第三百五十七号）第五条の規定による改正前の第十一条の三の四第一項から第三項までの規定）」とする。

平成二十年（政令三七一）改正令

附　則（抄）

（施行期日）

第一条　この政令は、平成二十一年一月一日から施行する。

（国家公務員共済組合法施行令の一部改正に伴う経過措置）

第四条　施行日前に出産した国家公務員共済組合の組合員若しくは組合員であった者又は被扶養者に係る国家公務員共済組合法第六十一条の規定による出産費又は家族出産費の額については、なお従前の例による。

平成二十一年（政令五八）改正令

附　則（抄）

（施行期日）

第一条　この政令は、平成二十一年四月一日から施行する。

国家公務員共済組合法施行規則

国家公務員共済組合法等の運用方針

平成二十一年（政令七六）改正令

附　則

この政令は、国家公務員退職手当法等の一部を改正する法律の施行の日（平成二十一年四月一日）から施行する。

平成二十一年（政令一〇二）改正令

附　則（抄）

（施行期日）

第一条　この政令は、平成二十一年四月一日から施行する。ただし、第一条の規定（地方財政法施行令第四条第二号及び附則第二条第一項の改正規定に限る。）、第三条から第十一条までの規定及び第十二条の規定（総務省組織令第六十条第八号の改正規定を除く。）は、同年六月一日から施行する。

平成二十一年（政令一三五）改正令

附　則（抄）

（施行期日）

第一条　この政令は、平成二十一年五月一日から施行する。

（国家公務員共済組合法施行令の一部改正に伴う経過措置）

第五条　施行日前に行われた療養に係る国家公務員共済組合法の規定による高額療養費の支給については、なお従前の例による。

平成二十一年（政令一三九）改正令

附　則

この政令は、公布の日から施行する。

平成二十一年（政令一四二）改正令

附　則（抄）

（施行期日）

第一条　この政令は、公布の日から施行する。

国家公務員共済組合法

国家公務員共済組合法施行令

平成二十一年（政令一五五）改正令

附　則（抄）

（施行期日）

第一条　この政令は、我が国における産業活動の革新等を図るための産業活力再生特別措置法等の一部を改正する法律の施行の日（平成二十一年六月二十二日）から施行する。

平成二十一年（政令一六八）改正令

附　則（抄）

この政令は、公布の日から施行する。

平成二十一年（政令二三五）改正令

附　則

この政令は、株式会社企業再生支援機構法の施行の日（平成二十一年九月二十八日）から施行する。

平成二十一年（政令二六五）改正令

附　則（抄）

（施行期日）

1　この政令は、防衛省設置法等の一部を改正する法律の施行の日（平成二十二年三月二十六日）から施行する。ただし、第一条の規定、第二条中自衛隊法施行令第六十一条及び第六十二条の改正規定、第三条の規定（防衛省の職員の給与等に関する法律施行令第三条第一項、第六条第一項及び第六条の二第一項の改正規定を除く。）及び第四条から第十条までの規定は、同年四月一日から施行する。

平成二十一年（政令二九六）改正令

附　則（抄）

（施行期日）

第一条　この政令は、平成二十二年一月一日

国家公務員共済組合法施行規則

国家公務員共済組合法等の運用方針

から施行する。

平成二十一年（政令三〇五）改正令

附　則

この政令は、平成二十二年四月一日から施行する。

平成二十一年（政令三一〇）改正令

附　則（抄）

（施行期日）

第一条　この政令は、法の施行の日（平成二十二年一月一日）から施行する。

平成二十二年（政令四〇）改正令

附　則

この政令は、育児休業、介護休業等育児又は家族介護を行う労働者の福祉に関する法律及び雇用保険法の一部を改正する法律の施行の日（平成二十二年六月三十日）から施行する。

平成二十二年（政令四二）改正令

附　則

この政令は、平成二十二年四月一日から施行する。

平成二十二年（政令六五）改正令

附　則（抄）

（施行期日）

第一条　この政令は、平成二十二年四月一日から施行する。

（国家公務員共済組合法施行令の一部改正に伴う経過措置）

第六条　第五条の規定による改正後の国家公務員共済組合法施行令第十一条の三の六第六項の規定は、療養を受ける日が施行日以後の場合について適用し、療養を受ける日

国家公務員共済組合法

国家公務員共済組合法施行令

が施行日前の場合については、なお従前の例による。

平成二十二年（政令一〇八）改正令

附　則

この政令は、公布の日から施行する。

平成二十二年（政令一七〇）改正令

附　則（抄）

（施行期日）

第一条　この政令は、公布の日から施行する。

平成二十二年（政令一九四）改正令

附　則

この政令は、平成二十三年四月一日から施行する。

平成二十三年（政令五五）改正令

附　則（抄）

（施行期日）

第一条　この政令は、平成二十三年四月一日から施行する。

（国家公務員共済組合法施行令の一部改正に伴う経過措置）

第二条　施行日前に出産した国家公務員共済組合の組合員若しくは組合員であつた者又は被扶養者に係る国家公務員共済組合法の規定による出産費又は家族出産費の額については、なお従前の例による。

平成二十三年（政令五八）改正令

附　則

（施行期日等）

第一条　この政令は、平成二十三年四月一日から施行する。ただし、第四条の規定による改正後の国家公務員共済組合法施行令等

国家公務員共済組合法施行規則

国家公務員共済組合法等の運用方針

の一部を改正する政令（平成十七年政令第百十八号）附則第二条の規定は、平成二十二年度以後の国家公務員共済組合法第七十九条第三項の各年度の再評価率の改定の基準となる率であつて政令で定める率について適用する。

（国家公務員共済組合法による年金である給付の額等に関する経過措置）

第二条　平成二十三年三月以前の月分の国家公務員共済組合法による年金である給付の額及び国家公務員等共済組合法等の一部を改正する法律（昭和六十年法律第百五号）附則第二条第六号に規定する旧共済法による年金の額については、なお従前の例による。

平成二十三年（政令一五一）改正令

附　則（抄）

（施行期日）

第一条　この政令は、平成二十三年六月一日から施行する。

平成二十三年（政令一六六）改正令

附　則（抄）

（施行期日）

第一条　この政令は、平成二十三年十月一日から施行する。（ただし書略）

平成二十三年（政令二〇五）改正令

附　則

この政令は、石油代替エネルギーの開発及び導入の促進に関する法律等の一部を改正する法律の施行の日（平成二十三年七月七日）から施行する。

平成二十三年（政令二二〇）改正令

附　則

国家公務員共済組合法

国家公務員共済組合法施行令

この政令は、日本国有鉄道清算事業団の債務等の処理に関する法律等の一部を改正する法律の施行の日（平成二十三年八月一日）から施行する。

平成二十三年（政令二五七）改正令

附　則（抄）

（施行期日）

第一条　この政令は、公布の日から施行する。

平成二十三年（政令三二七）改正令

附　則（抄）

（施行期日）

第一条　この政令は、平成二十四年四月一日から施行する。

（国家公務員共済組合法施行令の一部改正に伴う経過措置）

第二条　施行日前に行われた療養に係る国家公務員共済組合法の規定による高額療養費の支給については、なお従前の例による。

平成二十三年（政令三三四）改正令

附　則（抄）

この政令は、法の施行の日（平成二十三年十一月一日）から施行する。（ただし書略）

平成二十三年（政令四二三）改正令

附　則（抄）

（施行期日）

第一条　この政令は、平成二十四年四月一日から施行する。

平成二十四年（政令三八）改正令

附　則（抄）

（施行期日）

第一条　この政令は、株式会社東日本大震災

国家公務員共済組合法施行規則

国家公務員共済組合法等の運用方針

事業者再生支援機構法の施行の日（平成二十四年二月二十三日）から施行する。

平成二十四年（政令五四）改正令

附　則

（施行期日）

第一条　この政令は、法の施行の日（平成二十四年七月一日）から施行する。ただし、次の各号に掲げる規定は、当該各号に定める日から施行する。

二　（略）附則第十八条の規定（国家公務員共済組合法施行令（昭和三三年政令第二百七号）第四十三条第一項に一号を加える改正規定及び同条第二項に一号を加える改正規定に限る。）（略）　法附則第一条第二号に掲げる規定の施行の日（平成二十四年四月一日）

平成二十四年（政令七四）改正令

附　則

この政令は、公布の日から施行する。

平成二十四年（政令一九七）改正令

附　則

この政令は、新非訟事件手続法の施行の日（平成二十五年一月一日）から施行する。

平成二十四年（政令二〇二）改正令

附　則（抄）

（施行期日）

第一条　この政令は、郵政民営化法等の一部を改正する等の法律（略）の施行の日（平成二十四年十月一日）から施行する。（ただし書略）

平成二十四年（政令二七九）改正令

附　則

国家公務員共済組合法

国家公務員共済組合法施行令

この政令は、公布の日から施行する。

平成二十四年（政令二八二）改正令

附　則

この政令は、株式会社農林漁業成長産業化支援機構法の施行の日（平成二十四年十二月三日）から施行する。

平成二十五年（政令五一）改正令

附　則（抄）

（施行期日）

1　この政令は、廃止法の施行の日（平成二十五年四月一日）から施行する。

平成二十五年（政令五五）改正令

附　則（抄）

（施行期日）

第一条　この政令は、平成二十五年四月一日から施行する。

（ただし書略）

平成二十五年（政令五七）改正令

附　則（抄）

（施行期日）

第一条　この政令は、平成二十五年四月一日から施行する。

平成二十五年（政令六五）改正令

附　則（抄）

（施行期日）

1　この政令は、株式会社企業再生支援機構法の一部を改正する法律の施行の日（平成二十五年三月十八日）から施行する。

2　（略）

平成二十五年（政令七〇）改正令

国家公務員共済組合法施行規則

国家公務員共済組合法等の運用方針

附　則

この政令は、公布の日から施行する。

平成二十五年（政令八六）改正令

附　則

この政令は、平成二十五年四月一日から施行する。

平成二十五年（政令一七四）改正令

附　則

この政令は、平成二十五年十月一日から施行する。

平成二十五年（政令二二六）改正令

附　則

（施行期日）

第一条　この政令は、被用者年金制度の一元化等を図るための厚生年金保険法等の一部を改正する法律附則第一条第三号に掲げる規定の施行の日（平成二十五年八月一日）から施行する。

（国家公務員共済組合法による年金である給付の額等に関する経過措置）

第二条　第一条の規定による改正後の国家公務員共済組合法施行令附則第十二条の二から第十二条の二十三まで及び第二十七条の六の二の規定並びに第二条の規定による改正後の国家公務員等共済組合法等の一部を改正する法律の施行に伴う経過措置に関する政令第十六条の三から第十六条の八まで、第二十一条の二、第二十一条の三、第二十六条の二から第二十六条の八まで及び第五十七条の二から第五十七条の二十一までの規定は、この政令の施行の日（以下「施行日」という。）以後の月分として支給される国家公務員共済組合法（昭和三十三年法律第百二十八号）による年金である給付又

平成二十四年一元化法関係

附則第三十六条・附則第三十七条・附則第四十一条関係

附則第三十六条

被用者年金制度の一元化等を図るための厚生年金保険法等の一部を改正する法律（平成二十四年法律第六十三号。以下「平成二十四年一元化法」という。）附則第三十六条第四項に規定する初診日がない場合にあっては、死亡した日（法令の規定により死亡したものと推定された日を含む。）を初診日として取り扱うものとする。

なお効力を有する改正前の法附則第十二条の九

第一項

退職の日に昇任した自衛官の定年年齢は、当該昇任前の階級によるものとする。

なお効力を有する改正前昭和六十年改正法附則第八条

1　一般職給与法の適用を受ける者その他昭和六十年度における給与の改定が同年七月以後行われた者に対する平成二十四年一元

国家公務員共済組合法

国家公務員共済組合法施行令

は国家公務員等共済組合法等の一部を改正する法律（昭和六十年法律第百五号。以下「昭和六十年改正法」という。）附則第二条第六号に規定する旧共済法による年金である給付について適用し、施行日前の月分として支給される国家公務員共済組合法による年金である給付又は同号に規定する旧共済法による年金である給付については、なお従前の例による。

第三条　国家公務員共済組合法による年金である給付又は昭和六十年改正法附則第二条第六号に規定する旧共済法による年金である給付であって、その額の算定の基礎となった組合員期間のうちに追加費用対象期間（国家公務員共済組合法の長期給付に関する施行法（昭和三十三年法律第百二十九号）第十三条の二第一項に規定する追加費用対象期間をいう。次条において同じ。）があるもの（当該国家公務員共済組合法による年金である給付又は同号に規定する旧共済法による年金である給付の受給権者が受給権を有する他の国家公務員共済組合法による年金である給付若しくは同号に規定する旧共済法による年金である給付若しくは地方公務員等共済組合法（昭和三十七年法律第百五十二号）による年金である給付若しくは地方公務員等共済組合法等の一部を改正する法律（昭和六十年法律第百八号）附則第二条第七号に規定する退職年金、減額退職年金、通算退職年金、障害年金、遺族年金若しくは通算遺族年金又は厚生年金保険法（昭和二十九年法律第百十五号）による年金たる保険給付若しくは私立学校教職員共済法（昭和二十八年法律第二百四十五号）による年金である給付を含む。）については、施行日においてその額の改定

国家公務員共済組合法施行規則

国家公務員共済組合法等の運用方針

化法附則第三十六条第五項又は第三十七条第一項の規定によりなおその効力を有するものとされた平成二十四年一元化法附則第九十八条の規定（平成二十四年一元化法附則第一条第三号に掲げる改正規定を除く。）による改正前の国家公務員等共済組合法等の一部を改正する法律（昭和六十年法律第百五号。以下「なお効力を有する昭和六十年改正法」という。）附則第八条の規定の適用については、昭和六十年六月に受けた法第二条第一項第五号に規定する報酬に一・〇五七四を乗じて得た額をもつてこの条の規定においてその例によることとされる平成二十四年一元化法第二条の規定による改正前の法第四十二条第一項、第五項後段及び第九項の規定により決定する標準報酬の等級及び月数の計算の基礎となる報酬の額とする。

2　前項の場合において、昭和六十年六月に同年五月分以前の報酬の遅配分を受け、又は、遡つた昇給、昇格等により数月分の差額を一括して受ける等通常受けるべき報酬以外の報酬を受けた場合には、当該差額については、同年六月における報酬としては取り扱わないものとする。

なお効力を有する改正前昭和六十年改正法附則第九条

　国家公務員等共済組合法等の一部を改正する法律の施行に伴う経過措置に関する政令（昭和六十一年政令第五十六号。以下「昭和六十一年経過措置政令」という。）第四条第三項第三号に規定する「財務大臣が定める期間」は、昭和六十年改正法第一条の規定による改正前の国家公務員等共済組合法第二条第一項第五号に規定する俸給に係る一般職の職員の給与に関する法律の一

を行うこととし、当該改定は、国家公務員共済組合法第七十三条第三項（私立学校教職員共済法第二十五条において準用する場合を含む。）若しくは昭和六十年改正法附則第三条第一項の規定によりなお従前の例によることとされた昭和六十年改正法第一条の規定による改正前の国家公務員等共済組合法第七十三条第三項の規定又は地方公務員等共済組合法等の一部を改正する法律附則第三条第一項の規定によりなお従前の例によることとされた同法第一条の規定による改正前の地方公務員等共済組合法第七十五条第三項の規定にかかわらず、施行日の属する月から行う。

（追加費用対象期間を有する者に係る退職共済年金等の額の特例）

第四条　第一条の規定による改正後の国家公務員共済組合法施行令附則第十二条の二十一の規定並びに第二条の規定による改正後の国家公務員等共済組合法等の一部を改正する法律の施行に伴う経過措置に関する政令第二十一条の二及び第二十六条の二の規定は、厚生年金保険法等の一部を改正する法律（平成八年法律第八十二号）附則第十六条第一項及び第二項に規定する年金たる給付並びに同法附則第三十二条第二項第一号に規定する特例年金給付の受給権者（追加費用対象期間を有する者に限る。）については、施行日から被用者年金制度の一元化等を図るための厚生年金保険法等の一部を改正する法律の施行の日の前日までの間、適用しない。

平成二十五年（政令二五六）改正令

附　則

この政令は、民間資金等の活用による公共

部を改正する法律（昭和六十年法律第九十七号）による改正前の一般職の職員の給与に関する法律の適用を受けていた昭和五十八年度内の組合員であつた期間又は当該俸給に係る給与法令のうち同法の改正に準じて行われたものの適用を受けた同年度内の期間とする。

なお効力を有する改正前国共済施行法第二条

1　更新組合員には、施行日において退職した長期組合員を含むものとする。

2　第十号中「恩給につき在職年の計算上加えられる期間」とは、恩給法の一部を改正する法律（昭和二十八年法律第百五十五号）附則第四十一条から附則第四十一条の五まで、附則第四十二条若しくは附則第四十二条の二（同法附則第四十三条及び第四十三条の二において準用する場合を含む。）又は附則第四十四条から附則第四十四条の三までの規定等により、普通恩給の基礎となる在職年に加えることとされているが、退職共済年金の基礎となる組合員期間にも加えられるものと解する。

なお効力を有する改正前国共済施行法第三条

昭和三十三年十二月三十一日までに給付事由の生じた旧法の規定による退職給付、障害給付若しくは遺族給付又は旧法第九十条の規定による給付については、当該組合員であつた者が長期組合員となつた場合、平成二十四年一元化法附則第三十六条第五項又は第三十七条第一項の規定によりなおその効力を有するものとされた平成二十四年一元化法附則第九十七条の規定による改正前の国家公務員共済組合法の長期給付に関する施行法（昭和三十三年法律第百二十九号。以下「なお効力を有する改正前国共済施行法」という。）第十九条の規定に該当する場合等、なお効力を有する改正前国

国家公務員共済組合法

国家公務員共済組合法施行令

施設等の整備等の促進に関する法律の一部を改正する法律の施行の日（平成二十五年九月五日）から施行する。

平成二十五年（政令二七三）改正令

附　則

この政令は、株式会社海外需要開拓支援機構法の施行の日（平成二十五年九月十八日）から施行する。

平成二十五年（政令二八二）改正令

附　則

この政令は、平成二十五年十月一日から施行する。

平成二十五年（政令三五六）改正令

附　則

この政令は、自衛隊法等の一部を改正する法律附則第一条第三号に掲げる規定の施行の日（平成二十六年四月一日）から施行する。

平成二十五年（政令三五七）改正令

附　則

この政令は、公布の日（平成二十五年十二月二十六日）から施行する。

平成二十五年（政令三六六）改正令

附　則

この政令は、平成二十六年四月一日から施行する。

平成二十六年（政令一三）改正令

附　則

この政令は、廃止法の施行の日（平成二十六年四月一日）から施行する。

国家公務員共済組合法施行規則

国家公務員共済組合法等の運用方針

共済施行法に別段の規定があるもののほか、施行日以後に異動事由に該当した場合の取扱についても、すべて従前の例による。

従つて旧法の退職年金の若年停止、旧法の障害年金受給者が失権した場合の差額の支給、旧法の退職年金又は障害年金の受給権者が死亡した場合の遺族年金の支給、遺族年金受給者が失権した場合に転給すべき遺族の範囲、旧法の年金受給者が死亡した場合の年金者遺族一時金の支給等、すべて旧法及び旧法下における取扱の例による。

なお効力を有する改正前国共済施行法第五条第二項

1　「その者が施行日前に支払を受けるべきであつた恩給」には、第一項の規定により退職したものとみなされたことにより生ずる恩給は含まれない。

2　同時に別の期間に係る二以上の普通恩給受給権又は地方公共団体の年金受給権を有する場合、その一を放棄し、他を放棄しないことは差支えない。

なお効力を有する改正前国共済施行法第七条第一項

1　一時恩給若しくは旧法等の退職年金、退職一時金等の受給権が時効により消滅した期間又は一時恩給若しくは旧法の退職一時金の受給資格期間に達しなかつた期間も「恩給公務員期間」又は「旧長期組合員期間」に該当するものとする。

2　第一号の「恩給公務員期間」には、国会議員互助年金法を廃止する法律（平成十八年法律第一号）による廃止前の国会議員互助年金法（昭和三十三年法律第七十号。この項において「廃止前の国会議員互助年金法」という。）附則第五項の規定により、国会議員としての在職期間から除算される

平成二十六年（政令二九）改正令

附　則

この政令は、国家公務員の配偶者同行休業に関する法律の施行の日（平成二十六年二月二十一日）から施行する。

平成二十六年（政令三九）改正令

附　則（抄）

（施行期日）

1　この政令は、法の施行の日（平成二十六年三月一日）から施行する。

平成二十六年（政令七三）改正令

附　則（抄）

（施行期日）

第一条　この政令は、公的年金制度の健全性及び信頼性の確保のための厚生年金保険法等の一部を改正する法律（以下「平成二十五年改正法」という。）の施行の日（平成二十六年四月一日）から施行する。

平成二十六年（政令八五）改正令

附　則（抄）

（施行期日）

第一条　この政令は、平成二十六年四月一日から施行する。

（国家公務員共済組合法による年金である給付の額等に関する経過措置）

第二条　平成二十六年三月以前の月分の国家公務員共済組合法（昭和三十三年法律第百二十八号）による年金である給付の額及び国家公務員等共済組合法等の一部を改正する法律（昭和六十年法律第百五号）附則第二条第六号に規定する旧共済法による年金の額については、なお従前の例による。

（遺族共済年金の支給の停止に関する経過措置）

期間は含むものとし、廃止前の国会議員互助年金法第二十六条第一項の規定により恩給の基礎となるべき在職年に算入しないものとされた期間は、含まないものと解する。

3　第五号の職員期間には、次の期間が含まれる。

(1)　施行日前の非常勤職員で、旧法等の組合員資格を有していた期間

(2)　無給休職、停職等の期間で組合員とされていた期間

(3)　準軍人の次の期間は、職員期間とされる。

陸軍の見習士官、海軍の候補生及び見習尉官

4　第五号の「引き続いているもの」には、次の場合の職員期間が含まれるものとする。

(1)　職員が休職又は停職となり、更に復職した場合における当該休職等の期間の前後の職員期間

(2)　国家公務員退職手当法施行令（昭和二十八年政令第二百十五号）附則第四項及び第六項の規定により引き続いたものとみなされた職員期間

(3)　前項第三号の規定により職員期間とされる者に係る準軍人が引き続いて軍人となり、除隊の日から三年以内に職員となつた場合における当該準軍人として勤務した職員期間と再就職後の職員期間

5　施行令附則第十条第一項第一号及び施行規則附則第十一項第二号に規定する「法令の規定により、勤務を要しないこととされ、又は休暇を与えられた日」とは、人事院規則十五―四第二項及び第三項の規定により、休暇を与えられた日及びこれらに準ずる日と解する。

6　施行規則附則第十一項第一号に規定する「旧法第一条第一号に規定する常時勤務に

国家公務員共済組合法

国家公務員共済組合法施行令

第三条　公的年金制度の財政基盤及び最低保障機能の強化等のための国民年金法等の一部を改正する法律（以下「改正法」という。）附則第一条第三号に掲げる規定の施行の日の前日において改正法第九条の規定による改正前の国家公務員共済組合法（以下「改正前国共済法」という。）第九十一条第四項の規定により支給が停止されている夫に対する遺族共済年金及び同条第六項の規定により支給されている子に対する遺族共済年金については、改正法第九条の規定による改正後の国家公務員共済組合法第九十一条第二項及び第三項の規定は適用せず、改正前国共済法第九十一条第四項及び第六項の規定は、なおその効力を有する。

2　前項の規定が適用される遺族共済年金の受給権者（国家公務員共済組合法第二条第一項第三号に規定する遺族である夫に限る。）に係る第一条の規定による改正後の国家公務員共済組合法施行令第十一条の十第三項及び第四項の規定の適用については、同条第三項中「第九十二条第一項」とあるのは「第九十二条第一項若しくは国家公務員共済組合法施行令等の一部を改正する政令（平成二十六年政令第八十五号。次項において「改正令」という。）附則第三条第一項の規定によりなおその効力を有するものとされた公的年金制度の財政基盤及び最低保障機能の強化等のための国民年金法等の一部を改正する法律（平成二十四年法律第六十二号。次項において「改正法」という。）第九条の規定による改正前の法第九十一条第四項」と、同条第四項中「第九十二条第一項」とあるのは「第九十二条第一項若しくは改正令附則第三条第一項の規定によりなおその効力を有するものとされた

国家公務員共済組合法施行規則

国家公務員共済組合法等の運用方針

服しない者」とは、雇用期間の定めのない常勤職員以外の者を指すものである。

7　施行規則附則第十一項第一号ハに規定する財務大臣の定める方法は、次のとおりとする。

(1)　給与が時間単位で定められている場合

$$\frac{(\text{時間給}\times 1\text{週の勤務時間})\times 52\text{週}}{12}\times\frac{70}{100}=\text{俸給}$$

(注)「一週の勤務時間」は、雇用契約に基づく正規の勤務時間である。

(2)　給与が日単位で定められている場合

$$\text{日額}\times 25\times\frac{70}{100}=\text{俸給}$$

(3)　給与が月単位で定められている場合（ただし、一般職給与法その他の法令において、本俸とその他の諸手当とが区分して定められている場合を除く。）

$$\text{月額}\times\frac{70}{100}=\text{俸給}$$

(4)　給与が月単位で定められている場合（前号に該当する場合を除く。）

報酬のうち本俸相当額

(5)　昭和二十七年九月十五日以後に雇用された者については、第一号から第三号までの算出方法中「$\frac{70}{100}$」とあるのは、「$\frac{80}{100}$」とする。

8　施行規則附則第十一項第二号に規定する「旧法第一条第二号に規定する臨時に使用される者」とは、勤務日及び勤務時間が常勤職員と同様の拘束を受けるが、あらかじめ雇用期間が定められている者を指すものである。

改正法第九条の規定による改正前の法第九十一条第四項」とする。

平成二十六年（政令一二一）改正令

附　則

この政令は、改正法の施行の日（平成二十六年四月一日）から施行する。

平成二十六年（政令一二九）改正令

附　則（抄）

（施行期日）

第一条　この政令は、平成二十六年四月一日から施行する。

（国家公務員共済組合法施行令の一部改正に伴う経過措置）

第五条　施行日前に行われた療養に係る国家公務員共済組合法の規定による高額療養費の支給（次項に規定する療養に係るものを除く。）及び高額介護合算療養費の支給については、なお従前の例による。

2　新国共済令第十一条の三の五第六項又は第七項の規定は、平成二十一年五月一日から施行日の前日までに行われた療養であって、旧国共済令附則第三十四条の四第一項の規定により読み替えて適用する旧国共済令第十一条の三の四第六項に規定する特定給付対象療養又は旧国共済令第十一条の三の四第七項に規定する特定疾患給付対象療養に該当するものに係る国家公務員共済組合法の規定による高額療養費の支給についても適用する。

（以下略）

平成二十六年（政令一九五）改正令

附　則（抄）

（施行期日）

第一条　この政令は、法の施行の日（平成二

9　施行規則附則第十四項に規定する「財務大臣が定める地域における地方公共団体に準ずるものとして財務大臣が定める団体の常勤の職員」とは、樺太、台湾、朝鮮及び関東州における地方公共団体に在職した常勤職員とする。

10　施行令附則第十条の二及び附則第十条の三第二項に規定する「その後他に就職することなく三年以内に職員となり」とは、昭和二十年八月十四日まで引続き外地官署所属職員として勤務した者、外国政府等に勤務した者及び関与法人等に勤務した者（外国政府等に勤務した者で関与法人等の職員となるため退職し、昭和二十年八月八日まで引続き当該関与法人等の職員として勤務した者に限る。）がその後他に就職することなくその帰国した日から三年を経過する日の前日までの間に職員となつた場合とする。

11　施行規則附則第十五項第三号に規定する「財務大臣が相当と認める期間」は、次の期間とする。

(1)　国家公務員法の施行前における職員に相当する者（以下この十一において「職員担当者」という。）が徴兵又は召集により兵役に服するため退職した後他に就職することなく兵役に服し、当該徴兵又は召集の除隊の日から三年を経過する日の前日までの間に職員（職員相当者を含む。以下この十一において同じ。）となり、更に徴兵又は召集により兵役に服するため退職したもののうち、その職員となつた期間についてなお効力を有する改正前国共済施行法第七条第一項第五号の適用がある者の前の兵役に服するため退職した職員であつた期間

(2)　職員相当者が徴用を受け引き続いてそ

国家公務員共済組合法

国家公務員共済組合法施行令

十六年五月三十日）から施行する。

（以下略）

平成二十六年（政令二三四）改正令

附　則

この政令は、株式会社海外交通・都市開発事業支援機構法の施行の日（平成二十六年十月十七日）から施行する。

平成二十六年（政令二四四）改正令

附　則

この政令は、電気事業法の一部を改正する法律の施行の日（平成二十七年四月一日）から施行する。

平成二十六年（政令二六一）改正令

附　則（抄）

（施行期日）

第一条　この政令は、公布の日から施行する。ただし、附則第六条から第十一条まで、第十三条及び第十五条の規定は、平成二十七年四月一日から施行する。

平成二十六年（政令二七三）改正令

附　則（抄）

（施行期日）

1　この政令は、原子力損害賠償支援機構法の一部を改正する法律の施行の日（平成二十六年八月十八日）から施行する。

平成二十六年（政令三一三）改正令

附　則（抄）

（施行期日）

1　この政令は、平成二十六年十月一日から施行する。ただし、第三条、第六条から第十条まで、第十四条及び第十六条の規定は、

国家公務員共済組合法施行規則

国家公務員共済組合法等の運用方針

の業務に服し、当該徴用の解除の日から三年を経過する日の前日までの間に職員となり、昭和三十四年一月一日（更新組合員にあつては、同年十月一日）の前日まで引き続いて職員であつたものの当該徴用を受けた期間の前に引き続く職員であつた期間

(3)　第六号の外国政府等に勤務した期間の前に引き続く職員相当者であつた期間

第二項

任官した月は、「重複する期間」に該当せず、第一項第一号の期間と同項第二号から第四号までの期間のそれぞれに算入するものとする。

なお効力を有する改正前国共済施行法第八条

1　昭和四十二年度及び昭和四十三年度における旧令による共済組合等からの年金受給者のための特別措置法等の規定による年金の額の改定に関する法律等の一部を改正する法律（昭和四十四年法律第九十二号。以下「四十四年改正法」という。）附則第八条第一項ただし書及び附則第十条第一項本文の規定により増加恩給等を受ける権利を有する者の当該恩給公務員期間は、本条の在職年に含まれるものとする。

2　第一項各号の在職年には、平成二十四年一元化法附則第六十条第五項又は第六十一条第一項の規定によりなおその効力を有するものとされた平成二十四年一元化法附則第百一条の規定による改正前の地方公務員等共済組合法の長期給付等に関する施行法（昭和三十七年法律第百五十三号。以下「なお効力を有する改正前地方の施行法」という。）附則第四項の規定により、組合員期間に通算しないことを選択した場合のその期間は、含まないものとする。

同年十二月一日から施行する。

平成二十六年（政令三六五）改正令

附　則（抄）

（施行期日）

第一条　この政令は、平成二十七年一月一日から施行する。ただし、第一条中健康保険法施行令附則第六条を削る改正規定、同令附則第五条第一項の改正規定、同条を同令附則第六条とする改正規定及び同令附則第四条の次に一条を加える改正規定、第五条中国家公務員共済組合法施行令附則第三十四条の四の改正規定並びに第七条中地方公務員等共済組合法施行令附則第五十二条の五の二の改正規定は、公布の日から施行する。

（国家公務員共済組合法施行令の一部改正に伴う経過措置）

第十三条　施行日前に行われた療養に係る国家公務員共済組合法の規定による高額療養費の支給については、なお従前の例による。

第十四条　特定計算期間に行われた療養に係る国家公務員共済組合法の規定による高額介護合算療養費の支給については、新国共済令第十一条の三の六の三第一項第二号中「二百十二万円」とあるのは「百七十六万円」と、同項第三号中「百四十一万円」とあるのは「百三十五万円」と、同項第四号中「六十万円」とあるのは「六十三万円」と読み替えて、新国共済令第十一条の三の六の二から第十一条の三の六の四までの規定を適用する。

2　前項の規定にかかわらず、特定計算期間において国家公務員共済組合法施行令第十一条の三の六の四第一項の規定により同令第十一条の三の六の二第一項第一号に規定する基準日とみなされた日が施行日前の日

なお効力を有する改正前国共済施行法第九条第一号の職員期間には、次の期間は含まれない。

(1)　移行年金又はなお効力を有する改正前国共済施行法第四十二条第一項各号の申出に係る年金等の受給資格期間として算入された期間

(2)　なお効力を有する改正前地方の施行法附則第四項等の規定により組合員期間に通算しないことを選択した場合のその期間

なお効力を有する改正前国共済施行法第十条

1　若年停止の解除については第十条第三項の場合は、同項の年齢に達した月の翌月から、同条第四項の場合は、同項の年齢に達した月からそれぞれ行うものとする。

2　国家公務員等共済組合法等の一部を改正する法律（平成六年法律第九十八号）による改正前の施行法第十条第一項において読み替えられた法附則第十二条の三第一項の規定により平成七年四月一日前に退職共済年金を受ける権利を有していた者については、法附則第十二条の四の二第三項の規定の例により算定した金額（法第七十八条の規定の適用がある場合には、同条第一項に規定する加給年金額を含む。）をもつて、施行法第十条第二項に規定する「新法附則第十二条の三の規定による退職共済年金」の額とする。

なお効力を有する改正前国共済施行法第十四条

退職一時金等の支給額及び支給期日等が明らかでない場合には、合理的な方法により当該支給額及び支給期日等を推定することができる。また、旧法施行前の退職一時金については、昭和六十一年経過措置政令第六十五条第二項に該当するものとみなす。

である場合における特定計算期間に行われた療養に係る国家公務員共済組合法の規定による高額介護合算療養費の支給については、なお従前の例による。

3　平成二十六年七月三十一日以前に行われた療養に係る国家公務員共済組合法の規定による高額介護合算療養費の支給については、なお従前の例による。

第十五条　施行日前の出産に係る国家公務員共済組合法の規定による出産費及び家族出産費の額については、なお従前の例による。

平成二十六年（政令四〇七）改正令

附　則（抄）

（施行期日）

1　この政令は、日本環境安全事業株式会社法の一部を改正する法律の施行の日（平成二十六年十二月二十四日）から施行する。

平成二十七年（政令三五）改正令

附　則（抄）

（施行期日）

1　この政令は、平成二十七年四月一日から施行する。ただし、次項の規定は、公布の日から施行する。

平成二十七年（政令七四）改正令

附　則

この政令は、平成二十七年四月一日から施行する。〔後略〕

平成二十七年（政令一〇三）改正令

附　則

（施行期日）

1　この政令は、平成二十七年四月一日から施行する。

なお効力を有する改正前国共済施行法第二十条

「増加恩給等を受ける権利を有する者となつたとき」とは、増加恩給等の支給が行われるべき日と解する。

なお効力を有する改正前国共済施行法第三十一条

1　「地方の職員等」には、樺太、台湾及び関東州における地方公共団体に在職した常勤の者を含むものとする。

2　第一項に規定する「地方公共団体の条例」には、樺太、台湾、朝鮮及び関東州（次項において「旧外地」という。）における地方公共団体の条例（これに相当する規程を含む。以下「旧外地の条例等」という。）を含む。この場合において、当該条例の規定は、恩給法（恩給法の一部を改正する法律（昭和八年法律第五十号）による改正後の恩給法をいう。）と異なる規定が設けられていることが確認された場合を除き、恩給法の規定（加算年に関する規定を除く。）と同一の規定が設けられていたものとして取り扱うものとする。

3　旧外地の条例等（関東州における市会の条例及び朝鮮における邑面の条例を除く。）の施行の時期は、その施行の時期が明らかである場合を除き、次の各号に掲げる区分に応じ当該各号に掲げる日（同日以後に旧外地の地方公共団体が設置されている場合は、当該地方公共団体が設置された日）とするものとする。

(1)　樺太の市町村　大正十二年三月一日

(2)　台湾の州庁又は市街庄　昭和十七年二月一日

(3)　朝鮮の道府　大正十四年五月一日

4　旧外地の条例等の終期は、昭和二十年九

（国家公務員共済組合法による年金である給付の額等に関する経過措置）

2　平成二十七年三月以前の月分の国家公務員共済組合法による年金である給付の額及び国家公務員等共済組合法等の一部を改正する法律（昭和六十年法律第百五号）附則第二条第六号に規定する旧共済法による年金の額については、なお従前の例による。

平成二十七年（政令一三八）改正令

附　則（抄）

（施行期日）

第一条　この政令は、平成二十七年四月一日から施行する。ただし、次の各号に掲げる規定は、当該各号に定める日から施行する。

一〔前略〕附則第五条から第十二条までの規定　平成二十七年八月一日

二〔略〕

平成二十七年（政令二二三）改正令

附　則

この政令は、公布の日から施行し、改正後の附則第八条の三の規定は、平成二十七年四月一日から適用する。

平成二十七年（政令三一一）改正令

附　則

この政令は、株式会社海外通信・放送・郵便事業支援機構法の施行の日（平成二十七年九月四日）から施行する。

平成二十七年（政令三四四）改正令

附　則

（施行期日）

第一条　この政令は、平成二十七年十月一日から施行する。ただし、次条第一項及び第三項の規定は、公布の日から施行する。

月二日まで効力を有していたものとして取り扱うものとする。

なお効力を有する改正前国共済施行法第三十四条

第一項

「沖縄の組合員であつた者のうち国家公務員に相当する者として財務大臣が定めるもの」は、特別措置法（施行法第三十三条第一号に規定する特別措置法をいう。以下同じ。）の施行の日前に退職又は死亡した者で、その退職又は死亡の際次に掲げる職員であつたものとする。

(1)　琉球政府の職員で、特別措置法の施行に伴い、国が処理することとなる行政事務に相当する事務に従事するもの（次号に掲げる者を除く。）

(2)　沖縄の公立学校職員共済組合法（千九百六十八年立法第百四十七号）第二条第一項第二号に規定する職員のうち沖縄の琉球大学委員会の任命に係る職員

(3)　前二号に相当する職員

なお効力を有する改正前国共済施行法第五十三条

第七条第一項第五号及び第六号の期間又は第九条各号の期間の計算は、この項によるが、恩給公務員期間又は旧長期組合員期間の計算は、別段の規定に該当するものとして、それぞれ恩給法又は旧法の期間計算の例によるものとする。従つて、雇用人が任官した場合は、その月は、恩給公務員期間及び旧長期組合員期間の両者に算入され、また旧長期組合員が退職の月に再び旧長期組合員として再就職した場合についても、その月は、旧長期組合員期間二月として計算される。なお、昭和三十四年一月から九月までの間に更新組合員であつた者が恩給公務員となり、同年十月一日に恩給更新組

国家公務員共済組合法

国家公務員共済組合法施行令

（退職等年金給付積立金の管理及び運用に関する基本的な指針に係る経過措置）

第二条　財務大臣は、この政令の施行の日（次項において「施行日」という。）前においても、第一条の規定による改正後の国家公務員共済組合法施行令（次項において「新国共済令」という。）第九条の二の規定の例により、同条第一項に規定する指針（以下この条において「指針」という。）を定め、これを公表することができる。

2　前項の規定により定められ、公表された指針は、施行日において新国共済令第九条の二の規定により定められ、公表されたものとみなす。

3　国家公務員共済組合連合会は、第一項の規定により指針が定められたときは、当該指針に適合するように国家公務員の退職給付の給付水準の見直し等のための国家公務員退職手当法等の一部を改正する法律第五条の規定による改正後の国家公務員共済組合法（昭和三十三年法律第百二十八号）第三十五条の三第一項に規定する退職等年金給付積立金管理運用方針を定めなければならない。

（平成二十七年度における国家公務員共済組合法による長期給付に要する費用のうち昭和三十六年四月一日前の組合員期間に係る部分の経過措置）

第三条　平成二十七年度における第二条の規定による改正後の国家公務員等共済組合法等の一部を改正する法律の施行に伴う経過措置に関する政令第六十七条第二項の規定の適用については、同項中「から第四号まで及び第六号に掲げる給付に係るものにあつては、当該年度の九月三十日における当該給付（その全額につき支給を停止されて

国家公務員共済組合法施行規則

国家公務員共済組合法等の運用方針

合員となつた場合についても同様に取り扱うこととする。

平成二十七年経過措置政令第百三十八条第一項

第一項の「財務大臣が定める額」は、次の(1)から(3)までに掲げる場合の区分に応じ、当該(1)から(3)までの定めるところにより算定した額とする。

(1)　控除前遺族特例年金給付額が国家公務員共済組合法施行令等の一部を改正する等の政令（平成二十七年政令第三百四十四号。以下「平成二十七年整備政令」という。）第三条の規定による改正後の厚生年金保険法等の一部を改正する法律の施行に伴う国家公務員共済組合法による長期給付等に関する経過措置に関する政令（平成九年政令第八十六号。以下「改正後平成九年経過措置政令」という。）第十七条の三第一項第二号イ(2)(i)の規定により算定される場合　以下の算式のαについて計算して得た額

算式

$$X_1 - Y \times X_1 / X = \alpha$$

算式の符号

X_1　改正後平成九年経過措置政令第十三条第一項第九号又は第十号の規定により算定した額

X　改正後平成九年経過措置政令第十七条の二第一項第一号に規定する遺族給付額

Y　改正後平成九年経過措置政令第十七条の二第一項第一号に規定する老齢厚生年金等合計額

(2)　控除前遺族特例年金給付額が改正後平成九年経過措置政令第十七条の三第一項第二号イ(2)(ii)又はロ(2)の規定により算定

いるものを除く。)の受給権者に係る額のうち公経済負担の対象となる部分の額の合算額を当該給付の総額で除して得た率とし、同項第五号に掲げる給付に係るものにあつては、当該年度の十月一日前一年間に支給された当該給付の額のうち公経済負担の対象となる部分の額の合算額を当該期間に支給された当該給付の総額で除して得た」とあるのは、「に掲げる給付に係るものにあつては国家公務員共済組合法施行令等の一部を改正する等の政令(平成二十七年政令第三百四十四号)第二条の規定による改正前の第六十七条第三項第一号に掲げる給付について同条第二項の規定の例により算定した率、次項第二号に掲げる給付に係るものにあつては同条第三項第二号に掲げる給付について同条第二項の規定の例により算定した率、次項第三号に掲げる給付に係るものにあつては同条第三項第三号に掲げる給付について同条第二項の規定の例により算定した率、次項第四号に掲げる給付に係るものにあつては同条第三項第四号に掲げる給付について同条第二項の規定の例により算定した率、次項第五号に掲げる給付に係るものにあつては同条第三項第五号に掲げる給付について同条第二項の規定の例により算定した率、次項第六号に掲げる給付に係るものにあつては同条第三項第六号に掲げる給付について同条第二項の規定の例により算定した」とする。

平成二十七年(政令三九二)改正令

附 則(抄)

(施行期日)

第一条 この政令は、行政不服審査法の施行の日(平成二十八年四月一日)から施行する。

される場合 以下の算式のαについて計算して得た額

算式

$X_1 \times 2/3 - Y \times 1/2 \times X_1/X = \alpha$

算式の符号

X_1 改正後平成九年経過措置政令第十三条第一項第九号又は第十号の規定により算定した額

X 改正後平成九年経過措置政令第十七条の二第一項第一号に規定する遺族給付額

Y 改正後平成九年経過措置政令第十七条の二第一項第一号に規定する老齢厚生年金等合計額

(3) 控除前遺族特例年金給付額が改正後平成九年経過措置政令第十七条の三第一項第一号又は第二号イ(1)若しくはロ(1)の規定により算定される場合 零

平成二十七年経過措置政令第百三十八条第二項

1 第一号ハの「財務大臣が定めるところにより算定した額」は、次の(1)又は(2)に掲げる場合の区分に応じ、当該(1)又は(2)の定めるところにより算定した額とする。

(1) 第一号イの平成二十四年一元化法附則第三十七条第一項に規定する給付のうち退職共済年金と併給する場合 次のイ又はロに掲げる場合の区分に応じ、当該イ又はロの定めるところにより算定した額

イ 第一号イの平成二十四年一元化法附則第三十七条第一項に規定する給付のうち退職共済年金が控除対象年金である場合であつて、第一号ハの平成二十四年一元化法附則第三十七条第一項に規定する給付のうち遺族共済年金が控除対象年金でない場合 第一号イに定

（以下略）

平成二十七年（政令四四四）改正令

附　則（抄）

（施行期日）

1　この政令は、旅客鉄道株式会社及び日本貨物鉄道株式会社に関する法律の一部を改正する法律の施行の日（平成二十八年四月一日）から施行する。

（以下略）

平成二十八年（政令一三）改正令

（施行期日）

第一条　この政令は、平成二十八年四月一日から施行する。

平成二十八年（政令七八）改正令

（施行期日）

第一条　この政令は、平成二十八年四月一日から施行する。

平成二十八年（政令一二九）改正令

（施行期日等）

第一条　この政令は、平成二十八年四月一日から施行する。

2　第一条の規定による改正後の国家公務員共済組合法施行令の規定、第三条の規定による改正後の厚生年金保険法等の一部を改正する法律の施行に伴う国家公務員共済組合法による長期給付等に関する経過措置に関する政令第十七条の五の規定並びに第四条の規定による改正後の平成二十七年経過措置政令第八条第一項の表改正前昭和六十年国共済改正法附則第十八条の項及び第三十条の二の規定並びに附則第三条の規定による改正後の私立学校教職員共済法施行令

める平成二十四年一元化法附則第三十七条第一項に規定する給付のうち退職共済年金の額（第二号老齢厚生年金の受給権を有する場合には当該第二号老齢厚生年金の額を、退職特例年金給付が支給される場合には老齢厚生年金相当額を、それぞれ加えた額。ロにおいて同じ。）を基礎として遺族共済年金額算定規定により算定した額から被用者年金制度の一元化等を図るための厚生年金保険法等の一部を改正する法律の施行及び国家公務員の退職給付の給付水準の見直し等のための国家公務員退職手当法等の一部を改正する法律の一部の施行に伴う国家公務員共済組合法による長期給付等に関する経過措置に関する政令（平成二十七年政令第三百四十五号。以下「平成二十七年経過措置政令」という。）第百三十八条第一項（以下この一から十までにおいて単に「前項」という。）第三号に定める額を控除して得た額

ロ　第一号イの平成二十四年一元化法附則第三十七条第一項に規定する給付のうち退職共済年金及び第一号ハの平成二十四年一元化法附則第三十七条第一項に規定する給付のうち遺族共済年金がともに控除対象年金である場合　第一号イに定める平成二十四年一元化法附則第三十七条第一項に規定する給付のうち退職共済年金の額と平成二十四年一元化法附則第三十七条第一項の規定によりなおその効力を有するものとされた平成二十四年一元化法第二条の規定による改正前の法（以下「なお効力を有する改正前の法」という。）第

（昭和二十八年政令第四百二十五号）の規定は、平成二十七年十月一日から適用する。

（国家公務員等共済組合法等の一部を改正する法律による年金である給付の額等に関する経過措置）

第二条　平成二十八年三月以前の月分の国家公務員等共済組合法等の一部を改正する法律（昭和六十年法律第百五号）附則第二条第六号に規定する旧共済法による年金及び厚生年金保険法等の一部を改正する法律（平成八年法律第八十二号）附則第三十三条第一項に規定する特例年金給付の額については、なお従前の例による。

平成二十八年（政令一八〇）改正令

附　則（抄）

（施行期日）

第一条　この政令は、平成二十八年四月一日から施行する。

（国家公務員共済組合法施行令の一部改正に伴う経過措置）

第六条　第九条の規定による改正後の国家公務員共済組合法施行令第四十九条の二の規定は、施行日以後に退職した任意継続組合員の標準報酬の月額及び標準報酬の日額について適用し、施行日前に退職した任意継続組合員の標準報酬の月額及び標準報酬の日額については、なお従前の例による。

平成二十八年（政令一九九）改正令

附　則（抄）

この政令は、刑法等の一部を改正する法律の施行の日（平成二十八年六月一日）から施行する。

平成二十八年（政令三一九）改正令

附　則（抄）

八十九条第一項第一号の規定の例により算定した額から当該算定した額を組合員期間の月数（平成二十四年一元化法第二条の規定による改正前の法（以下「改正前の法」という。）第八十八条第一項第一号から第三号までのいずれかに該当することにより支給される遺族共済年金にあつては、当該月数が三百月未満であるときは、三百月）で除して得た額の百分の二十七に相当する額に追加費用対象期間の月数を乗じて得た額又は当該算定した額の百分の十に相当する額のいずれか少ない額を控除した額とを基礎として遺族共済年金額算定規定の例により算定した額から前項第三号に定める額を控除して得た額

(2)　第一号ロの平成二十四年一元化法附則第四十一条退職共済年金と併給する場合　次のイ又はロに掲げる場合の区分に応じ、当該イ又はロに定めるところにより算定した額

イ　第一号ハの平成二十四年一元化法附則第三十七条第一項に規定する給付のうち遺族共済年金が控除対象年金でない場合　第一号ロに定める平成二十四年一元化法附則第四十一条退職共済年金の額（退職特例年金給付が支給される場合には、老齢厚生年金相当額を加えた額。ロにおいて同じ。）を基礎として遺族共済年金額算定規定により算定した額から前項第三号に定める額を控除して得た額

ロ　第一号ハの平成二十四年一元化法附則第三十七条第一項に規定する給付のうち遺族共済年金が控除対象年金である場合　第一号イに定める平成二十四

この政令は、改正法の施行の日（平成二十八年十月一日）から施行する。

平成二十八年（政令三六一）改正令

附　則（抄）

この政令は、公布の日から施行する。

平成二十八年（政令三七二）改正令

附　則（抄）

（施行期日）

第一条　この政令は、漁業経営に関する補償制度の改善のための漁船損害等補償法及び漁業災害補償法の一部を改正する等の法律（以下「改正法」という。）の施行の日（平成二十九年四月一日）から施行する。

平成二十九年（政令四）改正令

附　則（抄）

この政令は、平成二十九年四月一日から施行する。

平成二十九年（政令八一）改正令

附　則（抄）

（施行期日）

1　この政令は、平成二十九年四月一日から施行する。

平成二十九年（政令九八）改正令

附　則（抄）

（施行期日）

第一条　この政令は、平成二十九年四月一日から施行する。

平成二十九年（政令一二九）改正令

附　則

この政令は、平成二十九年四月一日から施

年一元化法附則第三十七条第一項に規定する給付のうち退職共済年金の額となお効力を有する改正前の法第八十九条第一項第一号の規定の例により算定した額から当該算定した額を組合員期間の月数（改正前の法第八十八条第一項第一号から第三号までのいずれかに該当することにより支給される遺族共済年金にあつては、当該月数が三百月未満であるときは、三百月）で除して得た額の百分の二十七に相当する額に追加費用対象期間の月数を乗じて得た額又は当該算定した額の百分の十に相当する額のいずれか少ない額を控除した額とを基礎として遺族共済年金額算定規定の例により算定した額から前項第三号に定める額を控除して得た額

2　第一号ホの「財務大臣が定めるところにより算定した額」は、次の⑴又は⑵に掲げる場合の区分に応じ、当該⑴又は⑵の定めるところにより算定した額とする。

⑴　第一号イの平成二十四年一元化法附則第三十七条第一項に規定する給付のうち退職共済年金と併給する場合　第一号イに定める平成二十四年一元化法附則第三十七条第一項に規定する給付のうち退職共済年金の額と平成二十四年一元化法第一条の規定による改正後の厚生年金保険法（以下「改正後厚生年金保険法」という。）第六十条第一項第一号の規定の例により算定した額（改正前の法による職域加算額が支給される場合には、その額を加えた額。⑵において同じ。）から当該算定した額を国共済組合員等期間の月数（厚生年金保険法第五十八条第一項第一号から第三号までのいずれかに該当す

行する。

平成二十九年（政令二一三）改正令

附　則（抄）

（施行期日）

第一条　この政令は、平成二十九年八月一日から施行する。

（国家公務員共済組合法施行令の一部改正に伴う経過措置）

第八条　新国共済令第十一条の三の六第十二項に規定する資格を喪失した日が平成二十九年八月一日である場合における同項の規定の適用については、同項中「喪失した日の前日」とあるのは、「喪失した日」とする。

第九条　施行日前に行われた療養に係る国家公務員共済組合法の規定による高額療養費及び高額介護合算療養費の支給については、なお従前の例による。

平成二十九年（政令二六四）改正令

附　則（抄）

この政令は、平成三十年四月一日から施行する。（ただし書略）

平成三十年（政令五五）改正令

附　則（抄）

この政令は、平成三十年四月一日から施行する。（ただし書略）

平成三十年（政令一一七）改正令

附　則（抄）

（施行期日等）

1　この政令は、平成三十年四月一日から施行し、第一条の規定による改正後の国家公務員共済組合法施行令附則第七条の二の規定は、平成二十七年十月一日から適用する。

ることにより支給される平成二十四年一元化法附則第四十一条遺族共済年金にあつては、当該月数が三百月未満であるときは、三百月）で除して得た額の百分の二十七に相当する額に追加費用対象期間の月数を乗じて得た額又は当該算定した額の百分の十に相当する額のいずれか少ない額を控除した額とを基礎として老齢厚生年金額算定規定の例により算定した額から前項第五号に定める額を控除して得た額

(2)　第一号ロの平成二十四年一元化法附則第四十一条退職共済年金と併給する場合　同号ロに定める平成二十四年一元化法附則第四十一条退職共済年金の額と改正後厚生年金保険法第六十条第一項第一号の規定の例により算定した額から当該算定した額を国共済組合員等期間の月数（厚生年金保険法第五十八条第一項第一号から第三号までのいずれかに該当することにより支給される平成二十四年一元化法附則第四十一条遺族共済年金にあつては、当該月数が三百月未満であるときは、三百月）で除して得た額の百分の二十七に相当する額に追加費用対象期間の月数を乗じて得た額又は当該算定した額の百分の十に相当する額のいずれか少ない額を控除した額とを基礎として老齢厚生年金額算定規定の例により算定した額から前項第五号に定める額を控除して得た額

3　第二号イの「財務大臣が定めるところにより算定した額」は、次の(1)から(3)までに掲げる場合の区分に応じ、当該(1)から(3)までの定めるところにより算定した額とする。

(1)　第二号ハの平成二十四年一元化法附則第三十七条第一項に規定する給付のうち

国家公務員共済組合法

国家公務員共済組合法施行令

2・3　〔略〕

○地方税法等の一部を改正する法律の一部の施行に伴う関係政令の整備等に関する政令（抄）

平三〇・三・三一
政令一二六

（国家公務員共済組合法施行令の一部改正）

第三条　国家公務員共済組合法施行令（昭和三十三年政令第二百七号）の一部を次のように改正する。

第四十三条第一項に次の一号を加える。

百三十九　地方税共同機構

第四十三条第二項に次の一号を加える。

百二十三　地方税共同機構

附　則（抄）

第一条　この政令は、平成三十一年四月一日から施行する。（ただし書略）

国家公務員共済組合法施行規則

国家公務員共済組合法等の運用方針

遺族共済年金と併給する場合　次のイからニまでに掲げる場合の区分に応じ、当該イからニまでの定めるところにより算定した額

イ　第二号イの平成二十四年一元化法附則第三十七条第一項に規定する給付のうち退職共済年金が控除対象年金である場合であつて、第二号ハの平成二十四年一元化法附則第三十七条第一項に規定する給付のうち遺族共済年金が控除対象年金でない場合　控除後控除調整下限額（第二号老齢厚生年金の受給権を有する場合には当該第二号老齢厚生年金の額を、退職特例年金給付が支給される場合には老齢厚生年金相当額を、それぞれ控除した額。ニにおいて同じ。）から前項第三号に定める額を控除して得た額に二を乗じて得た額

ロ　第二号イの平成二十四年一元化法附則第三十七条第一項に規定する給付のうち退職共済年金が控除対象年金でない場合であつて、第二号ハの平成二十四年一元化法附則第三十七条第一項に規定する給付のうち遺族共済年金が控除対象年金である場合　零

ハ　第二号イの平成二十四年一元化法附則第三十七条第一項に規定する給付のうち退職共済年金及び第二号ハの平成二十四年一元化法附則第三十七条第一項に規定する給付のうち遺族共済年金がともに控除対象年金である場合であつて、前項第三号に定める額がなお効力を有する改正前の法第八十九条第一項第一号の規定による額である場合　零

ニ　第二号イの平成二十四年一元化法附

則第三十七条第一項に規定する給付のうち退職共済年金及び第二号ハの平成二十四年一元化法附則第三十七条第一項に規定する給付のうち遺族共済年金がともに控除対象年金である場合であつて、前項第三号の平成二十四年一元化法附則第三十七条第一項に規定する給付のうち遺族共済年金の額がなお効力を有する改正前の法第八十九条第一項第二号イ及びロに掲げる額を合算した額である場合　控除後控除調整下限額から前項第三号に定める額を控除して得た額に退職按分率（退職共済年金控除額と遺族共済年金控除額との合計額に対する退職共済年金控除額の割合をいう。以下同じ。）を乗じて得た額に二を乗じて得た額

(2) 第二号ニの第二号遺族厚生年金と併給する場合　控除後控除調整下限額（第二号老齢厚生年金の受給権を有する場合には当該第二号老齢厚生年金の額を、退職特例年金給付が支給される場合には老齢厚生年金相当額を、それぞれ控除した額）から前項第四号に定める額を控除して得た額に二を乗じて得た額

(3) 第二号ホの平成二十四年一元化法附則第四十一条遺族共済年金と併給する場合　次のイからハまでに掲げる場合の区分に応じ、当該イからハまでの定めるところにより算定した額

イ　第二号イの平成二十四年一元化法附則第三十七条第一項に規定する給付のうち退職共済年金が控除対象年金でない場合　零

ロ　第二号イの平成二十四年一元化法附則第三十七条第一項に規定する給付のうち退職共済年金が控除対象年金であ

国家公務員共済組合法

国家公務員共済組合法施行令

国家公務員共済組合法施行規則

国家公務員共済組合法等の運用方針

る場合であつて、前項第五号に定める額が改正後厚生年金保険法第六十条第一項第一号の規定による額である場合　零

ハ　第二号イの平成二十四年一元化法附則第三十七条第一項に規定する給付のうち退職共済年金が控除対象年金である場合であつて、前項第五号の平成二十四年一元化法附則第四十一条遺族共済年金の額が改正後厚生年金保険法第六十条第一項第二号イ及びロに掲げる額を合算した額である場合　控除後控除調整下限額（第二号老齢厚生年金の受給権を有する場合には当該第二号老齢厚生年金の額を、退職特例年金給付が支給される場合には老齢厚生年金相当額を、それぞれ控除した額）から前項第五号に定める額を控除して得た額に退職按分率を乗じて得た額に二を乗じて得た額

4　第二号ロの「財務大臣が定めるところにより算定した額」は、次の(1)から(3)までに掲げる場合の区分に応じ、当該(1)から(3)までの定めるところにより算定した額とする。

(1)　第二号ハの平成二十四年一元化法附則第三十七条第一項に規定する給付のうち遺族共済年金と併給する場合　次のイからハまでに掲げる場合の区分に応じ、当該イからハまでの定めるところにより算定した金額

イ　第二号ハの平成二十四年一元化法附則第三十七条第一項に規定する給付のうち遺族共済年金が控除対象年金でない場合　控除後控除調整下限額から前項第三号に定める額を控除して得た額（退職特例年金給付が支給される場合

には、老齢厚生年金相当額を控除した額。ハにおいて同じ。）に二を乗じて得た額

ロ　第二号ハの平成二十四年一元化法附則第三十七条第一項に規定する給付のうち遺族共済年金が控除対象年金である場合であつて、前項第三号に定める額がなお効力を有する改正前の法第八十九条第一項第一号の規定による額である場合　零

ハ　第二号ハの平成二十四年一元化法附則第三十七条第一項に規定する給付のうち遺族共済年金が控除対象年金である場合であつて、前項第三号の平成二十四年一元化法附則第三十七条第一項に規定する給付のうち遺族共済年金の額がなお効力を有する改正前の法第八十九条第一項第二号イ及びロに掲げる額を合算した額である場合　控除後控除調整下限額から前項第三号に定める額を控除して得た額に退職按分率を乗じて得た額に二を乗じて得た額

(2)　第二号ニの第二号遺族厚生年金と併給する場合　控除後控除調整下限額から前項第四号に定める額を控除して得た額（退職特例年金給付が支給される場合には、老齢厚生年金相当額を控除した額）に二を乗じて得た額

(3)　第二号ホの平成二十四年一元化法附則第四十一条遺族共済年金と併給する場合　次のイ又はロに掲げる場合の区分に応じ、当該イ又はロの定めるところにより算定した額

イ　前項第五号に定める額がなお効力を有する改正前の法第八十九条第一項第一号の規定による額である場合　零

ロ　前項第五号の平成二十四年一元化法

国家公務員共済組合法

国家公務員共済組合法施行令

国家公務員共済組合法施行規則

国家公務員共済組合法等の運用方針

附則第四十一条遺族共済年金の額がなお効力を有する改正前の法第八十九条第一項第二号イ及びロに掲げる額を合算した額である場合　控除後控除調整下限額から前項第五号に定める額（退職特例年金給付が支給される場合には、老齢厚生年金相当額を控除した額）を控除して得た額に退職按分率を乗じて得た額に二を乗じて得た額

5　第二号ハの「財務大臣が定めるところにより算定した額」は、次の(1)から(3)までに掲げる場合の区分に応じ、当該(1)から(3)までの定めるところにより算定した額とする。

(1)　控除後遺族特例年金給付額が改正後平成九年経過措置政令第十七条の三第一項第二号イ(2)(i)の規定により算定される場合　以下の算式のαについて計算して得た額

算式

$$X_1 - Z \times X_1 / X = \alpha$$

算式の符号

X_1　改正後平成九年経過措置政令第十三条第一項第九号又は第十号の規定により算定した額

X　改正後平成九年経過措置政令第十七条の二の二の規定により遺族給付額とみなされた遺族共済年金額控除規定適用後の改正後平成九年経過措置政令第十七条の二第一項第一号に規定する死亡を給付事由とする年金たる給付の額

Z　改正後平成九年経過措置政令第十七条の三の二の規定により老齢厚生年金等合計額とみなされた退職共済年金額控除規定適用後の改正後平成九年経過措置政令第十七

条の二第一項第一号に規定する退職を給付事由とする年金たる給付の額

(2) 控除後遺族特例年金給付額が改正後平成九年経過措置政令第十七条の三第一項第二号イ(2)(ii)又はロ(2)の規定により算定される場合　以下の算式のαについて計算して得た額

算式

$X_1 \times 2/3 - Z \times 1/2 \times X_1/X = \alpha$

算式の符号

X_1　改正後平成九年経過措置政令第十三条第一項第九号又は第十号の規定により算定した額

X　改正後平成九年経過措置政令第十七条の二の規定により遺族給付額とみなされた遺族共済年金額控除規定適用後の改正後平成九年経過措置政令第十七条の二第一項第一号に規定する死亡を給付事由とする年金たる給付の額

Z　改正後平成九年経過措置政令第十七条の三の二の規定により老齢厚生年金等合計額とみなされた退職共済年金額控除規定適用後の改正後平成九年経過措置政令第十七条の二第一項第一号に規定する退職を給付事由とする年金たる給付の額

(3) 控除後遺族特例年金給付額が改正後平成九年経過措置政令第十七条の三第一項第一号又は第二号イ(1)若しくはロ(1)の規定により算定される場合　零

6　第三号ハの「財務大臣が定めるところにより算定した額」は、次の(1)又は(2)に掲げる場合の区分に応じ、当該(1)又は(2)の定め

国家公務員共済組合法

国家公務員共済組合法施行令

国家公務員共済組合法施行規則

国家公務員共済組合法等の運用方針

るところにより算定した額とする。

(1) 第三号イの平成二十四年一元化法附則第三十七条第一項に規定する給付のうち退職共済年金と併給する場合　次のイ又はロに掲げる場合の区分に応じ、当該イ又はロの定めるところにより算定した額

イ　第3号イの平成二十四年一元化法附則第三十七条第一項に規定する給付のうち退職共済年金が控除対象年金である場合であつて、第三号ハの平成二十四年一元化法附則第三十七条第一項に規定する給付のうち遺族共済年金が控除対象年金でない場合　第三号イに定める平成二十四年一元化法附則第三十七条第一項に規定する給付のうち退職共済年金の額（第二号老齢厚生年金の受給権を有する場合には当該第二号老齢厚生年金の額を、退職特例年金給付が支給される場合には老齢厚生年金相当額を、それぞれ加えた額。ロにおいて同じ。）を基礎として遺族共済年金額算定規定により算定した額から前項第三号に定める額を控除して得た額

ロ　第三号イの平成二十四年一元化法附則第三十七条第一項に規定する給付のうち退職共済年金及び第三号ハの平成二十四年一元化法附則第三十七条第一項に規定する給付のうち遺族共済年金がともに控除対象年金である場合　第三号イに定める平成二十四年一元化法附則第三十七条第一項に規定する給付のうち退職共済年金の額となお効力を有する改正前の法第八十九条第一項第一号の規定の例により算定した額から当該算定した額を組合員期間の月数（改正前の法第八十八条第一項第一号

から第三号までのいずれかに該当することにより支給される遺族共済年金にあつては、当該月数が三百月未満であるときは、三百月）で除して得た額の百分の二十七に相当する額に追加費用対象期間の月数を乗じて得た額又は当該算定した額の百分の十に相当する額のいずれか少ない額を控除した額とを基礎として遺族共済年金額算定規定の例により算定した額から前項第三号に定める額を控除して得た額

(2) 第三号ロの平成二十四年一元化法附則第四十一条退職共済年金と併給する場合 次のイ又はロに掲げる場合の区分に応じ、当該イ又はロに定めるところにより算定した額

イ 第三号ハの平成二十四年一元化法附則第三十七条第一項に規定する給付のうち遺族共済年金が控除対象年金でない場合 第三号ロに定める平成二十四年一元化法附則第四十一条退職共済年金の額（退職特例年金給付が支給される場合には、老齢厚生年金相当額を加えた額。ロにおいて同じ。）を基礎として遺族共済年金算定規定により算定した額から前項第三号に定める額を控除して得た額

ロ 第三号ハの平成二十四年一元化法附則第三十七条第一項に規定する給付のうち遺族共済年金が控除対象年金である場合 第三号ロに定める平成二十四年一元化法附則第四十一条退職共済年金の額となお効力を有する改正前の法第八十九条第一項第一号の規定の例により算定した額から当該算定した額を組合員期間の月数（改正前の法第八十八条第一項第一号から第三号までのい

国家公務員共済組合法

国家公務員共済組合法施行令

国家公務員共済組合法施行規則

国家公務員共済組合法等の運用方針

ずれかに該当することにより支給される遺族共済年金にあつては、当該月数が三百月未満であるときは、三百月）で除して得た額の百分の二十七に相当する額に追加費用対象期間の月数を乗じて得た額又は当該算定した額の百分の十に相当する額のいずれか少ない額を控除した額とを基礎として遺族共済年金額算定規定の例により算定した額から前項第三号に定める額を控除して得た額

7　第三号ホの「財務大臣が定めるところにより算定した額」は、次の(1)又は(2)に掲げる場合の区分に応じ、当該(1)又は(2)の定めるところにより算定した額とする。

(1)　第三号イの平成二十四年一元化法附則第三十七条第一項に規定する給付のうち退職共済年金と併給する場合　第三号イに定める平成二十四年一元化法附則第三十七条第一項に規定する給付のうち退職共済年金の額（第二号老齢厚生年金の受給権を有する場合には当該第二号老齢厚生年金の額を、退職特例年金給付が支給される場合には老齢厚生年金相当額を、それぞれ加えた額）と改正後厚生年金保険法第六十条第一項第一号の規定の例により算定した額から当該算定した額を国共済組合員等期間の月数（厚生年金保険法第五十八条第一項第一号から第三号までのいずれかに該当することにより支給される平成二十四年一元化法附則第四十一条遺族共済年金にあつては、当該月数が三百月未満であるときは、三百月）で除して得た額の百分の二十七に相当する額に追加費用対象期間の月数を乗じて得た額又は当該算定した額の百分の十に相

当する額のいずれか少ない額を控除した額とを基礎として遺族厚生年金額算定規定の例により算定した額から前項第五号に定める額を控除して得た額

(2) 第三号ロの平成二十四年一元化法附則第四十一条退職共済年金と併給する場合　同号ロに定める平成二十四年一元化法附則第四十一条退職共済年金の額（退職特例年金給付が支給される場合には、老齢厚生年金相当額を加えた額）と改正後厚生年金保険法第六十条第一項第一号の規定の例により算定した額から当該算定した額を国共済組合員等期間の月数（厚生年金保険法第五十八条第一項第一号から第三号までのいずれかに該当することにより支給される平成二十四年一元化法附則第四十一条遺族共済年金にあつては、当該月数が三百月未満であるときは、三百月）で除して得た額の百分の二十七に相当する額に追加費用対象期間の月数を乗じて得た額又は当該算定した額の百分の十に相当する額のいずれか少ない額を控除した額とを基礎として老齢厚生年金額算定規定の例により算定した額から前項第五号に定める額を控除して得た額

8 第四号イの「財務大臣が定めるところにより算定した額」は、次の(1)から(3)までに掲げる場合の区分に応じ、当該(1)から(3)までの定めるところにより算定した額とする。

(1) 第四号ハの平成二十四年一元化法附則第三十七条第一項に規定する給付のうち遺族共済年金と併給する場合　次のイからハまでに掲げる場合の区分に応じ、当該イからハまでの定めるところにより算定した額

イ　第四号イの平成二十四年一元化法附則第三十七条第一項に規定する給付の

国家公務員共済組合法	国家公務員共済組合法施行令	国家公務員共済組合法施行規則	国家公務員共済組合法等の運用方針
			うち退職共済年金が控除対象年金である場合であつて、第四号ハの平成二十四年一元化法附則第三十七条第一項に規定する給付のうち遺族共済年金が控除対象年金でない場合　控除後控除調整下限額（第二号老齢厚生年金の受給権を有する場合には当該第二号老齢厚生年金の額を、退職特例年金給付が支給される場合には老齢厚生年金相当額を、それぞれ控除した額。ハにおいて同じ。）から前項第三号に定める額を控除して得た額に二を乗じて得た額 ロ　第四号イの平成二十四年一元化法附則第三十七条第一項に規定する給付のうち退職共済年金及び第四号ハの平成二十四年一元化法附則第三十七条第一項に規定する給付のうち遺族共済年金がともに控除対象年金である場合であつて、前項第三号に定める額がなお効力を有する改正前の法第八十九条第一項第一号の規定による額である場合 零 ハ　第四号イの平成二十四年一元化法附則第三十七条第一項に規定する給付のうち退職共済年金及び第四号ハの平成二十四年一元化法附則第三十七条第一項に規定する給付のうち遺族共済年金がともに控除対象年金である場合であつて、前項第三号の平成二十四年一元化法附則第三十七条第一項に規定する給付のうち遺族共済年金の額がなお効力を有する改正前の法第八十九条第一項第二号イ及びロに掲げる額を合算した額である場合　控除後控除調整下限額から前項第三号に定める額を控除して得た額に退職按分率を乗じて得た額

に二を乗じて得た額

(2) 第四号ニの第二号遺族厚生年金と併給する場合　控除後控除調整下限額（第二号老齢厚生年金の受給権を有する場合には当該第二号老齢厚生年金の額を、退職特例年金給付が支給される場合には老齢厚生年金相当額を、それぞれ控除した額）から前項第四号に定める額を控除して得た額に二を乗じて得た額

(3) 第四号ホの平成二十四年一元化法附則第四十一条遺族共済年金と併給する場合　次のイ又はロに掲げる場合の区分に応じ、当該イ又はロの定めるところにより算定した額

イ　前項第五号の平成二十四年一元化法附則第四十一条遺族共済年金の額が改正後厚生年金保険法第六十条第一項第一号の規定による額である場合　零

ロ　前項第五号の平成二十四年一元化法附則第四十一条遺族共済年金の額が改正後厚生年金保険法第六十条第一項第二号イ及びロに掲げる額を合算した額である場合　控除後控除調整下限額（退職特例年金給付が支給される場合には、老齢厚生年金相当額を控除した額）から前項第五号に定める額を控除して得た額に退職按分率を乗じて得た額に二を乗じて得た額

9　第四号ロの「財務大臣が定めるところにより算定した額」は、次の(1)から(3)までに掲げる場合の区分に応じ、当該(1)から(3)までの定めるところにより算定した額とする。

(1) 第四号ハの平成二十四年一元化法附則第三十七条第一項に規定する給付のうち遺族共済年金と併給する場合　次のイからハまでに掲げる場合の区分に応じ、当該イからハまでの定めるところにより算

国家公務員共済組合法

国家公務員共済組合法施行令

国家公務員共済組合法施行規則

国家公務員共済組合法等の運用方針

定した額

イ　第四号ハの平成二十四年一元化法附則第三十七条第一項に規定する給付のうち遺族共済年金が控除対象年金でない場合　控除後控除調整下限額（退職特例年金給付が支給される場合には、老齢厚生年金相当額を控除した額。ハにおいて同じ。）から前項第三号に定める額を控除して得た額に二を乗じて得た額

ロ　第四号ハの平成二十四年一元化法附則第三十七条第一項に規定する給付のうち遺族共済年金が控除対象年金である場合であつて、前項第三号に定める額がなお効力を有する改正前の法第八十九条第一項第一号の規定による額である場合　零

ハ　第四号ハの平成二十四年一元化法附則第三十七条第一項に規定する給付のうち遺族共済年金が控除対象年金である場合であつて、前項第三号の平成二十四年一元化法附則第三十七条第一項に規定する給付のうち遺族共済年金の額がなお効力を有する改正前の法第八十九条第一項第二号イ及びロに掲げる額を合算した額である場合　控除後控除調整下限額から前項第三号に定める額を控除して得た額に退職按分率を乗じて得た額に二を乗じて得た額

(2)　第四号ニの第二号遺族厚生年金と併給する場合　控除後控除調整下限額（退職特例年金給付が支給される場合には、老齢厚生年金相当額を控除した額）から前項第四号に定める額を控除して得た額に二を乗じて得た額

(3)　第四号ホの平成二十四年一元化法附則

第四十一条遺族共済年金と併給する場合
次のイ又はロに掲げる場合の区分に応じ、当該イ又はロの定めるところにより算定した金額

イ　前項第五号の平成二十四年一元化法附則第四十一条遺族共済年金の額が改正後厚生年金保険法第六十条第一項第一号の規定による額である場合　零

ロ　前項第五号の平成二十四年一元化法附則第四十一条遺族共済年金の額が改正後厚生年金保険法第六十条第一項第二号イ及びロに掲げる額を合算した額である場合　控除後控除調整下限額（退職特例年金給付が支給される場合には、老齢厚生年金相当額を控除した額）から前項第五号に定める額を控除して得た額に退職按分率を乗じて得た額に二を乗じて得た額

10　第四号ハの「財務大臣が定めるところにより算定した額」は、次の(1)から(3)までに掲げる場合の区分に応じ、当該(1)から(3)までの定めるところにより算定した額とする。

(1)　控除後遺族特例年金給付額が改正後平成九年経過措置政令第十七条の三第一項第二号イ(2)(i)の規定により算定される場合　以下の算式のαについて計算して得た額

算式

$$X_1 - Z \times X_1 / X = \alpha$$

算式の符号

X_1　改正後平成九年経過措置政令第十三条第一項第九号又は第十号の規定により算定した額

X　改正後平成九年経過措置政令第十七条の二の二の規定により遺族給付額とみなされた遺族共済年金額控除規定適用後の改正後平成九

国家公務員共済組合法	国家公務員共済組合法施行令	国家公務員共済組合法施行規則	国家公務員共済組合法等の運用方針
			年経過措置政令第十七条の二第一項第一号に規定する死亡を給付事由とする年金たる給付の額 Z　改正後平成九年経過措置政令第十七条の三の二の規定により老齢厚生年金等合計額とみなされた退職共済年金額控除規定適用後の改正後平成九年経過措置政令第十七条の二第一項第一号に規定する退職を給付事由とする年金たる給付の額 (2)　控除後遺族特例年金給付額が改正後平成九年経過措置政令第十七条の三第一項第二号イ(2)(ii)又はロ(2)の規定により算定される場合　以下の算式のαについて計算して得た額 算式 $X_1 \times 2/3 - Z \times 1/2 \times X_1/X = \alpha$ 算式の符号 X_1　改正後平成九年経過措置政令第十三条第一項第九号又は第十号の規定により算定した額 X　改正後平成九年経過措置政令第十七条の二の二の規定により遺族給付額とみなされた遺族共済年金額控除規定適用後の改正後平成九年経過措置政令第十七条の二第一項第一号に規定する死亡を給付事由とする年金たる給付の額 Z　改正後平成九年経過措置政令第十七条の三の二の規定により老齢厚生年金等合計額とみなされた退職共済年金額控除規定適用後の改正後平成九年経過措置政令第十七条の二第一項第一号に規定する退

職を給付事由とする年金たる給付の額

(3) 控除後遺族特例年金給付額が改正後平成九年経過措置政令第十七条の三第一項第一号又は第二号イ(1)若しくはロ(1)の規定により算定される場合　零

平成二十七年経過措置政令第百三十八条第六項

1 第六項の規定により読み替えて準用する第二項（以下この一から十四までにおいて単に「第二項」という。）第一号ハの「財務大臣が定めるところにより算定した額」は、次の(1)又は(2)に掲げる場合の区分に応じ、当該(1)又は(2)に定めるところにより算定した額とする。

(1) 第二項第一号イの平成二十四年一元化法附則第三十七条第一項に規定する給付のうち退職共済年金と併給する場合　次のイ又はロに掲げる場合の区分に応じ、当該イ又はロの定めるところにより算定した額

イ　第二項第一号イの平成二十四年一元化法附則第三十七条第一項に規定する給付のうち退職共済年金が控除対象年金である場合であつて、第二項第一号ハの平成二十四年一元化法附則第三十七条第一項に規定する給付のうち遺族共済年金が控除対象年金でない場合

第二項第一号イに定める平成二十四年一元化法附則第三十七条第一項に規定する給付のうち退職共済年金の額を基礎として遺族共済年金額算定規定により算定した額から第六項の規定により読み替えて準用する第一項（以下この一から十四までにおいて単に「第一項」という。）第三号に定める額を控除して得た額

国家公務員共済組合法	国家公務員共済組合法施行令	国家公務員共済組合法施行規則	国家公務員共済組合法等の運用方針
			ロ　第二項第一号イの平成二十四年一元化法附則第三十七条第一項に規定する給付のうち退職共済年金及び第二項第一号ハの平成二十四年一元化法附則第三十七条第一項に規定する給付のうち遺族共済年金がともに控除対象年金である場合　第二項第一号イに定める平成二十四年一元化法附則第三十七条第一項に規定する給付のうち退職共済年金の額となお効力を有する改正前の法第八十九条第一項第一号の規定により算定した額から当該算定した額を組合員期間の月数（改正前の法第八十八条第一第一号から第三号までのいずれかに該当することにより支給される平成二十四年一元化法附則第三十七条第一項に規定する給付のうち遺族共済年金にあつては、当該月数が三百月未満であるときは、三百月）で除して得た額の百分の二十七に相当する額に追加費用対象期間の月数を乗じて得た額又は当該算定した額の百分の十に相当する額のいずれか少ない額を控除した額とを基礎として遺族共済年金額算定規定の例により算定した額から第一項第三号に定める額を控除して得た額 (2)　第二項第一号ロの平成二十四年一元化法附則第四十一条退職共済年金と併給する場合　第二項第一号ロに定める平成二十四年一元化法附則第四十一条退職共済年金の額となお効力を有する改正前の法第八十九条第一項第一号の規定により算定した額から当該算定した額を組合員期間の月数（改正前の法第八十八条第一項第一号から第三号までのいずれかに該当することにより支給される遺族共済年金

にあつては、当該月数が三百月未満であるときは、三百月）で除して得た額の百分の二十七に相当する額に追加費用対象期間の月数を乗じて得た額又は当該算定した額の百分の十に相当する額のいずれか少ない額を控除した額とを基礎として遺族共済年金額算定規定の例により算定した額から第一項第三号に定める額を控除して得た額

2　第二項第一号ホの「財務大臣が定めるところにより算定した額」は、次の(1)又は(2)に掲げる場合の区分に応じ、当該(1)又は(2)の定めるところにより算定した額とする。

(1)　第二項第一号イの平成二十四年一元化法附則第三十七条第一項に規定する給付のうち退職共済年金と併給する場合　第二項第一号イに定める平戎二十四年一元化法附則第三十七条第一項に規定する給付のうち退職共済年金の額と改正後厚生年金保険法第六十条第一項第一号の規定により算定した額から当該算定した額を組合員期間の月数（厚生年金保険法第五十八条第一項第一号から第三号までのいずれかに該当することにより支給される平成二十四年一元化法附則第四十一条遺族共済年金にあつては、当該月数が三百月未満であるときは、三百月）で除して得た額の百分の二十七に相当する額に追加費用対象期間の月数を乗じて得た額又は当該算定した額の百分の十に相当する額のいずれか少ない額を控除した額とを基礎として遺族共済年金額算定規定の例により算定した額から第一項第五号に定める額を控除して得た額

(2)　第二項第一号ロの平成二十四年一元化法附則第四十一条退職共済年金と併給する場合　第二項第一号ロに定める平成二

十四年一元化法附則第四十一条退職共済年金の額と改正後厚生年金保険法第六十条第一項第一号の規定により算定した額から当該算定した額を組合員期間の月数(厚生年金保険法第五十八条第一項第一号から第三号までのいずれかに該当することにより支給される平成二十四年一元化法附則第四十一条遺族共済年金にあつては、当該月数が三百月未満であるときは、三百月)で除して得た額の百分の二十七に相当する額に追加費用対象期間の月数を乗じて得た額又は当該算定した額の百分の十に相当する額のいずれか少ない額を控除した額とを基礎として遺族共済年金額算定規定の例により算定した額から第一項第五号に定める額を控除して得た額

3　第二項第二号イの「財務大臣が定めるところにより算定した額」は、次の(1)から(3)までに掲げる場合の区分に応じ、当該(1)から(3)までの定めるところにより算定した額とする。

(1)　第二項第二号ハの平成二十四年一元化法附則第三十七条第一項に規定する給付のうち遺族共済年金と併給する場合　次のイからホまでに掲げる場合の区分に応じ、当該イからホまでの定めるところにより算定した額

イ　第二項第二号イの平成二十四年一元化法附則第三十七条第一項に規定する給付のうち退職共済年金が控除対象年金である場合であつて、第二項第二号ハの平成二十四年一元化法附則第三十七条第一項に規定する給付のうち遺族共済年金が控除対象年金でない場合であり、かつ、控除後遺族共済年金等支

給額が零を超える場合であつて、第一項第三号に定める額がなお効力を有する改正前の法第八十九条第二項第一号の規定による額である場合　以下の算式のαについて計算して得た額

算式

$(A+\alpha)+\{B-(A+\alpha)\times B/(B+C)\}=D$

算式の符号

A　第一項第一号に定める額

B　第一項第三号に定める額

C　平成二十四年一元化法附則第三十七条第一項の規定によりなおその効力を有するものとされた平成二十七年整備政令第一条の規定による改正前の施行令（以下「なお効力を有する改正前の施行令」という。）第十一条の八の七に掲げる規定による額の合算額

D　控除後控除調整下限額

ロ　第二項第二号イの平成二十四年一元化法附則第三十七条第一項に規定する給付のうち退職共済年金が控除対象年金である場合であつて、第二項第二号ハの平成二十四年一元化法附則第三十七条第一項に規定する給付のうち遺族共済年金が控除対象年金でない場合であり、かつ、控除後遺族共済年金等支給額が零を超える場合であつて、第一項第三号に定める額がなお効力を有する改正前の法第八十九条第二項第二号の規定による額である場合　以下の算式のαについて計算して得た額

算式

$(A+\alpha)+[\{(B+C_2\times 2/3+(A+\alpha+C_1)\times 1/2\}\times B/(B+C_2)]-(A+\alpha)\times B/(B$

国家公務員共済組合法	国家公務員共済組合法施行令	国家公務員共済組合法施行規則	国家公務員共済組合法等の運用方針
			$+C_2) = D$ 算式の符号 A　第一項第一号に定める額 B　第一項第三号に定める額の算定の基礎となつたなお効力を有する改正前の法第八十九条第一項第一号の規定による額 C_1　なお効力を有する改正前の施行令第十一条の八の二に掲げる年金である給付の合算額（同条第一号及び第三号に掲げる年金である給付を除く。以下同じ。） C_2　なお効力を有する改正前の施行令第十一条の八の七に掲げる規定による額の合算額 D　控除後控除調整下限額 ハ　第二項第二号イの平成二十四年一元化法附則第三十七条第一項に規定する給付のうち退職共済年金が控除対象年金でない場合であつて、第二項第二号ハの平成二十四年一元化法附則第三十七条第一項に規定する給付のうち遺族共済年金が控除対象年金である場合 零 ニ　第二項第二号イの平成二十四年一元化法附則第三十七条第一項に規定する給付のうち退職共済年金及び第二項第二号ハの平成二十四年一元化法附則第三十七条第一項に規定する給付のうち遺族共済年金がともに控除対象年金である場合であり、かつ、控除後遺族共済年金等支給額が零を超える場合であつて、第一項第三号に定める額がなお効力を有する改正前の法第八十九条第二項第一号の規定による額である場合 零

ホ　第二項第二号イの平成二十四年一元化法附則第三十七条第一項に規定する給付のうち退職共済年金及び第二項第二号ハの平成二十四年一元化法附則第三十七条第一項に規定する給付のうち遺族共済年金がともに控除対象年金である場合であり、かつ、控除後遺族共済年金等支給額が零を超える場合であつて、第一項第三号に定める額がなお効力を有する改正前の法第八十九条第二項第二号の規定による額である場合　控除後控除調整下限額から第一項第一号に定める額及び控除後遺族共済年金等支給額の合計額を控除して得た額に退職按分率を乗じて得た額に二を乗じて得た額

(2)　第二項第二号ニの第二号遺族厚生年金と併給する場合　次のイ又はロに掲げる場合の区分に応じ、当該イ又はロの定めるところにより算定した額

イ　第二項第二号イの平成二十四年一元化法附則第三十七条第一項に規定する給付のうち退職共済年金が控除対象年金である場合であり、かつ、控除後遺族共済年金等支給額が零を超える場合であつて、第一項第四号に定める額がなお効力を有する改正前厚生年金保険法（平成二十四年一元化法附則第十二条第二項の規定によりなおその効力を有するものとされた平成二十四年一元化法第一条の規定による改正前の厚生年金保険法をいい、被用者年金制度の一元化等を図るための厚生年金保険法等の一部を改正する法律の施行に伴う厚生年金保険の保険給付等に関する経過措置に関する政令（平成二十七年政令第三百四十三号）第二十一条第一項

国家公務員共済組合法	国家公務員共済組合法施行令	国家公務員共済組合法施行規則	国家公務員共済組合法等の運用方針
			の規定により読み替えられた規定にあつては、同項の規定による読替え後のものとする。以下同じ。）第六十条第二項第一号の規定による額である場合　以下の算式のαについて計算して得た額 算式 $(A+\alpha)+\{B-(A+\alpha)\times B/(B+C)\}=D$ 算式の符号 A　第一項第一号に定める額 B　第一項第四号に定める額 C　なお効力を有する改正前の施行令第十一条の八の七に掲げる規定による額の合算額 D　控除後控除調整下限額 ロ　第二項第二号イの平成二十四年一元化法附則第三十七条第一項に規定する給付のうち退職共済年金が控除対象年金である場合であり、かつ、控除後遺族共済年金等支給額が零を超える場合であつて、第一項第四号に定める額がなお効力を有する改正前厚生年金保険法第六十条第二項第二号の規定による額である場合　以下の算式のαについて計算して得た額 算式 $(A+\alpha)+[\{(B+C_2)\times 2/3+(A+\alpha+C_1)\times 1/2\}\times B/(B+C_2)]-(A+\alpha)\times B/(B+C_2)=D$ 算式の符号 A　第一項第一号に定める額 B　第一項第四号に定める額の算定の基礎となつた改正後厚生年金保険法第六十条第一項第一号の規定

による額

C_1　なお効力を有する改正前の施行令第十一条の八の二に掲げる年金である給付の合算額

C_2　なお効力を有する改正前の施行令第十一条の八の七に掲げる規定による額の合算額

D　控除後控除調整下限額

(3)　第二項第二号ホの平成二十四年一元化法附則第四十一条遺族共済年金と併給する場合　次のイからハまでに掲げる場合の区分に応じ、当該イからハまでの定めるところにより算定した額

イ　第二項第二号イの平成二十四年一元化法附則第三十七条第一項に規定する給付のうち退職共済年金が控除対象年金でない場合　零

ロ　第二項第二号イの平成二十四年一元化法附則第三十七条第一項に規定する給付のうち退職共済年金が控除対象年金である場合であり、かつ、控除後遺族共済年金等支給額が零を超える場合であつて、第一項第五号に定める額がなお効力を有する改正前厚生年金保険法第六十条第二項第一号の規定による額である場合　零

ハ　第二項第二号イの平成二十四年一元化法附則第三十七条第一項に規定する給付のうち退職共済年金が控除対象年金である場合であり、かつ、控除後遺族共済年金等支給額が零を超える場合であつて、第一項第五号に定める額がなお効力を有する改正前厚生年金保険法第六十条第二項第二号の規定による額である場合　控除後控除調整下限額から第一項第一号に定める額及び控除後遺族共済年金等支給額の合計額を控

国家公務員共済組合法	国家公務員共済組合法施行令	国家公務員共済組合法施行規則	国家公務員共済組合法等の運用方針
			除して得た額に退職按分率を乗じて得た額に二を乗じて得た額 4 第二項第二号ロの「財務大臣が定めるところにより算定した額」は、次の(1)から(3)までに掲げる場合の区分に応じ、当該(1)から(3)までの定めるところにより算定した額とする。 (1) 第二項第二号ハの平成二十四年一元化法附則第三十七条第一項に規定する給付のうち遺族共済年金と併給する場合 次のイからニまでに掲げる場合の区分に応じ、当該イからニまでの定めるところにより算定した額 イ 第二項第二号ハの平成二十四年一元化法附則第三十七条第一項に規定する給付のうち遺族共済年金が控除対象年金でない場合であり、かつ、控除後遺族共済年金等支給額が零を超える場合であつて、第一項第三号に定める額がなお効力を有する改正前の法第八十九条第二項第一号の規定による額である場合 以下の算式のαについて計算して得た額 算式 (A＋α)＋{B－(A＋α)×B／(B＋C)}＝D 算式の符号 A 第一項第二号に定める額 B 第一項第三号に定める額 C なお効力を有する改正前の施行令第十一条の八の七に掲げる規定による額の合算額 D 控除後控除調整下限額 ロ 第二項第二号ハの平成二十四年一元化法附則第三十七条第一項に規定する給付のうち遺族共済年金が控除対象年

金でない場合であり、かつ、控除後遺族共済年金等支給額が零を超える場合であつて、第一項第三号に定める額がなお効力を有する改正前の法第八十九条第二項第二号の規定による額である場合　以下の算式のαについて計算して得た額

算式

$(A+\alpha)+[\{(B+C_2)\times 2/3+(A+\alpha+C_1)\times 1/2\}\times B/(B+C_2)]-(A+\alpha)\times B/(B+C_2)=D$

算式の符号

A　第一項第二号に定める額

B　第一項第三号に定める額の算定の基礎となつたなお効力を有する改正前の法第八十九条第一項第一号の規定による額

C_1　なお効力を有する改正前の施行令第十一条の八の二に掲げる年金である給付の合算額

C_2　なお効力を有する改正前の施行令第十一条の八の七に掲げる規定による額の合算額

D　控除後控除調整下限額

ハ　第二項第二号ハの平成二十四年一元化法附則第三十七条第一項に規定する給付のうち遺族共済年金が控除対象年金である場合であり、かつ、控除後遺族共済年金等支給額が零を超える場合であつて、第一項第三号に定める額がなお効力を有する改正前の法第八十九条第二項第一号の規定による額である場合　零

ニ　第二項第二号ハの平成二十四年一元化法附則第三十七条第一項に規定する給付のうち遺族共済年金が控除対象年

国家公務員共済組合法

国家公務員共済組合法施行令

国家公務員共済組合法施行規則

国家公務員共済組合法等の運用方針

金である場合であり、かつ、控除後遺族共済年金等支給額が零を超える場合であつて、第一項第三号に定める額がなお効力を有する改正前の法第八十九条第二項第二号の規定による額である場合　控除後控除調整下限額から第一項第二号に定める額及び控除後遺族共済年金等支給額の合計額を控除して得た額に退職按分率を乗じて得た額に二を乗じて得た額

(2) 第二項第二号ニの第二号遺族厚生年金と併給する場合　次のイ又はロに掲げる場合の区分に応じ、当該イ又はロに定めるところにより算定した額

イ　控除後遺族共済年金等支給額が零を超える場合であつて、第一項第四号に定める額がなお効力を有する改正前厚生年金保険法第六十条第二項第一号の規定による額である場合　以下の算式のαについて計算して得た額

算式

$(A+\alpha)+\{B-(A+\alpha)\times B/(B+C)\}=D$

算式の符号

A　第一項第二号に定める額

B　第一項第四号に定める額

C　なお効力を有する改正前の施行令第十一条の八の七に掲げる規定による額の合算額

D　控除後控除調整下限額

ロ　控除後遺族共済年金等支給額が零を超える場合であつて、第一項第四号に定める額がなお効力を有する改正前厚生年金保険法第六十条第二項第二号の規定による額である場合　以下の算式のαについて計算して得た額

算式

$$(A+\alpha)+[\{(B+C_2)\times 2/3)+(A+\alpha+C_1)\times 1/2\}\times B/(B+C_2)]-(A+\alpha)\times B/(B+C_2)=D$$

算式の符号

A　第一項第二号に定める額

B　第一項第四号に定める額の算定の基礎となつた改正後厚生年金保険法第六十条第一項第一号の規定による額

C_1　なお効力を有する改正前の施行令第十一条の八の二に掲げる年金である給付の合算額

C_2　なお効力を有する改正前の施行令第十一条の八の七に掲げる規定による額の合算額

D　控除後控除調整下限額

(3)　第二項第二号ホの平成二十四年一元化法附則第四十一条遺族共済年金と併給する場合　次のイ又はロに掲げる場合の区分に応じ、当該イ又はロの定めるところにより算定した額

イ　控除後遺族共済年金等支給額が零を超える場合であつて、第一項第五号に定める額がなお効力を有する改正前厚生年金保険法第六十条第二項第一号の規定による額である場合　零

ロ　控除後遺族共済年金等支給額が零を超える場合であつて、第一項第五号に定める額がなお効力を有する改正前厚生年金保険法第六十条第二項第二号の規定による額である場合　控除後控除調整下限額から第一項第二号に定める額及び控除後遺族共済年金等支給額の合計額を控除して得た額に退職按分率を乗じて得た額に二を乗じて得た額

国家公務員共済組合法

国家公務員共済組合法施行令

国家公務員共済組合法施行規則

国家公務員共済組合法等の運用方針

5　第二項第二号ハの「財務大臣が定めるところにより算定した額」は、次の(1)又は(2)に掲げる場合の区分に応じ、当該(1)又は(2)の定めるところにより算定した額とする。

(1)　第二項第二号イの平成二十四年一元化法附則第三十七条第一項に規定する給付のうち退職共済年金と併給する場合　次のイからホまでに掲げる場合の区分に応じ、当該イからホまでの定めるところにより算定した額

イ　第二項第二号イの平成二十四年一元化法附則第三十七条第一項に規定する給付のうち退職共済年金が控除後対象年金である場合であつて、第二項第二号ハの平成二十四年一元化法附則第三十七条第一項に規定する給付のうち遺族共済年金が控除対象年金でない場合　第二項第二号イに定める平成二十四年一元化法附則第三十七条第一項に規定する給付のうち退職共済年金の額を基礎として遺族共済年金額算定規定により算定した額から第一項第三号に定める額を控除して得た額

ロ　第二項第二号イの平成二十四年一元化法附則第三十七条第一項に規定する給付のうち退職共済年金が控除対象年金でない場合であつて、第二項第二号ハの平成二十四年一元化法附則第三十七条第一項に規定する給付のうち遺族共済年金が控除対象年金である場合であり、かつ、第一項第三号に定める額がなお効力を有する改正前の法第八十九条第二項第一号の規定による額である場合　以下の算式のαについて計算して得た額

算式

$$A+\{(B+\alpha)-A\times(B+\alpha)/(B+\alpha+C)\}=D$$

算式の符号

A　第一項第一号に定める額

B　第一項第三号に定める額

C　なお効力を有する改正前の施行令第十一条の八の七に掲げる規定による額の合算額

D　控除後控除調整下限額

ハ　第二項第二号イの平成二十四年一元化法附則第三十七条第一項に規定する給付のうち退職共済年金が控除対象年金でない場合であつて、第二項第二号ハの平成二十四年一元化法附則第三十七条第一項に規定する給付のうち遺族共済年金が控除対象年金である場合であり、かつ、第一項第三号に定める額がなお効力を有する改正前の法第八十九条第二項第二号の規定による額である場合　第一項第三号に定める額の算定の基礎となつたなお効力を有する改正前の法第八十九条第一項第一号の規定による額に以下の算式のαについて計算して得た額を加えた額を基礎として遺族共済年金額算定規定の例により算定した額から第一項第三号に定める額を控除して得た額

算式

$$A+[\{(B+\alpha+C_2)\times 2/3+(A+C_1)\times 1/2\}\times(B+\alpha)/(B+\alpha+C_2)]-A\times(B+\alpha)/(B+\alpha+C_2)=D$$

算式の符号

A　第一項第一号に定める額

B　第一項第三号に定める額の算定の基礎となつたなお効力を有する改正前の法第八十九条第一項第一

国家公務員共済組合法

国家公務員共済組合法施行令

国家公務員共済組合法施行規則

国家公務員共済組合法等の運用方針

号の規定による額

C_1　なお効力を有する改正前の施行令第十一条の八の二に掲げる年金である給付の合算額

C_2　なお効力を有する改正前の施行令第十一条の八の七に掲げる規定による額の合算額

D　控除後控除調整下限額

ニ　第二項第二号イの平成二十四年一元化法附則第三十七条第一項に規定する給付のうち退職共済年金及び第二項第二号ハの平成二十四年一元化法附則第三十七条第一項に規定する給付のうち遺族共済年金がともに控除対象年金である場合であり、かつ、控除後遺族共済年金等支給額が零を超える場合であつて、第一項第三号に定める額がなお効力を有する改正前の法第八十九条第二項第一号の規定による額である場合以下の算式のαについて計算して得た額

算式

$$A+\{(B+\alpha)-A\times(B+\alpha)/(B+\alpha+C)\}=D$$

算式の符号

A　第二項第二号イに定める額

B　第一項第三号に定める額

C　なお効力を有する改正前の施行令第十一条の八の七に掲げる規定による額の合算額

D　控除後控除調整下限額

ホ　第二項第二号イの平成二十四年一元化法附則第三十七条第一項に規定する給付のうち退職共済年金及び第二項第二号ハの平成二十四年一元化法附則第三十七条第一項に規定する給付のうち

遺族共済年金がともに控除対象年金である場合であり、かつ、控除後遺族共済年金等支給額が零を超える場合であつて、第一項第三号に定める額がなお効力を有する改正前の法第八十九条第二項第二号の規定による額である場合

第一項第三号に定める額の算定の基礎となつたなお効力を有する改正前の法第八十九条第一項第一号の規定による額に以下の算式のαについて計算して得た額を加えた額を基礎として遺族共済年金額算定規定の例により算定した額から第一項第三号に定める額を控除して得た額

算式

$$A+[\{(B+\alpha+C_2)\times 2/3+(A+C_1)\times 1/2\}\times(B+\alpha)/(B+\alpha+C_2)]-A\times(B+\alpha)/(B+\alpha+C_2)=D$$

算式の符号

A　第二項第二号イに定める額

B　第一項第三号に定める額の算定の基礎となつたなお効力を有する改正前の法第八十九条第一項第一号の規定による額

C_1　なお効力を有する改正前の施行令第十一条の八の二に掲げる年金である給付の合算額

C_2　なお効力を有する改正前の施行令第十一条の八の七に掲げる規定による額の合算額

D　控除後控除調整下限額

(2)　第二項第二号ロの平成二十四年一元化法附則第四十一条退職共済年金と併給する場合　次のイからハまでに掲げる場合の区分に応じ、当該イからハまでの定めるところにより算定した額

国家公務員共済組合法

国家公務員共済組合法施行令

国家公務員共済組合法施行規則

国家公務員共済組合法等の運用方針

イ　第二項第二号ハの平成二十四年一元化法附則第三十七条第一項に規定する給付のうち遺族共済年金が控除対象年金でない場合　第二項第二号ロに定める平成二十四年一元化法附則第四十一条退職共済年金の額を基礎として遺族共済年金額算定規定により算定した額から第一項第三号に定める額を控除して得た額

ロ　第二項第二号ハの平成二十四年一元化法附則第三十七条第一項に規定する給付のうち遺族共済年金が控除対象年金である場合であり、かつ、控除後遺族共済年金等支給額が零を超える場合であつて、第一項第三号に定める額がなお効力を有する改正前の法第八十九条第二項第一号の規定による額である場合　以下の算式のαについて計算して得た額

算式

$A+\{(B+\alpha)-A\times(B+\alpha)/(B+\alpha+C)\}=D$

算式の符号

A　第二項第二号ロに定める額

B　第一項第三号に定める額

C　なお効力を有する改正前の施行令第十一条の八の七に掲げる規定による額の合算額

D　控除後控除調整下限額

ハ　第二項第二号ハの平成二十四年一元化法附則第三十七条第一項に規定する給付のうち遺族共済年金が控除対象年金である場合であり、かつ、控除後遺族共済年金等支給額が零を超える場合であつて、第一項第三号に定める額がなお効力を有する改正前の法第八十九

条第二項第二号の規定による額である場合　第一項第三号に定める額の算定の基礎となつたなお効力を有する改正前の法第八十九条第一項第一号の規定による額に以下の算式のαについて計算して得た額を加えた額を基礎として遺族共済年金額算定規定の例により算定した額から第一項第三号に定める額を控除して得た額

算式

$$A+[\{(B+\alpha+C_2)\times 2/3+(A+C_1)\times 1/2\}\times(B+\alpha)/(B+\alpha+C_2)]-A\times(B+\alpha)/(B+\alpha+C_2)=D$$

算式の符号

A　第二項第二号ロに定める額

B　第一項第三号に定める額の算定の基礎となつたなお効力を有する改正前の法第八十九条第一項第一号の規定による額

C_1　なお効力を有する改正前の施行令第十一条の八の二に掲げる年金である給付の合算額

C_2　なお効力を有する改正前の施行令第十一条の八の七に掲げる規定による額の合算額

D　控除後控除調整下限額

6　第二項第二号ニの「財務大臣が定めるところにより算定した額」は、次の(1)又は(2)に掲げる場合の区分に応じ、当該(1)又は(2)の定めるところにより算定した額とする。

(1)　第二項第二号イの平成二十四年一元化法附則第三十七条第一項に規定する給付のうち退職共済年金と併給する場合　第二項第二号イに定める平成二十四年一元化法附則第三十七条第一項に規定する給付のうち退職共済年金の額を基礎として

国家公務員共済組合法

国家公務員共済組合法施行令

国家公務員共済組合法施行規則

国家公務員共済組合法等の運用方針

遺族共済年金額算定規定により算定した額から第一項第四号に定める額を控除して得た額

(2) 第二項第二号ロの平成二十四年一元化法附則第四十一条退職共済年金と併給する場合　第二項第二号ロに定める平成二十四年一元化法附則第四十一条退職共済年金の額を基礎として遺族共済年金額算定規定により算定した額から第一項第四号に定める額を控除して得た額

7 第二項第二号ホの「財務大臣が定めるところにより算定した額」は、次の(1)又は(2)に掲げる場合の区分に応じ、当該(1)又は(2)の定めるところにより算定した額とする。

(1) 第二項第二号イの平成二十四年一元化法附則第三十七条第一項に規定する給付のうち退職共済年金と併給する場合　次のイからニまでに掲げる場合の区分に応じ、当該イからニまでの定めるところにより算定した額

イ　第二項第二号イの平成二十四年一元化法附則第三十七条第一項に規定する給付のうち退職共済年金が控除対象年金でない場合であり、かつ、第一項第五号に定める額がなお効力を有する改正前厚生年金保険法第六十条第二項第一号の規定による額である場合　以下の算式のαについて計算して得た額

算式

$A+\{(B+\alpha)-A\times(B+\alpha)/(B+\alpha+C)\}=D$

算式の符号

A　第一項第一号に定める額

B　第一項第五号に定める額

C　なお効力を有する改正前の施行令第十一条の八の七に掲げる規定

による額の合算額

D　控除後控除調整下限額

ロ　第二項第二号イの平成二十四年一元化法附則第三十七条第一項に規定する給付のうち退職共済年金が控除対象年金でない場合であり、かつ、第一項第五号に定める額がなお効力を有する改正前厚生年金保険法第六十条第二項第二号の規定による額である場合　第一項第五号に定める額の算定の基礎となつた改正後厚生年金保険法第六十条第一項第一号の規定による額に以下の算式のαについて計算して得た額を加えた額を基礎として遺族共済年金額算定規定の例により算定した額から第一項第五号に定める額を控除して得た額

算式

$$A+[\{(B+\alpha+C_2)\times 2/3+(A+C_1)\times 1/2\}\times(B+\alpha)/(B+\alpha+C_2)]-A\times(B+\alpha)/(B+\alpha+C_2)=D$$

算式の符号

A　第一項第一号に定める額

B　第一項第五号に定める額の算定の基礎となつた改正後厚生年金保険法第六十条第一項第一号の規定による額

C_1　なお効力を有する改正前の施行令第十一条の八の二に掲げる年金である給付の合算額

C_2　なお効力を有する改正前の施行令第十一条の八の七に掲げる規定による額の合算額

D　控除後控除調整下限額

ハ　第二項第二号イの平成二十四年一元化法附則第三十七条第一項に規定する給付のうち退職共済年金が控除対象年

国家公務員共済組合法	国家公務員共済組合法施行令	国家公務員共済組合法施行規則	国家公務員共済組合法等の運用方針
			金である場合であり、かつ、控除後遺族共済年金等支給額が零を超える場合であつて、第一項第五号に定める額がなお効力を有する改正前厚生年金保険法第六十条第二項第一号の規定による額である場合　以下の算式のαについて計算して得た額 算式 $A+\{(B+\alpha)-A\times(B+\alpha)/(B+\alpha+C)\}=D$ 算式の符号 A　第二項第二号イに定める額 B　第一項第五号に定める額 C　なお効力を有する改正前の施行令第十一条の八の七に掲げる規定による額の合算額 D　控除後控除調整下限額 二　第二項第二号イの平成二十四年一元化法附則第三十七条第一項に規定する給付のうち退職共済年金が控除対象年金である場合であり、かつ、控除後遺族共済年金等支給額が零を超える場合であつて、第一項第五号に定める額がなお効力を有する改正前厚生年金保険法第六十条第二項第二号の規定による額である場合　第一項第五号に定める額の算定の基礎となつた改正後厚生年金保険法第六十条第一項第一号の規定による額に以下の算式のαについて計算して得た額を加えた額を基礎として遺族共済年金額算定規定の例により算定した額から第一項第五号に定める額を控除して得た額 算式 $A+[\{(B+\alpha+C_2)\times2/3+(A+C_1)\times1/2\}\times(B+\alpha)$

$／(B+\alpha+C_2)] - A\times(B+\alpha)／(B+\alpha+C_2) = D$

算式の符号

A　第二項第二号イに定める額

B　第一項第五号に定める額の算定の基礎となつた改正後厚生年金保険法第六十条第一項第一号の規定による額

C_1　なお効力を有する改正前の施行令第十一条の八の二に掲げる年金である給付の合算額

C_2　なお効力を有する改正前の施行令第十一条の八の七に掲げる規定による額の合算額

D　控除後控除調整下限額

(2)　第二項第二号ロの平成二十四年一元化法附則第四十一条退職共済年金と併給する場合　次のイ又はロに掲げる場合の区分に応じ、当該イ又はロの定めるところにより算定した額

イ　控除後遺族共済年金等支給額が零を超える場合であつて、第一項第五号に定める額がなお効力を有する改正前厚生年金保険法第六十条第二項第一号の規定による額である場合　以下の算式のαについて計算して得た額

算式

$A+\{(B+\alpha)-A\times(B+\alpha)／(B+\alpha+C)\} = D$

算式の符号

A　第二項第二号ロに定める額

B　第一項第五号に定める額

C　なお効力を有する改正前の施行令第十一条の八の七に掲げる規定による額の合算額

D　控除後控除調整下限額

ロ　控除後遺族共済年金等支給額が零を

国家公務員共済組合法

国家公務員共済組合法施行令

国家公務員共済組合法施行規則

国家公務員共済組合法等の運用方針

超える場合であつて、第一項第五号に定める額がなお効力を有する改正前厚生年金保険法第六十条第二項第二号の規定による額である場合　第一項第五号に定める額の算定の基礎となつた改正後厚生年金保険法第六十条第一項第一号の規定による額に以下の算式のαについて計算して得た額を加えた額を基礎として遺族共済年金額算定規定の例により算定した額から第一項第五号に定める額を控除して得た額

算式

$A+[\{(B+\alpha+C_2)\times 2/3+(A+C_1)\times 1/2\}\times(B+\alpha)/(B+\alpha+C_2)]-A\times(B+\alpha)/(B+\alpha+C_2)=D$

算式の符号

A　第二項第二号ロに定める額

B　第一項第五号に定める額の算定の基礎となつた改正後厚生年金保険法第六十条第一項第一号の規定による額

C_1　なお効力を有する改正前の施行令第十一条の八の二に掲げる年金である給付の合算額

C_2　なお効力を有する改正前の施行令第十一条の八の七に掲げる規定による額の合算額

D　控除後控除調整下限額

8　第二項第三号ハの「財務大臣が定めるところにより算定した額」は、次の⑴又は⑵に掲げる場合の区分に応じ、当該⑴又は⑵の定めるところにより算定した額とする。

⑴　第二項第三号イの平成二十四年一元化法附則第三十七条第一項に規定する給付のうち退職共済年金と併給する場合　次

のイ又はロに掲げる場合の区分に応じ、当該イ又はロの定めるところにより算定した額

イ　第二項第三号イの平成二十四年一元化法附則第三十七条第一項に規定する給付のうち退職共済年金が控除対象年金である場合であつて、第二項第三号ハの平成二十四年一元化法附則第三十七条第一項に規定する給付のうち遺族共済年金が控除対象年金でない場合　第二項第三号イに定める平成二十四年一元化法附則第三十七条第一項に規定する給付のうち退職共済年金の額を基礎として遺族共済年金額算定規定により算定した額から第一項第三号に定める額を控除して得た額

ロ　第二項第三号イの平成二十四年一元化法附則第三十七条第一項に規定する給付のうち退職共済年金及び第二項第三号ハの平成二十四年一元化法附則第三十七条第一項に規定する給付のうち遺族共済年金がともに控除対象年金である場合　第二項第三号イに定める平成二十四年一元化法附則第三十七条第一項に規定する給付のうち退職共済年金の額となお効力を有する改正前の法第八十九条第一項第一号の規定の例により算定した額から当該算定した額を組合員期間の月数（改正前の法第八十八条第一項第一号から第三号までのいずれかに該当することにより支給される平成二十四年一元化法附則第三十七条第一項に規定する給付のうち遺族共済年金にあつては、当該月数が三百月未満であるときは、三百月）で除して得た額の百分の二十七に相当する額に追加費用対象期間の月数を乗じて得た

国家公務員共済組合法	
国家公務員共済組合法施行令	
国家公務員共済組合法施行規則	
国家公務員共済組合法等の運用方針	額又は当該算定した額の百分の十に相当する額のいずれか少ない額を控除した額とを基礎として遺族共済年金額算定規定により算定した額から第一項第三号に定める額を控除して得た額 (2) 第二項第三号ロの平成二十四年一元化法附則第四十一条退職共済年金と併給する場合　次のイ又はロに掲げる場合の区分に応じ、当該イ又はロの定めるところにより算定した額 イ　第二項第三号ハの平成二十四年一元化法附則第三十七条第一項に規定する給付のうち遺族共済年金が控除対象年金でない場合　第二項第三号ロに定める平成二十四年一元化法附則第四十一条退職共済年金の額を基礎として遺族共済年金額算定規定により算定した額から第一項第三号に定める額を控除して得た額 ロ　第二項第三号ハの平成二十四年一元化法附則第三十七条第一項に規定する給付のうち遺族共済年金が控除対象年金である場合　第二項第三号ロに定める平成二十四年一元化法附則第四十一条退職共済年金の額となお効力を有する改正前の法第八十九条第一項第一号の規定の例により算定した額から当該算定した額を組合員期間の月数（改正前の法第八十八条第一項第一号から第三号までのいずれかに該当することにより支給される平成二十四年一元化法附則第三十七条第一項に規定する給付のうち遺族共済年金にあつては、当該月数が三百月未満であるときは、三百月）で除して得た額の百分の二十七に相当する額に追加費用対象期間の月数

を乗じて得た額又は当該算定した額の百分の十に相当する額のいずれか少ない額を控除した額とを基礎として遺族共済年金額算定規定により算定した額から第一項第三号に定める額を控除して得た額

9　第二項第三号ホの「財務大臣が定めるところにより算定した額」は、次の(1)又は(2)に掲げる場合の区分に応じ、当該(1)又は(2)の定めるところにより算定した額とする。

(1)　第二項第三号イの平成二十四年一元化法附則第三十七条第一項に規定する給付のうち退職共済年金と併給する場合　第二項第三号イに定める平成二十四年一元化法附則第三十七条第一項に規定する給付のうち退職共済年金の額と改正後厚生年金保険法第六十条第一項第一号の規定の例により算定した額から当該算定した額を組合員期間の月数（厚生年金保険法第五十八条第一項第一号から第三号までのいずれかに該当することにより支給される平成二十四年一元化法附則第四十一条遺族共済年金にあつては、当該月数が三百月未満であるときは、三百月）で除して得た額の百分の二十七に相当する額に追加費用対象期間の月数を乗じて得た額又は当該算定した額の百分の十に相当する額のいずれか少ない額を控除した額とを基礎として遺族共済年金額算定規定により算定した額から第一項第五号に定める額を控除して得た額

(2)　第二項第三号ロの平成二十四年一元化法附則第四十一条退職共済年金と併給する場合　第二項第三号ロに定める平成二十四年一元化法附則第四十一条退職共済年金の額と改正後厚生年金保険法第六十条第一項第一号の規定の例により算定し

国家公務員共済組合法

国家公務員共済組合法施行令

国家公務員共済組合法施行規則

国家公務員共済組合法等の運用方針

た額から当該算定した額を組合員期間の月数（厚生年金保険法第五十八条第一項第一号から第三号までのいずれかに該当することにより支給される平成二十四年一元化法附則第四十一条遺族共済年金にあつては、当該月数が三百月未満であるときは、三百月）で除して得た額の百分の二十七に相当する額に追加費用対象期間の月数を乗じて得た額又は当該算定した額の百分の十に相当する額のいずれか少ない額を控除した額とを基礎として遺族共済年金額算定規定により算定した額から第一項第五号に定める額を控除して得た額

10 第二項第四号イの「財務大臣が定めるところにより算定した額」は、次の(1)から(3)までに掲げる場合の区分に応じ、当該(1)から(3)までの定めるところにより算定した額とする。

(1) 第二項第四号ハの平成二十四年一元化法附則第三十七条第一項に規定する給付のうち遺族共済年金と併給する場合　次のイからニまでに掲げる場合の区分に応じ、当該イからニまでの定めるところにより算定した額

イ　第二項第四号イの平成二十四年一元化法附則第三十七条第一項に規定する給付のうち退職共済年金が控除対象年金である場合であつて、第二項第四号ハの平成二十四年一元化法附則第三十七条第一項に規定する給付のうち遺族共済年金が控除対象年金でない場合であり、かつ、控除後遺族共済年金等支給額が零を超える場合であつて、第一項第三号に定める額がなお効力を有する改正前の法第八十九条第二項第一号

の規定による額である場合　以下の算式のαについて計算して得た額

算式

$$(A+\alpha)+\{B-(A+\alpha)\times B/(B+C)\}=D$$

算式の符号

A　第一項第一号に定める額

B　第一項第三号に定める額

C　なお効力を有する改正前の施行令第十一条の八の七に掲げる規定による額の合算額

D　控除後控除調整下限額

ロ　第二項第四号イの平成二十四年一元化法附則第三十七条第一項に規定する給付のうち退職共済年金が控除対象年金である場合であつて、第二項第四号ハの平成二十四年一元化法附則第三十七条第一項に規定する給付のうち遺族共済年金が控除対象年金でない場合であり、かつ、控除後遺族共済年金等支給額が零を超える場合であつて、第一項第三号に定める額がなお効力を有する改正前の法第八十九条第二項第二号の規定による額である場合　以下の算式のαについて計算して得た額

算式

$$(A+\alpha)+[\{(B+C_2)\times 2/3+(A+\alpha+C_1)\times 1/2\}\times B/(B+C_2)]-(A+\alpha)\times B/(B+C_2)=D$$

算式の符号

A　第一項第一号に定める額

B　第一項第三号に定める額の算定の基礎となつたなお効力を有する改正前の法第八十九条第一項第一号の規定による額

C_1　なお効力を有する改正前の施行

国家公務員共済組合法	国家公務員共済組合法施行令	国家公務員共済組合法施行規則	国家公務員共済組合法等の運用方針
			令第十一条の八の二に掲げる年金である給付の合算額 C_2　なお効力を有する改正前の施行令第十一条の八の七に掲げる規定による額の合算額 D　控除後控除調整下限額 ハ　第二項第四号イの平成二十四年一元化法附則第三十七条第一項に規定する給付のうち退職共済年金及び第二項第四号ハの平成二十四年一元化法附則第三十七条第一項に規定する給付のうち遺族共済年金がともに控除対象年金である場合であり、かつ、控除後遺族共済年金等支給額が零を超える場合であつて、第一項第三号に定める額がなお効力を有する改正前の法第八十九条第二項第一号の規定による額である場合 零 ニ　第二項第四号イの平成二十四年一元化法附則第三十七条第一項に規定する給付のうち退職共済年金及び第二項第四号ロの平成二十四年一元化法附則第三十七条第一項に規定する給付のうち遺族共済年金がともに控除対象年金である場合であり、かつ、控除後遺族共済年金等支給額が零を超える場合であつて、第一項第三号に定める額がなお効力を有する改正前の法第八十九条第二項第二号の規定による額である場合 控除後控除調整下限額から第一項第一号に定める額及び控除後遺族共済年金等支給額の合計額を控除して得た額に退職按分率を乗じて得た額に二を乗じて得た額 (2)　第二項第四号ニの第二号遺族厚生年金と併給する場合　次のイ又はロに掲げる

場合の区分に応じ、当該イ又はロの定めるところにより算定した額

イ　第二項第四号イの平成二十四年一元化法附則第三十七条第一項に規定する給付のうち退職共済年金が控除対象年金である場合であり、かつ、控除後遺族共済年金等支給額が零を超える場合であつて、第一項第四号に定める額がなお効力を有する改正前厚生年金保険法第六十条第二項第一号の規定による額である場合　以下の算式のαについて計算して得た額

算式

$$(A+\alpha)+\{B-(A+\alpha)\times B/(B+C)\}=D$$

算式の符号

A　第一項第一号に定める額

B　第一項第四号に定める額

C　なお効力を有する改正前の施行令第十一条の八の七に掲げる規定による額の合算額

D　控除後控除調整下限額

ロ　第二項第四号イの平成二十四年一元化法附則第三十七条第一項に規定する給付のうち退職共済年金が控除対象年金である場合であり、かつ、控除後遺族共済年金等支給額が零を超える場合であつて、第一項第四号に定める額がなお効力を有する改正前厚生年金保険法第六十条第二項第二号の規定による額である場合　以下の算式のαについて計算して得た額

算式

$$(A+\alpha)+[\{(B+C_2)\times 2/3+(A+\alpha+C_1)\times 1/2\}\times B/(B+C_2)]-(A+\alpha)\times B/(B+C_2)=D$$

国家公務員共済組合法

国家公務員共済組合法施行令

国家公務員共済組合法施行規則

国家公務員共済組合法等の運用方針

算式の符号

A　第一項第一号に定める額

B　第一項第四号に定める額の算定の基礎となつた改正後厚生年金保険法第六十条第一項第一号の規定による額

C_1　なお効力を有する改正前の施行令第十一条の八の二に掲げる年金である給付の合算額

C_2　なお効力を有する改正前の施行令第十一条の八の七に掲げる規定による額の合算額

D　控除後控除調整下限額

(3)　第二項第四号ホの平成二十四年一元化法附則第四十一条遺族共済年金と併給する場合　次のイ又はロに掲げる場合の区分に応じ、当該イ又はロの定めるところにより算定した額

イ　第二項第四号イの平成二十四年一元化法附則第三十七条第一項に規定する給付のうち退職共済年金が控除対象年金である場合であり、かつ、控除後遺族共済年金等支給額が零を超える場合であつて、第一項第五号に定める額がなお効力を有する改正前厚生年金保険法第六十条第二項第一号の規定による額である場合　零

ロ　第二号第四号イの平成二十四年一元化法附則第三十七条第一項に規定する給付のうち退職共済年金が控除対象年金である場合であり、かつ、控除後遺族共済年金等支給額が零を超える場合であつて、第一項第五号に定める額がなお効力を有する改正前厚生年金保険法第六十条第二項第二号の規定による額である場合　控除後控除調整下限額

から第一項第一号に定める額及び控除後遺族共済年金等支給額の合計額を控除して得た額に退職按分率を乗じて得た額に二を乗じて得た額

11　第二項第四号ロの「財務大臣が定めるところにより算定した額」は、次の(1)から(3)までに掲げる場合の区分に応じ、当該(1)から(3)までの定めるところにより算定した額とする。

(1)　第二項第四号ハの平成二十四年一元化法附則第三十七条第一項に規定する給付のうち遺族共済年金と併給する場合　次のイからニまでに掲げる場合の区分に応じ、当該イからニまでの定めるところにより算定した額

イ　第二項第四号ハの平成二十四年一元化法附則第三十七条第一項に規定する給付のうち遺族共済年金が控除対象年金でない場合であり、かつ、控除後遺族共済年金等支給額が零を超える場合であつて、第一項第三号に定める額がなお効力を有する改正前の法第八十九条第二項第一号の規定による額である場合　以下の算式のαについて計算して得た額

算式

$(A+\alpha)+\{B-(A+\alpha)\times B/(B+C)\}=D$

算式の符号

A　第一項第二号に定める額

B　第一項第三号に定める額

C　なお効力を有する改正前の施行令第十一条の八の七に掲げる規定による額の合算額

D　控除後控除調整下限額

ロ　第二項第四号ハの平成二十四年一元化法附則第三十七条第一項に規定する

国家公務員共済組合法

国家公務員共済組合法施行令

国家公務員共済組合法施行規則

国家公務員共済組合法等の運用方針

給付のうち遺族共済年金が控除対象年金でない場合であり、かつ、控除後遺族共済年金等支給額が零を超える場合であつて、第一項第三号に定める額がなお効力を有する改正前の法第八十九条第二項第二号の規定による額である場合　以下の算式のαについて計算して得た額

算式

$(A+\alpha)+[\{(B+C_2)\times 2/3+(A+\alpha+C_1)\times 1/2\}\times B/(B+C_2)]-(A+\alpha)\times B/(B+C_2)=D$

算式の符号

A　第一項第二号に定める額

B　第一項第三号に定める額の算定の基礎となつたなお効力を有する改正前の法第八十九条第一項第一号の規定による額

C_1　なお効力を有する改正前の施行令第十一条の八の二に掲げる年金である給付の合算額

C_2　なお効力を有する改正前の施行令第十一条の八の七に掲げる規定による額の合算額

D　控除後控除調整下限額

ハ　第二項第四号ハの平成二十四年一元化法附則第三十七条第一項に規定する給付のうち遺族共済年金が控除対象年金である場合であり、かつ、控除後遺族共済年金等支給額が零を超える場合であつて、第一項第三号に定める額がなお効力を有する改正前の法第八十九条第二項第一号の規定による額である場合　零

ニ　第二項第四号ハの平成二十四年一元

化法附則第三十七条第一項に規定する給付のうち遺族共済年金が控除対象年金である場合であり、かつ、控除後遺族共済年金等支給額が零を超える場合であつて、第一項第三号に定める額がなお効力を有する改正前の法第八十九条第二項第二号の規定による額である場合　控除後控除調整下限額から第一項第二号に定める額及び控除後遺族共済年金等支給額の合計額を控除して得た額に退職按分率を乗じて得た額に二を乗じて得た額

(2)　第二項第四号ニの第二号遺族厚生年金と併給する場合　次のイ又はロに掲げる場合の区分に応じ、当該イ又はロの定めるところにより算定した額

イ　控除後遺族共済年金等支給額が零を超える場合であつて、第一項第四号に定める額がなお効力を有する改正前厚生年金保険法第六十条第二項第一号の規定による額である場合　以下の算式のαについて計算して得た額

算式

$(A+\alpha)+\{B-(A+\alpha)\times B/(B+C)\}=D$

算式の符号

A　第一項第二号に定める額

B　第一項第四号に定める額

C　なお効力を有する改正前の施行令第十一条の八の七に掲げる規定による額の合算額

D　控除後控除調整下限額

ロ　控除後遺族共済年金等支給額が零を超える場合であつて、第一項第四号に定める額がなお効力を有する改正前厚生年金保険法第六十条第二項第二号の規定による額である場合　以下の算式

国家公務員共済組合法

国家公務員共済組合法施行令

国家公務員共済組合法施行規則

国家公務員共済組合法等の運用方針

のαについて計算して得た額

算式

$(A+\alpha)+[\{(B+C_2)\times 2/3+(A+\alpha+C_1)\times 1/2\}\times B/(B+C_2)]-(A+\alpha)\times B/(B+C_2)=D$

算式の符号

A　第一項第二号に定める額

B　第一項第四号に定める額の算定の基礎となつた改正後厚生年金保険法第六十条第一項第一号の規定による額

C_1　なお効力を有する改正前の施行令第十一条の八の二に掲げる年金である給付の合算額

C_2　なお効力を有する改正前の施行令第十一条の八の七に掲げる規定による額の合算額

D　控除後控除調整下限額

(3)　第二項第四号ホの平成二十四年一元化法附則第四十一条遺族共済年金と併給する場合　次のイ又はロに掲げる場合の区分に応じ、当該イ又はロの定めるところにより算定した額

イ　控除後遺族共済年金等支給額が零を超える場合であつて、第一項第五号に定める額がなお効力を有する改正前厚生年金保険法第六十条第二項第一号の規定による額である場合　零

ロ　控除後遺族共済年金等支給額が零を超える場合であつて、第一項第五号に定める額がなお効力を有する改正前厚生年金保険法第六十条第二項第二号の規定による額である場合　控除後控除調整下限額から第一項第二号に定める額及び控除後遺族共済年金等支給額の

合計額を控除して得た額に退職按分率を乗じて得た額に二を乗じて得た額

12　第二項第四号ハの「財務大臣が定めるところにより算定した額」は、次の(1)又は(2)に掲げる場合の区分に応じ、当該(1)又は(2)の定めるところにより算定した額とする。

(1)　第二項第四号イの平成二十四年一元化法附則第三十七条第一項に規定する給付のうち退職共済年金と併給する場合　次のイからハまでに掲げる場合の区分に応じ、当該イからハまでの定めるところにより算定した額

イ　第二項第四号イの平成二十四年一元化法附則第三十七条第一項に規定する給付のうち退職共済年金が控除対象年金であつて、第二項第四号ハの平成二十四年一元化法附則第三十七条第一項に規定する給付のうち遺族共済年金が控除対象年金でない場合　第二項第四号イに定める平成二十四年一元化法附則第三十七条第一項に規定する給付のうち退職共済年金の額を基礎として遺族共済年金額算定規定により算定した額から第一項第三号に定める額を控除して得た額

ロ　第二項第四号イの平成二十四年一元化法附則第三十七条第一項に規定する給付のうち退職共済年金及び第二項第四号ハの平成二十四年一元化法附則第三十七条第一項に規定する給付のうち遺族共済年金がともに控除対象年金である場合であり、かつ、控除後遺族共済年金等支給額が零を超える場合であつて、第一項第三号に定める額がなお効力を有する改正前の法第八十九条第二項第一号の規定による額である場合以下の算式のαについて計算して得

国家公務員共済組合法

国家公務員共済組合法施行令

国家公務員共済組合法施行規則

国家公務員共済組合法等の運用方針

た額

算式

$A+\{(B+\alpha)-A\times(B+\alpha)/(B+\alpha+C)\}=D$

算式の符号

A　第二項第四号イに定める額

B　第一項第三号に定める額

C　なお効力を有する改正前の施行令第十一条の八の七に掲げる規定による額の合算額

D　控除後控除調整下限額

ハ　第二項第四号イの平成二十四年一元化法附則第三十七条第一項に規定する給付のうち退職共済年金及び第二項第四号ハの平成二十四年一元化法附則第三十七条第一項に規定する給付のうち遺族共済年金がともに控除対象年金である場合であり、かつ、控除後遺族共済年金等支給額が零を超える場合であつて、第一項第三号に定める額がなお効力を有する改正前の法第八十九条第二項第二号の規定による額である場合

第一項第三号に定める額の算定の基礎となつたなお効力を有する改正前の法第八十九条第一項第一号の規定による額に以下の算式のαについて計算して得た額を加えた額を基礎として遺族共済年金額算定規定の例により算定した額から第一項第三号に定める額を控除して得た額

算式

$A+[\{(B+\alpha+C_2)\times 2/3+(A+C_1)\times 1/2\}\times(B+\alpha)/(B+\alpha+C_2)]-A\times(B+\alpha)/(B+\alpha+C_2)=D$

算式の符号

A　第二項第四号イに定める額

B　第一項第三号に定める額の算定の基礎となつたなお効力を有する改正前の法第八十九条第一項第一号の規定による額

C_1　なお効力を有する改正前の施行令第十一条の八の二に掲げる年金である給付の合算額

C_2　なお効力を有する改正前の施行令第十一条の八の七に掲げる規定による額の合算額

D　控除後控除調整下限額

(2)　第二項第四号ロの平成二十四年一元化法附則第四十一条退職共済年金と併給する場合　次のイからハまでに掲げる場合の区分に応じ、当該イからハまでの定めるところにより算定した額

イ　第二項第四号ハの平成二十四年一元化法附則第三十七条第一項に規定する給付のうち遺族共済年金が控除対象年金でない場合　第二項第四号ロに定める平成二十四年一元化法附則第四十一条退職共済年金の額を基礎として遺族共済年金額算定規定により算定した額から第一項第三号に定める額を控除して得た額

ロ　第二項第四号ハの平成二十四年一元化法附則第三十七条第一項に規定する給付のうち遺族共済年金が控除対象年金である場合であり、かつ、控除後遺族共済年金等支給額が零を超える場合であつて、第一項第三号に定める額がなお効力を有する改正前の法第八十九条第二項第一号の規定による額である場合　以下の算式のαについて計算して得た額

算式

国家公務員共済組合法

国家公務員共済組合法施行令

国家公務員共済組合法施行規則

国家公務員共済組合法等の運用方針

$$A+\{(B+\alpha)-A\times(B+\alpha)/(B+\alpha+C)\}=D$$

算式の符号

A　第二項第四号ロに定める額

B　第一項第三号に定める額

C　なお効力を有する改正前の施行令第十一条の八の七に掲げる規定による額の合算額

D　控除後控除調整下限額

ハ　第二項第四号ハの平成二十四年一元化法附則第三十七条第一項に規定する給付のうち遺族共済年金が控除対象年金である場合であり、かつ、控除後遺族共済年金等支給額が零を超える場合であつて、第一項第三号に定める額がなお効力を有する改正前の法第八十九条第二項第二号の規定による額である場合　第一項第三号に定める額の算定の基礎となつたなお効力を有する改正前の法第八十九条第一項第一号の規定による額に以下の算式のαについて計算して得た額を加えた額を基礎として遺族共済年金額算定規定の例により算定した額から第一項第三号に定める額を控除して得た額

算式

$$A+[\{(B+\alpha+C_2)\times 2/3+(A+C_1)\times 1/2\}\times(B+\alpha)/(B+\alpha+C_2)]-A\times(B+\alpha)/(B+\alpha+C_2)=D$$

算式の符号

A　第二項第四号ロに定める額

B　第一項第三号に定める額の算定の基礎となつたなお効力を有する改正前の法第八十九条第一項第一号の規定による額

C_1　なお効力を有する改正前の施行令第十一条の八の二に掲げる年金である給付の合算額

C_2　なお効力を有する改正前の施行令第十一条の八の七に掲げる規定による額の合算額

D　控除後控除調整下限額

13　第二項第四号ニの「財務大臣が定めるところにより算定した額」は、次の(1)又は(2)に掲げる場合の区分に応じ、当該(1)又は(2)の定めるところにより算定した額とする。

(1)　第二項第四号イの平成二十四年一元化法附則第三十七条第一項に規定する給付のうち退職共済年金と併給する場合　第二項第四号イに定める平成二十四年一元化法附則第三十七条第一項に規定する給付のうち退職共済年金の額を基礎として遺族共済年金額算定規定により算定した額から第一項第四号に定める額を控除して得た額

(2)　第二項第四号ロの平成二十四年一元化法附則第四十一条退職共済年金と併給する場合　同号ロに定める平成二十四年一元化法附則第四十一条退職共済年金の額を基礎として遺族共済年金額算定規定により算定した額から第一項第四号に定める額を控除して得た額

14　第二項第四号ホの「財務大臣が定めるところにより算定した額」は、次の(1)又は(2)に掲げる場合の区分に応じ、当該(1)又は(2)の定めるところにより算定した額とする。

(1)　第二項第四号イの平成二十四年一元化法附則第三十七条第一項に規定する給付のうち退職共済年金と併給する場合　次のイ又はロに掲げる場合の区分に応じ、当該イ又はロの定めるところにより算定した額

国家公務員共済組合法	国家公務員共済組合法施行令	国家公務員共済組合法施行規則	国家公務員共済組合法等の運用方針
			イ　第二項第四号イの平成二十四年一元化法附則第三十七条第一項に規定する給付のうち退職共済年金が控除対象年金である場合であり、かつ、控除後遺族共済年金等支給額が零を超える場合であつて、第一項第五号に定める額がなお効力を有する改正前厚生年金保険法第六十条第二項第一号の規定による額である場合　以下の算式のαについて計算して得た額 算式 $A+\{(B+\alpha)-A\times(B+\alpha)/(B+\alpha+C)\}=D$ 算式の符号 A　第二項第四号イに定める額 B　第一項第五号に定める額 C　なお効力を有する改正前の施行令第十一条の八の七に掲げる規定による額の合算額 D　控除後控除調整下限額 ロ　第二項第四号イの平成二十四年一元化法附則第三十七条第一項に規定する給付のうち退職共済年金が控除対象年金である場合であり、かつ、控除後遺族共済年金等支給額が零を超える場合であつて、第一項第五号に定める額がなお効力を有する改正前厚生年金保険法第六十条第二項第二号の規定による額である場合　第一項第五号に定める額の算定の基礎となつた改正後厚生年金保険法第六十条第一項第一号の規定による額に以下の算式のαについて計算して得た額を加えた額を基礎として遺族共済年金額算定規定の例により算定した額から第一項第五号に定める額を控除して得た額

算式

$$A + [\{(B + \alpha + C_2) \times 2/3 + (A + C_1) \times 1/2\} \times (B + \alpha) / (B + \alpha + C_2)] - A \times (B + \alpha) / (B + \alpha + C_2) = D$$

算式の符号

A　第二項第四号イに定める額

B　第一項第五号に定める額の算定の基礎となつた改正後厚生年金保険法第六十条第一項第一号の規定による額

C_1　なお効力を有する改正前の施行令第十一条の八の二に掲げる年金である給付の合算額

C_2　なお効力を有する改正前の施行令第十一条の八の七に掲げる規定による額の合算額

D　控除後控除調整下限額

(2)　第二項第四号ロの平成二十四年一元化法附則第四十一条退職共済年金と併給する場合　次のイ又はロに掲げる場合の区分に応じ、当該イ又はロの定めるところにより算定した額

イ　控除後遺族共済年金等支給額が零を超える場合であつて、第一項第五号に定める額がなお効力を有する改正前厚生年金保険法第六十条第二項第一号の規定による額である場合　以下の算式のαについて計算して得た額

算式

$$A + \{(B + \alpha) - A \times (B + \alpha) / (B + \alpha + C)\} = D$$

算式の符号

A　第二項第四号ロに定める額

B　第一項第五号に定める額

C　なお効力を有する改正前の施行令第十一条の八の七に掲げる規定

国家公務員共済組合法

国家公務員共済組合法施行令

国家公務員共済組合法施行規則

国家公務員共済組合法等の運用方針

による額の合算額

D　控除後控除調整下限額

ロ　控除後遺族共済年金等支給額が零を超える場合であつて、第一項第五号に定める額がなお効力を有する改正前厚生年金保険法第六十条第二項第二号の規定による額である場合　第一項第五号に定める額の算定の基礎となつた改正後厚生年金保険法第六十条第一項第一号の規定による額に以下の算式のαについて計算して得た額を加えた額を基礎として遺族共済年金額算定規定の例により算定した額から第一項第五号に定める額を控除して得た額

算式

$A+[\{(B+\alpha+C_2)\times 2/3+(A+C_1)\times 1/2\}\times(B+\alpha)/(B+\alpha+C_2)]-A\times(B+\alpha)/(B+\alpha+C_2)=D$

算式の符号

A　第二項第四号ロに定める額

B　第一項第五号に定める額の算定の基礎となつた改正後厚生年金保険法第六十条第一項第一号の規定による額

C_1　なお効力を有する改正前の施行令第十一条の八の二に掲げる年金である給付の合算額

C_2　なお効力を有する改正前の施行令第十一条の八の七に掲げる規定による額の合算額

D　控除後控除調整下限額

平成二十七年経過措置政令第百三十八条第十九項

第十九項の「財務大臣が定める額」は、次の(1)から(3)までに掲げる場合の区分に応

じ、当該(1)から(3)までの定めるところにより算定した額とする。

(1) 控除後遺族特例年金給付額が改正後平成九年経過措置政令第十七条の三第一項第二号イ(2)(i)の規定により算定される場合　以下の算式のαについて計算して得た額

算式

$X_1 - Z \times X_1 / X = \alpha$

算式の符号

X_1　改正後平成九年経過措置政令第十三条第一項第九号又は第十号の規定により算定した額

X　改正後平成九年経過措置政令第十七条の二の二の規定により遺族給付額とみなされた遺族共済年金額控除規定適用後の改正後平成九年経過措置政令第十七条の二第一項第一号に規定する死亡を給付事由とする年金たる給付の額

Z　改正後平成九年経過措置政令第十七条の三の二の規定により老齢厚生年金等合計額とみなされた退職共済年金額控除規定適用後の改正後平成九年経過措置政令第十七条の二第一項第一号に規定する退職を給付事由とする年金たる給付の額

(2) 控除後遺族特例年金給付額が改正後平成九年経過措置政令第十七条の三第一項第二号イ(2)(ii)又はロ(2)の規定により算定される場合　以下の算式のαについて計算して得た額

算式

$X_1 \times 2 / 3 - Z \times 1 / 2 \times X_1 /$

$X = \alpha$

算式の符号

国家公務員共済組合法

国家公務員共済組合法施行令

国家公務員共済組合法施行規則

国家公務員共済組合法等の運用方針

X_1　改正後平成九年経過措置政令第十三条第一項第九項又は第十号の規定により算定した額

X　改正後平成九年経過措置政令第十七条の二の二の規定により遺族給付額とみなされた遺族共済年金額控除規定適用後の改正後平成九年経過措置政令第十七条の二第一項第一号に規定する死亡を給付事由とする年金たる給付の額

Z　改正後平成九年経過措置政令第十七条の三の二の規定により老齢厚生年金等合計額とみなされた退職共済年金額控除規定適用後の改正後平成九年経過措置政令第十七条の二第一項第一号に規定する退職を給付事由とする年金たる給付の額

(3)　控除後遺族特例年金給付額が改正後平成九年経過措置政令第十七条の三第一項第一号又は第二号イ(1)若しくはロ(1)の規定により算定される場合　零

附則第四十九条の三関係

平成二十七年経過措置政令第百四十五条

平成二十七年経過措置省令第四条

1　平成二十七年経過措置政令第百四十五条の規定により読み替えて準用する施行令第9条の三第四項の規定により同条第二項に規定する退職等年金給付積立金等（以下「退職等年金給付積立金等」という。）及び平成二十七年経過措置政令第百四十五条に規定する国の組合の経過的長期給付積立金等（以下「経過的長期給付積立金等」という。）を合同して管理及び運用を行つた場合に利益（第三項に規定するものを除く。）が生じたときは、次の各号に掲げる経理に帰属する額は、それぞれ当該各号に定める額とする。

(1) 退職等年金経理（施行規則第八十五条第二項において読み替えて準用する施行規則第六条第一項第二号の二に掲げる経理単位をいう。次項において同じ。）当該利益の額に当該事業年度において合同して管理及び運用を行つた退職等年金給付積立金等の額を当該額と当該事業年度において合同して管理及び運用を行つた経過的長期給付積立金等の額との合算額で除して得た率を乗じて得た額（一円未満の端数があるときは、これを四捨五入して得た額）

(2) 経過的長期経理（平成二十七年経過措置省令第二条第一項において読み替えて準用する施行規則第六条第一項第二号に掲げる経理単位をいう。次項及び第三項において同じ。）当該利益の額から前号に定める額を控除して得た額

2 退職等年金給付積立金等及び経過的長期給付積立金等を合同して管理及び運用を行つた場合に損失（次項に規定するものを除く。）が生じたときは、次の各号に掲げる経理に帰属する額は、それぞれ当該各号に定める額とする。

(1) 退職等年金経理　当該損失の額に前項第一号の率を乗じて得た額（一円未満の端数があるときは、これを四捨五入して得た額）

(2) 経過的長期経理　当該損失の額から前号に定める額を控除して得た額

3 平成二十七年経過措置政令第百四十五条の規定により読み替えて準用する施行令第九条の三第四項の規定により退職等年金給付積立金等及び経過的長期給付積立金等を合同して管理及び運用を行う場合における

国家公務員共済組合法

国家公務員共済組合法施行令

国家公務員共済組合法施行規則

国家公務員共済組合法等の運用方針

不動産の譲渡による利益又は損失については、経過的長期経理に帰属するものとする。

附則第百六十条関係

平成二十七年経過措置政令第三条

平成二十七年経過措置政令第三条に規定する財務大臣が定める厚生年金保険法第三条第一項第三号に掲げる報酬若しくは同項第四号に掲げる賞与又は健康保険法第三条第五項に規定する報酬若しくは同条第六項に規定する賞与のうちその全部又は一部が通貨以外のもので支払われる報酬又は賞与に相当するものは、厚生労働大臣が定める現物給与の価額（平成二十四年一月厚生労働省告示第三十六号）によつて定めるものとする。

平成二十七年経過措置政令第十三条第一項

平成六年改正法附則第八条

国家公務員等共済組合法等の一部を改正する法律（平成六年法律第九十八号）附則第八条第二項の規定により支給される旧職域加算障害給付については、同項に規定する旧共済法による障害年金の給付事由が生じた日（旧共済法第八十五条の規定により当該障害年金の額を改定した場合にあつては、最後に改定した日）を障害認定日とみなし、なお効力を有する改正前の法の旧職域加算障害給付に関する規定を適用するものとする。

〔法律別表〕

別表第一（第七十一条関係）

損害の程度	月数
一 住居及び家財の全部が焼失し、又は滅失したとき。 二 住居及び家財に前号と同程度の損害を受けたとき。	三月
一 住居及び家財の二分の一以上が焼失し、又は滅失したとき。 二 住居及び家財に前号と同程度の損害を受けたとき。 三 住居又は家財の全部が焼失し、又は滅失したとき。 四 住居又は家財に前号と同程度の損害を受けたとき。	二月
一 住居及び家財の三分の一以上が焼失し、又は滅失したとき。 二 住居及び家財に前号と同程度の損害を受けたとき。 三 住居又は家財の二分の一以上が焼失し、又は滅失したとき。 四 住居又は家財に前号と同程度の損害を受けたとき。	一月
一 住居又は家財の三分の一以上が焼失し、又は滅失したとき。 二 住居又は家財に前号と同程度の損害を受けたとき。	〇・五月

別表第二（第百二十四条の三関係）

名称	根拠法
独立行政法人教職員支援機構	独立行政法人教職員支援機構法（平成十二年法律第八十八号）
独立行政法人国立高等専門学校機構	独立行政法人国立高等専門学校機構法（平成十五年法律第百十三号）
独立行政法人大学改革支援・学位授与機構	独立行政法人大学改革支援・学位授与機構法（平成十五年法律第百十四号）
独立行政法人経済産業研究所	独立行政法人経済産業研究所法（平成十一年法律第二百号）
国立研究開発法人産業技術総合研究所	国立研究開発法人産業技術総合研究所法（平成十一年法律第二百三号）
国立研究開発法人情報通信研究機構	国立研究開発法人情報通信研究機構法（平成十一年法律第百六十二号）
独立行政法人酒類総合研究所	独立行政法人酒類総合研究所法（平成十一年法律第百六十四号）
独立行政法人国立特別支援教育総合研究所	独立行政法人国立特別支援教育総合研究所法（平成十一年法律第百六十五号）
独立行政法人大学入試センター	独立行政法人大学入試センター法（平成十一年法律第百六十六号）
独立行政法人国立青少年教育振興機構	独立行政法人国立青少年教育振興機構法（平成十一年法律第百六十七号）
独立行政法人国立女性教育会館	独立行政法人国立女性教育会館法（平成十一年法律第百六十八号）
独立行政法人国立科学博物館	独立行政法人国立科学博物館法（平成十一年法律第百七十二号）
国立研究開発法人物質・材料研究機構	国立研究開発法人物質・材料研究機構法（平成十一年法律第百七十三号）
国立研究開発法人防災科学技術研究所	国立研究開発法人防災科学技術研究所法（平成十一年法律第百七十四号）
独立行政法人国立美術館	独立行政法人国立美術館法（平成十一年法律第百七十七号）
独立行政法人国立文化財機構	独立行政法人国立文化財機構法（平成十一年法律第百七十八号）
独立行政法人家畜改良センター	独立行政法人家畜改良センター法（平成十一年法律第百八十五号）
国立研究開発法人農業・食品産業技術総合研究機構	国立研究開発法人農業・食品産業技術総合研究機構法（平成十一年法律第百九十二号）
国立研究開発法人国際農林水産業研究センター	国立研究開発法人国際農林水産業研究センター法（平成十一年法律第百九十八号）
国立研究開発法人森林研究・整備機構	国立研究開発法人森林研究・整備機構法（平成十一年法律第百九十八号）
国立研究開発法人水産研究・教育機構	国立研究開発法人水産研究・教育機構法（平成十一年法律第百九十九号）
独立行政法人工業所有権情報・研修館	独立行政法人工業所有権情報・研修館法（平成十一年法律第二百一号）
国立研究開発法人土木研究所	国立研究開発法人土木研究所法（平成十一年法律第二百五号）
国立研究開発法人建築研究所	国立研究開発法人建築研究所法（平成十一年法律第二百六号）
国立研究開発法人海上・港湾・航空技術研究所	国立研究開発法人海上・港湾・航空技術研究所法（平成十一年法律第二百八号）
独立行政法人海技教育機構	独立行政法人海技教育機構法（平成十一年法律第二百十四号）
独立行政法人航空大学校	独立行政法人航空大学校法（平成十一年法律第二百十五号）
国立研究開発法人国立環境研究所	国立研究開発法人国立環境研究所法（平成十一年法律第二百十六号）
独立行政法人自動車技術総合機構	独立行政法人自動車技術総合機構法（平成十一年法律第二百十八号）
国立研究開発法人国立がん研究センター	高度専門医療に関する研究等を行う国立研究開発法人に関する法律（平成二十年法律第九十三号）
国立研究開発法人国立循環器病研究センター	
国立研究開発法人国立精神・神経医療研究センター	

国立研究開発法人国立国際医療研究センター	
国立研究開発法人国立成育医療研究センター	
国立研究開発法人国立長寿医療研究センター	
独立行政法人国立病院機構	独立行政法人国立病院機構法（平成十四年法律第百九十一号）

別表（第三十七条関係）

損害の程度	割合
一 家財の全部が焼失し、又は滅失したとき。 二 家財に前号と同程度の損害を受けたとき。	二〇割
一 家財の二分の一以上が焼失し、又は滅失したとき。 二 家財に前号と同程度の損害を受けたとき。	一〇割
一 家財の三分の一以上が焼失し、又は滅失したとき。 二 家財に前号と同程度の損害を受けたとき。	五割

備考 この表において、「家財」とは、本邦外にある家財をいう。

〔省令別表〕

別表

一	呼吸器系結核
二	肺化のう症
三	けい肺（これに類似するじん肺症を含む。）
四	その他認定又は診査に際し必要と認められるもの

別紙様式第１号から別紙様式第８号まで削除

別紙様式第９号〔第87条〕

（表）

組合員原票

組合員						
氏名	（フリガナ）	旧姓	（フリガナ）	組合員	資格取得年月日	資格喪失年月日
性別	男女	改姓年月日	明大昭平 年 月 日		年 月 日	年 月 日
生年月日	明大昭平 年 月 日				年 月 日	年 月 日
現住所					年 月 日	年 月 日
					年 月 日	年 月 日

異動年月日	組合員種別	組合員証記号番号	支部名	所属部局課	備考

被扶養者									
氏名	性別	続柄	生年月日	職業	同居、別居の別	別居の場合は現住所	認定年月日	認定取消年月日	摘要
	男女		明大昭平 年 月 日						
	男女		明大昭平 年 月 日						
	男女		明大昭平 年 月 日						
	男女		明大昭平 年 月 日						
	男女		明大昭平 年 月 日						
	男女		明大昭平 年 月 日						
	男女		明大昭平 年 月 日						
	男女		明大昭平 年 月 日						
	男女		明大昭平 年 月 日						
	男女		明大昭平 年 月 日						
	男女		明大昭平 年 月 日						
	男女		明大昭平 年 月 日						
	男女		明大昭平 年 月 日						
	男女		明大昭平 年 月 日						

（裏）

長期組合員番号	氏名

標準報酬又は標準期末手当等

昭和61年４月１日前 標準報酬月額	円	基礎期間	昭和 年 月 ～ 昭和 年 月	月

異動年月日	標準報酬又は標準期末手当等											備考
	固定的給与 (円)	非固定的給与 (円)	（寒冷地手当額）(円)	計 (円)	短期		退職等給付		厚年		船員資格期間	
					等級	月額(千円)	等級	月額(千円)	等級	月額(千円)		

第２号厚生年金被保険者期間（平成27年10月以後の期間に限る。）	年 月 ～ 年 月	

産前産後休業および育児休業による掛金免除期間	年 月 ～ 年 月	年 月 ～ 年 月
	年 月 ～ 年 月	年 月 ～ 年 月

1　「昭和61年４月１日前の標準報酬月額」の欄は、国家公務員等共済組合法等の一部を改正する法律（昭和60年法律第百五号。次項において、「昭和60年改正法」という。）附則第９条第１項の規定に該当する者の同項の規定により標準報酬の月額とみなされた額を記入すること。

2　「基礎期間」の欄は、昭和60年改正法附則第９条第２項の規定による昭和61年４月１日までに引き続く組合員期間及びその月数を記入すること。

3　「固定的給与」の欄は、標準報酬月額の場合には本俸、扶養手当、住居手当、通勤手当その他の報酬で財務大臣の定めるものの合計額を、標準期末手当等の額の場合には期末手当等の額の合計額を記入し、「非固定的給与」の欄は、固定的給与以外の報酬を記入すること。

4　標準期末手当等の額については、例えば(期)と記入する等、当該決定が標準期末手当等の額を決定したものであることが明確となるように記入すること。

5　「備考」の欄には、異動した理由、高齢任意加入被保険者に係る期間を有している場合にあつては、その期間等を記入すること。

備考：用紙の大きさは、日本工業規格Ａ４とする。

別紙様式第10号削除

別紙様式第11号〔第89条〕

（表面）

（組合員用）

本人（組合員）　　平成　　年　　月　　日交付

○○共済組合
組　合　員　証

記号　　番号
氏名
性別
生　年　月　日　　年　　月　　日
資格取得年月日　　年　　月　　日

発行機関所在地
保　険　者　番　号
名　　　称

印

（裏面）

注意事項　保険診療を受けようとするときは、この証を保険医療機関等の窓口で渡して下さい。
住　所

備　考

※　以下の欄に記入することにより、臓器提供に関する意思を表示することができます。
記入する場合は、1. 2. 3. のいずれかの番号を○で囲んで下さい。

1. 私は、脳死後及び心臓が停止した死後のいずれでも移植の為に臓器を提供します。
2. 私は、心臓が停止した死後に限り、移植の為に臓器を提供します。
3. 私は、臓器を提供しません。

《1又は2を選んだ方で、提供したくない臓器があれば、× をつけて下さい。》
【 心臓・肺・肝臓・腎臓・膵臓・小腸・眼球 】
〔特記欄：　　　　　　　　〕
署名年月日：　　年　　月　　日
本人署名（自筆）：＿＿＿＿＿＿　家族署名（自筆）：＿＿＿＿＿＿

備　考

1. プラスチックその他の材料を用い、使用に十分耐えうるものとする。
2. 大きさは、縦54ミリメートル、横86ミリメートルとする。
3. 必要があるときは、横書きの文字を縦書きで表示することその他所要の変更又は調整を加えることができる。
4. 任意継続組合員については、本組合員証表面に任意継続組合員と表示し、資格取得年月日欄には任意継続組合員となつた日を記載するほか、有効期限を記載すること。
5. 別途組合員に周知することにより、注意事項を省略することができる。
6. 組合員に次に掲げる事項を周知するものとする。
   (1) 組合員証の交付を受けたときは、直ちに住所欄に住所を自署して大切に保管すること。
   (2) 保険医療機関等において診療を受けようとするときは、必ず組合員証を（70歳の誕生日の属する月の翌月（誕生日が月の初日である場合はその月）以後の場合は組合員証に高齢受給者証を添えて）窓口で提出すること。
   (3) 組合員の資格を喪失したときは、遅滞なく組合員証を組合に返納すること。
   (4) 不正に組合員証を使用した者は、刑法により詐欺罪として懲役の処分を受けることがあること。
   (5) 組合員証の記載事項に変更があつたときは、遅滞なく組合に提出して訂正を受けること。
   (6) 臓器提供に関する意思を表示する場合は、次の点に留意するほか、臓器の移植に関する法律（平成9年法律第104号）に基づく臓器提供意思表示カードの記載の例によること。
      (イ) 特記欄については、親族への優先提供の意思等がある場合に記載すること。
      (ロ) 家族署名欄への記載は、意思表示の有効性の要件とはなつていないこと。
      また、「家族」は被扶養者の認定を受けている者に限らないこと。

別紙様式第12号から別紙様式第14号まで削除

別紙様式第15号〔第95条〕

（表面）

（被扶養者用）

家族（被扶養者）　　平成　　年　　月　　日交付

○　○　共　済　組　合
組合員被扶養者証

記号　　番号
氏名　　組合員氏名
性別
生　年　月　日　　年　　月　　日
認　定　年　月　日　　年　　月　　日

発行機関所在地
保　険　者　番　号
名　　　称

印

（裏面）

注意事項　保険診療を受けようとするときは、この証を保険医療機関等の窓口で渡して下さい。
住　所

備　考

※　以下の欄に記入することにより、臓器提供に関する意思を表示することができます。
記入する場合は、1. 2. 3. のいずれかの番号を○で囲んで下さい。

1. 私は、脳死後及び心臓が停止した死後のいずれでも移植の為に臓器を提供します。
2. 私は、心臓が停止した死後に限り、移植の為に臓器を提供します。
3. 私は、臓器を提供しません。

《1又は2を選んだ方で、提供したくない臓器があれば、× をつけて下さい。》
【 心臓・肺・肝臓・腎臓・膵臓・小腸・眼球 】
〔特記欄：　　　　　　　　〕
署名年月日：　　年　　月　　日
本人署名（自筆）：＿＿＿＿＿＿　家族署名（自筆）：＿＿＿＿＿＿

備　考

1. プラスチックその他の材料を用い、使用に十分耐えうるものとする。
2. 大きさは、縦54ミリメートル、横86ミリメートルとする。
3. 必要があるときは、横書きの文字を縦書きで表示することその他所要の変更又は調整を加えることができる。
4. 任意継続組合員の被扶養者については、本組合員被扶養者証表面に任意継続組合員被扶養者と表示し、有効期限を記載すること。
5. 別途組合員又はその被扶養者に周知することにより、注意事項を省略することができる。
6. 組合員又はその被扶養者に次に掲げる事項を周知するものとする。
   (1) 組合員被扶養者証の交付を受けたときは、直ちに住所欄に住所を自署して大切に保管すること。
   (2) 保険医療機関等において診療を受けようとするときは、必ず組合員被扶養者証を（70歳の誕生日の属する月の翌月（誕生日が月の初日である場合はその月）以後の場合は組合員被扶養者証に高齢受給者証を添えて）窓口で提出すること。
   (3) 組合員の資格を喪失したとき又は被扶養者がその要件を欠くに至つたときは、遅滞なく組合員被扶養者証を組合に返納すること。
   (4) 不正に組合員被扶養者証を使用した者は、刑法により詐欺罪として懲役の処分を受けることがあること。
   (5) 組合員被扶養者証の記載事項に変更があつたときは、遅滞なく組合に提出して訂正を受けること。
   (6) 臓器提供に関する意思を表示する場合は、次の点に留意するほか、臓器の移植に関する法律（平成9年法律第104号）に基づく臓器提供意思表示カードの記載の例によること。
      (イ) 特記欄については、親族への優先提供の意思等がある場合に記載すること。
      (ロ) 家族署名欄への記載は、意思表示の有効性の要件とはなつていないこと。
      また、「家族」は被扶養者の認定を受けている者に限らないこと。

別紙様式第15号の2削除

別紙様式第15号の3〔第95条の2〕

（表面）

平成　　年　　月　　日交付

○○共済組合
高齢受給者証

記号　　　　　　　　　　　　番号
対象者氏名　　　　　　　　　組合員氏名
性別
生 年 月 日　　　年　　月　　日
発 効 年 月 日　　年　　月　　日
有 効 期 限　　　年　　月　　日
一部負担金の割合

発行機関所在地
保 険 者 番 号
名　　　称　　　　　　　　　　　　印

（裏面）

注　意　事　項

1．この証の交付を受けたときは、すぐに住所欄に住所を自署して大切に保管して下さい。
2．保険診療を受けようとするときは、この証を保険医療機関等の窓口で渡して下さい。
3．組合員の資格がなくなつたとき、その被扶養者でなくなつたとき又は有効期限に達したときは、遅滞なくこの証を組合に返して下さい。
4．不正にこの証を使用した者は、刑法によつて詐欺罪として懲役の処分を受けます。
5．この証の記載事項に変更があつた場合には、組合員証等を添えて、遅滞なく組合に提出して訂正を受けて下さい。

住所

備考

備　考

1　プラスチツクその他の材料を用い、使用に十分耐えうるものとする。
2　大きさは、縦54ミリメートル、横86ミリメートルとする。
3　対象者が組合員であるときは、表面の「組合員氏名」欄に本人と記載することとする。
4　必要があるときは、横書きの文字を縦書きで表示することその他所要の変更又は調整を加えることができる。
5　別途組合員又はその被扶養者に周知することにより、注意事項を省略することができる。

別紙様式第16号から別紙様式第21号まで削除

別紙様式第21号の2〔第105条の5の3〕

（表）

○○共済組合特定疾病療養受療証 平成　年　月　日交付				
認定疾病名				
受診者	氏名及び生年月日	明昭大平　年　月　日生		男女
	住所			
組合員	記号		番号	
	氏名及び生年月日	明大昭平　年　月　日生		男女
自己負担限度額				
発効期日		平成　年　月　日から有効		
組合印及び印				

（裏）

注意事項

1　この証を受けたときは、各面をよく読んで、大切に持つていて下さい。

2　この証によつて認定疾病に係る保険診療を受ける場合は、窓口で支払う一部負担金等の額は、保険医療機関等又は保険薬局等ごとに一か月に表面に記載された自己負担限度額を最高限度とします。

ただし、入院した場合には、食事療養又は生活療養に要する費用について、別途定額の食事療養標準負担額又は生活療養標準負担額を求めることとなります。

3　保険医療機関等又は保険薬局等について認定疾病に係る保険診療を受けようとするときには、必ずこの証をその窓口で渡して下さい（保険医療機関等については、組合員証を添えて下さい。）。この場合には、その認定疾病に係る療養が終わるまで、この証は保管されて、療養が終わつてから返付されます。

4　組合員の資格がなくなつたとき、組合員が後期高齢者医療の被保険者等、交流派遣職員、私立大学派遣検察官等、私立大学等複数校派遣検察官等、弁護士職務従事職員、オリンピック・パラリンピック派遣職員、ラグビー派遣職員、福島相双復興推進機構派遣職員若しくは継続長期組合員となつたとき又は被扶養者でなくなつたときは、5日以内にこの証を組合に返して下さい。

5　不正にこの証を使用した者は、刑法により詐欺罪として懲役の処分を受けます。

6　表面の記載事項に変更があつたときは、遅滞なく共済組合に差し出して訂正を受けて下さい。

備考

1　用紙の大きさは、縦127ミリメートル、横91ミリメートルとする。

2　この証は、受診者1人ごとに作成すること。

3「男女」欄は、該当しない文字を消すこと。

4　受診者が組合員であるときは、表面の「受診者」欄の「氏名及び生年月日」欄に「組合員本人」と記載し、受診者が被扶養者であるときは、それぞれの欄に該当事項を記載すること。

5「発効期日」欄には、この証が有効となる年月日を記載すること。

6　別途組合員又はその被扶養者に周知することにより、注意事項を省略することができる。

別紙様式第 21 号の２の２削除

別紙様式第 21 号の２の３〔第 105 条の７の２〕

（表）

○○共済組合限度額適用認定証				
平成　年　月　日交付				
組合員	記　号		番　号	
	氏　名			男 女
	生年月日	大正 昭和 平成　　年　　月　　日		
適用対象者	氏　名			男 女
	生年月日	昭和 平成　　年　　月　　日		
	住　所			
発効年月日		平成　　年　　月　　日		
有効期限		平成　　年　　月　　日		
適用区分				
発行機関	所在地			
	組合（保険者） 番号名称及び印			

（裏）

注　意　事　項

1　この証は、各面をよく読んで大切に持つていて下さい。

2　この証によつて療養を受ける際に支払う一部負担金の額は、保険医療機関等又は指定訪問看護事業者ごとに１か月につき、別に定められた額を限度とします。

3　保険医療機関等又は指定訪問看護事業者について療養を受けるときには、必ずこの証を組合員証等に添えてその窓口で渡して下さい。入院療養を受ける場合には、退院するまで、この証は保管されて、退院の際に返付されます。

4　組合員の資格がなくなつたとき、組合員が後期高齢者医療の被保険者等、交流派遣職員、私立大学派遣検察官等、私立大学等複数校派遣検察官等、弁護士職務従事職員、オリンピック・パラリンピック派遣職員、ラグビー派遣職員、福島相双復興推進機構派遣職員若しくは継続長期組合員となつたとき、被扶養者でなくなつたとき、認定の条件に該当しなくなつたとき又は有効期限に達したときは、遅滞なくこの証を共済組合に返して下さい。

5　不正にこの証を使用した者は、刑法によつて詐欺罪として懲役の処分を受けます。

6　表面の記載事項に変更があつたときは、遅滞なく共済組合に差し出して訂正を受けて下さい。

備　考

1　用紙の大きさは、縦 127 ミリメートル横 91 ミリメートルとする。

2　この証は、対象者１人毎に作製すること。

3　「男女」欄は、該当しない文字を消すこと。

4　対象者が組合員であるときは、表面の「適用対象者」の欄の「氏名」欄に「組合員本人」と記載し、対象者が被扶養者であるときは、それぞれの欄に該当事項を記載すること。

5　「有効期限」欄には、この証が無効となる日の前日までを記載すること。

6　適用区分欄には、適用対象者が国家公務員共済組合法施行令第 11 条の３の５第１項第２号又は第２項第２号に掲げる者である場合は「ア」と、同条第１項第３号又は第２項第３号に掲げる者である場合は「イ」と、同条第１項第１号又は第２項第１号に掲げる者である場合は「ウ」と、同条第１項第４号又は第２項第４号に掲げる者である場合は「エ」と記載すること。

7　別途組合員又はその被扶養者に周知することにより、注意事項を省略することができる。

別紙様式第21号の3〔第105条の9〕

（表）

○○共済組合限度額適用・標準負担額減額認定証				
		平成　年　月　日交付		
組合員	記号		番号	
	氏名			男女
	生年月日	大正 昭和 平成　年　月　日		
適用・減額対象者	氏名			男女
	生年月日	大正 昭和 平成　年　月　日		
	住所			
発効年月日		平成　年　月　日		
有効期限		平成　年　月　日		
適用区分				
長期入院該当		平成　年　月　日	組合印	
発行機関	所在地			
	組合(保険者)番号名称及び印			

（裏）

注　意　事　項

1　この証は、各面をよく読んで大切に持つていて下さい。

2　この証によつて療養を受ける場合は、次のとおり一部負担金限度額の適用及び食事療養標準負担額又は生活療養標準負担額の減額が行われます。

(1)　療養を受ける際に支払う一部負担金の額は、保険医療機関等又は指定訪問看護事業者ごとに1か月につき、別に定められた額を限度とします。

(2)　入院の際に食事療養を受ける場合に支払う食事療養標準負担額又は生活療養を受ける場合に支払う生活療養標準負担額は、別に厚生労働大臣が定める減額された額とします。

3　保険医療機関等又は指定訪問看護事業者について療養を受けるときには、必ずこの証を組合員証等及び高齢受給者証に添えてその窓口で渡して下さい。入院療養を受ける場合には、退院するまで、この証は保管されて、退院の際に返付されます。

4　組合員の資格がなくなつたとき、組合員が後期高齢者医療の被保険者等、交流派遣職員、私立大学派遣検察官等、私立大学等複数校派遣検察官等、弁護士職務従事職員、オリンピック・パラリンピック派遣職員、ラグビー派遣職員、福島相双復興推進機構派遣職員若しくは継続長期組合員となつたとき、被扶養者でなくなつたとき、認定の条件に該当しなくなつたとき又は有効期限に達したときは、遅滞なくこの証を共済組合に返して下さい。

5　不正にこの証を使用した者は、刑法によつて詐欺罪として懲役の処分を受けます。

6　表面の記載事項に変更があつたときは、遅滞なく共済組合に差し出して訂正を受けて下さい。

備　考

1　用紙の大きさは、縦127ミリメートル横91ミリメートルとする。

2　この証は、対象者1人毎に作製すること。

3　「男女」欄は、該当しない文字を消すこと。

4　対象者が組合員であるときは、表面の「適用・減額対象者」の欄の「氏名」欄に「組合員本人」と記載し、対象者が被扶養者であるときは、それぞれの欄に該当事項を記載すること。

5　「有効期限」欄には、この証が無効となる日の前日までを記載すること。

6　適用区分欄には、適用対象者が国家公務員共済組合法施行令第11条の3の5第1項第5号又は第2項第5号に掲げる者である場合は「オ」と、同条第3項第4号に掲げる者である場合は「Ⅰ」と同項第3号に掲げる者である場合は「Ⅱ」と記載すること。

7　健康保険法施行規則第62条の3第6号に掲げる者である場合は、適用区分欄に、6記載の適用区分「オ」又は「Ⅰ」に加え、「(境)」と記載すること。

8　別途組合員又はその被扶養者に周知することにより、注意事項を省略することができる。

別紙様式第22号から別紙様式第24号まで削除

別紙様式第24号の2〔第104条〕

（表）

注　意　事　項

1　この証は各面をよく読んで大切に持つていてください。
2　この証では、資格喪失の際に、現に診察を受けていた傷病及びこれによつて発生した疾病についてのみ､診療が受けられます。診療を受けようとする際には、必ずこの証をその窓口で渡してください。
3　この証で診療を受けたときは、次の額を支払ってください。
　(1) 保険診療の費用（(2) の費用を除く。）
　　ア　組合員であつた者　3割に相当する額
　　　ただし、70歳の誕生日の属する月の翌月（誕生日が月の初日である場合はその月）以後の場合は、2割（ただし、昭和19年4月1日までに生まれた者は1割）に相当する額となります。
　　イ　被扶養者であつた者　3割に相当する額
　　　ただし、義務教育就学前（6歳の誕生日の前日以後の最初の3月31日まで）以前の場合は2割に相当する額、70歳の誕生日の属する月の翌月（誕生日が月の初日である場合はその月）以後の場合は2割（ただし、昭和19年4月1日までに生まれた者は1割）に相当する額となります。
　(2) 入院時の食事療養は生活療養又に要する費用　定額の食事療養標準負担額又は生活療養標準負担額
4　この証は、健康保険制度の日雇特例被保険者等として療養の給付等が受けられるようになつたとき、組合員等、私学共済制度の加入者等、健康保険制度の被保険者等、船員保険制度の被保険者等、国民健康保険制度の被保険者となつたとき、組合員の資格を喪失してから起算して6月を経過したときは診療を受けていた傷病が治つた等のため不要となつたときは、直ちに返納してください。
5　裏面の記載事項のうち組合員であつた者又は受給者の氏名又は住所に変更があつたときは、この証を提出するとともに、新旧の氏名又は住所を遅滞なく、届け出てください。
6　不正にこの証を使用した者は刑法によつて詐欺罪として懲役の処分を受けます。

国家公務員共済組合
特別療養証明書

○○共済組合

（裏）

国家公務員共済組合特別療養証明書

平成　　年　　月　　日 交付

記号		㊕	番号	
組合員であつた者	氏名		性別	男　女
	生年月日	明・大・昭・平　　年　　月　　日生		
	現住所			
受給者	氏名		性別	男　女
	生年月日	明・大・昭・平　　年　　月　　日生		
	現住所			
発行機関	所在地			
	組合（保険者）番号名称及び印			

療養給付記録1	傷病名			
	受給期限	平成　　年　　月　　日		
	終了年月日	平成　年　月　日	転帰	
	備考			
療養給付記録2	傷病名			
	受給期限	平成　　年　　月　　日		
	終了年月日	平成　年　月　日	転帰	
	備考			
療養給付記録3	傷病名			
	受給期限	平成　　年　　月　　日		
	終了年月日	平成　年　月　日	転帰	
	備考			

<参考　平成26年改正規則附則>
（様式の特例）
第2条　この省令による改正前の別紙様式第24号の2による特別療養証明書は、当分の間、この省令による改正後の別紙様式第24号の2の様式によるものとみなす。
第3条　この省令の施行の際現に存するこの省令による改正前の別紙様式第24号の2の用紙は、当分の間、これを取り繕い使用することができる。

備考
1　用紙の大きさは、縦127ミリメートル、横182ミリメートルとする。
2　この証は、受給者1人毎に作製すること。
3　受給者が組合員であつた者であるときは、「受給者」欄の「氏名」欄に本人と記載し、他の欄には、斜線を引くこととし、受給者が組合員の退職又は死亡の際に被扶養者であつた者であるときは、それぞれの欄に当該事項を記載すること。
4「性別」欄は、該当しない文字を抹消すること。
5「療養給付記録」欄は、保健医療機関等において次の方法により記載すること。ただし、「受給期限」欄については、特別療養を受けることができる期限を共済組合が記載すること。
(イ) 歯について保健診療を行つた場合には、患歯の部位を「傷病名」欄に記載すること。
(ロ)「終了年月日」欄には、受給期限が満了するときは、その満了日を記載し、傷病が転帰したときは、その年月日を記載すること。
(ハ)「転帰」欄には、治ゆ、療養の給付の期間満了、転医、死亡又は療養の中止等の別を記載すること。
(ニ) 船員組合員であつた者が一部負担金を支払つたときは、その額及びその年月日を「備考」欄に記載すること。
6　船員組合員であつた者又はその被扶養者については、本証明書最上欄右側の余白にそれぞれ「㊓」又は「船 被」と表示すること。
7　別途組合員であつた者又は受給者に周知することにより、注意事項を省略することができる。

別紙様式第25号から別紙様式第35号まで削除

別紙様式第36号〔第119条〕

（表）

第　　号　　　　　　　　　　年　　月　　日発行

国家公務員共済組合法（昭和33年法律第128号）
第116条第3項の規定に基づく監査証票

所　　属

官　　職

氏　　名

生年月日

写　　真

発行者　財務大臣
　　　　財務局長　印
　　　　又は福岡財務支局長

（裏）

国家公務員共済組合法(抄)

（財務大臣の権限）

第116条(第1項及び第2項　略)

3　財務大臣は、必要があると認めるときは、当該職員に組合又は連合会の業務及び財産の状況を監査させるものとする。

（第4項　略）

この監査証票の有効期限は、発行の日の属する会計年度の終了する日までとする。

備　考

1　用紙は厚質青紙とし、大きさは縦5.4センチメートル横8.5センチメートルとする。
2　写真の大きさは、縦3.5センチメートル横2.5センチメートルとする。
3　この監査証票は財務本省所属の職員に係るものにあつては財務大臣が、財務局所属の職員に係るものにあつては財務局長が、福岡財務支局所属の職員に係るものにあつては福岡財務支局長が、それぞれ発行するものとする。

別紙様式第37号〔第123条〕

（表）

第　　号　　　　　　　　　　　　　　　　年　　月　　日発行

国家公務員共済組合法（昭和33年法律第128号）
第117条の規定に基づく監査証票

所　　属

官　　職

氏　　名

生年月日

写　　真

財　務　大　臣
発 行 者　財　務　局　長　印
又は福岡財務支局長

備　考

1　用紙は厚質青紙とし、大きさは縦5.4センチメートル横8.5センチメートルとする。
2　写真の大きさは、縦3.5センチメートル横2.5センチメートルとする。
3　この監査証票は、財務本省所属の職員に係るものにあつては財務大臣が、財務局所属の職員に係るものにあつては財務局長が、福岡財務支局所属の職員に係るものにあつては福岡財務支局長が、それぞれ発行するものとする。

（裏）

国家公務員共済組合法(抄)

第117条　財務大臣は、組合の療養に関する短期給付についての費用の負担又は支払の適正化を図るため必要があると認めるときは、医師、歯科医師、薬剤師若しくは手当を行つた者若しくはこれらの者を使用する者に対し、その行つた診療、薬剤の支給若しくは手当に関し、報告若しくは診療録、帳簿書類その他の物件の提示を求め、若しくは当該職員をして質問させ、又は当該給付に係る療養を行つた保険医療機関若しくは保険薬局若しくは当該保険医療機関若しくは保険薬局の開設者若しくは管理者、保険医、保険薬剤師その他の従業者であつた者(以下この項において「開設者であつた者等」という。)から報告若しくは資料の提出を求め、当該保険医療機関若しくは保険薬局の開設者若しくは管理者、保険医、保険薬剤師その他の従業者(開設者であつた者等を含む。)に対し出頭を求め、若しくは当該職員をして関係者に対し質問し、若しくは当該保険医療機関若しくは保険薬局につき設備若しくは診療録その他その業務に関する帳簿書類を検査させることができる。

2　財務大臣は、組合の指定訪問看護に関する短期給付についての費用の負担又は支払の適正化を図るため必要があると認めるときは、指定訪問看護事業者又は指定訪問看護事業者であつた者若しくは当該指定に係る訪問看護事業所の看護師その他の従業者であつた者(以下この項において「指定訪問看護事業者であつた者等」という。)に対し、その行つた訪問看護療養費又は家族訪問看護療養費の支給に関し、報告若しくは帳簿書類の提出若しくは提示を求め、当該指定訪問看護事業者若しくは当該指定に係る訪問看護事業所の看護師その他の従業者(指定訪問看護事業者であつた者等を含む。)に対し出頭を求め、又は当該職員をして関係者に対し質問させ、若しくは当該指定訪問看護事業者の当該指定に係る訪問看護事業所につき帳簿書類その他の物件を検査させることができる。

3　当該職員は、前二項の規定により質問又は検査をする場合には、その身分を示す証票を携帯し、関係人にこれを提示しなければならない。

（第4項　略）

この検査証票の有効期限は、発行の日の属する会計年度の終了する日までとする。

別紙様式第38号〔第124条〕

（裏）

船員組合員原票

<table>
<tr><td colspan="2">組合員氏名
生年月日</td><td colspan="7">明治
大正
昭和
平成　年　月　日</td><td colspan="4">現住所</td><td colspan="6"></td></tr>
<tr><td rowspan="2">名称又は所属支部名</td><td rowspan="2">組合員証記号番号</td><td colspan="4">標準報酬又は標準期末手当等の額</td><td colspan="4">資格取得</td><td colspan="3">変更</td><td colspan="4">資格喪失（放棄）</td><td rowspan="2">資格期間</td></tr>
<tr><td>俸給</td><td>加給</td><td>計</td><td>等級</td><td>年</td><td>月</td><td>日</td><td>種別</td><td>年</td><td>月</td><td>日</td><td>年</td><td>月</td><td>日</td><td>種別</td></tr>
<tr><td></td><td></td><td></td><td></td><td></td><td></td><td></td><td></td><td></td><td></td><td></td><td></td><td></td><td></td><td></td><td></td><td></td><td></td></tr>
<tr><td></td><td></td><td></td><td></td><td></td><td></td><td></td><td></td><td></td><td></td><td></td><td></td><td></td><td></td><td></td><td></td><td></td><td></td></tr>
<tr><td></td><td></td><td></td><td></td><td></td><td></td><td></td><td></td><td></td><td></td><td></td><td></td><td></td><td></td><td></td><td></td><td></td><td></td></tr>
</table>

備考　用紙の大きさは、日本工業規格Ａ４とする。

（裏）

<table>
<tr><td colspan="8">被　扶　養　者</td></tr>
<tr><td>氏名</td><td>性別
続柄</td><td>生年月日</td><td>職業</td><td>同居・別居の別
（別居の場合は、現住所）</td><td>認定
年月日</td><td>認定取消
年月日</td><td>摘要</td></tr>
<tr><td></td><td></td><td></td><td></td><td></td><td></td><td></td><td></td></tr>
<tr><td></td><td></td><td></td><td></td><td></td><td></td><td></td><td></td></tr>
<tr><td></td><td></td><td></td><td></td><td></td><td></td><td></td><td></td></tr>
</table>

別紙様式第39号〔第125条〕

（表面）

（組合員用）

本人（組合員）　　平成　　年　　月　　日交付
○○共済組合
船員組合員証
記号　　番号
氏名
性別
生　年　月　日　　年　　月　　日
資格取得年月日　　年　　月　　日
発行機関所在地
保 険 者 番 号
名　　称
印

（裏面）

注意事項　保険診療を受けようとするときは、この証を保険医療機関等の窓口で渡して下さい。
住　所

備　考
※　以下の欄に記入することにより、臓器提供に関する意思を表示することができます。
記入する場合は、1．2．3．のいずれかの番号を○で囲んで下さい。
1．私は、脳死後及び心臓が停止した死後のいずれでも移植の為に臓器を提供します。
2．私は、心臓が停止した死後に限り、移植の為に臓器を提供します。
3．私は、臓器を提供しません。
《1又は2を選んだ方で、提供したくない臓器があれば、×をつけて下さい。》
【心臓・肺・肝臓・腎臓・膵臓・小腸・眼球】
〔特記欄：　　　　〕
署名年月日：　　年　　月　　日
本人署名（自筆）：＿＿＿＿＿　家族署名（自筆）：＿＿＿＿＿

備　考
1. プラスチックその他の材料を用い、使用に十分耐えうるものとする。
2. 大きさは、縦54ミリメートル、横86ミリメートルとする。
3. 必要があるときは、横書きの文字を縦書きで表示することその他所要の変更又は調整を加えることができる。
4. 別途船員組合員に周知することにより、注意事項を省略することができる。
5. 船員組合員に次に掲げる事項を周知するものとする。
(1) 船員組合員証の交付を受けたときは、直ちに住所欄に住所を自署して大切に保管すること。
(2) 保険医療機関等において診療を受けようとするときは、必ず船員組合員証を（70歳の誕生日の属する月の翌月（誕生日が月の初日である場合はその月）以後の場合は船員組合員証に高齢受給者証を添えて）窓口で提出すること。
(3) 船員組合員の資格を喪失したときは、遅滞なく船員組合員証を組合に返納すること。
(4) 不正に船員組合員証を使用した者は、刑法により詐欺罪として懲役の処分を受けることがあること。
(5) 船員組合員証の記載事項に変更があつたときは、遅滞なく組合に提出して訂正を受けること。
(6) 臓器提供に関する意思を表示する場合は、次の点に留意するほか、臓器の移植に関する法律（平成9年法律第104号）に基づく臓器提供意思表示カードの記載の例によること。
(イ) 特記欄については、親族への優先提供の意思等がある場合に記載すること。
(ロ) 家族署名欄への記載は、意思表示の有効性の要件とはなつていないこと。
また、「家族」は被扶養者の認定を受けている者に限らないこと。

別紙様式第40号

（表面）

（被扶養者用）

家族（被扶養者）　　平成　　年　　月　　日交付
○ ○ 共 済 組 合
船員組合員被扶養者証
記号　　番号
氏名　　組合員氏名
性別
生　年　月　日　　年　　月　　日
認 定 年 月 日　　年　　月　　日
発行機関所在地
保 険 者 番 号
名　　称
印

（裏面）

注意事項　診療を受けようとするときには、この証を保険医療機関等の窓口で渡して下さい。
住　所

備　考
※　以下の欄に記入することにより、臓器提供に関する意思を表示することができます。
記入する場合は、1．2．3．のいずれかの番号を○で囲んで下さい。
1．私は、脳死後及び心臓が停止した死後のいずれでも移植の為に臓器を提供します。
2．私は、心臓が停止した死後に限り、移植の為に臓器を提供します。
3．私は、臓器を提供しません。
《1又は2を選んだ方で、提供したくない臓器があれば、×をつけて下さい。》
【心臓・肺・肝臓・腎臓・膵臓・小腸・眼球】
〔特記欄：　　　　〕
署名年月日：　　年　　月　　日
本人署名（自筆）：＿＿＿＿＿　家族署名（自筆）：＿＿＿＿＿

備　考
1. プラスチックその他の材料を用い、使用に十分耐えうるものとする。
2. 大きさは、縦54ミリメートル、横86ミリメートルとする。
3. 必要があるときは、横書きの文字を縦書きで表示することその他所要の変更又は調整を加えることができる。
4. 別途船員組合員又は被扶養者に周知することにより、注意事項を省略することができる。
5. 船員組合員又はその被扶養者に次に掲げる事項を周知するものとする。
(1) 船員組合員被扶養者証の交付を受けたときは、直ちに住所欄に住所を自署して大切に保管すること。
(2) 保険医療機関等において診療を受けようとするときは、必ず船員組合員被扶養者証を（70歳の誕生日の属する月の翌月（誕生日が月の初日である場合はその月）以後の場合は船員組合員被扶養者証に高齢受給者証を添えて）窓口で提出すること。
(3) 船員組合員の資格を喪失したとき又は船員組合員の被扶養者がその要件を欠くに至つたときは、遅滞なく船員組合員被扶養者証を組合に返納すること。
(4) 不正に船員組合員被扶養者証を使用した者は、刑法により詐欺罪として懲役の処分を受けることがあること。
(5) 船員組合員被扶養者証の記載事項に変更があつたときは、遅滞なく組合に提出して訂正を受けること。
(6) 臓器提供に関する意思を表示する場合は、次の点に留意するほか、臓器の移植に関する法律（平成9年法律第104号）に基づく臓器提供意思表示カードの記載の例によること。
(イ) 特記欄については、親族への優先提供の意思等がある場合に記載すること。
(ロ) 家族署名欄への記載は、意思表示の有効性の要件とはなつていないこと。
また、「家族」は被扶養者の認定を受けている者に限らないこと。

別紙様式第41号及び別紙様式第42号削除

別紙様式第43号〔第126条の2〕

船員組合員療養補償証明書

本人	組合員証記号番号					
	氏名		生年月日		大正 昭和 平成　年　月　日	
	組合員証資格取得年月日	平成　年　月　日				
乗組船舶	船舶名		総トン数			
傷病・事故発生の日時及び場所	日時	平成　年　月　日　午前 午後　時　分頃				
	場所					
傷病	1　疾病　2　負傷	部位				
船員法第八十九条第二項該当	下船の場所及び年月日	下船港				
		下船年月日	平成　年　月　日	下船後三月満了年月日	平成　年　月　日	

上記のとおり相違ないことを証明します。

平成　年　月　日

支部長　所在地
名称

船長　住所
氏名

備考　様式の大きさは、日本工業規格A4とする。

国家公務員共済組合法施行規則の一部を改正する省令（平成 22 年財務令 37）附則第 3 条の規定による改正前の別紙様式第 11 号、別紙様式第 15 号、別紙様式第 39 号及び別紙様式第 40 号

別紙様式第 11 号

（表）

6

注　意　事　項

1　この証は、各面をよく読んで大切に持つていて下さい。
2　この証では、公務上の傷病又は通勤による傷病については、診療は受けられません。
3　保険診療を受けようとするときは、この証を（70 歳の誕生日の属する月の翌月（誕生日が月の初日である場合はその月）以後の場合はこの証に高齢受給者証を添えて）保険医療機関等の窓口で渡して下さい。
　この場合、この証は、その傷病の療養が終るまで保管され、療養が終つてから療養給付記録欄に所要の事項が記入されて返されます。
4　保険医療機関等で診療を受けたときは、下記の額を支払つて下さい。ただし、直営医療機関、連合会直営医療機関及び契約医療機関の場合は、組合が定めた額を支払つて下さい。
(1)　保険診療の費用（(2)の費用を除く。）
　ア　組合員　3 割に相当する額
　　ただし、70 歳の誕生日の属する月の翌月（誕生日が月の初日である場合はその月）以後の場合は、高齢受給者証に記載された一部負担金の割合に相当する額となります。
　イ　被扶養者　3 割に相当する額
　　ただし、義務教育就学前（6 歳の誕生日の前日以後の最初の 3 月 31 日まで）の場合は 2 割に相当する額、70 歳の誕生日の属する月の翌月（誕生日が月の初日である場合はその月）以後の場合は高齢受給者証に記載された一部負担金の割合に相当する額となります。
(2)　入院時の食事療養又は生活療養に要する費用
　定額の食事療養標準負担額又は生活療養標準負担額
5　組合員の資格がなくなつたとき又は組合員が後期高齢者医療の被保険者等、交流派遣職員、私立大学派遣検察官等、私立大学等複数校派遣検察官等、弁護士職務従事職員、オリンピック・パラリンピック派遣職員、ラグビー派遣職員、福島相双復興推進機構派遣職員若しくは継続長期組合員となつたときは、遅滞なくこの証を共済組合に返して下さい。
6　不正にこの証を使用した者は、刑法によつて詐欺罪として懲役の処分を受けます。
7　第 1 面、第 2 面の記載事項に変更があつたときは、遅滞なく共済組合に差し出して訂正を受けて下さい。

1

○○共済組合員証

記号			番号	
組合員	氏　名			男女
	生　年 月　日	明治 大正 昭和 平成　　年　　月　　日		
	住　所			
	資格 取得 年月日	年　　月　　日		
発行機関	所在地			
	組合（保険者）番号 名称及び印			
交付年月日		平成　　年　　月　　日		
有効期限		平成　　年　　月　　日		

2

被扶養者氏名	男女別	生　年　月　日	支部長検印
		明大昭平　年　月　日	
		明大昭平　年　月　日	
		明大昭平　年　月　日	
		明大昭平　年　月　日	
		明大昭平　年　月　日	
		明大昭平　年　月　日	
		明大昭平　年　月　日	
		明大昭平　年　月　日	

（裏）

3

組合員療養給付記録

傷病名	開始年月日	入院年月日	終了年月日	転帰	請求金額	認印
	|　|	|　|	|　|		円	
	|　|	|　|	|　|			
	|　|	|　|	|　|			
	|　|	|　|	|　|			
	|　|	|　|	|　|			
	|　|	|　|	|　|			
	|　|	|　|	|　|			
	|　|	|　|	|　|			
	|　|	|　|	|　|			

4

被扶養者療養給付記録

氏　名	傷病名	開始年月日	終了年月日	転帰	請求金額	認印
		|　|	|　|		円	
		|　|	|　|			
		|　|	|　|			
		|　|	|　|			
		|　|	|　|			
		|　|	|　|			
		|　|	|　|			
		|　|	|　|			
		|　|	|　|			

5

臓器提供意思表示欄

以下の欄に記入することにより、臓器提供に関する意思を表示することができます。記入する場合は、1.2.3. のいずれかの番号を○で囲んで下さい。

組合員
1. 私は、脳死後及び心臓が停止した死後のいずれでも移植の為に臓器を提供します。
2. 私は、心臓が停止した死後に限り、移植の為に臓器を提供します。
3. 私は、臓器を提供しません。
《1 又は 2 を選んだ方で、提供したくない臓器があれば、×をつけて下さい。》
【心臓・肺・肝臓・腎臓・膵臓・小腸・眼球】
〔特記欄：　　　　　　　　　　　　〕
署名：＿＿年＿＿月＿＿日
組合員署名（自筆）：＿＿＿＿＿　家族署名（自筆）：＿＿＿＿＿

被扶養者
1. 私は、脳死後及び心臓が停止した死後のいずれでも移植の為に臓器を提供します。
2. 私は、心臓が停止した死後に限り、移植の為に臓器を提供します。
3. 私は、臓器を提供しません。
《1 又は 2 を選んだ方で、提供したくない臓器があれば、×をつけて下さい。》
【心臓・肺・肝臓・腎臓・膵臓・小腸・眼球】
〔特記欄：　　　　　　　　　　　　〕
署名：＿＿年＿＿月＿＿日
被扶養者署名（自筆）：＿＿＿＿＿　家族署名（自筆）：＿＿＿＿＿

備　考
1　用紙の大きさは、縦 127 ミリメートル、横 273 ミリメートルとする。
2　「男女」欄は、該当しない文字を消すこと。
3　「組合員療養給付記録」欄及び「被扶養者療養給付記録」欄は、保険医療機関等において次の方法により記載すること。
(イ)　歯について保険診療を行つた場合には、患歯の部位を「傷病名」欄に記載すること。
(ロ)　「開始年月日」欄には、保険診療を開始した年月日を記載すること。
(ハ)　「入院年月日」欄には、保険診療により入院を開始した年月日を記載すること。
(ニ)　「終了年月日」欄には、保険診療を行わなくなつた年月日を記載すること。
(ホ)　「転帰」欄には、治ゆ、期間満了、転医、死亡又は中止等の別を記載すること。
(ヘ)　「請求金額」欄には、保険医療機関等が共済組合に請求すべき費用の額を記載すること。
(ト)　「認印」欄には、当該事項を記載した保険医療機関等においてなつ印すること。
4　組合員証を再交付する場合において組合員が現に保険診療を受けているときは、その傷病名、保険診療を開始した年月日その他必要な事項を共済組合において記載すること。
5　任意継続組合員については、本組合員証第 1 面最上欄右側の余白に「㊣」と表示し、資格取得年月日欄には任意継続組合員となつた日を記載すること。
6　別途組合員又はその被扶養者に周知することにより、注意事項を省略することができる。
7　臓器提供に関する意思を表示する場合は、次の点に留意するほか、臓器の移植に関する法律（平成 9 年法律第 104 号）に基づく臓器提供意思表示カードの記載の例によること。
(イ)　特記欄については、親族への優先提供の意思等がある場合に記載すること。
(ロ)　家族署名欄への記載は、意思表示の有効性の要件とはなつていないこと。
　また、「家族」は被扶養者の認定を受けている者に限らないこと。

別紙様式第15号

（表）

6

注　意　事　項

1　この証は、各面をよく読んで大切に持つていて下さい。
2　保険診療を受けようとするときは、この証を（70歳の誕生日の属する月の翌月（誕生日が月の初日である場合はその月）以後の場合はこの証に高齢受給者証を添えて）保険医療機関等の窓口で渡して下さい。
　この場合、この証は、その傷病の療養が終るまで保管され、療養が終つてから療養給付記録欄に所要の事項が記入されて返されます。
3　この証で療養を受けたときは、次の額を支払つて下さい。
(1)　療養に要した費用（(2)の費用を除く。）の3割に相当する額
　ただし、義務教育就学前（6歳の誕生日の前日以後の最初の3月31日まで）の場合は2割に相当する額、70歳の誕生日の属する月の翌月（誕生日が月の初日である場合はその月）以後の場合は高齢受給者証に記載された一部負担金の割合に相当する額となります。
(2)　入院時の食事療養又は生活療養に要する費用
定額の食事療養標準負担額又は生活療養標準負担額
4　この証の必要がなくなつたとき、組合員の資格がなくなつたとき又は組合員が後期高齢者医療の被保険者等、交流派遣職員、私立大学派遣検察官等、私立大学等複数校派遣検察官等、弁護士職務従事職員、オリンピック・パラリンピック派遣職員、ラグビー派遣職員、福島相双復興推進機構派遣職員若しくは継続長期組合員となつたときは、遅滞なくこの証を共済組合に返して下さい。
5　不正にこの証を使用した者は、刑法によつて詐欺罪として懲役の処分を受けます。
6　第1面、第2面の記載事項に変更があつたときは、遅滞なく共済組合に差し出して訂正を受けて下さい。

1

〇〇共済組合遠隔地被扶養者証

記号		番号	
組合員	氏　名		男女
	生年月日	明治大正昭和平成　年　月　日	
	住　所		
	資格取得年月日	年　月　日	
遠隔地被扶養者の住所			
発行機関	所在地		
	組合(保険者)番号名称及び印		
交付年月日		平成　年　月　日	
有効期限		平成　年　月　日	

2

遠隔地被扶養者氏名	男女別	生　年　月　日	支部長検印
		明大昭平　年　月　日	
		明大昭平　年　月　日	
		明大昭平　年　月　日	
		明大昭平　年　月　日	
		明大昭平　年　月　日	
		明大昭平　年　月　日	
		明大昭平　年　月　日	
		明大昭平　年　月　日	

（裏）

3

遠隔地被扶養者療養給付記録

氏　名	傷病名	開始年月日	終了年月日	転帰	請求金額	認印
		| |	| |		円	
		| |	| |			
		| |	| |			
		| |	| |			
		| |	| |			
		| |	| |			
		| |	| |			
		| |	| |			

4

遠隔地被扶養者療養給付記録

氏　名	傷病名	開始年月日	終了年月日	転帰	請求金額	認印
	| |	| |	| |		円	
	| |	| |	| |			
	| |	| |	| |			
	| |	| |	| |			
	| |	| |	| |			
	| |	| |	| |			
	| |	| |	| |			
	| |	| |	| |			

5

臓器提供意思表示欄

以下の欄に記入することにより、臓器提供に関する意思を表示することができます。記入する場合は、1.2.3.のいずれかの番号を〇で囲んで下さい。

被扶養者

1. 私は、脳死後及び心臓が停止した死後のいずれでも移植の為に臓器を提供します。
2. 私は、心臓が停止した死後に限り、移植の為に臓器を提供します。
3. 私は、臓器を提供しません。

《1又は2を選んだ方で、提供したくない臓器があれば、×をつけて下さい。》
【心臓・肺・肝臓・腎臓・膵臓・小腸・眼球】
〔特記欄：　〕
署名：　年　月　日
被扶養者署名（自筆）：
家族署名（自筆）：

被

1. 私は、脳死後及び心臓が停止した死後のいずれでも移植の為に臓器を提供します。
2. 私は、心臓が停止した死後に限り、移植の為に臓器を提供します。
3. 私は、臓器を提供しません。

備　考

1　用紙の大きさは、縦127ミリメートル、横273ミリメートルとする。
2　「男女」欄は、該当しない文字を消すこと。
3　「遠隔地被扶養者療養給付記録」欄は、保険医療機関等において次の方法により記載すること。
(イ)　歯について療養をしたときは、患歯の部位を「傷病名」欄に記載すること。
(ロ)　「開始年月日」欄には、療養を開始した年月日を記載すること。
(ハ)　「終了年月日」欄には、療養をしなくなつた年月日を記載すること。
(ニ)　「転帰」欄には、治ゆ、期間満了、転医、死亡又は中止等の別を記載すること。
(ホ)　「請求金額」欄には、保険医療機関等が共済組合に請求すべき費用の額を記載すること。
(ヘ)　「認印」欄には、当該事項を記載した保険医療機関等においてなつ印すること。
4　遠隔地被扶養者証を再交付する場合において、その被扶養者が現に療養を受けているときは、その傷病名、療養を開始した年月日その他必要な事項を共済組合において記載すること。
5　任意継続組合員については、本遠隔地被扶養者証第1面最上欄右側の余白に「㊎」と表示し、資格取得年月日欄には任意継続組合員となつた日を記載すること。
6　別途組合員の被扶養者に周知することにより、注意事項を省略することができる。
7　臓器提供に関する意思を表示する場合は、次の点に留意するほか、臓器の移植に関する法律（平成9年法律第104号）に基づく臓器提供意思表示カードの記載の例によること。
(イ)　特記欄については、親族への優先提供の意思等がある場合に記載すること。
(ロ)　家族署名欄への記載は、意思表示の有効性の要件とはなつていないこと。
また、「家族」は被扶養者の認定を受けている者に限らないこと。

別紙様式第15号の3

（表）

○○共済組合高齢受給者証 平成　年　月　日交付				
記　号			番　号	
組合員	氏　名			男 女
	生年月日	大正 昭和 平成　年　月　日		
対象者	氏　名			男 女
	生年月日	大正 昭和 平成　年　月　日		
	住　所			
発効年月日		平成　年　月　日		
有効期限		平成　年　月　日		
一部負担金の割合				
発行機関	所在地			
	組合(保険者) 番号名称及び印			

（裏）

注　意　事　項

1　この証は、各面をよく読んで大切に持つていて下さい。
2　保険医療機関等から診療を受けようとするときには、組合員証等とともに必ずこの証をその窓口で渡して下さい。
3　組合員の資格がなくなつたとき、組合員が後期高齢者医療の被保険者等、交流派遣職員、私立大学派遣検察官等、私立大学等複数校派遣検察官等、弁護士職務従事職員、オリンピック・パラリンピック派遣職員、ラグビー派遣職員、福島相双復興推進機構派遣職員若しくは継続長期組合員となつたとき、被扶養者でなくなつたとき又は有効期限に達したときは、遅滞なくこの証を共済組合に返して下さい。
4　不正にこの証を使用した者は、刑法によつて詐欺罪として懲役の処分を受けます。
5　表面の記載事項に変更があつたときは、遅滞なく共済組合に差し出して訂正を受けて下さい。

備　考

1　用紙の大きさは、縦127ミリメートル、横91ミリメートルとする。
2　この証は、対象者1人毎に作製すること。
3　「男女」欄は、該当しない文字を消すこと。
4　対象者が組合員であるときは、表面の「対象者」の欄の「氏名」欄に「組合員本人」と記載し、対象者が被扶養者であるときは、それぞれの欄に該当事項を記載すること。
5　「有効期限」欄には、この証が無効となる日の前日までを記載すること。
6　別途組合員又はその被扶養者に周知することにより、注意事項を省略することができる。

別紙様式第39号

（表）

1

〇〇共済組合船員組合員証

記号		番号		
船員組合員	氏　名			男女
	生　年 月　日	明治 大正 昭和 平成	年　　月　　日	
	住　所			
	資　格 取　得 年月日	年　　月　　日		
発行機関	所在地			
	組合(保険者)番号名称及び印			
交付年月日	平成　　年　　月　　日			
有効期限	平成　　年　　月　　日			

6

注　意　事　項

1　この証の交付を受けたときは、各面をよく読んで、大切に持つていて下さい。

2　この証では、公務上の傷病又は通勤による傷病については、診療は受けられません。

3　診療を受けようとするときは、この証を（70歳の誕生日の属する月の翌月（誕生日が月の初日である場合はその月）以後の場合はこの証に高齢受給者証を添えて）保険医療機関等の窓口に提出して下さい。この場合には、その傷病の療養が終るまでこの証は保管され、療養が終つてから所要事項が記入されて返されますが、組合に一部負担金等を請求するために必要があるときは、その都度この証を（70歳の誕生日の属する月の翌月（誕生日が月の初日である場合はその月）以後の場合はこの証に高齢受給者証を添えて）返して貰い、使用後は遅滞なくもとの保険医療機関等に提出して下さい。また乗船その他の事由により診療を受けられなくなつたときは、その保険医療機関等に申し出て、この証を（70歳の誕生日の属する月の翌月（誕生日が月の初日である場合はその月）以後の場合はこの証に高齢受給者証を添えて）返して貰つて下さい。返されたときは、必ず記入事項の確認をして下さい。

4　保険医療機関等で診療を受けたときは、下記の額を支払つて下さい。ただし、直営医療機関、連合会直営医療機関及び契約医療機関の場合は、組合が定めた額を支払つて下さい。

(1)　保険診療の費用（(2)の費用を除く。）

ア　組合員　3割に相当する額

ただし、70歳の誕生日の属する月の翌月（誕生日が月の初日である場合はその月）以後の場合は、高齢受給者証に記載された一部負担金の割合に相当する額となります。

イ　被扶養者　3割に相当する額

ただし、義務教育就学前（6歳の誕生日の前日以後の最初の3月31日まで）の場合は2割に相当する額、70歳の誕生日の属する月の翌月（誕生日が月の初日である場合はその月）以後の場合は高齢受給者証に記載された一部負担金の割合に相当する額となります。

(2)　入院時の食事療養又は生活療養に要する費用　定額の食事療養標準負担額又は生活療養標準負担額

5　一部負担金等を支払つたら、この証に所要事項の記載を受けて下さい。

6　組合員の資格がなくなつたとき又は組合員が後期高齢者医療の被保険者等、交流派遣職員、私立大学派遣検察官等、私立大学等複数校派遣検察官等、弁護士職務従事職員、オリンピック・パラリンピック派遣職員、ラグビー派遣職員、福島相双復興推進機構派遣職員若しくは継続長期組合員となつたときは、遅滞なくこの証を共済組合に返して下さい。

7　不正にこの証を使用した者は、刑法によつて詐欺罪として懲役の処分を受けます。

8　第1面の記載事項に変更があつた場合には遅滞なく共済組合に差し出して訂正を受けて下さい。

5

一部負担金等記録

開　始 年月日	一部負担 金等額	保険医療機関等の名称及び印	共済組合の支払年月日及び印
｜｜	円		｜　｜
｜｜			｜　｜
｜｜			｜　｜
｜｜			｜　｜
｜｜			｜　｜
｜｜			｜　｜
｜｜			｜　｜
｜｜			｜　｜
｜｜			｜　｜
｜｜			｜　｜
｜｜			｜　｜
｜｜			｜　｜
｜｜			｜　｜
｜｜			｜　｜
｜｜			｜　｜

（裏）

2

一部負担金等記録

開　始 年月日	一部負担 金等額	保険医療機関等の名称及び印	共済組合の支払年月日及び印
｜｜			｜　｜
｜｜			｜　｜
｜｜			｜　｜
｜｜			｜　｜
｜｜			｜　｜
｜｜			｜　｜
｜｜			｜　｜

3

船員組合員療養給付記録

傷病名	開始・入院年月日	終　了 年月日	転帰	請求 金額	保険医療機関等の名称及び印
	｜｜	｜｜		円	
	｜｜	｜｜			
	｜｜	｜｜			
	｜｜	｜｜			
	｜｜	｜｜			
	｜｜	｜｜			
	｜｜	｜｜			

4

船員組合員療養給付記録

傷病名	開始・入院年月日	終　了 年月日	転帰	請求 金額	保険医療機関等の名称及び印
	｜｜	｜｜		円	

臓器提供意思表示欄

以下の欄に記入することにより、臓器提供に関する意思を表示することができます。記入する場合は、1.2.3.のいずれかの番号を〇で囲んで下さい。

船員組合員

1. 私は、脳死後及び心臓が停止した死後のいずれでも移植の為に臓器を提供します。
2. 私は、心臓が停止した死後に限り、移植の為に臓器を提供します。
3. 私は、臓器を提供しません。

《1又は2を選んだ方で、提供したくない臓器があれば、×をつけて下さい。》

【心臓・肺・肝臓・腎臓・膵臓・小腸・眼球】

〔特記欄：　　　　　　　　　　　　〕

署名：　　年　　月　　日

船員組合員署名（自筆）：＿＿＿＿＿＿＿＿

家族署名（自筆）：＿＿＿＿＿＿＿＿

備　考

1　用紙の大きさは、縦128ミリメートル、横273ミリメートルとする。

2「男女」欄は、該当しない文字を消すこと。

3「船員組合員療養給付記録」及び「一部負担金等記録」欄は、「共済組合の支払年月日及び印」欄を除き、保険医療機関等において次の方法により記載すること。

(イ)　歯について保険診療を行つた場合には、患歯の部位を「傷病名」欄に記載すること。

(ロ)「開始・入院年月日」欄には、保険診療を開始した年月日・保険診療により入院を開始した年月日を記載すること。

(ハ)「終了年月日」欄には、保険診療をしなくなつた年月日を記載すること。

(ニ)「転帰」欄には、治ゆ、期間満了、転医、死亡又は中止等の別を記載すること。

(ホ)「請求金額」欄には、保険医療機関等が共済組合に請求すべき費用の額を記載すること。

4　船員組合員証を再交付する場合において、組合員が現に保険診療を受けているときは、その傷病名、保険診療を開始した年月日その他必要な事項を共済組合において記載すること。

5　別途組合員に周知することにより、注意事項を省略することができる。

6　臓器提供に関する意思を表示する場合は、次の点に留意するほか、臓器の移植に関する法律（平成9年法律第104号）に基づく臓器提供意思表示カードの記載の例によること。

(イ)　特記欄については、親族への優先提供の意思等がある場合に記載すること。

(ロ)　家族署名欄への記載は、意思表示の有効性の要件とはなつていないこと。

また、「家族」は被扶養者の認定を受けている者に限らないこと。

別紙様式第 40 号

（表）

5

被扶養者療養給付記録

氏 名	傷病名	開始・入院年月日	終 了 年月日	転帰	請求金額	保険医療機関等の名称及び印
					円	

6

注　意　事　項

1　この証の交付を受けたときは、第 1 面及び第 2 面の記載事項を確認の上大切に持つていて下さい。

2　診療を受けようとするときは、この証を（70 歳の誕生日の属する月の翌月（誕生日が月の初日である場合はその月）以後の場合はこの証に高齢受給者証を添えて）保険医療機関等の窓口に提出して下さい。この場合には、その傷病の療養が終るまでこの証は保管され、療養が終つてから所要事項が記入されて返されます。その時は、必ず記入事項を確認して下さい。

3　この証で診療を受けたときは、次の額を支払つて下さい。

(1)　療養に要した費用（(2)の費用を除く。）の 3 割に相当する額

ただし、義務教育就学前（6 歳の誕生日の前日以後の最初の 3 月 31 日まで）の場合は 2 割に相当する額、70 歳の誕生日の属する月の翌月（誕生日が月の初日である場合はその月）以後の場合は高齢受給者証に記載された一部負担金の割合に相当する額となります。

(2)　入院時の食事療養又は生活療養に要する費用

定額の食事療養標準負担額又は生活療養標準負担額

4　組合員の資格がなくなつたとき、組合員が後期高齢者医療の被保険者等、交流派遣職員、私立大学派遣検察官等、私立大学等複数校派遣検察官等、弁護士職務従事職員、オリンピック・パラリンピック派遣職員、ラグビー派遣職員、福島相双復興推進機構派遣職員若しくは継続長期組合員となつたとき又はこの証の必要がなくなつたときは、遅滞なく共済組合に返して下さい。

5　不正にこの証を使用した者は、刑法によつて詐欺罪として懲役の処分を受けます。

6　第 1 面及び第 2 面の記載事項に変更があつた場合には、遅滞なく共済組合に差し出して訂正を受けて下さい。

1

〇〇共済組合船員被扶養者証

記号		番号	
船員組合員	氏　名		男女
	生　年 月　日	明治 大正 昭和 平成　　年　　月　　日	
	住　所		
	資　格 取　得 年月日	年　　月　　日	
発行機関	所在地		
	組合（保険者）番号名称及び印		
交付年月日		平成　　年　　月　　日	
有効期限		平成　　年　　月　　日	

（裏）

2

被扶養者氏　　名	男女別	生　年　月　日	支部長検　印
		明大昭平　　年　　月　　日	
		明大昭平　　年　　月　　日	
		明大昭平　　年　　月　　日	
		明大昭平　　年　　月　　日	
		明大昭平　　年　　月　　日	

3

被扶養者療養給付記録

氏 名	傷病名	開始・入院年月日	終 了 年月日	転帰	請求金額	保険医療機関等の名称及び印
					円	

4

臓器提供意思表示欄

以下の欄に記入することにより、臓器提供に関する意思を表示することができます。記入する場合は、1.2.3. のいずれかの番号を〇で囲んで下さい。

被扶養者

1.　私は、脳死後及び心臓が停止した死後のいずれでも移植の為に臓器を提供します。
2.　私は、心臓が停止した死後に限り、移植の為に臓器を提供します。
3.　私は、臓器を提供しません。

《1 又は 2 を選んだ方で、提供したくない臓器があれば、×をつけて下さい。》
【心臓・肺・肝臓・腎臓・膵臓・小腸・眼球】
〔特記欄：　　　　〕
署名：　　年　　月　　日
被扶養者署名（自筆）：
家族署名（自筆）：

に臓器を提供します。
3.　私は、臓器を提供しません。

被扶養者

《1 又は 2 を選んだ方で、提供したくない臓器があれば、×をつけて下さい。》
【心臓・肺・肝臓・腎臓・膵臓・小腸・眼球】
〔特記欄：　　　　〕
署名：　　年　　月　　日
被扶養者署名（自筆）：
家族署名（自筆）：

備　考

1　用紙の大きさは、縦 128 ミリメートル、横 273 ミリメートルとする。
2「男女」欄は、該当しない文字を消すこと。
3「被扶養者療養給付記録」欄は、保険医療機関等において次の方法により記載すること。
(イ)　歯について療養をしたときは、患歯の部位を「傷病名」欄に記載すること。
(ロ)「開始・入院年月日」欄には、療養を開始した年月日・療養により入院を開始した年月日を記載すること。
(ハ)「終了年月日」欄には、療養をしなくなつた年月日を記載すること。
(ニ)「転帰」欄には、治ゆ、期間満了、転医、死亡又は中止等の別を記載すること。
(ホ)「請求金額」欄には、保険医療機関等が共済組合に請求すべき費用の額を記載すること。
4　船員被扶養者証を再交付する場合において、被扶養者が現に療養を受けているときは、その傷病名、療養を開始した年月日その他必要な事項を共済組合において記載すること。
5　別途組合員の被扶養者に周知することにより、注意事項を省略することができる。
6　臓器提供に関する意思を表示する場合は、次の点に留意するほか、臓器の移植に関する法律（平成 9 年法律第 104 号）に基づく臓器提供意思表示カードの記載の例によること。
(イ)　特記欄については、親族への優先提供の意思等がある場合に記載すること。
(ロ)　家族署名欄への記載は、意思表示の有効性の要件とはなつていないこと。
また、「家族」は被扶養者の認定を受けている者に限らないこと。

○東日本大震災に対処するための特別の財政援助及び助成に関する法律（抄）

平二三・五・二
法四〇

最終改正　平二九・六・二　法五二

第一章　総則

（趣旨）

第一条　この法律は、東日本大震災に対処するため、地方公共団体等に対する特別の財政援助及び社会保険の加入者等についての負担の軽減、農林漁業者、中小企業者等に対する金融上の支援等の特別の助成に関する措置について定めるものとする。

（定義）

第二条　この法律において「東日本大震災」とは、平成二十三年三月十一日に発生した東北地方太平洋沖地震及びこれに伴う原子力発電所の事故による災害をいう。

2　この法律において「特定被災地方公共団体」とは、青森県、岩手県、宮城県、福島県、茨城県、栃木県、千葉県、新潟県及び長野県並びに東日本大震災による被害を受けた市町村で**政令で定めるもの**をいう。

3　この法律において「特定被災区域」とは、東日本大震災に際し災害救助法（昭和二十二年法律第百十八号）が適用された市町村のうち**政令で定めるもの**及びこれに準ずる市町村として**政令で定めるもの**の区域をいう。

第五章　財務省関係

（旧令による共済組合等からの年金受給者のための特別措置法の死亡に係る給付の支給に関する規定の適用の特例）

第二十五条　平成二十三年三月十一日に発生した東北地方太平洋沖地震による災害により行方不明となった者の生死が三月間分からない場合又はその者の死亡が三月以内に明らかとなり、かつ、その死亡の時期が分からない場合には、旧令による共済組合等からの年金受給者のための特別措置法（昭和二十五年法律第二百五十六号）の死亡に係る給付の支給に関する規定の適用については、同日に、その者は、死亡したものと推定する。

（国共済法の退職共済年金の決定の特例）

第二十六条　国家公務員共済組合法（昭和三十三年法律第百二十八号。以下この条から第三十二条までにおいて「国共済法」という。）第二十一条第一項に規定する国家公務員共済組合連合会は、平成二十三年三月一日から第九十六条に規定する厚生労働大臣が定める日までの間に六十五歳に達する者であって次の各号のいずれにも該当するものに係る国共済法第七十六条の規定による退職共済年金を受ける権利については、その権利を有する者の国共済法第四十一条第一項の請求がない場合であっても、必要があると認めるときは、同項の決定を行うことができる。

一　第九十六条第一号に規定する厚生労働大臣が定める区域に住所を有すること。

二　平成二十三年三月十一日前に国共済法附則第十二条の三の規定による退職共済年金その他の**政令で定める**給付を受ける権利に係る決定を受けたこと。

2　前項の規定は、厚生年金保険法等の一部を改正する法律（平成八年法律第八十二号）附則第三十二条第二項に規定する存続組合又は同法附則第四十八条第一項に規定する指定基金について準用する。

（国共済法の入院時食事療養費の額の特例）

第二十七条　国共済組合（国共済法第三条第一項に規定する国家公務員共済組合をいう。以下この条から第三十一条までにおいて同じ。）が、平成二十三年三月十一日から平成二十四年二月二十九日までの間において第五十条に規定する厚生労働大臣が定める日までの間（次条、第二十九条及び第三十一条において「特例対象期間」という。）に被災国共済組合員（国共済組合の組合員（国共済法第五十九条第一項の規定の適用を受ける者を含む。第三十一条第一項において同じ。）であって、東日本大震災による被害を受けたことにより療養の給付について国共済法第五十五条の二第一項第二号の措置が採られるべきものをいう。以下この条から第三十条までにおいて同じ。）が受けた食事療養（国共済法第五十四条第二項第一号に規定する食事療養をいう。以下この条及び第二十九条から第三十一条までにおいて同じ。）について国共済法第五十五条の三第一項の規定により当該被災国共済組合員に対して支給する入院時食事療養費の額は、同条第二項の規定にかかわらず、当該食事療養について同項の厚生労働大臣が定める基準によりされる算定の例により算定した費用の額（その額が現に当該食事療養に要した費用の額を超えるときは、当該現に食事療養に要した費用の額）に相当する金額とする。

（国共済法の入院時生活療養費の額の特例）

第二十八条　国共済組合が、特例対象期間に被災国共済組合員が受けた生活療養（国共済法第五十四条第二項第二号に規定する生活療養をいう。以下この条から第三十一条までにおいて同じ。）について国共済法第五十五条の四第一項の規定により当該被災国共済組合員に対して支給する入院時生活療養費の額は、同条第二項の規定にかかわらず、当該生活療養について同項の厚生労働大臣が定める基準によりされる算定の例により算定した費用の額（その額が現に当該生活療養に要した費用の額を超えるときは、当該現に生活療養に要した費用の額）に相当する金額とする。

（国共済法の保険外併用療養費の額の特例）

第二十九条　国共済組合が、特例対象期間に被災国共済組合員が受けた評価療養（国共済法第五十四条第二項第三号に規定する評価療養をいう。次項及び第三十一条において同じ。）又は選定療養（国共済法第五十四条第二項第四号に規定する選定療養をいう。次項及び第三十一条において同じ。）（これらの療養のうち食事療養が含まれているものに限る。）について国共済法第五十五条の五第一項の規定により当該被災国共済組合員に対して支給する保険外併用療養費の額は、同条第二項の規定にかかわらず、同項第一号に規定する金額及び当該食事療養について国共済法第五十五条の三第二項の厚生労働大臣が定める基準によりされる算定の例により算定した費用の額（その額が現に当該食事療養に要した費用の額を超えるときは、当該現に食事療養に要した費用の額）に相当する金額の合算額とする。

2　国共済組合が、特例対象期間に被災国共済組合員が受けた評価療養又は選定療養（これらの療養のうち生活療養が含まれているものに限る。）について国共済法第五十五条の五第一項の規定により当該被災国共済組合員に対して支給する保険外併用療養費の額は、同条第二項の規定にかかわらず、同項第一号に規定する金額及び当該生活療養について国共済法第五十五条の四第二項の厚生労働大臣が定める基準によりされる算定の例により算定した費用の額（その額が現に当該生活療養に要した費用の額を超えるときは、当該現に生活療養に要した費用の額）に相当する金額の合算額とする。

（国共済法の療養費の額の特例）

第三十条　国共済組合が、平成二十三年三月十一日から平成二十四年二月二十九日までの間に被災国共済組合員が受けた療養について国共済法第五十六条第一項又は第二項の規定により当該被災国共済組合員に対して支給する療養費の額は、同条第三項の規定にかかわらず、当該療養（食事療養及び生活療養を除く。）について算定した費用の額及び当該食事療養又は生活療養について算定した費用の額を基準として、国共済組合が定める金額とする。

2　前項の費用の額の算定に関しては、療養の給付を受けるべき場合には国共済法第五十五条第六項の療養に要する費用の額の算定、入院時食事療養費の支給を受けるべき場合には第二十七条の費用の額の算定（第五十条に規定する厚生労働大臣が定める日の翌日以降に受けた食事療養については、国共済法第五十五条の三第二項の金額の算定）、入院時生活療養費の支給を受けるべき場合には第二十八条の費用の額の算定（第五十条に規定する厚生労働大臣が定める日の翌日以降に受けた生活療養については、国共済法第五十五条の四第二項の金額の算定）、保険外併用療養費の支給を受けるべき場合には国共済法第五十五条の五第二項第一号の費用の額の算定（前項に規定する療養に食事療養又は生活療養が含まれるときは、前条の費用の額の算定（第五十条に規定する厚生労働大臣が定める日の翌日以降に受けた食事療養又は生活療養については、国共済法第五十五条の三第二項又は第五十五条の四第二項の金額の算定））の例による。ただし、その額は、現に療養に要した費用の額を超えることができない。

（国共済法の家族療養費の額の特例）

第三十一条　国共済組合が、特例対象期間に被災国共済被扶養者（国共済組合の組合員であって、東日本大震災による被害を受けたことにより国共済法第五十七条第一項又は第五十九条第一項の規定による家族療養費の支給について国共済法第五十七条の二第一項の措置が採られるべきものの被扶養者及び国共済法第五十九条第二項の規定の適用を受ける者であって、東日本大震災による被害を受けたことにより同項の規定による家族療養費の支給について国共済法第五十七条の二第一項の措置が採られるべきものをいう。以下この条において同じ。）が受けた療養（食事療養が含まれている療養に限る。）について国共済法第五十七条第一項の規定により当該被災国共済被扶養者に係る国共済組合の組合員（国共済法第五十九条第二項の規定の適用を受ける被災国共済被扶養者を含む。次項において「国共済組合の組合員等」という。）に対して支給する家族療養費の額は、国共済法第五十七条第二項の規定にかかわらず、当該療養（食事療養を除く。）について算定した費用の額に相当する金額及び当該食事療養について算定した費用の額に相当する金額の合算額とする。

2　国共済組合が、特例対象期間に被災国共済被扶養者が受けた療養（生活療養が含まれている療養に限る。）について国共済法第五十七条第一項の規定により当該被災国共済被扶養者に係る国共済組合の組合員等に対して支給する家族療養費の額は、同条第二項の規定にかかわらず、当該療養（生活療養を除く。）について算定した費用の額に相当する金額及び当該生活療養について算定した費用の額に相当する金額の合算額とする。

3　前二項に規定する療養についての費用の額の算定に関しては、保険医療機関等（国共済法第五十五条の五第一項に規定する保険医療機関等をいう。以下この項において同じ。）から療養（評価療養及び選定療養を除く。）を受ける場合にあっては国共済法第五十五条第六項の療養に要する費用の額の算定、保険医療機関等から評価療養又は選定療養を受ける場合にあっては国共済法第五十五条の五第二項第一号の費用の額の算定、第一項に規定する食事療養についての費用の額の算定に関しては第二十七条の費用の額の算定、前項に規定する生活療養についての費用の額の算定に関しては第二十八条の費用の額の算定の例による。

4　前条の規定は、国共済法第五十七条第七項において準用する国共済法第五十六条第一項及び第二項の規定により被災国共済被扶養者に係る家族療養費を支給する場合について準用する。この場合において、国共済法第五十七条第八項の規定は、適用しない。

（国共済法の死亡に係る給付の支給に関する規定の適用の特例）

第三十二条　平成二十三年三月十一日に発生した東北地方太平洋沖地震による災害により行方不明となった者の生死が三月間分からない場合又はその者の死亡が三月以内に明らかとなり、かつ、その死亡の時期が分からない場合には、国共済法の死亡に係る給付の支給に関する規定の適用については、同日に、その者は、死亡したものと推定する。

（国家公務員共済組合法の長期給付に関する施行法の死亡に係る給付の支給に関する規定の適用の特例）

第三十三条　平成二十三年三月十一日に発生した東北地方太平洋沖地震による災害により行方不明となった者の生死が三月間分からない場合又はその者の死亡が三月以内に明らかとなり、かつ、その死亡の時期が分からない場合には、国家公務員共済組合法の長期給付に関する施行法（昭和三十三年法律第百二十九号）の死亡に係る給付の支給に関する規定の適用については、同日に、その者は、死亡したものと推定する。

（適用）

第三十七条　第二十七条から第三十一条までの規定は、平成二十三年三月十一日から適用する。

附　則（抄）

（施行期日）

第一条　この法律は、公布の日から施行する。〔ただし書略〕

附　則（平二三・六・二二法七二）

（施行期日）

第一条　この法律は、平成二十四年四月一日から施行する。
〔ただし書略〕

附　則（平二三・七・二九法八七）

この法律は、公布の日から施行する。

附　則（平二三・八・一二法九六）（抄）

（施行期日）

第一条　この法律は、公布の日から施行する。

附　則（平二三・八・三〇法一〇七）（抄）

（施行期日）

第一条　この法律は、平成二十三年十月一日から施行する。
〔ただし書略〕

附　則（平二三・一二・二法一一六）（抄）

（施行期日）

第一条　この法律は、公布の日から施行する。

附　則（平二四・三・三一法一八）（抄）

（施行期日）

第一条　この法律は、平成二十四年四月一日から施行する。
〔ただし書略〕

附　則（平二四・六・二七法四四）（抄）

（施行期日）

第一条　この法律は、公布の日から起算して三月を超えない範囲内において政令で定める日から施行する。

附　則（平二四・六・二七法五一）

（施行期日）

第一条　この法律は、平成二十五年四月一日から施行する。ただし、次の各号に掲げる規定は、当該各号に定める日から施行する。

一　附則第十条及び第二十八条の規定　公布の日

二　第二条、第四条、第六条及び第八条並びに附則第五条から第八条まで、第十二条から第十六条まで及び第十八条から第二十六条までの規定　平成二十六年四月一日

附　則（平二五・六・二一法五七）

（施行期日）

第一条　この法律は、公布の日から起算して三月を超えない範囲内において政令で定める日から施行する。ただし、次の各号に掲げる規定は、当該各号に定める日から施行する。

一　附則第五条の規定　公布の日

二　第三条（中小企業支援法第九条の改正規定に限る。）、第九条、次条並びに附則第三条、第八条、第九条、第十二条、第十三条、第十四条（産業活力の再生及び産業活動の革新に関する特別措置法（平成十一年法律第百三十一号）第三十六条及び第三十八条の改正規定に限る。）、第十五条及び第十七条から第二十四条までの規定　平成二十七年三月三十一日

（附則二十三条、二十四条が同法の改正規定）

附　則（平二五・一一・二二法七六）

（施行期日）

第一条　この法律は、平成二十六年四月一日から施行し、この法律による改正後の特別会計に関する法律（以下「新特別会計法」という。）の規定は、平成二十六年度の予算から適用する。

附　則（平二五・一二・一三法一〇二）

（施行期日）

第一条　この法律は、公布の日から起算して九月を超えない範囲内において政令で定める日から施行する。〔ただし書略〕

附　則（平二五・一一・二二法七六）

（施行期日）

第一条　この法律は、平成二十六年四月一日から施行し、この法律による改正後の特別会計に関する法律（以下「新特別会計法」という。）の規定は、平成二十六年度の予算から適用する。（以下省略）

附　則（平二五・一二・一三法一〇二）

（施行期日）

第一条　この法律は、公布の日から起算して九月を超えない範囲内において政令で定める日から施行する。〔ただし書以下省略〕

附　則（平二六・六・二五法八三）（抄）

（施行期日）

第一条　この法律は、公布の日又は平成二十六年四月一日のいずれか遅い日から施行する。〔ただし書以下省略〕

附　則（平二七・五・二七法二九）（抄）

（施行期日）

第一条　この法律は、公布の日から施行する。〔ただし書以下省略〕

附　則（平二七・五・二九法三一）（抄）

（施行期日）

第一条　この法律は、平成三十年四月一日から施行する。
〔ただし書以下省略〕

附　則（平二八・六・三法六五）（抄）

（施行期日）

第一条　この法律は、平成三十年四月一日から施行する。

附　則（平二九・三・三一法一四）（抄）

第一条　この法律は、平成二十九年四月一日から施行する。
〔ただし書以下省略〕

附　則（平二九・六・二法五二）（抄）

第一条　この法律は、平成三十年四月一日から施行する。
〔ただし書以下省略〕

○東日本大震災に対処するための特別の財政援助及び助成に関する法律第二十六条第一項第二号の給付を定める政令

平二三・五・二
政令一二九

内閣は、東日本大震災に対処するための特別の財政援助及び助成に関する法律（平成二十三年法律第四十号）第二十六条第一項第二号（同条第二項において準用する場合を含む。）の規定に基づき、この政令を制定する。

東日本大震災に対処するための特別の財政援助及び助成に関する法律第二十六条第一項第二号（同条第二項において準用する場合を含む。）の**政令で定める給付**は、次に掲げる給付とする。

一　国家公務員共済組合法（昭和三十三年法律第百二十八号）附則第十二条の三の規定による退職共済年金

二　国家公務員共済組合法附則第十二条の八第二項の規定による退職共済年金

附　則

この政令は、公布の日から施行する。

○東日本大震災に対処するための国家公務員共済組合法の特例等に関する省令

平二七・九・三〇
財務省令七三

東日本大震災に対処するための特別の財政援助及び助成に関する法律（平成二十三年法律第四十号）を実施するため、並びに国家公務員共済組合法（昭和三十三年法律第百二十八号）第百二十四条の二第四項及び第百二十七条の規定に基づき、東日本大震災に対処するための国家公務員共済組合法の特例等に関する省令を次のように定める。

（国共済法の死亡に係る給付の決定の請求の特例）

第一条　被用者年金制度の一元化等を図るための厚生年金保険法等の一部を改正する法律（平成二十四年法律第六十三号。以下「平成二十四年一元化法」という。）附則第三十七条第一項の規定によりなおその効力を有するものとされた国家公務員共済組合法施行規則等の一部を改正する省令（平成二十七年財務省令第七十三号）第一条の規定による改正前の国家公務員共済組合法施行規則（昭和三十三年大蔵省令第五十四号。以下「平成二十七年改正前国共済規則」という。）第九十七条の規定により行う支払未済の給付の請求は、平成二十四年一元化法第二条の規定による改正前の国家公務員共済組合法による給付の支払を受けるべきであった者でその支払を受けなかったものが東日本大震災に対処するための特別の財政援助及び助成に関する法律（以下「法」という。）第三十二条に規定する状態に該当するものであるときは、平成二十七年改正前国共済規則第九十七条第二項第二号に掲げる書類に代えて、その者が行方不明となった事実又は死亡した事実を明らかにすることができる書類を併せて提出しなければならない。

2　国家公務員共済組合法施行規則（以下「国共済規則」という。）第百八条の規定により行う埋葬料及び家族埋葬料の請求は、組合員若しくは組合員であった者又は組合員の被扶養者が法第三十二条に規定する状態に該当するものであるときは、国共済規則第百八条ただし書に規定する死亡の事実を証明する書類に代えて、これらの者が行方不明となった事実又は死亡した事実を明らかにすることができる書類を併せて提出しなければならない。

3　平成二十七年改正前国共済規則第百十二条の規定により行う弔慰金及び家族弔慰金の請求は、組合員又はその被扶養者が法第三十二条に規定する状態に該当するものであるときは、国共済規則第百十二条に規定する市町村長又は警察署長による当該死亡に関する事実を証明する証拠書類に代えて、これらの者が行方不明となった事実又は死亡した事実を明らかにすることができる書類を併せて提出しなければならない。

4　平成二十七年改正前国共済規則第百十四条の二十六の規定により行う遺族共済年金の決定の請求は、組合員又は組合員であった者が法第三十二条に規定する状態に該当するものであるときは、平成二十七年改正前国共済規則第百十四条の二十六第二項第一号に掲げる書類に代えて、これらの者が行方不明となった事実又は死亡した事実を明らかにすることができる書類を併せて提出しなければならない。

5　平成二十七年改正前国共済規則第百十四条の二十九第三項において読み替えて準用する同条第一項の規定により行う遺族共済年金の転給の申請は、遺族共済年金の受給権者が法第三十二条に規定する状態に該当するものであるときは、平成二十七年改正前国共済規則第百十四条の二十九第三項において読み替えて準用する同条第二項に規定する事実を証する書類に代えて、その者が行方不明となった事実又は死亡した事実を明らかにすることができる書類を併せて提出しなければならない。

第二条　削除

（継続長期組合員に係る組合員期間の通算の特例）

第三条　公庫等職員（国家公務員共済組合法第百二十四条の二第一項に規定する公庫等職員をいう。以下この条において同じ。）として在職していた継続長期組合員（同条第二項に規定する継続長期組合員をいう。）が、東日本大震災（法第二条に規定する東日本大震災をいう。）に対処するため、引き続き再び組合員の資格を取得した後、その者が引き続き再び同一の公庫等（国家公務員共済組合法第百二十四条の二第一項に規定する公庫等をいう。）に公庫等職員として転出をしたときは、国共済規則第百二十八条の三の規定中「六月」とあるのは、「一月」とする。

附　則

この省令は、公布の日から施行する。ただし、第三条の規定は、平成二十三年三月十一日から適用する。

附　則

この省令は、平成二十七年十月一日から施行する。

○健康保険法（抄）

大一一・四・二二
法七〇
最終改正　平二九・六・二　法五二

第一章　総則

（目的）

第一条　この法律は、労働者又はその被扶養者の業務災害（労働者災害補償保険法（昭和二十二年法律第五十号）第七条第一項第一号に規定する業務災害をいう。）以外の疾病、負傷若しくは死亡又は出産に関して保険給付を行い、もって国民の生活の安定と福祉の向上に寄与することを目的とする。

（基本的理念）

第二条　健康保険制度については、これが医療保険制度の基本をなすものであることにかんがみ、高齢化の進展、疾病構造の変化、社会経済情勢の変化等に対応し、その他の医療保険制度及び後期高齢者医療制度並びにこれらに密接に関連する制度と併せてその在り方に関して常に検討が加えられ、その結果に基づき、医療保険の運営の効率化、給付の内容及び費用の負担の適正化並びに国民が受ける医療の質の向上を総合的に図りつつ、実施されなければならない。

第四章　保険給付

第一節　通則

（保険給付の種類）

第五十二条　被保険者に係るこの法律による保険給付は、次のとおりとする。

一　療養の給付並びに入院時食事療養費、入院時生活療養費、保険外併用療養費、療養費、訪問看護療養費及び移送費の支給
二　傷病手当金の支給
三　埋葬料の支給
四　出産育児一時金の支給
五　出産手当金の支給
六　家族療養費、家族訪問看護療養費及び家族移送費の支給
七　家族埋葬料の支給
八　家族出産育児一時金の支給
九　高額療養費及び高額介護合算療養費の支給

（健康保険組合の付加給付）

第五十三条　保険者が健康保険組合である場合においては、前条各号に掲げる給付に併せて、規約で定めるところにより、保険給付としてその他の給付を行うことができる。

第二節　療養の給付及び入院時食事療養費等の支給

第一款　療養の給付並びに入院時食事療養費、入院時生活療養費、保険外併用療養費及び療養費の支給

（療養の給付）

第六十三条　被保険者の疾病又は負傷に関しては、次に掲げる療養の給付を行う。

一　診察
二　薬剤又は治療材料の支給
三　処置、手術その他の治療
四　居宅における療養上の管理及びその療養に伴う世話その他の看護
五　病院又は診療所への入院及びその療養に伴う世話その他の看護

2　次に掲げる療養に係る給付は、前項の給付に含まれないものとする。
一　食事の提供である療養であって前項第五号に掲げる療養と併せて行うもの（医療法（昭和二十三年法律第二百五号）第七条第二項第四号に規定する療養病床（以下「療養病床」という。）への入院及びその療養に伴う世話その他の看護であって、当該療養を受ける際、六十五歳に達する日の属する月の翌月以後である被保険者（以下「特定長期入院被保険者」という。）に係るものを除く。以下「食事療養」という。）
二　次に掲げる療養であって前項第五号に掲げる療養と併せて行うもの（特定長期入院被保険者に係るものに限る。以下「生活療養」という。）
イ　食事の提供である療養
ロ　温度、照明及び給水に関する適切な療養環境の形成である療養
三　厚生労働大臣が定める高度の医療技術を用いた療養その他の療養であって、前項の給付の対象とすべきものであるか否かについて、適正な医療の効率的な提供を図る観点から評価を行うことが必要な療養（次号の患者申出療養を除く。）として厚生労働大臣が定めるもの（以下「評価療養」という。）
四　高度の医療技術を用いた療養であって、当該療養を受けようとする者の申出に基づき、前項の給付の対象とすべきものであるか否かについて、適正な医療の効率的な提供を図る観点から評価を行うことが必要な療養として厚生労働大臣が定めるもの（以下「患者申出療養」という。）
五　被保険者の選定に係る特別の病室の提供その他の厚生労働大臣が定める療養（以下「選定療養」という。）
3　第一項の給付を受けようとする者は、厚生労働省令で定めるところにより、次に掲げる病院若しくは診療所又は薬局のうち、自己の選定するものから受けるものとする。
一　厚生労働大臣の指定を受けた病院若しくは診療所（第六十五条の規定により病床の全部又は一部を除いて指定を受けたときは、その除外された病床を除く。以下「保険医療機関」という。）又は薬局（以下「保険薬局」という。）
二　特定の保険者が管掌する被保険者に対して診療又は調剤を行う病院若しくは診療所又は薬局であって、当該保険者が指定したもの
三　健康保険組合である保険者が開設する病院若しくは診療所又は薬局
4　第二項第四号の申出は、厚生労働大臣が定めるところにより、厚生労働大臣に対し、当該申出に係る療養を行う医療法第四条の三に規定する臨床研究中核病院（保険医療機関であるものに限る。）の開設者の意見書その他必要な書類を添えて行うものとする。
5　厚生労働大臣は、第二項第四号の申出を受けた場合は、当該申出について速やかに検討を加え、当該申出に係る療養が同号の評価を行うことが必要な療養と認められる場合には、当該療養を患者申出療養として定めるものとする。
6　厚生労働大臣は、前項の規定により第二項第四号の申出に係る療養を患者申出療養として定めることとした場合には、その旨を当該申出を行った者に速やかに通知するものとする。
7　厚生労働大臣は、第五項の規定により第二項第四号の申出について検討を加え、当該申出に係る療養を患者申出療養として定めないこととした場合には、理由を付して、その旨を当該申出を行った者に速やかに通知するものとする。

（保険医又は保険薬剤師）

第六十四条　保険医療機関において健康保険の診療に従事する医師若しくは歯科医師又は保険薬局において健康保険の調剤に従事する薬剤師は、厚生労働大臣の登録を受けた医師若しくは歯科医師（以下「保険医」と総称する。）又は薬剤師（以下「保険薬剤師」という。）でなければならない。

（保険医療機関又は保険薬局の指定）

第六十五条　第六十三条第三項第一号の指定は、政令で定めるところにより、病院若しくは診療所又は薬局の開設者の申請により行う。
2　前項の場合において、その申請が病院又は病床を有する診療所に係るものであるときは、当該申請は、医療法第七条第二項に規定する病床の種別（第四項第二号及び次条第一項において単に「病床の種別」という。）ごとにその数を定めて行うものとする。
3　厚生労働大臣は、第一項の申請があった場合において、次の各号のいずれかに該当するときは、第六十三条第三項第一号の指定をしないことができる。
一　当該申請に係る病院若しくは診療所又は薬局が、この法律の規定により保険医療機関又は保険薬局に係る第六十三条第三項第一号の指定を取り消され、その取消しの日から五年を経過しないものであるとき。
二　当該申請に係る病院若しくは診療所又は薬局が、保険給付に関し診療又は調剤の内容の適切さを欠くおそれがあるとして重ねて第七十三条第一項（第八十五条第九項、第八十五条の二第五項、第八十六条第四項、第百十条第七項及び第百四十九条において準用する場合を含む。）の規定による指導を受けたものであるとき。
三　当該申請に係る病院若しくは診療所又は薬局の開設者又は管理者が、この法律その他国民の保健医療に関する法律で政令で定めるものの規定により罰金の刑に処せられ、その執行を終わり、又は執行を受けることがなくなるまでの者であるとき。
四　当該申請に係る病院若しくは診療所又は薬局の開設者又は管理者が、禁錮《こ》以上の刑に処せられ、その執行を終わり、又は執行を受けることがなくなるまでの者であるとき。
五　当該申請に係る病院若しくは診療所又は薬局の開設者又は管理者が、この法律、船員保険法、国民健康保険法（昭和三十三年法律第百九十二号）、高齢者の医療の確保に関する法律、地方公務員等共済組合法（昭和三十七年法律第百五十二号）、私立学校教職員共済法（昭和二十八年法律第二百四十五号）、厚生年金保険法（昭和二十九年法律第百十五号）又は国民年金法（昭和三十四年法律第百四十一号）（第八十九条第四項第七号において「社会保険各法」という。）の定めるところにより納付義務を負う保険料、負担金又は掛金（地方税法（昭和二十五年法律第二百二十六号）の規定による国民健康保険税を含む。以下この号、第八十九条第四項第七号及び第百九十九条第二項において「社会保険料」という。）につ

いて、当該申請をした日の前日までに、これらの法律の規定に基づく滞納処分を受け、かつ、当該処分を受けた日から正当な理由なく三月以上の期間にわたり、当該処分を受けた日以降に納期限の到来した社会保険料のすべて（当該処分を受けた者が、当該処分に係る社会保険料の納付義務を負うことを定める法律によって納付義務を負う社会保険料に限る。第八十九条第四項第七号において同じ。）を引き続き滞納している者であるとき。

六　前各号のほか、当該申請に係る病院若しくは診療所又は薬局が、保険医療機関又は保険薬局として著しく不適当と認められるものであるとき。

4　厚生労働大臣は、第二項の病院又は診療所について第一項の申請があった場合において、次の各号のいずれかに該当するときは、その申請に係る病床の全部又は一部を除いて、第六十三条第三項第一号の指定を行うことができる。

一　当該病院又は診療所の医師、歯科医師、看護師その他の従業者の人員が、医療法第二十一条第一項第一号又は第二項第一号に規定する厚生労働省令で定める員数及び同条第三項に規定する厚生労働省令で定める基準を勘案して厚生労働大臣が定める基準により算定した員数を満たしていないとき。

二　当該申請に係る病床の種別に応じ、医療法第七条の二第一項に規定する地域における保険医療機関の病床数が、その指定により同法第三十条の四第一項に規定する医療計画において定める基準病床数を勘案して厚生労働大臣が定めるところにより算定した数を超えることになると認める場合（その数を既に超えている場合を含む。）であって、当該病院又は診療所の開設者又は管理者が同法第三十条の十一の規定による都道府県知事の勧告を受け、これに従わないとき。

三　その他適正な医療の効率的な提供を図る観点から、当該病院又は診療所の病床の利用に関し、保険医療機関として著しく不適当なところがあると認めるとき。

（一部負担金）

第七十四条　第六十三条第三項の規定により保険医療機関又は保険薬局から療養の給付を受ける者は、その給付を受ける際、次の各号に掲げる場合の区分に応じ、当該給付につき第七十六条第二項又は第三項の規定により算定した額に当該各号に定める割合を乗じて得た額を、一部負担金として、当該保険医療機関又は保険薬局に支払わなければならない。

一　七十歳に達する日の属する月以前である場合　百分の三十

二　七十歳に達する日の属する月の翌月以後である場合（次号に掲げる場合を除く。）　百分の二十

三　七十歳に達する日の属する月の翌月以後である場合であって、政令で定めるところにより算定した報酬の額が政令で定める額以上であるとき　百分の三十

2　保険医療機関又は保険薬局は、前項の一部負担金（第七十五条の二第一項第一号の措置が採られたときは、当該減額された一部負担金）の支払を受けるべきものとし、保険医療機関又は保険薬局が善良な管理者と同一の注意をもってその支払を受けることに努めたにもかかわらず、なお療養の給付を受けた者が当該一部負担金の全部又は一部を支払わないときは、保険者は、当該保険医療機関又は保険薬局の請求に基づき、この法律の規定による徴収金の例によりこれを処分することができる。

第七十五条　前条第一項の規定により一部負担金を支払う場合においては、同項の一部負担金の額に五円未満の端数があるときは、これを切り捨て、五円以上十円未満の端数があるときは、これを十円に切り上げるものとする。

（一部負担金の額の特例）

第七十五条の二　保険者は、災害その他の厚生労働省令で定める特別の事情がある被保険者であって、保険医療機関又は保険薬局に第七十四条第一項の規定による一部負担金を支払うことが困難であると認められるものに対し、次の措置を採ることができる。

一　一部負担金を減額すること。

二　一部負担金の支払を免除すること。

三　保険医療機関又は保険薬局に対する支払に代えて、一部負担金を直接に徴収することとし、その徴収を猶予すること。

2　前項の措置を受けた被保険者は、第七十四条第一項の規定にかかわらず、前項第一号の措置を受けた被保険者にあってはその減額された一部負担金を保険医療機関又は保険薬局に支払うをもって足り、同項第二号又は第三号の措置を受けた被保険者にあっては一部負担金を保険医療機関又は保険薬局に支払うことを要しない。

3　前条の規定は、前項の場合における一部負担金の支払について準用する。

（療養の給付に関する費用）

第七十六条　保険者は、療養の給付に関する費用を保険医療機関又は保険薬局に支払うものとし、保険医療機関又は保険薬局が療養の給付に関し保険者に請求することができる費用の額は、療養の給付に要する費用の額から、当該療養の給付に関し被保険者が当該保険医療機関又は保険薬局に対して支払わなければならない一部負担金に相当する額を控除した額とする。

2　前項の療養の給付に要する費用の額は、厚生労働大臣が定めるところにより、算定するものとする。

3　保険者は、厚生労働大臣の認可を受けて、保険医療機関又は保険薬局との契約により、当該保険医療機関又は保険薬局において行われる療養の給付に関する第一項の療養の給付に要する費用の額につき、前項の規定により算定される額の範囲内において、別段の定めをすることができる。

4　保険者は、保険医療機関又は保険薬局から療養の給付に関する費用の請求があったときは、第七十条第一項及び第七十二条第一項の厚生労働省令並びに前二項の定めに照らして審査の上、支払うものとする。

5　保険者は、前項の規定による審査及び支払に関する事務を社会保険診療報酬支払基金法（昭和二十三年法律第百二十九号）による社会保険診療報酬支払基金（以下「基金」という。）又は国民健康保険法第四十五条第五項に規定する国民健康保険団体連合会（以下「国保連合会」という。）に委託することができる。

6　前各項に定めるもののほか、保険医療機関又は保険薬局の療養の給付に関する費用の請求に関して必要な事項は、厚生労働省令で定める。

（保険者が指定する病院等における療養の給付）

第八十四条　第六十三条第三項第二号及び第三号に掲げる病院若しくは診療所又は薬局において行われる療養の給付及

び健康保険の診療又は調剤に関する準則については、第七十条第一項及び第七十二条第一項の厚生労働省令の例による。

2　第六十三条第三項第二号に掲げる病院若しくは診療所又は薬局から療養の給付を受ける者は、その給付を受ける際、第七十四条の規定の例により算定した額を、一部負担金として当該病院若しくは診療所又は薬局に支払わなければならない。ただし、保険者が健康保険組合である場合においては、規約で定めるところにより、当該一部負担金を減額し、又はその支払を要しないものとすることができる。

3　健康保険組合は、規約で定めるところにより、第六十三条第三項第三号に掲げる病院若しくは診療所又は薬局から療養の給付を受ける者に、第七十四条の規定の例により算定した額の範囲内において一部負担金を支払わせることができる。

（入院時食事療養費）

第八十五条　被保険者（特定長期入院被保険者を除く。以下この条において同じ。）が、厚生労働省令で定めるところにより、第六十三条第三項各号に掲げる病院又は診療所のうち自己の選定するものから同条第一項第五号に掲げる療養の給付と併せて受けた食事療養に要した費用について、入院時食事療養費を支給する。

2　入院時食事療養費の額は、当該食事療養につき食事療養に要する平均的な費用の額を勘案して厚生労働大臣が定める基準により算定した費用の額（その額が現に当該食事療養に要した費用の額を超えるときは、当該現に食事療養に要した費用の額）から、平均的な家計における食費の状況及び特定介護保険施設等（介護保険法第五十一条の三第一項に規定する特定介護保険施設等をいう。）における食事の提供に要する平均的な費用の額を勘案して厚生労働大臣が定める額（所得の状況その他の事情をしん酌して厚生労働省令で定める者については、別に定める額。以下「食事療養標準負担額」という。）を控除した額とする。

3　厚生労働大臣は、前項の基準を定めようとするときは、中央社会保険医療協議会に諮問するものとする。

4　厚生労働大臣は、食事療養標準負担額を定めた後に勘案又はしん酌すべき事項に係る事情が著しく変動したときは、速やかにその額を改定しなければならない。

5　被保険者が第六十三条第三項第一号又は第二号に掲げる病院又は診療所から食事療養を受けたときは、保険者は、その被保険者が当該病院又は診療所に支払うべき食事療養に要した費用について、入院時食事療養費として被保険者に対し支給すべき額の限度において、被保険者に代わり、当該病院又は診療所に支払うことができる。

6　前項の規定による支払があったときは、被保険者に対し入院時食事療養費の支給があったものとみなす。

7　被保険者が第六十三条第三項第三号に掲げる病院又は診療所から食事療養を受けた場合において、保険者がその被保険者の支払うべき食事療養に要した費用のうち入院時食事療養費として被保険者に支給すべき額に相当する額の支払を免除したときは、入院時食事療養費の支給があったものとみなす。

8　第六十三条第三項各号に掲げる病院又は診療所は、食事療養に要した費用につき、その支払を受ける際、当該支払をした被保険者に対し、厚生労働省令で定めるところにより、領収証を交付しなければならない。

9　第六十四条、第七十条第一項、第七十二条第一項、第七十三条、第七十六条第三項から第六項まで、第七十八条及び前条第一項の規定は、第六十三条第三項各号に掲げる病院又は診療所から受けた食事療養及びこれに伴う入院時食事療養費の支給について準用する。

（入院時生活療養費）

第八十五条の二　特定長期入院被保険者が、厚生労働省令で定めるところにより、第六十三条第三項各号に掲げる病院又は診療所のうち自己の選定するものから同条第一項第五号に掲げる療養の給付と併せて受けた生活療養に要した費用について、入院時生活療養費を支給する。

2　入院時生活療養費の額は、当該生活療養につき生活療養に要する平均的な費用の額を勘案して厚生労働大臣が定める基準により算定した費用の額（その額が現に当該生活療養に要した費用の額を超えるときは、当該現に生活療養に要した費用の額）から、平均的な家計における食費及び光熱水費の状況並びに病院及び診療所における生活療養に要する費用について介護保険法第五十一条の三第二項第一号に規定する食費の基準費用額及び同項第二号に規定する居住費の基準費用額に相当する費用の額を勘案して厚生労働大臣が定める額（所得の状況、病状の程度、治療の内容その他の事情をしん酌して厚生労働省令で定める者については、別に定める額。以下「生活療養標準負担額」という。）を控除した額とする。

3　厚生労働大臣は、前項の基準を定めようとするときは、中央社会保険医療協議会に諮問するものとする。

4　厚生労働大臣は、生活療養標準負担額を定めた後に勘案又はしん酌すべき事項に係る事情が著しく変動したときは、速やかにその額を改定しなければならない。

5　第六十四条、第七十条第一項、第七十二条第一項、第七十三条、第七十六条第三項から第六項まで、第七十八条、第八十四条第一項及び前条第五項から第八項までの規定は、第六十三条第三項各号に掲げる病院又は診療所から受けた生活療養及びこれに伴う入院時生活療養費の支給について準用する。

（保険外併用療養費）

第八十六条　被保険者が、厚生労働省令で定めるところにより、第六十三条第三項各号に掲げる病院若しくは診療所又は薬局（以下「保険医療機関等」と総称する。）のうち自己の選定するものから、評価療養、患者申出療養又は選定療養を受けたときは、その療養に要した費用について、保険外併用療養費を支給する。

2　保険外併用療養費の額は、第一号に掲げる額（当該療養に食事療養が含まれるときは当該額及び第二号に掲げる額の合算額、当該療養に生活療養が含まれるときは当該額及び第三号に掲げる額の合算額）とする。

一　当該療養（食事療養及び生活療養を除く。）につき第七十六条第二項の定めを勘案して厚生労働大臣が定めるところにより算定した費用の額（その額が現に当該療養に要した費用の額を超えるときは、当該現に療養に要した費用の額）から、その額に第七十四条第一項各号に掲げる場合の区分に応じ、同項各号に定める割合を乗じて得た額（療養の給付に係る同項の一部負担金について第七十五条の二第一項各号の措置が採られるべきときは、当

該措置が採られたものとした場合の額）を控除した額

二　当該食事療養につき第八十五条第二項に規定する厚生労働大臣が定める基準により算定した費用の額（その額が現に当該食事療養に要した費用の額を超えるときは、当該現に食事療養に要した費用の額）から食事療養標準負担額を控除した額

三　当該生活療養につき前条第二項に規定する厚生労働大臣が定める基準により算定した費用の額（その額が現に当該生活療養に要した費用の額を超えるときは、当該現に生活療養に要した費用の額）から生活療養標準負担額を控除した額

3　厚生労働大臣は、前項第一号の定めをしようとするときは、中央社会保険医療協議会に諮問するものとする。

4　第六十四条、第七十条第一項、第七十二条第一項、第七十三条、第七十六条第三項から第六項まで、第七十七条、第七十八条、第八十四条第一項及び第八十五条第五項から第八項までの規定は、保険医療機関等から受けた評価療養、患者申出療養及び選定療養並びにこれらに伴う保険外併用療養費の支給について準用する。

5　第七十五条の規定は、前項の規定により準用する第八十五条第五項の場合において第二項の規定により算定した費用の額（その額が現に療養に要した費用の額を超えるときは、当該現に療養に要した費用の額）から当該療養に要した費用について保険外併用療養費として支給される額に相当する額を控除した額の支払について準用する。

（療養費）

第八十七条　保険者は、療養の給付若しくは入院時食事療養費、入院時生活療養費若しくは保険外併用療養費の支給（以下この項において「療養の給付等」という。）を行うことが困難であると認めるとき、又は被保険者が保険医療機関等以外の病院、診療所、薬局その他の者から診療、薬剤の支給若しくは手当を受けた場合において、保険者がやむを得ないものと認めるときは、療養の給付等に代えて、療養費を支給することができる。

2　療養費の額は、当該療養（食事療養及び生活療養を除く。）について算定した費用の額から、その額に第七十四条第一項各号に掲げる場合の区分に応じ、同項各号に定める割合を乗じて得た額を控除した額及び当該食事療養又は生活療養について算定した費用の額から食事療養標準負担額又は生活療養標準負担額を控除した額を基準として、保険者が定める。

3　前項の費用の額の算定については、療養の給付を受けるべき場合においては第七十六条第二項の費用の額の算定、入院時食事療養費の支給を受けるべき場合においては第八十五条第二項の費用の額の算定、入院時生活療養費の支給を受けるべき場合においては第八十五条の二第二項の費用の額の算定、保険外併用療養費の支給を受けるべき場合においては前条第二項の費用の額の算定の例による。ただし、その額は、現に療養に要した費用の額を超えることができない。

第二款　訪問看護療養費の支給

（訪問看護療養費）

第八十八条　被保険者が、厚生労働大臣が指定する者（以下「指定訪問看護事業者」という。）から当該指定に係る訪問看護事業（疾病又は負傷により、居宅において継続して療養を受ける状態にある者（主治の医師がその治療の必要の程度につき厚生労働省令で定める基準に適合していると認めたものに限る。）に対し、その者の居宅において看護師その他厚生労働省令で定める者が行う療養上の世話又は必要な診療の補助（保険医療機関等又は介護保険法第八条第二十八項に規定する介護老人保健施設若しくは同条第二十九項に規定する介護医療院によるものを除く。以下「訪問看護」という。）を行う事業をいう。）を行う事業所により行われる訪問看護（以下「指定訪問看護」という。）を受けたときは、その指定訪問看護に要した費用について、訪問看護療養費を支給する。

2　前項の訪問看護療養費は、厚生労働省令で定めるところにより、保険者が必要と認める場合に限り、支給するものとする。

3　指定訪問看護を受けようとする者は、厚生労働省令で定めるところにより、自己の選定する指定訪問看護事業者から受けるものとする。

4　訪問看護療養費の額は、当該指定訪問看護につき指定訪問看護に要する平均的な費用の額を勘案して厚生労働大臣が定めるところにより算定した費用の額から、その額に第七十四条第一項各号に掲げる場合の区分に応じ、同項各号に定める割合を乗じて得た額（療養の給付に係る同項の一部負担金について第七十五条の二第一項各号の措置が採られるべきときは、当該措置が採られたものとした場合の額）を控除した額とする。

5　厚生労働大臣は、前項の定めをしようとするときは、中央社会保険医療協議会に諮問するものとする。

6　被保険者が指定訪問看護事業者から指定訪問看護を受けたときは、保険者は、その被保険者が当該指定訪問看護事業者に支払うべき当該指定訪問看護に要した費用について、訪問看護療養費として被保険者に対し支給すべき額の限度において、被保険者に代わり、当該指定訪問看護事業者に支払うことができる。

7　前項の規定による支払があったときは、被保険者に対し訪問看護療養費の支給があったものとみなす。

8　第七十五条の規定は、第六項の場合において第四項の規定により算定した費用の額から当該指定訪問看護に要した費用について訪問看護療養費として支給される額に相当する額を控除した額の支払について準用する。

9　指定訪問看護事業者は、指定訪問看護に要した費用につき、その支払を受ける際、当該支払をした被保険者に対し、厚生労働省令で定めるところにより、領収証を交付しなければならない。

10　保険者は、指定訪問看護事業者から訪問看護療養費の請求があったときは、第四項の定め及び第九十二条第二項に規定する指定訪問看護の事業の運営に関する基準（指定訪問看護の取扱いに関する部分に限る。）に照らして審査の上、支払うものとする。

11　保険者は、前項の規定による審査及び支払に関する事務を基金又は国保連合会に委託することができる。

12　指定訪問看護は、第六十三条第一項各号に掲げる療養に含まれないものとする。

13　前各項に定めるもののほか、指定訪問看護事業者の訪問看護療養費の請求に関して必要な事項は、厚生労働省令で定める。

第三款　移送費の支給

第九十七条　被保険者が療養の給付（保険外併用療養費に係る療養を含む。）を受けるため、病院又は診療所に移送されたときは、移送費として、厚生労働省令で定めるところにより算定した金額を支給する。

2　前項の移送費は、厚生労働省令で定めるところにより、保険者が必要であると認める場合に限り、支給するものとする。

第三節　傷病手当金、埋葬料、出産育児一時金及び出産手当金の支給

（傷病手当金）

第九十九条　被保険者（任意継続被保険者を除く。第百二条第一項において同じ。）が療養のため労務に服することができないときは、その労務に服することができなくなった日から起算して三日を経過した日から労務に服することができない期間、傷病手当金を支給する。

2　傷病手当金の額は、一日につき、傷病手当金の支給を始める日の属する月以前の直近の継続した十二月間の各月の標準報酬月額（被保険者が現に属する保険者等により定められたものに限る。以下この項において同じ。）を平均した額の三十分の一に相当する額（その額に、五円未満の端数があるときは、これを切り捨て、五円以上十円未満の端数があるときは、これを十円に切り上げるものとする。）の三分の二に相当する金額（その金額に、五十銭未満の端数があるときは、これを切り捨て、五十銭以上一円未満の端数があるときは、これを一円に切り上げるものとする。）とする。ただし、同日の属する月以前の直近の継続した期間において標準報酬月額が定められている月が十二月に満たない場合にあっては、次の各号に掲げる額のうちいずれか少ない額の三分の二に相当する金額（その金額に、五十銭未満の端数があるときは、これを切り捨て、五十銭以上一円未満の端数があるときは、これを一円に切り上げるものとする。）とする。

一　傷病手当金の支給を始める日の属する月以前の直近の継続した各月の標準報酬月額を平均した額の三十分の一に相当する額（その額に、五円未満の端数があるときは、これを切り捨て、五円以上十円未満の端数があるときは、これを十円に切り上げるものとする。）

二　傷病手当金の支給を始める日の属する年度の前年度の九月三十日における全被保険者の同月の標準報酬月額を平均した額を標準報酬月額の基礎となる報酬月額とみなしたときの標準報酬月額の三十分の一に相当する額（その額に、五円未満の端数があるときは、これを切り捨て、五円以上十円未満の端数があるときは、これを十円に切り上げるものとする。）

3　前項に規定するもののほか、傷病手当金の額の算定に関して必要な事項は、厚生労働省令で定める。

4　傷病手当金の支給期間は、同一の疾病又は負傷及びこれにより発した疾病に関しては、その支給を始めた日から起算して一年六月を超えないものとする。

（埋葬料）

第百条　被保険者が死亡したときは、その者により生計を維持していた者であって、埋葬を行うものに対し、埋葬料として、政令で定める金額を支給する。

2　前項の規定により埋葬料の支給を受けるべき者がない場合においては、埋葬を行った者に対し、同項の金額の範囲内においてその埋葬に要した費用に相当する金額を支給する。

（出産育児一時金）

第百一条　被保険者が出産したときは、出産育児一時金として、政令で定める金額を支給する。

（出産手当金）

第百二条　被保険者が出産したときは、出産の日（出産の日が出産の予定日後であるときは、出産の予定日）以前四十二日（多胎妊娠の場合においては、九十八日）から出産の日後五十六日までの間において労務に服さなかった期間、出産手当金を支給する。

2　第九十九条第二項及び第三項の規定は、出産手当金の支給について準用する。

（出産手当金と傷病手当金との調整）

第百三条　出産手当金を支給する場合（第百八条第三項又は第四項に該当するときを除く。）においては、その期間、傷病手当金は、支給しない。ただし、その受けることができる出産手当金の額（同条第二項ただし書の場合においては、同項ただし書に規定する報酬の額と同項ただし書の規定により算定される出産手当金の額との合算額）が、第九十九条第二項の規定により算定される額より少ないときは、その差額を支給する。

2　出産手当金を支給すべき場合において傷病手当金が支払われたときは、その支払われた傷病手当金（前項ただし書の規定により支払われたものを除く。）は、出産手当金の内払とみなす。

（傷病手当金又は出産手当金の継続給付）

第百四条　被保険者の資格を喪失した日（任意継続被保険者の資格を喪失した者にあっては、その資格を取得した日）の前日まで引き続き一年以上被保険者（任意継続被保険者又は共済組合の組合員である被保険者を除く。）であった者（第百六条において「一年以上被保険者であった者」という。）であって、その資格を喪失した際に傷病手当金又は出産手当金の支給を受けているものは、被保険者として受けることができるはずであった期間、継続して同一の保険者からその給付を受けることができる。

（資格喪失後の死亡に関する給付）

第百五条　前条の規定により保険給付を受ける者が死亡したとき、同条の規定により保険給付を受けていた者がその給付を受けなくなった日後三月以内に死亡したとき、又はその他の被保険者であった者が被保険者の資格を喪失した日後三月以内に死亡したときは、被保険者であった者により生計を維持していた者であって、埋葬を行うものは、その被保険者の最後の保険者から埋葬料の支給を受けることができる。

2　第百条の規定は、前項の規定により埋葬料の支給を受けるべき者がない場合及び同項の埋葬料の金額について準用する。

（資格喪失後の出産育児一時金の給付）

第百六条　一年以上被保険者であった者が被保険者の資格を喪失した日後六月以内に出産したときは、被保険者として

受けることができるはずであった出産育児一時金の支給を最後の保険者から受けることができる。

（船員保険の被保険者となった場合）

第百七条 前三条の規定にかかわらず、被保険者であった者が船員保険の被保険者となったときは、保険給付は、行わない。

（傷病手当金又は出産手当金と報酬等との調整）

第百八条 疾病にかかり、又は負傷した場合において報酬の全部又は一部を受けることができる者に対しては、これを受けることができる期間は、傷病手当金を支給しない。ただし、その受けることができる報酬の額が、第九十九条第二項の規定により算定される額より少ないとき（第百三条第一項又は第三項若しくは第四項に該当するときを除く。）は、その差額を支給する。

2 出産した場合において報酬の全部又は一部を受けることができる者に対しては、これを受けることができる期間は、出産手当金を支給しない。ただし、その受けることができる報酬の額が、出産手当金の額より少ないときは、その差額を支給する。

3 傷病手当金の支給を受けるべき者が、同一の疾病又は負傷及びこれにより発した疾病につき厚生年金保険法による障害厚生年金の支給を受けることができるときは、傷病手当金は、支給しない。ただし、その受けることができる障害厚生年金の額（当該障害厚生年金と同一の支給事由に基づき国民年金法による障害基礎年金の支給を受けることができるときは、当該障害厚生年金の額と当該障害基礎年金の額との合算額）につき厚生労働省令で定めるところにより算定した額（以下この項において「障害年金の額」という。）が、第九十九条第二項の規定により算定される額より少ないときは、当該額と次の各号に掲げる場合の区分に応じて当該各号に定める額との差額を支給する。

一 報酬を受けることができない場合であって、かつ、出産手当金の支給を受けることができない場合 障害年金の額

二 報酬を受けることができない場合であって、かつ、出産手当金の支給を受けることができる場合 出産手当金の額（当該額が第九十九条第二項の規定により算定される額を超える場合にあっては、当該額）と障害年金の額のいずれか多い額

三 報酬の全部又は一部を受けることができる場合であって、かつ、出産手当金の支給を受けることができない場合 当該受けることができる報酬の全部又は一部の額（当該額が第九十九条第二項の規定により算定される額を超える場合にあっては、当該額）と障害年金の額のいずれか多い額

四 報酬の全部又は一部を受けることができる場合であって、かつ、出産手当金の支給を受けることができる場合 当該受けることができる報酬の全部又は一部の額及び前項ただし書の規定により算定される出産手当金の額の合算額（当該合算額が第九十九条第二項の規定により算定される額を超える場合にあっては、当該額）と障害年金の額のいずれか多い額

4 傷病手当金の支給を受けるべき者が、同一の疾病又は負傷及びこれにより発した疾病につき厚生年金保険法による障害手当金の支給を受けることができるときは、当該障害手当金の支給を受けることとなった日からその者がその日以後に傷病手当金の支給を受けるとする場合の第九十九条第二項の規定により算定される額の合計額が当該障害手当金の額に達するに至る日までの間、傷病手当金は、支給しない。ただし、当該合計額が当該障害手当金の額に達するに至った日において当該合計額が当該障害手当金の額を超える場合において、報酬の全部若しくは一部又は出産手当金の支給を受けることができるときその他の政令で定めるときは、当該合計額と当該障害手当金の額との差額その他の政令で定める差額については、この限りでない。

5 傷病手当金の支給を受けるべき者（第百四条の規定により受けるべき者であって、政令で定める要件に該当するものに限る。）が国民年金法又は厚生年金保険法による老齢を支給事由とする年金たる給付その他の老齢又は退職を支給事由とする年金である給付であって政令で定めるもの（以下この項及び次項において「老齢退職年金給付」という。）の支給を受けることができるときは、傷病手当金は、支給しない。ただし、その受けることができる老齢退職年金給付の額（当該老齢退職年金給付が二以上あるときは、当該二以上の老齢退職年金給付の額の合算額）につき厚生労働省令で定めるところにより算定した額が、傷病手当金の額より少ないときは、その差額を支給する。

6 保険者は、前三項の規定により傷病手当金の支給を行うにつき必要があると認めるときは、老齢退職年金給付の支払をする者（次項において「年金保険者」という。）に対し、第二項の障害厚生年金若しくは障害基礎年金、第三項の障害手当金又は前項の老齢退職年金給付の支給状況につき、必要な資料の提供を求めることができる。

7 年金保険者（厚生労働大臣を除く。）は、厚生労働大臣の同意を得て、前項の規定による資料の提供の事務を厚生労働大臣に委託して行わせることができる。

第百九条 前条第一項から第四項までに規定する者が、疾病にかかり、負傷し、又は出産した場合において、その受けることができるはずであった報酬の全部又は一部につき、その全額を受けることができなかったときは傷病手当金又は出産手当金の全額、その一部を受けることができなかった場合においてその受けた額が傷病手当金又は出産手当金の額より少ないときはその額と傷病手当金又は出産手当金との差額を支給する。ただし、同条第一項ただし書、第二項ただし書、第三項ただし書又は第四項ただし書の規定により傷病手当金又は出産手当金の一部を受けたときは、その額を支給額から控除する。

2 前項の規定により保険者が支給した金額は、事業主から徴収する。

第四節 家族療養費、家族訪問看護療養費、家族移送費、家族埋葬料及び家族出産育児一時金の支給

（家族療養費）

第百十条 被保険者の被扶養者が保険医療機関等のうち自己の選定するものから療養を受けたときは、被保険者に対し、その療養に要した費用について、家族療養費を支給する。

2 家族療養費の額は、第一号に掲げる額（当該療養に食事

療養が含まれるときは、当該額及び第二号に掲げる額の合算額、当該療養に生活療養が含まれるときは当該額及び第三号に掲げる額の合算額）とする。

一　当該療養（食事療養及び生活療養を除く。）につき算定した費用の額（その額が現に当該療養に要した費用の額を超えるときは、当該現に療養に要した費用の額）に次のイからニまでに掲げる場合の区分に応じ、当該イからニまでに定める割合を乗じて得た額

イ　被扶養者が六歳に達する日以後の最初の三月三十一日の翌日以降であって七十歳に達する日の属する月以前である場合　百分の七十

ロ　被扶養者が六歳に達する日以後の最初の三月三十一日以前である場合　百分の八十

ハ　被扶養者（ニに規定する被扶養者を除く。）が七十歳に達する日の属する月の翌月以後である場合　百分の八十

ニ　第七十四条第一項第三号に掲げる場合に該当する被保険者その他政令で定める被保険者の被扶養者が七十歳に達する日の属する月の翌月以後である場合　百分の七十

二　当該食事療養につき算定した費用の額（その額が現に当該食事療養に要した費用の額を超えるときは、当該現に食事療養に要した費用の額）から食事療養標準負担額を控除した額

三　当該生活療養につき算定した費用の額（その額が現に当該生活療養に要した費用の額を超えるときは、当該現に生活療養に要した費用の額）から生活療養標準負担額を控除した額

3　前項第一号の療養についての費用の額の算定に関しては、保険医療機関等から療養（評価療養、患者申出療養及び選定療養を除く。）を受ける場合にあっては第七十六条第二項の費用の額の算定、保険医療機関等から評価療養、患者申出療養又は選定療養を受ける場合にあっては第八十六条第二項第一号の費用の額の算定、前項第二号の食事療養についての費用の額の算定に関しては、第八十五条第二項の費用の額の算定、前項第三号の生活療養についての費用の額の算定に関しては、第八十五条の二第二項の費用の額の算定の例による。

4　被扶養者が第六十三条第三項第一号若しくは第二号に掲げる病院若しくは診療所又は薬局から療養を受けたときは、保険者は、その被扶養者が当該病院若しくは診療所又は薬局に支払うべき療養に要した費用について、家族療養費として被保険者に対し支給すべき額の限度において、被保険者に代わり、当該病院若しくは診療所又は薬局に支払うことができる。

5　前項の規定による支払があったときは、被保険者に対し家族療養費の支給があったものとみなす。

6　被扶養者が第六十三条第三項第三号に掲げる病院若しくは診療所又は薬局から療養を受けた場合において、保険者がその被扶養者の支払うべき療養に要した費用のうち家族療養費として被保険者に支給すべき額に相当する額の支払を免除したときは、被保険者に対し家族療養費の支給があったものとみなす。

7　第六十三条、第六十四条、第七十条第一項、第七十二条第一項、第七十三条、第七十六条第三項から第六項まで、第七十八条、第八十四条第一項、第八十五条第八項、第八十七条及び第九十八条の規定は、家族療養費の支給及び被扶養者の療養について準用する。

8　第七十五条の規定は、第四項の場合において療養につき第三項の規定により算定した費用の額（その額が現に療養に要した費用の額を超えるときは、当該現に療養に要した費用の額）から当該療養に要した費用について家族療養費として支給される額に相当する額を控除した額の支払について準用する。

（家族療養費の額の特例）

第百十条の二　保険者は、第七十五条の二第一項に規定する被保険者の被扶養者に係る家族療養費の支給について、前条第二項第一号イからニまでに定める割合を、それぞれの割合を超え百分の百以下の範囲内において保険者が定めた割合とする措置を採ることができる。

2　前項に規定する被扶養者に係る前条第四項の規定の適用については、同項中「家族療養費として被保険者に対し支給すべき額」とあるのは、「当該療養につき算定した費用の額（その額が現に当該療養に要した費用の額を超えるときは、当該現に療養に要した費用の額）」とする。この場合において、保険者は、当該支払をした額から家族療養費として被保険者に対し支給すべき額を控除した額をその被扶養者に係る被保険者から直接に徴収することとし、その徴収を猶予することができる。

（家族訪問看護療養費）

第百十一条　被保険者の被扶養者が指定訪問看護事業者から指定訪問看護を受けたときは、被保険者に対し、その指定訪問看護に要した費用について、家族訪問看護療養費を支給する。

2　家族訪問看護療養費の額は、当該指定訪問看護につき第八十八条第四項の厚生労働大臣の定めの例により算定した費用の額に第百十条第二項第一号イからニまでに掲げる場合の区分に応じ、同号イからニまでに定める割合を乗じて得た額（家族療養費の支給について前条第一項又は第二項の規定が適用されるべきときは、当該規定が適用されたものとした場合の額）とする。

3　第八十八条第二項、第三項、第六項から第十一項まで及び第十三項、第九十条第一項、第九十一条、第九十二条第二項及び第三項、第九十四条並びに第九十八条の規定は、家族訪問看護療養費の支給及び被扶養者の指定訪問看護について準用する。

（家族移送費）

第百十二条　被保険者の被扶養者が家族療養費に係る療養を受けるため、病院又は診療所に移送されたときは、家族移送費として、被保険者に対し、第九十七条第一項の厚生労働省令で定めるところにより算定した金額を支給する。

2　第九十七条第二項及び第九十八条の規定は、家族移送費の支給について準用する。

（家族埋葬料）

第百十三条　被保険者の被扶養者が死亡したときは、家族埋葬料として、被保険者に対し、第百条第一項の政令で定める金額を支給する。

（家族出産育児一時金）

第百十四条　被保険者の被扶養者が出産したときは、家族出産育児一時金として、被保険者に対し、第百一条の政令で定める金額を支給する。

第五節　高額療養費及び高額介護合算療養費の支給

（高額療養費）

第百十五条　療養の給付について支払われた一部負担金の額又は療養（食事療養及び生活療養を除く。次項において同じ。）に要した費用の額からその療養に要した費用につき保険外併用療養費、療養費、訪問看護療養費、家族療養費若しくは家族訪問看護療養費として支給される額に相当する額を控除した額（次条第一項において「一部負担金等の額」という。）が著しく高額であるときは、その療養の給付又はその保険外併用療養費、療養費、訪問看護療養費、家族療養費若しくは家族訪問看護療養費の支給を受けた者に対し、高額療養費を支給する。

2　高額療養費の支給要件、支給額その他高額療養費の支給に関して必要な事項は、療養に必要な費用の負担の家計に与える影響及び療養に要した費用の額を考慮して、政令で定める。

（高額介護合算療養費）

第百十五条の二　一部負担金等の額（前条第一項の高額療養費が支給される場合にあっては、当該支給額に相当する額を控除して得た額）並びに介護保険法第五十一条第一項に規定する介護サービス利用者負担額（同項の高額介護サービス費が支給される場合にあっては、当該支給額を控除して得た額）及び同法第六十一条第一項に規定する介護予防サービス利用者負担額（同項の高額介護予防サービス費が支給される場合にあっては、当該支給額を控除して得た額）の合計額が著しく高額であるときは、当該一部負担金等の額に係る療養の給付又は保険外併用療養費、療養費、訪問看護療養費、家族療養費若しくは家族訪問看護療養費の支給を受けた者に対し、高額介護合算療養費を支給する。

2　前条第二項の規定は、高額介護合算療養費の支給について準用する。

第七章　費用の負担

（国庫負担）

第百五十一条　国庫は、毎年度、予算の範囲内において、健康保険事業の事務（前期高齢者納付金等、後期高齢者支援金等及び第百七十三条の規定による拠出金並びに介護納付金の納付に関する事務を含む。）の執行に要する費用を負担する。

第百五十二条　健康保険組合に対して交付する国庫負担金は、各健康保険組合における被保険者数を基準として、厚生労働大臣が算定する。

2　前項の国庫負担金については、概算払をすることができる。

（保険料率）

第百六十条　協会が管掌する健康保険の被保険者に関する一般保険料率は、千分の三十から千分の百三十までの範囲内において、支部被保険者（各支部の都道府県に所在する適用事業所に使用される被保険者及び当該都道府県の区域内に住所又は居所を有する任意継続被保険者をいう。以下同じ。）を単位として協会が決定するものとする。

2　前項の規定により支部被保険者を単位として決定する一般保険料率（以下「都道府県単位保険料率」という。）は、当該支部被保険者に適用する。

3　都道府県単位保険料率は、支部被保険者を単位として、次に掲げる額に照らし、毎事業年度において財政の均衡を保つことができるものとなるよう、政令で定めるところにより算定するものとする。

一　第五十二条第一号に掲げる療養の給付その他の厚生労働省令で定める保険給付（以下この項及び次項において「療養の給付等」という。）のうち、当該支部被保険者に係るものに要する費用の額（当該支部被保険者に係る療養の給付等に関する第百五十三条の規定による国庫補助の額を除く。）に次項の規定に基づく調整を行うことにより得られると見込まれる額

二　保険給付（支部被保険者に係る療養の給付等を除く。）、前期高齢者納付金等及び後期高齢者支援金等に要する費用の予想額（第百五十三条及び第百五十四条の規定による国庫補助の額（前号の国庫補助の額を除く。）並びに第百七十三条の規定による拠出金の額を除く。）に総報酬按分率（当該都道府県の支部被保険者の総報酬額（標準報酬月額及び標準賞与額の合計額をいう。以下同じ。）の総額を協会が管掌する健康保険の被保険者の総報酬額の総額で除して得た率をいう。）を乗じて得た額

三　保健事業及び福祉事業に要する費用の額（第百五十四条の二の規定による国庫補助の額を除く。）並びに健康保険事業の事務の執行に要する費用及び次条の規定による準備金の積立ての予定額（第百五十一条の規定による国庫負担金の額を除く。）のうち当該支部被保険者が分担すべき額として協会が定める額

4　協会は、支部被保険者及びその被扶養者の年齢階級別の分布状況と協会が管掌する健康保険の被保険者及びその被扶養者の年齢階級別の分布状況との差異によって生ずる療養の給付等に要する費用の額の負担の不均衡並びに支部被保険者の総報酬額の平均額と協会が管掌する健康保険の被保険者の総報酬額の平均額との差異によって生ずる財政力の不均衡を是正するため、政令で定めるところにより、支部被保険者を単位とする健康保険の財政の調整を行うものとする。

5　協会は、二年ごとに、翌事業年度以降の五年間についての協会が管掌する健康保険の被保険者数及び総報酬額の見通し並びに保険給付に要する費用の額、保険料の額（各事業年度において財政の均衡を保つことができる保険料率の水準を含む。）その他の健康保険事業の収支の見通しを作成し、公表するものとする。

6　協会が都道府県単位保険料率を変更しようとするときは、あらかじめ、理事長が当該変更に係る都道府県に所在する支部の支部長の意見を聴いた上で、運営委員会の議を経なければならない。

7　支部長は、前項の意見を求められた場合のほか、都道府県単位保険料率の変更が必要と認める場合には、あらかじめ、当該支部に設けられた評議会の意見を聴いた上で、理事長に対し、当該都道府県単位保険料率の変更について意

見の申出を行うものとする。

8　協会が都道府県単位保険料率を変更しようとするときは、理事長は、その変更について厚生労働大臣の認可を受けなければならない。

9　厚生労働大臣は、前項の認可をしたときは、遅滞なく、その旨を告示しなければならない。

10　厚生労働大臣は、都道府県単位保険料率が、当該都道府県における健康保険事業の収支の均衡を図る上で不適当であり、協会が管掌する健康保険の事業の健全な運営に支障があると認めるときは、協会に対し、相当の期間を定めて、当該都道府県単位保険料率の変更の認可を申請すべきことを命ずることができる。

11　厚生労働大臣は、協会が前項の期間内に同項の申請をしないときは、社会保障審議会の議を経て、当該都道府県単位保険料率を変更することができる。

12　第九項の規定は、前項の規定により行う都道府県単位保険料率の変更について準用する。

13　第一項及び第八項の規定は、健康保険組合が管掌する健康保険の一般保険料率について準用する。この場合において、第一項中「支部被保険者（各支部の都道府県に所在する適用事業所に使用される被保険者及び当該都道府県の区域内に住所又は居所を有する任意継続被保険者をいう。以下同じ。）を単位として協会が決定するものとする」とあるのは「決定するものとする」と、第八項中「都道府県単位保険料率」とあるのは「健康保険組合が管掌する健康保険の一般保険料率」と読み替えるものとする。

14　特定保険料率は、各年度において保険者が納付すべき前期高齢者納付金等の額及び後期高齢者支援金等の額（協会が管掌する健康保険及び日雇特例被保険者の保険においては、その額から第百五十三条及び第百五十四条の規定による国庫補助額を控除した額）の合算額（前期高齢者交付金がある場合には、これを控除した額）を当該年度における当該保険者が管掌する被保険者の総報酬額の総額の見込額で除して得た率を基準として、保険者が定める。

15　基本保険料率は、一般保険料率から特定保険料率を控除した率を基準として、保険者が定める。

16　介護保険料率は、各年度において保険者が納付すべき介護納付金（日雇特例被保険者に係るものを除く。）の額を当該年度における当該保険者が管掌する介護保険第二号被保険者である被保険者の総報酬額の総額の見込額で除して得た率を基準として、保険者が定める。

17　協会は、第十四項及び第十五項の規定により基本保険料率及び特定保険料率を定め、又は前項の規定により介護保険料率を定めたときは、遅滞なく、その旨を厚生労働大臣に通知しなければならない。

第十章　雑則

（共済組合に関する特例）

第二百条　国に使用される被保険者、地方公共団体の事務所に使用される被保険者又は法人に使用される被保険者であって共済組合の組合員であるものに対しては、この法律による保険給付は、行わない。

2　共済組合の給付の種類及び程度は、この法律の給付の種類及び程度以上であることを要する。

附　則

（退職者給付拠出金の経過措置）

第四条の三　国民健康保険法附則第十条第一項の規定により基金が同項に規定する拠出金を徴収する間、第七条の二第三項中「及び同法」とあるのは「、同法」と、「並びに介護保険法」とあるのは「及び国民健康保険法（昭和三十三年法律第百九十二号）附則第十条第一項に規定する拠出金（以下「退職者給付拠出金」という。）並びに介護保険法」と、第百五十一条中「及び第百七十三条の規定による拠出金」とあるのは「、第百七十三条の規定による拠出金及び退職者給付拠出金」と、第百五十五条第一項中「及び後期高齢者支援金等」とあるのは「、後期高齢者支援金等及び退職者給付拠出金」と、第百六十条第三項第二号中「及び後期高齢者支援金等」とあるのは「、後期高齢者支援金等及び退職者給付拠出金」と、同条第十四項中「国庫補助額を控除した額）」とあるのは「国庫補助額を控除した額）並びに退職者給付拠出金の額」と、附則第二条第一項中「日雇拠出金」とあるのは「日雇拠出金、退職者給付拠出金」とする。

（病床転換支援金の経過措置）

第四条の四　高齢者の医療の確保に関する法律附則第二条に規定する政令で定める日までの間、前条の規定により読み替えられた第七条の二第三項中「及び国民健康保険法」とあるのは「、同法附則第七条第一項に規定する病床転換支援金等（以下「病床転換支援金等」という。）及び国民健康保険法」と、前条の規定により読み替えられた第百五十一条中「第百七十三条」とあるのは「病床転換支援金等、第百七十三条」と、次条の規定により読み替えられた第百五十四条第二項中「及び高齢者の医療の確保に関する法律の規定による後期高齢者支援金」とあるのは「、高齢者の医療の確保に関する法律の規定による後期高齢者支援金及び同法附則第七条第一項に規定する病床転換支援金」と、前条の規定により読み替えられた第百五十五条第一項中「及び退職者給付拠出金」とあるのは「、病床転換支援金等及び退職者給付拠出金」と、前条の規定により読み替えられた第百六十条第三項第二号中「及び退職者給付拠出金」とあるのは「、病床転換支援金等及び退職者給付拠出金」と、前条の規定により読み替えられた第百六十条第十四項中「及び後期高齢者支援金等の額及び病床転換支援金等」とあるのは「、後期高齢者支援金等の額及び病床転換支援金等」と、第百七十三条第一項及び第百七十六条中「及び後期高齢者支援金等」とあるのは「、後期高齢者支援金等及び病床転換支援金等」と、前条の規定により読み替えられた附則第二条第一項中「後期高齢者支援金等」とあるのは「後期高齢者支援金等、病床転換支援金等」とする。

附　則（平一四・八・二法一〇二）（抄）

（施行期日）

第一条　この法律は、平成十四年十月一日から施行する。ただし、〔中略〕第二条、〔中略〕附則第六条から第八条まで、〔中略〕第四十一条、〔中略〕第七十一条、〔中略〕の規定は平成十五年四月一日から施行する。

（健康保険法の一部改正に伴う経過措置）

第三条　この法律（附則第一条ただし書に規定する規定については、当該規定。以下この条において同じ。）の施行の日前に行われた診療、薬剤の支給又は手当に係るこの法律による改正前の健康保険法の規定による療養費又は高額療養費の支給については、なお従前の例による。

第四条 第一条の規定による改正後の健康保険法第百十四条及び第百四十四条の規定は、出産の日がこの法律の施行の日（以下「施行日」という。）以後である被保険者について適用し、出産の日が施行日前である被保険者の第一条の規定による改正前の健康保険法の配偶者出産育児一時金については、なお従前の例による。

第五条 前二条に規定するもののほか、施行日前に第一条の規定による改正前の健康保険法又はこれに基づく命令の規定によりした処分、手続その他の行為は、同条の規定による改正後の同法又はこれに基づく命令中の相当する規定によりした処分、手続その他の行為とみなす。

第六条 第二条の規定の施行の日前に任意継続被保険者（第一条の規定による改正後の健康保険法第三条第四項に規定する任意継続被保険者をいう。以下この条において同じ。）の資格を取得した者のその任意継続被保険者の資格の喪失については、第二条の規定による改正後の同法第三十八条の規定にかかわらず、なお従前の例による。

第七条 平成十五年四月一日前の各月の健康保険の標準報酬については、なお従前の例による。

2 平成十五年四月一日前に第二条の規定による改正前の健康保険法第四十一条第一項、第四十二条第一項又は第四十三条第一項の規定により決定され、又は改定された同年三月における標準報酬は、同年八月までの各月の標準報酬月額とする。

第八条 平成十五年四月前の賞与等（第二条の規定による改正前の健康保険法附則第三条第二項に規定する賞与等をいう。）に係る届出及び特別保険料の納付については、なお従前の例による。

附　則（平一六・六・一一法一〇四）（抄）

（施行期日）

第一条 この法律は、平成十六年十月一日から施行する。ただし、次の各号に掲げる規定は、それぞれ当該各号に定める日から施行する。

一 〔前略〕第四十九条〔中略〕並びに附則〔中略〕第五十七条〔中略〕の規定 平成十七年四月一日

二～七〔略〕

（健康保険法の一部改正に伴う経過措置）

第五十七条 第四十九条の規定による改正後の健康保険法第四十三条の二の規定は、平成十七年四月一日以後に終了した同条第一項に規定する育児休業等（第三項において「育児休業等」という。）について適用する。

2 平成十七年四月一日前に第四十九条の規定による改正前の健康保険法第百五十九条の規定に基づく申出をした者については、なお従前の例による。

3 平成十七年四月一日前に育児休業等を開始した者（平成十七年四月一日前に第四十九条の規定による改正前の健康保険法第百五十九条の規定に基づく申出をした者を除く。）については、その育児休業等を開始した日を平成十七年四月一日とみなして、第四十九条の規定による改正後の健康保険法第百五十九条の規定を適用する。

附　則（平一八・六・二一法八三）（抄）

（施行期日）

第一条 この法律は、平成十八年十月一日から施行する。ただし、次の各号に掲げる規定は、それぞれ当該各号に定める日から施行する。

一 〔前略〕附則第四条〔中略〕の規定 公布の日

二 〔略〕

三 第二条〔中略〕並びに附則第七条から第十一条まで〔中略〕の規定 平成十九年四月一日

四 第三条〔中略〕並びに附則第二条第二項〔中略〕の規定 平成二十年四月一日

五 第四条〔中略〕並びに附則第十六条、第十七条、第十八条第一項及び第二項、第十九条から第三十一条まで〔中略〕の規定 平成二十年十月一日

六 第五条〔中略〕並びに附則〔中略〕第百三十条の二の規定 平成二十四年四月一日

（検討）

第二条 政府は、この法律の施行後五年を目途として、この法律の施行の状況等を勘案し、この法律により改正された医療保険各法及び第七条の規定による改正後の高齢者の医療の確保に関する法律（以下「高齢者医療確保法」という。）の規定に基づく規制の在り方について検討を加え、必要があると認めるときは、その結果に基づいて所要の措置を講ずるものとする。

2 〔略〕

3 政府は、入所者の状態に応じてふさわしいサービスを提供する観点から、介護保険法第八条第二十五項に規定する介護老人保健施設及び同条第二十四項に規定する介護老人福祉施設の基本的な在り方並びにこれらの施設の入所者に対する医療の提供の在り方の見直しを検討するとともに、介護保険施設等の設備及び運営に関する基準並びに利用者負担の在り方等について検討を加え、その結果に基づいて必要な措置を講ずるとともに、地域における適切な保健医療サービス及び福祉サービスの提供体制の整備の支援に努めるものとする。

第五条 施行日において現に第一条の規定による改正前の健康保険法第八十六条第一項第一号の規定により特定承認保険医療機関の承認を受けている病院又は診療所は、施行日に、健康保険法第六十三条第三項第一号の指定を受けたものとみなす。ただし、当該開設者が施行日の前日までに、厚生労働省令で定めるところにより別段の申出をしたときは、この限りでない。

2 前項本文の規定により指定を受けたものとみなされた病院又は診療所に係る当該指定の効力を有する期間は、健康保険法第六十八条第一項の規定にかかわらず、その病院又は診療所について第一条の規定による改正前の健康保険法第八十六条第十二項において準用する同法第六十八条第一項の規定により承認の効力を有するとされた期間の施行日における残存期間と同一の期間とする。

第十一条 平成二十年四月一日以降における政府が管掌する健康保険の被保険者に関する一般保険料率について第四条の規定による改正前の健康保険法（以下「平成二十年十月改正前健保法」という。）第百六十条の規定を適用する場合においては、同条第二項中「予定額」とあるのは、「予定額、健康保険事業の事務の執行に要する費用の予定額、健康保険法等の一部を改正する法律（平成十八年法律第八十三号）第四条の規定による改正後の健康保険法第百六十条の二に規定する準備金の積立てに要する費用の予定額」と、「国庫補助」とあるのは「国庫負担、国庫補助」と、

「おおむね五年を通じ」とあるのは「平成二十一年三月三十一日までの間」とするほか、同条第五項及び第六項の規定は、適用しない。

第十二条　厚生労働大臣は、第四条の規定による改正後の健康保険法（以下「平成二十年十月改正健保法」という。）第七条の二第一項に規定する全国健康保険協会（以下「協会」という。）の理事長となるべき者及び監事となるべき者を指名する。

2　前項の規定により指名された理事長となるべき者及び監事となるべき者は、協会の成立の時において、平成二十年十月改正健保法第七条の十一第一項の規定により、それぞれ理事長及び監事に任命されたものとする。

第十八条　1～2　〔略〕

3　前項の資産の価額は、協会の成立の日現在における時価を基準として評価委員が評価した価額とする。

4　前項の評価委員その他評価に関し必要な事項は、政令で定める。

（罰則に関する経過措置）

第百三十一条　この法律（附則第一条各号に掲げる規定については、当該各規定。以下同じ。）の施行前にした行為、この附則の規定によりなお従前の例によることとされる場合及びこの附則の規定によりなおその効力を有することとされる場合におけるこの法律の施行後にした行為並びにこの法律の施行後前条第一項の規定によりなおその効力を有するものとされる同項に規定する法律の規定の失効前にした行為に対する罰則の適用については、なお従前の例による。

（処分、手続等に関する経過措置）

第百三十二条　この法律の施行前に改正前のそれぞれの法律（これに基づく命令を含む。以下この条において同じ。）の規定によってした処分、手続その他の行為であって、改正後のそれぞれの法律の規定に相当の規定があるものは、この附則に別段の定めがあるものを除き、改正後のそれぞれの法律の相当の規定によってしたものとみなす。

2　この法律の施行前に改正前のそれぞれの法律の規定により届出その他の手続をしなければならない事項で、この法律の施行の日前にその手続がされていないものについては、この法律及びこれに基づく命令に別段の定めがあるものを除き、これを、改正後のそれぞれの法律中の相当の規定により手続がされていないものとみなして、改正後のそれぞれの法律の規定を適用する。

附　則（平一八・六・二一法八四）（抄）

（施行期日）

第一条　この法律は、平成十九年四月一日から施行する。ただし、次の各号に掲げる規定は、当該各号に定める日から施行する。

一　〔略〕

二　〔前略〕附則第十七条の規定中健康保険法（大正十一年法律第七十号）第六十五条第二項の改正規定　平成十九年一月一日

三　〔略〕

附　則（平一九・三・三一法一三）（抄）

（施行期日）

第一条　この法律は、平成十九年四月一日から施行し、平成十九年度の予算から適用する。

附　則（平一九・三・三一法二六）（抄）

（施行期日）

第一条　この法律は、平成十九年四月一日から施行する。

附　則（平一九・四・二三法三〇）（抄）

（施行期日）

第一条　この法律は、公布の日から施行する。ただし、次の各号に掲げる規定は、当該各号に定める日から施行する。

三　第二条、第四条、第六条及び第八条並びに附則第二十七条、第二十八条、第二十九条第一項及び第二項、第三十条から第五十条まで、第五十四条から第六十条まで、第六十二条、第六十四条、第六十五条、第六十七条、第六十八条、第七十一条から第七十三条まで、第七十七条から第八十条まで、第八十二条、第八十四条、第八十五条、第九十条、第九十四条、第九十六条から第百条まで、第百三条、第百十五条から第百十八条まで、第百二十条、第百二十一条、第百二十三条から第百二十五条まで、第百二十八条、第百三十条から第百三十四条まで、第百三十七条、第百三十九条及び第百三十九条の二の規定　日本年金機構法の施行の日

（検討）

第百四十二条　政府は、この法律の施行後五年を目途として、この法律の施行の状況等を勘案し、この法律により改正された雇用保険法等の規定に基づく規制の在り方について検討を加え、必要があると認めるときは、その結果に基づいて所要の措置を講ずるものとする。

（政令への委任）

第百四十三条　この附則に規定するもののほか、この法律の施行に伴い必要な経過措置は、政令で定める。

附　則（平一九・七・六法一〇九）（抄）

（施行期日）

第一条　この法律は、平成二十二年四月一日までの間において政令で定める日から施行する。ただし、次の各号に掲げる規定は、当該各号に定める日から施行する。

一　〔略〕

二　附則第二十二条、第二十四条、第二十六条から第二十八条まで及び第三十一条の規定、附則第四十四条中国民健康保険法第百九条及び第百十九条の二の改正規定並びに附則第七十一条の規定　平成二十年十月一日

附　則（平一九・七・六法一一〇）（抄）

（施行期日）

第一条　この法律は、平成二十年四月一日から施行する。ただし、次の各号に掲げる規定は、それぞれ当該各号に定める日から施行する。

一　〔略〕

四　〔略〕

（検討）

第二条　政府は、この法律の施行後五年を目途として、この法律の施行の状況等を勘案し、この法律により改正された国民年金法等の規定に基づく規制の在り方について検討を加え、必要があると認めるときは、その結果に基づいて必要な措置を講ずるものとする。

附　則（平二〇・五・二八法四二）（抄）

（施行期日）

第一条　この法律は、公布の日から起算して一年を超えない範囲内において政令で定める日から施行する。

附　則（平二一・五・一法三六）（抄）

（施行期日）
第一条　この法律は、平成二十二年一月一日から施行する。

（調整規定）
第八条　この法律及び日本年金機構法又は雇用保険法等の一部を改正する法律（平成十九年法律第三十号）に同一の法律の規定についての改正規定がある場合において、当該改正規定が同一の日に施行されるときは、当該法律の規定は、日本年金機構法又は雇用保険法等の一部を改正する法律によってまず改正され、次いでこの法律によって改正されるものとする。

附　則（平二一・七・一法六五）（抄）

（施行期日）
第一条　この法律は、公布の日から起算して一年を超えない範囲内において政令で定める日（平成二十二年六月三十日）から施行する。

附　則（平二二・三・三一法一九）（抄）

（施行期日）
第一条　この法律は、平成二十二年四月一日から施行する。〔ただし書略〕

附　則（平二二・五・一九法三五）（抄）

（施行期日）
第一条　この法律は、公布の日から施行する。ただし、〔中略〕第二条中健康保険法附則第五条の次に一条を加える改正規定〔中略〕並びに附則第七条から第十七条までの規定は、平成二十二年七月一日から施行する。

（検討）
第二条　政府は、第二条の規定による改正後の健康保険法（以下「改正後健保法」という。）附則第五条及び第五条の二（国庫補助率に係る部分に限る。）の規定について、全国健康保険協会が管掌する健康保険の財政状況、高齢者の医療に要する費用の負担の在り方についての検討の状況、国の財政状況その他の社会経済情勢の変化等を勘案し、平成二十四年度までの間に検討を行い、必要があると認めるときは、所要の措置を講ずるものとする。

（健康保険法の一部改正に伴う経過措置）
第七条　平成二十二年度における改正後健保法附則第五条の二の規定により読み替えられた改正後健保法附則第五条及び改正後健保法附則第五条の二の規定により読み替えられた改正後健保法第百五十三条第一項の規定により補助する額は、同項の規定にかかわらず、同項の規定により算定される額の十二分の八に相当する額と同年度において改正後健保法附則第五条の二の規定の適用がないものとして改正後健保法第百五十三条第一項の規定を適用するとしたならば同項の規定により算定されることとなる額の十二分の四に相当する額との合計額とする。

第八条　平成二十二年度における改正後健保法附則第五条の二の規定により読み替えられた、改正後健保法附則第四条の四の規定により読み替えられた改正後健保法第百五十三条第二項の規定により補助する額は、同項の規定にかかわらず、同項の規定により算定される額の十二分の八に相当する額と同年度において改正後健保法附則第五条の二の規定の適用がないものとして改正後健保法附則第四条の四の規定により読み替えられた改正後健保法第百五十三条第二項の規定を適用するとしたならば同項の規定により算定されることとなる額の十二分の四に相当する額との合計額とする。

第九条　平成二十二年度における改正後健保法附則第五条の二の規定により読み替えられた改正後健保法附則第五条及び改正後健保法第百五十四条の二の規定により読み替えられた改正後健保法第百五十四条第一項の規定により補助する額は、同項の規定にかかわらず、同項の規定により算定される額の十二分の八に相当する額と同年度において改正後健保法附則第五条の二の規定の適用がないものとして改正後健保法附則第五条の規定により読み替えられた改正後健保法第百五十四条第一項の規定を適用するとしたならば同項の規定により算定されることとなる額の十二分の四に相当する額との合計額とする。

附　則（平二三・三・三一法一四）（抄）

（施行期日）
第一条　この法律は、平成二十三年四月一日（この法律の公布の日が同月一日後となる場合には、公布の日）から施行する。

附　則（平二三・六・二二法七二）（抄）

（施行期日）
第一条　この法律は、平成二十四年四月一日から施行する。〔ただし書略〕

附　則（平二三・八・三〇法一〇五）（抄）

（施行期日）
第一条　この法律は、公布の日から施行する。ただし、次の各号に掲げる規定は、当該各号に定める日から施行する。
一　〔略〕
二　〔前略〕附則〔中略〕第八十三条〔中略〕の規定　平成二十四年四月一日
三～六　〔略〕

附　則（平二三・八・三〇法一〇七）（抄）

（施行期日）
第一条　この法律は、平成二十三年十月一日から施行する。〔ただし書略〕

附　則（平二四・八・二二法六七）（抄）

この法律は、子ども・子育て支援法の施行の日から施行する。〔ただし書略〕

附　則（平二五・五・三一法二六）（抄）

（施行期日）
第一条　この法律は、公布の日から施行する。ただし、第一条中健康保険法第一条の改正規定、同法第五十三条の次に一条を加える改正規定及び同法第五十五条第一項の改正規定、第二条中船員保険法第一条の改正規定並びに附則第三条の規定は、平成二十五年十月一日から施行する。

附　則（平二六・六・二五法八三）（抄）

（施行期日）
第一条　この法律は、公布の日又は平成二十六年四月一日のいずれか遅い日から施行する。ただし、次の各号に掲げる規定は、当該各号に定める日から施行する。
一　（略）
六　（略）附則第二十条（第一項ただし書を除く。）、第二十一条、第四十二条、第四十三条（略）の規定　平成二十八年四月一日までの間において政令で定める日

附　則（平二七・五・二九法三一）（抄）

（施行期日）
第一条　この法律は、平成三十年四月一日から施行する。ただし、次の各号に掲げる規定は、それぞれ当該各号に定め

る日から施行する。
一　〔略〕、同法附則第四条の四の改正規定、同法附則第五条の改正規定、同法附則第五条の二の改正規定、同法附則第五条の三の改正規定〔略〕並びに附則第六条から第九条まで、第十五条、第十八条、第二十六条、第五十九条、第六十二条及び第六十七条から第六十九条までの規定　公布の日
二　〔略〕附則第十六条、第十七条、第十九条、第二十一条から第二十五条まで、第三十三条から第四十四条まで、第四十七条から第五十一条まで、第五十六条、第五十八条及び第六十四条の規定　平成二十八年四月一日
三　〔略〕附則第三条、第四条、第二十条、第二十七条及び第二十八条の規定、附則第五十三条中介護保険法附則第十一条の改正規定並びに附則第六十条、第六十三条及び第六十六条の規定　平成二十九年四月一日

〔略〕

第十九条　第二号施行日前において、第五条の規定による改正前の健康保険法による傷病手当金又は出産手当金の支給を受けていた者又は受けるべき者に係る第二号施行日前までの分として支給される当該傷病手当金又は出産手当金の額については、なお従前の例による。

〔以下略〕

附　則（平二九・六・二法五二）（抄）

（施行期日）
第一条　この法律は、平成三十年四月一日から施行する。ただし、次の各号に掲げる規定は、当該各号に定める日から施行する。
一　第三条の規定〔略〕　公布の日
二　〔略〕第五条の規定（健康保険法第八十八条第一項の改正規定を除く。）並びに附則〔略〕第二十四条、第二十五条〔略〕の規定　平成二十九年七月一日
三　〔略〕

（健康保険法の一部改正に伴う経過措置）
第二十四条　第五条の規定（附則第一条第二号に掲げる改正規定に限る。次条において同じ。）による改正後の健康保険法（次条において「第二号新健康保険法」という。）第百五十三条及び第百五十四条並びに附則第四条の四から第五条の三まで及び第五条の五の規定は、平成二十九年度以後の各年度における全国健康保険協会に対する国庫補助の額について適用し、平成二十八年度以前の各年度における全国健康保険協会に対する国庫補助の額については、なお従前の例による。

第二十五条　平成二十九年度における第二号新健康保険法附則第五条の規定により読み替えて適用される第二号新健康保険法附則第五条の三の規定による全国健康保険協会に対する国庫補助の額は、同条の規定にかかわらず、同条の規定により算定される額の十二分の八に相当する額と同年度において第五条の規定による改正前の健康保険法（以下この項において「第二号旧健康保険法」という。）附則第五条の規定により読み替えられた第二号旧健康保険法第百五十三条第二項の規定により算定されることとなる額の十二分の四に相当する額との合計額とする。
2　平成二十九年度における第二号新健康保険法附則第四条の四の規定により読み替えて適用される第二号新健康保険法附則第五条の規定により読み替えられた第二号新健康保険法第百五十四条第二項の規定による全国健康保険協会に対する国庫補助の額の算定に用いられる全国健康保険協会が拠出すべき健康保険法第七条の二第三項に規定する介護納付金のうち同法第三条第二項に規定する日雇特例被保険者に係るもの（介護保険法の規定による概算納付金に係る部分に限る。）の納付に要する費用の額は、第二号新介護保険法第百五十二条第一項第二号の規定にかかわらず、同号の規定により算定される額の十二分の八に相当する額と同年度において第二号旧介護保険法附則第十一条第一項の規定により算定される額の十二分の四に相当する額との合計額とする。

○国民健康保険法（抄）

昭三三・一二・二七
法一九二
最終改正平二九・六・二　法五二

（保険者）
第三条　市町村及び特別区は、この法律の定めるところにより、国民健康保険を行うものとする。
2　国民健康保険組合は、この法律の定めるところにより、国民健康保険を行うことができる。

（被保険者）
第五条　市町村又は特別区（以下単に「市町村」という。）の区域内に住所を有する者は、当該市町村が行う国民健康保険の被保険者とする。

（適用除外）
第六条　前条の規定にかかわらず、次の各号のいずれかに該当する者は、市町村が行う国民健康保険の被保険者としない。
一　健康保険法（大正十一年法律第七十号）の規定による被保険者。ただし、同法第三条第二項の規定による日雇特例被保険者を除く。
二　船員保険法（昭和十四年法律第七十三号）の規定による被保険者
三　国家公務員共済組合法（昭和三十三年法律第百二十八号）又は地方公務員等共済組合法（昭和三十七年法律第百五十二号）に基づく共済組合の組合員
四　私立学校教職員共済法（昭和二十八年法律第二百四十五号）の規定による私立学校教職員共済制度の加入者
五　健康保険法の規定による被扶養者。ただし、同法第三条第二項の規定による日雇特例被保険者の同法の規定による被扶養者を除く。
六　船員保険法、国家公務員共済組合法（他の法律において準用する場合を含む。）又は地方公務員等共済組合法の

規定による被扶養者

七　健康保険法第百二十六条の規定により日雇特例被保険者手帳の交付を受け、その手帳に健康保険印紙をはり付けるべき余白がなくなるに至るまでの間にある者及び同法の規定によるその者の被扶養者。ただし、同法第三条第二項ただし書の規定による承認を受けて同項の規定による日雇特例被保険者とならない期間内にある者及び同法第百二十六条第三項の規定により当該日雇特例被保険者手帳を返納した者並びに同法の規定によるその者の被扶養者を除く。

八　高齢者の医療の確保に関する法律（昭和五十七年法律第八十号）の規定による被保険者

九　生活保護法（昭和二十五年法律第百四十四号）による保護を受けている世帯（その保護を停止されている世帯を除く。）に属する者

十　国民健康保険組合の被保険者

十一　その他特別の理由がある者で厚生労働省令で定めるもの

（資格取得の時期）

第七条　市町村が行う国民健康保険の被保険者は、当該市町村の区域内に住所を有するに至つた日又は前条各号のいずれにも該当しなくなつた日から、その資格を取得する。

（届出等）

第九条　被保険者の属する世帯の世帯主（以下単に「世帯主」という。）は、厚生労働省令の定めるところにより、その世帯に属する被保険者の資格の取得及び喪失に関する事項その他必要な事項を市町村に届け出なければならない。

2　世帯主は、市町村に対し、その世帯に属するすべての被保険者に係る被保険者証の交付を求めることができる。

3　市町村は、保険料（地方税法（昭和二十五年法律第二百二十六号）の規定による国民健康保険税を含む。以下この項、第七項、第六十三条の二、第六十八条の二第二項第四号、附則第七条第一項第三号並びに附則第二十一条第三項第三号及び第四項第三号において同じ。）を滞納している世帯主（その世帯に属するすべての被保険者が原子爆弾被爆者に対する援護に関する法律（平成六年法律第百十七号）による一般疾病医療費の支給その他厚生労働省令で定める医療に関する給付（第六項及び第八項において「原爆一般疾病医療費の支給等」という。）を受けることができる世帯主を除く。）が、当該保険料の納期限から厚生労働省令で定める期間が経過するまでの間に当該保険料を納付しない場合においては、当該保険料の滞納につき災害その他の政令で定める特別の事情があると認められる場合を除き、厚生労働省令で定めるところにより、当該世帯主に対し被保険者証の返還を求めるものとする。

4　市町村は、前項に規定する厚生労働省令で定める期間が経過しない場合においても、同項に規定する世帯主に対し被保険者証の返還を求めることができる。ただし、同項に規定する政令で定める特別の事情があると認められるときは、この限りでない。

5　前二項の規定により被保険者証の返還を求められた世帯主は、市町村に当該被保険者証を返還しなければならない。

6　前項の規定により世帯主が被保険者証を返還したときは、市町村は、当該世帯主に対し、その世帯に属する被保険者（原爆一般疾病医療費の支給等を受けることができる者及び十八歳に達する日以後の最初の三月三十一日までの間にある者を除く。）に係る被保険者資格証明書（その世帯に属する被保険者の一部が原爆一般疾病医療費の支給等を受けることができる者又は十八歳に達する日以後の最初の三月三十一日までの間にある者であるときは当該被保険者資格証明書及びそれらの者に係る被保険者証（十八歳に達する日以後の最初の三月三十一日までの間にある者（原爆一般疾病医療費の支給等を受けることができる者を除く。）にあつては、有効期間を六月とする被保険者証。以下この項において同じ。））、その世帯に属するすべての被保険者が原爆一般疾病医療費の支給等を受けることができる者又は十八歳に達する日以後の最初の三月三十一日までの間にある者であるときはそれらの者に係る被保険者証）を交付する。

7　市町村は、被保険者資格証明書の交付を受けている世帯主が滞納している保険料を完納したとき又はその者に係る滞納額の著しい減少、災害その他の政令で定める特別の事情があると認めるときは、当該世帯主に対し、その世帯に属するすべての被保険者に係る被保険者証を交付する。

8　世帯主が被保険者資格証明書の交付を受けている場合において、その世帯に属する被保険者が原爆一般疾病医療費の支給等を受けることができる者となつたときは、市町村は、当該世帯主に対し、当該被保険者に係る被保険者証を交付する。

9　世帯主は、その世帯に属する被保険者がその資格を喪失したときは、厚生労働省令の定めるところにより、速やかに、市町村にその旨を届け出るとともに、当該被保険者に係る被保険者証又は被保険者資格証明書を返還しなければならない。

10　市町村は、被保険者証及び被保険者資格証明書の有効期間を定めることができる。この場合において、この法律の規定による保険料（地方税法の規定による国民健康保険税を含む。）を滞納している世帯主（第三項の規定により市町村が被保険者証の返還を求めるものとされる者を除く。）及びその世帯に属する被保険者、国民年金法（昭和三十四年法律第百四十一号）の規定による保険料を滞納している世帯主（同法第八十八条第二項の規定により保険料を納付する義務を負う者を含み、厚生労働大臣が厚生労働省令で定める要件に該当するものと認め、その旨を市町村に通知した者に限る。）及びその世帯に属する被保険者その他厚生労働省令で定める者の被保険者証については、特別の有効期間を定めることができる。ただし、十八歳に達する日以後の最初の三月三十一日までの間にある者が属する世帯の世帯主又はその世帯に属する被保険者の被保険者証について六月未満の特別の有効期間を定める場合においては、当該者に係る被保険者証の特別の有効期間は、六月以上としなければならない。

11　市町村は、前項の規定により被保険者証又は被保険者資格証明書の有効期間を定める場合（被保険者証につき特別の有効期間を定める場合を含む。）には、同一の世帯に属するすべての被保険者（同項ただし書に規定する場合における当該世帯に属する十八歳に達する日以後の最初の三月三十一日までの間にある者その他厚生労働省令で定める者を除く。）について同一の有効期間を定めなければならない。

12　第十項の規定による厚生労働大臣の通知の権限に係る事務は、日本年金機構に行わせるものとする。

13　国民年金法第百九条の四第三項、第四項、第六項及び第七項の規定は、前項の通知の権限について準用する。この場合において、必要な技術的読替えは、政令で定める。

14　住民基本台帳法（昭和四十二年法律第八十一号）第二十二条から第二十四条まで、第二十五条、第三十条の四十六又は第三十条の四十七の規定による届出があつたとき（当該届出に係る書面に同法第二十八条の規定による付記がされたときに限る。）は、その届出と同一の事由に基づく第一項又は第九項の規定による届出があつたものとみなす。

15　前各項に規定するもののほか、被保険者に関する届出並びに被保険者証及び被保険者資格証明書に関して必要な事項は、厚生労働省令で定める。

（療養の給付を受ける場合の一部負担金）

第四十二条　第三十六条第三項の規定により保険医療機関等について療養の給付を受ける者は、その給付を受ける際、次の各号の区分に従い、当該給付につき第四十五条第二項又は第三項の規定により算定した額に当該各号に掲げる割合を乗じて得た額を、一部負担金として、当該保険医療機関等に支払わなければならない。

一　六歳に達する日以後の最初の三月三十一日の翌日以後であつて七十歳に達する日の属する月以前である場合　十分の三

二　六歳に達する日以後の最初の三月三十一日以前である場合　十分の二

三　七十歳に達する日の属する月の翌月以後である場合（次号に掲げる場合を除く。）　十分の二

四　七十歳に達する日の属する月の翌月以後である場合であつて、当該療養の給付を受ける者の属する世帯に属する被保険者（七十歳に達する日の属する月の翌月以後である場合に該当する者その他政令で定める者に限る。）について政令の定めるところにより算定した所得の額が政令で定める額以上であるとき　十分の三

2　保険医療機関等は、前項の一部負担金（第四十三条前項の規定により一部負担金の割合が減ぜられたときは、同条第二項に規定する保険医療機関等にあつては、当該減ぜられた割合による一部負担金とし、第四十四条第一項第一号の措置が採られたときは、当該減額された一部負担金とする。）の支払を受けるべきものとし、保険医療機関等が善良な管理者と同一の注意をもつてその支払を受けることに努めたにもかかわらず、なお被保険者が当該一部負担金の全部又は一部を支払わないときは、保険者は、当該保険医療機関等の請求に基づき、この法律の規定による徴収金の例によりこれを処分することができる。

（保険料）

第七十六条　保険者は、国民健康保険事業に要する費用（前期高齢者納付金等及び後期高齢者支援金等並びに介護納付金の納付に要する費用を含み、健康保険法第百七十九条に規定する組合にあつては、同法の規定による日雇拠出金の納付に要する費用を含む。）に充てるため、世帯主又は組合員から保険料を徴収しなければならない。ただし、地方税法の規定により国民健康保険税を課するときは、この限りでない。

2　前項の規定による保険料のうち、介護納付金の納付に要する費用に充てるための保険料は、介護保険法第九条第二号に規定する被保険者である被保険者について賦課するものとする。

（賦課期日）

第七十六条の二　市町村による前条の保険料の賦課期日は、当該年度の初日とする。

（保険料の徴収の方法）

第七十六条の三　市町村による第七十六条の保険料の徴収については、特別徴収（市町村が老齢等年金給付を受ける被保険者である世帯主（政令で定めるものを除く。）から老齢等年金給付の支払をする者に保険料を徴収させ、かつ、その徴収すべき保険料を納入させることをいう。以下同じ。）の方法による場合を除くほか、普通徴収（市町村が世帯主に対し、地方自治法第二百三十一条の規定により納入の通知をすることによつて保険料を徴収することをいう。以下同じ。）の方法によらなければならない。

2　前項の老齢等年金給付は、国民年金法による老齢基礎年金その他の同法又は厚生年金保険法（昭和二十九年法律第百十五号）による老齢、障害又は死亡を支給事由とする年金たる給付であつて政令で定めるもの及びこれらの年金たる給付に類する老齢若しくは退職、障害又は死亡を支給事由とする年金たる給付であつて政令で定めるものをいう。

（介護保険法の準用）

第七十六条の四　介護保険法第百三十四条から第百四十一条の二までの規定は、前条の規定により行う保険料の特別徴収について準用する。この場合において、必要な技術的読替えは、政令で定める。

○高齢者の医療の確保に関する法律（抄）

昭五七・八・一七
法八〇
最終改正　平二九・六・二　法五二

目次〔略〕

第一章　総則

（目的）

第一条　この法律は、国民の高齢期における適切な医療の確保を図るため、医療費の適正化を推進するための計画の作成及び保険者による健康診査等の実施に関する措置を講ずるとともに、高齢者の医療について、国民の共同連帯の理念等に基づき、前期高齢者に係る保険者間の費用負担の調整、後期高齢者に対する適切な医療の給付等を行うために必要な制度を設け、もつて国民保健の向上及び高齢者の福祉の増進を図ることを目的とする。

（基本的理念）

第二条　国民は、自助と連帯の精神に基づき、自ら加齢に伴つて生ずる心身の変化を自覚して常に健康の保持増進に努めるとともに、高齢者の医療に要する費用を公平に負担するものとする。

2　国民は、年齢、心身の状況等に応じ、職域若しくは地域又は家庭において、高齢期における健康の保持を図るための適切な保健サービスを受ける機会を与えられるものとする。

（国の責務）

第三条　国は、国民の高齢期における医療に要する費用の適正化を図るための取組が円滑に実施され、高齢者医療制度（第三章に規定する前期高齢者に係る保険者間の費用負担の調整及び第四章に規定する後期高齢者医療制度をいう。以下同じ。）の運営が健全に行われるよう必要な各般の措置を講ずるとともに、第一条に規定する目的の達成に資するため、医療、公衆衛生、社会福祉その他の関連施策を積極的に推進しなければならない。

（地方公共団体の責務）

第四条　地方公共団体は、この法律の趣旨を尊重し、住民の高齢期における医療に要する費用の適正化を図るための取組及び高齢者医療制度の運営が適切かつ円滑に行われるよう所要の施策を実施しなければならない。

（保険者の責務）

第五条　保険者は、加入者の高齢期における健康の保持のために必要な事業を積極的に推進するよう努めるとともに、高齢者医療制度の運営が健全かつ円滑に実施されるよう協力しなければならない。

（医療の担い手等の責務）

第六条　医師、歯科医師、薬剤師、看護師その他の医療の担い手並びに医療法（昭和二十三年法律第二百五号）第一条の二第二項に規定する医療提供施設の開設者及び管理者は、前三条に規定する各般の措置、施策及び事業に協力しなければならない。

（定義）

第七条　この法律において「医療保険各法」とは、次に掲げる法律をいう。

一　健康保険法（大正十一年法律第七十号）
二　船員保険法（昭和十四年法律第七十三号）
三　国民健康保険法（昭和三十三年法律第百九十二号）
四　国家公務員共済組合法（昭和三十三年法律第百二十八号）
五　地方公務員等共済組合法（昭和三十七年法律第百五十二号）
六　私立学校教職員共済法（昭和二十八年法律第二百四十五号）

2　この法律において「保険者」とは、医療保険各法の規定により医療に関する給付を行う全国健康保険協会、健康保険組合、市町村（特別区を含む。以下同じ。）、国民健康保険組合、共済組合又は日本私立学校振興・共済事業団をいう。

3　この法律において「加入者」とは、次に掲げる者をいう。

一　健康保険法の規定による被保険者。ただし、同法第三条第二項の規定による日雇特例被保険者を除く。
二　船員保険法の規定による被保険者
三　国民健康保険法の規定による被保険者
四　国家公務員共済組合法又は地方公務員等共済組合法に基づく共済組合の組合員
五　私立学校教職員共済法の規定による私立学校教職員共済制度の加入者
六　健康保険法、船員保険法、国家公務員共済組合法（他の法律において準用する場合を含む。）又は地方公務員等共済組合法の規定による被扶養者。ただし、健康保険法第三条第二項の規定による日雇特例被保険者の同法の規定による被扶養者を除く。
七　健康保険法第百二十六条の規定により日雇特例被保険者手帳の交付を受け、その手帳に健康保険印紙をはり付けるべき余白がなくなるに至るまでの間にある者及び同法の規定によるその者の被扶養者。ただし、同法第三条第二項ただし書の規定による承認を受けて同項の規定による日雇特例被保険者とならない期間内にある者及び同法第百二十六条第三項の規定により当該日雇特例被保険者手帳を返納した者並びに同法の規定によるその者の被扶養者を除く。

第二章　医療費適正化の推進

第二節　特定健康診査等基本指針

（特定健康診査等基本指針）

第十八条　厚生労働大臣は、特定健康診査（糖尿病その他の政令で定める生活習慣病に関する健康診査をいう。以下同じ。）及び特定保健指導（特定健康診査の結果により健康の保持に努める必要がある者として厚生労働省令で定めるものに対し、保健指導に関する専門的知識及び技術を有する者として厚生労働省令で定めるものが行う保健指導をいう。以下同じ。）の適切かつ有効な実施を図るための基本的な指針（以下「特定健康診査等基本指針」という。）を定めるものとする。

2 特定健康診査等基本指針においては、次に掲げる事項を定めるものとする。

一 特定健康診査及び特定保健指導（以下「特定健康診査等」という。）の実施方法に関する基本的な事項

二 特定健康診査等の実施及びその成果に係る目標に関する基本的な事項

三 前二号に掲げるもののほか、次条第一項に規定する特定健康診査等実施計画の作成に関する重要事項

3 特定健康診査等基本指針は、健康増進法第九条第一項に規定する健康診査等指針と調和が保たれたものでなければならない。

4 厚生労働大臣は、特定健康診査等基本指針を定め、又はこれを変更しようとするときは、あらかじめ、関係行政機関の長に協議するものとする。

5 厚生労働大臣は、特定健康診査等基本指針を定め、又はこれを変更したときは、遅滞なく、これを公表するものとする。

（特定健康診査等実施計画）

第十九条 保険者は、特定健康診査等基本指針に即して、五年ごとに、五年を一期として、特定健康診査等の実施に関する計画（以下「特定健康診査等実施計画」という。）を定めるものとする。

2 特定健康診査等実施計画においては、次に掲げる事項を定めるものとする。

一 特定健康診査等の具体的な実施方法に関する事項

二 特定健康診査等の実施及びその成果に関する具体的な目標

三 前二号に掲げるもののほか、特定健康診査等の適切かつ有効な実施のために必要な事項

3 保険者は、特定健康診査等実施計画を定め、又はこれを変更したときは、遅滞なく、これを公表しなければならない。

（特定健康診査）

第二十条 保険者は、特定健康診査等実施計画に基づき、厚生労働省令で定めるところにより、四十歳以上の加入者に対し、特定健康診査を行うものとする。ただし、加入者が特定健康診査に相当する健康診査を受け、その結果を証明する書面の提出を受けたとき、又は第二十六条第二項の規定により特定健康診査に関する記録の送付を受けたときは、この限りでない。

（他の法令に基づく健康診断との関係）

第二十一条 保険者は、加入者が、労働安全衛生法（昭和四十七年法律第五十七号）その他の法令に基づき行われる特定健康診査に相当する健康診断を受けた場合又は受けることができる場合は、厚生労働省令で定めるところにより、前条の特定健康診査の全部又は一部を行つたものとする。

2 労働安全衛生法第二条第三号に規定する事業者その他の法令に基づき特定健康診査に相当する健康診断を実施する責務を有する者（以下「事業者等」という。）は、当該健康診断の実施を保険者に対し委託することができる。この場合において、委託をしようとする事業者等は、その健康診断の実施に必要な費用を保険者に支払わなければならない。

（特定健康診査に関する記録の保存）

第二十二条 保険者は、第二十条の規定により特定健康診査を行つたときは、厚生労働省令で定めるところにより、当該特定健康診査に関する記録を保存しなければならない。同条ただし書の規定により特定健康診査の結果を証明する書面の提出若しくは特定健康診査に関する記録の送付を受けた場合又は第二十七条第三項の規定により特定健康診査若しくは健康診断に関する記録の写しの提供を受けた場合においても、同様とする。

（特定健康診査の結果の通知）

第二十三条 保険者は、厚生労働省令で定めるところにより、特定健康診査を受けた加入者に対し、当該特定健康診査の結果を通知しなければならない。第二十六条第二項の規定により、特定健康診査に関する記録の送付を受けた場合においても、同様とする。

（特定保健指導）

第二十四条 保険者は、特定健康診査等実施計画に基づき、厚生労働省令で定めるところにより、特定保健指導を行うものとする。

（特定保健指導に関する記録の保存）

第二十五条 保険者は、前条の規定により特定保健指導を行つたときは、厚生労働省令で定めるところにより、当該特定保健指導に関する記録を保存しなければならない。次条第二項の規定により特定保健指導に関する記録の送付を受けた場合又は第二十七条第三項の規定により特定保健指導に関する記録の写しの提供を受けた場合においても、同様とする。

（他の保険者の加入者への特定健康診査等）

第二十六条 保険者は、その加入者の特定健康診査等の実施に支障がない場合には、他の保険者の加入者に係る特定健康診査又は特定保健指導を行うことができる。この場合において、保険者は、当該特定健康診査又は特定保健指導を受けた者に対し、厚生労働省令で定めるところにより、当該特定健康診査又は特定保健指導に要する費用を請求することができる。

2 保険者は、前項の規定により、他の保険者の加入者に対し特定健康診査又は特定保健指導を行つたときは、厚生労働省令で定めるところにより、当該特定健康診査又は特定保健指導に関する記録を、速やかに、その者が現に加入する当該他の保険者に送付しなければならない。

3 保険者は、その加入者が、第一項の規定により、他の保険者が実施する特定健康診査又は特定保健指導を受け、その費用を当該他の保険者に支払つた場合には、当該加入者に対して、厚生労働省令で定めるところにより、当該特定健康診査又は特定保健指導に要する費用として相当な額を支給する。

4 第一項及び前項の規定にかかわらず、保険者は他の保険者と協議して、当該他の保険者の加入者に係る特定健康診査又は特定保健指導の費用の請求及び支給の取扱いに関し、別段の定めをすることができる。

（特定健康診査等に関する記録の提供）

第二十七条 保険者は、加入者の資格を取得した者があるときは、当該加入者が加入していた他の保険者に対し、当該他の保険者が保存している当該加入者に係る特定健康診査

又は特定保健指導に関する記録の写しを提供するよう求めることができる。

2　保険者は、加入者を使用している事業者等又は使用していた事業者等に対し、厚生労働省令で定めるところにより、労働安全衛生法その他の法令に基づき当該事業者等が保存している当該加入者に係る健康診断に関する記録の写しを提供するよう求めることができる。

3　前二項の規定により、特定健康診査若しくは特定保健指導に関する記録又は健康診断に関する記録の写しの提供を求められた他の保険者又は事業者等は、厚生労働省令で定めるところにより、当該記録の写しを提供しなければならない。

（実施の委託）

第二十八条　保険者は、特定健康診査等について、健康保険法第六十三条第三項各号に掲げる病院又は診療所その他適当と認められるものに対し、その実施を委託することができる。この場合において、保険者は、受託者に対し、委託する特定健康診査等の実施に必要な範囲内において、厚生労働省令で定めるところにより、自らが保存する特定健康診査又は特定保健指導に関する記録の写しその他必要な情報を提供することができる。

（関係者との連携）

第二十九条　保険者は、第三十二条第一項に規定する前期高齢者である加入者に対して特定健康診査等を実施するに当たつては、前期高齢者である加入者の心身の特性を踏まえつつ、介護保険法第百十五条の四十五第一項及び第二項の規定により地域支援事業を行う市町村との適切な連携を図るよう留意するとともに、当該特定健康診査等が効率的に実施されるよう努めるものとする。

2　保険者は、前項に規定するもののほか、特定健康診査の効率的な実施のために、他の保険者、医療機関その他の関係者との連携に努めなければならない。

（秘密保持義務）

第三十条　第二十八条の規定により保険者から特定健康診査等の実施の委託を受けた者（その者が法人である場合にあつては、その役員）若しくはその職員又はこれらの者であつた者は、その実施に関して知り得た個人の秘密を正当な理由がなく漏らしてはならない。

（健康診査等指針との調和）

第三十一条　第十八条第一項、第二十条、第二十一条第一項、第二十二条から第二十五条まで、第二十六条第二項、第二十七条第二項及び第三項並びに第二十八条に規定する厚生労働省令は、健康増進法第九条第一項に規定する健康診査等指針と調和が保たれたものでなければならない。

第三章　前期高齢者に係る保険者間の費用負担の調整

（前期高齢者交付金）

第三十二条　支払基金は、各保険者に係る加入者の数に占める前期高齢者である加入者（六十五歳に達する日の属する月の翌月（その日が月の初日であるときは、その日の属する月）以後である加入者であつて、七十五歳に達する日の属する月以前であるものその他厚生労働省令で定めるものをいう。以下同じ。）の数の割合に係る負担の不均衡を調整するため、政令で定めるところにより、保険者に対して、前期高齢者交付金を交付する。

2　前項の前期高齢者交付金は、第三十六条第一項の規定により支払基金が徴収する前期高齢者納付金をもつて充てる。

（前期高齢者交付金の額）

第三十三条　前条第一項の規定により各保険者に対して交付される前期高齢者交付金の額は、当該年度の概算前期高齢者交付金の額とする。ただし、前々年度の概算前期高齢者交付金の額が前々年度の確定前期高齢者交付金の額を超えるときは、当該年度の概算前期高齢者交付金の額からその超える額とその超える額に係る前期高齢者交付調整金額との合計額を控除して得た額とするものとし、前々年度の概算前期高齢者交付金の額が前々年度の確定前期高齢者交付金の額に満たないときは、当該年度の概算前期高齢者交付金の額にその満たない額とその満たない額に係る前期高齢者交付調整金額との合計額を加算して得た額とする。

2　前項に規定する前期高齢者交付調整金額は、前々年度におけるすべての保険者に係る概算前期高齢者交付金の額と確定前期高齢者交付金の額との過不足額につき生ずる利子その他の事情を勘案して厚生労働省令で定めるところにより各保険者ごとに算定される額とする。

（概算前期高齢者交付金）

第三十四条　前条第一項の概算前期高齢者交付金の額は、第一号及び第二号に掲げる額の合計額から第三号に掲げる額を控除して得た額（当該額が零を下回る場合には、零とする。）とする。

一　当該年度における当該保険者に係る調整対象給付費見込額

二　当該年度における当該保険者に係る第百十九条の規定により算定される後期高齢者支援金の額に当該年度における当該保険者に係る加入者の見込数に対する前期高齢者である加入者の見込数の割合を基礎として保険者ごとに算定される率を乗じて得た額（第三項及び第三十八条第二項において「前期高齢者に係る後期高齢者支援金の概算額」という。）

三　当該年度における概算調整対象基準額

2　前項第一号の調整対象給付費見込額は、第一号に掲げる額から第二号に掲げる額を控除して得た額とする。

一　当該年度における当該保険者の給付であつて医療保険各法の規定による医療に関する給付（健康保険法第五十三条に規定するその他の給付及びこれに相当する給付を除く。）のうち厚生労働省令で定めるものに該当するものに要する費用（以下「保険者の給付に要する費用」という。）の見込額のうち前期高齢者である加入者に係るものとして厚生労働省令で定めるところにより算定される額（次号及び第五項において「前期高齢者給付費見込額」という。）

二　当該保険者が概算基準超過保険者（イに掲げる額をロに掲げる額で除して得た率が、すべての保険者に係る前期高齢者である加入者一人当たりの前期高齢者給付費見込額の分布状況等を勘案して政令で定める率を超える保険者をいう。）である場合における当該保険者に係る前期高齢者給付費見込額のうち、ロに掲げる額に当該政令で

定める率を乗じて得た額を超える部分として厚生労働省令で定めるところにより算定される額

イ　一の保険者に係る前期高齢者である加入者一人当たりの前期高齢者給付費見込額として厚生労働省令で定めるところにより算定される額

ロ　一人平均前期高齢者給付費見込額

3　第一項第三号の概算調整対象基準額は、当該保険者に係る同項第一号の調整対象給付費見込額及び前期高齢者に係る後期高齢者支援金の概算額の合計額に概算加入者調整率を乗じて得た額とする。

4　前項の概算加入者調整率は、厚生労働省令で定めるところにより、当該年度におけるすべての保険者に係る加入者の見込総数に対する前期高齢者である加入者の見込総数の割合を当該年度における当該保険者に係る加入者の見込数に対する前期高齢者である加入者の見込数の割合（その割合が当該年度における下限割合（当該年度におけるすべての保険者に係る加入者の見込総数に対する前期高齢者である加入者の見込総数の割合の動向を勘案して政令で定める割合をいう。以下この項及び次条第四項において同じ。）に満たないときは、下限割合とする。）で除して得た率を基礎として保険者ごとに算定される率とする。

5　第二項第二号ロの一人平均前期高齢者給付費見込額は、すべての保険者に係る前期高齢者である加入者一人当たりの前期高齢者給付費見込額の平均額として厚生労働省令で定めるところにより算定される額とする。

（確定前期高齢者交付金）

第三十五条　第三十三条第一項の確定前期高齢者交付金の額は、第一号及び第二号に掲げる額の合計額から第三号に掲げる額を控除して得た額（当該額が零を下回る場合には、零とする。）とする。

一　前々年度における当該保険者に係る調整対象給付費額

二　前々年度における当該保険者に係る第百十九条の規定により算定される後期高齢者支援金の額に前々年度における当該保険者に係る加入者の数に対する前期高齢者である加入者の数の割合を基礎として保険者ごとに算定される率を乗じて得た額（第三項及び第三十九条第二項において「前期高齢者に係る後期高齢者支援金の確定額」という。）

三　前々年度における確定調整対象基準額

2　前項第一号の調整対象給付費額は、第一号に掲げる額から第二号に掲げる額を控除して得た額とする。

一　前々年度における当該保険者の給付に要する費用の額のうち前期高齢者である加入者に係るものとして厚生労働省令で定めるところにより算定される額（次号及び第五項において「前期高齢者給付費額」という。）

二　当該保険者が確定基準超過保険者（イに掲げる額をロに掲げる額で除して得た率が、前条第二項第二号の政令で定める率を超える保険者をいう。）である場合における当該保険者に係る前期高齢者給付費額のうち、ロに掲げる額に当該政令で定める率を乗じて得た額を超える部分として厚生労働省令で定めるところにより算定される額

イ　一の保険者に係る前期高齢者である加入者一人当たりの前期高齢者給付費額として厚生労働省令で定めるところにより算定される額

ロ　一人平均前期高齢者給付費額

3　第一項第三号の確定調整対象基準額は、当該保険者に係る同項第一号の調整対象給付費額及び前期高齢者に係る後期高齢者支援金の確定額の合計額に確定加入者調整率を乗じて得た額とする。

4　前項の確定加入者調整率は、厚生労働省令で定めるところにより、前々年度におけるすべての保険者に係る加入者の総数に対する前期高齢者である加入者の総数の割合を前々年度における当該保険者に係る加入者の数に対する前期高齢者である加入者の数の割合（その割合が前々年度における下限割合に満たないときは、下限割合とする。）で除して得た率を基礎として保険者ごとに算定される率とする。

5　第二項第二号ロの一人平均前期高齢者給付費額は、すべての保険者に係る前期高齢者である加入者一人当たりの前期高齢者給付費額の平均額として厚生労働省令で定めるところにより算定される額とする。

（前期高齢者納付金等の徴収及び納付義務）

第三十六条　支払基金は、第百三十九条第一項第一号に掲げる業務及び当該業務に関する事務の処理に要する費用に充てるため、年度ごとに、保険者から、前期高齢者納付金及び前期高齢者関係事務費拠出金（以下「前期高齢者納付金等」という。）を徴収する。

2　保険者は、前期高齢者納付金等を納付する義務を負う。

（前期高齢者納付金の額）

第三十七条　前条第一項の規定により各保険者から徴収する前期高齢者納付金の額は、当該年度の概算前期高齢者納付金の額とする。ただし、前々年度の概算前期高齢者納付金の額が前々年度の確定前期高齢者納付金の額を超えるときは、当該年度の概算前期高齢者納付金の額からその超える額とその超える額に係る前期高齢者納付調整金額との合計額を控除して得た額とするものとし、前々年度の概算前期高齢者納付金の額が前々年度の確定前期高齢者納付金の額に満たないときは、当該年度の概算前期高齢者納付金の額にその満たない額とその満たない額に係る前期高齢者納付調整金額との合計額を加算して得た額とする。

2　前項に規定する前期高齢者納付調整金額は、前々年度におけるすべての保険者に係る概算前期高齢者納付金の額と確定前期高齢者納付金の額との過不足額につき生ずる利子その他の事情を勘案して厚生労働省令で定めるところにより各保険者ごとに算定される額とする。

（概算前期高齢者納付金）

第三十八条　前条第一項の概算前期高齢者納付金の額は、次の各号に掲げる保険者の区分に応じ、当該各号に掲げる額とする。

一　概算負担調整基準超過保険者（負担調整前概算前期高齢者納付金相当額が零を超える保険者のうち、イに掲げる合計額がロに掲げる額を超えるものをいう。以下この条において同じ。）　負担調整前概算前期高齢者納付金相当額から負担調整対象見込額（イに掲げる合計額からロに掲げる額を控除して得た額（当該額が負担調整前概算前期高齢者納付金相当額を上回るときは、負担調整前概算前期高齢者納付金相当額とする。）をいう。第三項において同じ。）を控除して得た額と負担調整見込額との合計額

イ　次に掲げる額の合計額

(1)　当該年度における負担調整前概算前期高齢者納付

金相当額

(2) 当該年度における当該保険者に係る第百十九条の規定により算定される後期高齢者支援金の額

ロ 次に掲げる額の合計額に負担調整基準率を乗じて得た額

(1) イに掲げる合計額

(2) 当該保険者の給付に要する費用（健康保険法第百七十三条第二項に規定する日雇拠出金の納付に要する費用を含む。第四項及び次条第一項第一号ロ(2)において「保険者の給付に要する費用等」という。）の当該年度における見込額として厚生労働省令で定めるところにより算定される額

二 概算負担調整基準超過保険者以外の保険者　負担調整前概算前期高齢者納付金相当額と負担調整見込額との合計額

2 前項第一号の負担調整前概算前期高齢者納付金相当額は、第三十四条第一項第三号の概算調整対象基準額から、当該保険者に係る同項第一号の調整対象給付費見込額及び前期高齢者に係る後期高齢者支援金の概算額の合計額を控除して得た額（当該額が零を下回る場合には、零とする。）とする。

3 第一項第一号の負担調整見込額は、当該年度におけるすべての概算負担調整基準超過保険者に係る同号の負担調整対象見込額の総額を、厚生労働省令で定めるところにより算定した当該年度におけるすべての保険者に係る加入者の見込総数で除して得た額に、厚生労働省令で定めるところにより算定した当該年度における当該保険者に係る加入者の見込数を乗じて得た額とする。

4 第一項第一号ロの負担調整基準率は、すべての保険者に係る前期高齢者である加入者の増加の状況、保険者の給付に要する費用等の動向及び概算負担調整基準超過保険者の数の動向を勘案し、各年度ごとに政令で定める率とする。

（確定前期高齢者納付金）

第三十九条　第三十七条第一項の確定前期高齢者納付金の額は、次の各号に掲げる保険者の区分に応じ、当該各号に掲げる額とする。

一 確定負担調整基準超過保険者（負担調整前確定前期高齢者納付金相当額が零を超える保険者のうち、イに掲げる合計額がロに掲げる額を超えるものをいう。以下この条において同じ。）負担調整前確定前期高齢者納付金相当額から負担調整対象額（イに掲げる合計額からロに掲げる額を控除して得た額（当該額が負担調整前確定前期高齢者納付金相当額を上回るときは、負担調整前確定前期高齢者納付金相当額とする。）をいう。第三項において同じ。）を控除して得た額と負担調整額との合計額

イ 次に掲げる額の合計額

(1) 前々年度における負担調整前確定前期高齢者納付金相当額

(2) 前々年度における当該保険者に係る第百十九条の規定により算定される後期高齢者支援金の額

ロ 次に掲げる額の合計額に前々年度の前条第四項の規定により定められた負担調整基準率を乗じて得た額

(1) イに掲げる合計額

(2) 当該保険者の給付に要する費用等の前々年度における額

二 確定負担調整基準超過保険者以外の保険者　負担調整前確定前期高齢者納付金相当額と負担調整額との合計額

2 前項第一号の負担調整前確定前期高齢者納付金相当額は、第三十五条第一項第三号の確定調整対象基準額から、当該保険者に係る同項第一号の調整対象給付費額及び前期高齢者に係る後期高齢者支援金の確定額の合計額を控除して得た額（当該額が零を下回る場合には、零とする。）とする。

3 第一項第一号の負担調整額は、前々年度におけるすべての確定負担調整基準超過保険者に係る同号の負担調整対象額の総額を、厚生労働省令で定めるところにより算定した前々年度におけるすべての保険者に係る加入者の総数で除して得た額に、厚生労働省令で定めるところにより算定した前々年度における当該保険者に係る加入者の数を乗じて得た額とする。

（前期高齢者関係事務費拠出金の額）

第四十条　第三十六条第一項の規定により各保険者から徴収する前期高齢者関係事務費拠出金の額は、厚生労働省令で定めるところにより、当該年度における第百三十九条第一項第一号に掲げる支払基金の業務に関する事務の処理に要する費用の見込額を基礎として、各保険者に係る加入者の見込数に応じ、厚生労働省令で定めるところにより算定した額とする。

（保険者の合併等の場合における前期高齢者交付金等の額の特例）

第四十一条　合併又は分割により成立した保険者、合併又は分割後存続する保険者及び解散をした保険者の権利義務を承継した保険者に係る前期高齢者交付金及び前期高齢者納付金等の額の算定の特例については、政令で定める。

（前期高齢者交付金の額の決定、通知等）

第四十二条　支払基金は、各年度につき、各保険者に対し交付すべき前期高齢者交付金の額を決定し、当該各保険者に対し、その者に対し交付すべき前期高齢者交付金の額、交付の方法その他必要な事項を通知しなければならない。

2 前項の規定により前期高齢者交付金の額が定められた後、前期高齢者交付金の額を変更する必要が生じたときは、支払基金は、当該各保険者に対し交付すべき前期高齢者交付金の額を変更し、当該各保険者に対し、変更後の前期高齢者交付金の額を通知しなければならない。

3 支払基金は、保険者に対し交付した前期高齢者交付金の額が、前項の規定による変更後の前期高齢者交付金の額に満たない場合には、その不足する額について、同項の規定による通知とともに交付の方法その他必要な事項を通知し、同項の規定による変更後の前期高齢者交付金の額を超える場合には、その超える額について、未払の前期高齢者交付金があるときはこれに充当し、なお残余があれば返還させ、未払の交付金がないときはこれを返還させなければならない。

（前期高齢者納付金等の額の決定、通知等）

第四十三条　支払基金は、各年度につき、各保険者が納付すべき前期高齢者納付金等の額を決定し、当該各保険者に対し、その者が納付すべき前期高齢者納付金等の額、納付の方法及び納付すべき期限その他必要な事項を通知しなければならない。

2 前項の規定により前期高齢者納付金等の額が定められた後、前期高齢者納付金等の額を変更する必要が生じたとき

は、支払基金は、当該各保険者が納付すべき前期高齢者納付金等の額を変更し、当該各保険者に対し、変更後の前期高齢者納付金等の額を通知しなければならない。

3　支払基金は、保険者が納付した前期高齢者納付金等の額が、前項の規定による変更後の前期高齢者納付金等の額に満たない場合には、その不足する額について、同項の規定による通知とともに納付の方法及び納付すべき期限その他必要な事項を通知し、同項の規定による変更後の前期高齢者納付金等の額を超える場合には、その超える額について、未納の前期高齢者納付金等その他この章の規定による支払基金の徴収金があるときはこれに充当し、なお残余があれば還付し、未納の徴収金がないときはこれを還付しなければならない。

（督促及び滞納処分）

第四十四条　支払基金は、保険者が、納付すべき期限までに前期高齢者納付金等を納付しないときは、期限を指定してこれを督促しなければならない。

2　支払基金は、前項の規定により督促をするときは、当該保険者に対し、督促状を発する。この場合において、督促状により指定すべき期限は、督促状を発する日から起算して十日以上経過した日でなければならない。

3　支払基金は、第一項の規定による督促を受けた保険者がその指定期限までにその督促状に係る前期高齢者納付金等及び次条の規定による延滞金を完納しないときは、政令で定めるところにより、その徴収を、厚生労働大臣又は都道府県知事に請求するものとする。

4　前項の規定による徴収の請求を受けたときは、厚生労働大臣又は都道府県知事は、国税滞納処分の例により処分することができる。

第四節　費用等

第一款　費用の負担

（国の負担）

第九十三条　国は、政令で定めるところにより、後期高齢者医療広域連合に対し、被保険者に係る療養の給付に要する費用の額から当該給付に係る一部負担金に相当する額を控除した額並びに入院時食事療養費、入院時生活療養費、保険外併用療養費、療養費、訪問看護療養費、特別療養費、移送費、高額療養費及び高額介護合算療養費の支給に要する費用の額の合計額（以下「療養の給付等に要する費用の額」という。）から第六十七条第一項第二号に掲げる場合に該当する者に係る療養の給付等に要する費用の額（以下「特定費用の額」という。）を控除した額（以下「負担対象額」という。）の十二分の三に相当する額を負担する。

2　国は、前項に掲げるもののほか、政令で定めるところにより、後期高齢者医療広域連合に対し、後期高齢者医療の財政の安定化を図るため、被保険者に係るすべての医療に関する給付に要する費用の額に対する高額な医療に関する給付の割合等を勘案して、高額な医療に関する給付の発生による後期高齢者医療の財政に与える影響が著しいものとして政令で定めるところにより算定する額以上の高額な医療に関する給付に要する費用の合計額に次に掲げる率の合計を乗じて得た額（第九十六条第二項において「高額医療費負担対象額」という。）の四分の一に相当する額を負担する。

一　負担対象額の十二分の一に相当する額を療養の給付等に要する費用の額で除して得た率

二　第百条第一項の後期高齢者負担率

（国庫負担金の減額）

第九十四条　後期高齢者医療広域連合が確保すべき収入を不当に確保しなかつた場合においては、国は、政令で定めるところにより、前条の規定により当該後期高齢者医療広域連合に対して負担すべき額を減額することができる。

2　前項の規定により減額する額は、不当に確保しなかつた額を超えることができない。

（調整交付金）

第九十五条　国は、後期高齢者医療の財政を調整するため、政令で定めるところにより、後期高齢者医療広域連合に対して調整交付金を交付する。

2　前項の規定による調整交付金の総額は、負担対象額の見込額の総額の十二分の一に相当する額とする。

（都道府県の負担）

第九十六条　都道府県は、政令で定めるところにより、後期高齢者医療広域連合に対し、負担対象額の十二分の一に相当する額を負担する。

2　都道府県は、前項に掲げるもののほか、政令で定めるところにより、後期高齢者医療広域連合に対し、高額医療費負担対象額の四分の一に相当する額を負担する。

（都道府県の負担金の減額）

第九十七条　後期高齢者医療広域連合が確保すべき収入を不当に確保しなかつた場合において、国が第九十四条の規定により負担すべき額を減額したときは、都道府県は、政令で定めるところにより、前条の規定により当該後期高齢者医療広域連合に対して負担すべき額を減額することができる。

2　前項の規定により減額する額は、不当に確保しなかつた額を超えることができない。

（市町村の一般会計における負担）

第九十八条　市町村は、政令で定めるところにより、後期高齢者医療広域連合に対し、その一般会計において、負担対象額の十二分の一に相当する額を負担する。

（市町村の特別会計への繰入れ等）

第九十九条　市町村は、政令で定めるところにより、一般会計から、所得の少ない者について後期高齢者医療広域連合の条例の定めるところにより行う保険料の減額賦課に基づき被保険者に係る保険料につき減額した額の総額を基礎とし、後期高齢者医療の財政の状況その他の事情を勘案して政令で定めるところにより算定した額を市町村の後期高齢者医療に関する特別会計に繰り入れなければならない。

2　市町村は、政令で定めるところにより、一般会計から、第五十二条各号のいずれかに該当するに至つた日の前日において健康保険法、船員保険法、国家公務員共済組合法（他の法律において準用する場合を含む。）又は地方公務員等共済組合法の規定による被扶養者であつた被保険者について、同条各号に掲げる場合のいずれかに該当するに至つた日の属する月以後二年を経過する月までの間に限り、条例の定めるところにより行う保険料の減額賦課に基づき保険料を減額した場合における当該減額した額の総額を基礎とし、後期高齢者医療の財政の状況その他の事情を勘案して政令で定めるところにより算定した額を、市町村の後期高齢者医療に関する特別会計に繰り入れなければならない。

3　都道府県は、政令で定めるところにより、前二項の規定による繰入金の四分の三に相当する額を負担する。

（後期高齢者交付金）

第百条　後期高齢者医療広域連合の後期高齢者医療に関する特別会計において負担する費用のうち、負担対象額に一から後期高齢者負担率及び百分の五十を控除して得た率を乗じて得た額並びに特定費用の額に一から後期高齢者負担率を控除して得た率を乗じて得た額の合計額（以下この節において「保険納付対象額」という。）については、政令で定めるところにより、支払基金が後期高齢者医療広域連合に対して交付する後期高齢者交付金をもつて充てる。

2　平成二十年度及び平成二十一年度における前項の後期高齢者負担率は、百分の十とする。

3　平成二十二年度以降の年度における第一項の後期高齢者負担率は、百分の十に、第一号に掲げる率に第二号に掲げる率を乗じて得た率の二分の一に相当する率を加えて得た数を基礎として、二年ごとに政令で定める。

一　平成二十年度における保険納付対象額を同年度における療養の給付等に要する費用の額で除して得た率

二　平成二十年度におけるすべての保険者に係る加入者の総数から当該年度におけるすべての保険者に係る加入者の見込総数を控除して得た数（その数が零を下回る場合には、零とする。）を、平成二十年度におけるすべての保険者に係る加入者の総数で除して得た率

4　第一項の後期高齢者交付金は、第百十八条第一項の規定により支払基金が徴収する後期高齢者支援金をもつて充てる。

（後期高齢者交付金の減額）

第百一条　厚生労働大臣は、後期高齢者医療広域連合が確保すべき収入を不当に確保しなかつた場合又は後期高齢者医療広域連合が支出すべきでない経費を不当に支出した場合においては、政令で定めるところにより、支払基金に対し、前条第一項の規定により当該後期高齢者医療広域連合に対して交付する同項の後期高齢者交付金の額を減額することを命ずることができる。

2　前項の規定により減額する額は、不当に確保しなかつた額又は不当に支出した額を超えることができない。

（国の補助）

第百二条　国は、第九十三条、第九十五条及び第百十六条第六項に規定するもののほか、予算の範囲内において、後期高齢者医療に要する費用の一部を補助することができる。

（都道府県、市町村及び後期高齢者医療広域連合の補助及び貸付け）

第百三条　都道府県、市町村及び後期高齢者医療広域連合は、第九十六条、第九十八条、第九十九条及び第百十六条第五項に規定するもののほか、後期高齢者医療に要する費用に対し、補助金を交付し、又は貸付金を貸し付けることができる。

（保険料）

第百四条　市町村は、後期高齢者医療に要する費用（財政安定化基金拠出金及び第百十七条第二項の規定による拠出金の納付に要する費用を含む。）に充てるため、保険料を徴収しなければならない。

2　前項の保険料は、後期高齢者医療広域連合が被保険者に対し、後期高齢者医療広域連合の全区域にわたつて均一の保険料率であることその他の政令で定める基準に従い後期高齢者医療広域連合の条例で定めるところにより算定された保険料率によつて算定された保険料額によつて課する。ただし、当該後期高齢者医療広域連合の区域のうち、離島その他の医療の確保が著しく困難である地域であつて厚生労働大臣が定める基準に該当するものに住所を有する被保険者の保険料については、政令で定める基準に従い別に後期高齢者医療広域連合の条例で定めるところにより算定された保険料率によつて算定された保険料額によつて課することができる。

3　前項の保険料率は、療養の給付等に要する費用の額の予想額、財政安定化基金拠出金及び第百十七条第二項の規定による拠出金の納付に要する費用の予想額、第百十六条第一項第二号の規定による都道府県からの借入金の償還に要する費用の予定額、保健事業に要する費用の予定額、被保険者の所得の分布状況及びその見通し、国庫負担並びに第百条第一項の後期高齢者交付金等の額等に照らし、おおむね二年を通じ財政の均衡を保つことができるものでなければならない。

（保険料等の納付）

第百五条　市町村は、後期高齢者医療広域連合が行う後期高齢者医療に要する費用に充てるため、後期高齢者医療広域連合に対し、後期高齢者医療広域連合の規約で定めるところにより、第九十九条第一項及び第二項の規定による繰入金並びに保険料その他この章の規定による徴収金（市町村が徴収するものに限る。）を納付するものとする。

（賦課期日）

第百六条　保険料の賦課期日は、当該年度の初日とする。

（保険料の徴収の方法）

第百七条　市町村による第百四条の保険料の徴収については、特別徴収（市町村が老齢等年金給付を受ける被保険者（政令で定める者を除く。）から老齢等年金給付の支払をする者（以下「年金保険者」という。）に保険料を徴収させ、かつ、その徴収すべき保険料を納入させることをいう。以下同じ。）の方法による場合を除くほか、普通徴収（市町村が、保険料を課せられた被保険者又は当該被保険者の属する世帯の世帯主若しくは当該被保険者の配偶者（婚姻の届出をしていないが、事実上婚姻関係と同様の事情にある者を含む。以下同じ。）に対し、地方自治法（昭和二十二年法律第六十七号）第二百三十一条の規定により納入の通知をすることによつて保険料を徴収することをいう。以下同じ。）の方法によらなければならない。

2　前項の老齢等年金給付は、国民年金法（昭和三十四年法律第百四十一号）による老齢基礎年金その他の同法、又は厚生年金保険法（昭和二十九年法律第百十五号）による老齢、障害又は死亡を支給事由とする年金たる給付であつて政令で定めるもの及びこれらの年金たる給付に類する老齢若しくは退職、障害又は死亡を支給事由とする年金たる給付であつて政令で定めるものをいう。

（普通徴収に係る保険料の納付義務）

第百八条　被保険者は、市町村がその者の保険料を普通徴収の方法によつて徴収しようとする場合においては、当該保険料を納付しなければならない。

2　世帯主は、市町村が当該世帯に属する被保険者の保険料を普通徴収の方法によつて徴収しようとする場合において、当該保険料を連帯して納付する義務を負う。

3　配偶者の一方は、市町村が被保険者たる他方の保険料を普通徴収の方法によつて徴収しようとする場合において、当該保険料を連帯して納付する義務を負う。

（普通徴収に係る保険料の納期）

第百九条　普通徴収の方法によつて徴収する保険料の納期は、市町村の条例で定める。

（介護保険法の準用）

第百十条　介護保険法第百三十四条から第百四十一条の二までの規定は、第百七条の規定により行う保険料の特別徴収について準用する。この場合において、必要な技術的読替えは、政令で定める。

（保険料の減免等）

第百十一条　後期高齢者医療広域連合は、条例で定めるところにより、特別の理由がある者に対し、保険料を減免し、又はその徴収を猶予することができる。

（地方税法の準用）

第百十二条　保険料その他この章の規定による徴収金（市町村及び後期高齢者医療広域連合が徴収するものに限る。）については、地方税法（昭和二十五年法律第二百二十六号）第九条、第十三条の二、第二十条、第二十条の二及び第二十条の四の規定を準用する。

（滞納処分）

第百十三条　市町村が徴収する保険料、後期高齢者医療広域連合が徴収する徴収猶予した一部負担金その他この章の規定による徴収金は、地方自治法第二百三十一条の三第三項に規定する法律で定める歳入とする。

（保険料の徴収の委託）

第百十四条　市町村は、普通徴収の方法によつて徴収する保険料の徴収の事務については、収入の確保及び被保険者の便益の増進に寄与すると認める場合に限り、政令で定めるところにより、私人に委託することができる。

（条例等への委任）

第百十五条　この款に規定するもののほか、保険料の賦課額その他保険料の賦課に関する事項は、政令で定める基準に従つて後期高齢者医療広域連合の条例で定める。

2　この款に規定するもののほか、保険料の額の通知その他保険料の徴収に関する事項（特別徴収に関するものを除く。）は政令で定める基準に従つて市町村の条例で、特別徴収に関して必要な事項は政令又は政令で定める基準に従つて市町村の条例で定める。

第二款　財政安定化基金

第百十六条　都道府県は、後期高齢者医療の財政の安定化に資するため財政安定化基金を設け、次に掲げる事業に必要な費用に充てるものとする。

一　実績保険料収納額が予定保険料収納額に不足すると見込まれ、かつ、基金事業対象収入額が基金事業対象費用額に不足すると見込まれる後期高齢者医療広域連合に対し、政令で定めるところにより、イに掲げる額（イに掲げる額がロに掲げる額を超えるときは、ロに掲げる額）の二分の一に相当する額を基礎として、当該後期高齢者医療広域連合を組織する市町村における保険料の収納状況等を勘案して政令で定めるところにより算定した額を交付する事業

イ　実績保険料収納額が予定保険料収納額に不足すると見込まれる額

ロ　基金事業対象収入額が基金事業対象費用額に不足すると見込まれる額

二　基金事業対象収入額及び基金事業交付額の合計額が、基金事業対象費用額に不足すると見込まれる後期高齢者医療広域連合に対し、政令で定めるところにより、当該不足すると見込まれる額を基礎として、当該後期高齢者医療広域連合を組織する市町村における保険料の収納状況等を勘案して政令で定めるところにより算定した額の範囲内の額を貸し付ける事業

2　前項における用語のうち次の各号に掲げるものの意義は、当該各号に定めるところによる。

一　予定保険料収納額　後期高齢者医療広域連合において特定期間（平成二十年度を初年度とする同年度以降の二年度ごとの期間をいう。以下この項において同じ。）中に当該後期高齢者医療広域連合を組織する市町村において収納が見込まれた保険料の額の合計額のうち、療養の給付等に要する費用の額、財政安定化基金拠出金及び次条第二項の規定による拠出金の納付に要する費用の額並びに前項第二号の規定による都道府県からの借入金（以下この項において「基金事業借入金」という。）の償還に要する費用の額に充てるものとして政令で定めるところにより算定した額

二　実績保険料収納額　後期高齢者医療広域連合を組織する市町村において特定期間中に収納した保険料の額の合計額のうち、療養の給付に要した費用の額から当該給付に係る一部負担金に相当する額を控除した額並びに入院時食事療養費、入院時生活療養費、保険外併用療養費、療養費、訪問看護療養費、特別療養費、移送費、高額療養費及び高額介護合算療養費の支給に要した費用の額の合計額（以下この項において「療養の給付等に要した費用の額」という。）、財政安定化基金拠出金及び次条第二項の規定による拠出金の納付に要した費用の額並びに基金事業借入金の償還に要した費用の額に充てるものとして政令で定めるところにより算定した額

三　基金事業対象収入額　後期高齢者医療広域連合の後期高齢者医療に関する特別会計において特定期間中に収入した金額（第五号の基金事業交付額及び基金事業借入金の額を除く。）の合計額のうち、療養の給付等に要した費用の額、財政安定化基金拠出金及び次条第二項の規定による拠出金の納付に要した費用の額並びに基金事業借入金の償還に要した費用の額に充てるものとして政令で定めるところにより算定した額

四　基金事業対象費用額　後期高齢者医療広域連合において特定期間中に療養の給付等に要した費用の額、財政安定化基金拠出金及び次条第二項の規定による拠出金の納付に要した費用の額並びに基金事業借入金の償還に要した費用の額の合計額として政令で定めるところにより算定した額

五　基金事業交付額　後期高齢者医療広域連合が特定期間中に前項第一号の規定により交付を受けた額

3　都道府県は、財政安定化基金に充てるため、政令で定めるところにより、後期高齢者医療広域連合から財政安定化

基金拠出金を徴収するものとする。

4　後期高齢者医療広域連合は、前項の規定による財政安定化基金拠出金を納付する義務を負う。

5　都道府県は、政令で定めるところにより、第三項の規定により後期高齢者医療広域連合から徴収した財政安定化基金拠出金の総額の三倍に相当する額を財政安定化基金に繰り入れなければならない。

6　国は、政令で定めるところにより、前項の規定により都道府県が繰り入れた額の三分の一に相当する額を負担する。

7　財政安定化基金から生ずる収入は、すべて財政安定化基金に充てなければならない。

第三款　特別高額医療費共同事業

第百十七条　指定法人は、政令で定めるところにより、著しく高額な医療に関する給付の発生が後期高齢者医療の財政に与える影響を緩和するため、後期高齢者医療広域連合に対して被保険者に係る著しく高額な医療に関する給付に係る交付金を交付する事業（以下「特別高額医療費共同事業」という。）を行うものとする。

2　指定法人は、特別高額医療費共同事業に要する費用に充てるため、政令で定めるところにより、後期高齢者医療広域連合から拠出金を徴収する。

3　後期高齢者医療広域連合は、前項の規定による拠出金を納付する義務を負う。

第四款　保険者の後期高齢者支援金等

（後期高齢者支援金等の徴収及び納付義務）

第百十八条　支払基金は、第百三十九条第一項第二号に掲げる業務に要する費用に充てるため、年度ごとに、保険者から、後期高齢者支援金及び後期高齢者関係事務費拠出金（以下「後期高齢者支援金等」という。）を徴収する。

2　保険者は、後期高齢者支援金等を納付する義務を負う。

（後期高齢者支援金の額）

第百十九条　前条第一項の規定により各保険者から徴収する後期高齢者支援金の額は、当該年度の概算後期高齢者支援金の額とする。ただし、前々年度の概算後期高齢者支援金の額が前々年度の確定後期高齢者支援金の額を超えるときは、当該年度の概算後期高齢者支援金の額からその超える額とその超える額に係る後期高齢者調整金額との合計額を控除して得た額とするものとし、前々年度の概算後期高齢者支援金の額が前々年度の確定後期高齢者支援金の額に満たないときは、当該年度の概算後期高齢者支援金の額にその満たない額とその満たない額に係る後期高齢者調整金額との合計額を加算して得た額とする。

2　前項に規定する後期高齢者調整金額は、前々年度におけるすべての保険者に係る概算後期高齢者支援金の額と確定後期高齢者支援金の額との過不足額につき生ずる利子その他の事情を勘案して厚生労働省令で定めるところにより各保険者ごとに算定される額とする。

（概算後期高齢者支援金）

第百二十条　前条第一項の概算後期高齢者支援金の額は、当該年度におけるすべての後期高齢者医療広域連合の保険納付対象額の見込額の総額を厚生労働省令で定めるところにより算定した当該年度におけるすべての保険者に係る加入者の見込総数で除して得た額に、厚生労働省令で定めるところにより算定した当該年度における当該保険者に係る加入者の見込数を乗じて得た額に、概算後期高齢者支援金調整率を乗じて得た額とする。

2　前項の概算後期高齢者支援金調整率は、第十八条第二項第二号及び第十九条第二項第二号に掲げる事項についての達成状況、保険者に係る加入者の見込数等を勘案し、百分の九十から百分の百十の範囲内で政令で定めるところにより算定する。

（確定後期高齢者支援金）

第百二十一条　第百十九条第一項の確定後期高齢者支援金の額は、前々年度におけるすべての後期高齢者医療広域連合の保険納付対象額の総額を厚生労働省令で定めるところにより算定した前々年度におけるすべての保険者に係る加入者の総数で除して得た額に、厚生労働省令で定めるところにより算定した前々年度における当該保険者に係る加入者の数を乗じて得た額に、確定後期高齢者支援金調整率を乗じて得た額とする。

2　前項の確定後期高齢者支援金調整率は、第十八条第二項第二号及び第十九条第二項第二号に掲げる事項についての達成状況、保険者に係る加入者の数等を勘案し、百分の九十から百分の百十の範囲内で政令で定めるところにより算定する。

（後期高齢者関係事務費拠出金の額）

第百二十二条　第百十八条第一項の規定により各保険者から徴収する後期高齢者関係事務費拠出金の額は、厚生労働省令で定めるところにより、当該年度における第百三十九条第一項第二号に掲げる支払基金の業務に関する事務の処理に要する費用の見込額を基礎として、各保険者に係る加入者の見込数に応じ、厚生労働省令で定めるところにより算定した額とする。

（通知）

第百二十三条　後期高齢者医療広域連合は、厚生労働省令で定めるところにより、支払基金に対し、各年度における保険納付対象額その他厚生労働省令で定める事項を通知しなければならない。

2　後期高齢者医療広域連合は、前項の規定による通知の事務を国保連合会に委託することができる。

（準用）

第百二十四条　第四十一条及び第四十三条から第四十六条までの規定は、後期高齢者支援金等について準用する。

○特定健康診査及び特定保健指導の実施に関する基準

平一九・一二・二八
厚労令一五七
最終改正 平二九・八・一 厚労令八八

高齢者の医療の確保に関する法律（昭和五十七年法律第八十号）の規定に基づき、及び同法を実施するため、特定健康診査及び特定保健指導の実施に関する基準を次のように定める。

（特定健康診査の項目）

第一条 保険者は、高齢者の医療の確保に関する法律（昭和五十七年法律第八十号。以下「法」という。）第二十条の規定により、毎年度、当該年度の四月一日における加入者であって、当該年度において四十歳以上七十五歳以下の年齢に達するもの（七十五歳未満の者に限り、妊産婦その他の厚生労働大臣が定める者を除く。）に対し、特定健康診査等実施計画（法第十九条第一項に規定する特定健康診査等実施計画をいう。以下同じ。）に基づき、次の項目について、特定健康診査（法第十八条第一項に規定する特定健康診査をいう。以下同じ。）を行うものとする。

一 既往歴の調査（服薬歴及び喫煙習慣の状況に係る調査を含む。）
二 自覚症状及び他覚症状の有無の検査
三 身長、体重及び腹囲の検査
四 ＢＭＩ（次の算式により算出した値をいう。以下同じ。）の測定

$$BMI = 体重(kg) \div 身長(m)^2$$

五 血圧の測定
六 血清グルタミックオキサロアセチックトランスアミナーゼ（ＧＯＴ）、血清グルタミックピルビックトランスアミナーゼ（ＧＰＴ）及びガンマーグルタミルトランスペプチダーゼ（γ－ＧＴＰ）の検査（以下「肝機能検査」という。）
七 血清トリグリセライド（中性脂肪）、高比重リポ蛋白《たん》コレステロール（ＨＤＬコレステロール）及び低比重リポ蛋白《たん》コレステロール（ＬＤＬコレステロール）の量の検査（以下「血中脂質検査」という。）
八 血糖検査
九 尿中の糖及び蛋白《たん》の有無の検査（以下「尿検査」という。）
十 前各号に掲げるもののほか、厚生労働大臣が定める項目について厚生労働大臣が定める基準に基づき医師が必要と認めるときに行うもの

2 前項第三号に掲げる項目のうち、腹囲の検査については、厚生労働大臣が定める基準に基づき医師が必要でないと認めるときは、省略することができる。

3 保険者は、第一項第三号の規定による腹囲の検査に代えて、内臓脂肪（腹腔《くう》内の腸間膜、大網等に存在する脂肪細胞内に貯蔵された脂肪をいう。以下同じ。）の面積の測定を行うことができる。この場合において、当該保険者は、同号の規定による腹囲の検査を行ったものとみなす。

4 保険者は、血清トリグリセライド（中性脂肪）が一デシリットル当たり四百ミリグラム以上である場合又は食後に採血する場合には、第一項第七号の規定による低比重リポ蛋白《たん》コレステロール（ＬＤＬコレステロール）の量の検査に代えて、総コレステロールから高比重リポ蛋白《たん》コレステロール（ＨＤＬコレステロール）を除いたもの（Ｎｏｎ－ＨＤＬコレステロール）の量の検査を行うことができる。この場合において、当該保険者は、同号の規定による低比重リポ蛋白《たん》コレステロール（ＬＤＬコレステロール）の量の検査を行ったものとみなす。

5 医師は、第一項第十号の規定による項目を実施する場合には、当該項目の対象となる者に対し当該項目を実施する前にその理由を明らかにするとともに、保険者に対し当該項目を実施した後にその理由を明らかにしなければならない。

（他の法令に基づく健康診断との関係）

第二条 労働安全衛生法（昭和四十七年法律第五十七号）その他の法令に基づき特定健康診査を実施した年度と同年度において加入者が次の項目について健康診断を受けた場合であって、当該事実を保険者が確認した場合には、法第二十一条第一項の規定により、当該保険者は当該加入者に対し特定健康診査の全部又は一部を行ったものとみなす。

一 既往歴の調査（服薬歴及び喫煙習慣の状況に係る調査を含む。）
二 自覚症状及び他覚症状の有無の検査
三 身長、体重及び腹囲の検査
四 血圧の測定
五 血色素量及び赤血球数の検査
六 肝機能検査
七 血中脂質検査
八 血糖検査
九 尿検査
十 心電図検査
十一 血清クレアチニン検査

（特定健康診査に関する結果等の通知）

第三条 保険者は、法第二十三条の規定により、特定健康診査を受けた加入者に対し、特定健康診査に関する結果を通知するに当たっては、当該特定健康診査に関する結果に加えて、当該加入者が自らの健康状態を自覚し、健康な生活習慣の重要性に対する関心と理解を深めるために必要な情報を提供しなければならない。

2 保険者は、前項の通知及び同項の情報の提供に関する事務を、特定健康診査を実施した機関に委託《たく》することができる。

（特定保健指導の対象者）

第四条 法第十八条第一項に規定する特定健康診査の結果により健康の保持に努める必要がある者は、特定健康診査の結果、腹囲が八十五センチメートル以上である男性若しくは腹囲が九十センチメートル以上である女性又は腹囲が八十五センチメートル未満である男性若しくは腹囲が九十センチメートル未満である女性であってＢＭＩが二十五以上の者のうち、次の各号のいずれかに該当するもの（高血圧症、脂質異常症又は糖尿病の治療に係る薬剤を服用している者を除く。）とする。

一 血圧の測定の結果が厚生労働大臣が定める基準に該当

する者

二　血清トリグリセライド（中性脂肪）又は高比重リポ蛋《たん》白コレステロール（HDLコレステロール）の量が厚生労働大臣が定める基準に該当する者

三　血糖検査の結果が厚生労働大臣が定める基準に該当する者

2　第一条第三項の規定により、腹囲の検査に代えて内臓脂肪の面積の測定を行う場合には、前項中「腹囲が八十五センチメートル以上である男性若しくは腹囲が九十センチメートル以上である女性又は腹囲が八十五センチメートル未満である男性若しくは腹囲が九十センチメートル未満である女性であってBMIが二十五以上の者」とあるのは、「内臓脂肪の面積が百平方センチメートル以上の者又は内臓脂肪の面積が百平方センチメートル未満の者であってBMIが二十五以上のもの」とする。

（保健指導に関する専門的知識及び技術を有する者）

第五条　法第十八条第一項に規定する保健指導に関する専門的知識及び技術を有する者は、医師、保健師又は管理栄養士とする。

（特定保健指導の実施方法）

第六条　保険者は、法第二十四条の規定により、第四条に規定する者に対し、特定健康診査等実施計画に基づき、次条第一項に規定する動機付け支援又は第八条第一項に規定する積極的支援により特定保健指導（法第十八条第一項に規定する特定保健指導をいう。以下同じ。）を行うものとする。

（動機付け支援）

第七条　動機付け支援とは、動機付け支援対象者が自らの健康状態を自覚し、生活習慣の改善に係る自主的な取組の実施に資することを目的として、次に掲げる要件のいずれも満たすものであって、厚生労働大臣が定める方法により行う保健指導をいう。

一　動機付け支援対象者が、医師、保健師又は管理栄養士の面接による指導の下に行動計画を策定すること。

二　医師、保健師、管理栄養士又は食生活の改善指導若しくは運動指導に関する専門的知識及び技術を有すると認められる者として厚生労働大臣が定めるものが、動機付け支援対象者に対し、生活習慣の改善のための取組に係る動機付けに関する支援を行うこと。

三　動機付け支援対象者及び次のいずれかに掲げる者が、行動計画の策定の日から三月以上経過した日において、当該行動計画の実績に関する評価を行うこと。

イ　第一号の規定により面接による指導を行った者

ロ　動機付け支援対象者の健康状態等に関する情報をイに掲げる者と共有する医師、保健師又は管理栄養士（保険者が当該動機付け支援対象者の特定保健指導の総括及び情報の管理を行わない場合は、イに掲げる者が当該動機付け支援対象者に対する面接の際に勤務していた機関に勤務する者に限る。）

2　前項の動機付け支援対象者は、次の各号に掲げる者とする。

一　腹囲が八十五センチメートル以上である男性又は腹囲が九十センチメートル以上である女性であって、第四条第一項各号のいずれか一のみに該当する者（次条第二項第二号に該当する者を除く。）

二　腹囲が八十五センチメートル未満である男性又は腹囲が九十センチメートル未満である女性であってBMIが二十五以上の者のうち、第四条第一項各号のいずれか二のみに該当するもの（次条第二項第四号に該当する者を除く。）

三　腹囲が八十五センチメートル未満である男性又は腹囲が九十センチメートル未満である女性であってBMIが二十五以上の者のうち、第四条第一項各号のいずれか一のみに該当するもの

四　特定健康診査を実施する年度において六十五歳以上七十五歳以下の年齢に達する者（当該年度において七十五歳に達する者にあっては、動機付け支援の実施の際に当該年齢に達していない者に限る。）のうち、次に掲げるもの

イ　腹囲が八十五センチメートル以上である男性又は腹囲が九十センチメートル以上である女性であって、第四条第一項各号のいずれか二以上に該当する者

ロ　腹囲が八十五センチメートル以上である男性又は腹囲が九十センチメートル以上である女性であって、第四条第一項各号のいずれか一のみに該当し、かつ、特定健康診査の結果、喫煙習慣があると認められた者

ハ　腹囲が八十五センチメートル未満である男性又は腹囲が九十センチメートル未満である女性であってBMIが二十五以上の者のうち、第四条第一項各号のいずれにも該当するもの

ニ　腹囲が八十五センチメートル未満である男性又は腹囲が九十センチメートル未満である女性であってBMIが二十五以上の者のうち、第四条第一項各号のいずれか二のみに該当し、かつ、特定健康診査の結果、喫煙習慣があると認められたもの

3　第四条第二項の規定は、前項の規定の適用について準用する。

（積極的支援）

第八条　積極的支援とは、積極的支援対象者が自らの健康状態を自覚し、生活習慣の改善に係る自主的な取組の継続的な実施に資することを目的として、次に掲げる要件のいずれも満たすものであって、厚生労働大臣が定める方法により行う保健指導をいう。

一　積極的支援対象者が、医師、保健師又は管理栄養士の面接による指導の下に行動計画を策定すること。

二　医師、保健師、管理栄養士又は食生活の改善指導若しくは運動指導に関する専門的知識及び技術を有すると認められる者として厚生労働大臣が定めるものが、積極的支援対象者に対し、生活習慣の改善のための取組に資する働きかけに関する支援を相当な期間継続して行うこと（積極的支援対象者であって、厚生労働大臣が定める要件に該当する者に係る当該支援については、厚生労働大臣が定めるところにより行うこと）。

三　積極的支援対象者及び次のいずれかに掲げる者が、行動計画の進捗状況に関する評価を行うこと。

イ　第一号の規定により面接による指導を行った者

ロ　積極的支援対象者の健康状態等に関する情報をイに掲げる者と共有する医師、保健師又は管理栄養士（保険者が当該積極的支援対象者の特定保健指導の総括及び情報の管理を行わない場合は、イに掲げる者が当該積極的支援対象者に対する面接の際に勤務していた機関に勤務する者に限る。）

四　積極的支援対象者及び次のいずれかに該当する者が、行動計画の策定の日から三月以上経過した日において、当該行動計画の実績に関する評価を行うこと。

イ　第一号の規定により面接による指導を行った者

ロ　積極的支援対象者の健康状態等に関する情報をイに掲げる者と共有する医師、保健師又は管理栄養士（保険者が当該積極的支援対象者の特定保健指導の総括及び情報の管理を行わない場合は、イに掲げる者が当該積極的支援対象者に対する面接の際に勤務していた機関に勤務する者に限る。）

2　前項の積極的支援対象者は、次の各号に掲げる者（同項の積極的支援を実施する年度において六十五歳以上七十五歳以下の年齢に達する者（当該年度において七十五歳に達する者にあっては、動機付け支援の実施の際に当該年齢に達していない者に限る。）を除く。）とする。

一　腹囲が八十五センチメートル以上である男性又は腹囲が九十センチメートル以上である女性であって、第四条第一項各号のいずれか二以上に該当する者

二　腹囲が八十五センチメートル以上である男性又は腹囲が九十センチメートル以上である女性であって、第四条第一項各号のいずれか一のみに該当し、かつ、特定健康診査の結果、喫煙習慣があると認められた者

三　腹囲が八十五センチメートル未満である男性又は腹囲が九十センチメートル未満である女性であってBMIが二十五以上の者のうち、第四条第一項各号のいずれにも該当するもの

四　腹囲が八十五センチメートル未満である男性又は腹囲が九十センチメートル未満である女性であってBMIが二十五以上の者のうち、第四条第一項各号のいずれか二のみに該当し、かつ、特定健康診査の結果、喫煙習慣があると認められたもの

3　第四条第二項の規定は、前項の規定の適用について準用する。

（その他の保健指導）

第九条　保険者は、特定健康診査の結果その他の事情により、加入者の健康の保持増進のために必要があると認めるときは、前二条の規定にかかわらず、加入者に対し、適切な保健指導を行うよう努めるものとする。

（特定健康診査及び特定保健指導に関する記録の保存）

第十条　保険者は、法第二十二条及び法第二十五条の規定により、特定健康診査及び特定保健指導に関する記録を電磁的方法（電子的方式、磁気的方式その他人の知覚によっては認識することができない方式をいう。以下同じ。）により作成し、当該記録の作成の日の属する年度の翌年度から五年を経過するまでの期間又は加入者が他の保険者の加入者となった日の属する年度の翌年度の末日までの期間のうちいずれか短い期間、当該記録を保存しなければならない。

2　保険者は、前項の作成及び同項の保存に関する事務の全部又は一部を、当該事務を適切かつ円滑に遂行し得る能力のある者に委託することができる。

（特定健康診査等に要した費用の請求）

第十一条　法第二十六条第一項の規定により他の保険者の加入者に係る特定健康診査又は特定保健指導（以下「特定健康診査等」という。）を行った保険者が、同項の規定により当該特定健康診査等を受けた他の保険者の加入者に対し請求することができる費用の額は、当該保険者が、当該保険者の加入者に対して行う特定健康診査等に要する費用の額を勘案して合理的であると認められる範囲内において定めた額とする。

2　法第二十六条第三項の規定により特定健康診査に要する費用として相当な額の支給を受けようとする加入者（労働安全衛生法その他の法令に基づき行われる特定健康診査に相当する健康診断を受けた加入者又は受けることができる加入者を除く。）又は特定保健指導に要する費用として相当な額の支給を受けようとする加入者は、次の事項を記載した申請書を当該加入者が加入する保険者に提出しなければならない。

一　医療保険各法による被保険者証（日雇特例被保険者手帳（健康保険印紙をはり付けるべき余白のあるものに限る。）及び被扶養者証を含む。）、組合員証又は加入者証の記号及び番号

二　特定健康診査等を受けた者の氏名及び生年月日

三　特定健康診査等を実施した保険者の保険者番号及び名称

四　特定健康診査等を受けた病院、診療所その他の者の名称及び所在地又は氏名及び住所

五　特定健康診査を受けた年月日又は特定保健指導を受けた年月日及び期間

六　特定健康診査等に要した費用の額

3　前項の申請書には、同項第六号に掲げる費用の額を証する書類を添付しなければならない。

（特定健康診査等に関する記録の送付）

第十二条　他の保険者の加入者に対し特定健康診査等を行った保険者は、法第二十六条第二項の規定により当該特定健康診査等に関する記録を当該特定健康診査等を受けた者が現に加入する他の保険者に送付するに当たっては、電磁的方法により作成された当該特定健康診査等に関する記録を記録した光ディスク又はフレキシブルディスク（以下「光ディスク等」という。）を送付する方法により行うものとする。

（他の保険者が行う記録の写しの提供）

第十三条　法第二十七条第一項の規定により特定健康診査等に関する記録の写しの提供を求められた他の保険者は、同条第三項の規定により当該記録の写しを提供するに当たっては、あらかじめ、当該他の保険者の加入者であった者に対し、記録の写しを提供する趣旨及び提供される記録の写しの内容について説明を行い、かつ、当該他の保険者の加入者であった者の同意を得なければならない。ただし、当該記録の写しの提供を求めた保険者において説明を行い、当該他の保険者の加入者であった者の同意を得たことが確認できたときは、この限りでない。

2　法第二十七条第一項の規定により特定健康診査等に関する記録の写しの提供を求められた他の保険者は、同条第三項の規定により当該記録の写しを提供するに当たっては、電磁的方法により作成された当該特定健康診査等に関する記録を記録した光ディスク等を送付する方法その他の適切な方法により行うものとする。

（事業者等が行う記録の写しの提供）

第十四条　保険者が、法第二十七条第二項の規定により加入者を使用している事業者等（法第二十一条第二項に規定する事業者等をいう。以下同じ。）又は使用していた事業者等

に対して提供を求めることができる健康診断に関する記録の写しは、第二条各号に掲げる項目に関する記録の写しとする。

2　法第二十七条第二項の規定により健康診断に関する記録の写しの提供を求められた事業者等は、同条第三項の規定により当該記録の写しを提供するに当たっては、電磁的方法により作成された当該健康診断に関する記録を記録した光ディスク等を送付する方法その他の適切な方法により行うものとする。

（記録等の提供に要する費用の支払）

第十五条　他の保険者又は事業者等は、第十三条又は前条の規定により記録の写しを提供したときは、当該記録の写しの提供を求めた保険者から、現に当該記録の写しの提供に要した費用の額の支払を受けることができる。

（特定健康診査等の委託）

第十六条　保険者は、法第二十八条の規定により、特定健康診査及び特定保健指導の実施を委託する場合には、特定健康診査及び特定保健指導を円滑かつ効率的に実施する観点から適当である者として厚生労働大臣が定めるものに委託しなければならない。

2　保険者が特定健康診査及び特定保健指導の受託者に対し提供することができる情報は、第十条の規定により保存している特定健康診査及び特定保健指導に関する記録その他必要な情報とする。

3　保険者が第一項の規定により特定健康診査及び特定保健指導の実施を委託する場合において、保険者に代わり特定健康診査及び特定保健指導の実施に要した費用の請求の受付並びに当該費用の支払並びにこれらに附帯する事務を行うことができる者は、特定健康診査及び特定保健指導に係る情報の漏えいの防止並びに当該事務の円滑な実施を図る観点から適当である者として厚生労働大臣が定めるものとする。

（雑則）

第十七条　この省令に定めるもののほか、特定健康診査及び特定保健指導の実施に係る施設及び運営に関する事項、記録の保存に関する事項その他の特定健康診査及び特定保健指導の実施について必要な細則は、厚生労働大臣が定める。

附　則

（施行期日）

第一条　この省令は、平成二十年四月一日から施行する。

（特定保健指導の実施に係る経過措置）

第二条　この省令の施行の日から平成三十六年三月三十一日までの間は、第七条第一項第一号及び第三号並びに第八条第一項第一号、第三号及び第四号中「又は管理栄養士」とあるのは「、管理栄養士又は保健指導に関する一定の実務の経験を有する看護師」と、第七条第一項第二号及び第八条第一項第二号中「管理栄養士」とあるのは「管理栄養士、保健指導に関する一定の実務の経験を有する看護師」とする。

附　則（平二〇・一一・一八省令一五九）

この省令は、平成二十一年四月一日から施行する。

附　則（平二五・三・二九省令四四）

この省令は、平成二十五年四月一日から施行する。

附　則（平二九・八・一省令八八）

第一条　この省令は、平成三十年四月一日から施行する。

（経過措置）

第二条　この省令の施行前に実施された特定健康診査（高齢者の医療の確保に関する法律（昭和五十七年法律第八十号）第十八条第一項に規定する特定健康診査をいう。）の結果に基づく特定保健指導（同項に規定する特定保健指導をいう。）については、なお従前の例による。

○介護保険法（抄）

平九・一二・一七
法一二三

最終改正　平二九・六・二　法五二

第一章　総則

（目的）

第一条　この法律は、加齢に伴って生ずる心身の変化に起因する疾病等により要介護状態となり、入浴、排せつ、食事等の介護、機能訓練並びに看護及び療養上の管理その他の医療を要する者等について、これらの者が尊厳を保持し、その有する能力に応じ自立した日常生活を営むことができるよう、必要な保健医療サービス及び福祉サービスに係る給付を行うため、国民の共同連帯の理念に基づき介護保険制度を設け、その行う保険給付等に関して必要な事項を定め、もって国民の保健医療の向上及び福祉の増進を図ることを目的とする。

（介護保険）

第二条　介護保険は、被保険者の要介護状態又は要支援状態（以下「要介護状態等」という。）に関し、必要な保険給付を行うものとする。

2　前項の保険給付は、要介護状態等の軽減又は悪化の防止に資するよう行われるとともに、医療との連携に十分配慮して行われなければならない。

3　第一項の保険給付は、被保険者の心身の状況、その置かれている環境等に応じて、被保険者の選択に基づき、適切な保健医療サービス及び福祉サービスが、多様な事業者又は施設から、総合的かつ効率的に提供されるよう配慮して行われなければならない。

4　第一項の保険給付の内容及び水準は、被保険者が要介護状態となった場合においても、可能な限り、その居宅において、その有する能力に応じ自立した日常生活を営むことができるように配慮されなければならない。

（保険者）

第三条　市町村及び特別区は、この法律の定めるところにより、介護保険を行うものとする。

2　市町村及び特別区は、介護保険に関する収入及び支出について、政令で定めるところにより、特別会計を設けなければならない。

（医療保険者の協力）

第六条　医療保険者は、介護保険事業が健全かつ円滑に行われるよう協力しなければならない。

（定義）

第七条　この法律において「要介護状態」とは、身体上又は精神上の障害があるために、入浴、排せつ、食事等の日常生活における基本的な動作の全部又は一部について、厚生労働省令で定める期間にわたり継続して、常時介護を要すると見込まれる状態であって、その介護の必要の程度に応じて厚生労働省令で定める区分（以下「要介護状態区分」という。）のいずれかに該当するもの（要支援状態に該当するものを除く。）をいう。

2　この法律において「要支援状態」とは、身体上若しくは精神上の障害があるために入浴、排せつ、食事等の日常生活における基本的な動作の全部若しくは一部について厚生労働省令で定める期間にわたり継続して常時介護を要する状態の軽減若しくは悪化の防止に特に資する支援を要すると見込まれ、又は身体上若しくは精神上の障害があるために厚生労働省令で定める期間にわたり継続して日常生活を営むのに支障があると見込まれる状態であって、支援の必要の程度に応じて厚生労働省令で定める区分（以下「要支援状態区分」という。）のいずれかに該当するものをいう。

3　この法律において「要介護者」とは、次の各号のいずれかに該当する者をいう。

一　要介護状態にある六十五歳以上の者

二　要介護状態にある四十歳以上六十五歳未満の者であって、その要介護状態の原因である身体上又は精神上の障害が加齢に伴って生ずる心身の変化に起因する疾病であって政令で定めるもの（以下「特定疾病」という。）によって生じたものであるもの

4　この法律において「要支援者」とは、次の各号のいずれかに該当する者をいう。

一　要支援状態にある六十五歳以上の者

二　要支援状態にある四十歳以上六十五歳未満の者であって、その要支援状態の原因である身体上又は精神上の障害が特定疾病によって生じたものであるもの

5　この法律において「介護支援専門員」とは、要介護者又は要支援者（以下「要介護者等」という。）からの相談に応じ、及び要介護者等がその心身の状況等に応じ適切な居宅サービス、地域密着型サービス、施設サービス、介護予防サービス若しくは地域密着型介護予防サービス又は特定介護予防・日常生活支援総合事業（第百十五条の四十五第一項第一号イに規定する第一号訪問事業、同号ロに規定する第一号通所事業又は同号ハに規定する第一号生活支援事業をいう。以下同じ。）を利用できるよう市町村、居宅サービス事業を行う者、地域密着型サービス事業を行う者、介護保険施設、介護予防サービス事業を行う者、地域密着型介護予防サービス事業を行う者、特定介護予防・日常生活支援総合事業を行う者等との連絡調整等を行う者であって、要介護者等が自立した日常生活を営むのに必要な援助に関する専門的知識及び技術を有するものとして第六十九条の七第一項の介護支援専門員証の交付を受けたものをいう。

6　この法律において「医療保険各法」とは、次に掲げる法律をいう。

一　健康保険法（大正十一年法律第七十号）

二　船員保険法（昭和十四年法律第七十三号）

三　国民健康保険法（昭和三十三年法律第百九十二号）

四　国家公務員共済組合法（昭和三十三年法律第百二十八号）

五　地方公務員等共済組合法（昭和三十七年法律第百五十二号）

六　私立学校教職員共済法（昭和二十八年法律第二百四十五号）

7　この法律において「医療保険者」とは、医療保険各法の規定により医療に関する給付を行う全国健康保険協会、健康保険組合、市町村（特別区を含む。）、国民健康保険組合、共済組合又は日本私立学校振興・共済事業団をいう。

8　この法律において「医療保険加入者」とは、次に掲げる者をいう。

一　健康保険法の規定による被保険者。ただし、同法第三条第二項の規定による日雇特例被保険者を除く。

二　船員保険法の規定による被保険者

三　国民健康保険法の規定による被保険者

四　国家公務員共済組合法又は地方公務員等共済組合法に基づく共済組合の組合員

五　私立学校教職員共済法の規定による私立学校教職員共済制度の加入者

六　健康保険法、船員保険法、国家公務員共済組合法（他の法律において準用する場合を含む。）又は地方公務員等共済組合法の規定による被扶養者。ただし、健康保険法第三条第二項の規定による日雇特例被保険者の同法の規定による被扶養者を除く。

七　健康保険法第百二十六条の規定により日雇特例被保険者手帳の交付を受け、その手帳に健康保険印紙をはり付けるべき余白がなくなるに至るまでの間にある者及び同法の規定によるその者の被扶養者。ただし、同法第三条第二項ただし書の規定による承認を受けて同項の規定による日雇特例被保険者とならない期間内にある者及び同法第百二十六条第三項の規定により当該日雇特例被保険者手帳を返納した者並びに同法の規定によるその者の被扶養者を除く。

9　この法律において「社会保険各法」とは、次に掲げる法律をいう。

一　この法律

二　第六項各号（第四号を除く。）に掲げる法律

三　厚生年金保険法（昭和二十九年法律第百十五号）

四　国民年金法（昭和三十四年法律第百四十一号）

第八条　この法律において「居宅サービス」とは、訪問介護、訪問入浴介護、訪問看護、訪問リハビリテーション、居宅療養管理指導、通所介護、通所リハビリテーション、短期入所生活介護、短期入所療養介護、特定施設入居者生活介護、福祉用具貸与及び特定福祉用具販売をいい、「居

宅サービス事業」とは、居宅サービスを行う事業をいう。

2　この法律において「訪問介護」とは、要介護者であって、居宅（老人福祉法（昭和三十八年法律第百三十三号）第二十条の六に規定する軽費老人ホーム、同法第二十九条第一項に規定する有料老人ホーム（第十一項及び第二十一項において「有料老人ホーム」という。）その他の厚生労働省令で定める施設における居室を含む。以下同じ。）において介護を受けるもの（以下「居宅要介護者」という。）について、その者の居宅において介護福祉士その他政令で定める者により行われる入浴、排せつ、食事等の介護その他の日常生活上の世話であって、厚生労働省令で定めるもの（定期巡回・随時対応型訪問介護看護（第十五項第二号に掲げるものに限る。）又は夜間対応型訪問介護に該当するものを除く。）をいう。

3　この法律において「訪問入浴介護」とは、居宅要介護者について、その者の居宅を訪問し、浴槽を提供して行われる入浴の介護をいう。

4　この法律において「訪問看護」とは、居宅要介護者（主治の医師がその治療の必要の程度につき厚生労働省令で定める基準に適合していると認めたものに限る。）について、その者の居宅において看護師その他厚生労働省令で定める者により行われる療養上の世話又は必要な診療の補助をいう。

5　この法律において「訪問リハビリテーション」とは、居宅要介護者（主治の医師がその治療の必要の程度につき厚生労働省令で定める基準に適合していると認めたものに限る。）について、その者の居宅において、その心身の機能の維持回復を図り、日常生活の自立を助けるために行われる理学療法、作業療法その他必要なリハビリテーションをいう。

6　この法律において「居宅療養管理指導」とは、居宅要介護者について、病院、診療所又は薬局（以下「病院等」という。）の医師、歯科医師、薬剤師その他厚生労働省令で定める者により行われる療養上の管理及び指導であって、厚生労働省令で定めるものをいう。

7　この法律において「通所介護」とは、居宅要介護者について、老人福祉法第五条の二第三項の厚生労働省令で定める施設又は同法第二十条の二の二に規定する老人デイサービスセンターに通わせ、当該施設において入浴、排せつ、食事等の介護その他の日常生活上の世話であって厚生労働省令で定めるもの及び機能訓練を行うこと（利用定員が厚生労働省令で定める数以上であるものに限り、認知症対応型通所介護に該当するものを除く。）をいう。

8　この法律において「通所リハビリテーション」とは、居宅要介護者（主治の医師がその治療の必要の程度につき厚生労働省令で定める基準に適合していると認めたものに限る。）について、介護老人保健施設、介護医療院、病院、診療所その他の厚生労働省令で定める施設に通わせ、当該施設において、その心身の機能の維持回復を図り、日常生活の自立を助けるために行われる理学療法、作業療法その他必要なリハビリテーションをいう。

9　この法律において「短期入所生活介護」とは、居宅要介護者について、老人福祉法第五条の二第四項の厚生労働省令で定める施設又は同法第二十条の三に規定する老人短期入所施設に短期間入所させ、当該施設において入浴、排せつ、食事等の介護その他の日常生活上の世話及び機能訓練を行うことをいう。

10　この法律において「短期入所療養介護」とは、居宅要介護者（その治療の必要の程度につき厚生労働省令で定めるものに限る。）について、介護老人保健施設、介護医療院その他の厚生労働省令で定める施設に短期間入所させ、当該施設において看護、医学的管理の下における介護及び機能訓練その他必要な医療並びに日常生活上の世話を行うことをいう。

11　この法律において「特定施設」とは、有料老人ホームその他厚生労働省令で定める施設であって、第二十一項に規定する地域密着型特定施設でないものをいい、「特定施設入居者生活介護」とは、特定施設に入居している要介護者について、当該特定施設が提供するサービスの内容、これを担当する者その他厚生労働省令で定める事項を定めた計画に基づき行われる入浴、排せつ、食事等の介護その他の日常生活上の世話であって厚生労働省令で定めるもの、機能訓練及び療養上の世話をいう。

12　この法律において「福祉用具貸与」とは、居宅要介護者について福祉用具（心身の機能が低下し日常生活を営むのに支障がある要介護者等の日常生活上の便宜を図るための用具及び要介護者等の機能訓練のための用具であって、要介護者等の日常生活の自立を助けるためのものをいう。次項並びに次条第十項及び第十一項において同じ。）のうち厚生労働大臣が定めるものの政令で定めるところにより行われる貸与をいう。

13　この法律において「特定福祉用具販売」とは、居宅要介護者について福祉用具のうち入浴又は排せつの用に供するものその他の厚生労働大臣が定めるもの（以下「特定福祉用具」という。）の政令で定めるところにより行われる販売をいう。

14　この法律において「地域密着型サービス」とは、定期巡回・随時対応型訪問介護看護、夜間対応型訪問介護、地域密着型通所介護、認知症対応型通所介護、小規模多機能型居宅介護、認知症対応型共同生活介護、地域密着型特定施設入居者生活介護、地域密着型介護老人福祉施設入所者生活介護及び複合型サービスをいい、「特定地域密着型サービス」とは、定期巡回・随時対応型訪問介護看護、夜間対応型訪問介護、地域密着型通所介護、認知症対応型通所介護、小規模多機能型居宅介護及び複合型サービスをいい、「地域密着型サービス事業」とは、地域密着型サービスを行う事業をいう。

15　この法律において「定期巡回・随時対応型訪問介護看護」とは、次の各号のいずれかに該当するものをいう。

一　居宅要介護者について、定期的な巡回訪問により、又は随時通報を受け、その者の居宅において、介護福祉士その他第二項の政令で定める者により行われる入浴、排せつ、食事等の介護その他の日常生活上の世話であって、厚生労働省令で定めるものを行うとともに、看護師その他厚生労働省令で定める者により行われる療養上の世話又は必要な診療の補助を行うこと。ただし、療養上の世話又は必要な診療の補助にあっては、主治の医師がその治療の必要の程度につき厚生労働省令で定める基準に適合していると認めた居宅要介護者についてのものに限る。

二　居宅要介護者について、定期的な巡回訪問により、又は随時通報を受け、訪問看護を行う事業所と連携しつつ、その者の居宅において介護福祉士その他第二項の政令で定める者により行われる入浴、排せつ、食事等の介護その他の日常生活上の世話であって、厚生労働省令で定めるものを行うこと。

16　この法律において「夜間対応型訪問介護」とは、居宅要介護者について、夜間において、定期的な巡回訪問により、又は随時通報を受け、その者の居宅において介護福祉士その他第二項の政令で定める者により行われる入浴、排せつ、食事等の介護その他の日常生活上の世話であって、厚生労働省令で定めるもの（定期巡回・随時対応型訪問介護看護に該当するものを除く。）をいう。

17　この法律において「地域密着型通所介護」とは、居宅要介護者について、老人福祉法第五条の二第三項の厚生労働省令で定める施設又は同法第二十条の二の二に規定する老人デイサービスセンターに通わせ、当該施設において入浴、排せつ、食事等の介護その他の日常生活上の世話であって厚生労働省令で定めるもの及び機能訓練を行うこと（利用定員が第七項の厚生労働省令で定める数未満であるものに限り、認知症対応型通所介護に該当するものを除く。）をいう。

18　この法律において「認知症対応型通所介護」とは、居宅要介護者であって、認知症であるものについて、老人福祉法第五条の二第三項の厚生労働省令で定める施設又は同法第二十条の二の二に規定する老人デイサービスセンターに通わせ、当該施設において入浴、排せつ、食事等の介護その他の日常生活上の世話であって厚生労働省令で定めるもの及び機能訓練を行うことをいう。

19　この法律において「小規模多機能型居宅介護」とは、居宅要介護者について、その者の心身の状況、その置かれている環境等に応じて、その者の選択に基づき、その者の居宅において、又は厚生労働省令で定めるサービスの拠点に通わせ、若しくは短期間宿泊させ、当該拠点において、入浴、排せつ、食事等の介護その他の日常生活上の世話であって厚生労働省令で定めるもの及び機能訓練を行うことをいう。

20　この法律において「認知症対応型共同生活介護」とは、要介護者であって認知症であるもの（その者の認知症の原因となる疾患が急性の状態にある者を除く。）について、その共同生活を営むべき住居において、入浴、排せつ、食事等の介護その他の日常生活上の世話及び機能訓練を行うことをいう。

21　この法律において「地域密着型特定施設入居者生活介護」とは、有料老人ホームその他第十一項の厚生労働省令で定める施設であって、その入居者が要介護者、その配偶者その他厚生労働省令で定める者に限られるもの（以下「介護専用型特定施設」という。）のうち、その入居定員が二十九人以下であるもの（以下この項において「地域密着型特定施設」という。）に入居している要介護者について、当該地域密着型特定施設が提供するサービスの内容、これを担当する者その他厚生労働省令で定める事項を定めた計画に基づき行われる入浴、排せつ、食事等の介護その他の日常生活上の世話であって厚生労働省令で定めるもの、機能訓練及び療養上の世話をいう。

22　この法律において「地域密着型介護老人福祉施設」とは、老人福祉法第二十条の五に規定する特別養護老人ホーム（入所定員が二十九人以下であるものに限る。以下この項において同じ。）であって、当該特別養護老人ホームに入所する要介護者（厚生労働省令で定める要介護状態区分に該当する状態である者その他居宅において日常生活を営むことが困難な者として厚生労働省令で定めるものに限る。以下この項及び第二十七項において同じ。）に対し、地域密着型施設サービス計画（地域密着型介護老人福祉施設に入所している要介護者について、当該施設が提供するサービスの内容、これを担当する者その他厚生労働省令で定める事項を定めた計画をいう。以下この項において同じ。）に基づいて、入浴、排せつ、食事等の介護その他の日常生活上の世話、機能訓練、健康管理及び療養上の世話を行うことを目的とする施設をいい、「地域密着型介護老人福祉施設入所者生活介護」とは、地域密着型介護老人福祉施設に入所する要介護者に対し、地域密着型施設サービス計画に基づいて行われる入浴、排せつ、食事等の介護その他の日常生活上の世話、機能訓練、健康管理及び療養上の世話をいう。

23　この法律において「複合型サービス」とは、居宅要介護者について、訪問介護、訪問入浴介護、訪問看護、訪問リハビリテーション、居宅療養管理指導、通所介護、通所リハビリテーション、短期入所生活介護、短期入所療養介護、定期巡回・随時対応型訪問介護看護、夜間対応型訪問介護、地域密着型通所介護、認知症対応型通所介護又は小規模多機能型居宅介護を二種類以上組み合わせることにより提供されるサービスのうち、訪問看護及び小規模多機能型居宅介護の組合せその他の居宅要介護者について一体的に提供されることが特に効果的かつ効率的なサービスの組合せにより提供されるサービスとして厚生労働省令で定めるものをいう。

24　この法律において「居宅介護支援」とは、居宅要介護者が第四十一条第一項に規定する指定居宅サービス又は特例居宅介護サービス費に係る居宅サービス若しくはこれに相当するサービス、第四十二条の二第一項に規定する指定地域密着型サービス又は特例地域密着型介護サービス費に係る地域密着型サービス若しくはこれに相当するサービス及びその他の居宅において日常生活を営むために必要な保健医療サービス又は福祉サービス（以下この項において「指定居宅サービス等」という。）の適切な利用等をすることができるよう、当該居宅要介護者の依頼を受けて、その心身の状況、その置かれている環境、当該居宅要介護者及びその家族の希望等を勘案し、利用する指定居宅サービス等の種類及び内容、これを担当する者その他厚生労働省令で定める事項を定めた計画（以下この項、第百十五条の四十五第二項第三号及び別表において「居宅サービス計画」という。）を作成するとともに、当該居宅サービス計画に基づく指定居宅サービス等の提供が確保されるよう、第四十一条第一項に規定する指定居宅サービス事業者、第四十二条の二第一項に規定する指定地域密着型サービス事業者その他の者との連絡調整その他の便宜の提供を行い、並びに当該居宅要介護者が地域密着型介護老人福祉施設又は介護保険施設への入所を要する場合にあっては、地域密着型介護老人福祉施設又は介護保険施設への紹介その他の便宜の提供を行うことをいい、「居宅介護支援事業」とは、居宅介護支援を行う事業をいう。

25　この法律において「介護保険施設」とは、第四十八条第一項第一号に規定する指定介護老人福祉施設、介護老人保健施設及び介護医療院をいう。

26　この法律において「施設サービス」とは、介護福祉施設サービス、介護保健施設サービス及び介護医療院サービスをいい、「施設サービス計画」とは、介護老人福祉施設、介護老人保健施設又は介護医療院に入所している要介護者について、これらの施設が提供するサービスの内容、これを担当する者その他厚生労働省令で定める事項を定めた計画をいう。

27　この法律において「介護老人福祉施設」とは、老人福祉法第二十条の五に規定する特別養護老人ホーム（入所定員が三十人以上であるものに限る。以下この項において同じ。）であって、当該特別養護老人ホームに入所する要介護者に対し、施設サービス計画に基づいて、入浴、排せつ、食事等の介護その他の日常生活上の世話、機能訓練、健康管理及び療養上の世話を行うことを目的とする施設をいい、「介護福祉施設サービス」とは、介護老人福祉施設に入所する要介護者に対し、施設サービス計画に基づいて行われる入浴、排せつ、食事等の介護その他の日常生活上の世話、機能訓練、健康管理及び療養上の世話をいう。

28　この法律において「介護老人保健施設」とは、要介護者であって、主としてその心身の機能の維持回復を図り、居宅における生活を営むことができるようにするための支援が必要である者（その治療の必要の程度につき厚生労働省令で定めるものに限る。以下この項において単に「要介護者」という。）に対し、施設サービス計画に基づいて、看護、医学的管理の下における介護及び機能訓練その他必要な医療並びに日常生活上の世話を行うことを目的とする施設として、第九十四条第一項の都道府県知事の許可を受けたものをいい、「介護保健施設サービス」とは、介護老人保健施設に入所する要介護者に対し、施設サービス計画に基づいて行われる看護、医学的管理の下における介護及び機能訓練その他必要な医療並びに日常生活上の世話をいう。

29　この法律において「介護医療院」とは、要介護者であって、主として長期にわたり療養が必要である者（その治療の必要の程度につき厚生労働省令で定めるものに限る。以下この項において単に「要介護者」という。）に対し、施設サービス計画に基づいて、療養上の管理、看護、医学的管理の下における介護及び機能訓練その他必要な医療並びに日常生活上の世話を行うことを目的とする施設として、第百七条第一項の都道府県知事の許可を受けたものをいい、「介護医療院サービス」とは、介護医療院に入所する要介護者に対し、施設サービス計画に基づいて行われる療養上の管理、看護、医学的管理の下における介護及び機能訓練その他必要な医療並びに日常生活上の世話をいう。

第八条の二　この法律において「介護予防サービス」とは、介護予防訪問入浴介護、介護予防訪問看護、介護予防訪問リハビリテーション、介護予防居宅療養管理指導、介護予防通所リハビリテーション、介護予防短期入所生活介護、介護予防短期入所療養介護、介護予防特定施設入居者生活介護、介護予防福祉用具貸与及び特定介護予防福祉用具販売をいい、「介護予防サービス事業」とは、介護予防サービスを行う事業をいう。

2　この法律において「介護予防訪問入浴介護」とは、要支援者であって、居宅において支援を受けるもの（以下「居宅要支援者」という。）について、その介護予防（身体上又は精神上の障害があるために入浴、排せつ、食事等の日常生活における基本的な動作の全部若しくは一部について常時介護を要し、又は日常生活を営むのに支障がある状態の軽減又は悪化の防止をいう。以下同じ。）を目的として、厚生労働省令で定める場合に、その者の居宅を訪問し、厚生労働省令で定める期間にわたり浴槽を提供して行われる入浴の介護をいう。

3　この法律において「介護予防訪問看護」とは、居宅要支援者（主治の医師がその治療の必要の程度につき厚生労働省令で定める基準に適合していると認めたものに限る。）について、その者の居宅において、その介護予防を目的として、看護師その他厚生労働省令で定める者により、厚生労働省令で定める期間にわたり行われる療養上の世話又は必要な診療の補助をいう。

4　この法律において「介護予防訪問リハビリテーション」とは、居宅要支援者（主治の医師がその治療の必要の程度につき厚生労働省令で定める基準に適合していると認めたものに限る。）について、その者の居宅において、その介護予防を目的として、厚生労働省令で定める期間にわたり行われる理学療法、作業療法その他必要なリハビリテーションをいう。

5　この法律において「介護予防居宅療養管理指導」とは、居宅要支援者について、その介護予防を目的として、病院等の医師、歯科医師、薬剤師その他厚生労働省令で定める者により行われる療養上の管理及び指導であって、厚生労働省令で定めるものをいう。

6　この法律において「介護予防通所リハビリテーション」とは、居宅要支援者（主治の医師がその治療の必要の程度につき厚生労働省令で定める基準に適合していると認めたものに限る。）について、介護老人保健施設、介護医療院、病院、診療所その他の厚生労働省令で定める施設に通わせ、当該施設において、その介護予防を目的として、厚生労働省令で定める期間にわたり行われる理学療法、作業療法その他必要なリハビリテーションをいう。

7　この法律において「介護予防短期入所生活介護」とは、居宅要支援者について、老人福祉法第五条の二第四項の厚生労働省令で定める施設又は同法第二十条の三に規定する老人短期入所施設に短期間入所させ、その介護予防を目的として、厚生労働省令で定める期間にわたり、当該施設において入浴、排せつ、食事等の介護その他の日常生活上の支援及び機能訓練を行うことをいう。

8　この法律において「介護予防短期入所療養介護」とは、居宅要支援者（その治療の必要の程度につき厚生労働省令で定めるものに限る。）について、介護老人保健施設、介護医療院その他の厚生労働省令で定める施設に短期間入所させ、その介護予防を目的として、厚生労働省令で定める期間にわたり、当該施設において看護、医学的管理の下における介護及び機能訓練その他必要な医療並びに日常生活上の支援を行うことをいう。

9　この法律において「介護予防特定施設入居者生活介護」とは、特定施設（介護専用型特定施設を除く。）に入居している要支援者について、その介護予防を目的として、当該特定施設が提供するサービスの内容、これを担当する者その他厚生労働省令で定める事項を定めた計画に基づき行われる入浴、排せつ、食事等の介護その他の日常生活上の支援であって厚生労働省令で定めるもの、機能訓練及び療養上の世話をいう。

10　この法律において「介護予防福祉用具貸与」とは、居宅要支援者について福祉用具のうちその介護予防に資するものとして厚生労働大臣が定めるものの政令で定めるところにより行われる貸与をいう。

11　この法律において「特定介護予防福祉用具販売」とは、居宅要支援者について福祉用具のうちその介護予防に資するものであって入浴又は排せつの用に供するものその他の厚生労働大臣が定めるもの（以下「特定介護予防福祉用具」という。）の政令で定めるところにより行われる販売をいう。

12　この法律において「地域密着型介護予防サービス」とは、介護予防認知症対応型通所介護、介護予防小規模多機能型居宅介護及び介護予防認知症対応型共同生活介護をいい、「特定地域密着型介護予防サービス」とは、介護予防認知症対応型通所介護及び介護予防小規模多機能型居宅介護をいい、「地域密着型介護予防サービス事業」とは、地域密着型介護予防サービスを行う事業をいう。

13　この法律において「介護予防認知症対応型通所介護」とは、居宅要支援者であって、認知症であるものについて、その介護予防を目的として、老人福祉法第五条の二第三項の厚生労働省令で定める施設又は同法第二十条の二の二に規定する老人デイサービスセンターに通わせ、当該施設において、厚生労働省令で定める期間にわたり、入浴、排せつ、食事等の介護その他の日常生活上の支援であって厚生労働省令で定めるもの及び機能訓練を行うことをいう。

14　この法律において「介護予防小規模多機能型居宅介護」とは、居宅要支援者について、その者の心身の状況、その置かれている環境等に応じて、その者の選択に基づき、その者の居宅において、又は厚生労働省令で定めるサービスの拠点に通わせ、若しくは短期間宿泊させ、当該拠点において、その介護予防を目的として、入浴、排せつ、食事等の介護その他の日常生活上の支援であって厚生労働省令で定めるもの及び機能訓練を行うことをいう。

15　この法律において「介護予防認知症対応型共同生活介護」とは、要支援者（厚生労働省令で定める要支援状態区分に該当する状態である者に限る。）であって認知症であるもの（その者の認知症の原因となる疾患が急性の状態にある者を除く。）について、その共同生活を営むべき住居において、その介護予防を目的として、入浴、排せつ、食事等の介護その他の日常生活上の支援及び機能訓練を行うことをいう。

16　この法律において「介護予防支援」とは、居宅要支援者が第五十三条第一項に規定する指定介護予防サービス又は特例介護予防サービス費に係る介護予防サービス若しくはこれに相当するサービス、第五十四条の二第一項に規定する指定地域密着型介護予防サービス又は特例地域密着型介護予防サービス費に係る地域密着型介護予防サービス若しくはこれに相当するサービス、特定介護予防・日常生活支援総合事業（市町村、第百十五条の四十五の三第一項に規定する指定事業者又は第百十五条の四十七第六項の受託者が行うものに限る。以下この項及び第三十二条第四項第二号において同じ。）及びその他の介護予防に資する保健医療サービス又は福祉サービス（以下この項において「指定介護予防サービス等」という。）の適切な利用等をすることができるよう、第百十五条の四十六第一項に規定する地域包括支援センターの職員のうち厚生労働省令で定める者が、当該居宅要支援者の依頼を受けて、その心身の状況、その置かれている環境、当該居宅要支援者及びその家族の希望等を勘案し、利用する指定介護予防サービス等の種類及び内容、これを担当する者その他厚生労働省令で定める事項を定めた計画（以下この項及び別表において「介護予防サービス計画」という。）を作成するとともに、当該介護予防サービス計画に基づく指定介護予防サービス等の提供が確保されるよう、第五十三条第一項に規定する指定介護予防サービス事業者、第五十四条の二第一項に規定する指定地域密着型介護予防サービス事業者、特定介護予防・日常生活支援総合事業を行う者その他の者との連絡調整その他の便宜の提供を行うことをいい、「介護予防支援事業」とは、介護予防支援を行う事業をいう。

第二章　被保険者

（被保険者）

第九条　次の各号のいずれかに該当する者は、市町村又は特別区（以下単に「市町村」という。）が行う介護保険の被保険者とする。

一　市町村の区域内に住所を有する六十五歳以上の者（以下「第一号被保険者」という。）

二　市町村の区域内に住所を有する四十歳以上六十五歳未満の医療保険加入者（以下「第二号被保険者」という。）

（資格取得の時期）

第十条　前条の規定による当該市町村が行う介護保険の被保険者は、次の各号のいずれかに該当するに至った日から、その資格を取得する。

一　当該市町村の区域内に住所を有する医療保険加入者が四十歳に達したとき。

二　四十歳以上六十五歳未満の医療保険加入者又は六十五歳以上の者が当該市町村の区域内に住所を有するに至ったとき。

三　当該市町村の区域内に住所を有する四十歳以上六十五歳未満の者が医療保険加入者となったとき。

四　当該市町村の区域内に住所を有する者（医療保険加入者を除く。）が六十五歳に達したとき。

（資格喪失の時期）

第十一条　第九条の規定による当該市町村が行う介護保険の被保険者は、当該市町村の区域内に住所を有しなくなった日の翌日から、その資格を喪失する。ただし、当該市町村の区域内に住所を有しなくなった日に他の市町村の区域内に住所を有するに至ったときは、その日から、その資格を喪失する。

2　第二号被保険者は、医療保険加入者でなくなった日から、その資格を喪失する。

第四章　保険給付

第一節　通則

（保険給付の種類）

第十八条　この法律による保険給付は、次に掲げる保険給付とする。

一　被保険者の要介護状態に関する保険給付（以下「介護給付」という。）

二　被保険者の要支援状態に関する保険給付（以下「予防給付」という。）

三　前二号に掲げるもののほか、要介護状態等の軽減又は悪化の防止に資する保険給付として条例で定めるもの（第五節において「市町村特別給付」という。）

（市町村の認定）

第十九条　介護給付を受けようとする被保険者は、要介護者に該当すること及びその該当する要介護状態区分について、市町村の認定（以下「要介護認定」という。）を受けなければならない。

2　予防給付を受けようとする被保険者は、要支援者に該当すること及びその該当する要支援状態区分について、市町村の認定（以下「要支援認定」という。）を受けなければならない。

（他の法令による給付との調整）

第二十条　介護給付又は予防給付（以下「介護給付等」という。）は、当該要介護状態等につき、労働者災害補償保険法（昭和二十二年法律第五十号）の規定による療養補償給付若しくは療養給付その他の法令に基づく給付であって政令で定めるもののうち介護給付等に相当するものを受けることができるときは政令で定める限度において、又は当該政令で定める給付以外の給付であって国若しくは地方公共団体の負担において介護給付等に相当するものが行われたときはその限度において、行わない。

第三節　介護給付

（介護給付の種類）

第四十条　介護給付は、次に掲げる保険給付とする。

一　居宅介護サービス費の支給

二　特例居宅介護サービス費の支給

三　地域密着型介護サービス費の支給

四　特例地域密着型介護サービス費の支給

五　居宅介護福祉用具購入費の支給

六　居宅介護住宅改修費の支給

七　居宅介護サービス計画費の支給

八　特例居宅介護サービス計画費の支給

九　施設介護サービス費の支給

十　特例施設介護サービス費の支給

十一　高額介護サービス費の支給

十一の二　高額医療合算介護サービス費の支給

十二　特定入所者介護サービス費の支給

十三　特例特定入所者介護サービス費の支給

第四節　予防給付

（予防給付の種類）

第五十二条　予防給付は、次に掲げる保険給付とする。

一　介護予防サービス費の支給

二　特例介護予防サービス費の支給

三　地域密着型介護予防サービス費の支給

四　特例地域密着型介護予防サービス費の支給

五　介護予防福祉用具購入費の支給

六　介護予防住宅改修費の支給

七　介護予防サービス計画費の支給

八　特例介護予防サービス計画費の支給

九　高額介護予防サービス費の支給

九の二　高額医療合算介護予防サービス費の支給

十　特定入所者介護予防サービス費の支給

十一　特例特定入所者介護予防サービス費の支給

第五節　市町村特別給付

第六十二条　市町村は、要介護被保険者又は居宅要支援被保険者（以下「要介護被保険者等」という。）に対し、前二節の保険給付のほか、条例で定めるところにより、市町村特別給付を行うことができる。

第八章　費用等

第一節　費用の負担

（国の負担）

第百二十一条　国は、政令で定めるところにより、市町村に対し、介護給付及び予防給付に要する費用の額について、次の各号に掲げる費用の区分に応じ、当該各号に定める割合に相当する額を負担する。

一　介護給付（次号に掲げるものを除く。）及び予防給付（同号に掲げるものを除く。）に要する費用　百分の二十

二　介護給付（介護保険施設及び特定施設入居者生活介護に係るものに限る。）及び予防給付（介護予防特定施設入居者生活介護に係るものに限る。）に要する費用　百分の十五

2　第四十三条第三項、第四十四条第六項、第四十五条第六項、第五十五条第三項、第五十六条第六項又は第五十七条第六項の規定に基づき条例を定めている市町村に対する前項の規定の適用については、同項に規定する介護給付及び予防給付に要する費用の額は、当該条例による措置が講ぜられないものとして、政令で定めるところにより算定した当該介護給付及び予防給付に要する費用の額に相当する額とする。

（調整交付金等）

第百二十二条　国は、介護保険の財政の調整を行うため、第一号被保険者の年齢階級別の分布状況、第一号被保険者の所得の分布状況等を考慮して、政令で定めるところによ

り、市町村に対して調整交付金を交付する。

2　前項の規定による調整交付金の総額は、各市町村の前条第一項に規定する介護給付及び予防給付に要する費用の額（同条第二項の規定の適用がある場合にあっては、同項の規定を適用して算定した額。次項において同じ。）の総額の百分の五に相当する額とする。

3　毎年度分として交付すべき調整交付金の総額は、当該年度における各市町村の前条第一項に規定する介護給付及び予防給付に要する費用の額の見込額の総額の百分の五に相当する額に当該年度の前年度以前の年度における調整交付金で、まだ交付していない額を加算し、又は当該前年度以前の年度において交付すべきであった額を超えて交付した額を当該見込額の総額の百分の五に相当する額から減額した額とする。

第百二十二条の二　国は、政令で定めるところにより、市町村に対し、介護予防・日常生活支援総合事業に要する費用の額の百分の二十に相当する額を交付する。

2　国は、介護保険の財政の調整を行うため、市町村に対し、介護予防・日常生活支援総合事業に要する費用の額について、第一号被保険者の年齢階級別の分布状況、第一号被保険者の所得の分布状況等を考慮して、政令で定めるところにより算定した額を交付する。

3　前項の規定により交付する額の総額は、各市町村の介護予防・日常生活支援総合事業に要する費用の額の総額の百分の五に相当する額とする。

4　国は、政令で定めるところにより、市町村に対し、地域支援事業（介護予防・日常生活支援総合事業を除く。）に要する費用の額に、第百二十五条第一項の第二号被保険者負担率に百分の五十を加えた率を乗じて得た額（以下「特定地域支援事業支援額」という。）の百分の五十に相当する額を交付する。

第百二十二条の三　国は、前二条に定めるもののほか、市町村によるその被保険者の地域における自立した日常生活の支援、要介護状態等となることの予防又は要介護状態等の軽減若しくは悪化の防止及び介護給付等に要する費用の適正化に関する取組を支援するため、政令で定めるところにより、市町村に対し、予算の範囲内において、交付金を交付する。

2　国は、都道府県による第百二十条の二第一項の規定による支援及び同条第二項の規定による事業に係る取組を支援するため、政令で定めるところにより、都道府県に対し、予算の範囲内において、交付金を交付する。

（都道府県の負担等）

第百二十三条　都道府県は、政令で定めるところにより、市町村に対し、介護給付及び予防給付に要する費用の額について、次の各号に掲げる費用の区分に応じ、当該各号に定める割合に相当する額を負担する。

一　介護給付（次号に掲げるものを除く。）及び予防給付（同号に掲げるものを除く。）に要する費用　百分の十二・五

二　介護給付（介護保険施設及び特定施設入居者生活介護に係るものに限る。）及び予防給付（介護予防特定施設入居者生活介護に係るものに限る。）に要する費用　百分の十七・五

2　第百二十一条第二項の規定は、前項に規定する介護給付及び予防給付に要する費用の額について準用する。

3　都道府県は、政令で定めるところにより、市町村に対し、介護予防・日常生活支援総合事業に要する費用の額の百分の十二・五に相当する額を交付する。

4　都道府県は、政令で定めるところにより、市町村に対し、特定地域支援事業支援額の百分の二十五に相当する額を交付する。

（市町村の一般会計における負担）

第百二十四条　市町村は、政令で定めるところにより、その一般会計において、介護給付及び予防給付に要する費用の額の百分の十二・五に相当する額を負担する。

2　第百二十一条第二項の規定は、前項に規定する介護給付及び予防給付に要する費用の額について準用する。

3　市町村は、政令で定めるところにより、その一般会計において、介護予防・日常生活支援総合事業に要する費用の額の百分の十二・五に相当する額を負担する。

4　市町村は、政令で定めるところにより、その一般会計において、特定地域支援事業支援額の百分の二十五に相当する額を負担する。

（市町村の特別会計への繰入れ等）

第百二十四条の二　市町村は、政令で定めるところにより、一般会計から、所得の少ない者について条例の定めるところにより行う保険料の減額賦課に基づき第一号被保険者に係る保険料につき減額した額の総額を基礎として政令で定めるところにより算定した額を介護保険に関する特別会計に繰り入れなければならない。

2　国は、政令で定めるところにより、前項の規定による繰入金の二分の一に相当する額を負担する。

3　都道府県は、政令で定めるところにより、第一項の規定による繰入金の四分の一に相当する額を負担する。

（住所地特例適用被保険者に係る地域支援事業に要する費用の負担金）

第百二十四条の三　市町村は、政令で定めるところにより、当該市町村が行う介護保険の住所地特例適用被保険者に対して、当該住所地特例適用被保険者が入所等をしている住所地特例対象施設の所在する施設所在市町村が行う地域支援事業に要する費用について、政令で定めるところにより算定した額を、地域支援事業に要する費用として負担するものとする。

（介護給付費交付金）

第百二十五条　市町村の介護保険に関する特別会計において負担する費用のうち、介護給付及び予防給付に要する費用の額に第二号被保険者負担率を乗じて得た額（以下「医療保険納付対象額」という。）については、政令で定めるところにより、社会保険診療報酬支払基金法（昭和二十三年法律第百二十九号）による社会保険診療報酬支払基金（以下「支払基金」という。）が市町村に対して交付する介護給付費交付金をもって充てる。

2　前項の第二号被保険者負担率は、すべての市町村に係る被保険者の見込数の総数に対するすべての市町村に係る第二号被保険者の見込数の総数の割合に二分の一を乗じて得た率を基準として設定するものとし、三年ごとに、当該割合の推移を勘案して政令で定める。

3　第百二十一条第二項の規定は、第一項に規定する介護給付及び予防給付に要する費用の額について準用する。

4　第一項の介護給付費交付金は、第百五十条第一項の規定

により支払基金が徴収する納付金をもって充てる。

（地域支援事業支援交付金）

第百二十六条　市町村の介護保険に関する特別会計において負担する費用のうち、介護予防・日常生活支援総合事業に要する費用の額に前条第一項の第二号被保険者負担率を乗じて得た額（以下「介護予防・日常生活支援総合事業医療保険納付対象額」という。）については、政令で定めるところにより、支払基金が市町村に対して交付する地域支援事業支援交付金をもって充てる。

2　前項の地域支援事業支援交付金は、第百五十条第一項の規定により支払基金が徴収する納付金をもって充てる。

（国の補助）

第百二十七条　国は、第百二十一条から第百二十二条の三まで及び第百二十四条の二に規定するもののほか、予算の範囲内において、介護保険事業に要する費用の一部を補助することができる。

（都道府県の補助）

第百二十八条　都道府県は、第百二十三条及び第百二十四条の二に規定するもののほか、介護保険事業に要する費用の一部を補助することができる。

（保険料）

第百二十九条　市町村は、介護保険事業に要する費用（財政安定化基金拠出金の納付に要する費用を含む。）に充てるため、保険料を徴収しなければならない。

2　前項の保険料は、第一号被保険者に対し、政令で定める基準に従い条例で定めるところにより算定された保険料率により算定された保険料額によって課する。

3　前項の保険料率は、市町村介護保険事業計画に定める介護給付等対象サービスの見込量等に基づいて算定した保険給付に要する費用の予想額、財政安定化基金拠出金の納付に要する費用の予想額、第百四十七条第一項第二号の規定による都道府県からの借入金の償還に要する費用の予定額並びに地域支援事業及び保険福祉事業に要する費用の予定額、第一号被保険者の所得の分布状況及びその見通し並びに国庫負担等の額等に照らし、おおむね三年を通じ財政の均衡を保つことができるものでなければならない。

4　市町村は、第一項の規定にかかわらず、第二号被保険者からは保険料を徴収しない。

第三節　医療保険者の納付金

（納付金の徴収及び納付義務）

第百五十条　支払基金は、第百六十条第一項に規定する業務に要する費用に充てるため、年度（毎年四月一日から翌年三月三十一日までをいう。以下この節及び次章において同じ。）ごとに、医療保険者から介護給付費・地域支援事業支援納付金（以下「納付金」という。）を徴収する。

2　医療保険者は、納付金の納付に充てるため医療保険各法又は地方税法の規定により保険料若しくは掛金又は国民健康保険税を徴収し、納付金を納付する義務を負う。

（納付金の額）

第百五十一条　前条第一項の規定により各医療保険者から徴収する納付金の額は、当該年度の概算納付金の額とする。ただし、前々年度の概算納付金の額が前々年度の確定納付金の額を超えるときは、当該年度の概算納付金の額からその超える額とその超える額に係る調整金額との合計額を控除して得た額とするものとし、前々年度の概算納付金の額が前々年度の確定納付金の額に満たないときは、当該年度の概算納付金の額にその満たない額とその満たない額に係る調整金額との合計額を加算して得た額とする。

2　前項ただし書の調整金額は、前々年度におけるすべての医療保険者に係る概算納付金の額と確定納付金の額との過不足額につき生ずる利子その他の事情を勘案して厚生労働省令で定めるところにより各医療保険者ごとに算定される額とする。

（概算納付金）

第百五十二条　前条第一項の概算納付金の額は、次の各号に掲げる医療保険者の区分に応じ、当該各号に定める額とする。

一　被用者保険等保険者（高齢者の医療の確保に関する法律第七条第三項に規定する被用者保険等保険者をいう。以下同じ。）　当該年度における全ての市町村の医療保険納付対象額及び介護予防・日常生活支援総合事業医療保険納付対象額の見込額の総額を厚生労働省令で定めるところにより算定した同年度における全ての医療保険者に係る第二号被保険者の見込数の総数で除して得た額に、厚生労働省令で定めるところにより算定した同年度における全ての被用者保険等保険者に係る第二号被保険者の見込数の総数を乗じて得た額を同年度におけるイに掲げる額で除して得た数に、同年度におけるロに掲げる額を乗じて得た額

イ　全ての被用者保険等保険者に係る第二号被保険者標準報酬総額の見込額（第二号被保険者標準報酬総額の見込額として厚生労働省令で定めるところにより算定される額をいう。ロにおいて同じ。）の合計額

ロ　当該被用者保険等保険者に係る第二号被保険者標準報酬総額の見込額

二　被用者保険等保険者以外の医療保険者　当該年度における全ての市町村の医療保険納付対象額及び介護予防・日常生活支援総合事業医療保険納付対象額の見込額の総額を厚生労働省令で定めるところにより算定した同年度における全ての医療保険者に係る第二号被保険者の見込数の総数で除して得た額に、厚生労働省令で定めるところにより算定した同年度における当該医療保険者に係る第二号被保険者の見込数を乗じて得た額

2　前項第一号イの第二号被保険者標準報酬総額は、次の各号に掲げる被用者保険等保険者の区分に応じ、各年度の当該各号に定める額の合計額の総額を、それぞれ政令で定めるところにより補正して得た額とする。

一　全国健康保険協会及び健康保険組合　第二号被保険者である被保険者ごとの健康保険法又は船員保険法に規定する標準報酬月額及び標準賞与額

二　共済組合　第二号被保険者である組合員ごとの国家公務員共済組合法又は地方公務員等共済組合法に規定する標準報酬の月額及び標準期末手当等の額

三　日本私立学校振興・共済事業団　第二号被保険者である加入者ごとの私立学校教職員共済法に規定する標準報酬月額及び標準賞与額

四　国民健康保険組合（被用者保険等保険者であるものに限る。）　第二号被保険者である組合員ごとの前三号に定める額に相当するものとして厚生労働省令で定める額

（確定納付金）

第百五十三条　第百五十一条第一項ただし書の確定納付金の額は、次の各号に掲げる医療保険者の区分に応じ、当該各号に定める額とする。

一　被用者保険等保険者　前々年度における全ての市町村の医療保険納付対象額及び介護予防・日常生活支援総合事業医療保険納付対象額の総額を厚生労働省令で定めるところにより算定した同年度における全ての医療保険者に係る第二号被保険者の総数で除して得た額に、厚生労働省令で定めるところにより算定した同年度における全ての被用者保険等保険者に係る第二号被保険者の総数を乗じて得た額を同年度におけるイに掲げる額で除して得た数に、同年度におけるロに掲げる額を乗じて得た額

イ　全ての被用者保険等保険者に係る第二号被保険者標準報酬総額（前条第二項に規定する第二号被保険者標準報酬総額をいう。ロにおいて同じ。）の合計額

ロ　当該被用者保険等保険者に係る第二号被保険者標準報酬総額

二　被用者保険等保険者以外の医療保険者　前々年度における全ての市町村の医療保険納付対象額及び介護予防・日常生活支援総合事業医療保険納付対象額の総額を厚生労働省令で定めるところにより算定した同年度における全ての医療保険者に係る第二号被保険者の総数で除して得た額に、厚生労働省令で定めるところにより算定した同年度における当該医療保険者に係る第二号被保険者の数を乗じて得た額

（医療保険者が合併、分割及び解散をした場合における納付金の額の特例）

第百五十四条　合併又は分割により成立した医療保険者、合併又は分割後存続する医療保険者及び解散をした医療保険者の権利義務を承継した医療保険者に係る納付金の額の算定の特例については、政令で定める。

（納付金の額の決定、通知等）

第百五十五条　支払基金は、各年度につき、各医療保険者が納付すべき納付金の額を決定し、当該各医療保険者に対し、その者が納付すべき納付金の額、納付の方法及び納付すべき期限その他必要な事項を通知しなければならない。

2　前項の規定により納付金の額が定められた後、納付金の額を変更する必要が生じたときは、支払基金は、当該各医療保険者が納付すべき納付金の額を変更し、当該各医療保険者に対し、変更後の納付金の額を通知しなければならない。

3　支払基金は、医療保険者が納付した納付金の額が、前項の規定による変更後の納付金の額に満たない場合には、その不足する額について、同項の規定による通知とともに納付の方法及び納付すべき期限その他必要な事項を通知し、同項の規定による変更後の納付金の額を超える場合には、その超える額について、未納の納付金その他この法律の規定による支払基金の徴収金があるときはこれに充当し、なお残余があれば還付し、未納の徴収金がないときはこれを還付しなければならない。

○船員保険法（抄）

昭一四・四・六
法七三
最終改正　平二八・一一・二八　法八七

第一章　総則

（目的）

第一条　この法律は、船員又はその被扶養者の職務外の事由による疾病、負傷若しくは死亡又は出産に関して保険給付を行うとともに、労働者災害補償保険による保険給付と併せて船員の職務上の事由又は通勤による疾病、負傷、障害又は死亡に関して保険給付を行うこと等により、船員の生活の安定と福祉の向上に寄与することを目的とする。

（定義）

第二条　この法律において「被保険者」とは、船員法（昭和二十二年法律第百号）第一条に規定する船員（以下「船員」という。）として船舶所有者に使用される者及び疾病任意継続被保険者をいう。

2　この法律において「疾病任意継続被保険者」とは、船舶所有者に使用されなくなったため、被保険者（独立行政法人等職員被保険者を除く。）の資格を喪失した者であって、喪失の日の前日まで継続して二月以上被保険者（疾病任意継続被保険者又は国家公務員共済組合法（昭和三十三年法律第百二十八号）若しくは地方公務員等共済組合法（昭和三十七年法律第百五十二号）に基づく共済組合の組合員である被保険者を除く。）であったもののうち、健康保険法（大正十一年法律第七十号）による全国健康保険協会に申し出て、継続して被保険者になった者をいう。ただし、健康保険の被保険者（同法第三条第二項に規定する日雇特例被保険者を除く。以下同じ。）又は後期高齢者医療の被保険者（高齢者の医療の確保に関する法律（昭和五十七年法律第八十号）第五十条の規定による被保険者をいう。）若しくは同条各号のいずれかに該当する者であって同法第五十一条の規定により後期高齢者医療の被保険者とならないもの（独立行政法人等職員被保険者を除く。以下「後期高齢者医療の被保険者等」と総称する。）である者は、この限りでない。

3　この法律において「独立行政法人等職員被保険者」とは、国家公務員共済組合法に基づく共済組合の組合員（行政執行法人（独立行政法人通則法（平成十一年法律第百三号）第二条第四項に規定する行政執行法人をいう。）以外の独立行政法人（同条第一項に規定する独立行政法人をいう。）のうち別表第一に掲げるもの並びに国立大学法人法（平成十五年法律第百十二号）第二条第一項に規定する国立大学法人及び同条第三項に規定する大学共同利用機関法人に常時勤務することを要する者（同表に掲げる法人に常時勤務することを要しない者で政令で定めるものを含むものとし、臨時に使用される者その他の政令で定める者を含まないものとする。）に限る。）である被保険者（疾病任意継続被保険者を除く。）をいう。

4　この法律において「報酬」とは、賃金、給料、俸給、手当、賞与その他いかなる名称であるかを問わず、労働者が、労働の対償として受けるすべてのものをいう。ただし、臨時に受けるもの及び三月を超える期間ごとに受けるものは、この限りでない。

5　この法律において「賞与」とは、賃金、給料、俸給、手当、賞与その他いかなる名称であるかを問わず、労働者が、労働の対償として受けるすべてのもののうち、三月を超える期間ごとに受けるものをいう。

6　この法律において「通勤」とは、労働者災害補償保険法（昭和二十二年法律第五十号）第七条第一項第二号の通勤をいう。

7　この法律において「最終標準報酬月額」とは、被保険者又は被保険者であった者の障害又は死亡の原因となった疾病又は負傷の発した日（第四十二条の規定により死亡したものと推定された場合は、死亡の推定される事由の生じた日）の属する月の標準報酬月額をいう。

8　この法律において「最終標準報酬日額」とは、最終標準報酬月額の三十分の一に相当する額（その額に、五円未満の端数があるときは、これを切り捨て、五円以上十円未満の端数があるときは、これを十円に切り上げるものとする。）をいう。

9　この法律において「被扶養者」とは、次に掲げる者をいう。ただし、後期高齢者医療の被保険者等である者は、この限りでない。

一　被保険者（後期高齢者医療の被保険者等である者を除く。以下この項において同じ。）の直系尊属、配偶者（婚姻の届出をしていないが、事実上婚姻関係と同様の事情にある者を含む。以下同じ。）、子、孫及び兄弟姉妹であって、主としてその被保険者により生計を維持するもの

二　被保険者の三親等内の親族で前号に掲げる者以外のものであって、その被保険者と同一の世帯に属し、主としてその被保険者により生計を維持するもの

三　被保険者の配偶者で婚姻の届出をしていないが事実上婚姻関係と同様の事情にあるものの父母及び子であって、その被保険者と同一の世帯に属し、主としてその被保険者により生計を維持するもの

四　前号の配偶者の死亡後におけるその父母及び子であって、引き続きその被保険者と同一の世帯に属し、主としてその被保険者により生計を維持するもの

第二章　保険者

（管掌）

第四条　船員保険は、健康保険法による全国健康保険協会（以下「協会」という。）が、管掌する。

2　前項の規定により協会が管掌する船員保険の事業に関する業務のうち、被保険者の資格の取得及び喪失の確認、標準報酬月額及び標準賞与額の決定並びに保険料の徴収（疾病任意継続被保険者に係るものを除く。）並びにこれらに附帯する業務は、厚生労働大臣が行う。

第三章　被保険者

第一節　資格

（資格取得の時期）

第十一条　被保険者（疾病任意継続被保険者を除く。以下この条から第十四条までにおいて同じ。）は、船員として船舶所有者に使用されるに至った日から、被保険者の資格を取得する。

（資格喪失の時期）

第十二条　被保険者は、死亡した日又は船員として船舶所有者に使用されなくなるに至った日の翌日（その事実があった日に更に前条に該当するに至ったときは、その日）から、被保険者の資格を喪失する。

（資格の得喪の確認）

第十五条　被保険者の資格の取得及び喪失は、厚生労働大臣の確認によって、その効力を生ずる。ただし、疾病任意継続被保険者の資格の取得及び喪失は、この限りでない。

2　前項の確認は、第二十四条の規定による届出若しくは第二十七条第一項の規定による請求により、又は職権で行うものとする。

3　第一項の確認については、行政手続法（平成五年法律第八十八号）第三章（第十二条及び第十四条を除く。）の規定は、適用しない。

第四章　保険給付

第一節　通則

（保険給付の種類）

第二十九条　この法律による職務外の事由（通勤を除く。以下同じ。）による疾病、負傷若しくは死亡又は出産に関する保険給付は、次のとおりとする。

一　療養の給付並びに入院時食事療養費、入院時生活療養費、保険外併用療養費、療養費、訪問看護療養費及び移送費の支給

二　傷病手当金の支給

三　葬祭料の支給

四　出産育児一時金の支給

五　出産手当金の支給

六　家族療養費、家族訪問看護療養費及び家族移送費の支給

七　家族葬祭料の支給

八　家族出産育児一時金の支給

九　高額療養費及び高額介護合算療養費の支給

2　職務上の事由若しくは通勤による疾病、負傷、障害若しくは死亡又は職務上の事由による行方不明に関する保険給付は、労働者災害補償保険法の規定による保険給付のほか、次のとおりとする。

一　休業手当金の支給

二　障害年金及び障害手当金の支給

三　障害差額一時金の支給

四　障害年金差額一時金の支給

五　行方不明手当金の支給

六　遺族年金の支給

七　遺族一時金の支給

八　遺族年金差額一時金の支給

（付加給付）

第三十条　協会は、前条第一項各号に掲げる給付に併せて、政令で定めるところにより、保険給付としてその他の給付を行うことができる。

（疾病任意継続被保険者に対する給付）

第三十一条　疾病任意継続被保険者に行う給付は、第二十九条第一項（第一号（第五十三条第四項の規定により同条第一項第六号に掲げる給付が行われる場合に限る。）及び第五号を除く。）及び前条に規定する保険給付に限るものとする。

（独立行政法人等職員被保険者に対する給付）

第三十二条　独立行政法人等職員被保険者については、第二十九条第一項（第一号（第五十三条第四項の規定により同条第一項第六号に掲げる給付が行われる場合に限る。）を除く。）及び第三十条に規定する保険給付は行わないものとする。

（他の法令による保険給付との調整）

第三十三条　療養の給付（第五十三条第四項の規定により行われる同条第一項第六号に掲げる給付を除く。次項及び第四項において同じ。）又は入院時食事療養費、入院時生活療養費、保険外併用療養費、療養費、訪問看護療養費、移送費、傷病手当金、葬祭料、出産育児一時金若しくは出産手当金の支給は、同一の疾病、負傷、死亡又は出産について、健康保険法の規定（同法第五章の規定を除く。）によりこれらに相当する給付を受けることができる場合には、行わない。

2　療養の給付又は入院時食事療養費、入院時生活療養費、保険外併用療養費、療養費、訪問看護療養費、移送費、傷病手当金、葬祭料、家族療養費、家族訪問看護療養費、家族移送費若しくは家族葬祭料の支給は、同一の疾病、負傷又は死亡について、労働者災害補償保険法、国家公務員災害補償法（昭和二十六年法律第百九十一号。他の法律において準用し、又は例による場合を含む。第六項において同じ。）又は地方公務員災害補償法（昭和四十二年法律第百二十一号）若しくは同法に基づく条例の規定によりこれらに相当する給付を受けることができる場合には、行わない。

3　療養の給付（第五十三条第四項の規定により行われる同条第一項第六号に掲げる給付及び船員法第八十九条第二項の規定により船舶所有者が施し、又は必要な費用を負担する療養（以下「下船後の療養補償」という。）に相当する療養の給付を除く。）又は入院時食事療養費、入院時生活療養費、保険外併用療養費、療養費、訪問看護療養費、家族療養費若しくは家族訪問看護療養費の支給は、同一の疾病又は負傷について、介護保険法（平成九年法律第百二十三号）の規定によりこれらに相当する給付を受けることができる場合には、行わない。

4　療養の給付又は入院時食事療養費、入院時生活療養費、保険外併用療養費、療養費、訪問看護療養費、移送費、家族療養費、家族訪問看護療養費若しくは家族移送費の支給は、同一の疾病又は負傷について、他の法令の規定により

国又は地方公共団体の負担で療養又は療養費の支給を受けたときは、その限度において、行わない。

5　家族療養費、家族訪問看護療養費、家族移送費、家族葬祭料又は家族出産育児一時金の支給は、同一の疾病、負傷、死亡又は出産について、健康保険法第五章の規定により療養の給付又は入院時食事療養費、入院時生活療養費、保険外併用療養費、療養費、訪問看護療養費、移送費、埋葬料若しくは出産育児一時金の支給を受けたときは、その限度において、行わない。

6　療養の給付（第五十三条第四項の規定により行われる同条第一項第六号に掲げる給付に限る。）、休業手当金、障害年金、障害手当金、障害差額一時金、障害年金差額一時金、行方不明手当金、遺族年金、遺族一時金又は遺族年金差額一時金の支給は、同一の疾病、負傷、障害、行方不明又は死亡について、国家公務員災害補償法又は地方公務員災害補償法若しくは同法に基づく条例の規定によりこれらに相当する給付を受けることができる場合には、行わない。

（行方不明手当金を受ける被扶養者の範囲及び順位）

第三十四条　行方不明手当金を受けることができる被扶養者の範囲は、次に掲げる者であって、被保険者が行方不明となった当時主としてその収入によって生計を維持していたものとする。

一　被保険者の配偶者、子、父母、孫及び祖父母

二　被保険者の三親等内の親族であって、その被保険者と同一の世帯に属するもの

三　被保険者の配偶者で婚姻の届出をしていないが事実上婚姻関係と同様の事情にあるものの子及び父母であって、その被保険者と同一の世帯に属するもの

2　被保険者が行方不明となった当時胎児であった子が出生したときは、前項の規定の適用については、出生の日より被保険者が行方不明となった当時主としてその収入によって生計を維持していた子とみなす。

3　行方不明手当金を受けるべき者の順位は、第一項各号の順序により、同項第一号又は第三号に掲げる者のうちにあっては当該各号に掲げる順序により、同項第二号に掲げる者のうちにあっては親等の少ない者を先にする。

（遺族年金を受ける遺族の範囲及び順位）

第三十五条　遺族年金を受けることができる遺族の範囲は、被保険者又は被保険者であった者の配偶者、子、父母、孫、祖父母及び兄弟姉妹であって、被保険者又は被保険者であった者の死亡の当時その収入によって生計を維持していたものとする。ただし、妻（婚姻の届出をしていないが、事実上婚姻関係と同様の事情にあった者を含む。以下同じ。）以外の者にあっては、被保険者又は被保険者であった者の死亡の当時次に掲げる要件に該当した場合に限るものとする。

一　夫（婚姻の届出をしていないが、事実上婚姻関係と同様の事情にあった者を含む。以下同じ。）、父母又は祖父母については、六十歳以上であること。

二　子又は孫については、十八歳に達する日以後の最初の三月三十一日までの間にあること。

三　兄弟姉妹については、十八歳に達する日以後の最初の三月三十一日までの間にあること又は六十歳以上であること。

四　前三号の要件に該当しない夫、子、父母、孫、祖父母又は兄弟姉妹については、厚生労働省令で定める障害の状態にあること。

2　被保険者又は被保険者であった者の死亡の当時胎児であった子が出生したときは、前項の規定の適用については、出生の日より被保険者又は被保険者であった者の死亡の当時その収入によって生計を維持していた子とみなす。

3　遺族年金を受けるべき遺族の順位は、配偶者、子、父母、孫、祖父母及び兄弟姉妹の順序とする。

（障害年金差額一時金等を受ける遺族の範囲及び順位）

第三十六条　障害年金差額一時金、遺族一時金又は遺族年金差額一時金を受けることができる遺族の範囲は、次に掲げる者とする。

一　配偶者

二　被保険者又は被保険者であった者の死亡の当時その収入によって生計を維持していた子、父母、孫及び祖父母

三　前号に該当しない子、父母、孫及び祖父母並びに兄弟姉妹

2　前項の一時金を受けるべき遺族の順位は、同項各号の順序により、同項第二号及び第三号に掲げる者のうちにあっては、それぞれ、当該各号に掲げる順序による。

（障害年金等の額の改定）

第三十九条　休業手当金、障害年金又は遺族年金を受けることができる者の当該保険給付については、労働者災害補償保険法第八条の三第一項第二号の規定による給付基礎日額の算定の方法その他の事情を勘案して、厚生労働省令で定めるところにより、その額を改定することができる。

2　障害手当金、障害差額一時金、障害年金差額一時金、遺族一時金又は遺族年金差額一時金については、労働者災害補償保険法第八条の四において準用する同法第八条の三第一項第二号の規定による給付基礎日額の算定の方法その他の事情を勘案して、厚生労働省令で定めるところにより、その額を改定することができる。

（災害補償相当給付の費用の徴収）

第四十六条　船舶所有者が故意又は重大な過失により第二十四条の規定による届出をしなかった場合において、その届出をしなかった期間内に生じた職務上の事由による疾病、負傷、行方不明若しくは死亡又はその疾病若しくは負傷及びこれにより発した疾病による障害について、保険給付を行った場合には、協会は、当該船舶所有者が船員法の規定により支給すべき災害補償の額から労働基準法（昭和二十二年法律第四十九号）の規定による災害補償に相当する額を控除した額の限度において、その保険給付に要した費用を当該船舶所有者より徴収することができる。ただし、被保険者の当該疾病、負傷、行方不明又は死亡の生ずる前に、当該期間に係る被保険者の資格の取得について、第二十七条第一項の規定による確認の請求又は第十五条第一項の規定による確認があったときは、この限りでない。

2　前項の規定は、船舶所有者が故意又は重大な過失によって第二十四条の規定による届出をしなかった期間内に第四十二条の規定により被保険者又は被保険者であった者の死亡が推定される事由の生じた場合におけるその死亡について保険給付が行われた場合について準用する。

第二節　職務外の事由による疾病、負傷若しくは死亡又は出産に関する保険給付

第一款　療養の給付並びに入院時食事療養費、入院時生活療養費、保険外併用療養費、療養費、訪問看護療養費及び移送費の支給

（療養の給付）

第五十三条　被保険者又は被保険者であった者の給付対象傷病に関しては、次に掲げる療養の給付を行う。

一　診察
二　薬剤又は治療材料の支給
三　処置、手術その他の治療
四　居宅における療養上の管理及びその療養に伴う世話その他の看護
五　病院又は診療所への入院及びその療養に伴う世話その他の看護
六　自宅以外の場所における療養に必要な宿泊及び食事の支給

2　次に掲げる療養に係る給付は、前項の給付に含まれないものとする。

一　食事の提供である療養であって前項第五号に掲げる療養と併せて行うもの（医療法（昭和二十三年法律第二百五号）第七条第二項第四号に規定する療養病床への入院及びその療養に伴う世話その他の看護であって、当該療養を受ける際、六十五歳に達する日の属する月の翌月以後である被保険者又は被保険者であった者（以下「特定長期入院被保険者等」という。）に係るものを除く。以下「食事療養」という。）
二　次に掲げる療養であって前項第五号に掲げる療養と併せて行うもの（特定長期入院被保険者等に係るものに限る。以下「生活療養」という。）
イ　食事の提供である療養
ロ　温度、照明及び給水に関する適切な療養環境の形成である療養
三　評価療養（健康保険法第六十三条第二項第三号に規定する評価療養をいう。以下同じ。）
四　患者申出療養（健康保険法第六十三条第二項第四号に規定する患者申出療養をいう。以下同じ。）
五　選定療養（健康保険法第六十三条第二項第五号に規定する選定療養をいう。以下同じ。）

3　第一項の給付対象傷病は、次の各号に掲げる被保険者又は被保険者であった者の区分に応じ、当該各号に定める疾病又は負傷とする。

一　次号に掲げる者以外の被保険者　職務外の事由による疾病又は負傷
二　後期高齢者医療の被保険者等である被保険者　雇入契約存続中の職務外の事由による疾病若しくは負傷又はこれにより発した疾病（当該疾病又は負傷について下船後の療養補償を受けることができるものに限る。）
三　被保険者であった者　被保険者の資格を喪失する前に発した職務外の事由による疾病若しくは負傷又はこれにより発した疾病

4　前項の規定にかかわらず、第一項第六号に掲げる給付は、職務上の事由又は通勤による疾病又は負傷についても行うものとする。

5　被保険者であった者に対する第三項第三号に規定する疾病又は負傷に関する療養の給付については、健康保険法第三条第二項に規定する日雇特例被保険者又はその被扶養者となった場合に限り、その資格を喪失した後の期間に係る療養の給付を行うことができる。ただし、下船後の療養補償を受けることができる場合におけるその療養補償に相当する療養の給付については、この限りでない。

6　第一項第一号から第五号までに掲げる給付を受けようとする者は、厚生労働省令で定めるところにより、次に掲げる病院若しくは診療所又は薬局のうち、自己の選定するものから受けるものとする。

一　保険医療機関又は保険薬局
二　船員保険の被保険者に対して診療又は調剤を行う病院若しくは診療所又は薬局であって、協会が指定したもの

7　第一項第六号に掲げる給付を受けようとする者は、厚生労働省令で定めるところにより、協会の指定した施設のうち、自己の選定するものから受けるものとする。

（診療規則）

第五十四条　保険医療機関若しくは保険薬局又は保険医若しくは健康保険法第六十四条に規定する保険薬剤師が船員保険の療養の給付を担当し、又は船員保険の診療若しくは調剤に当たる場合の準則については、同法第七十条第一項及び第七十二条第一項の規定による厚生労働省令の例による。

2　前項の場合において、同項に規定する厚生労働省令の例により難いとき、又はよることが適当と認められないときの準則については、厚生労働省令で定める。

（一部負担金）

第五十五条　第五十三条第六項の規定により保険医療機関又は保険薬局から療養の給付を受ける者は、その給付を受ける際、次の各号に掲げる場合の区分に応じ、当該給付につき第五十八条第二項又は第三項の規定により算定した額に当該各号に定める割合を乗じて得た額を、一部負担金として、当該保険医療機関又は保険薬局に支払わなければならない。ただし、その者が、下船後の療養補償に相当する療養の給付を受けるときは、この限りでない。

一　七十歳に達する日の属する月以前である場合　百分の三十
二　七十歳に達する日の属する月の翌月以後である場合（次号に掲げる場合を除く。）　百分の二十
三　七十歳に達する日の属する月の翌月以後である場合であって、政令で定めるところにより算定した報酬の額が政令で定める額以上であるとき　百分の三十

2　保険医療機関又は保険薬局は、前項の一部負担金（第五十七条第一項第一号に掲げる措置が採られたときは、当該減額された一部負担金）の支払を受けるべきものとし、保険医療機関又は保険薬局が善良な管理者と同一の注意をもってその支払を受けることに努めたにもかかわらず、なお療養の給付を受けた者が当該一部負担金の全部又は一部を支払わないときは、協会は、当該保険医療機関又は保険薬局の請求に基づき、この法律の規定による徴収金の例によ

りこれを処分することができる。

第五十六条　前条第一項の規定により一部負担金を支払う場合においては、同項の一部負担金の額に五円未満の端数があるときは、これを切り捨て、五円以上十円未満の端数があるときは、これを十円に切り上げるものとする。

（一部負担金の額の特例）

第五十七条　協会は、災害その他の厚生労働省令で定める特別の事情がある被保険者又は被保険者であった者であって、保険医療機関又は保険薬局に第五十五条第一項の規定による一部負担金を支払うことが困難であると認められるものに対し、次に掲げる措置を採ることができる。

一　一部負担金を減額すること。

二　一部負担金の支払を免除すること。

三　保険医療機関又は保険薬局に対する支払に代えて、一部負担金を直接に徴収することとし、その徴収を猶予すること。

2　前項の措置を受けた被保険者又は被保険者であった者は、第五十五条第一項の規定にかかわらず、前項第一号に掲げる措置を受けた被保険者又は被保険者であった者にあってはその減額された一部負担金を保険医療機関又は保険薬局に支払うをもって足り、同項第二号又は第三号に掲げる措置を受けた被保険者又は被保険者であった者にあっては一部負担金を保険医療機関又は保険薬局に支払うことを要しない。

3　前条の規定は、前項の場合における一部負担金の支払について準用する。

（療養の給付に関する費用）

第五十八条　協会は、療養の給付に関する費用を保険医療機関又は保険薬局に支払うものとし、保険医療機関又は保険薬局が療養の給付に関し協会に請求することができる費用の額は、療養の給付に要する費用の額から、当該療養の給付に関し被保険者又は被保険者であった者が当該保険医療機関又は保険薬局に対して支払わなければならない一部負担金に相当する額を控除した額とする。

2　前項の療養の給付に要する費用の額の算定については、健康保険法第七十六条第二項の規定による厚生労働大臣の定めの例によるものとし、これにより難いとき、又はよることが適当と認められないときにおける療養の給付に要する費用の額は、厚生労働大臣が定めるところにより、これを算定するものとする。

3　協会は、厚生労働大臣の認可を受けて、保険医療機関又は保険薬局との契約により、当該保険医療機関又は保険薬局において行われる療養の給付に関する第一項の療養の給付に要する費用の額につき、前項の規定により算定される額の範囲内において、別段の定めをすることができる。

（健康保険法の準用）

第五十九条　健康保険法第六十四条、第七十三条、第七十六条第四項から第六項まで、第七十八条及び第八十二条第一項の規定は、この法律による療養の給付について準用する。

（協会が指定する病院等における療養の給付）

第六十条　第五十三条第六項第二号に掲げる病院若しくは診療所又は薬局において行われる療養の給付及び診療又は調剤に関する準則については、健康保険法第七十条第一項及び第七十二条第一項の規定による厚生労働省令の例によるものとし、これにより難いとき、又はよることが適当と認められないときの準則については、第五十四条第二項の規定による厚生労働省令の例による。

2　第五十三条第六項第二号に掲げる病院若しくは診療所又は薬局から療養の給付を受ける者は、その給付を受ける際、第五十五条第一項の規定の例により算定した額を、一部負担金として当該病院若しくは診療所又は薬局に支払わなければならない。

（入院時食事療養費）

第六十一条　被保険者又は被保険者であった者（特定長期入院被保険者等を除く。以下この条において同じ。）が、第五十三条第三項に規定する給付対象傷病に関し、厚生労働省令で定めるところにより、同条第六項各号に掲げる病院又は診療所のうち自己の選定するものから同条第一項第五号に掲げる療養の給付と併せて受けた食事療養に要した費用について、入院時食事療養費を支給する。

2　入院時食事療養費の額は、当該食事療養につき健康保険法第八十五条第二項の規定による厚生労働大臣が定める基準の例により算定した費用の額（その額が現に当該食事療養に要した費用の額を超えるときは、当該現に食事療養に要した費用の額。以下「入院時食事療養費算定額」という。）から食事療養標準負担額（同項に規定する食事療養標準負担額をいう。以下同じ。）を控除した額とする。

3　前項の規定にかかわらず、下船後の療養補償に相当する入院時食事療養費の額については、入院時食事療養費算定額とする。

4　第一項の場合において、協会は、その食事療養を受けた者が当該病院又は診療所に支払うべき食事療養に要した費用について、入院時食事療養費として被保険者又は被保険者であった者に対し支給すべき額の限度において、被保険者又は被保険者であった者に代わり、当該病院又は診療所に支払うことができる。

5　前項の規定による支払があったときは、被保険者又は被保険者であった者に対し入院時食事療養費の支給があったものとみなす。

6　第五十三条第六項各号に掲げる病院又は診療所は、食事療養に要した費用につき、その支払を受ける際、当該支払をした被保険者又は被保険者であった者に対し、厚生労働省令で定めるところにより、領収証を交付しなければならない。

7　健康保険法第六十四条、第七十三条、第七十六条第四項から第六項まで及び第七十八条の規定並びに第五十三条第五項、第五十四条、第五十八条第三項及び前条第一項の規定は、第五十三条第六項各号に掲げる病院又は診療所から受けた食事療養及びこれに伴う入院時食事療養費の支給について準用する。

（入院時生活療養費）

第六十二条　特定長期入院被保険者等が、第五十三条第三項に規定する給付対象傷病に関し、厚生労働省令で定めるところにより、同条第六項各号に掲げる病院又は診療所のうち自己の選定するものから同条第一項第五号に掲げる療養の給付と併せて受けた生活療養に要した費用について、入院時生活療養費を支給する。

2　入院時生活療養費の額は、当該生活療養につき健康保険法第八十五条の二第二項の規定による厚生労働大臣が定める基準の例により算定した費用の額（その額が現に当該生活療養に要した費用の額を超えるときは、当該現に生活療養に要した費用の額。以下「入院時生活療養費算定額」という。）から生活療養標準負担額（同項に規定する生活療養標準負担額をいう。以下同じ。）を控除した額とする。

3　前項の規定にかかわらず、下船後の療養補償に相当する入院時生活療養費の額については、入院時生活療養費算定額とする。

4　健康保険法第六十四条、第七十三条、第七十六条第四項から第六項まで及び第七十八条の規定並びに第五十三条第五項、第五十四条、第五十八条第三項、第六十条第一項及び前条第四項から第六項までの規定は、第五十三条第六項各号に掲げる病院又は診療所から受けた生活療養及びこれに伴う入院時生活療養費の支給について準用する。

（保険外併用療養費）

第六十三条　被保険者又は被保険者であった者が、第五十三条第三項に規定する給付対象傷病に関し、厚生労働省令で定めるところにより、同条第六項各号に掲げる病院若しくは診療所又は薬局（以下「保険医療機関等」と総称する。）のうち自己の選定するものから、評価療養、患者申出療養又は選定療養を受けたときは、その療養に要した費用について、保険外併用療養費を支給する。

2　保険外併用療養費の額は、第一号に掲げる額（当該療養に食事療養が含まれるときは当該額及び第二号に掲げる額の合算額、当該療養に生活療養が含まれるときは当該額及び第三号に掲げる額の合算額）とする。

一　当該療養（食事療養及び生活療養を除く。）につき健康保険法第八十六条第二項第一号の規定による厚生労働大臣の定めの例により算定した費用の額（その額が現に当該療養に要した費用の額を超えるときは、当該現に療養に要した費用の額。次項において「保険外併用療養費算定額」という。）からその額に第五十五条第一項各号に掲げる場合の区分に応じ、同項各号に定める割合を乗じて得た額（療養の給付に係る同項の一部負担金について第五十七条第一項各号に掲げる措置が採られるべきときは、当該措置が採られたものとした場合の額）を控除した額

二　当該食事療養につき入院時食事療養費算定額から食事療養標準負担額を控除した額

三　当該生活療養につき入院時生活療養費算定額から生活療養標準負担額を控除した額

3　前項の規定にかかわらず、下船後の療養補償に相当する保険外併用療養費の額については、保険外併用療養費算定額（当該療養に食事療養が含まれるときは当該保険外併用療養費算定額及び入院時食事療養費算定額の合算額、当該療養に生活療養が含まれるときは当該保険外併用療養費算定額及び入院時生活療養費算定額の合算額。以下「算定費用額」という。）とする。

4　健康保険法第六十四条、第七十三条、第七十六条第四項から第六項まで及び第七十八条の規定並びに第五十三条第五項、第五十四条、第五十八条第三項、第六十条第一項及び第六十一条第四項から第六項までの規定は、保険医療機関等から受けた評価療養、患者申出療養及び選定療養並びにこれらに伴う保険外併用療養費の支給について準用する。

5　第五十六条の規定は、前項の規定により準用する第六十一条第四項の場合において算定費用額から当該療養に要した費用について保険外併用療養費として支給される額に相当する額を控除した額の支払について準用する。

（療養費）

第六十四条　協会は、療養の給付若しくは入院時食事療養費、入院時生活療養費若しくは保険外併用療養費の支給（以下この項において「療養の給付等」という。）を行うことが困難であると認めるとき、又は被保険者若しくは被保険者であった者が保険医療機関等以外の病院、診療所、薬局その他の者から診療、薬剤の支給若しくは手当を受けた場合において、協会がやむを得ないものと認めるときは、療養の給付等に代えて、療養費を支給することができる。

2　療養費の額は、当該療養（食事療養及び生活療養を除く。）について算定した費用の額から、その額に第五十五条第一項各号に掲げる場合の区分に応じ、同項各号に定める割合を乗じて得た額を控除した額及び当該食事療養又は生活療養について算定した費用の額から食事療養標準負担額又は生活療養標準負担額を控除した額を基準として、協会が定める。

3　前項の規定にかかわらず、下船後の療養補償に相当する療養費の額については、当該療養につき算定した費用の額を基準として、協会が定める。

4　前二項の費用の額の算定については、療養の給付を受けるべき場合においては第五十八条第二項の費用の額の算定、入院時食事療養費の支給を受けるべき場合においては第六十一条第二項の費用の額の算定、入院時生活療養費の支給を受けるべき場合においては第六十二条第二項の費用の額の算定、保険外併用療養費の支給を受けるべき場合においては前条第二項の費用の額の算定の例による。ただし、その額は、現に療養に要した費用の額を超えることができない。

（訪問看護療養費）

第六十五条　被保険者又は被保険者であった者が、第五十三条第三項に規定する給付対象傷病に関し、指定訪問看護事業者から指定訪問看護を受けたときは、その指定訪問看護に要した費用について、訪問看護療養費を支給する。

2　前項の訪問看護療養費は、厚生労働省令で定めるところにより、協会が必要と認める場合に限り、支給するものとする。

3　指定訪問看護を受けようとする者は、厚生労働省令で定めるところにより、自己の選定する指定訪問看護事業者から受けるものとする。

4　訪問看護療養費の額は、当該指定訪問看護につき健康保険法第八十八条第四項の規定による厚生労働大臣の定めの例により算定した費用の額から、その額に第五十五条第一項各号に掲げる場合の区分に応じ、同項各号に定める割合を乗じて得た額（療養の給付に係る同項の一部負担金について第五十七条第一項各号に掲げる措置が採られるべきときは、当該措置が採られたものとした場合の額）を控除した額とする。

5　前項の規定にかかわらず、下船後の療養補償に相当する訪問看護療養費の額については、同項の規定により算定した費用の額とする。

6　被保険者又は被保険者であった者が指定訪問看護事業者から指定訪問看護を受けたときは、協会は、その被保険者又は被保険者であった者が当該指定訪問看護事業者に支払

うべき当該指定訪問看護に要した費用について、訪問看護療養費として被保険者又は被保険者であった者に対し支給すべき額の限度において、被保険者又は被保険者であった者に代わり、当該指定訪問看護事業者に支払うことができる。

7　前項の規定による支払があったときは、被保険者又は被保険者であった者に対し訪問看護療養費の支給があったものとみなす。

8　第五十六条の規定は、第六項の場合において第四項の規定により算定した費用の額から当該指定訪問看護に要した費用について訪問看護療養費として支給される額に相当する額を控除した額の支払について準用する。

9　指定訪問看護事業者は、指定訪問看護に要した費用につき、その支払を受ける際、当該支払をした被保険者又は被保険者であった者に対し、厚生労働省令で定めるところにより、領収証を交付しなければならない。

10　指定訪問看護事業者が船員保険の指定訪問看護を行う場合の準則については、健康保険法第九十二条第二項に規定する指定訪問看護の事業の運営に関する基準（指定訪問看護の取扱いに関する部分に限る。）の例によるものとし、これにより難いとき、又はよることが適当と認められないときの準則については、厚生労働省令で定める。

11　指定訪問看護は、第五十三条第一項各号に掲げる療養に含まれないものとする。

12　健康保険法第八十八条第十項、第十一項及び第十三項、第九十一条、第九十二条第三項並びに第九十四条の規定並びに第五十三条第五項の規定は、この法律による訪問看護療養費の支給及び指定訪問看護について準用する。

（船員法による療養補償との調整）

第六十六条　下船後の療養補償に相当する療養の給付又は入院時食事療養費、入院時生活療養費、保険外併用療養費、療養費若しくは訪問看護療養費の支給については、次の各号に掲げる保険給付の区分に応じ、当該各号に定める額（第八十三条第一項の規定により支給された高額療養費又は第八十四条第一項の規定により支給された高額介護合算療養費のうち、政令で定めるところにより、当該療養に係るものとして算定した額に相当する額を除く。）があるときは、協会は、厚生労働省令で定めるところにより、当該額を被保険者又は被保険者であった者に支払うものとする。

一　療養の給付　第五十五条第一項又は第六十条第二項の規定により被保険者又は被保険者であった者が支払った一部負担金の額

二　入院時食事療養費の支給　入院時食事療養費算定額からその食事療養に要した費用につき入院時食事療養費として支給される額に相当する額を控除した額

三　入院時生活療養費の支給　入院時生活療養費算定額からその生活療養に要した費用につき入院時生活療養費として支給される額に相当する額を控除した額

四　保険外併用療養費の支給　算定費用額からその療養に要した費用につき保険外併用療養費として支給される額に相当する額を控除した額

五　療養費の支給　第六十四条第二項の規定により控除された額

六　訪問看護療養費の支給　前条第四項の規定により算定した費用の額からその指定訪問看護に要した費用につき訪問看護療養費として支給される額に相当する額を控除した額

（療養の給付等の支給停止）

第六十七条　被保険者であった者が資格を喪失する前に発した疾病又は負傷及びこれにより発した疾病に関する療養の給付（第五十三条第四項の規定により行われる同条第一項第六号に掲げる給付を除く。）又は入院時食事療養費、入院時生活療養費、保険外併用療養費、訪問看護療養費若しくは移送費の支給（以下この条において「療養の給付等」という。）は、被保険者の資格を喪失した日から起算して六月が経過したときは、行わない。ただし、雇入契約存続中の職務外の事由による疾病又は負傷につき下船後の療養補償に相当する療養の給付等を受ける間においては、この限りでない。

2　療養の給付等（下船後の療養補償に相当する療養の給付等を除く。次項において同じ。）は、次の各号のいずれかに該当するに至ったときは、行わない。

一　当該疾病又は負傷につき、健康保険法第五章の規定による療養の給付若しくは入院時食事療養費、入院時生活療養費、保険外併用療養費、訪問看護療養費、移送費、家族療養費、家族訪問看護療養費若しくは家族移送費の支給を受けることができるに至ったとき又は高齢者の医療の確保に関する法律の規定により療養の給付若しくは入院時食事療養費、入院時生活療養費、保険外併用療養費、訪問看護療養費若しくは移送費の支給を受けることができるに至ったとき。

二　その者が、被保険者（疾病任意継続被保険者を除く。）若しくは健康保険の被保険者若しくはこれらの者の被扶養者、国民健康保険の被保険者又は後期高齢者医療の被保険者等となったとき。

3　療養の給付等は、当該疾病又は負傷につき健康保険法第五章の規定により特別療養費又は移送費若しくは家族移送費の支給を受けることができる間は、行わない。

（移送費）

第六十八条　被保険者又は被保険者であった者が療養の給付（保険外併用療養費に係る療養を含む。）を受けるため、病院又は診療所に移送されたときは、移送費として、厚生労働省令で定めるところにより算定した金額を支給する。

2　前項の移送費は、厚生労働省令で定めるところにより、協会が必要であると認める場合に限り、支給するものとする。

第二款　傷病手当金及び葬祭料の支給

（傷病手当金）

第六十九条　被保険者又は被保険者であった者が被保険者の資格を喪失する前に発した職務外の事由による疾病又は負傷及びこれにより発した疾病につき療養のため職務に服することができない期間、傷病手当金を支給する。

2　傷病手当金の額は、一日につき、傷病手当金の支給を始める日（被保険者であった者にあっては、その資格を喪失した日。以下この項において同じ。）の属する月以前の直近の継続した十二月間の各月の標準報酬月額を平均した額の三十分の一に相当する額（その額に、五円未満の端数があるときは、これを切り捨て、五円以上十円未満の端数があるときは、これを十円に切り上げるものとする。）の三分の二に相当する金額（その金額に、五十銭未満の端数があるときは、これを切り捨て、五十銭以上一円未満の端数があるときは、これを一円に切り上げるものとする。）とする。ただし、傷病手当金の支給を始める日の属する月以前の直近の継続した期間において標準報酬月額が定められている月が十二月に満たない場合にあっては、同日の属する月以前の直近の継続した各月の標準報酬月額を平均した額の三十分の一に相当する額（その額に、五円未満の端数があるときは、これを切り捨て、五円以上十円未満の端数があるときは、これを十円に切り上げるものとする。）の三分の二に相当する金額（その金額に、五十銭未満の端数があるときは、これを切り捨て、五十銭以上一円未満の端数があるときは、これを一円に切り上げるものとする。）とする。

3　前項に規定するもののほか、傷病手当金の額の算定に関して必要な事項は、厚生労働省令で定める。

4　疾病任意継続被保険者又は疾病任意継続被保険者であった者に係る第一項の規定による傷病手当金の支給は、当該被保険者の資格を取得した日から起算して一年以上経過したときに発した疾病若しくは負傷又はこれにより発した疾病については、行わない。

5　傷病手当金の支給期間は、同一の疾病又は負傷及びこれにより発した疾病に関しては、その支給を始めた日から起算して三年を超えないものとする。

6　被保険者であった者がその資格を喪失する前に発した職務外の事由による疾病若しくは負傷又はこれにより発した疾病に関し第一項の規定によりその資格を喪失した後の期間に係る傷病手当金の支給を受けるには、被保険者の資格を喪失した日（疾病任意継続被保険者の資格を取得した者にあっては、その資格を取得した日）前における被保険者（疾病任意継続被保険者を除く。）であった期間が、その日前一年間において三月以上又はその日前三年間において一年以上（第七十三条第二項及び第七十四条第二項において「支給要件期間」という。）であることを要する。

7　傷病手当金の支給は、高齢者の医療の確保に関する法律の規定により傷病手当金の支給があったときは、その限度において、行わない。

（傷病手当金と報酬等との調整）

第七十条　疾病にかかり、又は負傷した場合において報酬の全部又は一部を受けることができる者に対しては、これを受けることができる期間は、傷病手当金を支給しない。ただし、その受けることができる報酬の額が、前条第二項の規定により算定される額より少ないとき（次項若しくは第三項又は第七十五条第一項に該当するときを除く。）は、その差額を支給する。

2　傷病手当金の支給を受けるべき者が、同一の疾病又は負傷及びこれにより発した疾病につき厚生年金保険法（昭和二十九年法律第百十五号）の規定による障害厚生年金の支給を受けることができるときは、傷病手当金は、支給しない。ただし、その受けることができる障害厚生年金の額（当該障害厚生年金と同一の事由に基づき国民年金法（昭和三十四年法律第百四十一号）の規定による障害基礎年金の支給を受けることができるときは、当該障害厚生年金の額と当該障害基礎年金の額との合算額）につき厚生労働省令で定めるところにより算定した額（以下この項において「障害厚生年金等の額」という。）が、前条第二項の規定により算定される額より少ないときは、当該額と次の各号に掲げる場合の区分に応じて当該各号に定める額との差額を支給する。

一　報酬を受けることができない場合であって、かつ、出産手当金の支給を受けることができない場合　障害厚生年金等の額

二　報酬を受けることができない場合であって、かつ、出産手当金の支給を受けることができる場合　出産手当金の額（当該額が前条第二項の規定により算定される額を超える場合にあっては、当該額）と障害厚生年金等の額のいずれか多い額

三　報酬の全部又は一部を受けることができる場合であって、かつ、出産手当金の支給を受けることができない場合　当該受けることができる報酬の全部又は一部の額（当該額が前条第二項の規定により算定される額を超える場合にあっては、当該額）と障害厚生年金等の額のいずれか多い額

四　報酬の全部又は一部を受けることができる場合であって、かつ、出産手当金の支給を受けることができる場合　当該受けることができる報酬の全部又は一部の額及び第七十四条の二ただし書の規定により算定される出産手当金の額の合算額（当該合算額が前条第二項の規定により算定される額を超える場合にあっては、当該額）と障害厚生年金等の額のいずれか多い額

3　傷病手当金の支給を受けるべき者が、同一の疾病又は負傷及びこれにより発した疾病につき厚生年金保険法の規定による障害手当金の支給を受けることができるときは、当該障害手当金の支給を受けることとなった日からその者がその日以後に傷病手当金の支給を受けるとする場合の前条第二項の規定により算定される額の合計額が当該障害手当金の額に達するに至る日までの間、傷病手当金は、支給しない。ただし、当該合計額が当該障害手当金の額に達するに至った日において当該合計額が当該障害手当金の額を超える場合において、報酬の全部若しくは一部又は出産手当金の支給を受けることができるときその他の政令で定める場合における当該合計額と当該障害手当金の額との差額その他の政令で定める差額については、この限りでない。

4　傷病手当金の支給を受けるべき者（疾病任意継続被保険者及び被保険者であった者に限る。）が国民年金法又は厚生年金保険法による老齢を支給事由とする年金たる給付その他の老齢又は退職を支給事由とする年金である給付であって政令で定めるもの（以下この項及び次項において「老齢退職年金給付」という。）の支給を受けることができるときは、傷病手当金は、支給しない。ただし、その受けることができる老齢退職年金給付の額（当該老齢退職年金給付が二以上あるときは、当該二以上の老齢退職年金給付の額の合算額）につき厚生労働省令で定めるところにより算定した額が、傷病手当金の額より少ないときは、その差額を支給する。

5　協会は、前三項の規定により傷病手当金の支給を行うにつき必要があると認めるときは、老齢退職年金給付の支払をする者（次項において「年金保険者」という。）に対し、第二項の障害厚生年金若しくは障害基礎年金、第三項の障害手当金又は前項の老齢退職年金給付の支給状況につき、必要な資料の提供を求めることができる。

6 年金保険者（厚生労働大臣を除く。）は、厚生労働大臣の同意を得て、前項の規定による資料の提供の事務を厚生労働大臣に委託して行わせることができる。

第七十一条 前条第一項から第三項までに規定する者が、疾病にかかり、又は負傷した場合において、その受けることができるはずであった報酬の全部又は一部につき、その全額を受けることができなかったときは傷病手当金の全額、その一部を受けることができなかった場合においてその受けた額が傷病手当金の額より少ないときはその額と傷病手当金との差額を支給する。ただし、同条第一項ただし書、第二項ただし書又は第三項ただし書の規定により傷病手当金の一部を受けたときは、その額を支給額から控除する。

2 前項の規定により協会が支給した金額は、船舶所有者から徴収する。

（葬祭料）

第七十二条 次の各号のいずれかに該当する場合においては、被保険者又は被保険者であった者により生計を維持していた者であって、葬祭を行うものに対し、葬祭料として、政令で定める金額を支給する。

一 被保険者が職務外の事由により死亡したとき。

二 被保険者であった者が、その資格を喪失した後三月以内に職務外の事由により死亡したとき。

2 前項の規定により葬祭料の支給を受けるべき者がない場合においては、葬祭を行った者に対し、同項の金額の範囲内においてその葬祭に要した費用に相当する金額の葬祭料を支給する。

3 葬祭料の支給は、高齢者の医療の確保に関する法律の規定により葬祭料に相当する給付の支給があったときは、その限度において、行わない。

第三款 出産育児一時金及び出産手当金の支給

（出産育児一時金）

第七十三条 被保険者又は被保険者であった者（後期高齢者医療の被保険者等である者を除く。以下この条及び次条において同じ。）が出産したときは、出産育児一時金として、政令で定める金額を支給する。

2 被保険者であった者がその資格を喪失した日後に出産したことにより前項の規定による出産育児一時金の支給を受けるには、被保険者であった者がその資格を喪失した日より六月以内に出産したこと及び被保険者であった期間が支給要件期間であることを要する。

（出産手当金）

第七十四条 被保険者又は被保険者であった者が出産したときは、出産の日以前において船員法第八十七条の規定により職務に服さなかった期間及び出産の日後五十六日以内において職務に服さなかった期間、出産手当金を支給する。

2 被保険者であった者がその資格を喪失した日後の期間に係る前項の規定による出産手当金の支給を受けるには、被保険者であった者が第十二条の規定によりその資格を喪失した日前に出産したこと又は同条の規定によりその資格を喪失した日から六月以内に出産したこと及び被保険者であった期間が支給要件期間であることを要する。

3 第六十九条第二項及び第三項並びに第七十一条の規定は、出産手当金の支給について準用する。

第七十四条の二 出産した場合において報酬の全部又は一部を受けることができる者に対しては、これを受けることができる期間は、出産手当金を支給しない。ただし、その受けることができる報酬の額が、出産手当金の額より少ないときは、その差額を支給する。

（出産手当金と傷病手当金との調整）

第七十五条 出産手当金を支給する場合（第七十条第二項又は第三項に該当するときを除く。）においては、その期間、傷病手当金は、支給しない。ただし、その受けることができる出産手当金の額（前条ただし書の場合においては、同条ただし書に規定する報酬の額と同条ただし書の規定により算定される出産手当金の額との合算額）が、第六十九条第二項の規定により算定される額より少ないときは、その差額を支給する。

2 出産手当金を支給すべき場合において傷病手当金が支払われたときは、その支払われた傷病手当金（前項ただし書の規定により支払われたものを除く。）は、出産手当金の内払とみなす。

第四款 家族療養費、家族訪問看護療養費、家族移送費、家族葬祭料及び家族出産育児一時金の支給

（家族療養費）

第七十六条 被扶養者が保険医療機関等のうち自己の選定するものから療養（第五十三条第一項第六号に掲げる療養を除く。）を受けたときは、被保険者に対し、その療養に要した費用について、家族療養費を支給する。

2 家族療養費の額は、第一号に掲げる額（当該療養に食事療養が含まれるときは当該額及び第二号に掲げる額の合算額、当該療養に生活療養が含まれるときは当該額及び第三号に掲げる額の合算額）とする。

一 当該療養（食事療養及び生活療養を除く。）につき算定した費用の額（その額が現に当該療養に要した費用の額を超えるときは、当該現に療養に要した費用の額）に次のイからニまでに掲げる場合の区分に応じ、当該イからニまでに定める割合を乗じて得た額

イ 被扶養者が六歳に達する日以後の最初の三月三十一日の翌日以後であって七十歳に達する日の属する月以前である場合 百分の七十

ロ 被扶養者が六歳に達する日以後の最初の三月三十一日以前である場合 百分の八十

ハ 被扶養者（ニに規定する被扶養者を除く。）が七十歳に達する日の属する月の翌月以後である場合 百分の八十

ニ 第五十五条第一項第三号に掲げる場合に該当する被保険者その他政令で定める被保険者の被扶養者が七十歳に達する日の属する月の翌月以後である場合 百分の七十

二 当該食事療養につき算定した費用の額（その額が現に当該食事療養に要した費用の額を超えるときは、当該現に食事療養に要した費用の額）から食事療養標準負担額を控除した額

三 当該生活療養につき算定した費用の額（その額が現に当該生活療養に要した費用の額を超えるときは、当該現に生活療養に要した費用の額）から生活療養標準負担額

を控除した額

3　前項第一号の療養についての費用の額の算定に関しては、保険医療機関等から療養（評価療養、患者申出療養及び選定療養を除く。）を受ける場合にあっては第五十八条第二項の費用の額の算定、保険医療機関等から評価療養、患者申出療養又は選定療養を受ける場合にあっては第六十三条第二項第一号の費用の額の算定、前項第二号の食事療養についての費用の額の算定に関しては、第六十一条第二項の費用の額の算定、前項第三号の生活療養についての費用の額の算定に関しては、第六十二条第二項の費用の額の算定の例による。

4　第一項の場合において、協会は、その療養を受けた者が当該病院若しくは診療所又は薬局に支払うべき療養に要した費用について、家族療養費として被保険者又は被保険者であった者に対し支給すべき額の限度において、被保険者又は被保険者であった者に代わり、当該病院若しくは診療所又は薬局に支払うことができる。

5　前項の規定による支払があったときは、被保険者又は被保険者であった者に対し家族療養費の支給があったものとみなす。

6　第五十三条第一項、第二項、第六項及び第八項、第五十四条、第五十八条第三項、第五十九条、第六十条第一項、第六十一条第六項並びに第六十四条の規定は、家族療養費の支給及び被扶養者の療養について準用する。

7　第五十六条の規定は、第四項の場合において療養につき第三項の規定により算定した費用の額（その額が現に療養に要した費用の額を超えるときは、当該現に療養に要した費用の額）から当該療養に要した費用について家族療養費として支給される額に相当する額を控除した額の支払について準用する。

（家族療養費の額の特例）

第七十七条　協会は、第五十七条第一項に規定する被保険者又は被保険者であった者の被扶養者に係る家族療養費の支給について、前条第二項第一号イからニまでに定める割合を、それぞれの割合を超え百分の百以下の範囲内において協会が定めた割合とする措置を採ることができる。

2　前項に規定する被扶養者に係る前条第四項の規定の適用については、同項中「家族療養費として被保険者又は被保険者であった者に対し支給すべき額」とあるのは、「当該療養につき算定した費用の額（その額が現に当該療養に要した費用の額を超えるときは、当該現に療養に要した費用の額）」とする。この場合において、協会は、当該支払をした額から家族療養費として被保険者又は被保険者であった者に対し支給すべき額を控除した額をその被扶養者に係る被保険者又は被保険者であった者から直接に徴収することとし、その徴収を猶予することができる。

（家族訪問看護療養費）

第七十八条　被扶養者が指定訪問看護事業者から指定訪問看護を受けたときは、被保険者に対し、その指定訪問看護に要した費用について、家族訪問看護療養費を支給する。

2　家族訪問看護療養費の額は、当該指定訪問看護につき第六十五条第四項の厚生労働大臣の定めの例により算定した費用の額に第七十六条第二項第一号イからニまでに掲げる場合の区分に応じ、同号イからニまでに定める割合を乗じて得た額（家族療養費の支給について前条の規定が適用されるべきときは、当該規定が適用されたものとした場合の額）とする。

3　健康保険法第八十八条第十項、第十一項及び第十三項、第九十一条、第九十二条第三項並びに第九十四条の規定並びに第六十五条第二項、第三項及び第六項から第十項までの規定は、家族訪問看護療養費の支給及び被扶養者の指定訪問看護について準用する。

（家族移送費）

第七十九条　被扶養者が家族療養費に係る療養を受けるため、病院又は診療所に移送されたときは、家族移送費として、被保険者に対し、第六十八条第一項の厚生労働省令で定めるところにより算定した金額を支給する。

2　第六十八条第二項の規定は、家族移送費の支給について準用する。

（家族葬祭料）

第八十条　被扶養者が死亡したときは、家族葬祭料として、被保険者に対し、第七十二条第一項の政令で定める金額を支給する。

（家族出産育児一時金）

第八十一条　被扶養者が出産したときは、家族出産育児一時金として、被保険者に対し、第七十三条第一項の政令で定める金額を支給する。

（被保険者が資格を喪失した場合）

第八十二条　被保険者がその資格を喪失した際に家族療養費に係る療養若しくは家族訪問看護療養費に係る療養若しくは高齢者の医療の確保に関する法律の規定によるこれらに相当する給付に係る療養又は介護保険法の規定による居宅介護サービス費に係る指定居宅サービス（同法第四十一条第一項に規定する指定居宅サービスをいう。）、特例居宅介護サービス費に係る居宅サービス（同法第八条第一項に規定する居宅サービスをいう。）若しくはこれらに相当するサービス、地域密着型介護サービス費に係る指定地域密着型サービス（同法第四十二条の二第一項に規定する指定地域密着型サービスをいう。）、特例地域密着型介護サービス費に係る地域密着型サービス（同法第八条第十四項に規定する地域密着型サービスをいう。）若しくはこれらに相当するサービス、施設介護サービス費に係る指定施設サービス等（同法第四十八条第一項に規定する指定施設サービス等をいう。）、特例施設介護サービス費に係る施設サービス（同法第八条第二十六項に規定する施設サービスをいう。）、介護予防サービス費に係る指定介護予防サービス（同法第五十三条第一項に規定する指定介護予防サービスをいう。）若しくは特例介護予防サービス費に係る介護予防サービス（同法第八条の二第一項に規定する介護予防サービスをいう。）若しくはこれらに相当するサービスのうち、療養に相当するものを受ける被扶養者が引き続き当該疾病又は負傷及びこれにより発した疾病につき療養又は移送を受けたときは、被保険者であった者に対し、家族療養費、家族訪問看護療養費又は家族移送費を支給する。

2　前項の規定による給付は、当該被保険者の資格を喪失した日から起算して六月を経過するまでの間（当該被保険者がその資格を喪失しなかった場合にはその者の被扶養者となるべき事情が継続する間に限る。）に限りこれを支給する。

3　第六十七条第二項及び第三項の規定は、第一項の規定による給付について準用する。

第五款　高額療養費及び高額介護合算療養費の支給

（高額療養費）

第八十三条　療養の給付について支払われた一部負担金の額又は療養（食事療養及び生活療養を除く。以下この条において同じ。）に要した費用の額からその療養に要した費用につき保険外併用療養費、療養費、訪問看護療養費、家族療養費若しくは家族訪問看護療養費として支給される額に相当する額を控除した額（次条第一項において「一部負担金等の額」という。）が著しく高額であるときは、その療養の給付又はその保険外併用療養費、療養費、訪問看護療養費、家族療養費若しくは家族訪問看護療養費の支給を受けた者に対し、高額療養費を支給する。

2　高額療養費の支給要件、支給額その他高額療養費の支給に関して必要な事項は、療養に必要な費用の負担の家計に与える影響及び療養に要した費用の額を考慮して、政令で定める。

（高額介護合算療養費）

第八十四条　一部負担金等の額（前条第一項の高額療養費が支給される場合にあっては、当該支給額に相当する額を控除して得た額）並びに介護保険法第五十一条第一項に規定する介護サービス利用者負担額（同項の高額介護サービス費が支給される場合にあっては、当該支給額を控除して得た額）及び同法第六十一条第一項に規定する介護予防サービス利用者負担額（同項の高額介護予防サービス費が支給される場合にあっては、当該支給額を控除して得た額）の合計額が著しく高額であるときは、当該一部負担金等の額に係る療養の給付又は保険外併用療養費、療養費、訪問看護療養費、家族療養費若しくは家族訪問看護療養費の支給を受けた者に対し、高額介護合算療養費を支給する。

2　前条第二項の規定は、高額介護合算療養費の支給について準用する。

第三節　職務上の事由若しくは通勤による疾病、負傷、障害若しくは死亡又は職務上の事由による行方不明に関する保険給付

第一款　休業手当金の支給

（休業手当金）

第八十五条　休業手当金は、被保険者又は被保険者であった者が職務上の事由又は通勤による疾病又は負傷及びこれにより発した疾病につき療養のため労働することができないために報酬を受けない日について、支給する。

2　休業手当金の額は、次の各号に掲げる期間（第二号から第四号までに掲げる期間においては、同一の事由について労働者災害補償保険法の規定による休業補償給付又は休業給付の支給を受ける場合に限る。）の区分に応じ、一日につき、当該各号に定める金額とする。

一　療養のため労働することができないために報酬を受けない最初の日から療養のため労働することができないために報酬を受けない三日間　標準報酬日額（標準報酬月額（被保険者であった者にあっては、その資格を喪失した月の標準報酬月額）の三十分の一に相当する額（その額に、五円未満の端数があるときは、これを切り捨て、五円以上十円未満の端数があるときは、これを十円に切り上げるものとする。）をいう。以下同じ。）の全額

二　療養のため労働することができないために報酬を受けない四月以内の期間（前号及び第四号に掲げる期間を除く。）　標準報酬日額の百分の四十に相当する金額（同一の事由について労働者災害補償保険法第二十九条第一項第二号に掲げる事業として支給が行われる給付金であって厚生労働省令で定めるものを受けることができるときは、当該給付の水準を勘案して、厚生労働省令で定める金額）

三　療養のため労働することができないために報酬を受けない期間であって、療養を開始した日から起算して一年六月を経過した日以後の期間（第一号及び次号に掲げる期間を除き、労働者災害補償保険法第八条の二第二項第二号に定める額が標準報酬日額より少ない場合に限る。）　標準報酬日額から同号に定める額を控除した額の百分の六十に相当する金額

四　療養のため労働することができないために報酬を受けない四月以内の期間であって、療養を開始した日から起算して一年六月を経過した日以後の期間（第一号に掲げる期間を除き、標準報酬日額が労働者災害補償保険法第八条の二第二項第二号に定める額より多い場合に限る。）　前二号に定める額の合算額

（休業手当金と報酬等との調整）

第八十六条　前条の規定にかかわらず、被保険者が職務上の事由又は通勤による疾病又は負傷及びこれにより発した疾病につき療養のため所定労働時間のうちその一部分についてのみ労働する日に係る休業手当金の額は、次の各号に掲げる期間に応じ、当該各号に定める金額とする。

一　前条第二項第一号に掲げる期間　同号に定める金額から当該労働に対して支払われる報酬の額を控除した金額

二　前条第二項第二号に掲げる期間　標準報酬日額から当該労働に対して支払われる報酬の額を控除した額の百分の四十に相当する金額（同一の事由について労働者災害補償保険法第二十九条第一項第二号に掲げる事業として支給が行われる給付金であって厚生労働省令で定めるものを受けることができるときは、当該給付の水準を勘案して、厚生労働省令で定める金額）

三　前条第二項第三号に掲げる期間（標準報酬日額から当該労働に対して支払われる報酬の額を控除した額が労働者災害補償保険法第八条の二第二項第二号に定める額より多い場合に限る。）　標準報酬日額から当該労働に対して支払われる報酬の額及び同法第八条の二第二項第二号に定める額の合算額を控除した額（当該額が零を下回る場合には、零とする。）の百分の六十に相当する金額

四　前条第二項第四号に掲げる期間　前二号に定める額の合算額

2　休業手当金の支給を受けるべき者が、同一の事由について厚生年金保険法の規定による障害厚生年金の支給を受け

ることができるときは、当該休業手当金の額に政令で定める率を乗じて得た額に相当する部分の支給を停止する。

第三款　行方不明手当金の支給

（行方不明手当金の支給要件）

第九十三条　被保険者が職務上の事由により行方不明となったときは、その期間、被扶養者に対し、行方不明手当金を支給する。ただし、行方不明の期間が一月未満であるときは、この限りでない。

（行方不明手当金の額）

第九十四条　行方不明手当金の額は、一日につき、被保険者が行方不明となった当時の標準報酬日額に相当する金額とする。

（行方不明手当金の支給期間）

第九十五条　行方不明手当金の支給を受ける期間は、被保険者が行方不明となった日の翌日から起算して三月を限度とする。

（報酬との調整）

第九十六条　被保険者の行方不明の期間に係る報酬が支払われる場合においては、その報酬の額の限度において行方不明手当金を支給しない。

第五章　保健事業及び福祉事業

第百十一条　協会は、高齢者の医療の確保に関する法律第二十条の規定による特定健康診査及び同法第二十四条の規定による特定保健指導（以下「特定健康診査等」という。）を行うものとするほか、特定健康診査等以外の事業であって、健康教育、健康相談及び健康診査並びに健康管理及び疾病の予防に係る被保険者、被保険者であった者及びこれらの被扶養者（以下この条並びに第百五十三条の十第一項第二号及び第三号において「被保険者等」という。）の自助努力についての支援その他の被保険者等の健康の保持増進のために必要な事業を行うように努めなければならない。

2　協会は、前項の事業を行うに当たっては、高齢者の医療の確保に関する法律第十六条第二項の情報を活用し、適切かつ有効に行うものとする。

3　協会は、被保険者等の療養のために必要な費用に係る資金若しくは用具の貸付けその他の被保険者等の療養若しくは療養環境の向上又は被保険者等の出産のため必要な費用に係る資金の貸付けその他の被保険者等の福祉の増進のために必要な事業を行うことができる。

4　協会は、第一項及び前項の事業に支障がない場合に限り、被保険者等でない者にこれらの事業を利用させることができる。この場合において、協会は、これらの事業の利用者に対し、厚生労働省令で定めるところにより、利用料を請求することができる。

5　厚生労働大臣は、第一項の規定により協会が行う被保険者等の健康の保持増進のために必要な事業に関して、その適切かつ有効な実施を図るため、指針の公表、情報の提供その他必要な支援を行うものとする。

6　前項の指針は、健康増進法（平成十四年法律第百三号）第九条第一項に規定する健康診査等指針と調和が保たれたものでなければならない。

第六章　費用の負担

（保険料の徴収の特例）

第百十八条　育児休業等をしている被保険者（次条の規定の適用を受けている被保険者を除く。）を使用する船舶所有者が、厚生労働省令で定めるところにより厚生労働大臣に申出をしたときは、その育児休業等を開始した日の属する月からその育児休業等が終了する日の翌日の属する月の前月までの期間、当該被保険者に関する保険料を徴収しない。

第百十八条の二　産前産後休業をしている被保険者を使用する船舶所有者が、厚生労働省令で定めるところにより厚生労働大臣に申出をしたときは、その産前産後休業を開始した日の属する月からその産前産後休業が終了する日の翌日の属する月の前月までの期間、当該被保険者に関する保険料を徴収しない。

第百十九条　厚生労働大臣が保険料を徴収する場合において、船舶所有者から保険料、厚生年金保険法第八十一条第一項に規定する保険料（以下「厚生年金保険料」という。）及び子ども・子育て支援法（平成二十四年法律第六十五号）第六十九条第一項に規定する拠出金（以下「子ども・子育て拠出金」という。）の一部の納付があったときは、当該船舶所有者が納付すべき保険料、厚生年金保険料及び子ども・子育て拠出金の額を基準として按分した額に相当する保険料の額が納付されたものとする。

（一般保険料率）

第百二十条　一般保険料率は、次条に規定する疾病保険料率と第百二十二条に規定する災害保健福祉保険料率とを合計して得た率とする。

2　前項の規定にかかわらず、後期高齢者医療の被保険者等である被保険者及び独立行政法人等職員被保険者にあっては、一般保険料率は、災害保健福祉保険料率のみとする。

第八章　雑則

（共済組合に関する特例）

第百四十九条　国家公務員共済組合法又は地方公務員等共済組合法に基づく共済組合の組合員（独立行政法人等職員被保険者を除く。以下この条及び次条において「組合員」という。）である被保険者に対しては、この法律による保険給付は行わない。

2　組合員である被保険者であった者に対しても、前項と同様とする。ただし、組合員である被保険者が、組合員である資格を喪失した際に、なお、この法律の適用を受ける場合においては、その者が再び被保険者である組合員となるまでの間は、この限りでない。

3　前項本文の規定は、組合員である被保険者であった者が組合員である被保険者以外の被保険者の資格を取得した場合において、その者に対し、その被保険者の資格を取得した日以後の期間に基づくこの法律による保険給付を行うことを妨げない。

4　前三項の規定によりこの法律による保険給付を受けることができない間に死亡した被保険者又は被保険者であった

者の遺族に対しては、この法律による保険給付は行わない。

第百五十条　組合員である被保険者については、保険料を徴収しない。

第百五十一条　厚生労働大臣は、第百四十九条の共済組合に対して、事業に関する報告をさせ、事業及び財産の状況を検査することができる。

附　則（抄）

（日本郵政共済組合に関する経過措置）

第二条　当分の間、独立行政法人等職員被保険者には、国家公務員共済組合法附則第二十条の三に規定する日本郵政共済組合の組合員である被保険者を含むものとする。

附　則（平二一・三・三一法一八）（抄）

（施行期日）

第一条　この法律は、平成二十一年四月一日から施行する。ただし、次の各号に掲げる規定は、当該各号に定める日から施行する。

一　〔略〕

二　第一条の規定、第二条（第一号に係る部分に限る。）の規定、次条第一項から第三項まで及び第五項から第九項までの規定（独立行政法人国立国語研究所（以下「国立国語研究所」という。）に係る部分に限る。）、同条第十項の規定、同条第十二項の規定（国立国語研究所に係る部分に限る。）、附則第三条第一項の規定、附則第六条第一項及び第二項の規定（国立国語研究所に係る部分に限る。）、附則第十条の規定、附則第十一条の規定（国立国語研究所に係る部分に限る。）、附則第十五条の規定、附則第十六条の規定（国家公務員共済組合法（昭和三十三年法律第百二十八号）別表第三の改正規定中独立行政法人国立国語研究所の項を削る部分に限る。）、附則第十九条の規定、附則第二十条の規定（雇用保険法等の一部を改正する法律（平成十九年法律第三十号）第四条のうち船員保険法（昭和十四年法律第七十三号）別表第一の改正規定中独立行政法人国立国語研究所の項を削る部分に限る。）並びに附則第二十二条の規定　平成二十一年十月一日

附　則（平二一・五・一法三六）（抄）

（施行期日）

第一条　この法律は、平成二十二年一月一日から施行する。

（調整規定）

第八条　この法律及び日本年金機構法又は雇用保険法等の一部を改正する法律（平成十九年法律第三十号）に同一の法律の規定についての改正規定がある場合において、当該改正規定が同一の日に施行されるときは、当該法律の規定は、日本年金機構法又は雇用保険法等の一部を改正する法律によってまず改正され、次いでこの法律によって改正されるものとする。

附　則（平二一・七・一法六五）（抄）

（施行期日）

第一条　この法律は、公布の日から起算して一年を超えない範囲内において政令で定める日から施行する。

附　則（平二二・三・三一法一九）（抄）

（施行期日）

第一条　この法律は、平成二十二年四月一日から施行する。〔ただし書略〕

附　則（平二二・五・一九法三五）（抄）

（施行期日）

第一条　この法律は、公布の日から施行する。〔ただし書略〕

附　則（平二二・一二・三法六一）（抄）

（施行期日）

第一条　この法律は、平成二十三年四月一日から施行する。

附　則（平二三・三・三一法一四）（抄）

（施行期日）

第一条　この法律は、平成二十三年四月一日（この法律の公布の日が同月一日後となる場合には、公布の日）から施行する。

附　則（平二三・六・二二法七二）（抄）

（施行期日）

第一条　この法律は、平成二十四年四月一日から施行する。〔ただし書略〕

附　則（平二三・八・三〇法一〇七）（抄）

（施行期日）

第一条　この法律は、平成二十三年十月一日から施行する。〔ただし書略〕

附　則（平二四・三・三一法二四）（抄）

（施行期日）

第一条　この法律は、平成二十四年四月一日から施行する。〔ただし書略〕

附　則（平二四・八・二二法六二）（抄）

（施行期日）

第一条　この法律は、平成二十九年八月一日から施行する。〔ただし書略〕

附　則（平二四・八・二二法六三）（抄）

（施行期日）

第一条　この法律は、平成二十七年十月一日から施行する。〔ただし書略〕

附　則（平二四・八・二二法六七）（抄）

この法律は、子ども・子育て支援法の施行の日から施行する。

附　則（平二五・五・三一法二六）（抄）

（施行期日）

第一条　この法律は、公布の日から施行する。ただし、〔略〕第二条中船員保険法第一条の改正規定並びに附則第三条の規定は、平成二十五年十月一日から施行する。

附　則（平二六・六・一三法六七）（抄）

（施行期日）

第一条　この法律は、独立行政法人通則法の一部を改正する

法律（平成二十六年法律第六十六号。以下「通則法改正法」という。）の施行の日から施行する。（ただし書省略）

附　則（平二六・六・二五法八三）（抄）

（施行期日）

第一条　この法律は、公布の日又は平成二十六年四月一日のいずれか遅い日から施行する。ただし、次の各号に掲げる規定は、当該各号に定める日から施行する。

一　（略）

六　（略）附則第二十条（第一項ただし書を除く。）、第二十一条、第四十二条、第四十三条（略）の規定　平成二十八年四月一日までの間において政令で定める日

七　（略）

附　則（平二七・五・七法一七）（抄）

（施行期日）

第一条　この法律は、平成二十八年四月一日から施行する。

附　則（平二七・五・二七法二七）（抄）

（施行期日）

第一条　この法律は、平成二十八年四月一日から施行する。

附　則（平二七・五・二九法三一）（抄）

（施行期日）

第一条　この法律は、平成三十年四月一日から施行する。〔ただし書略〕

附　則（平二七・六・二四法四四）（抄）

（施行期日）

第一条　この法律は、平成二十八年四月一日から施行する。

附　則（平二七・六・二六法四八）（抄）

（施行期日）

第一条　この法律は、平成二十八年四月一日から施行する。

附　則（平二七・七・八法五一）（抄）

第一条　この法律は、平成二十八年四月一日から施行する。

附　則（平二七・七・一七法五九）（抄）

（施行期日）

第一条　この法律は、平成二十九年四月一日から施行する。

附　則（平二七・九・一八法七〇）（抄）

（施行期日）

第一条　この法律は、平成二十八年四月一日から施行する。

附　則（平二八・三・三一法一七）（抄）

（施行期日）

第一条　この法律は、平成二十九年一月一日から施行する。〔ただし書略〕

附　則（平二八・五・二〇法四四）（抄）

（施行期日）

第一条　この法律は、平成二十九年四月一日から施行する。

附　則（平二八・一一・二四法八四）（抄）

（施行期日）

第一条　この法律は、公布の日から施行する。ただし、次項の規定は、平成二十九年八月一日から施行する。

2　（略）

附　則（平二八・一一・二八法八七）（抄）

（施行期日）

第一条　この法律は、平成二十九年四月一日から施行する。〔ただし書略〕

○介護保険法施行法（抄）

平九・一二・一七
法一二四
最終改正　平二九・六・二　法五二

（船員保険法の一部改正に伴う経過措置）

第三十四条　この法律の施行前に旧老健法の規定により老人保健施設療養費の支給を受けていた者に対する前条の規定による改正後の船員保険法第三十一条第一項、第三十一条ノ五第一項及び第二項並びに第五十条ノ九第二項の規定の適用については、同法第三十一条第一項中「老人訪問看護療養費ニ係ル療養」とあるのは「老人訪問看護療養費ニ係ル療養若ハ介護保険法施行法（平成九年法律第百二十四号）第二十四条ノ規定ニ依ル改正前ノ老人保健法（第三十一条ノ五第一項及第二項並ニ第五十条ノ九第二項ニ於テ旧老健法ト称ス）ノ規定ニ依ル老人保健施設療養費ニ係ル療養」と、同法第三十一条ノ五第一項及び第二項中「老人保健法ノ規定ニ依リ之ニ相当スル給付ニ係ル療養」とあるのは「老人保健法ノ規定ニ依リ之ニ相当スル給付ニ係ル療養若ハ旧老健法ノ規定ニ依ル老人保健施設療養費ニ係ル療養」と、同法第五十条ノ九第二項中「若ハ老人訪問看護療養費ノ支給」とあるのは「、老人訪問看護療養費ノ支給若ハ旧老健法ノ規定ニ依ル老人保健施設療養費ノ支給」とする。

第三十五条　この法律の施行前に行われた第三十三条の規定による改正前の船員保険法附則第二十七項に規定する施設療養に係る同項の規定による療養費の額又は同法附則第二十八項の規定による家族療養費の額については、なお従前の例による。

○船員法（抄）

昭二二・九・一
法一〇〇
最終改正　平二九・六・二　法四五

（船員）

第一条　この法律において「船員」とは、日本船舶又は日本船舶以外の国土交通省令で定める船舶に乗り組む船長及び海員並びに予備船員をいう。

② 前項に規定する船舶には、次の船舶を含まない。

一　総トン数五トン未満の船舶

二　湖、川又は港のみを航行する船舶

三　政令の定める総トン数三十トン未満の漁船

四　前三号に掲げるもののほか、船舶職員及び小型船舶操縦者法（昭和二十六年法律第百四十九号）第二条第四項に規定する小型船舶であつて、スポーツ又はレクリエーションの用に供するヨット、モーターボートその他のその航海の目的、期間及び態様、運航体制等からみて船員労働の特殊性が認められない船舶として国土交通省令の定めるもの

③ 前項第二号の港の区域は、港則法（昭和二十三年法律第百七十四号）に基づく港の区域の定めのあるものについては、その区域によるものとする。ただし、国土交通大臣は、政令で定めるところにより、特に港を指定し、これと異なる区域を定めることができる。

（療養補償）

第八十九条　船員が職務上負傷し、又は疾病にかかつたときは、船舶所有者は、その負傷又は疾病がなおるまで、その費用で療養を施し、又は療養に必要な費用を負担しなければならない。

② 船員が雇入契約存続中職務外で負傷し、又は疾病にかかつたときは、船舶所有者は、三箇月の範囲内において、その費用で療養を施し、又は療養に必要な費用を負担しなければならない。但し、その負傷又は疾病につき船員に故意又は重大な過失のあつたときは、この限りでない。

○国と民間企業との間の人事交流に関する法律（抄）

平一一・一二・二二
法二二四
最終改正　平二七・九・一一　法六六

（目的）

第一条　この法律は、行政運営における重要な役割を担うことが期待される職員について交流派遣をし、民間企業の実務を経験させることを通じて、効率的かつ機動的な業務遂行の手法を体得させ、かつ、民間企業の実情に関する理解を深めさせることにより、行政の課題に柔軟かつ的確に対応するために必要な知識及び能力を有する人材の育成を図るとともに、民間企業における実務の経験を通じて効率的かつ機動的な業務遂行の手法を体得している者について交流採用をして職務に従事させることにより行政運営の活性化を図るため、交流派遣及び交流採用（以下「人事交流」という。）に関し必要な措置を講じ、もつて公務の能率的な運営に資することを目的とする。

（定義）

第二条　この法律において「職員」とは、第十四条第一項及び第二十四条を除き、国家公務員法（昭和二十二年法律第百二十号）第二条に規定する一般職に属する職員をいう。

2　この法律において「民間企業」とは、次に掲げる法人をいう。

一　株式会社、合名会社、合資会社及び合同会社

二　信用金庫

三　相互会社

四　前三号に掲げるもののほか、その事業の運営のために必要な経費の主たる財源をその事業の収益（法令の規定に基づく指定、認定その他これらに準ずる処分若しくは国若しくは地方公共団体からの委託を受けて実施する国若しくは地方公共団体の事務若しくは事業又はこれに類するものとして人事院規則で定めるものの実施による収益及び補助金等（補助金等に係る予算の執行の適正化に関する法律（昭和三十年法律第百七十九号）第二条第一項に規定する補助金等をいう。）を除く。）によつて得ている本邦法人（次に掲げるものを除く。）のうち、前条の目的を達成するために適切であると認められる法人として人事院規則で定めるもの

イ　独立行政法人通則法（平成十一年法律第百三号）第二条第一項に規定する独立行政法人、国立大学法人法（平成十五年法律第百十二号）第二条第一項に規定する国立大学法人、同条第三項に規定する大学共同利用機関法人及び総合法律支援法（平成十六年法律第七十四号）第十三条に規定する日本司法支援センター

ロ　法律により直接に設立された法人又は特別の法律により特別の設立行為をもつて設立された法人であつて、総務省設置法（平成十一年法律第九十一号）第四条第一項第九号の規定の適用を受けるもの

ハ　地方独立行政法人法（平成十五年法律第百十八号）第二条第一項に規定する地方独立行政法人

ニ　イからハまでに掲げるもののほか、その資本金の全部又は大部分が国又は地方公共団体からの出資による法人

五　外国法人であつて、前各号に掲げる法人に類するものとして人事院が指定するもの

3　この法律において「交流派遣」とは、期間を定めて、職員（法律により任期を定めて任用される職員、常時勤務を要しない官職を占める職員その他の人事院規則で定める職員を除く。）を、その身分を保有させたまま、当該職員と民間企業との間で締結した労働契約に基づく業務に従事させることをいう。

4　この法律において「交流採用」とは、選考により、次に掲げる者を任期を定めて常時勤務を要する官職を占める職員として採用することをいう。

一　民間企業に雇用されていた者であつて、引き続いてこの法律の規定により採用された職員となるため退職したもの

二　民間企業に現に雇用されている者であつて、この法律

の規定により当該雇用関係を継続することができるもの

5　この法律において「任命権者」とは、国家公務員法第五十五条第一項に規定する任命権者及び法律で別に定められた任命権者並びにその委任を受けた者をいう。

（人事院の権限及び責務）

第三条　人事院は、この法律の実施に関し、次に掲げる権限及び責務を有する。

一　この法律（次条、第五条第二項、第十二条第四項、第十四条、第十五条、第十五条の二、第十七条、第二十二条及び第二十四条の規定を除く。次号において同じ。）の実施の責めに任ずること。

二　この法律の実施に関し必要な事項について、人事院規則を制定し、及び人事院指令を発すること。

三　人事交流の適正な実施を確保するため、人事交流の制度の運用状況に関し、職員、任命権者その他の関係者に報告を求め、又は調査をすること。

（交流基準）

第五条　任命権者その他の関係者は、人事交流の制度の運用に当たっては、次に掲げる事項に関し人事院規則で定める基準（以下「交流基準」という。）に従い、常にその適正な運用の確保に努めなければならない。

一　国の機関に置かれる部局等又は独立行政法人通則法第二条第四項に規定する行政執行法人（以下「行政執行法人」という。）であって民間企業に対する処分等（法令の規定に基づいてされる行政手続法（平成五年法律第八十八号）第二条第二号に規定する処分及び同条第六号に規定する行政指導をいう。第十三条第三項及び第二十条において同じ。）に関する事務を所掌するものと当該民間企業との間の人事交流の制限に関する事項

二　国又は行政執行法人と契約関係にある民間企業との間の人事交流の制限に関する事項

三　その他人事交流の制度の適正な運用のため必要な事項

2　内閣総理大臣は、必要があると認めるときは、交流基準に関し、人事院に意見を述べることができる。

3　人事院は、交流基準を定め、又はこれを変更しようとするときは、人事院規則の定めるところにより、行政運営に関し優れた識見を有する者の意見を聴かなければならない。

（交流派遣）

第七条　任命権者は、前条第二項の規定により提示された名簿に記載のある民間企業に交流派遣をすることができる。

2　任命権者は、前項の規定による交流派遣をしようとするときは、あらかじめ、当該交流派遣に係る職員の同意を得た上で、人事院規則で定めるところにより、その実施に関する計画を記載した書類を提出して、当該計画がこの法律の規定及び交流基準に適合するものであることについて、人事院の認定を受けなければならない。

3　任命権者は、第一項の規定による交流派遣をするときは、当該交流派遣に係る民間企業（以下「派遣先企業」という。）との間において、前項の認定を受けた計画に従って、当該派遣先企業における当該交流派遣に係る職員の労働条件、当該職員が職務に復帰する場合における当該職員と当該派遣先企業との間の労働契約の終了その他交流派遣に当たって合意しておくべきものとして人事院規則で定める事項について取決めを締結しなければならない。この場合において、任命権者は、当該職員にその取決めの内容を明示しなければならない。

（交流派遣の期間）

第八条　交流派遣の期間は、三年を超えることができない。

2　前条第一項の規定により交流派遣をした任命権者は、当該派遣先企業から当該交流派遣の期間の延長を希望する旨の申出があり、かつ、その申出に理由があると認める場合には、当該交流派遣をされた職員（以下「交流派遣職員」という。）の同意及び人事院の承認を得て、当該交流派遣をした日から引き続き五年を超えない範囲内において、交流派遣の期間を延長することができる。

（労働契約の締結）

第九条　交流派遣職員は、第七条第三項の取決めに定められた内容に従って、派遣先企業との間で労働契約を締結し、その交流派遣の期間中、当該派遣先企業の業務に従事するものとする。

（交流派遣職員の職務）

第十条　交流派遣職員は、その交流派遣の期間中、職務に従事することができない。

2　次に掲げる法律の規定は、交流派遣職員には適用しない。

一　国家公務員法第百一条の規定

二　一般職の職員の勤務時間、休暇等に関する法律（平成六年法律第三十三号）の規定

（交流派遣職員の給与）

第十一条　交流派遣職員には、その交流派遣の期間中、給与を支給しない。

（交流派遣職員の服務等）

第十二条　交流派遣職員は、派遣先企業において、その交流派遣前に在職していた国の機関及び行政執行法人に対してする申請（行政手続法第二条第三号に規定する申請をいう。）に関する業務その他の交流派遣職員が従事することが適当でないものとして人事院規則で定める業務に従事してはならない。

2　交流派遣職員は、派遣先企業における業務を行うに当たっては、職員たる地位を利用し、又はその交流派遣前において官職を占めていたことによる影響力を利用してはならない。

3　交流派遣職員は、任命権者から求められたときは、派遣先企業における労働条件及び業務の遂行の状況を報告しなければならない。

4　交流派遣職員の派遣先企業の業務への従事に関しては、国家公務員法第百四条の規定は、適用しない。

5　交流派遣職員に対する国家公務員法第八十二条の規定の適用については、同条第一項第一号中「若しくは国家公務員倫理法」とあるのは、「、国家公務員倫理法若しくは国と民間企業との間の人事交流に関する法律」とする。

（交流派遣職員の職務への復帰）

第十三条　任命権者は、交流派遣職員がその派遣先企業の地位を失った場合その他の人事院規則で定める場合であって、その交流派遣を継続することができないか又は適当でないと認めるときは、速やかに当該交流派遣に係る交流派遣職員を職務に復帰させなければならない。

2　交流派遣職員は、その交流派遣の期間が満了したときは、職務に復帰する。

3　交流派遣後職務に復帰した職員については、その復帰の

日から起算して二年間は、任命権者は、当該職員の派遣先企業であった民間企業に対する処分等に関する事務をその職務とする官職その他の当該民間企業と密接な関係にあるものとして人事院規則で定める官職に就けてはならない。

（交流派遣職員に関する国家公務員共済組合法の特例）

第十四条　国家公務員共済組合法（昭和三十三年法律第百二十八号）第三十九条第二項の規定及び同法の短期給付に関する規定（同法第六十八条の三の規定を除く。以下この項において同じ。）は、交流派遣職員には適用しない。この場合において、同法の短期給付に関する規定の適用を受ける職員（同法第二条第一項第一号に規定する職員をいう。以下この項において同じ。）が交流派遣職員となったときは、同法の短期給付に関する規定の適用については、そのなった日の前日に退職（同法第二条第一項第四号に規定する退職をいう。）をしたものとみなし、交流派遣職員が同法の短期給付に関する規定の適用を受ける職員となったときは、同法の短期給付に関する規定の適用については、そのなった日に職員となったものとみなす。

2　交流派遣職員に対する国家公務員共済組合法の退職等年金給付に関する規定の適用については、派遣先企業の業務を公務とみなす。

3　交流派遣職員は、国家公務員共済組合法第九十八条第一項各号に掲げる福祉事業を利用することができない。

4　交流派遣職員に関する国家公務員共済組合法の規定の適用については、同法第二条第一項第五号及び第六号中「とし、その他の職員については、これらに準ずる給与として政令で定めるもの」とあるのは「に相当するものとして、次条第一項に規定する組合の運営規則で定めるもの」と、同法第九十九条第二項中「次の各号」とあるのは「第三号」と、「当該各号」とあるのは「同号」と、「及び国の負担金」とあるのは「及び国と民間企業との間の人事交流に関する法律（平成十一年法律第二百二十四号）第七条第三項に規定する派遣先企業（以下「派遣先企業」という。）の負担金」と、同項第三号中「国の負担金」とあるのは「派遣先企業の負担金」と、同法第百二条第一項中「各省各庁の長（環境大臣を含む。）、行政執行法人又は職員団体」とあり、及び「国、行政執行法人又は職員団体」とあるのは「派遣先企業及び国」と、「第九十九条第二項（同条第六項から第八項までの規定により読み替えて適用する場合を含む。）及び第五項（同条第七項及び第八項の規定により読み替えて適用する場合を含む。）」とあるのは「第九十九条第二項及び第五項」と、同条第四項中「第九十九条第二項第三号」とあるのは「第九十九条第二項第三号及び第四号」とあるのは「第九十九条第二項第三号」と、「並びに同条第五項（同条第七項及び第八項の規定により読み替えて適用する場合を含む。以下この項において同じ。）」とあるのは「及び同条第五項」と、「（同条第五項」とあるのは「（同項」と、「国、行政執行法人又は職員団体」とあるのは「派遣先企業及び国」とする。

（交流派遣職員に関する子ども・子育て支援法の特例）

第十五条　交流派遣職員に関する子ども・子育て支援法（平成二十四年法律第六十五号）の規定の適用については、派遣先企業を同法第六十九条第一項第四号に規定する団体とみなす。

（交流派遣職員に関する地方公務員等共済組合法の適用関係等についての政令への委任）

第十五条の二　前二条に定めるもののほか、交流派遣職員に関する国家公務員共済組合法、地方公務員等共済組合法（昭和三十七年法律第百五十二号）、子ども・子育て支援法その他これらに類する法律の適用関係の調整を要する場合におけるその適用関係その他必要な事項は、政令で定める。

（職務に復帰した職員に関する一般職の職員の給与に関する法律の特例）

第十六条　交流派遣後職務に復帰した職員に関する一般職の職員の給与に関する法律（昭和二十五年法律第九十五号）第二十三条第一項及び附則第六項の規定の適用については、派遣先企業において就いていた業務（当該業務に係る労働者災害補償保険法（昭和二十二年法律第五十号）第七条第二項に規定する通勤（当該業務に係る就業の場所を国家公務員災害補償法（昭和二十六年法律第百九十一号）第一条の二第一項第一号及び第二号に規定する勤務場所とみなした場合に同条に規定する通勤に該当するものに限る。次条第一項において同じ。）を含む。）を公務とみなす。

（交流採用）

第十九条　任命権者は、第六条第二項の規定により提示された名簿に記載のある民間企業に雇用されていた者又は現に雇用されている者について交流採用をすることができる。

2　任命権者は、前項の規定による交流採用をしようとするときは、あらかじめ、人事院規則の定めるところにより、その実施に関する計画を記載した書類を提出して、当該計画がこの法律の規定及び交流基準に適合するものであることについて、人事院の認定を受けなければならない。

3　任命権者は、第一項の規定により交流採用をするときは、同項の民間企業との間において、第二条第四項第一号に係る交流採用にあっては当該交流採用に係る任期が満了した場合における当該民間企業による再雇用に関する取決めを、同項第二号に係る交流採用にあっては当該交流採用に係る任期中における雇用及び任期が満了した場合における雇用に関する取決めを締結しておかなければならない。

4　第二条第四項第二号に係る交流採用についての前項の取決めにおいては、任期中における雇用に基づき賃金（労働基準法（昭和二十二年法律第四十九号）第十一条に規定する賃金をいう。以下この項において同じ。）の支払その他の給付（賃金の支払以外のものであって、人事院規則で定めるものを除く。）を行うことをその内容として定めてはならない。

5　交流採用に係る任期は、三年を超えない範囲内で任命権者が定める。ただし、任命権者がその所掌事務の遂行上特に必要があると認める場合には、人事院の承認を得て、交流採用をした日から引き続き五年を超えない範囲内において、これを更新することができる。

6　任命権者は、交流採用をする場合には、当該交流採用をされる者にその任期を明示しなければならない。これを更新する場合も、同様とする。

（官職の制限）

第二十条　任命権者は、前条第一項の規定により交流採用をされた職員（以下「交流採用職員」という。）を同項の民間企業（以下「交流元企業」という。）に対する処分等に関する事務をその職務とする官職その他の交流元企業と密接な関係にあるものとして人事院規則で定める官職に就けてはならない。

（交流採用職員の服務等）

第二十一条　交流採用職員は、その任期中、第二条第四項第二号に掲げる者である交流採用職員（以下「雇用継続交流採用職員」という。）が第十九条第三項の取決めに定められた内容に従って交流元企業の地位に就く場合を除き、交流元企業の地位に就いてはならない。

2　交流採用職員は、その任期中、いかなる場合においても、交流元企業の事業又は事務に従事してはならない。

3　第十二条第五項の規定は、交流採用職員について準用する。

（雇用継続交流採用職員に関する雇用保険法の特例）

第二十二条　雇用継続交流採用職員に関する雇用保険法（昭和四十九年法律第百十六号）第二十二条の規定の適用については、同条第三項中「とする。ただし、当該期間に」とあるのは、「とし、当該雇用された期間又は当該被保険者であつた期間に国と民間企業との間の人事交流に関する法律（平成十一年法律第二百二十四号）第二十一条第一項に規定する雇用継続交流採用職員（以下この項において「雇用継続交流採用職員」という。）であつた期間があるときは、雇用継続交流採用職員であつた期間を除いて算定した期間とする。ただし、これらの期間に」とする。

（人事交流の制度の運用状況の報告）

第二十三条　任命権者は、毎年、人事院に対し、人事交流の制度の運用状況を報告しなければならない。

2　人事院は、毎年、国会及び内閣に対し、次に掲げる事項を報告しなければならない。

一　前年に交流派遣職員であった者が同年に占めていた派遣先企業における地位及び当該交流派遣職員がその交流派遣に係る第七条第二項の規定による書類の提出の時に占めていた官職

二　三年前の年の一月一日から前年の十二月三十一日までの間に交流派遣後職務に復帰した職員が前年（三年前の年に交流派遣後職務に復帰した場合にあっては、その復帰の日から起算して二年を経過する日までに限る。）に占めていた官職及び当該職員が当該復帰の日の直前に派遣先企業において占めていた地位

三　前年に交流採用職員であった者が同年に占めていた官職及び当該交流採用職員がその交流採用をされた日の直前に交流元企業において占めていた地位（第二条第四項第二号に係る交流採用にあっては、当該職員が交流元企業において占めている地位を含む。）

四　前三号に掲げるもののほか、人事交流の制度の運用状況の透明化を図るために必要な事項

（防衛省の職員への準用等）

第二十四条　この法律（第二条第一項及び第五項、第三条第一号及び第二号、第四条、第五条第二項及び第三項並びに第十条第二項を除く。）の規定は、国家公務員法第二条第三項第十六号に掲げる防衛省の職員の人事交流について準用する。この場合において、これらの規定中「人事院規則」とあるのは「政令」と、第二条第二項第五号、第三条、第六条第二項、第八条第二項、第十九条第五項及び前条第一項中「人事院」とあるのは「防衛大臣」と、第二条第三項中「職員、」とあるのは「職員、防衛省設置法（昭和二十九年法律第百六十四号）第十五条第一項又は第十六条第一項（第三号を除く。）の教育訓練を受けている者（以下「学生」という。）、自衛隊法（昭和二十九年法律第百六十五号）第二十五条第五項の教育訓練を受けている者（以下「生徒」という。）、」と、同条第四項中「占める職員」とあるのは「占める職員（自衛官、自衛官候補生、学生及び生徒を除く。）」と、第三条第三号中「任命権者」とあるのは「任命権者（自衛隊法第三十一条第一項の規定により同法第二条第五項に規定する隊員の任免について権限を有する者をいう。以下同じ。）」と、第六条第一項中「人事院は」とあるのは「防衛大臣は」と、第七条第二項中「人事院の」とあるのは「防衛大臣の」と、第十二条第四項中「国家公務員法第百四条」とあるのは「自衛隊法第六十三条」と、同条第五項中「国家公務員法第八十二条」とあるのは「自衛隊法第四十六条」と、「同条第一項第一号」とあるのは「同条第一項第三号」と、「国家公務員倫理法」とあるのは「自衛隊員倫理法（平成十一年法律第百三十号）」と、第十四条第四項中「とし、その他の職員については、これらに準ずる給与として」とあるのは「として」と、「に相当するもの」とあるのは「として政令で定めるものに相当するもの」と、第十六条中「一般職の職員の給与に関する法律（昭和二十五年法律第九十五号）第二十三条第一項及び附則第六項」とあるのは「防衛省の職員の給与等に関する法律（昭和二十七年法律第二百六十六号）第二十三条第一項」と、「国家公務員災害補償法」とあるのは「防衛省の職員の給与等に関する法律第二十七条第一項において準用する国家公務員災害補償法」と、第十八条第一項中「級」とあるのは「級又は階級」と、第十九条第二項中「人事院の」とあるのは「防衛大臣の」と、第二十二条中「）第二十一条第一項」とあるのは「）第二十四条第一項において準用する同法第二十一条第一項」と、前条第二項中「人事院は、毎年、国会」とあるのは「内閣は、毎年、国会及び内閣」と読み替えるものとする。

2　防衛大臣は、前項において準用する第七条第二項及び第十九条第二項の認定並びに前項において準用する第八条第二項及び第十九条第五項の承認を行う場合には、審議会等（国家行政組織法（昭和二十三年法律第百二十号）第八条に規定する機関をいう。）で政令で定めるものに付議し、その議決に基づいて行わなければならない。

3　自衛隊法（昭和二十九年法律第百六十五号）第六十条の規定は、第一項において準用する第七条第一項の規定により交流派遣をされた防衛省の職員には適用しない。

4　第一項において準用する第七条第一項の規定により交流派遣をされた自衛官（次項において「交流派遣自衛官」という。）に関する自衛隊法第九十八条第四項及び第九十九条第一項の規定の適用については、派遣先企業の業務を公務とみなす。

5　防衛省の職員の給与等に関する法律（昭和二十七年法律第二百六十六号）第二十二条の規定は、交流派遣自衛官には適用しない。

○法科大学院への裁判官及び検察官その他の一般職の国家公務員の派遣に関する法律

平一五・五・九
法四〇

最終改正　平二九・一二・一五　法七七

（目的）

第一条　この法律は、法科大学院における教育が、司法修習生の修習との有機的連携の下に法曹としての実務に関する教育の一部を担うものであり、かつ、法曹の養成に関係する機関の密接な連携及び相互の協力の下に将来の法曹としての実務に必要な法律に関する理論的かつ実践的な能力（各種の専門的な法分野における高度の能力を含む。）を備えた多数の法曹の養成を実現すべきものであることにかんがみ、法科大学院の教育と司法試験等との連携等に関する法律（平成十四年法律第百三十九号）第三条の規定の趣旨にのっとり、国の責務として、裁判官及び検察官その他の一般職の国家公務員が法科大学院において教授、准教授その他の教員としての業務を行うための派遣に関し必要な事項について定めることにより、法科大学院における法曹としての実務に関する教育の実効性の確保を図り、もって同条第一項に規定する法曹養成の基本理念に則した法科大学院における教育の充実に資することを目的とする。

（定義）

第二条　この法律において「法科大学院」とは、学校教育法（昭和二十二年法律第二十六号）第九十九条第二項に規定する専門職大学院であって、法曹に必要な学識及び能力を培うことを目的とするものをいう。

2　この法律において「検察官等」とは、検察官その他の国家公務員法（昭和二十二年法律第百二十号）第二条に規定する一般職に属する職員（法律により任期を定めて任用される職員、常時勤務を要しない官職を占める職員、独立行政法人通則法（平成十一年法律第百三号）第二条第四項に規定する行政執行法人の職員その他人事院規則で定める職員を除く。）をいう。

3　この法律において「任命権者」とは、国家公務員法第五十五条第一項に規定する任命権者及び法律で別に定められた任命権者並びにその委任を受けた者をいう。

（法科大学院設置者による派遣の要請）

第三条　法科大学院設置者（法科大学院を置き若しくは置こうとする大学の設置者又は法科大学院を置く大学を設置しようとする者をいう。以下同じ。）は、当該法科大学院において将来の法曹としての実務に必要な法律に関する理論的かつ実践的な能力（各種の専門的な法分野における高度の能力を含む。）を涵《かん》養するための教育を実効的に行うため、裁判官又は検察官等を教授、准教授その他の教員（以下「教授等」という。）として必要とするときは、その必要とする事由を明らかにして、裁判官については最高裁判所に対し、検察官等については任命権者に対し、その派遣を要請することができる。

2　前項の要請の手続は、最高裁判所に対するものについては最高裁判所規則で、任命権者に対するものについては人事院規則で定める。

（職務とともに教授等の業務を行うための派遣）

第四条　最高裁判所は、前条第一項の要請があった場合において、その要請に係る派遣の必要性、派遣に伴う事務の支障その他の事情を勘案して、相当と認めるときは、これに応じ、裁判官の同意を得て、当該法科大学院設置者との間の取決めに基づき、期間を定めて、当該裁判官が職務とともに当該法科大学院において教授等の業務を行うものとすることができる。

2　最高裁判所は、前項の同意を得るに当たっては、あらかじめ、当該裁判官に同項の取決めの内容を明示しなければならない。

3　任命権者は、前条第一項の要請があった場合において、その要請に係る派遣の必要性、派遣に伴う事務の支障その他の事情を勘案して、相当と認めるときは、これに応じ、検察官等の同意（検察官については、検察庁法（昭和二十二年法律第六十一号）第二十五条の俸給の減額に係る同意を含む。以下同じ。）を得て、当該法科大学院設置者との間の取決めに基づき、期間を定めて、職務とともに当該法科大学院における教授等の業務を行うものとして当該検察官等を当該法科大学院を置く大学に派遣することができる。

4　任命権者は、前項の同意を得るに当たっては、あらかじめ、当該検察官等に同項の取決めの内容及び当該派遣の期間中における給与の支給に関する事項を明示しなければならない。

5　第一項又は第三項の取決めにおいては、当該法科大学院における勤務時間その他の勤務条件（検察官等については、教授等の業務に係る報酬等（報酬、賃金、給料、俸給、手当、賞与その他いかなる名称であるかを問わず、教授等の業務の対償として受けるすべてのものをいう。以下同じ。）を含む。）及び教授等の業務の内容、派遣の期間、派遣の終了に関する事項その他第一項又は第三項の規定による派遣の実施に当たって合意しておくべきものとして裁判官については最高裁判所規則で、検察官等については人事院規則で定める事項を定めるものとする。

6　最高裁判所又は任命権者は、第一項又は第三項の取決めの内容を変更しようとするときは、当該裁判官又は検察官等の同意を得なければならない。この場合においては、第二項又は第四項の規定を準用する。

7　第一項又は第三項の規定による派遣の期間は、三年を超えることができない。ただし、当該法科大学院設置者からその期間の延長を希望する旨の申出があり、かつ、特に必要があると認めるときは、最高裁判所又は任命権者は、当該裁判官又は検察官等の同意を得て、当該派遣の日から引き続き五年を超えない範囲内で、これを延長することができる。

8　第一項又は第三項の規定により法科大学院において教授等の業務を行う裁判官又は検察官等は、その派遣の期間中、その同意に係る第一項又は第三項の取決めに定められた内容に従って、当該法科大学院において教授等の業務を行うものとする。

9　第三項の規定により派遣された検察官等は、その正規の勤務時間（一般職の職員の勤務時間、休暇等に関する法律（平成六年法律第三十三号）第十三条第一項に規定する正規の勤務時間をいう。第七条第二項において同じ。）のうち当該法科大学院において教授等の業務を行うため必要であると任命権者が認める時間においては、勤務しない。

10　第三項の規定による検察官等の教授等の業務への従事については、国家公務員法第百四条の規定は、適用しない。

（派遣の終了）

第五条　前条第一項又は第三項の規定による派遣の期間が満了したときは、当該教授等の業務は終了するものとする。

2　最高裁判所は、前条第一項の規定により法科大学院において教授等の業務を行う裁判官が当該法科大学院における教授等の地位を失った場合その他の最高裁判所規則で定める場合であって、その教授等の業務を継続することができないか又は適当でないと認めるときは、速やかに、当該裁判官が当該教授等の業務を行うことを終了するものとしなければならない。

3　任命権者は、前条第三項の規定により派遣された検察官等が当該法科大学院における教授等の地位を失った場合その他の人事院規則で定める場合であって、その教授等の業務を継続することができないか又は適当でないと認めるときは、速やかに、当該検察官等の派遣を終了させなければならない。

（派遣期間中の裁判官の報酬及び国庫納付金の納付）

第六条　第四条第一項の規定により法科大学院において教授等の業務を行う裁判官は、その教授等の業務に係る報酬等の支払を受けないものとし、教授等の業務を行ったことを理由として、裁判官として受ける報酬その他の給与について減額をされないものとする。

2　第四条第一項の規定により裁判官が法科大学院において教授等の業務を行った場合においては、当該法科大学院設置者は、その教授等の業務の対償に相当するものとして政令で定める金額を、国庫に納付しなければならない。

3　前項の規定による納付金の納付の手続については、政令で定める。

（派遣期間中の検察官等の給与等）

第七条　任命権者は、法科大学院設置者との間で第四条第三項の取決めをするに当たっては、同項の規定により派遣される検察官等が当該法科大学院設置者から受ける教授等の業務に係る報酬等について、当該検察官等が従事している職務及び当該法科大学院において行う教授等の業務の内容に応じた相当の額が確保されるよう努めなければならない。

2　第四条第三項の規定により派遣された検察官等がその正規の勤務時間において当該法科大学院において教授等の業務を行うため勤務しない場合には、一般職の職員の給与に関する法律（昭和二十五年法律第九十五号）第十五条の規定にかかわらず、その勤務しない一時間につき、同法第十九条に規定する勤務一時間当たりの給与額を減額して支給する。ただし、当該法科大学院において第三条第一項に規定する教育が実効的に行われることを確保するため特に必要があると認められるときは、当該検察官等には、その派遣の期間中、当該法科大学院設置者から受ける教授等の業務に係る報酬等の額に照らして必要と認められる範囲内で、その給与の減額分の百分の五十以内を支給することができる。

3　前項ただし書の規定による給与の支給に関し必要な事項は、人事院規則（第四条第三項の規定により派遣された検察官等が検察官の俸給等に関する法律（昭和二十三年法律第七十六号）の適用を受ける者である場合にあっては、同法第三条第一項に規定する準則）で定める。

（国家公務員共済組合法の特例）

第八条　第四条第一項又は第三項の規定により法科大学院において教授等の業務を行う裁判官又は検察官等に関する国家公務員共済組合法（昭和三十三年法律第百二十八号。以下この条及び第十四条において「国共済法」という。）の規定の適用については、当該法科大学院における教授等の業務を公務とみなす。

2　第四条第三項の規定により派遣された検察官等に関する国共済法の規定の適用については、国共済法第二条第一項第五号及び第六号中「とし、その他の職員」とあるのは「並びにこれらに相当するものとして次条第一項に規定する組合の運営規則で定めるものとし、その他の職員」と、国共済法第九十九条第二項中「及び国の負担金」とあるのは「、法科大学院への裁判官及び検察官その他の一般職の国家公務員の派遣に関する法律（平成十五年法律第四十号）第三条第一項に規定する法科大学院設置者（以下「法科大学院設置者」という。）の負担金及び国の負担金」と、同項各号中「国の負担金」とあるのは「法科大学院設置者の負担金及び国の負担金」と、国共済法第百二条第一項中「各省各庁の長（環境大臣を含む。）、行政執行法人又は職員団体」とあり、及び「国、行政執行法人又は職員団体」とあるのは「法科大学院設置者及び国」と、「第九十九条第二項（同条第六項から第八項までの規定により読み替えて適用する場合を含む。）」及び第五項（同条第七項及び第八項の規定により読み替えて適用する場合を含む。）」とあるのは「第九十九条第二項及び第五項」と、同条第四項中「同条第五項（同条第七項及び第八項の規定により読み替えて適用する場合を含む。以下この項において同じ。）」とあるのは「同条第五項」と、「（同条第五項」とあるのは「（同項」と、「国、行政執行法人又は職員団体」とあるのは「法科大学院設置者及び国」とする。

3　前項の場合において法科大学院設置者及び国が同項の規定により読み替えられた国共済法第九十九条第二項の規定により負担すべき金額その他必要な事項は、政令で定める。

（一般職の職員の給与に関する法律の特例）

第九条　第四条第三項の規定による派遣の期間中又はその期間の満了後における当該検察官等に関する一般職の職員の給与に関する法律第二十三条第一項及び附則第六項の規定の適用については、当該法科大学院における教授等の業務（当該教授等の業務に係る労働者災害補償保険法（昭和二十二年法律第五十号）第七条第二項に規定する通勤（当該教授等の業務に係る就業の場所を国家公務員災害補償法（昭和二十六年法律第百九十一号）第一条の二第一項第一号及び第二号に規定する勤務場所とみなした場合に同条に規定する通勤に該当するものに限る。次条において同じ。）を含む。）を公務とみなす。

（国家公務員退職手当法の特例）

第十条　第四条第三項の規定による派遣の期間中又はその期間の満了後に当該検察官等が退職した場合における国家公務員退職手当法（昭和二十八年法律第百八十二号）の規定の適用については、当該法科大学院における教授等の業務に係る業務上の傷病又は死亡は同法第四条第二項、第五条第一項及び第六条の四第一項に規定する公務上の傷病又は死亡と、当該教授等の業務に係る労働者災害補償保険法第七条第二項に規定する通勤による傷病は国家公務員退職手当法第四条第二項、第五条第二項及び第六条の四第一項に規定する通勤による傷病とみなす。

（派遣期間中の給与等）

第十三条　任命権者は、法科大学院設置者との間で第十一条第一項の取決めをするに当たっては、同項の規定により派遣される検察官等が当該法科大学院設置者から受ける教授等の業務に係る報酬等について、当該検察官等がその派遣前に従事していた職務及び当該法科大学院において行う教授等の業務の内容に応じた相当の額が確保されるよう努めなければならない。

2　第十一条第一項の規定により派遣された検察官等には、その派遣の期間中、給与を支給しない。ただし、当該法科大学院において第三条第一項に規定する教育が実効的に行われることを確保するため特に必要があると認められるときは、当該検察官等には、その派遣の期間中、当該法科大学院設置者から受ける教授等の業務に係る報酬等の額に照らして必要と認められる範囲内で、俸給、扶養手当、地域手当、広域異動手当、研究員調整手当、住居手当及び期末手当のそれぞれ百分の五十以内を支給することができる。

3　前項ただし書の規定による給与の支給に関し必要な事項は、人事院規則（第十一条第一項の規定により派遣された検察官等が検察官の俸給等に関する法律の適用を受ける者である場合にあっては、同法第三条第一項に規定する準則）で定める。

（国家公務員共済組合法の特例）

第十三条の二　第八条の規定は、第十一条第一項の規定により法科大学院を置く国立大学（国立大学法人法（平成十五年法律第百十二号）第二条第二項に規定する国立大学をいう。）に派遣された検察官等について準用する。

第十四条　国共済法第三十九条第二項の規定及び国共済法の短期給付に関する規定（国共済法第六十八条の三の規定を除く。以下この項において同じ。）は、第十一条第一項の規定により法科大学院を置く私立大学（学校教育法第二条第二項に規定する私立学校である大学をいう。）に派遣された検察官等（以下「私立大学派遣検察官等」という。）には、適用しない。この場合において、国共済法の短期給付に関する規定の適用を受ける職員（国共済法第二条第一項第一号に規定する職員をいう。以下この項において同じ。）が私立大学派遣検察官等となったときは、国共済法の短期給付に関する規定の適用については、そのなった日の前日に退職（国共済法第二条第一項第四号に規定する退職をいう。）をしたものとみなし、私立大学派遣検察官等が国共済法の短期給付に関する規定の適用を受ける職員となったときは、国共済法の短期給付に関する規定の適用については、そのなった日に職員となったものとみなす。

2　私立大学派遣検察官等に関する国共済法の退職等年金給付に関する規定の適用については、当該法科大学院における教授等の業務を公務とみなす。

3　私立大学派遣検察官等は、国共済法第九十八条第一項各号に掲げる福祉事業を利用することができない。

4　私立大学派遣検察官等に関する国共済法の規定の適用については、国共済法第二条第一項第五号及び第六号中「とし、その他の職員」とあるのは「並びにこれらに相当するものとして次条第一項に規定する組合の運営規則で定めるものとし、その他の職員」と、国共済法第九十九条第二項中「次の各号」とあるのは「第三号」と、「当該各号」とあるのは「同号」と、「及び国の負担金」とあるのは「、法科大学院への裁判官及び検察官その他の一般職の国家公務員の派遣に関する法律（平成十五年法律第四十号）第三条第一項に規定する法科大学院設置者（以下「法科大学院設置者」という。）の負担金及び国の負担金」と、同項第三号中「国の負担金」とあるのは「法科大学院設置者の負担金及び国の負担金」と、国共済法第百二条第一項中「各省各庁の長（環境大臣を含む。）、行政執行法人又は職員団体」とあり、及び「国、行政執行法人又は職員団体」とあるのは「法科大学院設置者及び国」と、「第九十九条第二項（同条第六項から第八項までの規定により読み替えて適用する場合を含む。）及び第五項（同条第七項及び第八項の規定により読み替えて適用する場合を含む。）」とあるのは「第九十九条第二項及び第五項」と、同条第四項中「第九十九条第二項第三号及び第四号」とあるのは「第九十九条第二項第三号」と、「並びに同条第五項（同条第七項及び第八項の規定により読み替えて適用する場合を含む。以下この項において同じ。）」とあるのは「及び同条第五項」と、「（同条第五項」とあるのは「（同項」と、「国、行政執行法人又は職員団体」とあるのは「法科大学院設置者及び国」とする。

5　前項の場合において法科大学院設置者及び国が同項の規定により読み替えられた国共済法第九十九条第二項及び厚生年金法（昭和二十九年法律第百十五号）第八十二条第一項の規定により負担すべき金額その他必要な事項は、政令で定める。

○判事補及び検事の弁護士職務経験に関する法律

平一六・六・一八
法一二一

最終改正　平二七・六・三　法三四

（目的）

第一条　この法律は、内外の社会経済情勢の変化に伴い、司法の果たすべき役割がより重要なものとなり、司法に対する多様かつ広範な国民の要請にこたえることのできる広くかつ高い識見を備えた裁判官及び検察官が求められていることにかんがみ、判事補及び検事（司法修習生の修習を終えた者であって、その最初に検事に任命された日から十年を経過していないものに限る。第七条第五項、第十一条第四項及び第十二条を除き、以下同じ。）について、その経験多様化（裁判官又は検察官としての能力及び資質の向上並びにその職務の充実に資する他の職務経験その他の多様な経験をすることをいう。次条第一項及び第四項において同じ。）のための方策の一環として、一定期間その官を離れ、弁護士となってその職務を経験するために必要な措置を講ずることにより、判事補及び検事が弁護士としての職務を経験することを通じて、裁判官及び検察官としての能力及び資質の一層の向上並びにその職務の一層の充実を図ることを目的とする。

（弁護士職務経験）

第二条　最高裁判所は、判事補が経験多様化の一環として一定期間弁護士となってその職務を経験することの必要性、これに伴う事務の支障その他の事情を勘案して、相当と認めるときは、当該判事補の同意（第三項に規定する事項に係る同意を含む。）を得て、第七項に規定する雇用契約を締結しようとする弁護士法人又は弁護士との間の取決めに基づき、期間を定めて、当該判事補が弁護士となってその職務を行うものとすることができる。

2　最高裁判所は、前項の同意を得るに当たっては、あらかじめ、当該判事補に同項の取決めの内容を明示しなければならない。

3　第一項の場合においては、最高裁判所は、当該判事補を裁判所事務官に任命するものとし、当該判事補は、その任命の時にその官を失うものとする。

4　法務大臣は、検事が経験多様化の一環として一定期間弁護士となってその職務を経験することの必要性、これに伴う事務の支障その他の事情を勘案して、相当と認めるときは、当該検事の同意（第六項に規定する事項に係る同意を含む。）を得て、第七項に規定する雇用契約を締結しようとする弁護士法人又は弁護士との間の取決めに基づき、期間を定めて、当該検事に弁護士となってその職務を行わせることができる。

5　法務大臣は、前項の同意を得るに当たっては、あらかじめ、当該検事に同項の取決めの内容を明示しなければならない。

6　第四項の場合においては、法務大臣は、当該検事を法務省（検察庁を除く。以下同じ。）に属する官職に任命するものとし、当該検事は、その任命の時にその官を失うものとする。

7　第一項又は第四項の取決めにおいては、第三項又は前項の規定により裁判所事務官又は法務省に属する官職に任命されて第一項又は第四項の規定により弁護士となってその職務を行う者（以下「弁護士職務従事職員」という。）と弁護士職務従事職員を雇用する弁護士法人又は弁護士（以下「受入先弁護士法人等」という。）との間の雇用契約（第四条第二項ただし書に規定する承認に係る事項の定めを含む。）の締結、当該受入先弁護士法人等における勤務条件、第一項又は第四項の規定により弁護士となってその職務を行う期間（以下「弁護士職務従事期間」という。）、これらの規定により弁護士となってその職務を経験すること（以下「弁護士職務経験」という。）の終了に関する事項その他これらの規定により弁護士となってその職務を行うものとし又は行わせるに当たって合意しておくべきものとして判事補については最高裁判所規則で、検事については法務省令で定める事項を定めるものとする。

8　最高裁判所又は法務大臣は、第一項又は第四項の取決めの内容を変更しようとするときは、当該判事補若しくは検事又は当該弁護士職務従事職員の同意を得なければならない。この場合においては、第二項又は第五項の規定を準用する。

（弁護士職務従事期間）

第三条　弁護士職務従事期間は、二年を超えることができない。ただし、特に必要があると認めるときは、最高裁判所又は法務大臣は、当該弁護士職務従事職員及び当該受入先弁護士法人等の同意を得て、当該弁護士職務経験を開始した日から引き続き三年を超えない範囲内で、これを延長することができる。

（弁護士の業務への従事）

第四条　弁護士職務従事職員は、第二条第一項又は第四項の取決めに定められた内容に従って、受入先弁護士法人等との間で雇用契約（次項ただし書に規定する承認に係る事項の定めを含む。）を締結し、弁護士法（昭和二十四年法律第二百五号）の定めるところにより弁護士登録（同法第八条に規定する登録をいう。第七条第四項及び第五項において同じ。）を受け、その弁護士職務従事期間中、当該雇用契約に基づいて弁護士の業務に従事するものとする。

2　弁護士職務従事職員は、前項の規定により従事する弁護士の業務のうち当事者その他関係人から依頼を受けて行う事務については、当該受入先弁護士法人等が弁護士法人である場合にあっては当該弁護士法人が当事者その他関係人から委託を受けた事務を行い、当該受入先弁護士法人等が弁護士である場合にあっては当該弁護士と共同して当事者その他関係人から依頼を受けてその事務を行うものとする。ただし、当該受入先弁護士法人等が個別に承認した事務については、前項の雇用契約に基づいて、単独で当事者その他関係人から依頼を受けてその事務を行うことができる。

（弁護士職務従事職員の職務及び給与）

第五条　弁護士職務従事職員は、その弁護士職務従事期間中、裁判所事務官又は法務省職員（法務省に属する官職を占める者をいう。以下同じ。）としての身分を保有するが、その職務に従事しない。

2　弁護士職務従事職員には、その弁護士職務従事期間中、給与を支給しない。

3　一般職の職員の給与に関する法律（昭和二十五年法律第九十五号。裁判所職員臨時措置法（昭和二十六年法律第二百九十九号）において準用する場合を含む。第十条において同じ。）の規定は、弁護士職務従事職員には、その弁護士職務従事期間中、適用しない。

（弁護士職務従事職員の服務等）

第六条　弁護士職務従事職員は、第四条の規定により弁護士の業務を行うに当たっては、裁判所事務官若しくは法務省職員たる地位を利用し、又はその弁護士職務経験の前において判事補若しくは検事であったことによる影響力を利用してはならない。

2　弁護士職務従事職員の第四条の規定による弁護士の業務への従事に関しては、国家公務員法（昭和二十二年法律第百二十号）第百四条（裁判所職員臨時措置法において準用する場合を含む。）の規定は、適用しない。

3　最高裁判所又は法務大臣は、必要があると認めるときは、当該弁護士職務従事職員に対し、当該受入先弁護士法人等における勤務条件及び第四条の規定による弁護士の業務への従事の状況（弁護士法第二十三条に規定する職務上知り得た秘密に該当する事項を除く。）について、報告を求めることができる。

4　弁護士職務従事職員に関する国家公務員倫理法（平成十一年法律第百二十九号。裁判所職員臨時措置法において準用する場合を含む。以下この項において同じ。）の規定の適用については、当該弁護士職務従事職員（第二条第三項又は第六項の規定により裁判所事務官又は法務省に属する官職に任命された日の前日において裁判官の報酬等に関する法律（昭和二十三年法律第七十五号）別表判事補の項八号の報酬月額以上の報酬又は検察官の俸給等に関する法律（昭和二十三年法律第七十六号）別表検事の項十六号の俸給月額以上の俸給を受けていた者に限る。）は、国家公務員倫理法第二条第二項に規定する本省課長補佐級以上の職員とみなす。

5　弁護士職務従事職員に関する国家公務員法第八十二条（裁判所職員臨時措置法において準用する場合を含む。以下この項において同じ。）の規定の適用については、同条第一項第一号中「若しくは国家公務員倫理法」とあるのは、「、国家公務員倫理法（判事補及び検事の弁護士職務経験に関する法律（平成十六年法律第百二十一号）第六条第四項の規定によりみなして適用される場合を含む。）若しくは判事補及び検事の弁護士職務経験に関する法律」とする。

（弁護士職務経験の終了等）

第七条　弁護士職務従事期間が満了したときは、当該弁護士職務経験は終了するものとする。

2　最高裁判所は、裁判所事務官である弁護士職務従事職員が当該受入先弁護士法人等との間の第四条第一項の雇用契約上の地位を失った場合その他の最高裁判所規則で定める場合であって、その弁護士職務経験を継続することができないか又は適当でないと認めるときは、速やかに、当該弁護士職務経験を終了するものとしなければならない。

3　法務大臣は、法務省職員である弁護士職務従事職員が当該受入先弁護士法人等との間の第四条第一項の雇用契約上の地位を失った場合その他の法務省令で定める場合であって、その弁護士職務経験を継続することができないか又は適当でないと認めるときは、速やかに、当該弁護士職務経験を終了するものとしなければならない。

4　第一項又は第二項の規定により裁判所事務官である弁護士職務従事職員の弁護士職務経験が終了するときは、当該弁護士職務従事職員は、弁護士法の定めるところによりその弁護士登録の取消しを受けるものとし、最高裁判所は、当該弁護士職務従事職員について判事補又は判事への任命に関し必要な手続をとらなければならない。ただし、その任命を不相当と認めるべき事由があるときは、この限りでない。

5　第一項又は第三項の規定により法務省職員である弁護士職務従事職員の弁護士職務経験が終了するときは、当該弁護士職務従事職員は、弁護士法の定めるところによりその弁護士登録の取消しを受けるものとし、法務大臣は、当該弁護士職務従事職員について検事への任命に関し必要な措置をとらなければならない。この場合においては、前項ただし書の規定を準用する。

（国家公務員共済組合法の特例）

第八条　国家公務員共済組合法（昭和三十三年法律第百二十八号）第三十九条第二項の規定及び同法の短期給付に関する規定（同法第六十八条の三の規定を除く。以下この項において同じ。）は、弁護士職務従事職員には、適用しない。この場合において、同法の短期給付に関する規定の適用を受ける職員（同法第二条第一項第一号に規定する職員をいう。以下この項において同じ。）が弁護士職務従事職員となったときは、同法の短期給付に関する規定の適用については、そのなった日の前日に退職（同法第二条第一項第四号に規定する退職をいう。）をしたものとみなし、弁護士職務従事職員が同法の短期給付に関する規定の適用を受ける職員となったときは、同法の短期給付に関する規定の適用については、そのなった日に職員となったものとみなす。

2　弁護士職務従事職員に関する国家公務員共済組合法の退職等年金給付に関する規定の適用については、第四条第一項に規定する弁護士の業務を公務とみなす。

3　弁護士職務従事職員は、国家公務員共済組合法第九十八条第一項各号に掲げる福祉事業を利用することができない。

4　弁護士職務従事職員に関する国家公務員共済組合法の規定の適用については、同法第二条第一項第五号及び第六号中「準ずる給与として政令で定めるもの」とあるのは「相当するものとして次条第一項に規定する組合の運営規則で定めるもの」と、同法第九十九条第二項中「次の各号」とあるのは「第三号」と、「当該各号」とあるのは「同号」と、「及び国の負担金」とあるのは「及び判事補及び検事の弁護士職務経験に関する法律（平成十六年法律第百二十一号）第二条第七項に規定する受入先弁護士法人等（以下「受入先弁護士法人等」という。）の負担金」と、同項第三号中「国の負担金」とあるのは「受入先弁護士法人等の負担金」と、同法第百二条第一項中「各省各庁の長（環境大臣を含む。）、行政執行法人又は職員団体」とあり、及び「国、行政執行法人及び国」とあるのは「受入先弁護士法人等及び国」と、「第九十九条第二項（同条第六項から第八項までの規定により読み替えて適用する場合を含む。）及び第五項（同条第七項及び第八項の規定により読み替えて適用する場合を含む。）」とあるのは「第九十九条第二項第二項及び第五項」と、同条第四項中「第九十九条第二項第三号及び第四号」とあるのは「第九十九条第二項第三号」と、「並びに同条第五項（同条第七項及び第八項の規定により読み替えて適用する場合を含む。以下この項において同じ。）」とあるのは「及び同条第五項」と、「（同条第五項」とあるのは「（同項」と、「国、行政執行法人又は職員団体」とあるのは「受入先弁護士法人等及び国」とする。

（子ども・子育て支援法の特例）

第九条　弁護士職務従事職員に関する子ども・子育て支援法（平成二十四年法律第六十五号）の規定の適用については、受入先弁護士法人等を同法第六十九条第一項第四号に規定する団体とみなす。

（一般職の職員の給与に関する法律の特例）

第十条　弁護士職務従事職員であった者に関する一般職の職員の給与に関する法律第二十三条第一項及び附則第六項の規定の適用については、第四条第一項に規定する弁護士の業務（当該弁護士の業務に係る労働者災害補償保険法（昭和二十二年法律第五十号）第七条第二項に規定する通勤（当該弁護士の業務に係る就業の場所を国家公務員災害補償法（昭和二十六年法律第百九十一号）第一条の二第一項第一号及び第二号に規定する勤務場所とみなした場合に同条に規定する通勤に該当するものに限る。次条第一項において同じ。）を含む。）を公務とみなす。

２　弁護士職務従事職員であった者に関する一般職の職員の給与に関する法律第十一条の七第三項、第十一条の八第三項、第十二条第四項、第十二条の二第三項及び第十四条第二項の規定の適用については、弁護士職務従事職員は、同法第十一条の七第三項に規定する行政執行法人職員等とみなす。

（国家公務員退職手当法の特例）

第十一条　弁護士職務従事職員又は弁護士職務従事職員であった者が退職した場合における国家公務員退職手当法（昭和二十八年法律第百八十二号）の規定の適用については、第四条第一項に規定する弁護士の業務に係る業務上の傷病又は死亡は同法第四条第二項、第五条第一項及び第六条の四第一項に規定する公務上の傷病又は死亡と、当該弁護士の業務に係る労働者災害補償保険法第七条第二項に規定する通勤による傷病は国家公務員退職手当法第四条第二項、第五条第二項及び第六条の四第一項に規定する通勤による傷病とみなす。

２　弁護士職務従事職員又は弁護士職務従事職員であった者に関する国家公務員退職手当法第六条の四第一項及び第七条第四項の規定の適用については、弁護士職務従事期間は、同法第六条の四第一項に規定する現実に職務をとることを要しない期間には該当しないものとみなす。

３　前項の規定は、弁護士職務従事職員又は弁護士職務従事職員であった者が当該受入先弁護士法人等から所得税法（昭和四十年法律第三十三号）第三十条第一項に規定する退職手当等（同法第三十一条の規定により退職手当等とみなされるものを含む。）の支払を受けた場合には、適用しない。

４　弁護士職務従事職員がその弁護士職務従事期間中に退職した場合に支給する国家公務員退職手当法の規定による退職手当の算定の基礎となる俸給若しくは扶養手当又はこれらに対する地域手当若しくは広域異動手当（以下この項において「俸給等」という。）の月額については、当該弁護士職務従事職員が第二条第三項又は第六項の規定により裁判所事務官又は法務省に属する官職に任命された日の前日において受けていた俸給等の月額をもって、当該弁護士職務従事職員の俸給等の月額とする。ただし、必要があると認められるときは、他の判事補若しくは判事又は検事との均衡を考慮し、必要な措置を講ずることができる。

５　弁護士職務従事職員又は弁護士職務従事職員であった者が退職した場合における国家公務員退職手当法第六条の四の規定の適用については、これらの者は、その弁護士職務従事期間中、第二条第三項又は第六項の規定により裁判所事務官又は法務省に属する官職に任命された日の前日において従事していた職務に従事していたものとみなす。

（判事補等又は検事への復帰時における処遇）

第十二条　裁判所事務官である弁護士職務従事職員がその弁護士職務経験の終了後に判事補又は判事に任命された場合及び法務省職員である弁護士職務従事職員がその弁護士職務経験の終了後に検事に任命された場合における処遇については、他の判事補若しくは判事又は検事との均衡上必要と認められる範囲内において、適切な配慮が加えられなければならない。

（最高裁判所及び法務大臣の責務）

第十三条　最高裁判所及び法務大臣は、この法律の運用に当たっては、裁判官、検察官及び弁護士のそれぞれの職務の性質に配慮しつつ、その適正な運用の確保に努めなければならない。

（最高裁判所規則及び法務省令への委任）

第十四条　この法律に定めるもののほか、判事補に係るこの法律の実施に関し必要な事項は、最高裁判所規則で定める。

２　この法律に定めるもののほか、検事に係るこの法律の実施に関し必要な事項は、法務省令で定める。

３　法務大臣は、第二条第七項又は第七条第三項の法務省令を制定し、又は改廃しようとするときは、人事院の意見を聴かなければならない。前項の法務省令であって人事院の所掌に係る事項を定めるものを制定し、又は改廃しようとするときも、同様とする。

○社会保険診療報酬支払基金法（抄）

昭二三・七・一〇
法一二九
最終改正　平二九・六・二　法五二

（基金の目的）

第一条　社会保険診療報酬支払基金（以下「基金」という。）は、全国健康保険協会若しくは健康保険組合、市町村若しくは国民健康保険組合、後期高齢者医療広域連合、法律で組織された共済組合又は日本私立学校振興・共済事業団（以下「保険者」という。）が、医療保険各法等（高齢者の医療の確保に関する法律（昭和五十七年法律第八十号）第七条第一項に規定する医療保険各法又は高齢者の医療の確保に関する法律をいう。以下同じ。）の規定に基づいて行う療養の給付及びこれに相当する給付の費用について、療養の給付及びこれに相当する給付に係る医療を担当する者（以下「診療担当者」という。）に対して支払うべき費用（以下「診療報酬」という。）の迅速適正な支払を行い、併せて診療担当者から提出された診療報酬請求書の審査を行うほか、保険者の委託を受けて、保険者が医療保険各法等の規定により行う事務を行うことを目的とする。

（法人格）

第二条　基金は、これを法人とする。

（事務所）

第三条　基金は、主たる事務所を東京都に、従たる事務所を各都道府県に置く。

2　基金は、前項に定めるものの外、必要の地に従たる事務所の出張所を置くことができる。

（業務）

第十五条　基金は、第一条の目的を達成するため、次の業務を行う。

一　各保険者から、毎月、その保険者が過去三箇月において最高額の費用を要した月の診療報酬の政令で定める月数分に相当する金額の委託を受けること。

二　診療担当者の提出する診療報酬請求書に対して、厚生労働大臣の定めるところにより算定したる金額を支払うこと。

三　診療担当者の提出する診療報酬請求書の審査（その審査について不服の申出があつた場合の再審査を含む。以下同じ。）を行うこと。

四　前二号に準じ、訪問看護療養費又は家族訪問看護療養費の支払及び審査を行うこと。

五　保険者から委託された医療保険各法等による保険給付の支給に関する事務（前各号に掲げるものを除く。）を行うこと。

六　保険者から委託された健康保険法（大正十一年法律第七十号）第二百五条の四第一項第二号、船員保険法（昭和十四年法律第七十三号）第百五十三条の十第一項第二号、私立学校教職員共済法（昭和二十八年法律第二百四十五号）第四十七条の三第一項第二号、国家公務員共済組合法（昭和三十三年法律第百二十八号）第百十四条の二第一項第二号、国民健康保険法（昭和三十三年法律第百九十二号）第百十三条の三第一項第一号、地方公務員等共済組合法（昭和三十七年法律第百五十二号）第百四十四条の三十三第一項第二号又は高齢者の医療の確保に関する法律第百六十五条の二第一項第一号に掲げる情報の収集又は整理に関する事務を行うこと。

七　保険者から委託された健康保険法第二百五条の四第一項第三号、船員保険法第百五十三条の十第一項第三号、私立学校教職員共済法第四十七条の三第一項第三号、国家公務員共済組合法第百十四条の二第一項第三号、国民健康保険法第百十三条の三第一項第二号、地方公務員等共済組合法第百四十四条の三十三第一項第三号又は高齢者の医療の確保に関する法律第百六十五条の二第一項第二号に掲げる情報の利用又は提供に関する事務を行うこと。

八　前各号の業務に附帯する業務

九　前各号に掲げるもののほか、第一条の目的を達成するために必要な業務

2　基金は、前項に定める業務のほか、生活保護法（昭和二十五年法律第百四十四号）第五十三条第三項、児童福祉法（昭和二十二年法律第百六十四号）第十九条の二十第三項（同法第二十一条の五の三十及び第二十四条の二十一並びに母子保健法（昭和四十年法律第百四十一号）第二十条第七項において準用する場合を含む。）、戦傷病者特別援護法（昭和三十八年法律第百六十八号）第十五条第三項（第二十条第三項において準用する場合を含む。）、原子爆弾被爆者に対する援護に関する法律（平成六年法律第百十七号）第十五条第三項若しくは第二十条第一項、感染症の予防及び感染症の患者に対する医療に関する法律（平成十年法律第百十四号）第四十条第五項、心神喪失等の状態で重大な他害行為を行った者の医療及び観察等に関する法律（平成十五年法律第百十号）第八十四条第三項、石綿による健康被害の救済に関する法律（平成十八年法律第四号）第十四条第一項、障害者の日常生活及び社会生活を総合的に支援するための法律（平成十七年法律第百二十三号）第七十三条第三項又は難病の患者に対する医療等に関する法律（平成二十六年法律第五十号）第二十五条第三項の規定により医療機関の請求することのできる診療報酬の額又は被爆者一般疾病医療機関若しくは保険医療機関等若しくは生活保護指定医療機関に支払うべき額の決定について意見を求められたときは、意見を述べ、また、生活保護法第五十三条第四項、戦傷病者特別援護法第十五条第四項（第二十条第三項において準用する場合を含む。）、原子爆弾被爆者に対する援護に関する法律第十五条第四項若しくは第二十条第二項、児童福祉法第十九条の二十第四項（同法第二十一条の五の二十九及び第二十四条の二十一並びに母子保健法第二十条第七項において準用する場合を含む。）、感染症の予防及び感染症の患者に対する医療に関する法律第四十条第六項、心神喪失等の状態で重大な他害行為を行った者の医療及び観察等に関する法律第八十四条第四項、石綿による健康被害の救済に関する法律第十四条第二項、障害者の日常生活及び社会生活を総合的に支援するための法律第七十三条第四項又は難病の患者に対する医療等に関する法律第二十五条第四項の規定により医療機関に対する診療報酬又は一般疾病医療費若しくは医療費に相当する額の支払に関する事務を委託されたときは、その支払に必要な事務を行うことができる。防衛省の職員の給与等に関する法律（昭和二十七年法律第二百

六十六号）第二十二条第三項の規定により、療養を担当する者が国に対して請求することができる診療報酬の額の審査に関する事務及びその診療報酬の支払に関する事務を委託されたとき、並びに精神保健及び精神障害者福祉に関する法律（昭和二十五年法律第百二十三号）第二十九条の七又は麻薬及び向精神薬取締法（昭和二十八年法律第十四号）第五十八条の十五の規定により、これらの条に規定する審査、額の算定又は診療報酬の支払に関する事務を委託されたときにおいても、同様とする。

3　基金は、前二項に定める業務の遂行に支障のない範囲内で、国、都道府県、市町村又は独立行政法人（独立行政法人通則法（平成十一年法律第百三号）第二条第一項に規定する独立行政法人をいう。以下同じ。）の委託を受けて、国、都道府県、市町村又は独立行政法人が行う医療に関する給付であつて厚生労働大臣の定めるものについて医療機関が請求することができる費用の額の審査及び支払に関する事務を行うことができる。

4　基金は、前三項の業務を行う場合には、定款の定めるところにより、保険者、国、都道府県、市町村若しくは独立行政法人又は厚生労働大臣若しくは都道府県知事とそれぞれ契約を締結するものとする。

5　基金は、第一項第九号に掲げる業務を行おうとするときは、厚生労働大臣の許可を受けなければならない。

（事務執行費の負担）

第二十六条　基金は、各保険者（第十五条第二項及び第三項の場合においては国、都道府県又は市町村）に、同条第一項第一号から第四号まで並びに同条第二項及び第三項に規定する業務に関する事務の執行に要する費用を、その提出する診療報酬請求書の数を基準として負担させるものとする。

○行政手続等における情報通信の技術の利用に関する法律（抄）

平一四・一二・一三
法一五一
最終改正　平二九・六・九　法五四

（目的）

第一条　この法律は、行政機関等に係る申請、届出その他の手続等に関し、電子情報処理組織を使用する方法その他の情報通信の技術を利用する方法により行うことができるようにするための共通する事項を定めることにより、国民の利便性の向上を図るとともに、行政運営の簡素化及び効率化に資することを目的とする。

（定義）

第二条　この法律において、次の各号に掲げる用語の意義は、当該各号に定めるところによる。

一　法令　法律及び法律に基づく命令をいう。

二　行政機関等　次に掲げるものをいう。

イ　内閣、法律の規定に基づき内閣に置かれる機関若しくは内閣の所轄の下に置かれる機関、宮内庁、内閣府設置法（平成十一年法律第八十九号）第四十九条第一項若しくは第二項に規定する機関、国家行政組織法（昭和二十三年法律第百二十号）第三条第二項に規定する機関若しくは会計検査院又はこれらに置かれる機関

ロ　イに掲げる機関の職員であって法律上独立に権限を行使することを認められたもの

ハ　地方公共団体又はその機関（議会を除く。）

ニ　独立行政法人（独立行政法人通則法（平成十一年法律第百三号）第二条第一項に規定する独立行政法人をいう。）

ホ　地方独立行政法人（地方独立行政法人法（平成十五年法律第百十八号）第二条第一項に規定する地方独立行政法人をいう。）

ヘ　法律により直接に設立された法人、特別の法律により特別の設立行為をもって設立された法人（独立行政法人を除く。）又は特別の法律により設立され、かつ、その設立に関し行政庁の認可を要する法人（地方独立行政法人を除く。）のうち、政令で定めるもの

ト　行政庁が法律の規定に基づく試験、検査、検定、登録その他の行政上の事務について当該法律に基づきその全部又は一部を行わせる者を指定した場合におけるその指定を受けた者

チ　ニからトまでに掲げる者（トに掲げる者については、当該者が法人である場合に限る。）の長

三　書面等　書面、書類、文書、謄本、抄本、正本、副本、複本その他文字、図形等人の知覚によって認識することができる情報が記載された紙その他の有体物をいう。

四　署名等　署名、記名、自署、連署、押印その他氏名又は名称を書面等に記載することをいう。

五　電磁的記録　電子的方式、磁気的方式その他人の知覚によっては認識することができない方式で作られる記録であって、電子計算機による情報処理の用に供されるものをいう。

六　申請等　申請、届出その他の法令の規定に基づき行政機関等に対して行われる通知（訴訟手続その他の裁判所における手続並びに刑事事件及び政令で定める犯則事件に関する法令の規定に基づく手続（次号から第九号までにおいて「裁判手続等」という。）において行われるものを除く。）をいう。

七　処分通知等　処分（行政庁の処分その他公権力の行使に当たる行為をいう。）の通知その他の法令の規定に基づき行政機関等が行う通知（不特定の者に対して行うもの及び裁判手続等において行うものを除く。）をいう。

八　縦覧等　法令の規定に基づき行政機関等が書面等又は電磁的記録に記録されている事項を縦覧又は閲覧に供すること（裁判手続等において行うものを除く。）をいう。

九　作成等　法令の規定に基づき行政機関等が書面等又は電磁的記録を作成し又は保存すること（裁判手続等において行うものを除く。）をいう。

十　手続等　申請等、処分通知等、縦覧等又は作成等をいう。

（電子情報処理組織による申請等）

第三条　行政機関等は、申請等のうち当該申請等に関する他の法令の規定により書面等により行うこととしているものについては、当該法令の規定にかかわらず、主務省令で定めるところにより、電子情報処理組織（行政機関等の使用に係る電子計算機（入出力装置を含む。以下同じ。）と申請等をする者の使用に係る電子計算機とを電気通信回線で接続した電子情報処理組織をいう。）を使用して行わせることができる。

2　前項の規定により行われた申請等については、当該申請等を書面等により行うものとして規定した申請等に関する法令の規定に規定する書面等により行われたものとみなして、当該申請等に関する法令の規定を適用する。

3　第一項の規定により行われた申請等は、同項の行政機関等の使用に係る電子計算機に備えられたファイルへの記録がされた時に当該行政機関等に到達したものとみなす。

4　第一項の場合において、行政機関等は、当該申請等に関する他の法令の規定により署名等をすることとしているものについては、当該法令の規定にかかわらず、氏名又は名称を明らかにする措置であって主務省令で定めるものをもって当該署名等に代えさせることができる。

（電子情報処理組織による処分通知等）

第四条　行政機関等は、処分通知等のうち当該処分通知等に関する他の法令の規定により書面等により行うこととしているものについては、当該法令の規定にかかわらず、主務省令で定めるところにより、電子情報処理組織（行政機関等の使用に係る電子計算機と処分通知等を受ける者の使用に係る電子計算機とを電気通信回線で接続した電子情報処理組織をいう。）を使用して行うことができる。

2　前項の規定により行われた処分通知等については、当該処分通知等を書面等により行うものとして規定した処分通知等に関する法令の規定に規定する書面等により行われたものとみなして、当該処分通知等に関する法令の規定を適用する。

3　第一項の規定により行われた処分通知等は、同項の処分通知等を受ける者の使用に係る電子計算機に備えられたファイルへの記録がされた時に当該処分通知等を受ける者に到達したものとみなす。

4　第一項の場合において、行政機関等は、当該処分通知等に関する他の法令の規定により署名等をすることとしているものについては、当該法令の規定にかかわらず、氏名又は名称を明らかにする措置であって主務省令で定めるものをもって当該署名等に代えることができる。

○支出官事務規程（抄）

昭二二・九・二七
大蔵令九四
最終改正　平二九・三・三一　財務令一四

第二章　官署支出官の事務取扱

第六条　官署支出官は、次の各号に掲げる規定による控除に係る報酬、賃金、給与その他の経費について、支出の決定をする場合においては、当該経費の金額を当該控除の金額とその他の金額とに区分してしなければならない。ただし、会計法（昭和二十二年法律第三十五号）第十七条の規定により当該経費について資金前渡官吏（分任資金前渡官吏を含む。第十五条第一項を除き、以下同じ。）に必要な資金を前渡する場合は、この限りでない。

一　健康保険法（大正十一年法律第七十号）第百六十七条第一項若しくは第二項又は第百六十九条第六項の規定

二　船員保険法（昭和十四年法律第七十三号）第百三十条第一項又は第二項の規定

三　国家公務員宿舎法（昭和二十四年法律第百十七号）第十五条第三項の規定

四　国家公務員災害補償法（昭和二十六年法律第百九十一号）第三十二条の二第二項の規定

五　厚生年金保険法（昭和二十九年法律第百十五号）第八十四条第一項又は第二項（公的年金制度の健全性及び信頼性の確保のための厚生年金保険法等の一部を改正する法律（平成二十五年法律第六十三号）附則第五条第一項の規定によりなおその効力を有するものとされた同法第一条の規定による改正前の厚生年金保険法第百四十一条において準用する場合を含む。）の規定

六　国家公務員共済組合法（昭和三十三年法律第百二十八号）第百一条第一項又は第二項の規定

七　地方公務員等共済組合法（昭和三十七年法律第百五十二号）第百十五条第一項又は第二項の規定

八　労働保険の保険料の徴収等に関する法律（昭和四十四年法律第八十四号）第三十二条第一項の規定

九　勤労者財産形成促進法（昭和四十六年法律第九十二号）第十五条第一項の規定（当該規定に相当する労働基準法（昭和二十二年法律第四十九号）第二十四条第一項又は勤労者財産形成促進法第十六条第二項の規定により読み替えられた船員法（昭和二十二年法律第百号）第五十三条第一項に規定する書面による協定の規定を含む。）

十　中国残留邦人等の円滑な帰国の促進並びに、永住帰国した中国残留邦人等及び特定配偶者の自立の支援に関する法律（平成六年法律第三十号）第十三条第四項の規定

十一　介護保険法（平成九年法律第百二十三号）第百三十七条第一項（同法第百四十条第三項（国民健康保険法（昭和三十三年法律第百九十二号）第七十六条の四及び高齢者の医療の確保に関する法律（昭和五十七年法律第八十号）第百十条において準用する場合を含む。）において準用する場合を含む。）の規定

十二　確定拠出年金法（平成十三年法律第八十八号）第七十一条第一項の規定

2　前項の規定は、地方税法（昭和二十五年法律第二百二十六号）第四十一条第一項、第三百二十一条の五第一項若しくは第二項、第三百二十一条の七の六（同法第三百二十一条の七の八第三項において準用する場合を含む。）若しくは第三百二十八条の五第二項の規定による道府県民税及び市町村民税若しくは同法第七百十八条の四（同法第七百十八条の六、第七百十八条の七第三項及び第七百十八条の八第三項並びに健康保険法等の一部を改正する法律（平成十八年法律第八十三号）附則第四十五条第三項において準用する場合を含む。）の規定による国民健康保険税の特別徴収に係る給与、退職手当等若しくは老齢等年金給付の経費又は所得税法（昭和四十年法律第三十三号）第百八十三条第一項、第百九十条、第百九十二条、第百九十九条、第二百三条の二、第二百四条第一項若しくは第二百十二条第一項から第三項までの規定による所得税の源泉徴収に係る給与等、退職手当等、報酬その他の経費について支出の決定をする場合について準用する。この場合において、前項中「当該控除の金額」とあるのは、「特別徴収税額又は源泉徴収税額」と読み替えるものとする。

○出納官吏事務規程（抄）

昭二二・九・二七
大蔵令九五
最終改正　平二九・三・六　財務令四

第三章　資金前渡官吏

第四節　支払等

（共済組合掛金の控除）

第四十二条の三　資金前渡官吏は、国家公務員共済組合法（昭和三十三年法律第百二十八号）又は地方公務員等共済組合法（昭和三十七年法律第百五十二号）による組合の組合員（組合員であつた者を含む。）に俸給その他の給与（国家公務員等退職手当法（昭和二十八年法律第百八十二号）に基づく退職手当又はこれに相当する手当を含む。）の支払をしようとするときは、その給与の額から、国家公務員共済組合法第百一条第一項若しくは第二項又は地方公務員等共済組合法第百十五条第一項若しくは第二項の規定により控除すべき金額に相当する金額を控除した残額の支払をし、その領収証書を徴さなければならない。

②資金前渡官吏は、前項の規定により控除した金額を共済組合に支払い、その領収証書を徴さなければならない。

○国家公務員共済組合連合会定款

昭三三・六・三〇
最終改正　平二九・七・五

第一章　総則

（名称）

第一条　本会は、国家公務員共済組合法（昭和三十三年法律第百二十八号。以下「法」という。）に基づき設立された法人であつて、国家公務員共済組合連合会（以下「本会」という。）という。

（目的）

第二条　本会は、法第三条第一項に規定する組合（以下「組合」という。）の事業のうち、法第二十一条第二項各号業務を共同して行うことを目的とする。

（事務所の所在地）

第三条　本会は、主たる事務所を東京都千代田区に置く。

（公告の方法）

第四条　本会の定款に関する公告は、官報に掲載して行う。

第二章　役員

（役員）

第五条　本会に次の役員を置く。

理事長　一名
常務理事　六名以内
理事　四名
常任監事　二名
監事　一名

2　本会に役員として常務理事のうちから専務理事一名を置くことができるものとし、理事長が定める。

（理事長）
第六条　理事長は、本会を代表し、その業務を執行する。

（専務理事、常務理事及び理事）
第七条　専務理事は、理事長の定めるところにより、理事長を補佐して業務を執行し、理事長に事故があるときはその職務を代理し、理事長が欠員のときはその職務を行う。
2　常務理事及び理事は、理事長の定めるところにより、理事長及び専務理事を補佐して業務を執行し、理事長及び専務理事に事故があるときは理事長の職務を代理し、理事長が欠員の場合であつて、かつ、専務理事が置かれていないときは理事長の職務を行う。

（常任監事及び監事）
第八条　常任監事及び監事は、業務を監査する。

（任命）
第九条　理事長及び常任監事は、財務大臣の任命による。
第十条　常務理事及び理事（次条の規定による理事を除く。）は、理事長が財務大臣の認可を受けて任命する。
第十一条　理事三名及び監事は、組合の事務を主管する者のうちから、理事長が任命する。

（任期）
第十二条　役員の任期は、二年とする。ただし、補欠の役員の任期は、前任者の残任期間とする。
2　役員は、再任されることができる。

（解任）
第十三条　理事長は、役員が法第三十一条各号のいずれかに該当するに至つたとき（第十一条の規定による理事及び監事が、組合の事務を主管する者でなくなつたときを含む。）は、これを解任する。
2　理事長は、役員が法第三十二条第二項各号のいずれかに該当するに至つたときは、財務大臣の認可を得て、これを解任することができる。
3　理事長及び常任監事の解任については、法第三十二条の定めるところによる。

（兼業禁止）
第十四条　役員は、営利を目的とする団体の役員となり、又は自ら営利事業に従事してはならない。

（代表権の制限）
第十五条　本会と理事長、常務理事（専務理事を含む。以下同じ。）又は理事との利益が相反する事項については、これらの者は、代表権を有しない。この場合には、常任監事又は監事が本会を代表する。

（理事会）
第十六条　理事長、常務理事及び理事は、理事会を組織する。
2　理事長は、必要に応じ理事会を招集し、これを主宰する。
3　次に掲げる事項は、理事会の議に付さなければならない。
一　第二十一条第一項各号に掲げる事項
二　その他理事長が業務執行上必要と認めた事項
4　常任監事及び監事は、理事会に出席して意見を述べることができる。

第三章　顧問及び参与

第十七条　本会に、顧問及び参与若干名を置くことができる。
2　顧問及び参与は、本会の事業に関し学識経験のある者のうちから、理事長がこれを委嘱する。
3　顧問は、理事長の諮問に応じ、参与は、会務に参与する。

第四章　運営審議会

（名称）
第十八条　法第三十五条第一項の規定に基づき本会に置く運営審議会は、国家公務員共済組合連合会運営審議会（以下「運営審議会」という。）という。

（委員）
第十九条　運営審議会の委員（以下この章において「委員」という。）の定数は次のとおりとし、理事長が組合員のうちから任命する。
一　組合員を代表する者以外の者である委員　八人
二　組合員を代表する者である委員　八人

（任期）
第二十条　委員の任期は、二年とする。ただし、補欠の委員の任期は、前任者の残任期間とする。

（審議事項）
第二十一条　次に掲げる事項は、運営審議会の議を経なければならない。
一　定款の変更
二　運営規則の作成及び変更
三　毎事業年度の事業計画並びに予算及び決算
四　重要な財産の処分及び重大な債務の負担
五　その他厚生年金保険給付等（法第七十三条第一項に規定する厚生年金保険給付並びに被用者年金制度の一元化等を図るための厚生年金保険法等の一部を改正する法律（平成二十四年法律第六十三号。以下「一元化法」という。）附則第三十二条第一項及び第三十七条第一項に規定する給付（厚生年金保険給付に相当する部分に限る。）並びに一元化法附則第四十一条第一項に規定する給付をいう。以下同じ。）に関する事業、退職等年金給付（法第七十四条に規定する退職等年金給付をいう。以下同じ。）に関する事業及び福祉事業の運営に関する重要事項
2　運営審議会は、前項に定めるもののほか、理事長の諮問に応じて本会の業務に関する重要事項を調査審議し、又は必要と認める事項につき理事長に建議することができる。
3　第三十一条及び第三十二条の事業のうち、組合に関係のない事項については、運営審議会に付議することを要しない。

（招集）
第二十二条　理事長は、毎年三月及び六月並びに必要に応じ運営審議会を招集する。
2　理事長は、七人以上の委員が審議すべき事項を示して運営審議会の招集を請求したときは、運営審議会を招集しなければならない。

（議長）
第二十三条　運営審議会に議長を置く。議長は、第十九条第一号に掲げる委員のうちから、委員が選挙する。
2　議長は、運営審議会の議事を整理する。議長に事故があるとき、又は議長が欠けたときは、あらかじめ議長が指名

する委員がその職務を行う。

（定足数）

第二十四条　運営審議会は、第十九条各号に掲げる委員が、それぞれ半数以上出席しなければ議事を開くことができない。

（議決方法）

第二十五条　運営審議会の議事は、出席委員の過半数で決する。可否同数のときは、議長の決するところによる。

（代理出席）

第二十六条　委員は、病気その他やむを得ない事由により運営審議会に出席することができないときは、委任により、他の組合員を代理人として出席させることができる。

2　前項に規定する代理人は、その旨を証する書面を運営審議会の開会前に理事長に提出しなければならない。

（議事録）

第二十七条　運営審議会の議事については、議事録を作り、議長及び議長の指名する委員二人以内が署名捺印しなければならない。

（会議の運営）

第二十八条　本章に定めるものを除くほか、運営審議会の議事の手続きその他運営に関し必要な事項は、理事長が運営審議会に諮って定める。

第五章　事業

（長期給付等に関する事業）

第二十九条　本会は、組合員に係る厚生年金保険給付等に関し、次に掲げる業務を行う。

一　厚生年金保険給付等の請求書の審査に関する業務

二　厚生年金保険給付等の裁定及び年金証書の発行に関する業務

三　厚生年金保険給付等の支払に関する業務

四　法第百条第一項に規定する組合員保険料及び負担金の受入れに関する業務

五　厚生年金拠出金（法第三条第四項に規定する厚生年金拠出金をいう。以下同じ。）及び基礎年金拠出金（同項に規定する基礎年金拠出金をいう。以下同じ。）の納付に要する費用、法第百二条の二に規定する財政調整拠出金の拠出（法第百二条の三第一項第一号から第三号までに掲げる場合に行われるものに限る。第十号において同じ。）に要する費用並びに厚生年金保険給付等に係る事務に要する費用の計算に関する業務

六　厚生年金保険給付積立金（法第二十一条第二項第一号ハに規定する厚生年金保険給付積立金をいう。以下同じ。）の積立てに関する業務

七　厚生年金保険給付等積立金及び厚生年金保険給付等の支払上の余裕金の管理及び運用に関する業務

八　厚生年金拠出金の納付及び法第二十一条第二項第一号に規定する厚生年金交付金の受入れに関する業務

九　基礎年金拠出金の納付に関する業務

十　法第百二条の二に規定する財政調整拠出金の拠出及び地方公務員等共済組合法（昭和三十七年法律第百五十二号）第百十六条の二に規定する財政調整拠出金の受入れ（同法第百十六条の三第一項第一号から第三号までに掲げる場合に行われるものに限る。）に関する業務

十一　厚生年金保険給付等に関する調査及び統計に関する業務

十二　その他厚生年金保険給付等に関する事業に関し必要な業務

2　本会は、組合員に係る退職等年金給付に関し、次に掲げる業務を行う。

一　退職等年金給付の請求書の審査に関する業務

二　退職等年金給付の決定及び年金証書の発行に関する業務

三　退職等年金給付の支払に関する業務

四　法第百条第二項に規定する退職等年金分掛金（第三十七条において「退職等年金分掛金」という。）及び負担金の受入れに関する業務

五　退職等年金給付に要する費用、法第百二条の二に規定する財政調整拠出金の拠出（法第百二条の三第一項第四号に掲げる場合に行われるものに限る。第八号において同じ。）及び退職等年金給付に係る事務に要する費用の計算に関する業務

六　退職等年金給付積立金（法第二十一条第二項第二号ハに規定する退職等年金給付積立金をいう。以下同じ。）の積立てに関する業務

七　退職等年金給付積立金及び退職等年金給付の支払上の余裕金の管理及び運用に関する業務

八　法第百二条の二に規定する財政調整拠出金の拠出及び地方公務員等共済組合法第百十六条の二に規定する財政調整拠出金の受入れ（同法第百十六条の三第一項第四号に掲げる場合に行われるものに限る。）に関する業務

九　退職等年金給付に関する調査及び統計に関する業務

十　各事業年度における退職等年金給付積立金の額と法第九十九条第一項第三号に規定する地方退職等年金給付積立金の額との合計額及び同号に規定する国の積立基準額と同号に規定する地方の積立基準額との合計額の均衡の保持に係る計算に関する業務

十一　その他退職等年金給付の事業に関し必要な業務

（福祉事業）

第三十条　本会は、組合員に係る福祉の増進に資するため、次に掲げる事業を行う。

一　組合員の医療、保養若しくは宿泊又は教養のための施設の経営

二　その他組合員の福祉の増進に資する事業

三　前二号に掲げる事業に附帯する事業

（旧令共済年金に関する事業）

第三十一条　本会は、旧令による共済組合等からの年金受給者のための特別措置法（昭和二十五年法律第二百五十六号）第八条の規定に基づき、同法第一条に規定する旧陸軍共済組合、旧海軍共済組合又は外地関係共済組合の組合員であつた者に係る給付の決定及び支払に関する業務を行う。

（その他の事業）

第三十二条　本会は、第二十九条から前条までに定める事業のほか、法令により特に定められた事業を行うことができる。

第六章　掛金及び負担金

第三十七条　退職等年金分掛金の額又は当該退職等年金分掛金に係る負担金の額は、組合員の法第四十条第一項に規定する標準報酬の月額及び法第四十一条第一項に規定する標準期末手当等の額に千分の七・五を乗じて得た金額とする。

第七章　審査会

（審査会）

第三十八条　本会に、法第百三条第一項に規定する審査請求を審査するため、同項の規定する国家公務員共済組合審査会（以下「審査会」という。）を置く。

2　審査会に書記を置く。書記は、本会の事務に従事する者のうちから、理事長が任命し、会長の指揮を受けて庶務を整理する。

第八章　財務

第三十九条　本会の財務に関する事項は、法令に定めるもののほか、この章で定めるところによる。

（事業年度）

第四十条　本会の事業年度は、毎年四月一日に始まり翌年三月三十一日に終る。

（会計単位）

第四十一条　本会の会計単位は、本部会計並びに本会の経営する病院及び共済会館に置く所属所会計とする。

（経理単位）

第四十二条　本会の経理単位は、厚生年金保険給経理、退職等年金経理、業務経理、医療経理、宿泊経理及び保健経理とする。

第九章　運営規則

（運営規則）

第四十三条　本会の業務を行うために必要な事項は、運営規則で定める。

附　則（平二九・七・五財計二八二三財務大臣認可）

1　この変更は、平成二十九年十月一日から施行する。

2　変更後の第三十四条の規定並びに別表第一及び別表第二の規定は、平成二十九年十月以後の基準利率並びに終身年金現価率及び有期年金現価率について適用し、同年九月以前に適用される基準利率並びに終身年金現価率及び有期年金現価率については、なお従前の例による。

○一般社団法人共済組合連盟定款

平二五・四・一

第一章　総則

（名称）

第一条　この法人は、一般社団法人共済組合連盟（以下「連盟」という。）という。

（事務所）

第二条　連盟の主たる事務所を、東京都千代田区に置く。

第二章　目的及び事業

（目的）

第三条　連盟は、国家公務員共済組合法（昭和三十三年法律第百二十八号）、日本私立学校振興・共済事業団法（平成九年法律第四百八十五号）その他の法律の規定に基づき設立された共済組合（国家公務員共済組合連合会及び共済組合の業務を行う企業年金基金等を含む。）及び日本私立学校振興・共済事業団（以下「共済組合等」と総称する。）の行う共済事業の健全かつ円滑な運営を図るため、共済事業等に関する調査研究、業務の提携、情報の提供等を行い、もつて共済制度及び社会保障制度の発展に寄与することを目的とする。

（事業）

第四条　連盟は、前条の目的を達成するために次の事業を行う。

(1)　共済の事業及び制度並びに社会保障制度に関する調査研究

(2)　診療報酬の審査支払事務等に係る契約その他関係機関との業務の提携

(3)　共済の事業及び制度並びに社会保障制度に関する機関

誌及び図書の発行並びに関係機関に対する情報の提供

(4) その他前条の目的を達成するために必要な事業

2 前項の事業は日本全国において行うものとする。

第三章　会員

(会員)

第五条　連盟の会員は、次のとおりとし、正会員をもって、一般社団法人及び一般財団法人に関する法律（平成十八年法律第四十八号。以下「一般社団・財団法人法」という。）上の社員とする。

(1) 正会員　この連盟の目的に賛同して加入した共済組合等

(2) 賛助会員　この連盟の事業を賛助するために加入した法人

(会員の資格の取得)

第六条　連盟の会員になろうとする者は、国内に主たる事務所を有する法人であって、理事会の定めるところにより申込みをし、その承認を受けなければならない。

(会費)

第七条　会員は、総会において別に定めるところにより、会費を納付しなければならない。

(退会)

第八条　会員は、理事会において別に定める退会届を提出することにより、任意にいつでも退会することができる。

(除名)

第九条　会員が次のいずれかに該当するに至ったときは、総会の決議によって当該会員を除名することができる。

(1) 会員としての義務に違反したとき。

(2) 連盟の名誉を傷つけ、又は目的に反する行為をしたとき。

(3) その他除名すべき正当な事由があるとき。

(会員資格の喪失)

第十条　前二条の場合のほか、会員は、次のいずれかに該当するに至ったときは、その資格を喪失する。

(1) 第七条の支払義務を二年以上履行しなかったとき。

(2) すべての正会員が同意したとき。

(3) 当該会員が解散したとき。

第四章　連盟の機関

第一節　総会

(構成)

第十一条　総会は、すべての正会員をもって構成する。

2 前項の総会をもって一般社団・財団法人法上の社員総会とする。

(権限)

第十二条　総会は、次に掲げる事項について決議する。

(1) 会員の除名

(2) 理事及び監事の選任又は解任

(3) 理事及び監事の報酬の額

(4) 事業計画書及び収支予算書の承認

(5) 貸借対照表及び正味財産増減計算書の承認

(6) 重要な財産の処分及び重大な義務の負担

(7) 定款の変更

(8) 解散及び残余財産の処分

(9) 総会で決議するものとして法令又はこの定款で定められた事項

(開催)

第十三条　総会は、定時総会及び臨時総会とする。

2 定時総会は、毎事業年度終了後三月以内にこれを開催し、臨時総会は、毎事業年度開始前三月以内及び随時必要なときにこれを開催する。

(招集)

第十四条　総会は、法令に別段の定めがある場合を除き、理事会の決議に基づき会長が招集する。

2 正会員の五分の一以上の議決権を有する会員は、会長に対し、総会の目的である事項及び招集の理由を示して、総会の招集を請求することができる。

(議長)

第十五条　総会の議長は、会長がこれに当たる。

(議決権)

第十六条　総会における議決権は、正会員一名につき一個とする。

(決議)

第十七条　総会の決議は、総正会員の議決権の過半数を有する正会員が出席し、出席した当該正会員の議決権の過半数をもって行う。

2 前項の規定にかかわらず、次の決議は、総正会員の半数以上であって、総正会員の議決権の三分の二以上に当たる多数をもって行う。

(1) 会員の除名

(2) 監事の解任

(3) 定款の変更

(4) 解散

(5) その他法令で定められた事項

3 理事又は監事を選任する議案を決議するに際しては、候補者ごとに第一項の決議を行わなければならない。理事又は監事の候補者の合計数が第十九条に定める定数を上回る場合には、過半数の賛成を得た候補者の中から得票数の多い順に定数の枠に達するまでの者を選任することとする。

(議事録)

第十八条　総会の議事については、法令で定めるところにより、議事録を作成する。

2 議長及び出席した理事は、前項の議事録に記名押印する。

第二節　役員等

(役員)

第十九条　連盟に、次の役員を置く。

(1) 理事　七名以上十一名以内

(2) 理事のうち一名を会長、二名以内を常務理事とする。

(3) 監事　二名以内

2 前項の会長をもって一般社団・財団法人法上の代表理事とし、常務理事をもって同法第九十一条第一項第二号の業務執行理事とする。

（役員の選任）

第二十条　理事及び監事は、総会の決議によって選任する。

2　会長及び常務理事は、理事会の決議によって理事の中から選定する。

（理事の職務及び権限）

第二十一条　理事は、理事会を構成し、法令及びこの定款で定めるところにより、職務を執行する。

2　会長は、法令及びこの定款で定めるところにより、この法人を代表し、その業務を執行し、常務理事は、理事会において別に定めるところにより、この法人の業務を分担執行する。

3　会長及び常務理事は、毎事業年度に四箇月を超える間隔で二回以上、自己の職務の執行の状況を理事会に報告しなければならない。

（監事の職務及び権限）

第二十二条　監事は、理事の職務の執行を監査し、法令で定めるところにより、監査報告を作成する。

2　監事は、いつでも、理事及び使用人に対して事業の報告を求め、この法人の業務及び財産の状況の調査をすることができる。

（役員の任期）

第二十三条　役員の任期は、選任後二年以内に終了する事業年度のうち最終のものに関する定時総会の終結の時までとする。

2　補欠として選任された役員の任期は、前任者の任期の満了する時までとする。

3　役員は、第十九条に定める定数に足りなくなるときは、任期の満了又は辞任により退任した後も、新たに選任された者が就任するまで、なお役員の権利義務を有する。

（役員の解任）

第二十四条　役員は、総会の決議によって解任することができる。

（報酬）

第二十五条　役員に対しては、総会で定める額を報酬として支給することができる。

（顧問）

第二十六条　連盟に、顧問若干名を置くことができる。

2　顧問は、理事会の決議により、会長が任免する。

3　顧問は、重要な事項について、会長の諮問に応じる。

第三節　理事会

（構成）

第二十七条　連盟に理事会を置く。

2　理事会は、すべての理事をもって構成する。

（権限）

第二十八条　理事会は、この定款において別に定める事項のほか、次の職務を行う。

(1)　連盟の業務執行の決定

(2)　理事の職務の執行の監督

(3)　会長及び常務理事の選定及び解職

(4)　総会に付議すべき事項の決定

(5)　その他会長が付議した事項の審議

（招集）

第二十九条　理事会は、会長が招集する

2　会長が欠けたとき又は会長に事故があるときは、各理事が理事会を招集する。

3　監事は、理事会に出席して、意見を述べることができる。

（議長）

第三十条　理事会の議長は、会長がこれに当たる。

2　会長が欠けたとき又は会長に事故があるときは、出席理事の互選によって議長を定める。

（決議）

第三十一条　理事会の決議は、決議について特別の利害関係を有する理事を除く理事の過半数が出席し、その過半数をもって行う。

2　前項の規定にかかわらず、一般社団・財団法人法第九十六条の要件を満たしたときは、理事会の決議があったものとみなす。

（議事録）

第三十二条　理事会の議事については、法令で定めるところにより、議事録を作成する。

2　出席した会長及び監事は、前項の議事録に記名押印する。

第四節　業務調査会

（業務調査会の設置）

第三十三条　連盟の事業を推進するために、理事会はその決議により業務調査会を設置する。

2　業務調査会の任務、構成及び運営に関し必要な事項は、理事会の決議により別に定める業務調査会規程による。

第五章　資産及び会計

（事業年度）

第三十四条　連盟の事業年度は、毎年四月一日に始まり翌年三月三十一日に終わる。

（事業計画及び収支予算）

第三十五条　連盟の事業計画書及び収支予算書は、毎事業年度開始の日の前日までに、会長が作成し、理事会の決議を経て、総会の承認を受けなければならない。また、これを変更する場合も、同様とする。

2　前項の書類については、主たる事務所に当該事業年度が終了するまでの間備え置くものとする。

（事業報告及び決算）

第三十六条　連盟の事業報告及び決算については、毎事業年度終了後、会長が次の書類を作成し、監事の監査を受けた上で、理事会の承認を受けなければならない。

(1)　事業報告

(2)　事業報告の附属明細書

(3)　貸借対照表

(4)　正味財産増減計算書

(5)　貸借対照表及び正味財産増減計算書の附属明細書

2　前項の承認を受けた書類のうち、第一号、第三号及び第四号の書類については、定時総会に提出し、第一号の書類についてはその内容を報告し、その他の書類については承認を受けなければならない。

3　第一項の書類のほか、主たる事務所に、監査報告を五年

間備え置くとともに、定款及び会員名簿を備え置くものとする。

（剰余金の配分）

第三十七条　連盟は、剰余金の分配を行うことができない。

第六章　定款の変更及び解散等

（定款の変更）

第三十八条　この定款は、総会の決議によって変更することができる。

（解散）

第三十九条　連盟は、総会の決議その他法令で定められた事由により解散する。

（残余財産の帰属）

第四十条　連盟が清算した場合において有する残余財産は、総会の決議を経て国家公務員共済組合連合会に贈与するものとする。

第七章　公告の方法

（公告の方法）

第四十一条　連盟の公告は、主たる事務所の公衆の見やすい場所に掲示する方法により行う。

第八章　雑則

（細則）

第四十二条　この定款の施行について必要な細則は、理事会の決議により、会長が別に定める。

附　則

1　この定款は、一般社団法人及び一般財団法人に関する法律及び公益社団法人及び公益財団法人の認定等に関する法律の施行に伴う関係法律の整備等に関する法律（以下「整備法」という。）第百二十一条第一項において読み替えて準用する同法第百六条第一項に定める一般法人の設立の登記の日から施行する。

2　この法人の最初の会長は山崎泰彦とする。

3　整備法第百二十一条第一項において読み替えて準用する同法第百六条第一項に定める特例民法法人の解散の登記と一般法人の設立の登記を行ったときは、第三十四条の規定にかかわらず、解散の登記の日の前日を事業年度の末日とし、設立の登記の日を事業年度の開始日とする。

○共済組合と社会保険診療報酬支払基金との契約書

平二二・四・一

最終改正　平三〇・三・三〇

診療報酬の審査支払に関する契約書

国家公務員共済組合法（昭和三十三年法律第百二十八号）に基づく別表一に掲げる共済組合（以下「共済組合」という。）の組合員及びその被扶養者の診療報酬請求書の内容の審査事務並びに支払事務等に関し、共済組合から契約に関する委任を受けた社団法人共済組合連盟と社会保険診療報酬支払基金（以下「基金」という。）との間に、次のように契約を締結する。

第一条　基金は、共済組合が国家公務員共済組合法に基づく組合員及びその被扶養者の療養の給付及びこれに相当する給付の費用について、療養の給付及びこれに相当する給付に係る医療を担当するもの（以下「診療担当者」という。）に対して支払うべき費用（以下「診療報酬」という。）の迅速適正な支払を行い、併せて診療担当者より提出された診療報酬請求書の内容の審査に関する事務を引き受けるものとする。

2　前項の審査及び支払事務は、社会保険診療報酬支払基金法（昭和二十三年法律第百二十九号。以下「基金法」という。）並びに同法に関連する他法令及び行政通知並びに社会保険診療報酬支払基金定款及び基金の定める業務規程等並びに本契約に基づき行われるものとし、その概要は別紙のとおりである。

第二条　基金は、前条の審査及び支払事務については、基金の従たる事務所へ所定の期日までに提出された毎月分の診療報酬請求書について、すみやかに審査を行い、診療報酬請求書が提出された月の翌月の別表2に定める支払期日までに診療担当者に支払を完了させるものとする。

第三条　基金は、基金法第十五条第一項第一号の規定による金額の委託を受けるため、次条に規定する金額を、共済組合のそれぞれの本部（以下「共済組合本部」という。）に請求するものとする。

第四条　基金は、平成二十二年四月十日までに、前年の七月、八月又は九月のうち、最高額の費用を要した月の診療報酬のおおむね〇・一五か月分に相当する金額（以下「委託金額」という。）を、共済組合本部に対し請求し、同年四月三十日までにその支払を受けるものとする。

2　前項の金額で、千円未満の端数を生じたときは、その端数は切り捨てるものとする。

3　基金は、第一項の規定による委託金額と前年度の委託金額を調整し、その差額の請求又は返還を行う。ただし、その総額に著しい増減がないときは、請求又は返還を行わないで、その旨を、共済組合本部に対し通知するものとする。

第五条　基金は、毎月分につき診療担当者に対して支払う診療報酬を共済組合のそれぞれの支部（支部のない共済組合は本部とし、以下「共済組合支部」という。）に対し、診療担当者から診療報酬請求書が提出された月の翌月の十日までに請求し、共済組合支部は、当該翌月の別表2に定める納入期日までにこれを支払うものとする。

2　基金は、前項に規定する診療報酬を共済組合支部に請求するとともに、診療担当者から提出された電子レセプト及び診療担当者から提出された紙レセプトを画像化したレセプト（原本から複製したものであることを明示したもの。以下「画像レセプト」という。）を電子情報処理組織（共済組合支部の使用に係る電子計算機と基金の使用に係る電子計算機とを電気通信回線で接続した電子情報処理組織をいう。）を使用して共済組合支部の使用に係る電子計算機に備えられたファイルに記録する方法（以下「オンライン」という。）又は電子媒体のいずれかにより共済組合支部に提出するものとする。

3　共済組合支部は、基金から提出された画像レセプトを診療担当者が基金に請求した紙レセプトの原本として取り扱うものとし、基金は、共済組合支部が当該紙レセプトの廃棄を申し出た場合、該当する画像レセプトのデータを共済組合支部に提供した日から三か月を経過した日の属する月の十日以降に、これを廃棄するものとする。

4　共済組合支部は、前項に規定する紙レセプトの廃棄を申し出た場合、診療担当者から提出された紙レセプトの送付及び画像レセプトの再作成を求めないものとする。

5　第二項に規定する画像レセプトについて、共済組合支部が紙媒体による受取りを申し出た場合、基金は、診療担当者から診療報酬請求書が提出された月の翌月の十五日までに、これを提出するものとする。

第六条　共済組合支部は、前条第一項に規定する支払と同時に基金法第二十六条の規定による事務費として、次の各号に掲げる額に診療件数を乗じて得た金額を基金に支払うものとする。

一　診療担当者が電子レセプトで請求した場合について、オンラインにより受け取るもの　金七六円九〇銭（消費税相当分を含む。）（保険薬局に対して支払うものにあっては、金三八円五〇銭（消費税相当分を含む。）とする。）

二　診療担当者が電子レセプトで請求した場合について、電子媒体により受け取るもの　金七八円二〇銭（消費税相当分を含む。）（保険薬局に対して支払うものにあっては、金三九円八〇銭（消費税相当分を含む。）とする。）

三　診療担当者が電子レセプトで請求した場合について、紙媒体により受け取るもの　金八八円九〇銭（消費税相当分を含む。）（保険薬局に対して支払うものにあっては、金五〇円五〇銭（消費税相当分を含む。）とする。）

四　診療担当者が紙レセプトで請求した場合について、画像レセプトをオンライン、電子媒体又は紙媒体により受け取るもの　金七六円九〇銭（消費税相当分を含む。）（保険薬局に対して支払うものにあっては、金三八円五〇銭（消費税相当分を含む。）とする。）

2　前項各号に規定する事務費に係る消費税担当分は、基金が診療担当者に診療報酬の支払を行った日において効力を有する、消費税法（昭和六十三年法律第一〇八号）第二十八条第一項及び第二十九条並びに地方税法（昭和二十五年法律第二二六号）第七十二条の八十二及び第七十二条の八十三の規定に基づき計算した金額とする。

第七条　共済組合本部は、自己の責に帰すべき理由により、第四条第一項に規定する期日までに委託金額を支払わないときは、支払金額に対し、当該期日の翌日から、基金が共済組合本部に当該支払金額の請求を行った日において効力を有する、政府契約の支払遅延防止等に関する法律（昭和二十四年法律第二百五十六号）第八条第一項の規定に基づく政府契約の支払遅延に対する遅延利息の率の割合で計算した金額を延滞金として基金に対し支払うものとする。

2　共済組合支部は、自己の責に帰すべき理由により、第五条に規定する期日までに診療報酬及び前条に規定する事務費を支払わないときは、支払金額に対し、当該期日の翌日から、基金が共済組合支部に当該支払金額の請求を行った日において効力を有する、政府契約の支払遅延防止等に関する法律第八条第一項の規定に基づく政府契約の支払遅延に対する遅延利息の率の割合で計算した金額を延滞金として基金に対し支払うものとする。

第八条　共済組合は、基金に関する帳簿書類を閲覧し、説明を求め及び報告を徴することができるものとする。

第九条　この契約による業務遂行に当り知り得た個人情報の取り扱いについては、別記「覚書」によるものとする。

第十条　この契約の当事者のいずれか一方がこの契約による義務を履行せず、事業遂行に著しく支障を来たし、又は来たすおそれがあると認めるときは、その当事者の相手方はこの契約を解除することができるものとする。

第十一条　この契約の当事者いずれか一方が故意又は過失により契約に反して相手側に損害を与えた場合は、相手側に対する損害賠償の責任を負うものとする。

第十二条　この契約の有効期間は、平成二十二年四月一日から平成二十三年三月三十一日までとする。

第十三条　この契約の有効期間満了一か月前までに契約当事者のいずれか一方から、何等の意思表示をしないときは、終期の翌日において向う一か年間順次契約の更新をしたものとみなす。この場合において、第四条第一項中「平成二十二年四月十日」及び「同年四月三十日」とあるのは、それぞれ更新された年の「四月十日」及び「四月三十日」と読み替えるものとする。

附　則

2　前項の場合において、別表二は、契約更新の都度、新たに定めるものとする。

1　平成十六年三月三十一日付けをもって共済組合連盟会長と社会保険診療報酬支払基金理事長との間に締結した診療報酬の審査支払に関する契約（以下「旧契約」という。）は、平成二十二年三月三十一日をもって解除する。

2　第六条の規定にかかわらず、基金が共済組合支部に対して平成二十二年二月分として同年四月に請求する診療報酬に係る事務費の単価については、旧契約第六条の規定を適用する。

改　正　附　則

この契約の改定は、平成三十年四月一日から適用する。

ただし、第六条第一項に関する部分は、基金が平成三十年三月分として同年五月に請求する診療報酬に係る事務費から適用する。

別表一

衆議院共済組合　参議院共済組合
内閣共済組合　総務省共済組合
法務省共済組合　外務省共済組合
財務省共済組合　文部科学省共済組合
厚生労働省共済組合　農林水産省共済組合
経済産業省共済組合　国土交通省共済組合
防衛省共済組合　裁判所共済組合
会計検査院共済組合　刑務共済組合
厚生労働省第二共済組合　林野庁共済組合
日本郵政共済組合
国家公務員共済組合連合会職員共済組合

別表二

平成三十年度納入期日及び支払期日

区分	納入期日	支払期日
三十年四月	十九日	二十日
五月	二十一日	二十二日
六月	二十日	二十一日
七月	十九日	二十日
八月	二十日	二十一日
九月	二十日	二十一日
十月	十九日	二十二日
十一月	二十日	二十一日
十二月	二十日	二十一日
三十一年一月	二十一日	二十二日
二月	二十日	二十一日
三月	二十日	二十二日

別紙

審査及び支払事務の概要

契約書第一条第二項に掲げる関係法令等に基づき行われる基金の審査及び支払事務の概要を以下のとおり示すものとする。

第1　診療報酬請求の受付及び事務点検

1　診療報酬請求の受付

(1)　電子レセプトによる受付

保険医療機関及び保険薬局から毎月十日までに電子的手法によるレセプトデータ（以下「電子レセプト」という。）を厚生労働大臣の定める方式に従って電子情報処理組織を使用して基金の電子計算機に備えられたファイルに記録されたとき又は基金支部が厚生労働大臣の定める方式等に従って電子レセプトを記録した光ディスク等の提出を受けたときは、これを受け付ける。

(2)　紙レセプトによる受付

基金支部が保険医療機関、保険薬局及び訪問看護ステーション（以下「保険医療機関等」という。）から毎月十日までに診療報酬請求書、調剤報酬請求書及び訪問看護療養費請求書並びにこれらに添付された診療報酬明細書、調剤報酬明細書及び訪問看護療養費明細書の紙レセプトの形態での提出を受けたときは、これを受け付ける。

(3)　紙レセプトの画像取得及び廃棄

ア　受付業務終了後、受け付けた支部において保険医療機関等から提出された紙レセプトを画像化したレセプト（以下「画像レセプト」という。）を作成し、特定の支部において当該紙レセプトの請求支払データを作成する。

イ　保険医療機関等から提出された紙レセプトについては、保険者が基金から請求されたものとした上で、保険者からの申出に基づき、契約書に定める期日まで基金支部において保管した後に廃棄する。

2　診療報酬明細書等の事務点検等

前1により受け付けた電子レセプト及び紙レセプト（以下「診療報酬明細書等」という。）について、記載漏れ、誤記その他の記載事項の不備がないか、また、個別の請求点数、集計等に誤りがないか点検（以下「事務点検」という。）を行う。

事務点検の結果、記載事項の不備のため返戻を要するものがあったときは、その理由を付して保険医療機関等に返戻する。また、個別の請求点数が「診療報酬点数表」等に定められたものと異なっている場合又は集計誤り等の場合には、事務点検の中で補正する。

事務点検の終了した診療報酬明細書等は、第2の1による審査を行う。

第2　診療報酬明細書等の審査

1　審査

(1)　職員による審査事務

ア　審査事務

審査委員会の審査が効率的に行えるよう、審査委員会の審査に先立ち、診療報酬明細書等について点検し、「保険医療機関及び保険医療養担当規則」や「診療報酬点数表」等に定められている保険診療ルールに適合していないと思われる診療報酬明細書等の該当項目について疑義付せん等を貼付する。

イ　審査委員会への提出

前アの事務を終了した診療報酬明細書等は、審査委員会に提出する。

なお、基金法第十六条第一項に規定する厚生労働大臣が定める高点数の診療報酬明細書は、特別審査委員会に提出する。

(2) 審査委員会による審査

ア 審査の手順

(ア) 職員による審査事務が終了し審査委員会に提出された診療報酬明細書等は、診療科別に分け、あらかじめ担当を定めた審査委員が審査する。

なお、審査は、各月のレセプトを単独で点検する方法（単月点検）によるほか、電子レセプトのうち照合できるものについてはすべて、処方せんを発行した病院又は診療所に係る電子レセプトと調剤を実施した薬局に係る電子レセプトとを患者単位で照合する方法（突合点検）及び同一の医療機関が同一の患者に関して月単位で提出した電子レセプトを複数にわたって照合する方法（縦覧点検）により行う。

(イ) 原則として八万点以上の診療報酬明細書（前(1)のイなお書きの特別審査委員会に提出するものを除く。）については、審査専門部会において入念に審査する。

(ウ) 前(1)のイなお書きの診療報酬明細書は、基金本部に設置する特別審査委員会において審査する。

イ 審査上の権限等

審査委員会（特別審査委員会を含む。ウにおいて同じ。）は、審査のため必要と認めたときは、保険医療機関等から説明を求め、又は診療録等の書類の提出を求める。

審査の結果、著しい不正又は不当の事実を発見したときは、地方厚生局等に遅滞なく通報する。

ウ 審査の決定

審査委員会は、審査委員の二分の一以上が出席して合議により、診療報酬明細書等に記載された請求内容の適否について次により決定する。

① 保険診療ルールに適合していると判断されたものは「請求どおり」とする。

② 保険診療ルールに適合していないと判断されたものは「査定」とする。

ただし、審査の決定に当たり保険医療機関等に症状詳記を求める必要があると思われる事例等特に疑義が生じたもの、又は請求内容に不備があるもの等は原則として「返戻」して再提出を求める。

2 再審査

保険者又は保険医療機関等から、前1の審査の決定に対する不服による再審査の申出（電子情報処理組織又は電子レセプト若しくは画像レセプトを紙出力したものの使用による。）があった場合は、申出の内容について当該診療報酬明細書等を再度審査する。

再審査は、再審査部会において前1と同様の手続きにより行う。ただし、審査専門部会における審査は行わない。

第3 保険者への請求額及び保険医療機関等への支払額の算出

1 診療報酬明細書等の計数整理

第1の2における事務点検により補正したもの又は第2の1における審査の結果、査定となったものは、当該診療報酬明細書等の計数を整理し、決定点数又は決定金額を算出する。

なお、保険医療機関等に対しては、増減点数又は増減金額、増減事由等について増減点連絡書により連絡する。

2 診療報酬請求額及び支払額の算出

計数整理を終了した診療報酬明細書等は、保険者別及び保険医療機関等別に集計し、各保険者への請求額及び各保険医療機関等への支払額を算出する。

3 再審査等調整

第2の2における再審査の結果、診療報酬明細書等が査定となった場合及び被保険者等の資格関係誤り等により当該保険医療機関等に返戻する場合は、保険者への請求額及び保険医療機関等への支払額から異動する金額を加減して調整する。

なお、保険者又は保険医療機関等に対しては、調整した増減点数又は増減金額、減額事由等について、それぞれ再審査等結果通知書又は再審査等支払調整額通知票等により連絡する。

第4 保険者への診療報酬及び事務費の請求並びに保険医療機関等への支払

1 保険者への診療報酬等の請求

審査を了した診療報酬明細書等及び払込請求書等の請求関係書類により、診療報酬及び事務費を請求する。

なお、電子レセプト及び画像レセプトについては、電子情報処理組織を使用して保険者の使用に係る電子計算機に備えられたファイルに記録する。

2 保険者からの診療報酬の収納及び保険医療機関等への支払

前1の結果、保険者から契約で定める期日までに収納した診療報酬は、診療報酬請求書が提出された月の翌月の契約書の別表2に定める支払期日までに金融機関を通じて保険医療機関等に支払う。

覚書

平成二十二年四月一日社団法人共済組合連盟（以下「連盟」という。）と社会保険診療報酬支払基金（以下「基金」という。）が締結した診療報酬の審査支払に関する契約（以下「本件契約」という。）の履行に関し、診療報酬明細書等の個人情報保護について以下のとおり覚書を交換しこれを遵守するものとする。

（基本的事項）

第1 基金は、個人情報の保護の重要性を意識し、本件契約による事務を処理するに当たって、個人情報を取扱う際には、社会保険診療報酬支払基金法、個人情報の保護に関する法律、その他の関係法令及び社会保険診療報酬支払基金情報セキュリティポリシー（以下「ポリシー」という。）に基づき、個人の権利利益を侵害することのないように努めなければならない。

（機密の保持）

第2 基金は、本件契約に基づき、本件契約別表1に掲げる共済組合(以下「共済組合」という。)より委託を受けた事務に関して知り得た個人情報を正当な理由なく他人に知らせ、又は不当な目的に使用してはならない。本件契約が終了し、又は解除された後においても同様とする。

（適正な管理）

第3　基金は、本件契約による事務に係る個人情報の漏えい、滅失又は改ざんの防止その他の個人情報の適正な管理のために必要かつ有効な措置を講じなければならない。

2　基金は、ポリシーに基づき、「情報セキュリティ管理者」を実務上の責任者とする管理体制を構築し、前項に規定する適正な管理を実施する。

（レセプト等の取扱い）

第4　基金は、レセプト等の書類（電子的手法によるレセプトデータ及び請求関係書類を含む。以下「レセプト等」という。）について、ポリシーに基づき、最も重要性の高い情報と認識し、その搬送、保管、複写及び廃棄等の取扱いに当たり、具体的に規定したポリシーの実施方法を遵守しなければならない。

（再委託の禁止又は制限）

第5　基金は、本件契約に基づく業務を再委託してはならない。ただし、あらかじめ、連盟が書面により承諾した場合は、この限りではない。

（目的外使用の禁止）

第6　基金は、本件契約による事務を処理するに当たって知り得た個人情報を、共済組合の承諾を得ることなく目的外に使用し、又は第三者に提供してはならない。

（事故発生時の報告等）

第7　基金は、この覚書に違反する事態が発生し、又は発生するおそれのあることを知ったときは、直ちにその内容について連盟及び当該レセプト等の保有資格を有する共済組合に報告しなければならない。本件契約が終了し、又は解除された後においても同様とする。

（検査等の実施）

第8　連盟並びに共済組合は、基金が本件契約による事務を処理するに当たって取扱っている個人情報の状況について、必要があると認めるときは、基金に対し報告を求め、又は検査することができるものとする。

（損害賠償）

第9　基金は、故意又は過失により、この覚書に違反し、これにより共済組合に損害を与えたときは、損害賠償の責任を負うものとする。ただし、天災地変、その他不可抗力により生じた損害については、賠償の責を負わない。

（契約の解除）

第10　連盟は、基金がこの覚書に違反した場合は、本件契約の解除をすることができる。

○出産費等の支払に関する契約書

平二三・四・一

最終改正　平三〇・三・三〇

平成二十三年二月二十八日財計第四百五号財務省主計局長通知「出産費等の支給申請及び支払方法について」の別添「「出産費等の医療機関等への直接支払制度」実施要綱」（以下「実施要綱」という。）に基づいて行う出産費及び家族出産費（以下「出産費等」という。）の支払に関する事務を、国家公務員共済組合法（昭和三十三年法律第百二十八号）に基づく別表一に掲げる共済組合（以下「共済組合」という。）の委託を受けて社会保険診療報酬支払基金（以下「基金」という。）が行うことに関し、共済組合から契約に関する委任を受けた社団法人共済組合連盟（以下「連盟」という。）と基金との間に、次のように契約する。

第一条　基金は、国家公務員共済組合法の規定により出産費等の受給権を有する組合員又は組合員であった者に代わり出産費等を代理受領する健康保険法（大正十一年法律第七十号）第六十三条第三項第一号に掲げる病院若しくは診療所又は医療法（昭和二十三年法律第二〇五号）第二条に掲げる助産所（以下「保険医療機関等」という。）に対し、共済組合のそれぞれの支部（支部のない共済組合は本部とし、以下「共済組合支部」という。）が支払うべき出産費等（国家公務員共済組合法第六十一条第二項に該当する者であって、共済組合支部から支給を希望する組合を含む。以下同じ。）の支払に関する事務を受託する。

第二条　基金は、保険医療機関等から提出された専用請求書（実施要綱に定める専用請求書をいう。以下同じ。）について、実施要綱第二の三の(2)に規定する支給要件等の確認（記載内容に不備があった場合の保険医療機関等への返戻を含む。）を行い、次の各号に定める請求日までに当該出産費等を共済組合支部に請求するものとする。ただし、実施要綱第二の三の(3)及び第三の一に規定する異常分娩に係る専用請求書における一部負担金等の突合は行わないものとする。

一　正常分娩で十日までに提出された分（以下「正常分娩十日提出分」という。）については、別表に定める提出月に応じた請求日

二　正常分娩で二十五日までに光ディスク等によるＣＳＶ情報により提出された分（以下「正常分娩二十五日提出分」という。）については、別表に定める提出月に応じた請求日

三　異常分娩で十日までに提出された分（以下「異常分娩分」という。）については、別表に定める提出月に応じた請求日

２　前項の請求に当たっては、専用請求書を共済組合支部の体制に応じ、紙媒体又は光ディスク等のいずれかを選択して送付するものとする。

第三条　基金から前条の規定による請求を受けた共済組合支部は、前条第一項各号に規定する請求日に応じた別表二に定める収納日までに出産費等を基金に支払うものとし、基金は、同項各号に規定する請求日に応じた別表二に定める支払日までに保険医療機関等にこれを支払うものとする。ただし、保険医療機関等への支払に関して、特別な事情がある場合は、この限りではない。

第四条　共済組合支部は、その資格確認等により支払が過誤と判明した出産費等については、基金を通じて返還を求めることができる。この場合、基金は、過誤払が行われた保険医療機関等からの戻入による清算又は当該保険医療機関等に支払われる他の出産費等（当該出産費等を支払った共済組合支部又はそれ以外の保険者から基金を通じて支払われるもの（地方公務員等共済組合法（昭和三十七年法律第百五十二号）並びに私立学校教職員共済法（昭和二十八年法律第二百四十五号）に規定する出産費及び家族出産費並びに健康保険法並びに船員保険法（昭和十四年法律第七十三号）に規定する出産育児一時金及び家族出産育児一時金を含む。）に限る。）の充当による清算を行うことができる。

２　前項に規定する清算は、保険医療機関等と共済組合支部との間で清算が可能な場合に限り行うものとする。

３　概ね一年を超えて過誤の清算が行えない事例が生じた場合、基金は、当該過誤の申出に係る関係書類を共済組合支部へ返還し、以降、当該事例に係る清算を行わないものとする。

第五条　共済組合支部は、第三条の規定による支払と同時に、本契約に定める事務の事務費として、金一二五円（消費税相当分を含む。）に出産費等の保険医療機関等への支払件数を乗じて得た金額を基金に支払うものとする。

２　前項に規定する事務費に係る消費税相当分は、基金が保険医療機関等に出産費等の支払を行った日において効力を有する、消費税法（昭和六十三年法律第一〇八号）第二十八条第一項及び第二十九条並びに地方税法（昭和二十五年法律第二二六号）第七十二条の八十二及び第七十二条の八十三の規定に基づき計算した金額とする。

第六条　第三条に規定する収納日までに第二条の規定により請求した出産費等が共済組合支部から支払われないときは、基金は、当該出産費等を立て替えて保険医療機関等に支払うものとする。この場合、共済組合支部は、速やかにこの立替金及び当該収納日の翌日から、基金が共済組合支部に出産費等の請求を行った日において効力を有する、政府契約の支払遅延防止等に関する法律（昭和二十四年法律第二百五十六号）第八条第一項の規定に基づく政府契約の支払遅延に対する遅延利息の率の割合で計算した立替金利を基金に支払わなければならない。

２　第三条に規定する収納日までに前条に規定する事務費が共済組合支部から支払われない場合、共済組合支部は、当該収納日の翌日から、基金が共済組合支部に事務費の請求を行った日において効力を有する、政府契約の支払遅延防止等に関する法律第八条第一項の規定に基づく政府契約の支払遅延に対する遅延利息の率の割合で計算した金額を遅延利息として基金に支払わなければならない。

第七条　共済組合支部及び連盟は、この契約の実施に必要な限度において基金の帳簿ほか関係書類を閲覧し、基金に対し説明を求め、及び報告を徴することができるものとする。

第八条　この契約による業務遂行に当たり知り得た個人情報の取扱いについては、別記「覚書」によるものとする。

第九条　この契約の当事者いずれか一方がこの契約による義務を履行せず、事業遂行に著しく支障を来たし、又は来たすおそれがあると認めるときは、その当事者の相手方はこの契約を解除することができるものとする。

第十条　この契約の当事者いずれか一方が故意又は過失により契約に反して相手側に損害を与えた場合は、相手側に対する損害賠償の責任を負うものとする。

第十一条　この契約の有効期間は、平成二十三年四月一日から平成二十四年三月三十一日までとする。

第十二条　この契約の有効期間終了一か月前までに契約当事者のいずれか一方から、何等の意思表示をしないときは、終期の翌日において向う一か年間順次契約の更新をしたものとみなす。ただし、別表二は、契約更新の都度、新たに定めるものとする。

第十三条　この契約条項又はこの契約に定めのない事項について紛争又は疑義が生じたときは、双方協議のうえ解決するものとする。

改正附則

この契約の改定は、平成三十年四月一日から適用する。ただし、第五条に関する部分は、第二条第一項第二号及び第三号に規定する請求については基金が平成三十年五月に請求する出産費等に係る事務費から適用する。

別表一

衆議院共済組合	参議院共済組合
内閣共済組合	総務省共済組合
法務省共済組合	外務省共済組合
財務省共済組合	文部科学省共済組合
厚生労働省共済組合	農林水産省共済組合
経済産業省共済組合	国土交通省共済組合
防衛省共済組合	裁判所共済組合
会計検査院共済組合	刑務共済組合
厚生労働省第二共済組合	林野庁共済組合
日本郵政共済組合	
国家公務員共済組合連合会職員共済組合	

別表二

平成三十年度請求日、収納日及び支払日

保険医療機関等から基金への提出月	正常分娩十日提出分			正常分娩二十五日提出分及び異常分娩分		
	基金から保険者への請求日	保険者から基金への収納日	基金から保険医療機関等への支払日	基金から保険者への請求日	保険者から基金への収納日	基金から保険医療機関等への支払日
三十年三月				四月十日	四月十九日	四月二十日
四月	四月二十日	五月二日	五月七日	五月十日	五月二十一日	五月二十二日
五月	五月二十四日	六月四日	六月五日	六月八日	六月二十日	六月二十一日
六月	六月二十五日	七月四日	七月五日	七月十日	七月十九日	七月二十日
七月	七月二十五日	八月三日	八月六日	八月十日	八月二十日	八月二十一日
八月	八月二十四日	九月四日	九月五日	九月十日	九月二十日	九月二十一日
九月	九月二十五日	十月四日	十月五日	十月十日	十月十九日	十月二十二日
十月	十月二十五日	十一月五日	十一月六日	十一月九日	十一月二十日	十一月二十一日
十一月	十一月二十二日	十二月四日	十二月五日	十二月十日	十二月二十日	十二月二十一日
十二月	十二月二十日	一月七日	一月八日	一月十日	一月二十一日	一月二十二日
三十一年一月	一月二十四日	二月四日	二月五日	二月八日	二月二十日	二月二十一日
二月	二月二十一日	三月四日	三月五日	三月八日	三月二十日	三月二十二日
三月	三月二十六日	四月四日	四月五日			

〇国家公務員共済組合法第六十一条第二項の規定に基づく出産費の支払に関する契約書

平三〇・三・三〇

平成二十三年九月二十六日付け保保発〇九二六第一号厚生労働省保険局保険課長及び国民健康保険課長通知「出産育児一時金等の支給の取扱い等について」（以下「課長通知」という。）に基づいて行う出産費の支払に関する事務を、国家公務員共済組合法（昭和三十三年法律第百二十八号）に基づく別表一に掲げる共済組合（以下「共済組合」という。）が国民健康保険団体連合会（以下「国保連」という。）に委託することに関し、共済組合から契約に関する委任を受けた一般社団法人共済組合連盟（以下「連盟」という。）と会員である国保連を代理する公益社団法人国民健康保険中央会との間に、次のように契約する。

第一条　共済組合は、国家公務員共済組合法第六十一条第二項の規定により出産費の受給権を有する被保険者であった者に代わり出産費を代理受領する国民健康保険の保険者（以下「国保保険者」という。）に対し、共済組合が支払うべき出産費の支払に関する事務を国保連に委託する。

第二条　共済組合は、国保保険者から送付を受けた支給申請書等（課長通知3(1)①に定める支給申請書等をいう。）について、申請者が国家公務員共済組合法第六十一条第二項の規定に基づく出産費の受給要件を満たす場合、国保連からの請求により別に定める収納日までに出産費を国保連に支払うものとする。

第三条　共済組合は、第二条の規定による支払と同時に、本契約に定める事務に要する費用として、金二百十円（消費税及び地方消費税相当分金を含む。）に出産費の国保保険者への支払件数を乗じて得た金額を国保連に支払うものとする。

第四条　共済組合は、この契約の実施に必要な限度において国保連の帳簿ほか関係書類を閲覧し、国保連に対し説明を求め、及び報告を徴することができるものとする。

第五条　この契約による業務遂行に当たり知り得た個人情報の取扱いについては、別記「覚書」によるものとする。

第六条　この契約の当事者いずれか一方がこの契約による義務を履行せず、事業遂行に著しく支障を来たし、又は来たすおそれがあると認めるときは、その当事者の相手方はこの契約を解除することができるものとする。

第七条　この契約の当事者いずれか一方が故意又は過失により契約に反して相手側に損害を与えた場合は、相手側に対する損害賠償の責任を負うものとする。

第八条　この契約の有効期間は、平成三十年四月一日から平成三十一年三月三十一日までとする。

第九条　この契約の有効期間終了一か月前までに契約当事者のいずれか一方から、何等の意思表示をしないときは、終期の翌日において向う一か年間順次契約の更新をしたものとみなす。

第十条　この契約条項又はこの契約に定めのない事項について紛争又は疑義が生じたときは、双方協議のうえ解決するものとする。

別表一

衆議院	共済組合
参議院	共済組合
内閣	共済組合
総務省	共済組合
法務省	共済組合
外務省	共済組合
財務省	共済組合
文部科学省	共済組合
厚生労働省	共済組合
農林水産省	共済組合
経済産業省	共済組合
国土交通省	共済組合
防衛省	共済組合
裁判所	共済組合
会計検査院	共済組合

厚生労働省第二共済組合
林野庁共済組合
日本郵政共済組合
国家公務員共済組合連合会職員共済組合

別紙一

平成三十年度収納日（十日提出分）

※原則

処理月	請求日	収納日	支払日
平成三十年四月	四月二十三日（月）	五月七日（月）	五月十日（木）
五月	五月二十三日（水）	六月一日（金）	六月六日（水）
六月	六月二十二日（金）	七月三日（火）	七月六日（金）
七月	七月二十四日（火）	八月二日（木）	八月七日（火）
八月	八月二十三日（木）	九月三日（月）	九月六日（木）
九月	九月二十五日（火）	十月四日（木）	十月十日（水）
十月	十月二十三日（火）	十一月一日（木）	十一月六日（火）
十一月	十一月二十二日（木）	十二月四日（火）	十二月七日（金）
十二月	十二月二十一日（金）	平成三十一年一月八日（火）	平成三十一年一月十一日（金）
平成三十一年一月	一月二十四日（木）	二月四日（月）	二月七日（木）
二月	二月二十二日（金）	三月五日（火）	三月八日（金）
三月	三月二十二日（金）	四月三日（水）	四月八日（月）

別紙二

平成三十年度収納日（二十五日提出分）

※例外

処理月	請求日	収納日	支払日
平成三十年四月	五月七日（月）	五月十七日（木）	五月二十一日（月）
五月	六月六日（水）	六月十八日（月）	六月二十日（水）
六月	七月五日（木）	七月十八日（水）	七月二十日（金）
七月	八月六日（月）	八月十六日（木）	八月二十日（月）
八月	九月五日（水）	九月十八日（火）	九月二十日（木）
九月	十月五日（金）	十月十八日（木）	十月二十二日（月）
十月	十一月六日（火）	十一月十六日（金）	十一月二十日（火）
十一月	十二月六日（木）	十二月十八日（火）	十二月二十日（木）
十二月	平成三十一年一月四日（金）	平成三十一年一月十七日（木）	平成三十一年一月二十一日（月）
平成三十一年一月	二月五日（火）	二月十八日（月）	二月二十日（水）
二月	三月六日（水）	三月十八日（月）	三月二十日（水）
三月	四月八日（月）	四月十八日（木）	四月二十二日（月）

○国家公務員共済組合事務連絡協議会会則

（名称）

第一条 本会は、国家公務員共済組合事務連絡協議会（以下「事務連」という。）と称する。

（目的）

第二条 事務連は、国家公務員の共済組合相互間の連携を密にし、もって共済組合制度の健全な育成発展を図ることを目的とする。

（組織）

第三条 事務連は、各共済組合の事務担当者（以下「委員」という。）をもって組織する。

（住所）

第四条 事務連の住所は、第七条に規定する幹事長の所属する共済組合の本部内に置くものとする。

（事業）

第五条 事務連は、第二条の目的を達成するため、次の各号に掲げる事項についての調査研究等を行うものとする。

(1) 事務連の事業に係る企画・調整に関する事項
(2) 渉外及び広報に関する事項
(3) 短期給付事業に関する事項
(4) 長期給付事業に関する事項
(5) 福祉事業に関する事項
(6) 標準共済システムに関する事項
(7) 前各号に掲げるもののほか、事務連の目的を達成するため必要な事項

2 事務連は、前各号に掲げる事項について、関係方面に意見を具申することができる。

（役員）

第六条 事務連に次の役員を置く。

(1) 幹事六人（幹事長一人、副幹事長一人、会計担当幹事一人を含む。）
(2) 会計監事一人

（役員の職務）

第七条　幹事長は、事務連を代表し、その会務を総理する。

2　副幹事長は、幹事長を補佐し、幹事長に事故があるときは、その職務を代理する。

3　幹事長、副幹事長及び会計担当幹事以外の幹事は、第十四条に規定する専門委員会の会務をつかさどる。

4　会計担当幹事は、事務連の会計を管理する。

5　会計監事は、事務連の会計を監査する。

（役員の選出）

第八条　役員は、委員のうちから財務省が作成する事業統計年報に掲げる組合の順序に従い、第六条に規定する役員を選出する。ただし、一つの組合で二名以上の委員がいる場合は、うち一名が役員となり、残りの委員は翌年以降順次役員になるものとする。

2　幹事長及び副幹事長は、幹事の互選によるものとする。

（役員の任期）

第九条　役員の任期は、一年（四月一日から三月三十一日まで）とする。ただし、補欠役員の任期は、前任者の残任期間とする。

2　役員は、その任期が満了した後も新たな役員が選出されるまで引き続きその職務を行う。

（顧問）

第十条　事務連は、委員の所属する共済組合担当課長会議の幹事課長を顧問とし、重点事項に関しその助言を求めることができる。

（定例会及び臨時会）

第十一条　事務連の会議は、定例会と臨時会とし、幹事長が招集する。

2　定例会は、原則として毎月一回招集するものとする。

3　臨時会は、幹事長が必要があると認めたとき、又は三分の一以上の者から要求があった場合に招集する。

（議長、定足数）

第十二条　事務連の会議の議長は、幹事長とする。

2　事務連の会議は、委員の総数の二分一以上の者が出席しなければ開くことができない。

（幹事会）

第十三条　幹事会は、幹事をもって組織する。

2　幹事会は、原則として毎月一回以上幹事長が招集するものとする。

（専門委員会及び専門委員）

第十四条　事務連は、第五条に規定する事業を推進するため、次の各号に掲げる専門委員会を置く。

(1)　企画・調整専門委員会
(2)　短期専門委員会
(3)　福祉専門委員会
(4)　標準共済システム専門委員会

2　企画・調整専門委員会は、第五条第一項第一号、同条同項第二号及び同条同項第四号に掲げる事項を、短期専門委員会は、同条同項第三号に掲げる事項を、福祉専門委員会は、同条同項第五号に掲げる事項を、標準共済システム専門委員会は、同条同項第六号に掲げる事項を取り扱うものとする。

ただし、同条同項第七号に掲げる事項については、幹事会の指定する専門委員会が取り扱うものとする。

第十五条　専門委員会は、専門委員をもって組織する。

2　専門委員の定数は、次のとおりとする。

(1)　企画・調整専門委員会　七人以内
(2)　短期専門委員会　六人以内
(3)　福祉専門委員会　六人以内
(4)　標準共済システム専門委員会　八人以内

3　専門委員は、幹事長が委員のうちから委嘱する。

4　専門委員会に委員長及び副委員長を置き、委員長については幹事長が幹事である専門委員のうちから、副委員長については幹事長が当該専門委員会に所属する専門委員のうちから、それぞれ委嘱する。

5　委員長は、専門委員会の会務を総理する。

6　副委員長は、委員長を補佐し、委員長に事故があるときは、その職務を代理する。

第十六条　専門委員会は、委員長が必要あると認めたときに招集するものとする。

2　委員長は、専門委員会の協議事項の結果をとりまとめ、幹事長及び事務連の会議において報告しなければならない。

3　幹事長及び副幹事長は、専門委員会に出席し発言することができる。

第十六条の二　事務連は、第十四条に規定する委員会のほか、必要に応じて委員会を置くことができる。

2　前項の委員会の組織及び運営については、幹事会において決定するものとする。

（資産及び会計）

第十七条　事務連の運営に必要な経費は、次に掲げる収入をもって充てるものとする。

(1)　各委員の所属する共済組合からの拠出金
(2)　寄附金
(3)　その他の収入

（資産の管理）

第十八条　事務連の資産は、幹事長が管理する。

（事業年度）

第十九条　事務連の事業年度は、毎年四月一日に始まり、翌年三月三十一日に終わる。

（事業計画等）

第二十条　幹事長は、毎事業年度開始前に、その事業年度の事業計画を作成し、事務連の会議の承認を得なければならない。これを変更しようとするときも同様とする。

2　幹事長は、毎年事業年度終了後、遅滞なく収支計算書を作成し、事務連の監事の監査を受けなければならない。

3　幹事長は、事務連の会議において収支計算書及び監査結果を報告し、その承認を得なければならない。

附　則

1　この会則は、昭和三十二年八月二十日から実施する。

2　非現業共済組合事務連絡協議会会則（昭和三十一年六月一日）は、廃止する。

附　則

この会則は、昭和三十三年十二月一日から実施する。

附　則

この会則は、昭和三十六年四月一日から実施する。

附　則

この会則は、昭和三十六年十月一日から実施する。

附　則

この会則は、昭和三十九年四月十七日から施行し、昭和三十九年四月一日から適用する。

附　則

この会則は、昭和五十五年四月一日から実施する。

附　則

この会則は、昭和五十六年四月一日から実施する。

附　則

この会則は、昭和五十八年四月一日から実施する。

附　則

この会則は、昭和五十九年四月一日から実施する。

附　則

この会則は、平成六年五月二十六日から実施する。

附　則

この会則は、平成八年五月二十一日から実施する。

附　則

この会則は、平成九年四月一日から実施する。

附　則

この会則は、平成十二年四月一日から実施する。

附　則

この会則は、平成十三年四月一日から実施する。

附　則

1　この会則は、平成十八年四月二十一日から施行する。

2　第八条第一項の規定のうち、平成十八年度の役員は平成十八年四月の定例会で承認を得た委員が役員となり、平成十九年度以後は農林水産省以後の委員（平成十九年度に限り会計検査院の委員を除く。）が順次役員になるものとする。

附　則

この会則は、平成十九年四月一日から施行する。

附　則

この会則は、平成二十一年四月一日から施行する。

○国家公務員共済組合担当課長会会則

（名称）

第一条　本会は、国家公務員共済組合担当課長会議（以下「担当課長会」という。）と称する。

（目的）

第二条　担当課長会は、国家公務員の各共済組合（以下「各共済組合」という。）の円滑かつ適正な運営に寄与することを目的とする。

（組織）

第三条　担当課長会は、各共済組合に関する事務を担当する課の長又は官（以下「担当課長等」という。）をもって組織する。

（役割）

第四条　担当課長会は、第二条の目的を達成するため、次の各号に掲げる事項について情報の交換、協議、意見の調整等を行うものとする。

(1)　各共済組合に共通する事項

(2)　連合会の運営審議会の審議事項その他連合会の運営及び事業に関する事項

(3)　財務省給与共済課又は連合会から協議のあった事項

(4)　前各号に掲げるもののほか、第二条の目的達成のため必要な事項

（幹事）

第五条　担当課長会に、幹事二人を置く。

（幹事の職務）

第六条　幹事は、担当課長会を代表し、その会務を総括する。

（幹事の選任及び任期）

第七条　幹事は担当課長等の持ち回りとし、その任期は半年とする。

2　転勤等により幹事が担当課長等でなくなった場合には、その後任の担当課長等が幹事となり、その幹事の任期は、前任者の残任期間とする。

（会議の招集）

第八条　担当課長会の会議は、次の各号に掲げる場合に幹事が招集する。

(1)　第四条の規定による情報の交換、協議、意見の調整等の必要が生じたと認められる場合

(2)　財務省給与共済課又は連合会から開催の要望があった場合

(3)　担当課長等から開催の要望があった場合において、幹事が必要と認めたとき

(4)　連合会の運営審議会又は重要事項の審議のための事業別懇談会等が開催されるとき

(5)　その他幹事が必要と認めるとき

第九条　連合会の運営審議会及び事業別懇談会等の委員たる担当課長等は、会毎に代表委員を定めるものとする。

2　前項の代表委員は、それぞれの会の審議状況について幹事と連絡をとり、担当課長会の会議の開催の要否について協議するものとする。

（議長、代理出席）

第十条　担当課長会の会議の議長は、幹事とする。

2　担当課長会の会議は、担当課長等の指名する者の代理出席を認めることができるものとする。

3　担当課長会の会議には、国家公務員共済組合事務連絡協議会（以下「事務連」という。）幹事長及び副幹事長を出席させることができる。

（事務局）

第十一条　担当課長会に事務局を置く。

2　前項の事務局は、事務連が担当する。

（折衝）

第十二条　幹事は、担当課長会の会議の結果、関係行政機関、連合会等と折衝を要する場合には、これに当たるものとする。

附　則

この会議は、昭和六十一年八月一日から実施する。

附　則

この会則は、平成九年四月一日から実施する。

附　則

この会則は、平成十三年一月六日から実施する。

○一般職の職員の給与に関する法律（抄）

昭二五・四・三
法九五
最終改正　平二九・一二・一五　法七七

第五条　俸給は、一般職の職員の勤務時間、休暇等に関する法律（平成六年法律第三十三号。以下「勤務時間法」という。）第十三条第一項に規定する正規の勤務時間（以下単に「正規の勤務時間」という。）による勤務に対する報酬であつて、この法律に定める俸給の特別調整額、本府省業務調整手当、初任給調整手当、専門スタッフ職調整手当、扶養手当、地域手当、広域異動手当、研究員調整手当、住居手当、通勤手当、単身赴任手当、特殊勤務手当、特地勤務手当（第十四条の規定による手当を含む。第十九条の九において同じ。）、超過勤務手当、休日給、夜勤手当、宿日直手当、管理職員特別勤務手当、期末手当及び勤勉手当を除いた全額とする。

2　宿舎、食事、制服その他これらに類する有価物が職員に支給され、又は無料で貸与される場合においては、これを給与の一部とし、別に法律で定めるところにより、その職員の俸給額を調整する。但し、この調整は、国家公務員宿舎法（昭和二十四年法律第百十七号）に定める公邸及び無料宿舎については行わない。

（俸給の調整額）

第十条　人事院は、俸給月額が、職務の複雑、困難若しくは責任の度又は勤労の強度、勤務時間、勤労環境その他の勤労条件が同じ職務の級に属する他の官職に比して著しく特殊な官職に対し適当でないと認めるときは、その特殊性に基づき、俸給月額につき適正な調整額表を定めることができる。

2　前項の調整額表に定める俸給月額の調整額は、調整前における俸給月額の百分の二十五をこえてはならない。

（俸給の特別調整額）

第十条の二　人事院は、管理又は監督の地位にある職員の官職のうち人事院規則で指定するものについて、その特殊性に基き、俸給月額につき適正な特別調整額表を定めることができる。

2　前項の特別調整額表に定める俸給月額の特別調整額は、同項に規定する官職を占める職員（以下「管理監督職員」という。）の属する職務の級における最高の号俸の俸給月額の百分の二十五を超えてはならない。

（本府省業務調整手当）

第十条の三　行政職俸給表（一）、専門行政職俸給表、税務職俸給表、公安職俸給表（一）、公安職俸給表（二）又は研究職俸給表の適用を受ける職員（管理監督職員を除く。）が次に掲げる業務に従事する場合は、当該職員には、本府省業務調整手当を支給する。

一　国の行政機関の内部部局として人事院規則で定めるもの（以下この項において「内部部局」という。）の業務（当該内部部局が置かれる機関の長がその職務を行うために使用する庁舎が所在する地域以外の地域に所在する官署における業務であつて、当該庁舎における内部部局の業務と同様な業務の特殊性及び困難性並びに職員の確保の困難性があると認められないものとして人事院規則で定めるものを除く。）

二　内部部局以外の組織の業務であつて、前号に掲げる業務と同様な業務の特殊性及び困難性並びに職員の確保の困難性があると認められるものとして人事院規則で定めるもの

2　本府省業務調整手当の月額は、行政職俸給表（一）の適用を受ける職員にあつては当該職員の属する職務の級、専門行政職俸給表、税務職俸給表、公安職俸給表（一）、公安職俸給表（二）又は研究職俸給表の適用を受ける職員にあつては当該職員の属する職務の級に相当すると認められる行政職俸給表（一）の職務の級であつて人事院規則で定めるものにおける最高の号俸の俸給月額に百分の十を乗じて得た額を超えない範囲内で人事院規則で定める額とする。

3　前二項に規定するもののほか、本府省業務調整手当の支給に関し必要な事項は、人事院規則で定める。

（初任給調整手当）

第十条の四　次の各号に掲げる官職に新たに採用された職員には、当該各号に定める額を超えない範囲内の額を、第一号及び第二号に掲げる官職に係るものにあつては採用の日から三十五年以内、第三号に掲げる官職に係るものにあつては採用の日から十年以内、第四号に掲げる官職に係るものにあつては採用の日から五年以内の期間、採用の日（第一号から第三号までに掲げる官職に係るものにあつては、採用後人事院規則で定める期間を経過した日）から一年を経過するごとにその額を減じて、初任給調整手当として支給する。

一　医療職俸給表㈠の適用を受ける職員の官職のうち採用による欠員の補充が困難であると認められる官職で人事院規則で定めるもの　月額四十一万四千三百円

二　医学又は歯学に関する専門的知識を必要とし、かつ、採用による欠員の補充が困難であると認められる官職（前号に掲げる官職を除く。）で人事院規則で定めるもの　月額五万七千百円

三　科学技術（人文科学のみに係るものを除く。第十一条の九第一項において同じ。）に関する高度な専門的知識を必要とし、かつ、採用による欠員の補充が著しく困難であると認められる官職（前二号に掲げる官職を除く。）で人事院規則で定めるもの　月額十万円

四　前三号に掲げる官職以外の官職のうち特殊な専門的知識を必要とし、かつ、採用による欠員の補充について特別の事情があると認められる官職で人事院規則で定めるもの　月額二千五百円

2　前項の官職に在職する職員のうち、同項の規定により初任給調整手当を支給される職員との権衡上必要があると認められる職員には、同項の規定に準じて、初任給調整手当を支給する。

3　前二項の規定により初任給調整手当を支給される職員の範囲、初任給調整手当の支給期間及び支給額その他初任給調整手当の支給に関し必要な事項は、人事院規則で定める。

（専門スタッフ職調整手当）

第十条の五　専門スタッフ職俸給表の適用を受ける職員でそ

の職務の級が三級であるものが極めて高度の専門的な知識経験及び識見を活用して遂行することが必要とされる業務で重要度及び困難度が特に高いものとして人事院規則で定める業務に従事することを命ぜられた場合は、当該職員には、当該業務に従事する間、専門スタッフ職調整手当を支給する。

2　専門スタッフ職調整手当の月額は、俸給月額に百分の十を乗じて得た額とする。

3　前二項に規定するもののほか、専門スタッフ職調整手当の支給に関し必要な事項は、人事院規則で定める。

（扶養手当）

第十一条　扶養手当は、扶養親族のある職員に対して支給する。ただし、次項第一号及び第三号から第六号までのいずれかに該当する扶養親族（以下「扶養親族たる配偶者、父母等」という。）に係る扶養手当は、行政職俸給表㈠の適用を受ける職員でその職務の級が九級以上であるもの及び同表以外の各俸給表の適用を受ける職員でその職務の級がこれに相当するものとして人事院規則で定める職員（以下「行㈠九級以上職員等」という。）に対しては、支給しない。

2　扶養手当の支給については、次に掲げる者で他に生計の途がなく主としてその職員の扶養を受けているものを扶養親族とする。

一　配偶者（届出をしないが事実上婚姻関係と同様の事情にある者を含む。以下同じ。）

二　満二十二歳に達する日以後の最初の三月三十一日までの間にある子

三　満二十二歳に達する日以後の最初の三月三十一日までの間にある孫

四　満六十歳以上の父母及び祖父母

五　満二十二歳に達する日以後の最初の三月三十一日までの間にある弟妹

六　重度心身障害者

3　扶養手当の月額は、扶養親族たる配偶者、父母等については一人につき六千五百円（行政職俸給表㈠の適用を受ける職員でその職務の級が八級であるもの及び同表以外の各俸給表の適用を受ける職員でその職務の級がこれに相当するものとして人事院規則で定める職員（以下「行㈠八級職員等」という。）にあつては、三千五百円）、前項第二号に該当する扶養親族（以下「扶養親族たる子」という。）については一人につき一万円とする。

4　扶養親族たる子のうちに満十五歳に達する日後の最初の四月一日から満二十二歳に達する日以後の最初の三月三十一日までの間（以下「特定期間」という。）にある子がいる場合における扶養手当の月額は、前項の規定にかかわらず、五千円に特定期間にある当該扶養親族たる子の数を乗じて得た額を同項の規定による額に加算した額とする。

第十一条の二　新たに職員となつた者に扶養親族（行㈠九級以上職員等にあつては、扶養親族たる子に限る。）がある場合、行㈠九級以上職員等から行㈠九級以上職員等以外の職員となつた職員に扶養親族たる配偶者、父母等がある場合又は職員に次の各号のいずれかに掲げる事実が生じた場合においては、その職員は、直ちにその旨を各庁の長又はその委任を受けた者に届け出なければならない。

一　新たに扶養親族たる要件を具備するに至つた者がある場合（行㈠九級以上職員等に扶養親族たる配偶者、父母等たる要件を具備するに至つた者がある場合を除く。）

二　扶養親族たる者が扶養親族たる要件を欠くに至つた場合（扶養親族たる子又は前条第二項第三号若しくは第五号に該当する扶養親族が、満二十二歳に達した日以後の最初の三月三十一日の経過により、扶養親族たる要件を欠くに至つた場合及び行㈠九級以上職員等に扶養親族たる配偶者、父母等たる要件を欠くに至つた者がある場合を除く。）

2　扶養手当の支給は、新たに職員となつた者に扶養親族（行㈠九級以上職員等にあつては、扶養親族たる子に限る。）がある場合においてはその者が職員となつた日、行㈠九級以上職員等から行㈠九級以上職員等以外の職員となつた職員に扶養親族たる配偶者、父母等がある場合においてその職員に扶養親族たる子で前項の規定による届出に係るものがないときはその職員が行㈠九級以上職員等以外の職員となつた日、職員に扶養親族（行㈠九級以上職員等にあつては、扶養親族たる子に限る。）で同項の規定による届出に係るものがない場合においてその職員に同項第一号に掲げる事実が生じたときはその事実が生じた日の属する月の翌月（これらの日が月の初日であるときは、その日の属する月）から開始し、扶養手当を受けている職員が離職し、又は死亡した場合においてはそれぞれその者が離職し、又は死亡した日、行㈠九級以上職員等以外の職員から行㈠九級以上職員等となつた職員に扶養親族たる配偶者、父母等で同項の規定による届出に係るものがある場合においてその職員に扶養親族たる子で同項の規定による届出に係るものがないときはその職員が行㈠九級以上職員等となつた日、扶養手当を受けている職員の扶養親族（行㈠九級以上職員等にあつては、扶養親族たる子に限る。）で同項の規定による届出に係るものの全てが扶養親族たる要件を欠くに至つた場合においてはその事実が生じた日の属する月（これらの日が月の初日であるときは、その日の属する月の前月）をもつて終わる。ただし、扶養手当の支給の開始については、同項の規定による届出が、これに係る事実の生じた日から十五日を経過した後にされたときは、その届出を受理した日の属する月の翌月（その日が月の初日であるときは、その日の属する月）から行うものとする。

3　扶養手当は、次の各号のいずれかに掲げる事実が生じた場合においては、その事実が生じた日の属する月の翌月（その日が月の初日であるときは、その日の属する月）からその支給額を改定する。前項ただし書の規定は、第一号又は第三号に掲げる事実が生じた場合における扶養手当の支給額の改定について準用する。

一　扶養手当を受けている職員に更に第一項第一号に掲げる事実が生じた場合

二　扶養手当を受けている職員の扶養親族（行㈠九級以上職員等にあつては、扶養親族たる子に限る。）で第一項の規定による届出に係るものの一部が扶養親族たる要件を欠くに至つた場合

三　扶養親族たる配偶者、父母等及び扶養親族たる子で第一項の規定による届出に係るものがある行㈠九級以上職員等が行㈠九級以上職員等以外の職員となつた場合

四　扶養親族たる配偶者、父母等で第一項の規定による届出に係るものがある行㈠八級職員等が行㈠八級職員等及び行㈠九級以上職員等以外の職員となつた場合

五　扶養親族たる配偶者、父母等で第一項の規定による届

出に係るもの及び扶養親族たる子で同項の規定による届出に係るものがある職員で行㈠九級以上職員等以外のものが行㈠九級以上職員等となつた場合

六　扶養親族たる配偶者、父母等で第一項の規定による届出に係るものがある職員で行㈠八級職員等及び行㈠九級以上職員等以外のものが行㈠八級職員等となつた場合

七　職員の扶養親族たる子で第一項の規定による届出に係るもののうち特定期間にある子でなかつた者が特定期間にある子となつた場合

（地域手当）

第十一条の三　地域手当は、当該地域における民間の賃金水準を基礎とし、当該地域における物価等を考慮して人事院規則で定める地域に在勤する職員に支給する。当該地域に近接する地域のうち民間の賃金水準及び物価等に関する事情がその地域に準ずる地域に所在する官署で人事院規則で定めるものに在勤する職員についても、同様とする。

2　地域手当の月額は、俸給、俸給の特別調整額、専門スタッフ職調整手当及び扶養手当の月額の合計額に、次の各号に掲げる地域手当の級地の区分に応じて、当該各号に定める割合を乗じて得た額とする。

一　一級地　百分の二十

二　二級地　百分の十六

三　三級地　百分の十五

四　四級地　百分の十二

五　五級地　百分の十

六　六級地　百分の六

七　七級地　百分の三

3　前項の地域手当の級地は、人事院規則で定める。

第十一条の四　その設置に特別の事情がある大規模な空港の区域であつて、当該区域内における民間の事業所の設置状況、当該民間の事業所の従業員の賃金等に特別の事情があると認められるものとして人事院規則で定めるものに在勤する職員には、前条の規定によりこの条の規定による地域手当の支給割合以上の支給割合による地域手当を支給される場合を除き、前条の規定にかかわらず、俸給、俸給の特別調整額、専門スタッフ職調整手当及び扶養手当の月額の合計額に百分の十六を超えない範囲内で人事院規則で定める割合を乗じて得た月額の地域手当を支給する。

第十一条の五　医療職俸給表㈠の適用を受ける職員及び指定職俸給表の適用を受ける職員（医療業務に従事する職員で人事院の定めるものに限る。）には、前二条の規定によりこの条の規定による地域手当の支給割合以上の支給割合による地域手当を支給される場合を除き、当分の間、前二条の規定にかかわらず、俸給、俸給の特別調整額及び扶養手当の月額の合計額に百分の十六を乗じて得た月額の地域手当を支給する。

第十一条の六　第十一条の三第一項の人事院規則で定める地域に所在する官署又は同項の人事院規則で定める官署（以下「地域手当支給官署」という。）が特別の法律に基づく官署の移転に関する計画その他の特別の事情による移転（人事院規則で定める移転に限る。）をした場合において、当該移転の直後の官署の所在する地域若しくは官署に係る地域手当の支給割合（同条第二項各号に定める割合をいう。）が当該移転の日の前日の官署の所在していた地域若しくは官署に係る地域手当の支給割合（同条第二項各号に定める割合をいう。以下「移転前の支給割合」という。）に達しないこととなるとき、又は当該移転の直後の官署の所在する地域若しくは官署が同条第一項の人事院規則で定める地域若しくは官署に該当しないこととなるときは、当該移転をした官署で人事院規則で定めるもの（以下「特別移転官署」という。）に在勤する職員（人事院規則で定める職員を除く。）には、前二条の規定により当該管署に係るこの項の規定による地域手当の支給割合以上の支給割合による地域手当を支給される期間を除き、前三条の規定にかかわらず、人事院規則の定めるところにより、一定の期間、俸給、俸給の特別調整額、専門スタッフ職調整手当及び扶養手当の月額の合計額に次の各号に掲げる特別移転官署の区分に応じ当該各号に定める割合で人事院規則で定めるものを乗じて得た月額の地域手当を支給する。

一　地域手当支給官署である特別移転官署　移転前の支給割合を当該官署の所在する地域又は当該管署に係る第十一条の三第二項各号に定める割合に至るまで段階的に引き下げた割合

二　前号に掲げるもの以外の特別移転官署　移転前の支給割合を段階的に引き下げた割合

2　新たに設置された官署で特別移転官署の移転と同様の事情により設置されたものとして人事院規則で定める官署に在勤する職員（人事院規則で定める職員を除く。）には、前二条の規定により当該官署に係るこの項の規定による地域手当の支給割合以上の支給割合による地域手当を支給される期間を除き、前三条の規定にかかわらず、当該官署の設置に関する事情、当該官署の設置に伴う職員の異動の状況等を考慮して人事院規則の定めるところにより、一定の期間、俸給、俸給の特別調整額、専門スタッフ職調整手当及び扶養手当の月額の合計額に前項各号の規定に準じて人事院規則で定める割合を乗じて得た月額の地域手当を支給する。

3　地域手当支給官署が第一項に規定する特別の事情に準ずると認められる事情による移転（人事院規則で定める移転に限る。）をした場合において、当該移転の直後の官署の所在する地域若しくは官署に係る地域手当の支給割合（第十一条の三第二項各号に定める割合をいう。）が当該移転の日の前日の官署の所在していた地域若しくは官署に係る地域手当の支給割合（同条第二項各号に定める割合をいう。）に達しないこととなるとき、又は当該移転の直後の官署の所在する地域若しくは官署が同条第一項の人事院規則で定める地域若しくは官署に該当しないこととなるときは、当該移転をした官署で人事院規則で定めるもの（以下「準特別移転官署」という。）に在勤する職員（当該移転の日前から引き続き準特別移転官署に在勤する職員その他これらの職員との権衡上必要があると認められるものとして人事院規則で定める職員（以下「移転職員等」という。）に限る。）には、人事院規則の定めるところにより、第一項の規定に準じて、地域手当を支給する。新たに設置された官署で準特別移転官署の移転と同様の事情により設置されたものとして人事院規則で定める官署に在勤する職員（人事院規則で定める職員に限る。）についても、当該官署の設置に関する事情、当該官署の設置に伴う職員の異動の状況等を考慮して人事院規則の定めるところにより、前項の規定に準じて、地域手当を支給する。

第十一条の七　第十一条の三第一項の人事院規則で定める地

域若しくは官署若しくは第十一条の四の人事院規則で定める空港の区域に在勤する職員がその在勤する地域、官署若しくは空港の区域を異にして異動した場合又はこれらの職員の在勤する官署が移転した場合（これらの職員が当該異動又は移転の日の前日に在勤していた地域、官署又は空港の区域に引き続き六箇月を超えて在勤していた場合その他当該場合との権衡上必要があると認められる場合として人事院規則で定める場合に限る。）において、当該異動若しくは移転（以下この項において「異動等」という。）の直後に在勤する地域、官署若しくは空港の区域に係る地域手当の支給割合（第十一条の三第二項各号に定める割合又は第十一条の四の人事院規則で定める割合をいう。以下この項において「異動等後の支給割合」という。）が当該異動等の日の前日に在勤していた地域、官署若しくは空港の区域に係る地域手当の支給割合（第十一条の三第二項各号に定める割合又は第十一条の四の人事院規則で定める割合をいい、人事院規則で定める場合には、当該支給割合を超えない範囲内で人事院規則で定める割合とする。以下この項において「異動等前の支給割合」という。）に達しないこととなるとき、又は当該異動等の直後に在勤する地域、官署若しくは空港の区域が第十一条の三第一項の人事院規則で定める地域若しくは官署若しくは第十一条の四の人事院規則で定める空港の区域に該当しないこととなるときは、異動等の円滑を図るため、当該職員には、前二条の規定により当該異動等に係るこの項本文の規定による地域手当の支給割合以上の支給割合による地域手当を支給される期間を除き、第十一条の三から前条までの規定にかかわらず、当該異動等の日から二年を経過するまでの間（次の各号に掲げる期間において当該各号に定める割合が異動等後の支給割合（異動等後の支給割合が当該異動等の後に改定された場合にあつては、当該改定後の異動等後の支給割合）以下となるときは、その以下となる日の前日までの間。以下この項において同じ。）、俸給、俸給の特別調整額、専門スタッフ職調整手当及び扶養手当の月額の合計額に次の各号に掲げる期間の区分に応じ当該各号に定める割合を乗じて得た月額の地域手当を支給する。ただし、当該職員が当該異動等の日から二年を経過するまでの間に更に在勤する地域、官署又は空港の区域を異にして異動した場合その他人事院の定める場合における当該職員に対する地域手当の支給については、人事院の定めるところによる。

一　当該異動等の日から同日以後一年を経過する日までの期間　異動等前の支給割合（異動等前の支給割合が当該異動等の後に改定された場合にあつては、当該異動等の日の前日の異動等前の支給割合。次号において同じ。）

二　当該異動等の日から同日以後二年を経過する日までの期間（前号に掲げる期間を除く。）　異動等前の支給割合に百分の八十を乗じて得た割合

2　前条第一項若しくは第二項の人事院規則で定める官署に在勤する職員（これらの規定の人事院規則で定める職員を除く。）若しくは同条第三項の人事院規則で定める官署に在勤する職員（移転職員等及び同項後段の人事院規則で定める職員に限る。）がその在勤する官署を異にして異動した場合又はこれらの職員の在勤する官署が移転した場合（これらの職員が当該異動又は移転の日の前日に在勤していた官署に引き続き六箇月を超えて在勤していた場合その他当該場合との権衡上必要があると認められる場合として人事院規則で定める場合に限る。）において、当該異動若しくは移転（以下この項において「異動等」という。）の直後に在勤する地域、官署若しくは空港の区域に係る地域手当の支給割合（第十一条の三第二項各号に定める割合又は第十一条の四の人事院規則で定める割合をいう。以下この項において「異動等後の支給割合」という。）が当該異動等の日の前日に在勤していた官署に引き続き在勤するものとした場合における当該官署に係る前条の規定による当該異動等の日の地域手当の支給割合に達しないこととなるとき、又は当該異動等の直後に在勤する地域、官署若しくは空港の区域が第十一条の三第一項の人事院規則で定める地域若しくは官署若しくは第十一条の四の人事院規則で定める空港の区域に該当しないこととなるときは、当該職員には、前二条又は前項ただし書若しくは次項の規定により当該異動等に係るこの項本文の規定による地域手当の支給割合以上の支給割合による地域手当を支給される期間を除き、第十一条の三から前条まで又は前項若しくは次項の規定にかかわらず、当該異動等の日から二年を経過するまでの間（次の各号に掲げる期間において当該各号に定める割合が異動等後の支給割合以下となるときは、その以下となる日の前日までの間。以下この項において同じ。）、俸給、俸給の特別調整額、専門スタッフ職調整手当及び扶養手当の月額の合計額に当該各号に掲げる期間の区分に応じ当該各号に定める割合を乗じて得た月額の地域手当を支給する。ただし、当該職員が当該異動等の日から二年を経過するまでの間に更に在勤する地域、官署又は空港の区域を異にして異動した場合その他人事院の定める場合における当該職員に対する地域手当の支給については、人事院の定めるところによる。

一　当該異動等の日から同日以後一年を経過する日までの期間　当該異動等の日の前日に在勤していた官署に引き続き在勤するものとした場合における当該官署に係る前条の規定による地域手当の支給割合（次号において「みなし特例支給割合」という。）

二　当該異動等の日から同日以後二年を経過する日までの期間（前号に掲げる期間を除く。）　みなし特例支給割合に百分の八十を乗じて得た割合

3　検察官であつた者又は独立行政法人通則法（平成十一年法律第百三号）第二条第四項に規定する行政執行法人の職員、特別職に属する国家公務員、地方公務員若しくは沖縄振興開発金融公庫その他その業務が国の事務若しくは事業と密接な関連を有する法人のうち人事院規則で定めるものに使用される者（以下「行政執行法人職員等」という。）であつた者が、引き続き俸給表の適用を受ける職員となり、第十一条の三第二項第一号の一級地に係る地域及び官署以外の地域又は官署に在勤することとなつた場合において、任用の事情、当該在勤することとなつた日の前日における勤務地等を考慮して前二項の規定による地域手当を支給される職員との権衡上必要があると認められるときは、当該職員には、人事院規則の定めるところにより、これらの規定に準じて、地域手当を支給する。

（広域異動手当）

第十一条の八　職員がその在勤する官署を異にして異動した場合又は職員の在勤する官署が移転した場合において、当該異動又は移転（以下この条において「異動等」という。）

につき人事院規則で定めるところにより算定した官署間の距離（異動等の日の前日に在勤していた官署の所在地と当該移動等の直後に在勤する官署の所在地との間の距離をいう。以下この項において同じ。）及び住居と官署との間の距離（異動等の直前の住居と当該異動等の直後に在勤する官署の所在地との間の距離をいう。以下この項において同じ。）がいずれも六十キロメートル以上であるとき（当該住居と官署との間の距離が六十キロメートル未満である場合であつて、通勤に要する時間等を考慮して当該住居と官署との間の距離が六十キロメートル以上である場合に相当すると認められる場合として人事院規則で定める場合を含む。）は、当該職員には、当該異動等の日から三年を経過する日までの間、俸給、俸給の特別調整額、専門スタッフ職調整手当及び扶養手当の月額の合計額に当該異動等に係る官署間の距離の次の各号に掲げる区分に応じ当該各号に定める割合を乗じて得た月額の広域異動手当を支給する。ただし、当該異動等に当たり一定の期間内に当該異動等の日の前日に在勤していた官署への異動等が予定されている場合その他の広域異動手当を支給することが適当と認められない場合として人事院規則で定める場合は、この限りでない。

一　三百キロメートル以上　百分の十

二　六十キロメートル以上三百キロメートル未満　百分の五

2　前項の規定により広域異動手当を支給されることとなる職員のうち、当該支給に係る異動等（以下この項において「当初広域異動等」という。）の日から三年を経過する日までの間の異動等（以下この項において「再異動等」という。）により前項の規定により更に広域異動手当が支給されることとなるものについては、当該再異動等に係る広域異動手当の支給割合が当初広域異動等に係る広域異動手当の支給割合を上回るとき又は当初広域異動等に係る広域異動手当の支給割合と同一の割合となるときにあつては当該再異動等の日以後は当初広域異動等に係る広域異動手当を支給せず、当該再異動等に係る広域異動手当の支給割合が当初広域異動等に係る広域異動手当の支給割合を下回るときにあつては当初広域異動等に係る広域異動手当が支給されることとなる期間は当該再異動等に係る広域異動手当を支給しない。

3　検察官であつた者、行政執行法人職員等であつた者その他の人事院規則で定める者から引き続き俸給表の適用を受ける職員となつた者（任用の事情等を考慮して人事院規則で定める者に限る。）又は異動等に準ずるものとして人事院規則で定めるものがあつた職員であつて、これらに伴い勤務場所に変更があつたものには、人事院規則の定めるところにより、前二項の規定に準じて、広域異動手当を支給する。

4　前三項の規定により広域異動手当を支給されることとなる職員が、第十一条の三から前条までの規定により地域手当を支給される職員である場合における広域異動手当の支給割合は、前三項の規定による広域異動手当の支給割合から当該地域手当の支給割合を減じた割合とする。この場合において、前三項の規定による広域異動手当の支給割合が当該地域手当の支給割合以下であるときは、広域異動手当は、支給しない。

5　前各項に規定するもののほか、広域異動手当の支給に関し必要な事項は、人事院規則で定める。

（住居手当）

第十一条の十　住居手当は、次の各号のいずれかに該当する職員に支給する。

一　自ら居住するため住宅（貸間を含む。次号において同じ。）を借り受け、月額一万二千円を超える家賃（使用料を含む。以下同じ。）を支払つている職員（国家公務員宿舎法第十三条の規定による有料宿舎を貸与され、使用料を支払つている職員その他人事院規則で定める職員を除く。）

二　第十二条の二第一項又は第三項の規定により単身赴任手当を支給される職員で、配偶者が居住するための住宅（国家公務員宿舎法第十三条の規定による有料宿舎その他人事院規則で定める住宅を除く。）を借り受け、月額一万二千円を超える家賃を支払つているもの又はこれらのものとの権衡上必要があると認められるものとして人事院規則で定めるもの

2　住居手当の月額は、次の各号に掲げる職員の区分に応じて、当該各号に掲げる額（当該各号のいずれにも該当する職員にあつては、当該各号に掲げる額の合計額）とする。

一　前項第一号に掲げる職員　次に掲げる職員の区分に応じて、それぞれ次に掲げる額（その額に百円未満の端数を生じたときは、これを切り捨てた額）に相当する額

イ　月額二万三千円以下の家賃を支払つている職員　家賃の月額から一万二千円を控除した額

ロ　月額二万三千円を超える家賃を支払つている職員　家賃の月額から二万三千円を控除した額の二分の一（その控除した額の二分の一が一万六千円を超えるときは、一万六千円）を一万千円に加算した額

二　前項第二号に掲げる職員　前号の規定の例により算出した額の二分の一に相当する額（その額に百円未満の端数を生じたときは、これを切り捨てた額）

3　前二項に規定するもののほか、住居手当の支給に関し必要な事項は、人事院規則で定める。

（通勤手当）

第十二条　通勤手当は、次に掲げる職員に支給する。

一　通勤のため交通機関又は有料の道路（以下「交通機関等」という。）を利用してその運賃又は料金（以下「運賃等」という。）を負担することを常例とする職員（交通機関等を利用しなければ通勤することが著しく困難である職員以外の職員であつて交通機関等を利用しないで徒歩により通勤するものとした場合の通勤距離が片道二キロメートル未満であるもの及び第三号に掲げる職員を除く。）

二　通勤のため自動車その他の交通の用具で人事院規則で定めるもの（以下「自動車等」という。）を使用することを常例とする職員（自動車等を使用しなければ通勤することが著しく困難である職員以外の職員であつて自動車等を使用しないで徒歩により通勤するものとした場合の通勤距離が片道二キロメートル未満であるもの及び次号に掲げる職員を除く。）

三　通勤のため交通機関等を利用してその運賃等を負担し、かつ、自動車等を使用することを常例とする職員（交通機関等を利用し、又は自動車等を使用しなければ通勤することが著しく困難である職員以外の職員であつ

て、交通機関等を利用せず、かつ、自動車等を使用しないで徒歩により通勤するものとした場合の通勤距離が片道二キロメートル未満であるものを除く。)

2 通勤手当の額は、次の各号に掲げる職員の区分に応じ、当該各号に定める額とする。

一 前項第一号に掲げる職員 支給単位期間につき、人事院規則で定めるところにより算出したその者の支給単位期間の通勤に要する運賃等の額に相当する額(以下「運賃等相当額」という。)。ただし、運賃等相当額を支給単位期間の月数で除して得た額(以下「一箇月当たりの運賃等相当額」という。)が五万五千円を超えるときは、支給単位期間につき、五万五千円に支給単位期間の月数を乗じて得た額(その者が二以上の交通機関等を利用するものとして当該運賃等の額を算出する場合において、一箇月当たりの運賃等相当額の合計額が五万五千円を超えるときは、その者の通勤手当に係る支給単位期間のうち最も長い支給単位期間につき、五万五千円に当該支給単位期間の月数を乗じて得た額)

二 前項第二号に掲げる職員 次に掲げる職員の区分に応じ、支給単位期間につき、それぞれ次に定める額(再任用短時間勤務職員のうち、支給単位期間当たりの通勤回数を考慮して人事院規則で定める職員にあつては、その額から、その額に人事院規則で定める割合を乗じて得た額を減じた額)

イ 自動車等の使用距離(以下この号において「使用距離」という。)が片道五キロメートル未満である職員 二千円

ロ 使用距離が片道五キロメートル以上十キロメートル未満である職員 四千二百円

ハ 使用距離が片道十キロメートル以上十五キロメートル未満である職員 七千百円

ニ 使用距離が片道十五キロメートル以上二十キロメートル未満である職員 一万円

ホ 使用距離が片道二十キロメートル以上二十五キロメートル未満である職員 一万二千九百円

ヘ 使用距離が片道二十五キロメートル以上三十キロメートル未満である職員 一万五千八百円

ト 使用距離が片道三十キロメートル以上三十五キロメートル未満である職員 一万八千七百円

チ 使用距離が片道三十五キロメートル以上四十キロメートル未満である職員 二万千六百円

リ 使用距離が片道四十キロメートル以上四十五キロメートル未満である職員 二万四千四百円

ヌ 使用距離が片道四十五キロメートル以上五十キロメートル未満である職員 二万六千二百円

ル 使用距離が片道五十キロメートル以上五十五キロメートル未満である職員 二万八千円

ヲ 使用距離が片道五十五キロメートル以上六十キロメートル未満である職員 二万九千八百円

ワ 使用距離が片道六十キロメートル以上である職員 三万千六百円

三 前項第三号に掲げる職員 交通機関等を利用せず、かつ、自動車等を使用しないで徒歩により通勤するものとした場合の通勤距離、交通機関等の利用距離、自動車等の使用距離等の事情を考慮して人事院規則で定める区分に応じ、前二号に定める額(一箇月当たりの運賃等相当額及び前号に定める額の合計額が五万五千円を超えるときは、その者の通勤手当に係る支給単位期間のうち最も長い支給単位期間につき、五万五千円に当該支給単位期間の月数を乗じて得た額)、第一号に定める額又は前号に定める額

3 官署を異にする異動又は在勤する官署の移転に伴い、所在する地域を異にする官署に在勤することとなつたことにより、通勤の実情に変更を生ずることとなつた職員で人事院規則で定めるもののうち、第一項第一号又は第三号に掲げる職員で、当該異動又は官署の移転の直前の住居(当該住居に相当するものとして人事院規則で定める住居を含む。)からの通勤のため、新幹線鉄道等の特別急行列車、高速自動車国道その他の交通機関等(以下「新幹線鉄道等」という。)でその利用が人事院規則で定める基準に照らして通勤事情の改善に相当程度資するものであると認められるものを利用し、その利用に係る特別料金等(その利用に係る運賃等の額から運賃等相当額の算出の基礎となる運賃等に相当する額を減じた額をいう。以下同じ。)を負担することを常例とするものの通勤手当の額は、前項の規定にかかわらず、次の各号に掲げる通勤手当の区分に応じ、当該各号に定める額とする。

一 新幹線鉄道等に係る通勤手当 支給単位期間につき、人事院規則で定めるところにより算出したその者の支給単位期間の通勤に要する特別料金等の額の二分の一に相当する額。ただし、当該額を支給単位期間の月数で除して得た額(以下「一箇月当たりの特別料金等二分の一相当額」という。)が二万円を超えるときは、支給単位期間につき、二万円に支給単位期間の月数を乗じて得た額(その者が二以上の新幹線鉄道等を利用するものとして当該特別料金等の額を算出する場合において、一箇月当たりの特別料金等二分の一相当額の合計額が二万円を超えるときは、その者の新幹線鉄道等に係る通勤手当に係る支給単位期間のうち最も長い支給単位期間につき、二万円に当該支給単位期間の月数を乗じて得た額)

二 前号に掲げる通勤手当以外の通勤手当 前項の規定による額

4 前項の規定は、検察官であつた者又は行政執行法人職員等であつた者から引き続き俸給表の適用を受ける職員となつた者のうち、第一項第一号又は第三号に掲げる職員で、当該適用の直前の住居(当該住居に相当するものとして人事院規則で定める住居を含む。)からの通勤のため、新幹線鉄道等でその利用が人事院規則で定める基準に照らして通勤事情の改善に相当程度資するものであると認められるものを利用し、その利用に係る特別料金等を負担することを常例とするもの(任用の事情等を考慮して人事院規則で定める職員に限る。)その他前項の規定による通勤手当を支給される職員との権衡上必要があると認められるものとして人事院規則で定める職員の通勤手当の額の算出について準用する。

5 第一項第一号又は第三号に掲げる職員のうち、住居を得ることが著しく困難である島その他これに準ずる区域(以下「島等」という。)に所在する官署で人事院規則で定めるものへの通勤のため、当該島等への交通に橋、トンネルその他の施設(以下「橋等」という。)を利用し、当該橋等の利用に係る通常の運賃に加算される運賃又は料金(以下

「特別運賃等」という。）を負担することを常例とする職員（人事院規則で定める職員を除く。）の通勤手当の額は、前三項の規定にかかわらず、次の各号に掲げる通勤手当の区分に応じ、当該各号に定める額とする。

一　橋等に係る通勤手当　支給単位期間につき、人事院規則で定めるところにより算出したその者の支給単位期間の通勤に要する特別運賃等の額に相当する額

二　前号に掲げる通勤手当以外の通勤手当　同号に定める額を負担しないものとした場合における前三項の規定による額

6　通勤手当は、支給単位期間（人事院規則で定める通勤手当にあつては、人事院規則で定める期間）に係る最初の月の人事院規則で定める日に支給する。

7　通勤手当を支給される職員につき、離職その他の人事院規則で定める事由が生じた場合には、当該職員に、支給単位期間のうちこれらの事由が生じた後の期間を考慮して人事院規則で定める額を返納させるものとする。

8　この条において「支給単位期間」とは、通勤手当の支給の単位となる期間として六箇月を超えない範囲内で一箇月を単位として人事院規則で定める期間（自動車等に係る通勤手当にあつては、一箇月）をいう。

9　前各項に規定するもののほか、通勤の実情の変更に伴う支給額の改定その他通勤手当の支給及び返納に関し必要な事項は、人事院規則で定める。

（単身赴任手当）

第十二条の二　官署を異にする異動又は在勤する官署の移転に伴い、住居を移転し、父母の疾病その他の人事院規則で定めるやむを得ない事情により、同居していた配偶者と別居することとなつた職員で、当該異動又は官署の移転の直前の住居から当該異動又は官署の移転の直後に在勤する官署に通勤することが通勤距離等を考慮して人事院規則で定める基準に照らして困難であると認められるもののうち、単身で生活することを常況とする職員には、単身赴任手当を支給する。ただし、配偶者の住居から在勤する官署に通勤することが、通勤距離等を考慮して人事院規則で定める基準に照らして困難であると認められない場合は、この限りでない。

2　単身赴任手当の月額は、三万円（人事院規則で定めるところにより算定した職員の住居と配偶者の住居との間の交通距離（以下単に「交通距離」という。）が人事院規則で定める距離以上である職員にあつては、その額に、七万円を超えない範囲内で交通距離の区分に応じて人事院規則で定める額を加算した額）とする。

3　検察官であつた者又は行政執行法人職員等であつた者から引き続き俸給表の適用を受ける職員となり、これに伴い、住居を移転し、父母の疾病その他の人事院規則で定めるやむを得ない事情により、同居していた配偶者と別居することとなつた職員で、当該適用の直前の住居から当該適用の直後に在勤する官署に通勤することが通勤距離等を考慮して人事院規則で定める基準に照らして困難であると認められるもののうち、単身で生活することを常況とする職員（任用の事情等を考慮して人事院規則で定める職員に限る。）その他第一項の規定による単身赴任手当を支給される職員との権衡上必要があると認められるものとして人事院規則で定める職員には、前二項の規定に準じて、単身赴任手当を支給する。

4　前三項に規定するもののほか、単身赴任手当の支給の調整に関する事項その他単身赴任手当の支給に関し必要な事項は、人事院規則で定める。

（特殊勤務手当）

第十三条　著しく危険、不快、不健康又は困難な勤務その他の著しく特殊な勤務で、給与上特別の考慮を必要とし、かつ、その特殊性を俸給で考慮することが適当でないと認められるものに従事する職員には、その勤務の特殊性に応じて特殊勤務手当を支給する。

2　特殊勤務手当の種類、支給される職員の範囲、支給額その他特殊勤務手当の支給に関し必要な事項は、人事院規則で定める。

（特地勤務手当等）

第十三条の二　離島その他の生活の著しく不便な地に所在する官署として人事院規則で定めるもの（以下「特地官署」という。）に勤務する職員には、特地勤務手当を支給する。

2　特地勤務手当の月額は、俸給及び扶養手当の月額の合計額の百分の二十五をこえない範囲内で人事院規則で定める。

3　特地官署が第十一条の三第一項の人事院規則で定める地域に所在する場合における特地勤務手当と地域手当その他の給与との調整等に関し必要な事項は、人事院規則で定める。

第十四条　職員が官署を異にして異動し、当該異動に伴つて住居を移転した場合又は職員の在勤する官署が移転し、当該移転に伴つて職員が住居を移転した場合において、当該異動の直後に在勤する官署又はその移転した官署が特地官署又は人事院が指定するこれらに準ずる官署（以下「準特地官署」という。）に該当するときは、当該職員には、人事院規則で定めるところにより、当該異動又は官署の移転の日から三年以内の期間（当該異動又は官署の移転の日から起算して三年を経過する際人事院の定める条件に該当する者にあつては、更に三年以内の期間）、俸給及び扶養手当の月額の合計額の百分の六を超えない範囲内の月額の特地勤務手当に準ずる手当を支給する。

2　検察官であつた者又は行政執行法人職員等であつた者から引き続き俸給表の適用を受ける職員となつて特地官署又は準特地官署に在勤することとなつたことに伴つて住居を移転した職員（任用の事情等を考慮して人事院規則で定める職員に限る。）、新たに特地官署又は準特地官署に該当することとなつた官署に在勤する職員でその特地官署又は準特地官署に該当することとなつた日前三年以内に当該官署に異動し、当該異動に伴つて住居を移転したものその他前項の規定による手当を支給される職員との権衡上必要があると認められるものとして人事院規則で定める職員には、人事院規則の定めるところにより、同項の規定に準じて、特地勤務手当に準ずる手当を支給する。

3　前二項の規定により特地勤務手当に準ずる手当を支給される職員が第十一条の八の規定により広域異動手当を支給されることとなる職員である場合における特地勤務手当に準ずる手当と広域異動手当との調整に関し必要な事項は、人事院規則で定める。

（超過勤務手当）

第十六条　正規の勤務時間を超えて勤務することを命ぜられた職員には、正規の勤務時間を超えて勤務した全時間に対して、勤務一時間につき、第十九条に規定する勤務一時間

当たりの給与額に正規の勤務時間を超えてした次に掲げる勤務の区分に応じてそれぞれ百分の百二十五から百分の百五十までの範囲内で人事院規則で定める割合（その勤務が午後十時から翌日の午前五時までの間である場合は、その割合に百分の二十五を加算した割合）を乗じて得た額を超過勤務手当として支給する。

一　正規の勤務時間が割り振られた日（次条の規定により正規の勤務時間中に勤務した職員に休日給が支給されることとなる日を除く。次項において同じ。）における勤務

二　前号に掲げる勤務以外の勤務

2　再任用短時間勤務職員が、正規の勤務時間が割り振られた日において、正規の勤務時間を超えてした勤務のうち、その勤務の時間とその勤務をした日における正規の勤務時間との合計が七時間四十五分に達するまでの間の勤務に対する前項の規定の適用については、同項中「正規の勤務時間を超えてした次に掲げる勤務の区分に応じてそれぞれ百分の百二十五から百分の百五十までの範囲内で人事院規則で定める割合」とあるのは、「百分の百」とする。

3　正規の勤務時間を超えて勤務することを命ぜられ、正規の勤務時間を超えてした勤務（勤務時間法第六条第一項及び第四項、第七条並びに第八条の規定に基づく週休日における勤務のうち人事院規則で定めるものを除く。）の時間が一箇月について六十時間を超えた職員には、その六十時間を超えて勤務した全時間に対して、第一項（前項の規定により読み替えて適用する場合を含む。）の規定にかかわらず、勤務一時間につき、第十九条に規定する勤務一時間当たりの給与額に百分の百五十（その勤務が午後十時から翌日の午前五時までの間である場合は、百分の百七十五）を乗じて得た額を超過勤務手当として支給する。

4　勤務時間法第十三条の二第一項に規定する超勤代休時間を指定された場合において、当該超勤代休時間に職員が勤務しなかつたときは、前項に規定する六十時間を超えて勤務した全時間のうち当該超勤代休時間の指定に代えられた超過勤務手当の支給に係る時間に対しては、当該時間一時間につき、第十九条に規定する勤務一時間当たりの給与額に百分の百五十（その時間が午後十時から翌日の午前五時までの間である場合は、百分の百七十五）から第一項に規定する人事院規則で定める割合（その時間が午後十時から翌日の午前五時までの間である場合は、その割合に百分の二十五を加算した割合）を減じた割合を乗じて得た額の超過勤務手当を支給することを要しない。

5　第二項に規定する七時間四十五分に達するまでの間の勤務に係る時間について前二項の規定の適用がある場合における当該時間に対する前項の規定の適用については、同項中「第一項に規定する人事院規則で定める割合」とあるのは、「百分の百」とする。

（休日給）

第十七条　祝日法による休日等（勤務時間法第六条第一項又は第七条の規定に基づき毎日曜日を週休日と定められている職員以外の職員にあつては、勤務時間法第十四条に規定する祝日法による休日が勤務時間法第七条及び第八条の規定に基づく週休日に当たるときは、人事院規則で定める日）及び年末年始の休日等において、正規の勤務時間中に勤務することを命ぜられた職員には、正規の勤務時間中に勤務した全時間に対して、勤務一時間につき、第十九条に規定する勤務一時間当たりの給与額に百分の百二十五から百分の百五十までの範囲内で人事院規則で定める割合を乗じて得た額を休日給として支給する。これらの日に準ずるものとして人事院規則で定める日において勤務した職員についても、同様とする。

（夜勤手当）

第十八条　正規の勤務時間として午後十時から翌日の午前五時までの間に勤務することを命ぜられた職員には、その間に勤務した全時間に対して、勤務一時間につき、第十九条に規定する勤務一時間当たりの給与額の百分の二十五を夜勤手当として支給する。

（勤務一時間当たりの給与額の算出）

第十九条　第十五条から第十八条までに規定する勤務一時間当たりの給与額は、俸給の月額並びにこれに対する地域手当、広域異動手当及び研究員調整手当の月額の合計額に十二を乗じ、その額を一週間当たりの勤務時間に五十二を乗じたもので除して得た額とする。

（宿日直手当）

第十九条の二　宿日直勤務を命ぜられた職員には、その勤務一回につき、四千二百円（入院患者の病状の急変等に対処するための医師又は歯科医師の宿日直勤務にあつては二万円、人事院規則で定めるその他の特殊な業務を主として行う宿日直勤務にあつては七千二百円）を超えない範囲内において人事院規則で定める額を宿日直手当として支給する。ただし、執務が行われる時間が執務が通常行われる日の執務時間の二分の一に相当する時間である日で人事院規則で定めるものに退庁時から引き続いて行われる宿直勤務にあつては、その額は、六千三百円（入院患者の病状の急変等に対処するための医師又は歯科医師の宿直勤務にあつては三万円、人事院規則で定めるその他の特殊な業務を主として行う宿直勤務にあつては一万八百円）を超えない範囲内において人事院規則で定める額とする。

2　前項の宿日直勤務のうち常直的な宿日直勤務を命ぜられた職員には、その勤務に対して、二万千円を超えない範囲内において人事院規則で定める月額の宿日直手当を支給する。

3　前二項の勤務は、第十六条から第十八条までの勤務には含まれないものとする。

（管理職員特別勤務手当）

第十九条の三　管理監督職員若しくは専門スタッフ職俸給表の適用を受ける職員でその職務の級が二級以上であるもの（以下「管理監督職員等」という。）又は指定職俸給表の適用を受ける職員が臨時又は緊急の必要その他の公務の運営の必要により勤務時間法第六条第一項及び第四項、第七条並びに第八条の規定に基づく週休日又は祝日法による休日等若しくは年末年始の休日等（次項において「週休日等」という。）に勤務した場合は、当該職員には、管理職員特別勤務手当を支給する。

2　前項に規定する場合のほか、管理監督職員が災害への対処その他の臨時又は緊急の必要により週休日等以外の日の午前零時から午前五時までの間であつて正規の勤務時間以外の時間に勤務した場合は、当該職員には、管理職員特別勤務手当を支給する。

3　管理職員特別勤務手当の額は、次の各号に掲げる場合の区分に応じ、当該各号に定める額とする。

一　第一項に規定する場合　次に掲げる職員の区分に応

じ、同項の勤務一回につき、それぞれ次に定める額（当該勤務に従事する時間等を考慮して人事院規則で定める勤務をした職員にあつては、それぞれその額に百分の百五十を乗じて得た額）

イ　管理監督職員等　一万二千円を超えない範囲内において人事院規則で定める額

ロ　指定職俸給表の適用を受ける職員　イの人事院規則で定める額のうち最高のものに百分の百五十を乗じて得た額

二　前項に規定する場合　同項の勤務一回につき、六千円を超えない範囲内において人事院規則で定める額

4　前三項に定めるもののほか、管理職員特別勤務手当の支給に関し必要な事項は、人事院規則で定める。

（期末手当）

第十九条の四　期末手当は、六月一日及び十二月一日（以下この条から第十九条の六までにおいてこれらの日を「基準日」という。）にそれぞれ在職する職員に対して、それぞれ基準日の属する月の人事院規則で定める日（次条及び第十九条の六第一項においてこれらの日を「支給日」という。）に支給する。これらの基準日前一箇月以内に退職し、若しくは国家公務員法第三十八条第一号に該当して同法第七十六条の規定により失職し、又は死亡した職員（第二十三条第七項の規定の適用を受ける職員及び人事院規則で定める職員を除く。）についても、同様とする。

2　期末手当の額は、期末手当基礎額に、六月に支給する場合には百分の百二十二・五、十二月に支給する場合においては百分の百三十七・五を乗じて得た額（行政職俸給表(一)の適用を受ける職員でその職務の級が七級以上であるもの並びに同表及び指定職俸給表以外の各俸給表の適用を受ける職員でその職務の複雑、困難及び責任の度等がこれに相当するもの（これらの職員のうち、人事院規則で定める職員を除く。第十九条の七第二項において「特定管理職員」という。）にあつては六月に支給する場合においては百分の百二・五、十二月に支給する場合においては百分の百十七・五を乗じて得た額、指定職俸給表の適用を受ける職員にあつては六月に支給する場合においては百分の六十二・五、十二月に支給する場合においては百分の百十七・五を乗じて得た額）に、基準日以前六箇月以内の期間におけるその者の在職期間の次の各号に掲げる区分に応じ、当該各号に定める割合を乗じて得た額とする。

一　六箇月　百分の百

二　五箇月以上六箇月未満　百分の八十

三　三箇月以上五箇月未満　百分の六十

四　三箇月未満　百分の三十

3　再任用職員に対する前項の規定の適用については、同項中「百分の百二十二・五」とあるのは「百分の六十五」と、「百分の百三十七・五」とあるのは「百分の八十」と、「百分の百二・五」とあるのは「百分の五十五」と、「百分の百十七・五」とあるのは「百分の七十」と、「百分の六十二・五」とあるのは「百分の三十二・五」と、「百分の七十七・五を」とあるのは「百分の四十二・五を」とする。

4　第二項の期末手当基礎額は、それぞれの基準日現在（退職し、若しくは失職し、又は死亡した職員にあつては、退職し、若しくは失職し、又は死亡した日現在）において職員が受けるべき俸給、専門スタッフ職調整手当及び扶養手当の月額並びにこれらに対する地域手当及び広域異動手当の月額並びに俸給及び扶養手当の月額に対する研究員調整手当の月額の合計額とする。

5　行政職俸給表(一)の適用を受ける職員でその職務の級が三級以上であるもの、同表及び指定職俸給表以外の各俸給表の適用を受ける職員で職務の複雑、困難及び責任の度等を考慮してこれに相当する職員として当該各俸給表につき人事院規則で定めるもの並びに指定職俸給表の適用を受ける職員については、前項の規定にかかわらず、同項に規定する合計額に、俸給及び専門スタッフ職調整手当の月額並びにこれらに対する地域手当及び広域異動手当の月額並びに俸給の月額に対する研究員調整手当の月額の合計額に官職の職制上の段階、職務の級等を考慮して人事院規則で定める職員の区分に応じて百分の二十を超えない範囲内で人事院規則で定める割合を乗じて得た額（人事院規則で定める管理又は監督の地位にある職員にあつては、その額に俸給月額に百分の二十五を超えない範囲内で人事院規則で定める割合を乗じて得た額を加算した額）を加算した額を第二項の期末手当基礎額とする。

6　第二項に規定する在職期間の算定に関し必要な事項は、人事院規則で定める。

第十九条の五　次の各号のいずれかに該当する者には、前条第一項の規定にかかわらず、当該各号の基準日に係る期末手当（第四号に掲げる者にあつては、その支給を一時差し止めた期末手当）は、支給しない。

一　基準日から当該基準日に対応する支給日の前日までの間に国家公務員法第八十二条の規定による懲戒免職の処分を受けた職員

二　基準日から当該基準日に対応する支給日の前日までの間に国家公務員法第七十六条の規定により失職した職員（同法第三十八条第一号に該当して失職した職員を除く。）

三　基準日前一箇月以内又は基準日から当該基準日に対応する支給日の前日までの間に離職した職員（前二号に掲げる者を除く。）で、その離職した日から当該支給日の前日までの間に禁錮以上の刑に処せられたもの

四　次条第一項の規定により期末手当の支給を一時差し止める処分を受けた者（当該処分を取り消された者を除く。）で、その者の在職期間中の行為に係る刑事事件に関し禁錮以上の刑に処せられたもの

第十九条の六　各庁の長又はその委任を受けた者は、支給日に期末手当を支給することとされていた職員で当該支給日の前日までに離職したものが次の各号のいずれかに該当する場合は、当該期末手当の支給を一時差し止めることができる。

一　離職した日から当該支給日の前日までの間に、その者の在職期間中の行為に係る刑事事件に関して、その者が起訴（当該起訴に係る犯罪について禁錮以上の刑が定められているものに限り、刑事訴訟法（昭和二十三年法律第百三十一号）第六編に規定する略式手続によるものを除く。第三項において同じ。）をされ、その判決が確定していない場合

二　離職した日から当該支給日の前日までの間に、その者の在職期間中の行為に係る刑事事件に関して、その者が逮捕された場合又はその者から聴取した事項若しくは調

査により判明した事実に基づきその者に犯罪があると思料するに至つた場合であつて、その者に対し期末手当を支給することが、公務に対する国民の信頼を確保し、期末手当に関する制度の適正かつ円滑な実施を維持する上で重大な支障を生ずると認めるとき。

2　前項の規定による期末手当の支給を一時差し止める処分（以下「一時差止処分」という。）を受けた者は、国家公務員法第九十条の二に規定する処分説明書を受領した日から起算すべき期間が経過した後においては、当該一時差止処分後の事情の変化を理由に、当該一時差止処分をした者に対し、その取消しを申し立てることができる。

3　各庁の長又はその委任を受けた者は、一時差止処分について、次の各号のいずれかに該当するに至つた場合には、速やかに当該一時差止処分を取り消さなければならない。ただし、第三号に該当する場合において、一時差止処分を受けた者がその者の在職期間中の行為に係る刑事事件に関し現に逮捕されているときその他これを取り消すことが一時差止処分の目的に明らかに反すると認めるときは、この限りでない。

一　一時差止処分を受けた者が当該一時差止処分の理由となつた行為に係る刑事事件に関し禁錮《こ》以上の刑に処せられなかつた場合

二　一時差止処分を受けた者について、当該一時差止処分の理由となつた行為に係る刑事事件につき公訴を提起しない処分があつた場合

三　一時差止処分を受けた者がその者の在職期間中の行為に係る刑事事件に関し起訴をされることなく当該一時差止処分に係る期末手当の基準日から起算して一年を経過した場合

4　前項の規定は、各庁の長又はその委任を受けた者が、一時差止処分後に判明した事実又は生じた事情に基づき、期末手当の支給を差し止める必要がなくなつたとして当該一時差止処分を取り消すことを妨げるものではない。

5　各庁の長又はその委任を受けた者は、一時差止処分を行う場合は、当該一時差止処分を受けるべき者に対し、当該一時差止処分の際、一時差止処分の事由を記載した説明書を交付しなければならない。

6　一時差止処分に対する審査請求については、一時差止処分は国家公務員法第八十九条第一項に規定する処分と、一時差止処分を受けた者は同法第九十条第一項に規定する職員と、前項の説明書は同法第九十条の二の処分説明書とそれぞれみなして、同法第九十条から第九十二条の二までの規定を適用する。

7　前各項に規定するもののほか、一時差止処分に関し必要な事項は、人事院規則で定める。

（勤勉手当）

第十九条の七　勤勉手当は、六月一日及び十二月一日（以下この条においてこれらの日を「基準日」という。）にそれぞれ在職する職員に対し、その者の基準日以前における直近の人事評価の結果及び基準日以前六箇月以内の期間における勤務の状況に応じて、それぞれ基準日の属する月の人事院規則で定める日に支給する。これらの基準日前一箇月以内に退職し、若しくは国家公務員法第三十八条第一号に該当して同法第七十六条の規定により失職し、又は死亡した職員（人事院規則で定める職員を除く。）についても、同様とする。

2　勤勉手当の額は、勤勉手当基礎額に、各庁の長又はその委任を受けた者が人事院規則で定める基準に従つて定める割合を乗じて得た額とする。この場合において、各庁の長又はその委任を受けた者が支給する勤勉手当の額の、その者に所属する次の各号に掲げる職員の区分ごとの総額は、それぞれ当該各号に定める額を超えてはならない。

一　前項の職員のうち再任用職員以外の職員　次に掲げる職員の区分に応じ、それぞれ次に定める額

イ　ロに掲げる職員以外の職員　当該職員の勤勉手当基礎額に当該職員がそれぞれその基準日現在（退職し、若しくは失職し、又は死亡した職員にあつては、退職し、若しくは失職し、又は死亡した日現在。次項において同じ。）において受けるべき扶養手当の月額並びにこれに対する地域手当、広域異動手当及び研究員調整手当の月額の合計額を加算した額に百分の九十（特定管理職員にあつては、百分の百十）を乗じて得た額の総額

ロ　指定職俸給表の適用を受ける職員　当該職員の勤勉手当基礎額に百分の九十五を乗じて得た額の総額

二　前項の職員のうち再任用職員　次に掲げる職員の区分に応じ、それぞれ次に定める額

イ　ロに掲げる職員以外の職員　当該職員の勤勉手当基礎額に百分の四十二・五（特定管理職員にあつては、百分の五十二・五）を乗じて得た額の総額

ロ　指定職俸給表の適用を受ける職員　当該職員の勤勉手当基礎額に百分の五十を乗じて得た額の総額

3　前項の勤勉手当基礎額は、それぞれの基準日現在において職員が受けるべき俸給及び専門スタッフ職調整手当の月額並びにこれらに対する地域手当及び広域異動手当の月額並びに俸給の月額に対する研究員調整手当の月額の合計額とする。

4　第十九条の四第五項の規定は、第二項の勤勉手当基礎額について準用する。この場合において、同条第五項中「前項」とあるのは、「第十九条の七第三項」と読み替えるものとする。

5　前二条の規定は、第一項の規定による勤勉手当の支給について準用する。この場合において、第十九条の五中「前条第一項」とあるのは「第十九条の七第一項」と、同条第一号中「基準日から」とあるのは「基準日（第十九条の七第一項に規定する基準日をいう。以下この条及び次条において同じ。）から」と、「支給日」とあるのは「支給日（同項に規定する人事院規則で定める日をいう。以下この条及び次条において同じ。）」と読み替えるものとする。

（特定の職員についての適用除外）

第十九条の八　第十条から第十一条の二まで、第十一条の十、第十三条、第十六条から第十八条まで及び第十九条の二の規定は、指定職俸給表の適用を受ける職員には適用しない。

2　第十六条から第十八条までの規定は、管理監督職員等には適用しない。

3　第十条の四、第十一条、第十一条の二、第十一条の五から第十一条の七まで、第十一条の九、第十一条の十、第十三条の二及び第十四条の規定は、再任用職員には適用しない。

（非常勤職員の給与）

第二十二条　委員、顧問若しくは参与の職にある者又は人事院の指定するこれらに準ずる職にある者で、常勤を要しない職員（再任用短時間勤務職員を除く。次項において同じ。）については、勤務一日につき、三万四千二百円（その額により難い特別の事情があるものとして人事院規則で定める場合にあつては、十万円）を超えない範囲内において、各庁の長が人事院の承認を得て手当を支給することができる。

2　前項に定める職員以外の常勤を要しない職員については、各庁の長は、常勤の職員の給与との権衡を考慮し、予算の範囲内で、給与を支給する。

3　前二項の常勤を要しない職員には、他の法律に別段の定がない限り、これらの項に定める給与を除く外、他のいかなる給与も支給しない。

（休職者の給与）

第二十三条　職員が公務上負傷し、若しくは疾病にかかり、又は通勤（国家公務員災害補償法（昭和二十六年法律第百九十一号）第一条の二に規定する通勤をいう。以下同じ。）により負傷し、若しくは疾病にかかり、国家公務員法第七十九条第一号に掲げる事由に該当して休職にされたときは、その休職の期間中、これに給与の全額を支給する。

2　職員が結核性疾患にかかり国家公務員法第七十九条第一号に掲げる事由に該当して休職にされたときは、その休職の期間が満二年に達するまでは、これに俸給、扶養手当、地域手当、広域異動手当、研究員調整手当、住居手当及び期末手当のそれぞれ百分の八十を支給することができる。

3　職員が前二項以外の心身の故障により国家公務員法第七十九条第一号に掲げる事由に該当して休職にされたときは、その休職の期間が満一年に達するまでは、これに俸給、扶養手当、地域手当、広域異動手当、研究員調整手当、住居手当及び期末手当のそれぞれ百分の八十を支給することができる。

4　職員が国家公務員法第七十九条第二号に掲げる事由に該当して休職にされたときは、その休職の期間中、これに俸給、扶養手当、地域手当、広域異動手当、研究員調整手当及び住居手当のそれぞれ百分の六十以内を支給することができる。

5　職員が国家公務員法第七十九条に基づく人事院規則で定める場合に該当して休職にされたときは、その休職の期間中、人事院規則の定めるところに従い、これに俸給、扶養手当、地域手当、広域異動手当、研究員調整手当、住居手当及び期末手当のそれぞれ百分の百以内を支給することができる。

6　国家公務員法第七十九条の規定により休職にされた職員には、他の法律に別段の定がない限り、前五項に定める給与を除く外、他のいかなる給与も支給しない。

7　第二項、第三項又は第五項に規定する職員が、当該各項に規定する期間内で第十九条の四第一項に規定する基準日前一箇月以内に退職し、若しくは国家公務員法第三十八条第一号に該当して同法第七十六条の規定により失職し、又は死亡したときは、同項の規定により人事院規則で定める日に、当該各項の例による額の期末手当を支給することができる。ただし、人事院規則で定める職員については、この限りでない。

8　前項の規定の適用を受ける職員の期末手当の支給については、第十九条の五及び第十九条の六の規定を準用する。この場合において、第十九条の五中「前条第一項」とあるのは、「第二十三条第七項」と読み替えるものとする。

附　則

（施行期日等）

第一条　この法律は、公布の日から施行する。ただし、第二条、第四条及び第六条並びに附則第三条及び第五条から第七条までの規定は、平成三十年四月一日から施行する。

2　第一条の規定による改正後の一般職の職員の給与に関する法律（次条及び附則第三条第一項において「改正後の給与法」という。）の規定、第三条の規定による改正後の一般職の任期付研究員の採用、給与及び勤務時間の特例に関する法律（次条及び同項において「改正後の任期付研究員法」という。）の規定及び第五条の規定による改正後の一般職の任期付職員の採用及び給与の特例に関する法律（次条及び同項において「改正後の任期付職員法」という。）の規定は、平成二十九年四月一日から適用する。

〔以下略〕

○人事院規則九―一三（休職者の給与）（抄）

昭二七・一二・二九制定
昭二七・一二・二五適用
最終改正　平二九・五・一九規則一―七〇

第一条　給与法第二十三条第五項の規定に該当する場合（規則一一―四（職員の身分保障）第三条第一項第三号の規定に該当して休職にされた場合を除く。）の俸給、扶養手当、地域手当、広域異動手当、研究員調整手当、住居手当及び期末手当のそれぞれの支給割合は、次のとおりとする。

一　規則一一―四第三条第一項第一号、第二号、第四号若しくは第五号又は第二項の規定に該当して休職にされた場合（次号に掲げる場合を除く。）　百分の七十以内

二　規則一一―四第三条第一項第五号の規定に該当して休職にされた場合で、当該休職に係る生死不明又は所在不明の原因である災害により、職員が公務上の災害若しくは補償法第一条の二に規定する通勤による災害（派遣法第三条に規定する派遣職員の派遣先の業務上の災害又は補償法第一条の二に規定する通勤による災害を含む。）又は官民人事交流法第十六条、法科大学院派遣法第九条（法科大学院派遣法第十八条において準用する場合を含む。）、福島復興再生特別措置法（平成二十四年法律第二十五号）第四十八条の九、平成三十二年オリンピック・パラリンピック特措法第二十三条若しくは平成三十一年ラグビーワールドカップ特措法第十条の規定（以下この号において「特定規定」という。）により給与法第二十三条第一項及び附則第六項の規定の適用に関し公務とみなされる業務に係る業務上の災害若しくは特定規定に規定する通勤による災害を受けたと認められるとき　百分の百以内

第二条　前条第二号に規定する場合において、船員法（昭和二十二年法律第百号）第一条に規定する船員である職員に係る規則一六―二（在外公館に勤務する職員、船員である

職員等に係る災害補償の特例）第八条に規定する行方不明補償が行われるときは、その補償の行われている期間、給与法第二十三条第五項に定める給与のうち期末手当以外の給与は支給しない。

○人事院規則一一—四（職員の身分保障）（抄）

昭二七・五・二三制定
昭二七・六・一施行
最終改正　平二九・五・一九規則一—七〇

（休職の場合）

第三条　職員が次の各号のいずれかに該当する場合には、これを休職にすることができる。

一　学校、研究所、病院その他人事院の指定する公共的施設において、その職員の職務に関連があると認められる学術に関する事項の調査、研究若しくは指導に従事し、又は人事院の定める国際事情の調査等の業務若しくは国際約束等に基づく国際的な貢献に資する業務に従事する場合（次号に該当する場合、派遣法第二条第一項の規定による派遣の場合及び法科大学院派遣法第十一条第一項の規定による派遣の場合を除く。）

二　国及び行政執行法人以外の者がこれらと共同して、又はこれらの委託を受けて行う科学技術に関する研究に係る業務であつて、その職員の職務に関連があると認められるものに、前号に掲げる施設又は人事院が当該研究に関し指定する施設において従事する場合（派遣法第二条第一項の規定による派遣の場合を除く。）

三　規則一四—一八（研究職員の研究成果活用企業の役員等との兼業）第二条第一項に規定する研究職員の官職と同規則第一条に規定する役員等の職とを兼ねる場合において、これらを兼ねることが同規則第四条第一項各号（第三号及び第六号を除く。）に掲げる基準のいずれにも該当するときで、かつ、主として当該役員等の職務に従事する必要があり、当該研究職員としての職務に従事することができないと認められるとき。

四　法令の規定により国が必要な援助又は配慮をすることとされている公共的機関の設立に伴う臨時的必要に基づき、これらの機関のうち、人事院が指定する機関において、その職員の職務と関連があると認められる業務に従事する場合

五　水難、火災その他の災害により、生死不明又は所在不明となつた場合

2　法第七十九条各号又は前項各号のいずれかに該当して休職にされた職員がその休職の事由の消滅又はその休職の期間の満了により復職したときにおいて定員に欠員がない場合には、これを休職にすることができる。法第百八条の六第一項ただし書若しくは行政執行法人等の労働関係に関する法律（昭和二十三年法律第二百五十七号）第七条第一項ただし書に規定する許可（以下「専従許可」という。）を受けた職員（以下「専従休職者」という。）が復職したとき又は派遣法第二条第一項の規定により派遣された職員、育児休業法第三条第一項の規定により育児休業をした職員、官民人事交流法第八条第二項に規定する交流派遣職員、法科大学院派遣法第十一条第一項の規定により派遣された職員、自己啓発等休業法第二条第五項に規定する自己啓発等休業をした職員、福島復興再生特別措置法（平成二十四年法律第二十五号）第四十八条の三第七項に規定する派遣職員、配偶者同行休業法第二条第四項に規定する配偶者同行休業をした職員、平成三十二年オリンピック・パラリンピック特措法第十七条第七項に規定する派遣職員若しくは平成三十一年ラグビーワールドカップ特措法第四条第七項に規定する派遣職員が職務に復帰したときにおいて定員に欠員がない場合についても、同様とする。

（休職中の職員等の保有する官職）

第四条　休職中の職員は、休職にされた時占めていた官職又は休職中に異動した官職を保有するものとする。ただし、併任に係る官職については、この限りでない。

2　前項の規定は、当該官職を他の職員をもつて補充することを妨げるものではない。

3　第一項本文及び前項の規定は、専従休職者の保有する官職について準用する。

（休職の期間）

第五条　法第七十九条第一号の規定による休職の期間は、休養を要する程度に応じ、第三条第一項第一号、第三号、第四号及び第五号の規定による休職の期間は、必要に応じ、

いずれも三年を超えない範囲内において、それぞれ個々の場合について、任命権者が定める。この休職の期間が三年に満たない場合においては、休職にした日から引き続き三年を超えない範囲内において、これを更新することができる。

2　第三条第一項第二号の規定による休職の期間は、必要に応じ、五年を超えない範囲内において、任命権者が定める。この休職の期間が五年に満たない場合においては、休職にした日から引き続き五年を超えない範囲内において、これを更新することができる。

3　第三条第一項第一号及び第三号の規定による休職の期間が引き続き三年に達する際特に必要があるときは、任命権者は、二年を超えない範囲内において、人事院の承認を得て、休職の期間を更新することができる。この更新した休職の期間が二年に満たない場合においては、任命権者は、必要に応じ、その期間の初日から起算して二年を超えない範囲内において、再度これを更新することができる。

4　第三条第一項第二号の規定による休職及び前項の規定に基づく同条第一項第三号の規定による休職の期間が引き続き五年に達する際、やむを得ない事情があると人事院が認めるときは、任命権者は、人事院の承認を得て定める期間これを更新することができる。

5　第三条第二項の規定による休職の期間は、定員に欠員が生ずるまでの間とする。この場合において、欠員の数が同条同項の規定による休職者の数より少ないときは、いずれの休職者について欠員を生じたものとするかは、任命権者が定めるものとする。

（復職）

第六条　法第七十九条第一号及びこの規則第三条第一項各号に掲げる休職の事由が消滅したときにおいては、当該職員が離職し、又は他の事由により休職にされない限り、すみやかにその職員を復職させなければならない。

2　休職の期間若しくは専従許可の有効期間が満了したとき又は専従許可が取り消されたときにおいては、当該職員は、当然復職するものとする。

○人事院規則九―八〇（扶養手当）

昭六〇・一二・二一制定
昭六〇・一二・二一施行
最終改正　平二八・一一・二四規則九―八〇―五

（総則）

第一条　扶養手当の支給については、別に定める場合を除き、この規則の定めるところによる。

（扶養親族の範囲）

第二条　給与法第十一条第二項に規定する他に生計の途がなく主としてその職員の扶養を受けている者には、次に掲げる者は含まれないものとする。

一　職員の配偶者、兄弟姉妹等が受ける扶養手当又は民間事業所その他のこれに相当する手当の支給の基礎となつている者

二　年額百三十万円以上の恒常的な所得があると見込まれる者

（届出）

第三条　給与法第十一条の二第一項の規定による届出は、扶養親族届により行うものとする。

（認定）

第四条　各庁の長（その委任を受けた者を含む。以下同じ。）は、前条に規定する届出があつたときは、その届出に係る事実及び扶養手当の月額を認定しなければならない。

2　各庁の長は、前項の規定により認定した職員の扶養親族に係る事項その他の扶養手当の支給に関する事項を扶養手当認定簿に記載するものとする。

3　各庁の長は、第一項の認定を行う場合において必要と認めるときは、職員に対し扶養の事実等を証明するに足る書類の提出を求めることができる。

（事後の確認）

第五条　各庁の長は、現に扶養手当の支給を受けている職員の扶養親族が給与法第十一条第二項の扶養親族たる要件を具備しているかどうか及び扶養手当の月額が適正であるかどうかを随時確認するものとする。この場合においては、前条第三項の規定を準用する。

（雑則）

第六条　この規則の実施に関し必要な事項は、人事院が定める。

2　扶養親族届及び扶養手当認定簿の様式等に関し必要な事項は、事務総長が定める。

○扶養手当の運用について（通知）（抄）

昭六〇・一二・二一
給実甲五八〇
最終改正　平二九・三・一〇　事企法九一

扶養手当の運用について下記のとおり定めたので、昭和六十年十二月二十一日以降の扶養手当については、これによつて運用してください。

なお、これに伴い給実甲第九一号（扶養手当の支給について）は廃止します。

記

給与法第十一条及び規則第二条関係

1　職員が配偶者、兄弟姉妹等と共同して同一人を扶養している場合には、その扶養を受けている者（人事院規則九―八〇（扶養手当）（以下「規則」という。）第二条各号に掲げる者に該当するものを除く。）については、主として職員の扶養を受けている場合に限り、扶養親族として認定することができる。

2　一般職の職員の給与に関する法律（昭和二十五年法律第九十五号。以下「給与法」という。）第十一条第二項第二号、第三号及び第五号並びに第四項の「満二十二歳に達する日」並びに同項の「満十五歳に達する日」とはそれぞれ満二十二歳及び満十五歳の誕生日の前日をいい、同条第二項第四号の「満六十歳以上」とは満六十歳の誕生日以後であることをいう。

3　給与法第十一条第二項第六号の「重度心身障害者」とは、心身の障害の程度が終身労務に服することができない程度である者をいう。

4　規則第二条第二号の「これに相当する手当」とは、名称のいかんにかかわらず扶養手当と同様の趣旨で支給される手当をいう。

5　規則第二条第二号の「恒常的な所得」とは、給与所得、事業所得、不動産所得等の継続的に収入のある所得をいい、退職所得、一時所得等一時的な収入による所得はこれに含まれない。

6　所得の金額の算定は、課税上の所得の金額の計算に関係なく、扶養親族として認定しようとする者の年間における総収入金額によるものとする。ただし、事業所得、不動産所得等で、当該所得を得るために人件費、修理費、管理費等の経費の支出を要するものについては、社会通念上明らかに当該所得を得るために必要と認められる経費の実額を控除した額によるものとする。

給与法第十一条の二及び規則第三条関係

1　職員の扶養親族として認定されている者が、そ及して規則第二条各号に該当することとなつたために扶養親族たる要件を欠くに至る場合の、職員に給与法第十一条の二第一項第二号（一般職の職員の給与に関する法律等の一部を改正する法律（平成二十八年法律第八十号。以下「平成二十八年改正法」という。）附則第三条の規定により読み替えて適用する場合を含む。以下同じ。）に掲げる事実が生じた日とは、職員又は当該扶養親族がその事実の生じたことを了知し得べきこととなつた日（年金の額をそ及して改定する旨の通知を同居の家族が受領した日等を含む。）をさすものとする。

2　給与法第十一条の二第一項第二号の「満二十二歳に達した日」とは、満二十二歳の誕生日の前日をいう。

3　給与法第十一条の二第二項（平成二十八年改正法附則第三条の規定により読み替えて適用する場合を含む。以下同じ。）の「届出を受理した日」とは、届出を受け付けた日をさすものとする。ただし、職員が遠隔又は交通不便の地にあるため届出書類の送達に時日を要する場合にあつては、職員が届出書類を実際に発送した日を「届出を受理した日」とみなして取り扱うことができる。

4　扶養親族に関する届出は、職員が併任されている場合には、本務庁に届け出るものとする。

5　給与法第十一条の二第一項第二号の「満二十二歳に達した日以後の最初の三月三十一日の経過により、扶養親族たる要件を欠くに至つた場合」及び同条第三項第七号の「特定期間にある子でなかつた者が特定期間にある子となつた場合」については、扶養手当認定簿に記載された当該扶養親族の生年月日によつて当該事実を確認し、同条第二項又は第三項の規定に従い、扶養手当の月額を認定するものとする。この認定に係る扶養手当の支給に関する事項は、当該扶養手当認定簿に記載するものとする。

規則第四条関係

扶養手当を受けている職員が、各庁の長（その委任を受けた者を含む。以下同じ。）を異にして異動した場合には、異動前の各庁の長は当該職員に係る扶養手当認定簿を当該職員から既に提出された扶養親族届及び証明書類と共に異動後の各庁の長に送付するものとする。

規則第六条関係

1　扶養親族届の様式及び扶養手当認定簿の様式は、それぞれ別紙第一及び別紙第二のとおりとする。ただし、各庁の長は、扶養手当の支給に関し支障のない範囲内で、様式中の各欄の配列を変更し又は各欄以外の欄を設定する等これらの様式を変更し、これによることができる。

2　扶養親族届及び扶養手当認定簿は、当分の間、従前の様式による扶養親族届及び扶養親族簿によることができる。この場合において、扶養手当認定簿に記入すべき事項のうち扶養親族簿には該当欄が設けられていない事項については、適宜の方法により記入するものとする。

別紙第一及び別紙第二は省略

以　上

○扶養親族の認定について（通知）（抄）

平七・六・二
給三―八〇

別居している父母等（配偶者及び子以外の者をいう。以下同じ。）を扶養親族として認定する際における「主としてその職員の扶養を受けているもの」（一般職の職員の給与に関する法律第十一条第二項）の取扱いについては、下記によることが適当と考えるので、〔略〕扶養手当の支給に係る当該認定についてはこれによって下さい。〔略〕

記

1　職員が別居している父母等を送金等によって扶養している場合の当該父母等に係る扶養親族の認定に当たっては、職員の送金等の負担額が、当該父母等の所得以下の額であっても、当該父母等の全収入（父母等の所得及び職員その他の者の送金等による収入の合計）の三分の一以上の額であるときには、当該父母等を「職員の扶養を受けているもの」として取り扱うものとする。

　ただし、職員が兄弟姉妹等と共同して父母等を扶養している場合には、職員の送金等の負担額が兄弟姉妹等の送金等の負担額のいずれをも上回っているときに限り、「主として」職員の扶養を受けているものとして取り扱うものとする。

2　官署を異にする異動等に伴い、職員が同居していた扶養親族である父母等と一時的に別居することとなった場合の当該父母等（職員の配偶者又は子と同居している父母等に限る。）に係る扶養親族の認定に当たっては、別居後も扶養の実態等に特段の変化がない限り、引き続き職員と同居しているものとして取り扱うものとする。

以　上

〔行政実例〕

○扶養手当支給について

〔照会〕　一、職員の内縁の妻が連れ孫をして職員に扶養されております。この場合、妻に支給できますが、その孫（籍入らず）には手当を支給できるでしょうか。

二、妻の実父（六十歳以上）が職員に扶養されております。その父は養父ではありません。この場合その父には支給できるでしょうか。（昭二五・七・二五　上士幌営林署長）

〔回答〕　一、職員の妻の連れ孫は、養子縁組をしない限り扶養手当は支給されません。

二、妻の実父は、一と同様扶養手当は支給されません。（昭二五・八・四　給実発三三一　給与局実施課長）

○扶養家族認定上の疑義について

〔照会〕　標記について、左記の疑義が生じたので、至急御回答願います。

記

国家公務員たる職員が扶養している家族のうち、戦傷病者戦没者遺族等援護法（昭和二七年法律第一二七号）第二三条による遺族年金を支給される者が居る場合、当該年金は社会保障的な非課税給付（所得税法第六条第二号）である点から、未帰還者留守家族等援護法（昭和二八年法律第一六一号）第七条および第八条により支給される留守家族手当と同様とみなして、当該公務員に対する扶養手当の支給をさまたげるものではないと解して差しつかえないか。（昭三二・七・二　仙地一―一三三　人事院仙台地方事務所長）

〔回答〕　標記について、左記のように回答します。

記

戦傷病者戦没者遺族等援護法（昭和二七年法律第一二七号）第二三条の規定に基づいて支給される遺族年金は、貴見のとおりと解するが、未帰還者留守家族等援護法（昭和二八年法律第一六一号）第七条の規定に基づいて支給される留守家族手当と同様細則九―七―一第三項第二号の所得に含まれるものであることを念のため申し添える。（昭三二・七・二六　給三―一七三　人事院給与局給与第三課長）

（注）　細則九―七―一（扶養手当の支給手続）は廃止され、現在は規則九―八〇（扶養手当）及び給実甲第五八〇号（扶養手当の運用について）にそれぞれ同旨の内容が規定されている。

○扶養親族認定の疑義について

〔照会〕　従前所得税法上の給与所得と農業所得（年間四万五千円以上）があつた職員について、別記国税庁長官通達に基づき、昭和三十二年にさかのぼつて、その農業所得を給与法上の扶養親族たる妻の収入として取扱うこととした場合、妻に対する扶養手当の取扱は下記のとおりと解してよろしいか至急御回答ください。

記

給与法上の扶養親族の認定に当つては、所得税法は関係なく、各庁の長が被扶養者の所得が年間四万五千円程度以上になると認定した時以降被扶養親族とはしない。

なお、上述において被扶養者の所得に関する証明が、国税庁のみによつてなされる場合においても同一の取扱とする。

別記　昭和三十三年二月十七日付国税庁長官通達直所一―一五

（例規）

生計を一にしている親族間における農業の経営者の判定について

（昭三三・五・二一　名地一―三八四　名古屋地方事務所長）

〔回答〕　扶養親族の認定にあたつては、貴見のとおり所得税法上の所得の取扱をまつまでもなく、年間四万五千円程度以上の所得が見込まれる状態にある限りは、その者を扶養親族として認定することはできないものと解する。

なお、その認定に際しては、御照会にかかる昭和三十三年二月十七日付国税庁長官通達（直所一―一五（例規））による取扱を参考として考慮することは差しつかえない。

（昭三三・七・一　給三―一八〇　給与第三課長）

（注）　細則九―七―一（扶養手当の支給手続）は廃止され、現在は規則九―八〇（扶養手当）及び給実甲第五八〇号（扶養手当の運用について）にそれぞれ同旨の内容が規定されている。（所得の限度額は平五・四・一から年額百三十万円以上と改められている。）

○職員の配偶者が農業に従事している場合の扶養親族の認定について

〔照会〕

一　職員とその配偶者が生計を一にして農業に従事しており、その状況は次のとおりである。
イ　農業による年所得は七万円程度である。
ロ　農業に従事する労働の程度は職員二、配偶者八の割合である。したがつて労働の対価として評価される額は、職員一万四千円程度、配偶者五万六千円程度である。
ハ　所得税法における名義人は職員である。

以上の状況においては、次のうちどの取扱が正当であるか。

(1)　所得税法上の名義人に所得は帰属するものであり、労働の実態もまたそのようなものとして取り扱うことが至当であるので、配偶者については扶養親族として認定する。(三〇・一・六付三四―二給与局長回答の趣旨からはこのように考えられる。)

(2)　配偶者は労働の対価として評価される額が現実に賃金として支払われなくても四万五千円以上と認められるので扶養親族としては認定できない。(三一・三・一九付三四―七〇給与局長回答の趣旨からはこのように考えられる。)

(3)　配偶者の労働の対価として評価される額は名義人の支払能力も考慮して決定されるべきであるので職員に四万五千円以上の支払能力があると認められる場合を除き扶養親族として認定する。(二六・二・二一付二三―一四五実施課長回答の趣旨からはこのように考えられる。)

二　上記質問の事例において(1)又は(3)の取扱が可能であるとした場合、従来配偶者を扶養親族としていたが三三・二・一七付国税庁通ちよう「生計を一にしている親族間における農業の経営者の判定について」(直所一―一五(例規))第一項第二号に該当し配偶者を名義人とすることとなつた場合は、配偶者を扶養親族とすることはできないものと解されるが、その始期は所得税法上の始期即ち三十二年一月一日と解すべきであるか、又は通ちようが発せられた日(三十三年二月十七日)と解すべきであるか。(昭三三・六・一九　福地―四二五　人事院福岡地方事務所長)

〔回答〕　一　設例のように生計を一にする職員とその配偶者とが共同して一の事業に従事して所得を得ている場合は、その所得の名義人が職員であるとその配偶者であるとを問わず、現にその配偶者たる者の貢献の度合等に応じて評価される分が年間四万五千円程度以上に及んでいると認められる場合には、他に生計の途があるものとし、その配偶者を扶養親族とすることはできないものと解する。

二　給与法上、扶養親族として取り扱われていた者が所得税法上所得の名義人となつた場合における取扱については、昭和三十三年七月一日付給三―二八〇「扶養親族認定の疑義について(回答)」を参照されたい。(昭三三・七・二九　給三―三一八　給与局長)

(注)　細則九―七―一(扶養手当の支給手続)は廃止され、現在は規則九―八〇(扶養手当)及び給実甲第五八〇号(扶養手当の運用について)にそれぞれ同旨の内容が規定されている。(所得の限度額は平五・四・一から年額百三十万円以上と改められている。)

○扶養手当支給の扶養親族の認定について

〔照会〕　上記のことについて人事院細則九―七―一によつておりますが、下記の場合の明示がないので国家公務員の場合の取扱いについて至急ご教示ありたい。

記

職員の同一生計の実父母が満六十歳に達し父は年額七万円の所得があるが、母は無所得なので母の扶養親族認定申請の提出があつた。

この場合父は人事院細則九―七―一第三項第二号に定める額をこえているから父が扶養すべきもの(他に生計の途があるもの)として、認定できないと解してよいか。(昭三六・一一・一七　津市秘六二　津市長)

〔回答〕　前記について、一般職の職員の給与に関する法律における取扱いとして、下記のとおり回答します。

記

設例の場合、単に父の所得が人事院細則九―七―一第三項第二号に定める額をこえていることのみをもつて、認定の基準とすべきではなく、母が現に主として職員の扶養を受けているかどうかによつて認定すべきものと解する。なお、母が主として職員の扶養を受けているかどうかは、家計の実態および社会常識等(職員および父のそれぞれの所得額等も考慮の対象となろう。)を根拠として判断することとなる。(昭三六・一二・二　給三―四四八　給与第三課長)

(注)　細則九―七―一(扶養手当の支給手続)は廃止され、現在は規則九―八〇(扶養手当)及び給実甲第五八〇号(扶養手当の運用について)にそれぞれ同旨の内容が規定されている。

○扶養手当に関する疑義について

〔照会〕　職員の配偶者が九カ月の育児休業の許可を受けたが、育児休業を開始してから三カ月を経過した後に扶養手当の届出がなされた。この場合、扶養親族の認定要件である年間所得の確認は、育児休業を開始した時点の見込みで行うのか、それとも届出がなされた時点の見込みで行うのか御教示願います。

なお、この事例では、将来一年間の所得見込みは、育児休業開始時点では、扶養親族の認定要件である人事院規則九―八〇第二条第二号に定める額を下回り、他方、届出がなされた時点では、育児休業終了後、職務に復帰し六カ月分の給与が対象となるので同号に定める額を上回つている。

(平五・三・二六　人関一―一三九　関東事務局長)

〔回答〕　育児休業中の配偶者の扶養認定に当たつては、育児休業開始時から十五日以内に届出がされている場合、育児休業開始時における所得見込みが人事院規則九―八〇第二条第二号に定める額を下回つていれば、育児休業の全期間について扶養親族として認定し、その後、職務復帰の時期が近づいたとしても、改めて年間所得の確認を行う必要はない。この取扱いとの均衡から、照会の事例のように届出が遅延した場合であつても、育児休業開始時点で見込まれる年間所得について確認を行い、同号に定める額以下であれば扶養親族として認定することが適当である。ただし、この場合、届出が遅延していることから、手当の支給は、届出を受理した日の属する月の翌月（その日が月の初日であるときは、その日の属する月）から行うものとする。

（平五・三・二九　給三―三六　給与第三課長）

○収入がある者についての被扶養者の認定について

昭五二・四・六
保　九
庁保　九
最終改正　平五・三・五　庁保保一五
庁保四

厚生省保険局長、社会保険庁医療保険部長から
都道府県知事宛

健康保険法第一条第二項〔現行＝法第三条第六項〕各号に規定する被扶養者の認定要件のうち「主トシテ其ノ被保険者ニ依リ生計ヲ維持スルモノ」に該当するか否かの判定は、専らその者の収入及び被保険者との関連における生活の実態を勘案して、保険者が行う取扱いとしてきたところであるが、保険者により、場合によっては、その判定に差異が見受けられるという問題も生じているので、今後、下記要領を参考として被扶養者の認定を行われたい。

なお、貴管下健康保険組合に対しては、この取扱要領の周知方につき、ご配意願いたい。

記

1　被扶養者としての届出に係る者（以下「認定対象者」という。）が被保険者と同一世帯に属している場合

(1)　認定対象者の年間収入が一三〇万円未満（認定対象者が六〇歳以上の者である場合又は概ね厚生年金保険法による障害厚生年金の受給要件に該当する程度の障害者である場合にあっては一八〇万円未満）であって、かつ、被保険者の年間収入の二分の一未満である場合は、原則として被扶養者に該当するものとすること。

(2)　上記(1)の条件に該当しない場合であっても、当該認定対象者の年間収入が一三〇万円未満（認定対象者が六〇歳以上の者である場合又は概ね厚生年金保険法による障害厚生年金の受給要件に該当する程度の障害者である場合にあっては一八〇万円未満）であって、かつ、被保険者の年間収入を上廻らない場合には、当該世帯の生計の状況を総合的に勘案して、当該被保険者がその世帯の生計維持の中心的役割を果たしていると認められるときは、被扶養者に該当するものとして差し支えないこと。

2　認定対象者が被保険者と同一世帯に属していない場合

認定対象者の年間収入が、一三〇万円未満（認定対象者が六〇歳以上の者である場合又は概ね厚生年金保険法による障害厚生年金の受給要件に該当する程度の障害者である場合にあっては一八〇万円未満）であって、かつ、被保険者からの援助に依る収入額より少ない場合には、原則として被扶養者に該当するものとすること。

3　上記1及び2により被扶養者の認定を行うことが実態と著しくかけ離れたものとなり、かつ、社会通念上妥当性を欠くこととなると認められる場合には、その具体的事情に照らし最も妥当と認められる認定を行うものとすること。

4　上記取扱いによる被扶養者の認定は、今後の被扶養者の認定について行うものとすること。

5　被扶養者の認定をめぐって、関係者間に問題が生じている場合には、被保険者又は関係保険者の申し立てにより、被保険者の勤務する事業所の所在地の都道府県保険課長が関係者の意見を聴き適宜必要な指導を行うものとすること。

6　この取扱いは、健康保険法に基づく被扶養者の認定について行うものであるが、この他に船員保険法第一条第三項各号に規定する被扶養者の認定についてもこれに準じて取り扱うものとすること。

○夫婦共同扶養の場合における被扶養者の認定について

昭六〇・六・一三
保険六六
庁保険二二

標記については、今般、別紙のとおり行うこととしたので、下記事項に留意のうえ、その円滑な取扱いを図られたく、通知する。

これに伴い、昭和四三年三月八日保険発第一七号・庁保険発第一号通知は廃止する。

なお、この件については、各種共済組合法所管省を含めた社会保険各省連絡協議会において決定されたものであるので、念のため申し添える。

おって、貴管下健康保険組合並びに市町村及び国民健康保険組合に対する周知方につき、御配意願いたい。

記

1　夫婦共同扶養の場合において、適切かつ迅速な被扶養者の認定が行われるよう別紙の取扱いが定められたものであること。

2　被扶養者の認定に関し、被用者保険の保険者間の協議が整わない場合には、速やかな解決を図るため、別紙の2により、都道府県民生主管部（局）保険主管課（部）長（以下「保険課長」という。）において、斡旋を行うものであること。

3　夫婦の一方が国民健康保険の被保険者である場合における被扶養者の認定については、別紙の1の①ないし③及び3によるものであること。

なお、被用者保険において被扶養者として認定されない場合には、国民健康保険の被保険者となるものであるが、この場合、被扶養者として認定されないことにつき国民健康保険の保険者に疑義があり、当該被用者保険の保険者に異議を申し立てても、なお納得を得られないときは、保険課長に斡旋を求めて差し支えないこと。この斡旋の申立ては、当該保険者の所在地の都道府県の国民健康保険主管課長を通じて、当該被用者保険の被保険者の勤務する事業所の所在地の都道府県の保険課長に対し行うものとすること。保険課長は、この斡旋の申立てを受けたときは、別紙の2に準じて、斡旋等を行うものであること。

〔別　紙〕

夫婦共同扶養の場合における被扶養者の認定について

（昭和六〇年六月一二日社会保険各省連絡協議会）

夫婦が共同して扶養している場合における被扶養者の認定に当たつては、下記要領を参考として、家計の実態、社会通念等を総合的に勘案して行うものとする。

記

1
①　被扶養者とすべき者の員数にかかわらず、年間収入（当該被扶養者届が提出された日の属する年の前年分の年間収入とする。以下同じ。）の多い方の被扶養者とすることを原則とすること。

②　夫婦双方の年間収入が同程度である場合は、被扶養者の地位の安定を図るため、届出により、主として生計を維持する者の被扶養者とすること。

③　共済組合の組合員に対しては、その者が主たる扶養者である場合に扶養手当等の支給が行われることとされているので、夫婦の双方又はいずれか一方が共済組合の組合員であつて、その者に当該被扶養者に関し、扶養手当又はこれに相当する手当の支給が行われている場合には、その支給を受けている者の被扶養者として差し支えないこと。

④　前記①ないし③の場合において、この取扱いにつき、被用者保険関係保険者（共済組合を含む。以下同じ。）に異議があるときは、とりあえず年間収入の多い方の被扶養者とし、その後に関係保険者間における協議に基づき、いずれの者の被扶養者とすべきか決定すること。

なお、前記協議によつて行われた被扶養者の認定は、将来に向かつてのみ効力を有するものとすること。

2　被扶養者の認定に関し、関係保険者間に意見の相違があり、1の④の協議が整わない場合には、被保険者又は関係保険者の申立てにより、被保険者の勤務する事業所の所在地の都道府県の保険課長（各被保険者の勤務する事業所の所在地が異なる都道府県にある場合には、いずれか申立てを受けた保険課長とし、この場合には、他の都道府県の保険課長に連絡するものとする。）が関係保険者の意見を聞き、斡旋を行うものとすること。

3　前記1の取扱基準は、今後の届出に基づいて認定を行う場合に適用すること。

○出産費等の支給申請及び支払方法について

平二三・二・二八　財計四〇五
最終改正　平二九・一・五　財計三〇

財務省主計局長から
共済組合本部長　宛

出産費及び家族出産費（以下「出産費等」という。）の直接支払制度の取扱いについては、「出産費等の支給申請及び支払方法について」（平成二十三年二月二十八日財計第四百五号）別添一「「出産費等の医療機関等への直接支払制度」実施要綱」等にて示してきたところであるが、持続可能な医療保険制度を構築するための国民健康保険法等の一部を改正する法律（平成二十七年法律第三十一号）等により、保険者は出産費等の支給に関する事務について社会保険診療支払基金に委託できることとされたことに伴い、同通知の一部を下記のとおり改正し、平成二十九年四月一日から実施することとしたので、適切に対応いただくよう、御留意願いたい。

（別添）

「出産費等の医療機関等への直接支払制度」実施要綱

平二三・二・二八制定

第１　趣旨

出産費等（出産費及び家族出産費をいう。以下同じ。）の医療機関等（病院、診療所又は助産所をいう。以下同じ。）への直接支払制度（以下単に「直接支払制度」という。）は、組合員等（国家公務員共済組合（以下「組合」という。）の組合員又は組合員であった者をいう。以下同じ。）が医療機関等との間に、出産費等の支給申請及び受取に係る代理契約を締結の上、出産費等の額を限度として、医療機関等が組合員等に代わって出産費等の支給申請及び受取を直接組合と行うことにより、組合員等があらかじめまとまった現金を用意した上で医療機関等の窓口において出産費用を支払う経済的負担の軽減を図るものである。

第２　直接支払制度の運用方法

直接支払制度は、次の２～４に掲げる事務を関係者（医療機関等、支払機関（国民健康保険団体連合会（以下「国保連」という。）及び社会保険診療報酬支払基金（以下「支払基金」という。）をいう。以下同じ。）及び組合）が実施することを通じ、当該医療機関等から組合員等又はその被扶養者に対し請求される出産費用について、組合が当該医療機関等に対し出産費等を直接支払うことをその内容とする。

１　対象者

平成二十三年四月一日以降の出産に係る出産費等の受給権を有する組合員等（児童福祉法（平成二十二年法律第一六四号）第二十二条に規定する助産施設において助産の実施を受ける者及び福祉事業として組合により実施されている出産のために必要な費用に係る資金の貸付を受ける者を除く。）を対象とする。

２　出産を取り扱う医療機関等における事務等

(1)　申請・受取に係る代理契約の締結等

医療機関等は、組合員等又はその被扶養者の出産に関し、当該医療機関等を退院（医師又は助産師の往診による出産の場合にあっては、その医学的管理を離れるときをいう。以下同じ。）するまでの間に、直接支払制度について組合員等又はその被扶養者に十分に説明した上で、直接支払制度を利用するか意思確認をする。

確認に当たっては、次の①～④に掲げる旨について書面により組合員等の合意を得るものとする。当該書面は二通作成するものとし、一通は組合員等又はその被扶養者に手交し、一通は医療機関等において保管する。（医療機関等における保管期間は、出産費等の請求に係る消滅時効に照らし、出産日から最低でも二年とする。）

①　組合に対し、組合員等の名において、出産費等の申請を代わって行う旨並びに申請先となる組合の名称

②　組合が組合員等に対して支給する出産費等の額（四十二万円（財団法人日本医療機能評価機構が運営する産科医療補償制度に加入する医療機関等の医学的管理下における在胎週数二十二週に達した日以後の出産（死産を含む。以下「加算対象出産」という。）でない場合にあっては三十九万円））を限度として、医療機関等が組合員等に代わって出産費等を受け取る旨及び出産費等の額を超えた出産費用については、別途組合員等又はその被扶養者が医療機関等の窓口で支払う必要がある旨

③　医療機関等が組合員等に代わって出産費等を受け取った額の範囲で、組合から組合員等へ出産費等の支給があったものとみなされる旨

④　現金等で出産費用を医療機関等に即時支払う等の理由により直接支払制度を利用せず、組合員等が別途組合に対して出産費等の支給申請を行うことは、妨げられるものでない旨

なお、組合員等又はその被扶養者の転院等により、契約を締結した医療機関等において出産がなされなかった場合においては、当該代理契約は無効となり、転院等する先の医療機関等において、直接支払制度の利用を希望する場合は、新たに代理契約を締結する必要がある。

(2)　入退院時の事務

①　組合員証の窓口提示等

組合員等又はその被扶養者は、入院（医師又は助産師の往診による出産の場合にあっては、その医学的管理に入るときをいう。以下同じ。）する際に、組合員証（組合員被扶養者証若しくは遠隔地被扶養者証、船員組合員証若しくは船員組合員被扶養者証又は特別療養証明書を含む。以下同じ。）を提示すること。

なお、国家公務員共済組合法（昭和三十三年法律一二八号）第六十一条第二項の規定に基づき、既に資格を喪失した組合からの出産費等の支給を希望する者については、現在加入する保険者から発行され

た被保険者証に併せて別途定める資格喪失等を証明する書類を提示すること。

保険医療機関にあっては、妊婦健診などの際の医師の判断により、異常分娩（分娩に係る異常が発生し、鉗子娩出術、吸引娩出術、帝王切開術等の産科手術又は処置等が行われるものをいう。以下同じ。）による、入院、産科手術等が療養の給付（家族療養費を含む。以下同じ。）の対象となる可能性が高いと認められる場合にあっては、あらかじめ組合員等又はその被扶養者に対し、加入する組合から限度額適用認定証（限度額適用・標準負担額減額認定証を含む。以下同じ。）を入手するよう勧奨されたいこと。また、入院した後に療養の給付の対象となった場合にあっては、退院時までにこれを入手するよう勧奨されたいこと。

② 費用の内訳を記した明細書の交付等

直接支払制度を用いる医療機関等は、要した出産費用について、四十二万円（加算対象出産でない場合にあっては三十九万円）を上回るときに限り、当該上回った額について組合員等又はその被扶養者に退院時に請求する。

直接支払制度を用いる場合には、要した出産費用については、組合員等が出産費等の差額分を早期に受け取ることができるなどの利便性の観点から、少なくとも以下の事項を明らかにした明細書に、加算対象出産の場合には、所定の印を押印の上、退院時に組合員等又はその被扶養者に手交するものとする。ただし、組合員等又はその被扶養者の求めに応じて、費用の内訳を明らかにした明細書の手交に努められたいこと。

- ・出産年月日
- ・出産児数
- ・入院実日数
- ・出産費用の合計額（妊婦合計負担額）及び医療機関等が代理して受け取る額（代理受領額）
- ・別紙に定める出産育児一時金等代理申請・受取請求書（以下「専用請求書」という。）に記載される妊婦合計負担額及び代理受領額と相違ない旨

また、直接支払制度を用いてない場合には、退院時に組合員等又はその被扶養者に手交する領収書に、直接支払制度を用いていない旨を記載するものとする。

③ 専用請求書の支払機関への提出等

直接支払制度を用いる医療機関等は、専用請求書により、原則として組合員等の加入する組合ごとに所定事項を記載の上、組合から支払事務の委託を受けた支払機関に対し、光ディスク等によるCSV情報又は紙媒体により提出する。光ディスク等による提出等に必要な記録条件仕様等は、別に示す。なお、専用請求書に記載すべき主な事項の内容は以下のとおりとする。

a）入院料…妊婦に係る室料、食事料。保険診療に係る入院基本料及び入院時食事療養費はこれに含まれない。

b）室料差額…妊婦の選定により、差額が必要な室に入院した場合の当該差額。

c）分娩介助料…異常分娩時の医師等による介助その他の費用。正常分娩時には「－」（ハイフン）とする。

d）分娩料…正常分娩（分娩が療養の給付の対象とならなかった場合）の、医師・助産師の技術料及び分娩時の看護・介助料（分娩時の助産及び助産師管理料、分娩時の安全確保に係るものを含む。）。異常分娩時には「－」（ハイフン）とする。

e）新生児管理保育料…新生児に係る管理・保育に要した費用をいい、新生児に係る検査・薬剤・処置・手当（在宅における新生児管理・ケアを含む。）に要した相当費用を含める。新生児について療養の給付の対象となった場合、これに含まれない。

f）検査・薬剤料…妊婦（産褥期も含む。）に係る検査・薬剤料をいう。療養の給付の対象となった場合、これに含まれない。

g）処置・手当料…妊婦（産褥期も含む。）に係る医学的処置や保健指導、乳房管理指導料、産褥期の母体ケア（在宅におけるものを含む。）等に要した費用をいう。療養の給付の対象となった場合、これに含まれない。

h）産科医療補償制度…産科医療補償制度の掛金相当費用をいう。

i）その他…文書料、材料費及び医療外費用（お祝い膳等）等、a）～h）に含まれない費用をいう。

j）一部負担金等…異常分娩となった場合の一部負担金及び入院時食事療養費の食事療養標準負担額をいう。組合員等又はその被扶養者より限度額適用認定証の提示があった場合は、「一部負担金等」として現に窓口で請求することとなる額を記載するものとする。

k）妊婦合計負担額…直接支払制度の利用の有無にかかわらず、実際に組合員等又はその被扶養者に請求することとなる実費をいう。

l）代理受取額…直接支払制度により、組合員等が加入する組合に組合員等に代わり請求し、代理して受け取る額をいう。実費が四十二万円（加算対象出産でない場合、三十九万円）の範囲内で収まった場合にはその実費を記載し、超えた場合には四十二万円又は三十九万円が記載額となる。

また、専用請求書の提出の時期は、正常分娩か異常分娩の別に応じ、次のとおりとする。

ア 正常分娩に係る専用請求書の提出は、次のとおりとする。

i）出産後退院した日の属する月の翌月十日までに到達するよう提出する。ただし、退院した日の属する月の十日までに専用請求書を作成できるときは、退院した日の属する月の十日までに到達するよう提出することができる。

ii）上記のほか、光ディスク等によるCSV情報により提出する場合は、出産後退院した日の属する月の二十五日までに到達するよう提出することができる。

イ 異常分娩に係る専用請求書の提出は、出産後退院

した日の属する月の翌月十日までに到達するよう提出する。

専用請求書の提出先となる支払機関は、医療機関等所在地の支払基金とする。国家公務員共済組合法第六十一条第二項に規定する一年以上組合員であった者についても同様とする。

3　支払機関における事務

(1)　組合との支払業務委託契約の締結

支払機関は、各組合と直接支払に係る業務委託契約を締結する。

(2)　専用請求書に係る支給要件等確認事務

組合から支払事務の委託を受けた支払機関は、各医療機関等から提出された専用請求書について、出産数、在胎週数等記載事項の確認を行い、請求額等が適正か否かの確認作業を組合に代わり行う。

専用請求書の記載内容について支払機関に審査を行うものでなく、記載内容に不備があった場合は、医療機関等に返戻することとなる。

(3)　組合への請求及び医療機関等への支払事務

支払機関は、(2)の事務に係るとりまとめを行った上で、各組合に出産費等の医療機関等への支払いに要する費用の請求を、組合の体制に応じ、紙媒体又は光ディスク等媒体の送付を通じて行う。

専用請求書の確認等のみで適正な支払を行うことができる正常分娩については、組合への請求及び医療機関等への支払いは、次のとおりとする。

①　2(2)③アⅰにより、各月十日までに提出された専用請求書（以下「十日提出分」という。）に係る組合への請求は、医療機関等から専用請求書の提出があった月（以下「提出月」という。）の二十日頃、医療機関等への支払いは、その翌月の五日頃を目処に行うものとする。

②　2(2)③アⅱにより、各月二十五日までに提出された専用請求書（以下「二十五日提出分」という。）に係る組合への請求は、提出月の十日までに請求された診療報酬に準じて、保険者への請求及び保険医療機関等への支払いを行うものとする。

また、異常分娩に係る専用請求書に係る保険医療機関への支払いは、一部負担金等との突合の必要性等から、提出月の十日までに請求された診療報酬に準じて、組合への請求及び保険医療機関への支払いを行う。

4　組合における事務

(1)　支払機関からの請求に対する支払い等

支払機関に対し支払事務の委託をした組合は、3(3)によりなされる支払機関からの請求について、その内容を確認の上、次のとおり、正常分娩に係る支払いを行う。

①　十日提出分に係る支払機関への支払いは、支払機関から請求のあった月の翌月四日頃を目処に行うものとする。

②　二十五日提出分に係る支払機関への支払いは、提出月の十日までに請求された診療報酬に準じて、支払機関に行うものとする。

また、異常分娩に係る支払いは、提出月の十日までに請求された診療報酬に準じて、支払機関に行うものとする。

なお、専用請求書は、他の医療保険制度と共通の様式となっているため、同請求書中「出産育児一時金等」とあるのは「出産費等」と、「被保険者等」とあるのは「組合員等」と、「被保険者証記号」とあるのは「組合員証記号」と、「被保険者証番号」とあるのは「組合員証番号」として取り扱うものとする。

(2)　医療機関等からの請求額が出産費等として支給すべき額未満である場合の組合員等への支払い等

医療機関等が請求した代理受取額が、四十二万円（加算対象出産でない場合にあっては三十九万円）未満の場合、これらの額と代理受取額の差額を組合員等に対し支払うものとする。

この場合において組合は、組合員等に対し、差額の支給申請ができる旨のお知らせを、出産費等の支給決定通知書に併記するなどの方法により、確実に行うものとする。

なお、差額の支給に当たっては、支払機関より送付される請求明細書や専用請求書等を確認することが必須となるが、直接支払制度においては、専用請求書等が組合に到達するのが出産月から一～二ヶ月後とならざるを得ないため、組合員等の経済的負担を軽減する現金給付である制度趣旨に照らし、2(2)②に規定する明細書等により、直接支払制度を利用していること及び出産にかかった実費が確認できた場合は、専用請求書の到達を待たずとも、必要に応じ差額の振込先を記した書面の提出を求めること等を通じ、当該差額を組合員等に早期支給するものとする。

(3)　直接支払制度を利用しなかった組合員等への対応

直接支払制度を利用しなかった組合員等に係る出産費等の支給については、組合員等からの申請に基づき支給を行うものとする。

なお、直接支払制度を利用したにもかかわらず、組合員等が、同一又は他の保険者に対し出産費等の支給を重複して申請すること等が考えられるが、出産費等の早期支給及び二重給付の防止を図る観点から、出産費等の支給を申請する組合員等が、既に直接支払制度を利用していないか又は他の保険者に対して重複申請をしていないかを組合において判断することが可能となるよう、国家公務員共済組合法施行規則（昭和三十三年大蔵省令第五四号）第一〇六条第七項の規定による出産費請求書又は家族出産費請求書に、直接支払制度を利用していないことを証する書類等を添付することとし、組合は、これらの書類の確認により、適正な保険給付に努められたい。

また、組合独自の附加給付等、出産を要件とした四十二万円（加算対象出産でない場合にあっては三十九万円）を超える給付を行っている場合にあっては、当該超える給付に係る専用の申請書を設ける等、組合の実情に応じ所要の体制整備を図られたい。

第3　その他留意事項

1　異常分娩に係る出産費用に関し、支払機関において専用請求書に記載された「一部負担金等」記載額との突合を行う必要があるため、直接支払制度を利用する保険医療機関は、当該異常分娩に係る診療報酬明細書について、特記事項に「25出産」と記載して支払機関に提出すること。

なお、この措置は、レセプトのオンラインによる請求が普及し、異常分娩か否かの識別が診療行為コードの確認を通じて特記事項なしで判断できるようになるまでの暫定的措置である。

2　福祉事業として実施されている出産のために必要な費用に係る資金の貸付を行っている組合に対し、組合員等により貸付の申込みがあった場合には、直接支払制度の周知、組合員等又はその被扶養者が出産を予定している医療機関等への必要な照会等、組合員等の個別の実情に応じた対応をされたい。

3　児童福祉法第二十二条に規定する助産施設における助産の実施を決定した都道府県又は市町村は、助産施設に出産費等の直接支払制度の利用はできない旨を連絡するとともに、組合員等が加入する組合に対しても、当該組合員等又はその被扶養者が助産の実施を受けるため、助産施設から直接支払制度による請求はできず、組合員等から従来の方法により申請がなされる旨を連絡するなど、配慮されたい。

4　直接支払制度を導入している医療機関等における出産であっても、直接支払制度を利用するかどうかは、組合員等に十分に説明した上で、合意により、組合員等が選択するものであること。

5　医療機関等においては、直接支払制度の導入が義務付けられるものではないが、第1の趣旨に鑑み、特段の支障のない限り、組合員等の希望に沿うよう努められたいこと。

別紙

平成２○年○○月分　出産育児一時金等代理申請・受取請求書【正常・異常　分娩】

保険者番号								

医療機関等コード	
分娩機関管理番号	
医療機関等所在地及び名称	

被保険者等との申請及び受取に係る契約に基づき、被保険者等に代わり以下のとおり支払を求めます。

社国	本家	被保険者証記号	被保険者証番号	妊婦氏名（カナ氏名）	生年月日	在胎週数	出産年月日
1：社・2：国	1：本・5：家				3：昭 4：平　年　月　日		4：平　年　月　日

死産有無	出産数	入院日数	産科医療補償制度	入院料	室料差額	分娩介助料	分娩料	新生児管理保育料	検査・薬剤料
1：有・2：無・3：混在			1：対象・2：対象外・3：混在						

処置・手当料	産科医療補償制度	その他	一部負担金等	妊婦合計負担額	代理受取額	備考

合計	取扱件数	出産数	代理受取額合計

頁　数
／

（別添）

「出産費等の受取代理制度」実施要綱

平二三・二・二八制定

第1　趣旨

出産費等（出産費及び家族出産費をいう。以下同じ。）の受取代理制度は、組合員等（国家公務員共済組合（以下「組合」という。）の組合員又は組合員であった者をいう。以下同じ。）が医療機関等（病院、診療所又は助産所をいう。以下同じ。）を受取代理人として出産費等を事前に申請し、医療機関等が組合員等又はその被扶養者に対して請求する出産費用の額（当該請求額が出産費等として支給される額を上回るときは当該支給される額）を限度として、医療機関等が組合員等に代わって出産費等を受け取ることにより、組合員等があらかじめまとまった現金を用意した上で医療機関等の窓口において出産費用を支払う経済的負担の軽減を図るものである。

また、受取代理制度は、出産費等の医療機関等への直接支払制度の利用による負担が大きいと考えられる小規模の医療機関等であっても、直接支払制度と同様に、組合員等の経済的負担の軽減を図ることができるよう、これを制度化するものである。

第2　対象者

平成二十三年四月一日以降の出産に係る出産費等の受給権を有する見込みのある組合員等（児童福祉法（昭和二十二年法律第一六四号）第二十二条に規定する助産施設において助産の実施を受ける者及び福祉事業として組合により実施されている出産のために必要な費用に係る資金の貸付を受ける者を除く。）であって、組合員等又はその被扶養者が出産予定日まで二か月以内の者とする。

第3　対象医療機関等

年間の平均分娩取扱い件数が一〇〇件以下の診療所及び助産所や、収入に占める正常分娩に係る収入の割合が五〇％以上の診療所及び助産所を目安として、受取代理制度を導入する医療機関等は、別に定めるところにより、厚生労働省に対して届け出るものとする。

また、当該医療機関等の名称及び所在地については、厚生労働省から組合に対して情報提供するものとする。

第4　組合員等における手続き

1　受取代理申請書の提出

組合員等又はその被扶養者が受取代理制度を導入する医療機関等において出産を予定している組合員等は、受取代理制度の利用を希望する場合は、別添様式1の出産育児一時金等支給申請書（受取代理用）（以下「受取代理申請書」という。）に、必要事項（受取代理人となる医療機関等による記名・押印及びその他の必要事項の記載を含む。）を記載の上、出産費等の支給を求める組合に対して提出すること。

2　受取代理申請の取下げ

予定していた医療機関等以外で出産することとなった場合など、受取代理申請を取り下げる場合においては、組合員等は、速やかに、別添様式2の出産育児一時金等受取代理申請取下書を、受取代理申請書を提出した組合に提出すること。また、新たに出産することとなった医療機関等において受取代理制度を利用する場合には、組合員等は、改めて受取代理申請書を作成し、出産費等の支給を求める組合に提出すること。

3　受取代理人の予定外の変更

救急搬送などにより、予定していた医療機関等以外で出産することとなった場合であって、新たな医療機関等において受取代理制度を利用する場合など、受取代理人の変更に伴う申請取下げ及び再申請の時間的余裕がない場合には、別添様式3の受取代理人変更届に必要事項（変更前及び変更後の受取代理人である医療機関等による記名・押印及びその他の必要事項の記載を含む。）を記載の上、新たに受取代理人となる医療機関等を通じて、出産費等の支給を求める組合に提出すること。

第5　組合における事務

1　受取代理申請書の受付

組合は、組合員等から、受取代理申請書の提出があった場合には、受取代理制度の対象医療機関等及び申請対象者であることを確認すること。

なお、別添様式1から5までは、他の医療保険制度と共通の様式となっているため、別添様式1中「出産育児一時金等」とあるのは「出産費等」と、「被保険者証」とあるのは「組合員証」と、「被保険者、世帯主又は組合員」とあるのは「組合員等」と、「健康保険又は船員保険の資格」とあるのは「組合員の資格」と、「健康保険又は船員保険の被保険者」とあるのは「組合員」として取り扱い、別添様式2中「出産育児一時金等」とあるのは「出産費等」と、「被保険者証」とあるのは「組合員証」として取り扱い、別添様式3中「被保険者証」とあるのは「組合員証」と、「出産育児一時金等」とあるのは「出産費等」として取り扱い、別添様式4中「被保険者等（健康保険・船員保険の被保険者、国民健康保険の世帯主又は組合員をいう。）」及び「被保険者等」とあるのは「組合員等」と、「出産育児一時金又は家族出産育児一時金」とあるのは「出産費又は家族出産費」と、「保険者名」とあるのは「組合名」として取り扱い、別添様式5中「被保険者証」とあるのは「組合員証」と、「被保険者、世帯主又は組合員」とあるのは「組合員等」として取り扱うものとする。

2　申請受付の医療機関等への連絡

受取代理申請書の受付後、受取代理人である医療機関等に対し、受取代理制度を利用した出産費等の申請を受け付けたことを連絡するため、別添様式4の受取代理申請受付通知書（以下「受付通知書」という。）に必要事項を記載の上、当該医療機関等に対して送付すること。

なお、第4の3の受取代理人変更届が送付された場合は、第6の3により変更前の受取代理人である医療機関等から変更後の受取代理人である医療機関等に通知されるため、変更後の受取代理人である医療機関等に対する受付通知書の送付は不要であること。

3　出産費等の支払い

出産後に受取代理人である医療機関等から送付される出産費用の請求書の写し及び出産の事実を証明する書類の写しにより出産費等の支給要件を確認すること。

出産費用の請求書の写しに対し、財団法人日本医療機能評価機構が運営する産科医療補償制度に加入する医療機関等の医学的管理下における在胎週数二十二週に達した日以後の出産（死産を含む。以下「加算対象出産」という。）であることを証する所定の印が押されていた場合は、出産費等を三万円加算し、合計四十二万円支給すること。

なお、出産予定日から相当の期間を経過しても、受取代理人である医療機関等から必要書類の送付がなされない場合は、当該医療機関等に対し、書類の送付について確認の連絡をすること。

要件審査の結果、出産費等の支給を決定した場合、医療機関等から送付された出産費用の請求書の写しに記載された請求額及び所定の印の有無に応じて、次のいずれかの取扱いとすること。

ア　請求額が四十二万円（加算対象出産ではない場合は三十九万円。以下同じ。）以上である場合

出産費等の全額を医療機関等の所定口座へ支払うこと。（請求額が四十二万円超である場合は、当該請求額と四十二万円との差額は、組合員等が医療機関等に支払うこととなる。）

イ　請求額が四十二万円未満である場合

請求額として記載されている額を医療機関等の所定口座へ支払い、当該請求額と四十二万円との差額については、組合員等に対し支払うこと。

なお、出産費等に係る附加給付を行う組合においては、上記の取扱い中「四十二万円」を「附加相当額を含む支給額」として取り扱うものとする。

また、第4の3の受取代理人変更届により、受取代理人の変更がなされた場合には、変更後の受取代理人となる医療機関等に対して、出産費等の支払いを行うものとする。

4　受取代理申請書の返戻等

受取代理申請書の受付後に組合員等が資格喪失等により出産費等の支給対象者でなくなった場合は、受取代理申請書の備考欄に「資格喪失等のため申請書を返戻」する旨を追記し、記名・押印の上、速やかに受取代理申請書を組合員等に返戻するとともに、受取代理人である医療機関等に対し、その写しを送付すること。

また、組合員等により申請が取り下げられた場合には、受取代理申請書の備考欄に「申請取下げのため返戻」する旨を追記し、記名・押印の上、速やかに組合員等に返戻するとともに、受取代理人であった医療機関等に対し、その写しを送付すること。

第6　医療機関等における事務

1　受取代理申請書への記載

受取代理制度を導入する医療機関等は、組合員等から求めがあった場合には、受取代理申請書に記名・押印及びその他の必要事項を記載すること。

2　出産費用請求報告書等の送付

受取代理人となった医療機関等は、出産後、第5の2による受付通知書の送付を受けた組合に対して、別添様式5の出産費用請求報告書、出産費用の請求書の写し及び出産の事実を証明する書類の写しを送付すること。なお、加算対象出産の場合には、所定の印が押印された出産費用の請求書の写しを送付すること。

3　受取代理人変更届への記載等

第4の3の場合には、変更前及び変更後の受取代理人である医療機関等は、組合員等の求めに応じ、受取代理人変更届に記名・押印等を行うこと。

また、変更前の受取代理人である医療機関等は、変更後の受取代理人である医療機関等に対して、第5の2の受付通知書を送付すること。

さらに、変更後の受取代理人である医療機関等は、2の出産費用請求報告書等の送付の際に、受取代理人変更届を組合あて送付すること。

第7　その他留意事項

1　受取代理制度を導入する医療機関等における出産であっても、受取代理制度を利用するかどうかは、組合員等の選択によるものであること。

2　直接支払制度の導入が困難である医療機関等においては、受取代理制度の導入が義務付けられるものではないが、第1の趣旨に鑑み、特段の支障のない限り、組合員等の希望に沿うよう努められたいこと。

3　平成二十三年四月及び五月に予定されている出産に係る受取代理申請書の作成、提出及び受付、受付通知書の送付等については、平成二十三年三月中であっても、これを行うことは差支えないこと。

（様式 1）

（あて先）＿＿＿＿＿＿＿＿＿＿

出産育児一時金等支給申請書（受取代理用）

申請者（被保険者、世帯主又は組合員）が記入するところ

被保険者証	記号		番号
申請者（被保険者、世帯主又は組合員） ※「申請者」は健康保険・船員保険の場合は被保険者、国民健康保険の場合は世帯主又は組合員となります。	氏名	（フリガナ） 印	
	住所	〒　（フリガナ） 電話　（　　）	
	生年月日	年　月　日	
出産予定日・数		年　月　日　単・多（　胎）	
出産予定者 ※申請者と同一の場合は不要です	氏名	（フリガナ）	
	生年月日	年　月　日	
出産予定医療機関等	名称	（フリガナ）	
	所在地	〒　（フリガナ）	

申請者に対する支払金融機関	銀行 金融 信組	店・本店 支店・出張所			
	預金種別	1：普通　4：通知 2：当座　5：貯蓄 3：別段	口座番号		口座名義（フリガナ）

申請者又は出産予定者が出産予定日から6か月以内に健康保険又は船員保険の資格を既に喪失している場合は、以下のいずれかに記載をお願いします。

※健康保険法第106条又は船員保険法第73条の規定により、1年以上健康保険又は船員保険の被保険者であった方が被保険者資格喪失後、6か月以内に出産された場合、資格を喪失した最後の保険者から出産育児一時金の支給を受けることができます。

申請者本人の退職等により、健康保険又は船員保険の被保険者資格喪失後、6か月以内に出産することによる申請である場合、資格喪失後に加入している保険者名と記号・番号	保険者名			
	記　号		番　号	
申請者本人の家族が被扶養者認定後、6か月以内に出産することによる申請である場合は、その家族が被扶養者認定前に加入していた保険者名と記号・番号	保険者名			
	記　号		番　号	

受取代理人の欄

申請者（　　　　）（以下「甲」という。）は、医療機関等である（　　　　）（以下「乙」という。）を代理人と定め、次の権限を委任します。また、甲は、出産育児一時金等の医療機関等への直接支払制度は利用しません。

甲が請求する出産育児一時金等のうち、乙が甲に対して出産に関し請求する費用の額※の受領に関すること。

※出産育児一時金等の支給額（保険者が出産育児一時金等に係る付加給付を行う場合には、付加相当額を含む）を上限とする。

平成　年　月　日

甲の住所

氏名　　　　印

乙の所在地

名称　　　　印　電話　（　　）

受取代理人に対する支払金融機関	銀行 金融 信組	店・本店 支店・出張所			
	預金種別	1：普通　4：通知 2：当座　5：貯蓄 3：別段	口座番号		口座名義（フリガナ）

（備考欄）

（様式2）

平成　年　月　日

（あて先）＿＿＿＿＿＿

（申請者※）住所

氏名　　　　　印

出産育児一時金等受取代理申請取下書

平成　年　月　日に申請しました出産育児一時金等の受取代理申請を下記のとおり取り下げます。

記

被保険者証	記号		番号	
出産予定者	氏　名	（フリガナ）		
	生年月日	年　月　日		
出産予定日	年　月　日			
取下げの理由				
備考				

※「申請者」は健康保険・船員保険の場合は被保険者、国民健康保険の場合は世帯主又は組合員となります。

（様式3）

平成　年　月　日

（あて先）＿＿＿＿＿＿

（申請者※）住所

氏名　　　　　印

被保険者証　記号

番号

受取代理人変更届

受取代理人の変更について下記のとおり提出いたします。

記

申請者（　　　）（以下「甲」という。）は、医療機関等である（　　　）（以下「乙」という。）を代理人と定め、平成　年　月　日付にて委任した出産育児一時金等の受領に関する権限について、乙に替えて、新たに医療機関等である（　　　）（以下「丙」という。）を代理人として定め、これを委任します。

平成　年　月　日

甲の住所

氏名　　　　印

乙の所在地※※

名称※※　　　　印　電話　（　　）

丙の所在地※※

名称※※　　　　印　電話　（　　）

受取代理人に対する支払金融機関	銀行 金融 信組　店・本店 支店・出張所				
	預金種別	1：普通　4：通知 2：当座　5：貯蓄 3：別段	口座番号		口座名義（フリガナ）

※「申請者」は健康保険・船員保険の場合は被保険者、国民健康保険の場合は世帯主又は組合員となります。

※※「乙」・「丙」の所在地・名称については、それぞれ変更前の医療機関等・変更後の医療機関等にて記入・押印が必要です。

(様式4)

平成　　年　　月　　日

（あて先）＿＿＿＿＿＿

受取代理申請受付通知書

受取代理制度により、以下の被保険者等（健康保険・船員保険の被保険者、国民健康保険の世帯主又は組合員をいう。）から、貴院を受取代理人とする出産育児一時金等の支給申請がなされましたので、ご連絡いたします。

受付日	年　　月　　日	
被保険者等	氏名	（フリガナ）
	住所	〒　　（フリガナ）
	生年月日	年　　月　　日
出産予定日・数	年　　月　　日　単・多（　　胎）	
出産予定者 ※被保険者等と同一の場合は省略	氏名	（フリガナ）
	生年月日	年　　月　　日
付加給付金相当額		
貴院が代理受領することができる額の上限（①と②の合計額）	円 ※　産科医療補償制度対象出産でない場合は、　　円となります。 ※※　多胎の場合は、出産数を乗じた額となります。	
	①　出産育児一時金42万円（産科医療補償制度対象出産でない場合は39万円） ②　付加給付金相当額（　　　）円	

なお、出産育児一時金又は家族出産育児一時金の支給のためには、当該被保険者等又は被扶養者の出産後、貴院から、

- 出産費用の請求書の写し
  ※　産科医療補償制度対象出産の場合は、所定の印が押印された請求書の写し
- 出産の事実を証明する書類の写し

を送付いただく必要があります。

出産後速やかに下記あて送付いただきますよう、お願いいたします。

（保険者名）＿＿＿＿＿＿

（所在地）＿＿＿＿＿＿

(様式5)

平成　　年　　月　　日

（あて先）＿＿＿＿＿＿

（医療機関等）所在地

名称　　　　　　　印

出産費用請求報告書

標記について、下記のとおり報告します。

記

被保険者証	記号		番号	
被保険者、世帯主又は組合員	氏名	（フリガナ）		
	住所	〒　　（フリガナ）		
請求金額				
出産費用請求書（写）	別添のとおり			
出産の事実を証明する書類（写）	別添のとおり			

○国家公務員の育児休業等に関する法律（抄）

平三・一二・二四
法一〇九
最終改正　平二九・一二・一五　法七七

第一章　総則

（目的）

第一条　この法律は、育児休業等に関する制度を設けて子を養育する国家公務員の継続的な勤務を促進し、もってその福祉を増進するとともに、公務の円滑な運営に資することを目的とする。

（定義）

第二条　この法律において「職員」とは、第二十七条を除き、国家公務員法（昭和二十二年法律第百二十号）第二条に規定する一般職に属する国家公務員をいう。

2　この法律において「任命権者」とは、国家公務員法第五十五条第一項に規定する任命権者及び法律で別に定められた任命権者並びにその委任を受けた者をいう。

3　この法律において「各省各庁の長」とは、一般職の職員の勤務時間、休暇等に関する法律（平成六年法律第三十三号。以下「勤務時間法」という。）第三条に規定する各省各庁の長及びその委任を受けた者をいう。

第二章　育児休業

（育児休業の承認）

第三条　職員（第二十三条第二項に規定する任期付短時間勤務職員、臨時的に任用された職員その他その任用の状況がこれらに類する職員として人事院規則で定める職員を除く。）は、任命権者の承認を受けて、当該職員の子（民法（明治二十九年法律第八十九号）第八百十七条の二第一項の規定により職員が当該職員との間における同項に規定する特別養子縁組の成立について家庭裁判所に請求した者（当該請求に係る家事審判事件が裁判所に係属している場合に限る。）であって、当該職員が現に監護するもの、児童福祉法（昭和二十二年法律第百六十四号）第二十七条第一項第三号の規定により同法第六条の四第一項に規定する里親である職員に委託されている児童のうち、当該職員が養子縁組によって養親となることを希望している者その他これらに準ずる者として人事院規則で定める者を含む。以下同じ。）を養育するため、当該子が三歳に達する日（常時勤務することを要しない職員にあっては、当該子の養育の事情に応じ、一歳に達する日から一歳六か月に達する日までの間で人事院規則で定める日（当該子の養育の事情を考慮して特に必要と認められる場合として人事院規則で定める場合に該当するときは、二歳に達する日））まで、育児休業をすることができる。ただし、当該子について、既に育児休業（当該子の出生の日から勤務時間法第十九条に規定する特別休暇のうち出産により職員が勤務しないことが相当である場合として人事院規則で定める場合における休暇について同条の規定により人事院規則で定める期間を考慮して人事院規則で定める期間内に、職員（当該期間内に当該休暇又はこれに相当するものとして勤務時間法第二十三条の規定により人事院規則で定める休暇により勤務しなかった職員を除く。）が当該子についてした最初の育児休業を除く。）をしたことがあるときは、人事院規則で定める特別の事情がある場合を除き、この限りでない。

2　育児休業の承認を受けようとする職員は、育児休業をしようとする期間の初日及び末日を明らかにして、任命権者に対し、その承認を請求するものとする。

3　任命権者は、前項の規定による請求があったときは、当該請求に係る期間について当該請求をした職員の業務を処理するための措置を講ずることが著しく困難である場合を除き、これを承認しなければならない。

（育児休業の期間の延長）

第四条　育児休業をしている職員は、任命権者に対し、当該育児休業の期間の延長を請求することができる。

2　育児休業の期間の延長は、人事院規則で定める特別の事情がある場合を除き、一回に限るものとする。

3　前条第二項及び第三項の規定は、育児休業の期間の延長について準用する。

（育児休業の効果）

第五条　育児休業をしている職員は、職員としての身分を保有するが、職務に従事しない。

2　育児休業をしている期間については、給与を支給しない。

（育児休業の承認の失効等）

第六条　育児休業の承認は、当該育児休業をしている職員が産前の休業を始め、若しくは出産した場合、当該職員が休職若しくは停職の処分を受けた場合又は当該育児休業に係る子が死亡し、若しくは当該職員の子でなくなった場合には、その効力を失う。

2　任命権者は、育児休業をしている職員が当該育児休業に係る子を養育しなくなったことその他人事院規則で定める事由に該当すると認めるときは、当該育児休業の承認を取り消すものとする。

（育児休業に伴う任期付採用及び臨時的任用）

第七条　任命権者は、第三条第二項又は第四条第一項の規定による請求があった場合において、当該請求に係る期間（以下この条において「請求期間」という。）について職員の配置換えその他の方法によって当該請求をした職員の業務を処理することが困難であると認めるときは、当該業務を処理するため、次の各号に掲げる任用のいずれかを行うものとする。この場合において、第二号に掲げる任用は、請求期間について一年（第四条第一項の規定による請求があった場合にあっては、当該請求による延長前の育児休業の期間の初日から当該請求に係る期間の末日までの期間を通じて一年）を超えて行うことができない。

一　請求期間を任用の期間（以下この条及び第二十三条において「任期」という。）の限度として行う任期を定めた採用

二　請求期間を任期の限度として行う臨時的任用

2　任命権者は、前項の規定により任期を定めて職員を採用する場合には、当該職員にその任期を明示しなければならない。

3　任命権者は、第一項の規定により任期を定めて採用され

た職員の任期が請求期間に満たない場合にあつては、当該請求期間の範囲内において、その任期を更新することができる。

4　第二項の規定は、前項の規定により任期を更新する場合について準用する。

5　任命権者は、第一項の規定により任期を定めて採用された職員を、任期を定めて採用した趣旨に反しない場合に限り、その任期中、他の官職に任用することができる。

6　第一項の規定に基づき臨時的任用を行う場合には、国家公務員法第六十条第一項から第三項までの規定は、適用しない。

（育児休業をしている職員の期末手当等の支給）

第八条　一般職の職員の給与に関する法律（昭和二十五年法律第九十五号。以下「給与法」という。）第十九条の四第一項に規定するそれぞれの基準日に育児休業をしている職員のうち、基準日以前六箇月以内の期間において勤務した期間（人事院規則で定めるこれに相当する期間を含む。）がある職員には、第五条第二項の規定にかかわらず、当該基準日に係る期末手当を支給する。

2　給与法第十九条の七第一項に規定するそれぞれの基準日に育児休業をしている職員のうち、基準日以前六箇月以内の期間において勤務した期間がある職員には、第五条第二項の規定にかかわらず、当該基準日に係る勤勉手当を支給する。

（育児休業をした職員の職務復帰後における給与の調整）

第九条　育児休業をした職員が職務に復帰した場合におけるその者の号俸については、部内の他の職員との権衡上必要と認められる範囲内において、人事院規則の定めるところにより、必要な調整を行うことができる。

（育児休業をした職員についての国家公務員退職手当法の特例）

第十条　国家公務員退職手当法（昭和二十八年法律第百八十二号）第六条の四第一項及び第七条第四項の規定の適用については、育児休業をした期間は、同法第六条の四第一項に規定する現実に職務をとることを要しない期間に該当するものとする。

2　育児休業をした期間（当該育児休業に係る子が一歳に達した日の属する月までの期間に限る。）についての国家公務員退職手当法第七条第四項の規定の適用については、同項中「その月数の二分の一に相当する月数」とあるのは、「その月数の三分の一に相当する月数」とする。

（育児休業を理由とする不利益取扱いの禁止）

第十一条　職員は、育児休業を理由として、不利益な取扱いを受けない。

第三章　育児短時間勤務

（育児短時間勤務の承認）

第十二条　職員（常時勤務することを要しない職員、臨時的に任用された職員その他これらに類する職員として人事院規則で定める職員を除く。）は、任命権者の承認を受けて、当該職員の小学校就学の始期に達するまでの子を養育するため、当該子がその始期に達するまで、常時勤務を要する官職を占めたまま、次の各号に掲げるいずれかの勤務の形態（勤務時間法第七条第一項の規定の適用を受ける職員にあつては、第五号に掲げる勤務の形態）により、当該職員が希望する日及び時間帯において勤務すること（以下「育児短時間勤務」という。）ができる。ただし、当該子について、既に育児短時間勤務をしたことがある場合において、当該子に係る育児短時間勤務の終了の日の翌日から起算して一年を経過しないときは、人事院規則で定める特別の事情がある場合を除き、この限りでない。

一　日曜日及び土曜日を週休日（勤務時間法第六条第一項に規定する週休日をいう。以下この項において同じ。）とし、週休日以外の日において一日につき三時間五十五分勤務すること。

二　日曜日及び土曜日を週休日とし、週休日以外の日において一日につき四時間五十五分勤務すること。

三　日曜日及び土曜日並びに月曜日から金曜日までの五日間のうちの二日を週休日とし、週休日以外の日において一日につき七時間四十五分勤務すること。

四　日曜日及び土曜日並びに月曜日から金曜日までの五日間のうちの二日を週休日とし、週休日以外の日のうち、二日については一日につき七時間四十五分、一日については一日につき三時間五十五分勤務すること。

五　前各号に掲げるもののほか、一週間当たりの勤務時間が十九時間二十五分から二十四時間三十五分までの範囲内の時間となるように人事院規則で定める勤務の形態

2　育児短時間勤務の承認を受けようとする職員は、人事院規則の定めるところにより、育児短時間勤務をしようとする期間（一月以上一年以下の期間に限る。）の初日及び末日並びにその勤務の形態における勤務の日及び時間帯を明らかにして、任命権者に対し、その承認を請求するものとする。

3　任命権者は、前項の規定による請求があつたときは、当該請求に係る期間について当該請求をした職員の業務を処理するための措置を講ずることが困難である場合を除き、これを承認しなければならない。

（育児短時間勤務の期間の延長）

第十三条　育児短時間勤務をしている職員（以下「育児短時間勤務職員」という。）は、任命権者に対し、当該育児短時間勤務の期間の延長を請求することができる。

2　前条第二項及び第三項の規定は、育児短時間勤務の期間の延長について準用する。

（育児短時間勤務の承認の失効等）

第十四条　第六条の規定は、育児短時間勤務の承認の失効及び取消しについて準用する。

（育児短時間勤務職員の並立任用）

第十五条　一人の育児短時間勤務職員（一週間当たりの勤務時間が十九時間二十五分から十九時間三十五分までの範囲内の時間である者に限る。以下この条において同じ。）が占める官職には、他の一人の育児短時間勤務職員を任用することを妨げない。

第四章　育児時間

第二十六条　各省各庁の長は、職員（任期付短時間勤務職員その他その任用の状況がこれに類する職員として人事院規則で定める職員を除く。）が請求した場合において、公務の運営に支障がないと認めるときは、人事院規則の定めると

ころにより、当該職員がその小学校就学の始期（常時勤務することを要しない職員（国家公務員法第八十一条の四第一項又は第八十一条の五第一項の規定により採用された職員で同項に規定する短時間勤務の官職を占めるものを除く。）にあっては、三歳）に達するまでの子を養育するため一日につき二時間を超えない範囲内で勤務しないこと（以下この条において「育児時間」という。）を承認することができる。

2　職員が育児時間の承認を受けて勤務しない場合には、給与法第十五条の規定にかかわらず、その勤務しない一時間につき、給与法第十九条に規定する勤務一時間当たりの給与額を減額して給与を支給する。

3　第六条及び第二十一条の規定は、育児時間について準用する。

第五章　防衛省の職員への準用等

第二十七条　この法律（第二条、第七条第六項、第十六条から第十九条まで、第二十四条及び第二十五条を除く。）の規定は、国家公務員法第二条第三項第十六号に掲げる防衛省の職員について準用する。この場合において、これらの規定（第三条第一項ただし書を除く。）中「人事院規則」とあるのは「政令」と読み替えるほか、次の表の上欄に掲げる規定中同表の中欄に掲げる字句は、それぞれ同表の下欄に掲げる字句に読み替えるものとする。

第三条第一項	職員（第二十三条第二項	職員（自衛官候補生、第二十三条第二項
	任命権者	自衛隊法（昭和二十九年法律第百六十五号）第三十一条第一項の規定により同法第二条第五項に規定する隊員の任免について権限を有する者（以下「任命権者」という。）
	勤務時間法第十九条に規定する特別休暇のうち出産により職員が勤務しないことが相当である場合として人事院規則で定める場合における休暇	自衛隊法第五十四条第二項の規定に基づく防衛省令で定める休暇のうち職員が出産した場合における休暇
	同条の規定により人事院規則で定める期間	防衛省令で定める期間
	人事院規則で定める期間内	防衛省令で定める期間内
	当該休暇又はこれに相当するものとして勤務時間法第二十三条の規定により人事院規則で定める休暇	当該休暇
	人事院規則で定める特別の事情	政令で定める特別の事情
第八条第一項	一般職の職員の給与に関する法律（昭和二十五年法律第九十五号。以下「給与法」という。）	防衛省の職員の給与等に関する法律（昭和二十七年法律第二百六十六号）第十八条の二第一項、第二十五条第三項又は第二十五条の二第三項においてその例によることとされる一般職の職員の給与に関する法律（昭和二十五年法律第九十五号）
第八条第二項	給与法	防衛省の職員の給与等に関する法律第十八条の二第一項においてその例によることとされる一般職の職員の給与に関する法律
第十二条第一項	職員（	職員（自衛官、自衛官候補生、防衛省設置法（昭和二十九年法律第百六十四号）第十五条第一項又は第十六条第一項（第三号を除く。）の教育訓練を受けている者、自衛隊法第二十五条第五項の教育訓練を受けている者、
	勤務時間法第七条第一項の規定の適用を受ける	自衛隊法第五十四条第二項の規定に基づく防衛省令の規定により一般職の職員の勤務時間、休暇等に関する法律（平成六年法律第三十三号）第七条第一項に規定する特別の形態に相当する形態によって勤務する
第十二条第一項第一号	週休日（勤務時間法第六条第一項に規定する週休日	休養日（自衛隊法第五十四条第二項の規定に基づく防衛省令の規定により勤務時間を割り振らない日
	週休日以外	休養日以外
第十二条第一項第二号から第四号まで	週休日	休養日
第二十二条	から前条まで	、前二条及び第二十七条第二項
第二十三条第一項	国家公務員法第八十一条の五第三項	自衛隊法第四十四条の五第三項
前条第一	各省各庁の長は、	防衛大臣又はその委任を

項	職員（	受けた者は、職員（自衛官候補生、
	国家公務員法第八十一条の四第一項又は第八十一条の五第一項	自衛隊法第四十四条の四第一項又は第四十四条の五第一項
前条第二項	給与法第十五条の規定にかかわらず、その勤務しない一時間につき、給与法第十九条に規定する勤務一時間当たりの給与額を減額して給与を	防衛省の職員の給与等に関する法律第十一条第二項、第十六条第二項又は第十八条第三項の規定による減額をして、俸給、航空手当、乗組手当、落下傘隊員手当、特殊作戦隊員手当又は営外手当を
次条	、第二十条及び前条	及び第二十条

2　前項において準用する第十三条第一項に規定する育児短時間勤務職員についての防衛省の職員の給与等に関する法律（昭和二十七年法律第二百六十六号）の規定の適用については、同法第四条第一項中「定める額」とあるのは「定める額に、その者の一週間当たりの通常の勤務時間を自衛隊法第四十四条の五第一項に規定する短時間勤務の官職を占める職員及び国家公務員の育児休業等に関する法律（平成三年法律第百九号）第二十七条第一項において準用する同法第十三条第一項に規定する育児短時間勤務職員以外の職員の一週間当たりの通常の勤務時間として防衛省令で定めるもので除して得た数（以下「算出率」という。）を乗じて得た額」と、同条第二項及び第三項中「定める額」とあるのは「定める額に、算出率を乗じて得た額」と、同法第六条第一項中「決定する」とあるのは「決定するものとし、その者の俸給月額は、その者の受ける号俸に応じた額に、算出率を乗じて得た額とする」と、同法第六条の二第二項及び第七条第二項中「相当する額と」とあるのは「相当する額にそれぞれ算出率を乗じて得た額と」とする。

3　第一項において準用する第二十三条第二項に規定する任期付短時間勤務職員についての防衛省の職員の給与等に関する法律の規定の適用については、同法第四条第一項中「定める額」とあるのは「定める額に、その者の一週間当たりの通常の勤務時間を自衛隊法第四十四条の五第一項に規定する短時間勤務の官職を占める職員及び国家公務員の育児休業等に関する法律（平成三年法律第百九号）第二十七条第一項において準用する同法第十三条第一項に規定する育児短時間勤務職員以外の職員の一週間当たりの通常の勤務時間として防衛省令で定めるもので除して得た数（第六条第一項において「算出率」という。）を乗じて得た額」と、同法第六条第一項中「決定する」とあるのは「決定するものとし、その者の俸給月額は、その者の受ける号俸に応じた額に、算出率を乗じて得た額とする」と、同法第二十二条の二第五項中「初任給調整手当、同条第二項において準用する一般職給与法第十一条の五から第十一条の七までの規定による地域手当、住居手当及び特地勤務手当」とあるのは「住居手当及び単身赴任手当」と、「自衛隊法第四十四条の四第一項、第四十四条の五第一項又は第四十五条の二第一項の規定により採用された職員」とあるのは「国家公務員の育児休業等に関する法律第二十七条第一項において準用する同法第二十三条第二項に規定する任期付短時間勤務職員」とする。

○人事院規則一九―一〇〔職員の育児休業等〕（抄）

平四・一・一七制定
平四・四・一施行
最終改正　平二九・九・一五規則一九―一〇―一三

第一章　総則

（趣旨）

第一条　この規則は、職員の育児休業、育児短時間勤務（育児休業法第十二条第一項に規定する育児短時間勤務をいう。以下同じ。）及び育児時間（育児休業法第二十六条第一項に規定する育児時間をいう。以下同じ。）に関し必要な事項を定めるものとする。

（任命権者）

第二条　育児休業法に規定する任命権者には、併任に係る官職の任命権者は含まれないものとする。

第二章　育児休業

（育児休業をすることができない職員）

第三条　育児休業法第三条第一項の人事院規則で定める職員は、次に掲げる職員とする。

一　育児休業法第七条第一項又は配偶者同行休業法第七条第一項又は規則八―一二（職員の任免）第四十二条第二項（第一号及び第二号を除く。）の規定により任期を定めて採用された職員

二　勤務延長職員

三　次のいずれかに該当する常時勤務することを要しない職員（以下「非常勤職員」という。）以外の非常勤職員

イ　次のいずれにも該当する非常勤職員

(1)　任命権者を同じくする官職（以下「特定官職」と

いう。）に引き続き在職した期間が一年以上である非常勤職員

(2) その養育する子（育児休業法第三条第一項に規定する子をいう。以下同じ。）が一歳六か月に達する日（以下「一歳六か月到達日」という。）（第三条の四の規定に該当する場合にあっては、二歳に達する日）までに、その任期（任期が更新される場合にあっては、更新後のもの）が満了すること及び特定官職に引き続き採用されないことが明らかでない非常勤職員

(3) 勤務日の日数を考慮して人事院が定める非常勤職員

ロ 第三条の三第三号に掲げる場合に該当する非常勤職員（その養育する子が一歳に達する日（以下この号及び同条において「一歳到達日」という。）（当該子について当該非常勤職員がする育児休業の期間の末日とされた日が当該子の一歳到達日後である場合にあっては、当該末日とされた日）において育児休業をしている非常勤職員に限る。）

ハ その任期の末日を育児休業の期間の末日とする育児休業をしている非常勤職員であって、当該育児休業に係る子について、当該任期が更新され、又は当該任期の満了後に特定官職に引き続き採用されることに伴い、当該任期の末日の翌日又は当該引き続き採用される日を育児休業の期間の初日とする育児休業をしようとするもの

（育児休業法第三条第一項の人事院規則で定める者）

第三条の二 育児休業法第三条第一項の人事院規則で定める者は、児童福祉法（昭和二十二年法律第百六十四号）第六条の四第一号に規定する養育里親である職員（児童の親その他の同法第二十七条第四項に規定する者の意に反するため、同項の規定により、同法第六条の四第二号に規定する養子縁組里親として当該児童を委託することができない職員に限る。）に同法第二十七条第一項第三号の規定により委託されている当該児童とする。

（育児休業法第三条第一項の人事院規則で定める日）

第三条の三 育児休業法第三条第一項の人事院規則で定める日は、次の各号に掲げる場合の区分に応じ、当該各号に定める日とする。

一 次号及び第三号に掲げる場合以外の場合 非常勤職員の養育する子の一歳到達日

二 非常勤職員の配偶者（届出をしないが事実上婚姻関係と同様の事情にある者を含む。以下同じ。）が当該非常勤職員の養育する子の一歳到達日以前のいずれかの日において当該子を養育するために育児休業法その他の法律の規定による育児休業（以下この条及び次条において「国等育児休業」という。）をしている場合において当該非常勤職員が当該子について育児休業をしようとする場合（当該育児休業の期間の初日とされた日が当該子の一歳到達日の翌日後である場合又は当該国等育児休業の期間の初日前である場合を除く。） 当該子が一歳二か月に達する日（当該日が当該育児休業等可能日数（当該子の出生の日から起算して育児休業等可能日数（当該子の出生の日から当該子の一歳到達日までの日数をいう。）から育児休業等取得日数（当該子の出生の日以後当該非常勤職員が規則一五―一五（非常勤職員の勤務時間及び休暇）第四条第二項第一号又は第二号（当該非常勤職員が再任用短時間勤務職員（法第八十一条の四第一項又は第八十一条の五第一項の規定により採用された職員で同項に規定する短時間勤務の官職を占めるものをいう。以下同じ。）である場合にあっては、規則一五―一四（職員の勤務時間、休日及び休暇）第二十二条第一項第六号又は第七号）の休暇により勤務しなかった日数と当該子について育児休業した日数を合算した日数をいう。）を差し引いた日数を経過する日より後の日であるときは、当該経過する日）

三 一歳から一歳六か月に達するまでの子を養育するため、非常勤職員が当該子の一歳到達日（当該子を養育する非常勤職員が前号に掲げる場合に該当してする育児休業又は当該非常勤職員の配偶者が同号に掲げる場合若しくはこれに相当する場合に該当してする国等育児休業の期間の末日とされた日が当該子の一歳到達日後である場合にあっては、当該末日とされた日（当該育児休業の期間の末日とされた日と当該国等育児休業の期間の末日とされた日が異なるときは、そのいずれかの日））の翌日（当該子の一歳到達日後の期間においてこの号に掲げる場合に該当してその任期の末日を育児休業の期間の末日とする育児休業をしている非常勤職員であって、当該任期が更新され、又は当該任期の満了後に特定官署に引き続き採用されるものにあっては、当該任期の末日の翌日又は当該引き続き採用される日）を育児休業の期間の初日とする育児休業をしようとする場合であって、次に掲げる場合のいずれにも該当するとき 当該子の一歳六か月到達日

イ 当該子について、当該非常勤職員が当該子の一歳到達日（当該非常勤職員がする育児休業の期間の末日とされた日が当該子の一歳到達日後である場合にあっては、当該末日とされた日）において育児休業をしている場合又は当該非常勤職員の配偶者が当該子の一歳到達日（当該配偶者がする国等育児休業の期間の末日とされた日が当該子の一歳到達日後である場合にあっては、当該末日とされた日）において国等育児休業をしている場合

ロ 当該子の一歳到達日後の期間について育児休業をすることが継続的な勤務のために特に必要と認められる場合として人事院が定める場合に該当する場合

（育児休業法第三条第一項本文の人事院規則で定める場合）

第三条の四 育児休業法第三条第一項本文の人事院規則で定める場合は、一歳六か月から二歳に達するまでの子を養育するため、非常勤職員が当該子の一歳六か月到達日の翌日（当該子の一歳六か月到達日後の期間においてこの条の規定に該当してその任期の末日を育児休業の期間の末日とする育児休業をしている非常勤職員であって、当該任期が更新され、又は当該任期の満了後に特定官職に引き続き採用されるものにあっては、当該任期の末日の翌日又は当該引き続き採用される日）を育児休業の期間の初日とする育児休業をしようとする場合であって、次の各号のいずれにも該当するときとする。

一 当該子について、当該非常勤職員が当該子の一歳六か月到達日において育児休業をしている場合又は当該非常勤職員の配偶者が当該子の一歳六か月到達日において国等育児

休業をしている場合

二　当該子の一歳六か月到達日後の期間について育児休業をすることが継続的な勤務のために特に必要と認められる場合として人事院が定める場合に該当する場合

（育児休業法第三条第一項ただし書の人事院規則で定める場合）

第三条の五　育児休業法第三条第一項ただし書の人事院規則で定める場合は、規則一五一一四第二十二条第一項第七号に掲げる場合とする。

（育児休業法第三条第一項ただし書の人事院規則で定める期間を考慮して人事院規則で定める期間）

第三条の六　育児休業法第三条第一項ただし書の人事院規則で定める期間を考慮して人事院規則で定める期間は、五十七日間とする。

（育児休業法第三条第一項ただし書の人事院規則で定める特別の事情）

第四条　育児休業法第三条第一項ただし書の人事院規則で定める特別の事情は、次に掲げる事情とする。

一　育児休業の承認が、産前の休業を始め又は出産したことにより効力を失った後、当該産前の休業又は出産に係る子が次に掲げる場合に該当することとなったこと。

イ　死亡した場合

ロ　養子縁組等により職員と別居することとなった場合

二　育児休業の承認が、第九条に規定する事由に該当したことにより取り消された後、同条に規定する承認に係る子が次に掲げる場合に該当することとなったこと。

イ　前号イ又はロに掲げる場合

ロ　民法（明治二十九年法律第八十九号）第八百十七条の二第一項の規定による請求に係る家事審判事件が終了した場合（特別養子縁組の成立の審判が確定した場合を除く。）又は養子縁組が成立しないまま児童福祉法第二十七条第一項第三号の規定による措置が解除された場合

三　育児休業の承認が休職又は停職の処分を受けたことにより効力を失った後、当該休職又は停職が終了したこと。

四　育児休業の承認が、職員の負傷、疾病又は身体上若しくは精神上の障害により当該育児休業に係る子を養育することができない状態が相当期間にわたり継続することが見込まれることにより取り消された後、当該子を養育することができる状態に回復したこと。

五　育児休業（この号の規定に該当したことにより当該育児休業に係る子について既にしたものを除く。）の終了後、三月以上の期間を経過したこと（当該育児休業をした職員が、当該育児休業の承認の請求の際育児休業により当該子を養育するための計画について育児休業等計画書により任命権者に申し出た場合に限る。）。

六　配偶者が負傷又は疾病により入院したこと、配偶者と別居したこと、育児休業に係る子について児童福祉法第三十九条第一項に規定する保育所、就学前の子どもに関する教育、保育等の総合的な提供の推進に関する法律（平成十八年法律第七十七号）第二条第六項に規定する認定こども園又は児童福祉法第二十四条第二項に規定する家庭的保育事業等（以下「保育所等」という。）における保育の利用を希望し、申込みを行っているが、当面その実施が行われないことその他の育児休業の終了時に予測することができなかった事実が生じたことにより当該育児休業に係る子について育児休業をしなければその養育に著しい支障が生じること。

七　第三条の三第三号に掲げる場合に該当すること又は第三条の四の規定に該当すること。

八　その任期の末日を育児休業の期間の末日とする育児休業をしている非常勤職員が、当該育児休業に係る子について、当該任期が更新され、又は当該任期の満了後に特定官職に引き続き採用されることに伴い、当該任期の末日の翌日又は当該引き続き採用される日を育児休業の期間の初日とする育児休業をしようとすること。

（育児休業の承認の請求手続）

第五条　育児休業の承認の請求は、育児休業承認請求書により行い、前条第八号に掲げる事情に該当して育児休業の承認を請求する場合を除き、育児休業を始めようとする日の一月（第三条の三第三号に掲げる場合又は第三条の四の規定に該当する場合にあっては、二週間）前までに行うものとする。

2　任命権者は、育児休業の承認の請求について、その事由を確認する必要があると認めるときは、当該請求をした職員に対して、証明書類の提出を求めることができる。ただし、非常勤職員が前条第八号に掲げる事情に該当して育児休業の承認を請求した場合は、この限りでない。

（育児休業の期間の延長の請求手続）

第六条　前条第一項及び第二項本文の規定は、育児休業の期間の延長の請求について準用する。

（育児休業の期間の再度の延長ができる特別の事情）

第七条　育児休業法第四条第二項の人事院規則で定める特別の事情は、配偶者が負傷又は疾病により入院したこと、配偶者と別居したこと、育児短時間勤務に係る子について保育所等における保育の利用を希望し、申込みを行っているが、当面その実施が行われないことその他の育児休業の期間の延長の請求時に予測することができなかった事実が生じたことにより当該育児休業に係る子について育児休業の期間の再度の延長をしなければその養育に著しい支障が生じることとする。

（育児休業をしている職員が保有する官職）

第八条　育児休業をしている職員は、その承認を受けた時占めていた官職又はその期間中に異動した官職を保有するものとする。ただし、併任に係る官職については、この限りでない。

2　前項の規定は、当該官職を他の職員をもって補充することを妨げるものではない。

（育児休業の承認の取消事由）

第九条　育児休業法第六条第二項の人事院規則で定める事由は、育児休業をしている職員について当該育児休業に係る子以外の子に係る育児休業を承認しようとするときとする。

（育児休業に係る子が死亡した場合等の届出）

第十条　育児休業をしている職員は、次に掲げる場合には、遅滞なく、その旨を任命権者に届け出なければならない。

一　育児休業に係る子が死亡した場合

二　育児休業に係る子が職員の子でなくなった場合

三　育児休業に係る子を養育しなくなった場合

2　前項の届出は、養育状況変更届により行うものとする。

3　第五条第二項本文の規定は、第一項の届出について準用する。

（育児休業をしている職員の職務復帰）

第十一条　育児休業の期間が満了したとき、育児休業の承認が休職又は停職の処分を受けたこと以外の事由により効力を失ったとき又は育児休業の承認が取り消されたとき（第九条に規定する事由に該当したことにより承認が取り消された場合を除く。）は、当該育児休業に係る職員は、職務に復帰するものとする。

（育児休業に係る人事異動通知書の交付）

第十二条　任命権者は、次に掲げる場合には、職員に対して、規則八―一二第五十八条の規定による人事異動通知書（以下「人事異動通知書」という。）を交付しなければならない。

一　職員の育児休業を承認する場合

二　職員の育児休業の期間の延長を承認する場合

三　育児休業をした職員が職務に復帰した場合

四　育児休業をしている職員について当該育児休業の承認を取り消し、引き続き当該育児休業に係る子以外の子に係る育児休業を承認する場合

（育児休業に伴う任期付採用に係る任期の更新）

第十三条　任命権者は、育児休業法第七条第三項の規定により任期を更新する場合には、あらかじめ職員の同意を得なければならない。

（育児休業に伴う任期付採用に係る人事異動通知書の交付）

第十四条　任命権者は、次に掲げる場合には、人事異動通知書を交付しなければならない。ただし、第三号に掲げる場合において、人事異動通知書の交付によらないことを適当と認めるときは、人事異動通知書に代わる文書の交付その他適当な方法をもって人事異動通知書の交付に替えることができる。

一　育児休業法第七条第一項の規定により任期を定めて職員を採用した場合

二　育児休業法第七条第一項の規定により任期を定めて採用された職員（次号において「任期付職員」という。）の任期を更新した場合

三　任期の満了により任期付職員が当然に退職した場合

（育児休業をしている職員の期末手当に係る勤務した期間に相当する期間）

第十五条　育児休業法第八条第一項の人事院規則で定める期間は、休暇の期間その他勤務しないことにつき特に承認のあった期間のうち、次に掲げる期間以外の期間とする。

一　育児休業法第三条の規定により育児休業をしていた期間

二　規則九―四〇（期末手当及び勤勉手当）第一条第三号から第五号まで、第十号又は第十二号に掲げる職員（同条第四号に掲げる職員については、勤務日及び勤務時間が常勤の職員と同様である者を除く。）として在職した期間

三　休職にされていた期間（規則九―四〇第五条第二項第五号イからハまでに掲げる期間を除く。）

（育児休業をした職員の職務復帰後における号俸の調整）

第十六条　育児休業をした職員が職務に復帰した場合において、部内の他の職員との均衡上必要があると認められるときは、その育児休業の期間を百分の百以下の換算率により換算して得た期間を引き続き勤務したものとみなして、その職務に復帰した日、同日後における最初の昇給日（規則九―八（初任給、昇格、昇給等の基準）第三十四条に規定する昇給日をいう。以下この項において同じ。）又はその次の昇給日に、昇給の場合に準じてその者の号俸を調整することができる。

2　育児休業をした職員が職務に復帰した場合における号俸の調整について、前項の規定による場合には部内の他の職員との均衡を著しく失すると認められるときは、同項の規定にかかわらず、あらかじめ人事院と協議して、その者の号俸を調整することができる。

第三章　育児短時間勤務

（育児短時間勤務をすることができない職員）

第十七条　育児休業法第十二条第一項の人事院規則で定める職員は、次に掲げる職員とする。

一　育児休業法第七条第一項若しくは配偶者同行休業法第七条第一項又は規則八―一二第四十二条第二項（第一号及び第二号を除く。）の規定により任期を定めて採用された職員

二　勤務延長職員

（育児短時間勤務の終了の日の翌日から起算して一年を経過しない場合に育児短時間勤務をすることができる特別の事情）

第十八条　育児休業法第十二条第一項ただし書の人事院規則で定める特別の事情は、次に掲げる事情とする。

一　育児短時間勤務の承認が、産前の休業を始め又は出産したことにより効力を失った後、当該産前の休業又は出産に係る子が第四条第一号イ又はロに掲げる場合に該当することとなったこと。

二　育児短時間勤務の承認が、第二十一条第一号に掲げる事由に該当したことにより取り消された後、同号に規定する承認に係る子が第四条第二号イ又はロに掲げる場合に該当することとなったこと。

三　育児短時間勤務の承認が休職又は停職の処分を受けたことにより効力を失った後、当該休職又は停職が終了したこと。

四　育児短時間勤務の承認が、職員の負傷、疾病又は身体上若しくは精神上の障害により当該育児短時間勤務に係る子を養育することができない状態が相当期間にわたり継続することが見込まれることにより取り消された後、当該子を養育することができる状態に回復したこと。

五　育児短時間勤務の承認が、第二十一条第二号に掲げる事由に該当したことにより取り消されたこと。

六　育児短時間勤務（この号の規定に該当したことにより当該育児短時間勤務に係る子について既にしたものを除く。）の終了後、三月以上の期間を経過したこと（当該育児短時間勤務をした職員が、当該育児短時間勤務の承認の請求の際育児短時間勤務により当該子を養育するための計画について育児休業等計画書により任命権者に申し出た場合に限る。）。

七　配偶者が負傷又は疾病により入院したこと、配偶者と別居したこと、育児短時間勤務に係る子について保育所等における保育の利用を希望し、申込みを行っているが、当面その実施が行われないことその他の育児短時間勤務の終了時に予測することができなかった事実が生じたことにより当該育児短時間勤務に係る子について育児

短時間勤務をしなければその養育に著しい支障が生じること。

（育児休業法第十二条第一項第五号の人事院規則で定める勤務の形態）

第十九条　育児休業法第十二条第一項第五号の人事院規則で定める勤務の形態は、次の各号に掲げる職員の区分に応じ、当該各号に定める勤務の形態（同項第一号から第四号までに掲げる勤務の形態を除く。）とする。

一　勤務時間法第六条第三項の規定の適用を受ける職員　日曜日及び土曜日を週休日（同条第一項に規定する週休日をいう。以下この条において同じ。）とし、又は日曜日及び土曜日並びに月曜日から金曜日までの五日間のうちの二日を週休日とし、四週間ごとの期間（育児短時間勤務をしようとする期間の全てを四週間ごとに区分することができない場合にあっては、人事院の定めるところにより、当該育児短時間勤務をしようとする期間を一週間、二週間、三週間又は四週間に区分した各期間につき一週間当たりの勤務時間が十九時間二十五分、十九時間三十五分、二十三時間十五分又は二十四時間三十五分となるように、かつ、一日につき午前七時から午後十時までの間において二時間以上勤務すること。

二　勤務時間法第七条第一項の規定の適用を受ける職員　次に掲げる勤務の形態（勤務日が引き続き十二日を超えず、かつ、一回の勤務が十六時間を超えないものに限る。）

イ　四週間ごとの期間につき八日以上を週休日とし、当該期間につき一週間当たりの勤務時間が十九時間二十五分、十九時間三十五分、二十三時間十五分又は二十四時間三十五分となるように勤務すること。

ロ　五十二週間を超えない期間につき一週間当たり一日以上の割合の日を週休日とし、週休日が毎四週間につき四日以上となるようにし、及び当該期間につき一週間当たりの勤務時間が十九時間二十五分、十九時間三十五分、二十三時間十五分又は二十四時間三十五分となるように、かつ、毎四週間につき一週間当たりの勤務時間が四十二時間を超えないように勤務すること。

（育児短時間勤務の承認又は期間の延長の請求手続）

第二十条　育児短時間勤務の承認又は期間の延長の請求は、育児短時間勤務承認請求書により、育児短時間勤務を始めようとする日又はその期間の末日の翌日の一月前までに行うものとする。

2　第五条第二項本文の規定は、育児短時間勤務の承認又は期間の延長の請求について準用する。

（育児短時間勤務の承認の取消事由）

第二十一条　育児休業法第十四条において準用する育児休業法第六条第二項の人事院規則で定める事由は、次に掲げる事由とする。

一　育児短時間勤務をしている職員について当該育児短時間勤務に係る子以外の子に係る育児短時間勤務を承認しようとするとき。

二　育児短時間勤務をしている職員について当該育児短時間勤務の内容と異なる内容の育児短時間勤務を承認しようとするとき。

（育児短時間勤務に係る子が死亡した場合等の届出）

第二十二条　第十条の規定は、育児短時間勤務について準用する。

（育児休業法第二十二条の人事院規則で定めるやむを得ない事情）

第二十三条　育児休業法第二十二条の人事院規則で定めるやむを得ない事情は、次に掲げる事情とする。

一　過員を生ずること。

二　当該育児短時間勤務に伴い任用されている任期付短時間勤務職員（育児休業法第二十三条第二項に規定する任期付短時間勤務職員をいう。以下同じ。）を任期付短時間勤務職員として引き続き任用しておくことができないこと。

（育児短時間勤務等に係る人事異動通知書の交付）

第二十四条　任命権者は、次に掲げる場合には、職員に対して、人事異動通知書を交付しなければならない。

一　職員の育児短時間勤務を承認する場合

二　職員の育児短時間勤務の期間の延長を承認する場合

三　育児短時間勤務の期間が満了し、育児短時間勤務の承認が効力を失い、又は育児短時間勤務の承認が取り消された場合

四　育児休業法第二十二条の規定による短時間勤務をさせる場合又は当該短時間勤務が終了した場合

（育児短時間勤務に伴う任期付短時間勤務職員の任用に係る任期の更新）

第二十五条　第十三条の規定は、任期付短時間勤務職員の任期の更新について準用する。

（育児短時間勤務に伴う任期付短時間勤務職員の任用に係る人事異動通知書の交付）

第二十六条　任命権者は、次に掲げる場合には、人事異動通知書を交付しなければならない。ただし、第三号に掲げる場合において、人事異動通知書の交付によらないことを適当と認めるときは、人事異動通知書に代わる文書の交付その他適当な方法をもって人事異動通知書の交付に替えることができる。

一　育児休業法第二十三条第一項の規定により職員を任用した場合

二　任期付短時間勤務職員の任期を更新した場合

三　任期の満了により任期付短時間勤務職員が当然に退職した場合

（任期付短時間勤務職員の職務の級の決定の特例）

第二十七条　育児短時間勤務に伴い任用されている任期付短時間勤務職員の職務の級は、当該育児短時間勤務をしている職員の属する職務の級より上位の職務の級に決定することはできない。育児休業法第二十二条の規定による短時間勤務に伴い任用されている任期付短時間勤務職員の職務の級についても、同様とする。

第四章　育児時間

（育児時間を請求することができない職員）

第二十八条　育児休業法第二十六条第一項の人事院規則で定める職員は、次に掲げる職員とする。

一　育児短時間勤務又は育児休業法第二十二条の規定による短時間勤務をしている職員

二　次のいずれにも該当する非常勤職員以外の非常勤職員（再任用短時間勤務職員を除く。）

イ　特定官職に引き続き在職した期間が一年以上である

非常勤職員
ロ　勤務日の日数及び勤務日ごとの勤務時間を考慮して人事院が定める非常勤職員

（育児時間の承認）

第二十九条　育児時間の承認は、勤務時間法第十三条第一項に規定する正規の勤務時間（非常勤職員（再任用短時間勤務職員を除く。以下この条において同じ。）にあっては、当該非常勤職員について定められた勤務時間）の始め又は終わりにおいて、三十分を単位として行うものとする。

2　規則一五―一四第二十二条第一項第八号の休暇を承認されている職員に対する育児時間の承認については、一日につき二時間から当該休暇を承認されている時間を減じた時間を超えない範囲内で行うものとする。

3　非常勤職員に対する育児時間の承認については、一日につき、当該非常勤職員について一日につき定められた勤務時間から五時間四十五分を減じた時間を超えない範囲内で（当該非常勤職員が規則一五―一五第四条第二項第三号又は第七号の休暇の承認を受けて勤務しない場合にあっては、当該時間を超えない範囲内で、かつ、二時間からこれらの休暇の承認を受けて勤務しない時間を減じた時間を超えない範囲内で）行うものとする。

（育児時間の承認の請求手続）

第三十条　育児時間の承認の請求は、育児時間承認請求書により行うものとする。

2　第五条第二項本文の規定は、育児時間の承認の請求について準用する。

（育児時間の承認の取消事由等）

第三十一条　第二十一条及び第二十二条の規定は、育児時間について準用する。

第五章　雑則

第三十二条　この規則に定めるもののほか、職員の育児休業、育児短時間勤務及び育児時間に関し必要な事項は、人事院が定める。

○一般職の職員の勤務時間、休暇等に関する法律（抄）

平六・六・一五
法三三
最終改正　平二九・一二・一五　法七七

（休暇の種類）

第十六条　職員の休暇は、年次休暇、病気休暇、特別休暇、介護休暇及び介護時間とする。

（年次休暇）

第十七条　年次休暇は、一の年ごとにおける休暇とし、その日数は、一の年において、次の各号に掲げる職員の区分に応じて、当該各号に掲げる日数とする。

一　次号及び第三号に掲げる職員以外の職員　二十日（再任用短時間勤務職員にあっては、その者の勤務時間等を考慮し二十日を超えない範囲内で人事院規則で定める日数）

二　次号に掲げる職員以外の職員であって、当該年の中途において新たに職員となり、又は任期が満了することにより退職することとなるもの　その年の在職期間等を考慮し二十日を超えない範囲内で人事院規則で定める日数

三　当該年の前年において独立行政法人通則法（平成十一年法律第百三号）第二条第四項に規定する行政執行法人の職員、特別職に属する国家公務員、地方公務員又は沖縄振興開発金融公庫その他その業務が国の事務若しくは事業と密接な関連を有する法人のうち人事院規則で定めるものに使用される者（以下この号において「行政執行法人職員等」という。）であった者であって引き続き当該年に新たに職員となったものその他人事院規則で定める職員　行政執行法人職員等としての在職期間及びその在職期間中における年次休暇に相当する休暇の残日数等を考慮し、二十日に次項の人事院規則で定める日数を加えた日数を超えない範囲内で人事院規則で定める日数

2　年次休暇（この項の規定により繰り越されたものを除く。）は、人事院規則で定める日数を限度として、当該年の翌年に繰り越すことができる。

3　年次休暇については、その時期につき、各省各庁の長の承認を受けなければならない。この場合において、各省各庁の長は、公務の運営に支障がある場合を除き、これを承認しなければならない。

（病気休暇）

第十八条　病気休暇は、職員が負傷又は疾病のため療養する必要があり、その勤務しないことがやむを得ないと認められる場合における休暇とする。

（特別休暇）

第十九条　特別休暇は、選挙権の行使、結婚、出産、交通機関の事故その他の特別の事由により職員が勤務しないことが相当である場合として人事院規則で定める場合における休暇とする。この場合において、人事院規則で定める特別休暇については、人事院規則でその期間を定める。

（介護休暇）

第二十条　介護休暇は、職員が要介護者（配偶者等で負傷、疾病又は老齢により人事院規則で定める期間にわたり日常生活を営むのに支障があるものをいう。以下同じ。）の介護をするため、各省各庁の長が、人事院規則の定めるところにより、職員の申出に基づき、要介護者の各々が当該介護を必要とする一の継続する状態ごとに、三回を超えず、かつ、通算して六月を超えない範囲内で指定する期間（以下「指定期間」という。）内において勤務しないことが相当であると認められる場合における休暇とする。

2　介護休暇の期間は、指定期間内において必要と認められる期間とする。

3　介護休暇については、一般職の職員の給与に関する法律第十五条の規定にかかわらず、その期間の勤務しない一時間につき、同法第十九条に規定する勤務一時間当たりの給与額を減額する。

（介護時間）

第二十条の二　介護時間は、職員が要介護者の介護をするため、要介護者の各々が当該介護を必要とする一の継続する状態ごとに、連続する三年の期間（当該要介護者に係る指定期間と重複する期間を除く。）内において一日の勤務時

間の一部につき勤務しないことが相当であると認められる場合における休暇とする。

2　介護時間の時間は、前項に規定する期間内において一日につき二時間を超えない範囲内で必要と認められる時間とする。

3　介護時間については、一般職の職員の給与に関する法律第十五条の規定にかかわらず、その勤務しない一時間につき、同法第十九条に規定する勤務一時間当たりの給与額を減額する。

（病気休暇、特別休暇、介護休暇及び介護時間の承認）

第二十一条　病気休暇、特別休暇（人事院規則で定めるものを除く。）、介護休暇及び介護時間については、人事院規則の定めるところにより、各省各庁の長の承認を受けなければならない。

（人事院規則への委任）

第二十二条　第十六条から前条までに規定するもののほか、休暇に関する手続その他の休暇に関し必要な事項は、人事院規則で定める。

（非常勤職員の勤務時間及び休暇）

第二十三条　常勤を要しない職員（再任用短時間勤務職員を除く。）の勤務時間及び休暇に関する事項については、第五条から前条までの規定にかかわらず、その職務の性質等を考慮して人事院規則で定める。

○人事院規則八—一二（職員の任免）（抄）

平二一・三・一八制定
平二一・四・一施行
最終改正　平二九・五・一九規則一—七〇

（非常勤職員の採用の方法）

第四十六条　非常勤職員（法第八十一条の五第一項に規定する短時間勤務の官職を占める職員を除く。以下同じ。）の採用は、第二章第二節の規定にかかわらず、面接、経歴評定その他の適宜の方法による能力の実証を経て行うことができる。ただし、期間業務職員を採用する場合におけるこの項の規定の適用については、「、経歴評定」とあるのは、「及び経歴評定」とする。

2　任命権者は、非常勤職員の採用に当たっては、インターネットの利用、公共職業安定所への求人の申込み等による告知を行い、できる限り広く募集を行うものとする。ただし、次の各号のいずれかに該当する場合は、この限りでない。

一　官職に必要とされる知識、経験、技能等の内容、官署の所在地が離島その他のへき地である等の勤務環境、任期、採用の緊急性等の事情から公募により難い場合

二　期間業務職員を採用する場合において、前項に定める能力の実証を面接及び期間業務職員としての従前の勤務実績に基づき行うことができる場合であって公募による必要がないときとして人事院が定めるとき。

○人事院規則八—一二（職員の任免）の運用について（抄）

人事院事務総長発
平二一・三・一八人企—五三二
最終改正　平三〇・二・一人企—六七

第四十六条関係

1　この条の第一項の「適宜の方法」には、例えば、作文試験、体力検査、健康状態の確認が含まれる。

2　この条の第二項の規定により募集を行う場合には、十分な期間を設けて周知するよう努めるとともに、できる限り多様な方法によるよう努めなければならない。

3　この条の第二項第二号の「人事院が定めるとき」は、前年度において設置されていた官職で、補充しようとする官職と職務の内容が類似するもの（補充しようとする官職の任命権者が任命権を有していたものに限る。）に就いていた者を採用する場合において、面接及び当該職務の内容が類似する官職におけるその者の勤務実績に基づき、この条の第一項に規定する能力の実証を行うことができると明らかに認められる場合であって、面接及び当該勤務実績に基づき当該能力の実証を行うときとする。

○期間業務職員の適切な採用について

平二二・八・一〇人企―九七二
人事院事務総局人材局長発

期間業務職員の採用は、人事院規則八―一二（職員の任免）第四十六条の規定に基づき、面接及び経歴評定その他の適宜の方法による能力の実証を経て行うとともに、採用に当たっては原則として公募を行う必要があるとされているところですが、今般、下記のとおり、制度の運用に当たっての留意点等について整理しましたので、平成二十二年十月一日以降、下記の事項に留意の上、制度の適正な運用を図ってください。

記

1 任命権者は、期間業務職員を採用する場合において、人事院規則八―一二（以下「規則」という。）第四十六条第二項第二号及び人事院規則八―一二（職員の任免）の運用について（平成二十一年三月十八日人企―五三二。以下「運用通知」という。）第四十六条関係第三項に規定する場合には公募によらないことができるとされているが、国家公務員法（昭和二十二年法律第一二〇号）に定める平等取扱の原則及び任免の根本基準（成績主義の原則）を踏まえ、任命権者は、これらの規定による公募によらない採用は、同一の者について連続二回を限度とするよう努めるものとすること。

2 規則第四十六条第二項第二号に掲げる場合に該当するものとして公募を行わない場合には、同号及び運用通知第四十六条関係第三項に定める場合に該当することについて、任命権者が厳正に判断すること。

3 任命権者は、規則第四十六条第二項第二号及び運用通知第四十六条関係第三項の規定により公募によらない採用を行う場合であっても、面接及び従前の勤務実績に基づき、補充しようとする官職に必要とされる能力の実証を適切に行う必要があること。

4 任命権者は、期間業務職員の円滑な人事管理を確保するため、任期満了に際し、期間業務職員に対して規則第四十六条第二項第二号及び運用通知第四十六条関係第三項の規定による公募によらない採用の有無など必要な情報を適切に提供するよう努めるものとすること。

以上

○犯罪被害による傷病の保険給付の取扱いについて

平二六・三・三一
保保発〇三三一〇〇一

全国健康保険協会理事長
健康保険組合理事長 殿
厚生労働省保険局保険課長

犯罪被害による傷病の保険給付の取扱いについて

犯罪の被害を受けたことにより生じた傷病は、医療保険各法（健康保険法（大正十一年法律第七十号）、船員保険法（昭和十四年法律第七十三号）、国民健康保険法（昭和三十三年法律第百九十二号）及び高齢者の医療の確保に関する法律（昭和五十七年法律第八十号））において、一般の保険事故と同様に、医療保険の給付の対象とされている。

また、加害者が保険者に対し損害賠償責任を負う旨を記した誓約書があることは、医療保険の給付を行うために必要な条件ではないことから、犯罪の被害者である被保険者が当該誓約書を提出することがなくとも医療保険の給付は行われる。

こうした取扱いについては、平成二十三年八月九日付保保発〇八〇九第三号・保国発〇八〇九第二号・保高発〇八〇九第三号厚生労働省保険局保険課長・国民健康保険課長・高齢者医療課長連名通知「犯罪被害や自動車事故等による傷病の保険給付の取扱いについて」（別紙一）でお示ししたところである。

今般、「第二次犯罪被害者等基本計画」（平成二十三年三月二十五日閣議決定）及び「「犯罪被害給付制度の拡充及び新たな補償制度の創設に関する検討会」及び「犯罪被害者等に対する心理療法の費用の公費負担に関する検討会」の開催について」（平成二十三年三月二十五日犯罪被害者等施策推進会議決定）に基づき開催された「犯罪被害給付制度の拡充及び新たな補償制度の創設に関する検討会」においてなされた取りまとめ（別紙二（省略））を踏まえ、上記の取扱いについて、改めて周知するので、その趣旨を踏まえて適切に対応いただくとともに、都道府県国民健康保険主管課（部）におかれては、管内の保険者等に対して、都道府県後期高齢者医療主管課（部）におかれては、管内の後期高齢者医療広域連合及び市町村後期高齢者医療主管課（部）に対して、周知をお願いする。

別紙一

平二三・八・九
保保発〇八〇九〇〇三

全国健康保険協会理事長
健康保険組合理事長 殿
厚生労働省保険局保険課長

犯罪被害や自動車事故等による傷病の保険給付の取扱いについて

犯罪や自動車事故等の被害を受けたことにより生じた傷病は、医療保険各法（健康保険法（大正十一年法律第七十号）、船員保険法（昭和十四年法律第七十三号）、国民健康保険法（昭和三十三年法律第百九十二号）及び高齢者の医療の確保に関する法律（昭和五十七年法律第八十号））においても、一般の保険事故と同様に、医療保険の給付の対象とされています。

また、犯罪の被害によるものなど、第三者の行為による傷病について医療保険の給付を行う際に、医療保険の保険者の中には、その第三者行為の加害者が保険者に対し損害賠償責任を負う旨を記した加害者の誓約書を、被害者である被保険者に提出させるところもあるようですが、この誓約書があることは、医療保険の給付を行うために必要な条件ではないことから、提出がなくとも医療保険の給付は行われます。

今般、第二次犯罪被害者等基本計画（平成二十三年三月二十五日閣議決定）に、犯罪による被害を受けた者でも医療保険を利用することが可能である旨や、加害者の署名が入った損害賠償誓約書等の有無にかかわらず医療保険給付が行われる旨を、保険者や医療機関に周知すること等が盛り込まれたことを踏まえ（別添（省略））、上記の取扱いについて改めて周知をしますので、その趣旨を踏まえて適切に対応いただくとともに、都道府県国民健康保険主管課（部）におかれましては、管内の保険者等に対して、都道府県後期高齢者医療主管課（部）におかれましては、管内の後期高齢者医療広域連合及び市町村後期高齢者医療主管課（部）に対して、周知をお願いします。

なお、自動車事故による被害を受けた場合の医療保険の給付と自動車損害賠償保障法（昭和三十年法律第九十七号）に基づく自動車損害賠償責任保険（以下「自賠責保険」という。）による給付の関係については、自動車事故による被害の賠償は自動車損害賠償保障法では自動車の運行供用者がその責任を負うこととしており、被害者は加害者が加入する自賠責保険によってその保険金額の限度額までの保障を受けることになっています。その際、何らかの理由により、加害者の加入する自賠責保険の保険者が保険金の支払いを行う前に、被害者の加入する医療保険の保険者から保険給付が行われた場合、医療保険の保険者はその行った給付の価額の限度において、被保険者が有する損害賠償請求権を代位取得し、加害者（又は加害者の加入する自賠責保険の保険者）に対して求償することになります（健康保険法第五十七条第一項、船員保険法第四十五条第一項、国民健康保険法第六四条第一項及び高齢者の医療の確保に関する法律第五十八条第一項）。

一方で、加害者が不明のひき逃げ等の場合や自賠責保険の補償の範囲を超える賠償義務が発生した場合には、被害者の加入する医療保険の保険者が給付を行ったとしても、その保険者は求償する相手先がないケースや結果的に求償が困難なケースが生じ得ます。このような場合であっても、偶発的に発生する予測不能な傷病に備え、被保険者等の保護を図るという医療保険制度の目的に照らし、医療保険の保険者は、求償する相手先がないことや結果的に求償が困難であること等を理由として医療保険の給付を行わないということはできません。

さらに、加害者が自賠責保険に加入していても、速やかに保険金の支払いが行われない場合等、被害者である被保険者に一時的に重い医療費の負担が生じる場合も考えられるため、このような場合も上記と同様の趣旨から、医療保険の保険者は、被保険者が医療保険を利用することが妨げられないようにする必要があります。これらの取扱いは、その他の犯罪の被害による傷病についての医療保険の給付でも同様です。

なお、上記の例のように、医療保険の給付の原因となった傷病が第三者の行為によって生じたものであるときは、医療保険各法は、被害者である被保険者（国民健康保険では、被保険者の属する世帯の世帯主又は組合員）に対して、その事実等を保険者に届け出ることを義務づけているため、各保険者においては、その旨を被保険者等に周知するとともに、医療保険の給付を行った際には届出の提出を求め、加害者に対する適正な求償を行っていただくようお願いします。（健康保険法施行規則第六十五条、船員保険法施行規則第五十七条、国民健康保険法施行規則第三十二条の六及び高齢者の医療の確保に関する法律施行規則第四十六条）

○治療用装具の療養費支給基準について

昭三六・七・二四　保　五　四
最終改正　平二六・三・三一
保発〇三三一〇〇九

厚生省保険局長から各都道府県知事宛

標記については、従来特段の支給基準を設けず現に要した費用によることを原則としていたが、今回身体障害者福祉法及び児童福祉法の規定に基づく補装具の種目、受託報酬の額等に関する基準が改正されたので、左記要領により取り扱われたい。

おって、貴管下健康保険組合、国民健康保険の保険者等関係者に対しこの旨周知徹底を図られたい。

記

一　療養費として支給する額については、身体障害者福祉法の規定に基づく補装具の種目、受託報酬の額等に関する基準（昭和四十八年六月十六日厚生省告示第一七一号）別表一交付基準中に定められた装具の価格の一〇〇分の一〇三に相当する額を基準として算定する。
ただし、患者の年齢が一五歳未満の場合においては、児童福祉法の規定に基づく補装具の種目、受託報酬の額等に関する基準（昭和四十八年六月二十八日厚生省告示第一八七号）別表一交付基準中に定められた年齢階層別の装具の価格の一〇〇分の一〇三に相当する額を基準として算定する。

二　骨関節結核の装具療法に対する結核予防法と健康保険法等との調整については、昭和二七年九月二九日保険発第二三九号通知により実施しているところであるが、今回骨関節結核の装具療法に関する公費負担について、別紙のとおり公衆衛生局長から都道府県知事及び政令市の市長あて通知されたのでこれが調整にともなう療養費の支給にあたっては、装具購入に要した費用の額を証する書類の外に、結核予防法第三四条の規定に該当した事実及び装具購入に際し公費で負担された額に関する証拠書類を添付させるよう処置されたい。

なお、前記昭和二七年九月二九日保険発第二三九号は廃止する。

別紙〔省略〕

○補装具の種目、購入又は修理に要する費用の額の算定等に関する基準

平一八・九・二九

厚労省告示五二八

厚労省告示二〇二

最終改正　平二七・三・三一

障害者の日常生活及び社会生活を支援するための法律（平成十七年法律第百二十三号）第五条第二十三項及び第七十六条第二項の規定に基づき、補装具の種目、購入又は修理に要する費用の額の算定等に関する基準を次のように定め、平成十八年十月一日から適用する。

補装具の種目、購入又は修理に要する費用の額の算定等に関する基準

１　障害者の日常生活及び社会生活を総合的に支援するための法律（平成十七年法律第百二十三号。以下「法」という。）第五条第二十三項に規定する厚生労働大臣が定める補装具の種目は、義肢、装具、座位保持装置、盲人安全つえ、義眼、眼鏡、補聴器、車椅子、電動車椅子、座位保持椅子、起立保持具、歩行器、頭部保持具、排便補助具、歩行補助つえ及び重度障害者用意思伝達装置とし、次項から第五項までに定める基準以外の基準については、別表のとおりとする。ただし、障害の現症、生活環境等を特に考慮して市町村が費用を支給する補装具については、別表の規定にかかわらず、法第七十六条第三項の規定による身体障害者更生相談所その他厚生労働省令で定める機関の意見に基づき当該市町村が定めるものとする。

２　前項ただし書の補装具は、同項前段に掲げる補装具の種目に該当し、かつ、別表の規定によらないものとする。

３　法第七十六条第二項の規定に基づき厚生労働大臣が定める補装具の購入又は修理に係る費用の額の基準は、別表の規定による価格の百分の百四・八に相当する額とする。ただし、第一項ただし書の補装具については、市町村が定める額とする。

４　次の各号に掲げる購入又は交換に係る費用の額の基準は、前項の規定にかかわらず、別表の規定による価格の百分の百八に相当する額とする。

一　別表の１の⑸の眼鏡（遮光眼鏡及び弱視眼鏡を除く。）の購入

二　別表の１の⑸の歩行補助つえ（プラットホーム#に限る。）の購入

三　別表の２の⑸の盲人安全つえの項中マグネット付き石突交換

四　別表の２の⑸の眼鏡の項中枠交換（遮光眼鏡及び弱視眼鏡に係るものを除く。）

五　別表の２の⑸の眼鏡の項中レンズ交換（遮光矯正用レンズに係るものを除く。）

六　別表の２の⑸の補聴器の項中重度難聴用イヤホン交換、眼鏡型平面レンズ交換、骨導式ポケット型レシーバー交換、骨導式ポケット型ヘッドバンド交換、ＦＭ型用ワイヤレスマイク充電池交換、ＦＭ型用ワイヤレスマイク充電用ＡＣアダプタ交換、ＦＭ型用ワイヤレスマイク外部入力コード交換及びイヤホン交換

七　別表の２の⑸の車椅子の項中クッション交換、クッション（ポリエステル繊維、ウレタンフォーム等の多層構造のもの及び立体編物構造のもの）交換、クッション（ゲルとウレタンフォームの組合わせのもの）交換、クッション（バルブを開閉するだけで空気量を調整するもの）交換、クッション（特殊な空気室構造のもの）交換、フローテーションパッド交換、背クッション交換、特殊形状クッション（骨盤・大腿部サポート）交換、クッションカバー（防水加工を施したもの）交換、枕（オーダー）交換、リフレクタ（反射器―夜光反射板）交換、テーブル交換、スポークカバー交換、ステッキホルダー（#たて）交換、栄養パック取り付け用ガートル架交換、点滴ポール交換及び日よけ（雨よけ）部品交換

八　別表の２の⑸の電動車椅子の項中枕（オーダー）交換、バッテリー交換（マイコン内蔵型に係るものを含む。）、外部充電器交換、オイル又はグリス交換、ステッキホルダー（#たて）交換、栄養パック取り付け用ガー

トル架交換、点滴ポール交換、延長式スイッチ交換、レバーノブ各種形状（小ノブ、球ノブ、こけしノブ）交換、レバーノブ各種形状（Uノブ、十字ノブ、ペンノブ、太長ノブ、T字ノブ、極小ノブ）交換、日よけ（雨よけ）部品交換リフレクタ（反射器─夜光反射板）交換及びテーブル交換

九　別表の2の(5)の歩行補助つえの項中凍結路面用滑り止め（非ゴム系）交換

十　別表の2の(5)の重度障害者用意思伝達装置の項中本体修理、固定台（アーム式又はテーブル置き式）交換、固定台（自立スタンド式）交換、入力装置固定具交換、呼び鈴交換、呼び鈴分岐装置交換、接点式入力装置（スイッチ）交換、帯電式入力装置（スイッチ）交換、筋電式入力装置（スイッチ）交換、光電式入力装置（スイッチ）交換、呼気式（吸気式）入力装置（スイッチ）交換、圧電素子式入力装置（スイッチ）交換、空気圧式入力装置（スイッチ）交換及び遠隔制御装置交換

5　国、地方公共団体、日本赤十字社、社会福祉法人又は一般社団法人若しくは一般財団法人の設置する補装具製作施設が製作した補装具を購入又は修理する場合の第三項又は前項の費用の額の基準は、前二項の規定にかかわらず、それぞれ第三項又は前項に掲げる額の百分の九十五に相当する額とする。

別表（省略）

○小児弱視等の治療用眼鏡等に係る療養費の支給について

保発第〇三一五〇〇一号
平成一八年三月一五日
最終改正　平二六・三・三一
保発　〇三三一〇一〇

都道府県知事
地方厚生（支）局長　殿
地方社会保険事務局長

厚生労働省保険局長

標記については、今般、中央社会保険医療協議会において、新たな技術として保険適用することが承認されたことから、小児の弱視、斜視及び先天白内障術後の屈折矯正（以下「小児弱視等」という。）の治療用として用いる眼鏡及びコンタクトレンズ（以下「治療用眼鏡等」という。）に係る取扱いを下記のとおりとするので、関係者に対し周知徹底を図るとともに、その実施に遺憾のないよう御配慮願いたい。

記

1　小児弱視等の治療用眼鏡等による治療を行う対象は、九歳未満の小児とすること。

2　小児弱視等の治療用眼鏡等について療養費として支給する額は、障害者総合支援法の規定に基く補装具の種目、購入又は修理に要する費用の額の算定等に関する基準（平成十八年厚生労働省告示第五二八号）別表一購入基準中に定められた装具の価格の一〇〇分の一〇四・八に相当する額を上限とし、治療用眼鏡等の作成又は購入に要した費用の範囲内とすること。

3　本通知による取扱いは、平成十八年四月一日から適用すること。

○小児弱視等の治療用眼鏡等に係る療養費の支給における留意事項について

保医発第〇三一五〇〇一号
平成一八年三月一五日
最終改正　平二六・三・三一
保医発　〇三三一〇〇一

地方社会保険事務局長
地方厚生（支）局長
都道府県民生主管部（局）
国民健康保険主管課（部）長　殿
都道府県老人医療主管部（局）
老人医療主管課（部）長

厚生労働省保険局医療課長

小児の弱視、斜視及び先天白内障術後の屈折矯正（以下「小児弱視等」という。）の治療用として用いる眼鏡及びコンタクトレンズ（以下「治療用眼鏡等」という。）に係る療養費の支給については、「小児弱視等の治療用眼鏡等に係る療養費の支給について」（平成十八年三月十五日保発第〇三一五〇〇一号）により通知されたところであるが、支給に当たっての留意事項は以下のとおりであるので、周知を図られたい。

1　対象年齢

小児弱視等の治療用眼鏡等による治療を行う小児弱視等の対象は、九歳未満の小児とすること。

なお、申請に当たっては、健康保険法施行規則（大正十五年内務省令第三十六号）第四十七条第一項に規定する様式第九号による被保険者証、国民健康保険法施行規則（昭和三十三年厚生省令第五十三号）第六条第一項に規定する様式第一号及び様式第一号の二の二による被保険者証等により、被扶養者であること及び申請時に九歳未満であることを確認すること。

2　治療用眼鏡等の療養費の支給申請費用

(1)　治療用眼鏡等を療養費として支給する額は、障害者総合支援法の規定に基づく補装具の種目、購入又は修理に要する費用の額の算定等に関する基準（平成十八年厚生

労働省告示第五二八号）別表一購入基準中に定められた装具の価格の一〇〇分の一〇四・八に相当する額を上限とし、治療用眼鏡等の作成又は購入に要した費用の範囲内とすること。

(2) 療養費の支給の申請書には、次の書類を添付させ治療用として必要である旨を確認した上で、適正な療養費の支給に努められたいこと。

① 治療用眼鏡等を作成し、又は購入した際の領収書又は費用の額を証する書類

② 療養担当に当たる保険医の治療用眼鏡等の作成指示等の写し

③ 患者の検査結果

(3) 治療用眼鏡等を作成する製作所については、薬事法（昭和三十五年法律第百四十五号）第十二条第一項に規定する高度管理医療機器又は一般医療機器の製造又は販売について、厚生労働大臣の許可を受けていること。

3 治療用眼鏡等の更新

(1) 五歳未満の小児に係る治療用眼鏡等の更新については、更新前の治療用眼鏡等の装着期間が一年以上ある場合のみ、療養費の支給対象とすること。

(2) 五歳以上の小児に係る治療用眼鏡等の更新については、更新前の治療用眼鏡等の装着期間が二年以上ある場合のみ、療養費の支給対象とすること。

(3) 療養費の支給決定に際しては、更新前の治療用眼鏡等の療養費の支給日を確認し、支給の決定を行うこと。

4 その他

斜視の矯正等に用いるアイパッチ及びフレネル膜プリズムについては、保険適用の対象とはされていないこと。

○社会保障制度改革推進法

平二四・八・二二
法六四

第一章 総則

（目的）

第一条 この法律は、近年の急速な少子高齢化の進展等による社会保障給付に要する費用の増大及び生産年齢人口の減少に伴い、社会保険料に係る国民の負担が増大するとともに、国及び地方公共団体の財政状況が社会保障制度に係る負担の増大により悪化していること等に鑑み、所得税法等の一部を改正する法律（平成二十一年法律第十三号）附則第百四条の規定の趣旨を踏まえて安定した財源を確保しつつ受益と負担の均衡がとれた持続可能な社会保障制度の確立を図るため、社会保障制度改革について、その基本的な考え方その他の基本となる事項を定めるとともに、社会保障制度改革国民会議を設置すること等により、これを総合的かつ集中的に推進することを目的とする。

（基本的な考え方）

第二条 社会保障制度改革は、次に掲げる事項を基本として行われるものとする。

一 自助、共助及び公助が最も適切に組み合わされるよう留意しつつ、国民が自立した生活を営むことができるよう、家族相互及び国民相互の助け合いの仕組みを通じてその実現を支援していくこと。

二 社会保障の機能の充実と給付の重点化及び制度の運営の効率化とを同時に行い、税金や社会保険料を納付する者の立場に立って、負担の増大を抑制しつつ、持続可能な制度を実現すること。

三 年金、医療及び介護においては、社会保険制度を基本とし、国及び地方公共団体の負担は、社会保険料に係る国民の負担の適正化に充てることを基本とすること。

四 国民が広く受益する社会保障に係る費用をあらゆる世代が広く公平に分かち合う観点等から、社会保障給付に要する費用に係る国及び地方公共団体の負担の主要な財源には、消費税及び地方消費税の収入を充てるものとすること。

（国の責務）

第三条 国は、前条の基本的な考え方にのっとり、社会保障制度改革に関する施策を総合的に策定し、及び実施する責務を有する。

（改革の実施及び目標時期）

第四条 政府は、次章に定める基本方針に基づき、社会保障制度改革を行うものとし、このために必要な法制上の措置については、この法律の施行後一年以内に、第九条に規定する社会保障制度改革国民会議における審議の結果等を踏まえて講ずるものとする。

第二章 社会保障制度改革の基本方針

（公的年金制度）

第五条 政府は、公的年金制度については、次に掲げる措置その他必要な改革を行うものとする。

一 今後の公的年金制度については、財政の現況及び見通し等を踏まえ、第九条に規定する社会保障制度改革国民会議において検討し、結論を得ること。

二 年金記録の管理の不備に起因した様々な問題への対処及び社会保障番号制度の早期導入を行うこと。

（医療保険制度）

第六条 政府は、高齢化の進展、高度な医療の普及等による医療費の増大が見込まれる中で、健康保険法（大正十一年法律第七十号）、国民健康保険法（昭和三十三年法律第百九十二号）その他の法律に基づく医療保険制度（以下単に「医療保険制度」という。）に原則として全ての国民が加入する仕組みを維持するとともに、次に掲げる措置その他必

要な改革を行うものとする。
一　健康の維持増進、疾病の予防及び早期発見等を積極的に促進するとともに、医療従事者、医療施設等の確保及び有効活用等を図ることにより、国民負担の増大を抑制しつつ必要な医療を確保すること。
二　医療保険制度については、財政基盤の安定化、保険料に係る国民の負担に関する公平の確保、保険給付の対象となる療養の範囲の適正化等を図ること。
三　医療の在り方については、個人の尊厳が重んぜられ、患者の意思がより尊重されるよう必要な見直しを行い、特に人生の最終段階を穏やかに過ごすことができる環境を整備すること。
四　今後の高齢者医療制度については、状況等を踏まえ、必要に応じて、第九条に規定する社会保障制度改革国民会議において検討し、結論を得ること。

（介護保険制度）

第七条　政府は、介護保険の保険給付の対象となる保健医療サービス及び福祉サービス（以下「介護サービス」という。）の範囲の適正化等による介護サービスの効率化及び重点化を図るとともに、低所得者をはじめとする国民の保険料に係る負担の増大を抑制しつつ必要な介護サービスを確保するものとする。

（少子化対策）

第八条　政府は、急速な少子高齢化の進展の下で、社会保障制度を持続させていくためには、社会保障制度の基盤を維持するための少子化対策を総合的かつ着実に実施していく必要があることに鑑み、単に子ども及び子どもの保護者に対する支援にとどまらず、就労、結婚、出産、育児等の各段階に応じた支援を幅広く行い、子育てに伴う喜びを実感できる社会を実現するため、待機児童（保育所における保育を行うことの申込みを行った保護者の当該申込みに係る児童であって保育所における保育が行われていないものをいう。）に関する問題を解消するための即効性のある施策等の推進に向けて、必要な法制上又は財政上の措置その他の措置を講ずるものとする。

第三章　社会保障制度改革国民会議

（社会保障制度改革国民会議の設置）

第九条　平成二十四年二月十七日に閣議において決定された社会保障・税一体改革大綱その他既往の方針のみにかかわらず幅広い観点に立って、第二条の基本的な考え方にのっとり、かつ、前章に定める基本方針に基づき社会保障制度改革を行うために必要な事項を審議するため、内閣に、社会保障制度改革国民会議（以下「国民会議」という。）を置く。

（組織）

第十条　国民会議は、委員二十人以内をもって組織する。
2　委員は、優れた識見を有する者のうちから、内閣総理大臣が任命する。
3　委員は、国会議員を兼ねることを妨げない。
4　国民会議に、会長を置き、委員の互選により選任する。
5　会長は、国民会議の会務を総理する。
6　委員は、非常勤とする。

（資料の提出）

第十一条　国の関係行政機関の長は、国民会議の求めに応じて、資料の提出、意見の陳述又は説明をしなければならない。

（事務局）

第十二条　国民会議に、その事務を処理させるため、事務局を置く。
2　事務局に、事務局長その他の職員を置く。
3　事務局長は、関係のある他の職を占める者をもって充てられるものとする。
4　事務局長は、会長の命を受け、局務を掌理する。

（設置期限）

第十三条　国民会議は、この法律の施行の日から一年を超えない範囲内において政令で定める日まで置かれるものとする。

（主任の大臣）

第十四条　国民会議に係る事項については、内閣法（昭和二十二年法律第五号）にいう主任の大臣は、内閣総理大臣とする。

（政令への委任）

第十五条　この法律に定めるもののほか、国民会議に関し必要な事項は、政令で定める。

附　則

（施行期日）

第一条　この法律は、公布の日から施行する。

（生活保護制度の見直し）

第二条　政府は、生活保護制度に関し、次に掲げる措置その他必要な見直しを行うものとする。
一　不正な手段により保護を受けた者等への厳格な対処、生活扶助、医療扶助等の給付水準の適正化、保護を受けている世帯に属する者の就労の促進その他の必要な見直しを早急に行うこと。
二　生活困窮者対策及び生活保護制度の見直しに総合的に取り組み、保護を受けている世帯に属する子どもが成人になった後に再び保護を受けることを余儀なくされることを防止するための支援の拡充を図るとともに、就労が困難でない者に関し、就労が困難な者とは別途の支援策の構築、正当な理由なく就労しない場合に厳格に対処する措置等を検討すること。

○民　法（抄）

明治二九・四・二七
法八九
最終改正　平二八・六・七　法七一

第一編　総　則

第六章　期間の計算

（期間の計算の通則）

第百三十八条　期間の計算方法は、法令若しくは裁判上の命令に特別の定めがある場合又は法律行為に別段の定めがある場合を除き、この章の規定に従う。

（期間の起算）

第百三十九条　時間によって期間を定めたときは、その期間は、即時から起算する。

第百四十条　日、週、月又は年によって期間を定めたときは、期間の初日は、算入しない。ただし、その期間が午前零時から始まるときは、この限りでない。

（期間の満了）

第百四十一条　前条の場合には、期間は、その末日の終了をもって満了する。

第百四十二条　期間の末日が日曜日、国民の祝日に関する法律（昭和二十三年法律第百七十八号）に規定する休日その他の休日に当たるときは、その日に取引をしない慣習がある場合に限り、期間は、その翌日に満了する。

（暦による期間の計算）

第百四十三条　週、月又は年によって期間を定めたときは、その期間は、暦に従って計算する。

2　週、月又は年の初めから期間を起算しないときは、その期間は、最後の週、月又は年においてその起算日に応当する日の前日に満了する。ただし、月又は年によって期間を定めた場合において、最後の月に応当する日がないときは、その月の末日に満了する。

第七章　時効

第一節　総則

（時効の効力）

第百四十四条　時効の効力は、その起算日にさかのぼる。

（時効の中断事由）

第百四十七条　時効は、次に掲げる事由によって中断する。

一　請求
二　差押え、仮差押え又は仮処分
三　承認

（時効の中断の効力が及ぶ者の範囲）

第百四十八条　前条の規定による時効の中断は、その中断の事由が生じた当事者及びその承継人の間においてのみ、その効力を有する。

第三節　消滅時効

（消滅時効の進行等）

第百六十六条　消滅時効は、権利を行使することができる時から進行する。

2　前項の規定は、始期付権利又は停止条件付権利の目的物を占有する第三者のために、その占有の開始の時から取得時効が進行することを妨げない。ただし、権利者は、その時効を中断するため、いつでも占有者の承認を求めることができる。

（債権等の消滅時効）

第百六十七条　債権は、十年間行使しないときは、消滅する。

2　債権又は所有権以外の財産権は、二十年間行使しないときは、消滅する。

（定期金債権の消滅時効）

第百六十八条　定期金の債権は、第一回の弁済期から二十年間行使しないときは、消滅する。最後の弁済期から十年間行使しないときも、同様とする。

2　定期金の債権者は、時効の中断の証拠を得るため、いつでも、その債務者に対して承認書の交付を求めることができる。

（定期給付債権の短期消滅時効）

第百六十九条　年又はこれより短い時期によって定めた金銭その他の物の給付を目的とする債権は、五年間行使しないときは、消滅する。

（三年の短期消滅時効）

第百七十条　次に掲げる債権は、三年間行使しないときは、消滅する。ただし、第二号に掲げる債権の時効は、同号の工事が終了した時から起算する。

一　医師、助産師又は薬剤師の診療、助産又は調剤に関する債権
二　工事の設計、施工又は監理を業とする者の工事に関する債権

第百七十一条　弁護士又は弁護士法人は事件が終了した時から、公証人はその職務を執行した時から三年を経過したときは、その職務に関して受け取った書類について、その責任を免れる。

（二年の短期消滅時効）

第百七十二条　弁護士、弁護士法人又は公証人の職務に関する債権は、その原因となった事件が終了した時から二年間行使しないときは、消滅する。

2　前項の規定にかかわらず、同項の事件中の各事項が終了した時から五年を経過したときは、同項の期間内であっても、その事項に関する債権は、消滅する。

第百七十三条　次に掲げる債権は、二年間行使しないときは、消滅する。

一　生産者、卸売商人又は小売商人が売却した産物又は商品の代価に係る債権
二　自己の技能を用い、注文を受けて、物を製作し又は自己の仕事場で他人のために仕事をすることを業とする者の仕事に関する債権
三　学芸又は技能の教育を行う者が生徒の教育、衣食又は寄宿の代価について有する債権

（一年の短期消滅時効）

第百七十四条　次に掲げる債権は、一年間行使しないときは、消滅する。

一　月又はこれより短い時期によって定めた使用人の給料に係る債権

二　自己の労力の提供又は演芸を業とする者の報酬又はその供給した物の代価に係る債権

三　運送賃に係る債権

四　旅館、料理店、飲食店、貸席又は娯楽場の宿泊料、飲食料、席料、入場料、消費物の代価又は立替金に係る債権

五　動産の損料に係る債権

（判決で確定した権利の消滅時効）

第百七十四条の二　確定判決によって確定した権利については、十年より短い時効期間の定めがあるものであっても、その時効期間は、十年とする。裁判上の和解、調停その他確定判決と同一の効力を有するものによって確定した権利についても、同様とする。

2　前項の規定は、確定の時に弁済期の到来していない債権については、適用しない。

（重婚の禁止）

第七百三十二条　配偶者のある者は、重ねて婚姻をすることができない。

（婚姻の届出）

第七百三十九条　婚姻は、戸籍法（昭和二十二年法律第二百二十四号）の定めるところにより届け出ることによって、その効力を生ずる。

2　前項の届出は、当事者双方及び成年の証人二人以上が署名した書面で、又はこれらの者から口頭で、しなければならない。

共済組合法関係法令集 平成30年版

平成30年7月2日　平成30年版発行 ©

編　者　財 経 詳 報 社

発行者　宮　本　弘　明

発行所　株式会社 財 経 詳 報 社

〒103-0013　東京都中央区日本橋人形町 1-7-10

TEL　03（3661）5266（代）

FAX　03（3661）5268

http://www.zaik.jp

振替口座　00170－8－26500 番

Printed in Japan

乱丁・落丁本はお取り替え致します。印刷・製本　大日本法令印刷

ISBN 978-4-88177-544-8